FISIOTERAPIA EM CIRURGIA CARDÍACA

FASE HOSPITALAR

FISIOTERAPIA EM CIRURGIA CARDÍACA

FASE HOSPITALAR

GEORGE JERRE VIEIRA SARMENTO

(ORGANIZADOR)

- Graduado pelo Centro Universitário Claretiano de Batatais (Ceuclar).
- Pós-Graduado em Fisioterapia Respiratória pela Universidade Cidade de São Paulo (Unicid).
- Coordenador Técnico da Equipe de Fisioterapia do Hospital Nossa Senhora de Lourdes.
- Coordenador do Curso de Especialização em Fisioterapia Cardiorrespiratória do Hospital Nossa Senhora de Lourdes.
- Supervisor do Curso de Especialização em Fisioterapia Cardiorrespiratória do Hospital Nossa Senhora de Lourdes.
- Coordenador do Curso de Pós-Graduação em Ventilação Mecânica da Faculdade Nossa Senhora de Lourdes.

Manole

Editor Gestor: Walter Luiz Coutinho
Editoras: Eliane Usui e Juliana Waku
Produção Editorial: Hudson T. Machado da Silva

Projeto Gráfico: Nelson Mielnik e Sylvia Mielnik
Adaptação de Projeto Gráfico: Departamento Editorial da Editora Manole
Editoração Eletrônica: Luargraf Serviços Gráficos Ltda.
Ilustrações: Sirio José Braz Cançado, Mary Yamazaki Yorado e Celina Dias
Capa: Deborah Takaishi, Ricardo Yoshiaki Nitta Rodrigues
Imagem da Capa: Mary Yamazaki Yorado

Dados Internacionais de Catalogação na Publicação (CIP)
(Câmara Brasileira do Livro, SP, Brasil)

Fisioterapia em cirurgia cardíaca: fase hospitalar / George Jerre Vieira
Sarmento (organizador). – Barueri, SP: Manole, 2013.

Bibliografia
ISBN 978-85-204-3289-1

1. Cardiologia 2. Coração - Cirurgia 3. Coração -
Doenças - Fisioterapia 4. Fisioterapia I. Sarmento, George Jerre Vieira.

	CDD-616.12062
12-09829	NLM-WB 460

Índice para catálogo sistemático:
1. Fisioterapia em cardiologia : Ciências médicas 616.12062

Edição – 2013

Direitos adquiridos pela:
Editora Manole Ltda.
Avenida Ceci, 672 – Tamboré
06460-120 – Barueri – SP – Brasil
Fone: (11) 4196-6000 – Fax: (11) 4196-6021
www.manole.com.br
info@manole.com.br

Impresso no Brasil
Printed in Brazil

Contato com o organizador: *georgehnsl@yahoo.com*

DEDICATÓRIA

Ao mestre Carlos Alberto Caetano Azeredo (*in memoriam*), sem dúvida, uma das pessoas mais importante de minha vida.

George Jerre Vieira Sarmento

À minha filha Laura, cuja existência transformou minha vida e para quem quero me tornar uma pessoa melhor. Ao meu amigo, companheiro, cúmplice e eterno namorado, Thiago. Sem sua compreensão, abdicando de nosso maior tesouro – o tempo juntos –, eu nada poderia ter feito. Sem dúvida, você me faz uma pessoa muito mais feliz. Aos meus pais, Silvia e Adherbal, por tudo o que sempre fizeram. Sem vocês, eu não teria chegado a lugar algum.

Renata Couto do Canto

Dedico esta obra aos meus pais, José Eduardo e Marion, exemplos de integridade, confiança, dedicação e amor incondicionais. São merecedores de todo o meu amor, respeito e admiração. Ao Eduardo Raccioppi, uma pessoa de dignidade ímpar, pelos valores grandiosos que me ensinou. À minha irmã Sheila, pela sincera amizade, e por ter me dado o mais belo presente do mundo – minha pequena sobrinha Lara.

Renata Henn Moura

SUMÁRIO

Apresentação...XIII

Prefácio XV

Agradecimentos XVII

Nota do organizador...XIX

Coautoras e colaboradores...XXI

Seção I – Anatomia e fisiologia do sistema circulatório

1   Embriologia cardíaca e circulação fetal...3
     Helena Freitas, Viviane Lopes e Roberto Cardoso

2   Anatomia do coração e grandes vasos 6
     Sthefano Atique Gabriel e Edmo Atique Gabriel

3   Fisiologia cardíaca...9
     Juliana Mendes Moura Angheben, Marília Melo Diniz e Carolina Borges Ferreira

Seção II – Doenças cardíacas

4   Insuficiência coronariana e infarto agudo do miocárdio...........................31
     João Fernando Monteiro Ferreira e Luiz Antônio Machado César

5   Valvopatias..44
     André Feldman

6   Miocardiopatias..52
     Marcio Tonini, Fábio Fernandes e Charles Mady

7   Pericardiopatias...64
     Fábio Fernandes, Marcio Tonini e Charles Mady

8   Insuficiência cardíaca 69
     Germano Emílio Conceição Souza

9   Aneurismas e outras aortopatias 87
Barbara Rubim Alves e Bruno Mahler Mioto

10   Cardiopatias congênitas cianogênicas 99
Maria Angélica Binotto

11   Cardiopatias congênitas acianogênicas 108
Maria Angélica Binotto

12   Trauma do tórax 115
Ricardo Ribeiro Dias e Carlos Heitor Passerino

Seção III – Intervenções em cardiologia

13   Intervenções cirúrgicas em doenças coronárias 123
Adilson Casemiro Pires e Equipe

14   Intervenções em doenças valvulares 130
Wladimir Faustino Saporito e Leandro Neves Machado

15   Intervenções em doenças da aorta 139
Louise Horiuti e Adilson Casemiro Pires

16   Intervenções para correção das cardiopatias congênitas 146
Andrea Cristina Oliveira Freitas, Louise Horiuti e Adilson Casemiro Pires

17   Circulação extracorpórea 152
Leandro Neves Machado e Wladimir Faustino Saporito

18   Anestesia, sedação e analgesia 160
Luiz Carlos Hack Radünz Vieira

Seção IV – Avaliação pré-operatória

19   Avaliação do risco operatório 167
Luiz Carlos Hack Radünz Vieira

20   Avaliação fisioterapêutica no adulto 177
Ali Mohamed Awada

21   Avaliação fisioterapêutica pediátrica 186
Denise Cardoso Ribeiro Papa e Marcia Naoko Gushiken

22   Avaliação da função respiratória 192
Luciana Dias Chiavegatto, Mônica Vasconcelos de Moraes e Tatiana Onofre Gama

23   Fisioterapia e orientações 198
Vanessa Pereira de Lima, Vanessa Amaral Mendonça e Cynthia Fernandes Ferreira Santos

Seção V – Manuseio do paciente

24 Admissão do paciente na UTI 209
Gabriela Galera, Camila König e Anderson Ishizaka

25 Ventilação mecânica no pós-operatório de cirurgia cardíaca em adultos 212
Bruno José Gonçalvo e Tathiana Cristina Alves Peixoto

26 Ventilação não invasiva em adulto 217
Gustavo da Costa Ferreira e Marcio Aparecido de Oliveira

27 Fisioterapia em adulto no pós-operatório imediato de cirurgia cardíaca 221
Dennis Perusso e Adriano Candido Barroco

28 Fisioterapia em adulto no pós-operatório mediato de cirurgia cardíaca 233
Vanessa Mair

29 Manuseio do paciente pós-extubação 244
Rodrigo Daminello Raimundo e Renata Spósito Roxo

30 Ventilação mecânica no pós-operatório imediato em cirurgia cardíaca pediátrica 257
Patrícia Gombai Barcellos, Carolina Lopes da Cruz e Fernanda Córdoba Lanza

31 Ventilação mecânica no pós-operatório mediato em cirurgia cardíaca pediátrica 265
Carolina Lopes da Cruz, Patrícia Gombai Barcellos e Fernanda Córdoba Lanza

32 Ventilação não invasiva em pediatria 273
Alessandra Freitas, Cláudia Selestrin, Rodrigo Gonçalves e Ademar de Barros Júnior

33 Fisioterapia em pediatria 285
Daisy Satomi Ykeda

34 Extubação 293
Patrícia Angeli da Silva Pigati e Renato Fraga Righetti

35 Interação cardiopulmonar 299
Eduardo Leite Vieira Costa, Jair Francisco Pestana Biatto e Marcelo Park

36 Interação paciente-ventilador 304
Ana Lúcia Capelari Lahoz e Carla Marques Nicolau

37 Mobilização precoce 311
Cynthia Fernandes Ferreira Santos, Vanessa Pereira de Lima e Vanessa Amaral Mendonça

38 Oxigenoterapia 316
Luciana Castilho de Andrade e Cristina Aparecida Veloso

39   Treinamento muscular respiratório 323
     Rosmari Aparecida Rosa Almeida de Oliveira, Sílvia Maria de Toledo Piza Soares, Aline de Nóvoa Padilha Castro, Venicio Almeida Barbosa e Carolina Kosour

40   Alta hospitalar e reabilitação cardíaca 335
     Cristiane Pulz

Seção VI – Monitorização e suporte hemodinâmico

41   Monitorização respiratória 341
     Vanessa Marques Ferreira

42   Monitorização hemodinâmica e cateter de Swan-Ganz 357
     Thiago Uchôa

43   Drogas vasoativas 365
     Marcos de Thadeu Tenuta Júnior e Bernardo Noya Alves de Abreu

44   Balão intra-aórtico 382
     Cristiano Alexandre Ferreira

Seção VII – Complicações pulmonares no pós-operatório de cirurgia cardíaca

45   Identificação dos pacientes com risco de complicações respiratórias 389
     Adriano Candido Barroco e Dennis Perusso

46   Derrame pleural 399
     Paula Maria Carneiro, Franciele Matteus e Mariana Gobbi

47   Pneumotórax 406
     Paula Maria Carneiro, Franciele Matteus e Mariana Gobbi

48   Tromboembolismo pulmonar 412
     Maria do Carmo de Oliveira e Marcos Cesar Ramos Mello

49   Edema pulmonar 423
     Ali Mohamed Awada e Regiane dos Reis Machado

50   Atelectasia 430
     Mariana Bispo de Lira e Mayra Marangoni

51   Lesão do nervo frênico 437
     Mariana Bispo de Lira, Mayra Marangoni e Kelianne Mayumi Maeda

52   Infecção pulmonar 445
     Ticiana Leal Leite Buarque e David Costa Buarque

53   Síndrome do desconforto respiratório agudo. 450
Marina Braga César Mastrocessário e Juliana Vieira de Oliveira

Seção VIII – Complicações no pós-operatório de cirurgia cardíaca

54   Choque. 461
Bernardo Noya Alves de Abreu e Marcos de Thadeu Tenuta Júnior

55   Arritmias cardíacas e marca-passo 470
Gustavo Ken Hironaka

56   Parada cardiorrespiratória 476
Renata Henn Moura

      Índice remissivo 481

APRESENTAÇÃO

Quando fui incumbido de fazer a apresentação desta obra, fiquei analisando os recentes e contínuos avanços em cirurgia cardíaca e a necessidade de reformulação de conceitos e principalmente do profissional da área. Ao observar essas necessidades, notei a falta de uma referência, na literatura, sobre a atuação do fisioterapeuta nesta área em particular.

O autor deste livro, um amigo de muitos anos, que vimos, desde o princípio de sua carreira, lutar pela qualidade da fisioterapia cardiorrespiratória, desempenha um importante papel no desenvolvimento de novos valores profissionais, implementando, por sua vez, novos conceitos clínicos e pedagógicos no campo da fisioterapia.

Os 56 capítulos desta excelente obra, *Fisioterapia em cirurgia cardíaca: fase hospitalar*, abrangem desde a embriologia, passando pelas principais doenças cardiovasculares e mostram a melhor forma de ação deste maravilhoso profissional que é o fisioterapeuta, uma contribuição objetiva e didática dos autores, no sentido de colaborar com nossos leitores na prática diária.

Daí a sua importância, sobretudo porque foi fruto da experiência docente que, de forma criativa, buscou instrumentos capazes de somar ao processo de aprendizagem.

Espero que nossos leitores assimilem e façam a difusão das ideias nele contidas para melhor atuação terapêutica.

É com imenso prazer que convido o leitor a buscar nestas páginas maior conhecimento sobre o mundo da cirurgia cardíaca.

A todos boa leitura e muita inspiração.

Wladmir Faustino Saporito

PREFÁCIO

Sobejamente conhecido o impacto da fisioterapia no pós-operatório e na reabilitação de pacientes submetidos à cirurgia cardíaca, considero extremamente oportuna a publicação de um livro direcionado aos profissionais da saúde. Até então ocupando pouco espaço em obras específicas, o tema ganha destaque por sua importância e é abordado de maneira clara, objetiva, não comprometendo a profundidade do assunto e a contribuição da interdisciplinaridade no atendimento à saúde.

Tive a oportunidade, há dezoito anos, de iniciar, como coordenador médico, o curso de especialização em fisioterapia cardiorrespiratória, com o professor George Jerre Vieira Sarmento, no Hospital Nossa Senhora de Lourdes, em São Paulo. Homem de talento, fisioterapeuta de renome internacional, que honra e dignifica com seu conhecimento as técnicas da fisioterapia cardiorrespiratória, é, sem dúvida, o melhor nome para assinar uma obra tão relevante. Um excelente educador, que capitaliza os conceitos, incorporando-os na prática profissional diária.

Parabenizo esse colega pelo belíssimo trabalho que presta aos profissionais da saúde, entusiasmando, com seus conhecimentos e reflexões, a discussão de um tema fundamental que beneficia, principalmente e necessariamente, o paciente.

Sucesso, professor George, e boa leitura a todos.

Prof. Dr. Adilson Casemiro Pires

AGRADECIMENTOS

Às minhas amigas, Renata Henn Moura e Renata Couto do Canto, que acreditaram neste projeto, dedico todo o mérito desta obra.

Agradeço a todos os colaboradores que possibilitaram a realização deste livro e, assim, a realização de mais um sonho.

George Jerre Vieira Sarmento

Agradeço ao amigo, mestre e grande influenciador de minha vida acadêmica e profissional, George Jerre Vieira Sarmento, que depositou toda sua confiança em nosso trabalho, permitindo que contribuíssemos para o crescimento da profissão.

A todos os colaboradores que possibilitaram a realização deste livro, em especial ao Dr. João Fernando Monteiro Ferreira, que atuou como incentivador e organizador deste projeto.

À minha sempre amiga, Renata Henn Moura, por toda sua grandeza. Seu coração consegue ser ainda maior que você! E que competência!

Renata Couto do Canto

Agradeço ao George Jerre Vieira Sarmento, pela importante participação, desde o princípio, em minha vida profissional, e pela confiança em compartilhar esse projeto tão grandioso. À Renata Couto do Canto, pela parceria de tantos anos. A cada um dos colaboradores, por suas contribuições inestimáveis. Esse sonho só foi possível com a participação de vocês.

Renata Henn Moura

NOTA DO ORGANIZADOR

A ideia desta obra surgiu com o objetivo de fornecer informações concisas e atualizadas para a formação técnica de quem irá atuar na fisioterapia cardiorrespiratória voltada ao paciente no pós-operatório em cirurgia cardíaca.

Nesse sentido, este livro vem para preencher uma lacuna na literatura acadêmica e profissional.

COAUTORAS E COLABORADORES

COAUTORAS

Renata Couto do Canto
- Fisioterapeuta pela Universidade de Santo Amaro (Unisa).
- Especialista em Fisioterapia Cardiorrespiratória pelo Hospital Nossa Senhora de Lourdes (HNSL).

Renata Henn Moura
- Fisioterapeuta pela Universidade de Santo Amaro (Unisa).
- Pós-Graduada em Fisioterapia Cardiorrespiratória pelo Hospital Nossa Senhora de Lourdes (HNSL).
- Aprimoramento em Fisioterapia em Emergência pelo Hospital Geral do Grajaú.
- Fisioterapeuta do Hospital Israelita Albert Einsten.

COLABORADORES

Ademar de Barros Júnior
- Especialista em Fisioterapia Cardiorrespiratória e Terapia Intensiva pela Faculdade de Medicina do ABC (FMABC).
- Fisioterapeuta do Hospital Estadual Mário Covas.
- Fisioterapeuta do Hospital de Ensino Anchieta.

Adilson Casemiro Pires
- Doutor em Cirurgia Cardíaca pela Escola Paulista de Medicina da Universidade Federal de São Paulo (Unifesp/EPM).
- Chefe da Equipe de Cirurgia Cardiovascular do Hospital de Ensino da Faculdade de Medicina do ABC (FMABC).
- Chefe da Equipe de Cirurgia Cardíaca do Hospital Nossa Senhora de Lourdes (HNSL).

Adriano Candido Barroco
- Especialista em Fisioterapia Respiratória pela Universidade Federal de São Paulo (Unifesp).

- Pós-Graduando em Cardiologia pela Unifesp.
- Fisioterapeuta do Hospital Israelita Albert Einstein.

Alessandra Freitas
- Mestranda em Ciências da Saúde pela Faculdade de Medicina do ABC (FMABC).
- Especialista em Fisioterapia Respiratória pelo Hospital Nossa Senhora de Lourdes (HNSL).
- Preceptora do Curso de Pós-Graduação em Fisioterapia Cardiorrespiratória da FMABC.
- Fisioterapeuta do Hospital Municipal Universitário de São Bernardo do Campo (HMUSBC).

Ali Mohamed Awada
- Fisioterapeuta pela Universidade de Santo Amaro (Unisa).
- Especialista em Fisioterapia Cardiorrespiratória pelo Hospital Nossa Senhora de Lourdes (HNSL).
- Supervisor de Estágio da Especialização em Fisioterapia Cardiorrespiratória do HNSL.
- Fisioterapeuta do Hospital Geral de Pedreira.
- Fisioterapeuta do Hospital Alemão Oswaldo Cruz.

Aline de Nóvoa Padilha Castro
- Fisioterapeuta pela Universidade do Estado do Pará.

Ana Lúcia Capelari Lahoz
- Fisioterapeuta do Instituto da Criança do Hospital das Clínicas da Faculdade de Medicina da Universidade de São Paulo (ICr-HCFMUSP).
- Coordenadora de Fisioterapia na UTI Pediátrica do ICr-HCFMUSP.

Anderson Ishizaka
- Especialista em Fisioterapia em Clínica Médica pela Universidade Federal de São Paulo e Escola Paulista de Medicina (Unifesp/EPM).
- Fisioterapeuta pela Universidade Metodista de São Paulo.
- Fisioterapeuta do Hospital Geral de Pirajussara.

André Feldman
- Professor de Cardiologia da Universidade Anhembi Morumbi.
- Instrutor ACLS pela America Heart Association.
- Médico da UTI Instituto Dante Pazzanese de Cardiologia.

Andrea Cristina Oliveira Freitas
- Professora Associada da Disciplina de Cirurgia Torácica da Faculdade de Medicina do ABC (FMABC).
- Membro Titular da Sociedade Brasileira de Cirurgia Vascular.
- Chefe dos Residentes da FMABC.

Barbara Rubim Alves
- Médica Residente de Cardiologia do Instituto do Coração do Hospital das Clínicas da Faculdade de Medicina da Universidade de São Paulo (InCor-HCFMUSP).

Bernardo Noya Alves de Abreu
- Médico pela Unifenas.
- Especialista em Clínica Médica pelo Hospital Santa Izabel da Santa Casa de Misericórdia da Bahia.
- Especialista em Cardiologia pelo Hospital do Coração.
- Médico Assistente do Hospital do Coração.

Bruno José Gonçalvo
- Especialista em Fisioterapia em Terapia Intensiva pelo Hospital Servidor Público Estadual de São Paulo.
- Especialista em Fisioterapia Hospitalar pelo Hospital Israelita Albert Einstein.
- Preceptor no curso de Especialização de Fisioterapia em Terapia Intensiva (AMIB-SP).
- Assistente da Equipe de Pacientes Graves (UTIA) do Hospital Israelita Albert Einstein.

Bruno Mahler Mioto
- Especialista em Cardiologia pelo Instituto do Coração do Hospital das Clínicas da Faculdade de Medicina da Universidade de São Paulo (InCor-HCFMUSP) e pela Sociedade Brasileira de Cardiologia (SBC).
- Médico Assistente da Unidade Clínica de Coronariopatia Crônica do InCor-HCFMUSP.
- Médico do Centro de Terapia Intensiva do Hospital Israelita Albert Einstein.

Camila König
- Fisioterapeuta pela Universidade de Santo Amaro (Unisa).

- Especialista em Fisioterapia Cardiorrespiratória pela Unisa.
- Supervisora do Curso de Especialização em Fisioterapia Respiratória a Universidade Federal de São Paulo (Unifesp) na Enfermaria e UTI do Hospital do Rim e Hipertensão.
- Fisioterapeuta da Sociedade Beneficente de Senhoras do Hospital Sírio-Libanês.

Carla Marques Nicolau
- Mestre em Ciências pelo Departamento de Pediatria da Faculdade de Medicina da Universidade de São Paulo (FMUSP).
- Coordenadora e Professora do Curso de Especialização em Fisioterapia Respiratória e Fisioterapia em UTI Pediátrica Neonatal do Instituto da Criança do Hospital das Clínicas da Faculdade de Medicina da Universidade de São Paulo (ICr-HCFMUSP).
- Membro da Comissão de Terapia Intensiva da Associação Brasileira de Fisioterapia Cardiorrespiratória e Fisioterapia em Terapia Intensiva (Assobrafir).
- Fisioterapeuta Coordenadora do Instituto da Criança e Responsável pelo Anexo à Maternidade do Hospital das Clínicas da Faculdade de Medicina da Universidade de São Paulo (ICr-HCFMUSP).

Carlos Heitor Passerino
- Coordenador Médico do Serviço de Cirurgia Cardiovascular do Hospital Ministro Costa Cavalcante de Foz de Iguaçu.
- Cirurgião Geral do Pronto-Socorro Municipal de Foz de Iguaçu.

Carolina Borges Ferreira
- Fisioterapia pela Universidade Estadual do Oeste do Paraná (Unioeste).
- Pós-Graduação em Fisiologia Cardiovascular e Respiratória pela Universidade Federal de São Paulo (Unifesp/EPM).

Carolina Kosour
- Doutora pelo Departamento de Cirurgia da Faculdade de Ciências Médicas da Universidade Estadual de Campinas (Unicamp).
- Fisioterapeuta da UTI do Hospital de Clínicas da Unicamp.
- Coordenadora do Curso de Especialização em Fisioterapia Respiratória da UTI da Unicamp.

Carolina Lopes da Cruz

- Especialista em Fisioterapia Respiratória Pediátrica e Neonatal da Universidade Federal de São Paulo (Unifesp/EPM).
- Fisioterapeuta do Hospital Israelita Albert Einstein.

Charles Mady

- Professor Associado do Departamento de Cardiopneumologia da Faculdade de Medicina da Universidade de São Paulo (FMUSP).
- Diretor da Unidade de Miocardiopatias do Instituto do Coração do Hospital das Clínicas da Faculdade de Medicina da Universidade de São Paulo (InCor-HCFMUSP).

Cláudia Selestrin

- Fisioterapeuta Doutoranda em Saúde Pública pela Universidade de São Paulo (USP).
- Coordenadora de Oxigenoterapia e *Gas Therapies* para a América do Sul na Linde Gases.
- Mestre em Ciências da Saúde pela Faculdade de Medicina do ABC (FMABC).

Cristiane Pulz

- Fisioterapeuta pela Universidade Federal de São Carlos (UFSCar).
- Doutora em Ciências pela Disciplina de Cardiologia da Universidade Federal de São Paulo (Unifesp).
- Especialista em Fisiologia do Exercício pela Unifesp.
- Especialista em Fisioterapia Respiratória pelo Hospital Nossa Senhora de Lourdes (HNSL).

Cristiano Alexandre Ferreira

- Cardiologista e Ecocardiografista pelo Instituto Dante Pazzanese de Cardiologia.
- Médico Coordenador do Serviço de Cardiologia e da Unidade Coronariana do Hospital Geral de Pirajussara.
- Médico Coordenador do Serviço de Ecocardiografia do Hospital Geral de Pirajussara (SPDM).

Cristina Aparecida Veloso

- Fisioterapeuta pela Universidade Estadual Paulista Júlio de Mesquita Filho (Unesp).
- Mestrado em Ciências Médicas pela Universidade Estadual de Campinas (Unicamp).
- Professora do Centro Universitário Herminio Ometto de Araras.

Cynthia Fernandes Ferreira Santos

- Fisioterapeuta pela Universidade Federal de Minas Gerais (UFMG).
- Mestre em Ciências Biológicas: Fisiologia e Farmacologia pela UFMG.
- Doutora em Ciências Biológicas: Fisiologia e Farmacologia pela UFMG.
- Professora Adjunta do Departamento de Fisioterapia da Universidade Federal dos Vales do Jequitinhonha e Mucuri (UFVJM).

Daisy Satomi Ykeda

- Fisioterapeuta pela Faculdade de Medicina da Universidade de São Paulo (FMUSP).
- Doutorado em Ciências (Fisiopatologia Experimental) pela FMUSP.
- Especialização em Educação (Docência do Ensino Superior) pela Universidade Cidade de São Paulo (Unicid).
- Coordenadora do Curso de Especialização em Fisioterapia Cardiorrespiratória do Centro de Ensino Unificado de Teresina.
- Professora Adjunta da Universidade Estadual do Piauí (Uespi).

David Costa Buarque

- Médico pela Universidade Federal de Alagoas (UFAL).
- Especialista em Clínica Médica pelo Hospital Santa Marcelina.
- Especialista em Geriatria pelo Hospital das Clínicas da Faculdade de Medicina da Universidade de São Paulo (HCFMUSP).
- Intensivista e Emergencista do Hospital Santa Marcelina.
- Geriatra do Hospital Nossa Senhora de Lourdes (HNSL).
- Médico Hospitalista do Hospital A. C. Camargo.

Denise Cardoso Ribeiro Papa

- Especialista em Fisioterapia Cardiorrespiratória pelo Hospital Nossa Senhora de Lourdes (HNSL) com Formação Complementar no Método Neuroevolutivo – Bobath e Reeducação Postura Global.
- Estágio no Centro de Reabilitação Bloorview Mcmillan Kids Rehabilitation em Toronto, no Canadá, no Centro de Reabilitação Pediátrico ErinoakKids (Mississauga/Ontário – Canadá) e no Hospital Mount Sinai, em Nova York.
- Docente da Área de Pediatria do Curso de Fisioterapia das Faculdades Metropolitanas Unidas (FMU).
- Docente do Curso de Pós-Graduação em Fisioterapia Cardiorrespiratória da Universidade Gama Filho (UGF).
- Fisioterapeuta da Sociedade Beneficente Israelita Brasileira do Hospital Albert Einstein.

Dennis Perusso
- Professor Titular da Disciplina de UTI e Diagnósticos por Imagem da Universidade Ítalo Brasileiro (UniÍtalo).
- Fisioterapeuta do Setor de Pacientes Graves do Hospital Israelita Albert Einstein.

Edmo Atique Gabriel
- Doutorado e Pós-Doutorado pela Universidade Federal de São Paulo (Unifesp).
- Professor do Módulo de Cardiologia da Universidade Nove de Julho (Uninove).
- Cirurgião Cardiovascular.

Eduardo Leite Vieira Costa
- Médico pela Universidade Federal do Ceará (UFC).
- Residência Médica em Clínica Médica e Pneumologia pela Faculdade de Medicina da Universidade de São Paulo (FMUSP).
- Doutorado em Ciências na Área de Pneumologia pela FMUSP.
- Pós-Doutorado pelo Massachusetts General Hospital da Faculdade de Medicina da Universidade de Harvard.
- Pesquisador da Universidade de São Paulo (USP).
- Intensivista do Hospital Sirio-Libanês.

Fábio Fernandes
- Doutor em Medicina pela Faculdade de Medicina da Universidade de São Paulo (FMUSP).
- Professor Colaborador da FMUSP.
- Médico Assistente da Unidade de Miocardiopatias do Instituto do Coração do Hospital das Clínicas da Faculdade de Medicina da Universidade de São Paulo (InCor-HCFMUSP).

Fernanda Córdoba Lanza
- Doutora em Ciências aplicadas à Pediatria pelo Departamento de Pediatria da Universidade Federal de São Paulo (Unifesp).
- Professora Colaboradora do Programa de Pós-Graduação em Ciências da Reabilitação da Universidade Nove de Julho (Uninove).
- Pesquisadora do Laboratório de Função Pulmonar do Lactente da Disciplina de Alergia, Imunologia Clínica e Reumatologia Pediátrica do Departamento de Pediatria da Unifesp.

Franciele Matteus
- Fisioterapeuta pela Centro Universitário da Grande Dourados (Unigran).

- Pós-Graduação em Fisioterapia Respiratória pela Universidade de Santo Amaro (Unisa).
- Fisioterapeuta da UTI Pediátrica do Hospital Geral de Pirajussara.

Gabriela Galera
- Especialista em Fisioterapia Respiratória pela Universidade Federal de São Paulo (Unifesp/EPM).
- Fisioterapeuta do Hospital Israelita Albert Einstein.

Germano Emílio Conceição Souza
- Doutor em Cardiologia pela Faculdade de Medicina da Universidade de São Paulo.
- Médico Assistente da Unidade de Insuficiência cardíaca e Transplante do Instituto do Coração do Hospital das Clínicas da Faculdade de Medicina da Universidade de São Paulo (InCor-HCFMUSP).

Gustavo da Costa Ferreira
- Fisioterapeuta Graduado pela Universidade Santo Amaro (Unisa).
- Especialista em Fisioterapia Cardiorrespiratória no Hospital Nossa Senhora de Lourdes (HNSL).
- Fisioterapeuta Sênior da Unidade de Terapia Intensiva Adulto do Hospital Albert Einstein (HIAE).

Gustavo Ken Hironaka
- Médico Cardiologista pela Faculdade de Medicina da Universidade de São Paulo (USP).
- Especialista pela Sociedade Brasileira de Cardiologia (SBC).
- Médico da UTI do Instituto do Coração do Hospital das Clínicas da Faculdade de Medicina da Universidade de São Paulo (InCor-HCFMUSP).
- Médico do Pronto Atendimento do Hospital Sírio-Libanês

Helena Freitas
- Especialista em Ginecologia e Obstetrícia com Habilitação em Medicina Fetal.
- Médica Assistente do Serviço de Medicina Fetal do Hospital Nossa Senhora de Lourdes (HNSL) e do Femme, Laboratório da Mulher.

Jair Francisco Pestana Biatto
- Médico pela Universidade Estadual de Maringá (UEM).
- Residência Médica em Clínica Médica pela UEM.
- Residência em Terapia Intensiva e Pós-Graduação em Neurointensivismo pelo Hospital Sírio-Libanês.

- Diarista da Unidade de Terapia Intensiva do Hospital Santa Rita.
- Pantonista da UTI dos Hospitais Santa Casa e São Marcos de Maringá e da Emergência do Hospital Universitário de Maringa.

João Fernando Monteiro Ferreira
- Doutor em Cardiologia pela Faculdade de Medicina da Universidade de São Paulo (FMUSP).
- Médico Assistente da Unidade Clínica de Coronariopatias Crônicas do Instituto do Coração do Hospital das Clínicas da Faculdade de Medicina da Universidade de São Paulo (InCor-HCFMUSP).
- *Fellow* American College of Cardiology.

Juliana Mendes Moura Angheben
- Mestre em Ciências pela Faculdade de Medicina do ABC (FMABC).
- Doutoranda do Departamento de Fisiologia Cardiovascular e Respiratória da Universidade Federal de São Paulo (Unifesp).
- Especialista em Fisiologia pela FMABC.
- Especialista em Fisioterapia Pneumofuncional pelo Hospital Nossa Senhora de Lourdes (HNSL).
- Fisioterapeuta pelo Centro Universitário FIEO (UniFIEO).

Juliana Vieira de Oliveira
- Fisioterapeuta pela Universidade Anhembi Morumbi.
- Pós-Graduação em Insuficiência Respiratória e Cardiovascular em UTI: Monitorização e Tratamento no Hospital AC Camargo.
- Aprimoramento em Fisioterapia Respiratória e Terapia Intensiva pela Irmandade da Santa Casa de Misericórdia de São Paulo.
- Supervisora da UTI da Irmandade da Santa Casa de Misericórdia de São Paulo.
- Monitora de pesquisa Clínica do Brazilian Clinical Research Institute (BCRI).
- Monitora de pesquisa Clínica da Techtrials.
- Fisioterapeuta do Instituto de Infectologia Emílio Ribas.

Kelianne Mayumi Maeda
- Especialista em Fisioterapia Respiratória e Terapia Intensiva pela Santa Casa de São Paulo (FCMSCSP).
- Mestranda em Ciências de Saúde pela FCMSCSP.
- Docência em Ensino Superior pela Universidade da Cidade de São Paulo (Unicid).

Leandro Neves Machado
- Professor Voluntário da Disciplina de Cirurgia Cardiotorácica da Faculdade de Medicina do ABC (FMABC).
- Cirurgião Cardiovascular da FMABC.

Louise Horiuti
- Cirurgiã Cardiovascular da Faculdade de Medicina do ABC.
- Professora Voluntária de Cirurgia Cardiotorácica da FMABC.

Luciana Castilho de Andrade
- Graduação em Fisioterapia pela Universidade Estadual Paulista Júlio de Mesquita Filho (Unesp).
- Doutorado e Mestrado em Cirurgia pela Universidade Estadual de Campinas (Unicamp).
- Fisioterapeuta e Membro do conselho gestor da Unidade de Terapia Intensiva do Hospital de Clínicas da Unicamp.

Luciana Dias Chiavegatto
- Fisioterapeuta Doutora em Ciências pela Universidade Federal de São Paulo (Unifesp).
- Docente do Programa de Mestrado da Universidade Cidade de São Paulo (Unicid).
- Tutora do Programa de Residência Multiprofissional da Unifesp e do Hospital do Rim e Hipertensão.

Luiz Antônio Machado César
- Professor Associado de Cardiologia da Faculdade de Medicina da Universidade de São Paulo (FMUSP).
- Diretor da Unidade Clínica de Coronariopatias Crônicas do Instituto do Coração do Hospital das Clínicas da Faculdade de Medicina da Universidade de São Paulo (InCor-FMUSP).

Luiz Carlos Hack Radünz Vieira
- Residente de anestesiologia do Hospital Nossa Senhora de Lourdes (HNSL).

Marcelo Park
- Doutor em Medicina pela Faculdade de Medicina da Universidade de São Paulo (FMUSP).
- Médico Assistente da Unidade de Terapia Intensiva, Disciplina de Emergências Clínicas, do Hospital das Clínicas da Faculdade de Medicina da Universidade de São Paulo (HCFMUSP).
- Médico da Unidade Coronariana do Hospital Sírio-Libanês.

Marcia Naoko Gushiken

- Fisioterapeuta pela Universidade Estadual Paulista Júlio de Mesquita Filho (Unesp).
- Especialização em Fisioterapia Respiratória Pediátrica e Neonatal pelo Instituto da Criança do Hospital das Clínicas da Faculdade de Medicina da Universidade de São Paulo (ICr-HCFMUSP).
- Aprimoramento em Fisioterapia Cardiorrespiratória pelo Instituto do Coração do Hospital das Clínicas da Faculdade de Medicina da Universidade de São Paulo (InCor-HCFMUSP).
- Fisioterapeuta do Hospital Nossa Senhora de Lourdes (HNSL).
- Supervisora de Estágio do Curso de Especialização em Fisioterapia Cardiorrespiratória do HNSL e do Hospital da Criança.
- Fisioterapeuta do Hospital Samaritano de São Paulo.

Marcio Aparecido de Oliveira

- Mestrando pela Disciplina de Pneumologia da Universidade Federal de São Paulo (Unifesp).
- Pesquisador do Grupo de Fisioterapia Neurocirúrgica das Disciplinas de Pneumologia e Neurocirurgia da Unifesp.
- Professor do Curso de Especialização em Fisioterapia Respiratória da Unifesp.
- Fisioterapeuta do Hospital Israelita Albert Einstein.

Marcio Tonini

- Médico Especialista em Cardiologia pelo Instituto do Coração do Hospital das Clínicas da Faculdade de Medicina da Universidade de São Paulo (InCor-HCFMUSP).
- Médico Pesquisador da Unidade de Miocardiopatias do InCor-HCFMUSP.

Marcos Cesar Ramos Mello

- Fisioterapeuta com Especialização em Fisioterapia Cardiorrespiratória pelo Hospital Nossa Senhora de Lourdes (HNSL).
- Fisioterapeuta da UTI Pediátrica Cardiológica do Hospital Real e Benemérita Associação do Hospital Beneficência Portuguesa.
- Fisioterapeuta do Hospital Geral de Pedreira.

Marcos de Thadeu Tenuta Júnior

- Especialista em Cardiologia e Ecocardiografia pela Sociedade Brasileira de Cardiologia (SBC).
- Instrutor Médico dos Cursos da Associação Americana do Coração (AHA) e pelo CETES do Hospital do Coração (HCor).
- Médico Cardiologista e Ecocardiografista do Centro de Cardiologia (Atrium).

Maria Angélica Binotto

- Doutora em Cardiologia.
- Médica Assistente da Unidade Clínica de Cardiologia Pediátrica e Cardiopatia Congênita no Adulto.

Maria do Carmo de Oliveira

- Fisioterapeuta com Especialização em Fisioterapia Cardiorrespiratória Hospital Nossa Senhora de Lourdes (HNSL).
- Fisioterapeuta Plantonista do HNSL.
- Fisioterapeuta do Hospital Geral de Pirajussara (SPDM).

Mariana Bispo de Lira

- Fisioterapeuta pelo Centro Universitário São Camilo.
- Especialista em Fisioterapia Respiratória em Unidades de Terapia Intensiva, Semi-Intensiva, Coronarianas e Pronto Atendimento do Hospital Geral de Pirajussara.
- Especializanda do Curso de Gerontologia pela Universidade Federal de São Paulo (Unifesp).

Mariana Gobbi

- Fisioterapeuta pela Universidade de Universidade de Santo Amaro (Unisa).
- Pós-Graduação em Fisioterapia Respiratória Pediátrica e Neonatal no Instituto da Criança do Hospital das Clínicas da Faculdade de Medicina da Universidade de São Paulo (ICr-HCFMUSP).
- Fisioterapeuta da UTI Neonatal do Hospital Geral do Grajaú.

Marília Melo Diniz

- Graduação em Educação Física pela Universidade Federal de Uberlândia (UFU).
- Mestranda do Departamento de Fisiologia da Universidade Federal de São Paulo (Unifesp).

Marina Braga Cesar Mastrocessário

- Fisioterapeuta pela Universidade Metodista de São Paulo.
- Aprimoramento em Fisioterapia Cardiovascular e Funcional pelo Instituto Dante Pazzanese de Cardiologia (IDPC).
- Instrutora do Curso de Suporte Básico de Vida (BLS – *Basic Life Support*) pelo Centro de Treinamento em Emergências no IDPC, Credenciado pela American Heart Association.
- Monitora de Pesquisa Clínica na Empresa Quintiles.

Mayra Marangoni
- Fisioterapeuta pelo Centro Universitário São Camilo.
- Especialista em Fisioterapia Respiratória pela Universidade de São Paulo (USP).
- Fisioterapeuta da Unidade de Terapia Intensiva do Hospital Municipal Dr. Francisco Moran.

Mônica Vasconcelos de Moraes
- Fisioterapeuta e Especialista em Fisioterapia Respiratória e em Unidade de Terapia Intensiva pela Irmandade da Santa Casa de Misericórdia de São Paulo.
- Mestranda em Fisioterapia pela Universidade Cidade de São Paulo (Unicid).

Patrícia Angeli da Silva Pigati
- Mestre em Ciências pela Universidade de São Paulo (USP).
- Doutoranda pela Universidade de São Paulo (USP).
- Especialista em Fisioterapia Respiratória pela Escola Paulista de Medicina da Universidade Federal de São Paulo (Unifesp/EPM).
- Docente do Curso de Fisioterapia da Universidade Metodista de Piracicaba (Unimep).

Patrícia Gombai Barcellos
- Especialista em Fisioterapia Respiratória Pediátrica e Neonatal pela Universidade Federal de São Paulo (Unifesp).
- Fisioterapeuta do Hospital Israelita Albert Einstein.

Paula Maria Carneiro
- Fisioterapeuta pela Universidade de Santo Amaro (Unisa).
- Pós-Graduação em Fisioterapia Respiratória pela Unisa.
- Fisioterapeuta da UTI Adulto do Hospital Geral de Pirajussara.

Regiane dos Reis Machado
- Fisioterapeuta pela Universidade de São Paulo (USP).
- Especialista em Fisioterapia em Terapia Intensiva com Pós-Graduação do Hospital do Servidor Público Estadual.
- Especialista em fisioterapia Respiratoria pela Universidade Federal de São Paulo (Unifesp).
- Fisioterapeuta do Hospital do Coração (HCor).
- Fisioterapeuta do Hospital Alemão Oswaldo Cruz.

Renata Spósito Roxo
- Fisioterapeuta pelas Faculdades Metropolitanas Unidas ((FMU).

- Mestranda em Ciências da Saúde pela Faculdade de Ciências Médicas da Santa Casa de São Paulo (FCMSCSP).
- Pós-Graduada em Docência no Ensino Superior pela FMU.
- Especialista em Gerontologia pelo Hospital Israelita Albert Einstein.
- Criadora do projeto Viva a Vida com Qualidade na Terceira Idade.

Renato Fraga Righetti
- Fisioterapeuta pela Universidade Metodista de São Paulo (Umesp).
- Especialista em Fisioterapia Hospitalar pelo Hospital das Clínicas da Faculdade de Medicina da Universidade de São Paulo (HCFMUSP).
- Mestrando em Ciências Médicas pela Faculdade de Medicina da Universidade de São Paulo (FMUSP).
- Fisioterapeuta do Hospital Beneficente de Senhoras do Sírio-Libanês.

Ricardo Ribeiro Dias
- Doutor em Medicina pela Faculdade de Medicina da Universidade de São Paulo (FMUSP).
- Médico Assistente da Unidade Cirúrgica de Cardiopatias Gerais do Instituto do Coração do Hospital das Clínicas da Faculdade de Medicina da Universidade de São Paulo (InCor-HCFMUSP).

Roberto Cardoso
- Mestre em Obstetrícia pela Universidade Federal de São Paulo (Unifesp).
- Doutor em Ciências pela Unifesp.
- Chefe do Serviço de Medicina Fetal do Hospital Nossa Senhora de Lourdes (HNSL) e do Femme, Laboratório da Mulher.

Rodrigo Daminello Raimundo
- Mestre em Ciências da Saúde pela Faculdade de Medicina do ABC (UFABC).
- Doutorando em Ciências da Saúde pela UFABC.
- Especialista em Fisioterapia Respiratória pelo Hospital Nossa Senhora de Lourdes (HNSL).
- Especialista em Acupuntura pela Facis-IBEHE.
- Professor e Supervisor de Estágio das Faculdades Metropolitanas Unidas (FMU) e do Centro Universitário Sant'Anna (Unisant'anna).

Rodrigo Gonçalves
- Fisioterapeuta pela Universidade Estadual do Norte do Paraná.

- Especialista em Saúde da Mulher pela Faculdade de Saúde Pública da Universidade de São Paulo (USP).
- Especialista em Fisiologia Faculdade de Medicina do ABC (FMABC).
- Fisioterapeuta do Ambulatório de Distrofias Neuromusculares da Faculdade de Medicina da Universidade de São Paulo (FMUSP).

Rosmari Aparecida Rosa Almeida de Oliveira
- Mestre pelo Departamento de Cirurgia da FCM da Universidade Estadual de Campinas (Unicamp).
- Preceptora da Residência em Fisioterapia em UTI Adulto do Hospital e Maternidade Celso Pierro (Puccamp).
- Docente da Faculdade de Fisioterapia da Pontifícia Universidade Católica de Campinas (Puccamp).
- Membro do Consórcio Latioamericano de Injúria Cerebral (Labic).

Sílvia Maria de Toledo Piza Soares
- Doutora pelo Departamento de Cirurgia da Faculdade de Ciências Médicas da Universidade Estadual de Campinas (Unicamp).
- Docente da Faculdade de Fisioterapia da Pontifícia Universidade Católica de Campinas (Puccamp).

Sthefano Atique Gabriel
- Cirurgião Vascular.

Tathiana Cristina Alves Peixoto
- Fisioterapeuta pela Universidade São Camilo.
- Especialista em Fisioterapia em Terapia Intensiva pelo Hospital do Servidor Público Estadual.
- Especialista em Fisioterapia em Cardiologia: da UTI à Reabilitação pela Escola Paulista de Medicina da Faculdade Federal de São Paulo (Unifesp/EPM).
- Mestranda em Cardiologia do Hospital São Paulo da Unifesp.

Tatiana Onofre Gama
- Fisioterapeuta Especialista em Fisioterapia Respiratória pela Universidade Federal de São Paulo (Unifesp).
- Mestranda em Fisioterapia pela Universidade Cidade de São Paulo (Unicid).

Thiago Uchôa
- Médico pela Universidade Federal de Minas Gerais (UFMG).
- Especialista em Cardiologia pela Sociedade Brasileira de Cardiologia (SBC).

- Médico Plantonista da Unidade Cardíaca Intensiva do Hospital Geral de Pirajussara.
- Ecocardiografista do Hospital Geral de Pirajussara.
- Médico Cooperado da Unimed de São João Del Rei.

Ticiana Leal Leite Buarque
- Graduada em fisioterapia pela Universidade Estadual de Ciências da Saúde de Alagoas (Uncisal).
- Especialista em Fisioterapia Cardiorrespiratória pelo Hospital Nossa Senhora de Lourdes (HNSL) e Centro de Estudos em Fisioterapia Respiratória(Cefir).
- Doutoranda em biotecnologia e saúde pela Universidade Federal de Alagoas (Ufal).
- Colaboradora da Pós-Graduação em Fisioterapia Cardiorrespiratória do Hospital Nossa Senhora de Lourdes (HNSL).
- Fisioterapeuta das Unidades de Terapia Intensiva Pediátrica e Neonatal do Hospital da Unimed de Santa Helena.

Vanessa Amaral Mendonça
- Fisioterapeuta pela Faculdade de Ciências Médicas de Minas Gerais (FCMMG).
- Especialista em Fisioterapia Respiratória pela FCMMG.
- Doutora em Ciências Biológicas: Fisiologia e Farmacologia pela Universidade Federal de Minas Gerais (UFMG).
- Professora Adjunta do Departamento de Fisioterapia da Universidade Federal dos Vales do Jequitinhonha e Mucuri (UFVJM).

Vanessa Mair
- Fisioterapeuta pela Universidade Bandeirante de São Paulo (Uniban).
- Pós-Graduação em Fisioterapia Cardiopulmonar pelo Hospital Nossa Senhora de Lourdes (HNSL).
- Pós-Graduação em Ciências da Saúde pela Universidade Federal de São Paulo (Unifesp).
- Fisioterapeuta do Centro de Reabilitação de Fisioterapia Cardiovascular do Hospital Israelita Albert Einstein.

Vanessa Marques Ferreira
- Especialista em Fisiologia do Exercício pela Universidade Federal de São Paulo (Unifesp).
- Especialista em Fisioterapia Cardiovascular pelo Instituto Dante Pazzanese de Cardiologia.
- Fisioterapeuta da Unidade Coronariana do Instituto Dante Pazzanese de Cardiologia.
- Fisioterapeuta da Disciplina de Anestesiologia, Dor e Terapia Intensiva da Unifesp.

- Coordenadora da especialização de fisioterapia do Instituto Dante Pazzanese de Cardiologia.
- Supervisora da Especialização em Terapia Intensiva Adulto da Unifesp.

Vanessa Pereira de Lima

- Fisioterapeuta pela Universidade Federal do Rio Grande do Norte (UFRN).
- Especialista em Fisioterapia Respiratória pela Escola Paulista de Medicina da Universidade Federal de São Paulo (Unifesp/EPM).
- Mestre em Ciências da Saúde pela Unifesp/EPM.
- Professora Assistente do Departamento de Fisioterapia da Universidade Federal dos Vales do Jequitinhonha e Mucuri (UFVJM).

Venicio Almeida Barbosa

- Especialista em Fisioterapia em Cardiologia pela Universidade Federal de São Paulo (Unifesp).
- Residência em UTI Adulto no Hospital e Maternidade Celso Pierro pela Pontifícia Universidade Católica de Campinas (Puccamp).

Viviane Lopes

- Especialista em Ginecologia e Obstetrícia com em Medicina Fetal.
- Mestre em Ciências pela Universidade Federal de São Paulo (Unifesp).
- Coordenadora Técnica do Serviço de Medicina Fetal do Hospital Nossa Senhora de Lourdes (HNSL) e do Femme, Laboratório da Mulher.

Wladimir Faustino Saporito

- Médico pela Faculdade de Medicina do ABC (FMABC).
- Mestrado em Ciência da Saúde pela FMABC.
- Professor da Disciplina der Cirurgia Torácica da FMABC.
- Pesquisador dos Estudos Oasis-7, Engage-af, Trilogy, Dal-outcomes, Appraise-2, Takeda e outros.
- Coordenador da unidade de terapia intensiva do Hospital Estadual Mario Covas.
- Médico do Hospital de Ensino da FUABC.

SEÇÃO I
ANATOMIA E FISIOLOGIA DO SISTEMA CIRCULATÓRIO

1

EMBRIOLOGIA CARDÍACA E CIRCULAÇÃO FETAL

HELENA FREITAS
VIVIANE LOPES
ROBERTO CARDOSO

EMBRIOLOGIA DO CORAÇÃO

O sistema cardiovascular deriva dos mesodermas esplâncnico, para-axial e lateral, e de células da crista neural. É o primeiro a funcionar no embrião, iniciando sua formação na terceira semana de vida, e tem a função de captar de maneira eficiente oxigênio e nutrientes, e remover CO_2 e restos metabólicos.

Ainda na terceira semana, há formação de cordões angioblásticos que se canalizam e se fundem, formando o coração tubular (sentido craniocaudal). Entre o 22º e o 23º dia após a concepção, o coração embrionário começa a bater.

Durante a quarta semana, inicia-se o fluxo de sangue. Nesse momento, três pares de veias escoam para o coração tubular:

- Veias vitelínicas, que transportam sangue pouco oxigenado a partir do saco vitelínico.
- Veias umbilicais, que transportam sangue oxigenado do primórdio da placenta.
- Veias cardinais, que transpostam sangue pouco oxigenado do corpo do embrião.

A veia vitelínica esquerda regride, e a direita forma o sistema hepático e parte da veia cava inferior. As veias umbilicais perdem as conexões com o coração, seguidas do desenvolvimento do fígado, desaguando no parênquima hepático. A veia umbilical esquerda transporta sangue oxigenado, e a direita desaparece em torno da sétima semana, quando o sistema hepático e o sistema venoso formam um emaranhado plexiforme. A veia umbilical esquerda perde o contato com o corno esquerdo do seio venoso e se anastomosa com os sinusoides hepáticos, formando o ducto venoso. Este representa um importante atalho, *shunt*, que leva sangue oxigenado diretamente ao coração, desviando dos capilares do fígado (Figura 1.1).

As veias cardinais constituem o principal sistema de drenagem do embrião. As anteriores drenam a porção cefálica do embrião, e as posteriores, a porção caudal. Elas se juntam às cardinais comuns e penetram no seio venoso. A partir da oitava semana,

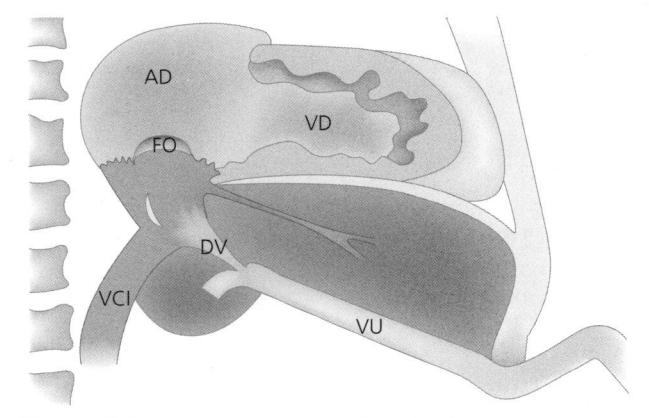

Figura 1.1 O *shunt* representado pelo ducto venoso, que visa desviar o sangue bem oxigenado da veia umbilical diretamente ao coração, evitando a circulação hepática. AD: átrio direito; DV: ducto venoso; FO: forame oval (que na vida fetal permite a passagem do sangue diretamente do átrio direito ao átrio esquerdo); VCI: veia cava inferior; VD: ventrículo direito; VU: veia umbilical. Note também a *crista dividens*, pequena estrutura de desenho semilunar, na direção em que segue o fluxo procedente do ducto venoso, e com a qual se choca o sangue oriundo do ducto venoso para redirecioná-lo ao átrio esquerdo via forame oval.

esse sistema forma a veia braquiocefálica esquerda, os vasos do mesonéfron e as ilíacas comuns.

O término do desenvolvimento do coração ocorre a partir da diferenciação de duas camadas: um delgado tubo endotelial denominado endocárdio e um espesso tubo muscular denominado miocárdio. O pericárdio é derivado de células mesoteliais.

A partir do dobramento do embrião, o coração se alonga, desenvolvendo dilatações e constrições (Figura 1.2). Nessa fase, diferenciam-se:

- bulbo cardíaco, que forma o tronco arterial (arco aórtico);
- ventrículo;
- átrio;
- seio venoso, que recebe as veias umbilicais, vitelínicas e cardinais comuns.

Ocorre, então, um crescimento rápido do bulbo cardíaco e do ventrículo. O coração dobra sobre si mesmo. O átrio e o seio venoso, que se dividiu em corno direito e esquerdo, localizam-se dorsalmente à região do bulbo cardíaco e do ventrículo. O coração fica preso pelas extremidades cranial e caudal.

Ainda no período embrionário, a circulação se dá inicialmente a partir de contração muscular do tipo fluxo-refluxo (bidirecional), tornando-se unidirecional na quarta semana. O sangue, portanto, entra no seio venoso da seguinte maneira:

- das veias cardinais para o embrião;
- da placenta para as veias umbilicais;
- do saco vitelínico para as veias vitelínicas.

A septação do coração (Figura 1.3) ocorre entre quatro e oito semanas semanas após a concepção, conforme apresentado na Tabela 1.1.

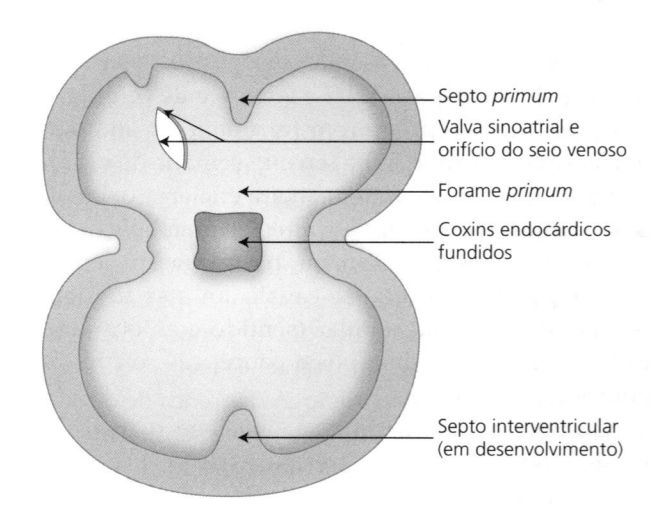

Figura 1.3 Início da septação cardíaca, que ocorre entre quatro e oito semanas após a concepção, com fusão dos coxins endocárdicos e formação do canal atrioventricular direito e esquerdo. Note os septos *primum* e ventricular. O septo *secundum* (não representado na figura) está surgindo em posição ventrocranial do átrio, à direita do septo *primum*.

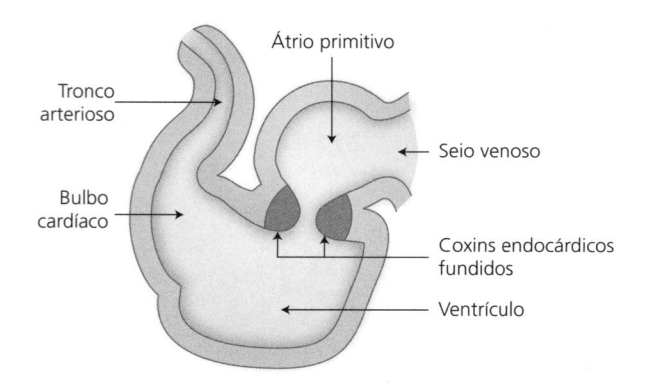

Figura 1.2 Primeiras formas de dilatações e constrições do coração no período embrionário, com formação de átrio e ventrículo primitivos.

Tabela 1.1 Septação do coração

Septação do canal atrioventricular	Septação do átrio primitivo
- Surgimento dos coxins endocárdicos nas paredes ventral e dorsal - Aproximação e fusão dos coxins - Divisão do canal atrioventricular em direito e esquerdo - Separação do átrio e do ventrículo primordial - Formação vascular e de septos membranosos do coração	- Modificação e fusão do septo *primum* e *secundum* - Formação do septo *primum* no teto do átrio primitivo em direção aos coxins, formando o forame *primum*. Permite a passagem do sangue oxigenado do átrio direito para o átrio esquerdo - Formação do septo *secundum*, na região ventrocranial do átrio, à direita do septo *primum* - Formação do forame oval, com sua válvula constituída a partir do septo *primum*

CIRCULAÇÃO FETAL

A circulação fetal difere da extrauterina em diversos aspectos, já que deve suprir as necessidades de um organismo em crescimento acelerado em ambiente de hipóxia relativa, e os pulmões pré-natais não fazem trocas gasosas. Assim, as quatro estruturas principais para um mecanismo circulatório adequado são a placenta, o forame oval, o ducto venoso e o canal arterial.

A circulação fetal apresenta um mecanismo em paralelo diferente do modo em série do pós-natal, constituído quando o débito cardíaco se iguala nos ventrículos direito e esquerdo.

A veia umbilical carrega sangue rico em oxigênio da placenta para o feto, chegando à circulação hepática. O sangue, então, é distribuído pelo seio portal para o fígado (55% para o lobo esquerdo e 20% para o direito) e para o ducto venoso.

O gradiente de pressão e a diferença de calibre entre a veia umbilical e o ducto venoso aceleram a velocidade do fluxo sanguíneo. A região terminal do ducto venoso tem desembocadura variável, sendo mais comum na porção terminal da veia cava inferior, bem próxima ao átrio direito (Figura 1.1).

O átrio direito recebe em sua maior parte sangue oxigenado proveniente do ducto venoso, além de sangue menos saturado proveniente das veias cava e hepática e do seio coronariano. A diferença de direção e a velocidade de fluxo impulsionam o sangue melhor oxigenado à crista *dividens*, no átrio direito, que o dire-

ciona, via forame oval, diretamente ao átrio esquerdo (Figura 1.1). Desse ponto, o fluxo segue para o ventrículo esquerdo e para a aorta ascendente e nutre os órgãos pré-ductais, como o cérebro e o coração.

O sangue menos oxigenado passa pelo átrio direito e, por sua velocidade de fluxo menor, passa para o ventrículo direito e para as artérias pulmonares, fluindo diretamente através do ducto arterioso e da aorta descendente.

Assim, a aorta ascendente carrega para o encéfalo sangue preferencialmente arterial, o qual é misturado ao sangue pouco oxigenado na região do canal arterial, na aorta descendente. Esta última distribui sangue misturado para todos os outros órgãos, como o intestino e os rins.

Finalmente, as artérias umbilicais, ramos das artérias ilíacas internas, levam o sangue de volta à placenta para ser reoxigenado, retornando à circulação fetal pela veia umbilical.

BIBLIOGRAFIA RECOMENDADA

1. Baschat AE, Harman CR. Venous Doppler in assessment of fetal cardiovascular status. Curr Opin Obstet Gynecol. 2006;18(2):156-63.
2. Mattos SS. O coração fetal. Rio de Janeiro: Revinter; 1999.
3. Moore KL, Persaud TVN. Embriologia clínica. 8ª ed. Rio de Janeiro: Elsevier; 2008.
4. Murta CGV. Doppler do ducto venoso: ênfase na detecção da síndrome de Down. Vitória: Editora UFES; 2002.

2

ANATOMIA DO CORAÇÃO E GRANDES VASOS

STHEFANO ATIQUE GABRIEL
EDMO ATIQUE GABRIEL

Do ponto de vista estrutural e morfológico, o coração é um órgão complexo, uma vez que reúne em sua composição estruturas musculares, membranosas, fibróticas e especiais (autônomas), identificáveis em quatro câmaras principais: átrio direito, átrio esquerdo, ventrículo direito e ventrículo esquerdo (Figura 2.1). Externamente, o coração pode ser caracterizado por algumas faces, como anterior ou anterosseptal, lateral, basal (vasos da base – aorta e tronco pulmonar) e apical ou diafragmática. Além disso, é um órgão dinâmico, rítmico e com intensa atividade metabólica.

O coração é protegido externamente por uma estrutura sacular, o saco pericárdico, responsável por prevenir o ingresso de microrganismos e controlar a mobilidade do coração, mantendo-o em posição centralizada. O saco pericárdico contém a lâmina parietal do pericárdio, uma vez que a chamada lâmina visceral encontra-se em íntimo contato com o coração.

O miocárdio é um componente muscular do coração rico em fibras musculares lisas, as quais são entremeadas por fibras de condução elétrica especializadas. Da interação harmônica entre as fibras musculares lisas e as fibras elétricas resulta o ciclo cardíaco sistodiastólico. O miocárdio tem maior massa e espessura nas câmaras esquerdas do coração, determinando-lhes níveis pressóricos mais elevados.

O tecido de revestimento interno das câmaras cardíacas denomina-se endocárdio e é constituído de fibras conjuntivas, elásticas e terminações nervosas. As valvas cardíacas, descritas a seguir, também são revestidas por endocárdio, razão pela qual as inflamações das valvas são chamadas comumente de endocardite.

O coração abriga dois troncos vasculares arteriais, a aorta e o tronco pulmonar, e diferentes tipos de veias, as cavas e as pulmonares. A aorta é a maior artéria do organismo, tanto em calibre como em extensão, e origina-se no ventrículo esquerdo. Pode ser dividida em aorta ascendente (com relação anatômica com a valva aórtica), artérias coronarianas, aorta transversa ou arco aórtico (com relação anatômica com artérias carótidas e subclávias) e aorta descendente (com relação anatômica com artérias torácicas, abdominais e de extremidades inferiores).

O tronco pulmonar origina-se no ventrículo direito e bifurca-se em dois ramos principais: artéria pulmonar direita e artéria pulmonar esquerda. A aorta, em sua porção ascendente, localiza-se à direi-

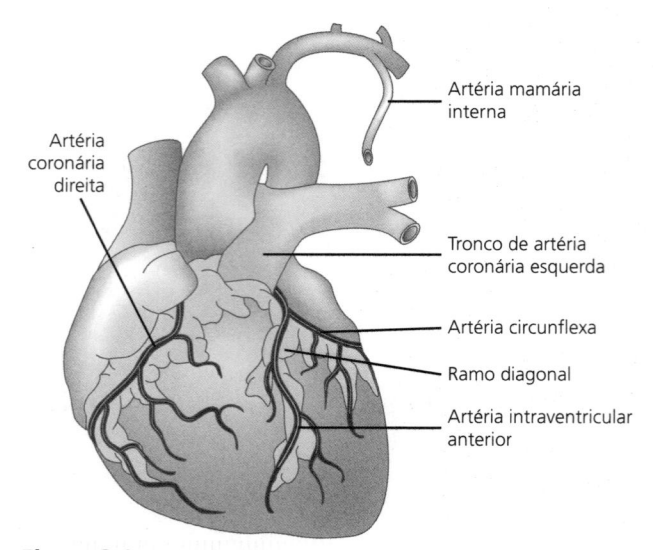

Figura 2.1 Morfologia do coração.

Artéria mamária interna

Artéria coronária direita

Tronco de artéria coronária esquerda

Artéria circunflexa

Ramo diagonal

Artéria intraventricular anterior

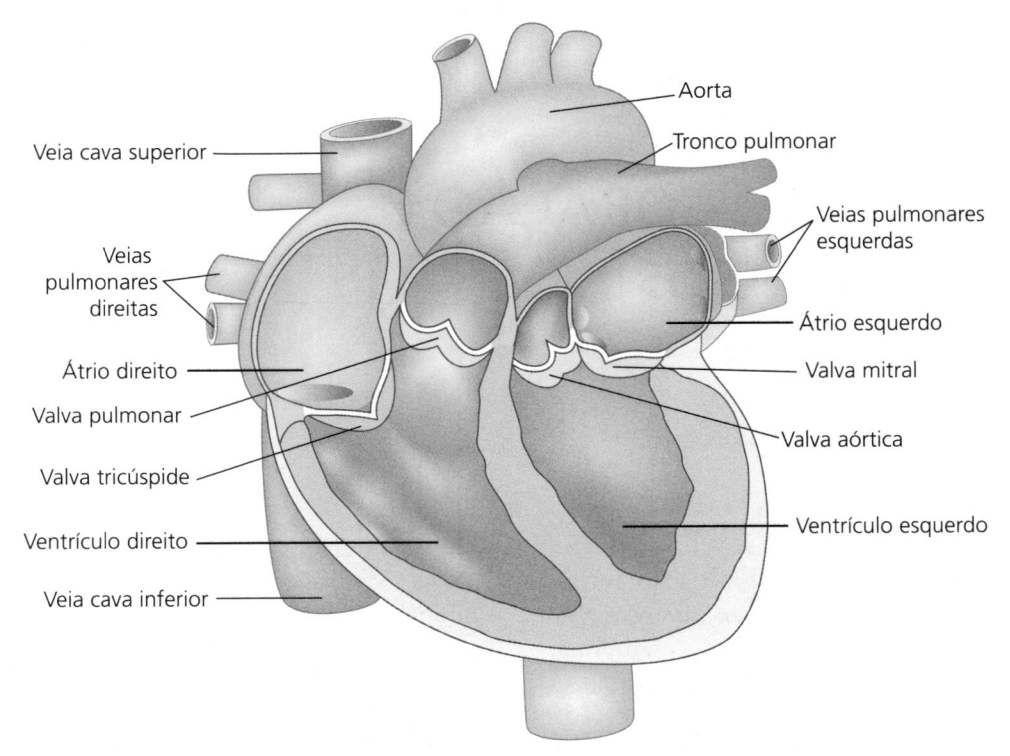

Figura 2.2 Veias pulmonares e valvas.

ta e posteriormente ao tronco pulmonar. Existem, comumente, duas veias cavas (inferior e superior), as quais desembocam no átrio direito e são responsáveis pela drenagem de sangue venoso sistêmico para o átrio direito. Em alguns indivíduos, pode-se encontrar uma terceira veia cava, a veia cava esquerda persistente. Quanto às veias pulmonares, existem quatro vasos dessa natureza que desembocam no átrio esquerdo: veias pulmonares superiores esquerda e direita e veias pulmonares inferiores esquerda e direita (Figura 2.2).

Quatro valvas são identificadas em um coração normal: mitral, tricúspide, aórtica e pulmonar. As valvas mitral e tricúspide estão localizadas, respectivamente, em posição atrioventricular esquerda e atrioventricular direita. Portanto, essas duas valvas delimitam a transição entre o átrio direito e o ventrículo direito, e entre o átrio esquerdo e o ventrículo esquerdo.

A valva mitral é formada por dois folhetos ou válvulas (anterior e posterior), e a valva tricúspide, por três folhetos (septal, anterior e posterior). As valvas aórtica e pulmonar, também chamadas de semilunares, estão localizadas dentro dos troncos arteriais correspondentes e são compostas por três folhetos (Figuras 2.2 e 2.3).

A irrigação arterial do coração e sua drenagem venosa são feitas, respectivamente, pelas artérias

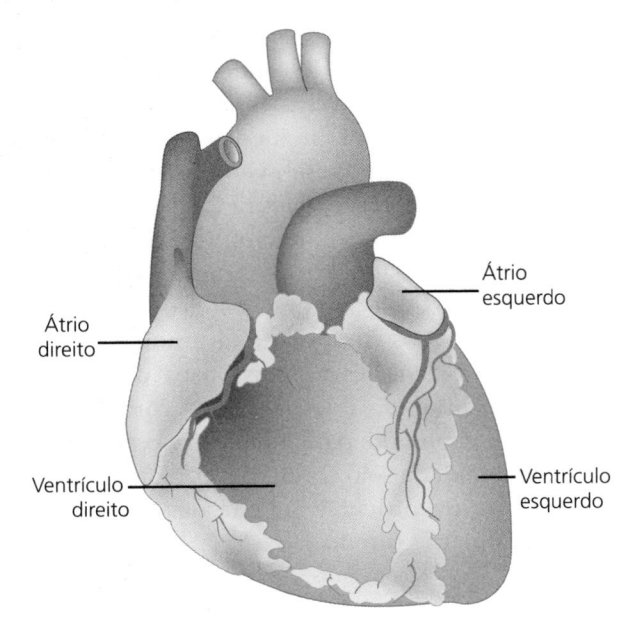

Figura 2.3 Câmaras cardíacas.

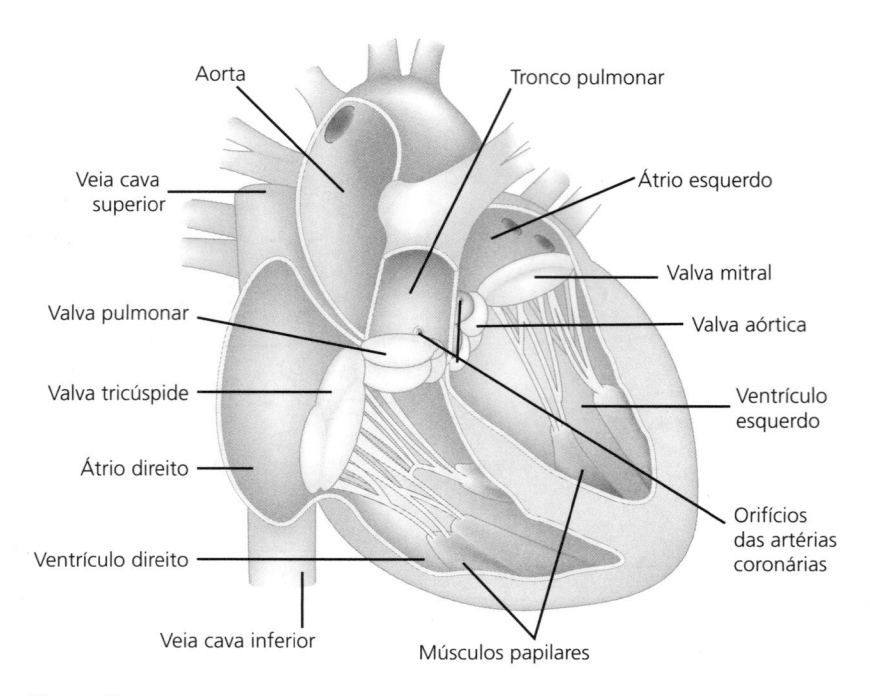

Figura 2.4 Anatomia do coração.

e veias coronárias. Em condições usuais, existem duas artérias coronárias, cujos óstios localizam-se na porção inicial da aorta ascendente, em um nível supravalvar, sendo o óstio direito mais anterior em relação ao esquerdo. A artéria coronária esquerda é composta por um tronco, de extensão variável, seguido de uma bifurcação em dois ramos principais: artéria circunflexa (na parede lateral esquerda e, em alguns casos, na porção apical) e artéria interventricular anterior ou descendente anterior (na parede anterosseptal do ventrículo esquerdo).

A artéria coronariana direita descreve um trajeto em forma de "C", irrigando o ventrículo direito e a face posterior do coração (Figura 2.4). Seus principais ramos são a artéria interventricular posterior ou descendente posterior e as artérias ventriculares posteriores. O sistema venoso coronariano é composto por vasos de topografia e nomenclatura correspondentes aos respectivos vasos do sistema arterial coronariano. Todas as veias coronarianas drenam seu conteúdo para uma veia coronariana magna denominada seio coronariano, o qual percorre o sulco atrioventricular até sua desembocadura no interior do átrio direito.

Por fim, é importante ressaltar que o coração é um órgão intratorácico, localizado na porção média do mediastino, com relações anatômicas diretas com ambos os pulmões, além de conexões vasculares com o fígado (pela veia cava inferior) e o cérebro (pelas artérias carótidas).

BIBLIOGRAFIA RECOMENDADA

1. Anderson RH. How should we best describe the coronary arteries in the human heart? Clin Anat. 2010 May;23(4):466.

2. Fazliogullari Z, Karabulut AK, Unver Dogan N, Uysal II. Coronary artery variations and median artery in Turkish cadaver hearts. Singapore Med J. 2010;51(10):775-80.

3. Jacobs JE. Computed tomographic evaluation of the normal cardiac anatomy. Radiol Clin North Am. 2010;48(4):701-10.

4. Kajstura J, Gurusamy N, Ogórek B, Goichberg P, Clavo-rondon C, Hosoda T, et al. Myocyte turnover in the aging human heart. Circ Res. 2010 26;107(11):1374-86.

5. Lesman A, Gepstein L, Levenberg S. Vascularization shaping the heart. Ann N Y Acad Sci. 2010;1188:46-51.

3

FISIOLOGIA CARDÍACA

JULIANA MENDES MOURA ANGHEBEN
MARÍLIA MELO DINIZ
CAROLINA BORGES FERREIRA

INTRODUÇÃO

O sistema cardiovascular desenvolveu-se juntamente com a evolução dos organismos multicelulares, provavelmente pela necessidade de levar oxigênio a locais distantes dentro do organismo.

Durante muitos anos, conceitos errôneos prevaleceram sobre a função e funcionamento desse sistema, os quais foram refutados, em parte, por um grande médico e fisiologista, William Harvey (1578-1657) (Figura 3.1), que até hoje é considerado um dos pais da fisiologia cardiovascular.

O que sabemos atualmente, em suma, sobre o sistema cardiovascular, é que o mesmo, a partir da pressão gerada pelo coração, é responsável por distribuir oxigênio e nutrientes aos outros sistemas e recolher do organismo os resíduos para a excreção, mantendo assim a vida.

Figura 3.1. William Harvey. Adaptado de http://www.dec. ufcg.edu.br/biografias/WilliHar.html.

A maneira particular como esse sistema executa suas funções será discutida neste capítulo de forma bem sucinta. Espera-se que ao fim da leitura, a ideia do coração como bomba, o funcionamento de seu sistema de condução, bem como sua interação biomecânica com os vasos, sejam facilmente compreendidos.

O SISTEMA CARDIOVASCULAR

O sistema cardiovascular é formado pelo coração (também chamado bomba cardíaca) e pelos vasos sanguíneos que levam e trazem o sangue do organismo. O coração consiste em quatro câmaras; o átrio e o ventrículo esquerdo, que fazem parte da circulação sistêmica; e o átrio e o ventrículo direito, que fazem parte da circulação pulmonar. Esse órgão pode ser descrito como duas bombas em série: uma que impulsiona o sangue pelos pulmões para troca de oxigênio (O_2) e dióxido de carbono (CO_2), denominada circulação pulmonar (coração direito); a outra impulsiona o sangue para os demais tecidos do corpo, denominada circulação sistêmica (coração esquerdo).

Durante a passagem de sangue pelas câmaras, existem estruturas que impedem o refluxo de sangue para a direção errada. Tais estruturas são denominadas valvas cardíacas. Existem quatro valvas importantes, duas entre átrios e ventrículos (valvas atrioventriculares) e duas na via de saída dos ventrículos (valvar pulmonar e aórtica). Durante a fase de diástole (relaxamento do coração), a abertura das valvas atrioventriculares permite a passagem de sangue do átrio para o ventrículo, e o fechamento das valvas ocorre durante a sístole (contração do coração). A eficiência das valvas cardíacas é importante para o correto funcionamento cardíaco (Figura 3.2).

Quanto aos vasos sanguíneos, estes formam um sistema fechado de tubos, que se diferem entre si por seus componentes histológicos, refletindo assim suas diferentes funções, na entrega de sangue aos tecidos e na regulação do fluxo sanguíneo.

As grandes artérias, como a aorta, são compostas principalmente por tecido elástico em suas paredes espessas, recebem sangue diretamente do coração, portanto estão sujeitas a maior pressão da vasculatura, assim, sua capacidade de distensibilidade é de fundamental importância para os períodos de sístole e diástole. As artérias periféricas são mais musculares, e as arteríolas são compostas predominantemente pelo músculo liso. Alterações no diâmetro arteriolar pela contração ou dilatação da musculatura lisa capacitam a regulação do fluxo sanguíneo e provocam alterações na pressão arterial.

As arteríolas se ramificam em numerosos capilares, compostos por uma camada fina de células endoteliais, embora os capilares tenham diâmetro muito pequeno, a área total de secção transversal do leito capilar é bastante grande. Como a velocidade do fluxo sanguíneo é inversamente proporcional à área de seção transversal, a passagem do fluxo sanguíneo é muito lenta nos capilares, o que facilita a transferência de substâncias entre o sangue e os tecidos.

Os capilares convergem para formar as vênulas e depois veias, compostas por músculo liso, colágeno e elastina, apresentando importante função no estoque de sangue. A pressão nesses vasos e números de veias decresce progressivamente à medida que eles se aproximam do coração, provocando a diminuição da área total de secção transversal, que por sua vez aumenta a velocidade do fluxo sanguíneo (Figura 3.3).

Entendida a importância da estrutura dos vasos e do coração, com suas câmaras e valvas, será descrito como o sangue circula dentro desse sistema.

O sangue que chega do organismo ao ventrículo direito (via átrio direito) é bombeado sequencialmente para artéria pulmonar, artérias pequenas e capilares pulmonares – onde ocorre a liberação de CO_2 e captação de O_2, pelo processo de difusão entre sangue e o gás alveolar (hematose). Então, o sangue oxigenado retorna pelas veias pulmonares para o átrio esquerdo, bombeado para circulação sistêmica pelo ventrículo esquerdo pela artéria aorta. Por um sistema de ramificação arterial, o sangue oxigenado chega aos órgãos e volta para o átrio direito pela veia cava, iniciando um novo ciclo (Figura 3.4).

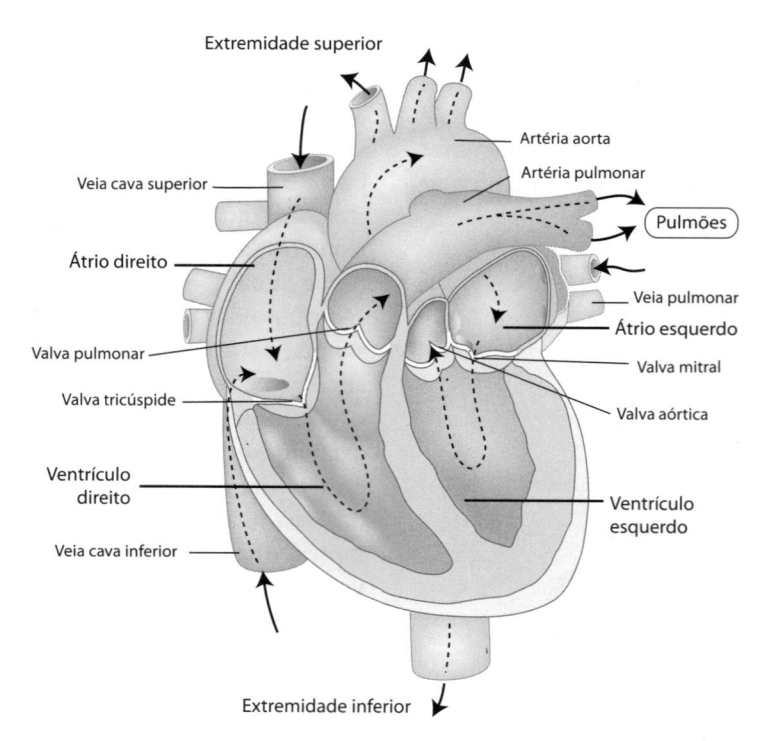

Figura 3.2. Anatomia do coração. Modificado de Guyton e Hall: Textbook of Medical Physiology.

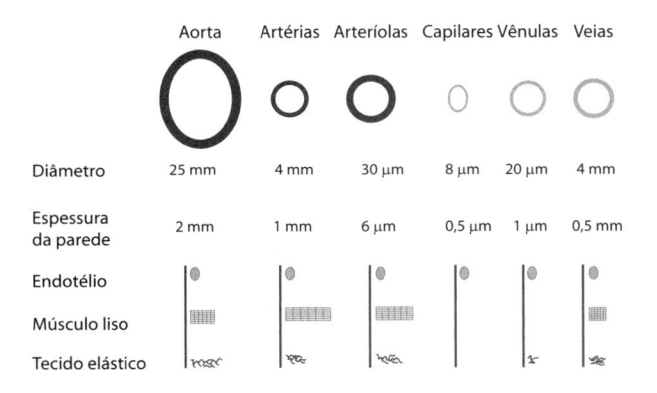

Figura 3.3. Estrutura dos vasos. Modificado de Berne et al. Princípios de fisiologia. Guanabara Koogan; 1991.

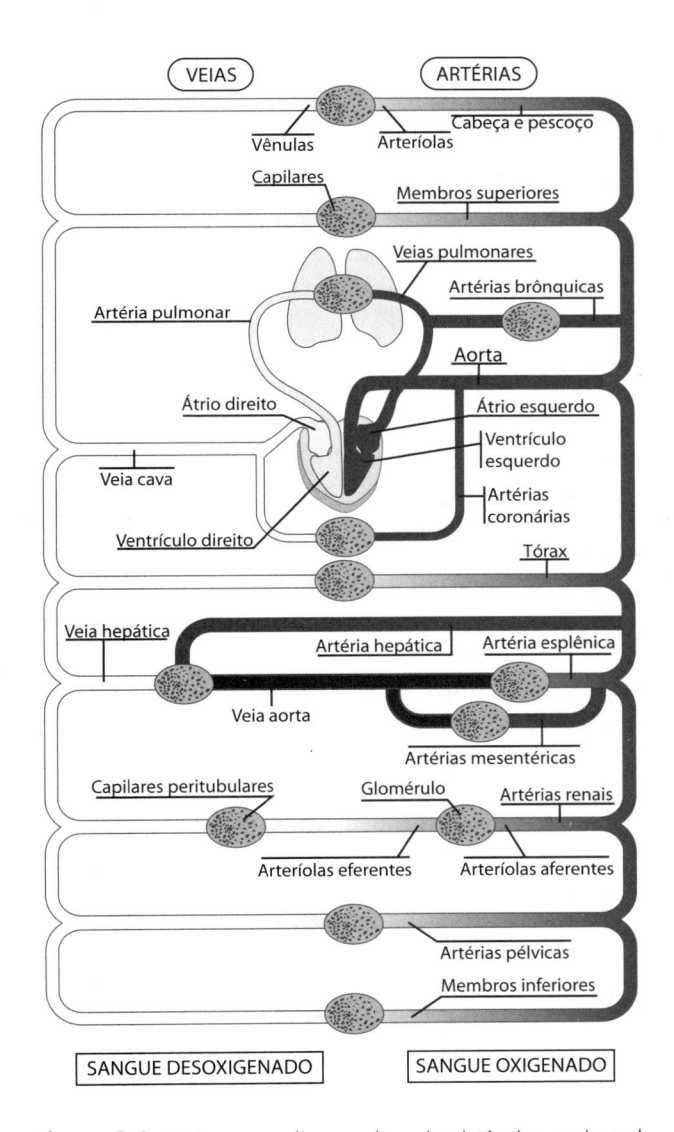

Figura 3.4. Sistema cardiovascular: via sistêmica e via pulmonar. Modificado de Berne et al. Princípios de fisiologia. Guanabara Koogan; 1991.

Logo, a função do sistema cardiovascular consiste no transporte e distribuição de substâncias essenciais aos tecidos e remoção dos produtos provenientes do metabolismo, isso inclui o transporte de oxigênio, nutrientes, metabólitos, vitaminas e hormônios. Participa também do controle homeostático do organismo, como controle da temperatura, manutenção de oxigênio e nutrientes em diversas situações fisiológicas (exercício físico, hemorragia, etc.) e defesa contra agentes patogênicos por meio de interações com os sistemas linfático e leucocitário.

SISTEMA HEMATOPOIÉTICO

A comunicação entre os diversos órgãos é feita pelo sangue. Este pode ser entendido como um sistema de transporte em que artérias, veias e capilares seriam as vias percorridas. O sangue desempenha diversas funções como: transporte de oxigênio, hormônios e nutrientes para os tecidos e dos tecidos removem CO_2 e produtos de exceção. Contribuindo assim para homeostase, isto é, manutenção das condições de funcionamento dos diferentes componentes celulares do organismo.

O volume de sangue contido no sistema circulatório (coração, artérias, veias e capilares) constitui o volume sanguíneo total. O volume de sangue circulante contribui com cerca de 7% do peso corporal. Aproximadamente 55% do sangue é formada por plasma, e 45% de elementos celulares, a fase sólida.

A fase sólida compreende os elementos celulares e a fase líquida corresponde ao plasma. Os elementos celulares do sangue são os eritrócitos, os leucócitos e as plaquetas. O plasma sanguíneo é constituído por elementos sólidos – proteínas (albumina, globulinas, entre outras), gorduras, eletrólitos, minerais e hormônios – e água (Figura 3.5).

Elementos celulares

Eritrócitos

Os eritrócitos, ou glóbulos vermelhos, transportam O_2 aos tecidos. São as células mais numerosas no sangue (cerca de 5 milhões por mililitro se sangue, variando de acordo com sexo, altitude etc.), têm a forma de um disco bicôncavo, o que favorece maior superfície de difusão. São flexíveis, o que permite alterar a sua forma na passagem pelos capilares, além disso, não possuem núcleo.

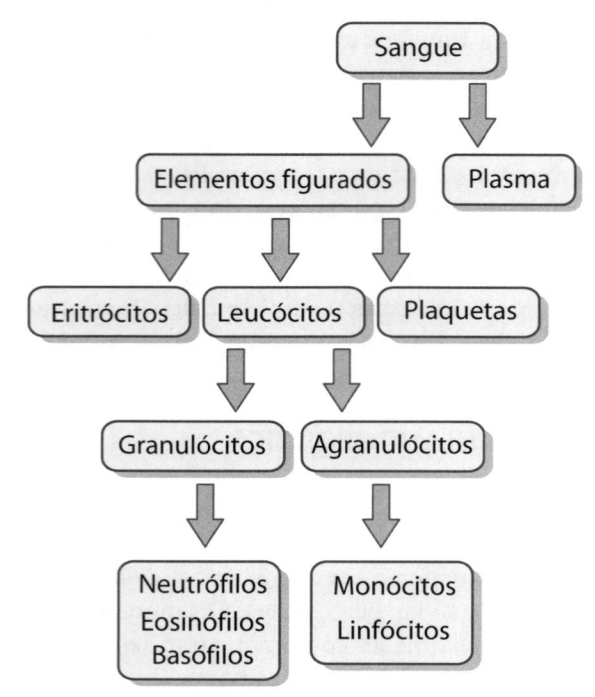

Figura 3.5. Elementos do sangue.

A principal proteína dos eritrócitos é a hemoglobina, que é responsável pelo transporte de O_2 para os tecidos e confere à hemácia sua coloração avermelhada. Quando a quantidade de hemoglobina ligada ao O_2 é grande, o sangue apresenta coloração vermelho viva, como no sangue arterial, já no sangue venoso, a ligação com o O_2 é pequena, portanto, a coloração do sangue é vermelho escuro.

A hemoglobina consiste em uma cadeia heme (anel tetrapirrólico contendo ferro) ligado à globina (proteína composta por quatro cadeias polipeptídicas, duas cadeias – e duas cadeias – no adulto). A configuração química da hemoglobina permite maior aproveitamento, pois cada molécula pode transportar quatro moléculas de O_2. A combinação química do radical heme com a molécula de O_2 é facilmente reversível, o que facilita a sua captação nos capilares pulmonares e a sua liberação nos capilares dos tecidos. A oxiemoglobina é a molécula da hemoglobina saturada com quatro moléculas de oxigênio. A afinidade da hemoglobina com o O_2 é afetada por pH, temperatura e concentração de 2,3-difosfoglicerato, esses fatores constituem um importante mecanismo de controle que permitem a captação de O_2 nos pulmões e sua liberação nos tecidos.

A quantidade de eritrócitos no sistema circulatório é regulada pela glicoproteína eritropoietina, secreta-

da principalmente pelos rins, em um processo denominado eritropoiese, no qual a eritropoietina regula a produção de eritrócitos por acelerar a diferenciação da célula-tronco na medula óssea. Dessa forma, a quantidade de eritrócitos é sempre monitorizada, fazendo com que um certo número de eritrócitos esteja sempre disponível para o transporte de O_2 aos tecidos. Qualquer condição que diminua a quantidade de oxigênio nos tecidos tende a aumentar a produção de eritrócitos, como nos casos de anemia ou hipóxia. A eritropoietina em forma sintética pode ser utilizada na clínica médica como opção de tratamento para desordens como anemias consequentes à insuficiência renal ou alternativa para pacientes que necessitam de transfusões sanguíneas com frequência. É utilizada também no *doping* em atletas competitivos de elite, uma vez que sua utilização traz benefícios em relação à oxigenação, assim como é responsável pelo aumento na potencialidade farmacocinética da hemoglobina, levando a uma competência aeróbica mais eficaz, o que gera um aumento da capacidade desportiva em atletas de *endurance*.

Leucócitos

Os leucócitos, ou células brancas, são responsáveis por combater diferentes agentes agressores, tóxicos ou infecciosos como bactérias, fungos, vírus e parasitas. Constituem, assim, principal mecanismo de defesa contra infecções. Existem de 4 a 10 mil leucócitos por mililitro de sangue. São divididos em: leucócitos granulócitos (neutrófilos, eosinófilos e basófilos) e agranulócitos (monócitos e linfócitos).

Durante o desenvolvimento fetal, os leucócitos se originam de uma célula-tronco primitiva na medula óssea, após o nascimento, os granulócitos e monócitos continuam sendo produzidos na medula óssea, enquanto os linfócitos passam a ser produzidos nos linfonodos, baço e timo. Os granulócitos e monócitos são células móveis e contêm enzimas que digerem corpos estranhos, como restos celulares e microrganismos, portanto, são atraídos pelas substâncias quimiotáxicas liberadas pelos microrganismos, os leucócitos migram até o local que se encontra a substância estranha fagocitando-a.

Os linfócitos são leucócitos mais complexos e atuam em conjunto com o sistema imunológico. São divididos em linfócitos T, responsáveis pela imunidade mediada por células, e linfócitos B, responsáveis pela imunidade humoral. Os linfócitos T ativados podem destruir um agente invasor, enquanto os linfócitos B, ao reconhecerem um antígeno, produzem anticorpos específicos para aquele antígeno.

Plaquetas

As plaquetas, também chamadas de trombócitos, são corpúsculos ou fragmentos de células gigantes, os megacariócitos, formadas na medula óssea. As plaquetas não possuem núcleo, mas possuem diversas características funcionais de células completas e são de fundamental importância nos processos de hemostasia e coagulação do sangue.

Quando ocorre lesão no endotélio de um vaso sanguíneo, as plaquetas são ativadas, aderem ao local da lesão e aglutinam-se umas às outras. Ao mesmo tempo, liberam substâncias que ativam outras plaquetas promovendo a formação de grupos plaquetários que obstruem o local da lesão do vaso e, em última análise, promovem a interrupção da perda sanguínea. Essa é a principal função das plaquetas no fenômeno denominado hemostasia. Participam também da cascata da coagulação sanguínea, liberando várias proteínas e lipoproteínas que ativam fatores da coagulação.

Grupos sanguíneos

Nos humanos existem quatro principais grupos sanguíneos, são eles: A, B, AB e O. São diferentes entre si pela presença de antígenos localizados na superfície dos eritrócitos.

O sangue do grupo A contém eritrócitos com o antígeno A e o sangue do grupo B contém eritrócitos com o antígeno B. O sangue do grupo AB contém eritrócitos com os antígenos A e B, o sangue do grupo O não contem antígenos. O plasma do grupo A contém anticorpos para os antígenos B e o plasma do grupo B contém anticorpos para o antígeno A. O plasma do grupo AB não contém anticorpos para os antígenos O, A ou B.

A transfusão de sangue entre dois indivíduos deve respeitar a presença dos antígenos e anticorpos, uma vez que os anticorpos existentes no plasma de um indivíduo podem reagir com os antígenos existentes nos eritrócitos de outro indivíduo, determinando reações de aglutinação dos eritrócitos, hemólise e outras reações mais severas que podem resultar em morte.

O plasma dos grupos A, B e AB não contém anticorpos para os eritrócitos do grupo O, portanto, indivíduos do grupo O são doadores universais, enquanto pessoas do grupo AB são receptores universais, pois seus plasmas não possuem anticorpos para antígenos O, A ou B.

Além dos grupos sanguíneos A, B, AB e O, outros sistemas de antígenos determinam características do sangue, entre eles o mais importante é o sistema ou fator Rh. Indivíduos que apresentam o fator Rh em seus glóbulos vermelhos são Rh positivo; por outro lado, aqueles que não apresentam o antígeno Rh são denominados Rh negativo. Indivíduos Rh negativos podem desenvolver anticorpos para os eritrócitos Rh positivos, se forem expostos ao sangue Rh positivo.

Hemostasia e coagulação do sangue

Hemostasia é definida como a cessação do sangramento. Quando ocorre lesão dos vasos sanguíneos, o sangramento pode ser evitado pelo aparecimento de três processos: constrição vascular, agregação plaquetária e coagulação sanguínea.

Constrição vascular

Quando um vaso é lesado ou rompido, é necessário que o fluxo sanguíneo no local da injúria seja minimizado para evitar perdas, por isso, a musculatura lisa da parede do vaso se contrai, reduzindo imediatamente o fluxo sanguíneo no vaso lesado. Esse mecanismo imediato de contenção é a vasoconstrição.

Agregação plaquetária

O dano ao endotélio de um vaso sanguíneo faz com que ocorra aderência de plaquetas ao local da injúria. As plaquetas aderidas liberam substâncias como difosfato de adenosina (ADP) e tramboxano A_2, que provocam adesão de mais plaquetas. Portanto, no local de qualquer abertura da parede de um vaso sanguíneo, a parede vascular lesionada ativa um número sucessivo de plaquetas que atraem mais plaquetas até que alguns dos pequenos vasos sanguíneos sejam bloqueados pela massa de plaquetas aderidas, constituindo, assim, um tampão hemostático que interrompe o sangramento.

Coagulação sanguínea no vaso lesado

A coagulação tem fundamental importância para obtenção da hemostasia, é um processo complexo, em que a partir de uma lesão vascular, ocorre uma série de reações que objetivam a formação de uma rede de fibrina – principal responsável pela manutenção da hemostasia. Esse mecanismo pode ser dividido em duas vias: as vias de coagulação sanguínea extrínseca e intrínseca, que convergem na ativação do fator X, que catalisa a clivagem da protrombina em trombina.

A via extrínseca se inicia com lesão do tecido e liberação de tromboplastina tecidual, já a via intrínseca se inicia pela exposição do sangue a uma superfície negativamente carregada. Nessa via, a formação do ativador intrínseco ocorre quando o fator XII se ativa espontaneamente no momento em que entra em contato com as bordas da lesão vascular. Uma vez ativado, ele dá origem a uma reação em cascata que consiste na ativação do fator XI na presença de cálcio. O fator XI ativa o fator IX, que ativa o fator VIII, que ativa o fator X, que, por fim, ativa o fator V. O fator V reage com fosfolipídeos liberados pelas plaquetas, originando, desta forma, o ativador intrínseco.

Na segunda fase, ocorre a transformação da protrombina em trombina, transformação catalizada pelos ativadores extrínsecos e intrínsecos formados na fase anterior. Posteriormente, ocorre transformação de fibrinogênio em fibrina.

Na próxima etapa, ocorre a polimerização das moléculas de fibrina transformando-as em filamentos que se entrelaçam formando a rede de fibrina, responsável pela retenção do sangue em suas malhas, originando, assim, o coágulo sanguíneo. Essa fase é catalizada pelo fator XIII e o coágulo formado é uma estrutura frouxa que pode ser deslocada pela própria pressão do sangue. Na quinta etapa, ocorre a retração do coágulo, que se caracteriza pela expulsão da água e dos sais minerais, retendo apenas a parte celular e as proteínas plasmáticas, assim, o coágulo passa a apresentar uma estrutura mais sólida e resistente.

A última fase é caracterizada pela fibrinólise, que consiste na reabsorção gradual do coágulo simultaneamente com a cicatrização da parede do vaso sanguíneo, processo que ocorre de 24 a 48 horas após o início da coagulação. A substância responsável pela reabsorção do coágulo é a fibrinolisina, substância esta ativada pelo fator XIII (Figura 3.6).

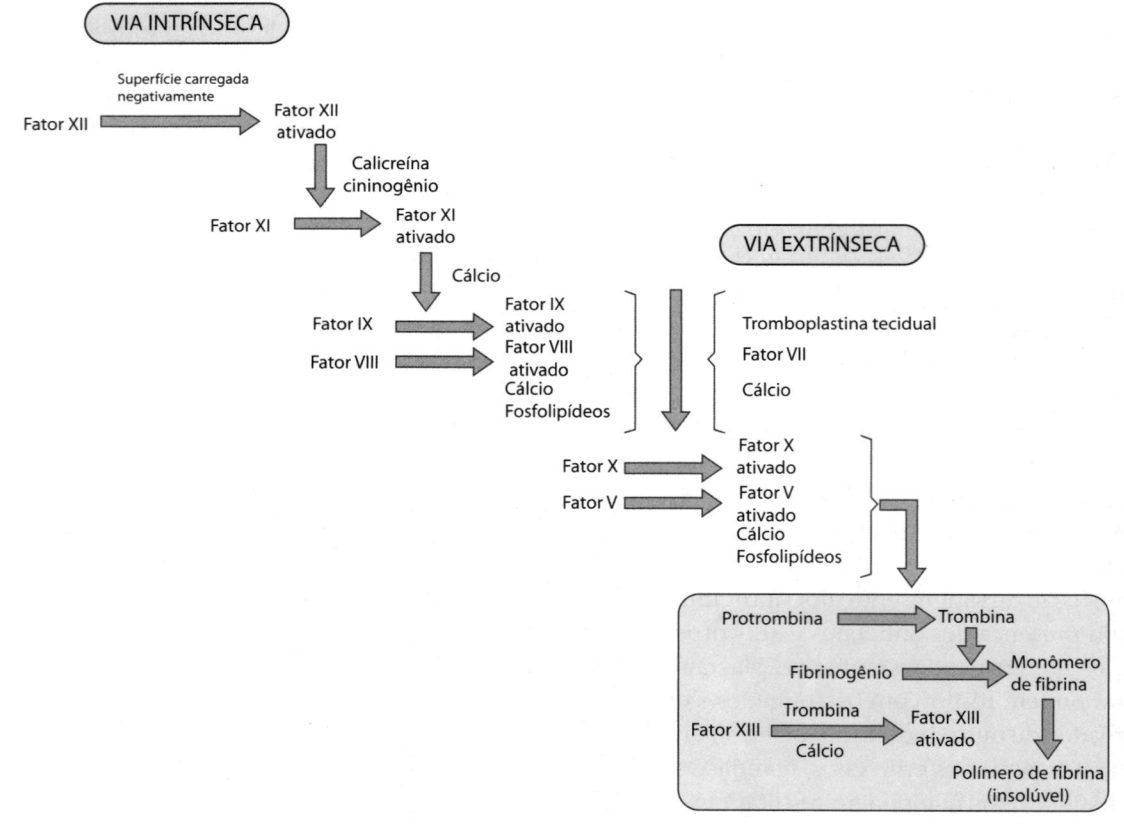

Figura 3.6. Vias extrínseca e intrínseca na formação do coágulo de fribrina. Franco, R. Fisiologia da coagulação, anticoagulação e fibrinólise. Medicina. 2001;34:229-37.

Inibidores da coagulação – anticoagulantes

São fármacos que atuam na cascata de coagulação, seja quando existe defeito na coagulação, seja quando há coagulação indesejada. Os anticoagulantes, como a heparina e a varfarina são utilizados para prevenir trombose venosa profunda e embolia pulmonar, por exemplo.

ATIVIDADE ELÉTRICA DO CORAÇÃO

A atividade elétrica corresponde a uma série de eventos que ocorrem no coração. Os principais eventos que envolvem a ativação elétrica do coração são, resumidamente: a origem do potencial de ação cardíaco e a transmissão do potencial de ação através de tecido condutor especializado para todo o coração. Esses eventos são essenciais para que o coração exerça sua função de bomba responsável por fornecer suprimento sanguíneo a todos os sistemas.

O coração é composto basicamente por células musculares cardíacas, também denominadas de células miocárdicas. Existem três tipos principais de células musculares, localizadas em locais específicos, de acordo com a função de que cada local deve executar. São elas: as células miocárdicas atriais, as células miocárdicas ventriculares e as células especializadas (subdivididas em células miocárdicas do tipo excitatórias e de condução).

As células miocárdicas atriais e ventriculares, assim como as células musculares do tipo esquelético, são estriadas além de possuírem filamentos de actina e miosina dispostos sob forma de sarcômeros, que se contraem por meio de mecanismos de deslizamento entre os filamentos. Elas são as mais abundantes, além de serem as principais responsáveis por executar o trabalho de contração do miocárdio. Existem várias diferenças entre as células musculares cardíacas e as esqueléticas. Uma das principais diferenças está na duração do tempo de contração: a célula muscular cardíaca possui um tempo de contração relativamente maior do que a célula muscular esquelética.

As células musculares excitatórias, também conhecidas como células marca-passo, localizam-se no nodo sinoatrial (NSA) especificamente no átrio direito próximo ao local em que ocorre a desembocadura da veia cava superior. Essas células são responsáveis por originar o potencial de ação, por isso são denominadas células marca-passo. Diferentemente das células musculares atriais e ventriculares, elas possuem pouca quantidade de filamentos de actina e miosina, o que as torna capazes de se contraírem apenas fracamente. Por outro lado, conseguem se despolarizar espontaneamente por possuírem uma frequência regular e intrínseca de disparo do potencial de ação.

No repouso, a frequência de disparo dessas células ocorre entre aproximadamente 60 a 100 vezes por minuto, que corresponde ao ritmo cardíaco sinusal fisiológico. Em outras palavras, significa que o padrão de atividade elétrica do coração e o tempo de disparo são considerados normais. Dessa forma, as células miocárdicas especializadas fornecem sistemas excitatório e de condução responsáveis por controlar o ritmo do batimento cardíaco.

A velocidade da frequência de disparo do potencial de ação pode ser modulada. As células marca-passo, ao receberem inervação do sistema nervoso autônomo, podem alterar sua automaticidade, ou seja, a frequência intrínseca de disparo dessas células. A contratilidade cardíaca também pode ser alterada com uso de hormônios (p. ex., adrenalina) assim como pelo grau de estiramento das câmaras cardíacas.

As células especializadas em condução podem ser encontradas nas vias internodais dos átrios, no nodo atrioventricular (NAV), no feixe de His e no sistema de fibras Purkinje. As vias internodais conduzem o potencial de ação gerado no NSA para os átrios direito e esquerdo. O NAV também está disposto no átrio direito, porém, próximo ao seio coronariano, já o feixe de His sai a partir do NAV, passando pelos ventrículos e, em seguida, emite uma extensa rede de fibras de condução intraventricular conhecida como sistema de fibras de Purkinje. Essas células miocárdicas condutoras não são responsáveis por gerar força, mas contribuírem de maneira significativa para a transmissão adequada do potencial de ação por todo o coração (Figura 3.7 e Tabela 3.1).

Uma importante característica anatômica e funcional das células miocárdicas é que elas são formadas por diversas células conectadas em série umas às outras e fortemente acopladas entre si por meio de junções comunicantes também conhecidas como *gap*. Essas junções são capazes de oferecer uma resistência mínima de passagem da corrente elétrica de célula a célula, possibilitando que o miocárdio atue como um sincísio funcional. Ou seja, uma vez que determinada região consiga atingir o limiar e em se-

Tipo de tecido	Função
NSA	Ação primária de marca-passo cardíaco
Fibras musculares atriais	Bombear o sangue dos átrios
NVA	Ação secundária de marca-passo cardíaco
Fibras de Purkinje	Ação terciária de marca-passo e rápida condução do potencial de ação
Fibras musculares ventriculares	Bombear o sangue dos ventrículos

Tabela 3.1. Principais funções dos diferentes tecidos cardíacos. Modificada de Boron e Boulpaep: Medical Physiology.

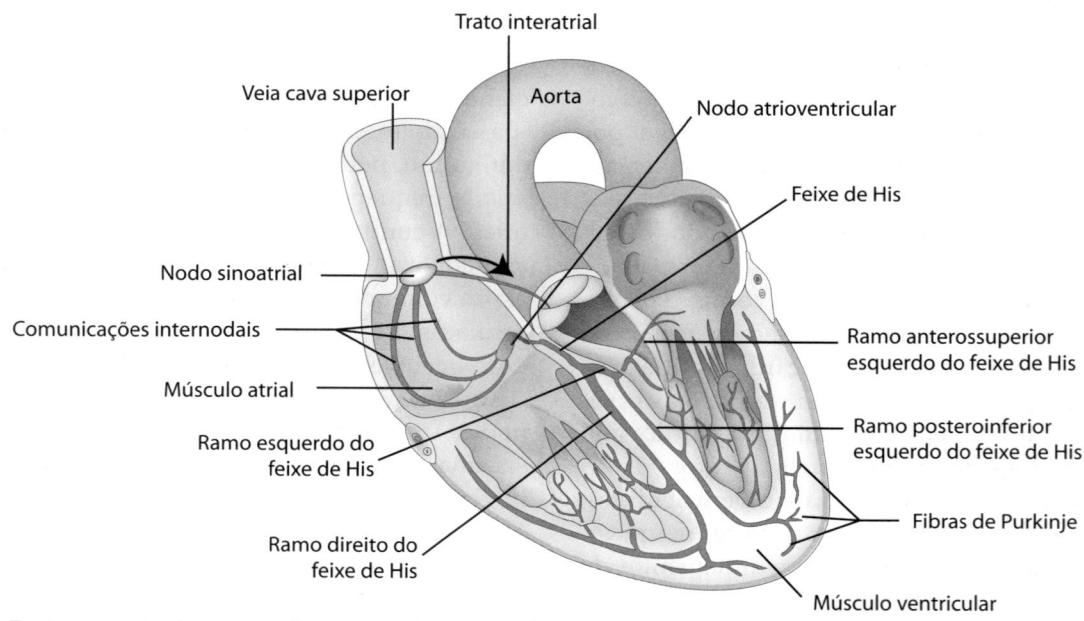

Figura 3.7. Propagação do potencial de ação. Modificada de Boron e Boulpaep: Medical Physiology.

guida disparar o potencial de ação, o mesmo se propagará por todo o coração. Isso porque a maior parte dos íons responsáveis pela propagação do potencial de ação tem livre acesso entre as células através dessas junções comunicantes.

A passagem da corrente elétrica (I_{ab}) nas fibras musculares cardíacas pode ser melhor compreendida quando associada à lei física de Ohm, assim denominada por ter sido formulada por Georg Simon Ohm. A lei de Ohm demonstra que a passagem de corrente elétrica de uma célula *x* para uma célula *y* é diretamente proporcional à diferença de voltagem, ou melhor, à diferença de potencial elétrico entre as duas células ($V_x - V_y$), é inversamente proporcional à resistência elétrica (R_{xy}) oferecida entre elas. Ou seja, quanto menor a resistência oferecida entre elas, maior será a passagem de corrente elétrica:

$$I_{xy} = \frac{V_x - V_y}{R_{xy}}$$

Potencial de ação

O potencial de ação cardíaco, apesar de suas particularidades, segue o mesmo conceito daquele que ocorre no nervo, no músculo esquelético e no músculo liso. O potencial de ação compreende uma rápida despolarização, ou seja, quando o potencial de membrana se torna menos negativo, seguida de uma repolarização, ou seja, o retorno ao potencial de repouso da membrana.

Nas células musculares cardíacas, o potencial de repouso da membrana é de – 90 mV, determinado principalmente pelo íon potássio (K^+). Isso pode ser explicado pelo fato da membrana, no repouso, possuir alta permeabilidade ao K^+ o qual impulsiona o potencial da membrana em direção a seu próprio potencial de equilíbrio. Contrariamente, o íon sódio (Na^+) em repouso, possui baixa permeabilidade o que faz com que este não contribua significativamente com o potencial da membrana sob essas condições.

O potencial de ação nas fibras musculares atriais, ventriculares, NSA, NAV e fibras de Purkinje, varia quanto a forma, tempo de início e duração. Porém, na maioria das células musculares cardíacas (ventriculares, atriais e sistema de Purkinje), o potencial de ação ocorre de maneira similar. As principais características desse potencial de ação são: longo período de duração, bem como longo período refratário em decorrência da presença de um também extenso platô e, por último, um estável potencial de repouso da membrana.

O potencial de ação nas células musculares cardíacas ventriculares, atriais e do sistema de Purkinje, ocorrem essencialmente pela abertura de dois tipos de canais: canais rápidos de sódio e canais lentos de cálcio.

Os canais rápidos de sódio são também encontrados no músculo esquelético. Ao se abrirem de forma extremamente rápida, eles permitem a passagem de grande quantidade de íons Na^+ para o interior da fibra muscular. Após abertos, permanecem assim por pouquíssimo tempo (0,00001 s) e fecham-se abruptamente, ocorrendo em seguida a repolarização da membrana. Diferentemente, os canais lentos de cálcio (conhecidos também como canais cálcio – sódio) como o próprio nome já diz, se abrem lentamente e permanecem assim abertos por um período de tempo maior (0,1 s). Durante esse tempo, ambos os íons cálcio (Ca^{++}) e Na^+ fluem livremente para o interior da célula, promovendo maior tempo de despolarização e também um platô do potencial de ação.

Outra característica singular do longo potencial de ação da fibra muscular cardíaca que contribui para o período longo de platô é que após seu início, a membrana da célula diminui abruptamente a livre passagem dos íons K^+ para fora da célula. O que consequentemente explica o desequilíbrio entre entrada e saída de íons positivos, resultando em retorno lento do potencial de ação para os níveis de repouso.

O potencial de ação na fibra muscular cardíaca só termina quando os canais lentos de cálcio-sódio se fecham, interrompendo a passagem dos íons e possibilitando o efluxo de potássio com consequente restabelecimento do potencial da membrana, ou seja, uma hiperpolarização da membrana que a torna mais negativa.

O potencial de ação cardíaco é frequentemente descrito em fases para sua melhor compreensão. Nas células musculares atriais, ventriculares e fibras de Purkinje ocorrem 5 fases (fase 0 a 4), já nas células marca-passo do NSA ocorrem apenas 3 fases (sendo a fase 1 e 2 ausentes), que serão descritas posteriormente.

A fase 4 é descrita primeiramente pois é considerada a fase de repouso. Neste momento, o potencial de membrana é de – 90 mV. Nela, os principais transportadores ativos (que permanecem dessa forma constantemente) são: bomba de Na^+/K^+ - ATPase, trocador Na^+/Ca^{++} e bomba de cálcio movida por ATP. Esses transportadores são responsáveis por restabelecer as concentrações iônicas ao longo do potencial de ação. O transportador de membrana Na^+/K^+ - ATPase desloca três íons Na^+ para fora enquanto carrega dois íons K^+ para dentro da célula muscular. Já o trocador Na^+/Ca^{++} envia três íons Na^+ para dentro em troca da saída de um íon cálcio.

A fase 0 corresponde à rápida despolarização, gerada quase que exclusivamente pela abertura dos canais rápidos de sódio. Nessa fase, o potencial de membrana no interior da célula que era de – 90 mV (característico da maioria das células do organismo) se torna menos negativo, de – 65 mV, quando estimulado por algum fator elétrico externo. Essa mudança do potencial para um nível de limiar altera as propriedades da membrana abrindo as comportas dos canais de sódio e permitindo o influxo de Na^+. Em seguida, a célula se despolariza e passa a apresentar um potencial de membrana positivo de aproximadamente 20 mV em seu interior, excedendo assim a positividade externa (de 0 mV).

Vale destacar que apesar de ser amplamente distribuída pelas fibras musculares cardíacas, a corrente rápida de Na^+ não está presente no NSA e no NAV.

A fase 1 é conhecida como a fase de repolarização precoce. Nesta fase há ativação de uma corrente transitória de K+ responsável pelo deslocamento desse íon para fora da célula. Consequentemente, ao serem expelidas cargas positivas de dentro da célula ela é capaz de sofrer uma rápida e parcial repolarização de seu potencial de ação para níveis próximos a 0 mV.

Já a fase 2 é a fase de platô do potencial de membrana. Os principais íons responsáveis por esta fase são Ca++ e K+. Os íons Ca++ entram na célula a partir dos canais lentos de cálcio. Esses canais, diferentemente dos canais rápidos de sódio, permanecem abertos por um período de tempo maior e, além disso, demoram mais tempo para se inativarem. No mesmo momento em que ocorre a entrada de cargas carregadas positivamente para dentro da célula, ocorre a saída de íons K+ (também carregados positivamente), gerando assim um certo equilíbrio entre a quantidade de carga positiva que entra e a quantidade de carga positiva que sai. O potássio pode ser conduzido por três correntes de potássio: corrente transitória (Ito), corrente de retificação para dentro (Ikl) e corrente de retificação retardada (Ik).

As correntes de Ca++ são responsáveis pela contração de todas as fibras musculares cardíacas. Até o momento, já foram identificados seis tipos de canais que intermedeiam a passagem de cálcio para a célula, porém, apenas dois são expressos na fibra muscular cardíaca: o canal de cálcio do tipo T (Icat) e o canal de cálcio do tipo L (Ical). No potencial de ação das células miocádicas atriais, ventriculares e fibras de Purkinje, a passagem do cálcio é feita por intermédio do canal do tipo L. Os canais do tipo L são abundantemente expressos em todo o coração. Eles tornam-se ativos quando o potencial de ação fica entre −30 a −20 mV. Diferentemente dos canais do tipo T, eles são capazes de se inativar mais lentamente, o que contribui para a fase de platô do potencial de ação (ou longo período de despolarização). Além disso, esse aumento do influxo de íons Ca++ durante a fase de platô estimula a liberação de mais íons Ca++ de dentro do retículo sarcoplasmático, aumentando a quantidade desses íons no citoplasma e produzindo assim a ativação dos miofilamentos com consequente contração da fibra muscular.

Em resumo, o platô do potencial de ação é mantido enquanto o influxo de cargas positivas (principalmente o íon Ca++) for equilibrado pelo efluxo também de cargas positivas (criado pelo íon K+).

A fase 3 é conhecida como processo final da repolarização. A condutância ao K+ para fora da célula aumenta e contrariamente reduz a condutância para o Ca++ em direção ao interior da célula. A corrente de efluxo para o potássio só diminui definitivamente ao final da fase 3, pois é o momento em que o potencial da membrana se aproxima do potencial de equilíbrio do K+.

Potencial de ação no NSA

As principais características do potencial de ação nas células marca-passo são: automaticidade e ritmicidade. A automaticidade corresponde à capacidade intrínseca de originar um potencial de ação sem interferência das aferêncîas neurais. Já a ritmicidade pode ser definida como capacidade de executar a atividade elétrica de forma regular. Deve-se ressaltar também que o potencial de membrana nessas células é instável e incapaz de manter um período de platô.

As fases do potencial de ação nas células marca-passo são:

Fase 0: assim como nas demais células cardíacas, corresponde à despolarização da membrana. Porém, nas células marca-passo, como não estão presentes os canais rápidos de sódio, a despolarização ocorre por intermédio dos canais lentos de cálcio do tipo T. Dessa forma, ela não ocorre tão rapidamente quanto nas células atriais, ventriculares e fibras de Purkinje. Os canais do tipo T (assim denominados por serem transientes) são encontrados em menor quantidade pelo coração, porém, são imprescindíveis na despolarização. Eles tornam-se ativos quando o potencial de ação se aproxima de − 60 a − 50 mV.

Fase 1 e 2: ausentes.

Fase 3: é a fase de repolarização da membrana. Esta fase, assim como nas demais células miocárdicas, ocorre por causa de um aumento da condutância ao íon K+ para o exterior da célula, restabelecendo o potencial da membrana.

Fase 4: corresponde ao momento em que ocorre um novo potencial de ação originado no final da diástole. Esse potencial de ação é denominado despolarização diastólica lenta, que ocorre pela abertura de canais de cátions – não específicos para a entrada de sódio e potássio –, estimulados pela repolarização do potencial de ação anterior. Por esse motivo, esse canal é denominado "engraçado" ou "estranho" (nome originado do inglês *funny*). Como é possível observar, há um novo aumento do influxo contra uma redução do efluxo de íons promovendo assim outra despolarização. Em resumo, cada potencial de ação que ocorre na célula marca-passo é capaz de originar outro no final da repolarização da membrana.

Propagação do potencial de ação

O potencial de ação gerado no NSA dissemina-se para ambos os átrios pelas vias internodais atriais. Em seguida, após frações de segundos (0,03 s), o sinal elétrico chega ao NAV, onde o impulso sofre um determinado atraso de aproximadamente 0,16 segundo antes de atingir o sistema de células especializadas em condução do sinal para a massa ventricular, ou seja, o sistema de fibras de His-Purkinje.

Em condições normais, o NAV é o único local de condução do potencial de ação do átrio para os ventrículos. Esse período de atraso é necessário para que o átrio seja capaz de propelir todo o sangue para os ventrículos antes da contração ventricular. Em parte, esse atraso do impulso elétrico pode ser explicado pelo fato de que as fibras do NAV são bem menores quando comparadas às fibras musculares atriais típicas, além de apresentarem uma característica fibrosa que atua como barreira. Outra peculiaridade é que as fibras do NAV apresentam número reduzido de junções comunicantes entre elas, o que promove certo aumento da resistência à passagem da corrente elétrica.

Quando o potencial de ação atinge o sistema de condução de His-Purkinje, ele rapidamente (de 0,03 a 0,06 s) se espalha, da primeira até a última porção dos ventrículos, fazendo-os se contraírem praticamente ao mesmo tempo. Isso os torna eficazes para executarem sua principal função, que é de bombeamento do sangue tanto para os pulmões quanto para os demais sistemas do corpo (Figura 3.8).

HEMODINÂMICA

A função do sistema vascular é suprir as necessidades dos tecidos corporais; basicamente transportando nutrientes e eliminando os produtos do metabolismo, garantindo, dessa forma, a viabilidade da vida celular.

A intensidade do fluxo sanguíneo que passa pela maioria dos tecidos é controlada em resposta a suas necessidades nutritivas. O coração, os vasos e o sangue, por sua vez, trabalham conjuntamente para a manutenção da perfusão.

O estudo das interações entre o sistema cardiovascular e o fluido que circula por ele, ou seja, o estudo dos movimentos e pressões da circulação sanguínea, é denominado hemodinâmica. A seguir, será descrito como as interações hemodinâmicas ocorrem.

A hemodinâmica diz respeito às interações entre as propriedades físicas que regem a circulação. Por-

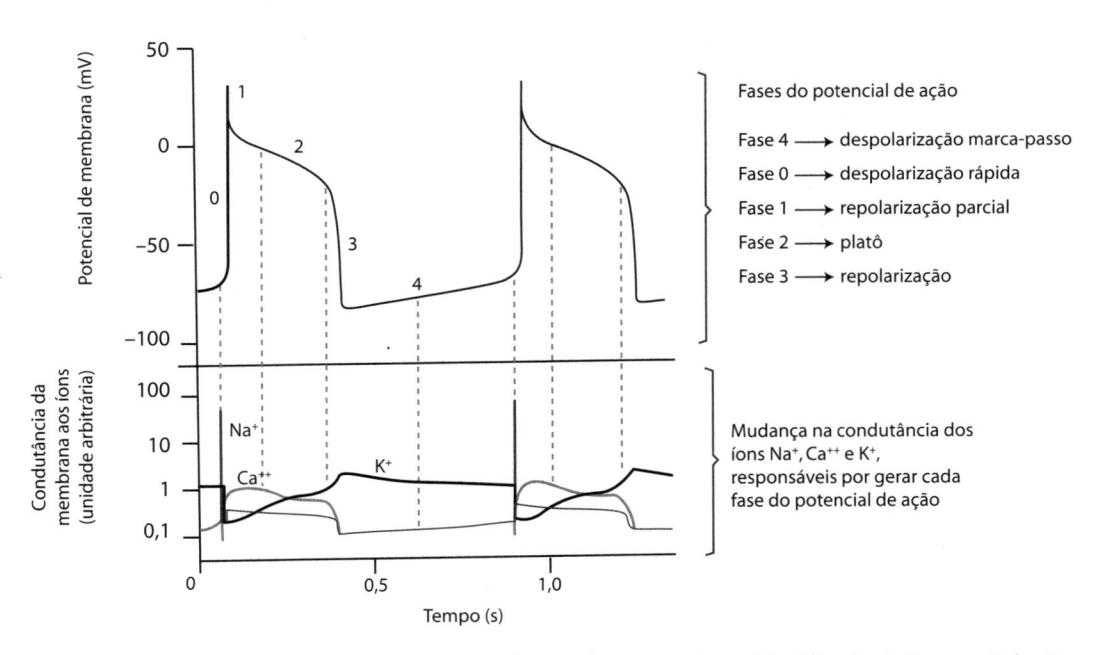

Figura 3.8. O potencial de ação cardíaco e condutância da membrana aos íons. Modificada de Rang e Dale: Farmacologia.

tanto, antes de discutir hemodinâmica, é necessário conhecer alguns conceitos importantes.

Um dos primeiros conceitos envolve o fluxo. Fluxo refere-se ao deslocamento de um volume de fluido e é expresso em unidade de volume por unidade de tempo (cm^3/s). No caso do sangue no sistema vascular, pode-se dizer, por exemplo, que o fluxo na artéria aorta é em média 30 cm/s.

Outro conceito importante refere-se à pressão, que consiste em uma força exercida sobre uma área. Quanto ao sistema vascular, pode-se dizer que a pressão que o sangue exerce sobre a parede das artérias durante a sístole cardíaca é em média de 120 mmHg.

De acordo com esses dois conceitos, fisiologicamente, o fluxo sanguíneo é diretamente proporcional ao gradiente de pressão (ΔP) no sistema, portanto, o sangue flui de regiões de alta pressão para aquelas de pressão mais baixa. A alta pressão é gerada durante a contração cardíaca, assim, o sangue flui do coração para os vasos ligados a ele, que possuem menor pressão.

Ao longo do sistema cardiovascular a pressão diminui por causa do atrito entre o sangue e a parede do vaso e, consequentemente, a pressão diminui continuamente conforme o sangue se afasta do coração. Isso ocorre pela interação com outra variável, a resistência.

A resistência corresponde às forças que se opõem ao fluxo sanguíneo. A resistência pode ser definida como a razão entre a queda da pressão e o fluxo.

Experimentalmente, o médico frânces Jean-Louis-Marie Poiseuille afirmou que a resistência pode ser determinada pela interação entre o tamanho do sistema circulatório, o raio dos vasos sanguíneos e a viscosidade do sangue, e assim elaborou a Lei de Poiseuille.

Ela determina que o fluxo (Q) de um fluido é diretamente proporcional à quarta potência do raio (r), ou seja, se o raio de um recipiente dobrar resultará no aumento em 16 vezes do fluxo sanguíneo.

$$Q = \frac{\Delta P \times \pi \times r^4}{\eta \times L \times 8}$$

Em que:
Q = Fluxo
ΔP = Variação da pressão entre as extremidades
π = 3,14
r = raio do tubo
η = viscosidade
L = comprimento do tubo

Reologicamente, o sangue é uma suspensão de elementos figurados, (principalmente eritrócitos) em um líquido relativamente homogêneo (o plasma sanguíneo). Logo, a viscosidade do sangue varia em função da razão do hematócrito (vide sessão de sangue).

Como no sistema circulatório, a viscosidade do sangue e o comprimento dos vasos sanguíneos não se alteram em condições fisiológicas; o único fator determinante para a resistência é a alteração do raio. Assim, é possível perceber que na vasoconstrição ocorre diminuição do diâmetro dos vasos sanguíneos, resultando em aumento da resistência e diminuição do fluxo sanguíneo; enquanto a vasodilatação resulta em aumento do diâmetro dos vasos sanguíneos e, portanto, diminuição da resistência e aumento do fluxo.

Outra variável hemodinâmica importante é o débito cardíaco. Ele é determinado pela quantidade de sangue ejetada pelo coração em um determinado período de tempo. Pode ser calculado multiplicando o valor da frequência cardíaca (batimentos por minuto) pelo volume de ejeção (mL por batimento). O esquema abaixo indica o cálculo do débito cardíaco utilizando valores médios da frequência cardíaca e do volume de ejeção.

$$DC = FC \times VE$$
$$DC = 72 \text{ bpm} \times 70 \text{ mL/batimento}$$

Portanto, 5 litros de sangue por minuto são bombeados em média pelo coração, sendo o sangue distribuído aos vários tecidos, garantindo a perfusão adequada dos órgãos. Em algumas situações fisiológicas ou patológicas, o débito cardíaco pode apresentar alteraçõespor causa mudança na frequência cardíaca, no volume de ejeção ou em ambos. Durante a atividade física, por exemplo, ocorre o aumento do débito cardíaco para aumentar a demanda de oxigênio para os tecidos.

O volume sistólico, ou volume de ejeção, corresponde à quantidade de sangue ejetada pelos ventrículos a cada batimento, sendo proporcional à força determinada pela contração do músculo cardíaco. Portanto, quanto maior a força de contração maior será o volume de ejeção.

A força de contração do músculo cardíaco depende do comprimento da fibra muscular no início da contração e da característica de contratilidade do coração. A contratilidade corresponde à capacidade de contração da fibra do músculo cardíaco a um determinado comprimento da fibra. Assim, em uma situação fisiológica, quando aumenta o comprimento do sarcômero, ocorre aumento da tensão criada durante a contração e, consequentemente, aumenta o volume de ejeção. Portanto, se houver aumento da quantidade de sangue que chega aos ventrículos, as fibras se alongarão mais e isso aumentará a força de contração, ejetando mais sangue.

A Lei de Frank Starling determinou essa relação entre o estiramento e a força de contração no coração sadio. Quanto maior a quantidade de sangue que chega ao coração, maior será a força de contração.

Porém, cerca de 70% do sangue proveniente das veias passa diretamente dos átrios para os ventrículos, sendo que somente 30% deve ser ejetada pelos átrios por meio da sístole atrial (que constitui a segunda fase do ciclo cardíaco).

Nesse momento do ciclo é possível avaliar também um importante parâmetro hemodinâmico, que traduz a eficácia do enchimento da bomba cardíaca. Esse parâmetro é o volume diastólico final (VDF), o volume de sangue que preenche os ventrículos no final do período diastólico. O valor fisiológico é em média de 135 mL (no repouso).

Após a sístole também resta um pequeno volume de sangue nos ventrículos, denominado volume sistólico final (VSF), em média 65 mL (no repouso).

O VDF é determinado pelo retorno venoso, a quantidade de sangue que retorna ao átrio direito pela circulação venosa. O retorno venoso gera um grau de estiramento do miocárdio, denominado pré--carga, ou seja, carga exercida sobre o músculo cardíaco antes da sístole.

O VDF depende da volemia – que corresponde ao volume de sangue no interior dos vasos, volume este determinado pela natremia (concentração plasmática de sódio) – e da resistência à ejeção, conhecida como pós-carga. A pós-carga é a pressão ventricular necessária para ejetar o sangue durante a sístole, sendo que no ventrículo direito, a pós-carga é a pressão nas artérias pulmonares, enquanto no ventrículo esquerdo, corresponde à pressão na aorta. Portanto, quanto maior a pós-carga, maior será a dificuldade de ejetar o sangue e, consequentemente, maior o volume sistólico final e menor a fração de ejeção.

Além disso, a contratilidade é controlada pelos sistemas nervoso e endócrino, sendo que os agentes que alteram a contratilidade são denominados inotrópicos. Alguns fármacos, como os digitálicos, aumentam a contratilidade e são considerados agentes inotrópicos positivos.

Portanto, o volume de ejeção é determinado por três fatores: o primeiro corresponde à relação da força de contração cardíaca com o grau de estiramento das fibras na diástole; o segundo é a contratilidade miocárdica mediada em grande parte pela atividade simpática; e o terceiro corresponde à resistência de ejeção.

A PRESSÃO ARTERIAL E SUA REGULAÇÃO

A manutenção da pressão arterial (PA) é fundamental para a perfusão adequada dos tecidos em diversas condições, desde o repouso, até uma situação de estresse e exercício físico. O sistema cardiovascular é regulado de forma complexa por diferentes sistemas de controle circulantes ou localizados em tecidos como cérebro, coração, rins e vasos sanguíneos, que atuam influenciando o volume circulante, o tônus vascular e a bomba cardíaca, a curto ou longo prazo, mantendo os níveis de PA dentro dos limites normais.

Regulação local da pressão arterial

A musculatura lisa vascular tem a capacidade de regular seu próprio estado de contração, em um processo chamado de autorregulação miogênica. Quando as fibras musculares das arteríolas distendem-se por causa do aumento da pressão, a arteríola contrai-se. Com a vasoconstrição, aumenta a resistência da arteríola e automaticamente há uma redução do fluxo sanguíneo. As endotelinas são fatores vasoconstritores, envolvidas nessa autorregulação das arteríolas de seu próprio fluxo sanguíneo.

Regulação neural da PA

A regulação da circulação pelo sistema neural envolve a ativação de receptores periféricos (barorreceptores, quimiorreceptores, receptores cardiopulmonares, entre outros), cujas aferências se projetam para o sistema nervoso central (SNC). Assim, o processamento das informações aferentes no SNC produz uma consequente modulação da vias autonômicas eferentes, havendo dessa forma, o ajuste das variáveis cardiovasculares (débito cardíaco, volume sistólico, frequência cardíaca e resistência periférica) (Figura 3.9).

O reflexo dos barorreceptores

Os barorreceptores são receptores de estiramento localizados nos seios carotídeos e no arco aórtico. O arco reflexo barorreceptor é o mais conhecido dos mecanismos nervosos rápidos do controle da PA.

Os barorreceptores são terminações nervosas estimuladas pelo estiramento vascular e pela deformação induzida por alterações na pressão arterial. Os impulsos do seio carotídeo provenientes dos barorreceptores viajam pelo nervo de Hering até o nervo glossofaríngeo, na região cervical superior, e em seguida, para o núcleo do trato solitário (NTS) na região bulbar. Impulsos dos barorreceptores aórticos, no arco da aorta, são transmitidos pelos nervos vagos, para o NTS.

A frequência de disparo de potenciais de ação desses terminais nervosos é intensificada por aumento da PA e diminuída por redução da mesma. Os barorreceptores do seio carotídeo não são estimulados pelas pressões entre 0 e 60 mmHg, acima desses níveis respondem progressivamente mais rá-

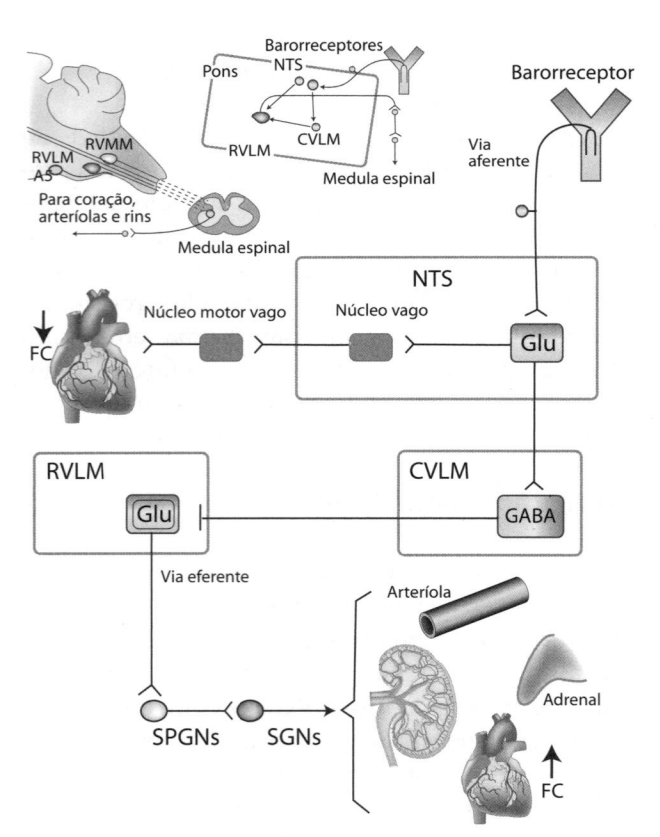

Figura 3.9. Baroreflexo: controle neural da PA. Guyenet, P.G. The sympathetic control of blood pressure. Neuroscience. 2006;7:335-46

pido, atingindo o máximo em torno de 180 mmHg. As respostas dos barorreceptores aórticos são semelhantes, mas operam a um nível de pressão acima de 30 mmHg.

Portanto, o aumento da PA, induz maior número de potenciais de ação que serão transmitidos pelos nervos vagos e glossofaríngeo, estimulando o NTS. Os neurônios do NTS projetam-se e excitam o núcleo ambíguo (NA) e o núcleo dorsal motor do nervo vago (DMV), aumentando a atividade vagal do coração e diminuindo a frequência cardíaca. Os neurônios do NTS, ao mesmo tempo, excitam a região caudoventrolateral do bulbo (CVL) pela liberação de L-glutamato, que por sua vez inibe a região rostroventrolateral do bulbo (RVL), e pela liberação de GABA. O RVL projeta diretamente para a coluna intermédio-lateral da medula espinhal, exercendo um controle tônico excitatório sobre os neurônios pré-ganglionares simpáticos, que fazem sinapse nos gânglios simpáticos com os neurônios pós-ganglionares que inervam o coração e os músculos lisos dos vasos sanguíneos.

Uma vez que esse controle tônico excitatório é inibido pelo CVL, ocorre a retirada do tônus simpático, diminuindo a resistência periférica, ou seja, vasodilatação, que juntamente com a queda da frequência cardíaca, diminuição do retorno venoso e volume sistólico, diminuem o debito cardíaco reduzindo a PA.

Ao contrário, a diminuição da PA tem efeitos opostos, provocando a elevação reflexa da PA. Ou seja, com a queda da PA, há menor estimulação dos barorreceptores, diminuindo o estiramento nas paredes do arco aórtico e dos seios carotídeos. Essa informação é integrada no NTS com os neurônios menos estimulados, deixam de excitar os neurônios pré-ganglionares localizados no NA e DMV, diminuindo a atividade parassimpática, e não excitam o CVL, que por sua vez não inibe o RVL, provocando aumento da atividade simpática.

Essas alterações promovem elevação da frequência cardíaca e contratilidade do miocárdio, aumentando o débito cardíaco; venoconstrição generalizada, que aumenta o retorno venoso, constrição nas arteríolas, que eleva a resistência periférica total (vasocontrição é observada principalmente em leitos cutâneos, esplâncnicos e musculares, redistribuindo e preservando o fluxo para o cérebro e coração), mecanismos que trazem a PA para seus valores basais.

Portanto, os barorreceptores arteriais exercem um papel importante na regulação em curto prazo (momento a momento) da PA. Em relação a seu controle crônico, existem muitas controvérsias, pelo fato de que os barorreceptores podem se reprogramar para níveis maiores de pressão aos quais estão expostos após um ou dois dias. Assim, o controle a longo prazo da PA é determinado pelo balanço dos fluidos do indivíduo, isso é, o equilíbrio entre a ingestão e a eliminação de líquidos, exercido pelos rins.

Quimiorreceptores

Os quimiorreceptores são células sensíveis a alterações na P_{O_2}, P_{CO_2} e no pH. Os quimiorreceptores periféricos estão localizados nos corpos carotídeos e nos corpos aórticos, possuindo elevado fluxo sanguíneo. Uma vez que os barorreceptores não são capazes de produzir nenhuma resposta adicional na PA quando ela se encontra abaixo de 60 mmHg, a baixa PA pode estimular os quimiorreceptores periféricos pela hipóxia produzida no quimiorreceptor na presença de fluxo sanguíneo inadequado. Os quimiorreceptores são excitados, aumentando a velocidade de disparo dos nervos aferentes, o que ativa centros vasoconstrictores simpáticos, intensificando a vasocontrição arteriolar, na tentativa de elevar a PA.

Os quimiorreceptores periféricos também estão localizados no coração; esses quimiorreceptores cardíacos são ativados pela isquêmica do músculo cardíaco e transmitem a dor precordial (angina) associada a um suprimento sanguíneo inadequado para o miocárdio.

Receptores cardiopulmonares

São receptores encontrados nos átrios, ventrículos e vasos pulmonares. As aferências desses receptores podem ser mielinizadas ou não mielinizadas, projetando-se ao bulbo via nervos vago e simpáticos aferentes. Os reflexos cardiopulmonares podem alterar a resistência periférica em resposta à alteração na pressão intracardíaca, venosa ou vascular pulmonar. Esses receptores são sensíveis ao estiramento, assim, desempenham um papel importante ao minimizarem as variações da PA em resposta às alterações do volume sanguíneo, desencadeando reflexos paralelos aos reflexos dos barorreceptores.

Regulação hormonal da PA

Os efeitos determinados pela ação hormonal não são instantâneos como os neurais, mas são mais duradouros, tornando o controle da PA mais efetivo, especialmente quando há sua elevação ou queda prolongada.

Sistema renina-angiotensina

O sistema renina-angiotensina (SRA) é uma cascata de eventos que compõe a regulação cardiovascular e renal da PA e do balanço hidroeletrolítico. A definição básica desse sistema hormonal diz que a atividade do SRA é regulada pela enzima renina.

Quando a pressão cai para níveis muito baixos, há diminuição da perfusão renal, que é percebida pelo aparelho justaglomerular nos rins, assim, as células justaglomerulares presentes nas paredes das arteríolas aferentes liberam renina. Essa enzima age sobre a proteína plasmática angiotensinogênio, formando o decapeptídeo angiotensina I, que por sua vez é clivado em angiotensina II pela enzima conversora de angiotensina (ECA). Essa conversão ocorre quase que inteiramente nos pulmões, onde a enzima é encontrada. Angiotensina II é um octapeptídeo ativo e exerce alguns efeitos capazes de aumentar a PA.

A angiotensina II apresenta ações rápidas no controle da resistência periférica para ajustar a PA, produzindo vasoconstrição direta, aumento da neurotransmissão noradrenérgica periférica, da descarga simpática e liberação de catecolaminas pela medula adrenal. Sua ação pressora mais tardia (questão de horas) inclui: alteração da função renal, ao aumentar a reabsorção de sódio pelo túbulo proximal; vasoconstrição renal, alterando a hemodinâmica do rim; e a liberação de aldosterona, que também aumentará a reabsorção de sódio. As ações crônicas da angiotensina II resultam em remodelamento e hipertrofia cardíaca e vascular, uma vez que esse peptídeo estimula crescimento celular.

A PA elevada aumenta o fluxo sanguíneo pelos rins, reduzindo a liberação de renina e formação de angiotensina II, o que provoca a redução da retenção renal de água e sódio e queda da resistência vascular periférica, normalizando o valor da PA.

Pelo fato do SRA desempenhar diversas ações fisiológicas, alterações na produção e liberação de seus componentes, principalmente da angiotensina II, podem estar envolvidas na fisiopatologia de doenças, como hipertensão arterial, hipertrofia do ventrículo esquerdo, insuficiência cardíaca congestiva, nefropatia diabética e início da insuficiência renal crônica, que são passíveis de tratamento pela inibição do SRA (Figura 3.10).

Vasopressina/hormônio antidiurético

A vasopressina, ou hormônio antidiurético (ADH), sintetizada nos núcleos paraventriculares e supra óptico do hipotálamo, é liberada na circulação a partir da neuro-hipófise. Sua secreção é estimulada por diversos fatores osmóticos ou não osmóticos. O aumento da osmolaridade plasmática é o principal fator detectado por osmorreceptores, e os estímulos não osmóticos incluem prostaglandinas, acetilcolina e bradicinina. A inibição do ADH ocorre pela noradrenalina, em situações de estresse e pelo álcool.

O ADH atua em receptores de vasopressina tipo 1 (VR_1) e tipo 2 (VR_2), os quais são acoplados à proteína G. Nos rins, os receptores VR_1 estão localizados no músculo liso e em células mesangiais e intersticiais e seu estímulo produz vasoconstrição. Sua ação nos receptores VR_2 promove aumento da permeabilidade à água pela inserção de canais de água nos ductos coletores, esses canais são denominados aquaporina 2 (AQP_2).

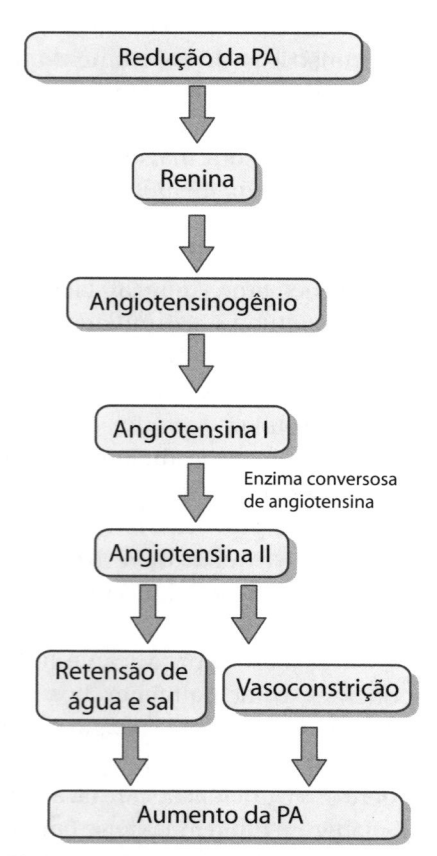

Figura 3.10. Sistema renina-angiotensina. PA: pressão arterial.

Portanto, o aumento da volemia e resistência periférica total contribuem para o retorno da PA em níveis basais.

Peptídeo natriurético atrial

O peptídeo natriurético atrial (PNA) é um hormônio que induz a natriurese. O principal estímulo fisiológico à liberação de PNA é o estiramento do átrio, que pode ocorrer após uma expansão aguda da volemia. Além disso, o aumento da PA e da frequência cardíaca também determinam a liberação de PNA. Seus níveis plasmáticos variam de acordo com os níveis pressóricos, e elevam-se durante o aumento da PA, pelo aumento do retorno venoso e volemia, reduzindo-se durante hipotensão. Uma vez liberado, cai na circulação sistêmica e nos rins, promovendo aumento da taxa de filtração glomerular e redução na reabsorção de sódio pelos ductos coletores, provendo maior excreção de sódio (natriurese) e água (diurese), o que compensa o excesso de volume sanguíneo. A síntese e liberação de PNA ajudam a minimizar as alterações do volume sanguíneo durante diversos distúrbios, como no aumento da ingestão de sódio e água, e diminuem a PA.

Portanto, a PA não é regulada por um sistema único de controle, mas por diversos sistemas inter-relacionados, cada um realizando uma função específica.

SISTEMA NERVOSO AUTÔNOMO E CORAÇÃO

O sistema nervoso autônomo, por meio de suas duas maiores subdivisões, o simpático (SNAS) e o parassimpático (SNAP), é considerado o principal responsável pelo controle do batimento cardíaco e da força de contração do músculo cardíaco. Além disso, por meio de sua inervação pode interferir em várias outras funções cardíacas, por exemplo, na velocidade de condução do potencial de ação, no metabolismo das células musculares e no fluxo sanguíneo (Figura 3.11).

Apesar de o coração ser capaz de contrair com seu próprio ritmo originado no NSA, ou seja, sem uma influência neural, os sistemas simpático e parassimpático possuem uma atividade tônica que controla e modifica as funções cardíacas constantemente. Vale destacar que no repouso há uma predominância da atividade do SNAP, ou seja, um maior efeito tônico vagal sob o coração.

A frequência cardíaca de um jovem adulto em condições normais e no repouso é de aproximadamente 70 batimentos por minuto (bpm). A mesma pode ser elevada entre 180 e 225 bpm quando houver intensa excitação emocional ou física como, por exemplo, nas situações de estresse ou atividade física intensa. Da mesma forma, pode reduzir-se durante o sono a 50 bpm.

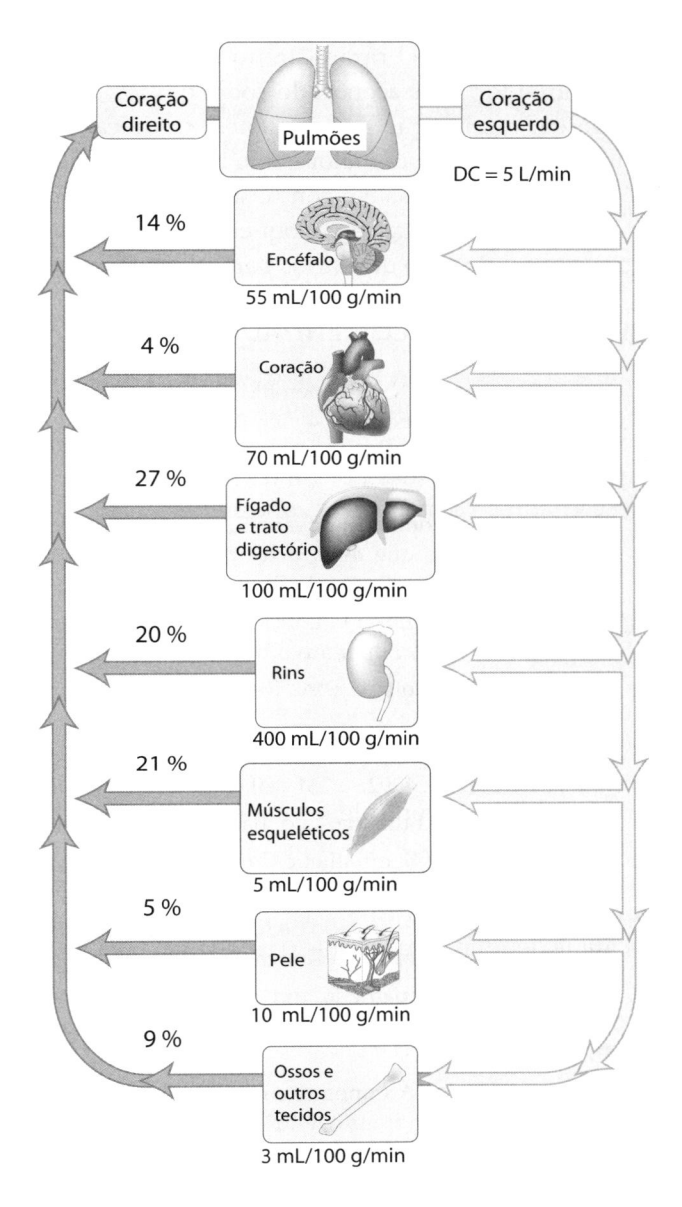

Figura 3.11. Pressão ao longo do sistema cardiovascular. Fonte: Adaptada de Fisiologia Humana – Silverthorn.

Sistema nervoso simpático

O SNAS atua no coração por intermédio do nervo cardíaco, que possui projeções para NSA, átrio e ventrículos.

Como é possível observar, as fibras simpáticas são amplamente distribuídas pelo coração, primeiramente atingem sua base e depois são distribuídas para ambos os lados, formando um verdadeiro plexo, penetrando no músculo cardíaco.

Suas fibras atuam por meio da liberação do neurotransmissor norepinefrina, também conhecida como noradrenalina. Seu efeito quando liberada e acoplada às células adjacentes é de aumentar a frequência cardíaca e a força de contração do coração (contratilidade).

Há um domínio na distribuição anatômica das fibras simpáticas sobre o NSA (localizado no átrio direito). Sendo assim, quando estimulado possui maior efeito sobre a frequência cardíaca por ser a região que possui as células marca-passo, responsáveis pela origem e frequência de disparo do potencial de ação. Por outro lado, a inervação esquerda exerce maior efeito sobre a contratilidade.

Os efeitos simpáticos no coração resultam da ativação dos receptores β (mais especificamente sobre o tipo β_1) adrenérgicos acoplados a um segundo mensageiro (ou seja, a uma proteína G). Embora seus efeitos sejam muito complexos, eles provavelmente ocorrem por causa de um estímulo inicial do receptor pelo seu neurotransmissor, a noradrenalina. Isso resulta em ativação da proteína G do tipo estimulatória ligada a uma enzima adenilato ciclase.

Quando essa enzima é estimulada, ela produz um aumento do AMPc intracelular, responsável por aumentar as correntes de cálcio na célula miocárdica. Com isso, os principais efeitos simpáticos são: aumento da força de contração, também conhecida como efeito inotrópico positivo; aumento da frequência cardíaca (efeito cronotrópico positivo); aumento do automatismo; e redução da eficiência cardíaca, por aumentar o consumo de O_2 pelas células miocárdicas (Figura 3.12).

No repouso, a frequência de disparo do nervo cardíaco é menor do que a frequência de disparo do nervo vago exercida pelo SNAP. Em condições normais, as fibras simpáticas que inervam o coração são parcialmente inibidas. Elas disparam continuamente em baixa frequência a fim de manter o batimento cardíaco aproximadamente 30% acima do valor encontrado em uma situação de total inibição do SNAS.

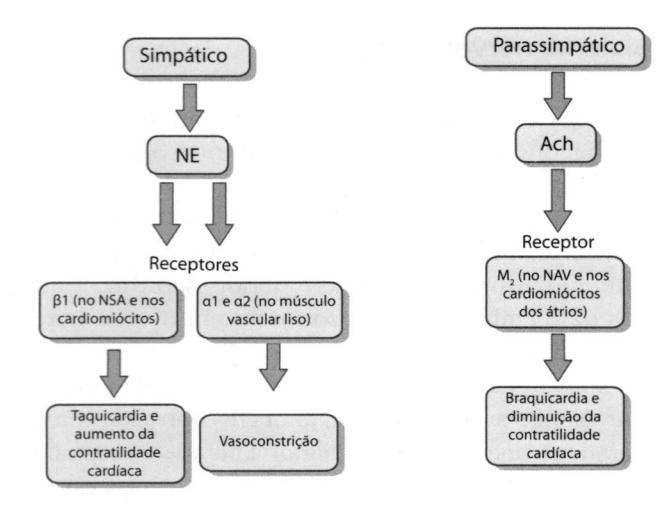

Figura 3.12. Respostas cardiovasculares induzidas pela ativação simpática e parassimpática. Adaptada de Boron e Boulpaep: Medical Physiology.

Sistema nervoso autônomo parassimpático

Geralmente, os efeitos do SNAP são opostos aos da estimulação simpática. As fibras parassimpáticas do nervo vago são distribuídas principalmente na região dos átrios, mais precisamente penetrando o epicárdio próximo ao NSA e ao NAV, e apenas uma pequena parcela é distribuída para os ventrículos. Dessa forma, por sua distribuição anatômica bilateral ser do tipo assimétrica, as fibras do nervo vago direito afetam diretamente o disparo do NSA, enquanto as fibras do nervo vago esquerdo exercem maior influência sobre o tecido especializado em condução: o NAV.

Os efeitos do SNP ocorrem pela estimulação dos receptores muscarínicos (do tipo M_2) por meio da ligação com seu neurotransmissor. As fibras parassimpáticas utilizam a acetilcolina como neurotransmissor, que é liberada pelas fibras vagais e se ligam aos receptores M_2. Esses, por sua vez, estão acoplados a um segundo mensageiro, que no caso do SNP é uma proteína G do tipo inibitória. Essa proteína, acoplada à enzima adenilato ciclase, ao ser ativada, inibe a estimulação da enzima com consequente redução da formação de AMPc intracelular. Dessa forma, ocorrerá uma inibição da corrente lenta de cálcio para o interior da célula miocárdica, efeito contrário ao que ocorre na estimulação de receptores β_1 pelas fibras simpáticas. O receptor M_2 é capaz de ativar também um canal de potássio diretamente, permitindo, dessa maneira, uma corrente deste íon para fora da célula (corrente do tipo hiperpolarizante) que se opõe à corrente de entrada de íons Ca^{++} nas células marca-passo. Assim, o coração se torna mais lento e reduz sua capacidade de originar novo potencial de ação, ou seja, seu automatismo.

Em resumo, quando o SNP é estimulado, ele diminui a frequência cardíaca, bem como o automatismo, e também promoverá uma inibição da condução atrioventricular, afetando apenas minimamente a contratilidade da célula cardíaca.

A estimulação parassimpática pelo nervo vago, bem como o nervo cardíaco, possui diferença na distribuição anatômica de suas fibras para os dois lados do coração. O ramo direito do vago possui efeito inibidor mais acentuado sobre o NSA, resultando em diminuição da frequência cardíaca. Já o ramo esquerdo possui maior efeito inibidor sobre as células especializadas em condução, localizadas no NAV, podendo resultar em bloqueio da transmissão do potencial de ação dos átrios para os ventrículos.

BIBLIOGRAFIA RECOMENDADA

1. Berne RM, Levy MN, Koeppen BM, Staton BA. Fisiologia. 5.ed. Rio de Janeiro: Elsevier; 2004.

2. Boron WF, Boulpaep EL. Medical physiology. 2nd ed. Saunders; 2009.

3. Campos RR, Colombari E, Cravo S, Lopes OU. Hipertensão arterial: o que tema dizer o sistema nervoso. Rev Bras Hipertens. 2001;8:41-54.

4. Campos RR, Colombari E, Lopes OU. Controle central da pressão arterial. Hiper ativo. 1995;3:45-52.

5. Constanzo LS. Fisiologia. 3.ed. Rio de Janeiro: Elsevier; 2007.

6. Cowley Aw. Long-term control of arterial blood pressure. Physiol Rev. 1992;72:231-300.

7. Fox IS. Fisiologia humana. 7.ed. Barueri: Manole; 2007.

8. Guyenet PG. The Sympathetic Control Of Blood Pressure. Neuroscience. 2006;7:335-46.

9. Guyton AC, Hall JE. Tratado de fisiologia médica. 9.ed. Rio de Janeiro: Guanabara Koogan; 1997.

10. Katona et al. Sympathetic and parasympathetic cardiac control in athletes and nonathletes at rest. J Appl Physiol.1982;52:1652-7.

11. Levy and Zieske. Autonomic control of cardiac pacemaker activity and atrioventricular transmission. J Appl Physiol.1969;27:465-70.

12. Lurie Y, Loebstein R, et al. Warfarin and vitamin K intake in the era of pharmacogenetics. Br J Clin Pharmacol. 2010;70(2):164-70.

13. Michelini LC. Regulação da pressão arterial: mecanismos neuro-hormonais. In: Aires MM (org.). Fisiologia. 3.ed. Rio de Janeiro: Guanabara Koogan; 2008. p.571-93.

14. Michelini LC. Regulação momento a momento da pressão arterial na normotensão e hipertensão. Hipertensão. 2000;3(3):90-8.

15. Rang HP, Dale MM. Farmacologia. 6.ed. Rio de Janeiro: Guanabara Koogan; 2007.

16. Santos AS, Silva AC. Controle humoral da pressão arterial. Hiperativo. 1995;3:15-21.

17. Tyreplett DA. Coagulation and bleeding disorders: review and update. Clin Chem. 2000;46:1260.

SEÇÃO II
DOENÇAS CARDÍACAS

4

INSUFICIÊNCIA CORONARIANA E INFARTO AGUDO DO MIOCÁRDIO

JOÃO FERNANDO MONTEIRO FERREIRA
LUIZ ANTÔNIO MACHADO CÉSAR

RESUMO

As doenças cardiovasculares de origem aterosclerótica são as principais causas de morte, com destaque para a doença coronária, sendo obstrução por placa de aterosclerose a origem mais comum da insuficiência coronariana.

A síndrome coronária aguda (SCA) se caracteriza pelo desbalanço entre a oferta e o consumo de oxigênio resultante da redução da perfusão miocárdica por um trombo que leva a oclusão parcial ou total sobre uma placa aterosclerótica instável. A abordagem da SCA no pronto-socorro, tanto para o diagnóstico quanto para a estratificação de risco, baseia-se em quatro elementos: história, exame físico, eletrocardiograma e marcadores bioquímicos. Por meio destes, é possível definir rapidamente a forma de abordagem desses pacientes, classificando-os em classes que orientarão a terapêutica. O tratamento da SCA visa fundamentalmente à reperfusão coronária, à estabilização da placa aterosclerótica, ao alívio dos sintomas isquêmicos e à prevenção de eventos como arritmia, recorrência de isquemia, infarto, necessidade de revascularização de urgência e morte. Para tanto, utilizam-se fibrinolíticos, intervenção percutânea, antitrombóticos (antiplaquetários e antitrombínicos) e antianginosos.

As apresentações clínicas da insuficiência coronariana crônica são *angina pectoris*, isquemia silenciosa e o equivalente isquêmico. A história clínica é fundamental na avaliação do paciente, associada à presença dos fatores de risco, permitindo estimar a probabilidade de doença coronária. Caracterizado o diagnóstico de angina estável, procede-se à estratificação de sua gravidade e risco, habitualmente utilizando exames complementares como eletrocardiograma, teste ergométrico e exames de imagem. A estratificação de risco é fundamental por sua implicação terapêutica. Pacientes estratificados como de baixo risco podem ser seguidos clinicamente em uso de medicações antianginosas, AAS e prevenção secundária, sem a necessidade de abordagem invasiva. Nos casos refratários ou de risco, podem ser indicados procedimentos de revascularização do miocárdio (cirúrgico ou por cateter), conforme o achado da anatomia coronária e função ventricular.

INTRODUÇÃO

As doenças cardiovasculares de origem aterosclerótica são a principal causa de morte e invalidez no Brasil e no mundo, com destaque para a doença coronária. Na Europa, estima-se que existam por volta de 8 milhões de indivíduos com angina do peito; nos Estados Unidos da América, esse número está em torno de 12 milhões, com uma incidência anual de 150.000 novos casos. Os dados do DATASUS mostram que, no Brasil, houve 140.000 óbitos por doença coronária, o que permite inferir que aconteceram pelo menos 250.000 infartos no ano. Considerando as proporções com outros países, temos pelo menos um milhão e meio de pacientes com angina e, no mínimo, 50.000 novos casos ao ano.

A insuficiência coronária (ICO) se caracteriza por um desequilíbrio entre a oferta e o consumo de oxigênio (O_2) pelo miocárdio consequente a alterações em qualquer ponto da circulação coronária, desde a origem das artérias coronárias até distúrbios da microcirculação. Pode ser classificada conforme sua apresentação clínica – aguda/instável ou crônica/estável ou pela fisiopatologia – obstrutiva ou não obstrutiva, conforme a presença ou ausência de redução da luz da artéria coronária (Tabela 4.1). O principal processo etiopatogênico da doença coronária é a forma obstrutiva pela aterosclerose.

Os chamados fatores de risco para a doença aterosclerótica têm papel fundamental tanto na etiopatogenia, como na determinação da suspeita diagnóstica e para a abordagem terapêutica, assumindo importância capital para a prevenção primária ou secundária. Os principais fatores de risco para doença coronária estão descritos na Tabela 4.2.

Tabela 4.1 Classificação da insuficiência coronariana

Aguda ou instável
Angina instável
Infarto agudo do miocárdio sem supradesnível do segmento ST
Infarto agudo do miocárdio com supradesnível do segmento ST

Crônica ou estável
Angina pectoris de esforço
Equivalente isquêmico
Isquemia silenciosa

Tabela 4.2 Fatores de risco para doença aterosclerótica coronária

Tradicionais
Sexo – idade
Dislipidemia
Tabagismo
Síndrome metabólica – diabete melito – resistência à insulina
Hipertensão arterial
História familiar de doença coronária precoce

Novos fatores
Homocisteína
Lp (a)
Marcadores inflamatórios (PCR-fibrinogênio)
Função fibrinolítica
Infecção (*Clamydia pneumoniae*, citomegalovírus)

INSUFICIÊNCIA CORONARIANA AGUDA

A origem mais comum das síndromes coronárias agudas (SCA) é a doença aterosclerótica coronária, com desbalanço entre oferta e consumo de oxigênio resultante da redução da perfusão miocárdica por um trombo que leva a oclusão parcial ou total sobre uma placa aterosclerótica instável. A apresentação clínica das SCA é bastante heterogênea, sendo muitas vezes difícil sua diferenciação com outras formas de dor torácica de etiologia não coronariana. Além disso, é variável o prognóstico conferido pela síndrome quanto a eventos desfavoráveis, como infarto do miocárdio, óbito ou necessidade de revascularização de urgência. A diferenciação entre as apresentações está no grau de severidade da isquemia, detectado pelo eletrocardiograma e por métodos que confirmem o sofrimento e a necrose miocárdica – bioquímicos (troponinas e a isoforma MB da creatinina fosfoquinase) ou de imagem (ecocardiograma, cintilografia, ressonância nuclear magnética). Essa variabilidade orientará a escolha de local, o nível de monitorização e a terapêutica aplicada a cada paciente, sendo as estratégias de identificação, diagnóstico diferencial e estratificação muito importantes.

Quadro clínico

Tanto o diagnóstico quanto a estratificação do risco inicial das SCA baseiam-se em quatro elementos: história, exame físico, eletrocardiograma (ECG) e marcadores bioquímicos. Com a obtenção desses quatro elementos, é possível definir rapidamente a forma de abordagem dos pacientes, classificando-os em classes que orientarão a terapêutica: diagnóstico não coronariano, angina estável crônica, SCA possível e SCA definitiva.

A queixa mais comum é o desconforto precordial, que apresenta-se não só como dor, mas também como sensação de pressão, queimação ou peso. Dores em pontadas ou palpitações não caracterizam desconforto típico. O início pode ser súbito ou gradual com piora progressiva, com duração variável de minutos a horas. Dor precordial com duração contínua e muito prolongada se coloca contra o diagnóstico de origem coronariana. A localização em região retroesternal com irradiação ou com dor isolada em pescoço, mandíbula, epigastro, ombro ou braço esquerdo caracteriza a dor típica. Os fatores precipitantes de dor coronariana são: exercício, temperatura fria ou estresse emocional com fatores de alívio, como repouso ou nitroglicerina. Dor não relacionada ao exercício que piora com movimentação ou palpação local, mas melhora com antiácidos ou anti-inflamatórios, não é sugestiva de origem coronariana.

O exame físico para diagnóstico das SCA é pouco elucidativo. No momento da admissão, o doente pode se apresentar desconfortável, sudorético e taquipneico. Os achados de congestão ou edema pulmonar, sopro regurgitativo mitral novo, instabilidade hemodinâmica, bradicardia e presença de terceira bulha identificam pacientes de alto risco. O exame físico também pode colaborar para o diagnóstico diferencial da dor torácica.

Eletrocardiograma

Todos os pacientes com suspeita de SCA devem realizar um eletrocardiograma (ECG) em até 10 minutos de sua chegada ao hospital. O ECG é o melhor instrumento de estratificação de risco para o médico socorrista na avaliação inicial de pacientes com dor torácica. Pacientes com supradesnível de segmento ST acima de 0,1 mV em 2 ou mais derivações correlatas (Figura 4.1) recebem o diagnóstico de infarto agudo do miocárdio com supradesnível

do ST (IAMCSST) e devem ser avaliados para terapia de reperfusão imediata (trombólise química ou angioplastia primária). Os pacientes com ECG normal ou alterações que não o supradesnível do ST são considerados SCA sem supradesnível do segmento ST (SCASSST), que conforme a documentação de necrose miocárdica, irá comportar os diagnósticos de angina instável (AI) ou infarto agudo do miocárdio (IAM) sem supradesnível do segmento ST (Figura 4.2).

Embora o ECG normal durante o episódio de dor não exclua a presença de SCA, seu achado indica um fator a favor de baixa probabilidade de DAC ou baixo risco para DAC estabelecida. Inversões de onda T maiores de 0,2 mV ou ondas Q patológicas (maior que 0,04 segundos ou maior que 25% da amplitude de R) configuram fator de risco intermediário. Presença de arritmias como fibrilação atrial, taquicardia ventricular ou fibrilação ventricular, embora não sejam diagnósticas, podem fornecer elementos para suspeita de evento isquêmico agudo e estão associadas a pior prognóstico.

Marcadores bioquímicos

Os marcadores bioquímicos de lesão miocárdica e isquemia são elementos fundamentais na di-

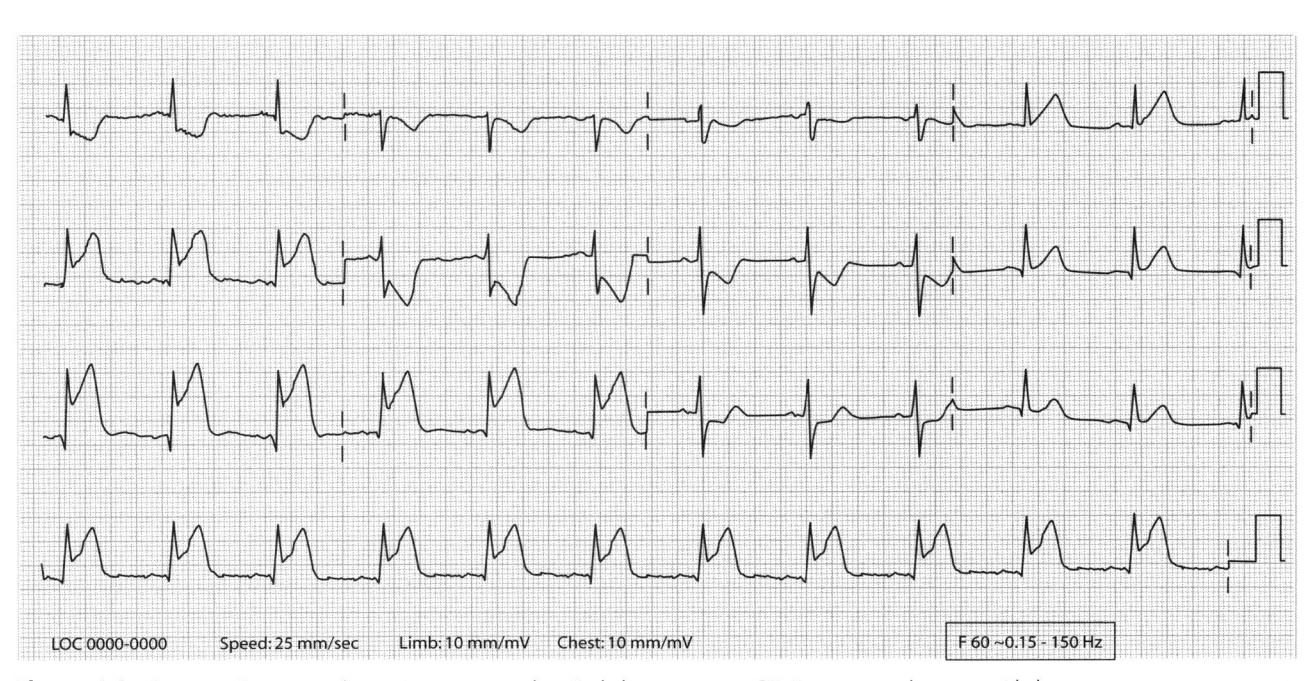

Figura 4.1 Eletrocardiograma de IAM com supradesnível do segmento ST. Fonte: arquivo pessoal dos autores.

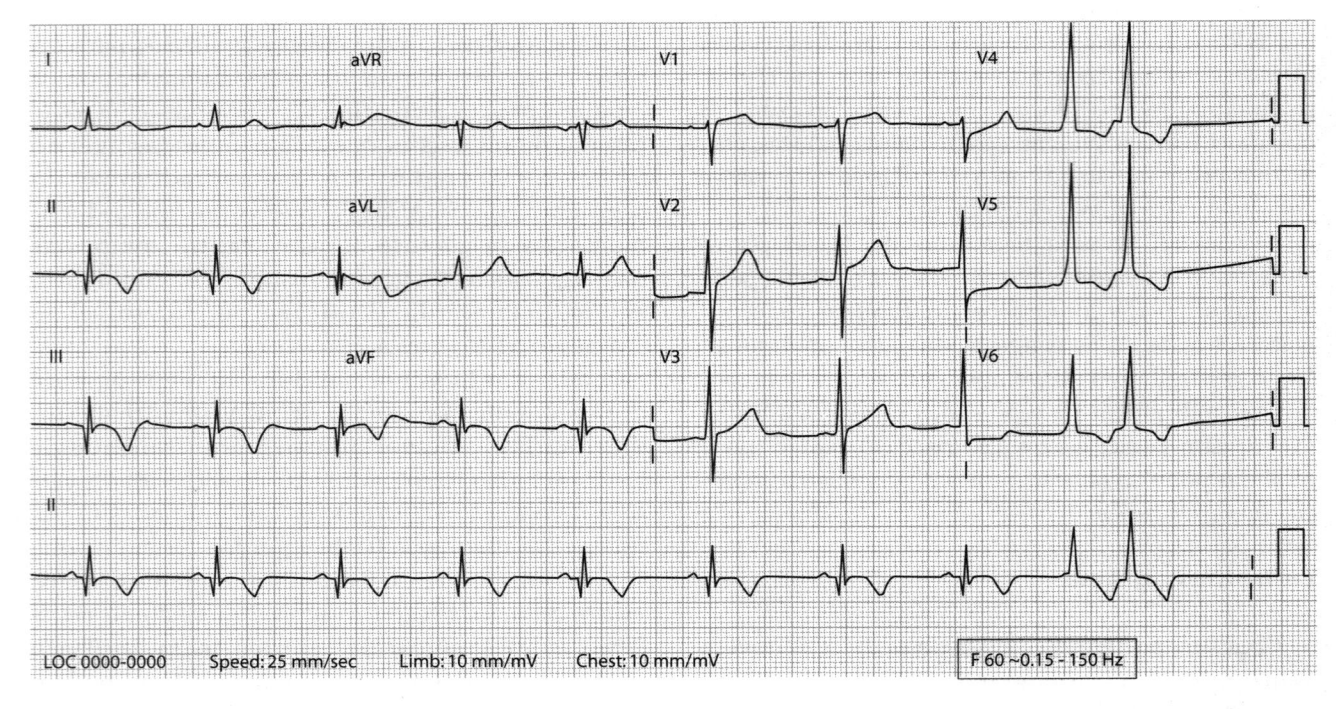

Figura 4.2 Eletrocardiograma de SCA sem supradesnível do segmento ST. Fonte: arquivo pessoal dos autores.

ferenciação entre angina instável e infarto agudo do miocárdico sem supradesnível de segmento ST, além de também conferir dados diagnósticos e prognósticos para ambas as situações. Os dois marcadores de escolha são a CK-MB e as troponinas T (TnT) e I (TnI).

A CK-MB usualmente é medida por meio de sua atividade, mas a utilização de método por imunoensaio com a determinação da CK-MB massa mostrou melhor sensibilidade e especificidade, sendo ambas detectadas no sangue após 6 horas do evento isquêmico. Seus níveis se correlacionam com a extensão do IAM, podendo também ser usados como marcadores de reinfarto. O principal problema com a CK-MB é sua elevação com lesões em outros músculos esqueléticos e lisos.

As troponinas compreendem as subunidades T e I e são mais sensíveis e específicas que a CK-MB para detecção de lesão miocárdica, podendo detectar lesões pequenas que não seriam identificadas pela CK-MB. Ambas as subunidades têm o mesmo nível de sensibilidade e especificidade (90 e 97%, respectivamente) e permanecem elevadas até 14 dias após o evento isquêmico agudo, sendo também detectadas a partir de 6 horas.

Abordagem da SCA na admissão

Os pacientes que forem classificados com diagnóstico não cardíaco ou com angina estável crônica interromperão sua investigação cardiológica no pronto-socorro. Para aqueles classificados como SCA possível (pacientes com dor recente, não totalmente caracterizada como dor típica com marcadores e ECG normais) ou definida (pacientes com DAC definido) com risco baixo podem permanecer em observação com monitorização cardíaca e repetidas medidas de marcadores bioquímicos e ECG. Caso os dois testes sejam normais, os pacientes podem ser submetidos a testes provocativos de isquemia, como o teste de esforço ou a cintilografia, ainda no pronto-socorro ou em retorno ambulatorial breve em até 72 horas. Esses pacientes são os que se enquadram no conceito das unidades de dor torácica, protocolos de atendimento nas unidades de emergência, que visam identificar pacientes com suspeita ou apresentação de baixo risco de SCA, que, sendo submetidos a um esquema seguro e eficaz, podem-se selecionar os casos que seriam erroneamente dispensados ou desnecessariamente internados, permitindo alta precoce, evitando mortes e diminuindo custos.

Os pacientes que apresentam dor torácica anginosa associada à presença de supradesnível do segmento ST ou bloqueio novo do ramo esquerdo ao ECG têm o diagnóstico imediato de IAMCSST, estando indicada instituição prioritária de terapia de reperfusão por trombólise química ou angioplastia primária, conforme as características do paciente e do serviço no qual está sendo atendido.

Já os pacientes em que se configura na admissão o diagnóstico de SCASSST de risco intermediário e alto devem ser admitidos para tratamento hospitalar, com otimização da medicação. A Tabela 4.3 indica as características para a avaliação do prognóstico da SCA.

Tratamento da SCA

O tratamento das síndromes coronárias agudas visa fundamentalmente à estabilização da placa aterosclerótica, ao alívio dos sintomas isquêmicos e à prevenção de eventos como arritmia, recorrência de isquemia, infarto, necessidade de revascularização de urgência e morte (Figura 4.3).

A identificação do portador de SCA de alto risco, por meio de história clínica e exame físico, determina a instituição de atendimento em sala de emergência até posterior triagem para se determinar a admissão em unidade de dor torácica, coronária ou intensiva. O paciente que na avaliação inicial for considerado provavelmente ou definitivamente na vigência de SCA deve ser submetido a medidas imediatas (< 10 minutos) como oferta de oxigênio, acesso intravenoso disponível, monitorização cardíaca contínua e monitorização de sinais vitais como pulso, pressão arterial e oximetria de pulso. Destaca-se a indicação classe I da rápida obtenção e interpretação do ECG de doze derivações em até 10 minutos. Os pacientes com diagnóstico de IAMCSST devem ter priorizado a terapia de reperfusão; os pacientes com ECG sem supradesnivelo do ST manterão o tratamento medicamentoso inicial. A estratificação do risco desses pacientes é um processo contínuo iniciado na sala emergência e complementado durante a internação, sendo fundamental para determinar as estratégias de tratamento na SCSASST. No IAMCSST, sua aplicação é muito restrita, já que esse diagnóstico por si só indica paciente com alto risco e que a maioria dos critérios existentes foram desenvolvidos antes da utilização disseminada das técnicas de reperfusão.

A coleta de sangue para análise bioquímica deve ser realizada ainda na sala de emergência, incluindo a dosagem de marcadores bioquímicos. A realização

Tabela 4.3 Estratificação do risco de morte ou IAM não fatal em pacientes com SCA

Característica	Alto risco	Risco intermediário	Baixo risco
História	Angina progressiva nas últimas 48 horas Dor precordial mantida > 20 min	Antecedente de IAM, RM, DAC ou doença vascular periférica Dor precordial > 20 min resolvida ou < 20 min com resolução com nitroglicerina	Angina início recente não prolongada
Exame físico	Insuf. mitral transitória Hipotensão Estertores Edema agudo do pulmão Idade > 75 anos	Idade > 70 anos	
ECG	Alt. segmento ST > 0,05 mV BRE novo TVS	Inversão transitória de onda T > 0,02 mV Onda Q patológica	ECG normal ou achatamento da onda T durante dor precordial
Marcadores bioquímicos	Elevação troponina ou CK-MB	Troponina entre 0,01 e 0,1 ng/mL	Normal

Fonte: ACC/AHA 2007 Guidelines for the management of patients with unstable angina/non-ST-elevation myocardial infarction. A report of the American College of Cardiology/American Heart Association Task Force on Practice Guidelines (Writing Committee to Revise the 2002 Guidelines for the Management of Patients With Unstable Angina/Non–ST-Elevation Myocardial Infarction). JACC. 2007;50(7).

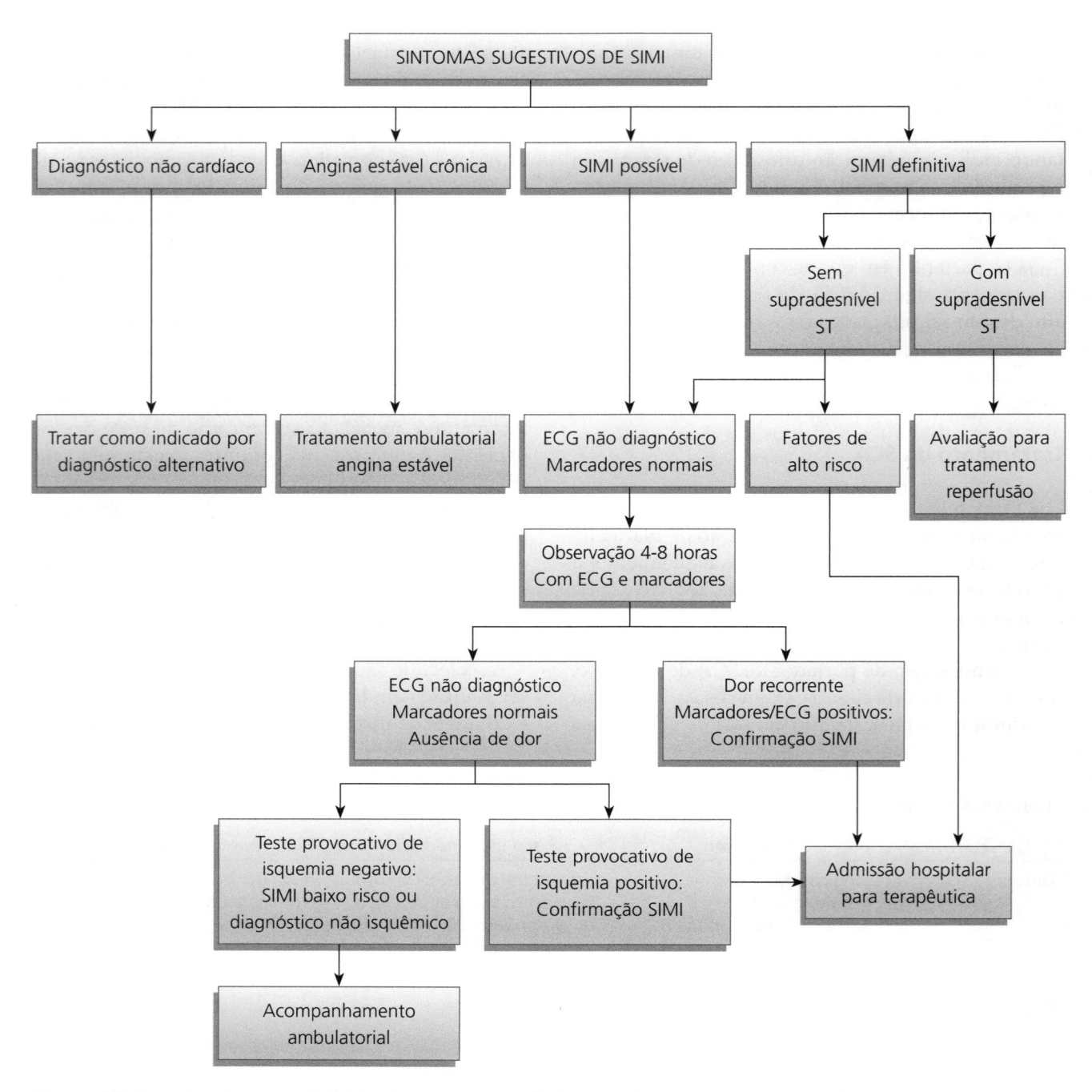

Figura 4.3 Estratégia de manuseio inicial da SCA. Fonte: Pollack CV, Gibler WB. 2000 ACC/AHA Guidelines for the management of patients with unstable angina and non-ST-segment elevation myocardial infarction: a practical summary for emergency physicians. Annals of Emergency Med. 2001; 38:229-240.

de radiografia do tórax, senão imediatamente, é indicada o mais rápido possível para todos os pacientes e pode fornecer informações importantes, como alterações na área cardíaca, visualização de sinais de congestão pulmonar, alterações pulmonares ou

presença de alargamento de mediastino, que pode sugerir presença de patologias de aorta.

No momento do diagnóstico da SCA na unidade de emergência, após ser protegido com monitorização eletrocardiográfica e acesso venoso, o paciente deverá receber tratamento medicamentoso geral inicial, enquanto se providencia a realização do ECG e dos demais procedimentos de diagnóstico e estratificação. Esses medicamentos atuam promovendo imediata ação sobre o trombo intracoronário e proteção da célula miocárdica contra a hipóxia, recebendo a denominação mnemônica de MONABC: morfina – oxigênio – nitrato – AAS – betabloqueador – clopidogrel.

O uso de sedação e analgesia tem como objetivo reduzir o tônus simpático, o que leva a taquicardia sinusal, hipertensão arterial, aumento de contratilidade miocárdica e propensão a arritmias ventriculares. O sulfato de morfina é medicação amplamente utilizada e padronizada para analgesia nesses pacientes. Apresenta como efeitos indesejáveis: depressão respiratória, vômitos e hipotensão arterial.

A administração rotineira de oxigênio através de cateter nasal está indicada nas primeiras horas, devendo ser mantido naqueles cuja saturação de oxigênio é inferior a 90%, seja por congestão pulmonar ou doença pulmonar.

Os nitratos agem na redução da pré e da pós-carga por seu efeito dilatador venoso e arterial, diminuindo assim o retorno venoso e a pressão de enchimento do ventrículo esquerdo, aliviando o estresse de parede e promovendo menor consumo de oxigênio pelo miocárdio e aumento do fluxo coronariano. A redução da pós-carga, com diminuição da resistência periférica e da pressão arterial, aliviam também a sobrecarga ventricular.

O AAS promove inibição da agregação plaquetária e vasoconstrição, com redução de mortalidade de 23 a 42%. O AAS é, portanto, medicação essencial no manuseio do paciente portador de SCA, devendo ser utilizada como classe I, desde o primeiro dia após IAM até indefinidamente. O clopidogrel é a droga antiagregante plaquetária mais recentemente incorporada após os resultados do estudo CURE, CLARITY e COMMIT, que demonstraram a proteção da associação do clopidogrel com o AAS com redução de 20 a 30% de eventos sem riscos maiores de sangramento, determinando a indicação precoce do uso dessa medicação.

Os betabloqueadores são fármacos que reduzem o inotropismo e cronotropismo e, assim, diminuem o consumo de O_2 do miocárdio, além do fato de a redução na frequência cardíaca aumentar o tempo diastólico e, consequentemente, a perfusão corona-

riana. A administração precoce de betabloqueadores no IAM reduz a área de infarto e a incidência de eventos arrítmicos. O uso de betabloqueadores na fase precoce após IAM (até 12 horas) é preconizado como classe I, independente da realização de trombólise ou angioplastia primária. Em pacientes com insuficiência cardíaca devem ser utilizados com cautela, não devendo ser administrados em pacientes com falência ventricular importante.

A Tabela 4.4 resume as principais medidas farmacológicas no tratamento da SCA.

Tabela 4.4 Medidas farmacológicas na SCA

Repouso e monitorização eletrocardiográfica
– Oxigênio suplementar nas primeiras horas – Por tempo indefinido em pacientes com dispneia, saturação de $O_2 < 90\%$, ou risco de desenvolver hipoxemia

Antianginosos
– Nitrato sublingual a cada 5 minutos com o total de 3 doses, após pode-se utilizar por via endovenosa; nitrato endovenoso por 48 horas em pacientes com isquemia – Persistente, insuficiência cardíaca ou hipertensão – Betabloqueador por via oral deve ser iniciado nas primeiras 24 horas, salvo contraindicação – Antagonistas do canal de cálcio de longa ação em pacientes com contraindicação de betabloqueador

Antiagregantes plaquetários
– AAS deve ser administrado assim que possível e mantido indefinidamente – Terapia antiplaquetária deve ser dupla com adição de clopidogrel ou inibidor da GPIIb/IIIA antes do estudo hemodinâmico.

Terapia antitrombótica
– Administrada conjuntamente com antiagregante plaquetário: enoxaparina ou heparina não fracionada ou fondaparinux – Heparina de baixo peso molecular pode ser associada à terapia fibrinolítica em pacientes com idade < 75 anos, sem disfunção renal (creatinina sérica < 2,5 mg/dL homem – 2,0 mg/dL mulher)

Inibidor da ECA
– Nas primeiras 24 horas nos casos de disfunção ventricular, congestão pulmonar. – Pacientes com indicação de cirurgia de revascularização do miocárdio deverão ter suspenso o clopidogrel pelo menos 5 dias, preferencialmente 7 dias, antes do procedimento

Estratificação invasiva *versus* conservadora na SCASSST

Houve muita discussão a respeito da melhor forma de estratificação de pacientes com SCA sem supradesnível de ST. A coronariografia precoce apresenta vantagens, como identificar os 10 a 15% de pacientes que não apresentam estenoses coronárias significativas e que podem receber alta hospitalar precocemente, ou os aproximadamente 20% que têm lesão de tronco de coronária esquerda ou acometimento triarterial com disfunção de ventrículo esquerdo, que a princípio se beneficiam de tratamento cirúrgico. A revascularização precoce também pode reduzir o número de hospitalizações subsequentes e a quantidade de medicação antianginosa. No entanto, a coronariografia e tratamentos de revascularização miocárdica são procedimentos invasivos, não isentos de riscos e com custos elevados. Após inúmeros estudos desenhados para responder essa questão, a tendência atual é indicar angiografia coronária de rotina em pacientes com SCASSST de alto risco em até 48 horas da admissão. Para os pacientes que não se encaixam nas categorias de alto risco, a estratificação com exames não invasivos é aceitável como alternativa ao cateterismo cardíaco.

Terapia de reperfusão no IAMCSST

A reperfusão miocárdica pode ser realizada com a utilização de medicamentos – agentes fibrinolíticos, ou com intervenções mecânicas – angioplastia primária com balão e implante de *stents*. Quanto mais precoce for instituída a reperfusão, mais músculo cardíaco será salvo de necrose, repercutindo diretamente na mortalidade destes pacientes.

Reperfusão química

Fibrinólise

A terapia fibrinolítica aumenta a sobrevida de pacientes com IAMCSST, conforme metanálise dos nove maiores estudos clínicos com terapia fibrinolítica. Encontrou-se redução significativa de 18% na mortalidade em 30 dias, quando comparada ao placebo (9,6 *versus* 11,5%, respectivamente). Os fibrinolíticos são benéficos em pacientes com dor sugestiva de IAM, com duração > 20 minutos e < 12 horas de duração, não responsiva a nitrato SL, com supradesnível do segmento ST > 1 mm em pelo menos duas derivações que explorem a mesma parede nas derivações periféricas, e/ou com supradesnível > 2 mm, em pelo menos duas derivações contíguas no plano horizontal ou com bloqueio de ramo que dificulte a análise do segmento ST. Para aplicação do medicamento, não é necessária a presença de dor quando da avaliação do paciente. A Tabela 4.5 resume as indicações para a sua utilização. Os benefícios são menos importantes ou inexistentes em pacientes com dor sugestiva de IAM e duração entre 12 e 24 horas.

A estreptoquinase (SK) é o principal representante da primeira geração, e continua sendo o agente mais utilizado no mundo. Está associada a um rápido aumento de anticorpos neutralizantes, os quais tornam a sua repetição impraticável, a não ser que realizada precocemente após a dose inicial. Febre, reações alérgicas, sangramentos menores, hipotensão e/ou bradicardia são efeitos colaterais bem conhecidos e podem ser contornados com reposição de líquidos intravenosos, atropina e redução na administração de nitroglicerina. A dose empregada é a de 1.500.000 U intravenosa administrada em 30 a 60 minutos. A segunda geração de agentes diferencia-se por ser fibrino-específica e é constituída pelo ativador do plasminogênio tecidual (tPA ou alteplase), tendo sido desenvolvida para evitar o estado de lise sistêmica que causa a depleção do fibrinogênio circulante e do plasminogênio. Apesar da especifi-

Tabela 4.5 Indicação para terapia de reperfusão com fibrinolíticos

Dor precordial condizente com IAM
– Dor prolongada > 20 minutos – Sem melhora com o uso de nitratos
Nova, ou presumivelmente nova, alteração no ECG
– Supradesnível do segmento ST > 1 mm em 2 derivações – Bloqueio completo de ramo esquerdo
Tratamento dentre as 12 primeiras horas do início dos sintomas
– Maior benefício se < 6 horas

Fonte: Fibrinolytic Therapy Trialist' (FTT) Collaborative Group: Indications for fibrinolytic therapy in suspected acute myocardial infarction: Collaborative overview of early mortality and major morbidity results from all trials of more than 1.000 patients. Lancet. 1994;343:311-22.

cidade, o risco de acidente vascular cerebral (AVC), em pacientes com idade superior a 70 anos, é levemente superior com o alteplase (2,7%) do que com a SK (1,6%). A dose do tPA no regime acelerado é 15 mg em *bolus*, seguido de 0,75 mg/kg (máximo 50 mg) em 30 minutos e 0,5 mg/kg (máximo 30 mg) nos próximos 60 minutos, perfazendo uma dose máxima de 100 mg em 90 minutos. O principal representante dos agentes fibrinolíticos de terceira geração é o tenecteplase (TNK-tPA), mutante do tPA com alta seletividade à fibrina, que tem como grande diferencial ser administrado em dose única bolus.

Há maior risco de sangramento com a utilização de fibrinolíticos, sendo a hemorragia intracraniana (HIC) a principal complicação. Geralmente, a maioria dos episódios é de sangramentos pequenos e ocorrem em locais de acesso vascular. Portanto, deve haver uma seleção cuidadosa dos pacientes com predisposição para sangramentos, avaliando-se as contraindicações ao uso de trombolíticos (Tabela 4.6).

Reperfusão mecânica

Angioplastia transluminal coronária primária

A angioplastia transluminal coronária (ATC) primária, quando comparada à terapia de reperfusão com fibrinolíticos, apresenta maior taxa de patência da artéria relacionada ao infarto, aumenta a sobrevida e reduz as taxas de reinfarto e de AVC, particularmente nos pacientes com contraindicação para a fibrinólise, idosos (acima de 70 anos) e em choque cardiogênico. Entretanto, as taxas de isquemia e reinfarto ocorrem, respectivamente, entre 10 e 15% e de 3 a 5% dos pacientes em um mês. Re-estenose tardia ou reoclusão da artéria relacionada ao infarto se desenvolve em até 50 e 10%, respectivamente; eventos que aumentam a morbidade, mortalidade e custos.

Assim como na fibrinólise, os benefícios da ATC primária são tempo-dependentes. Em uma análise da relação "porta-balão" e taxas de mortalidade em 27.080 pacientes com IAM tratados com ATC primária, uma demora no tempo "porta-balão" maior que 2 horas foi associada a aumento na mortalidade de 40 a 60%. Atualmente, considera-se padrão a realização da angioplastia coronária com implante concomitante dos *stents*, resultando em menor risco de re-estenose na artéria coronária comprometida, quando comparado à ATC isolada.

Tabela 4.6 Contraindicações à terapia fibrinolítica

Contraindicações absolutas
– Acidente vascular cerebral hemorrágico prévio
– Aneurisma ou neoplasia intracraniana
– Sangramento interno ativo (exceto menstruação)
– Suspeita de dissecção de aorta
– Traumatismo craniano recente
– Gravidez
– Ressuscitação cardiorrespiratória traumática (fratura de costelas, pneumotórax, intubação orotraqueal traumática etc.)
– Outras doenças que cursem com aumento de risco de sangramento
– Doenças que diminuam importantemente a expectativa de vida do paciente (coma, septicemia etc.)

Contraindicações relativas
– Hipertensão arterial sem controle (> 180/110 mmHg) na apresentação
– Anticoagulação com INR > 2 a 3
– Hipertensão arterial grave mantida apesar do alívio da dor e das medidas iniciais (≥180 mmHg de sistólica e/ou ≥110 mmHg de diastólica)
– Trauma ou grande cirurgia (inclusive neurocirurgia) nas últimas 4 semanas
– Insuficiência hepática ou renal
– Ressuscitação cardiopulmonar prolongada (>10 minutos) não traumática
– História de hipertensão arterial grave
– Punção de vasos não passíveis de compressão

Fonte: ACC/AHA Guidelines for the management of patients with unstable angina/non-ST-elevation myocardial infarction. A report of the American College of Cardiology/American Heart Association Task Force on Practice Guidelines (Writing Committee to Revise the 2002 Guidelines for the Management of Patients With Unstable Angina/Non–ST-Elevation Myocardial Infarction). JACC. 2007;50(7).

Em decorrência dos resultados superiores obtidos com a intervenção coronária percutânea (ICP), no que se refere à patência e à mortalidade, tem sido proposto que pacientes atendidos em hospitais que não disponham de laboratório de hemodinâmica sejam transferidos para hospitais que disponham dessa facilidade, a fim de serem beneficiados pelo emprego dessa técnica. O grande desafio para essa técnica é a limitação imposta pelo tempo, nem sempre exequível no mundo real.

INSUFICIÊNCIA CORONARIANA CRÔNICA

Apresentação clínica

As apresentações clínicas da insuficiência coronariana crônica são a *angina pectoris*, a isquemia silenciosa, o equivalente isquêmico, a insuficiência cardíaca pela cardiopatia isquêmica e, excepcionalmente, arritmias.

A principal manifestação é a *angina pectoris*. Sua história clínica típica caracteriza-se por episódios transitórios de desconforto ou dor torácica na face anterior do tórax, geralmente retroesternal ou precordial, normalmente desencadeada pelo esforço físico. Pode irradiar para um ou ambos os braços (geralmente para o esquerdo), pescoço, mandíbula ou para a região posterior do tórax. Geralmente, duram de 5 minutos a 20 minutos, dependendo do que desencadeou o quadro. A dor, de intensidade variável, melhora ou cessa com repouso ou uso de nitrato sublingual, e a intensidade não se relaciona com maior ou menor comprometimento das artérias coronárias. Cansaço, dispneia e palpitações podem estar associados.

A isquemia silenciosa é caracterizada pela documentação de isquemia miocárdica por qualquer método (eletrocardiográfico ou de imagem) na ausência de sintomas. Os pacientes com episódios isquêmicos, mesmo que assintomáticos, têm pior prognóstico para eventos fatais e não fatais em relação aos pacientes livres de isquemia.

O equivalente isquêmico se caracteriza pela presença de algum sinal ou sintoma originado por um episódio de isquemia que não o quadro de dor torácica clássica descrita como *angina pectoris*. O quadro clínico mais frequente é a queixa de dispneia e sudorese desproporcionais ao esforço realizado.

Diagnóstico

A história clínica é o passo mais importante na avaliação de um paciente com dor torácica, que, associada à presença dos chamados fatores de risco para doença aterosclerótica, permite ao clínico estimar a probabilidade de ser doença coronária. O exame físico frequentemente é normal.

Uma vez caracterizado o diagnóstico de angina estável, é importante proceder à estratificação com relação a sua gravidade, sendo a classificação utilizada a da Canadian Cardiovascular Society, que a qualifica em classe I a IV (Tabela 4.7).

Tabela 4.7 Classificação da angina do peito da Sociedade Canadense de Cardiologia

I –	Atividades físicas comuns não causam angina; angina com esforço intenso e prolongado
II –	Leve limitação das atividades habituais
III –	Grande limitação das atividades habituais
IV –	Incapacidade de desempenhar qualquer atividade; angina de repouso

Exames complementares

1. Eletrocardiograma convencional: o ECG é exame obrigatório na avaliação da dor torácica, apesar de se encontrar anormalidades em apenas 50% dos casos, sendo mais comum as alterações da repolarização ventricular.
2. Eletrocardiograma de esforço: é o método complementar mais utilizado no diagnóstico, prognóstico e para a análise das formas de tratamento da insuficiência coronária crônica. Com sensibilidade de 55 a 70% e especificidade em torno de 85% é o método mais adequado para avaliação populacional. É importante salientar que esse teste permite reconhecer os pacientes de alto risco (testes alterados com carga baixa, presença de hipotensão e congestão pulmonar), mas pode deixar de confirmar o diagnóstico.
3. Ecocardiograma de repouso: o ecocardiograma pode ser útil para mostrar alterações da contratilidade segmentar miocárdica, que é compatível com sequela regional, característico da presença da doença coronária. Um exame normal não afasta a doença. De forma geral, o ecocardiograma de repouso tem importância no diagnóstico diferencial de precordialgia.
4. Provas funcionais com estresse: a realização de ecocardiograma com estresse e de cintilografia de perfusão miocárdica pode mostrar alterações sugestivas de isquemia. Constituem uma opção ao teste ergométrico nas situações em que há alterações eletrocardiográficas basais que dificultam a interpretação do teste (bloqueio de ramo esquerdo, sobrecarga de ventrículo esquerdo, ritmo de marca-passo, alterações de repolarização ventricular, efeito de digital) ou impossibilidade de realização de esforço. Apresentam acurácias diagnósticas semelhantes para a detecção de doença

coronária em pacientes estáveis, e sensibilidades e especificidades superiores ao teste de esforço convencional. Ambos têm a vantagem de localizar a área isquêmica, de estimar sua gravidade e extensão e ao mesmo tempo de avaliar a função do ventrículo esquerdo (informações relevantes para determinação do risco de eventos), além de informações sobre viabilidade miocárdica.

A cintilografia de perfusão miocárdica pode ser realizada com vários radiofármacos (geralmente tálio-201 ou tecnécio-99m) e pode ser feito estresse físico ou farmacológico (dá-se preferência ao estresse físico, principalmente quando a angina ocorre ao esforço). No ecocardiograma com estresse, o estresse geralmente é feito com dobutamina.

5. Eletrocardiografia dinâmica: a monitorização eletrocardiográfica de 24 horas (Holter) está indicada em pacientes com suspeita de angina de etiologia vasoespástica e no diagnóstico e quantificação da isquemia silenciosa.

6. Ressonância magnética: a ressonância magnética permite a análise de isquemia e viabilidade miocárdica. É possível detectar necrose e diferenciá-la de músculo isquêmico viável.

7. Tomografia computadorizada (TC): atualmente, a TC permite a obtenção do escore de cálcio e a obtenção de imagens coronárias, chamada de angiotomografia coronária. A presença de grandes cargas de cálcio detectadas pela determinação do escore de cálcio não deve ser utilizada como indicativo de coronariografia, e da mesma forma não está indicada para pacientes com baixo risco de doença coronária. O escore de cálcio é útil para melhorar a avaliação de indivíduos com risco intermediário pelo escore de risco de Framingham, possibilitando sua reclassificação como alto risco de eventos coronários. Com relação a angiotomografia coronária, ela deve ser utilizada apenas em situações especiais.

Estratificação do risco cardíaco

Após o diagnóstico, a estratificação de risco é fundamental por sua implicação terapêutica. Assim, em pacientes com diagnóstico firmado de insuficiência coronariana com apresentação clínica e exames caracterizados como baixo risco está indicado o tratamento medicamentoso, seguido de reavaliação por estratificação funcional. Os pacientes estratificados

como de baixo risco têm bom prognóstico e podem ser seguidos clinicamente sem a necessidade de cinecoronariografia ou tratamento invasivo.

Na avaliação do paciente, leva-se em conta o tipo de angina (conforme classificação de Braunwald), alterações ao ECG convencional, refratariedade à medicação, função ventricular esquerda e provas funcionais de isquemia. A Tabela 4.8 apresenta as características de alto risco coronário. Esses pacientes de alto risco devem ser encaminhados para a cineangiocoronariografia, para que os dados anatômicos, clínicos e funcionais associados possam determinar entre o tratamento medicamentoso e revascularização cirúrgica ou por cateter.

Tratamento

A angina estável é uma condição clínica bem definida, porém com espectro prognóstico variável. Seu tratamento tem os seguintes objetivos: alívio dos sintomas, redução de eventos mórbidos, tratar condições que promovam angina, modificar os fatores de risco e mudança no estilo de vida.

O tratamento da angina estável pode ser medicamentoso ou por procedimentos de revascularização do miocárdio (cirúrgico ou por cateter). A terapia medicamentosa é a primeira opção de tratamento, ficando a cineangiocoronariografia e a terapêutica invasiva reservadas para os pacientes considerados de alto risco ou refratários à medicação. Dessa forma, a estratificação do risco coronário na angina estável, distinguindo pacientes de baixo e alto risco, é fundamental para a manipulação e decisão da forma de tratamento a ser instituída.

O tratamento clínico é baseado nos seguintes pontos: identificação e tratamento de condições que

Tabela 4.8 Caracterização de paciente com alto risco coronário

- Angina refratária ao tratamento medicamentoso
- Presença de isquemia em múltiplas derivações do ECG convencional
- Função ventricular esquerda deprimida
- Alteração em prova funcional de isquemia, como o teste ergométrico e o estudo radioisotópico de cintilografia miocárdica (Tálio, Mibi): alteração do segmento ST com carga baixa, queda da pressão arterial durante o exercício, falha ao executar exercício de até 6 minutos, extensas áreas de isquemia à cintilografia miocárdica

provoquem/piorem a angina; antiagregantes plaquetários; fármacos antianginosos; e controle dos fatores de risco/prevenção secundária, que estão descritos a seguir:

1. Fatores desencadeadores ou que agravantes da isquemia miocárdica como hipertensão arterial, arritmias, anemia, tireotoxicose e outros estados hiperdinâmicos (febre, hipovolemia, choque) devem ser identificados e imediatamente tratados.
2. Antiagregantes plaquetários: o ácido acetil salicílico é efetivo nos pacientes com quadros coronarianos agudos, como a angina instável e infarto agudo do miocárdio. Posteriormente, demonstrou-se que o benefício do seu uso se estende para os pacientes com doença coronariana estável, reduzindo eventos primários (infarto agudo do miocárdio e morte súbita) e secundários (eventos vasculares, AVC e mortalidade geral). Portanto, está indicado na angina estável, na dose de 100-325 mg diários. O uso de clopidogrel ou ticlodipina é considerado como de segunda opção, no caso de contraindicação ao uso do ácido acetil salicílico.
3. Três classes de agentes são largamente utilizados, individualmente ou em associação: nitratos, betabloqueadores e bloqueadores de canal de cálcio, trimetazidina e ivabradina. A escolha do esquema terapêutico: todos os fármacos são efetivos, sem haver demonstração de superioridade de algum grupo sobre os outros. Entretanto, para o imediato alívio do episódio anginoso agudo, principalmente desencadeada por esforços, a única droga comprovadamente efetiva é a nitroglicerina sublingual ou forma *spray*. Assim, inicialmente é indicada a monoterapia com um desses fármacos, levando em conta o uso racional e a individualização do caso. A individualização do tratamento é baseada na presença de doenças associadas: uso de betabloqueadores em arritmias e hipertensão arterial; bloqueadores de canal de cálcio em espasmo coronário, doença pulmonar, vasculopatia arterial, hipertensão arterial; e nitratos em disfunção ventricular esquerda e espasmo coronário. Em casos refratários, pode se iniciar a bi ou triterapia, sendo que a associação nitrato com betabloqueadores se mostrou superior por aumentar a tolerância ao exercício. Portanto, deve se levar em conta a intensidade do sintoma, a função ventricular esquerda, as doenças associadas, os efeitos colaterais e a aderência do paciente para a escolha do esquema terapêutico.
4. Está bem estabelecido que as modificações dos fatores de risco é benéfica na redução da sua mortalidade e morbidade dos pacientes. Está bem estabelecido a importância do controle da pressão arterial e diabetes melito, diminuição dos níveis de colesterol (LDL < 100 mg/dL e HDL > 40 mg/d L), uso rotineiro de vastatinas independentemente do perfil lipídico, interrupção do tabagismo, que tem demonstrado aumentar a sobrevida e diminuir eventos coronários. O uso de inibidores de enzima de conversão são considerados com indicação classe I principalmente nos pacientes com diabetes melito ou disfunção ventricular esquerda, mas também considerados para os demais pacientes com diagnóstico de doença aterosclerótica coronária. A terapêutica de reposição hormonal em mulheres que já passaram pela menopausa não está no momento indicada, principalmente após a divulgação do estudo HERS, que demonstrou maior incidência de fenômenos trombóticos nas pacientes que iniciaram a reposição hormonal.

Tratamento por métodos invasivos

A revascularização do miocárdio por métodos invasivos é complementar ao medicamentoso, visando reduzir mortalidade e infarto, assim como melhora da qualidade de vida.

Há grande dificuldade para se interpretar resultados de estudos que comparam tratamento medicamentoso, revascularização cirúrgica e percutânea do miocárdio. Entretanto, mostra-se fundamental, na decisão do tratamento, a presença de isquemia em provas funcionais, disfunção ventricular esquerda, lesão de tronco de artéria coronária esquerda, sintomas não controlados com o tratamento, além dos risco inerentes a intervenção, como idade, comorbidades do paciente e experiência dos hemodinamicistas e cirurgiões do local.

Assim considerando, quando se decide pela intervenção, os pacientes com lesão em uma artéria são, frequentemente, tratados com angioplastia. No caso de lesões biarteriais, ambas as técnicas podem ser indicadas. Em lesões de três artérias principais ou necessidade de revascularizar vários segmentos arteriais não principais, a cirurgia ainda é a preferida. É preciso lembrar que a variabilidade anatômica das lesões coronárias, seus graus de obstruções, os vários graus de disfunção ventricular, as variações dos segmentos miocárdicos com isquemia, os fatores associados e a experiência dos serviços nas técnicas de revascularização, frequentemente tornam essa decisão altamente individualizada. O que se observa cada vez mais é a indicação de procedimentos invasivos em paciente com doença de maior gravidade, e a manutenção do tratamento medicamentoso em pacientes com função ventricular preservada na ausência de grandes segmentos miocárdicos com isquemia.

Terapia celular

A utilização terapêutica de células-tronco começou a ser investigada em medicina cardiovascular, principalmente nas síndromes isquêmicas e na disfunção ventricular esquerda, no que se habituou chamar de terapia celular. Essas terapêuticas estão, ainda, eminentemente em fase de pesquisa e não há nenhum resultado que permita a sua indicação rotineira.

BIBLIOGRAFIA RECOMENDADA

1. ACC/AHA 2002. Guideline Update for Management of Patients with Chronic Stable Angina. Circulation. 2003;107:149-58.

2. ACC/AHA Guidelines for the management of patients with unstable angina/non-ST-elevation myocardial infarction. A report of the American College of Cardiology/American 2007.

3. Heart Disease and Stroke Statistics. 2010 Update: A Report From the American Heart Association Statistics Committee and Stroke Statistics Subcommittee. Circulation. 2007;115:e69-e171.

4. ACC/AHA Guidelines for the Management of Patients With ST-Elevation Myocardial Infarction. A Report of the American College of Cardiology/American Heart Association Task Force on Practice Guidelines (Committe to revise the 1999 Guidelines for the Management of Patientes wit Acute Myocardial Infarction. Circulation. 2004;110;e82-e293.

5. Braunwald E. Tratado de Doenças Cardiovasculares. 8.ed. Rio de Janeiro: Elsevier; 2009. Datasus; 2010. Disponível em: http://tabnet.datasus.gov.br.

6. Diretrizes da Sociedade Brasileira de Cardiologia sobre angina instável e infarto agudo do miocárdio sem supradesnível do segmento ST. Arq Bras Cardiol. 2001;77(suppl. 2):1-38.

7. Ferreira JFM, Moretti MA, César LAM. Cardiopatia isquêmica crônica. Lopes AC. Tratado de Clínica Médica. 2.ed. São Paulo: Roca; 2008.

8. Heart Association Task Force on Practice Guidelines (Writing Committee to Revise the 2002 Guidelines for the Management of Patients With Unstable Angina/Non–ST-Elevation Myocardial Infarction). JACC. 2007;50(7).

9. Moretti MA, Ferreira JMF. Cardiologia Prática. São Paulo: Atheneu; 2010.

10. Timerman A, Stefanini E, Serrano Jr. CV (eds.). Tratado de Cardiologia SOCESP. 2.ed. Barueri: Manole; 2008.

11. Sociedade Brasileira de Cardiologia. Diretriz de Doença Coronariana Crônica (SBC). Angina Estável. Arq Bras Cardiol. 2004;83(II):7-24.

12. III Diretriz sobre Tratamento do Infarto Agudo do Miocárdio. Arq Bras Cardiol. 2004;83(IV):10-30.

5

VALVOPATIAS

ANDRÉ FELDMAN

INTRODUÇÃO

Valvopatias adquiridas ainda são doenças frequentemente observadas em vários serviços e consultórios de cardiologia no Brasil e no mundo. Isso se deve à alta prevalência de febre reumática e suas sequelas, relacionada à valvopatia aórtica e, consequentemente, ao maior envelhecimento populacional. Embora grande parte dos pacientes acometidos apresente somente sintomas leves, uma parcela significativa deve ser acompanhada para o resto da vida, com a necessidade de tratamento.

Este capítulo tem por objetivo discutir os principais aspectos das valvopatias mais comuns.

ESTENOSE AÓRTICA

A causa mais comum de estenose aórtica (EAo) é um processo degenerativo crônico caracterizado por calcificação em diferentes graus, que reduz a mobilidade das cúspides valvares. Esse processo leva a deformação, fibrose e fusão das comissuras valvares, com redução da área valvar efetiva. Incide sobre cerca de 5% da população de idosos. Também pode se originar da formação embriológica de uma valva aórtica bicúspide que predispõe à calcificação (mais relacionada ao indivíduo jovem), além da febre reumática, muito comum em países não desenvolvidos.

Fisiopatologia

A progressão da doença na valva aórtica é lenta e gradual, ocorrendo ao longo de décadas. Durante esse período, mecanismos adaptativos visam preservar a função ventricular. Com a EAo, estabelece-se um aumento acentuado na pós-carga ventricular, o que leva à hipertrofia miocárdica. Tal adaptação leva a um prejuízo na função de relaxamento (diástole) ventricular e redução do volume do ventrículo esquerdo. No entanto, a progressão da hipertrofia miocárdica causa reações indesejáveis, como aumento do consumo de oxigênio miocárdico e redução na perfusão coronariana (em razão da compressão dos ramos intramiocárdicos das coronárias), podendo culminar com um quadro de angina *pectoris*, consequente ao desbalanço entre oferta e demanda. A isquemia miocárdica pode desencadear um aumento da apoptose celular. Em virtude da hipertrofia muscular, ocorre uma disfunção diastólica que pode gerar sintomas de insuficiência cardíaca, principalmente dispneia.

Quadro clínico

Habitualmente, a evolução natural da EAo é lenta e gradual. O período pelo qual o paciente se mantém assintomático é longo, porém a lesão valvar progride gradativamente (redução da área valvar de 0,1 cm^2/ano). Nesse período, a mortalidade é muito baixa.

A tríade clássica da EAo consiste em angina, dispneia e síncope. A angina é explicada pelo desbalanço entre oferta reduzida (compressão de vasos intramiocárdicos) e consumo elevado (hipertrofia muscular) de oxigênio. A dispneia é ocasionada pela insuficiência cardíaca do tipo diastólica (e, em casos avançados, sistólica concomitante), que se desenvolve a partir da hipertrofia do músculo cardíaco. A síncope é decorrente do hipofluxo cerebral a partir de uma valva estenótica que limita a quantidade de sangue ejetado pelo ventrículo, principalmente em situações de maior exigência, como exercício físico ou posição ortostática.

O paciente portador de EAo apresenta sopro sistólico em foco aórtico, rude, de intensidade variável, com irradiação para o pescoço.

Exames complementares

O eletrocardiograma de doze derivações de um paciente com EAo pode mostrar sinais de sobrecarga ventricular esquerda associados ou não a alterações de repolarização. A radiografia de tórax mostra uma área cardíaca normal, com ou sem sinais de congestão pulmonar. Como a EAo é uma doença típica de idosos, pode-se observar, frequentemente, sinais de calcificação na aorta.

O exame com maior acurácia diagnóstica é o ecocardiograma, que permite avaliar o grau de estenose, a área valvar, o gradiente de pressão entre o ventrículo esquerdo (VE) e a aorta, o grau de hipertrofia miocárdica e as funções sistólica e diastólica do VE. Em alguns pacientes, o ecocardiograma convencional pode não ser completamente elucidativo, devendo-se complementar sua avaliação com um ecocardiograma de estresse. Esses pacientes são os que apresentam baixo gradiente VE-aorta e disfunção concomitante do VE.

Ecocardiograficamente, pode-se classificar a EAo em diferentes graus, como apresentado na Tabela 5.1.

A indicação de cineangiocoronariografia se dá em pacientes nos quais há suspeita de doença arterial coronariana previamente ao procedimento cirúrgico e quando os exames não invasivos são inconclusivos.

Tratamento

Em geral, o tratamento do paciente assintomático é clínico, com consultas periódicas (a cada seis meses) e ecocardiograma seriados. É fundamental orientar os pacientes quanto ao surgimento de sintomas, uma vez que estão diretamente relacionados ao aumento significativo na mortalidade. Em pacientes em que se detecta início de prejuízo da função ventricular, mesmo que assintomáticos, indica-se a correção da valvopatia aórtica em caso de lesão grave.

Pacientes com EAo discreta e assintomáticos podem praticar atividade física, ao passo que, na EAo grave, a prática de exercícios não é recomendada. Para pacientes com EAo moderada recomenda-se atividade física leve. Pacientes assintomáticos podem ser submetidos a teste ergométrico para determinação da quantidade de esforço físico recomendada.

O tratamento de substituição valvar é indicado para pacientes sintomáticos, pois melhora os sintomas e a sobrevida. Alguns pacientes relatam queixas que deixam dúvida no médico assistente quanto à sua correlação com a EAo. Esses pacientes podem ser submetidos a um teste de esforço, após o qual, em caso de piora dos sintomas, indica-se o procedimento corretivo.

A forma mais comum de correção da EAo é por meio de cirurgia de troca valvar aberta e circulação extracorpórea, com risco de 3 a 5% de mortalidade. Pode-se optar por uma prótese biológica ou metálica, a depender de cada situação.

Outra possibilidade de correção é o implante percutâneo de prótese aórtica. Esse é um procedimento relativamente recente, que se propõe a trocar a válvula sem cirurgia aberta, por meio de procedimento hemodinâmico. Esse método foi desenvolvido para idosos que apresentam risco cirúrgico elevado. Outra possibilidade é o implante transapical de uma nova prótese em posição aórtica.

A realização de valvoplastia ou valvotomia aórtica por balão apresenta resultados ruins e está reservada somente para alguns pacientes instáveis como ponte para um procedimento definitivo, na tentativa de estabilização clínica pré-operatória.

INSUFICIÊNCIA AÓRTICA

Existem várias etiologias de insuficiência aórtica (IAo), e as mais comuns são apresentadas na Quadro 5.1.

Fisiopatologia

É fundamental diferenciar um processo crônico de uma IAo aguda. Na IAo aguda, um grande volume regurgitante é imposto a um ventrículo esquerdo

Tabela 5.1 Diferentes graus de estenose aórtica

Grau de estenose	Gradiente VE-Aorta	Área valvar
Leve	< 25 mmHg	> 1,5 cm^2
Moderado	25–40 mmHg	1,0–1,5 cm^2
Grave	> 40 mmHg	< 1,0 cm^2

Quadro 5.1 Principais causas de IAo

Dilatação da raiz da aorta

Anormalidades valvares congênitas

Degeneração valvar

Febre reumática

Endocardite infecciosa

Dissecção aguda de aorta

Síndrome de Marfan

normal que não teve tempo de se preparar para acomodar esse volume. Dessa forma, ocorre elevação abrupta do volume diastólico final, aumentando as pressões intracavitárias esquerdas, o que culmina com congestão pulmonar e edema agudo de pulmão.

Por outro lado, na IAo crônica, a sobrecarga de volume instala-se gradualmente, fazendo com que o ventrículo esquerdo apresente uma adaptação, o aumento do diâmetro intracavitário, ou seja, uma hipertrofia excêntrica para acomodar o excesso de volume. Nesse caso, o volume diastólico final também se encontra aumentado, porém a pressão intracavitária é próxima do normal. Com o volume diastólico final elevado surge uma elevação na pós-carga, o que torna a IAo crônica uma situação de sobrecarga de pressão e volume.

Com a evolução da doença, a cavidade ventricular esquerda vai se dilatando, e a função contrátil passa a se deteriorar progressivamente. Vários estudos identificaram a função sistólica do VE e o diâmetro sistólico final do VE como determinantes mais importantes da sobrevida desses pacientes.

Quadro clínico

O prognóstico de pacientes assintomáticos é bom, mas sua avaliação precisa pode ser complicada, uma vez que o paciente pode restringir suas atividades diárias, tornando-se assintomático por uma vida mais limitada. Por outro lado, mesmo pacientes pouco sintomáticos, como os com dispneia somente aos grandes esforços, apresentam prognóstico bem diferente dos indivíduos sem sintomas.

O aparecimento de sintomas ocorre a uma taxa de 4,3% ao ano, ao passo que a incidência de morte súbita é baixa (0,2% ao ano). O principal sintoma

relatado pelo paciente com IAo é a dispneia. São pacientes que iniciam um quadro de insuficiência cardíaca de predomínio sistólico no qual se observa dilatação de câmaras esquerdas e redução da fração de ejeção. Ao exame físico, ausculta-se um sopro diastólico de caráter aspirativo, em foco aórtico e/ou aórtico acessório, de leve ou moderada intensidade. Em alguns pacientes pode-se auscultar um sopro cujo som parece com a ausculta de estenose mitral (sopro de Austin Flint), causado pela regurgitação de sangue pela valva aórtica em direção a um dos folhetos da valva mitral.

Em graus avançados da doença, esses pacientes apresentam elevado volume sistólico, o que faz com que apareçam sinais clínicos (Quadro 5.2) decorrentes dessa alteração.

Exames complementares

A radiografia de tórax pode evidenciar diferentes graus de dilatação ventricular esquerda com ou sem sinais de congestão pulmonar. O eletrocardiograma pode mostrar sinais de sobrecarga de ventrículo esquerdo, porém é o ecocardiograma que fornece mais informações.

O ecocardiograma pode confirmar a presença e a gravidade da IAo aguda ou crônica, etiologia da lesão valvar, tamanho de cavidade ventricular esquerda, fração de ejeção e presença e quantificação de alargamento da aorta.

O ecocardiograma permite dividir os pacientes portadores de IAo em três diferentes categorias, como se observa na Tabela 5.2.

Em alguns pacientes em que há dúvida quanto à presença de sintomatologia, o teste ergométrico pode ser uma ferramenta muito útil.

Quadro 5.2 Sinais clínicos da IAo

Pulso em martelo d'água

Pulsatilidade da úvula (sinal de Muller)

Divergência de pressão arterial sistólica e diastólica

Sopro sistólico audível em artéria femoral (sinal de Traube)

Balanço da cabeça a cada batimento (sinal de Musset)

Pulsações capilares (sinal de Quincke)

Tabela 5.2 Diferentes graus de IAo

Grau de insuficiência	Orifício regurgitante	Volume regurgitante
Leve	< 0,10 cm^2	< 30 mL/batimento
Moderada	0,10–0,29 cm^2	30–59 mL/batimento
Grave	≥ 0,30 cm^2	≥ 60 mL/batimento

Tratamento

A terapia medicamentosa para a IAo baseia-se no uso de vasodilatadores. Sua utilização é indicada para pacientes em que a cirurgia não é indicada ou no período pré-operatório. Pacientes que apresentam dilatação do VE discreta com função ventricular normal e são candidatos futuros à cirurgia também podem se beneficiar dessa classe de medicamento. Pode-se utilizar hidralazina, nifedipina, nitroprussiato ou inibidores da ECA.

O procedimento cirúrgico é indicado a pacientes sintomáticos e para pacientes assintomáticos com redução da fração de ejeção. Pacientes assintomáticos com fração de ejeção normal, porém com diâmetro diastólico > 75 mm ou diâmetro sistólico > 55 mm visto ao ecocardiograma, também devem ser considerados potencialmente cirúrgicos.

Não existem dados que sugiram que exercício pode contribuir ou acelerar a progressão da disfunção ventricular no paciente com IAo. Pacientes assintomáticos com função de VE normal podem realizar atividade física sem restrições. Recomenda-se evitar exercício físico isométrico.

ESTENOSE MITRAL

Estenose mitral (EMi) é uma obstrução ao influxo de sangue para o VE cuja etiologia mais comum é a doença reumática. Outras causas são mixoma atrial, trombo valvar, mucopolissacaridose e calcificação anular grave. A área valvar mitral normal é de 4,0 a 5,0 cm^2, e redução na área valvar para valores inferiores a 2,5 cm^2 pode levar ao aparecimento de sintomas.

Fisiopatologia

A redução na área valvar e a dificuldade de influxo de sangue ao VE elevam a pressão atrial esquerda, que transmite essa elevação de pressão ao sistema pulmonar, culminando no aumento da pressão capilar pulmonar. Tais alterações provocam um aumento no diâmetro atrial esquerdo e fibrose local, propiciando o desenvolvimento de arritmias supraventriculares, comuns nesses pacientes. A arritmia mais comum é a fibrilação atrial, que pode levar à formação de trombo, sendo fator de risco para eventos embólicos, como acidente vascular encefálico.

A elevação da pressão arterial pulmonar de forma crônica provoca sobrecarga do ventrículo direito e insuficiência de valva tricúspide, podendo causar disfunção do ventrículo direito.

Quadro clínico

Há forte correlação entre a gravidade da lesão mitral estenótica e a presença de sintomas. Os sintomas aparecem de forma lenta e progressiva, decorrentes da congestão venosa pulmonar e da queda do débito cardíaco. A dispneia desencadeia-se por eventos que elevam a pressão atrial esquerda, como exercício, estresse e fibrilação atrial aguda. Hemoptise ocorre nas formas mais avançadas da doença. Fazem parte do quadro sinais de insuficiência cardíaca direita, como edema de membros inferiores, distensão hepática e estase jugular. A distensão do átrio direito pode levar à compressão recorrente do nervo laríngeo e rouquidão. As maiores preocupações na estenose mitral são a formação de trombos e o surgimento de fenômenos embólicos, principalmente no território cerebral, o que ocorre em 40% dos processos embólicos.

Ao exame físico, encontra-se *ictus cordis* normal com ritmo cardíaco regular ou irregular. A ausculta clássica é composta por primeira bulha hiperfonética, sopro diastólico em ruflar de tambores, reforço pré-sistólico do sopro e estalido de abertura. Quando há presença de hipertensão arterial pulmonar, a segunda bulha é hiperfonética.

Exames complementares

A radiografia de tórax pode mostrar a imagem de duplo contorno à direita, que reflete o aumento do átrio direito, um quarto arco à esquerda e elevação do brônquio-fonte esquerdo, que indicam elevação da pressão arterial pulmonar. A área cardíaca é normal, uma vez que o VE não está dilatado (Figura 5.1).

O eletrocardiograma tem estreita relação com a gravidade do quadro. Observa-se sobrecarga atrial esquerda, vista pela onda P entalhada em D2 e bifásica em V1. O ritmo pode ser sinusal ou de fibrilação atrial, e o eixo pode estar desviado para a direita, secundário à hipertrofia ventricular direita.

O ecocardiograma é o exame de escolha para sugerir a etiologia da lesão, avaliar lesões subjacentes e gravidade, estimar a pressão arterial pulmonar e selecionar pacientes para tratamento percutâneo.

A gravidade da EMi pode ser graduada com base na história clínica e nos exames complementares (Tabela 5.3).

O ecocardiograma transesofágico deve ser utilizado em pacientes com janela inadequada. Tem tido grande utilidade na identificação de pacientes de alto risco para tromboembolismo, incluindo a identificação de trombo atrial, função e diâmetro do átrio esquerdo, a presença e a quantificação de contraste espontâneo e a presença de placas na aorta.

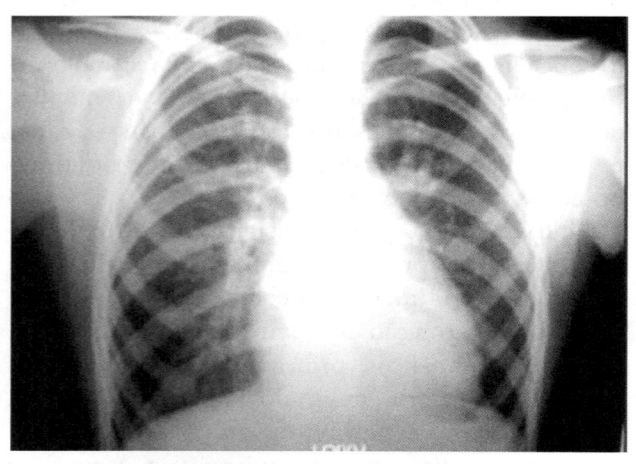

Figura 5.1 Radiografia de tórax de paciente com estenose mitral evidenciando sinais de congestão pulmonar e área cardíaca normal.

Tabela 5.3 Diferentes graus de EMi

Grau de estenose mitral	Área valvar
Leve	1,5–2,0 cm²
Moderada	1,0–1,5 cm²
Grave	< 1,0 cm²

O teste ergométrico pode ser utilizado em pacientes com discrepância entre os sintomas relatados e os dados hemodinâmicos.

Tratamento

Mais da metade dos pacientes com EMi apresentam febre reumática como principal etiologia, razão pela qual se deve considerar a necessidade de profilaxia para febre reumática com penicilina até pelo menos 40 anos de idade.

Pacientes com EMi discreta em ritmo sinusal não têm restrição para participar de atividades desportivas. Pacientes com EMi discreta em ritmo de fibrilação atrial (FA) ou aqueles com EMi moderada com FA ou ritmo sinusal e pressão arterial pulmonar < 50 mmHg podem participar de esportes competitivos de baixa e moderada intensidade estática ou dinâmica. Pacientes com EMi grave devem ser desencorajados à prática de qualquer atividade física profissional ou competitiva.

Existem algumas opções terapêuticas para correção da estenose mitral. A cirurgia aberta com troca da valva é a opção mais clássica. Há a possibilidade de plastia por cirurgia aberta ou valvoplastia mitral percutânea em laboratório de hemodinâmica. Na valvoplastia percutânea é puncionado um acesso venoso (geralmente veia femoral) que permite a introdução de um balão até o átrio direito, que é transpassado para o átrio esquerdo através de uma pequena perfuração no septo interatrial. Procede-se, então, com a dilatação da valva mitral estenótica com o cateter-balão. Para a realização de uma valvoplastia percutânea é necessário avaliar a morfologia da valva, para estimar a probabilidade de sucesso do procedimento. Para tal, utiliza-se o ecocardiograma com o cálculo de um escore (escore de Block) que avalia parâmetros como calcificação do anel, aparelho subvalvar, mobilidade e espessura dos folhetos. A presença de trombo no átrio esquerdo ou de dupla lesão mitral com insuficiência moderada ou grave inviabilizam a realização da valvoplastia mitral percutânea. Indica-se procedimento de intervenção valvar para:

- Pacientes sintomáticos classe funcional III ou IV (classificação New York Heart Association).
- Pacientes assintomáticos com EMi moderada a grave e pressão arterial pulmonar ao repouso > 50 mmHg.

- Pacientes assintomáticos com EMi leve, porém com pressão sistólica de artéria pulmonar ao exercício > 60 mmHg ou pressão encunhada de artéria pulmonar > 25 mmHg ao exercício ou FA recente, desde que com possibilidade de realizar valvoplastia percutânea.

Reparo mitral pode ser considerado para pacientes assintomáticos com EMi moderada ou grave com eventos embólicos recorrentes em uso de anticoagulação adequada. Em caso de pacientes com morfologia desfavorável para o procedimento percutâneo, deve-se optar pelo procedimento cirúrgico aberto, sempre aventando a possibilidade de realização de plastia valvar.

Uma das grandes preocupações dos pacientes com EMi é a embolia sistêmica. Para preveni-la, em alguns casos deve-se indicar anticoagulação oral. Pacientes com EMi e fibrilação atrial, EMi e eventos embólicos prévios ou EMi e trombo atrial são candidatos a uso de anticoagulantes.

INSUFICIÊNCIA MITRAL

Insuficiência mitral é a valvopatia mais frequente no Brasil e tem como principais e mais frequentes causas:

- Doença reumática.
- Dilatação do anel mitral (cardiomiopatias dilatadas).
- Endocardite infecciosa.
- Prolapso de valva mitral.
- Ruptura de músculo papilar ou de cordas tendíneas.

Fisiopatologia

Na insuficiência mitral (IMi) aguda, uma sobrecarga de volume é imposta a ventrículo e átrio esquerdos não preparados e de tamanho normal, o que pode acarretar hipertensão capilar pulmonar secundária à elevação na pressão hidrostática capilar e edema agudo de pulmão.

Na IMi crônica, por sua vez, o átrio e o ventrículo esquerdos iniciam um processo de remodelamento com dilatação de suas cavidades, a fim de armazenar o excesso de volume. Esse processo de dilatação ventricular perpetua a progressão da insuficiência mitral e colabora com a perda de função sistólica, que ocorre gradualmente. No átrio, a dilatação da cavidade propicia o surgimento de focos de arritmia (taquicardias supraventriculares), muito comuns nesses pacientes. A arritmia mais frequentemente encontrada é a fibrilação atrial. A sobrecarga de volume atrial impede a drenagem de sangue dos pulmões ao coração, o que leva à elevação crônica da pressão capilar pulmonar e, consequentemente, ao aparecimento de hipertensão pulmonar e congestão pulmonar.

Quadro clínico

O paciente com IMi apresenta sopro sistólico em foco mitral, suave, com irradiação para a axila esquerda. A ausculta pode ser exacerbada com o paciente em decúbito lateral esquerdo (decúbito de Pachon).

Geralmente, os sintomas apresentados são secundários à congestão pulmonar, sendo dispneia a queixa mais comum.

Diagnóstico

A radiografia de tórax pode mostrar sinais de congestão pulmonar de grau variado e cardiomegalia (Figura 5.2).

Em caso de hipertensão arterial pulmonar, pode-se observar retificação de tronco de artéria pulmonar.

O eletrocardiograma pode revelar paciente em ritmo sinusal ou com taquiarritmia supraventricular (mais comumente FA) e sinais de sobrecarga atrial e/ou ventricular.

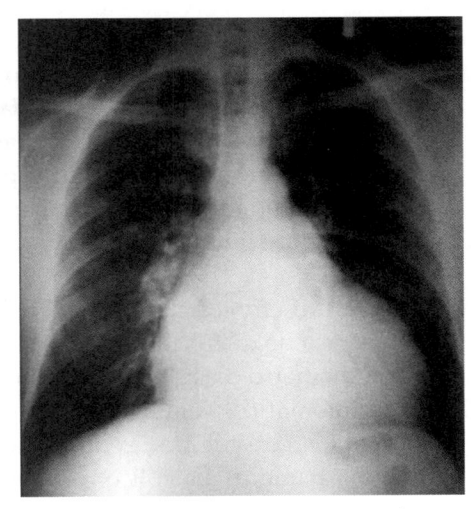

Figura 5.2 Radiografia de tórax evidenciando aumento de área cardíaca, retificação de tronco pulmonar e ingurgitamento de hilo pulmonar.

Como em todas as valvopatias, o ecocardiograma é um exame fundamental, que auxilia no diagnóstico e em suas repercussões hemodinâmicas. Esse exame pode ainda ajudar na compreensão da etiologia da lesão mitral em caso de ruptura de músculo papilar ou de sinais de febre reumática (fusão, comissuras, calcificação valvar etc.).

Tratamento

Na IMi aguda, o tratamento medicamentoso tem papel limitado, sendo importante na estabilização do paciente enquanto ele é preparado para a cirurgia. Vasodilatadores diretos, como o nitroprussiato de sódio, melhoram o débito cardíaco e podem ser empregados conjuntamente com beta-agonistas. Com a mesma intenção, o balão intra-aórtico pode ser utilizado como ponte para o procedimento cirúrgico, com efeito na redução da regurgitação atrial e melhora do débito cardíaco.

Já a IMi crônica apresenta evolução mais insidiosa, e os pacientes podem permanecer assintomáticos por período variável. Como em todas as valvopatias, a presença de sintomas associados à lesão mitral aguda e grave indica necessidade de intervenção valvar. O tratamento medicamentoso com inibidores da ECA e diuréticos pode ser utilizado para pacientes sem possibilidade cirúrgica ou que aguardam cirurgia.

O procedimento de correção cirúrgica é realizado primordialmente por cirurgia aberta com troca de valva ou com plastia dos folhetos. A plastia do folheto posterior é a intervenção com melhores resultados. Em caso de possibilidade de plastia, esse é o procedimento de escolha em centros com experiência. Existe, ainda em estudo, a possibilidade de plastia mitral por hemodinâmica, na qual é realizada uma clipagem dos folhetos da valva mitral por via percutânea, sem necessidade de cirurgia aberta.

Outras indicações de intervenção mitral são:

- Pacientes com IMi crônica classe funcional II, III ou IV na ausência de disfunção ventricular grave (< 30%) com diâmetro diastólico > 55 mm.
- Pacientes assintomáticos com IMi grave e disfunção do VE com valores de fração de ejeção entre 30 e 60% e/ou diâmetro diastólico > 40 mm.
- Pacientes com IMi grave e função ventricular preservada com FA nova e recente.

- Pacientes com IMi grave e função ventricular preservada com hipertensão pulmonar > 50 mmHg ao repouso.

CONSIDERAÇÕES FINAIS

As valvopatias estão entre os acometimentos mais comuns na cardiologia e, por serem responsáveis por grande morbidade e mortalidade, requerem inúmeros procedimentos cirúrgicos. Ainda hoje, em países subdesenvolvidos, a febre reumática é responsável por muitos dos acometimentos valvares, sendo necessário empenho na melhora das condições sociais a fim de reduzir as lesões valvares. A intervenção cirúrgica aberta continua sendo o meio de intervenção mais realizado atualmente, porém é crescente a utilização de procedimentos percutâneos alternativos que, no futuro, poderão se estabelecer como métodos mais indicados, principalmente em pacientes de elevado risco para cirurgia.

BIBLIOGRAFIA RECOMENDADA

1. Bonow RO, Picone AL, McIntosh CL, Jones M, Rosing DR, Maron BJ, et al. Survival and functional results after valve replacement for aortic regurgitation from 1976 to 1983: impact of preoperative left ventricular function. Circulation. 1985;72:1244-56.
2. Borer JS, Herrold EM, Hochreiter C, Roman MJ, Supino PG, Devereux RB, et al. Natural history of left ventricular performance at rest and during exercise after aortic valve replacement for aortic regurgitation. Circulation. 1991;84:III133-9.
3. Carabello BA. Mitral regurgitation: basic pathophysiologic principles. Part 1. Mod Concepts Cardiovasc Dis. 1988;57:53-8.
4. Coulshed N, Epstein EJ, McKendrick CS, Galloway RW, Walker E. Systemic embolism in mitral valve disease. Br Heart J. 1970;32:26-34.
5. Dujardin KS, Enriquez-Sarano M, Schaff HV, Bailey KR, Seward JB, Tajik AJ. Mortality and morbidity of aortic regurgitation in clinical practice. A long-term follow-up study. Circulation. 1999;99:1851-7.
6. Enriquez-Sarano M, Schaff HV, Orszulak TA, Tajik AJ, Bailey KR, Frye RL. Valve repair improves the outcome of surgery for mitral regurgitation. A multivariate analysis. Circulation. 1995;91:1022-8.
7. Greenberg B, Massie B, Thomas D, Bristow JD, Cheitilinn M, Broudy D, et al. Association between the exercise ejection fraction response and systolic wall stress in patients with chronic aortic insufficiency. Circulation. 1985;71:458-65.

8. Lindroos LA, Kupari M, Heikkila J, Tilvis R. Prevalence of aortic valve abnormalities in the elderly: an echocardiographic study of a random population samples. J Am Coll Cardiol. 1993;21:1220-5.

9. Multicenter experience with balloon mitral commissurotomy. NHLBI Balloon Valvuloplasty Registry Report on immediate and 30-day follow-up results. The National Heart, Lung, and Blood Institute Balloon Valvuloplasty Registry Participants. Circulation. 1992;85:448-61.

10. Oakley CM. Management of valvular estenosis. Curr Opinion Cardiol. 1993;21:1220-25.

11. Lima RC, Kubrusly (eds.). Diretrizes de cirurgia de revascularização miocárdica, valvopatias e doenças de aorta. Arq Bras Cardiol. 2004;82:23-33.

12. Rapaport E. Natural history of aortic and mitral valve disease. Am J Cardiol. 1975;35:221-7.

13. Savage EB. Use of valve repair: analysis of contemporary United States experience reported to the Society of Thoracic Surgeons National Cardiac Database. Ann Thorac Surg. 2003;75:820-5.

14. Schuler G, Peterson KL, Johnson A, Francis G, Dennish G, Utley J, et al. Temporal response of left ventricular performance to mitral valve surgery. Circulation. 1979;59:1218-31.

15. Selzer A, Cohn KE. Natural history of mitral stenosis: a review. Circulation. 1972;45:878-90.

6

MIOCARDIOPATIAS

MARCIO TONINI
FÁBIO FERNANDES
CHARLES MADY

INTRODUÇÃO

As miocardiopatias são patologias que comprometem o músculo cardíaco, sendo definidas pela Organização Mundial da Saúde (OMS) como doenças do miocárdio associadas à disfunção cardíaca. Foram classificadas de acordo com a anatomia e a fisiologia para os seguintes tipos, cada qual com múltiplas causas distintas:

- Miocardiopatia dilatada.
- Miocardiopatia hipertrófica.
- Miocardiopatia restritiva.
- Miocardiopatia/displasia arritmogênica do ventrículo direito.
- Miocardiopatia não classificada.

Dentre as etiologias, as mais comuns são as alterações genéticas, inflamatórias, metabólicas e tóxicas, além de algumas doenças como coronariopatias, isquemia, valvopatias e hipertensão arterial. Podem ser classificadas em primárias e secundárias:

- Primárias: acometem predominantemente o coração e são subdivididas em:
  - Genéticas: miocardiopatia hipertrófica, displasia arritmogênica do VD, miocárdio não compactado, miopatias mitocondriais e canulopatias.
  - Mistas: miocardiopatia dilatada e miocardiopatia restritiva.
  - Adquiridas: miocardite, induzida por estresse (Takotsubo), periparto, taquimiocardiopatia e lactentes de mães com diabetes insulino-dependentes.
- Secundárias: são acompanhadas por comprometimento de outros órgãos ou sistemas.

CLASSIFICAÇÃO ETIOLÓGICA DAS MIOCARDIOPATIAS

Infecciosa

- Bactérias: difteria, tuberculose, febre tifoide, febre reumática, escarlatina, meningocócica, pneumocócica, gonocócica, brucelose, tétano, tularemia, coqueluche.
- Espiroquetos: sífilis, leptospirose, doença de Lyme.
- Riquétsias: tifo, febre maculosa, febre Q.
- Vírus: poliomielite, influenza, caxumba, rubéola, varíola, coxsackievírus, echovírus, citomegalovírus, hepatites, raiva, mycoplasma, psitacose, herpes, encefalite, arbovírus, varicela, Epstein-Barr.
- Fungos: actinomicose, blastomicose, moniliíase, aspergilose, histoplasmose, coccidiodomicose, critococose, candidíase.
- Protozoários: tripanossoma chagásico, tripanossoma africano, toxoplasmose, malária, amebíase, leishmaniose, balantidíase, tricomoníase.
- Parasitas: esquistossomose, ascaridíase, filariose, estrongiloidíase, cisticercose, larva migrans.
- Toxinas e drogas: adriamicina, anfetamina, antimônio, arsênico, monóxido de carbono, catecolaminas, cobalto, ciclofosfamida, álcool etílico, lítio, fósforo, antidepressivos tricíclicos, zidovudina, radiação.

Metabólica

- Endócrina: acromegalia, tireotoxicose, hipotireoidismo, feocromocitoma, diabetes melito.
- Doenças familiares de depósito: doença de armazenamento do glicogênio, doença de Refsum, doença de Niemann-Pick, doença de Hand-Schuller-Christian, doença de Fabry, gangliosidose, doença de Gaucher, doença de Sandhoff, mucopolissacaridose, síndrome de Hunter, síndrome de Hurler.
- Nutricional: beribéri, Kwashiokor, pelagra, deficiência de selênio (doença de Keshan).

Hematológica/oncológica

- Doenças hematológicas: leucemia, mieloma, anemia falciforme, anemia, púrpura de Henoch-Schonlein.
- Doenças neoplásicas: primárias e metastáticas.

Depósito

Hemocromatose, oxalose, ocronose, amiloidose.

Doenças neuromusculares/neurológicas

Distrofia de Duchenne, distrofia fascioescapuloumeral (Landouzy-Dejerine), ataxia de Friedreich, miotonia atrófica, miopatia centronuclear familiar, miastenia grave, neurofibromatose.

Doenças endomiocárdicas

Endomiocardiofibrose, doença do coração hipereosinofílico, fibroelastose endocárdica.

Inflamatória

- Doenças do tecido conjuntivo: artrite reumatoide, espondilite anquilosante, lúpus eritematoso sistêmico, esclerodermia, dermatopolimiosite, poliarterite nodosa.
- Granulomatose: sarcoidose, granulomatose de Wegener, miocardite granulomatosa.
- Outras inflamações: miocardite de células gigantes, miocardite por hipersensibilidade.

AVALIAÇÃO ECOCARDIOGRÁFICA

Permite identificar os vários fenótipos da miocardiopatia, definir suas características anatômicas e funcionais e, assim, classificá-la como dilatada, hipertrófica, arritmogênica do VD ou restritiva.

Disfunção sistólica

É caracterizada pela diminuição da contratilidade miocárdica, resultando na diminuição da fração de ejeção. Quando a disfunção sistólica ocorre, o débito cardíaco inicialmente é mantido por dois mecanismos:

- Aumento do ventrículo esquerdo, resultando em maior volume ejetado.
- Relação de Frank-Starling, por meio de aumento da contratilidade decorrente do maior estiramento das fibras musculares.

Por outro lado, esses mecanismos compensatórios podem se esgotar, e o débito cardíaco começar a diminuir, resultando nas manifestações de insuficiência cardíaca. Essas alterações são características da miocardiopatia dilatada.

Disfunção diastólica

Ocorre alteração do relaxamento ventricular, e o enchimento das câmaras cardíacas passa a ser anormal, por causa da elevação da pressão de enchimento. Pode ou não estar associada com disfunção sistólica.

Essa disfunção é mais difícil de ser avaliada pelo ecocardiograma do que a disfunção sistólica, podendo estar subestimada em muitos casos. Essa avaliação tornou-se mais sensível, porém, pelo Doppler tecidual.

A disfunção diastólica é característica da miocardiopatia hipertrófica e também da restritiva, mas alguns achados do ecocardiograma são comuns na miocardiopatia dilatada.

CLASSIFICAÇÃO ANATÔMICA E FUNCIONAL

Miocardiopatia dilatada

É a forma mais frequente de apresentação clínica, caracterizada por dilatação ventricular e disfunção. A incidência estimada é de 5 a 8 casos por 100 mil habitantes, com prevalência ajustada à idade de 36 por 100 mil habitantes. No entanto, esses dados provavelmente estão subestimados, uma vez que muitos pacientes com miocardiopatia dilatada são assintomáticos. A sobrevida em cinco anos é de 25% a 65%, conforme o estágio evolutivo, com mortalidade anual de 10 mil pacientes. Homens negros apresentam risco 2,5 vezes maior, quando comparados com mulheres brancas.

A relação completa das causas é extensa, sendo mais comuns as infecções virais (com destaque para Coxsackie do grupo B) e as mutações genéticas. A miocardiopatia dilatada idiopática tem origem desconhecida, excluídas as causas secundárias, como hipertensão arterial, coronariopatias, valvopatias, congênitas, miocardite, hipertensão pulmonar e dilatação isolada do VD.

As infecções virais e bacterianas podem desencadear estímulo para lesão autoimune a partir da formação de autoanticorpos contra miosinas de cadeia pesada alfa e beta, proteínas sarcoplasmáticas, enzimas mitocondriais e receptores beta-adrenérgicos e muscarínicos.

As alterações estruturais que contribuem para a deterioração hemodinâmica na miocardiopatia dilatada são fibrose miocárdica, diferentes tipos de colágeno, aumento da atividade das metaloproteinases, desenvolvimento da hipertrofia, ativação do sistema renina-angiotensina-aldosterona e outros neuro-hormônios, expressão de determinados componentes do sistema imune, como as citocinas e a inflamação miocárdica, culminando em insuficiência cardíaca.

Em muitos casos, porém, a retirada do fator causal não leva à reversão da disfunção, em razão do processo de remodelamento miocárdico que envolve os compartimentos miocítico, vascular e intersticial, com repercussões clínicas no tamanho, na massa, na geometria e na função cardíaca.

Exame físico

Dependendo do grau de insuficiência cardíaca e da causa de seu aparecimento, podem predominar os sinais de congestão venosa pulmonar, como dispneia aos esforços, ortopneia e dispneia paroxística noturna, ou sinais de congestão venosa sistêmica, como estase jugular, hepatomegalia, ascite e edema de membros inferiores. Arritmias, tromboembolismo e até morte súbita podem fazer parte da apresentação clínica. À ausculta cardíaca podem ser detectados sopros ou bulhas acessórias, como a terceira bulha e o ritmo de galope, e sinais de falência ventricular. Hiperfonese de segunda bulha, à custa

do segundo componente (pulmonar), por aumento de pressão em território pulmonar, também pode ser evidenciada.

Exames complementares

- Eletrocardiograma (ECG): pode evidenciar taquicardia sinusal, distúrbios de condução, hipertrofia, alterações de repolarização ventricular, ondas Q patológicas e arritmias cardíacas. Os distúrbios de condução descritos são bloqueio atrioventricular de primeiro grau, bloqueio de ramo esquerdo (BRE), bloqueio divisional anterossuperior e atraso final de condução.
- Raio X de tórax: pode apresentar cardiomegalia avaliada pelo aumento do índice cardiotorácico (> 0,5), cefalização da trama vascular decorrente de elevação crônica das pressões de enchimento do VE, linhas B de Kerley, derrame pleural e congestão peri-hilar.
- Exames de laboratório: nos casos de franca insuficiência cardíaca, podem ser encontradas alterações como anemia, hiponatremia, alteração da função renal, elevação das enzimas hepáticas, níveis elevados do peptídeo natriurético do tipo B (BNP).
- Ecodopplercardiograma: evidencia dilatação do ventrículo esquerdo sem aumento da espessura ventricular, diminuição da função sistólica, graus variáveis de disfunção diastólica, disfunções valvares, trombos intracardíacos e estimativas indiretas da pressão intraventricular e da pressão sistólica da artéria pulmonar. Também é utilizado para rastreamento de familiares de pacientes com miocardiopatia hereditária.
- Ressonância cardíaca: assim como o ecocardiograma, pode determinar tamanho da cavidade ventricular, espessamento da parede, fração de ejeção e de encurtamento. As imagens obtidas podem diferenciar formas dilatadas idiopáticas de isquêmicas ou hemocromatose cardíaca.
- Biópsia endomiocárdica do ventrículo direito: é utilizada na avaliação de pacientes com suspeita de causas específicas de miocardiopatias e no diagnóstico de miocardite.

Prognóstico

O prognóstico da miocardiopatia dilatada é variável, dependendo do grau de disfunção e das manifestações clínicas, como arritmias, eventos tromboembólicos e sintomas congestivos. Alguns fatores clínicos, como hipotensão e B3, são sugestivos de prognóstico adverso.

Os fatores relacionados à capacidade funcional também são importantes indicadores de prognóstico. A avaliação da classe funcional pelos critérios da New York Heart Association é muito utilizada. O teste de caminhada de seis minutos é mais objetivo para avaliação clínica funcional, mas a medida do consumo de oxigênio durante o pico do exercício (VO_2máx) é uma medida objetiva, quantitativa e independente no prognóstico desses pacientes.

Tratamento

Consiste na identificação de possíveis causas reversíveis da dilatação cardíaca e de fatores desencadeantes da insuficiência cardíaca. O tratamento clínico da miocardiopatia dilatada é o mesmo da insuficiência cardíaca manifesta, o qual será abordado no capítulo de insuficiência cardíaca.

Miocardiopatia hipertrófica (CMH)

É uma doença clinicamente heterogênea causada por uma variedade de mutações genéticas associadas com hipertrofia do ventrículo esquerdo e, eventualmente, do ventrículo direito. As classificações mais recentes classificam como miocardiopatia hipertrófica a variedade de condições que levam a um aumento da espessura da parede ventricular sem dilatação ventricular, que não seja causado por condições patológicas específicas cardíacas ou sistêmicas (como hipertensão arterial, valvopatias, etc.). O septo interventricular é tipicamente mais acometido do que a parede livre do ventrículo esquerdo, mas podem existir hipertrofia concêntrica e apical.

A prevalência na ausência de valvopatia aórtica é de aproximadamente 0,2% (1:500) da população adulta, e de 0,5% entre os cardiopatas. Por essa razão, a CMH é a doença cardíaca mais comum transmitida geneticamente. A mortalidade anual descrita em centros de referência (pacientes selecionados) é de 3 a 4% nos adultos e de 6% em crianças, substancialmente maior do que em pacientes não selecionados (0,5 a 1%).

Em aproximadamente 60 a 70% dos pacientes a CMH é causada pelas mutações nos genes das proteínas contráteis do sarcômero, transmitidas por dominância autossômica com penetração incompleta. Até o momento foram identificadas alterações em dez genes que codificam proteínas do sarcômero: da cadeia pesada da betamiosina cardíaca, da troponina T cardíaca, da alfatropomiosina, da proteína C de ligação à miosina, da cadeia leve da miosina essencial, da troponina I cardíaca, da actina, da titina e da cadeia pesada da alfamiosina cardíaca. Atualmente, estão identificadas mais de 400 mutações, sendo as mais comuns as da cadeia pesada da betamiosina.

Essas mutações levam à hipertrofia e desarranjo das fibras miocárdicas, pelo aumento do colágeno intersticial e pelo espessamento da camada média das artérias perfurantes. Isso determina modificações anatômicas que podem culminar em disfunção diastólica por alteração do relaxamento ventricular e da distensibilidade ventricular, isquemia e obstrução da via de saída do ventrículo esquerdo.

O volume do ventrículo esquerdo é normal ou reduzido, e a disfunção diastólica é frequentemente presente. O gradiente de pressão sistólica na via de saída do ventrículo esquerdo ocasionado pela hipertrofia miocárdica é encontrado em um quarto dos pacientes. Entretanto, aproximadamente 10% dos pacientes podem evoluir tardiamente, com dilatação ventricular e disfunção sistólica.

Quadro clínico

A maioria dos pacientes é assintomática, porém muitas vezes a morte súbita, que é a forma mais frequente de morte, pode ser a única manifestação, ocorrendo principalmente em jovens. O diagnóstico geralmente é feito entre os 30 e 40 anos de idade, embora seja encontrada em natimortos e octogenários. Os sintomas, por ordem de frequência, são dispneia (90% dos sintomáticos), precordialgia (25-30%), palpitações (20-25%), síncope e pré-síncope (15-25%). A intensidade de cada um depende da combinação dos quatro componentes fisiopatológicos, que são disfunção diastólica, isquemia, arritmias e obstrução.

A dispneia é atribuída à disfunção diastólica e à isquemia. A precordialgia resulta do aumento excessivo da massa muscular, com consequente desequilíbrio entre a oferta e a demanda de oxigênio, assim como da anormalidade das pequenas artérias intramurais, ou de sua dificuldade de enchimento durante a diástole por causa da pressão diastólica elevada. As palpitações decorrem das frequentes arritmias ventriculares e supraventriculares. Os episódios de pré-síncope e síncope estão associados à incapacidade do ventrículo esquerdo em aumentar o débito cardíaco durante o esforço, a arritmias complexas ou à resposta anormal do sistema vascular periférico ao exercício.

Exame físico

O exame físico costuma ser normal nos pacientes assintomáticos e sem obstrução na via de saída do ventrículo esquerdo. O pulso venoso jugular pode apresentar onda "a" elevada, decorrente de contração atrial mais acentuada após diminuição da distensibilidade do ventrículo. Pode-se palpar frêmito sistólico no nível da ponta ou da borda esternal esquerda baixa. Na ausculta, a primeira bulha é normal, mas a segunda pode apresentar desdobramento paradoxal na presença de obstrução acentuada de via de saída do VE. A terceira e a quarta bulha podem estar presentes, principalmente a última, relacionada à contração atrial vigorosa.

Na maioria dos pacientes com a forma obstrutiva, ausculta-se sopro sistólico rude em "crescendo-decrescendo", que se inicia em curto tempo após a primeira bulha, sendo bem audível entre o foco mitral e a borda esternal esquerda baixa, sem irradiar para o pescoço. Pode-se ouvir também sopro holossistólico de regurgitação na região apical, com irradiação para a axila, pela insuficiência da valva mitral.

Existem certas manobras que modificam o gradiente de pressão entre o ventrículo esquerdo e a aorta e, dessa forma, alteram a intensidade do sopro, podendo ser úteis na sua caracterização (Tabela 6.1).

Diagnóstico

O diagnóstico pode ser previsto pela anamnese, diante de presença de outros casos na família e relato de morte súbita em parentes jovens de primeiro grau. O exame físico também pode ajudar, mas em geral é o estudo ecocardiográfico que estabelece o diagnóstico definitivo.

Como mais da metade dos pacientes apresenta alguma disfunção genética, é importante realizar a avaliação clínica com estudo eletro e ecocardiográfico em familiares de primeiro grau, de forma ascendente e descendente, com o objetivo de obter um diagnóstico precoce e oferecer orientação e acompanhamento. O estudo genético, além de complexo, tem custo elevado, sendo realizado como protocolo de pesquisa em poucos centros.

Exames complementares

• Eletrocardiografia: está alterada em 90% dos pacientes e não evidencia um padrão característico da doença. As modificações frequentemente descritas são sobrecarga ventricular esquerda com alteração do segmento ST e inversão da onda T, sobrecarga atrial esquerda e ondas Q anormais. Fibrilação atrial é observada em 5 a 8% dos pacientes, e 1 a 2% têm síndrome de Wolff-Parkinson-White associada. A eletrocardiografia dinâmica de 24 horas (sistema Holter) é um exame complementar importante e obrigatório, uma vez que vários trabalhos têm demonstrado incidência elevada de arritmia ventricular e associação com morte súbita. A taquicardia ventricu-

Tabela 6.1 Manobras que modificam o gradiente de pressão entre o ventrículo esquerdo e a aorta

Manobras que aumentam o gradiente e o sopro	Manobras que diminuem o gradiente e o sopro
Diminuição da pós-carga	Aumento da pós-carga
Posição postural ereta rápida	Agachamento abrupto
Administração de diuréticos	Exercícios isométricos
Hipovolemia	Infusão de fenilefrina
Aumento da contratilidade miocárdica	Diminuição da contratilidade miocárdica
Administração de nitrito de amilo	Administração de propranolol
Prática de exercícios físicos	Anestesia geral
Uso de drogas como isuprel e digitálico	Aumento da pré-carga
Diminuição da pré-carga	Elevação dos membros inferiores
Manobra de Valsalva	depois da manobra de Valsalva
Uso de diuréticos	

lar (TV) não sustentada é observada em até um terço dos pacientes.

- Ecocardiografia: é o método padrão utilizado não só no diagnóstico da miocardiopatia hipertrófica, como no acompanhamento da evolução de pacientes tratados clinicamente ou submetidos à cirurgia com utilização de transdutor transesofágico. Permite melhor caracterização da doença, uma vez que tem sido utilizada para reconhecimento da hipertrofia em diferentes regiões do septo interventricular ou da parede do VE, assim como para identificação da presença e do grau de obstrução na via de saída. Os principais sinais observados à ecocardiografia são:
  - Espessamento do VE, principalmente do septo interventricular (assimétrico) maior que 15 mm em pacientes e de 13 mm em familiares.
  - Movimento anterior sistólico da valva mitral.
  - Movimento sistólico anormal da valva aórtica.
  - Cavidade de VE reduzida.
  - Átrio esquerdo aumentado.
  - Função sistólica normal ou hiperdinâmica.
  - Disfunção diastólica.
- Outros exames complementares: os estudos hemodinâmico e angiocardiográfico são realizados apenas nos casos em que se pretende indicar tratamento cirúrgico, marca-passo e oclusão do ramo septal da artéria coronária descendente anterior, ou para protocolos de pesquisa. Da mesma forma, a ressonância magnética é indicada em casos em que a ecocardiografia não identifica a hipertrofia e em protocolos de pesquisa. O estudo eletrofisiológico tem sido indicado em pacientes que tiveram parada cardiorrespiratória e foram reanimados.

Tratamento

Na forma obstrutiva, indica-se tratamento com bloqueadores de receptores beta-adrenérgicos, principalmente o propranolol, na dose inicial de 80 mg/dia, que deverá ser aumentada progressivamente até que se atinja a frequência cardíaca de 60 bpm em repouso, podendo-se chegar à dose máxima de 480 mg/dia. Esses bloqueadores melhoram a dispneia de esforço e a precordialgia, já que inibem a estimulação simpática do coração, diminuindo o consumo de oxigênio por conta da redução da frequência cardíaca, da contratilidade e do estresse miocárdico durante a sístole, além do aumento do período diastólico. Acre-

ditava-se também que a diminuição da obstrução ao fluxo na via de saída do VE durante o exercício levaria à melhora da dispneia e da síncope, mas hoje se sabe que esses fármacos não diminuem a incidência de arritmias ventriculares ou de morte súbita.

Para pacientes com a forma não obstrutiva, os bloqueadores dos canais de cálcio são as drogas mais indicadas. A mais utilizada é o verapamil na dose de 80 a 480 mg/dia, que reduz o grau de obstrução, provavelmente por diminuir a contratilidade e melhorar o relaxamento e o enchimento diastólico ventricular. Outras drogas, como a nifedipina e o diltiazem, têm sido utilizadas, porém o efeito sobre a função diastólica é menor que o do verapamil.

A amiodarona tem sido utilizada na dose de 200 mg/dia em pacientes com TV não sustentada, com o intuito de diminuir a incidência de morte súbita. Também é indicada para controle da fibrilação atrial, a qual piora os sintomas por reduzir a contribuição atrial ao enchimento do ventrículo, já com a complacência diminuída.

Pacientes com fibrilação atrial permanente apresentam risco de episódios tromboembólicos aumentado, ocorrendo em 19 a 26% dos casos, razão pela qual devem receber terapêutica anticoagulante com varfarina, mantendo a relação internacional normalizada (INR, *international normalized ratio*) entre 2 e 3.

Outros fármacos, como digitálicos, diuréticos, inibidores da enzima conversora da angiotensina e bloqueadores da angiotensina, estão indicados somente nos casos que evoluem para dilatação com diminuição da função sistólica, em fase tardia da moléstia.

Conforme mostraram estudos prospectivos, o uso de marca-passo melhora os sintomas, a classe funcional, o tempo de exercício e a qualidade de vida em 50 a 83% dos pacientes. O tempo médio de hospitalização é de dois dias, e a mortalidade é de 1%. É indicado para pacientes refratários ao tratamento clínico e com gradiente de via de saída do ventrículo esquerdo > 30 mmHg. A estimulação atrioventricular modo DDD provoca movimento paradoxal do septo interventricular, levando ao aumento da via de saída do VE, à redução da velocidade de fluxo e à diminuição do gradiente, do movimento anterior sistólico da valva mitral e do refluxo mitral.

O procedimento de oclusão do ramo septal principal da artéria coronária descendente anterior pela injeção de até 5 mL de álcool absoluto provoca queda significativa do gradiente, assim como melhora dos sintomas e da classe funcional. Trabalhos mostraram que em pacientes refratários ao tratamento clínico, com gradiente > 50 mmHg e indicação de tratamento cirúrgico, esse procedimento melhorou os sintomas de mais de 90% dos pacientes, reduziu o gradiente em 50% e eliminou o problema em 26%. Como complicação, observou-se bloqueio atrioventricular temporário em 65% dos casos, gerando necessidade de marca-passo definitivo em menos de 5%. A mortalidade está entre 1 e 2%. É considerado tratamento opcional em casos em que o tratamento cirúrgico implica alto risco.

A cardiomiectomia transvalvar aórtica é indicada para pacientes com gradiente na via de saída do VE > 50 mmHg que não respondem ao tratamento clínico. O objetivo é diminuir a obstrução e o refluxo mitral, reduzir o tamanho do átrio esquerdo e, assim, evitar a fibrilação atrial. No entanto, esse tratamento não provoca aumento da sobrevida, uma vez que não altera a incidência de morte súbita.

Os cardioversores desfibriladores implantáveis são eficazes no controle de taquicardia ou fibrilação ventricular (FV), sendo indicado para pacientes recuperados de morte súbita (indicação secundária) e pacientes que tenham associação de dois ou mais fatores de risco de morte súbita (indicação primária), como genótipo de risco, TV não sustentada ao Holter, espessura miocárdica > 35 mm e síncope de repetição.

Prognóstico

A evolução clínica e a história natural são variáveis, conforme o fenótipo do paciente. Trabalhos mais recentes, com pacientes não selecionados, demonstraram mortalidade de 0,5 a 1%, ou seja, evolução mais benigna.

Atualmente são considerados fatores de risco para morte súbita idade < 20 anos, antecedente de parada cardiorrespiratória ou TV sustentada, genótipo de risco ou história familiar de morte súbita em parentes de primeiro grau com menos de 45 anos, TV não sustentada ao Holter, síncope recorrente, hipertrofia ventricular com espessura > 30 mm, ausência da resposta da pressão arterial sistólica ao exercício e classe funcional III-IV (NYHA, New York Heart Association).

Miocardiopatia restritiva

É caracterizada pela ausência de dilatação, com deficiência no enchimento ventricular e distensibilidade ventricular decorrentes do enrijecimento das paredes musculares. A hipertrofia é tipicamente ausente, embora doenças infiltrativas, como amiloidose, ou doenças de depósito, como doença de Fabry, possam promover um aumento da espessura da parede do ventrículo esquerdo. A função sistólica geralmente mantém-se normal. A miocardiopatia restritiva é muito menos comum do que a dilatada ou hipertrófica, porém é uma causa frequente de morte na África, na Índia, nas Américas do Sul e Central e na Ásia, principalmente por causa da alta incidência de endomiocardiofibrose nessas regiões. As causas da cardimiopatia restritiva podem ser classificadas em:

- Infiltrativa: amiloidose, sarcoidose.
- Não infiltrativa: idiopática ou familiar, por causa de mutações genéticas.
- Doenças de depósito: hemocromatose, doença de Fabry.
- Doenças do endomiocárdio: endomiocardiofibrose, síndrome hipereosinofílica, caracterizadas por comprometer um ou ambos os ventrículos, restringindo seu enchimento. O envolvimento das valvas atrioventriculares é comum, mas sem comprometer a via de saída.
- Radiação e/ou drogas: os quimioterápicos antracíclicos podem causar miocardiopatia restritiva ou dilatada.

A miocardiopatia restritiva deve ser distinguida da pericardite constritiva, a qual provoca alteração semelhante no enchimento ventricular. Embora os detalhes da história clínica possam ser determinantes para o diagnóstico, essa distinção pode exigir cuidadosa avaliação ecocardiográfica, hemodinâmica e da imagem pericárdica, e até mesmo biópsia endomiocárdica. A cateterização cardíaca é fundamental nessa avaliação, pois na pericardite constritiva há equalização das pressões diastólicas (diferem até no máximo 5 mmHg), enquanto na miocardiopatia restritiva elas podem variar em maior amplitude, além de estar presente hipertensão pulmonar mais intensa nesta última.

A endomiocardiofibrose caracteriza-se mais pela deposição de tecido fibroso no endocárdio do que no miocárdio, acometendo frequentemente os músculos papilares, determinando disfunções atrioventriculares além da disfunção diastólica.

Quadro clínico

Por determinar um quadro fisiopatológico restritivo, os sinais e sintomas são de congestão venosa sistêmica e pulmonar, sendo a suspeita clínica aventada nos casos de área cardíaca normal.

Exame físico

Pode-se encontrar turgência jugular, sinal de Kussmaul, pulso apical palpável e ausculta com ritmo de galope com B3 e B4 presentes.

Exames complementares

- Ecocardiograma: evidencia ventrículos caracteristicamente não dilatados ou hipertrofiados, com aumento moderado a acentuado dos átrios, elevação das pressões biatriais e alterações no relaxamento miocárdico. Na amiloidose pode-se encontrar pontos de hiper-refringência disseminados pelo músculo cardíaco e pelos aparelhos valvares.
- Eletrocardiograma: evidencia alterações como baixa voltagem do complexo QRS no plano frontal, fibrilação atrial, alterações de repolarização ventricular, sobrecargas atriais e ventriculares, áreas inativas, bloqueios de ramo e bloqueio atrioventricular total.
- Raio X de tórax: evidencia área cardíaca normal ou pouco aumentada, podendo haver sinais de congestão pulmonar.
- Medicina nuclear: a cintilografia por mapeamento com pirofosfato de tecnécio-99 e antimiosina marcada com índio-111 pode auxiliar no diagnóstico de amiloidose.

- Tomografia e ressonância magnética: são úteis na diferenciação entre miocardiopatia restritiva e pericardite constritiva.
- Biópsia endomiocárdica de ventrículo direito: é o método diagnóstico que permite caracterização histológica e definição etiológica.

Prognóstico

É bastante variável, conforme a etiologia. Nos casos de amiloidose, a mortalidade é progressiva, e nos casos de hemocromatose é acelerada.

Tratamento

Não há tratamento específico para a forma idiopática, porém a otimização de líquidos e o tratamento de suporte são necessários. Há investigações em andamento sobre as terapias agressivas para as formas secundárias, como a remoção de ferro na hemossiderose ou a terapia de reposição enzimática na doença de Fabry. Na amiloidose e na sarcoidose pode-se utilizar corticoides. A classificação das miocardiopatias restritivas se encontra na Tabela 6.2.

Miocardiopatia/displasia arritmogênica do ventrículo direito

É determinada pelo acometimento do miocárdio do VD, caracterizada por arritmias ventriculares. O miocárdio da parede livre do VD é substituído por um tecido fibroso e/ou fibrogorduroso, com acinesia ou discinesia focal, sendo que em alguns casos há dilatação global do VD com disfunção. Envolve sobretudo o VD, porém pode comprometer o septo

Tabela 6.2 Classificação das miocardiopatias restritivas

Miocárdica		Endomiocárdica
Não infiltrativa	Infiltrativa	
Miocardiopatia idiopática	Amiloidose	Endomiocardiofibrose
Esclerodermia	Sarcoidose	Cardiopatia de Loeffler
Miocardiopatia familiar	Doença de Gaucher	Síndrome carcinoide
Pseudoxantoma elástico	Doença de Hurler	Toxicidade por antraciclina
Miocardiopatia diabética	Hemocromatose	Radiação
Miocardiopatia hipertrófica	Doença de Fabry	Drogas que causam endocardite fibrosa (serotonina, metisergida, ergotamina, agentes mercuriais, bussulfam)
	Glicogenose	
	Infiltração gordurosa	

interventricular e o VE. Em 40 a 60% dos casos é causada por mutações nos genes de adesão celular.

Essas alterações estruturais predispõem à instabilidade elétrica, resultando no aparecimento de arritmias ventriculares complexas, podendo ocorrer TV e/ou FV, e até morte súbita.

A prevalência estimada é de 1:2.000 a 1:5.000 na população geral, tendo associação familiar importante, afetando mais homens do que mulheres (3:1).

Quadro clínico

Os principais sintomas são dispneia, palpitações, síncope e até sintomas de insuficiência cardíaca biventricular, porém a morte súbita desencadeada por esforços pode ser a primeira manifestação. Pacientes com antecedentes familiares de morte súbita precoce na família devem ser investigados.

Exame físico

Costuma ser normal em 50% dos pacientes, podendo provocar, nas fases avançadas da doença, sinais de descompensação de insuficiência cardíaca.

Exames complementares

- Eletrocardiograma: pode evidenciar extrassístoles com morfologia de via de saída do VD, alteração da repolarização com onda T invertida nas derivações precordias direitas, ondas épsilon na porção final do complexo QRS, ECG de alta resolução com presença de potencial tardio.
- Holter de 24 horas: contribui para documentar arritmias ventriculares complexas e avaliar a densidade de ocorrências das extrassístoles ventriculares.
- Teste ergométrico: avalia a possibilidade de aparecimento de arritmias ventriculares durante o esforço ou na fase de recuperação.
- Ecocardiograma: permite avaliar o comprometimento sistólico do VD a partir da visualização de áreas hipocinéticas ou acinéticas.
- Ressonância magnética: padrão-ouro na investigação, especialmente nos casos em que há limitações de janela acústica para visualização das imagens pelo ecocardiograma, podendo detectar infiltração fibrogordurosa na parede do VD.

Diagnóstico

Baseia-se na presença de dois critérios maiores ou um maior e dois menores, conforme estabelecido pelos Comitês Europeu e Americano da European Society of Cardiology, da american Heat association e da American College of Cardiology, com os seguintes critérios:

- Critérios maiores: história familiar confirmada por necrópsia ou cirurgia; ECG com ondas épsilon ou prolongamentos do QRS (> 110) em derivações precordiais (V1-V3); dilatação severa e redução da fração de ejeção do VD com discreto ou nenhum comprometimento do VE; aneurismas localizados no VD; dilatação segmentar severa do VD; substituição fibrogordurosa do tecido miocárdico na biópsia endomiocárdica.
- Critérios menores: história familiar de morte súbita em jovens (< 35 anos) causada por suspeita de displasia arritmogênica do VD; ECG com inversão de onda T em V2 e V3 em pacientes com mais de 12 anos e na ausência de BRD; ECG de alta resolução positivo para potenciais tardios; TV com morfologia de BRE sustentada ou não sustentada documentada no ECG, Holter ou teste ergométrico; dilatação global discreta ou redução da fração de ejeção do VD com VE normal.

Tratamento

Medicamentos antiarrítmicos, como sotalol e amiodarona, são a primeira escolha. A ablação por radiofrequência pode ser utilizada naqueles que apresentam TV incessante e necessitam de implante de cardiodesfibrilador implantável (CDI). O CDI pode ser indicado nos pacientes recuperados de parada cardiorrespiratória por FV, com episódios de TV refratária às drogas, FV/TV com comprometimento hemodinâmico, idade precoce dos sintomas, comprometimento do VE e intolerância a drogas.

Miocardiopatia não classificada

Inclui patologias que não se enquadram nos fenótipos descritos anteriormente, tendo como principais exemplos o miocárdio não compactado e a miocardiopatia induzida por estresse (Takotsubo).

Miocárdio não compactado

A não compactação ventricular esquerda ocorre em decorrência de uma interrupção da compactação da trama do miocárdio durante a embriogênese, provocando uma continuidade entre a cavidade do ventrículo esquerdo e os recessos intratrabeculares, os quais são preenchidos por sangue.

A prevalência é estimada em 0,05% da população geral. A etiologia é desconhecida, porém pode estar relacionada a algumas síndromes genéticas.

Quadro clínico

É variável, podendo evoluir desde a forma assintomática, até a disfunção sistólica, levando à insuficiência cardíaca, fenômeno tromboembólico pulmonar ou sistêmico e arritmias ventriculares. A precordialgia pode ocorrer mesmo na ausência de coronariopatias, por causa da isquemia subendocárdica.

Exames complementares

* Eletrocardiograma: pode evidenciar sobrecarga ventricular esquerda, BRE, distúrbio da condução intraventricular, bloqueio do ramo direito (BRD), fibrilação atrial, alterações da repolarização ventricular, bloqueios atrioventriculares e síndrome de Wolff-Parkinson-White.
* Ecocardiograma: permite observar hipertrabeculações ventriculares proeminentes e profundos recessos intratrabeculares, além de avaliar a continuidade do fluxo com os espaços intratrabeculares por meio do mapeamento de fluxo a cores.
* Ressonância magnética e tomografia computadorizada: com uso do gadolíneo, possibilita a confirmação diagnóstica, com delineamento entre o tecido não compactado e o compactado.
* Biópsia endomiocárdica: evidencia a presença de fibrose intersticial, espessamento endomiocárdico e fibroelastose subendocárdica.

Tratamento

Inclui drogas tradicionalmente utilizadas para o tratamento da insuficiência cardíaca. A anticoagulação deve ser indicada nos pacientes com disfunção ventricular, fibrilação atrial ou episódios embólicos prévios.

Miocardiopatia induzida por estresse (Takotsubo)

Denominada Takotsubo ou "síndrome do coração partido", caracteriza-se por uma disfunção sistólica transitória do segmento apical e/ou médio do VE, muitas vezes provocada por estresse físico ou emocional. Sua ocorrência é mais comum nas mulheres de meia-idade, possivelmente relacionada com a liberação de catecolaminas, sendo totalmente reversível. O diagnóstico é realizado a partir de achados eletrocardiográficos sugestivos de infarto agudo do miocárdio, na presença de disfunção ventricular esquerda e ausência de coronariopatia.

BIBLIOGRAFIA RECOMENDADA

1. Arteaga E, Ianni BM, Fernandes F. Benign outcome in a long-term follow-up of patients with hypertrophic cardiomyopathy in Brazil. Am Heart J. 2005;149:1099-105.
2. Barreto ACP, Mady C, Fernandez EA, et al. Quadro clínico da endomiocardiofibrose. Correlação com a intensidade da fibrose. Arq Bras Cardiol. 1988;50:401-5.
3. Barreto ACP, Dauar D. Miocardiopatia restritiva. Rev Bras Med (Cardiologia). 1986;1:29-31.
4. Barreto ACP, Ortiz J, Fujioka T. Diagnóstico da endomiocardiofibrose. Rev Bras Med (Cardiologia). 1987;6:214-9.
5. Barreto ACP, Precoma D, Serro-Azul JB, et al. Amiloidose cardíaca. Uma doença de muitas faces e diferentes prognósticos. Arq Bras Cardiol. 1997;69:89-9.
6. Beltrami CA, Finato N, Rocco M, et al. The cellular basis of dilated cardiomyopathy in humans. J Mol Cell Cardiol. 1995;27:291-305.
7. Benotti JR, Grossman W, Cohn PF. Clinical profile of restrictive cardiomyopathy. Circulation. 1980;61(6):1206-12.
8. Bocchi EA, Marcondes-Braga FG, Ayub-Ferreira SM, Rohde LE, Oliveira WA, Almeida DR, et al. Sociedade Brasileira de Cardiologia. III Diretriz Brasileira de Insuficiência Cardíaca Crônica. Arq Bras Cardiol. 2009;93(1 supl.1):1-71.
9. Bocchi EA. Situação atual das indicações e resultados do tratamento cirúrgico da insuficiência cardíaca. Arq Bras Cardiol. 1994;63:523-30.
10. Breithardt G, Cain ME, El Sherif N, Flowers N, Hombach V, Janse M, et al. Standars for analysis of ventricular late potentials using high resolution or signal-averaged electrocardiography: a statement by a Tak Force Committee between the European Society of Cardiology, the American Heart Association and the American College of Cardiology. Eur Heart J. 1991;12:473-80.
11. Caforio AL, Grazzini M, Mann JM, et al., Identification of the alpha and beta myosin heavy chain isoforms as

major autoantigens in dilated cardiomyopathy. Circulation. 1992;85:1734-40.

12. Caforio AL, Mahon NJ, Tona F. Circulating cardiac autoantibodies in dilated cardiomyopathy and myocarditis: pathogenetic and clinical significance. Eur J Heart Fail. 2002;4:411-7.

13. Cohn JN. Structural basis for heart failure: ventricular remodeling and its pharmacological inhibition. Circulation. 1995;91:2504-7.

14. Coughlin SS, Szklo M, Baughman K. The epidemiology of idiopathic dilated cardiomyopathy in a biracial community. Am J Epidemiol. 1990;131:48-56.

15. Cueto-Garcia L, Reeder GS, Kyle RA, et al. Echocardiographic findings in systemic amyloidosis: spectrum of cardiac involvement and relation to survival. J Am Coll Cardiol. 1985;6:737-43.

16. Dec GW, Fuster V. Idiopathic dilated cardiomyopathy. N Engl J Med. 1994;331:1564-75.

17. Di Lenarda A, Secoli G, Perkan A, Gregori D, Lardieri G, Pinamonti B, et al. Changing mortality in dilated cardiomyopathy. The Heart Muscle Disease Study Group. Br Heart J. 1994;72(6 Suppl):S46-51.

18. Diretrizes para indicações e utilização da ecocardiografia na prática clínica. Arq Bras Cardiol. 2004;82(Supl. I).

19. Dubost CH. The surgical treatment of constrictive fibrous endocarditis. J Cardiovasc Surg. 1978;19:581-4.

20. Fernandes F, Mady C, Vianna CB, et al. Aspectos radiológicos da endomiocardiofibrose. Arq Bras Cardiol. 1997;68:269-72.

21. Fruhwald FM, Dusleag J, Eber B, Fruhwald S, Zweiker R, Klein W. Long-term outcome and prognostic factors in dilated cardiomyopathy. Preliminary results. Angiology. 1994;45(9):763-70.

22. Juillière Y, Barbier G, Feldmann L. Additional predictive value of both left and right ventricular ejection fractions on long-term survival in idiopathic dilated cardiomyopathy. Eur Heart J. 1997;18:276-80.

23. Katritsis D, Wilmshurst PT, Wendon JA. Primary restritive cardiomyopathy: clinical and pathologic characteristics. JACC. 1991;18:1230-5.

24. Klein AL, Oh JK, Miller FA. Two-dimensional and Doppler echocardiographic assessment of infiltrative cardiomyopathy. J Am Soc Echocardiogr. 1988;1:48-59.

25. Komajda M, Jais JP, Reeves F, Goldfarb B, Bouhour JB, Juillieres Y, et al. Factors predicting mortality in idiopathic dilated cardiomyopathy. Eur Heart J. 1990;11(9):824-31.

26. Kushhwara S, Fallon JT, Fuster V. Restrictive cardiomyopathy. N Engl J Med. 1997;336(4):267-76.

27. Libby P, Bonow RO, Zipes DP, Mann DL. Braunwald Tratado de medicina cardiovascular. 8ª ed. Rio de Janeiro: Elsevier; 2010. p. 1829-53.

28. Macedo AJ, Henrickson I, Kaku S. Miocardiopatia restritiva na criança. Rev Port Cardiol. 1995;14(5):401-8.

29. Mady C. Remodelagem, remodelamento, remodelação. Arq Bras Cardiol. 1996;66:51-3.

30. Mady C, Pereira Barretto AC, Oliveira SA, et al. Endomyocardial fibrosis. Course in patients undergoing clinical and surgical treatment. Arq Bras Cardiol. 1990;55:241-4.

31. Mady C, Pereira Barretto AC, Oliveira SA, et al. Effectiveness of operative and nonoperative therapy in endomyocardial fibrosis. Am J Cardiol. 1989;63:1281-2.

32. Manolio TA, Baughman KL, Rodeheffer R, et al. Prevalence and etiology of idiopathic dilated cardiomyopathy (summary of a National Heart, Lung, and Blood Institute Workshop). Am J Cardiol. 1992;69:1458-66.

33. Marian AJ, Roberts R. The molecular genetic basis for hypertrophic cardiomyopathy. J Moll Cell Cardiol. 2001;33:655-70.

34. Marian AJ. Hypertrophic cardiomyopathy: from genetics to treatment. Eur J Clin Invest. 2010;40(4):360-9.

35. Maron BJ, Bonow RO, Cannon III RO, et al. Hypertrophic cardiomyopathy: interrelations of clinical manifestations, pathophysiology, and therapy (two parts). N Engl J Med. 1987;13:780-9; 14:844-52.

36. Maron BJ, McKenna WJ, Danielson GK, et al. American College of Cardiology; Committee for Practice Guidelines. European Society of Cardiology. J Am Coll Cardiol. 2003;42:1687-713.

37. Maron BJ. Hypertrophic cardiomyopathy. Lancet. 1997;350:127-33.

38. McCarthy RE, Kasper EK. A review of the amiloidosis that infiltrate the heart. Clin Cardiol. 1998;21:547-52.

39. McKenna W, Deanfield J, Faruqui A. Prognosis in hypertrophic cardiomyopathy: role of age and clinical, electrocardiographic and hemodynamic features. Am J Cardiol. 1981;47:532-8.

40. Medeiros PTJ, Martinelli M, Arteaga E, et al. Miocardiopatia hipertrófica: importância dos eventos arrítmicos em pacientes com risco de morte súbita. Arq Bras Cardiol. 2006;87:649-57.

41. Michels VV, Moll PP, Miller FA, et al. The frequency of familial dilated cardiomyopathy in a series of patients with idiopathic dilated cardiomyopathy. N Engl J Med. 1992;326:77-82.

42. Mobini R, Maschkeb H, Waagsteina F. New insights into the pathogenesis of dilated cardiomyopathy: possible underlying autoimmune mechanisms and therapy. Autoimmun Rev. 2004;3:277-84.

43. Muntoni F, Cau M, Ganau A. Brief report. Deletion of the dystrophin promoter region associated with X-linked dilated cardiomyopathy. N Engl J Med. 1993;329:921-5.

44. Nacruth R, Pereira Barretto AC, Mady C. Miocardiopatia restritiva idiopática. Arq Bras Cardiol. 1993;61:175-80.

45. Neuman DA. Autoimmunity and dilated cardiomyopathy. Mayo Clin Proc. 1994;69:193-5.

46. Oakley C. Aetiology, diagnosis, investigation, and management of the cardiomyopathies. Br Med J. 1997;315:1520-4.

47. Oakley CM. Amyloid heart disease and cardiomyopathyies difficult to classify. In: Goodwin J, Olsen E (eds.). Cardiomyopathies. Heidelberg: Springer-Verlag. 1992;13:194-211.

48. Oliveira SA, Pereira Barretto AC, et al. Surgical treatment of endomyocardial fibrosis: a new approach. J Am Coll Cardiol. 1990;16:1246-51.

49. Redfield MM, Gersh BJ, Bailey KR, Rodeheffer RJ. Natural history of incidentally discovered, asymptomatic idiopathic dilated cardiomyopathy. Am J Cardiol. 1994;74(7):737-9.

50. Seggewiss H, Faber L, Gluchmann V. Percutaneus transluminal septal ablation in hypertrophic obstructive cardiomyopathy. Thorac Cardiovasc Surg. 1999;47:94-100.

51. Serrano Jr CV, Timerman A, Stefanini E. Tratado de cardiologia SOCESP. 2ª ed. Barueri: Manole; 2009. p. 1961-89.

52. Shammas RL, Movahed A. Sarcoidosis of the heart. Clin Cardiol 1993;16:462-72.

53. Skinner M, Aanderson J, Simms R. Treatment of 100 patients with primary amyloidosis: a randomized trial of melphalan, prednisone and colchicine versus colchicine only. Am J Med. 1996;100(3):190-8.

54. Smith RL, Hutchins GM, Sack GH, et al. Unusual cardiac, renal and pulmonary involvement in Gaucher's disease. Intersticial glucocerebroside accumulation, pulmonary hypertension and fatal bone marrow embolization. Am J Med. 1978;65:352-60.

55. Soler R, Rodríguez E, Remuiñán C. Magnetic resonance imaging of primary cardiomyopathies. J Comput Assist Tomogr. 2003;27:724-34.

56. Soufen HN. Análise histológica e molecular da fibrose miocárdica em pacientes portadores de miocardiopatia dilatada de diferentes etiologias [tese de doutorado]. São Paulo: Universidade de São Paulo, Faculdade de Medicina; 2001. 102p.

57. Spirito P, Seidman CE, McKenna WJ. The management of hypertrophic cardiomyopathy. N Engl J Med. 1997;336:775-85.

58. Tirone AP, Arteaga E, Pereira AC, et al. Pesquisa de marcadores para os genes da cadeia pesada da β-miosina cardíaca e da proteína C de ligação à miosina em familiares de pacientes com miocardiopatia hipertrófica. Arq Bras Cardiol. 2005;84:467-72.

59. Tobias NMMO, Moffa PJ, Pastore CA, et al. O eletrocardiograma na endomiocardiofibrose. Arq Bras Cardiol. 1992;59:249-53.

60. Tyagi SC, Campbell SE, Reddy HK, et al. Matrix metalloproteinase activity expression in infarcted, noninfarcted and dilated cardiomyopathic human hearts. Mol Cell Biochem. 1996;155:13-21.

61. Vaitkus PT, Kussmaul WG. Constrictive pericarditis versus restrictive cardiomyopathy: a reappraisal and update of diagnostic criteria. Am Heart J. 1991;122:1431-41.

62. Vitarelli A, Gheorghiade M. Diastolic heart failure: standard Doppler approach and beyond. Am J Cardiol 1998;81:115G-21G.

63. Weber KT. Targeting pathological remodeling: concepts of cardioprotection and reparation. Circulation. 2000;102(12):1342-5.

64. WHO/ISFC Task Force, Report of the 1995 WHO/ISFC Task Force on the definition and classification of cardiomyopathies. Circulation. 1996;93:841-2.

65. Wu L, Cooper L. Potential of the right ventricular endomyocardial biopsy to diagnose and assist in the management of congestive heart failure: insights from recent clinical trials. Congest Heart Fail. 2004;10:133-13.

7

PERICARDIOPATIAS

FÁBIO FERNANDES

MARCIO TONINI

CHARLES MADY

INTRODUÇÃO

O pericárdio é um saco fibroelástico que reveste o coração, formado por duas camadas, a visceral e a parietal, separadas por um espaço pericárdico localizado entre essas camadas. Em indivíduos saudáveis, a cavidade pericárdica contém de 15 a 50 mL de líquido seroso.

Recebe um suprimento de sangue das artérias torácicas internas e inervação do nervo frênico, com cordões ligamentares que ligam o pericárdio parietal ao diafragma, ao esterno e às estruturas do mediastino anterior, garantindo um posicionamento cardíaco relativamente fixo dentro da cavidade torácica, apesar do movimento respiratório e da mudança da posição corporal.

O pericárdio promove uma proteção mecânica para o coração, tem ação lubrificante, reduzindo o atrito entre o coração e estruturas contíguas, apresentando considerável efeito hemodinâmico sobre os átrios e ventrículos, restringindo a sua dilatação de forma aguda.

As doenças pericárdicas podem apresentar-se clinicamente em uma destas quatro formas:

- pericardite aguda fibrinosa;
- derrame pericárdico sem comprometimento hemodinâmico;
- tamponamento cardíaco;
- pericardite constritiva.

A pericardite aguda é uma doença comum causada pela inflamação do pericárdio, podendo ocorrer como uma entidade isolada ou como manifestação de uma patologia sistêmica. É diagnosticada em cerca de 0,1% dos pacientes hospitalizados, e em 5% dos pacientes admitidos nos serviços de emergência com dor torácica não cardíaca. Acomete predominantemente indivíduos do sexo masculino, jovens (com idade entre 20 e 50 anos) e sem patologias pregressas.

Pode ser classificada quanto ao período de instalação, sendo considerada aguda quando iniciada com menos de 3 meses, podendo ser seca, fibrinosa ou efusiva. Já a pericardite crônica caracteriza-se por uma duração superior a 3 meses, apresentando-se nas formas efusivas, adesivas e constritivas. Também pode ser classificada em recorrente, que se divide em intermitente (com intervalos livres de sintomas e sem tratamento) e incessante (em que a interrupção terapêutica é acompanhada do retorno da sintomatologia).

ETIOLOGIA

A pericardite apresenta uma ampla variedade de causas que podem ser separadas em duas categorias: infecciosas e não infecciosas.

A pericardite não infecciosa pode ser subdividida em autoimune, neoplásica, traumática e de causas metabólicas.

Historicamente, a maioria dos casos de pericardite foi considerada como idiopática, porém com as novas técnicas de pericardioscopia, análise do líquido pericárdico e de tecidos utilizando técnicas de imuno-histoquímica e PCR (reação em cadeia da polimerase), tornou-se possível uma classificação mais abrangente.

Uma ampla gama de microrganismos pode causar pericardite, mas a infecção viral continua sendo a causa mais comum daquelas identificáveis, especialmente enterovírus, adenovírus e influenza; recentemente foi descrito um caso secundário à infecção por influenza A H1N1. Já nos pacientes imunodeprimidos, podem estar relacionados microrganismos como herpes simplex e citomegalovírus.

Alterações pericárdicas podem ser encontradas em 20% dos pacientes soropositivos para HIV, porém pericardite sintomática pode ser frequentemente causada pela infecção secundária (comumente micobactérias) ou por neoplasia (particularmente sarcoma de Kaposi ou linfoma).

Pericardite associada a infarto transmural tornou-se menos frequente com o advento da terapia fibrinolítica e da revascularização mecânica, porém ainda ocorre em 5 a 10% dos casos. Pode ser detectada clinicamente por atrito pericárdico, alteração do segmento ST ou onda T e depressão do segmento PR. Esta sugere miopericardite dos átrios e pode ser preditor de uma futura ocorrência de fibrilação atrial. A ruptura ventricular deve ser considerada em pacientes hemodinamicamente instáveis com evidência de pericardite.

A pericardite tardia após infarto do miocárdio (síndrome de Dressler) ocorre em 5% dos pacientes infartados, com início após uma semana de evolução, com episódios isolados ou recorrentes de febre, aumento dos marcadores inflamatórios e dor pericárdica.

Após a realização de cirurgia cardíaca (síndrome pós-pericardiotomia), tem sido relatada uma ocorrência em até 20% dos casos em uma mediana de quatro semanas após cirurgia de revascularização miocárdica. Em cerca de 0,2% das cirurgias cardíacas pode ocorrer pericardite constritiva, geralmente nas duas primeiras semanas de pós-operatório; incidência semelhante ocorre nas cirurgias minimamente invasivas. Geralmente desenvolve-se após dias ou até meses da realização da cirurgia cardíaca, sendo a etiologia mais aceita a da resposta inflamatória sistêmica, com ativação do sistema imunológico e do sistema complemento, com formação de anticorpos antimiocárdicos como resposta à lesão muscular sofrida.

Qualquer lesão direta pode causar pericardite traumática, sendo descritos casos de pericardite secundária a ferimentos penetrantes no tórax, como lesão por agulhas, fístulas esofagianas causadas por espinhas de peixe ou até por palito de dentes.

Complicações pericárdicas ocorrem em menos de 0,2% dos pacientes submetidos a intervenções percutâneas (como cateterismo, angioplastia e ablação por radiofrequência), além de implante de marca-passo (Quadro 7.1).

DIAGNÓSTICO

Quadro clínico

A pericardite aguda geralmente tem como sintoma principal a dor torácica de localização subesternal, mas também pode estar centralizada na porção anterior esquerda do tórax ou no epigástrio, com irradiação para a crista do trapézio (sintoma patognomônico), o pescoço e eventualmente para o braço esquerdo, quase sempre aliviada ao curvar-se para frente e acentuada ao se deitar, piorando com movimentos ventilatórios (dor pleurítica) ou com a deglutição. Podem estar associados alguns sintomas como febre acima de 39°C, dispneia, tosse improdutiva, fraqueza, indisposição e eventualmente soluços.

Outros sintomas que podem auxiliar na investigação etiológica são os pródromos de febre, mialgia e indisposição, sugerindo causa infecciosa, seja viral, seja bacteriana. Alteração do nível de consciência, diminuição do volume urinário e edema são sugestivos de uremia. Emagrecimento e caquexia podem estar relacionados com tuberculose, vírus HIV ou neoplasias.

Os antecedentes patológicos também podem auxiliar na busca etiológica, fornecendo informações sobre doenças autoimunes, neoplasias, tuberculose, realização de radioterapia, infarto agudo do miocárdio ou trauma torácico recente.

No exame físico, o atrito pericárdico é patognomônico de pericardite, porém não está frequentemente presente. É mais bem auscultado no final da expiração com o paciente inclinando o tronco para frente, sendo o som classicamente um rangido áspero, geralmente trifásico, com o componente da sístole atrial, sístole ventricular (mais audível) e diástole ventricular. A efusão pericárdica em desenvolvimento pode diminuir o atrito e promover hipofonese global de bulhas, mas geralmente não impede a ausculta.

Pacientes que evoluem com tamponamento cardíaco podem apresentar a tríade de Beck: hipotensão arterial, hipofonese de bulhas e distensão venosa jugular, além de sinais de restrição ao enchimento diastólico (com edema, ascite, anasarca e hepatomegalia), baixo débito cardíaco (com lipotímia,

Quadro 7.1 Etiologias das pericardites

Idiopática

Infecção viral: vírus Coxsackie A e B, influenza, echovírus, adenovírus, caxumba, mononucleose, varicela, hepatite B, HIV, H1N1 etc.

Infecção bacteriana: *Pneumococcus*, *Staphylococcus*, *Streptococcus*, *Haemophilus*, Gram-negativos, *Neisseria gonorrhoeae*, Tuberculose, *Leptospira*, *Listeria*, *Mycoplasma*

Infecção fúngica: histoplasmose, coccidioidomicose, *Candida*, blastomicose, aspergilose

Metabólicas: uremia, colesterol (pericardite "dourada"), gota, escorbuto

Doenças inflamatórias ou autoimunes: artrite reumatoide, febre reumática aguda, lúpus eritematoso sistêmico, esclerodermia, sarcoidose, amiloidose, hipotireoidismo, hipertireoidismo, síndrome de Sjögren, síndrome de Reiter, espondilite anquilosante, granulomatose de Wegener, arterite de células gigantes, polimiosite (dermatopolimiosite), síndrome de Behçet, poliarterite, síndrome de Churg-Strauss, púrpura trombocitopênica e outras

Radiação (radioterapia)

Síndromes tardias pós-lesões miocárdicas: síndrome de Dressler (pós-infarto agudo do miocárdio) e pós-pericardiotomia (pós-cirurgia cardíaca)

Drogas: hidralazina, procainamida, fenitoína, doxorrubicina, penicilina, isoniazida, ciclosporina

Neoplasias: primárias, como mesotelioma, fibrossarcoma, lipoma e outros, ou secundárias, como câncer de pulmão e de mama, leucemia, linfoma, sarcoma de Kaposi

Traumática: trauma aberto ou fechado de tórax, pós-ressuscitação cardiopulmonar, relacionada a procedimentos (angioplastia com *stent*, implante de marca-passo, ablação por radiofrequência)

Congênita: cistos, ausência congênita

Dissecção aórtica

---

dispneia e fadiga), sinal de Kussmaul (aumento da pressão venosa com inspiração), pulso paradoxal (diminuição em 10 mmHg da pressão sistólica durante a inspiração) e taquicardia compensatória.

Laboratório

Comumente são encontradas alterações inespecíficas de um processo inflamatório, tais como hemograma com leucocitose, elevação da velocidade de hemossedimentação e da proteína C reativa.

A troponina I pode estar elevada nos pacientes com infarto agudo do miocárdio, assim como nos casos de miopericardite, cuja elevação é discreta.

Os exames laboratoriais podem contribuir para definição do diagnóstico etiológico, por meio de análise bioquímica da função renal, reações sorológicas, dosagem de autoanticorpos, hormônios tireoidianos, entre outros.

Eletrocardiograma

É o exame complementar mais importante, considerando ser de fácil realização, disponível na maior parte dos serviços de assistência médica e com custo baixo. Aproximadamente 80% dos casos de pericardite aguda apresentam alterações eletrocardiográficas, as quais podem ser divididas em quatro estágios.

- Estágio 1: elevação difusa no segmento ST-T com convexidade para cima, exceto em aVR e frequentemente em V1, com onda T positiva, e depressão no segmento PR, podendo durar até duas semanas após o início dos sintomas. Esses achados podem ser confundidos com o padrão de repolarização precoce ou com a fase aguda do infarto do miocárdio.
- Estágio 2: ocorre após alguns dias, com normalização do segmento ST-T e alteração da onda T, que pode se tornar achatada ou isoelétrica, podendo durar horas ou até dias.
- Estágio 3: ocorre entre a segunda e terceira semana após o início dos sintomas, podendo durar várias semanas. Caracteriza-se pela inversão da onda T, não devendo ser interpretado como persistência da doença.
- Estágio 4: pode ocorrer até três meses após o início do quadro, com a normalização completa dos traçados eletrocardiográficos.

No derrame pericárdico podemos encontrar no eletrocardiograma alternância elétrica e baixa voltagem.

Radiografia de tórax

A radiografia de tórax frequentemente é normal, todavia, nos derrames com aumento de líquido pericárdico superior a 250 mL, poderá ocorrer aumento da área cardíaca (em casos mais volumosos podemos visualizar "coração em moringa"). Na pericardite constritiva, podem ocorrer calcificações ao redor do coração. Este método de imagem também pode contribuir para a investigação etiológica, como nos casos de identificação de imagens sugestivas de neoplasia, de cavitações tuberculosas, entre outras.

Ecocardiograma

Fornece um meio rápido, não invasivo e preciso para avaliação da morfologia cardíaca e pericárdica.

O ecocardiograma pode quantificar e classificar o derrame pericárdico como pequeno (< 10 mm), moderado (10-20 mm), grande (maior ou igual a 20 mm) e muito grande (> 20 mm com compressão cardíaca), além de determinar alterações sugestivas de pericardite constritiva e tamponamento cardíaco.

No tamponamento cardíaco é possível encontrar alterações como colapso do átrio direito na fase final da diástole e do ventrículo direito na diástole precoce, mudanças nos volumes de ambos os ventrículos com a respiração, aumento das velocidades de fluxo nas valvas mitral e tricúspide desencadeado com a respiração e dilatação da veia cava inferior durante a inspiração, refletindo congestão sistêmica.

Novos métodos, como o Doppler tecidual e o modo M colorido, auxiliam na avaliação da função diastólica, permitindo uma melhor diferenciação entre a pericardite constritiva e a miocardiopatia restritiva.

Tomografia computadorizada e ressonância magnética

Oferecem uma excelente visualização do pericárdio e do espaço pericárdico, com papel importante na avaliação das complicações da pericardite.

Auxilia na investigação de estruturas pulmonares e linfonodos mediastinais, sendo útil na investigação de neoplasia de pulmão, de linfomas e tuberculose.

Pericardiocentese e biópsia pericárdica

O derrame pericárdico pode ser um transudato, um exsudato, um piopericárdio ou um hemopericárdio.

Derrames muito volumosos geralmente são secundários a neoplasia, colesterol, tuberculose, uremia, mixedema e parasitoses. Os derrames que se desenvolvem lentamente podem adquirir grandes volumes de maneira assintomática, enquanto os derrames de menor volume, se instalados rapidamente, podem ocasionar tamponamento.

Podem ser realizados exames bioquímicos, imunológicos e bacteriológicos no líquido pericárdico, contribuindo para a pesquisa da etiologia da pericardite. Entre os exames mais comumente realizados destacam-se a dosagem de proteínas, glicose, desidrogenase láctica (LDH), adenosina deaminase (ADA), antígeno carcinoembrionário (CEA), citologia com citometria total e diferencial, provas sorológicas, cultura, técnicas de PCR (reação em cadeia da polimerase) para identificação viral, reações de imuno-histoquímica para avaliação de pericardite imunomediada.

A biópsia de pericárdio por via subxifoide deve ser indicada após esgotada toda avaliação diagnóstica complementar, considerando que esta revela o diagnóstico etiológico em apenas aproximadamente 10,5% dos casos. Com o intuito de aumentar a sensibilidade e positividade, recomenda-se a realização da biópsia guiada por videopericardioscopia.

DIAGNÓSTICO DIFERENCIAL

Os principais diagnósticos diferenciais são com as síndromes que ocasionam dor torácica, tais como síndrome coronariana aguda, tromboembolia pulmonar, dissecção de aorta e distúrbios esofagianos, além da cardiomiopatia restritiva. Entretanto, uma adequada anamnese, um exame clínico com ausculta de atrito e características eletrocardiográficas e ecocardiográficas permite estabelecer o diagnóstico de pericardite com precisão.

Tratamento

A maioria dos casos é autolimitada e evolui sem complicações, respondendo bem com anti-inflamatórios não esteroidais (AINE), sendo eficaz para o controle da febre, dor e limitação do processo inflamatório.

Como primeira opção pode-se utilizar o ibuprofeno, que apresenta um bom perfil de segurança. A indometacina é uma alternativa eficaz para a dor, porém reduz o fluxo coronariano. Os inibidores específicos da COX 2 não possuem estudos específicos para pericardite.

A colchicina deve ser associada nos pacientes que evoluem com episódios recorrentes.

Os corticosteroides têm uso controverso, devendo ser indicados para os casos de doenças reumatológicas ou nos casos graves que não foram controlados com AINE ou colchicina, devido aos seus possíveis efeitos colaterais, bem como o risco de reativações infecciosas ou infecções secundárias, além do aumento de doenças crônicas como hipertensão arterial e *diabetes mellitus*.

Esquemas de tratamento:

- Ibuprofeno: 600 a 800 mg VO 3x /dia por 3 semanas.
- Indometacina: 25 a 50 mg VO 3x /dia por 3 semanas.
- AAS: 500 a 1.000 mg VO 4x/dia por, com desmame da dose após remissão da febre/dor.
- Colchicina: 0,5 a 1 mg VO 1x /dia por 3 meses, em associação com AINE para redução de recorrência.
- Prednisona: 40 a 60 mg VO 1x /dia por 3 semanas.

Tratamento etiológico específico

Pericardite viral: até o presente momento, vários mediadores de imunidade foram estudados e nenhum se mostrou eficaz.

- Pericardite bacteriana: na sua suspeita, deve-se proceder urgentemente a pericardiocentese, sendo recomendado a drenagem cirúrgica por cateter por no mínimo 3 dias subsequentes. Encaminhar o líquido drenado para análise laboratorial e cultura, introduzindo antibioticoterapia conforme agente etiológico e perfil de sensibilidade.
- Pericardite tuberculosa: O esquema terapêutico deve incluir quatro drogas para tuberculose: rifampicina, isoniazida, pirazinamida e etambutol por 2 meses, acompanhada de isoniazida e rifampicina por mais 4 meses. Os corticosteroides não influenciam no risco de morte ou progressão para a constrição, porém aceleram a resolução dos sintomas e diminuem a reacumulação de líquido pericárdico.
- Pericardite pós-infarto agudo do miocárdio recente e síndrome de Dressler: AAS 650 mg 3 a 4 vezes aos dia por 2 a 5 dias ou acetominofen geralmente são eficazes. Doses mais elevadas de AAS podem promover vasoconstrição coronariana e piora da isquemia. Deve-se evitar o uso de AINE e corticoides, pois interferem na cicatrização do infarto.
- Pericardite urêmica: quase sempre responde bem ao início ou intensificação do programa dialítico.

- Tamponamento cardíaco: o tamponamento com colapso hemodinâmico é uma indicação absoluta para a drenagem pericárdica através da realização urgente de pericardiocentese por punção subxifoide de Marfan ou pericardiotomia cirúrgica.

BIBLIOGRAFIA RECOMENDADA

1. Corey GR, Campbell PT, Van Trigt P, Kennedy RT, O'Connor CM, Sheikh KH, et al. Etiology of large pericardial effusions. Am J Med. 1993;209-13.

2. Fernandes F, Ianni BM, Arteaga E, Benvenutti L, Mady C. Valor da biópsia de pericárdio no diagnóstico etiológico das pericardiopatias. Arq Bras Cardiol. 1998;70(6):393-5.

3. Imazio M, Brucato A, Cumetti D, Brambilla G, Demichelis B, Ferro S, et al. Corticosteroids for recurrent pericarditis high versus low doses: a nonrandomized observation. Circulation. 2008;118:667-71.

4. Imazio M, Cecchi E, Demichelis B, Chinaglia A, Ierna S, Demarie D, et al. Myopericarditis versus viral or idiopathic acute pericarditis. Heart. 2008;94:498-501.

5. Jang JY, Chang HJ, Jang Y, Han SH, Bang WD, Cho SS, et al. Constrictive pericarditis accompanied by swine-origin influenza A (H1N1) infection. Korean Circ J. 2010;40:539-42.

6. Khandaker MH, Espinosa RE, Nishimura RA, Sinak LJ, Hayes SN, Melduni RM, et al. Pericardial disease: diagnosis and management. Mayo Clin Proc. 2010;85(6):572-93.

7. Lange RA, Hillis LD. Clinical practice. Acute pericarditis. N Engl J Med. 2004;351:2195-202.

8. Libby P, Bonow RO, Zipes DP, Mann DL. Braunwald Tratado de medicina cardiovascular. 8. ed. Rio de Janeiro: Elsevier; 2010.; p.1829-53.

9. Little WC, Freeman GL. Pericardial disease. Circulation. 2006;113:1622-32.

10. Maisch B, Seferovic PM, Ristic AD, Erbel R, Rienmüller R, Adler Y, et al. Guidelines on the Diagnosis and Management of Pericardial Diseases. The Task Force on the Diagnosis and Management of Pericardial Diseases of the European Society of Cardiology. Eur Heart J. 2004;25:587-610.

11. Prince SE, Cunha BA. Postpericardiotomy syndrome. Heart Lung. 1997; 26(2):165-8.

12. Roy CL, Minor MA, Brookhart MA, Choudhry NK. Does this patient with a pericardial effusion have cardiac tamponade? JAMA. 2007;297(16):1810-8.

13. Serrano Jr. CV, Timerman A, Stefanini E. Tratado de cardiologia SOCESP. 2. ed. Barueri: Manole; 2009. p.1961-89.

14. Shabetai R. Recurrent pericarditis: recent advances and remaining questions. Circulation. 2005;112:1921-3.

15. Troughton RW, Asher CR, Klein AL. Pericarditis. Lancet. 2004;363:717-27.

8

INSUFICIÊNCIA CARDÍACA

GERMANO EMÍLIO CONCEIÇÃO SOUZA

INTRODUCÃO

Insuficiência cardíaca (IC) pode ser definida como uma síndrome caracterizada por incapacidade do sistema cardiovascular em manter adequado suprimento de oxigênio e nutrientes aos diversos tecidos do corpo, ou o faz a custa de altas pressões de enchimento. Via de regra, essa síndrome constitui uma via final comum de diversas doencas cardovasculares. Dessa forma, não podemos considerar a IC uma doença, mas uma constelação de sinais e sintomas comuns a uma série de doenças que culminam em redução da tolerância aos esforços, retenção hidrossalina e redução da sobrevida. Apesar dos avanços na compreensão de sua fisiopatologia e dos avanços em seu tratamento, o prognóstico da IC continua reservado. Este capítulo tem o objetivo de sumarizar os recentes avanços no entendimento da fisiopatologia, diagnóstico e do tratamento da IC, com ênfase no tratamento da IC aguda.

EPIDEMIOLOGIA

A IC constitui significativo problema de saúde pública dada sua alta prevalência e crescente incidência. Nos EUA, estima-se que sua prevalência seja de 2,2% entre os pacientes na quinta década de vida, subindo para até 8,4% entre aqueles com mais de 75 anos de vida. No Brasil, estima-se que cerca de 7 milhões de indivíduos sejam portadores de IC. Cerca de 300 mil pessoa contraem essa síndrome a cada ano em nosso país. À medida que há o envelhecimento populacional, a tendência é de crescimento nesse números, principalmente às custas de aumento na incidência e prevalência de IC diastólica, mais frequente entre idosos.

FISIOPATOLOGIA

Historicamente, a IC tem sido estudada de diversos modelos:

1. O modelo edematoso, em que o indivíduo portador de IC teria anormalidades na hemodinâmica renal que levaria à retenção de sódio e água pelo rim.
2. O modelo hemodinâmico, caracterizado por redução do débito cardíaco e aumento das pressões de enchimento e da resistência vascular sistêmica.
3. O modelo neuro-humoral, com predomínio da ativação dos sistemas compensatórios simpático e renina-angiotensina-aldosterona, além dos contrarregulatórios bradicinina e de peptídeos natriuréticos.
4. O modelo inflamatório, associado à elevação dos níveis de citocinas locais e circulantes.
5. O modelo de doença miocárdica, iniciada por um mecanismo agressor seguido de processo de remodelamento ventricular.

Na realidade, todos esses modelos representam estágios diferentes de compreensão sobre a síndrome de IC e não são mutuamente excludentes. Em uma tentativa de representarmos melhor todo o espectro da IC, desde a presença de potenciais fatores de risco, até fases mais avançadas de remodelamento com prognóstico reservado, foi criado um sistema de estadiamento (de A a D), vide Tabela 8.1.

Em 2001, o American College of Cardiology e a American Heart Association criou um sistema para categorizar os estágios da IC. Trata-se de um sistema unidirecional de estadiamento, com ênfase em aspectos preventivos (foco no estádio A). O tratamento e o prognóstico também podem ser determinados a partir deste sistema, como pode ser visto na Tabela 8.1.

O estagiamento está representado abaixo:

- Estágio A: paciente com alto risco de desnvolver IC, porém sem qualquer lesão estrutural cardíaca ou sintomas (p. ex., pacientes hipertensos, diabéticos, dislipidêmicos, tabagistas, obesos, com história de abuso de álcool ou drogas, tratamento com drogas cardiotóxicas, antecedente de febre reumática etc.).

- Estágio B: pacientes com doença estrutural cardíaca, mas sem sinais ou sintomas de IC presentes ou prévios. Inclui pacientes com infarto prévio, hipertrofia ventricular, valvopatias ou fração de ejeção reduzida.

- Estágio C: pacientes com lesões estruturais cardíacas co sintomas e/ou sinais de IC atuais ou passados.

- Estágio D: pacientes com IC sintomática refratária ao tratamento farmacológico habitual com necessidade de intervenções especializadas.

Os principais agentes etiológicos relacionados à gênese da síndrome de IC estão representados na Tabela 8.2.

Tabela 8.1 Estadiamento da insuficiênca cardíaca

	Estágio A	Estágio B	Estágio C	Estágio D
	Pacientes de alto risco de desenvolver IC, ainda sem doença estrutural	Pacientes com doença estrutural, porém assintomáticos	Pacientes com doença estrutural e IC sintomáticos	Pacientes refratários ao tratamento convencional
Tratamento não farmacológico	– Cessar tabagismo – Redução do consumo de álcool – Estimular exercício físico – Dieta apropriada para a doença de base	– Medidas do Estágio A	– Medidas do Estágio A – Restrição salina – Restrição hídrica	– Medidas do Estágio A – Restrição salina – Restrição hídrica
Tratamento farmacológico	Controle/Tratamento dos fatores de risco: – Tratamento da HAS – Tratamento do OM – Tratamento da OLP – Controle da Síndrome Metabólica	Em pacientes apropriados – IECA (BRA) – BB	– IECA – BB Em pacientes apropriados: – BRA – Antagonista da aldosterona – Hidralazina + Nitrato – Digoxina – Diuréticos	Tratamento clínico otimizado como descrito para o Estágio C
Prevenção de morte súbita			Cardiodesfibrilador implantável	
Tratamento alternativo para casos refratários			Ressincronização ventricular: – Tratamento cirúrgico IC – Assistência ventricular – Transplante cardíaco	

Adaptado de III Diretriz Brasileira de Insuficiência Cardíaca Crônica. Arq Bras Cardiol. 2009;92(6 supl.1):1-71.
HAS: hipertensão arterial sistêmica; DM: *diabetes mellitus*; DLP: dislipidemia; IEGA: inibidor da enzima de conversão da angiotensina; BRA: bloqueador do receptor da angiotensina II; BB: betabloqueador.

Tabela 8.2 Etiologias da insuficiência cardíaca

Etiologia	Situação clínica
Doença isquêmica	Especialmente na presença de fatores de risco, angina ou disfunção segmentar
Hipertensão arterial	Frequentemente associada à hipertrofia ventricular e a fração de ejeção preservada
Doença de Chagas	Especialmente na presença de dados epidemiológicos sugestivos e BRD/BDAS
Cardiomiopatia	Hipertrófica, dilatada, restritiva e displasia arritmogênica do ventrículo direito
Drogas	Bloqueadores de canal de cálcio, agentes citotóxicos
Toxinas	Álcool, cocaína, microelementos (mercúrio, cobalto e arsênio)
Doenças endócrinas	Diabetes, hipo/hipertireoidismo, *cushing*, insuficiência adrenal, feocromocitoma, hipersecreção hormônio de crescimento
Nutricional	Deficiência de selênio, tiamina, carnitina, obesidade, caquexia
Infiltrativa	Sarcoidose, amiloidose, hemocromatose
Doença extra-cardíaca	Fístula arteriovenosa, beribéri, doença de Paget, anemia
Outras	Periparto, miocardiopatia do HIV, doença renal crônica

Adaptado de III Diretriz Brasileira de Insuficiência Cardíaca Crônica. Arq Bras Cardiol. 2009;92(6 supl.1):1-71.

DIAGNÓSTICO

Existem diversos critérios para definir se um paciente tem síndrome de IC. Abaixo estão as tabelas com critérios de Framingham (Tabela 8.3), critérios de Boston e o NHANES-1 (Tabela 8.4). Por exemplo, aplicando-se os critérios de Framingham, encontramos cinco critérios maiores e três menores, sendo que a presença de dois critérios maiores ou um critério maior mais dois menores já define o diagnóstico de IC.

AVALIAÇÃO EM NÍVEL AMBULATORIAL

Nas consultas ambulatoriais, são imprescindíveis algumas informações clínicas, dispostas na Tabela 8.5.

A classificação sintomática mais comumente usada em portadores de IC é a da New York Heart Association (NYHA):

- Classe I: sem limitações. Atividades físicas extra-habituais não causam fadiga ou dispneia.
- Classe II: limitação discreta às atividades físicas extra-habituais, como subir uma ladeira ou andar mais de dois quarteirões.

Tabela 8.3 Critérios de Framingham para insuficiência cardíaca

Critérios maiores	Critérios menores
DPN ou ortopneia	Edema de membros inferiores
PVJ > 6 cm H_2O	Tosse noturna
Estertores crepitantes	Hepatomegalia
EAP	Derrame pleural
Terceira bulha	Redução da capacidade vital em 50% da máxima
Cardiomegalia	Taquicardia (FC > 120 bpm)
Refluxo hepatojugular	Dispneia aos esforços
Tempo de circulação > 25 segundos	
Perda ponderal > 4,5 kg em 5 dias em resposta ao tratamento	

DPN: dispneia paroxística noturna; PVJ: pressão venosa jugular; EAP: edema agudo dos pulmões; FC: frequência cardíaca. Um critério maior mais dois menores ou dois critérios maiores definem insuficiência cardíaca.

Tabela 8.4 Critérios de Boston e escore clínico NHA--NES-1

Categorias	Critérios	NHANES	Boston
História	Dispneia em repouso		4
	Dispneia no plano	1	2
	Dispneia ao subir ladeiras/escadas	1	1
	Dispneia para andar até 100 m	2	3
	Ortopneia		4
	Dispneia paroxísitca noturna		3
Exame físico	FC 91-110 bpm	1	1
	FC>110 bpm	2	2
	PVJ > 6 cmH$_2$O isoladamente	1	2
	PVJ > 6 cmH$_2$O + edema de MMII ou hepatomegalia	2	3
	Estertores crepitantes basais	1	1
	Estertores crepitantes mais que basais	2	2
	Sibilos		3
	Terceira bulha		3
Raio X de tórax	Edema pulmonar alveolar		3
	Fluido alveolar + fluido pleural		3
	Edema pulmonar intersticial	2	3
	Edema intersticial + líquido pleural		3
	Derrame pleural bilateral		3
	ICT > 0,5 (projeção PA)		3
	Cefalização de trama	1	2

Critérios de Boston: diagnóstico definitivo de insuficiência cardíaca (8-12 pontos), possível (5-7 pontos), improvável (score ≤ 4pontos). Escore clínico NHANES-1: diagnóstico de insuficiência cardíaca se escore ≥ 3 pontos. NHANES: National Health and Nutrition Examination Survey; FC: frequência cardíaca; PVJ: pressão venosa jugular; ICT: índice cardiotorácico.

Tabela 8.5 Elementos essenciais para a avaliação clínica da insuficiência cardíaca

Situação	Achado
Sintomas	Dispneia, ortopneia, dispneia paroxística notuma, palpitações, síncope, dor torácica
Fatores de risco	História familiar, diabetes, hipertensão arterial, etilismo, tabagismo, dislipidemia
Antecedentes	Intarto do miocárdio, operação I intervenções cardíacas
Estado geral	Peso, enchimento capilar
Pulso	Frequência, ritmo, amplitude
Pressão arterial	Sistólica e diastólica
Sinais de hipervolemia	Pressão jugular, edema, crepitações, ascite, hepatomegalia
Pulmões	Frequência respiratória, crepitações, derrame pleural
Coração	*Ictus*, presença de terceira/quarta bulha, sopro sugestivo de disfunção valvar

Adaptado de III Diretriz Brasileira de Insuficiência Cardíaca Crônica. Arq Bras Cardiol. 2009;92(6 supl.1):1-71.

- Classe III: limitação significativa às atividades físicas; atividades habituais como andar no plano geram sintomas.
- Classe IV: incapacidade de realizar qualquer atividade física sem precipitar sintomas, que podem ocorrer mesmo em repouso.

Além dessas variáveis clínicas, alguns exames complementares são consensualmente solicitados na primeira avaliação do paciente com IC: ECG, raio X de tórax, ecocardiograma, eletrólitos, função renal, função hepática, glicemia e TSH, além de sorologia para Chagas, quando houver suspeita a partir de dados epidemiológicos.

A periodicidade das consultas não é tema consensual, sendo determinada pelo médico de maneira individualizada, de acordo com a evolução da classe funcional do paciente, antecedentes de internações, presença de comorbidades e presença de equipe multidisciplinar para auxílio no acompanhamento. Pacientes que tiveram alta hospitalar devem ter consulta marcada dentro de 30 dias após a alta.

No entanto, algumas variáveis devem ser lembradas em cada consulta de seguimento para acompanhamento (Tabela 8.5).

O PAPEL DO BNP

O BNP ou peptídeo natriurético do tipo B é secretado pelos ventrículos em resposta às altas pressões de enchimento, como uma espécie de hormônio contrarregulador (causa vasodilatação e natriurese, ao contrário da ativação dos sistemas renina-angiotensina-aldosterona e simpático). Ele pode ser determinado no sangue periférico tanto em sua forma habitual quanto a sua fração N-terminal – o NT-pró-BNP, sendo que o nível sérico de ambos está relacionado ao diagnóstico de IC em situações específicas e ao prognóstico. Em pacientes com dispneia na sala de emergência de etiologia obscura (cardiogênica *versus* não cardiogênica), a determinação de BNP pode ser de particular importância para o diagnóstico de IC. No entanto, este paciente já tem diagnóstico firmado de IC por critérios consagrados.

O papel do BNP em avaliação prognóstica nesse contexto é controverso. É possível prognosticar esse paciente por meio de outras variáveis clínicas facilmente disponíveis, de forma que o BNP, provavelmente, não agregaria valor à estratificação de risco, nem mudaria o tratamento proposto para o paciente, embora não esteja errada a sua solicitação.

Finalmente, estudos clínicos mais recentes têm falhado em demonstrar benefício adicional com o uso de BNP seriado ambulatorial para guiar o tratamento de pacientes com IC. Na Tabela 8.6, encontras-se um sumário das recomendações para o uso do BNP na IC crônica.

INSUFICIÊNCIA CARDÍACA COM FRAÇÃO DE EJEÇÃO PRESERVADA

Quando o paciente desenvolve síndrome de IC é necessário determinar a fração de ejeção do ventrículo esquerdo, mormente com o uso do ecocardiograma. Quando a FEVE > 50%, tem-se a chamada IC com fração de ejeção preservada (ICFEP). Muitos confundem o conceito de ICFEP, mais amplo, com o conceito de IC diastólica. A seguir, essa questão será elucidada.

A ausência de dilatação do VE (IVDFVE < 97 mL/m^2) é condição *sine qua non* para o diagnóstico de IC diastólica isolada. Na ICFEP, o Doppler tecidual é de especial importância principalmente o seu parâmetro E/E' que estima as pressões de enchimento do VE e podem determinar o diagnóstico de IC diastólica. Em casos selecionados, o BNP ou dados hemodinâmicos invasivos podem ser úteis.

Importante ressaltar que nem toda ICFEP é, necessariamente, IC diastólica, existindo critérios específicos para este diagnóstico. Desta forma, impõe-se um diagnóstico diferencial (Tabela 8.7).

Finalmente, o tratamento deste subgrupo de IC é eminentemente sintomático, sem qualquer evidência de redução de mortalidade com fármacos específicos, ao contrário da IC com fração de ejeção reduzida. No entanto, consensualmente, são úteis diuréticos para pacientes congestos; betabloqueadores em pacientes com elevação da frequência cardíaca, a fim de aumentar-se o tempo de enchimento diastólico, permitindo melhor *performance* do VE; controle da hipertensão e da isquemia, quando presentes.

Tabela 8.6 Recomendações para o uso do BNP e do NT-pro-BNP na prática clínica

Classe de recomendação	Indicações	Nível de evidência
Classe IIa	Dosagem do BNP/NT-proBNP pode ser utilizada para o complemento do diagnóstico de IC no ambiente de atenção primária	A
	Dosagem do BNP/NT-proBNP pode ser considerada para estratificação prognóstica em pacientes com IC	A
	Dosagem do BNPINT-proBNP pode ser utilizada quando o diagnóstico clínico de IC é incerto	C
Classe IIb	Medidas seriadas de BNPINT-proBNP podem ser consideradas como complemento ao exame físico para guiar tratamento em pacientes com IC	B

Adaptado de III Diretriz Brasileira de Insuficiência Cardíaca Crônica. Arq Bras Cardiol. 2009;92(6 supl.1):1-71.
BNP: peptídeo natriurético do tipo B; NT-proBNP: N-terminal proBNP.

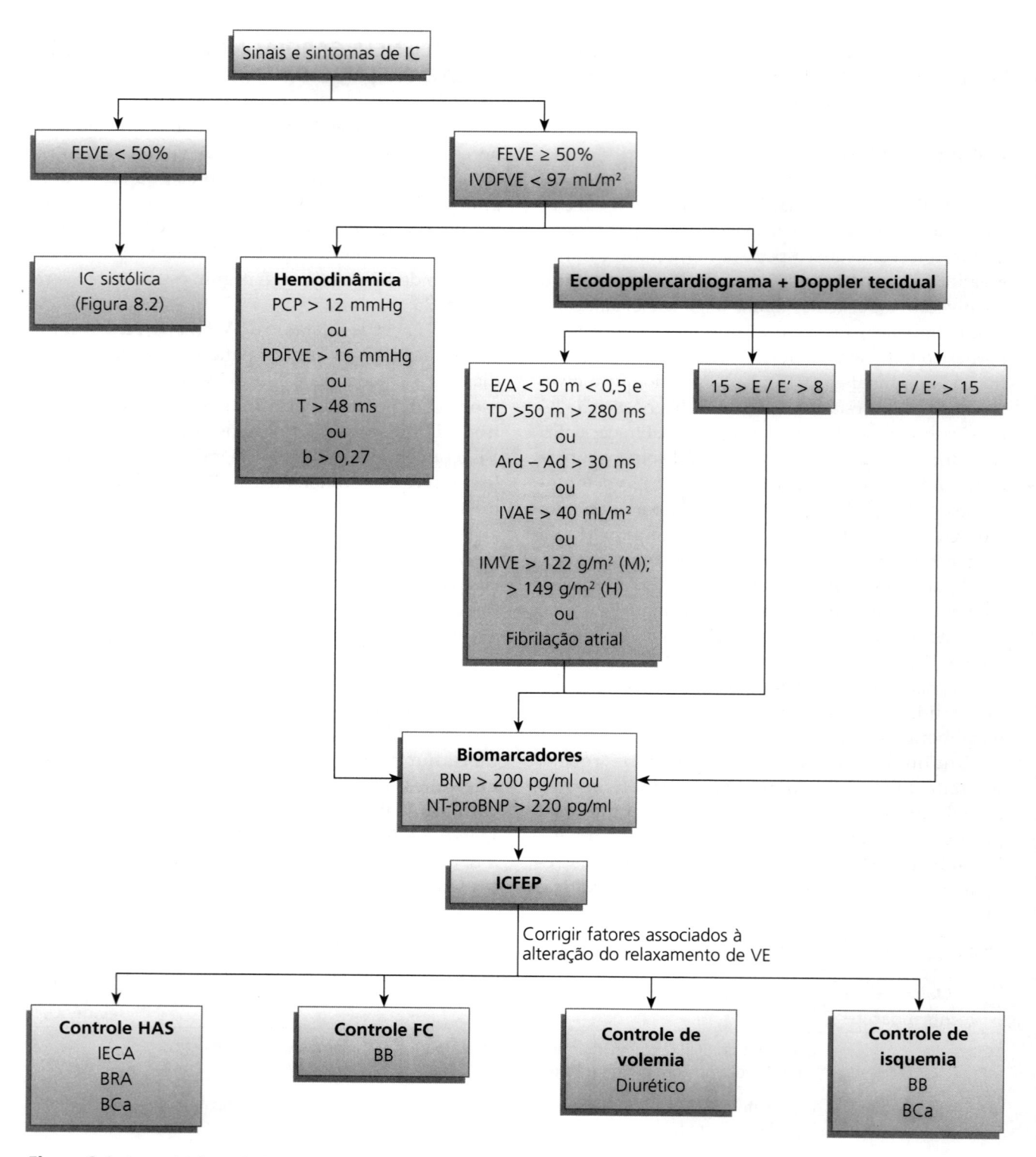

Figura 8.1 Sumário da avaliação inicial da insuficiência cardíaca com ênfase em insuficiência cardíaca com fração de ejeção preservada. Adaptado de III Diretriz Brasileira de Insuficiência Cardíaca Crônica. Arq Bras Cardiol. 2009;92(6 supl.1):1-71.

Tabela 8.7 Diagnóstico diferencial da insuficiência cardíaca com fração de ejeção preservada

Diagnóstico incorreto de IC

Medida inadequada FEVE

Doença valvular primária

Cardiomiopatias restritivas (infiltrativas): amiloidose, sarcoidose, hemocromatose, doença de Fabry

Constrição pericárdica

Disfunção sistólica de VE episódica ou reversível HAS grave

Isquemia miocárdica

IC de alto débito: anemia, tireotoxicose: fístula arteriovenosa

Doença pulmonar obstrutiva crônica com IC direita

Hipertensão pulmonar associada com doença vascular pulmonar

Mixoma atrial

Disfunção diastólica de origem incerta

Obesidade

ICFEP: insuficiência cardíaca de fração de ejeção preservada. Adaptado de III Diretriz Brasileira de Insuficiência Cardíaca Crônica. Arq Bras Cardiol. 2009;92(6 supl.1):1-71.

TRATAMENTO NÃO FARMACOLÓGICO

As orientações mais importantes em relação ao tratamento não farmacológico da IC podem ser vistas na Tabela 8.8; principalmente, as recomendações para reabilitação cardiovasclar na IC crônica, que estão sumarizadas na Tabela 8.9.

ERGOESPIROMETRIA E ATIVIDADE FÍSICA EM IC CRÔNICA

A solicitação de um teste ergométrico ou, preferencialmente, ergoespirométrico para auxiliar a pres-

Tabela 8.9 Reabilitação cardiovascular na insuficiência cardíaca crônica

Classe de recomendação	Indicações	Nível de Evidência
Classe I	Reabilitação cardiovascular para pacientes com IC crônica estável em CF II-III (NYHA)	B

Adaptado de III Diretriz Brasileira de Insuficiência Cardíaca Crônica. Arq Bras Cardiol. 2009;92(6 supl.1):1-71.

Tabela 8.8 Tratamento não farmacológico da insuficiêcia cardíaca

Classe de recomendação	Indicações	Nível de evidência
Classe I	Restrição do consumo de sódio (2-3 g/dia) desde que não comprometa ingestão calórica e na ausência de hiponatremia	C
Classe IIa	Restrição hídrica de 1.000 a 1.500 mL em pacientes sintomáticos com risco de hipervolemia	C
	Suplementação nutricional nos pacientes com suporte calórico inadequado	C
	Valor calórico total da dieta indicado para pacientes com IC: 28 a 32 Kcal/kg de peso do paciente na ausência de edemas	C
	A composição da dieta deve variar de 50 a 55 k de carboidratos, 30 a 35% de lipídeos e 15 a 20% de proteínas	C
	Devem ser priorizados carboidratos integrais e de baixa carga glicêmica, as gorduras mono e poli-insaturadas, em especial ácidos graxos da série ômega 3, e as proteínas de alto valor biológico	C
	Há necessidade de abstinência total do álcool em pacientes com miocardiopatia alcoólica	C
	Prevenir a caquexia cardíaca, estando atento a perdas de peso repentinas e inexplicáveis	C
	Redução de peso para pacientes com sobrepeso ou obesos	C
Classe IIb	Restrição hídrica menor que 1000 mL de rotina	C
Classe III	Redução de sódio da dieta < 2 g/dia	C

Adaptado de III Diretriz Brasileira de Insuficiência Cardíaca Crônica. Arq Bras Cardiol. 2009;92(6 supl.1):1-71.

crição do exercício conforme descrição a seguir pode ser de grande valia (Tabelas 8.10 e 8.11). Enquanto aguarda o exame ou na sua indisponibilidade, pode-se lançar mão de um cálculo aproximado para a FC máxima (220-idade: FC máxima) ou podemos orientar um *talk-test*. Neste, o paciente é solicitado a caminhar e falar ao mesmo tempo em ritmo progressivamente mais intenso, até que a fala torne-se entrecortada; nesse ponto, mantém-se a velocidade e inclinação constantes e pode-se prosseguir a caminhada.

TRATAMENTO FARMACOLÓGICO NA IC AGUDA

Os objetivos terapêuticos na IC aguda são: diminuir sinais e sintomas, diminuir peso corporal, adequar a oxigenação tecidual, melhorar a perfusão orgânica e promover a normalização eletrolítica e redução dos níveis de ureia, creatinina e BNP. A redução das pressões de enchimento e otimização de débito cardíaco acabam promovendo a redução de tempo de

Tabela 8.10 Indicações e ergoespirometria na insuficiência cardíaca crônica

Classe de recomendação	Indicações	Nível de evidência
Classe I	Avaliar capacidade cardiopulmonar para indicação de transplante cardíaco	B
	Identificar mecanismos fisiopatológicos e esclarecimento de sintomas	B
Classe IIa	Auxiliar na prescrição de exercício	B
	Avaliar gravidade e prognóstico da IC	B
	Avaliar resposta a intervenções terapêuticas	B

Adaptado de III Diretriz Brasileira de Insuficiência Cardíaca Crônica. Arq Bras Cardiol. 2009;92(6 supl.1):1-71.

Tabela 8.11 Recomendações para atividade física na insuficiência cardíaca crônica

Avaliação
Realizar teste de esforço antes de iniciar para avaliar condição clínica e física inicial, de preferência a avaliação física deverá ser realizada próxima ao horário em que o paciente irá participar da atividade física e em uso da medicação utilizada

Intervenção
Desenvolver prescrição de exercício individualizada para atividade aeróbica e exercício de resistência com base na avaliação física, na estratificação de risco do paciente, no objetivo do programa e nos recursos disponíveis. A prescrição do exercício deverá especificar frequência (F); intensidade (I); duração (D) e modalidade (M)
Exercício aeróbico: F = 3-5 d/sem, I = 50% inicialmente e aumento gradual até 80% do VO_2 pico ou 60 a 85% da frequência cardíaca máxima; D = 15-20 minutos, se bem tolerado 30 minutos, M = caminhada ou cicloergômetro. A adaptação na carga é mais lenta e a manutenção no estágio deverá ser mais prolongada
Exercício de resistência: F = 2-3 d/sem;1 = 8-10 repetições para cada grupo muscular (em que a carga máxima possa ser levantada antes de sentir cansaço, 14 na escala de Borg); D = 1 série (8-10 repetições); M = banda elástica, peso livre
Incluir aquecimento, relaxamento e exercícios de flexibilidade em todas as sessões programas
Atualizar a prescrição de exercícios somente quando a condição clínica e física do paciente permitir
Evitar exercícios localizados prolongados, principalmente na posição supina

Resultado esperado
O exercício poderá ajudar a reduzir os riscos cardiovasculares, melhorar a capacidade funcional e o bem-estar, e aumentar a participação em atividades domésticas e recreativas

Adaptado de III Diretriz Brasileira de Insuficiência Cardíaca Crônica. Arq Bras Cardiol. 2009;92(6 supl.1):1-71.

internação, prevenindo re-hospitalização e reduzindo mortalidade.

A avaliação do paciente com IC é realizada por meio da história clínica e exame físico associado a alguns exames laboratoriais e de imagem conforme já discutido. Baseado nessas informações, pode-se estabelecer o diagnóstico etiopatogênico e fisiopatológico associado com o perfil de risco, e assim determinar a melhor estratégia de tratamento, de acordo com o perfil hemodinâmico (Figura 8.2).

Portanto, a abordagem terapêutica da IC aguda é determinada por estes três fatores – modelo de desenvolvimento da IC com fator causal, pressão arterial e avaliação clínico-hemodinâmica – que permitem identificar três tipos de paciente:

- IC aguda nova/hipertensivo-vascular com hipervolemia pulmonar e hipovolemia periférica.
- IC aguda crônica agonizada com hipervolemia pulmonar e sistêmica.
- Fadiga sem congestão.

A partir desse diagnóstico, procede-se com estratégias diferenciadas de tratamento que estão apresentadas nas Figuras 8.4 a 8.6.

De forma geral, na fase precoce, o primeiro objetivo a ser alcançado é a diminuição do edema periférico e pulmonar nos pacientes hemodinamicamente classificados como "quentes" e "congestos", o que promoverá a redução da dispneia e a melhora imediata da capacidade funcional, limitando o dano cardíaco e renal, sendo os diuréticos e vasodilatadores a

base do tratamento nesse grupo de pacientes. Já naqueles classificados como "frios", o restabelecimento de um débito cardíaco adequado e da perfusão sistêmica é o objetivo principal, necessitando-se da utilização de agentes inotrópicos, reposição volêmica ou assistência circulatória. A seguir, encontra-se a descrição dos diferentes medicamentos utilizados no tratamento da IC.

- Controle respiratório com classe de recomendação I: oxigenioterapia nos pacientes com desconforto respiratório (visando SO_2 > 95% ou > 90% para pneumopatas com hipercapnia). Já o suporte respiratório mecânico não invasivo (CPAP ou BiPAP) está indicado para pacientes com edema agudo de pulmão sem hipotensão e na persistência de desconforto respiratório a despeito da utilização de outras formas não invasivas de ventilação, enquanto que o suporte invasivo está reservado para pacientes sintomáticos e/ou hipoxêmicos a despeito de suporte não invasivo ou que apresentam contraindicação a suporte não invasivo.
- Sedação e analgesia: estresse e a dor podem levar ao aumento do tônus simpático e da circulação plasmática de catecolaminas, hormônio antidiurético e cortisol, contribuindo para a o aumento da demanda tecidual de oxigênio, retenção de água, isquemia miocárdica e edema pulmonar. Justifica-se a necessidade de analgesia endovenosa em pacientes com IC, sendo a morfina o medicamento indicado, por sua ação simpatolítica e vasodilatadora arterial e venosa. Entretanto, deve ser evitada em pacientes asmáticos e hipotensos, passando o fentanil a ser o analgésico de escolha. A meperidina é contraindicada por provocar taquicardia e aumento da demanda metabólica miocárdica. Para a sedação de pacientes críticos, recomenda-se o midazolam ou o propofol. Após a estabilização do quadro, a sedoanalgesia pode ser mantida com ansiolíticos e analgésicos por via oral.
- Diuréticos: apesar de não haver comprovação de impacto sobre mortalidade, sua utilização é indiscutível para melhora dos sintomas de hipervolemia e congestão. São divididos em diuréticos de alça (início de ação rápida, meia-vida curta (1,5 h) e duração de efeito de aproximadamente 6 horas – furosemida e bumetanida), diuréticos tiazídicos (potência inferior, início de ação mais tardio (2 h), meia-vida mais longa e duração de ação mais prolongada) e diuréticos poupadores

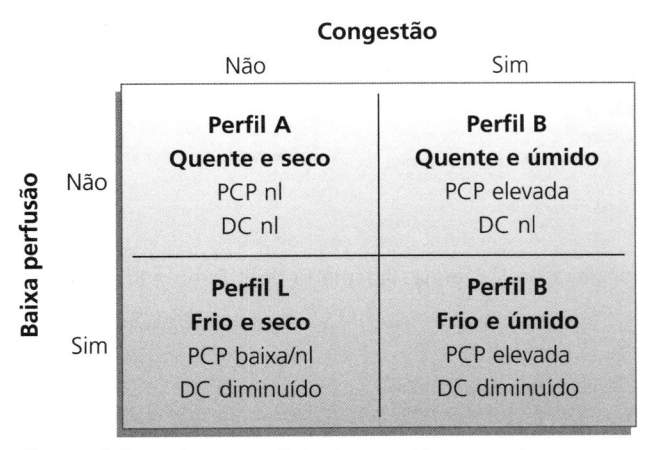

Congestão

		Não	Sim
Baixa perfusão	Não	**Perfil A** **Quente e seco** PCP nl DC nl	**Perfil B** **Quente e úmido** PCP elevada DC nl
	Sim	**Perfil L** **Frio e seco** PCP baixa/nl DC diminuído	**Perfil B** **Frio e úmido** PCP elevada DC diminuído

Figura 8.2 Perfis Hemodinâmicos na IC avançada. Adaptado de ESC Guidelines for the diagnosis and treatment of acute and chronic heart failure 2008. Eur H J. 2008;29:2388-442.

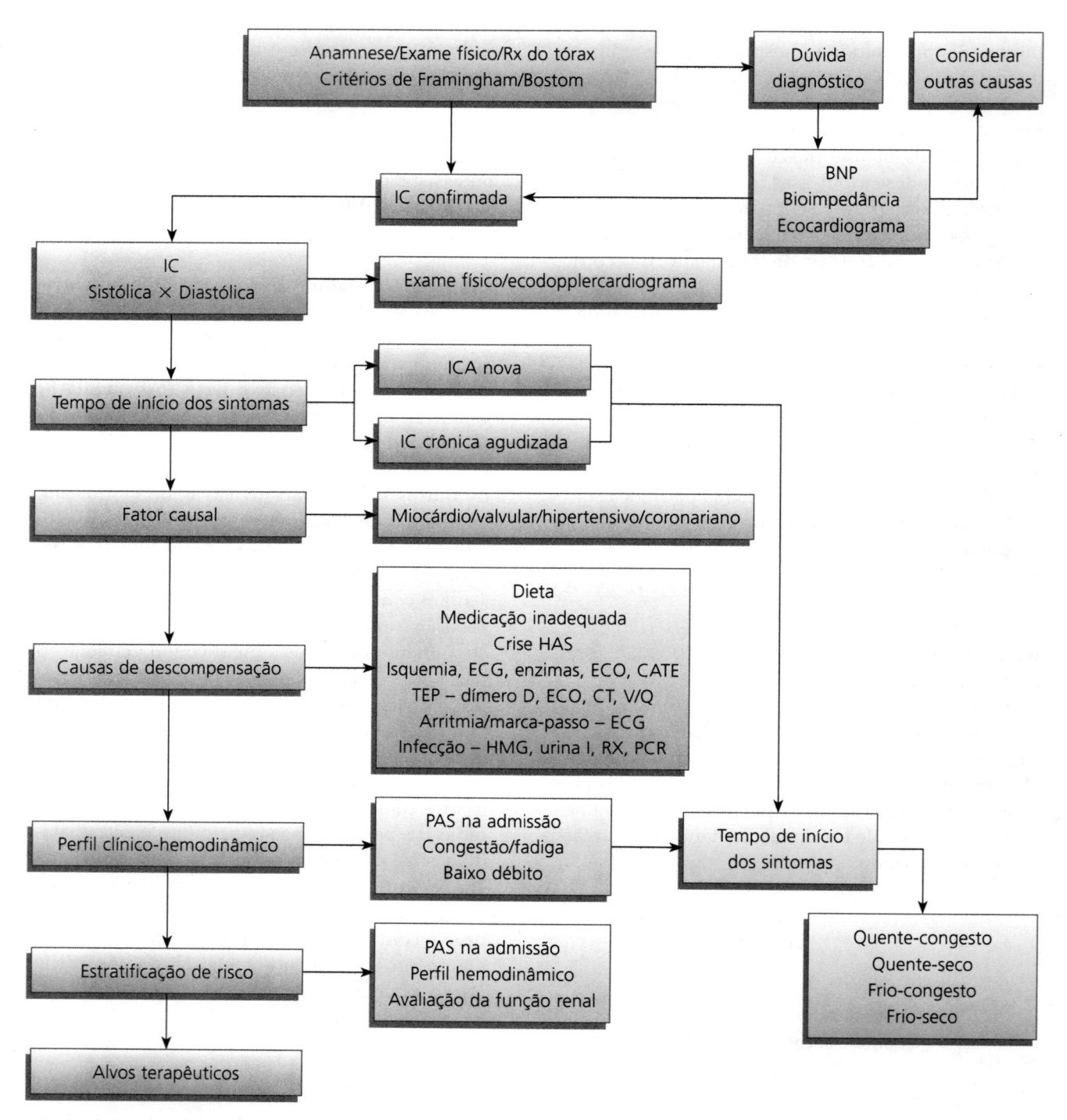

Figura 8.3 Fluxograma de abordagem inicial do paciente com suspeita de IC aguda. Adaptado de II Diretriz Brasileira de Insuficiência Cardíaca Aguda. Arq Bras Cardiol. 2009;93(3 supl.3):1-65.

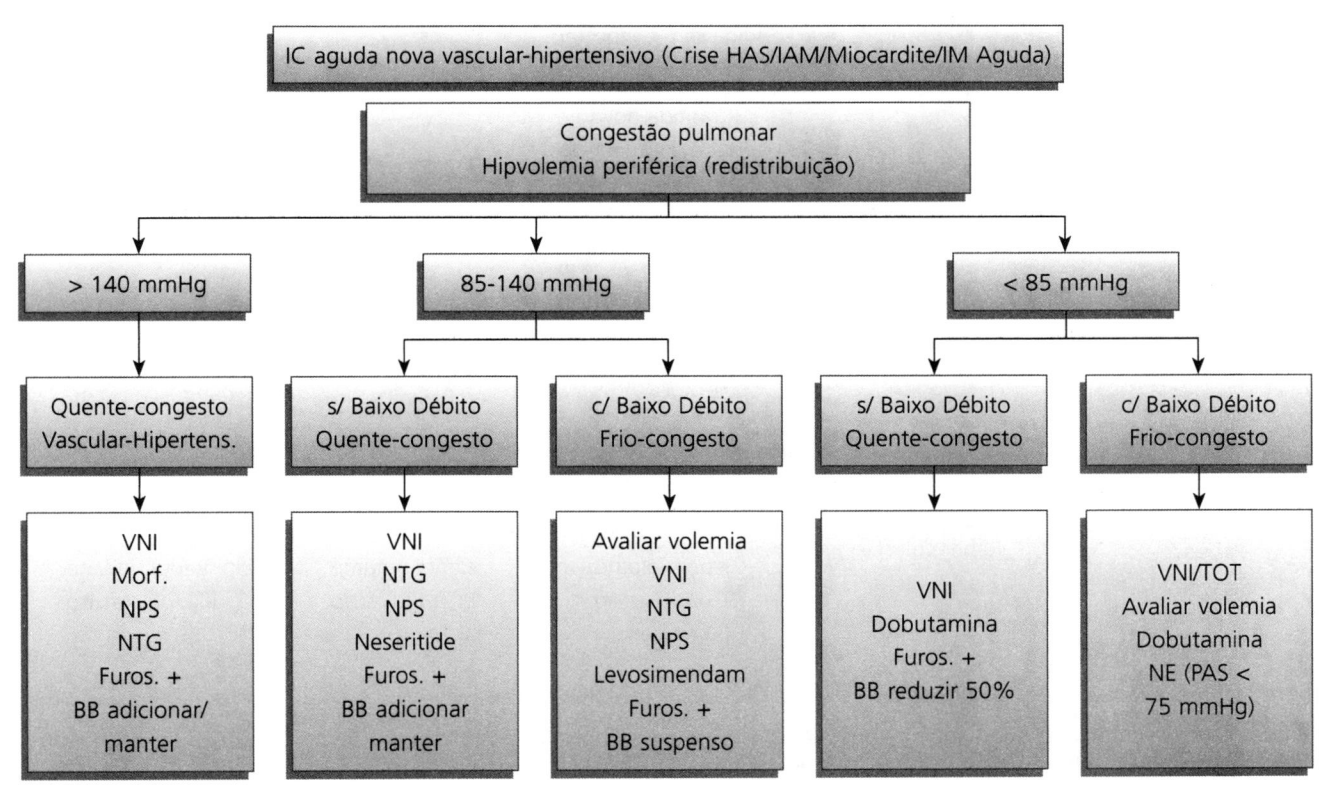

Figura 8.4 Fluxograma da abordagem terapêutica da ICA nova /hipertensivo-vascular com hipervolemia pulmonar e hipovolemia periférica. Adaptado de II Diretriz Brasileira de Insuficiência Cardíaca Aguda. Arq Bras Cardiol. 2009;93(3 supl.3):1-65.

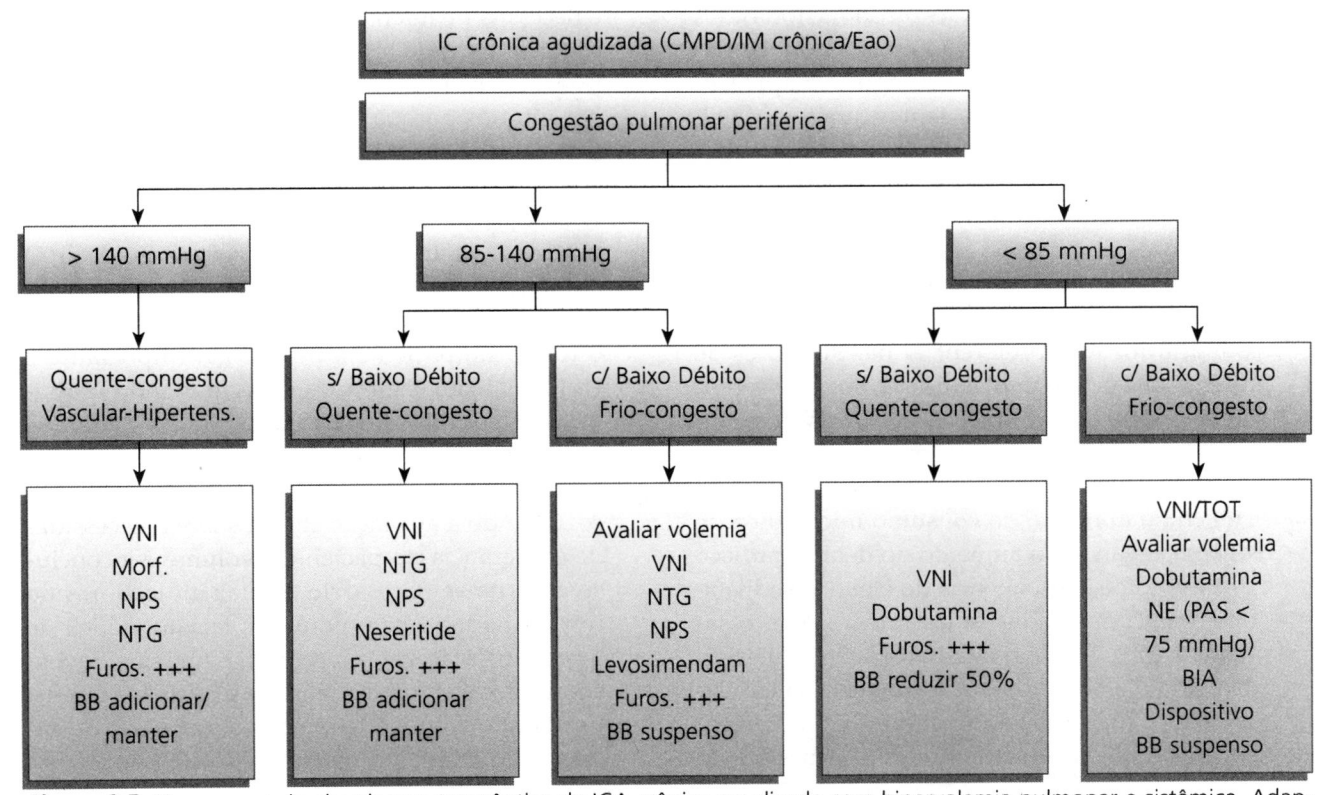

Figura 8.5 Fluxograma da abordagem terapêutica da ICA crônica agudizada com hipervolemia pulmonar e sistêmica. Adaptado de II Diretriz Brasileira de Insuficiência Cardíaca Aguda. Arq Bras Cardiol. 2009;93(3 supl.3):1-65.

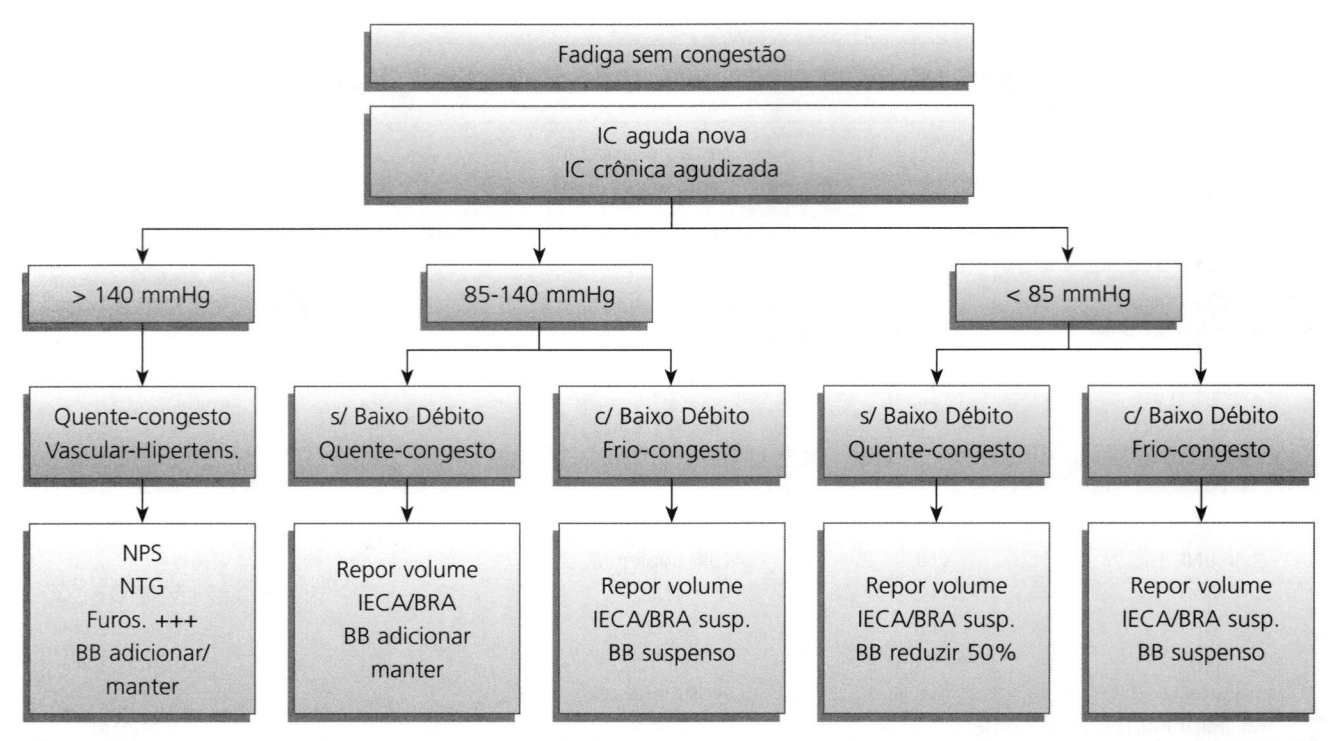

Figura 8.6 Fluxograma da abordagem terapêutica da fadiga sem congestão. Adaptado de II Diretriz Brasileira de Insuficiência Cardíaca Aguda. Arq Bras Cardiol. 2009;93(3 supl.3):1-65.

de potássio (apresentam baixo poder diurético, início de ação tardio e duração de ação mais prolongada – amilorida e espironolactona). Os diuréticos tiazídicos não são recomendados nas situações de descompensação aguda e apresentam efeito reduzido nos pacientes com taxa de filtração glomerular diminuída, podendo ser úteis em pacientes com IC avançada já em uso de altas doses de diurético de alça com baixa resposta; os poupadores de potássio são geralmente utilizados em associação com outros diuréticos.

- Vasodilatadores intravenosos: esses medicamentos têm utilização preferencial nas situações de pressões de enchimento ventricular elevadas com aumento significativo na resistência vascular pulmonar e sistêmica por determinarem alívio da congestão pulmonar sem comprometer o volume sistólico ou aumento do consumo miocárdico de oxigênio, levando ao aumento do débito cardíaco e diurese como consequência do efeito vasodilatador. Para serem usadas isoladamente, é necessário que a pressão arterial sistólica sistêmica esteja adequada e ≥ 85 mmHg. A nitroglicerina é o vasodilatador mais utilizado, sobretudo nos pacientes com etiologia isquêmica. O nitroprussiato de sódio também é muito prescrito, mas possui uma limitação maior, pois sua titulação é mais rigorosa e necessita de intensa vigilância durante sua infusão pelo risco de hipotensão arterial. O nesiritide possui teórica vantagem farmacológica em relação aos nitratos porque não causa taquifilaxia, entretanto ainda faltam informações sobre seus benefícios em relação à mortalidade e custo/efetividade.

- Reposição volêmica: tem o efeito de aumentar a pré-carga ventricular e o débito cardíaco (DC). O aumento da pré-carga aumenta a força contrátil e o volume sistólico e consequentemente reduz o tônus simpático e a pós-carga. Importante é realizá-la com segurança, discriminando indivíduos responsivos dos não responsivos a volume, sendo encontrado maior benefício em pacientes com perfil hemodinâmico frio-seco ou quente-seco. Quando a avaliação clínica sobre a necessidade e tolerância do paciente a volume é inconclusiva, torna-se necessário avaliar indicadores de responsividade, como diurese, lactato, déficit de base, saturação venosa central, e que não devem ser usados sem uma avaliação seriada e paralela. Em último caso, pode-se considerar o uso de cateteres de artéria pulmonar para este fim.

A Tabela 8.12 demonstra as indicações do uso de diuréticos, vasodilatadores endovenosos e reposição volêmica no tratamento da IC.

- Inotrópicos e inodilatadores: indicados em pacientes com baixo débito cardíaco.

A despeito de não serem associados a melhores desfechos em pacientes com IC, na verdade, esses agentes estão relacionados ao aumento de isquemia e predisposição a arritmias, e seu uso de forma intermitente não está recomendado. São mais apropriados para terapia de curta duração em pacientes com rápida deterioração hemodinâmica, bem como em pacientes com IC crônica e níveis basais elevados de escórias nitrogenadas e que não alcançaram diurese satisfatória, apesar do uso de diuréticos de alça e vasodilatadores. Podem ser divididos em três grupos: os agonistas beta-adrenérgicos, os inibidores da fosfodiesterase III e os sensibilizadores de cálcio (Tabela 8.13).

- Digitálicos: reduzem a taxa de reinternação por IC em pacientes sintomáticos portadores de disfunção sistólica sem comprovada interferência na mortalidade. O estudo DIG demonstrou uma associação entre a concentração sérica de digoxina e o seu benefício clínico (concentração sérica de digoxina entre 0,5-0,9 ng/mL, houve uma redução na mortalidade com impacto maior na redução de hospitalização). Possui propriedades inotrópicas, vagomiméticas e simpaticoinibitórias. Apesar de não haver sido testado em estudos, os digitálicos têm sido recomendados como auxílio aos betabloqueadores no controle da FC em pacientes com IC portadores de fibrilação atrial. Há recomendação classe I em pacientes com IC aguda com FE < 40% e fibrilação atrial, classe IIb em pacientes com IC aguda com FE < 40% em ritmo sinusal e classe III na IC aguda com FE > 50% e ritmo sinusal.

- Betabloqueadores (BB): reconhecidamente reduzem a mortalidade e progressão da doença nos pacientes portadores de IC crônica. Quando os pacientes não fazem uso prévio de BB, este deve ser introduzido passada a fase aguda da descom-

Tabela 8.12 Recomendações do uso de diuréticos, vasodilatadores intravenosos e reposição volêmica na IC aguda

Classe de recomendação	Indicações
Classe I	Uso de diuréticos intravenosos para controle de sintomas de hipervolemia em pacientes com IC aguda
	Associação de diurético tiazídico ao diurético de alça em pacientes com tratamento clínico otimizado que mantêm sinais de hipervolemia
	Associação de espironolactona em pacientes com FE < 35% e CF III-IV com potássio sérico < 5,0 mEq/dL
	Nitroglicerina para tratamento da IC aguda em pacientes sem hipotensão
	Nitroprussiato para tratamento da IC aguda associada à emergência hipertensiva sem evidência de isquemia miocárdica aguda
	Nitroprussiato em pacientes em uso de monitoração hemodinâmica invasiva e resistência vascular periférica
	Reposição volêmica nos pacientes comprovadamente hipovolêmicos
	Valores baixos de PVC e/ou POAP (< 5 mmHg), associados a hipofluxo tecidual, indicam infusão hídrica imediata
Classe IIa	Prova de volume com infusão rápida de 250 mL de cristaloide na suspeita de hipovolemia
Classe IIb	Nesiritide para tratamento da IC aguda em pacientes sem hipotensão
Classe III	Uso de diuréticos intravenosos ou orais em pacientes sem sinais de hipervolemia (risco de desidratação e piora da função renal)
	Utilização de valores médios da PVC para guiar a ressuscitação volêmica

Adaptado da II Diretriz Brasileira de Insuficiência Cardíaca Aguda. Arq Bras Cardiol. 2009;93(3 supl.3):1-65.

Tabela 8.13 Recomendações do uso de inotrópicos na IC aguda

Classe de recomendação	Indicações
Classe I	Dobutamina para pacientes em choque cardiogênico, para suporte hemodinâmico, independentemente da etiologia da cardiomiopatia
Classe IIa	Levosimendana para pacientes com sinais de baixo débito, sem choque cardiogênico, em uso de betabloqueador
	Milrinone para pacientes com sinais de baixo débito, sem choque cardiogênico, etiologia não isquêmica, em uso de betabloqueador
	Dobutamina / milrinone para suporte hemodinâmico em pacientes com baixo débito em fila de espera para transplante cardíaco em situação de prioridade
Classe IIb	Dobutamina, milrinone ou levosimendana para melhora dos sintomas de pacientes em baixo débito sem hipotensão arterial
	Associação de levosimendana na tentativa de retirada de dobutamina
Classe III	Dobutamina, milrinone ou levosimendana em pacientes sem sinais de baixo débito
	Dobutamina, milrinone ou levosimendana em infusão intermitente ambulatorial para pacientes com frequentes descompensações
	Levosimendana ou milrinone para pacientes em choque cardiogênico

Adaptado da II Diretriz Brasileira de Insuficiência Cardíaca Aguda. Arq Bras Cardiol. 2009;93(3 supl.3):1-65.

pensação com estabilização clínica e resolução da congestão, e já tendo sido reiniciado IECA/BRA e diurético por via oral. Posteriormente, em nível ambulatorial deve ser feita a progressão da dose. Já naqueles que já estão em uso de BB e admitidos com IC aguda, sua manipulação é controversa. Nesse caso, torna-se importante a classificação do perfil hemodinâmico do paciente, sendo que no "perfil quente e congesto" deve-se sempre manter a dose habitual do BB, enquanto que nos pacientes com baixo débito ("frio"), há contraindicação relativa à retirada do BB, devendo a conduta ser individualizada, podendo ser considerada uma redução a 50% da dose já estabilizada. Em casos mais graves, nos quais a utilização de inotrópicos está indicada, a retirada completa e provisória deve ser considerada.

• Inibidores da ECA (IECA e bloqueadores dos receptores de angiotensina (BRA): a decisão se o paciente fará uso de IECA ou BRA durante o manejo de um episódio de IC descompensada é fundamental separar os pacientes que estão em uso crônico daqueles que não vinham em uso dessas medicações. Se o paciente está em uso crônico, não havendo contraindicações (angioedema, estenose bilateral de artérias renais, e estenose aórtica grave, potássio acima de 5,0 mEq/, de creatinina

> 2,5 mg/dL, hipotensão arterial – PAS < 85 mm Hg), com evidências de hipoperfusão e piora recente da função renal), essas medicações devem ser mantidas. Já os pacientes que não estão em uso prévio, não há evidência para início precoce enquanto o paciente estiver agudamente sintomático e sem definição da estabilidade hemodinâmica ou da evolução da função renal no curto prazo, mas que provavelmente necessitarão dessas medicações para o tratamento da IC após a alta. Portanto, o seu início deverá ser feito tão logo esteja estabilizado com medicações intravenosas. A última diretriz da Sociedade Brasileira de Cardiologia para IC aguda orienta iniciar com dose baixa, dobrar a dose a cada duas semanas após a alta hospitalar e tentar atingir máxima dose tolerada, sempre monitorando o quadro clínico, pressão arterial e função renal. Uma piora discreta (aumento < 0,5 mg de creatinina) é esperada, sem necessidade de intervenção.

• Nitrato associado à hidralazina: o uso de vasodilatadores venosos, arteriais ou mistos podem auxiliar no tratamento da IC. Os nitratos promovem predominantemente vasodilatação venosa, e também em doses mais elevadas vasodilatação arterial e coronária, reduzindo a pré-carga e de forma dose dependente a pós-carga. Já a hidralazina é um vasodilatador preferencialmente arterial, reduzindo a pós-carga e otimizando o desempenho miocárdico. A associação desses dois medicamentos está sempre indicado como primeira escolha quando alguma contraindicação se faz aos IECA ou BRA na fase de internação e de compensação da IC. Essa associação também pode ser adicionada aos IECA ou BRA, na tentativa de otimização terapêutica.

- Espironolactona: a ativação do sistema renina-angiotensina-aldosterona é marcante nos mecanismos de progressão e descompensação da síndrome. A espironolactona, em associação com diuréticos de alça, pode adicionar efeito diurético, podendo ser mais significativa sua ação naqueles pacientes com resistência a diuréticos. Por ser um antagonista da aldosterona, pode trazer benefício adicional na atenuação da ativação hormonal. Deve-se ter cuidados especiais com a função renal e o nível de potássio sérico, sendo que os níveis de creatinina não devem ultrapassar 2,5 mg/dL e os de potássio, 5,5 mEq/dL. Portanto, o uso de espironolactona na IC aguda deve sempre ser empregado em associação com outros diuréticos quando não houver contraindicação.

A Tabela 8.14 apresenta as recomendações do uso de betabloqueadores, IECA/BRA, nitrato e hidralazina na IC aguda.

DISPOSITIVOS

Terapia de ressincronização cardíaca

Assumindo que um suposto paciente já esteja com terapia farmacológica plenamente otimizada, possivelmente sim. Tratar-se-ia de paciente com IC sistólica (FEVE< 35%), CF III com BRE sob terapia farmacológica otimizada. No ECG acima, não é possível determinar a dimensão do QRS. De acordo com a III Diretriz de IC crônica da SBC, esta pode ser uma indicação de ressincronização, a depender da duração do QRS e, eventualmente, da demonstração de dissincronia em

Tabela 8.14 Recomendações do uso de betabloqueadores, IECA/BRA, nitrato e hidralazina na IC aguda

Classe de recomendação	Indicações
Classe I	Iniciar BB, sempre que possível, naqueles que não estavam em uso prévio, após compensação clínica/melhora da congestão pulmonar e sistêmica, ainda durante a internação
	Manter a dose BB em pacientes que já estejam em uso crônico e que, sob nova descompensação, apresentam-se sem sinais de baixo débito
	Suspender o BB naqueles pacientes que já estejam em uso crônico e apresentam choque cardiogênico
	Após estabilização do quadro, manter BB com redução de 50% da dose naqueles pacientes que estavam em uso crônico e apresentavam sinais de baixo débito
	Manutenção de IECA ou BRA em pacientes que vinham em uso prévio
	Uso precoce de IECA/BRA em pacientes com FE < 40% pós-IAM
	Introdução de IECA ou BRA em pacientes após 24h de estabilização clínica e hemodinâmica
	Suspensão de IECA/BRA em pacientes com choque cardiogênico ou hipotensão sintomática
	Nitrato oral em associação com hidralazina durante a internação em fase de compensação em pacientes com contraindicação
Classe IIa	Redução da dose de IECA/BRA em pacientes com agravamento da função renal associada ao tratamento
	Nitrato oral em associação com hidralazina durante a internação em fase de compensação em adição à IECA ou BRA em pacientes refratários
Classe III	Iniciar BB precocemente naqueles pacientes que não estejam em uso prévio e apresentam choque cardiogênico, instabilidade hemodinâmica grave ou ainda na persistência da congestão, apesar do tratamento clássico

Adaptado da II Diretriz Brasileira de Insuficiência Cardíaca Aguda. Arq Bras Cardiol. 2009;93(3 supl.3):1-65.

exame de imagem. Pacientes que tenham essa condição clínica associada à duração do QRS > 150 ms é candidato direto a TRC, enquanto pacientes com duração do QRS entre 120 e 150 ms necessitam de avaliação com ecocardiograma com Doppler tecidual para avaliação de dissincronia. Caso positivo, serão também candidatos a TRC. Embora o estudo PROSPECT tenha levantado questões a respeito da utilidade do ecocardiograma na seleção de pacientes para TRC, entende-se que o seu desenho não permite afirmar que não se trata de exame inútil para este fim. Desta forma, utilizamos, em nosso serviço, os critérios do estudo CARE-HF, único estudo na literatura a demonstrar redução de mortalidade com TRC (Tabela 8.15).

CARDIOVERSORES-DESFIBRILADORES IMPLANTÁVEIS

Existem indicações de profilaxia primária (Tabela 8.16) e secundária (Tabela 8.17) de morte súbita com uso de cardioversores-desfibriladores implantáveis.

Transplante cardíaco

Em pacientes considerados em estágio D da IC, deve-se considerar a possibilidade de realização de um transplante cardíaco. As principais indicações (Tabela 8.18) e contraindicações (Tabela 8.19) para esse procedimento estão dispostas a seguir.

Tabela 8.15 Indicações de terapia de ressincronização cardíaca na insuficiência cardíaca crônica

Classe de recomendação	Indicações	Nível de evidência
Classe I	FE ≤ 35%, ritmo sinusal, CF III na vigência de tratamento clínico otimizado e com QRS > 150 ms	B
Classe IIa	FE ≤ 35%, ritmo sinusal, CF III na vigência de tratamento clínico otimizado e com QRS de 120 a 150 ms e comprovação de dissincronismo por método de imagem	B
Classe IIb	FE ≤ 35%, CF III ou IV na vigência de tratamento clínico otimizado, dependente de marca passo convencional, com QRS > 150 ms e comprovação de dissincronismo por método de imagem	B
	FE ≤ 35%, FA de baixa resposta ou após ablação do nó AV, CF III na vigência de tratamento clínico otimizado e com QRS > 150 ms ou QRS de 120 a 150 ms com comprovação de dissincronismo por método de imagem	C
	FE ≤ 35%, CF III ou IV na vigência de tratamento clínico otimizado, com indicação de marca-passo quando a estimulação ventricular for imprescindível	C
Classe III	Pacientes em IC sob tratamento farmacológico não otimizado ou com boa resposta terapêutica, independentemente da presença de distúrbio de condução	A

Adaptado de III Diretriz Brasileira de Insuficiência Cardíaca Crônica. Arq Bras Cardiol. 2009;92(6 supl.1):1-71.

Tabela 8.16 Indicações de cardioversor-desfibrilador implantável para profilaxia primária de morte súbita em pacientes com disfunção ventricular

Classe de recomendação	Indicações	Nível de Evidência
Classe IIa	Cardiomiopatia isquêmica com infarto do miocárdio com pelo menos 6 meses de evolução, FE ≤ 35%, CF II e III na vigência de tratamento clínico otimizado, sem indicação de revascularização miocárdica e sem comorbidades importantes	A
Classe IIb	Cardiomiopatia dilatada não isquêmica, FE ≤ 35%, CF II e III na vigência de tratamento clínico otimizado	B
Classe III	Infarto do miocárdio com menos de 6 meses de evolução; cardiomiopatia isquêmica com indicação de revascularização; cardiomiopatia com FE > 35%; baixa expectativa de vida em torno de 1 ano	B

Adaptado de III Diretriz Brasileira de Insuficiência Cardíaca Crônica. Arq Bras Cardiol.. 2009;92(6 supl.1):1-71.

Tabela 8.17 Indicações de cardioversor-desfibrilador implantável para profilaxia secundária de morte súbita em pacientes com disfunção ventricular

Classe de recomendação	Indicações	Nível de evidência
Classe I	Pacientes com cardiomiopatia isquêmica, sobreviventes de parada cardíaca em decorrência de FV1V ou TVS com instabilidade hemodinâmica, excluindo-se alguma causa totalmente reversível	A
	Pacientes com cardiomiopatia não isquêmica ou chagásica, sobreviventes de parada cardíaca por causa de FV/TV ou TVS com instabilidade hemodinâmica, excluindo-se alguma causa totalmente reversível	C
	Paciente com doença cardíaca estrutural com documentação de TVS espontânea estável ou instável	B
Classe IIa	Síncope recorrente com indução de TVS instável ou FV no estudo eletrofisiológico invasivo	B
Classe IIb	Síncope recorrente, de etiologia não explicada	C
Classe III	Pacientes com pouca expectativa de vida em um ano ou comorbidades graves ou tempestade elétrica ou na espera de um transplante cardíaco iminente	C

FV: fibrilação ventricular, TV: taquicardia ventricular; TVS: taquicardia ventricular sustentada. Adaptado de III Diretriz Brasileira de Insuficiência Cardíaca Crônica. Arq Bras Cardiol. 2009;92(6 supl.1):1-71.

Tabela 8.18 Indicações de transplante cardíaco

Classe de recomendação	Indicação	Nível de evidência
Classe I	IC refratária na dependência de drogas inotrópicas por mais de 2 semanas e/ou na dependência de suporte circulatório e/ou ventilação mecânica	C
	Pacientes com VO, pico $\leq$ 10 mL/kg/min	C
	Doença isquêmica com angina refratária sem possibilidade de revascularização	C
	Arritimia ventricular refratária	C
	Classe funcional IV persistente	C
Classe IIa	Teste cardiopulmonar submáximo com relação $VE/VCO_2 > 35$	C
	Pacientes em uso de betabloqueadores com VO_2 pico $\leq$ 12 mL/kg/min	C
	Pacientes sem uso de betabloqueadores com VO_2 pico $\leq$ 14 mL/kg/min	C
Classe III	Presença de disfunção sistólica	C
	Classe funcional III ou IV sem otimização terapêutica	C

Adaptado de III Diretriz Brasileira de Insuficiência Cardíaca Crônica. Arq Bras Cardiol. 2009;92(6 supl.1):1-71.

Tabela 8.19 Contraindicações para transplante cardíaco

Classe de recomendação	Contraindicações	Nível de evidência
Classe I	Resistência vascular pulmonar fixa > 5 *wood*, mesmo após provas farmacológicas	C
	Diabetes insulino-dependente com lesões graves de órgãos-alvo	C
	Doenças cerebrovascular e/ou vascular periférica graves	C
	Insuficiência hepática irreversível, doença pulmonar grave	C
	Incompatibilidade na prova cruzada entre receptor e doador	C
	Doença psiquiátrica grave, abuso de drogas ou álcool e não aderência às recomendações da equipe	C
Classe IIa	Idade maior que 70 anos comorbidades com baixa expectativa de vida	C
	Obesidade mórbida	C
	Infecção sistêmica ativa, úlcera péptica em atividade, embolia pulmonar com menos de 3 semanas	C
	Neoplasia	C
	Diabetes melito de difícil controle	C
	Insuficiência renal com dearance abaixo de 30 mL/min/1,73 m²	C
	Amiloidose/sarcoidoselhemocromatose	C
	Hepatite B ou C	C
	Síndrome de imunodeficiência adquirida	C

Fonte: Adaptado de III Diretriz Brasileira de Insuficiência Cardíaca Crônica. Arq Bras Cardiol 2009;92(6 supl.1):1-71.

BIBLIOGRAFIA RECOMENDADA

1. 2009 Focused Update Incorporated Into the ACC/AHA 2005 Guidelines for the diagnosis and Management of Heart Failure in Adults. JACC 2009;53(15):e1–90.

2. ESC Guidelines for the diagnosis and treatment of acute and chronic heart failure 2008. Eur H J 2008;29:2388-442.

3. Francis GS, Wilson Tang WH. Clinical Evaluation of Heart Failure; in: Heart Failure: a companion to Braunwald's Heart Disease/Douglas L. Mann – 1st ed.

4. II Diretriz Brasileira de Insuficiência Cardíaca Aguda. Arq Bras Cardiol. 2009;93(3 supl.3):1-65.

5. III Diretriz Brasileira de Insuficiência Cardíaca Crônica. Arq Bras Cardiol 2009;92(6 supl.1):1-71.

6. Redfield MM, Jacobsen SJ, Burnett JC Jr, Mahoney DW, Bailey KR, Rodeheffer RJ. Burden of systolic and diastolic heart failure in the community: appreciating the scope of the heart failure epidemic. JAMA 2003;289:194-202.

7. Teerlink JR. Diagnosis and management of acute heart failure in Libby. In: Braunwald E, Libby P, editors. Braunwald's heart disease: a textbook of cardiovascular medicine. 8th ed. p. 583.

9

ANEURISMAS E OUTRAS AORTOPATIAS

BARBARA RUBIM ALVES
BRUNO MAHLER MIOTO

INTRODUÇÃO

A aorta é a maior artéria do corpo humano e tem como função principal distribuir cerca de 200 milhões de litros de sangue pelo corpo no decorrer de uma vida. O acometimento da aorta torácica, levando a sua dilatação, dissecção ou rotura, é um evento relativamente raro, porém, dada sua gravidade, é de extrema importância o conhecimento das principais patologias que incidem sobre o órgão para que um caso clínico sugestivo não passe despercebido, sem receber tratamento adequado.

Dados epidemiológicos indicam a ocorrência de 43 mil a 47 mil mortes por ano decorrentes de doenças da aorta nos Estados Unidos, e estudos de autópsia sugerem que a apresentação inicial das doenças que acometem a aorta torácica frequentemente é morte devido a sua rotura ou dissecção (responsável por duas vezes mais mortes do que a rotura da aorta abdominal). O diagnóstico por vezes é difícil e o óbito, quando ocorre, pode ser creditado a diagnósticos de alta gravidade que são, porém, mais comuns no dia a dia, como infarto agudo do miocárdio, arritmia ventricular ou embolia pulmonar.

Neste capítulo serão abordadas as principais patologias que acometem a aorta torácica, com o objetivo de apresentar suas características clínicas e as propostas de tratamento vigentes na atualidade.

ANEURISMAS DA AORTA

O termo aneurisma da aorta refere-se à dilatação patológica permanente de seu lúmen, com aumento de pelo menos 50% do diâmetro normal naquele segmento, podendo acometer diversas partes em toda sua extensão. É denominado verdadeiro quando abrange todas as camadas que compõem a parede do vaso, ou seja, íntima, média e adventícia. Já o pseudoaneurisma, também chamado de hematoma pulsátil, é definido como o conteúdo de sangue contido pelo tecido conectivo fora da parede do vaso após a rotura de sua parede. Existem basicamente dois tipos morfológicos de aneurismas: fusiforme, no qual a dilatação do vaso é uniforme, simétrica e envolve toda a circunferência da parede arterial; e sacular, mais localizado, formando um abaulamento de apenas uma porção da parede aórtica.

Classicamente, os aneurismas são divididos conforme a parte da aorta afetada em dois grandes grupos: aneurismas da aorta torácica e da aorta abdominal. Este capítulo discorre sobre o acometimento da aorta torácica.

ANEURISMA DA AORTA TORÁCICA

Os aneurismas da aorta torácica são menos comuns do que os que atingem a parte abdominal e podem ser classificados de acordo com a parte anatômica acometida:

- Ascendente: 60% dos casos.
- Arco aórtico: 10% dos casos.
- Descendente: 40% dos casos.
- Toracoabdominal: 10% dos casos

Os aneurismas toracoabdominais, por sua vez, podem ser divididos conforme a classificação de Crawford. Essa subdivisão é levada em conta em razão de implicações no risco de morte e complicações após a cirurgia de reparação:

- Tipo I: da porção torácica descendente na altura do 6º arco costal até a origem das artérias renais.
- Tipo II: da porção torácica descendente na altura do 6º arco costal até a região abaixo das artérias renais.
- Tipo III: da região distal ao 6º arco costal, porém logo acima do diafragma, compreendendo toda a aorta abdominal.
- Tipo IV: a partir da região abaixo do diafragma, envolvendo toda a aorta abdominal.

Estudos populacionais estimam a incidência da doença na região torácica em torno de 10,4 casos a cada 100 mil pacientes por ano, ocorrendo mais comumente entre a sexta e sétima décadas de vida e com acometimento de 2 a 4 homens para cada mulher. Os principais fatores de risco associados ao seu aparecimento incluem hipertensão, tabagismo, história familiar e doença pulmonar obstrutiva crônica.

A presença de valva aórtica bivalvulada e, mais raramente, outras anormalides congênitas cardiovasculares (artéria subclávia direita aberrante, coarctação da aorta, arco aórtico posicionado à direita), além de algumas doenças inflamatórias (arterite de células gigantes, de Takayasu, doença de Behçet, espondilite anquilosante) são comorbidades sabidamente associadas. Algumas doenças infecciosas podem cursar com aortite e desenvolvimento de aneurismas. Os mecanismos mais observados para sua formação são a infecção de estruturas adjacentes, a embolia séptica a partir de endocardite e a disseminação hematogênica em vigência de bacteremia ou uso endovenoso de drogas ilícitas, preferencialmente sobre uma aorta já doente, com placa aterosclerótica, aneurisma ou trauma prévios. Os microrganismos implicados em sua formação são diversos: *Staphylococcus aureus* e *Salmonella* – mais comumente encontrados – *Candida*, sífilis, turberculose, entre outras. Diversas síndromes genéticas que cursam com predisposição ao surgimento de aneurisma da aorta torácica foram identificadas, como Marfan, Loeys-Dietz, Ehlers-Danlos na sua forma vascular e Turner; há também uma forma descrita como a síndrome do aneurisma da aorta torácica familiar, que reflete uma herança genética à predisposição para a doença.

A principal alteração histológica encontrada na formação dos aneurismas de aorta é a degeneração da camada média, com perda de fibras elásticas, deposição de proteoglicanas e presença de infiltrado celular inflamatório, levando ao enfraquecimento da parede e consequente abaulamento determinado pela lei de Laplace. Quando a degeneração ocorre em jovens, está mais associada à síndrome de Marfan, e raramente a doenças do tecido conectivo, como Ehlers-Danlos. Existe uma associação entre os aneurismas de aorta descendente e a presença de aterosclerose, à semelhança do que ocorre com o comprometimento da aorta abdominal, porém ainda não está bem definida na literatura uma relação direta de causa e consequência entre eles.

A maioria dos pacientes portadores da doença encontra-se assintomática à época do diagnóstico, com a constatação do aneurisma realizada incidentalmente em um exame de rotina ou na investigação de outra patologia não relacionada. Os sintomas, que se apresentam de forma diversa e por vezes inespecífica e catastrófica, estão relacionados à região comprometida e são descritos na Tabela 9.1.

A doença, quando não tratada, cursa com expansão progressiva do aneurisma até sua rotura. Em diversas séries de pacientes, a rotura em pacientes tratados ocorreu em 32 a 68% dos casos e contribuiu para 32 a 47% das mortes; a sobrevida em um, três e cinco anos foi de 65, 36 e 20%, respectivamente. Entretanto, a presença de doença cardiovascular concomitante tem grande impacto na mortalidade e, depois da rotura, é a causa mais comum de morte.

A taxa média de expansão do aneurisma é cerca de 0,10 a 0,42 cm/ano, havendo aumento progressivo quanto maior o seu diâmetro e conforme a parte aórtica comprometida (descendente > ascendente). O principal determinante de rotura é o seu tamanho, por isso a aferição acurada e periódica por métodos de imagem é de fundamental importância. A taxa de rotura é de 2% ao ano se menor do que 5,0 cm, 3% se entre 5,0 e 5,9 cm e maior do que 7% se o diâmetro for maior ou igual a 6,0 cm. Dos casos com aneurisma de diâmetro maior do que 6,0 cm, a taxa de sobrevida em 5 anos é de 56%.

O diagnóstico e seguimento dos aneurismas pode ser feito por diversos métodos de imagem não invasivos ou invasivos. A escolha do melhor método dependerá principalmente das condições clínicas do paciente e da disponibilidade na instituição na qual ele se encontrar, além da sensibilidade e especificidade inerentes ao método de acordo com a suspeita diagnóstica.

Tabela 9.1 Sintomas associados ao aneurisma de aorta torácica

Complicações vasculares	Insuficiência aórtica levando à insuficiência cardíaca Fenômenos embólicos
Efeito de massa por compressão de estruturas adjacentes	Desvio de traqueia, sibilos, tosse, dispneia, estridor, rouquidão Disfagia Dor torácica ou dorsalgia Síndrome da veia cava superior
Rotura	Dor torácica, hipotensão, choque hemorrágico Para a pleura: hemotórax Para o mediastino: tamponamento cardíaco Para o esôfago: hematêmese Para o brônquio esquerdo: hemoptise
Expansão aguda com rotura iminente	Dor torácica
Dissecção	Dor torácica, hipotensão, choque hemorrágico

A radiografia de tórax de rotina é um tipo de imagem com o qual ocasionalmente se levanta a suspeita de um aneurisma de aorta torácica. Observa-se o alargamento do mediastino superior, aumento da silhueta aórtica (Figuras 9.1 e 9.2) ou o desvio da traqueia. Apresenta baixa sensibilidade para excluir definitivamente o diagnóstico de aneurisma ou diferenciar de dissecção e suas variantes (hematoma intramural, úlcera perfurante), mas pode ser utilizado na busca de outras causas para os sintomas que o paciente apresenta ou rastreamento inicial de achados secundários à dilatação da aorta ou sangramento e exige a progressão da investigação com métodos adicionais.

O ecocardiograma transtorácico é uma excelente modalidade para visualização da raiz aórtica, o que é de grande importância nos casos de síndrome de Marfan, porém a qualidade da imagem para avaliação da parte média e distal da aorta ascendente e principalmente da descendente fica bastante limitada. Já o ecocardiograma transesofágico consegue mostrar quase toda a aorta torácica e é mais utilizado em casos de dissecção. Por se tratar de um método semi-invasivo, é preferível a utilização da tomografia computadorizada (TC) com contraste ou angiorressonância nuclear magnética (angioRNM) na avaliação eletiva. O diagnóstico de aneurisma ao ecocardiograma é definido com a demonstração

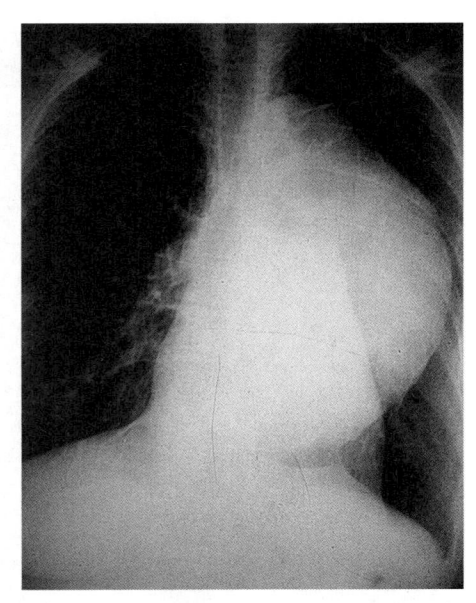

Figura 9.1 Radiografia de tórax com aumento da silhueta da aorta ascendente (imagem gentilmente cedida pelo Dr. Ricardo Ribeiro Dias).

Figura 9.2 Radiografia de tórax com aumento da silhueta da aorta descendente (imagem gentilmente cedida pelo Dr. Ricardo Ribeiro Dias).

de aumento do diâmetro com relação ao esperado para aquele trecho da aorta, ajustado de acordo com idade, sexo e índice de massa corpórea. Pode ser realizado à beira do leito e também consegue fornecer informações importantes quanto à etiologia no caso da presença da valva aórtica bicúspide e complicações relacionadas, como insuficiência aórtica, disfunção ventricular e derrame pericárdico.

A TC com contraste endovenoso (Figuras 9.3 e 9.4) é o método de escolha para avaliar a extensão, diâmetros intra e extra luminais, características da parede aórtica e vasos que emergem da aorta e estruturas adjacentes comprometidos, permitindo um bom detalhamento anatômico para programação cirúrgica nos casos indicados, além de ajudar a definir o diagnóstico diferencial de outras doenças agudas da aorta. É um exame de rápida aquisição da imagem, com a possibilidade de reconstrução tridimensional (Figura 9.5) para melhor avaliação do diâmetro em aortas tortuosas. Deve-se atentar, porém, para os riscos de nefropatia ou alergia ao contraste iodado utilizado. Outra desvantagem é a quantidade de radiação emitida e a necessidade de transporte do paciente potencialmente instável após uma complicação grave (expansão abrupta, rotura) até o tomógrafo.

A angioRNM também é um bom método para avaliação anatômica da aorta nesses casos (particularmente da raiz aórtica), sem a excessiva exposição à radiação ionizante e a contrastes iodados, porém sua execução é mais demorada. É contraindicada em portadores de dispositivos metálicos implantados, claustrofobia e insuficiência renal, pelo risco de fibrose sistêmica nefrogênica, complicação rara associada ao uso de gadolínio para aquisição das imagens.

A aortografia foi, por um longo período, a modalidade de imagem preferida para avaliação pré-operatória e definição precisa da anatomia do aneurisma e grandes vasos adjacentes, porém a TC e a

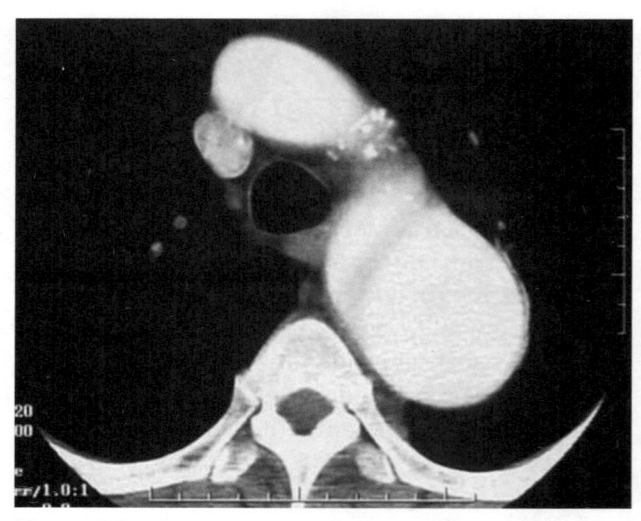

Figura 9.4 AngioTC com aneurisma de aorta descendente (imagem gentilmente cedida pelo Dr. Ricardo Ribeiro Dias).

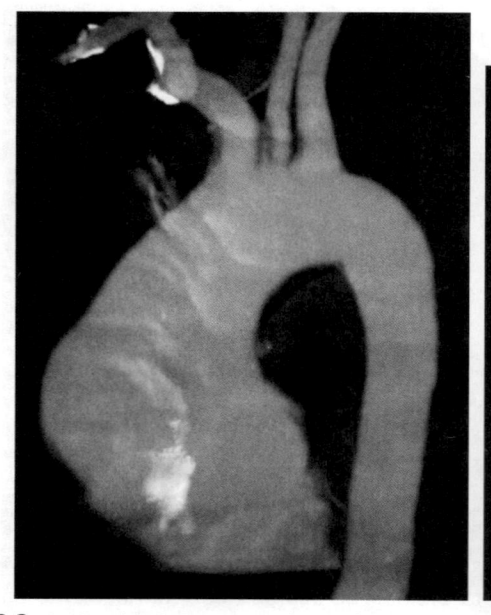
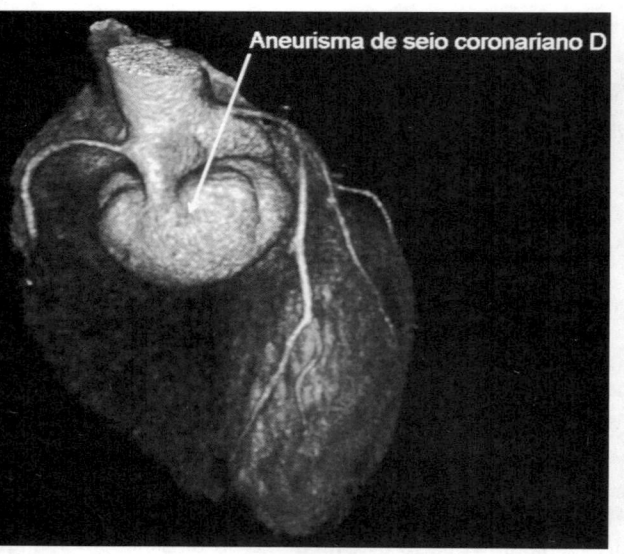

Figura 9.3 A. AngioTC com aneurisma de aorta ascendente. B. Reconstrução tridimensional de aneurisma de seio coronariano direito (imagens gentilmente cedidas pelo Dr. Ricardo Ribeiro Dias).

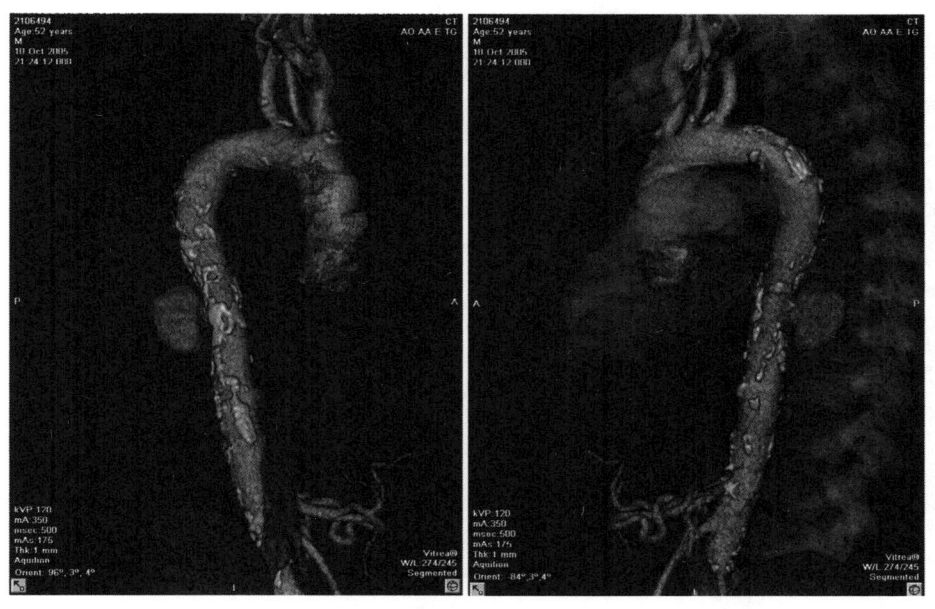

Figura 9.5 AngioTC com reconstrução tridimensional. Nota-se aneurisma sacular em aorta descendente (imagem gentilmente cedida pelo Dr. Ricardo Ribeiro Dias).

RNM conseguem trazer os mesmo dados com boa acurácia e avaliar a parede do vaso de forma bem menos invasiva.

A avaliação periódica do aneurisma, com documentação da taxa de crescimento e diâmetro, associada à avaliação clínica e observação do surgimento de sintomas relacionados a sua expansão, é essencial para a indicação de cirurgia reparadora antes da ocorrência de eventos graves, como rotura ou dissecção. Recomenda-se a realização de angioTC ou angioRM de aorta a cada 6 meses, com a possibilidade de extensão desse período para a cada um ano se houver estabilidade da lesão.

As medidas clínicas preconizadas para todo paciente com aneurisma visam diminuir a velocidade de expansão e a chance de rotura ou dissecção, com controle pressórico rigoroso e de fatores de risco cardiovascular, como cessação do tabagismo, redução do consumo de álcool, redução do peso (se houver sobrepeso ou obesidade) e tratamento agressivo da aterosclerose, inclusive dos pacientes que não são candidatos à correção cirúrgica ou que já foram submetidos a ela. Está indicado o uso de betabloqueadores e inibidores da enzima conversora de angiotensina (IECA) ou bloqueadores do canal de cálcio no tratamento da hipertensão para esses casos, salvo contraindicações.

A correção cirúrgica procura evitar a ocorrência de rotura ou dissecção e sua indicação é baseada na presença de sintomas relacionados, diâmetro, taxa de expansão e condições genéticas associadas. Os casos sintomáticos devem se submeter à cirurgia independentemente do tamanho do aneurisma. Já nos assintomáticos, a indicação depende do diâmetro e de sua localização. No InCor-HC-FMUSP, as cirurgias são realizadas a partir dos seguintes diâmetros:

- aorta ascendente: ≥ 5,5 cm.
- arco aórtico: ≥ 6,0 cm.
- aorta descendente: ≥ 6,5 cm.
- aorta toracoabdominal: ≥ 6,5 cm.
- velocidade de expansão ≥ 0,5 cm ao ano.

Em outras situações especiais, como em doenças genéticas associadas ou valva aórtica bivalvulada, a indicação cirúrgica ocorre ao se atingir diâmetros menores. O cálculo do índice que auxilia na escolha para o momento certo de operar nesses casos leva em consideração o raio do aneurisma e a altura do paciente ($\pi r^2[cm^2]/altura[m]$), sendo indicada cirurgia quando esse valor é maior que 10. O advento das endopróteses como opção de tratamento também permite a indicação com diâmetros menores em pacientes selecionados (Figura 9.6).

SÍNDROMES AÓRTICAS AGUDAS

Existem três principais síndromes aórticas agudas que apresentam manifestação clínica e tratamento se-

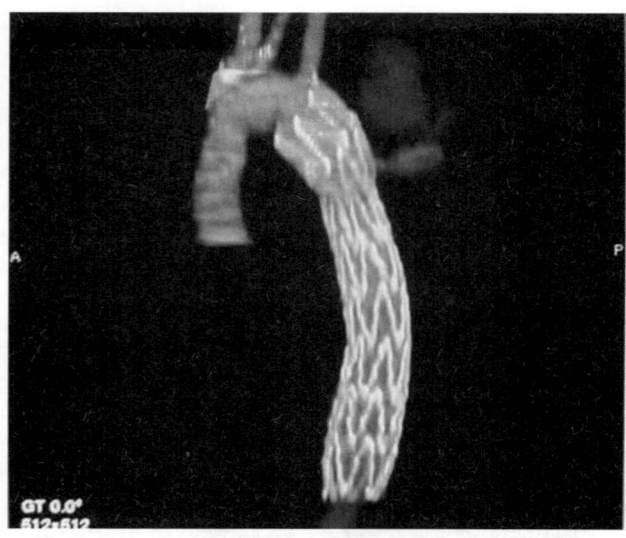

Figura 9.6 AngioTC com endoprótese em aorta torácica descendente (imagem gentilmente cedida pelo Dr. Ricardo Ribeiro Dias).

melhantes. Estas incluem dissecção de aorta, hematoma intramural e úlcera aterosclerótica penetrante.

Dissecção da aorta

A dissecção da aorta é uma condição patológica definida como a rotura da camada média a partir da íntima, com entrada de sangue entre elas e sua delaminação, criando uma falsa luz na parede aórtica. A dissecção pode progredir até a camada adventícia ou retornar à camada íntima e luz aórtica, resultando num septo ou *flap*, ou trombosar, à semelhança de um hematoma intramural (discutido a seguir). Sua incidência é estimada em torno de 2 a 3,5 casos a cada 100 mil pacientes, com apresentação em média aos 63 anos e maior prevalência entre os homens (65%). A dissecção apresenta mortalidade e prognóstico piores do que a rotura do aneurisma de aorta torácica, com 40% de óbito imediato, mortalidade de 1% por hora nas primeiras 24 horas e de 5 a 20% no período pós-operatório recente. Além disso, a taxa de sobrevida em 5 anos é de 50 a 70% após o tratamento cirúrgico, a depender da idade e comorbidades. Os fatores de risco associados incluem condições que resultam em degeneração da camada média ou impõem estresse intenso à parede aórtica (Quadro 9.1). Em geral, dois terços a três quartos dos pacientes apresentam hipertensão, frequentemente mal controlada. Antecedente familiar de doença da aorta torácica e predisposição genética imposta por síndromes como Marfan,

Quadro 9.1 Fatores de risco associados à dissecção de aorta torácica

Condições associadas ao aumento da tensão na parede aórtica
Hipertensão, particularmente se não controlada
Feocromocitoma
Uso de cocaína
Manobra de Valsalva
Trauma
Mecanismo de lesão de desaceleração ou torção
Coarctação da aorta

Condições associadas à anormalidade da camada média
Genéticas
Marfan, Ehlers-Danlos, Turner, Loeys-Dietz
Valva aórtica bivalvulada
Síndrome familiar de aneurisma aórtico torácico
Vasculites inflamatórias
Takayasu, células gigantes, Behçet
Outras
Gestação
Rins policísticos
Uso crônico de corticoides ou imunossupressores
Infecções envolvendo a parede aórtica

Loeys-Dietz e Ehlers-Danlos vascular também são importantes fatores de risco.

Considerando-se o tempo de surgimento da dissecção, ela pode ser classificada como aguda, se detectada em até 2 semanas após o início dos sintomas; subaguda, entre 2 e 6 semanas; e crônica, após 6 semanas.

A classificação anatômica leva em conta a origem da rotura da camada íntima (porta de entrada) ou a presença de acometimento da porção ascendente da aorta. Dois sistemas são bastante utilizados (Figura 9.7).

- Stanford:
  - Tipo A: todas as dissecções envolvendo aorta ascendente, independente da localização de sua origem (Figura 9.8).
  - Tipo B: todas as dissecções que não acometem a porção ascendente, podendo incluir o arco aórtico (Figura 9.9).
- DeBakey:
  - Tipo I: acometimento de aorta ascendente e propaga-se distalmente.
  - Tipo II: origina-se e acomete apenas a porção ascendente.
  - Tipo III: origina-se na aorta descendente e estende-se distalmente. Subdivisão IIIa refere-se ao acometimento apenas da porção torácica e IIIb estende-se além do diafragma.

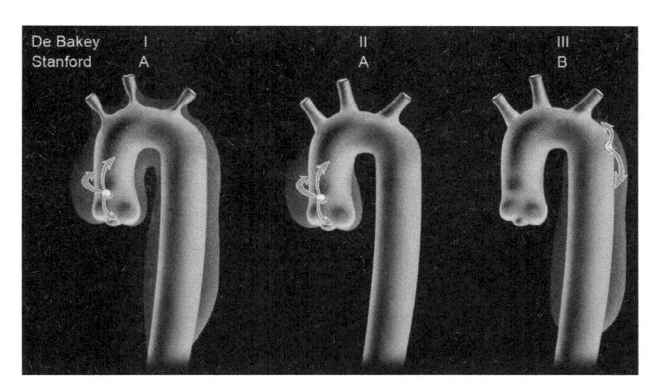

Figura 9.7 Desenho esquemático da classificação das dissecções aórticas (imagem gentilmente cedida pelo Dr. Ricardo Ribeiro Dias).

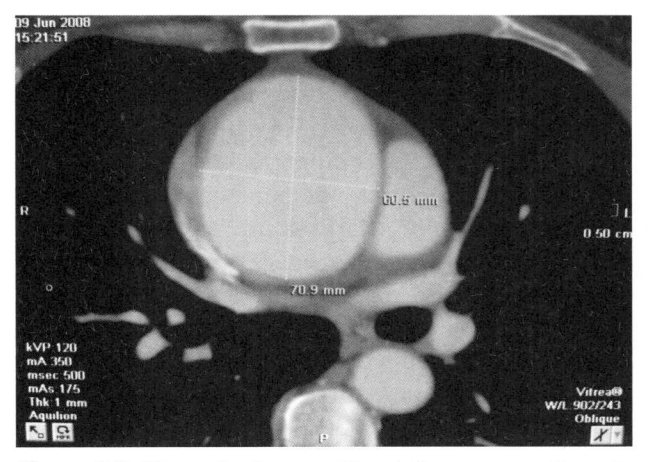

Figura 9.8 Dissecção de aorta Tipo A (imagem gentilmente cedida pelo Dr. Ricardo Ribeiro Dias).

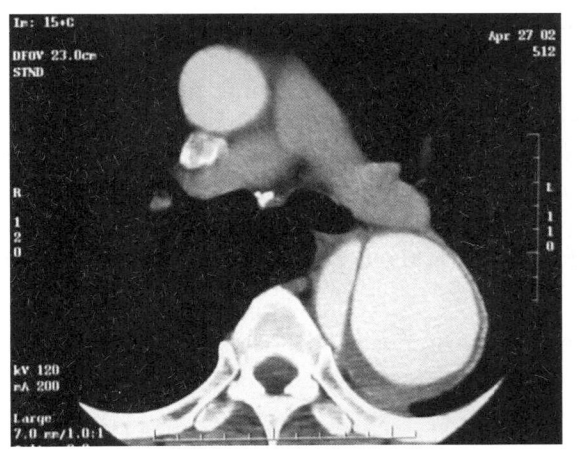

Figura 9.9 Dissecção de aorta Tipo B (imagem gentilmente cedida pelo Dr. Ricardo Ribeiro Dias).

As manifestações clínicas incluem um largo espectro de sintomas e sinais comuns às síndromes aórticas agudas que vão desde a clássica e dramática dor torácica até a evolução silenciosa e oligo/

assintomática. Em uma revisão de 514 pacientes com dissecção de aorta torácica tipo A, o sintoma mais comum foi a dor torácica intensa, de início súbito, descrita como em rasgamento e observada em cerca de 80% dos casos. Em geral, sua localização inicial tem correspondência com a região acometida, podendo migrar para dorso ou região lombar de acordo com a progressão da dissecção. Outros achados mais frequentes incluem sopro de insuficiência aórtica (45%), hipertensão (32%, sendo 45% normotensos, 14% hipotensos e 13% em choque à apresentação inicial), sinais de isquemia do ramos arteriais ocluídos pela dissecção, como assimetria de pulsos (26%), déficit motor de extremidades inferiores (10%), sinais de AVC (8%) e coma ou alteração do nível de consciência (12%) ao atingir os vasos do arco aórtico, síncope (15%) e tamponamento cardíaco (5%), se ocorrer rompimento da aorta para o mediastino. É interessante observar que os pacientes que evoluem com sinais clínicos de isquemia periférica apresentam pior prognóstico em relação àqueles que não a apresentam, tornando mandatória a avaliação de pulsos e sinais de má perfusão nos quatro membros em toda suspeita de dissecção.

O infarto do miocárdio secundário ao comprometimento dos óstios de saída das coronárias ocorre em cerca de 7% dos casos e pode postergar o diagnóstico correto da doença de base, devendo sempre ser lembrado como diagnóstico diferencial, porém também como possível complicação de dissecção que atinge a raiz aórtica.

Uma vez levantada a hipótese de dissecção baseada no quadro clínico, é essencial a confimação do diagnóstico de forma rápida e acurada, sabendo-se que a mortalidade aumenta drasticamente a cada hora, se mantida sem o tratamento adequado. As modalidades de imagem atualmente disponíveis são as mesmas utilizadas nos casos de aneurismas da aorta torácica, com suas particularidades, vantagens e desvantagens já citadas anteriormente: ecocardiograma transtorácico (ECOTT) e transesofágico (ECOTE), angioTC, angioRNM de aorta e aortografia. As imagens revelam o septo decorrente da separação das camadas íntima e média, criando uma falsa luz. Atualmente, a angioTC é considerada o método de escolha para avaliação da dissecção aórtica devido à possibilidade de alto grau de detalhamento da aorta e seus ramos, altas sensibilidade e especificidade e rápida realização do exame. Caso haja instabilidade hemodinâmica com necessidade de suporte intensivo invasivo, opta-se por ECOTE à beira do leito ou transporte para angioTC após estabilização. A Tabela 9.2 mostra a sensibilidade e especificidade de cada uma delas para o diagnóstico de dissecção de aorta.

Outros exames subsidiários são úteis na avaliação inicial do paciente que se apresenta com dor torácica e devem ser solicitados tanto para esclarecer a suspeita diagnóstica principal e afastar diagnósticos diferenciais quanto para avaliar possíveis complicações. A radiografia de tórax evidencia aumento da silhueta aórtica em 81 a 90% dos casos; menos comum é o alargamento do mediastino. Outro sinal sugestivo (porém não diagnóstico), o "sinal do cálcio", corresponde à separação da calcificação da camada íntima em relação à borda externa da aorta > 1 cm. Pode-se observar também derrame pleural, particularmente à esquerda, no acometimento da aorta descendente. Apesar de a maioria dos pacientes apresentar um ou mais desses achados, cerca de 12% podem apresentar imagem sem alterações, portanto, esse método não é suficiente para excluir a hipótese de dissecção.

O eletrocardiograma é necessário para afastar a possibilidade da ocorrência de síndrome coronariana aguda com alteração do segmento ST ou revelar o acometimento coronariano secundário à dissecção na presença de alterações sugestivas de isquemia e/ou infarto. Alguns marcadores plasmáticos, como o dímero-d, têm sido estudados para o auxílio no diagnóstico da dissecção, porém sem evidência de benefício do uso na literatura.

O manejo inicial do paciente com alta suspeita de dissecção de aorta exige observação criteriosa em sala de emergência, com suporte de oxigênio e obtenção de acessos venosos calibrosos para estabilização hemodinâmica e monitorização de sinais vitais. Os objetivos principais são o controle da dor com analgesia potente e de frequência cardíaca e pressão arterial (PA) para diminuir a força de cisalhamento imposta à parede friável e dissecada da aorta, visando evitar sua progressão e rotura. A morfina é o analgésico de escolha nesses casos, com a administração em *bolus* até a cessação da dor. A redução da frequência cardíaca para níveis inferiores a 60 bpm deve ser preferencialmente obtida com betabloqueadores endovenosos (metoprolol, labetolol, propranolol etc.); na presença de contraindicações, podem-se utilizar os bloqueadores de canal de cálcio (diltiazem ou verapamil). O auxílio da normalização da PA (já iniciada com o betabloqueador) com o uso de vasodilatadores endovenosos (nitroprussiato de sódio, nitroglicerina), titulados gradualmente até se atingir PA sistólica entre 100 a 120 mmHg, pode ser necessário. Após estabilização, outros anti-hipertensivos orais podem ser administrados; uma opção terapêutica é a associação de betabloqueadores a IECA ou antagonistas do receptor de angiotensina. Caso o paciente já se apresente à entrada com hipotensão severa, deve-se considerar a possibilidade da presença de tamponamento cardíaco ou rotura aórtica, lembrando-se sempre de descartar a pseudo-hipotensão por aferição de PA em membro isquêmico acometido pela dissecção. A expansão de volume agressiva e até mesmo o uso de vasopressores endovenosos estão indicados para estabilização hemodinâmica até o tratamento cirúrgico de emergência. Inotrópicos devem ser evitados devido à taquicardia reflexa e a pericardiocentese está contraindicada dado o alto risco de aumento do sangramento e piora do choque.

Enquanto o atendimento inicial é dado ao paciente, após definido o diagnóstico, é de extrema importância solicitar a avaliação do cirurgião cardíaco para possibilidade de terapia definitiva com correção cirúrgica o quanto antes. O prognóstico da doença melhorou drasticamente após a introdução de técnica

Tabela 9.2 Sensibilidade e especificidade dos métodos de imagem utilizados para o diagnóstico de dissecção de aorta torácica

	Sensibilidade (%)	Especificidade (%)
Ecocardiograma transtorácico	59-85	63-96
Ecocardiograma transesofágico	98-99	94-97
AngioTC	96-100	96-100
AngioRNM	~ 98	~ 98
Aortografia	88	94

cirúrgica efetiva por DeBakey, em 1955. O objetivo do tratamento consiste basicamente na ressecção da parte danificada da aorta, excisão da rotura intimal quando possível, obliteração da entrada proximal da luz falsa e reconstituição da aorta com interposição de prótese vascular sintética.

A princípio, toda dissecção aguda do Tipo A ou associada a complicações maiores, como comprometimento de órgão vital, rotura ou iminência e em síndrome de Marfan é uma emergência e deve ser encaminhada para a cirurgia o mais precocemente possível. Para as dissecções distais sem complicações, estáveis ou crônicas, está indicado o tratamento clínico, da mesma forma utilizada no tratamento do aneurisma de aorta, lembrando que as dilatações secundárias à dissecção evoluem para rotura com diâmetros menores. O seguimento periódico com angioTC ou angioRNM é recomendado em 1, 3, 6 e 12 meses após a dissecção e anualmente se estável quando indicado o tratamento clínico, a fim de diagnosticar e tratar a tempo a expansão com risco de rotura.

O tratamento com endopróteses pode ser realizado apenas na dissecção do tipo B em casos selecionados, sendo contraindicado até o momento no acometimento da aorta ascendente e do arco aórtico.

Hematoma intramural

O hematoma intramural (HIM) é uma das variações da dissecção da aorta e corresponde a cerca de 10 a 20% dos casos com quadro clínico semelhante. À investigação, observa-se a presença de trombo na parede aórtica, com espessamento circular ou em crescente maior que 7 mm ao ECOTE sem septação, rotura intimal ou fluxo sanguíneo visíveis. A angioTC mostra um tecido de maior densidade do que o sangue espessando a parede aórtica, sem alteração após injeção de contraste (Figura 9.10).

A explicação fisiopatológica para seu surgimento supõe a rotura da *vasa vasorum* da aorta, formando um hematoma na camada média, porém, sabe-se que uma ruptura intimal imperceptível aos métodos diagnósticos pode evoluir para dissecção e trombose da luz falsa, simulando o quadro.

A história natural do HIM é variável, podendo se resolver totalmtente em 10% dos casos ou progredir para dissecção em 3 a 14% dos casos na aorta descendente e 11 a 88% na aorta ascendente ou dilatação progressiva e rotura. O tratamento segue as mesmas orientações do indicado para dissecções.

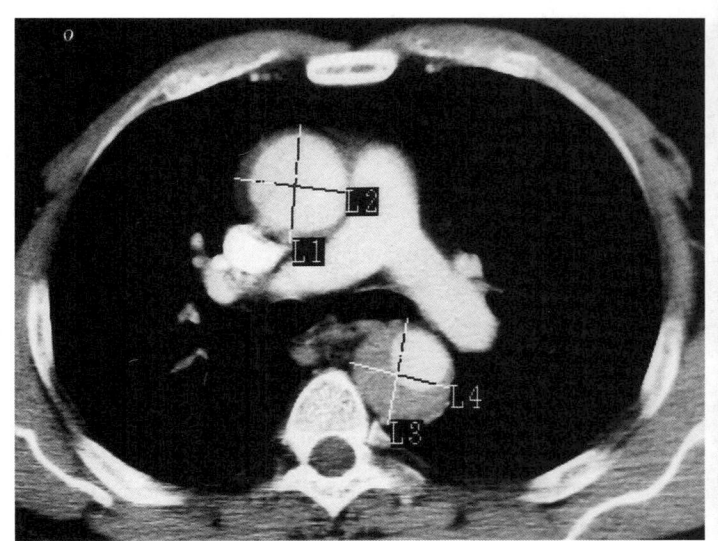
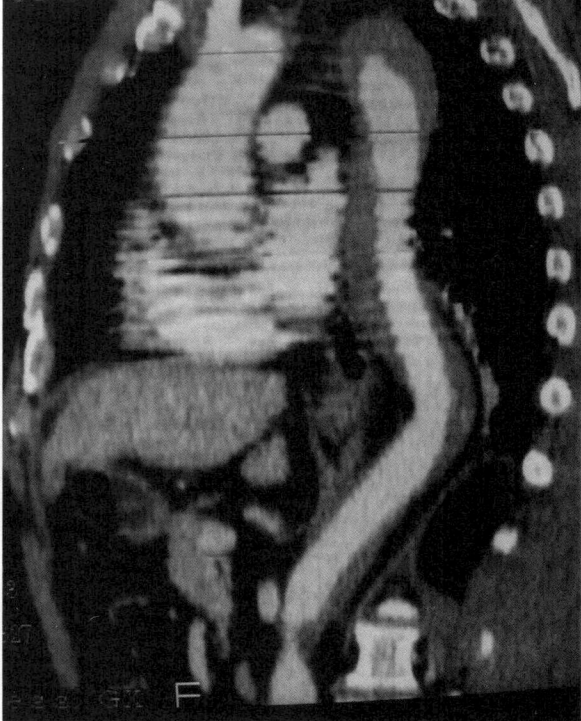

Figura 9.10 AngioTC com hematoma intramural Tipo B (imagens gentilmente cedidas pelo Dr. Ricardo Ribeiro Dias).

Úlcera aterosclerótica penetrante

A úlcera aterosclerótica penetrante (UAP) refere-se à placa ateromatosa ulcerada da camada íntima que penetra a lâmina elástica interna e permite a formação de hematoma entre a camada média e a íntima. Esta pode progredir para HIM, dissecção ou corrosão de todas as camadas da parede aórtica, culminando na sua ruptura.

Anatomicamente, ela se desenvolve em regiões da aorta onde alterações ateroscleróticas são mais comuns, localizando-se na porção descendente em 90% dos casos. Classicamente, aparece como uma projeção em forma de cogumelo na parede da aorta, em contiguidade com a sua luz verdadeira à injeção de contraste na angioTC (Figura 9.11). Os pacientes em geral têm em torno de 65 anos, são hipertensos e portadores de ateromatose difusa, por vezes com sinais e sintomas de embolização distal.

Duas entidades podem simular uma UAP: o pseudoaneurisma, que se diferencia pela ausência de comunicação visível com a luz aórtica, e a entrada ou reentrada de uma dissecção sobre uma área trombosada da luz falsa. O tratamento também se dá conforme o preconizado para as dissecções clássicas.

COMPLICAÇÕES PÓS-OPERATÓRIAS NO TRATAMENTO DAS DOENÇAS DA AORTA

O período pós-operatório da correção de doenças da aorta com cirurgia convencional é passível de complicações clínicas que elevam a morbidade e

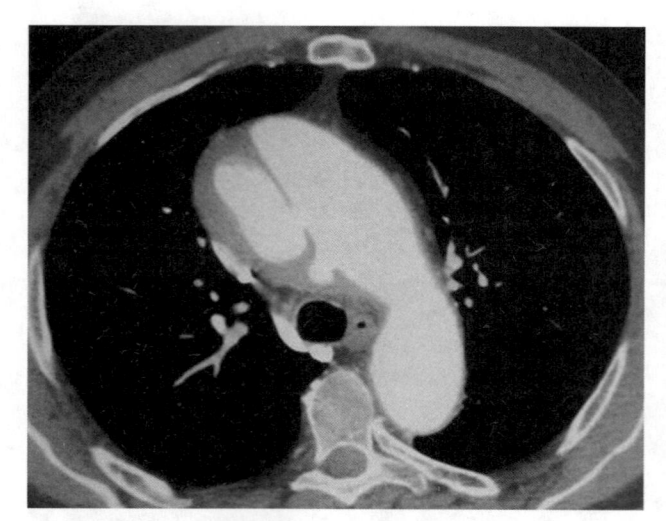

Figura 9.11. AngioTC com úlcera aterosclerótica penetrante (imagem gentilmente cedida pelo Dr. Ricardo Ribeiro Dias).

prolongam o tempo de internação dos pacientes. As principais estão brevemente descritas a seguir:

- Infarto agudo do miocárdio (1-5%): complicação incomum, porém associada à doença coronariana aterosclerótica ou à dissecção de óstio de coronária.
- Insuficiência cardíaca (1-5%): Os principais fatores associados são a distensão ventricular secundária à insuficiência aórtica e as dificuldades inerentes à proteção do miocárdio durante o ato cirúrgico.
- Infecções superficiais (1-5%) e profundas (< 1%): os principais fatores associados são a contaminação do campo cirúrgico, o tempo ou tipo de antibiótico profilático utilizado inapropriadamente, obesidade, imunossupressão, doença pulmonar e controle glicêmico não otimizado.
- Acidente vascular cerebral (AVC) (2-8%): pacientes idosos, com antecedente de AVC, sinais de isquemia antiga à RNM de encéfalo são mais suscetíveis ao evento perioperatório de etiologia embólica ou isquêmica. A proteção do sistema nervoso central durante o ato operatório é de suma importância na sua prevenção.
- Déficit cognitivo (9%) com reversão em 6 meses: incidência estimada e pouco estudada. Pacientes com déficit cognitivo prévio estão mais propensos à progressão após a cirurgia.
- Reoperação por sangramento (1-6%): complicação dependente da extensão da cirurgia, tempo de circulação extracorpórea (CEC), técnica cirúrgica utilizada, comorbidades e estado clínico pós-operatório. É importante corrigir distúrbios de coagulação antes de sair de CEC e revisão criteriosa da hemostasia intraoperatória.
- Insuficiência respiratória (5-15%): complicação relacionada ao excesso de volume infundido no pré e intraoperatório, trauma e incisão do diafragma esquerdo.
- Arritmias ventriculares (1-5%): relacionadas a isquemia e proteção miocárdica inadequada durante a cirurgia, com redução dos índices de cerca de 21% aos valores atuais com melhora da técnica operatória.
- Paralisia de MMII (2-4% em torácica descendente e 3-10% em toracoabdominal): decorrente de isquemia medular, é uma complicação temida, porém 2/3 dos pacientes recuperam a motricidade de membros inferiores e cerca de metade recupera a capacidade de deambulação.

DOENÇAS INFLAMATÓRIAS DA AORTA

Algumas doenças inflamatórias cursam com o comprometimento da aorta e podem levar à formação de aneurismas, dissecções, estenoses e roturas. A base do tratamento na maioria delas é a corticoterapia e a revascularização cirúrgica da estenose arterial ou reparo de aneurismas e dissecções, que seguem as mesmas recomendações que os casos não inflamatórios. A seguir, serão descritas sucintamente as características clínicas de algumas delas.

Arterite de Takayasu

A arterite de Takayasu é uma vasculite idiopática de grandes vasos que acomete principalmente a aorta e seus ramos. Um revisão de casos relatou a incidência de 2,6 pacientes para cada milhão de pessoas; afeta 10 vezes mais mulheres do que homens e o diagnóstico é feito em geral na terceira década de vida. Há dois tipos principais de acometimento: um preferencialmente atinge a aorta torácica e seus ramos e outro afeta a região aórtica abdominal e artérias renais. A fisiopatologia da doença não é bem definida e aparentemente está relacionada a uma pan-arterite mediada por células T iniciada na *vasa vasorum* da aorta e que pode progredir para um processo predominantemente degenerativo, levando à formação de aneurismas, ou fibrose, levando à estenose da artéria.

Os critérios diagnósticos são: 1) idade ao início da doença inferior a 40 anos; 2) claudicação intermitente; 3) diminuição de pulso na artéria braquial; 4) sopro em artéria subclávia ou aórtico; 5) diferença de PA sistólica entre membros superiores; 6) evidência angiográfica (TC, RNM) de estenose de aorta ou seus ramos, com altas sensibilidade e especificidade para o diagnóstico se houver 3 deles. Observa-se também o aumento do nível sérico de provas inflamatórias como velocidade de hemossedimentação (VHS) e proteína C reativa (PCR).

A manifestação aguda da doença se dá com a presença de sintomas constitucionais inespecíficos, como perda ponderal, fadiga, febre, sudorese noturna e hiporexia. Na fase crônica, os sintomas estão relacionados ao órgão acometido pela estenose ou à dilatação arterial correspondente, com mais da metade dos pacientes apresentando claudicação de membros superiores, sintomas decorrentes de insuficiência cerebrovascular (perda visual, AVC) e

hipertensão renovascular; 32% deles evoluem com aneurismas de aorta, preferencialmente descendente, e 53% apresentam estenose, principalmente da parte abdominal.

Arterite de células gigantes

Também conhecida como arterite temporal, a arterite de células gigantes também acomete a aorta e seus ramos, porém incide em uma população acima dos 50 anos de idade, particularmente a partir da oitava década de vida, com 3 mulheres para cada 2 homens acometidos. A prevalência estimada gira em torno de 20 casos para cada 100 mil pessoas. A fisiopatologia também apresenta inflamação arterial mediada por células T com formação de granulomas em sua parede e destruição do vaso.

O quadro clínico é variado, com presença de sintomas constitucionais, cefaleia em 2/3 dos pacientes, claudicação mandibular na metade deles e alterações visuais ou AVC em 1/3. O acometimento vascular extracranial é menos comum e aparece em 25% dos casos. Cerca de 18% dos pacientes evoluem com aneurisma ou dissecção da aorta e 13% apresentam estenose de grandes vasos (porém não da aorta).

Os critérios diagnósticos são: 1) idade superior a 50 anos; 2) início recente de cefaleia localizada; 3) atenuação do pulso ou enrijecimento da artéria temporal; 4) VHS > 50 mm/h; 5) biópsia arterial demonstrando vasculite necrotizante.

Doença de Behçet

A doença de Behçet é uma doença inflamatória que cursa com a tríade clássica de ulceração oral, genital e uveíte e incidência de 1 a 3 casos para cada 100 mil pessoas. Os critérios diagnósticos são a presença de úlcera oral e 2 dos 3 seguintes: úlcera genital recorrente, uveíte, vasculite retiniana ou lesões de pele como eritema nodoso ou pseudofoliculite. O envolvimento vascular ocorre em um terço dos pacientes e também pode atingir o território venoso (tromboflebite superficial, trombose de veia cava). As lesões de aorta são raras e o substrato fisiopatológico para o processo inflamatório dos vasos evidencia infiltrado linfocitário associado a histiócitos, eosinófilos e células gigantes ao redor da *vasa vasorum* da camada adventícia e média. A destruição da parede aórtica leva à formação de aneurismas, pseudoaneurismas e rotura.

Espondilite anquilosante

A espondilite anquilosante é uma das doenças reumatológicas soronegativas de forte associação com o complexo de histocompatibilidade HLA-27. Cursa com sacroileíte, artrite inflamatória, entesite, piora da dor ao repouso e tem associação com doença inflamatória intestinal, psoríase e aortite. A dor lombar tem início em torno dos 20 a 30 anos e acomete 2 a 3 homens para cada mulher. Os critérios diagnósticos são (necessários 4 dos 5): 1) início da dor abaixo dos 40 anos; 2) dor lombar por mais de 3 meses; 3) rigidez matinal; 4) início súbito da dor; e 5) melhora com o exercício. Cerca de 80% dos pacientes têm envolvimento da raiz e valva aórtica, esta última com aparência nodular e evolução para insuficiência em 50% dos casos.

CONSIDERAÇÕES FINAIS

As doenças da aorta torácica apresentam elevada morbimortalidade e por isso seu diagnóstico acurado e seguimento rigoroso são imprescindíveis para melhor desfecho e sobrevida dos pacientes acometidos por ela. A disponibilidade e o progressivo avanço tecnológico de diferentes modalidades de imagem menos invasivas para a realização de diagnósticos contribuem para isso. O tratamento clínico agressivo de fatores de risco cardiovascular aliado à indicação cirúrgica para correção de aneurismas e dissecções no tempo certo são os principais fatores que podem modificar o curso natural da doença. O advento de novas técnicas cirúrgicas como alternativa à cirurgia aberta com a utilização de endopróteses reduz ainda mais a morbidade do tratamento cirúrgico, porém ainda se mantém reservado para casos especiais.

BIBLIOGRAFIA RECOMENDADA

1. Dias RR, Mejia OAV, Stolf NAG. Cirurgia da aorta torácica. In: Serrano Jr. CV, Timerman A, Stefanini E. Tratado de cardiologia SOCESP. 2. ed. Barueri: Manole; 2009. p.2018-29.
2. Hiratzka LF, Bakris GL, Beckman JA, Bersin RM, Carr VF, Casey Jr DE, et al. 2010 ACCF/AHA/AATS/ACR/ASA/SCA/SCAI/SIR/STS/SVM Guidelines for the Diagnosis and Management of Patients With Thoracic Aortic Disease. Circulation. 2010;121:e266-369.
3. Isselbacher EM. Diseases of the Aorta. In: Libby P, Bonow RO, Mann DL, Zipes DP. Braunwald's heart disease: a textbook of cardiovascular medicine. 8. ed. Philadelphia: Elsevier; 2008. p.1457-90.
4. Pape LA, Tsai TT, Isselbacher EM, Oh JK, O'Gara PT, Evangelista A, et al. Aortic diameter ≥ 5.5 cm is not a good predictor of type A aortic dissection: observations from the International Registry of Acute Aortic Dissection (IRAD). Circulation. 2007;116:1120-7.
5. Svensson LG, Khitin L. Aortic cross-sectional area/height ratio timing of aortic surgery in asymptomatic patients with Marfan syndrome. J Thorac Cardiovasc Surg. 2002;123:360-1.
6. Svensson LG, Kouchoukos NT, Miller DC, Bavaria JE, Coselli JS, Curi MA, et al. Expert Consensus Document on the Treatment of Descending Thoracic Aortic Disease Using Endovascular Stent-Grafts. Ann Thorac Surg. 2008;85:S1-41.

10
CARDIOPATIAS CONGÊNITAS CIANOGÊNICAS

MARIA ANGÉLICA BINOTTO

INTRODUÇÃO

Nas cardiopatias congênitas cianogênicas, o sangue proveniente do retorno venoso sistêmico passa diretamente do coração direito para o esquerdo sem passar pela circulação pulmonar (*shunt* direito-esquerdo) através de uma comunicação entre os átrios, ventrículos ou grandes artérias, resultando em insaturação do sangue arterial sistêmico e cianose central. O *shunt* direito-esquerdo pode ocorrer por obstrução ao fluxo pulmonar associada a uma comunicação intercavitária, como na tetralogia de Fallot, pela completa mistura dos retornos venosos pulmonar e sistêmico, como na drenagem anômala total de veias pulmonares, e por um arranjo em paralelo das circulações pulmonar e sistêmica, como na transposição das grandes artérias. O Quadro 10.1 lista as cardiopatias cianogênicas mais comuns.

TETRALOGIA DE FALLOT

A tetralogia de Fallot é a cardiopatia cianogênica mais comum após o primeiro ano de vida e está presente em 3 a 5% das crianças portadoras de cardiopatia congênita. O defeito caracteriza-se, basicamente, por quatro achados: a estenose pulmonar, uma comunicação interventricular (CIV) grande, a dextroposição ou cavalgamento da aorta e a hipertrofia do ventrículo direito. A marca anatômica dessa anomalia é o desvio anterior do septo infundibular em relação ao septo interventricular, que resulta no estreitamento da via de saída do ventrículo direito, na CIV por mau alinhamento e na dextroposição da aorta.

Quadro 10.1 Cardiopatias congênitas cianogênicas comuns

Tetralogia de Fallot
Transposição das grandes artérias
Atresia tricúspide
Drenagem anômala total das veias pulmonares
Tronco arterial comum

A direção do fluxo depende da magnitude da obstrução na via de saída do ventrículo direito. Se a obstrução for significativa ou houver atresia da valva pulmonar, existe um grande *shunt* da direita para a esquerda, com hipofluxo pulmonar e hipoxemia severa. Frequentemente, o fluxo pulmonar é adequado ao nascimento, ocorrendo progressão da obstrução no decorrer das primeiras semanas ou meses de vida, e, consequentemente, aumento progressivo da cianose.

O quadro clínico depende do grau de obstrução ao fluxo pulmonar. Na infância, pacientes podem apresentar crises hipoxêmicas, com piora súbita da cianose, taquipneia e, em alguns casos, perda da consciência, convulsões e até mesmo óbito.

A radiografia do tórax mostra, nesse caso, uma silhueta cardíaca característica, lembrando uma bota. A área cardíaca é normal, o arco médio é escavado pela hipoplasia da artéria pulmonar e a vascularidade pulmonar é reduzida (Figura 10.1). A ecocardiografia permite, na maioria das vezes, uma completa definição da anatomia intracardíaca. O cateterismo cardíaco pode ser necessário para a avaliação complementar da anatomia de artérias coronárias e de estenoses pulmonares periféricas, além da avaliação de colaterais sistêmico-pulmonares.

Na maioria dos casos, a tetralogia de Fallot é diagnosticada e corrigida na infância, antes de 12 meses de vida. Algumas instituições realizam a correção cirúrgica eletiva logo após o diagnóstico, nas primeiras semanas de vida. Quando as artérias pulmonares são hipoplásicas, pode ser necessária a realização de um *shunt* sistêmico-pulmonar (operação de Blalock-Taussig) para aumentar o fluxo pulmonar, permitindo o crescimento das artérias, adiando-se a cirurgia corretiva. Após a cirurgia, todos os pacientes devem ser acompanhados regularmente em centros especializados.

Cuidados no pós-operatório

Síndrome do baixo débito cardíaco não é incomum e é habitualmente secundária à complacência reduzida do ventrículo direito. Uma CIV residual significativa não é frequente, mas, quando presente, é mal tolerada. Pode haver disfunção ventricular esquerda pela sobrecarga aguda de volume; arritmias são comuns. O bloqueio atrioventricular transitório que requer marca-passo temporário pode ser visto ainda na sala cirúrgica. O bloqueio do ramo direito ocorre em praticamente todos os pacientes. A taquicardia juncional ectópica é uma arritmia grave, ocorrendo tipicamente nas primeiras horas após a cirurgia. Responde bem à hipotermia.

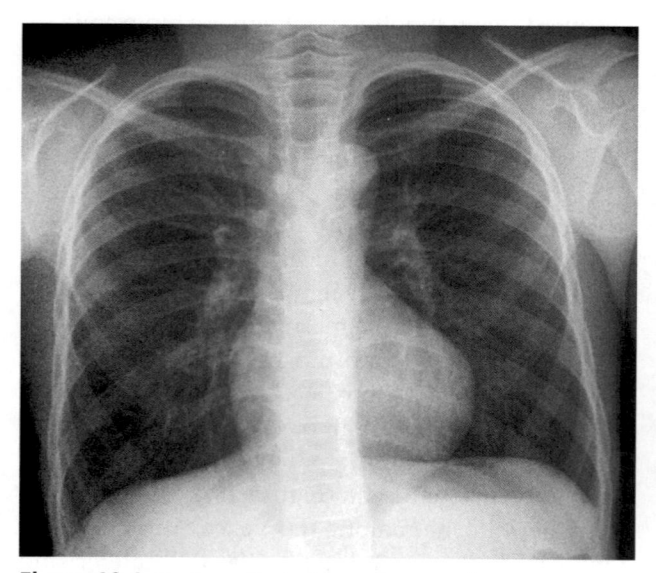

Figura 10.1 Radiografia do tórax de uma criança com tetralogia de Fallot, mostrando área cardíaca normal, arco médio escavado e trama vascular pulmonar reduzida.

TRANSPOSIÇÃO DAS GRANDES ARTÉRIAS

A transposição das grandes artérias (TGA) é a cardiopatia cianogênica mais comum no período neonatal. Nessa anomalia, a aorta emerge do ventrículo morfologicamente direito e a artéria pulmonar, do esquerdo (Figura 10.2). Dessa forma, o retorno venoso sistêmico proveniente das veias cavas entra no átrio direito e ventrículo direito, e, deste, é direcionado para a aorta. O retorno venoso pulmonar direciona-se ao átrio esquerdo, ventrículo esquerdo e artéria pulmonar. Assim, as circulações pulmonar e sistêmica estão em paralelo e não em série, como ocorre normalmente. Por essa razão, o sangue venoso sistêmico não é oxigenado e o sangue proveniente das veias pulmonares, oxigenado, não alcança a circulação sistêmica. Essa condição seria incompatível com a vida se não houvesse mistura intercirculatória por uma comunicação interatrial, interventricular ou pelo canal arterial.

A apresentação clínica depende do tipo anatômico do defeito. Na TGA com septo interventricu-

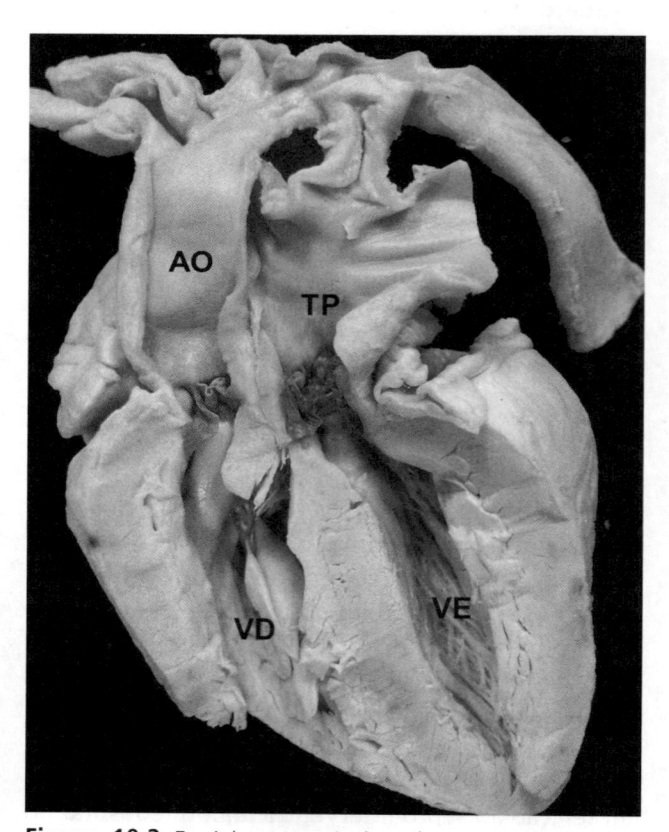

Figura 10.2 Espécime anatômico de um coração com transposição das grandes artérias, mostrando a aorta (AO) emergindo do ventrículo direito (VD) e a artéria pulmonar (TP) do ventrículo esquerdo (VE).

lar intacto, ocorre cianose já nas primeiras horas de vida. Pacientes com TGA e CIV apresentam cianose discreta e sintomas de insuficiência cardíaca entre 4 e 8 semanas de vida. Pacientes portadores de TGA associada a CIV e estenose pulmonar têm apresentação variável, dependendo da magnitude da estenose pulmonar, podendo apresentar menor ou maior grau de hipóxia ou mesmo sintomas congestivos, quando a estenose é leve.

A radiografia de tórax em pacientes com TGA e septo interventricular intacto geralmente mostra o coração ovoide, pelo pedículo estreito (involução do timo) e trama vascular discretamente aumentada. Pacientes com CIV associada apresentam cardiomegalia e trama vascular aumentada e pacientes com CIV e estenose pulmonar associadas podem apresentar área cardíaca normal ou pouco aumentada e a trama vascular pulmonar pode ser normal, diminuída ou aumentada, dependendo do grau de obstrução.

O ecocardiograma define o diagnóstico, na maioria das vezes. Adicionalmente, devem-se demonstrar os defeitos associados e a anatomia das artérias coronárias. O cateterismo cardíaco raramente é utilizado para o diagnóstico da TGA. Está indicado, em alguns casos, para a realização de septostomia atrial em pacientes com hipoxemia grave e se houver necessidade de melhor definição da anatomia das artérias coronárias.

A operação de Jatene ou correção no plano arterial é o tratamento de escolha para esses pacientes. A operação consiste na inversão das grandes artérias e translocação das artérias coronárias para a neoaorta. Deve ser realizada preferencialmente nos primeiros 15 dias de vida, antes do descondicionamento do ventrículo esquerdo secundário à queda da resistência vascular pulmonar. Crianças com TGA e CIV apresentam menor grau de cianose e sinais e sintomas de insuficiência cardíaca congestiva, necessitando, por vezes, de medidas anticongestivas agressivas. A septostomia atrial pode ser útil para reduzir a congestão venosa pulmonar. A operação de Jatene está indicada com fechamento concomitante da CIV.

Cuidados no pós-operatório

Na operação de Jatene, o ventrículo esquerdo, conectado à circulação pulmonar com menor resistência, é colocado abruptamente em um circuito de alta resistência e requisitado a suportar o débito cardíaco sistêmico. A adaptação do neonato a essa condição pode levar de dias a semanas, dependendo da idade da criança e da pressão sistólica do ventrículo esquerdo. Esses pacientes geralmente requerem sedação profunda e paralisia nas primeiras 24 horas de pós-operatório; recebem drogas inotrópicas por pelo menos 2 a 3 dias. A função sistólica do ventrículo esquerdo costuma estar comprometida logo após a cirurgia, com melhora progressiva nos dias subsequentes. Alguns neonatos necessitam de diálise precoce e, por vezes, o tórax é mantido aberto até a estabilização hemodinâmica. A partir de então, os relaxantes musculares são interrompidos e procede-se ao desmame do ventilador por um período de 12 a 24 horas.

Hipertensão pulmonar (HP) pode ser secundária à sedação inadequada, hipóxia e hipercapnia ou, eventualmente, a *shunts* intracardíacos residuais. Crises de HP são incomuns, mas podem ocasionalmente complicar a evolução pós-operatória em lactentes mais velhos com TGA complexa.

ATRESIA TRICÚSPIDE E OUTRAS ANOMALIAS COM FISIOLOGIA UNIVENTRICULAR

Chama-se de conexão atrioventricular univentricular quando os átrios estão conectados a apenas um ventrículo, que manipula todo o fluxo sanguíneo proveniente deles. Pode ocorrer quando ambos os átrios abrem-se diretamente nesse ventrículo – dupla via de entrada ventricular – ou quando apenas um se abre ali, estando o outro totalmente desconectado da massa ventricular – ausência de conexão atrioventricular. Neste último caso, um átrio apresenta assoalho muscular completo e o seu retorno venoso, quer seja sistêmico, quer seja pulmonar, acaba alcançando o outro átrio através de uma comunicação interatrial. Corações com esse padrão de anatomia apresentam, na maioria das vezes, dois ventrículos, sendo um deles chamado de principal e o outro de rudimentar. A apresentação clínica dependerá das conexões ventrículo-arteriais e dos defeitos associados. Poderá haver restrição ao fluxo pulmonar, que é expressa clinicamente com hipoxemia; hiperfluxo pulmonar; ou, ainda, restrição ao fluxo sistêmico, por obstrução subaórtica ou lesões obstrutivas do arco aórtico. Há ainda pacientes que apresentam uma condição hemodinâmica balanceada, ou seja, com a relação do fluxo pulmonar em relação ao sistêmico (Qp/Qs) ao redor de 1.

Dentre as anomalias com fisiologia univentricular, a atresia tricúspide é a mais frequente (Quadro 10.2). Nesse defeito, há ausência da conexão atrioventricular à direita. O ventrículo direito é hipoplásico e se comunica com o ventrículo esquerdo, a câmara principal, através de uma CIV. Uma comunicação interatrial é obrigatória. A conexão ventrículo-arterial é, na maioria dos casos, concordante com os grandes vasos normalmente relacionados. Nessa situação, geralmente há restrição ao fluxo pulmonar, com maior grau de cianose. Nos pacientes com conexão ventrículo-arterial discordante, a aorta origina-se da câmara rudimentar. Em geral, esses pacientes apresentam-se menos cianóticos, com sintomas de insuficiência cardíaca, podendo haver associação com estenose subaórtica e obstruções do arco aórtico. Dependendo do grau de hipoxemia, pode ser necessária a confecção de um *shunt* sistêmico-pulmonar (anastomose de Blalock-Taussig) nas primeiras semanas de vida. Em lactentes com conexões ventrículo-arteriais discordantes, a paliação inicial é variável. Nos lactentes que apresentam síndrome da hipoplasia do coração esquerdo, com estenose ou atresia mitral e aórtica, hipoplasia da aorta ascendente e do arco aórtico, o estágio I do procedimento de Norwood é geralmente o primeiro procedimento indicado.

Após a primeira operação paliativa, esses pacientes usualmente seguem o protocolo da operação de Fontan modificada. Essa é a principal opção de tratamento para esses defeitos cardíacos, embora ainda paliativo. Esse tipo de procedimento tem sido utilizado em uma variedade de anomalias congênitas do coração, incluindo conexões atrioventriculares univentriculares e também em situações nas quais a correção biventricular não é tecnicamente possível, embora existam dois ventrículos de bom tamanho. O procedimento consiste na conexão das veias cavas superior e inferior à artéria pulmonar direita. Dessa forma, todo retorno venoso sistêmico é direcionado para a circulação pulmonar. As circulações pulmonar e sistêmica são colocadas em série e dirigidas por uma única câmara ventricular. Com isso, o paciente deixa de ser cianótico e o ventrículo sistêmico (principal) tem reduzida sua sobrecarga de volume, presente antes da cirurgia. Geralmente esse procedimento é realizado em dois tempos, sendo a anastomose entre a veia cava superior e a artéria pulmonar direita (operação de Glenn bidirecional) confeccionada entre 4 e 12 meses de vida e a conexão da veia cava inferior, através de um túnel intracardíaco ou um tubo extracardíaco, realizada entre 2 e 4 anos de idade (conexão cavopulmonar total). É importante ressaltar que a conexão cavopulmonar total só deve ser realizada na presença de uma resistência vascular pulmonar normal, de uma pressão média na artéria pulmonar inferior a 15 mmHg, de artérias pulmonares de bom tamanho, de função ventricular normal, de fluxo sistêmico sem obstrução e de insuficiência da valva atrioventricular mínima. Uma fenestração entre o circuito cavopulmonar e o átrio esquerdo pode ser criada, permitindo um *shunt* direito-esquerdo, particularmente em pacientes considerados de risco. A fenestração tem como objetivo descomprimir o circuito do Fontan e aumentar o fluxo sistêmico, à custa de algum grau de insaturação de oxigênio.

Cuidados no pós-operatório

Pós-operatório da operação de Glenn bidirecional (conexão da veia cava superior com a artéria pulmonar direita)

Após a operação, espera-se uma saturação arterial de oxigênio entre 80 e 85%. A principal complicação encontrada no pós-operatório imediato é a hipoxemia excessiva. Além da hipoxemia, esses pacientes podem apresentar edema da parte superior do tórax e cabeça (síndrome da veia cava superior). As causas mais frequentes são: hipertensão pulmonar, disfunção ventricular e obstrução da anastomose, por trombose ou estenose. Essas condições devem ser investigadas e tratadas de imediato.

A adaptação após a conexão cavopulmonar superior (Glenn bidirecional) é altamente dependente da resistência vascular pulmonar. Elevação transitória

---

Quadro 10.2 Principais anomalias com fisiologia univentricular

Atresia tricúspide

Dupla via de entrada ventricular

Síndrome da hipoplasia do coração esquerdo

Atresia pulmonar com septo interventricular íntegro

Atresia mitral

Defeito do septo atrioventricular desbalanceado

Heterotaxias (isomerismos atriais)

da RVP pode ser causa de hipoxemia no pós-operatório e deve ser tratada prontamente. Hipertensão pulmonar deve ser tratada com medidas para reduzir a RVP e aumentar o fluxo pulmonar. Os parâmetros ventilatórios são definidos com o objetivo de se manter a menor pressão média de vias aéreas necessária para uma expansão pulmonar adequada. Derrames pleurais devem ser drenados. Extubação precoce deve ser tentada quando possível. O óxido nítrico inalatório deve ser usado como vasodilatador pulmonar. Paradoxalmente, a hiperventilação, usada para reduzir a RVP, é relativamente ineficaz. Um estudo recente demonstrou que hipercapnia leve a moderada com acidose respiratória pode melhorar a oxigenação arterial desses pacientes, pelo efeito vasodilatador cerebral e consequente aumento do fluxo pulmonar. No entanto, é necessária maior investigação adicional a esse respeito.

Pós-operatório da operação de Fontan modificada (conexão cavopulmonar total)

Após a conexão cavopulmonar total, o débito cardíaco é inteiramente dependente do fluxo pulmonar. O retorno venoso ao átrio esquerdo depende do gradiente de pressão transpulmonar, ou seja, entre o circuito cavopulmonar e o átrio esquerdo. Qualquer redução no fluxo pulmonar resulta em uma redução na oferta de oxigênio na circulação sistêmica clinicamente evidente por má perfusão periférica, hipotensão, acidose metabólica e oligúria. As condições que podem limitar o fluxo pulmonar incluem hipovolemia, aumento da resistência vascular pulmonar, distorção das artérias pulmonares, obstrução do circuito cavopulmonar, obstrução venosa pulmonar, insuficiência das valvas atrioventriculares e disfunção do ventrículo principal. Essas condições devem ser investigadas e tratadas na presença da síndrome do baixo débito.

A vasoconstrição pulmonar reativa, expressa pela elevação da PVC e PAP com pressão média do átrio esquerdo normal, deve ser imediatamente tratada. Fatores precipitantes, como hipoglicemia, hipocalcemia, hipotermia e sedação inadequada, devem ser checados e corrigidos. O óxido nítrico pode ser utilizado como vasodilatador pulmonar. Os parâmetros ventilatórios devem garantir uma expansibilidade pulmonar adequada. A pressão positiva expiratória final (PEEP) melhora a oxigenação, mas eleva a RVP em qualquer nível e reduz o índice cardíaco em ní-

veis elevados (PEEP 9 a 12 cmH$_2$O) e deve ser utilizada com cautela.

Todos os pacientes em pós-operatório da operação de Fontan apresentam pressões venosas sistêmicas elevadas, podendo apresentar derrame pleural, pericárdico e ascite. Além do aumento da pressão hidrostática, a inflamação secundária à circulação extracorpórea e a ativação neuro-hormonal são implicadas na sua formação. O derrame pleural é frequente; algumas vezes pode haver quilotórax. A presença de derrame pleural reduz a complacência intratorácica e exige uma maior pressão média em vias aéreas durante a ventilação mecânica. Esta, por sua vez, limita o retorno venoso sistêmico, o fluxo pulmonar e o débito cardíaco. Por essas razões, derrames pleurais devem ser drenados imediatamente. A presença de uma fenestração parece reduzir a duração do tempo de drenagem pleural. O dreno deve ser retirado quando a drenagem diária for inferior a 2 mL/kg de peso. Derrames persistentes (acima de 14 dias) ocorrem entre 13 e 39% dos pacientes. Um protocolo clínico otimizado pode reduzir o tempo de drenagem. Ele inclui: restrição hídrica, dieta hipogordurosa, cateter de oxigênio após a extubação (independente da saturação de oxigênio), associação de diuréticos e inibidor da enzima conversora da angiotensina. Nos casos mais resistentes ou quando houver derrame quiloso e não houver melhora com as medidas acima, pode ser necessária a instituição de jejum e nutrição parenteral. Mais raramente, pode ser necessária esclerose pleural ou, ainda, a reversão cirúrgica do Fontan (take-down).

Por vezes, pode haver cianose persistente logo após a cirurgia. Nos pacientes com uma fenestração entre o circuito cavopulmonar e o átrio esquerdo, pode-se esperar algum grau de insaturação no pós-operatório. Na ausência dela, outras causas devem ser pesquisadas. Os principais diagnósticos diferenciais são: patologia pulmonar (atelectasia, pneumonia, edema pulmonar após a circulação extracorpórea); baixo débito cardíaco; e colaterais venosas sistêmicas se comunicando com o átrio esquerdo.

Outras complicações importantes, incluindo arritmias e trombose, não serão discutidas aqui por estarem além do escopo deste capítulo.

ANOMALIA DE EBSTEIN

A anomalia de Ebstein é uma má-formação congênita da valva tricúspide associada a alterações na estrutura e função do VD. A marca anatômica é o deslocamento dos pontos de aposição dos folhetos septal e mural da valva tricúspide no VD, distante da junção atrioventricular, havendo uma falha na separação dos folhetos da parede do VD durante o desenvolvimento cardíaco. Dessa forma, os folhetos ficam parcialmente aderidos à parede, levando ao deslocamento do anel e de seu orifício funcional. O folheto anterior é anormal e redundante. A coaptação dos folhetos raramente é adequada e a maioria dos pacientes apresenta insuficiência tricúspide pelo menos moderada. Assim, a parte proximal do ventrículo torna-se atrializada e a parte distal é pequena, com paredes finas, anormais. A maioria dos pacientes apresenta uma comunicação interatrial ou um forame oval patente.

A apresentação clínica é muito variável, dependendo da gravidade das alterações anatômicas e dos defeitos associados. Pacientes com má-formação grave têm apresentação no período neonatal. Pacientes com alterações relativamente discretas são geralmente assintomáticos e, por vezes, o diagnóstico é feito incidentalmente na adolescência ou na idade adulta. Aqueles com alterações severas apresentam *shunt* da direita para a esquerda pela CIA ou pelo forame oval, desenvolvendo cianose. Alguns pacientes podem apresentar dispneia aos esforços, insuficiência cardíaca direita, palpitações ou síncope. Pode também ocorrer embolia paradoxal.

A radiografia do tórax pode ser normal em pacientes com alterações discretas ou demonstrar cardiomegalia maciça com redução da vascularidade pulmonar nos casos graves (Figura 10.3). O ecocardiograma possibilita uma excelente definição anatômica e funcional do defeito, além de demonstrar outros defeitos associados.

As principais indicações para a cirurgia são: classe funcional (NYHA) III a despeito do tratamento clínico; cianose com saturação de oxigênio arterial abaixo de 80% em repouso ou após o esforço; pacientes em fibrilação atrial ou, ainda, pacientes em classe funcional II com anatomia favorável à plastia valvar. A seleção do procedimento cirúrgico apropriado depende da idade à apresentação e das anomalias associadas. A plastia valvar deve ser a primeira opção de tratamento, sempre que possível, particularmente em crianças. Alguns pacientes necessitam de prótese valvar. Em algumas situações, a criação de uma anastomose de Glenn bidirecional pode ser uma alternativa para aliviar

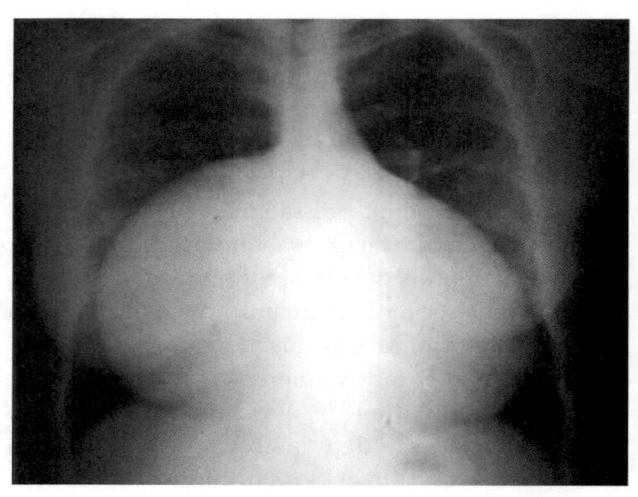

Figura 10.3 Radiografia do tórax de um paciente com anomalia de Ebstein, mostrando cardiomegalia significativa e redução da vascularidade pulmonar.

os problemas da disfunção ventricular direita, da insuficiência tricúspide e da obstrução da via de saída do VD.

Cuidados no pós-operatório

Disfunção do ventrículo direito é comum no pós-operatório da correção biventricular e o suporte inotrópico é frequentemente necessário. Manipulação da resistência vascular pulmonar pode ser necessária, incluindo sedação e analgesia apropriadas, óxido nítrico inalatório e hiperventilação. Ocasionalmente, pacientes com disfunção ventricular grave se beneficiam da manutenção do esterno aberto, que facilita a ventilação com pressões mais baixas, reduzindo a pós-carga para o ventrículo direito. Após estabilização hemodinâmica, o esterno é fechado e procede-se ao desmame do ventilador. Arritmias são frequentes e devem ser prontamente tratadas.

DRENAGEM ANÔMALA TOTAL DE VEIAS PULMONARES

Nessa anomalia, todas as veias pulmonares drenam em veias sistêmicas ou diretamente no átrio direito, alcançando as câmaras direitas e a artéria pulmonar. O Quadro 10.3 mostra a classificação conforme o local de drenagem venosa. Na forma mais frequente, as quatro veias pulmonares confluem para uma veia comum, que, por sua vez, drena para uma veia vertical conectada à veia inominada

Quadro 10.3 Classificação da drenagem anômala total de veias pulmonares segundo o local de drenagem

Cardíaca
Diretamente no átrio direito
No seio coronário

Supracardíaca
Veia vertical; veia inominada; veia cava superior
Diretamente na veia cava superior

Infracardíaca
Veia vertical; veia porta; veia cava inferior

Mista

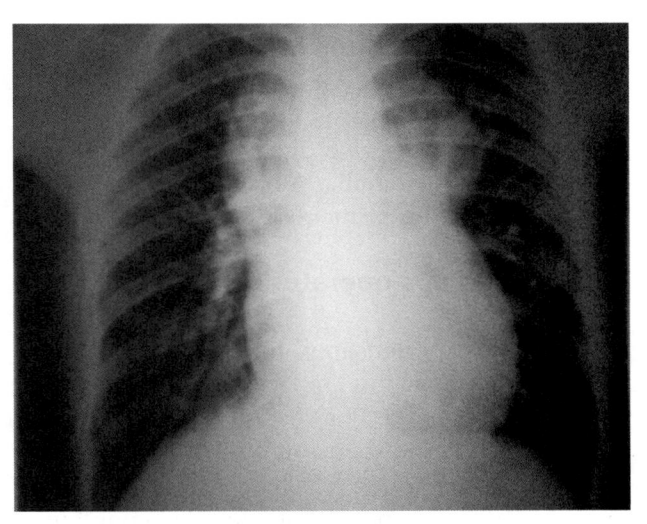

Figura 10.4 Radiografia do tórax de um paciente com drenagem anômala total de veias pulmonares supracardíacas, com a imagem típica do "boneco de neve".

e à veia cava superior. O retorno venoso pulmonar mistura-se com o retorno venoso sistêmico e é redistribuído para a circulação sistêmica via forame oval e para a circulação pulmonar. Há sobrecarga de volume e dilatação das câmaras direitas e hipervolemia pulmonar. O quadro clínico depende do tamanho da comunicação interatrial, de possíveis obstruções no trajeto da drenagem venosa e da magnitude da RVP. Quando a CIA é pequena, o fluxo sistêmico é limitado e há insuficiência cardíaca congestiva. Nos casos com drenagem infradiafragmática, invariavelmente há obstrução ao retorno venoso pulmonar e hipertensão venocapilar pulmonar. Esses pacientes apresentam-se no período neonatal com cianose grave e colapso cardiovascular. Os pacientes com CIA grande apresentam-se com cianose discreta e sintomas de ICC entre 4 e 6 semanas de vida. A radiografia do tórax nesses casos mostra cardiomegalia e congestão pulmonar. Na forma mais comum, a dilatação do trajeto de drenagem venosa dá um aspecto que lembra um boneco de neve (Figura 10.4). Nas formas obstrutivas, o coração é pequeno e há congestão venosa pulmonar severa. O diagnóstico, na maioria das vezes, é confirmado pelo ecocardiograma, não sendo necessária a realização do cateterismo cardíaco diagnóstico. A correção cirúrgica deve ser realizada o mais rápido possível; ela consiste na anastomose da veia comum com o átrio esquerdo.

Cuidados no pós-operatório

Neonatos operados em caráter de emergência frequentemente apresentam hipertensão pulmonar persistente e baixo débito cardíaco. O suporte inotrópico é geralmente necessário por 24 a 48 horas. Crises de hipertensão pulmonar devem ser tratadas

como discutido anteriormente. Pacientes instáveis necessitam de avaliação ecocardiográfica para descartar obstrução residual no trajeto de drenagem na anastomose ou em veias pulmonares, além de avaliar a função ventricular e a presença de derrame pericárdico. Suporte com ECMO pode ser necessário em pacientes com disfunção ventricular severa ou hipertensão pulmonar resistente.

TRONCO ARTERIAL COMUM

O tronco arterial comum (TAC) é uma anomalia na qual um único vaso arterial emerge do coração, dando origem às artérias sistêmicas, à artéria pulmonar e às coronárias. É sempre acompanhada de uma CIV. A valva truncal geralmente é tricúspide, podendo ser quadricúspide em 1/3 dos casos ou, ainda, bicúspide. Pode apresentar diferentes graus de disfunção, tanto insuficiência como estenose. No TAC tipo I, a artéria pulmonar emerge do tronco comum e divide-se nos ramos direito e esquerdo; é o tipo mais comum (50-70% dos casos). No tipo II, as artérias pulmonares direita e esquerda originam-se da porção posterior do tronco comum como vasos separados, próximos entre si; finalmente, no tipo III, cada uma das artérias pulmonares origina-se da porção lateral do tronco comum. A associação com interrupção do arco aórtico e com a síndrome de di-George é bem conhecida.

O quadro clínico é de cianose discreta e insuficiência cardíaca nas primeiras semanas de vida. A radiografia de tórax mostra cardiomegalia e aumento da vascularidade pulmonar. Arco aórtico à direita está presente em 40% dos casos. O ecocardiograma geralmente é suficiente para o diagnóstico e a avaliação funcional dessa anomalia. A correção cirúrgica está indicada dentro dos primeiros dois meses de vida.

Cuidados no pós-operatório

Crises de hipertensão pulmonar e baixo débito cardíaco são frequentes em lactentes operados além do período neonatal. Por vezes, é necessária a manutenção do esterno aberto até a estabilização hemodinâmica, uma vez que o fechamento prematuro do tórax pode levar à compressão do tubo, conectando o ventrículo direito à artéria pulmonar, levando à redução do enchimento das câmaras direitas. Os cuidados em relação às crises de HP já foram abordados anteriormente. Esses pacientes devem ser ventilados com pressões em vias aéreas tão baixas quanto possível no intuito de minimizar os efeitos da pressão intratorácica sobre o enchimento do ventrículo direito pouco complacente. Medidas para otimizar a pré-carga ventricular, a contratilidade miocárdica e a pós-carga são necessárias na presença de baixo débito cardíaco e disfunção ventricular direita. Pacientes refratários às medidas convencionais podem requerer suporte com ECMO.

SÍNDROME DE EISENMENGER

Cardiopatias congênitas com grandes *shunts* da esquerda para a direita e hiperfluxo pulmonar, se não corrigidas, podem causar o desenvolvimento de alterações irreversíveis na vasculatura pulmonar, levando à inversão do *shunt*, que passa a ser bidirecional ou da direita para a esquerda. Essa condição é denominada síndrome de Eisenmenger. Quando o paciente se apresenta nessa situação, as opções de tratamento limitam-se a medidas paliativas ou, eventualmente, o transplante pulmonar ou cardiopulmonar. Recentemente, o melhor entendimento fisiopatológico e o advento de novos medicamentos direcionados especificamente para a doença vêm beneficiar um grande número de pacientes portadores dessa condição.

A apresentação clínica é variável, incluindo sintomas de cansaço aos esforços, palpitações, edema, dor torácica, síncope e morte súbita. Cianose e baqueteamento digital são os achados mais visíveis ao exame físico, embora nem todos pacientes com a síndrome de Eisenmenger apresentem cianose em repouso. Na evolução clínica, esses pacientes têm o envolvimento de múltiplos órgãos, podendo apresentar complicações tromboembólicas, sangramentos, episódios isquêmicos, anormalidades das funções hepática e renal, risco de endocardite e abscesso cerebral, entre outras. A eritrocitose secundária à hipóxia crônica leva à síndrome da hiperviscosidade, expressa clinicamente por cefaleia, tonturas, visão borrada, parestesias e mialgia.

A radiografia de tórax pode mostrar dilatação do átrio e ventrículo direitos, dilatação às vezes aneurismática das artérias pulmonares centrais e atenuação das marcas vasculares pulmonares na periferia. A ecocardiografia transtorácica é a modalidade principal na avaliação inicial de todos os pacientes, possibilitando a definição do defeito anatômico, a avaliação da direção do *shunt* através da comunicação, a função ventricular e pode fornecer uma estimativa das pressões pulmonares. O cateterismo cardíaco é necessário para o estabelecimento do diagnóstico e avaliação da gravidade da hipertensão pulmonar. É utilizado para avaliação da vasorreatividade pulmonar a estímulos vasodilatadores, tais como oxigênio a 100%, óxido nítrico inalatório ou adenosina endovenosa. O teste da caminhada de 6 minutos é o método preferido para a avaliação da capacidade funcional e da resposta a drogas vasodilatadoras e tem sido o *end-point* utilizado pelos estudos clínicos prospectivos. A tomografia computadorizada de alta resolução é particularmente útil na pesquisa de trombos e para excluir hemorragia ou infarto pulmonar. Finalmente, uma avaliação laboratorial periódica, incluindo hemograma, dosagem do ferro sérico, função renal e hepática deve ser realizada em todos os pacientes.

O principal objetivo do tratamento é a prevenção de complicações, evitando-se a desestabilização do paciente. O Quadro 10.4 resume as principais medidas gerais recomendadas.

Drogas vasodilatadoras foram introduzidas recentemente, incluindo a prostaciclina em várias formas, o óxido nítrico, os inibidores da fosfodiesterase-5, como a sildenafila e antagonistas de receptor da endotelina, como a bosentana. Deve-se considerar a introdução da sildenafila ou da bosentana em pacientes em classe funcional III (OMS). Transplante pulmonar ou cardiopulmonar deve ser considerado em pacientes graves, não responsivos ao tratamento clínico.

Quadro 10.4 Medidas gerais no tratamento ambulatorial de pacientes com hipertensão pulmonar

Hidratação adequada

Tratamento da deficiência de ferro

Hemodiluição somente quando estritamente necessário

Contracepção rigorosa

Anticoagulação

Tratamento de arritmias

Vacinação contra a gripe e contra a pneumonia

Oxigenioterapia noturna (controverso)

BIBLIOGRAFIA RECOMENDADA

1. Apitz C, Webb GD, Redington AN. Tetralogy of Fallot. Lancet. 2009;374:1462-71.

2. Bedard E, Shore DF, Gatzoulis MA. Adult congenital heart disease: a 2008 overview. Br Med Bull. 2008;85:151-80.

3. Binotto MA, Redington AN. Assessment of the pulmonary circulation in patients with functionally univentricular physiology. Cardiol Young. 2009;19(E-Supl1):35-8.

4. Bonow RO, Carabelo BQA, Kanu C, de Leon AC Jr, Faxon DP, Freed MD, et al. ACC/AHA 2006 Guidelines for the Management of Patients With Valvular Heart Disease: a Report of the American College of Cardiology/American Heart Association Task Force on Practice Guidelines. Circulation. 2006;114:84-231.

5. Croti UA, Mattos SS, Pinto Jr VC, Aiello VD. Cardiologia e cirurgia cardiovascular pediátrica. São Paulo: Roca; 2008.

6. Diller GP, Gatzoulis MA. Pulmonary vascular disease in adults with congenital heart disease. Circulation. 2007;115:1039-50.

7. Furlanetto G, Binotto MA. Tetralogia de Fallot. In: Croti UA, Mattos SS, Pinto Jr VC, Aiello VD. Cardiologia e cirurgia cardiovascular pediátrica. São Paulo: Roca; 2008. p.291-310.

8. Jatene IB, Jatene MB. Transposição das grandes artérias. In: Croti UA, Mattos SS, Pinto Jr, WC, Aiello VD. Cardiologia e cirurgia cardiovascular pediátrica. São Paulo: Roca; 2008. p.355-76.

9. Karl TR, Kirshbom PM. Transposition of the great arteries and the arterial switch operation. In: Nichols DG, Ungerleider RM, Spevak PJ, Greeley WJ, Cameron DE, Lappe DG, et al. Critical heart disease in infants and children. 2. ed. St. Louis: Mosby; 2006. p.715-29.

10. Libby P, Bonow RO, Mann DL, Zipes DP. Braunwald – Tratado de doenças cardiovasculares. 8. ed. São Paulo: Elsevier; 2010.

11. Skinner J, Hornung T, Rumball E. Transposition of the great arteries: from fetus to adult. Heart. 2008;34:1227-35.

12. Sommer RJ, Hijazi ZM, Rhodes JF. Pathophysiology of congenital heart disease in the adult. Part III: complex congenital heart disease. Circulation. 2008;117(10):1340-50.

13. Warnes CA. The adult with congenital heart disease: born to be bad? J Am Coll Cardiol. 2005;46(1):1-8.

14. Warnes CA. Transposition of the great arteries. Circulation. 2006; 114:2699-709.

11

CARDIOPATIAS CONGÊNITAS ACIANOGÊNICAS

MARIA ANGÉLICA BINOTTO

CARDIOPATIAS COM *SHUNT* ESQUERDO-DIREITO

Corações normais caracterizam-se pela separação completa do sangue oxigenado do desoxigenado. O fluxo sanguíneo pulmonar (Q_p) e sistêmico (Q_s) mantém uma relação 1:1. Dessa forma, o retorno venoso sistêmico, não oxigenado, alcança o átrio direito e o ventrículo direito e é bombeado aos pulmões (Q_p). Uma vez oxigenado, o sangue retorna pelas veias pulmonares ao átrio esquerdo e é bombeado pelo ventrículo esquerdo para a aorta (Q_s). O termo *shunt* refere-se a uma comunicação anormal, permitindo fluxo de sangue de um lado ao outro da circulação. Um *shunt* esquerdo-direito permite que sangue oxigenado, proveniente das veias pulmonares, retorne diretamente aos pulmões, ao invés de ser direcionado para a circulação sistêmica. Nessa situação, uma parte do retorno venoso pulmonar escapa para os pulmões, reduzindo, assim, o débito cardíaco sistêmico, com consequente redução da oferta de oxigênio aos tecidos. Os *shunts* esquerdo-direito ocorrem no nível do septo interatrial (CIA), do septo interventricular (CIV) e entre a aorta e a artéria pulmonar (PCA; janela aortopulmonar).

A relação do fluxo sanguíneo pulmonar total pelo fluxo sistêmico total, Q_p/Q_s, é uma forma útil de quantificar o *shunt* líquido. Uma relação Q_p/Q_s de 1:1 é normal e indica não haver *shunt*. Uma relação $Q_p/Q_s > 1{:}1$ indica que o fluxo pulmonar excede o fluxo sistêmico e define um *shunt* esquerdo-direito. Similarmente, uma relação $Q_p/Q_s < 1{:}1$ indica redução do fluxo pulmonar (*shunt* direito-esquerdo).

Existem quatro tipos principais de comunicação interatrial (CIA): *ostium secundum* ou fossa oval, *ostium primum*, seio venoso e defeitos do seio coronário. A comunicação tipo *ostium secundum* corresponde a 75% dos defeitos. O fluxo através da comunicação ocorre durante a sístole e a diástole, mas é maior durante a última. A proporção e a direção do fluxo através da comunicação dependem do tamanho dessa comunicação e da complacência do ventrículo esquerdo em relação ao direito. Usualmente, o ventrículo direito é mais complacente, favorecendo o *shunt* da esquerda para a direita. Um *shunt* é considerado significativo quando a relação Q_p/Q_s for maior que 1,7:1, levando à dilatação das câmaras direitas e hiperfluxo pulmonar.

A maioria das crianças que apresentam esses defeitos é assintomática e o diagnóstico é feito pelo achado de um sopro cardíaco. No entanto, uma CIA grande, resultando em uma relação $Q_p/Q_s > 2{:}1$, poderá causar insuficiência cardíaca congestiva, infecções respiratórias, chiado de repetição e retardo de desenvolvimento em lactentes e crianças. Muitos pacientes com uma CIA moderada ($Q_p/Q_s > 1{,}5{:}1$) podem desenvolver sintomas com o decorrer do tempo. Dispneia aos esforços é o sintoma inicial na maioria. Palpitações são frequentes, particularmente acima dos 40 anos. Muitas vezes, o achado casual de cardiomegalia na radiografia de tórax sugere o diagnóstico. Alguns pacientes podem desenvolver gradualmente hipertensão arterial pulmonar e sinais de insuficiência cardíaca direita. A gestação é geralmente bem tolerada, embora haja um risco pequeno de arritmias, insuficiência cardíaca e, mais raramente, embolia paradoxal.

Os aspectos radiológicos típicos de uma CIA grande são os de cardiomegalia, por dilatação das câmaras direitas, dilatação das artérias pulmonares e aumento da vascularidade pulmonar (Figura 11.1). A ecocardiografia transtorácica é suficiente para a definição diagnóstica, sendo indicado o estudo hemodinâmico, em casos selecionados, para a avaliação das pressões pulmonares e das artérias coronárias em pacientes acima de 40 anos. O ecocardiograma transesofágico é útil para a confirmação do diagnóstico em pacientes com janela transtorácica inadequada e na orientação do fechamento por via percutânea. Têm indicação de fechamento comunicações geralmente maiores que 10 mm de diâmetro, com *shunt* da esquerda para a direita e Q_p/Q_s maior que 1,5:1, com dilatação de câmaras direitas na ausência de hipertensão pulmonar significativa. Quando disponível, a oclusão por prótese pelo cateterismo cardíaco é a primeira opção para defeitos do tipo *ostium secundum*, com bordas adequadas para o posicionamento da prótese. Para os demais, a correção cirúrgica está indicada, com mortalidade inferior a 1% e excelente evolução.

Cuidados no pós-operatório

A maioria dos pacientes é extubada na sala de cirurgia ou dentro das primeiras horas após a admissão na unidade de terapia intensiva. Baixo débito cardíaco geralmente é secundário à hipovolemia;

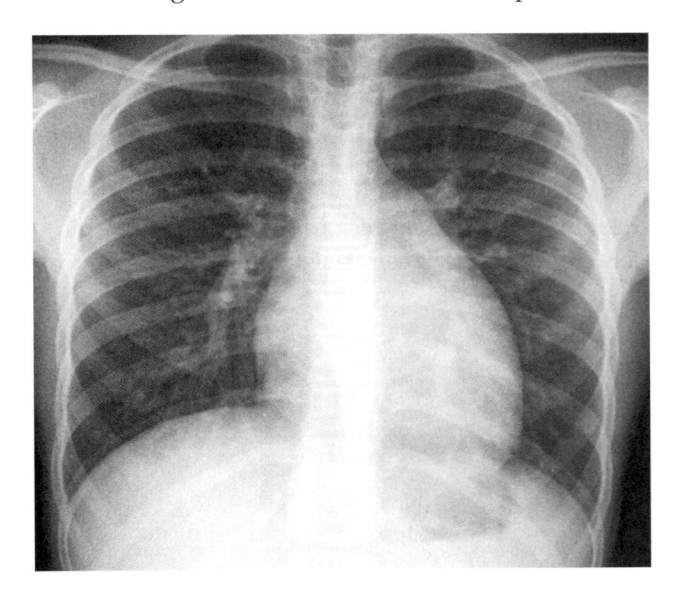

Figura 11.1 Radiografia do tórax de uma criança portadora de comunicação interatrial, mostrando cardiomegalia à custa de câmaras direitas, arco médio abaulado e trama vascular pulmonar aumentada.

agentes inotrópicos raramente são necessários. Alguns pacientes necessitam de diuréticos para a remoção de líquido intersticial associado à circulação extracorpórea. Uma radiografia de tórax é obtida para confirmar a posição de cateteres e do tubo endotraqueal e para afastar ar ou líquido nos espaços pleurais. A monitorização por 12 a 24 horas na UTI geralmente é suficiente.

COMUNICAÇÃO INTERVENTRICULAR

A comunicação interventricular (CIV) é a cardiopatia congênita mais comum em crianças. Ela pode ser isolada ou associada a outros defeitos, como a persistência do canal arterial, CIA, coarctação da aorta e estenose pulmonar. Na presença de uma CIV, o sangue em cada um dos ventrículos tem dois caminhos possíveis na sístole: através da sua via de saída ou através da CIV, direcionando-se para a via de saída do outro ventrículo. A direção e a magnitude do *shunt* dependem das resistências pulmonar (RVP) e sistêmica (RVS). Assim, na presença de uma CIV grande e RVP normal, ocorre um grande *shunt* esquerdo-direito. Quando a CIV é pequena, há uma alta resistência ao fluxo pelo próprio defeito, limitando o *shunt*. Há um gradiente de pressão importante entre os ventrículos e o *shunt* é pequeno (Q_p/Q_s < 1,4:1). Com a elevação da RVP que ocorre na presença de defeitos grandes, o *shunt* pode ser mínimo. Quando a RVP é maior que a RVS, o *shunt* será direito-esquerdo, com o aparecimento de cianose (síndrome de Eisenmenger).

O *shunt* esquerdo-direito em nível ventricular reduz o débito ventricular esquerdo proporcionalmente. Entretanto, mecanismos compensatórios aumentam o volume intravascular até que o volume diastólico final do ventrículo esquerdo seja suficiente para a manutenção do débito cardíaco. Isso resulta em uma sobrecarga de volume significativa desse ventrículo, que, por sua vez, eleva a pressão de enchimento do átrio esquerdo e causa congestão venosa pulmonar. Além disso, na presença de uma CIV grande, a pressão ventricular esquerda é transmitida para o leito vascular pulmonar.

Crianças com CIV grande apresentam sintomas à medida que ocorre a queda da RVP, nas primeiras semanas de vida. Apresentam taquidispneia, dificuldade às mamadas, sudorese, irritabilidade e baixo ganho de peso. Podem apresentar quadros de sibilância e infecções respiratórias de repetição. Os sintomas resultam do trabalho respiratório e gasto energético aumentados associados ao hiperfluxo pulmonar e à perfusão periférica reduzida. A radiografia do tórax (Figura 11.2) mostra cardiomegalia por aumento das câmaras esquerdas, abaulamento do arco médio e aumento da trama vascular pulmonar. O ecocardiograma geralmente é suficiente para o diagnóstico anatômico e funcional.

A presença de uma CIV grande, sintomática, com dilatação de câmaras esquerdas, pressão pulmonar elevada, correspondendo a uma relação $Q_p/Q_s > 1,5:1$, na ausência de hipertensão pulmonar irreversível, tem indicação de cirurgia. Outras indicações relativas são CIV perimembranosa de via de saída ou subarterial com insuficiência aórtica por prolapso de folhetos mais que discreta ou, ainda, endocardite infecciosa recorrente.

Cuidados no pós-operatório

Crianças maiores são geralmente extubadas na sala de cirurgia. Neonatos e lactentes podem necessitar de suporte ventilatório e diurese agressiva por 24 a 72 horas. A maioria dos pacientes submetidos à correção de uma CIV não complicada requer mínimo suporte inotrópico. Arritmias supraventriculares e bloqueio atrioventricular total são complicações possíveis.

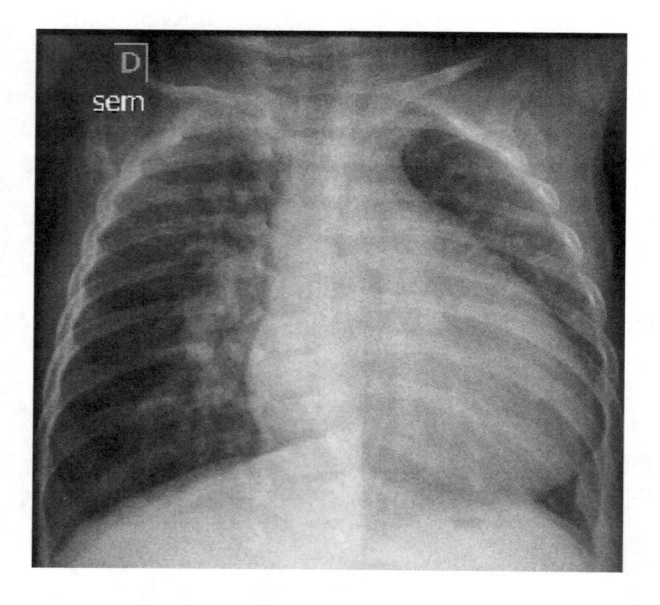

Figura 11.2 Radiografia do tórax de um lactente com comunicação interventricular com significativa repercussão hemodinâmica, mostrando cardiomegalia, abaulamento do tronco pulmonar e aumento da vascularidade pulmonar.

Crises de hipertensão pulmonar

Pacientes com evidência pré-operatória de RVP elevada devem ser monitorizados por cateter na artéria pulmonar desde o intraoperatório, pois podem apresentar crises de hipertensão pulmonar (HP) logo após a cirurgia. As crises de HP caracterizam-se por aumento súbito na pressão da artéria pulmonar, seguido de hipotensão arterial sistêmica. Geralmente são desencadeadas por estímulos adrenérgicos, como dor, ansiedade e aspiração traqueal. O Quadro 11.1 resume as ações que devem ser tomadas, em associação, para o tratamento das crises de HP.

O tratamento dessa situação inclui sedação profunda e paralisia, hiperventilação, controle rigoroso do estado acidobásico e aspiração muito cuidadosa das vias aéreas. Doses altas de fentanil para suprimir a resposta ao estresse foram estabelecidas em estudos randomizados e controlados. Doses suplementares de fentanil antes da aspiração traqueal suprimem a resposta vasoconstrictora pulmonar, contanto que ela seja realizada sem causar hipóxia ou hipercapnia. A hipóxia é um potente vasoconstritor pulmonar e deveria ser evitada ao máximo em pacientes de alto risco. No entanto, existem poucas evidências de que a hiperóxia seja um potente vasodilatador no pós-operatório; a ventilação mecânica com altas concentrações de oxigênio por período prolongado deve ser evitada. A acidose, respiratória ou metabólica, é um potente vasoconstritor e alcalose é um vasodilatador efetivo. Hiperventilação ou infusão de bicarbonato de sódio são estratégias extremamente úteis no tra-

Quadro 11.1 Medidas clínicas para o tratamento das crises de hipertensão pulmonar

Sedação profunda

Paralisia

Aspiração muito cuidadosa das vias aéreas

Controle rigoroso do estado acidobásico

Alcalose respiratória (hiperventilação)

Alcalose metabólica (infusão de bicarbonato de sódio)

Infusão de milrinona

Óxido nítrico inalatório (NO) 10 a 20 ppm

Sildenafil

tamento imediato da crise de hipertensão pulmonar. As desvantagens de parâmetros ventilatórios elevados por tempo prolongado incluem barotrauma e redução do débito cardíaco.

Drogas vasodilatadoras, como a milrinona, podem ser necessárias, bem como o óxido nítrico inalatório (NOi), um potente vasodilatador pulmonar seletivo. As vantagens do NOi são a facilidade de administração, a baixa ocorrência de efeitos colaterais e sua especificidade como vasodilatador pulmonar. Quando inalado, tem efeito vasodilatador seletivo pela sua rápida inativação. Utilizam-se doses entre 10 e 20 ppm. Devem-se monitorizar os níveis de metemoglobina, ainda que raramente ocorra com doses abaixo de 80 ppm. O desmame deve ser gradual, particularmente abaixo de 5 ppm, para evitar rebote. O uso de sildenafil nessa fase reduz a ocorrência de rebote, o tempo de ventilação mecânica e de internação em UTI.

PERSISTÊNCIA DO CANAL ARTERIAL

O canal arterial é uma estrutura essencial da fisiologia fetal. Ele conecta a artéria pulmonar esquerda proximal com a aorta descendente, logo após a emergência da artéria subclávia esquerda. Logo após o nascimento, níveis maiores de oxigênio sistêmico levam à vasoconstricção do canal, que fecha funcionalmente dentro das primeiras 72 horas de vida. O fechamento anatômico, por proliferação da íntima e fibrose, leva semanas para se completar. Quando não há obliteração completa da sua luz, o canal permanece pérvio e uma conexão se mantém entre as circulações sistêmica e pulmonar. Como no paciente com CIV, a direção e a magnitude do *shunt* dependem das resistências relativas ao fluxo pelo canal e de seu tamanho. Na maioria dos casos, a resistência vascular sistêmica é maior que a pulmonar e o fluxo se faz da esquerda para a direita, ou seja, da aorta para a artéria pulmonar. Pacientes com um canal grande apresentam aumento do volume diastólico final do ventrículo esquerdo, aumento das pressões do átrio esquerdo e congestão venosa pulmonar. O fluxo através do canal ocorre na sístole e na diástole.

O quadro clínico é semelhante aos pacientes com uma CIV grande, com sintomas congestivos na infância e a possibilidade de desenvolver hipertensão pulmonar irreversível (síndrome de Eisenmenger) se o defeito não for corrigido. Se o PCA for pequeno, o paciente não apresenta sintomas. Existe o risco de endarterite e a profilaxia antibiótica está indicada. O fechamento do canal arterial significativo, por cateterismo intervencional ou cirurgia, está indicado na ausência de hipertensão pulmonar irreversível. A indicação é controversa nos pacientes com canais audíveis sem repercussão hemodinâmica, com o único objetivo de prevenir a ocorrência de endarterite.

Cuidados no pós-operatório

Os pacientes geralmente são extubados na sala cirúrgica ou pouco tempo depois. Hipertensão arterial transitória é frequente nas primeiras horas que seguem a cirurgia. As complicações são mínimas e incluem paralisia do nervo laríngeo recorrente, geralmente transitória, e quilotórax, de ocorrência rara. Nesses casos, a associação de dieta hipogordurosa e drenagem pleural é o tratamento inicial, e, quando não houver resposta, pleurodese e, ainda, ligadura do ducto torácico.

DEFEITO DO SEPTO ATRIOVENTRICULAR

A morfologia do defeito do septo atrioventricular (DSAV) é comum a todas as formas e inclui: uma junção atrioventricular comum; aorta anteriorizada e não encaixada; desproporção entre as dimensões da via de entrada e de saída do septo ventricular; estreitamento da via de saída subaórtica; valva atrioventricular esquerda com três folhetos suportados por músculos papilares alinhados anteroposteriormente. A valva atrioventricular comum pode ter um orifício único ou dois orifícios separados. A fisiopatologia dessa lesão depende da extensão do *shunt* em nível atrial e/ou nível ventricular e do grau de regurgitação da valva atrioventricular. Quando o *shunt* é limitado ao septo atrial, a fisiopatologia e o quadro clínico são semelhantes a uma grande CIA *ostium secundum*, com sobrecarga de volume das câmaras direitas associada à insuficiência crônica da valva atrioventricular. Essa condição é denominada CIA *ostium primum* ou DSAV parcial. Na forma total, o *shunt* ocorre tanto em nível atrial como ventricular, causando dilatação de câmaras esquerdas e um grau maior de hipertensão pulmonar. Nessa situação, lactentes apresentam sintomas de insuficiência cardíaca congestiva e baixo ganho de peso desde as primeiras semanas de vida. Cerca de 40% dos pacientes portadores da síndrome de Down têm defeito do septo atrioventricular total. Esses pacientes têm uma propensão a desenvolver hipertensão pulmonar precoce. O ECG mostra um eixo do QRS no plano frontal superior e sobrecarga biventricular. A radiografia do tórax mostra cardiomegalia, abaulamento da artéria pulmonar e aumento da trama vascular. O ecocardiograma é essencial na avaliação diagnóstica pré-operatória. O cateterismo está indicado em pacientes com suspeita clínica de hipertensão pulmonar significativa. A indicação da correção cirúrgica dos defeitos depende da apresentação clínica. As formas totais têm indicação de correção antes dos seis meses de vida.

Cuidados no pós-operatório

Crises de hipertensão pulmonar não são incomuns e devem ser tratadas como descrito anteriormente. Arritmias são comuns. Graus variados de bloqueio de condução ou taquicardia ectópica juncional podem estar presentes no pós-operatório imediato e devem ser tratados. Suporte inotrópico é frequentemente necessário nas primeiras 24 a 48 horas após a cirurgia. Insuficiência mitral residual pode ocasionalmente estar presente no pós-operatório, levando à insuficiência cardíaca congestiva e dificuldade de desmame do ventilador. Deve-se avaliar cuidadosamente se a insuficiência mitral é secundária a uma correção cirúrgica inadequada ou à disfunção do ventrículo esquerdo, para a decisão quanto à melhor conduta (tratamento conservador com inotrópicos e vasodilatadores ou reabordagem cirúrgica).

COARCTAÇÃO DA AORTA

A coarctação da aorta é, na sua forma mais frequente, um estreitamento localizado da aorta torácica, geralmente distal à emergência da artéria subclávia esquerda. Associa-se frequentemente à valva aórtica bicúspide (70% dos casos), à comunicação interventricular, persistência do canal arterial e lesões obstrutivas da via de saída do ventrículo esquerdo (estenose aórtica valvar, subvalvar e supravalvar). É frequente em pacientes portadoras da síndrome de Turner.

As formas mais graves manifestam-se no período neonatal ou no lactente jovem, por insuficiência cardíaca grave ou mesmo choque cardiogênico após o fechamento do canal arterial. Crianças maiores, adolescentes e adultos são, geralmente, assintomáticos. A suspeita diagnóstica é feita pela presença de hipertensão arterial sistêmica ou pelo achado de assimetria de pulsos entre os membros superiores e inferiores. Há hipertensão nos membros superiores e os pulsos femorais estão diminuídos. Os sintomas, quando presentes, incluem cefaleia, tonturas, epistaxe e angina abdominal. São complicações tardias, particularmente no adulto: insuficiência cardíaca congestiva, dissecção da aorta, endocardite infecciosa, hemorragia intracraniana secundária a aneurismas cerebrais saculares, presentes com maior frequência em portadores de coarctação da aorta.

A radiografia de tórax mostra área cardíaca normal associada ao sinal do "3 invertido", correspondente à endentação da parede da aorta no local da coarctação, com dilatação proximal e distal à obstrução (erosões de costela), que pode ser visível em pacientes com circulação colateral exuberante, particularmente em adultos. O ecocardiograma bidimensional permite a definição anatômica, do grau de obstrução e da presença de defeitos associados. A ressonância magnética e a angiotomografia (Figura 11.3) são os exames de escolha para o detalhamento anatômico e para o seguimento após o tratamento, cirúrgico ou intervencional.

Neonatos portadores de coarctações graves necessitam de estabilização clínica agressiva, seguida de correção cirúrgica. Pacientes assintomáticos têm indicação de tratamento eletivo, seja cirúrgico, seja intervencional, quando o gradiente de pressão sistólica entre os membros superiores e inferiores

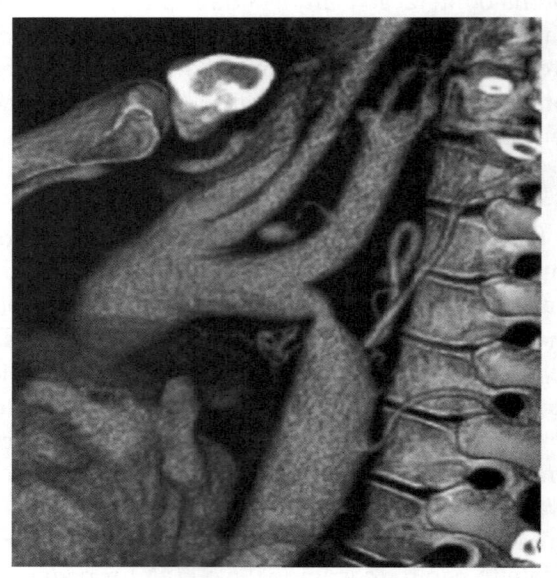

Figura 11.3 Angiotomografia da aorta torácica mostrando uma coarctação da aorta grave.

for maior que 20 mmHg logo após o diagnóstico, geralmente. Na presença de circulação colateral exuberante, o gradiente pode estar subestimado e não deve ser considerado de forma isolada. As opções de tratamento incluem a cirurgia e a angioplastia por balão, com ou sem a colocação de um *stent*.

Cuidados no pós-operatório

Crianças maiores são frequentemente extubadas na sala de cirurgia. Neonatos e lactentes com CIV associada podem apresentar hipertensão pulmonar. Alguns pacientes podem apresentar estridor após a extubação, por lesão do nervo laríngeo recorrente e paralisia unilateral de cordas vocais. O impacto dessa complicação em recém-nascidos e lactentes jovens pode ser importante, uma vez que a caixa torácica, mais complacente nessa idade, retrai durante a inspiração e há menor expansibilidade pulmonar. Além disso, a pressão negativa intratorácica nessa situação impõe uma maior pós-carga para o ventrículo esquerdo, que, por sua vez, pode piorar o quadro de insuficiência cardíaca. Algumas vezes é necessária a reintubação. Laringoscopia está indicada quando houver falha de extubação após 7 a 10 dias e a traqueostomia deve ser considerada.

Lesão do nervo frênico levando à paralisia diafragmática é outra complicação relativamente comum e pode ser problemática em crianças menores, dificultando o desmame do ventilador; plicatura diafragmática pode ser necessária.

Outra complicação com implicações na função respiratória é a lesão do ducto torácico, levando a quilotórax. Além da drenagem pleural, medidas dietéticas podem ser tentadas e, caso falhem, pode ser necessária a ligadura do ducto torácico.

Outras complicações logo após a cirurgia incluem: hipertensão arterial paradoxal, geralmente transitória; disfunção ventricular; arritmias; e, mais raramente, paraplegia, transitória ou não, secundária à isquemia medular. São complicações pós-operatórias tardias: hipertensão arterial sistêmica persistente, formação de aneurismas, recoarctação, estenose e/ou insuficiência aórtica (na presença de valva aórtica bicúspide), endocardite/endarterite e ruptura de aneurismas cerebrais.

ESTENOSE AÓRTICA VALVAR

A estenose aórtica congênita ocorre em associação com outros defeitos em cerca de 20% dos casos, sendo mais frequentes a coarctação da aorta e a persistência do canal arterial. A valva é espessada, com graus variados de fusão comissural. Pode ser unicúspide, bicúspide ou tricúspide. Quando a obstrução é significativa, há hipertrofia concêntrica do ventrículo esquerdo.

Estenoses graves têm apresentação neonatal, com um quadro clínico semelhante ao de outros defeitos obstrutivos esquerdos nessa idade, como a coarctação da aorta grave, a interrupção do arco aórtico e a síndrome da hipoplasia do coração esquerdo. Essas anomalias têm em comum o fato de a circulação sistêmica depender da patência do canal arterial. Os recém-nascidos apresentam-se em insuficiência cardíaca grave, pulsos periféricos finos e sinais de baixo débito cardíaco. Esses pacientes recebem prostaglandina para manter a permeabilidade do canal e garantir a perfusão coronária e cerebral. Por vezes, a apresentação clínica pode ser por insuficiência cardíaca dentro dos primeiros dois meses de vida, por rápida progressão da obstrução e desadaptação do ventrículo esquerdo. Dependendo das dimensões do ventrículo esquerdo e da aorta ascendente, esses pacientes têm indicação de valvoplastia por balão, tratamento de escolha em muitos serviços, ou o tratamento cirúrgico.

Crianças maiores e adolescentes são geralmente assintomáticos. A suspeita clinica é feita pela ausculta de um sopro cardíaco. Os pulsos periféricos são normais ou de baixa amplitude e lentificados quando a estenose é importante. A intervenção está indicada quando o gradiente de pressão (pico a pico) entre o ventrículo esquerdo e a aorta for superior a 50 mmHg ou na presença de sintomas. O tratamento pode ser por cateterismo intervencional ou por cirurgia.

Cuidados no pós-operatório

Neonatos com estenose aórtica grave podem apresentar hipertensão arterial pulmonar no pós-operatório durante vários dias. Podem também apresentar baixo débito cardíaco, que deve ser tratado com inotrópicos, sedação e hiperventilação com altas concentrações de oxigênio. Óxido nítrico também pode ser usado mesmo na presença de um ventrículo esquerdo pouco complacente. Pacientes maiores têm um curso pós-operatório menos complicado e se recuperam rapidamente. Ocasionalmente, podem ocorrer arritmias e complicações neurológicas.

BIBLIOGRAFIA RECOMENDADA

1. Adatia I, Beghetti M. Immediate postoperative care. Cardiol Young. 2009;19(E-Supl 1):23-7.

2. Bedard E, Shore DF, Gatzoulis MA. Adult congenital heart disease: a 2008 overview. Br Med Bull. 2008;85:151-80.

3. Craig B. Atrioventricular septal defect: from fetus to adult. Heart. 2006;92:1879-85.

4. Croti U, Mattos S, Pinto Jr VC, Aiello VD. Cardiologia e cirurgia cardiovascular pediátrica. São Paulo: Roca; 2008.

5. Libby P, Bonow RO, Mann DL, Zipes DP. Braunwald – Tratado de doenças cardiovasculares. 8. ed. São Paulo: Elsevier; 2010.

6. Nichols DG, Cameron DE. Critical heart disease in infants and children. 2. ed. St. Louis: Elsevier-Mosby; 2006.

7. Sommer RJ, Hijajzi ZM, Rhodes Jr JF. Pathophysiology of congenital heart disease in the adult. Part I: shunt lesions. Circulation. 2008;117:1090-9.

8. Sommer RJ, Hijajzi ZM, Rhodes Jr JF. Pathophysiology of congenital heart disease in the adult. Part II: simple obstructive lesions. Circulation. 2008;117:1228-37.

9. Webb G, Gatzoulis MA. Atrial septal defects in the adult: recent progress and overview. Circulation. 2006;114(15):1645-53.

10. Warnes CA. The adult with congenital heart disease: born to be bad? J Am Coll Cardiol. 2005;46(1):1-8.

12

TRAUMA DO TÓRAX

RICARDO RIBEIRO DIAS
CARLOS HEITOR PASSERINO

INTRODUÇÃO

O trauma é reconhecidamente uma das principais causas de morte do mundo moderno, ficando somente atrás dos óbitos por doença cardiovascular e por doença neoplásica nos principais países do mundo.

Somente no estado de São Paulo, no período de 1997 a 2006, segundo os dados referentes aos óbitos totais por causas (CID-10) do Serviço de Verificação de Óbitos do Instituto Médico Legal, o número de óbitos relacionados aos mais diversos tipos de traumas, como ferimento por arma de fogo, arma branca, todo tipo de acidente automobilístico, agressões, quedas, para citar os mais relevantes, foi aproximadamente de 243.457 pessoas (mais de 24 mil óbitos por ano, por 10 anos consecutivos). Os números são assutadores. A demanda assistencial para essa população de pacientes é enorme e o custo social e econômico é incalculável.

Os traumatismos torácicos respondem por 20 a 25% de todas as mortes por trauma relatadas anualmente nos Estados Unidos, porém aproximadamente 85% dessas lesões podem ser tratadas sem a necessidade de especialista na área, sendo necessário somente o cumprimento dos protocolos de atendimento ao paciente politraumatizado. É na população de pacientes com traumatismo torácico que se situam aqueles com traumatismo cardíaco.

É considerado trauma cardíaco qualquer injúria sobre o coração. Sua identificação precoce é importante e nem sempre fácil, uma vez que o paciente não informará que "seu coração foi ferido".

Os protocolos já estabelecidos, mundialmente utilizados na prática do atendimento ao paciente politraumatizado, associado ao alto índice de suspeição, serão determinantes para o sucesso no tratamento desses pacientes.

As operações sobre o coração "ferido", nos primórdios da cirurgia, além de desafiadoras, não eram bem aceitas por ilustres cirurgiões da época: *"Any surgeon who wishes to preserve the respect of his colleagues would never attempt to suture the heart"* (Christian Albert Theodor Billroth, 1880).

A primeira intervenção direta sobre o coração foi atribuída a Ludwing Rehn, em 1896, quando suturou um ferimento cardíaco com sucesso.

CLASSIFICAÇÃO

Didaticamente, os traumatismos cardíacos são divididos em lesões penetrantes e não penetrantes. Outras classificações, como as que levam em consideração o agente causal (arma branca, arma de fogo, contusão torácica), o mecanismo da lesão (direta, por compressão ou por desaceleração) e a condição clínica do paciente (estável ou com instabilidade hemodinâmica) no momento do atendimento também podem ser utilizadas.

Lesões abertas ou penetrantes

Lesões abertas ou penetrantes são as lesões nas quais ocorre a ruptura da pele e entrada do agente agressor diretamente em contato com o coração.

São geralmente causadas por armas brancas, como a faca em 60 a 70% dos casos e por armas de fogo nos 30 a 40% restantes. Acidentes penetrantes secundários ao empalamento em cercas ou ferragens de acidentes automobilísticos também ocorrem, porém são bem menos frequentes.

As estruturas anatômicas do coração acometidas por esse tipo de ferimento, em ordem de frequência, são: o ventrículo direito (50 a 60%), o ventrículo esquerdo (20 a 30%), o átrio direito (5 a 10%) e os vasos epicárdicos (5 a 10%). Os 10% restantes se referem às lesões que envolvem mais de uma estrutura cardíaca. O motivo pelo qual ocorre essa ordem de frequência de lesão das estruturas descritas está diretamente relacionado ao posicionamento anatômico do coração no tórax, ou seja, o ventriculo direito, por estar situado anteriormente no precórdio, é a principal cavidade envolvida nos ferimentos penetrantes ou mesmo nas contusões torácicas frontais, enquanto que o átrio esquerdo, por situar-se posteriormente, é menos acometido.

O ferimento penetrante, por causar dano pontual, ou seja, ferimento localizado, não costuma causar lesões em outros orgãos ou sistemas e, portanto, se o paciente não morre por choque hemorrágico imediatamente após o trauma, ele tende a apresentar melhor resposta ao tratamento cirúrgico quando comparado ao que ocorre nos traumatismos fechados de forte intensidade, nos quais vários outros orgãos ou sistemas costumam estar envolvidos.

A abordagem da lesão por meio de cirurgia sempre é necessária e, na maioria das vezes, é passível de sutura direta, porém não é infrequente a necessidade da assistência circulatória por meio da circulação extracorpórea para a correção das lesões mais complexas, o que não é possível de ser realizado na maioria dos centros de atendimento aos pacientes politraumatizados.

Lesões não penetrantes, fechadas ou contusões cardíacas (TCF)

São as lesões nas quais o agente agressor não provoca ruptura da pele, mas a energia mecânica do trauma se transmite diretamente ao coração (acidente automobilístico, atropelamento, queda de nível, choques elétricos, explosões e radiação). Podem afetar qualquer estrutura cardíaca, como o pericárdio, o miocárdio, as artérias coronárias, as valvas cardíacas, o sistema de condução e os vasos que chegam ou saem do coração.

Os TCF compreedem um amplo espectro de apresentações clínicas de gravidade variada em função das diversas estruturas que podem estar envolvidas e da diferente intensidade de lesão dos traumas. A contusão miocárdica é a lesão mais frequente e, na maioria das vezes, passa despercebida. Como os ferimentos penetrantes, os traumas não penetrantes podem simular ou cursar com infarto, disfunção sistólica, bloqueios do ritmo, insuficiência cardíaca por lesão valvar, tamponamento e hemorragia para cavidades relacionadas.

DIAGNÓSTICO

Poucos são os sinais e sintomas específicos do TCF; por esse motivo é importante considerar a possibilidade de TCF nas situações de trauma de tórax fechado por desaceleração de forte intensidade, nas fraturas múltiplas das costelas anteriores, quando houver dor referida no tórax anterior, nas fraturas de esterno, nas contusões do cinto de segurança no tórax anterior e nas contusões pulmonares bilaterais severas.

Nos ferimentos penetrantes, a localização dos orifícios de entrada ou entrada e saída associada à análise dos possíveis trajetos despertará a suspeita de lesão.

A condição clínica de instabilidade hemodinâmica associada ao traumatismo torácico de forte intensidade deve direcionar a suspeita para o TCF. Apesar de a contusão cardíaca representar a maioria das lesões do TCF, ela apresenta pouca importância para o tratamento específico, uma vez que, quando leve, não interfere na apresentação clínica dos pacientes e, quando grave, geralmente é letal.

Exames complementares

A radiografia de tórax é o exame mais frequentemente utilizado nos traumatismos torácicos. É importante na identificação de fraturas das costelas e do esterno, na avaliação de alargamento do mediastino, na identificação de derrame pleural e contusão pulmonar e na localização de projétil de arma de fogo ou qualquer corpo estranho no precórdio (arma branca, ferragem de acidente automobilístico ou empalamento). Apesar de ser um exame pouco sensível e específico, é importante na avaliação do paciente e pode sugerir a necessidade de investigação por método de imagem mais específico.

O eletrocardiograma (ECG) deve ser realizado em todos os pacientes com suspeita de TCF. É considerado anormal quando apresenta taquicardia inexplicada (frequência cardíaca maior que 120 bpm na ausência de dor ou hipovolemia), arritmias ventriculares simples (bigeminismo ou trigeminismo), arritmias atriais (marca-passo multifocal, fibrilação atrial), bloqueios de ramo, anormalidades da onda Q ou anormalidades do segmento ST-T. Nessas situações, é necessária a monitorização contínua durante 24 a 48 horas. Reciprocamente, se à admissão o ECG é normal, o risco de TCF é menor e a perseguição do diagnóstico pode ser interrompida.

A dosagem da troponina I faz-se necessária nos casos de anormalidade do ECG.

A avaliação ecocardiográfica é necessária para as situações de instabilidade hemodinâmica ou quando houver alteração no ECG.

A tomografia de tórax (com e sem contraste) é mais utilizada na avaliação das estruturas torácicas do que cardíacas propriamente ditas.

A janela pericárdica tem função diagnóstica no sentido de identificar a presença ou não de sangue no saco pericárdico, definindo a necessidade imediata de abordagem do coração lesado.

TRATAMENTO

O tratamento dos pacientes com traumatismo cardíaco dependerá do tipo do ferimento e da extensão do trauma (Figura 12.1). Como para todo o paciente politraumatizado, a agilidade no atendimento inicial é fundamental. O diagnóstico muitas vezes é difícil e, pela instabilidade hemodinâmica associada ao tamponamento cardíaco, muitas vezes é feito durante a intervenção cirúrgica.

A abordagem dos ferimentos cardíacos penetrantes deve ser feita, idealmente, em centro cirúrgico (Figura 12.2). Às vezes, em função da condição clínica de cho-

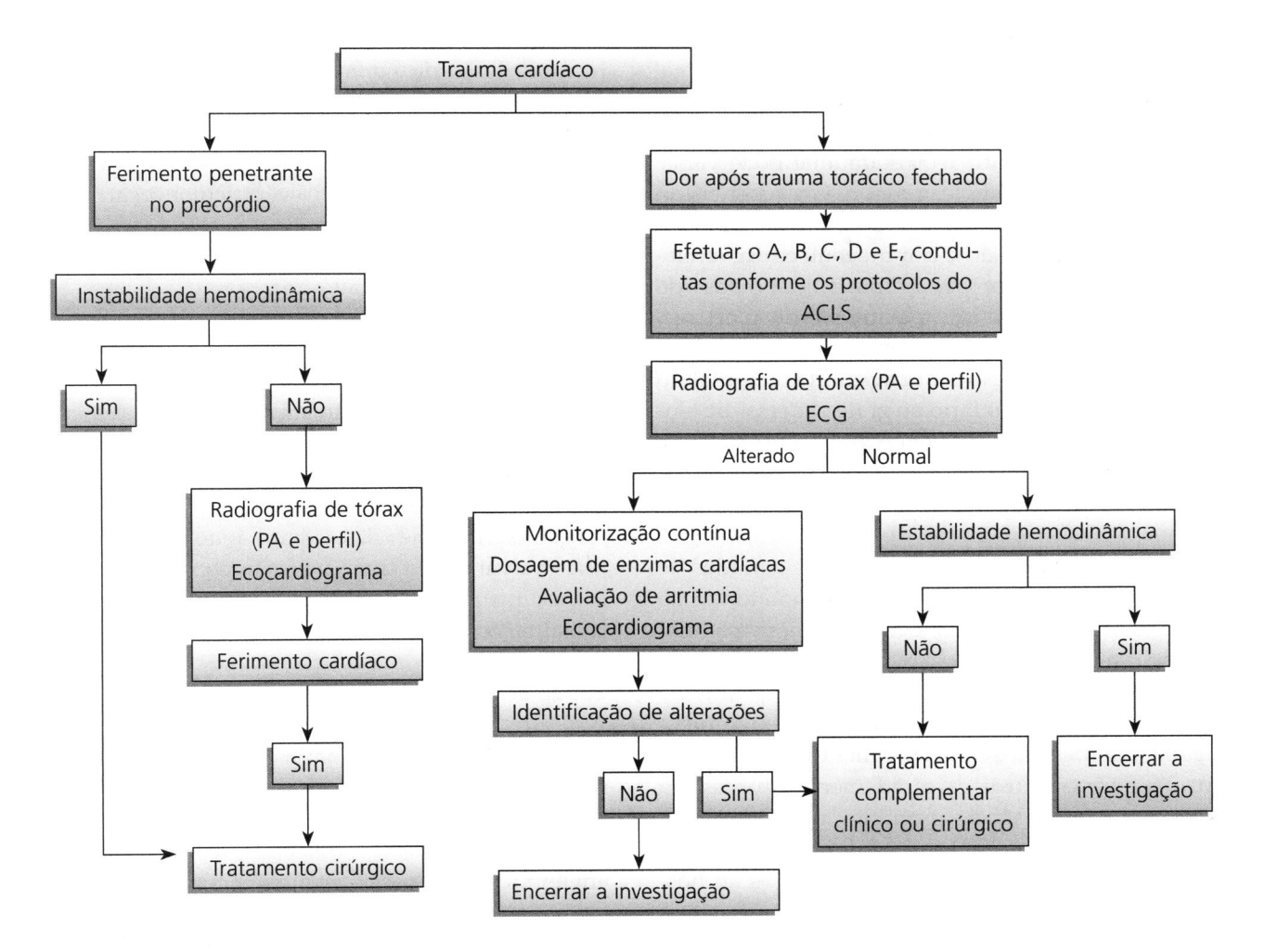

Figura 12.1 Esquema de atendimento aos pacientes com suspeita de trauma cardíaco para definição terapêutica.

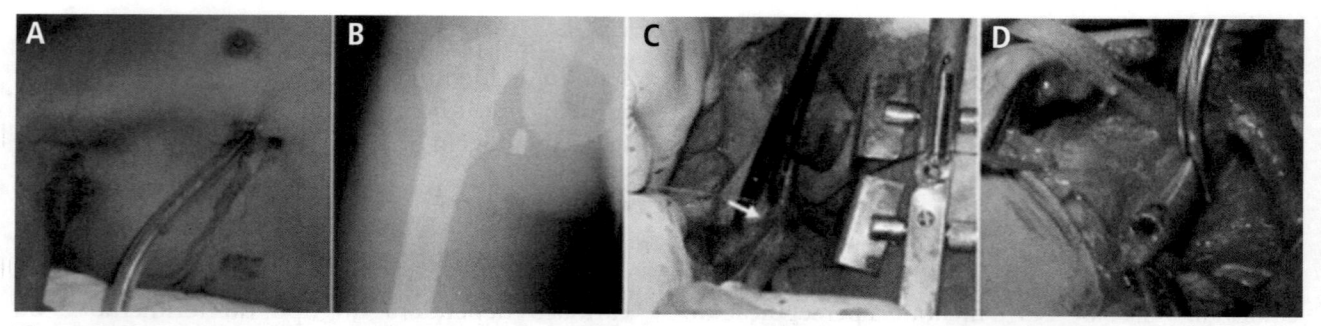

Figura 12.2 Paciente vítima de ferimento por arma de fogo. A. Orifício de entrada do projétil em hemitórax direito próximo ao dreno torácico. B. Identificação do projétil na região inguinal direita. C. Rafia da veia pulmonar inferior direita por onde o projétil penetrou no coração. D. Retirada do projétil de arma de fogo que migrou do coração para a artéria femoral direita (embolia).

que hemorrágico, não há tempo hábil e a abordagem é feita na sala de admissão. Nas situações especiais de empalamento ou ferimento em que a arma permanece no precórdio, não se recomenda a retirada do instrumento agressor antes de realizada a abordagem cirúrgica do coração com a identificação da perfuração, pelo risco de destamponar uma lesão contida.

A abordagem dos ferimentos não penetrantes, em função da diversidade de lesões que pode ocorrer, dependerá da estrutura acometida, que pode variar de pequenas contusões cardíacas sem repercussão clínica até casos de insuficiência cardíaca aguda ou pacientes exsanguinados, como acontece nas situações de ruptura valvar e nas rupturas traumática de cavidade (parede livre ou septo interventricular), respectivamente. Lesões do pericárdio, das coronárias e do sistema de condução com pacientes apresentando derrame pericárdico, infarto ou graus diversos de bloqueio atrioventricular também podem ocorrer.

Lesão miocárdica

Os hematomas de parede com graus variados de disfunção ventricular necessitam de monitorização clínica e avaliação eletro e ecocardiográfica. Em poucos dias de acompanhamento não apresentam mais risco de complicação letal. Já as rupturas de cavidade, seja de parede livre ou de septo interventricular, manifestam-se imediatamente com paciente em insuficiência cardíaca rapidamente progressiva associada a insuficiência respiratória e choque cardiogênico ou choque hemorrágico. Nessas situações, a maioria dos pacientes não chegam vivos ao hospital. Aqueles que conseguem sobreviver requerem intervenção cirúrgica imediata para a correção da lesão ventricular (Figura 12.3).

Lesão pericárdica

Pequenas lacerações pericárdicas não apresentam risco de complicações maiores e podem ser acompanhadas clinicamente, já grandes lacerações, não. As grandes lacerações podem cursar com paralisia frênica por lesão do nervo correspondente, herniação cardíaca para as cavidades pleural ou abdominal, torção dos vasos da base e encarceramento cardíaco; essas situações costumam estar associadas a choque cardiogênico, disfunção ventricular ou arritmia. Nessas condições de grandes deslocamentos das estruturas do mediastino, a correção cirúrgica da lesão pericárdica é mandatória.

Lesão valvar

A distensão do aparato valvar e subvalvar secundário à compressão intracavitária que pode ocorer no TCF de forte intensidade pode resultar no arrancamento dessas estruturas do seu sítio nativo. Em função da insuficiência cardíaca aguda secundária à lesão valvar, é necessária a correção cirúrgica dessas lesões, que pode ser realizada através de plastias ou substituições por próteses valvares.

Lesão coronária

A trombose intracoronária ou mesmo a laceração traumática do vaso secundários ao TCF resulta em infarto agudo do miocárdio e sangramento com possível tamponamento cardíaco. Quando atendidos em tempo hábil, esses pacientes necessitam de assistência específica, com a abertura da artéria ocluída por meio da angioplastia ou com ligadura do vaso e revascularização distal com o objetivo de impedir

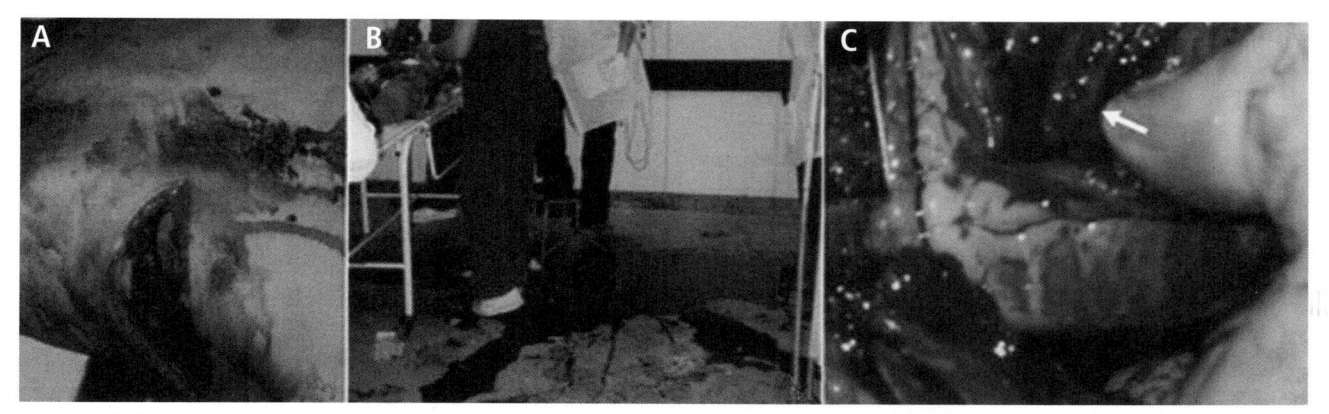

Figura 12.3 Paciente vítima de trauma cardíaco fechado secundário a acidente motociclístico. A. Toracotomia anterolateral esquerda na tentativa de ressucitação do paciente politraumatizado exsanguinado. B. Volemia do paciente contida no tórax/ saco pericárdico do paciente que após intervenção escorreu para o chão da unidade de atendimento. C. Fotografia intra-operatória ilustrando a grande laceração do ventrículo direito responsável pelo exsanguinamento e óbito do paciente (seta).

o infarto e o choque hemorrágico. O que às vezes acontece e torna difícil determinar a ordem dos fatos é que o infarto agudo do miocárdio é que pode ter sido o responsável pelo acidente ocorrido.

Arritmias

Podem ser secundárias à lesão direta do sistema de condução ou complicações da contusão miocárdica. As bradiarritmias manifestadas como bloqueios atrioventriculares ou doença do nó sinusal costumam ser autolimitadas. Pode ser necessário o estímulo elétrico temporário, porém a necessidade do marca-passo definitivo é infrequente. As taquiarritmias mais comuns são as ectopias ventriculares, porém a taquicardia ou a fibrilação ventricular pode ocorrer nas contusões cardíacas mais intensas, principalmente nas primeiras 24 horas, sendo infrequente após 48 horas.

BIBLIOGRAFIA RECOMENDADA

1. Bernini CO. Trauma torácico. In: Gama-Rodrigues JJ, Machado MCC, Rasslan S. Clínica cirúrgica. São Paulo: Manole, 2008, vol. 2, cap. 132, p.1919-32.

2. Brevetti GR, Zetterlund P, Spowart G. Delayed cardiac tamponade complicating airbag deployment. J Trauma. 2002;53:104-5.

3. Bruschi G, Agati S, Iorio F, Vitali E. Papillary muscle rupture and pericardial injuries after blunt chest trauma. Eur J Cardio-Thorac Surg. 2001;20:200-2.

4. Cachecho R, Grindlinger G, Lee VW. The clinical significance of myocardiol contusion. J Trauma. 1992;33(1):68-72.

5. Calderano D, Puig LB, Caramelli B. Trauma Cardíaco. In: Lopes AC. Tratado de Clínica Médica. 2ª ed. Rio de Janeiro: Roca, 2009, vol. 1, cap. 59, p. 612-6.

6. DATASUS. Serviço de Verificação de Óbitos do Instituto Médico Legal do Estado de São Paulo. Disponível em: www.datasus.com.br.

7. Edlich RF. The evolution of emergency medicine. J Environ Pathol Oncol. 2010;29(4):271-91.

8. Hosaka Y, Kodama M, Chinushi M, Washizuka T, Sugiura H, Satou K, et al. Intramyocardial hemorrhage caused by myocardial contusion. Ciculation. 2004;109:277-83.

9. LoCicero J, Mattox KL. Epidemiology of chest trauma. Surg Clin North Am. 1989;69:15-9.

10. Mattox KL, Flint LM, Carrico CJ, Grover F, Meredith J, Morris J, et al. Blunt cardiac injury. J Trauma. 1992;33(5):649-50.

11. Moniwaki Y, Sugiyama M, Yamamoto T, Tahara Y, Toyoda H, Kosuge T, et al. Outcomes from prehospital cardiac arrest in blunt trauma patients. World J Surg. 2011;35(1):34-42.

12. Schultz JM, Trunkey DD. Blunt cardiac injury. Crit Care Clin. 2004;20(1):57-70.

13. Stassen NA, Lukan JK, Spain DA, Miller FB, Carrillo EH, Richardson JD, et al. Reevaluation of diagnostic procedures for transmediastinal gunshot wounds. J Trauma. 2002;53(4):635-8.

14. Sturaitis M, McCallum D, Sutherland G, Cheung H, Driedger AA, Sibbald WJ. Lack of significant long term sequella following traumatic myocardial contusion. Arch Intern Med. 1986;146(9):1765-9.

SEÇÃO III
INTERVENÇÕES EM CARDIOLOGIA

13

INTERVENÇÕES CIRÚRGICAS EM DOENÇAS CORONÁRIAS

ADILSON CASEMIRO PIRES E EQUIPE

A doença do sistema cardiovascular constitui a principal causa de óbito no Brasil. Especificamente no coração, manifestam-se principalmente na forma de aterosclerose das artérias responsáveis pela irrigação do miocárdio: as artérias coronárias. A aterosclerose, verdadeiro depósito de gordura nestas artérias, determina obstruções de maior ou menor monta da sua luz que, se significativa, leva a um quadro de isquemia miocárdica que, por sua vez, manifesta-se de inúmeras formas clínicas, agrupadas como insuficiência coronária, a mais importante causa de alta mortalidade.

Apesar do expressivo avanço na terapêutica medicamentosa e de outras formas de tratamento, como a angioplastia com ou sem dispositivos intracoronários (*stents*), a cirurgia de revascularização miocárdica é uma excelente opção com indicações precisas e com bons resultados em longo prazo.

REVASCULARIZAÇÃO CIRÚRGICA DO MIOCÁRDIO

Nos primórdios da cirurgia cardíaca, ocorreram algumas tentativas de revascularizar o miocárdio isquêmico. Dentre elas, destaca-se a proposta por Vineberg em 1945, que consistia em revascularizar indiretamente o miocárdio através do implante da artéria torácica interna (mamária) na massa muscular isquêmica do ventrículo esquerdo.

A revascularização direta de uma artéria coronária iniciou-se com a operação proposta por Kolessov, em 1967, em Leningrado. Realizava-se a anastomose da artéria torácica interna esquerda no ramo ventricular anterior da coronária esquerda sem a utilização da circulação extracorpórea.

A cinecoronariografia, introduzida na prática clínica por Sones, em 1962, permitiu o diagnóstico preciso e as características das placas de aterosclerose nas artérias coronárias. Dentre as inúmeras informações, constatou-se que a aterosclerose compromete, na maioria das vezes, as artérias coronárias na sua porção mais proximal, onde, além de possuir um bom diâmetro, encontra-se na superfície do coração e poupa a sua porção distal. Esse fato, os avanços nos equipamentos da circulação extracorpórea e a proteção miocárdica, permitiram ao Dr. Rene Favaloro, em 1968, realizar a revascularização direta do miocárdio, utilizando ponte de veia safena magna saindo da aorta até a porção distal da coronária, conforme as Figuras 13.1, 13.2, 13.3 e 13.4.

Concomitantemente, Green, em Nova York, (1968) realizava o mesmo procedimento de revascularização

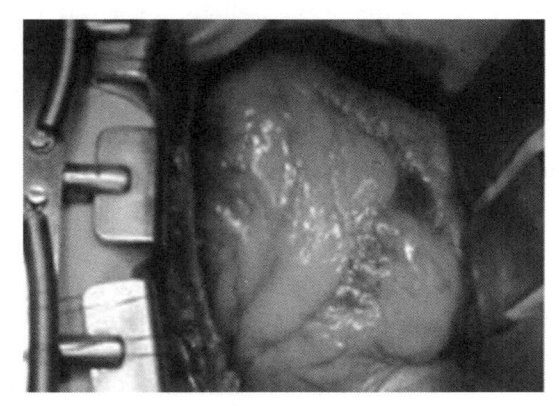

Figura 13.1 Artéria coronária na superfície do coração.

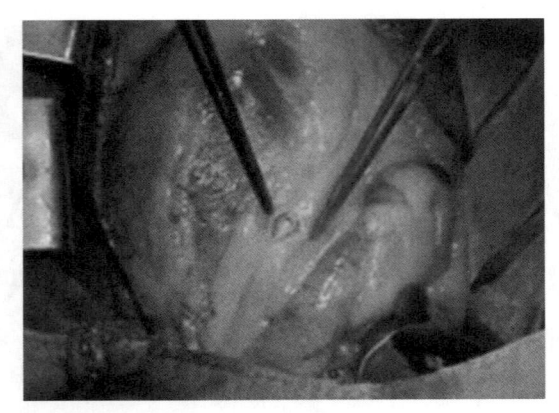

Figura 13.2 Arteriotomia coronária.

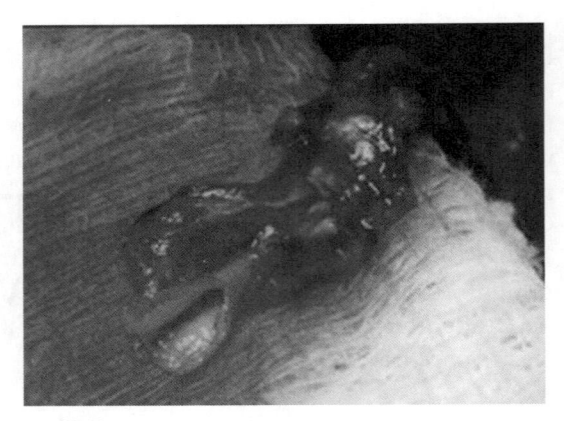

Figura 13.5 Artéria torácica interna.

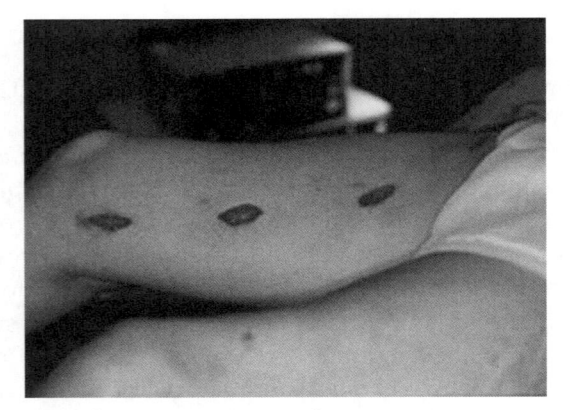

Figura 13.3 Retirada da veia safena.

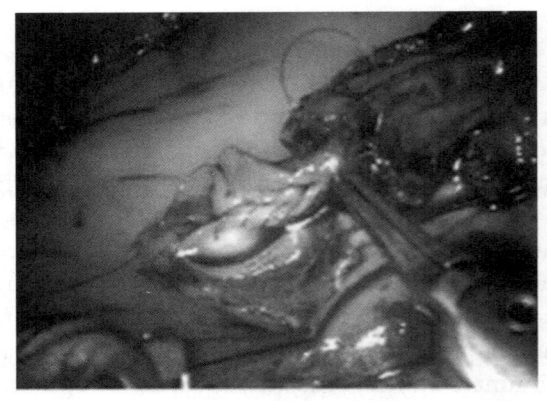

Figura 13.6 Anastomose realizada através de microscopia.

Figura 13.4 Ponte de safena, aorta coronária.

direta utilizando, para tal, a artéria torácica interna. Entretanto, pela dificuldade técnica para realização da anastomose com a coronária, que exigia equipamentos de microscopia (Figuras 13.5 e 13.6) e pela revascularização de uma única coronária, este procedimento foi preterido por muitos centros. As pontes

de safena, além da facilidade de manuseio, do grande fluxo sanguíneo proporcionado e da possibilidade de revascularizar várias artérias coronárias, tornaram-se o procedimento de eleição.

Em razão da gravidade da doença coronária e dos excelentes resultados iniciais, esses novos procedimentos foram de pronto incorporados como terapêutica e amplamente difundidos pelo mundo. Logo se tornaram a operação mais realizada nos grandes centros e motivo de maior número de publicações científicas na época. Destacam-se, nesse bojo, três estudos multicêntricos e randomizados, cujo objetivo foi comparar a eficácia do tratamento cirúrgico, através da revascularização direta do miocárdio, com o medicamentoso:

1. Veterans Administration Cooperative Study: ocorrido entre 1972 e 1974, demonstrou sobrevida maior para os pacientes cirúrgicos com lesões obstrutivas maiores do que 50% no ramo ventricular anterior, com três artérias coronárias comprometidas e naqueles com função ventricular ruim.

2. European Coronary Surgery Survey: ocorrido entre 1973 e 1976, apresentaram resultados semelhantes, porém com mortalidade operatória muito alta comparado com os grandes serviços americanos (3,3%).
3. Coronary Artery Surgery Survey: ocorrido entre 1975 e 1979, demonstrou superioridade do tratamento cirúrgico, com mortalidade de 1,1%, necessidade de cirurgia para 4,7% dos pacientes eleitos para tratamento clinico.

Estes três estudos evidenciaram que, além do aumento da sobrevida dos pacientes submetidos ao tratamento cirúrgico, o prognóstico é pior quanto mais severa for a doença coronariana e a disfunção do ventrículo esquerdo, corroborando dessa forma, com a proposta de indicação cirúrgica como uma eficiente forma de tratamento destes pacientes.

Apesar de bem estabelecida como terapêutica, a revascularização direta do miocárdio, a partir de 1980, incorporou novos conceitos, o que levou a uma profunda mudança na utilização dos enxertos. Estudo de Campeu et al. de 1984 demonstrou que a aterosclerose continuava a progredir nas artérias coronárias e poderia envolver as veias safenas utilizadas na revascularização, com consequente retorno dos sintomas. Outro estudo retrospectivo realizado na Cleveland Clinic demonstrou que os pacientes que receberam enxerto de artéria torácica interna apresentaram uma sobrevida maior do que aqueles que receberam somente enxertos venosos. Observou-se, então, que a permeabilidade em longo prazo dos enxertos artérias era muito superior aos venosos. Com isso, as operações de ponte de safena foram gradativamente substituídas pelas pontes de artéria mamária, conforme as Figuras 13.7 e 13.8.

Simultaneamente, o grande volume de procedimentos possibilitou o melhor adestramento de cirurgiões, o que incentivou alguns a realizar as anastomoses com o coração batendo, isto é, sem o auxílio da circulação extracorpórea, podendo ou não utilizar dispositivos intracoronários para manter o fluxo sanguíneo durante a realização da operação.

Apesar da evolução do circuito de extracorpórea e da proteção miocárdica, a revascularização do miocárdio sem CEC iniciou a incorporação do conceito de cirurgia minimamente invasiva, aceita por outras especialidades cirúrgicas. Essa nova abordagem tem o intuito de minimizar o dano ao paciente e com isso uma recuperação mais precoce. Além de evitar

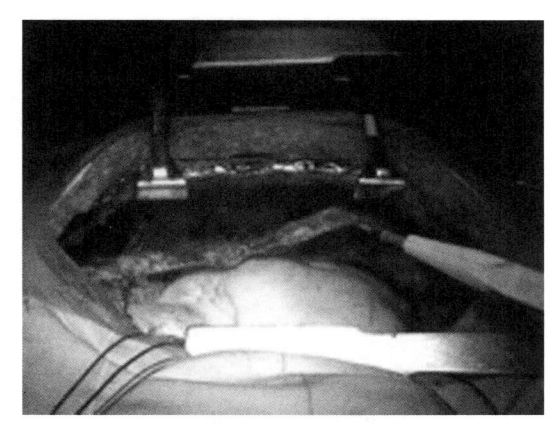

Figura 13.7 Artéria torácica dissecada.

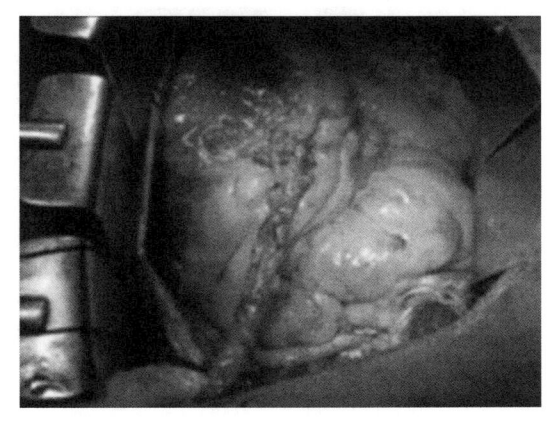

Figura 13.8 Anastomose da artéria torácica interna com a coronária.

o uso da CEC, as incisões são menores, procura-se não manipular a aorta e proporcionar um adequado controle pós-operatório. Deve-se observar também, que para o aperfeiçoamento dessas técnicas se fez necessária a incorporação de novas tecnologias como pinças especiais, estabilizadores com finalidade de diminuir a movimentação cardíaca na área a ser revascularizada, microcâmaras, afastadores e até mesmo o uso da robótica.

Outra importante modificação na cirurgia de revascularização miocárdica foi a mudança dos enxertos, com a comprovada superioridade da artéria torácica sob a veia safena, outros enxertos arteriais passaram a ser utilizados, tais como: artéria radial, torácica interna direita, epigástrica, gastroepiploica. Alguns autores preconizaram a revascularização do miocárdio realizada somente por enxertos arteriais.

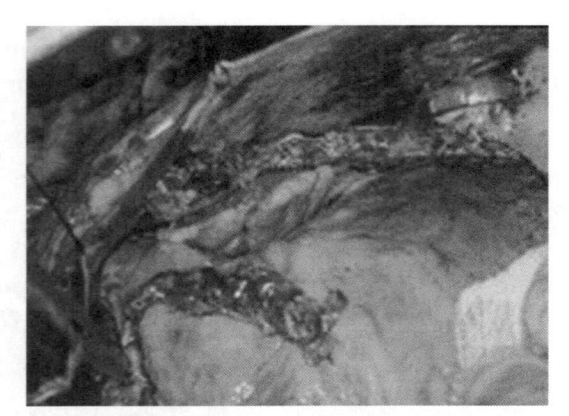

Figura 13.9 Dupla artéria torácica interna.

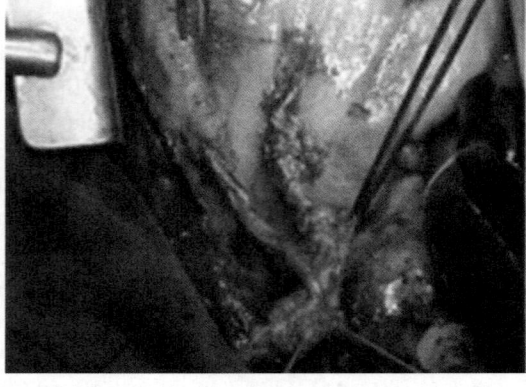

Figura 13.11 Artéria epigástrica inferior.

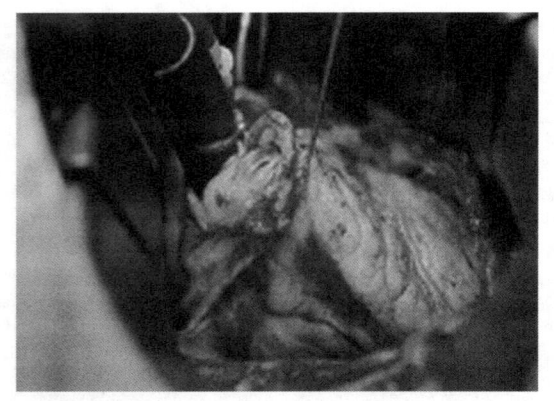

Figura 13.10 Artéria radial.

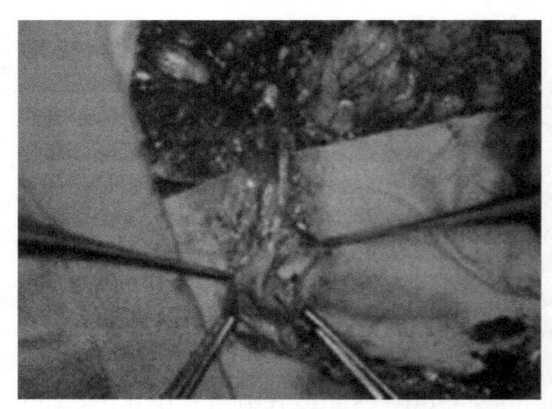

Figura 13.12 Artéria gastroepiploica.

Na década de 1990, com o progresso da hemodinâmica, surgiu o conceito de cirurgia minimamente invasiva híbrida, que utilizava simultaneamente os dois métodos terapêuticos.

Todas estas modificações acarretaram durante os anos uma diminuição dos índices de morbimortalidade, que conferem à revascularização cirúrgica do miocárdio uma alternativa segura e eficaz no tratamento da doença coronária.

FUNDAMENTOS DA REVASCULARIZAÇÃO CIRÚRGICA DO MIOCÁRDIO

A RM tem a finalidade de aliviar sintomas, proteger o miocárdio isquêmico, melhorar a função ventricular, prevenir o infarto agudo do miocárdio e, assim, melhorar qualitativa e quantitativamente a vida. Assim, a indicação de um procedimento invasivo deve ser criteriosa e deve-se observar o risco-

benefício. Atualmente, a abordagem do paciente portador de insuficiência coronária tem sofrido mudanças frente às constantes inovações na terapêutica medicamentosa, no tratamento endovascular e nas inúmeras modificações técnicas da cirurgia de revascularização do miocárdio. Dessa forma, a indicação do tratamento adequado deve ser individualizada e a decisão tomada por uma equipe multiprofissional fundamentada nos resultados do serviço e sob a luz dos novos conhecimentos.

Para o bom resultado do tratamento cirúrgico, é primordial uma adequada avaliação pré-operatória com o objetivo de minimizar o risco e as complicações advindas. Entretanto, a decisão de postergar ou não tratamento cirúrgico deve ser baseada nos sintomas e na estratificação objetiva do risco.

As principais complicações operatórias, segundo as Diretrizes da Cirurgia de Revascularização Miocárdica da Sociedade Brasileira de Cardiologia são:

1. Arritmias: qualquer uma, entretanto, a mais frequente é a fibrilação atrial, que ocorre em 30% dos casos, geralmente de fácil tratamento e bom prognóstico.
2. Infarto agudo do miocárdio: tem incidência de 1,4 a 23%, caracterizado por onda Q no ECG e alterações enzimáticas. Indicam-se intervenções quando acompanhadas de comprometimento clínico e repercussão hemodinâmica.
3. Síndrome de baixo débito: é decorrente de várias causas como vaso espasmo, má proteção miocárdica e oclusão de pontes. Evolui com hipotensão severa, arritmias, bloqueios e elevação do segmento ST no ECG.
4. Complicações pulmonares: além da disfunção pulmonar causada pelo processo inflamatório sistêmico da CEC, são frequentes as atelectasias, hipersecreção, bronco espasmo, pneumotórax e particular atenção deve ser dada à paralisia diafragmática por trauma no nervo frênico.
5. Insuficiência renal aguda: muito frequente nos pacientes com idade mais avançada, nos casos de re-operações, de disfunção ventricular, após uso de contraste e drogas nefrotóxicas, desidratação, creatinina pré-operatória maior 1,4 mg/dL, tempo de CEC prolongada, tamponamento cardíaco etc. A necrose tubular aguda ocorre em 8% dos casos, sendo que 19% necessitam de procedimento dialítico e a mortalidade decorrente é de 30% em 30 dias.
6. Neurológicas: incidem em até 6% dos pós-operatórios. São classificados em tipo I, representados pelo acidente vascular cerebral, isquemia transitória e encefalopatia anóxica, são decorrentes de idade avançada, calcificações da aorta, HAS e doença vascular cerebral prévia. O tipo II é representado pela disfunção intelectual e cognitiva, está relacionada ao uso crônico de álcool, à fibrilação atrial, HAS e ICC.
7. Síndrome vasoplégica: caracterizada por hipotensão arterial severa e a consequente acidose metabólica e oligúria com pobre resposta às drogas vasoativas, porém com as extremidades aquecidas e sinais de boa perfusão periférica. É uma complicação de tratamento difícil que necessita de altas doses de drogas vasoativas, azul de metileno e vasopressina.
8. Mediastinite: ocorre em até 4% dos pacientes operados, geralmente é de grave evolução chegando até a 25% de óbito. Incide particularmente em pacientes obesos, diabéticos, idosos, pulmonares crônicos e nos casos de utilização de dupla mamária.

CIRURGIA NAS COMPLICAÇÕES DO INFARTO AGUDO DO MIOCÁRDIO

Além da revascularização direta do miocárdio, são necessários procedimentos que visam à correção anatômica das chamadas complicações mecânicas do infarto agudo do miocárdio.

As Diretrizes da Sociedade Brasileira de Cardiologia preconizam:

1. Ruptura cardíaca:
   – É uma complicação mais encontrada em necropsia do que diagnosticada nos pacientes em vida.
   – É a 3º causa de morte por infarto do miocárdio. 20% dos pacientes que morrem em decorrência de infarto do miocárdio apresentam ruptura cardíaca.
   – O ecocardiograma é um instrumento importante no diagnóstico da lesão.
2. Comunicação interventricular pós-infarto agudo do miocárdio:
   – É uma complicação grave, podendo ocorrer do 1 ao 7º dia do início do infarto.
   – A mortalidade varia de 50 a 87% na 1 e na 6º semana, respectivamente.
3. Insuficiência mitral isquêmica:
   – Está associada com alta mortalidade cirúrgica (20-50% na fase aguda) e menor taxa de sobrevida (85-45% em cinco anos), quando comparada às outras doenças da valva mitral.
   – A cirurgia deve ser considerada, no caso de insuficiência mitral moderada a severa.
4. Aneurisma ventricular:
   – Geralmente, envolve a artéria descendente anterior.
   – 50% dos aneurismas se desenvolvem nas primeiras 48 horas após o infarto agudo do miocárdio e o restante surge nas primeiras duas semanas.
   – A cirurgia deve ser indicada quando se tornarem sintomáticos, apresentando arritmias, aumento do ventrículo esquerdo, embolia, insuficiência cardíaca congestiva, baixa fração de ejeção e doença arterial coronariana que requer tratamento.

5. Arritmias ventriculares:

– Decorrente de isquemia grave, pode provocar taquicardia ventricular ou fibrilação ventricular.

– Geralmente, está associada à doença triarterial, lesão de tronco e angina grave, grandes áreas de fibrose no miocárdio, função ventricular comprometida, fração de ejeção < 30%.

Conclui-se, portanto, que a revascularização cirúrgica do miocárdio continua apresentando modificações técnicas, porém, permanece sendo o "padrão ouro" para as doenças coronarianas multiarteriais.

Em segmentos de até 35 anos, o índice de sobrevida tem apresentado valores significativos dependendo da idade, de história de enfarto prévio, hipertensão arterial e o diabetes mellitus.

BIBLIOGRAFIA RECOMENDADA

1. Acar C, Ramshey A, Pagny JY, Jebara V, Barrier P, Fabiani JN, et al. The radial artery for coronary bypass grafting: clinical and angiographic results at Five years. J Thorac Surg. 1998;116(6):981-9.

2. Almeida RMS, Lima Jr JD, Martins JF, Loures DRR. Revascularização do miocárdio em pacientes após oitava década de vida. Rev Bras Cir Cardiovasc. 2002;17(2):116-22.

3. Angelini GD, Wilde P, Saterno T, Bosco G, Calafiore AM. Integrated left small thoracotomy and angioplasty for multivessel coronary artery revascularization. Lancet. 1996;347:757-8.

4. Antman, EM. The TIMI risk a method for prognostication and therapeutic decision making. Jama. 2000;248:835-42.

5. Benetti FJ & Ballester C. Use of thoracoscopy and minimmal thoracotomy, in mammary-coronary bypass to the left anterior desceding artery , without extracorporeal circulation: experience in 2 cases. J Cardiovasc Surg. 1995;36:159-61.

6. Benetti FJ. Direct coronary surgery with saphenous vein bypass without either cardiopulmonary bypass or cardiac arrest. J Cardiovasc Surg. 1985;26:217-22.

7. Braunwald E. Heart Disease. A textbook of cardiovascular medicine. 6.ed. Philadelphia: W.B Sanders; 1992.

8. Buffolo E, Andrade JC, Succi JE, Leão LE, Cueva C, Branco JN, et al. Revascularização direta do miocárdio sem circulação extracorpórea: descrição técnica e resultados iniciais. Arq Bras Cardiol. 1982;38(5):365-73.

9. Calafiore AM, Di GIammarco G, Teodori G, et al. Left anterior descending coronary artery grafting via left anterior small thoracotomy without cardiopulmonar bypass. Ann Thorac Surg. 1196;61:1658-6.

10. Calafiore AM, Giammarco GD, Luciani N. Composite arterial conduits for a wider arterial myocardial revascularization. Ann Thorac Surg. 1994;58:185-90

11. Campeau L, Enjalbert M, Lesperance J, Bourass MG, Kwiterovich P Jr, Wacholder S, et al. The relation of risk factors to the development of atherosclerosis in saphenous vein bypass and the progressions of disease in the reactive circulation. A study 10 years after aortocoronary bypass surgery. N Engl J Med. 1984;311:1329-39.

12. Caraciolo EA, Davis KB, Spoko G. ete AL. Comparation of Surgical and Medical Group Survival in Patients With Left Main Equivalent Coronary Artery Disease. Long CASS experience. Circulation. 1995;91:2335-44.

13. Dallan LA, Oliveira AS, Figueiredo LP, Lisboa LA, Platania F, Jatene FB, Iglesias JCR, Abreu Filho C, Cabral R, Jatene AD. Ver Bras Cir Cardiovasc. 1999;13:187-93.

14. Dallan LA, Oliveira AS, Jatene FB, et al. Artéria radial na ampliação do uso de enxertos arteriais para revascularização do miocárdio: considerações anatômicas e tática cirúrgica. Rer Bras Cir Cardiovasc. 1996;11(2):75-81.

15. Diretrizes da Cirurgia de Revascularização Miocárdica, Valvopatias e Doenças da Aorta. Sociedade Brasileira de Cardiologia. Arq Bras Cardiol. 2004;(suppl. 5):82.

16. Favaloro RG, Effler DB, Grves LK, Sheldon WC, Sones FM, Jr. Direct myocardial revascularization by saphenous vein graft. Present operative technique and indications. Ann Thorac Surg. 1970;10:97-111.

17. Freitas ACO, Saporito WF, Donelli LA, Breda JR, Machado LN, Horiuti L, Pires AC. Revascularização da artéria coronária direita com enxerto venoso coronária-coronária. Rev Bras Cir Cardiovasc. 2009;24(3):401-3.

18. Gao G, Wu YX, Grunkemeier GR, Furnary AP, Starr A. Ann J Cardiovasc Surg. 2006;82:806-10.

19. Green G E, Stertzer S H, Repper E H. Coronary arterial bypass grafts. Ann Thorac Surg. 1968;5:443-50.

20. Jatene FB & Pego-Fernandes PM. Mimnmmaly invasive Bypass. Ann Thorac Surg. 1996;62:1883-4.

21. Kolessov VI. Mamary artery-coronary artery anstomosis as method of treatment for angina pectoris. J Thorac Cardiovasc Surg. 1967;54:535-44.

22. Loop FD, Lytle BW, Crosgrove DM, et al. Influence on the internal mammary artery graft of 10 year survival and other cardiac events. N Engl Med J. 1986;314:1-6.

23. Loop, FD. Coronary Artery Surgery; The end of beginning. Eur J Cadiothoracic Surg. 1998;14:554-71.

24. Lytle BW, Blackstone EH, Loop FD, Hoghtaling PL, Arnold JH, Akhrass R, et al. Two internal thoracic artery to coronary artery grafts are better than one. J Thorac Cardiovasc Surg. 1999;117(5):855-72.

25. Ministério da Saúde. IBGE- DATASUS.

26. Pego Fernandes PM, Gaiotto FA, Guimarães-Fernandes F. Estado atual da cirurgia de revascularização do miocárdio. Rev Med. 2008;87(2):92-8.

27. Puig LB, Ciongoli W, Cividanes GL. Inferior epigastric artery as a free graft for myocardial revascularization. J Thorac Cardiovasc Surg. 1990;99:251-5.

28. Rivetti LA, Gandra SMA, Silva AMPR, Campagnucci VP. Revascularização do miocárdio sem extracorpórea com de shunt intracardíaco: 12 anos de experiência. Rev Bras Cir Cardivasc. 1977;12(3):226-32.

29. Roques F, Michel P, Goldstone AR,Nashef SA. The logistic EuroSCORE. Eur J. 2003;24(9):881-2.

30. Stanbridge DL, Symons GV, Banwell PE. Minimal-acess surgery for coronary artery revascularization. Lancet. 1995;346:837.

31. Suma H, Wanibuchi Y, Terada Y, Fukuda S, Takagama T, Funuta S. The right gastroepiploic artery graft. Clinical and angiographic midterm results in 200 patients. J Thorac Cardiovasc Surg. 1993;105:615-23.

32. The Veterans Adminitration Coronary Artery Bypass Surgery Cooperative group. Eleven-years Survival in the Veterans Administration Randomizes Trial of Coronary Bypass Sugery for Stable Angine. N Engl j Med. 1984;3311333-9.

33. Varnauskas E. Twelve-Years folow-up of Survival In The Randomizade European Coronary Surgery Study. N Engl J Med. 1988;319:332-7.

34. Vineberg AM. Development of anastomosis between coronary vessels and transplanted internal mammary artery. Can Med Assoc J. 1946;55:17.

14

INTERVENÇÕES EM DOENÇAS VALVULARES

WLADMIR FAUSTINO SAPORITO
LEANDRO NEVES MACHADO

INTRODUÇÃO

Apesar de ser pequeno, o coração é uma potente bomba hidráulica. Em cada sístole ventricular cerca de 70 mL são ejetados de sangue proporcionando um débito cardíaco, em média, de 4.900 mL/min, para um adulto de porte médio, podendo atingir até 30 L/min durante exercícios extremos. Toda esta eficiência depende, além da integridade do músculo cardíaco e do sincronismo atrioventricular, do perfeito funcionamento das valvas cardíacas.

As valvas cardíacas estão sujeitas a uma gama de enfermidades – febre reumática, degeneração mixomatosa, endocardite infecciosa, trauma etc. – que podem levar à sua disfunção. Esta, por sua vez, pode ser do tipo estenose, quando constitui uma barreira ao livre fluxo ou insuficiência quando permite o refluxo sanguíneo. Muitas vezes, a lesão pode desencadear a dupla disfunção valvular, principalmente nas valvopatias reumáticas.

Apesar dos avanços na terapêutica medicamentosa e das intervenções endovasculares, quando a disfunção valvar causar importante diminuição do débito cardíaco, o tratamento cirúrgico deve ser indicado.

O primeiro relato de possibilidade de intervenções cirúrgicas sobre as valvas cardíacas data de 1902, quando Sir Thomas Lauder Brunton sugeriu a desobstrução de estenose mitral. Entretanto, foi somente a partir de 1945, através das chamadas cirurgias a céu fechado, quando a operação era realizada com o coração batendo, que o tratamento cirúrgico passou a ser considerado uma real alternativa terapêutica para as valvopatias. O advento da circulação extracorpórea deu início à moderna era da cirurgia cardíaca. A operação a céu aberto permitiu Lillehei, em 1956, realizar a primeira correção cirúrgica da estenose mitral sob visão direta, e possibilitou a correção do refluxo valvar e abriu espaço para o aparecimento das próteses valvulares e consequentemente todos os fundamentos da atual cirurgia das valvopatias.

O conhecimento da história natural das doenças, os avanços dos métodos diagnósticos e o resultado do tratamento cirúrgico norteiam os atuais parâmetros da indicação cirúrgica.

As diretrizes do tratamento das doenças valvares seguem as recomendações e o formato estabelecido pelo American College of Cardiology e a American Heart Association (Quadro 14.1).

VALVA MITRAL

A circulação extracorpórea permitiu a visualização direta da valva mitral e com isso o desenvolvimento de diversas táticas para o tratamento cirúrgico das suas disfunções. A perfeita exposição da valva mitral é fundamental para qualquer procedimento cirúrgico, para tal utilizamos a toracotomia transesternal ou anterolateral direita, a canulação em separado das duas veias cavas, uma ampla incisão no sulco interatrial estendida até abaixo das veias cavas e proteção miocárdica com cardioplegia ou pinçamento intermitente. Entretanto, outras alternativas técnicas foram descritas, utilizando o conceito de cirurgia minimamente invasiva com o emprego de incisões menores e diferentes formas de suporte circulatório intraoperatório, inclusive a operação totalmente endoscópica com auxílio de robótica.

Quadro 14.1 Classificação para as indicações de procedimentos de diagnóstico e de terapêutica conforme a ACC e a AHA

Classe I (Excelente)	Condições em que há evidências e/ou concordância geral de que um dado procedimento ou tratamento é útil e eficaz
Classe II (Aceitável)	Condições em que há evidência conflitante e/ou divergência de opinião acerca da utilidade e eficácia do procedimento ou tratamento
IIa: (Evidência muito boa)	O peso da evidência e da opinião está a favor da utilidade e eficácia
IIb: (Evidência razoável)	A utilidade e a eficácia estão bem menos estabelecidas pela evidência e opinião
Classe III: (Inaceitável)	Condições em que há evidências e/ou concordância geral de que o procedimento ou tratamento não é útil e, em alguns casos, pode ser danoso

Estenose mitral

A estenose mitral representa uma obstrução ao esvaziamento do átrio esquerdo no ventrículo esquerdo. O tratamento de escolha é a preservação da valva através da comissurotomia e papilotomia por manter a participação ativa de todo aparato valvar no débito cardíaco. Entretanto, em condições anatômicas não favoráveis, quer por calcificação intensa ou por importante fusão subvalvar, a substituição valvar torna-se necessária com utilização de uma prótese (Figura 14.1).

A indicação de tratamento cirúrgico é baseada nos sintomas, na presença de embolização de repetição e na área valvar e estão sumarizadas nos Quadros 14.2 e 14.3.

O tratamento cirúrgico conservador (plastia) tem mostrado ótimo resultado com uma taxa de letalidade inferior a 3% e sobrevida de 59,0 a 99,7%, em períodos que variavam de um mês a 20 anos de pós-operatório.

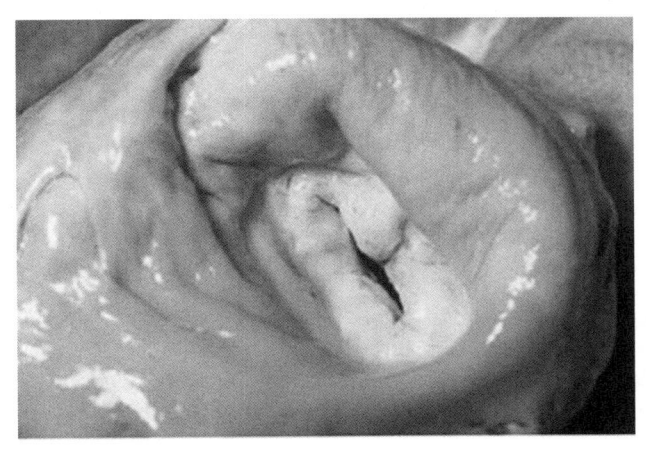

Figura 14.1 Estenose mitral.

Quadro 14.2 Recomendações para reconstrução (plastia) da valva na estenose mitral

Pacientes sintomáticos de classe funcional III-IV da NYHA, estenose mitral moderada ou grave (área valvar mitral < 1,5 cm²) e morfologia da valva favorável à correção, se não houver disponibilidade de valvoplastia por cateter balão (Classe I)

Pacientes com sintomas em classe funcional III-IV da NYHA, estenose mitral moderada ou grave (área valvar mitral < 1,5 cm²) e morfologia da valva favorável à correção, na presença de trombo atrial esquerdo, apesar do uso de anticoagulantes (Classe I)

Pacientes com sintomas de classe funcional III-IV, da NYHA, estenose mitral moderada ou grave (área valvar mitral < 1,5 cm²) e valva fibrosa ou calcificada, com a decisão de submeter-se à comissurotomia ou substituição no ato operatório (Classe I)

Pacientes com sintomas de classe funcional I da NYHA, estenose mitral moderada ou grave (área valvar mitral < 1,5 cm²), morfologia valvar favorável à comissurotomia, que apresentam episódios recorrentes de eventos embólicos, na vigência de anticoagulação adequada (Classe IIb)

Pacientes com sintomas em classe funcional III-IV da NYHA e estenose mitral moderada (Classe III)

Quadro 14.3 Recomendações para substituição da valva na estenose mitral (EM)

Pacientes com EM moderada ou grave (área valvar mitral < 1,5 cm²), com sintomas na classe funcional III-IV da NYHA, que não são considerados candidatos para a valvoplastia por cateter balão ou comissurotomia mitral (Classe I)

Pacientes com EM grave (área valvar mitral < 1 cm²), com hipertensão grave da artéria pulmonar (pressão sistólica da artéria pulmonar 60-80 mmHg) e com sintomas de classe funcional I-II da NYHA, que não são considerados candidatos para a valvoplastia por cateter balão ou comissurotomia da valva mitral (Classe IIa)

Moss et al., em 2003, observaram maior sobrevivência em pacientes submetidos a tratamento conservador em relação à substituição da valvar, relacionaram o melhor resultado à conservação do aparato de subvalvular e com isso a preservação da função ventricular esquerda. Cerca de 78,0 e 47,0% dos pacientes ficaram livres de substituição valvar no período de 10 e 20 anos, respectivamente. Todavia, torna-se notório que o resultado da comissurotomia depende das alterações anatômicas encontradas no ato operatório, principalmente no aparelho subvalvar.

Insuficiência mitral

A insuficiência mitral deve-se a alterações em um ou mais componentes do aparelho valvular (cúspides, cordas tendíneas, anel valvar ou músculos papilares), resultando numa coaptação imperfeita dos folhetos durante a fase de ejeção do ventrículo esquerdo.

A indicação de correção cirúrgica da insuficiência mitral segue orientações das diretrizes da Sociedade Brasileira de Cardiologia (Quadro 14.4).

Os primeiros procedimentos cirúrgicos utilizados no tratamento da insuficiência de valva mitral tinham como objetivo diminuir a área do anel mitral e consequentemente do refluxo sanguíneo para o átrio esquerdo. Entretanto, o advento da prótese valvular, em 1961, por Star e Edwards, a troca valvar passou a ser o tratamento de escolha em detrimento do tratamento conservador, tanto pelo excelente resultado imediato como pela fácil reprodutibilidade do método. Porém, o resultado a longo prazo, por causa do fenômeno tromboembólico, da hemólise, aos gradientes transvalvulares, de infecção e do vazamento perivalvar, entre outros problemas relacionados à prótese valvular, renovou o interesse dos cirurgiões no tratamento conservador da insuficiência mitral.

A retomada definitiva dos procedimentos de preservação da valva mitral foi determinada pelos conceitos introduzidos por Carpentier, em 1983. Apresentou-se uma classificação fisiopatológica das anomalias da valva mitral, que fundamentalmente as subdividia em dois tipos: as causadas por dilatação do anel ou perfuração dos folhetos e as causadas por prolápso dos folhetos, ruptura ou alongamento de cordoalha ou músculo papilar. Baseado nessa premissa, propôs-se procedimentos cirúrgicos como a anuloplastia com a utilização de anel rígido, ressecção quadrangular do folheto posterior, encurtamento ou transposição de cordas para o tratamento do folheto anterior. Essa padronização mudou o resultado e a reprodutibilidade das plastias mitrais e, com isso, passou a ser o tratamento ideal para evitar as complicações das próteses valvulares e para manter preservada a função ventricular esquerda. Estudos prospectivos, posteriores, evidenciaram aumento na

---

Quadro 14.4 Recomendações para cirurgia da valva mitral na insuficiência mitral (IM) grave não isquêmica

IM sintomática aguda quando a plástica é provável (Classe I)

Pacientes com sintomas em classe funcional II, III ou IV da NYHA, com função ventricular esquerda normal, definida como fração de ejeção > 0,60 e diâmetro sistólico final < 45 mm (Classe I)

Pacientes sintomáticos ou assintomáticos, com leve disfunção ventricular esquerda, fração de ejeção 0,50 a 0,60 e diâmetro sistólico final de 45 a 50 mm (Classe I)

Pacientes sintomáticos ou assintomáticos, com disfunção ventricular esquerda moderada, fração de ejeção 0,30 a 0,50 e/ou diâmetro sistólico final de 50 a 55 mm (Classe I)

Pacientes assintomáticos, com função ventricular esquerda preservada e fibrilação atrial (Classe IIa)

Pacientes assintomáticos, com função ventricular esquerda preservada e hipertensão pulmonar (pressão sistólica da artéria pulmonar > 50 mmHg em repouso ou > 60 mmHg ao exercício) (Classe IIa)

Pacientes assintomáticos, com fração de ejeção 0,50 a 0,60 e diâmetro sistólico final < 45 mm e pacientes assintomáticos com fração de ejeção > 0,60 e diâmetro sistólico final de 45 a 55 mm (Classe IIa)

Pacientes com grave disfunção ventricular esquerda (fração de ejeção < 0,30 e/ou diâmetro sistólico final > 55 mm), nos quais há grande probabilidade de preservação de cordas tendíneas na correção valvar (plástica valvar ou substituição valvar com preservação de cordas tendíneas) (Classe IIa)

Pacientes assintomáticos com IM crônica, com função ventricular esquerda preservada, nos quais a plástica da valva mitral é altamente provável (Classe IIb)

Pacientes com PVM e função ventricular esquerda preservada, que apresentam arritmias ventriculares recorrentes, apesar da terapia médica (Classe IIb)

Pacientes assintomáticos, com função ventricular esquerda preservada, nos quais existe grande dúvida sobre a possibilidade de plástica mitral (Classe III)

sobrevida, diminuição da incidência de baixo débito ventricular, de endocardite bacteriana, de trombose e reoperações em pacientes submetidos aos procedimentos conservadores sobre a valva mitral

Outras considerações quanto a o tratamento das valvopatias mitrais: a possibilidade de abordagem da valva por da via transeptal através de atriotomia direita, a possibilidade de correção da fibrilação atrial pela técnica de MAZE, e a utilização de anéis flexíveis para evitar a movimentação sistólica anterior do folheto septal evitando, assim, a obstrução da via de saída do ventrículo esquerdo. Na necessidade de troca valvar, deve-se utilizar técnicas que preservem a função dos músculos papilares.

VALVA AÓRTICA

A valva aórtica normal é tricúspide, sendo que cada folheto forma uma parábola truncada formando os seios de Valsalva com as artérias coronárias no seu terço superior. A ejeção ventricular ocorre, durante a abertura da valva aórtica, quando a pressão ventricular esquerda excede a aórtica e o fechamento ocorre por reversão do fluxo saguíneo.

A valva aórtica é sede de inúmeras afecções que podem levar à sua disfunção, que do mesmo modo pode necessitar de tratamento cirúrgico. As indicações de operação estão sumarizadas nos Quadros 14.5 e 14.6.

Quadro 14.5 Recomendações para substituição de válvula aórtica em estenose aórtica (classe de indicação)

1. Pacientes sintomáticos com severa estenose (Classe I)
2. Pacientes com severa estenose aórtica e indicação de revascularização do miocárdio (Classe I)
3. Pacientes com severa estenose aórtica e indicação de cirurgia na aorta ou outras válvulas do coração (Classe I)
4. Pacientes com moderada estenose aórtica e indicação de cirurgia na aorta ou outras válvulas do coração (Classe IIa)
5. Pacientes assintomáticos com estenose aórtica severa e disfunção sistólica do ventrículo esquerdo (Classe IIa)
   - Resposta anormal para exercitar (p.ex., hipotensão) (Classe IIa)
   - Taquicardia ventricular (Classe IIb)
   - Hipertrofia de ventrículo esquerdo importante (>15 mm) (Classe IIb)
   - Área valvar < 0,6 cm² (Classe IIb)
6. Prevenção de morte súbita em pacientes assintomáticos com nenhum dos resultados listados no tópico anterior de indicação (Classe III)

Quadro 14.6 Recomendações para substituição da valva aórtica na insuficiência crônica

1. Pacientes com sintomas de classe funcional III ou IV da NYHA e função sistólica do ventrículo esquerdo preservada, definida como fração de ejeção normal em repouso (fração de ejeção > 50) (Classe I)
2. Pacientes com sintomas de classe funcional II da NYHA e função sistólica do ventrículo esquerdo preservada (fração de ejeção > 0,50 em repouso), mas com dilatação progressiva do ventrículo esquerdo ou menor tolerância a esforço no teste de esforço (Classe I)
3. Pacientes com classe funcional II da CHA (Canadian Heart Association) ou com quadro de angina maior, com ou sem doença arterial coronariana (Classe I)
4. Pacientes sintomáticos ou assintomáticos com disfunção leve a moderada do ventrículo esquerdo em repouso (fração de ejeção de 0,25 a 0,49) (Classe I)
5. Pacientes com indicação de cirurgia de revascularização do miocárdio, ou cirurgia da aorta, ou de outras valvas do coração (Classe I)
6. Pacientes com sintomas de classe funcional II da NYHA e função sistólica do ventrículo esquerdo preservada (fração de ejeção > 0,50 em repouso), e dimensões normais do ventrículo esquerdo em exames sucessivos e tolerância estável a esforços (Classe IIa)
7. Pacientes assintomáticos com função sistólica normal do ventrículo esquerdo (fração de ejeção > 0,50 em repouso), mas com dilatação acentuada do ventrículo esquerdo (diâmetro diastólico final > 75 mm ou diâmetro sistólico final > 55 mm) (Classe IIa)
8. Pacientes com disfunção grave do ventrículo esquerdo (fração de ejeção < 0,25) (Classe IIb)
9. Pacientes assintomáticos com função sistólica normal em repouso (fração de ejeção > 0,50) e dilatação progressiva do ventrículo esquerdo, quando o grau de dilatação é moderadamente aumentado (diâmetro diastólico de 70 a 75 mm, diâmetro sistólico final de 50 a 55 mm) (Classe IIb)
10. Pacientes assintomáticos com função sistólica normal em repouso (fração de ejeção > 0,50), mas com redução da fração de ejeção durante:
    - angiografia com radioisótopos com esforço (Classe IIb)
    - ecocardiograma de estresse (evidencia Classe III)
11. Pacientes assintomáticos com função sistólica normal em repouso (fração de ejeção > 0,50) e dilatação do ventrículo esquerdo, quando o grau da dilatação não é acentuado (diâmetro diastólico final < 70 mm, diâmetro sistólico < 50 mm) (Classe III)

Estenose aórtica

A estenose da válvula aórtica é uma redução da abertura da válvula que aumenta a resistência à passagem do fluxo de sangue do ventrículo esquerdo para a aorta. É mais comum no idoso como resultado do envelhecimento da válvula e do acúmulo de cálcio nas suas valvas, podendo também ser provocada por febre reumática contraída na infância ou em pacientes mais jovens, em que a causa mais frequente é congênita (Figura 14.2).

Em média, os sintomas se desenvolvem uma vez que a área da válvula aórtica se torne menor de 1,0 cm², sendo que o paciente com estenose aórtica severa apresenta sobrevivência quase normal até os sintomas clássicos de angina, síncope ou dispneia. Porém, após o início dos sintomas 50% dos pacientes que apresentam angina terão uma sobrevida de 5 anos, 50% de sobrevivência, 3 anos para pacientes que apresentam síncope e 2 anos para pacientes que apresentem dispneia ou outra manifestação de insuficiência cardíaca congestiva. Concluindo, 75% dos pacientes sintomáticos com estenose aórtica severa sucumbem em 5 anos, a menos que a válvula de aórtica seja substituída.

A substituição da válvula aórtica foi popularizada em 1954 por Hufnagel pelo implante de válvula gaiola-bola na aorta descendente em pacientes com regurgitação aórtica. Na era moderna, a substituição de válvula começou em 1962, quando Ross implantou um homoenxerto ortotópico em um paciente de 43 anos com estenose de válvula aórtica.

Em decorrência das complicações associadas a anticoagulação, ficou claro que a bioprótese era necessária. Como resultado, apareceu a tecnologia das próteses biológicas (*stented* e *stentless*).

Insuficiência aórtica

Insuficiência aórtica é uma doença valvar que se caracteriza por refluxo de sangue através do ventrículo esquerdo, ocasionando sobrecarga de volume.

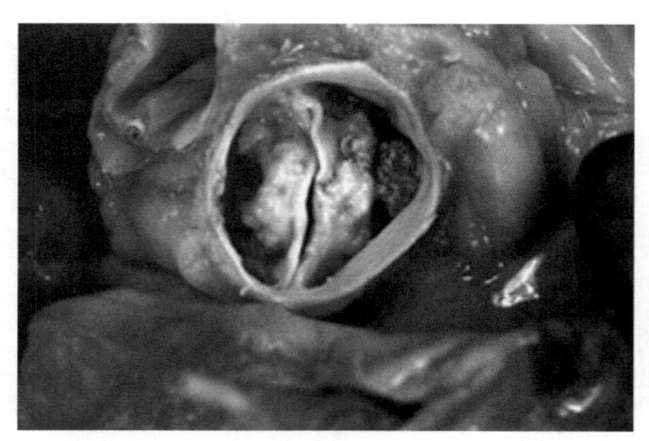

Figura 14.2 Estenose aórtica.

Os fatores etiológicos de regurgitação aórtica mudaram consideravelmente durante os últimos 50 anos. Antes achava-se que a grande maioria dos casos era secundária à febre reumática (83%). Revisões subsequentes têm mostrado diminuição dessa causa para 30 a 35% e a ocorrência crescente de necrose médio-cística e de degeneração mixomatosa. Além da endocardite infecciosa, outras causas podem originar essa valvopatia, podendo ser citadas: a espondilite anquilosante, traumas e doenças de origem genética como Marfan, síndrome de Ehlers-Danlos, síndrome de Hurler, dissecção da aorta e defeito septal ventricular que tem sido associado com o desenvolvimento de insuficiência aórtica.

A substituição ou reconstrução da válvula aórtica requer uma compreensão clara de anatomia de raiz aórtica. A raiz aórtica é composta de quatro componentes: o anulus aórtico, os seios de Valsalva, as cúspides aórticas e a junção de sinotubular, sendo que a causa da insuficiência valvular aórtica pode ser secundária a anormalidades dos folhetos, raiz aórtica, ou uma combinação de ambos.

A insuficiência de válvula aórtica pode ser causada por anormalidades dos folhetos, como na endocardite, por destruição de folheto ou através de patologia, que pode causar dilatação da aorta ascendente e alterar a coaptação dos folhetos da válvula aórtica.

Os resultados cirúrgicos para regurgitação aórtica são muito bons, com mortalidade entre 2 e 4%, sendo que a sobrevivência a longo prazo depende da função ventricular pré-operatória, porém estima-se uma taxa de sobrevivência de 85% em 5 anos e 70% em 10 anos depois de substituição de válvula aórtica em quadro clínico de insuficiência aórtica.

Houve avanços dentro técnicas cirúrgicas e da confecção das válvulas melhorando a hemodinâmica e diminuindo o risco de tromboembolismo, melhorando a sobrevivência em longo prazo.

A técnica para substituição de válvula aórtica inclui esternotomia mediana, uso de circulação extracorpórea, com hipotermia moderada. Após aortotomia transversa procede-se a proteção miocárdica através da injeção de solução cardioplégica diretamente nos óstios coronarianos. A seguir, a valva aórtica é ressecada e o implante é realizado ao suturar a prótese no anel aórtico. Apesar da descrição de algumas técnicas de preservação valvar, diferente da cirurgia da valva mitral, as doenças da valva aórtica, na maioria das vezes, se faz necessário a sua troca por uma prótese.

O uso de ecocardiograma transesofágico intraoperatório é de grande valor para avaliar a função cardíaca, o funcionamento da válvula e a remoção apropriada de ar intracardíaco.

Podemos utilizar válvulas biológicas, mecânicas, tubos valvados, xenoenxertos de *stentless* e *allografts*, *autografts* e técnicas de plastia, dependendo das condições clínicas e socioeconômicas do paciente.

VALVA TRICÚSPIDE

Insuficiência tricúspide

A insuficiência da valva tricúspide consiste no refluxo de sangue a cada contração do ventrículo direito para o interior do átrio, causando-lhe aumento da pressão e das dimensões. Como consequência ocorre elevação da pressão nas veias cavas e da resistência ao afluxo de sangue proveniente do organismo. As causas mais comuns de insuficiência tricúspide são as ostiais e a estenose da valva mitral, hipertensão pulmonar ou estenose da valva pulmonar.

Os sintomas são inespecíficos, como fraqueza e a fadiga provocada pela escassa quantidade de sangue que sai do coração. Habitualmente se apresentam dor no hipocôndrio direito do abdome, por causa do aumento do fígado e pulsações no pescoço, resultado do fluxo retrógrado do sangue do coração para as veias. São comuns a fibrilação atrial, insuficiência cardíaca direita e edema de membros inferiores.

O diagnóstico baseia-se na história clínica, exame físico, eletrocardiograma e radiografia do tórax e ecocardiograma, que avaliam a magnitude.

Geralmente, a insuficiência tricúspide requer muito pouco ou nenhum tratamento, devendo-se tratar as arritmias e a insuficiência cardíaca, sem praticar qualquer intervenção cirúrgica sobre a válvula.

Estenose da válvula tricúspide

A estenose da válvula tricúspide é um estreitamento do orifício da válvula que obstrui o fluxo de sangue da aurícula direita para o ventrículo direito. Por causa da estenose, ocorre dilatação do átrio direito e redução do ventrículo direito. Reduz-se também a quantidade de sangue que volta ao coração e aumenta a pressão nas veias que levam esse sangue. Na grande maioria dos casos é provocada por febre reumática, sendo cada vez menos frequente nos países mais desenvolvidos, também podendo ser causada por tumores no átrio direito, doença do tecido conjuntivo; ou mais raramente por defeito congênito.

Os sintomas são frustros e representados por palpitações e cansaço. Por causa do aumento da pressão intra-atrial pode ocorrer hepatomegalia dolorosa. A radiografia do tórax pode revelar o aumento da aurícula direita, o eletrocardiograma mostra alterações que indicam uma sobrecarga atrial direita enquanto o ecocardiagrama permite avaliar a sua gravidade.

A estenose tricúspide raramente é suficientemente grave para exigir uma intervenção cirúrgica.

ESTENOSE DA VÁLVULA PULMONAR

A estenose da válvula pulmonar, na grande maioria das vezes, é congênita, podendo ser leve, e não necessitar de tratamento, ou tão grave que ponha a vida em perigo.

O diagnóstico se confirma mediante exame físico, eletrocardiograma, ecocardiograma e, se necessário, cateterismo cardíaco, em que a válvula poderá ser dilatada através de um cateter balão insuflado, promovendo a abertura da válvula. Raramente se a válvula não está bem formada, pode ser necessário reconstituí-la cirurgicamente.

PRÓTESES VALVARES

Existem inúmeros tipos de próteses disponíveis como substitutos das valvas cardíacas: autoenxertos, aloenxertos, xenoenxeretos, bioproteses e as mecânicas.

A prótese ideal deve possuir fluxo central, baixo gradiente transvalvular, baixa trombogenicidade, durabilidade, boa resistência à infecção e não deve ter necessidade de uso de anticoagulantes e de fácil manuseio. O principal autoenxerto é o da valva pulmonar implantada na posição aórtica – cirurgia de Ross – pouco utilizada pelas enorme dificuldade técnica e pela necessidade de aloenxerto na posição pulmonar. Os aloenxertos obedecem quase todos os quesitos, porém o grande impedimento é a baixa disponibilidade do material, assim, as próteses mecânicas e as bioproteses são as mais utilizadas (Figuras 14.3 e 14.4).

As próteses mecânicas são de fácil implante e de grande durabilidade, porém demandam a utilização de anticoagulante em longo prazo e apresentam o risco de trombose dos folhetos, com consequente disfunção aguda do mecanismo valvular.

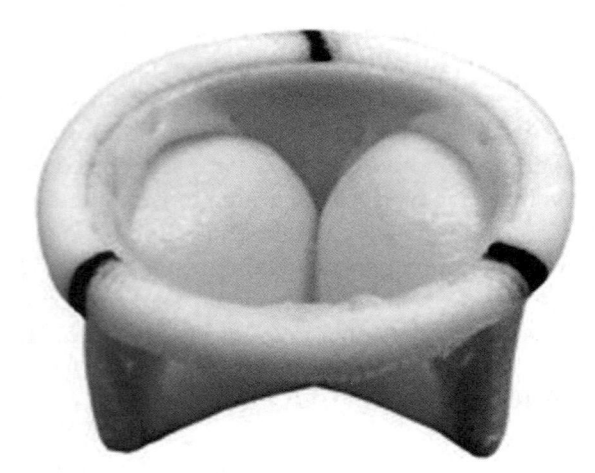

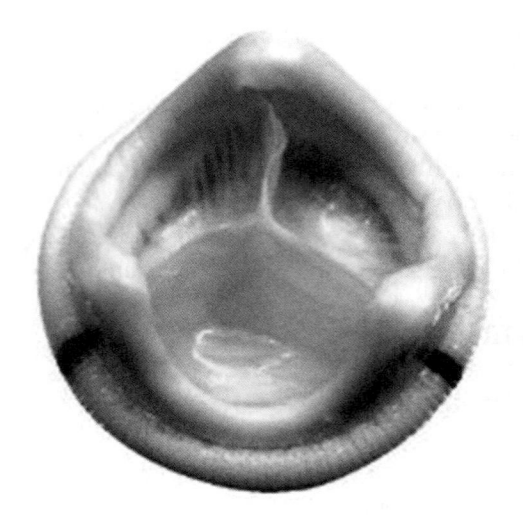

Figura 14.3 Válvula biológica.

Figura 14.4 Prótese metálica.

As próteses biológicas podem ser montadas a partir do uso de pericárdio bovino ou da valva de suinos, tendo como vantagem não necessitar de medicação anticoagulante, pois qualquer tecido biológico sofre com o seu desgaste (Figura 14.5).

O fator idade e o tempo de implante estão relacionados à degeneração da válvula; quanto mais jovem, maior a calcificação em relação ao idoso, cuja calcificação das valvas é mais demorada. Vários estudos atuais demonstraram a diminuição da calcificação quando se faz uso de determinadas medicações com heparina, ácido acetilsalicílico entre outros.

Características individuais dos pacientes influenciarão a metodologia cirúrgica. Em crianças, as dificuldades de anticoagulação, durabilidade do procedimento e potencial de crescimento, ou seja, tudo deve ser levado em conta.

Na população adulta, a idade dos pacientes deve ser considerada para a escolha entre as válvulas metálicas e biológicas, tendo em vista o tempo provável de deterioração da estrutura da válvula e o maior risco de sangramento por causa da anticoagulação.

Em grupos especiais, como mulheres em idade fértil, o anticoagulante oral (warfarina) pode ser teratogênico, como também podemos ter problemas por causa da anticoagulação durante o período de periparto. Para indivíduos empregados em atividades de risco, por exemplo, exército, indústrias, linhas aéreas entre outros, a anticoagulação pode ter um impacto negativo e risco aumentado para eles ou pessoas ao seu redor. Para pacientes em hemodiálise, a escolha entre prótese mecânica ou biológica pode ser controversa. Mas antes de tudo a preferência do paciente pode ser o papel importante para determinar a melhor opção cirúrgica.

A trombose de prótese valvar ocorre em 0,1 a 5,7% pacientes/ano. Os principais fatores contri-

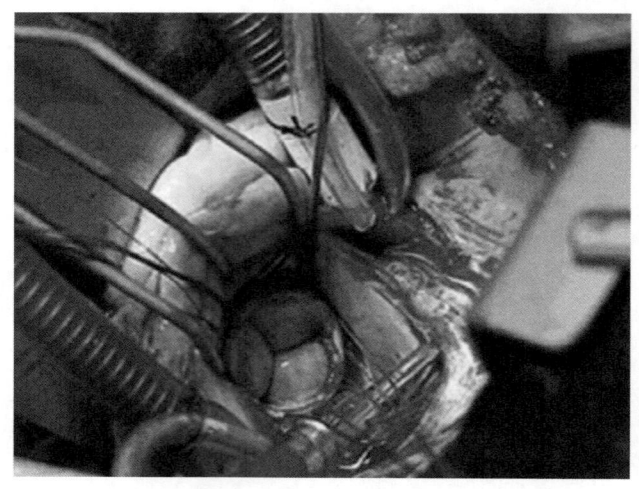

Figura 14.5 Prótese biológica em posição mitral.

buintes são: anticoagulação inadequada e o local de implante da prótese. A posição mitral, que possui um fluxo sanguíneo mais lento (átrio-ventrículo) aumenta a probabilidade de formação de trombos em relação a posição aórtica (fluxo ventrículo-aorta).

Todos os pacientes com prótese mecânica devem ser submetidos à anticoagulação, a longo prazo com warfarina sódica, objetivando níveis ideais de INR de 2,5-3,5. Recomenda-se uma uniformidade de uso, independente do tipo, posição e número de próteses implantadas.

Por outro lado, a incidência de efeitos adversos é rara com INR entre 2,0 e 2,9 em pacientes com prótese de dois discos e entre 3,0 e 3,9 para aqueles com prótese de um disco (26).

A associação de baixas doses de aspirina (80-100 mg/dia) com warfarina (INR entre 2,0 e 3,5) diminui ainda mais o risco de tromboembolismo e diminui a mortalidade por doenças cardiovasculares. Um pequeno aumento no risco de sangramento deve ser considerado, mas esta combinação é apropriada para pacientes que apresentaram embolia em uso de warfarin, pacientes com doença vascular e aqueles suscetíveis a hipercoagulabilidade (26).

BIBLIOGRAFIA RECOMENDADA

1. ACC/AHA Guidelines for the Management of Patients With ValvularHeart Disease. JACC. 1998;32(5);1486-588.

2. Avierinos JF, Gersh BJ, Melton LJ, Bailey KR, Shub C, Nishimura RA, Tajik AJ, Enriquez-Sarano M. Natural History of Asymptomatic Mitral Valve Prolapse in the Community. Circulation. 2002;106(11):1355-61.

3. Birkmeyer, N JO, O'Connor GT, Baldwin JC. Aortic valve replacement: current clinical practice and opportunities for quality improvement. Current Opinion in Cardiology. 2001;16(2):152-7.

4. Carabello B A. Evaluation and Management of Patients With Aortic Stenosis. Circulation. 2002;105(15):1746-50.

5. Cardoso LF, Rati MAN, Pomerantzeff PMA, Medeiros CCJ, Tarasoutchi F, Rossi EG, Ávila WS, Grinberg M. Avaliação Comparativa entre Valvoplastia Percutânea. Comissurotomia a Céu Aberto na Estenose Mitral. Arq Bras Cardiol. 1998;(6):415-21.

6. Collinson JB, Henein M, Flather M, Pepper JR, Gibson DG. Valve Replacement for Aortic Stenosis in Patients With Poor Left Ventricular Function: Comparison of Early Changes With Stented and Stentless Valves. Circulation. 1999;100(19).

7. DeAnda A Jr., Kasirajan V, Higgins RSD. Mitral valve replacement versus repair in 2003: where do we stand? Current Opinion in Cardiology. 2003;18(2):102-5.

8. Diretrizes Brasileiras de Cirurgia nas Valvopatias. Arq Bras Cardiol. 2004;82(supl. 5).

9. Fukuda S, Gillinov AM, McCarthy PM, Stewart WJ, Song JM, Kihara T, Daimon M, Shin MS, Thomas JD, Shiota T. Determinants of Recurrent or Residual Functional Tricuspid Regurgitation After Tricuspid Annuloplasty. Circulation. Cardiovascular Surgery Supplement. 2006;114(1):suppl I:I-582-I-7.

10. Hicks GL Jr, Massey HT. Update on indications for surgery in aortic insufficiency. Current Opinion in Cardiology. 2002;17(2):172-8.

11. Hutter AM Jr, De Sanctis RW, Nathan MJ, Buckley MJ, Mundth ED, Daggett WM, Austen WG. Aortic Valve Surgery as an Emergency Procedure. Circulation. 1970;41(4):623-7.

12. Kernis SJ, Nkomo VT, Messika-Zeitoun D, Gersh BJ, Sundt TM, Ballman KV, Scott CG, Schaff HV, Enriquez-Sarano M. Atrial Fibrillation After Surgical Correction of Mitral Regurgitation in Sinus Rhythm: Incidence, Outcome, and Determinants. Circulation. 2004;110(16):2320-5.

13. Kim HK, Kim YJ, Kim K, Jo SH, Kim KB, Ahn H, Sohn DW, Oh BH, Lee MM, Park YB, Choi YS. Impact of the Maze Operation Combined With Left-Sided Valve Surgery on the Change in Tricuspid Regurgitation Over Time. Circulation. Cardiovascular Surgery Supplement. 2005;112(9)Suppl:I14-I19.

14. Kim HK, Kim YJ, Kim K, Jo SH, Kim KB; Ahn H, Sohn DW, Oh BH, Lee MM, Park YB, Choi YS. Impact of the Maze Operation Combined With Left-Sided Valve Surgery on the Change in Tricuspid Regurgitation Over Time. Circulation. 2005;112[suppl I]:I-14–I-19.

15. Langer F, Aicher D, Kissinger A, Wendler O, Lausberg H, Fries R. Schafers HJ. Aortic Valve Repair Using a Differentiated Surgical Strategy. Circulation. 2004;110(11)Suppl:II-67-II-73.

16. Lewin MB, Otto CM. The Bicuspid Aortic Valve: Adverse Outcomes From Infancy to Old Age. Circulation. 2005;111(7):832-4.

17. Mohty D, Orszulak TA, Schaff HV, Avierinos, JF; Tajik, J A.D; Enriquez-Sarano, M Very Long-Term Survival and Durability of Mitral Valve Repair for Mitral Valve Prolapse. Circulation. 2001;104(12)Suppl:I-1-I-7.

18. Moss RR, Humphries KH, Gao M, Thompson CR, Abel JG, Fradet G, Munt, BI. Outcome of Mitral Valve Repair or Replacement: A Comparison by Propensity Score Analysis. Circulation. 2003;108(10)Suppl.II:II-90-II-97.

19. Moss, R R.; Humphries, KH.; Gao, M; Thompson, C R.; Abel, JG.; Fradet, G; Munt, B I. Outcome of Mitral Valve Repair or Replacement: A Comparison by Propensity Score Analysis. Circulation. 2003;(Suppl. II)108:(10)II-90-II-97.

20. Murad H, Gomes EC, Pinheiro AA, Azevedo JA, Sá MPL, Noronha AP et al . Surgical treatment of mitral valve insufficiency by valve repair. Rev Bras Cir Car-

diovasc. [serial in the Internet]. 2002 Dec [cited 2006 Dec 02]; 17(4): 299-306. Available from: ttp://www. scielo.br/scielo.php?script=sci_arttext&pid=S0102-76382002000400004&lng=en&nrm=iso.

21. Murad H, Gomes EC, Pinheiro AA. et al. Surgical treatment of mitral valve insufficiency by valve repair. Rev Bras Cir Cardiovasc. [online]. 2002, vol. 17, no. 4 [cited 2006-12-02], pp. 299-306. Available from: <http://www. scielo.br/scielo.php?script=sci_arttext&pid=S0102-76382002000400004&lng=en&nrm=iso>. ISSN 0102-7638.

22. Pellikka PA, Sarano, M E.; Nishimura, R A.; Malouf, J F.; Bailey, K R.; Scott, C G.; Barnes, M E.; Tajik, A J. Outcome of 622 Adults With Asymptomatic, Hemodynamically Significant Aortic Stenosis During Prolonged Follow-Up. Circulation. 2005;111(24):3290-5.

23. Rajamannan NM. Calcific Aortic Stenosis: A Disease Ready for Prime Time. Circulation. 2006;114(19):2007-9.

24. Tang GHL, David TE, Singh SK, Maganti MD, Armstrong S, Borger MA. Tricuspid Valve Repair With an Annuloplasty Ring Results in Improved Long-Term Outcomes. Circulation. Cardiovascular Surgery Supplement. 2006;114(1)Suppl. I:I-577-I-581.

25. Walkes JCM, Reardon MJ. Current thinking in stentless valve surgery. Current Opinion in Cardiology. 2003;18(2):117-23.

26. Walkes JM, Reardon MJ. Status of mitral valve surgery. Current Opinion in Cardiology. 2004;19(2):117-22.

27. Ye J, Jamieson WRE. The real impact of randomized clinical trials in heart valve surgery. Current Opinion in Cardiology. 2006;21(2):106-12.

15

INTERVENÇÕES EM DOENÇAS DA AORTA

LOUISE HORIUTI
ADILSON CASEMIRO PIRES

ANATOMIA

A base ou raiz da aorta inicia-se na saída do ventrículo esquerdo e termina no abdome, em sua bifurcação, onde se divide em artéria ilíaca comum direita e esquerda. A raiz da aorta é formada pela válvula aórtica e o seio de Valsalva. Segue, então, sua porção ascendente, arco aórtico e porção descendente (que se divide em duas porções: torácica e abdominal).

O segmento anterior da aorta ascendente emerge da raiz, curva-se anteriormente e para a esquerda formando o *arco aórtico*, de onde emergem:

- Tronco braquiocefálico.
- Artéria carótida comum esquerda.
- Artéria subclávia esquerda.

A porção descendente da aorta está localizada no mediastino posterior. Como uma continuação do arco aórtico, ela começa do lado esquerdo da borda inferior da vértebra T4. A aorta torácica desce em contato com a pleura esquerda e à direita, com o esôfago, veia ázigos e ducto torácico. Termina anteriormente na altura de T12, atravessando o diafragma através do *hiato aórtico*. Um delicado plexo autônomo a circunda, chamado de *plexo aórtico torácico*.

Ramos da aorta torácica descendente:

- Artérias brônquicas: apenas as artérias brônquicas esquerdas originam da aorta.
- Ramos esofágicos: nutrem o terço médio do esôfago.
- Ramos pericárdicos.

- Artérias intercostais posteriores: percorrem do 3 ao 11º espaços intercostais.
- Artérias subcostais.

Aorta é classificada como uma artéria elástica, ou seja, sua parede contém *elastina* (mucoproteína elástica e fibrosa) e dessa forma, mantém a pressão arterial dentro do vaso entre as contrações cardíacas.

DOENÇAS DA AORTA

As doenças mais comuns da aorta são: aneurisma e dissecção. Aproximadamente 20% dos aneurismas e dissecções estão associados às doenças do tecido conjuntivo. A Síndrome de Marfan é a mais comum delas (1:5.000 da população mundial), sendo aneurisma e dissecção de aorta a principal causa de morbimortalidade. Outras síndromes genéticas também predispõem à dissecção e aneurisma da aorta: síndrome Turner, síndrome Ehlers-Danlos, doença policística renal. Alguns estudos apontam que aproximadamente 19% dos pacientes com aneurisma e/ou dissecção de aorta não portadores de nenhuma das síndromes citadas anteriormente possuem familiares acometidos por essa doença.

Aneurisma de aorta torácica

O aneurisma aórtico é definido como uma dilatação localizada ou difusa que excede 50% do diâmetro normal da aorta. Fatores associados incluem: idade avançada, hipertensão arterial sistêmica, tabagismo, aterosclerose e dissecção aórtica (Figuras 15.1 e 15.2).

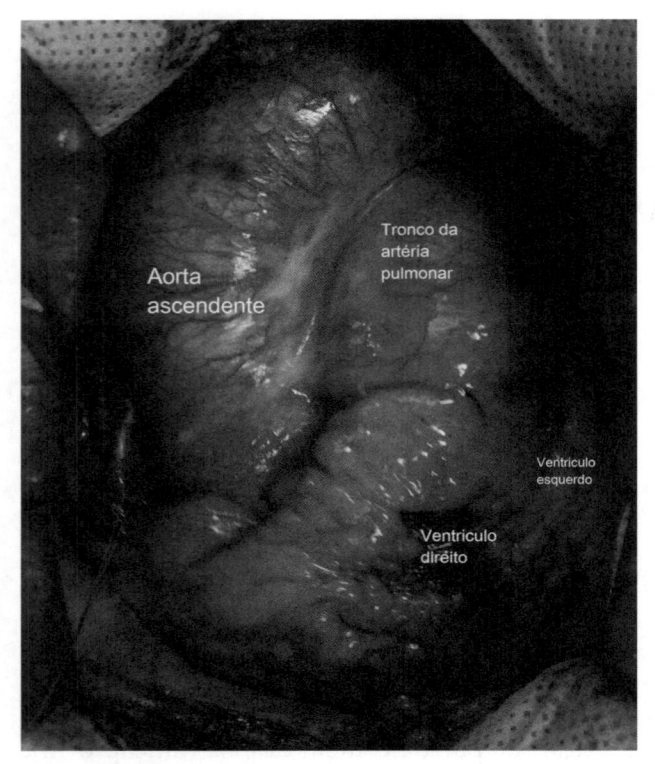

Figura 15.1 Aorta ascendente dilatada. Foto cedidas pela Dra. Andrea Cristina Oliveira Freitas – Cirurgia Cardiovascular (FMABC).

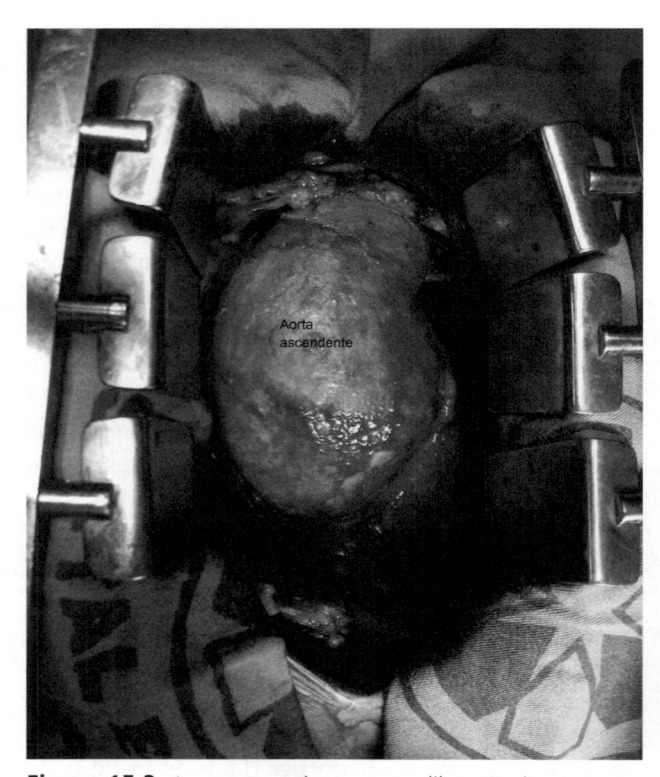

Figura 15.2 Aorta ascendente com dilatação importante. Foto de acervo pessoal.

- Quadro clínico:
  - Dor em região dorsal.
  - Rouquidão (compressão do nervo laríngeo recorrente).
  - Dispneia (compressão de vias aéreas).
  - Disfagia (compressão do esôfago).
  - Fistulização para vias aéreas ou esôfago (causando respectivamente hemoptise e hematêmese).
- Indicação cirúrgica:
  - Diâmetro da aorta maior que 5,5-6,0 cm de diâmetro em doentes assintomáticos.
  - Crescimento rápido.
  - Dor (pode indicar expansão rápida ou até mesmo ruptura).
  - Atenção com pacientes portadores da síndrome Marfan: geralmente a indicação cirúrgica é mais precoce pelo risco aumentado de rápida expansão e de ruptura (em média com 4,5 cm de diâmetro).
  - Válvula aórtica bicúspide com aorta maior de 4,5 cm de diâmetro.

Dissecção de aorta torácica

A dissecção aórtica acorre quando há uma laceração da íntima, o que permite que o sangue da luz normal da aorta penetre nas camadas de sua parede, dissecando-a e formando uma falsa luz para onde é recanalizado o fluxo sanguíneo. Geralmente, a causa da laceração inicial não é conhecida. Com frequência, sabe-se que há uma degeneração na camada média da parede da aorta (Figura 15.3).

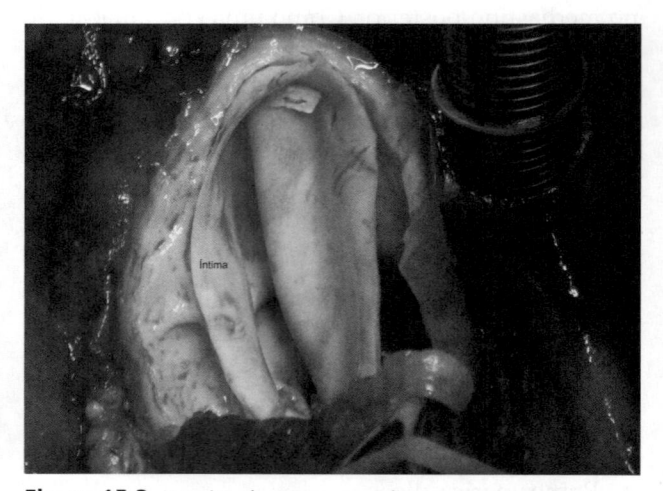

Figura 15.3 Interior de aorta com dissecção. Foto de acervo pessoal.

Classificação

- Aguda ou crônica
  - Dissecção aguda é considerada quando o diagnóstico é feito antes de 14 dias do início dos sintomas e crônica, após 14 dias.
- Anatômica
  - Stanford:
    Tipo A: Envolve a aorta ascendente.
    Tipo B: Não envolve a aorta ascendente.
  - de Bakey:
    Tipo I: envolve aorta ascendente e descendente.
    Tipo II: envolve apenas a aorta ascendente.
    Tipo III: envolve apenas aorta descendente.

Quadro clínico

- Dor torácica de início súbito e de forte intensidade, que pode irradiar para o dorso nos casos de dissecção de aorta torácica descendente.
- Nos casos que acompanham dissecção de válvula aórtica, paciente apresenta dispneia e sopro em foco aórtico.
- Sinais de tamponamento cardíaco (hipotensão, estase jugular e abafamento das bulhas cardíacas) por causa da ruptura para o interior da cavidade pericárdica.
- Dissecção dos ramos da aorta:
  - Acidente vascular cerebral.
  - Infarto agudo do miocárdio.
  - Insuficiência renal.
  - Isquemia mesentérica.
  - Paraplegia.
  - Isquemia de membro inferior.

Indicação cirúrgica

- Dissecção aguda de aorta ascendente ou tipo A tem indicação de cirurgia imediata pelo alto risco de ruptura, tamponamento cardíaco e insuficiência valvar aórtica.
- Dissecção aguda de aorta descendente ou tipo B, em sua maioria, são conduzidos para tratamento clínico com medicação para controle da dor e da hipertensão arterial sistêmica. A cirurgia nesses casos é indicada em ruptura aórtica, dor intratável, isquemia aguda abdominal ou de membro e hipertensão arterial sistêmica de difícil controle.

O tratamento clínico consiste basicamente em diminuir a frequência cardíaca (60-80 batimentos por minuto) com uso de betabloqueadores e controle da hipertensão arterial (pressão sistólica menor que 120 mmHg e pressão arterial média entre 70 e 80 mmHg), se necessário com medicação endovenosa.

Os pacientes portadores de dissecção aórtica do tipo B, que não são candidatos à cirurgia de emergência, devem ser acompanhados com exames de imagem (geralmente, tomografia computadorizada). Recomenda-se seguimento tomográfico com um mês do diagnóstico inicial, 3 meses, 6 meses, 12 meses e após esse período, anualmente. Durante o seguimento, caso o paciente torne-se sintomático ou alcance uma dilatação maior que 5,0 cm de diâmetro está indicado o tratamento cirúrgico.

Hematoma intramural e placa aórtica ulcerada

Os hematomas intramurais e a placa aórtica ulcerada podem se comportar de diversas formas, mas de modo geral, podem ser considerados tão graves quanto uma dissecção aguda de aorta.

Os hematomas intramurais podem evoluir para dissecção em 15-40% dos casos; ruptura em 5-26% dos pacientes e pode evoluir para cura espontânea em alguns raros casos. A placa aórtica ulcerada é um evento mais raro, e por isso, sua evolução é pouco conhecida. Alguns grupos consideram que o risco de ruptura é tão alto quanto em uma dissecção aguda.

Apesar das controvérsias, quando o hematoma intramural ou a placa aórtica ulcerada se encontram na aorta ascendente, a correção cirúrgica é recomendada.

Exames complementares

Os métodos de imagem evoluíram ao longo dos anos. Certamente, o advento da tomografia computadorizada na década de 1980 contribuiu com o aumento da incidência de doenças da aorta. Atualmente, os exames de imagem mais utilizados são: a aortografia, a tomografia computadorizada e a ressonância magnética.

A aortografia geralmente faz parte do exame de cateterismo. Através da injeção de contraste na luz da aorta, é possível observar se há aumento do seu diâmetro, refluxo para o ventrículo esquerdo nos casos de insuficiência valvar por dissecção da válvula aórtica, além de fornecer informações sobre as ramos da aorta. É um exame útil para visualizar o ponto de laceração da íntima e distinguir a falsa luz (não em todos os casos) (Figura 15.4).

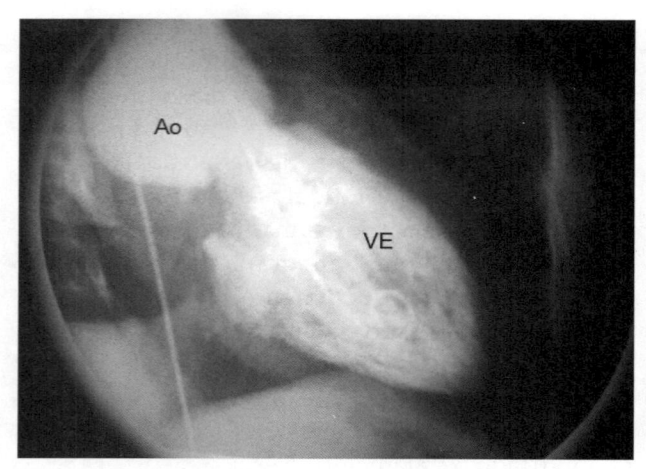

Figura 15.4 Aortografia. Ao: Aorta; VE: ventrículo esquer-do. Foto cedida pela Dra. Andrea Cristina Oliveira Freitas – Cirurgia Cardiovascular (FMABC).

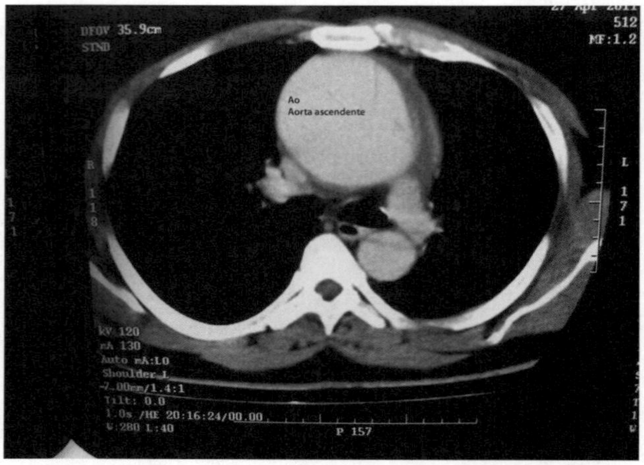

Figura 15.6 Imagem tomográfica de aneurisma de aorta ascendente com dissecção. Foto de acervo pessoal.

Nos últimos anos, os avanços tecnológicos da tomografia computadorizada melhoraram bastante o padrão das imagens, além de ser menos invasiva que a aortografia. Com ela, é possível avaliar o diâmetro da aorta, presença de dissecção, calcificações e trombos. A TC helicoidal e a angiotomografia permitem reconstrução de imagens em terceira dimensão. O cuidado especial com a tomografia é a injúria renal pelo contraste iodado e nos casos de alergia a este tipo de contraste (Figuras 15.5 e 15.6).

A ressonância magnética não necessita de contraste iodado. Porém, é um exame com um custo mais oneroso que a tomografia e mais demorado.

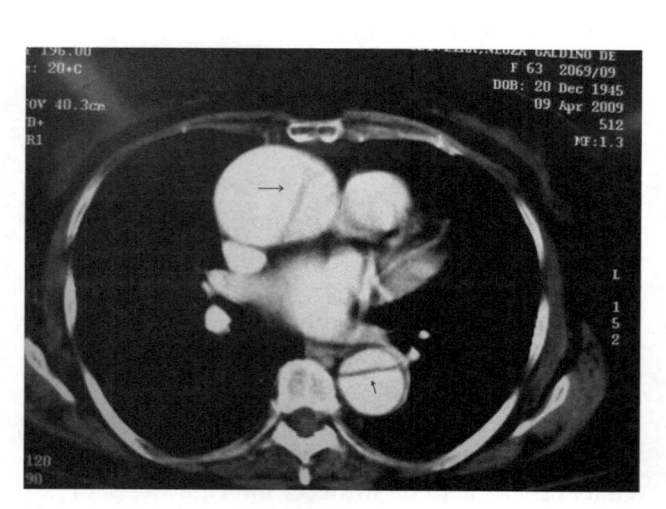

Figura 15.5 Imagem tomográfica de dissecção de aorta ascendente (seta maior) e aorta descendente (seta menor). Foto de acervo pessoal.

Possui uma excelente qualidade técnica na construção das imagens, com boa definição para os diferentes tecidos e por isso, uma boa opção para visualizar dilatação e/ou dissecção da aorta, sendo possível identificar inclusive a luz falsa.

Tratamento cirúrgico

O tratamento cirúrgico para as doenças de aorta é bastante complexo. O preparo do paciente na sala de cirurgia envolve: monitorização cardíaca contínua, monitorização invasiva de pressão arterial média, através de punção arterial (geralmente da artéria radial), oximetria, acesso periférico calibroso e acesso venoso central. O domínio das drogas, é fundamental para a indução anestésicas desses doentes uma vez que uma grande parcela das cirurgias é de caráter de emergência, além da necessidade de um rigoroso controle da pressão arterial e frequência cardíaca. Em alguns casos, como veremos adiante, é necessária a intubação orotraqueal seletiva.

A cirurgia para a correção das doenças da aorta só se tornou possível com o advento da circulação extracorpórea. As técnicas variam de acordo com a localização da patologia na aorta. As incisões realizadas nessas cirurgias são a esternotomia mediana e a toracotomia lateral esquerda. É utilizada uma via alternativa para o acesso da canulação arterial para a circulação extracorpórea, que normalmente é feita na aorta. A canulação pode ser realizada na artéria femoral ou artéria axilar, que recentemente tem mostrado também bons resultados.

Técnicas para correção de doenças de aorta ascendente

Primeiramente, uma observação importante deve ser feita nos doentes com patologia de aorta ascendente: verificar se não há comprometimento valvar e/ou coronariano.

Se houver comprometimento, somente da aorta ascendente, é realizada, então, a ressecção e subsequente substituição desse segmento da aorta por um tubo de Dacron.

Nos pacientes com a valva aórtica comprometida, com achado de valva aórtica bicúspide ou com síndrome Marfan, deve-se ressecar e substituir essa valva. Nesses casos, é feita a cirurgia de Bentall e de Bono, cuja técnica consiste em ressecção dos folhetos da valva aórtica e troca de aorta ascendente por um tubo de Dacron com uma prótese metálica de valva aórtica acoplado na sua porção distal (ou simplesmente denominado "tubo valvado"). Como a ressecção da aorta envolve o seio de Valsalva, as coronárias devem ser reimplantadas no tubo de Dacron (Figuras 15.7, 15.8 e 15.9).

Uma técnica variante da cirurgia de Bentall e de Bono é a cirurgia de Cabrol, que consiste em não mobilizar as coronárias. Um pedaço de tubo de Dacron ou de politetrafluoretileno (PTFE) é intercalado entre as coronárias e anastomosado no tubo de Dacron.

Atualmente, outras técnicas menos conhecidas ganharam adeptos, por exemplo, a utilização de tubos valvados com prótese biológica com a finali-

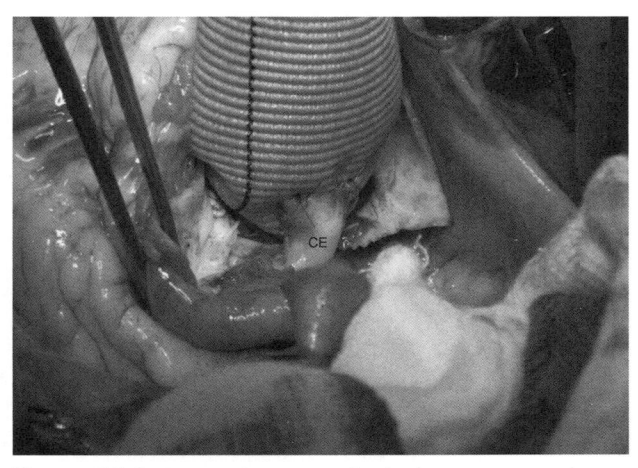

Figura 15.8 Coronária esquerda (CE) anastomosada no tubo de Dacron. Foto de acervo pessoal.

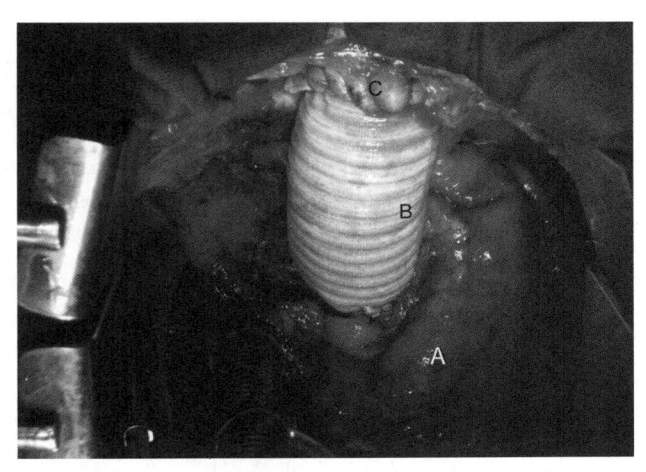

Figura 15.9 Aspecto final de troca de aorta ascendente. A. Ventrículo esquerdo. B. Tubo de Dacron. C. Aorta ascendente distal próximo ao arco. Foto de acervo pessoal.

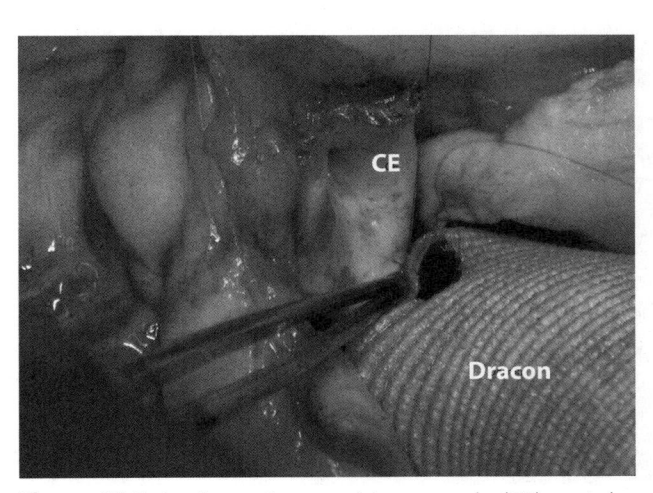

Figura 15.7 Implante da coronária esquerda (CE) no tubo de Dacron. Foto de acervo pessoal.

dade de se evitar a anticoagulação do paciente; utilização de autoenxerto ou homoenxerto de valva pulmonar para reconstrução da raiz da aorta. Porém, mais estudos devem ser realizados para testar os resultados obtidos com essas técnicas.

Complicações:

- Sangramento nos locais de anastomose.
- Eventos tromboembólicos.
- Pseudoaneurisma.

A mortalidade operatória nas dissecções agudas do tipo A encontra-se em torno de 26% segundo a literatura norte-americana.

Técnicas para correção de doenças de arco aórtico

Quando a doença envolve o arco aórtico, a correção cirúrgica torna-se mais complexa, pois requer métodos de parada circulatória e hipotermia profunda. Isso significa que a troca do arco aórtico, por envolver ramos importantes da aorta, como já citado anteriormente, só é possível de realizar se houver a parada circulatória. Para permitir que isso ocorra, o paciente é submetido à hipotermia profunda para diminuir o metabolismo e, dessa forma, evitar a injúria tecidual (resfriamento da temperatura corpórea a 18-20°C. Alguns grupos resfriam somente até 25°C). Quando ocorre a parada circulatória, a maior preocupação atualmente é com a proteção cerebral, que pode ser feita de duas formas: anterógrada e retrógrada. A técnica anterógrada consiste em perfusão seletiva das carótidas e a técnica retrógrada, na perfusão de sangue oxigenado através da veia cava superior.

A técnica operatória também consiste na troca da aorta doente por um tubo de Dacron. A diferença é que os ramos do arco devem ser anastomosados no tubo, elevando o tempo cirúrgico e consequentemente também de circulação extracorpórea.

Alguns grupos, recentemente, têm adotado a técnica da canulação da artéria axilar, com a vantagem de evitar a manipulação da artéria femoral que pode estar acometida na dissecção, manter sempre um fluxo anterógrado pela luz verdadeira e não necessitar da hipotermia profunda. A artéria axilar é dissecada no sulco deltopeitoral do lado direito, sempre que possível, e o fluxo arterial é mantido para a artéria carótida interna direita mesmo com o pinçamento do tronco braquiocefálico, permitindo uma perfusão cerebral seletiva. Complicações como lesão do plexo braquial e/ou trombose da artéria axilar são raras segundo a literatura internacional.

Com o advento das endopróteses, tem-se a possibilidade de tratamento híbrido, que utiliza a cirurgia aberta combinada com a cirurgia endovascular. Em um mesmo momento ou em dois tempos, é possível realizar a troca de aorta ascendente por cirurgia aberta e colocação de *stents* para correção de doença no arco e aorta descendente, diminuindo e muito o tempo cirúrgico, de circulação extracorpórea e evitando a parada circulatória e a hipotermia. Logicamente, somente em alguns centros em nosso país é possível realizar esse tipo de cirurgia. As endopróteses ainda apresentam um custo elevado, além de exigir uma sala de hemodinâmica e profissionais treinados em cirurgia endovascular (Figuras 15.10 e 15.11).

Técnicas para correção de doenças de aorta descendente

A correção de doenças da porção descendente da aorta traz algumas peculiaridades, a começar pela ventilação na indução anestésica que deve ser feita com cânula de intubação seletiva. Quando possível, monitorizar a função cerebral com um eletroencefalograma intraoperatório.

O paciente é então posicionado em decúbito lateral direito com a bacia flexionada a 45° para permitir acesso à região inguinal, uma vez que frequente-

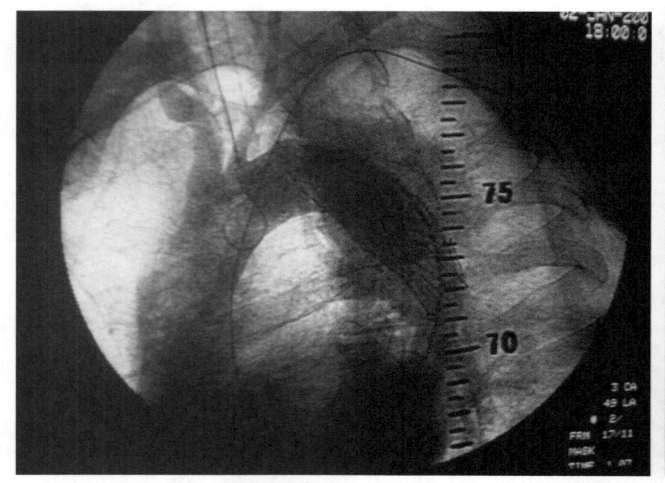
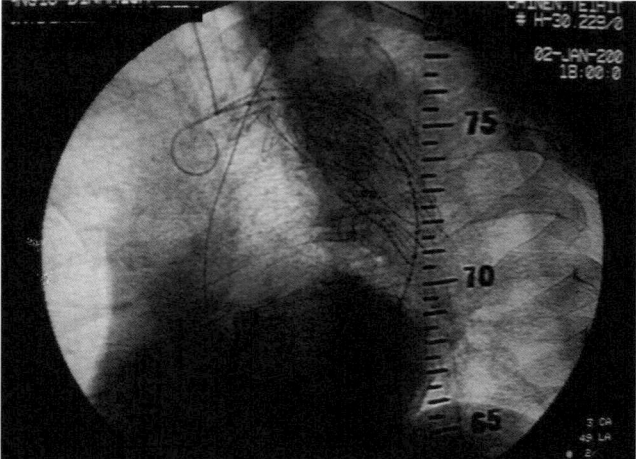

Figuras 15.10 e 11 *Stent* locado na aorta descendente. Forma imagem de rendilhado. Fotos cedidas pela Dra. Andrea Cristina Oliveira Freitas – Cirurgia Cardiovascular (FMABC).

mente se utilizam os vasos femorais como vias de acesso para a circulação extracorpórea.

A incisão realizada é a toracotomia lateral esquerda que pode se estender para a região abdominal nos casos de aneurismas/dissecções da aorta toracoabdominal. A aorta torácica descendente é dissecada cuidadosamente, preservando os ramos intercostais. A aorta então é clampeada para dar sequência à ressecção da porção doente. Durante esse clampeamento é importante ressaltar que a perfusão medular fica reduzida e aumenta a pressão do líquido cefalorraquidiano (LCR). Formas de proteção da medula espinhal, que são utilizadas em alguns centros, consistem em drenagem do LCR e perfusão aórtica distal (um fluxo arterial é instalado do átrio esquerdo para a artéria femoral esquerda ou para a aorta torácica descendente distal ou aorta abdominal). A drenagem do LCR pode ser feita com um cateter introduzido entre as vértebras L3 e L4 que monitora a pressão do LCR e a mantém aproximadamente em 10 mmHg durante o procedimento. A troca da porção doente da aorta é realizada com a colocação de um tubo de Dacron que é anastomosado término-terminal na aorta descendente proximal, os ramos intercostais inseridos no tubo sequencialmente e anastomose término-terminal distal. Para diminuir o tempo de isquemia medular, atualmente é muito utilizada a técnica de clampeamento sequencial, que permite realizar o reimplante dos ramos intercostais no enxerto de Dacron de forma sequencial.

A técnica cirúrgica para as dissecções aguda ou crônica do tipo B e aneurisma de aorta torácica descendente ou toracoabdominal é similar, porém, nas dissecções é necessário identificar a luz verdadeira e a luz falsa.

As taxas de mortalidade nas cirurgias de correção de aneurisma/dissecção de aorta torácica descendente variam de 5 a 21%. Diversos estudos identificam a idade avançada e insuficiência renal prévia à cirurgia como fatores de risco significativos para a mortalidade.

Uma modalidade de tratamento para a dissecção de aorta descendente que vem conquistando espaço é o tratamento endovascular. Primeiramente, na década de 1990 foi desenvolvida a técnica percutânea de fenestração. O objetivo é criar uma janela na camada íntima entre a falsa e a verdadeira luz, utilizando uma agulha especial, na altura de algum ramo da aorta que tem o seu fluxo sanguíneo prejudicado pela falsa luz. Se necessário, um *stent* pode ser implantado na verdadeira luz para impedir a oclusão da fenestração por mecanismo de *flap* ou trombose. Estudos recentes apontam o tratamento endovascular nas dissecções do tipo B com bons índices de sucesso (aproximadamente 95% e taxa de complicações entre 14 e 18%). Ainda são necessários mais alguns anos de seguimento e novos estudos comparativos para concluir o real benefício do tratamento endovascular em relação ao tratamento conservador medicamentoso.

Tumores aórticos

Os tumores aórticos são extremamente raros. Sarcoma é o tipo mais frequentemente encontrado e, na maioria das vezes, surge na camada íntima, crescendo para dentro da luz e formando massas polipoides. Os sintomas geralmente são inespecíficos e podem variar desde uma dor torácica ou dispneia até sintomas de obstrução vascular ou embolia distal. Comumente, aparecem na 6ª ou 7ª década de vida e acometem aorta torácica e abdominal igualmente. Têm um prognóstico reservado, pois respondem mal à quimioterapia e radioterapia. Entretanto, a ressecção cirúrgica quando possível, melhora as chances de cura e alívio dos sintomas.

BIBLIOGRAFIA RECOMENDADA

1. Diretrizes para o tratamento cirúrgico das doenças da aorta da Sociedade Brasileira de Cirurgia Cardiovascular. Rev Bras Cir Cardiovasc. 2009;24(2):7s-34s.
2. Kirklin/Barratt-Boyes. Cardiac Surgery. 3.ed. Elsevier.
3. Townsend Courtney M. Sabiston. Tratado de cirurgia. 17.ed. v.2. Rio de Janeiro: Elsevier; 2005.
4. Moore KL. Anatomia orientada para clínica. 3.ed. Rio de Janeiro: Guanabara Koogan; 1994.

16

INTERVENÇÕES PARA CORREÇÃO DAS CARDIOPATIAS CONGÊNITAS

ANDREA CRISTINA OLIVEIRA FREITAS
LOUISE HORIUTI
ADILSON CASEMIRO PIRES

INTRODUÇÃO

A cardiopatia congênita é definida como a presença de defeito no coração e nos grandes vasos ao nascimento. Afeta aproximadamente 1% dos nascidos vivos e sua frequência chega a ser dez vezes maior entre os óbitos perinatais.

Os defeitos cardíacos congênitos se originam por conformações genéticas e ambientais. A exposição da mãe a infecções, agentes químicos e doenças da gestação constitui o principal fator ambiental. Mas, na maioria das vezes, há desordem genética, seja anomalia cromossômica, seja herança multifatorial. Cerca de 10% de todas as cardiopatias congênitas estão associadas à síndrome de Down e Turner, enquanto que, em mais de 70% dos casos, o transtorno é complexo e multifatorial.

A investigação tem início na história gestacional. Fatores como exposição a agentes teratogênicos, idade da mãe, peso ao nascimento, prematuridade ou intercorrências no parto e Apgar baixo são o ponto de partida. Considerando a etiopatogenia, a presença de outros filhos cardiopatas ou a de cardiopatia congênita na família aponta risco aumentado para a criança.

Os principais sintomas são taquipneia e dispneia, acompanhados ou não de cansaço às mamadas, cianose, dificuldade de ganho de peso, sudorese e taquicardia. Normalmente, a presença de cianose central, ou seja, aquela presente em mucosas e leito ungueal sugere defeito cardíaco complexo. Há presença de frêmito e sopro na maioria dos casos. A amplitude aumentada dos pulsos sugere estado hiperdinâmico, enquanto que a diminuição está presente em síndromes de baixo débito cardíaco.

Exames subsidiários são fundamentais para a elucidação diagnóstica e incluem eletrocardiograma, radiografia simples ou contrastada, tomografia computadorizada de alta definição, ressonância magnética e cateterismo cardíaco.

O teste da hiperóxia, que compara gasometria arterial coletada em ar ambiente e após dez minutos com oxigênio a 100% com campânula, mostra-se método auxiliar no diagnóstico da cianose determinada por cardiopatia congênita: estando a pressão arterial de oxigênio até 150 mmHg em ambas, existe forte indício de envolvimento cardíaco.

Embora esteja normal em grande parte dos casos, a radiografia simples do tórax pode ser muito característica em determinadas cardiopatias, como a imagem em "tamanco holandês" da tetralogia de Fallot (Figura 16.1), a forma de "boneco de neve" da drenagem anômala total das veias pulmonares e a típica imagem ovoide do coração associada a pedículo vascular fino no mediastino superior da transposição das grandes artérias (Figura 16.2). Portanto, constitui exame fundamental não apenas como avaliação inicial, mas também para o diagnóstico específico de determinadas doenças, ainda podendo sugerir a presença de hiper ou hipofluxo pulmonar.

As cardiopatias congênitas de hiperfluxo pulmonar são aquelas em que há alguma comunicação, seja entre as câmaras cardíacas, seja entre os vasos do mediastino. Várias doenças transcorrem com aumento do fluxo pulmonar, entre elas a cardiopatia congênita mais frequente: na comunicação interventricular há *shunt* entre os dois ventrículos com sobrecarga nas câmaras direitas inicialmente de volume e, posteriormente, de pres-

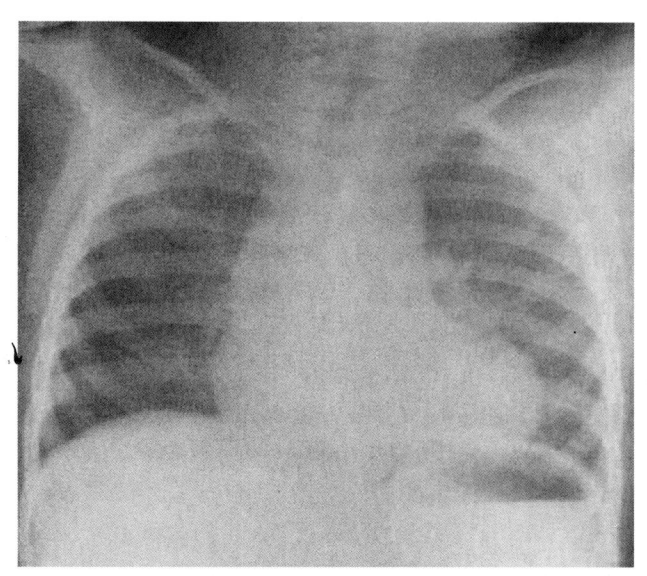

Figura 16.1 Radiografia simples do tórax de criança portadora de tetralogia de Fallot (imagem em "tamanco holandês").

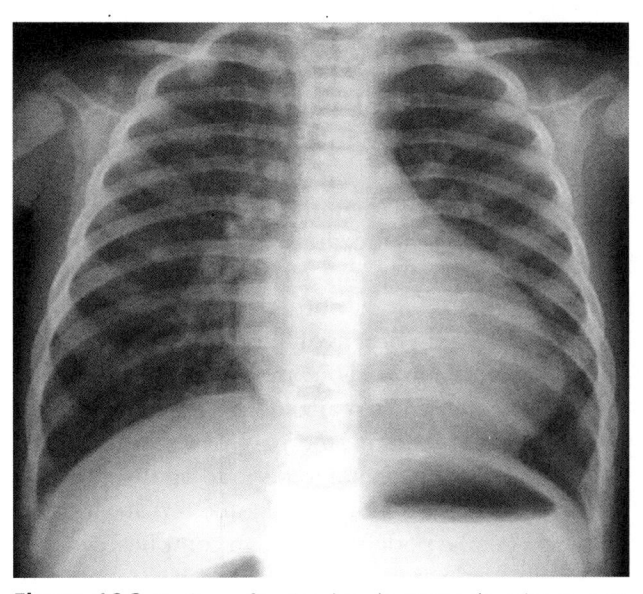

Figura 16.2 Radiografia simples do tórax de criança portadora de transposição das grandes artérias. Notar a forma ovoide da imagem cardíaca e o afilamento dos vasos no mediastino.

são, evoluindo com hiperfluxo pulmonar a seguir. Outro exemplo é a persistência do canal arterial, condição em que o *shunt* está entre a aorta e o tronco da artéria pulmonar. Há sobrecarga de volume e pressão pulmonar pela passagem do sangue da aorta para o tronco pulmonar.

Já nas cardiopatias congênitas de hipofluxo pulmonar, há redução da perfusão pulmonar, funcional ou por obstrução mecânica. A tetralogia de Fallot, a atresia da valva pulmonar e a atresia valvar tricúspide têm obstrução mecânica ao fluxo oriundo do ventrículo direito para o tronco da artéria pulmonar. Já na transposição das grandes artérias, o hipofluxo pulmonar é proveniente da circulação em paralelo característica da doença, ou seja, a circulação pulmonar não recebe volume de sangue proveniente da circulação sistêmica e vice-versa.

Nos casos das cardiopatias congênitas complexas, como a transposição das grandes artérias, assim como em casos de obstrução grave do fluxo ao território pulmonar, há necessidade de manter o canal arterial pérvio após o nascimento, o qual muitas vezes acaba sendo efetivamente o responsável pela manutenção de fluxo ao território pulmonar. Esse resultado é obtido a partir da infusão contínua de prostaglandina associada à oferta reduzida de oxigênio, uma vez que este último constitui um estímulo fisiológico ao fechamento do canal arterial.

HIPERTENSÃO ARTERIAL PULMONAR

A circulação pulmonar normal é caracterizada por alto fluxo e baixa pressão. A hipertensão arterial pulmonar consiste no aumento da pressão nas artérias pulmonares decorrente da proliferação e do remodelamento vascular periférico. Ocorre estreitamento desses vasos, gerando aumento progressivo da resistência vascular pulmonar.

A consequência dessa condição é a falência do ventrículo direito, incapaz de manejar o aumento da pós-carga. Nas crianças, ocorre quando a pressão sistólica da artéria pulmonar está acima de 25 mmHg. Há um complexo mecanismo fisiopatológico que determina o processo, mas sabe-se que o achado histológico mais comum é a presença de células musculares lisas em vasos periféricos, que normalmente estariam ausentes. Além disso, há formação de uma camada de miofibroblastos na matriz extracelular, favorecendo um processo fibrótico. Também ocorre redução crônica de óxido nítrico e prostaglandina I2.

Além de secundária a cardiopatias, a hipertensão arterial pulmonar pode ser gerada por efeito de drogas, especialmente anorexígenos, como anfetamina e triptofano, doenças primárias do pulmão, mecanismos autoimunes, doenças virais, desordens metabólicas e hematológicas, além de predisposição genética.

Crise de hipertensão pulmonar

Em casos secundários a cardiopatias congênitas, determinados mecanismos podem predispor a crise de hipertensão pulmonar, situação de vasoconstrição pulmonar intensa e refratária que determina desconforto respiratório, hipoxemia grave, acidose, baixo débito cardíaco e instabilidade hemodinâmica.

O tratamento deve ser iniciado rapidamente e consiste em:

- Ventilação mecânica com hiperventilação, tentando manter pCO_2 acima de 30 mmHg e pO_2 acima de 80 mmHg, preferencialmente com PEEP baixa, até 5. Deve ser otimizada para que o aumento da pressão intratorácica não diminua o retorno venoso. Sedação profunda com curarização, se necessário.
- Tratamento agressivo de acidose metabólica.
- Associação de inotrópico intravenoso para manter pressão arterial média acima de 40 mmHg. Há grande preferência pelo milrinone em função do efeito fortemente inotrópico associado à vasodilatação pulmonar potente.
- Tratamento de congestão pulmonar.
- Instalação de óxido nítrico em casos mais graves.
- Evitar extubação precoce.

Óxido nítrico

O papel do óxido nítrico foi identificado inicialmente em 1980, quando foi identificada sua propriedade de mediador endotelial endógeno intra e extracelular. Sua atuação é fundamental na regulação do tônus vascular e da pressão arterial.

A administração nos casos de hipertensão pulmonar grave é por via inalatória, o que restringe seu efeito ao território pulmonar. É vasodilatador pulmonar seletivo e também atua otimizando a relação ventilação/perfusão, reduzindo a resposta inflamatória, inibindo a atividade plaquetária e, com isso, diminuindo a incidência de trombos, além de reduzir a proliferação vascular.

É utilizado com 2 a 20 ppm nos casos mais graves. Está contraindicado em recém-nascidos dependentes de *shunt* direito-esquerdo, como transposição de grandes artérias. Iniciar com 20 ppm e só proceder ao desmame após conseguir manter parâmetros ventilatórios adequados após início da redução da Fi. O desmame é feito de 5 em 5 ppm, e o controle é realizado com gasometria arterial. Quando a Fi chega a 40% e o óxido nítrico em 5 ppm, deve-se reduzir o óxido nítrico para 2 ppm e aguardar 24 horas para cessar seu uso. Dessa maneira, tenta-se evitar o "fenômeno rebote", que desencadeia nova crise de hipertensão pulmonar, normalmente mais intensa que a inicial.

Potenciais efeitos deletérios do óxido nítrico incluem a formação de meta-hemoglobina, pela reação com a hemoglobina, com agravamento da hipoxemia e coagulopatias.

No período pós-operatório, pode ser necessário introduzir sildenafil durante o desmame do óxido nítrico. O sildenafil tem sido usado desde o final da década de 1990 por seu efeito vasodilatador com resultados satisfatórios. A dose diária pode chegar a 60 mg em crianças.

CARDIOLOGIA PEDIÁTRICA INTERVENCIONISTA

Na década de 1960, William Rashkind desenvolveu a técnica percutânea de atriosseptostomia utilizando um cateter-balão, o que promoveu significativo aumento na sobrevida dos recém-nascidos com transposição das grandes artérias. Esse procedimento, amplamente utilizado até hoje com o auxílio do ecodopplercardiograma simultâneo, tem por objetivo aumentar o diâmetro de uma comunicação interatrial existente ao nascimento, aumentando também a área de *shunt* e o volume para a circulação pulmonar.

Desde então, vários outros procedimentos intervencionistas foram desenvolvidos, tanto diagnósticos para doenças complexas, como terapêuticos. Atualmente, o cateterismo é realizado por meio de punção arterial e venosa até mesmo para os neonatos. E, no caso do paciente neonatal, o período após o procedimento é feito em UTI, uma vez que é realizado sob anestesia geral e pode evoluir com complicações.

Sendo um exame diagnóstico invasivo e que envolve riscos para o paciente, deve contar com avaliação prévia com outros métodos de imagem e exames de sangue. Além disso, todo o risco e benefício do procedimento deve ser explicado detalhadamente aos pais.

Cateterismo pediátrico diagnóstico

O cateterismo diagnóstico tem indicação em cardiopatias de hiperfluxo pulmonar, como comunicação interatrial, comunicação interventricular, persistência do canal arterial e defeitos do septo atrioventricular já na vigência de hipertensão pulmonar.

Também está indicado em algumas cardiopatias complexas de hipofluxo pulmonar como complementar ao ecodopplercardiograma, como atresia pulmonar com septo íntegro, estenose pulmonar e atresia tricúspide. Assume fundamental importância como pré-operatório nas reoperações e nos corações univentriculares.

A complicação mais temida é o aumento da resistência vascular pulmonar que pode surgir nos pacientes já portadores de hipertensão pulmonar. Nesses pacientes, a pressão pulmonar pode chegar a níveis críticos, algumas vezes chegando a superar os níveis sistêmicos e gerando um colapso circulatório, com diminuição do débito cardíaco e hipoxemia grave, podendo ser fatal. Rotineiramente, são realizadas medidas para evitar a crise de hipertensão pulmonar, como a anestesia geral para redução do estresse, otimizar o PEEP com objetivo de evitar hipo ou hiperinsuflação e manter a FiO_2 acima de 60% durante o procedimento. Além disso, deve-se tentar infundir baixo volume de contraste e ter óxido nítrico e drogas inotrópicas disponíveis com facilidade.

Cateterismo pediátrico terapêutico

A cardiologia pediátrica intervencionista terapêutica tem ganhado espaço nos últimos anos, porém o alto custo de alguns procedimentos e os resultados algumas vezes aquém do obtido pelo tratamento cirúrgico limitam sua atuação.

As principais cardiopatias tratadas por meio do cateterismo pediátrico terapêutico são:

- Persistência do canal arterial: fechamento percutâneo do canal com próteses em crianças acima de 5 kg.
- Estenose valvar pulmonar: indicação absoluta de tratamento percutâneo pela abertura da valva com cateter-balão para pacientes com gradiente de 50 mmHg entre o ventrículo direito e o tronco da artéria pulmonar. Havendo estenose pré-valvar, ou seja, infundibular, ou pós-valvar, não há benefício.
- Comunicação interatrial ou interventricular: fechamento com endoprótese nos casos de defeito pequeno e de boa anatomia em crianças acima de 5 kg.
- Coarctação de aorta: dilatação e colocação de endoprótese em casos com aorta transversa normal.

- Transposição das grandes artérias: o tratamento pela atriosseptostomia com cateter-balão conforme a técnica de Rashkind, no pré-operatório, normalmente melhora as condições da criança para a cirurgia, melhorando a perfusão pulmonar e o trabalho cardíaco.

CIRURGIA CARDIOVASCULAR PEDIÁTRICA

Em 1944, Alfred Blalock realizou a primeira operação bem-sucedida em cirurgia cardiovascular pediátrica, tratando um paciente com tetralogia de Fallot através de um *shunt* da artéria subclávia para a artéria pulmonar. Depois disso, o desenvolvimento da circulação extracorpórea na década de 1950 possibilitou que inúmeras outras doenças fossem tratadas.

Na década de 1970, o Brasil ganhou destaque mundial pela contribuição do cirurgião Adib Jatene na cirurgia de correção da transposição das grandes artérias, o que significou uma mudança radical na sobrevida no pós-operatório.

A maioria dos defeitos cardíacos congênitos atualmente ainda é de tratamento cirúrgico. Em cada caso, o momento a ser realizada a operação é determinado pela gravidade da doença, pela condição clínica do paciente e pelo momento no seu desenvolvimento. Normalmente, apenas os casos complexos que significam risco de vida ou risco de desenvolvimento rápido de hipertensão pulmonar são tratados nos primeiros 6 meses de vida. Isso se deve a vários fatores, como o baixo peso da criança, a persistência do padrão fetal da circulação pulmonar até 3 meses de idade e a imaturidade dos sistemas.

No entanto, ainda hoje, infelizmente algumas cardiopatias congênitas ainda não dispõem de tratamento curativo. É o caso da síndrome de hipoplasia do coração esquerdo, enfermidade na qual todas as estruturas esquerdas – átrio, ventrículo e aorta – são hipoplásicas, muitas vezes rudimentares. Para essa e outras doenças complexas, é realizado tratamento estagiado, ou seja, é necessária uma série de operações, cada uma em um momento do desenvolvimento da criança e iniciado no período neonatal.

O objetivo desse tratamento sequencial é adaptar o coração a uma condição univentricular, em que apenas o ventrículo desenvolvido normalmente seja capaz de promover o débito tanto para a circulação sistêmica como para a pulmonar.

As doenças que evoluem com hiperfluxo pulmonar são corrigidas no momento em que for identificada sobrecarga pressórica pulmonar. Basicamente segue correção da anatomia, utilizando remendo de pericárdio bovino ou autólogo e a operação é curativa. Muitas vezes estão associadas entre si (por exemplo, comunicação interventricular e persistência do canal arterial). Nesse caso, todos os defeitos são corrigidos em tempo cirúrgico único.

As doenças com hipofluxo pulmonar são mais complexas e, muitas vezes, a correção anatômica é impossível. Grande parte delas tem tratamento no período neonatal e índices de complicações e mortalidade significativos. Além disso, o uso de prótese biológica pulmonar, utilizada na correção da tetralogia de Fallot e na atresia pulmonar, traz à criança um problema futuro: a insuficiência da prótese e a necessidade de cirurgias sucessivas para sua troca após o crescimento do paciente.

Este também é o caso das doenças valvares, em que a plastia e os homoenxertos são preferenciais ao uso de próteses. Estas, muitas vezes, se calcificam-se

Tabela 16.1 Cardiopatias congênitas agrupadas conforme características em comum

Cardiopatias de hiperfluxo pulmonar	Comunicação interatrial Comunicação interventricular Persistência do canal arterial Defeito do septo atrioventricular (parcial ou total) *Cor triatriatum* Conexão anômala de veias pulmonares (parcial ou total) Dupla via de saída do ventrículo direito Janela aortopulmonar
Cardiopatias de hipofluxo pulmonar	Tetralogia de Fallot Atresia pulmonar Estenose pulmonar Transposição das grandes artérias Tronco arterial comum Síndrome de hipoplasia do coração esquerdo Atresia tricúspide
Defeitos vasculares	Coarctação da aorta Hipoplasia/interrupção de arco aórtico Anel vascular
Defeitos valvares	Estenose/insuficiência mitral Estenose/insuficiência aórtica

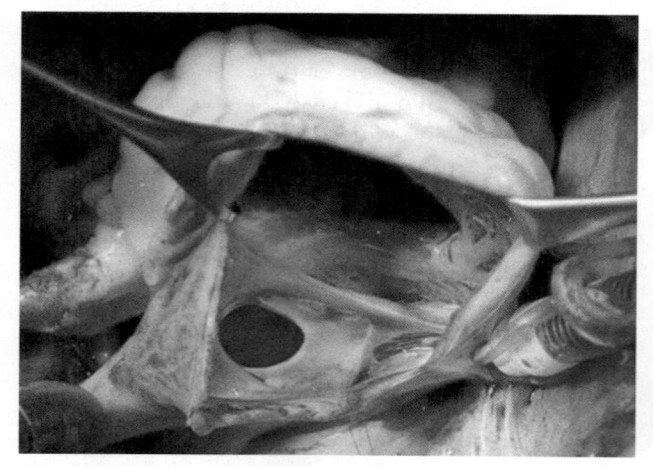

Figura 16.3 Imagem do intraoperatório de correção de comunicação interatrial, com o átrio direito aberto após instalação da circulação extracorpórea.

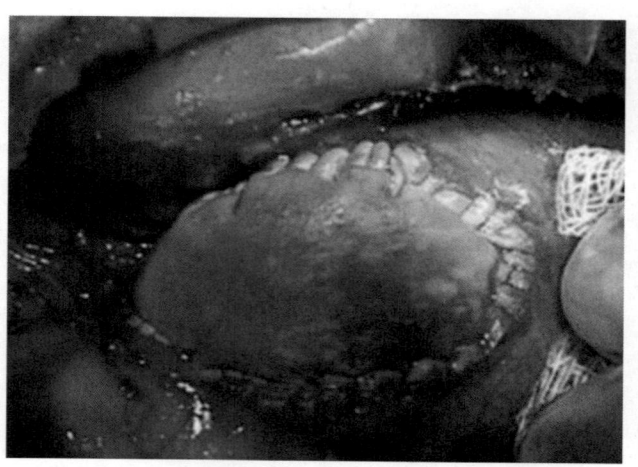

Figura 16.4 Imagem do intraoperatório de correção de tetralogia de Fallot, com detalhe da prótese biológica reconstituindo o tronco pulmonar.

em curto período de tempo em virtude das características do metabolismo de cálcio na infância.

As doenças de defeito vascular têm correção anatômica e raramente apresentam recidiva no pós--operatório tardio.

BIBLIOGRAFIA RECOMENDADA

1. Agnoletti G, Bonnet C, Boudjemline Y, Le Bihan C, Bonnet D, Sidi D, et al. Complications of pediatric interventional catheterization: an analysis of risk factors. Cardiol Young. 2005;15(4):402-8.

2. Barst RJ. McGoon M, Torbicki A, Sitbon O, Krowka MJ, Olschewski H, et al. Diagnosis and differential assessment of pulmonary arterial hypertension. J Am Coll Cardiol. 2004;43:40S-7S.

3. Castañeda J, Mayer H. Cardiac surgery of neonate and infant. Philadelphia: WB Saunders, 1994.

4. Dubini G, Arciprete PM, Luisi VS. Anatomic substracts for, and function of, the functionally univentricular circulation before and after surgical procedures. Cardiol Young. 2005;15(supl 3):1-2.

5. Fontes VF, Pedra CAC. Estudos hemodinâmicos e terapêutica invasiva percutânea nas cardiopatias congênitas. In: Tratado de Cardiologia SOCESP. Seção 16, cap. 4, p. 1360-79, 2005.

6. Galiè N, Torbicki A, Barst R, Dartevelle P, Haworth S, Higenbottam T, et al. Guidelines on Diagnosis and Treatment of Pulmonary Arterial Hypertension. The Task Force on Diagnosis and Treatment of Pulmonary Arterial Hypertension of the European Society of Cardiology. Eur Heart J. 2004;25:2243-78.

7. Jatene AD, Fontes VF, Paulista PP, de Souza LCB, Neger F, Galantier M, et al. Successful anatomic correction of transposition of the great vessels: a preliminary report. Arq Bras Cardiol. 1975;28:461.

8. Latin-Hermoso MR. Pediatric cardiology for the primary care pediatrician. Indian Journal of Pediatrics. 2005;72:513-8.

9. Nembhard WN, Salemi JL, Ethen MK, Fixler DE, DiMaggio A, Canfield MA. Racial/ethnic disparities in risk of early childhood mortality among children with congenital heart defects. Pediatrics. 2011;127:e1128-38.

10. Onuzzo OC. How effectively can clinical examination pick up congenital heart disease at birth? Arch Dis Child Fetal Neonatal Ed. 2006;91:236-7.

17

CIRCULAÇÃO EXTRACORPÓREA

LEANDRO NEVES MACHADO
WLADMIR FAUSTINO SAPORITO

INTRODUÇÃO

A cirurgia cardíaca com circulação extracorpórea (CEC) representou uma das grandes conquistas médicas e da área biológica no século XX, sendo atualmente utilizada em mais de 80% das cirurgias cardíacas.

Esse advento criou novas possibilidades para a cura de doenças cardíacas jamais imaginadas na primeira metade do século passado. A possibilidade de corrigir defeitos do coração sob visão direta foi sonho antigo, perseguido por muitos com insistência, apesar dos sucessivos fracassos que frustravam quantos se aventuravam a substituir a função de bomba do coração e as funções ventilatória e respiratória dos pulmões.

Entre os maiores nomes da circulação extracorpórea estão: John Gibbon e sua mulher Mary Gibbon, que após longo período de pesquisas e experiências construíram um sistema de respiração e circulação artificiais capazes de suprir, temporariamente, todas as necessidades metabólicas de um ser humano. Desde então diversas experiências já foram realizadas.

Um marco muito importante, do ponto de vista histórico da circulação extracorpórea, data de 6 de Maio de 1953, quando Cecília Bavolek, de apenas 18 anos, portadora de uma comunicação interatrial, entrou para a história como a primeira paciente operada com sucesso, utilizando-se um sistema coração-pulmão artificial (Figura 17.1).

No Brasil, em 15 de outubro de 1955, realizou-se a primeira operação aberta sobre a valva pulmonar, com uso de um dispositivo de circulação extracorpóreo, fazendo desvio seletivo do coração direito. No ano seguinte, em 12 de novembro de 1956, o primeiro paciente foi operado com abertura das cavidades cardíacas sob circulação extracorpórea total. O pioneiro do uso da CEC foi o Professor Hugo João Felipozzi que, além do feito, também construiu os primeiros equipamentos no país. Sua visão, direcionando os esforços para a produção nacional dos equipamentos

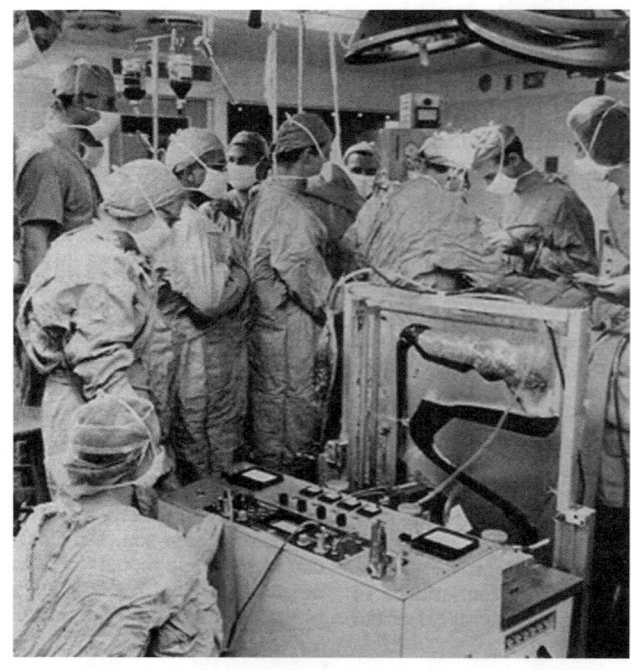

Figura 17.1 Foto histórica da primeira cirurgia cardíaca com circulação extracorpórea, realizada com sucesso em 1953. Os cirurgiões no centro da foto são J. Gibbon, à direita e F. Albritten Jr., seu auxiliar, à esquerda. Foto cedida por Mary Gibbon Bordley, J. III e Harvey, A McG. Two Centuries of American Medicine. 1776 1976. Philadelphia: W. B. Saunders Co.; 1976.

de CEC, permitiu a enorme expansão e a qualidade que hoje experimenta a cirurgia cardíaca brasileira.

CONCEITO

A circulação extracorpórea, em um sentido mais amplo, compreende o conjunto de máquinas, aparelhos, circuitos e técnicas mediante as quais se substituem temporariamente, as funções do coração e dos pulmões, enquanto esses órgãos ficam excluídos da circulação. As funções de bombeamento do coração são desempenhadas por uma bomba mecânica e as funções dos pulmões são substituídas por um aparelho capaz de realizar as trocas gasosas com o sangue.

Tubos plásticos unem os diversos componentes desse sistema entre si e ao paciente, constituindo a porção extracorpórea da circulação. A oxigenação do sangue, o seu bombeamento e circulação, fazem-se externamente ao organismo do indivíduo.

Na prática, comumente se denomina o sistema utilizado para a circulação extracorpórea de máquina coração-pulmão artificial, aparelho coração-pulmão artificial, ou, simplesmente, bomba coração-pulmão. A parte motora do aparelho coração-pulmão artificial consiste de uma bomba mecânica que impulsiona o sangue através do sistema circulatório do paciente e a parte oxigenadora consiste de um aparelho, o oxigenador, que permite a introdução do oxigênio no sangue e a remoção do dióxido de carbono (CO_2) (Figura 17.2).

Figura 17.2 Máquina de circulação extracorpórea, com bomba de rolete e oxigenador de discos tipo Kay-Cross, utilizada na primeira cirurgia com circulação extracorpórea total.

A circulação extracorpórea moderna não apenas substitui as funções cardiopulmonares, mas, ao mesmo tempo, preserva a integridade celular, a estrutura, a função e o metabolismo dos órgãos e sistemas do indivíduo, enquanto operações mais complexas e prolongadas são realizadas pela equipe cirúrgica.

Os progressos com relação à indicação das cirurgias, a possibilidade da sua realização em pacientes idosos e em crianças, mesmo recém-nascidas, em portadores de lesões mais complexas, em pacientes graves com doenças sistêmicas associadas, a cirurgia na fase aguda e nas complicações do infarto do miocárdio, das dissecções aórticas, do implante de corações artificiais e mesmo a cirurgia dos transplantes cardíacos, estimularam a evolução das técnicas de circulação extracorpórea e o desenvolvimento dos equipamentos mais sofisticados disponíveis nos dias atuais.

CIRCULAÇÃO NORMAL

Na circulação natural, o sangue desoxigenado ou venoso, que cedeu oxigênio aos tecidos, retorna ao átrio direito, através das duas grandes veias cavas, superior e inferior. Do átrio direito, o sangue alcança o ventrículo direito de onde e bombeado para a artéria pulmonar e seus ramos para, finalmente, atravessar a rede capilar pulmonar. Nos capilares pulmonares, o sangue recebe o oxigênio do ar contido nas vias aéreas dos pulmões e nelas elimina o dióxido de carbono. Após as trocas gasosas nos capilares, o sangue arterializado e coletado pelo sistema de veias pulmonares é dirigido ao átrio esquerdo, de onde alcança o ventrículo esquerdo e é bombeado para a aorta e seus ramos arteriais, percorrendo o sistema arterial, arteriolar, e capilar, na intimidade de todos os tecidos. Nessa imensa rede capilar do organismo, o sangue cede oxigênio e outros elementos nutritivos aos tecidos e capta o dióxido de carbono e outros dejetos produzidos pelo metabolismo celular. Após passar pelos capilares dos tecidos, o sangue alcança o sistema de vênulas e veias, que convergem para formar as grandes veias cavas superior e inferior, retornando novamente ao coração. Essa atividade circulatória ininterrupta mantém a viabilidade e a função de todos os tecidos do organismo (Figura 17.3). O dióxido de carbono é eliminado pelos pulmões, enquanto outros dejetos são eliminados pelos rins ou metabolizados no fígado, para posterior excreção.

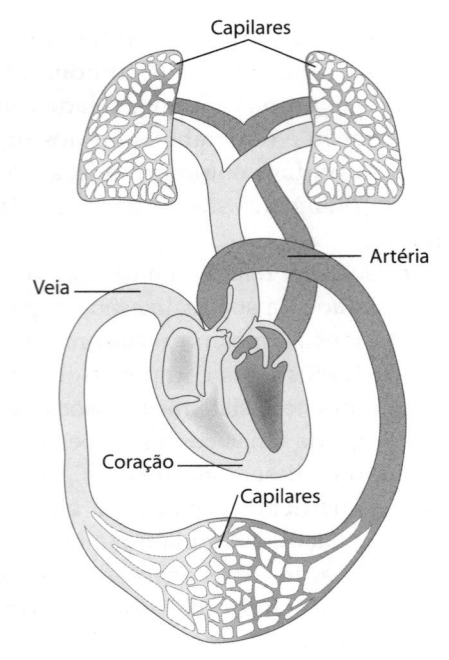

Figura 17.3 Circulação sanguínea normal.

Circulação extracorpórea

Na circulação extracorpórea, o sangue venoso é desviado do coração e dos pulmões ao chegar ao átrio direito do paciente, através de cânulas colocadas nas veias cavas superior e inferior. Daí, por uma linha comum, o sangue venoso é levado ao oxigenador, onde, através de um percurso por câmaras especiais, recebe oxigênio e elimina gás carbônico e, em seguida, é coletado para ser reinfundido ao paciente. Do oxigenador, e já "arterializado", o sangue é bombeado para um ponto do sistema arterial do paciente, geralmente a aorta ascendente, de onde percorre o sistema arterial e é distribuído a todos os órgãos, cedendo oxigênio aos tecidos para a realização dos processos vitais, e recolhendo o dióxido de carbono neles produzido. Após circular pelo sistema capilar dos tecidos, o sangue volta ao sistema das veias cavas superior e inferior, onde é continuamente recolhido, para ser levado ao oxigenador. Este processo é mantido pelo tempo necessário a correção da lesão cardíaca e dele depende a preservação da integridade morfológica e funcional de todos os órgãos do paciente. Isto significa que, em um adulto médio, a máquina coração-pulmão artificial deve coletar de 3 a 5 litros de sangue por minuto e distribuí-lo em uma grande superfície, onde é exposto ao oxigênio para as trocas gasosas. A seguir, o sangue deve ser novamente co-

letado, separado do excesso de gás, filtrado e bombeado sob pressão no sistema arterial do paciente. O processo deve ser continuado por períodos de até algumas horas, se necessário, sem alterar significativamente as propriedades biológicas do sangue ou a integridade dos seus elementos celulares e proteínas (Figura 17.4).

COMPONENTES DA MÁQUINA DE CIRCULAÇÃO EXTRACORPÓREA

A máquina de circulação extracorpórea é constituida por:

- Oxigenador.
- Reservatório venoso e de cardiotomia.
- Filtro arterial.
- Tubos e conectores.
- Cânulas.
- Bomba centrífuga.
- Hemofiltro.
- Permutador de calor.

OXIGENADORES

Os oxigenadores são os aparelhos utilizados para a realização das trocas gasosas com o sangue, durante a circulação extracorpórea. Estas consistem na captação de oxigênio pela hemoglobina das hemácias, para distribuição aos tecidos e na remoção do dióxido de carbono produzido nos tecidos, para eliminação do organismo. Os oxigenadores mais utilizados nas últimas décadas são de dois tipos principais, conforme o método utilizado para a introdução do oxigênio no sangue:

1. Oxigenadores de bolhas: são os mais antigos. O oxigênio é dispersado no interior de uma coluna do sangue, em microjatos, que produzem bolhas. As trocas gasosas se processam na superfície das bolhas. Nos dias atuais estão abandonados, por causa do alto risco de embolia gasosa.
2. Oxigenadores de membranas: são os mais modernos. Existe uma membrana semipermeável que separa o sangue do oxigênio e as trocas gasosas são feitas por difusão dos gases através da membrana ou através de poros existentes nas membranas. Simulam, com grandes vantagens, as trocas gasosas que ocorrem nos pulmões e evitam as complicações de embolias gasosas.

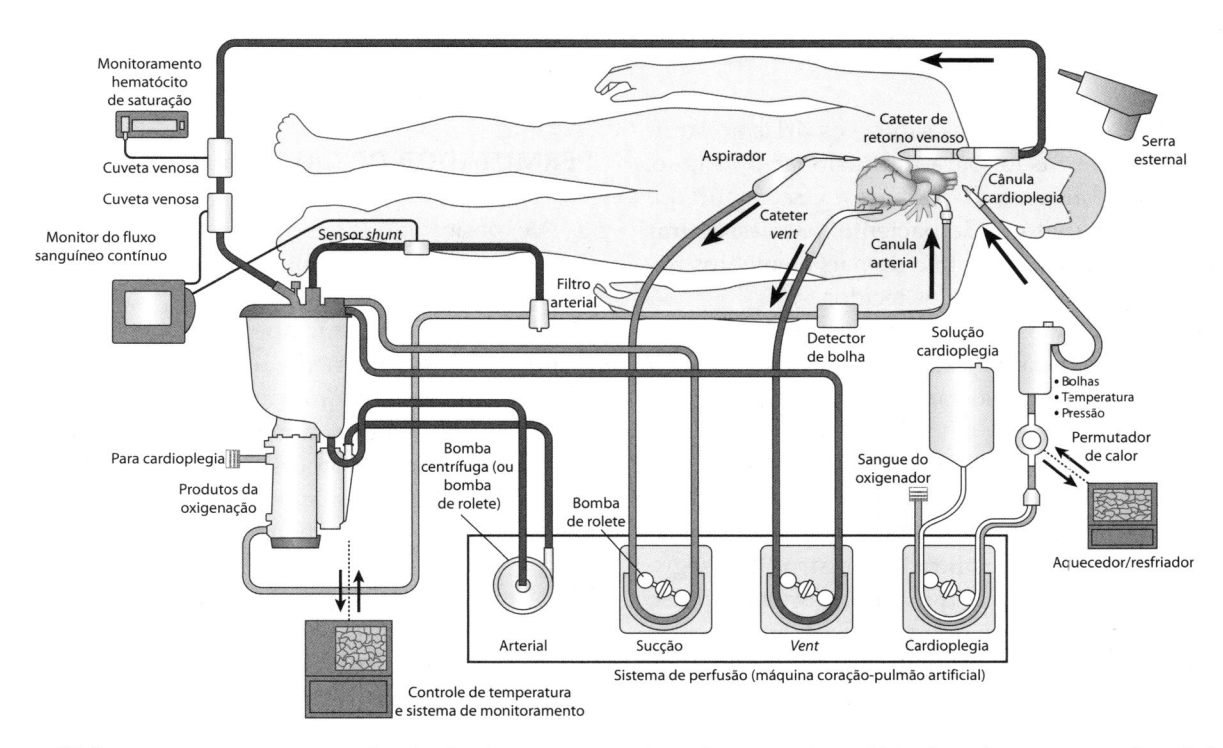

Figura 17.4 Representação esquemática da circulação extracorpórea. O sangue é recolhido das veias cavas superior e inferior, drenado para o oxigenador, onde é arterializado. Em seguida, a bomba arterial impulsiona o sangue oxigenado para o sistema arterial do paciente.

RESERVATÓRIO VENOSO E CARDIOTOMIA

O sangue venoso drenado do átrio direito, por sifonagem, é transmitido a um reservatório chamado reservatório venoso. Este reservatório também recebe o sangue oriundo da aspiração do campo cirúrgico, evitando perdas sanguíneas. Do reservatório venoso, o sangue é impulsionado para os oxigenadores e posteriormente para a bomba propulsora arterial devolvendo o sangue arterializado ao paciente (Figura 17.5).

FILTRO ARTERIAL

O filtro arterial é um dispositivo que tem como função filtrar o sangue, já arterializado, removendo partículas de aspiradas no campo operatório e bolhas de ar, minimizando o risco de embolias.

TUBOS E CÂNULAS

É o conjunto de tubos e conexões que transportam o sangue venoso do paciente para a máquina, e o sangue arterial da máquina para o paciente. O material usado para a confecção dos tubos e cânulas devem ser resistentes aos impactos para evitar fraturas durante o uso, não devem reagir quimicamente com os componentes do sangue nem liberar resíduos químicos na corrente sanguínea.

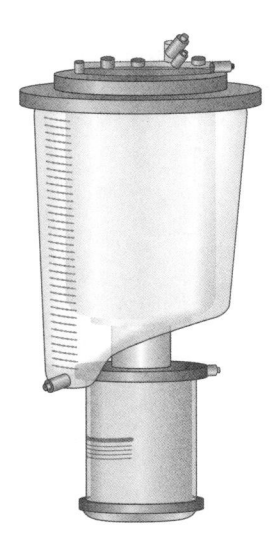

Figura 17.5 Reservatório venoso (acima), interligado com oxigenador de membrana (abaixo).

BOMBAS PROPULSORAS

As bombas propulsoras são necessárias ao equipamento da perfusão, para impulsionar o sangue, deslocando-o através do circuito extracorpóreo e do sistema circulatório do paciente, para assegurar o fornecimento de oxigênio e demais elementos necessários ao metabolismo dos tecidos.

As bombas são os únicos componentes geradores de energia mecânica no sistema extracorpóreo. Essa energia é transmitida ao sangue, através dos mecanismos de propulsão.

Atualmente existem dois tipos de bombas propulsoras: a bomba de rolete e a bomba centrífuga.

A bomba de roletes foi adotada por sua simplicidade mecânica, pela facilidade, construção e segurança que oferce. O fluxo que passa por ela é linear, não pulsátil. A bomba é operada eletricamente mas pode ser também acionada manualmente, através de manivelas acopladas ao eio dos roletes, em caso de falha elétrica ou mecânica.

A bomba centrífuga é do tipo conhecido como bomba cinética, ou seja, uma bomba de ação propulsora realizada por enérgica cinética pulsátil produzidas pelo giro de um elemento rotor. Diferentemente da bomba de roletes, a bomba cinética manda um fluxo pulsátil semelhante à fisiologia do coração. É o segundo tipo de bomba mais usado, e tem um menor índice de traumatismo do sangue (Figura 17.6 A e B).

HEMOFILTRO

Dispositivo que tem função similar ao aparelho de hemodiálise, capaz de filtrar o sangue do paciente, removendo excesso de líquido (diminuindo a volemia), escorias nitrogenadas e correção de distúrbios hidroeletrolíticos.

PERMUTADOR DE CALOR

A exposição do sangue do paciente à temperatura da sala de operação, o contato com o oxigênio e a evaporação de vapor-d'água propiciam perda de calor e, portanto, a redução da temperatura do paciente. Para compensar esse fenômeno, uma bomba circula água morna, a temperatura máxima de 40 a 42°C, através de um circuito (similar a uma serpentina) dentro do oxigenador, onde se processam trocas térmicas, que aquecem o sangue e mantêm a temperatura dos pacientes nos níveis determinados pela equipe cirúrgica.

Objetivo da circulação extracorpórea

A circulação extracorpórea tem o objetivo de preservar a integridade celular, a estrutura, as funções e o metabolismo do organismo dos pacientes, enquanto o coração é excluído da circulação para a correção das suas lesões; ao mesmo tempo, a circulação extracorpórea deve proporcionar um campo operatório imóvel, relaxado e exangue.

A grande maioria das operações cardíacas é realizada com auxílio do *bypass* ou desvio venoarterial, em que o sangue é retirado do átrio direito ou das veias cavas, e é filtrado, oxigenado e retornado ao paciente através da aorta ou de uma artéria periférica. Eventuais variações dessa disposição preliminar podem ser determinadas por particularidades da patologia a ser tratada.

Em virtude do contato do sangue com os tubos do circuito extracorpóreo e da sua estagnação em

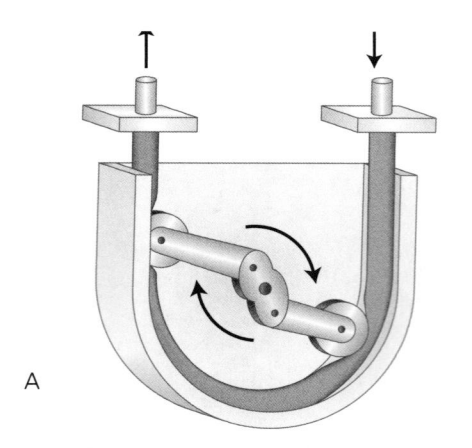

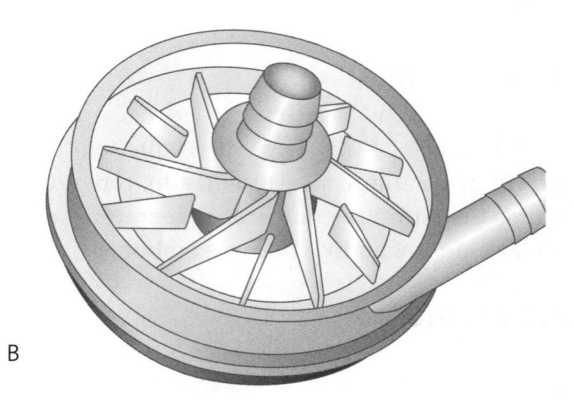

A   B

Figura 17.6 A. Bomba propulsora de rolete. B. Bomba propulsora centrífuga.

algumas câmaras cardíacas e nos reservatórios dos oxigenadores, torna-se necessária a anticoagulação, obtida pela administração de uma dose elevada de heparina, que prolonga o tempo de coagulação para cerca de 3 a 4 vezes o seu valor normal. Essa heparinização sistêmica é obtida pela administração venosa de uma dose de heparina que oscila entre 2 e 4 mg/kg de peso.

Frequentemente é necessário parar o coração, para obter um campo operatório imóvel e flácido; a aorta é clampeada, acima dos óstios coronarianos e abaixo da cânula arterial, para abolir o fluxo sanguíneo pela circulação coronária e, em consequência, produzir a parada do coração. Isso permite operar diretamente o interior do coração e as artérias coronárias, minimizando o retorno sanguíneo pelo seio coronário. Como o miocárdio não é perfundido durante o clampeamento aórtico, várias técnicas e alternativas foram desenvolvidas para minimizar a injúria isquêmica. A proteção do miocárdio durante a cirurgia cardíaca inclui o uso de soluções especiais, chamadas de soluções cardioplégicas, utilizadas para promover a parada eletromecânica do coração e preservar o tecido miocárdico.

Após o término do tempo principal da cirurgia, as cânulas venosas e arteriais são retiradas, e é realizado a protamina, substância que reverte o efeito da heparina.

ACIDENTES E COMPLICAÇÕES DA CIRCULAÇÃO EXTRACORPÓREA

Desde o advento da circulação extracorpórea, numerosas complicações e acidentes têm sido relatados como resultado dessa tecnologia. Algumas das mais frequentes, como as hemorragias, tornaram-se bem conhecidas e podem, até certo ponto, ser efetivamente prevenidas ou tratadas. Outras, ao contrário, como as complicações neurológicas, ocorrem, algumas vezes sem antecedentes detectáveis, e seu curso, com frequência, se acompanha de elevadas morbidade e mortalidade.

A diferenciação entre acidente e complicação da circulação extracorpórea, na prática, nem sempre é fácil; algumas vezes, a natureza do evento por sí, esclarece a sua definição. Outras vezes, acidente e complicação cursam em tal intimidade que sua separação torna-se, praticamente, impossível. É indiscutível, entretanto, que a ocorrência do acidente pode levar ao desenvolvimento da complicação.

Acidente, em geral, costuma ser descrito como a ocorrência de um acontecimento imprevisto ou inesperado. A complicação, na maioria das vezes, também tem a característica da imprevisibilidade. A desconexão de um tubo mal adaptado ao conector de uma linha arterial é um acidente provocado por falha humana. A obstrução por coágulo de um filtro da linha arterial, em um paciente adequadamente heparinizado, é uma complicação do uso dos filtros.

A utilização de um dispositivo de segurança deve ser padronizada. Acidentes e complicações, nos dias atuais, estão intimamente relacionados aos conceitos de segurança dos procedimentos, que incluem os aspectos particulares e não menos importantes, da segurança dos pacientes submetidos aos procedimentos.

A circulação extracorpórea, em virtude da sua complexidade, da multiplicidade de componentes mecânicos e das suas interações com o sangue, é capaz de produzir uma grande variedade de alterações no organismo humano.

Dentre as principais complicações da CEC, tem-se:

- Hemorragias.
- Baixo débito cardíaco.
- Arritmias cardíacas.
- Insuficiência renal.
- Insuficiência pulmonar.
- Complicações neurológicas.

As hemorragias constituem a principal complicação dos pacientes submetidos a CEC. Isso ocorre pelo contato do sangue com as diversas superfícies do circuito de perfusão, desencadeando uma série de estímulos pró-inflamatórios e alterações da coagulação e fibrinólise, que podem culminar em discrasia sanguíneas, levando a sangramentos no pós-operatório.

Os principais fatores de risco para sangramento pós-operatório de pacientes submetidos à cirurgia cardíaca com CEC são:

- Heparinização.
- Tempo de CEC.
- Hemodiluição.
- Hipotermia.
- Trauma mecânico.
- Uso indiscriminado dos aspiradores.
- Interação das plaquetas com a superfície dos circuitos.
- Redução da atividade plaquetária.

Todos os pacientes submetidos à circulação extracorpórea apresentam sangramento nas primeiras horas que seguem o procedimento. A drenagem decresce rapidamente e, após 3 a 6 horas, torna-se mínima e predominantemente serosa. Em geral, o paciente adulto perde entre 400 e 1.000 mL nas primeiras 24 horas. Quando esta drenagem supera 1 litro nas primeiras 24 horas o paciente precisa ser reabordado para revisão de hemostasia e remoção de coágulos.

Outra complicação comum dos pacientes submetidos a CEC é o baixo débito cardíaco, representado pela redução da função contrátil do coração. Em geral, ocorre por isquemia tissular da porção subendocárdica, causada por falha da proteção miocárdica ou pela liberação de radicais livres de oxigênio no momento da restauração do fluxo sanguíneo.

O baixo débito cardíaco também pode de acentuado por quadro de arritmias cardíacas, dentre as quais a mais comum é a fibrilação atrial.

Outras arritmias cardíacas incluem as extrassístoles, fibrilação ventricular, taquicardias supraventriculares, sendo as causas mais comuns os distúrbios hidroeletrolíticos, distúrbios ácido-base, hipovolemia e manipulação cardíaca.

As complicações mais graves e mais frequentes observadas nos primórdios da circulação extracorprórea eram as hemorragias e as complicações pulmonares. O progresso e a sofisticação dos aparelhos e das técnicas de perfusão determinaram uma significativa redução de ambas; entretanto, as complicações pulmonares ainda surgem após um período de circulação extracorpórea e, ocasionalmente, podem tornar-se o evento de maior importância no quadro pós-operatório. Algumas vezes, essas complicações evoluem com extrema rapidez e resistem à todas as medidas terapêuticas, ocasionando o óbito dos pacientes.

As repercussões pulmonares da circulação extracorpórea são de extrema importância porque prolongam a recuperação dos pacientes e podem servir de porta de entrada para bactérias do ambiente hospitalar.

A administração pré-operatória de metilpredinisolona pode reduzir a ativação do complemento e, potencialmente, inibir o menos parcialmente, a ativação dos neutrófilos induzida por algumas endotoxinas.

As medidas que visam minimizar a resposta inflamatória sistêmica do organismo também contribuem para reduzir os seus efeitos sobre os pulmões. Dentre as mais importantes, devemos mencionar o uso de corticosteroides, o adequado controle da anticoagulação, o uso criterioso dos aspiradores, o emprego de circuitos biocompatíveis, a manutenção dos gradientes térmicos e o delicado manuseio dos tecidos. Todas, em maior ou menor extensão, contribuem para conter a liberação de agentes vasoativos e de citoquinas pró-inflamatórias. A combinação do aumento da água extravascular, microembolias, agentes vasoativos e mediadores da resposta inflamatória está na origem da grande maioria das complicações pulmonares pós circulação extracorpórea.

A inflamação é uma resposta protetora dos tecidos vascularizados, que funciona como parte integrante do sistema de vigilância e dos mecanismos de destruição dos agentes lesivos ou reconstituição dos tecidos danificados. O aspecto mais importante da resposta inflamatória é a complexa interação humoral e celular que aciona diversas vias, através das quais se processa a resposta inflamatória. Essas vias dependem da ativação dos sistemas de coagulação, fibrinolítico, sistema do complemento e sistema das cininas, além de outros componentes proteicos, a ativação endotelial e leucocitária. A ativação desses sistemas humorais e celulares origina uma variedade de substâncias, como as diversas citoquinas e moléculas de adesão que regulam a resposta inflamtória.

As manifestações clínicas da resposta inflamatória são múltiplas e variam desde o edema acentuado, pelo extravasamento de líquido para o espaço intersticial, até a insuficiência respiratória, renal, miocárdica e de outros órgãos. O contato do sangue com as superfícies não endoteliais dos circuitos e oxigenadores a CEC é o fator mais importante para o início da cadeia de estímulos que invoca a resposta inflamatória generalizada.

A disfunção cerebral que ocorre em associação com a CEC é considerada resultante da perfusão cerebral inadequada, de embolias ou combinação de ambas. Podem ser divididas em:

- Distúrbios do tipo 1: Correspondem às lesões mais graves e incluem o coma e a morte cerebral, acidentes vasculares cerebrais com plegias.
- Distúrbios do tipo 2: Correspondem às lesões que produzem alterações da esfera cognitiva, apresentando bom prognóstico.

A circulação extracorpórea é usada milhares de vezes no mundo, a cada dia, não tendo, entretanto, atingido um estágio de segurança absoluta. Admite-

-se que ocorre um incidente sério a cada 300 perfusões e um acidente fatal, em cada 1.500 perfusões. Algumas circunstâncias aumentam os riscos dos procedimentos. A perfusão que se prolonga por mais de 3 horas tem maiores chances de se acompanhar de complicações, bem como a perfusão para pacientes com poucos dias de vida, a perfusão de idosos e de pacientes em más condições orgânicas.

BIBLIOGRAFIA RECOMENDADA

1. Costa IA. História da cirurgia cardíaca brasileira. Rev Bras Cir Cardiovasc. 1998;13(1):1-7.

2. Felipozzi HJ, Santos RG, D'Oliveira LG, Perfeito JS. Cirurgia cardíaca a céu aberto com desvio extracorpóreo da circulação do coração direito. Resultados experimentais e primeiros casos clínicos. Nota prévia apresentada ao Departamento de Cirurgia da Associação Paulista de Medicina, 16 de Novembro de 1955.

3. Galletti PM, Brecher GA. Introduction. In: Galletti, PM, Brecher GA. Heart-Lung Bypass. Principles and Techniques of Extracorporeal Circulation. New York: Grune & Stratton; 1962.

4. Souza MHL. Estudo Geral da Circulação Extracorpórea – Bombas Propulsoras e Oxigenadores. in Introdução à Circulação Extracorpórea. Módulo Teórico n. 1. Soc. Bras. Circ. Extracorpórea. Rio de Janeiro; 1985.

5. Gomes OM, Conceição DS. Aparelho Coração Pulmão Artificial. In Gomes, O.M. Circulação Extracorpórea, 2.e. Belo Horizonte; 1985.

6. Reed CC, Kurusz M, Lawrence AE. Bubble Oxygenators. In: Reed CC, Kurusz M.; Lawrence, A.E. - Safety And Techniques in Perfusion. QualiMed, Inc. Stafford; 1988.

7. Hessel EA. II Cardiopulmonary Bypass Circuitry and Cannulation. In Gravlee GP, Davis RF, Utley JR. Cardiopulmonary Bypass. Principles and Practice. Baltimore: Williams & Wilkins; 1993.

8. Murad H. Complicações da circulação extracorpórea. Módulo Teórico 1. Sociedade brasileira de Circulação Extracorpórea. Rio de Janeiro; 1982.

9. Elias DO, Souza MHL, Lacerda BS, Fagundes FES et. Al. Injúria orgânica da circulação extracorpórea nos três primeiros meses de vida. Ver Bras Cir Cardiovasc. 1990;(5):1-8.

10. Rinder CS. Hematologic effects of cardiopulmonary bypass. In Gravlee GP, Davis RF, Kurusz M, Utley JR. Cardiopulmonary bypass. Principles and practice. 2nd. Philadelphia: Ed.Lippincott Williams & Wilkins; 2000.

11. Ellison N, Jobes DR. Effective hemostasis in cardiac surgery. Philadelphia: WB Saunders Co. 195- 201,1988.

12. Jonas RA. Comprehensive surgical management of congenital heart disease. Arnould. London, 2004.

13. Helm RE, Krieger KH. Assessment and control of postoperative bleeding. In Krieger KH, Isom OW. Blood conservation in cardiac surgery. Springer. New York,1988.

14. Souza MHL, Elias DO. Fundamentos da circulação extracorpórea. 2.ed. Rio de Janeiro; 2006.

15. Conceição DS, Gomes OM. Circulação Extracorpórea. São Paulo: Sarvier Ltda.; 1973.

18

ANESTESIA, SEDAÇÃO E ANALGESIA

LUIZ CARLOS HACK RADÜNZ VIEIRA

INTRODUÇÃO

O entendimento global sobre os determinantes do fluxo sanguíneo coronariano e das relações entre o consumo e a oferta de oxigênio ao miocárdio, com consequente utilização de técnicas anestésicas que proporcionem maior estabilidade hemodinâmica durante o ato anestésico cirúrgico, permitiu a realização de procedimentos de revascularização do miocárdio em pacientes cada vez mais críticos, com melhora acentuada da morbimortalidade peri e pós-operatória.

O surgimento de técnicas para revascularização do miocárdio sem circulação extracorpórea, ao minimizar as complicações neurológicas, cardiopulmonares, renais e de coagulação nesse tipo de procedimento, também foi um aspecto decisivo na diminuição das complicações intra e pós-operatórias.

ANESTESIA

A técnica anestésica mais utilizada nesse tipo de procedimento é a anestesia geral balanceada, com o uso de agentes inalantes e venosos, que permite o despertar e a extubação traqueal precoce na sala de cirurgia ou nas primeiras 6 horas de pós-operatório.

Avaliação pré-anestésica

A avaliação pré-anestésica deve ser realizada antes de qualquer anestesia, mesmo de urgência, com o objetivo de orientar e captar a confiança do paciente, e determinar sua condição clínica e o risco anestésico-cirúrgico.

A avaliação clínica feita por meio da anamnese e do exame físico é extremamente importante para a determinação da condição cardiovascular, bem como para a detecção de doenças coexistentes (doença vascular periférica, diabetes, pneumopatias, doenças renais e psiquiátricas), influenciando decisivamente a conduta anestésica.

A análise dos exames pré-operatórios, como eletrocardiograma, ecocardiograma, cateterismo cardíaco e angiografia, e os exames hematológicos, como os de coagulação e os bioquímicos, deverão ser realizados durante a avaliação pré-anestésica.

As drogas empregadas para terapêutica da doença isquêmica (anti-hipertensivas, antiarritímicas, vasodilatadoras) deverão ser utilizadas até a manhã do dia da cirurgia. Aspirina deve ser suspensa em um período que varia de 5 a 7 dias antes da cirurgia. Outro aspecto significativo é o uso de drogas para tratar doenças associadas (hipoglicemiantes, anticonvulsivantes, corticosteroides, antidepressivas). Sempre que não existirem interações significativas entre essas drogas e os agentes anestésicos que contraindiquem sua utilização, elas devem ser mantidas até a manhã que precede a cirurgia e reiniciadas o quanto antes, no pós-operatório imediato. A presença de alergia medicamentosa, principalmente a antibióticos, deverá ser pesquisada.

Medicação pré-anestésica

Acalmar o medo e a ansiedade e aliviar a dor são metas desejáveis no pré-operatório de pacientes com coronariopatia. A pré-medicação satisfatória impede a ativação simpática, o que afeta de forma prejudicial o equilíbrio entre oferta e demanda de oxigênio do miocárdio. A medicação excessiva é igualmente prejudicial e deve ser evitada, porque pode resultar em hipoxemia, acidose respiratória e hipotensão.

Habitualmente, utiliza-se como medicação pré--anestésica um benzodiazepínico, preferencialmente por via oral, sendo o midazolam o mais utilizado, pois, pelas suas propriedades ansiolíticas e amnésicas, proporciona maior conforto para o paciente. Alguns serviços utilizam, associado aos benzodiazepínicos, um opioide, como a morfina intramuscular, para minimizar o desconforto da monitorização hemodinâmica invasiva.

Monitorização

A monitorização de rotina consiste de cardioscopia, oximetria de pulso, capnografia, aferição de pressão arterial invasiva, pressão venosa central, débito urinário e temperatura. Nos pacientes mais graves, é recomendável a utilização de cateter de artéria pulmonar. Embora pouco utilizado em nosso meio, a ecocardiografia transesofágica é extremamente útil na detecção precoce de isquemia miocárdica perioperatória.

Pressão arterial média (PAM)

Em geral, a PAM é obtida através da artéria radial. Em situações especiais, em que se pretendem utilizar ambas as artérias radiais, pode-se fazer uso da punção da artéria femoral. A PAM pode ser imprecisa durante a circulação extracorpórea (CEC), com hipotermia, mas geralmente retorna ao normal de 10 a 60 minutos após o término da CEC.

Eletrocardiograma (ECG)

O ECG é utilizado para monitorar o ritmo e as alterações do segmento ST. Com três eletrodos (I, II e V5), a monitorização do segmento ST é deficiente em 50 a 80% dos casos. Quando se utiliza monitorização com quatro eletrodos (I, II, V4 e V5), a sensibilidade aumenta para 96%.

Pressão venosa central (PVC)

A pressão venosa central é o método mais utilizado para monitorização das pressões de enchimento das câmeras cardíacas. Muitos centros aceitam uma razoável correlação entre a PVC e a pressão capilar pulmonar (PCP) e só usam a PVC como parâmetro. Outros preferem usar de rotina o cateter em artéria pulmonar em todas as cirurgias de revascularização miocárdica. O uso de cateter em artéria pulmonar não está isento de complicações.

Pressão da artéria pulmonar (PAP) e pressão capilar pulmonar (PCP)

As indicações para uso de PAP são:

1. Fatores do paciente: insuficiência cardíaca congestiva, infarto agudo do miocárdio, angina instável, áreas de hipocinesia ou acinesia do VE, determinadas pela angiocardiografia ou ecocardiografia, fração de ejeção menor que 40%; índice cardíaco menor que 2,5 L/min/m^2 e Pd2 menor que 15 mmHg;
2. Fatores cirúrgicos: cirurgia de emergência, cirurgia combinada (valva+RM) e reoperações.

Algumas condições podem interferir na acurácia da PCP, não refletindo a pressão diastólica final do ventrículo esquerdo (VE):

a. PCP > Pd2 (estenose mitral, obstrução venosa pulmonar, mixoma de átrio esquerdo e aumento da pressão intratorácica);
b. PCP < Pd2 (severa falência de VE).

Temperatura

Diversas temperaturas podem ser medidas durante a cirurgia: a da circulação central, a nasofaríngea e a da bexiga. A mais utilizada é a nasofaríngea, pois representa, aproximadamente, a temperatura do cérebro.

Débito urinário

O débito urinário representa a perfusão renal durante a CEC. A presença de hemoglobinúria pode representar complicações renais no pós-operatório. Deve-se estar atento para a regulagem dos aspiradores.

Ecocardiograma transeofágico (ETE)

Apesar do alto custo, o ETE é uma monitorização muito eficiente durante o ato cirúrgico. Podem-se obter informações, como enchimento das câmeras, contratilidade, isquemia e ateromatose na aorta descendente (importante preditor de AVC e morte no pós-operatório). No entanto, fica restrito a centros com mais recursos financeiros.

Atividade anticoagulante

É iniciada com heparina (4 mg/kg/peso) e revertida com sulfato de protamina, na proporção de 1:1. O uso do tempo de coagulação ativada (TCA) pode controlar a eficácia da heparina e sua reversão com a protamina. O TCA analisa a formação da fibrina e não tem informação sobre a interação fibrina/plaquetas, retração e lise do coágulo. A presença de sangramento com TCA normal deve-se à hemostasia cirúrgica insuficiente, deficiência plaquetária, deficiência do fator VIII ou função plaquetária anormal.

Eletrólitos e gases sanguíneos

A gasometria arterial deve ser feita durante todo o ato cirúrgico, principalmente durante a CEC. O potássio deve ser mantido entre 4 e 4,5 mEq/l. Deve-se também medir o cálcio e os lactatos.

Técnica anestésica

A indução da anestesia é realizada por via venosa com a utilização de um opioide (fentanil, sufentanil, alfentanil, remifentanil), que proporciona uma diminuição significativa da estimulação adrenérgica. Isto poderá causar hipertensão e taquicardia significativas durante a laringoscopia e a entubação traqueal, podendo levar à isquemia miocárdica e ao infarto durante a indução anestésica. O hipnótico mais utilizado é o etomidato, em razão da excelente estabilidade cardiovascular proporcionada pela droga. O bloqueador neuromuscular mais empregado em cirurgia cardíaca é o pancurônio. Ele apresenta efeito simpaticomimético que minimiza a hipotensão e a bradicardia, que podem ser observadas com o uso dos opioides. Tem como desvantagem uma prolongada duração de ação, o que pode dificultar a extubação traqueal precoce. Bloqueadores neuromusculares de menor duração de ação, como o rocurônio e cisatracúrio, têm sido utilizados com uma frequência cada vez maior para minimizar esse efeito indesejável do pancurônio. A indução deve ser realizada de maneira lenta, homogênea e controlada, muitas vezes denominada de indução cardíaca.

Alguns centros europeus utilizam anestesia epidural torácica alta com a anestesia endotraqueal geral para as cirurgias cardíacas. Em alguns casos, utiliza-se somente anestesia epidural torácica em pacientes submetidos à revascularização coronariana sem circulação extracorpórea. Alguns centros nos Estados Unidos utilizam apenas uma injeção intratecal de morfina no pré-operatório para proporcionar analgesia pós-operatória.

Na manutenção da anestesia são empregados agentes inalantes (halotano, enflurano, isoflurano e sevoflurano), associados a um opioide e a um relaxante muscular. Entre os agentes inalantes, os mais utilizados são o sevoflurano e isoflurano. A utilização de doses adequadas de opioides durante a incisão de pele, esternotomia e manuseio da aorta permite significativa estabilidade cardiovascular, com menor incidência de hipertensão e taquicardia.

Durante a circulação extracorpórea, a anestesia é realizada com a utilização de drogas venosas, como benzodiazepínicos (midazolam), opioides (fentanil, sufentanil, alfentanil, remifentanil) e bloqueador neuromuscular (pancurônio, rocurônio e cisatracúrio).

É importante deixar disponível para uso imediato drogas de suporte para tratamento de alterações hemodinâmicas, como inotrópicos, vasodilatadores, antiarrítmicos e vasopressores. Deve-se enfatizar que a cirurgia de revascularização do miocárdio sem circulação extracorpórea, principalmente durante as anastomoses distais posteriores, está associada a períodos de hipotensão arterial significativa que deverão ser tratados com reposição volêmica, inotrópicos e vasopressores.

Ao término da cirurgia, os pacientes que apresentarem condições cardiovascular, pulmonar e de coagulação adequadas poderão ser extubados na sala de cirurgia, após reversão do bloqueio neuromuscular. Os pacientes instáveis deverão ser encaminhados intubados e sob narcose à UTI, devendo ser extubados, preferencialmente, nas primeiras 6 horas de pós-operatório.

Analgesia pós-operatória

A analgesia pós-operatória é extremamente importante, pois, além de proporcionar conforto ao paciente, minimiza a hipertensão e a taquicardia decorrentes da liberação de catecolaminas, em virtude do estímulo nociceptivo, o que pode causar isquemia pós-operatória. Habitualmente, a analgesia pós-operatória é obtida com o uso dos anti-inflamatórios não hormonais, associados aos opioides por via venosa. Além disso, diversos estudos mostraram os benefícios da administração intratecal de opioides. A analgesia epidural tem demonstrado ser segura e eficaz, resultando em função pulmonar pós-operatória melhorada.

BIBLIOGRAFIA RECOMENDADA

1. Barash PG, Cullen BF, Stoelting RK. Anestesia clínica. 4.ed. Barueri: Manole; 2004.

2. Benson MJ, Cahalan MK. Cost benefit analysis of transesophageal echocardiography in cardiac surgery. Echocardiography. 1995;12:171-83.

3. Brick AV, Souza DSR, Braile DM, Buffolo E, Lucchese FA, et al. Diretrizes da cirurgia de revascularização miocárdica. Arq Bras Cardiol. 2004;82(supl V).

4. Bull BS, Huse WM, Brauer FS, Korpman RA. Heparin therapy during extracorporeal circulation II. The use of a dose response curve to individualize heparin and protamine dosage. J Thorac Cardiovasc Surg. 1975;69:685-9.

5. Haggmark S, Hohner P, Ostman M, et al. Comparation of hemodynamic, electrocardiographic, mechanical and metabolic indicators of intraoperative myocardial ischemia in vascular surgical patients with coronary artery disease. Anesthesiology. 1989;70:19-25.

6. Kaplan JA, Wells PH. Early diagnosis of myocardial ischaemia using the pulmonary arterial catheter. Anesth Analg. 1981;60:789-93.

7. Lederman RJ, Breuer AC, Hansen MR, Furlan AJ, Loop FD, Cosgrove DM, et al. Peripheral nervous system complications of coronary artery bypass graft surgery. Ann Neurol. 1982;12:297-301.

8. London MJ, Hollenberg M, Wong MG, et al. Intraoperative myocardial ischemia: localization by continuous 12-lead electrocardiography. Anesthesiology. 1988;69:232-41.

9. Mangano DT. Monitoring pulmonary arterial pressure in coronary artery disease. Anesthesiology. 1980;53:364-70.

10. Morgan GEJ, Mikhail MS, Murray MJ. Anestesiologia clínica. 4ª ed. Revinter, 2010.

11. Prys-Roberts C. Hypertension and anesthesia – fifty years on. Anesthesiology. 1979;50:281-4.

12. Remington JW, O' Brien LJ. Arterial pressure curves recorded from various sites in the anesthetized dog. Am J Physiol. 1970;218:437-47.

13. Stanski DR, Shafer SL. Quantifying anesthetic drug interation. Implications for drug dosing. Anesthesiology. 1995;83:1-5.

14. Tuman KJ, McCarthy RJ, Spiess BD, Da Valle M, Dabir R, Ivankovich AD. Does the choice of anesthetic agent significantly affect outcome after coronary artery surgery? Anesthesiology. 1989;70:189-98.

15. Warner MA, Offord KP, Warner ME, Lennon RL, Conover MA, Jansson-Schumacher U. Role of preoperative cessation of smoking and other factors in postoperative pulmonary complications: a blinded prospective study of coronary bypass patients. Mayo Clin Proc. 1989;64:609-16.

SEÇÃO IV
AVALIAÇÃO PRÉ-OPERATÓRIA

19

AVALIAÇÃO DO RISCO OPERATÓRIO

LUIZ CARLOS HACK RADÜNZ VIEIRA

INTRODUÇÃO

A prática médica vem incorporando, de maneira surpreendentemente rápida, os novos conhecimentos relacionados a cirurgia. Êxitos consecutivos associados ao menor índice de complicações pós-operatórias resultaram na ampliação da população cirúrgica. Um número crescente de intervenções passou a ser realizado em uma população progressivamente mais idosa e de maior risco. Tornou-se, então, necessário organizar o conhecimento a respeito dos fenômenos que acontecem antes, durante e depois da intervenção cirúrgica. Essa tarefa demanda grande esforço, considerando-se a enorme variabilidade das características dos pacientes nessas condições e a dificuldade de estabelecer critérios comuns e referências para observação e comparação. Para essa área de conhecimento, alguns autores propuseram o nome de "avaliação perioperatória". Para os pesquisadores e para os profissionais envolvidos na prática clínica diária da avaliação perioperatória, alguns fundamentos foram estabelecidos e constituem os objetivos gerais:

- Aprimorar e unificar a linguagem utilizada por toda a equipe multiprofissional, incluindo o paciente e sua família.
- Estabelecer novas rotinas, modificar a indicação cirúrgica em função das informações da avaliação perioperatória.
- Não contraindicar a intervenção cirúrgica, mas informar sobre seus possíveis riscos. Baseado nesses dados, na experiência pessoal e no conhecimento do histórico, da doença de base, de seus riscos e do risco atribuível à operação em si, o cirurgião poderá decidir, em conjunto com o paciente e sua família, se a relação risco/benefício é favorável à intervenção.
- Nem sempre há dados ou evidências científicas disponíveis para analisar todas as situações que se apresentam. Como em muitos casos na prática médica, a análise minuciosa do paciente e do problema e o bom-senso da equipe devem prevalecer.
- A intervenção cirúrgica não termina no curativo ou na saída da sala operatória. O conceito de perioperatório inclui a necessidade de uma vigilância pós-operatória tanto mais intensa quanto maior o risco individual do paciente.

AVALIAÇÃO GERAL

História

A anamnese é o primeiro passo na avaliação perioperatória. Deve ser realizada em ambiente confortável, com o paciente ou com um de seus familiares, quando a presença do paciente não for possível. Em intervenções eletivas, a anamnese deve preceder o procedimento cirúrgico em pelo menos uma semana, para que, eventualmente, medicamentos possam ser introduzidos para otimização da condição clínica ou outros possam ser retirados por eventual interferência no sucesso de operação. Por outro lado, nas intervenções de urgência, a anamnese realizada com o próprio paciente ou com seus familiares pode fornecer informações importantes para se decidir, por exemplo, se o pós-operatório deverá ser realizado em UTI ou se existem condições clínicas que poderão influenciar o pós-operatório imediato.

Entre os itens que compõem a essência de anamnese, estão:

- Investigação da doença de base, que indicou o procedimento cirúrgico.
- Investigação minuciosa de antecedentes cirúrgicos ou anestésicos que podem revelar complicações potencialmente evitáveis, alergias ou existência de comorbidades.
- Investigação do estado clínico e da necessidade de compensação de doenças coexistentes.
- Medicamentos em uso e potencial interferência no ato operatório.
- Conhecimento do ponto de vista do cirurgião, da urgência e do risco do procedimento.
- Grau de ansiedade e dúvidas do paciente e dos seus familiares com relação ao procedimento e a seus riscos.

Exame físico

O exame físico é útil durante o processo de avaliação de risco perioperatório e não deve ser limitado ao sistema cardiovascular. Os objetivos são identificar possível cardiopatia preexistente ou potencial (fatores de risco) e eventuais comorbidades e definir a gravidade e a estabilidade da cardiopatia. Os pacientes com doença cardíaca cujo estado geral está comprometido por outras afecções, como doenças neurológicas, insuficiência renal, infecções, anormalidades hepáticas, desnutrição ou disfunção pulmonar, apresentam risco mais elevado de complicações cardíacas, porque essas condições exacerbam o estresse cirúrgico. Pacientes com doença vascular periférica têm elevada incidência de doença isquêmica do coração, o que representa um fator preditivo de complicação no perioperatório. Informações no exame físico, como alterações de pulsos arteriais ou sopro carotídeo, devem ser pesquisadas. Por outro lado, jugulares túrgidas indicando pressão venosa central (PVC) elevada na consulta pré-operatória indicam que o paciente poderá desenvolver edema pulmonar no pós-operatório. A presença de terceira bulha (B3) na avaliação pré-operatória é indicador de mau prognóstico com maior risco de edema pulmonar, infarto do miocárdio ou morte cardíaca. Edema de membros inferiores (bilateral) deve ser analisado em conjunto com a presença ou não de distensão venosa jugular. Se há aumento da PVC, visualizado pela altura da oscilação do pulso da veia jugular interna, então cardiopatia e hipertensão pulmonar são pelo menos parcialmente responsáveis pelo edema do paciente. Se a PVC não está aumentada, outra causa deve ser responsável pelo edema, como hepatopatia, síndrome nefrótica, insuficiência venosa periférica crônica ou uso de alguma medicação. Edemas por si só e sem o conhecimento da PVC do paciente não são sinal definitivo de doença cardíaca. Na presença de sopros cardíacos, o médico deve ser capaz de distinguir sopros orgânicos de funcionais, significativos ou não, e a origem do sopro, para determinar se há necessidade de profilaxia para endocardite ou de avaliação da gravidade da lesão valvar.

Exames subsidiários

A solicitação de exames complementares é um tema polêmico em medicina. Com a evolução tecnológica, há um acréscimo exponencial no número de exames disponíveis. É necessário que o médico esteja familiarizado com os atributos de um teste, suas indicações, suas vantagens, suas desvantagens, seus custos, sua disponibilidade e seus riscos antes de empregá-lo e tenha sempre em mente que a anamnese e o exame físico continuam sendo instrumentos fundamentais no diagnóstico clínico. Frequentemente são solicitados exames para confirmação de diagnóstico, avaliação da gravidade do problema ou auxílio no planejamento terapêutico. Contudo, mesmo um paciente portador de uma cardiopatia grave pode não apresentar sintomas até a doença atingir um estágio avançado. Exames de rotina em uma consulta ao médico por qualquer outro motivo podem revelar uma cardiopatia assintomática.

Eletrocardiograma

A análise do eletrocardiograma (ECG) pode permitir a identificação de pacientes com alto risco cardíaco operatório. O ECG proporciona a detecção de arritmias, defeitos de condução, isquemia ou necrose miocárdica, sobrecargas cavitárias, superdosagem digitálica ou sugere distúrbios eletrolíticos. Além disso, um traçado basal é importante para a avaliação comparativa no perioperatório. Consideram-se alterações eletrocardiográficas de alto risco as arritmias graves (bloqueio atrioventricular total, arritmias ventriculares sintomáticas com doença cardíaca subjacente, arritmias supraventriculares com frequência cardíaca elevada); de médio risco, a presença de ondas Q patológicas; e, de baixo risco, a detecção de hipertrofia ventricular esquerda, bloqueio do ramo esquerdo e alterações do segmento ST e da onda T. Por outro lado, a aplicação de rotina de um teste com especificidade limitada para algumas doenças pode levar à ocorrência de resultados falso-positivos em pacientes que não apresentam doenças cardíacas. Por exemplo, alterações do segmento ST e da onda T podem ser vistos tanto em indivíduos normais como em pacientes com doenças coronarianas. Alterações eletrocardiográficas são causas de preocupação da equipe cirúrgica e motivam o pedido de consulta ao especialista. Pacientes com alterações eletrocardiográficas diversas têm a operação mais frequentemente cancelada do que os pacientes com ECG normal, que muitas vezes têm a cirurgia cancelada desnecessariamente.

Deve ser solicitado ECG para todos os pacientes com idade maior do que 40 anos, ou, independentemente da idade, para pacientes com história e/ou anormalidades no exame físico que sugiram doença cardiovascular, com episódio recente de dor torácica isquêmica ou considerados de alto risco pelo médico assistente, com *diabetes mellitus*, assintomáticos obesos e assintomáticos que serão submetidos a procedimentos cirúrgicos de baixo risco e pacientes de rotina.

Radiografia de tórax

A radiografia de tórax deve ser solicitada para pacientes com anormalidades relacionadas ao tórax na história e no exame físico.

Hemograma

O hemograma deve ser solicitado para idosos (> 65 anos) em casos de suspeita clínica de anemia ao exame físico ou de presença de doenças crônicas associadas à anemia e de intervenções de médio e grande porte, com previsão de necessidade de transfusão.

Hemostasia/testes da coagulação

A hemostasia, ou testes de coagulação, deve ser solicitada para pacientes anticoagulados, com insuficiência hepática ou portadores de distúrbios de coagulação, e em casos de intervenções de médio e grande porte.

Dosagem da creatinina sérica

A dosagem de creatinina sérica deve ser solicitada para pacientes com idade superior a 40 anos, para portadores de nefropatia, de *diabetes mellitus*, de hipertensão arterial sistêmica, de insuficiência hepática, de insuficiência cardíaca, se não tiver um resultado deste exame nos últimos 12 meses, e para intervenções de médio e grande porte.

AVALIAÇÃO ESPECÍFICA

Doença aterosclerótica coronária

Pacientes com doença aterosclerótica coronária (DAC) diagnosticada devem ser discriminados objetivamente para o risco cirúrgico para prevenção e menor morbidade de eventos perioperatórios. Há cerca de quatro décadas, a análise de risco perioperatório do coronariopata consistia estritamente em aferir a relação temporal entre determinado evento isquêmico cardíaco e a operação proposta. No entanto, atualmente, além do intervalo referido, todos os fatores relevantes no prognóstico de pacientes portadores de DAC, independentemente do contexto perioperatório, devem ser analisados, como presença de angina, insuficiência cardíaca, sinais eletrocardiográficos, provas de extensão e limiar da isquemia, além da anatomia coronária, nos casos pertinentes. Não há benefício comprovado da realização rotineira e indiscriminada de exames subsidiários, sobretudo provas funcionais e cineangiocoronariografia, nem mesmo para a população que já tem o diagnóstico de DAC. Uma cautelosa anamnese, associada à propedêutica direcionada para o aparelho circulatório e a exames subsidiários básicos, como o eletrocardiograma de repouso e a radiografia de tórax, é, muitas vezes, suficiente para determinar o risco cirúrgico de pacientes coronariopatas.

Pacientes com fatores de risco para DAC

Não há evidências para recomendar prova funcional para todos os pacientes com fatores de risco para DAC. Porém, é fundamental avaliar essa população com maior grau de suspeita e vigilância clínica, analisar criticamente o eletrocardiograma e estimar a capacidade funcional para evitar confiar na percepção de sintomas em indivíduos que podem estar muito limitados por outras doenças. Além disso, ponderar o porte do procedimento proposto é fundamental. Avaliar a natureza do procedimento proposto é igualmente importante, pois, sobretudo nos casos de operação vascular, a doença que levou à proposta cirúrgica não apenas compartilha a mesma fisiopatologia da DAC (aterosclerose), como também é marcador de gravidade. Na presença de vários destes fatores, pode-se optar pela realização de prova funcional para avaliação de isquemia miocárdica, conforme sugerem os algoritmos de avaliação de risco cardíaco da American Heart Association/American College of Cardiology e do American College of Physicians.

Hipertensão arterial sistêmica (PAS)

A hipertensão estágio 3 (PAS > 180 mmHg e PAD > 110 mmHg) deve ser controlada antes da operação; porém, na hipertensão leve ou moderada sem alterações metabólicas ou cardiovasculares associadas, não há evidências de que seja vantajoso retardar a operação, embora esta ainda seja uma importante causa de suspensão do procedimento. Os pacientes com algum grau de disfunção autonômica, incluindo os hipertensos, são mais suscetíveis à hipotensão durante a indução anestésica e o intraoperatório do que pacientes normotensos. Isso é particularmente verdadeiro para os pacientes que fazem uso de inibidores da enzima de conversão da angiotensina (IECA) no pré-operatório. Na maior parte das vezes, isso pode estar relacionado com a redução no volume intravascular, sendo fundamental evitar hipovolemia no perioperatório. A suspensão abrupta desses medicamentos, entretanto, não deve ser realizada, porque o descontrole da pressão arterial e a descompensação da insuficiência cardíaca aumentam o risco de complicações. A alteração da autorregulação do fluxo sanguíneo cerebral que ocorre no paciente hipertenso torna esse indivíduo mais suscetível a apresentar sofrimento cerebral mediante as variações na pressão arterial. O aumento no conhecimento da fisiopatologia da hipertensão, na terapêutica anti-hipertensiva, e o desenvolvimento de novos anestésicos e relaxantes musculares com efeitos hemodinâmicos mínimos têm contribuído no sentido de minimizar as complicações relacionadas com o perioperatório do paciente hipertenso. A clonidi-

na, quando utilizada no perioperatório de pacientes hipertensos, mostrou redução significativa da variação da pressão arterial e da frequência cardíaca, além de reduzir a necessidade de anestésico (isoflurano) e de suplementação de narcóticos nesses pacientes. Nos indivíduos com doença coronariana diagnosticada previamente, a variação dos níveis de pressão arterial no intraoperatório já foi associada com alterações isquêmicas no eletrocardiograma. Vários estudos mostraram que a introdução de betabloqueadores no pré-operatório resulta no melhor controle das grandes variações da pressão arterial e dos episódios isquêmicos no perioperatório. Além disso, em pacientes com doença coronariana ou com risco para doença coronariana submetidos à intervenções cirúrgicas, os betabloqueadores reduzem a mortalidade hospitalar e a incidência de complicações cardiovasculares. Durante o procedimento cirúrgico, a monitorização hemodinâmica do paciente hipertenso é fundamental para detectar variações da pressão arterial e sinais de isquemia o mais precocemente possível. A hipertensão arterial, além de ser um fator de risco para a doença coronariana, está associada com a hipertrofia ventricular, sabidamente um fator de risco cardiovascular independente. Esse aspecto deve ser levado em consideração no manuseio de volume no perioperatório dos pacientes hipertensos que têm a geometria ventricular e a elasticidade arterial alteradas, principalmente os idosos.

Insuficiência cardíaca congestiva

Pacientes que demonstram sinais e sintomas de insuficiência cardíaca congestiva (ICC) descompensada devem ser considerados de alto risco para complicações cardiovasculares perioperatórias. Esses pacientes devem ser cuidadosamente tratados com o objetivo de otimizar seu equilíbrio hemodinâmico e realizar a cirurgia com maior segurança. O uso de medidas farmacológicas e dietéticas no sentido de melhorar o estado clínico é de grande valor, mas não anula os efeitos fisiopatológicos da doença de base. A administração de fluidos deve ser feita com cautela tanto durante como após a cirurgia. Quanto ao uso de agentes anestésicos, deve ser dada preferência àqueles com menor efeito depressor do miocárdio. Pacientes claramente sintomáticos (em classe funcional III e IV da NYHA), se submetidos a cirurgia em caráter de urgência, devem ser observados com cautela no período pós-operatório, de preferência em unidades de terapia intensiva. Para esse grupo também é indicado o uso de cateter de artéria pulmonar fluxo-dirigido para monitoração dos parâmetros hemodinâmicos nos períodos intra e pós-operatório. Muito embora não haja evidências que indiquem melhora da sobrevida, esta prática possibilita um manuseio mais adequado de fluidos e drogas vasoativas nestas circunstâncias.

Valvopatias

Pacientes portadores de doenças cardíacas valvares possuem elevado risco de desenvolver endocardite infecciosa relacionada a procedimentos capazes de desenvolver bacteremia. Na presença de sopro cardíaco, é fundamental que o clínico faça uma avaliação correta para confirmar a presença de lesão orgânica valvar, o que, em geral, sugere a necessidade de profilaxia antimicrobiana para endocardite infecciosa. Embora os riscos anestésicos e cirúrgicos tenham diminuído muito nas últimas décadas, ainda ocorrem complicações no perioperatório de pacientes com doença cardíaca valvar submetidos a intervenções cirúrgicas, como descompensação da insuficiência cardíaca podendo chegar até ao choque cardiogênico, infarto do miocárdio, fenômenos tromboembólicos, arritmias e infecções. De maneira geral, entre os pacientes portadores de doença cardíaca valvar, aqueles com maior restrição da sua capacidade funcional, ou seja, classe funcional III ou IV, têm um risco cirúrgico e anestésico alto, com maior chance de apresentar complicações. A melhora do estado clínico funcional, a otimização do tratamento, e o controle da frequência cardíaca e da volemia no pré-operatório podem reduzir o risco de complicações cardíacas. No caso específico dos portadores de estenose aórtica (EAo) sintomáticos, há risco muito elevado de ocorrência de edema agudo dos pulmões ou morte súbita. Nesta condição, desde que possível, a intervenção cirúrgica cardíaca valvar deve anteceder a operação não cardíaca. Não é recomendada a realização de valvoplastia por cateter-balão para a EAo degenerativa como opção ao tratamento cirúrgico em virtude dos maus resultados obtidos com essa técnica. A estenose mitral (EM) ainda é a doença cardíaca valvar mais frequente no Brasil. A taquicardia e a administração excessiva de fluidos durante o perioperatório causa redução brusca do período de enchimento diastólico e o aumento da pré-carga, devendo ser evitadas.

Para os portadores de EM com redução importante do orifício valvar e extremamente sintomáticos, uma avaliação da anatomia valvar por meio da ecodopplercardiografia pode selecionar candidatos ideais para a realização de valvoplastia por cateter-balão antes da intervenção cirúrgica proposta. A morbidade perioperatória na presença de insuficiência aórtica (IAO) e insuficiência mitral (IM) está relacionada com o achado de congestão pulmonar. A presença de estertores pulmonares e de terceira bulha denotam que o controle da insuficiência cardíaca será crucial no desfecho do procedimento operatório. A utilização de cardiotônicos, diuréticos e vasodilatadores podem ajudar na tarefa de reduzir a pré e a pós-carga, além de melhorar a contratilidade cardíaca. Pacientes portadores de próteses valvares cardíacas devem receber profilaxia para endocardite infecciosa, e os com prótese mecânica merecem uma atenção especial em relação à anticoagulação. Em razão da possibilidade de sangramento pelo uso de anticoagulantes e antiagregantes, recomenda-se, para a realização de procedimentos cirúrgicos de porte médio ou grande, a suspensão por, pelo menos, cinco dias da terapia anticoagulante. No entanto, pacientes de alto risco como os portadores de prótese mecânica em posição mitral, prótese de Bjork-Shiley, prótese de Star-Edwards, embolia ou trombose recente (menos de de 1 ano) ou pelo menos três fatores de risco (fibrilação atrial, embolia prévia, hipercoagulabilidade, prótese mecânica e fração de ejeção menor que 30%) devem receber tratamento com heparina venosa ou de baixo peso molecular e podem ser operados após a redução do tempo de protrombina – INR abaixo de 1,5.

Arritmias cardíacas e distúrbios da condução

Arritmias cardíacas

A necessidade de intervenções cirúrgicas é maior em pacientes idosos, sendo que a incidência de arritmias cardíacas e doenças crônico-degenerativas também aumenta conforme a idade no adulto. O médico consultor deve definir a ocorrência de sintomatologia relacionada aos distúrbios do ritmo cardíaco e a presença ou não de doenças cardíacas estruturais associadas. A presença de extrassístoles isoladas pode ser decorrente simplesmente do estresse emocional ocasionado pela necessidade do tratamento cirúrgico, ou estar associada à presença de doença aterosclerótica das coronárias, ou a graus variados de miocardiopatia. A presença de extrassistolia ventricular (EV), mesmo sob formas repetitivas, como EV pareadas ou em salva (taquicardia ventricular não sustentada), desde que assintomática, não leva ao aumento de complicações cardiovasculares. Em presença de sintomas ou doença cardíaca estrutural associada com isquemia miocárdica residual e déficit contrátil, o consultante deve sempre tomar medidas terapêuticas preventivas para diminuir a chance de complicações cardiovasculares. Os portadores de arritmias cardíacas tipo extrassístoles isoladas, de origem atrial ou ventricular, sem evidência de cardiopatia estrutural devem apenas ser submetidos à um eletrocardiograma de repouso, não necessitando de propedêutica mais complexa. Nos portadores de fibrilação atrial permanente recomenda-se ter certeza da manutenção da frequência cardíaca em uma faixa inferior a 90 bpm, pois, conforme o procedimento cirúrgico realizado, haverá aumento da FC, e este poderá diminuir a eficiência sistólica da bomba cardíaca. Distúrbios metabólicos, eletrolíticos (uso de diuréticos), hipoxemia e toxicidade de drogas podem ser exteriorizados por meio de distúrbios do ritmo cardíaco. Em situações de urgência/emergência, quando há impossibilidade de se realizar uma pesquisa mais detalhada do distúrbio do ritmo, o betabloqueador deve ser utilizado preventivamente, se não houver contraindicação.

Distúrbios da condução atrioventricular e intraventricular

Os distúrbios da condução atrioventricular (AV) ou intraventricular (IV) são condições menos frequentes do que as arritmias cardíacas secundárias à origem do impulso e, apesar de poderem ser sugeridas pelo exame clínico, são diagnosticadas pelo eletrocardiograma. Esses distúrbios não costumam ocasionar complicações no perioperatório. As situações de risco já teriam sido diagnosticadas previamente e estariam sob tratamento específico como, por exemplo, o uso de marca-passos. Os portadores de bloqueios atrioventriculares (BAV) de baixo risco como BAV grau I , BAV grau II tipo Mobitz I durante o sono, portadores de bloqueios IV uni ou bifasciculares e assintomáticos não necessitam ser encaminhados para propedêutica complexa e têm risco muito baixo para complicações arrítmicas.

Marca-passo definitivo e cardiodesfibrilador implantável (CDI)

A estimulação cardíaca artificial tem apresentado enorme evolução nos últimos anos, tendo surgido uma grande variedade de dispositivos implantáveis capazes de interagir com o ritmo cardíaco. Uma preocupação que geralmente acompanha o portador desses dispositivos implantáveis é a possibilidade da interferência eletromagnética no marca-passo com o uso do bisturi elétrico durante a operação.

Portadores de marca-passos cardíacos convencionais (unicamerais ou bicamerais)

Marca-passos implantados há menos de 60 dias

Grande parte dos eletrodos de marca-passos atuais apresentam fixação ativa (dispositivos na ponta deles, capazes de fixá-los de forma ativa no endocárdio), sendo que estes raramente sofrem deslocamentos, complicação possível nessa fase. O local onde o gerador é implantado está em processo de recuperação cirúrgica. Podem ocorrer fenômenos inflamatórios, hematomas, edemas, rejeições e até mesmo infecções que poderiam estar subclínicas ainda nessa fase. O marca-passo e os eletrodos são suscetíveis a infecções oriundas de outros focos do organismo e mesmo de manipulações cirúrgicas de qualquer natureza. Para minimizar o risco de complicações, recomenda-se, se possível, aguardar até o final do segundo mês do implante para realizar a operação eletiva.

Marca-passos que estão próximos ao fim de vida

Os marca-passos que estão no final de vida em razão do desgaste avançado da bateria deverão ser substituídos por unidades novas e mais modernas antes das cirurgias eletivas. Isso porque esses aparelhos podem apresentar comportamento adverso quando submetidos à condições extremas de funcionamento, as quais poderão ser requeridas durante a cirurgia proposta.

Fase segura da estimulação cardíaca

Para operações eletivas, os pacientes deverão também passar por uma avaliação junto ao médico que acompanha o controle do marca-passo. Esse médico irá fazer uma avaliação completa do sistema de estimulação, determinando a necessidade de uma programação especial e emitindo um relatório com os cuidados que deverão ser tomados pelo cirurgião e pelo anestesista, e com a descrição dos possíveis comportamentos do marca-passo durante a intervenção cirúrgica. Normalmente, a maior preocupação está relacionada aos pacientes que serão submetidos a operações de grande porte, com o uso do bisturi elétrico. Nesses casos, deverá ser realizada uma programação de segurança, sempre em uma unidade de avaliação de marca-passos e por um médico habilitado. Se não for possível substituir o bisturi elétrico pelo ultrassônico, o relatório deverá conter pelo menos as recomendações descritas a seguir:

- Monitorização cardiológica contínua com monitor de ECG e também com oxímetro de pulso (por meio do qual pode-se acompanhar o ritmo cardíaco mesmo durante a aplicação do bisturi elétrico).
- Usar bisturi elétrico bipolar. Na impossibilidade deste, usar o unipolar, colocando a placa longe do marca-passo, e preparando bem a pele na região, colocando-se pasta eletrolítica.
- Aterrar bem o aparelho de bisturi elétrico, conectando-o à um bom fio terra.
- Usar o bisturi elétrico o mínimo possível e por intervalos curtos, avaliando o ECG ou o pulso.
- Caso ocorra bradicardia ou taquicardia durante a aplicação do bisturi elétrico (em virtude da interferência eletromagnética), colocar um ímã sobre o marca-passo, somente nos momentos da aplicação do bisturi elétrico, retirando-o logo em seguida. Observar que, ao colocar o ímã corretamente, o marca-passo estimula com uma frequência fixa.
- Evitar o uso de drogas arritmogênicas durante a anestesia (simpaticomiméticos e/ou atropínicos).
- Evitar sobrecarga de volume e, se possível, manter decúbito discretamente elevado.

O paciente deverá ser orientado a retornar à clínica de avaliação do marca-passo após o período de recuperação pós-operatória, para que a programação normal do gerador seja restabelecida e as funções do marca-passo sejam reavaliadas.

Portadores de marca-passos multissítio (ressincronizadores)

A presença de um maior número de eletrodos no coração inegavelmente aumenta a possibilidade de complicações por interferências externas sobre o sistema de estimulação. A maior parte dos eletrodos de estimulação utilizados no sistema venoso do ventrículo esquerdo são unipolares, e estes são mais suscetíveis às interferências externas, em especial aquelas produzidas pelo bisturi elétrico.

Portadores de CDI

A complexidade e a diversidade de comportamento dessas próteses e o risco de arritmias graves durante a operação, além da possibilidade da interação com interferências eletromagnéticas como as do bisturi elétrico, levam a recomendar que seja considerada, se possível, a presença do especialista junto com o equipamento de programação do CDI na sala de operação, permitindo seu ajuste durante a intervenção e de acordo com as necessidades metabólicas do paciente. A função antitaquicardia deverá ser desligada, e o paciente devidamente monitorizado. Ao desligar esta função, o médico deverá estar preparado para tratar uma arritmia de alto risco, por meio de um desfibrilador externo e de drogas aplicáveis. O uso de drogas antiarrítmicas poderá também ser necessário. Não raramente e de acordo com a orientação do especialista, esse tipo de paciente necessitará de UTI no pós-operatório, onde permanecerá monitorizado na fase crítica, principalmente enquanto a função antitaquicardia do CDI estiver desligada.

Cardioversão ou desfibrilação elétrica de emergência

Durante o período perioperatório, o paciente portador de marca-passo ou desfibrilador implantável poderá apresentar complicações que demandarão a necessidade da aplicação de cardioversão elétrica ou desfibrilação. Embora os geradores possam teoricamente suportar os choques, na prática, é aconselhável evitá-los sempre que possível. Quando imprescindível, alguns cuidados devem ser tomados para preservar o marca-passo ou o desfibrilador, os eletrodos e a interface eletrodo-coração, conforme descritos a seguir:

- Se o paciente é portador de desfibrilador implantável, a cardioversão interna é recomendável, em razão do uso de uma menor quantidade de energia, de pulso bifásico, e da utilização dos recursos internos de segurança do próprio aparelho.

- Dar preferência aos cardioversores que utilizam placas adesivas, colocando-as em posição anteroposterior, respeitando a polaridade orientada pelo fabricante. Deve-se evitar a disposição clássica das placas (entre base e ponta do coração – paralela aos eletrodos) em razão do risco de lesão do miocárdio em contato com a ponta do eletrodo.
- Ao aderir as placas, distanciá-las o máximo possível do gerador e dos eletrodos.
- Usar a menor quantidade de energia possível para o caso. Os cardioversores bifásicos modernos devem ser preferidos
- Colocar ímã sobre o gerador, exceto nos desfibriladores que podem desligar a função antitaquicardia se o ímã permanecer sobre ele por mais de 30 segundos. Os marca-passos mais antigos apresentavam invariavelmente o desligamento do circuito de sensibilidade ao se colocar um ímã sobre eles e tornavam-se assincrônicos. Nos aparelhos atuais, a resposta magnética é programável, podendo apresentar comportamento diverso. Por isso, a colocação do ímã sobre o gerador não é garantia de proteção durante uma cardioversão.
- Após o procedimento, reavaliar os limiares de sensibilidade e comando. Considerar uma nova reavaliação em 24 horas mantendo o paciente monitorado nesse período.

Transplantes

O transplante de órgãos compreende diversas situações clínicas diferentes, pois inclui desde o uso de tecidos desvitalizados, como as córneas, até órgãos vitais, sem os quais, mesmo com o uso de aparelhos, é impossível manter um indivíduo vivo por dias ou mesmo horas, como é o caso do fígado e do coração. Por se tratarem de grupos de pacientes bastante heterogêneos, não há um protocolo único de avaliação perioperatória para os diversos tipos de transplantes. Além disso, faltam estudos prospectivos e controlados nessa área. Em sua maior parte, os métodos de avaliação disponíveis refletem as opiniões de especialistas e fundamentam-se mais nas comorbidades do que na doença que indicou o transplante.

AVALIAÇÃO PERIOPERATÓRIA SUPLEMENTAR

Ultrassonografia transtorácica

A ecocardiografia bidimensional é o exame escolhido, por também avaliar a estrutura e a dinâmica das válvulas ou a presença de hipertrofia ventricular. A avaliação da função ventricular esquerda obtida de rotina no pré-operatório é questionável, embora se deva considerar o contexto clínico de cada caso. É indicado na suspeita clínica de estenose aórtica importante, em pacientes com ICC sem avaliação prévia da função ventricular, na presença de obesidade grau 3, na avaliação pré-operatória de transplante hepático e na detecção de valvopatias.

Eletrocardiograma de esforço

A importância do uso suplementar do teste ergométrico na avaliação perioperatória é a de fornecer uma medida objetiva da capacidade funcional, identificar a presença de isquemia grave e arritmias, além de estimar o risco cardíaco perioperatório e o prognóstico a longo prazo. Uma importante limitação do teste ergométrico para avaliação perioperatória de cirurgia não cardíaca é o fato de que 30 a 50% dos pacientes encaminhados ao cardiologista para avaliação pré-cirúrgica de grande porte ou de cirurgias vasculares, não podem atingir carga suficiente durante o esforço para avaliar a reserva cardíaca.

Cintilografia de perfusão miocárdica com estresse farmacológico e não farmacológico

No contexto do perioperatório, as indicações e as interpretações da cintilografia são as mesmas que as usuais. O exame com estresse físico deve ser preferido, ficando o estresse farmacológico para os casos de limitação funcional. Nos pacientes que serão submetidos a cirurgias vasculares, deve-se utilizar estresse farmacológico, por causa da dificuldade de realização de exercícios relacionada à doença de base.

Ecocardiograma sob estresse com dobutamina

A ecocardiografia sob estresse é eficaz para identificar pacientes com doença arterial coronariana, segura e tem importante papel como preditor de eventos cardíacos. A ecocardiografia sob estresse pela dobutamina e pelo exercício apresentam acurácia diagnóstica semelhante e a superior ao estresse pelo dipiridamol. Se o ecocardiograma sob estresse pela dobutamina não demonstrar a presença de isquemia residual no paciente previamente infartado, o prognóstico é bom e a probabilidade de reinfarto é baixa após a intervenção cirúrgica. Nos pacientes identificados como risco intermediário para eventos cardíacos, a ecocardiografia sob estresse deve ser realizada em todos os casos que possuem baixa capacidade funcional (< 4 METs) e naqueles casos com boa ou excelente capacidade funcional (> 4 METs) que serão submetidos a procedimentos cirúrgicos de alto risco.

Holter

O Holter pode ser utilizado para avaliação de arritmias ou para identificação de isquemia silenciosa por meio da análise do segmento ST. Seu uso rotineiro no contexto perioperatório não é recomendado, sendo reservado para casos específicos com base no quadro clínico do paciente.

Cineangiocoronariografia

A realização de cineangiocoronariografia na avaliação pré-operatória de uma operação não cardíaca tem como objetivo obter melhores avaliação e estratificação da isquemia miocárdica e propor estratégias de intervenção para redução de risco cardíaco perioperatório. As indicações para realização de exame no contexto perioperatório são as mesmas da prática clínica, não devendo ser recomendada de forma rotineira na avaliação perioperatória. Deve-se lembrar que, nos casos em que a realização do procedimento cirúrgico for uma urgência, a indicação do exame poderá ser postergada considerando o risco e o benefício global.

BIBLIOGRAFIA RECOMENDADA

1. ACC/AHA Guideline Update on Perioperative Cardiovascular Evaluation for Noncardiac Surgery. J Am Coll Cardiol. 2002;39:542-53.

2. Ahern TS, Luckett C, Ehrlich S, Pena EA. Use of bipolar electrocautery in patients with implantable cardioverter-defibrilators: no reason to inactivate detection or therapies. PACE. 1999;22:778.

3. American College of Physicians. Clinical Guideline, Part I. Guidelines for Assessing and Managing the Perioperative Risk from Coronary Artery Disease Associated with Major Noncardiac Surgery. Ann Intern Med. 1997;127:309-12.

4. Cooperman M, Pflug B, Martin EW Jr, Evans WE. Cardiovascular risk factors in patients with peripheral vascular disease. Surgery. 1978;84(4):505-9.

5. Danovitch GM, Hariharan S, Pirsch JD, Rush D, Roth D, Ramos E, et al. Management of the waiting list for cadaveric kidney transplants: report of survey and recommendations by the Clinical Practice Guidelines Committee of the American Society of Transplantation. J Am Soc Nephrol. 2002;13:528-35.

6. Deague JA, Wilson CM, Grigg LE, Harrap SB. Physiological relationships between central vascular haemodynamics and left ventricular structure. Clin Sci (Lond). 2001;101:79-85.

7. Detsky AS, Abrams HB, McLaughlin JR, Drucker DJ, Sasson Z, Johnston N, et al. Predicting cardiac complications in patients undergoing noncardiac surgery. J Gen Intern Med. 1986;1(4):211-9.

8. Donovan JP, Zetterman RK, Burnett DA, Sorrell MF. Preoperative evaluation, preparation and timing of orthotopic liver transplantation in the adult. Semin Liver Dis. 1989;9:168-75.

9. Drach GW, Weber C, Donovan JM. Treatment of pacemaker patients with extracorporeal shock wave lithotripsy: experience from 2 continents. J Urol. 1990; 143:895-6.

10. Eagle KA, Berger PB, Calkins H, Chaitman BR, Ewy GA, Fleischmann KE, et al. ACC/AHA Guideline Update for Perioperative Cardiovascular Evaluation for Noncardiac Surgery: a Report of the American College of Cardiology/American Heart Association Task Force on Practice Guidelines (Committee to Update the 1996 Guidelines on Perioperative Cardiovascular Evaluation for Noncardiac Surgery) 2002. American College of Cardiology web site. Disponível em: http:/www.acc.org/clinical/guidelines/perio/dirIndex.htm.

11. Eagle KA, Berger PB, Calkins H, et al. ACC/AHA Guidelines update for perioperative cardiovascular evaluation for noncardiac surgery – Executive Summary. J Am Coll Cardiol. 2002;39:542-53.

12. Eagle KA, Brundage BH, Chaitman BR, et al. Guidelines for perioperative cardiovascular evaluation for noncardiac surgery. Report of the American College of Cardiology/American Heart Association Task Force on Practice. Circulation. 1996 15;93(6):1278-317.

13. Feitos ACR, Ayub B, Caramelli B, Polanczyk CA, Vieira CLZ, et al. I Diretriz de Avaliação Perioperatória. Arq Bras Cardiol. 2007;88(5):e139-78.

14. Figueiredo MJO, Pinho C, Bittencourt LAK. Abordagem pré-operatória de pacientes com distúrbios da condução e do ritmo cardíaco. Rev Soc Cardiol SP. 2000;3:392-6.

15. Forrest JB, Rehder K, Cahalan MK, Goldsmith CH. Multicenter study of general anesthesia. III. Predictors of severe perioperative adverse outcomes. Anesthesiology. 1992;76:3.

16. Garcia-Miguel FJ, Serrano-Aguilar PG, López-Bastida J. Preoperative assessment. Lancet. 2003;362:1749-57.

17. Ghignone M, Calvillo O, Quintin L. Anesthesia and hypertension: the effect of clonidine on perioperative hemodynamics and isoflurane requirements. Anesthesiology. 1987;67:3-10.

18. Goldenberger AL, O'Konski M. Utility of the routine eletrocardiogram before surgery and on general

admission: critical review and new guidelines. Ann Intern Med. 1996;105:552-7.

19. Goldman L, Caldera DL, Nussbaun SR, Southwick FS. Cardiac risk factors and complications in noncardiac surgery. Medicine. 1978;57:357-70.

20. Goldman L, Caldera DL, Nussbaum SR, Southwick FS, Krogstad D, Murray SR, et al. Multifactorial index of cardiac risk in noncardiac surgical procedures. N Eng J Med. 1977;297(16):845-50.

21. Goldman L, Caldera DL, Southwick FS, et al. Cardiac risk factors and complications in noncardiac surgery. Ann Surg. 1989;210:637.

22. Guidelines. Committee on Perioperative Cardiovascular Evaluation for Noncardiac Surgery. Circulation. 1996;93:1278-317.

23. Heinisch RH, Nunes Fo Jr., Heinisch LMM. O eletrocardiograma na avaliação de risco cirúrgico para cirurgia não cardíaca. Arq Bras Cardiol. 2003;81:124.

24. Ikeoka DT, Caramelli B. Aplicações clínicas do eletrocardiograma na avaliação perioperatória de cirurgia não-cardíaca. Rev Soc Cardiol SP. 1999;9:424-7.

25. Kasiske BL. The evaluation of prospective renal transplant recipients and living donors. Surg Clin of North Am. 1998;78(1):27-39.

26. Kenneth A, Ellenbogen SL, Pinski RGT. Interference with cardiac pacing. Cardiology Clinics. 2000;18:219-39.

27. Levine PA, Balady GL, LazarHL, Belott PH, Roberts AJ. Electrocautery and pacemakers: management of the paced patient subject to electrocautery. Ann Thorac Surg. 1986;41:313-7.

28. Mangano DT, Layug EL, Wallace A, Tateo I. Effect of atenolol on mortality and cardiovascular morbidity after noncardiac surgery. Multicenter Study of Perioperative Ischemia Research Group. N Engl J Med. 1996;335:1713-20.

29. McGee SR. Evidence-based physical diagnosis. Philadelphia: W.B. Saunders Company, 2001.

30. Pinho C, Figueiredo MJO. Abordagem perioperatória dos distúrbios do ritmo cardíaco. In: Machado FS, Martins MA, Caramelli B. Perioperatório – Procedimentos Clínicos. 1ª ed. São Paulo: Sarvier; 2004. p. 61-71.

31. Poldermans D, Boersma E, Bax JJ, et al. The effect of bisoprolol on perioperative mortality and myocardial infarction in high-risk patients undergoing vascular surgery. Dutch Echocardiographic cardiac risk evaluation applying stress echocardiography study Group. N Engl J Med. 1999;341:1789-94.

32. Proceeding of the American College of Chest Physicians. 5th Consensus on Antithrombotic Therapy. Chest. 1998;114:439S-769S.

33. Ramos EL, Kasiske BL, Alexander SR, Danovitch GM, Harmon WE, Kahana L, et al. The evaluation of candidates for renal transplantation. The current practice of U.S. transplant centers. Transplantation. 1994;57:490-7.

34. Reyes VP, Raju BS, Wynne J, Stephenson LW, Raju R, Fromm BS, et al. Percutaneous balloon valvuloplasty compared with open surgical commissurotomy for mitral stenosis. N Engl J Med.1994;331:961-7.

35. Tarhan S, Moffitt EA, Taylor WF, Giuliani ER. Myocardial infarction after general anesthesia. JAMA. 1972;220:1451-4.

36. Task Force on Guidelines for Pulmonary Artery Catheterization (American Society of Anesthesiologists). Anesthesiology. 1993;78(2):380-94.

37. Torsher LC, Shub C, Rettle FR, Brown DL. Risk of patients with severe aortic stenosis undergoing noncardiac surgery. Am J Cardiol. 1998;81:448-52.

38. Van Thiel DH, Shade RR, Gavaler JS, et al. Medical aspects of liver transplantation. Hepatology. 1984;4:79S-83S

39. Wong DT, Middleton W. Electrocautery onduced tachycardia in a rate-responsive pacemaker. Anesthesiology. 2001;94:10-1.

20

AVALIAÇÃO FISIOTERAPÊUTICA NO ADULTO

ALI MOHAMED AWADA

INTRODUÇÃO

A semiologia (o estudo dos sinais e sintomas) é o ponto de partida de qualquer investigação clínica. Constatou-se que aproximadamente 83% dos diagnósticos de uma população podem ser baseados em uma história clínica adequada. O exame físico acrescenta seis pontos a esse percentual, enquanto os exames laboratoriais só colaboram com 2% do diagnóstico.

Para a fisioterapia, a avaliação do paciente cardiológico é fundamental para o seu preparo para a cirurgia, bem como para a identificação dos riscos de desenvolvimento de complicações pós-cirúrgicas. Ela também torna-se um guia para o desenvolvimento do tratamento fisioterapêutico adequado para o paciente.

Uma avaliação clínica completa envolve o exame físico e a anamnese, assim como a identificação, a história da doença atual e os antecedentes familiares e pessoais, o que no conjunto fornece uma visão abrangente do caso.

ANAMNESE

A anamnese é a fonte mais rica de informações sobre a doença do paciente e torna-se completa se feita em conjunto com a identificação do paciente e o levantamento da história da doença atual e dos antecedentes pessoais e familiares.

Identificação

A avaliação do paciente se inicia com a sua identificação. Os itens que devem constar nesse tópico são:

- Nome do paciente.
- Idade.
- Data de internação.
- Queixa principal e duração.
- Hipótese diagnóstica.

História da doença atual

Na história da doença atual, devem constar os sintomas a serem investigados em seu amplo aspecto, devendo ser relatados:

- Modo de início.
- Evolução.
- Fatores desencadeantes.
- Fatores de alívio.
- Sintomas associados.

Sintomas

Os principais sintomas em cardiologia que serão abordados: dispneia, dor torácica, cianose, síncope, edema e palpitações.

Dispneia

A dispneia pode ser definida como uma sensação desconfortável da respiração ou um desconforto para respirar. Nesse caso, o paciente normalmente queixa-se de "falta de ar", "canseira", "respiração difícil" ou "cansaço".

A dispneia em indivíduos normais ocorre em situação de esforço moderado ou após exercício físico, devendo-se levar em consideração o seu condicionamento físico, uma vez que as pessoas com baixo condicionamento irão apresentar situação de dispneia aos esforços moderados (por exemplo, ao subir uma ladeira).

Deve-se considerar a situação patológica de dispneia quando esta ocorrer de forma súbita ou em situações de repouso, mudança de decúbito ou com intensidade de esforço físico que comumente não ocorria.

A dispneia é associada a várias doenças, devendo-se considerar, entre elas, embolia pulmonar, DPOC, disfunção da parede e dos músculos torácicos, cardiopatias, bem como estados de ansiedade e situações que levam o indivíduo a apresentar quadro de dispneia (Tabela 20.1). Sendo assim, o objetivo inicial na anamnese é diferenciar a dispneia de origem cardíaca da respiratória, sendo útil a análise dos dados encontrados no exame físico junto aos sintomas associados para assim se obter uma melhor distinção de sua etiologia.

Embora o esforço físico possa acentuar dispneias de diferentes origens, quando houver uma relação precisa com o esforço, ou seja, a condição de eupneia em repouso e desencadeamento de dispneia ao esforço, principalmente se tiver caráter progressivo, reforça-se a hipótese de causa cardíaca. Também as situações de dispneia com mudança de decúbito e de dispneia paroxística noturna sugerem o diagnóstico de causa de origem cardíaca.

Nos pacientes com dispneia cardíaca, o sintoma é mais comum em situações de congestão pulmonar, como na estenose mitral ou na disfunção ventricular esquerda.

Tosse, expectoração e sibilância associados a dispneia são sintomas primariamente característicos de doenças pulmonares, embora a presença de sibilos na ausculta pulmonar seja bastante comum em edema pulmonar agudo de origem cardíaca.

Dor precordial, sudorese e palidez acompanhadas de dispneia sugerem acometimento de origem cardíaca isquêmica. No entanto, deve-se ficar atento para a possibilidade da dispneia representar um equivalente anginoso, sendo assim uma manifestação de isquemia miocárdica sem dor precordial.

A dispneia associada a edema vespertino de membros inferiores também sugere insuficiência cardíaca.

Pacientes que apresentam dispneia aos esforços devem ser questionados sobre a duração dos sintomas, de que forma eles ocorrem (gradual ou abrupta), as condições de intensidade, alívio e fatores precipitantes. A graduação da dispneia pode ser observada na Tabela 20.2.

Dor torácica

Entre 60 e 70% dos pacientes que são atendidos com dor torácica não apresentam isquemia miocárdica. Porém, 5% dos que recebem alta imediata voltam com evento agudo de risco dentro das 48 horas seguintes.

Apesar de a dor torácica ser um dos principais indícios de doenças cardíacas, é importante reconhecer que ela pode ter outras origens, não apenas no coração. Seu diagnóstico diferencial envolve doenças do aparelho respiratório, circulatório, musculoesquelético e digestório (Figura 20.1).

As principais doenças cardiovasculares que cursam com dor torácica são: estenose de válvula aórtica, pericardite, doença arterial coronariana, tromboembolismo pulmonar, dissecção da aorta torácica, aneurisma de aorta torácica, hipertensão pulmonar, hipertrofia de ventrículo esquerdo e prolapso de válvula mitral.

Tabela 20.1 Causas de dispneia aguda e crônica

Aguda
Edema pulmonar
Asma
Lesão da parede torácica e estruturas intratorácicas
Pneumotórax espontâneo
Embolia pulmonar
Pneumonia
Síndrome da angústia respiratória aguda
Derrame pleural
Hemorragia pulmonar

Crônica
Doença pulmonar obstrutiva crônica
Insuficiência ventricular esquerda
Fibrose intersticial difusa
Asma
Derrame pleural
Doença tromboembólica pulmonar
Doença vascular pulmonar
Anemia intensa
Estenose traqueal pós-intubação
Afecções com hipersensibilidade

Retirado de Braunwald E, Zipes DP, Libby P. Tratado de Medicina Cardiovascular. 6.ed. São Paulo: Rocca; 2003. p.33.

Tabela 20.2 Escala de dispneia da American Thoracic Society

Descrições	Grau	Intensidade
Não é incomodado pela falta de ar quando corre em um terreno plano ou caminha em um terreno com leve aclive	0	Nenhuma
É incomodado pela falta de ar quando corre em um terreno plano ou quando anda em um terreno com leve aclive	1	Leve
Anda mais vagarosamente do que as pessoas da mesma idade em um terreno plano devido à falta de ar ou tem que parar para respirar quando anda no próprio ritmo em terreno plano	2	Moderada
Para para respirar após andar cerca de 100 m ou após alguns minutos em um terreno plano	3	Grave
Com muita falta de ar para sair de casa; dispneico ao se vestir ou tirar a roupa	4	Muito grave

Retirado de Braunwald E, Zipes DP, Libby P. Tratado de Medicina Cardiovascular. 6.ed. São Paulo: Rocca; 2003. p.33.

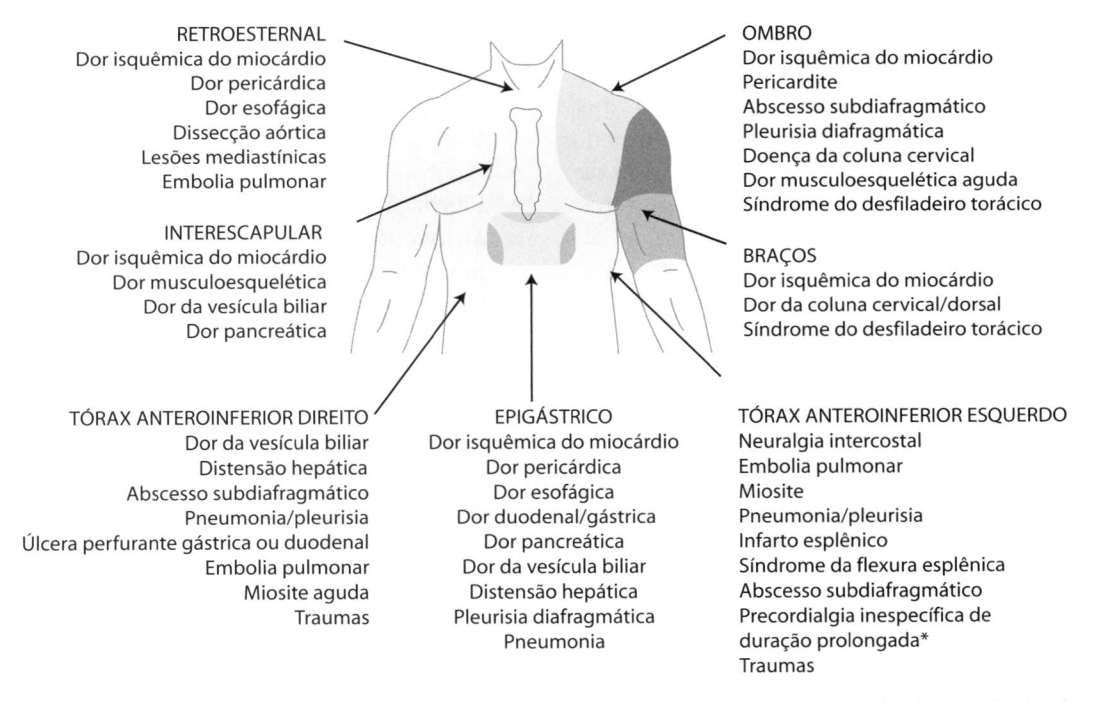

RETROESTERNAL
Dor isquêmica do miocárdio
Dor pericárdica
Dor esofágica
Dissecção aórtica
Lesões mediastínicas
Embolia pulmonar

INTERESCAPULAR
Dor isquêmica do miocárdio
Dor musculoesquelética
Dor da vesícula biliar
Dor pancreática

OMBRO
Dor isquêmica do miocárdio
Pericardite
Abscesso subdiafragmático
Pleurisia diafragmática
Doença da coluna cervical
Dor musculoesquelética aguda
Síndrome do desfiladeiro torácico

BRAÇOS
Dor isquêmica do miocárdio
Dor da coluna cervical/dorsal
Síndrome do desfiladeiro torácico

TÓRAX ANTEROINFERIOR DIREITO
Dor da vesícula biliar
Distensão hepática
Abscesso subdiafragmático
Pneumonia/pleurisia
Úlcera perfurante gástrica ou duodenal
Embolia pulmonar
Miosite aguda
Traumas

EPIGÁSTRICO
Dor isquêmica do miocárdio
Dor pericárdica
Dor esofágica
Dor duodenal/gástrica
Dor pancreática
Dor da vesícula biliar
Distensão hepática
Pleurisia diafragmática
Pneumonia

TÓRAX ANTEROINFERIOR ESQUERDO
Neuralgia intercostal
Embolia pulmonar
Miosite
Pneumonia/pleurisia
Infarto esplênico
Síndrome da flexura esplênica
Abscesso subdiafragmático
Precordialgia inespecífica de
duração prolongada*
Traumas

Figura 20.1 Diagnóstico diferencial de dor torácica de acordo com a localização do início da dor. Retirado de Braunwald E, Zipes DP, Libby P. Tratado de Medicina Cardiovascular. 6. ed. São Paulo: Rocca; 2003. p.37. *N. do T. – Precordialgia em adolescentes.

É importante que o paciente seja questionado sobre a localização da dor, irradiação, fatores que aliviam e que causam a dor, duração, frequência, recorrência da dor e sintomas associados. O relato de desconforto torácico anginoso prolongado e intenso acompanhado por fadiga é indicativo de infarto agudo do miocárdio. Um fato interessante a se observar na avaliação da dor é que o gesto de cerrar os punhos na frente do esterno, no momento de descrever a sensação, é forte indicativo de dor de origem isquêmica. Esse gesto é denominado sinal de Levine.

A dor pode ser classificada em:

• Tipo A: seguramente isquêmica (independe de exames complementares para ser considerada isquêmica).

- Tipo B: provavelmente isquêmica (depende de exames complementares para a sua definição).
- Tipo C: provavelmente não isquêmica (sem características típicas significativas).
- Tipo D: seguramente não isquêmica (porque é típica de outra patologia).

A evolução e o modo de início da dor irá orientar a síndrome isquêmica em questão: angina estável (dor em esforço estável), angina instável (dor em esforço progressivo ou dor em repouso de curta duração) ou infarto do miocárdio (dor em repouso demorado).

Para um diagnóstico correto da origem da dor torácica, é necessário uma anamnese criteriosa, assim como um exame físico completo, tanto do precórdio como do abdome e aparelho respiratório, não se esquecendo de palpar o local referido da dor.

Cianose

A cianose consiste na coloração azulada das membranas mucosas e da pele resultante do aumento da concentração de hemoglobina reduzida ou de pigmentos de hemoglobina anormal do sangue que perfunde essas áreas.

A cianose pode ser classificada em:

- Cianose central: caracterizada por diminuição da saturação arterial de oxigênio secundário, com desvio da direita para a esquerda do sangue, pelo comprometimento da função pulmonar ou por hemoglobinas anormais.
- Cianose periférica: na maioria das vezes é secundária à vasoconstrição cutânea decorrente de baixo débito cardíaco causado por obstrução venosa ou arterial ou síndrome de choque.
- Cianose mista: característica da insuficiência cardíaca na qual existe um componente central e outro periférico.

Pacientes com cianose central secundária à cardiopatia congênita relatam piora com esforço, enquanto a cianose periférica de repouso da insuficiência cardíaca congestiva pode se acentuar apenas discretamente ou permanecer inalterada nas condições de esforço.

Nos pacientes cardíacos, pode ser prático diferenciar o cianótico hipóxico do cianótico congestivo. O primeiro não mostra congestão pulmonar ou sistêmica, apresenta agravamento da cianose, dispneia, sudorese com alteração do nível de consciência (p. ex., tetralogia de Fallot). Já o cianótico congestivo apresenta congestão pulmonar ou sistêmica além da cianose (p. ex., transposição dos grandes vasos da base).

Síncope ou lipotimia

Síncope pode ser definida como perda súbita e transitória da consciência e do tônus postural, seguida de recuperação espontânea, na maioria dos casos em virtude de uma redução da perfusão cerebral. Já na lipotimia, ocorre a perda do tônus postural; o paciente pode chegar a cair, mas não perde a consciência.

Deve-se saber diferenciar a síncope das crises convulsivas, o que nem sempre é fácil. Nas crises convulsivas, além da perda do nível de consciência, acompanham-se liberação esfincteriana, movimentos tônico-clônicos generalizados, cortes na língua, recuperação lenta e confusão pós-ictal.

Vários episódios de perda de consciência durante o dia sugerem:

- Arritmias cardíacas.
- Fibrilação ventricular na presença de bloqueio atrioventricular ou assistolia transitória (síndrome de Stokes-Adams).
- Crise convulsiva.

A síncope pode ocorrer por diversos fatores. Entre eles, podem-se citar: alteração do tônus vascular/volemia, doenças cardiovasculares e neurocardiogênicas.

Síncope de esforço acompanhada de palpitação, com história familiar de morte súbita, é indício de síncope de origem cardíaca.

Nas alterações de tônus vascular e volemia, a síncope ocorre quando o paciente está em posição ortostática. Nesses casos, a crise é de curta duração, pois, ao cair, a perfusão cerebral é recobrada.

Na síncope de origem neurocardiogênica, a perda de consciência ocorre após um fator precipitante, como estresse emocional, dor ou medo, e pode ainda estar associada a sinais e sintomas de baixo débito cardíaco, como sudorese, fraqueza, tontura e palidez.

É extremamente importante sempre investigar, ao se avaliar um paciente, as causas e os sintomas associados a síncope, a posição em que ocorreu, a duração e o número de episódios. A idade do paciente é um fator importante. Síncopes que ocorrem por situação de ortostatismo são comuns em idosos e adultos de meia-idade, o que sugere uma causa de doença cardíaca estrutural, como estenose aórtica ou cardiomiopatia. Já em jovens, as principais causas são arritmias primárias, doenças neurocardiogênicas e crises convulsivas.

A síncope está presente em várias doenças cardíacas, como estenose aórtica, cardiomiopatia hipertrófica, isquemia do miocárdio, síndrome de Wolff-Parkinson-White, taquicardias ventriculares polimórficas e síndrome do QT longo.

Edema

O edema de causa cardíaca é caracteristicamente observado em regiões dependentes, nos membros inferiores, aumentando no período vespertino/noturno, diferentemente do edema de causa renal, que costuma ser mais generalizado.

No edema de origem cardíaca, ocorre o aumento da pressão nas câmaras cardíacas direitas, transmitida assim retrogradamente aos territórios venoso e capilar periférico, associado a outros fatores de liberação da ativação neuro-humoral, que são característicos da insuficiência cardíaca.

Na avaliação do edema, é necessário questionar o paciente sobre a localização, o modo de início, a evolução e outros sintomas envolvidos. No exame físico, devem constar localização, consistência (mole/duro), temperatura, sensibilidade, cor (ruborizado, cianótico, pálido) e intensidade (+4\++++).

Palpitações

A palpitação pode ser definida como a sensação desconfortável de batimento rápido e forte do coração, descrita muitas vezes pelo paciente como "pontadas", "disparo" ou "coração acelerado ou anormal". Diante do sintoma de palpitação relatado pelo paciente, deve-se questionar se há associação a outros sintomas; se a sensação é de irregularidade rítmica; se é isolado; e o modo de início (súbito ou gradual, por exemplo), modo de término (gradual ou súbito), a duração (minutos, horas ou fugaz); e se irradia para cabeça e pescoço.

O tipo de sintoma apresentado e a sensação de palpitação descrita pelo paciente podem ser sugestivos de algumas cardiopatias, por exemplo, palpitação seguida de síncope é sugestiva de taquicardia ventricular, irradiando para cabeça e pescoço; insuficiência aórtica, desencadeada por esforços associados a dispneia; insuficiência cardíaca, arrítmicas fugazes; extrassistolia, rítmicas sustentadas e de início e término graduais; taquicardia sinusal; e assim por diante.

Antecedentes pessoais e familiares

Os antecedentes familiares e pessoais são extremamente importantes na avaliação do paciente cardiológico, uma vez que ajudam a elucidar a ocorrência da patologia ou prováveis futuras complicações. Deve-se ficar atento aos principais antecedentes referentes a cardiopatias, como cardiopatia isquêmica, hipertensão arterial, febre reumática aguda, valvopatia reumática crônica, endocardite, cardiopatias congênitas, entre outras.

EXAME FÍSICO

O exame físico deve ser realizado por meio de uma visão geral do indivíduo e todos os seu segmentos corporais, a fim de se obter uma avaliação integral do paciente. Assim, podem-se detectar alterações que representam disfunções cardíacas, encontrar sinais para um diagnóstico clínico não cardiológico ou até mesmo reconhecer sintomas de uma doença sistêmica cuja cardiopatia é uma de suas manifestações.

Os principais itens a serem avaliados no exame físico do paciente cardiológico são descritos a seguir.

Medida de pressão arterial

Utiliza-se do esfigmomanômetro para a obtenção do valor indireto da pressão arterial. O procedimento deve ser explicado ao paciente, que deve ficar pelo menos 5 minutos de repouso em ambiente calmo antes do procedimento. A braçadeira deve ser encaixada confortavelmente no braço do paciente com sua extremidade inferior ao menos 2 a 3 cm da fossa anticubital. Deve-se centralizar o meio da parte compressiva do manguito sobre a artéria braquial. Em seguida, palpar a artéria braquial na fossa cubital e colocar a campânula do estetoscópio sem compressão excessiva, para depois inflar rapidamente até ultrapassar 20 a 30 mmHg o nível estimado da pressão sistólica. Logo procede-se à deflação lentamente. Assim, determina-se a pressão sistólica na ausculta do primeiro som e a pressão diastólica no desaparecimento do som.

Quando se pretende medir a pressão arterial na extremidade superior, o paciente deve estar sentado ou em decúbito dorsal; o braço deve estar discretamente fletido e no nível do coração; e os músculos do braço devem estar relaxados.

Para a medida da pressão arterial em membros inferiores, o paciente deve estar em decúbito ventral, com o manguito aplicado com a bolsa de compressão na região posterior da porção média da coxa e disposto diagonalmente ao redor da coxa, com o estetoscópio na região da fossa poplítea. Para a medida da pressão na região tibial, o manguito deve ser colocado sobre a panturrilha, com o estetoscópio sobre a artéria tibial posterior.

É recomendável a leitura da pressão em ambos os membros superiores. Diferenças de 10 mmHg na pressão sistólica dos dois braços sugerem lesões obstrutivas da artéria inominada, subclávia ou aorta.

Pulso venoso jugular e pulso arterial

A inspeção do pulso venoso jugular pode fornecer informações importantes sobre o lado direito do coração. O pulso venoso pode ser avaliado com mais precisão do lado direito do pescoço do que do esquerdo, uma vez que as veias inominada e jugular direita se estendem de forma cefálica em linha reta para a veia cava superior, transmitindo, assim, alterações hemodinâmicas do átrio direito. Em contrapartida, a veia inominada esquerda pode ser comprimida por várias estruturas normais, por aneurisma ou até mesmo dilatação aórtica.

Para a sua avaliação, o paciente deve estar em decúbito supino elevado próximo a 45 graus, cabeça levemente distendida a ponto de não tracionar excessivamente a musculatura, e assim faz-se a inspeção do pulso venoso jugular. A veia jugular externa não é a que melhor revela a dinâmica do coração por não estar alinhada diretamente com a cava superior, embora seja bem visualizada. Após ser encontrada a pulsação da jugular interna, esta deve ser avaliada com um manômetro pulsátil. O topo de sua pulsação deve estar, no máximo, a 4,5 cm do ângulo esternal. Acima desse valor, é considerada a presença de pressão venosa elevada, que pode ser causada por lesão de tricúspide, insuficiência cardíaca, hipertensão arterial pulmonar etc. Ausência de pulsação e jugular externa túrgida sugerem oclusão de veia cava superior.

A avaliação do pulso arterial pode trazer informações em relação à frequência e ao ritmo cardíaco, ao estado da parede arterial e à dinâmica do ventrículo esquerdo (volume e velocidade de ejeção). A palpação bilateral das artérias carotídea, radial, braquial, femoral, poplítea, dorsal do pé e tibial são partes do exame físico fundamental do paciente cardíaco (Figura 20.2).

O pulso carotídeo fornece a melhor representação do pulso aórtico central. Já a artéria braquial é a mais apropriada para a avaliação do ritmo e o aumento do pulso. Essa artéria se localiza na região medial do cotovelo. O aumento do pulso arterial sugere ausência de obstrução ao volume de ejeção do ventrículo esquerdo, e o inverso, ou seja, pulsos de baixa intensidade, sugerem redução do volume de ejeção.

Existem algumas particularidades que merecem atenção:

1. A compressão das pulsações do pescoço não afeta o pulso arterial, porém impede as pulsações venosas.
2. O pulso arterial, por ser rápido e de movimentação localizada, é de difícil visualização, porém seus abalos palpatórios são facilmente reconhecidos. Já o pulso venoso é de fácil visualização, mas costuma desaparecer quando a polpa digital é colocada sobre sua área de pulsação.
3. As pulsações venosas tendem a desaparecer ou diminuir quando o indivíduo está na posição ortostática ou durante a inspiração. Já as pulsações arteriais não se alteram quando o paciente está respirando ou em posição ortostática.
4. O pulso venoso apresenta dois picos de elevação e duas depressões por ciclo cardíaco no ritmo sinusal. O pulso arterial apresenta, na maioria das vezes, uma única elevação.

Inspeção e palpação

Para a realização da inspeção e da palpação, o paciente deverá estar em decúbito supino com o tronco levemente elevado, em recinto bem iluminado, com o tórax despido.

Deve-se iniciar a inspeção do tórax observando os movimentos respiratórios, avaliando sua frequência (eupneico, bradipneico, taquipneico), regularidade (regular ou irregular) e profundidade (superficial ou profundo), bem como se ocorre a presença de esforço inspiratório ou expiratório.

A seguir, deve-se analisar o formato do tórax: tórax com diâmetro anteroposterior aumentado (tórax

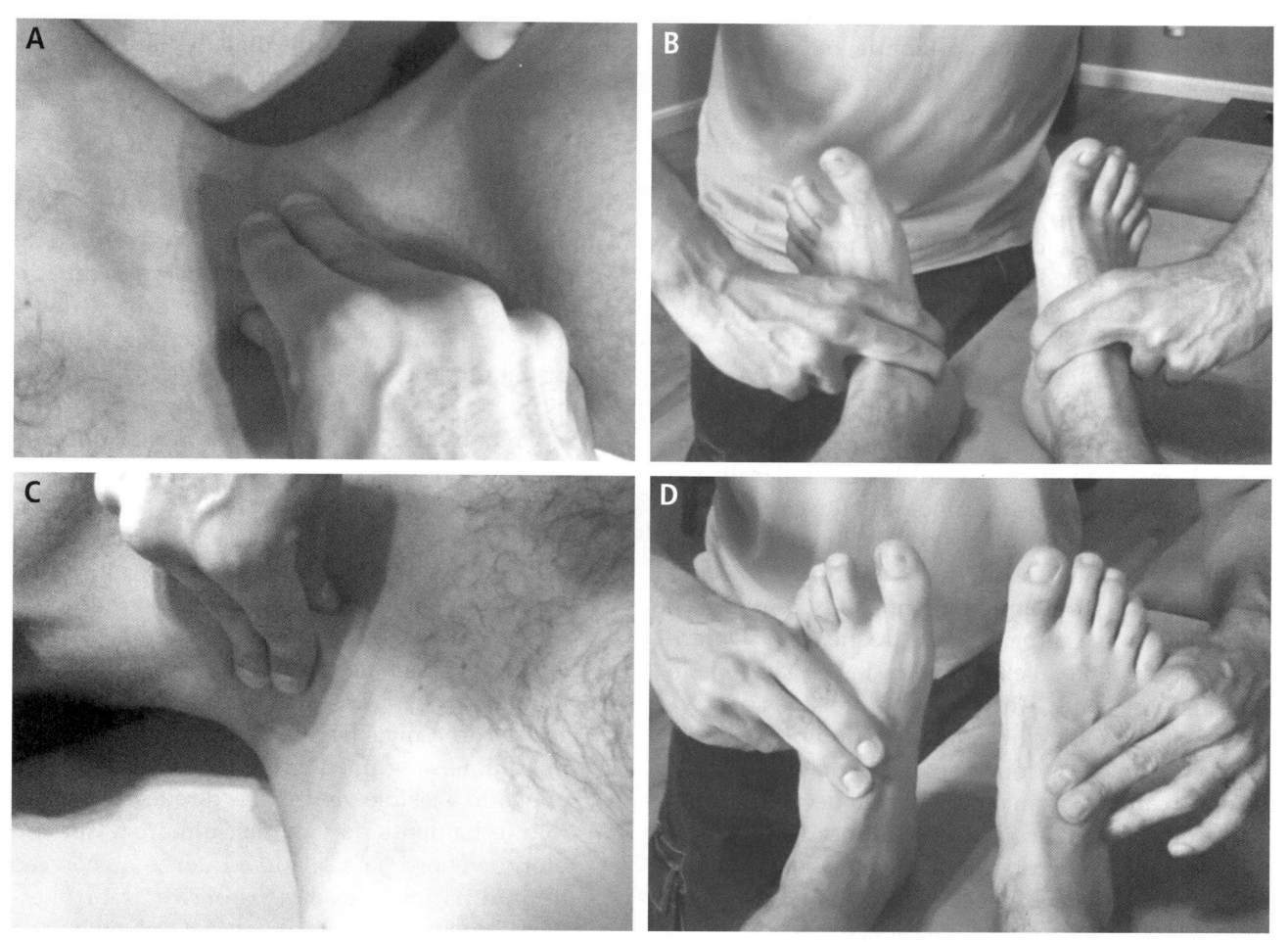

Figura 20.2 Palpação dos principais pulsos. A. Palpação do pulso carotídeo. B. Palpação do pulso tibial posterior. C. Pulso venoso jugular. D. Palpação do pulso das artérias *dorsalis pedi*.

enfisematoso) pode significar dilatação do ventrículo esquerdo; tórax musculoso e desenvolvido com extremidades inferiores pouco desenvolvidas é sugestivo de coarctação de aorta; o tórax com o ângulo entre o manúbrio e o corpo do esterno maior do que o normal, associado a costelas anormalmente separadas (tórax em escudo), é observado nas síndromes de Tunner e Noonan, síndromes que cursam com cardiopatias; já o tórax cifoescoliótico pode ser responsável pela cor pumonale. O *pectus carinatum* (peito de pombo) está associado a síndrome de Marfan, enquanto que o *pectus excavatum* (situação em que o externo se desloca posteriormente) pode estar associado a taquicardia, palpitações, fadiga, dispneia e comprometimento da função cardíaca. Na síndrome da coluna reta (perda da cifose torácica normal), ocorre desdobramento expiratório da segunda

bulha cardíaca, alargamento da artéria pulmonar e sopro mesossistólico paraesternal.

A presença de abaulamento precordial pode significar cardiomegalia ou derrame pericárdico importante, mais comum em crianças e adolescentes, porém podendo estar presente em adultos e idosos.

A palpação deve ser iniciada com a mão espalmada na região da ponta, procurando seguir todas as áreas do precórdio, e os dedos podendo ser usados para delimitar a pulsação. Desse modo, deve-se palpar e avaliar o *ictus cordis*, que se localiza entre o quarto e o quinto espaço intercostal esquerdo, perto da linha hemiclavicular. É caracterizado por uma pulsação sistólica inicial do ventrículo esquerdo que toca a parede do tórax. Para facilitar a sua palpação, pode-se colocar o paciente em decúbito lateral esquerdo ou solicitar que ele realize uma apneia breve após uma expiração profunda, o que facilita a localização do *ictus*.

Nos casos de cardiomegalia, o *ictus* estará desviado para a esquerda, embora outras situações também possam estar gerando o seu desvio, como deformidades torácicas, elevação da hemicúpula diafragmática esquerda, gravidez e desvio do mediastino.

Nos quadros de hipertrofia ventricular esquerda, a duração e o diâmetro do *ictus* estarão aumentados.

Ausculta cardíaca

A ausculta cardíaca também faz parte da palpação e da inspeção do paciente. Ela deve ser realizada em ambiente silencioso, com o paciente com o tórax descoberto. O estetoscópio é o aparelho utilizado na ausculta, de preferência o que possui duas extremidades torácicas: o diafragma (para altas frequências) e a parede convexa (para baixas frequências). Durante o procedimento, o examinador deve estar do lado direito do paciente. Devem ser empregadas três posições: decúbito lateral esquerdo, supino e sentado. A ausculta inicia-se com a aplicação do estetoscópio no ápice cardíaco, com o paciente em decúbito lateral esquerdo, em que deverão ser identificadas a primeira e a segunda bulha cardíaca. Quando a ausculta do ápice cardíaco estiver realizada, o paciente será colocado em posição supina, e de espaço a espaço intercostal, da extremidade esquerda do esterno, da região superior à inferior, deverá ser realizada a ausculta.

A avaliação da frequência e tonalidade pode ser conseguida variando a posição do sino do estetoscópio. Para a captação de frequências altas, como já citado, deve-se utilizar o diafragma. Baixas frequências são ouvidas com a aplicação suave do sino; já altas frequências são bem ouvidas com pressão firme sobre o diafragma contra a pele, com o paciente sentado, realizando exalação completa.

O primeiro fato a ser interpretado na ausculta cardíaca está ligado à frequência e ao ritmo cardíaco. Se o examinador identificar um ritmo irregular, ele deverá observar se está ocorrendo taquicardia paroxística (ritmo regular, porém com frequência elevada), bloqueio atrioventricular ou sinoatrial (ritmo interrompido por pausas ou com frequência muito baixa), extrassístole (ritmo de fundo regular interrompido por batimentos prematuros), ou fibrilação atrial (ritmo anárquico sem qualquer ritmicidade de fundo).

O segundo fato a ser interpretado está ligado às bulhas e aos sopros cardíacos. Para isso, o examinador deverá prestar atenção a cada uma das fases do ciclo cardíaco e a cada um dos componentes da ausculta. Os ruídos cardíacos básicos são:

- Primeira bulha (B1): ocorre antes da pulsação arterial, correspondendo ao fechamento das valvas mitral e tricúspide. O desdobramento estreito de B1 é um achado normal, bem mais auscultado na borda esternal esquerda. A hiperfonese de B1 pode ser encontrada em estenose mitral, enquanto a hipofonese pode ser achada em insuficiência mitral.
- Segunda bulha (B2): ocorre após o pico de pulso carotídeo, correspondendo ao fechamento das valvas aórtica (A2) e pulmonar (P2). É facilmente audível no segundo e no terceiro espaços intercostais ao longo das bordas esternais. A B2 é constituída pelos ruídos de fechamento aórtico e pulmonar que ocorrem nessa sequência. O desdobramento de B2 é considerado normal quando se amplifica durante a inspiração, quando a pressão intratorácica se torna mais negativa, ocorrendo aumento do volume sanguíneo em câmaras direitas, prolongando a sístole ventricular direita e retardando o fechamento da válvula pulmonar. Como o retorno venoso para o lado esquerdo do coração diminui na inspiração, a sístole ventricular esquerda encurta-se ligeiramente e o fechamento da válvula aórtica torna-se mais precoce. Condições patológicas associadas à maior duração da sístole ventricular direita tendem a amplificar o desdobramento de B2. O quadro de hipertensão pulmonar aumenta a intensidade do componente de P2, tornado assim a B2 hiperfonética.
- Terceira bulha (B3): é um som de baixa frequência aparentemente gerado pela brusca desaceleração do sangue contra a parede ventricular no final da fase de enchimento rápido, ocorrendo, assim, após a B2 na diástole inicial. Ocorre em casos de disfunção ventricular sistólica, podendo ser normal em jovens.
- Quarta bulha (B4): ocorre em razão da desaceleração do sangue impulsionado pelos átrios na fase de contração atrial contra a massa de sangue existente no interior do ventrículo esquerdo, ou seja, ocorrendo no final da diástole, antes de B1. Ocorre em situações de isquemia do miocárdio.

O sopro cardíaco é gerado pelo fluxo turbulento mais prolongado que um ruído através das câmaras cardíacas e é caracterizado de acordo com frequência, forma, intensidade e duração.

A intensidade é graduada de 1 a 6, sendo que o grau 1 é fraco e só é ouvido com grande esforço; o grau 2 é leve e mais fácil de ser detectado; o grau 3 é mais proeminente; o grau 4 é alto e palpável; o grau 5 é muito alto; e o grau 6 é alto o suficiente para ser ouvido com estetoscópio, praticamente sem nenhum contato com a parede torácica. A frequência pode ser caracterizada como alta ou baixa. A sua forma pode ser classificada como em crescendo, decrescendo, crescendo-decrescendo, variável ou platô. Existem três tipos básicos de sopro:

- Sopro diastólico: inicia-se com ou após a segunda bulha cardíaca e termina antes da primeira bulha cardíaca.
- Sopro sistólico: inicia-se com ou após a primeira bulha cardíaca e termina na segunda bulha ou antes, no seu sítio de origem.
- Sopro contínuo: inicia-se na sístole e continua sem interrupção, através da segunda bulha cardíaca para toda ou parte da diástole.

CONSIDERAÇÕES FINAIS

A avaliação fisioterapêutica de um paciente cardiológico é a base para o início do planejamento do tratamento pré e pós-operatório. Para que ela se torne completa, o indivíduo deve ser visualizado globalmente, questionando-se o máximo possível sobre a sua história, estando o terapeuta atento aos detalhes transmitidos verbalmente e aos sinais e sintomas físicos. Uma anamnese e um exame físico rico em detalhes proporcionam uma avaliação completa.

BIBLIOGRAFIA RECOMENDADA

1. Adolph RJ. The fourth heart sound-chest. 1999;115:1480:1.
2. Braunwald E. Edema. In Braunwald E, et al (ed.). Harrison's principles of internal medicine. New York: McGraw-Hill; 2001, 15ª ed., 217:222.
3. Braunwald E, Zipes DP, Libby P. Tratado de Medicina Cardiovascular. 6.ed. São Paulo: Rocca; 2003. p.49:86.
4. Drager LF, Galvão TFG, et al. Cardiologia: da fisiologia à prática clínica.São Paulo: Sarvier; 2009. p.19-34.
5. Fontana ME. Mitral valve prolapse and floopy mitral valve: physical examination. In: Mitral valve: floopy mitral valve, mitral valve prolapse, mitral valvular regurgitation. New York: Futura; 2000. p.283-304.
6. Maisch B, et al. Guidelines on the Diagnosis and Management of Pericardial Diseases Executive Summary; the Task Force on the Diagnosis and Management of Pericardial Diseases of The European Society of Cardiology. Eur Heart J. 2004;25:587.
7. Michaelson E, Hollrah S. Evaluation of the patient with shortness of breath: an evidence based approach. Emerg Med Clin North AM. 1999;17:221.
8. Mulrow CD, Lucey CR, Farnett LE. Discriminating causes of dyspnea trough clinical examination. J Gen Inter Med. 1993;8:383;
9. Pedrosa LC, Oliveira JR, Wilson A. Doenças do coração: diagnóstico e tratamento. São Paulo: Revinter; 2011. p.15:37.
10. Rasool A, Palevsky PM. Treatment of edematous disorders with diuretics. AM J Med Sci. 2000;319:25.
11. Renenga MM, et al. Fisioterapia em cardiologia: da unidade de terapia ntensiva à reabilitação. São Paulo: Rocca; 2000. p.21-9.
12. Sheldon R, et al. Historical criteria that distinguish syncope from seizures – J Am Coll Cardiol. 2002;40:142.
13. Swap CJ, Nagurney JT. Value and imitations of chest pain history in the evaluation of patients with suspect cute coronary syndromys. Jama. 2005;294:2623;

21

AVALIAÇÃO FISIOTERAPÊUTICA PEDIÁTRICA

DENISE CARDOSO RIBEIRO PAPA

MARCIA NAOKO GUSHIKEN

De acordo com a Organização Mundial de Saúde (OMS) de cada 1.000 crianças nascidas vivas, 8 apresentam algum tipo de cardiopatia congênita (CC) e 80% dos casos necessitam de abordagem cirúrgica até o sexto mês de vida. Entretanto, no Brasil há um déficit significativo de investimento financeiro e número de cirurgias realizadas, principalmente nas regiões Norte e Nordeste de acordo com o Datasus/2002.

O período neonatal é o mais crítico para a criança com cardiopatia congênita, em virtude da gravidade dos defeitos presentes e das mudanças fisiológicas da circulação fetal para neonatal. Das crianças diagnosticadas com alguma má-formação cardíaca, 20 a 30% morrem no primeiro mês de vida em decorrência de insuficiência cardíaca ou crises de hipóxia.

As estruturas cardíacas vão se formando gradativamente durante a fase embriológica e as alterações anatômicas e fisiológicas mais graves podem ser evidenciadas no início da gestação, tendo sinais evidentes logo ao nascimento. O reconhecimento precoce por meio de ecocardiograma fetal é fundamental para o acompanhamento gestacional, planejamento do parto, local de assistência deste recém-nascido (RN), o qual necessitará de uma unidade de terapia intensiva neonatal e de equipe multiprofissional envolvendo corpo clínico e cirúrgico preparado para a complexidade do quadro implicando melhor prognóstico.

O diagnóstico e tratamento tardio estão diretamente relacionados à deterioração clínica rápida pela hipoxemia crônica. Isso resulta em hipodesenvolvimento e baixo ganho pondero estatural, desnutrição, infecções respiratórias de repetição, hipertensão pulmonar de graus variados e comprometimento cardíaco gradativo, tendo repercussões para todos os sistemas, resultando em pior prognóstico. São fatores associados ao aumento da mortalidade, juntamente com o aumento do tempo de circulação extracorpórea e de isquemia miocárdica durante o intraoperatório.

Portanto, o diagnóstico pré-natal é de suma importância para prevenir a hipoxemia neonatal, a hipoperfusão e a acidose metabólica e assim, minimizar os riscos que estes fatores apresentam para lesão cerebral. A acidose metabólica pode causar danos nas células vasculares, da glia e resultar em isquemia. É interessante salientar que crianças com cardiopatias congênitas complexas apresentam atraso no desenvolvimento da maturação cerebral. A intervenção precoce também permite criar uma condição pré-operatória mais favorável minimizando os riscos perioperatórios e diminuindo a morbidade e mortalidade.

Atualmente, a conduta intervencionista é preponderante: com o aperfeiçoamento das técnicas cirúrgicas, a criação de novos equipamentos, conhecimento da fisiopatologia e melhor preparo da equipe houve uma diminuição dos riscos cirúrgicos. A intervenção cirúrgica precoce é realizada, sempre que possível, com o intuito de prevenir complicações evolutivas. O tratamento cirúrgico das CC objetiva: assegurar melhores chances para a sobrevida da criança; tornar a função cardíaca o mais próximo possível do normal; criar condições para reversão de alterações secundárias (cardíacas ou pulmonares). Para redução da mortalidade foram desenvolvidas técnicas cirúrgicas para corrigir desde as cardiopatias mais simples até as mais complexas, chegando até mesmo ao transplante cardíaco pediátrico. Dentre as técnicas, pode-se classificar em cirurgia paliativa (constituem procedimentos em que não há correção do defeito com o objetivo de reduzir alterações hemodinâmicas e está indicado para casos em que a correção total tem elevado risco de morbidade e mortalidade) ou definitivo.

Na fase pré-operatória há, ainda, duas populações distintas de crianças que aguardam cirurgia para correção da cardiopatia congênita: aquelas que aguardam a cirurgia que será realizada de forma eletiva (geralmente crianças de 1 a 5 anos de idade) e aquelas que aguardam a cirurgia de caráter emergencial, normalmente em período neonatal ou crianças maiores mas que apresentam alterações funcionais graves, como insuficiência cardíaca importante, estado hipoxêmico, arritmias frequentes que podem ser potencializadores de fibrilação ventricular e assistolia, hipofluxo cerebral e graus elevados de hipertensão pulmonar (grandes hipertensões venocapilares pulmonares). A cirurgia eletiva traz uma série de vantagens principalmente pela possibilidade de traçar condutas a curto e médio prazo, preparar a família para os cuidados pré e pós-operatórios e minimizar os riscos de complicações respiratórias no pós-operatório.

AVALIAÇÃO FISIOTERAPÊUTICA

A assistência prestada a uma criança com cardiopatia congênita deve ser iniciada assim que houver suspeita do diagnóstico do defeito congênito.

Para se estabelecer o plano de intervenção, é necessário e indispensável o cuidadoso levantamento de informações e avaliação física para detecção dos sinais e sintomas, que podem variar substancialmente de uma criança para outra em virtude da complexidade dos defeitos e características da cardiopatia de base.

COLETA DE DADOS

- Identificação do paciente: nome/idade/patologia. Neste momento é importante ter o diagnóstico da cardiopatia e sua classificação (cianótica/acianótica, se cursa com hipofluxo ou hiperfluxo pulmonar), ou seja, conhecer a anatomia e as alterações hemodinâmicas apresentadas.

- Gestação/história da doença atual: reconhecimento dos fatores de risco para CC, como desnutrição, alterações cromossômicas associadas a outras más-formações, alterações hematológicas, entre outros que podem influenciar no prognóstico e nas complicações pós-operatórias.
- Procedimentos cirúrgicos prévios, antecedentes e internações anteriores.
- Sinais e sintomas: os mais frequentes são: cianose, dispneia, arritmias, baqueteamento digital, crises de hipoxemia, edema, dor precordial, hipertensão arterial, hipodesenvolvimento físico, trombose e acidentes vasculares cerebrais. Observar, principalmente, a presença de febre para reconhecer foco de infecção e tratá-lo rapidamente para não criar condição desfavorável para a cirurgia, muitas vezes postergando o procedimento até a melhora do quadro.
- Segundo Silva, 2006, as crianças com cardiopatia congênita podem apresentar diversos sintomas, por exemplo, nutrição inadequada (menor do que as necessidades corporais e provavelmente, as alterações hemodinâmicas e respiratórias são produzidas na iminência de atividades como sucção/amamentação), risco para infecções respiratórias (especialmente nos casos de hiperfluxo pulmonar), desobstrução ineficaz das vias aéreas, padrão de sono perturbado e atraso no crescimento e desenvolvimento neuropsicomotor (ADNPM).
- Hipoxemia: a redução da saturação arterial de oxigênio (cianose) ocorre principalmente nas cardiopatias cianóticas, embora possa ocorrer nas cardiopatias acianóticas com hipertensão pulmonar. O estado de hipóxia é um dado de bastante relevância, acarretando consequências metabólicas geralmente significativas. Qualquer evento que aumente o metabolismo celular (pequenos esforços, amamentação) causa uma demanda adicional de oxigênio, acarretando um grau mais intenso de cianose. Além disso, pode causar policitemia (aumento do hematócrito/glóbulos vermelhos), uma vez que o organismo responde a redução de oxigênio com a maior produção de eritrócitos, causando aumento da viscosidade sanguínea, que contribui para o surgimento de fenômenos tromboembolíticos. Pode levar ainda à ocorrência de alterações cerebrais, como síncope, ADNPM e confusão mental. A cianose pode ser periférica ou central e deve ser avaliada a

causa da mesma. Nos casos de *shunt* D-E, a oferta de oxigênio suplementar, geralmente, não altera de forma esperada os valores de SpO$_2$. Nos casos de hipertensão pulmonar, a principal recomendação é a manutenção da oxigenação adequada, uma vez que hipoxemia pode provocar elevação súbita da pressão capilar pulmonar.

- Baqueteamento digital: a presença deste sinal indica hipoxemia crônica.
- Acocoramento: algumas crianças podem apresentar esta postura ou manter certa flexão de quadril (comum em tetralogia de Fallot), visando ocluir as artérias femorais, aumentando a resistência vascular sistêmica, contribuindo para reduzir o *shunt* D-E e melhorar o fluxo pulmonar (otimizando a troca gasosa e a concentração de oxigênio nos órgãos vitais) (Figura 21.1).

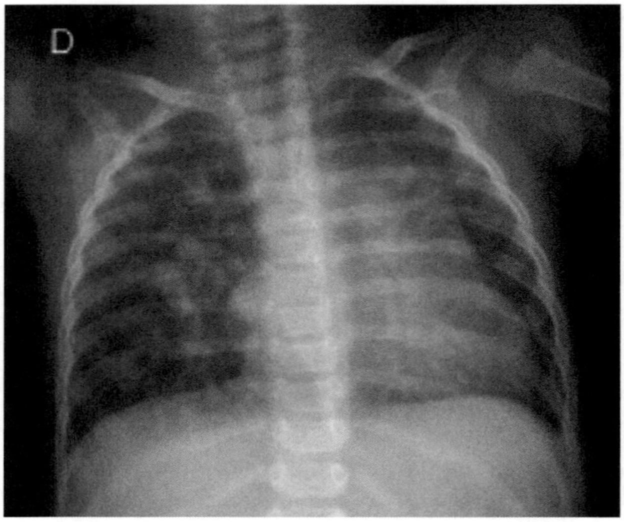

Figura 21.2 Radiografia do tórax.

EXAMES

- Radiografia de tórax: pode apresentar alterações no pré-operatório como congestão pulmonar, comum nas cardiopatias congênitas que cursam com hiperfluxo pulmonar (Figura 21.2), isquemia pulmonar e cardiomegalia. Dado importante para comparação no pós-operatório.
- Eletrocardiograma (ECG): pode indicar distúrbio do sistema de condução e do ritmo, isquemia e necrose miocárdica e sobrecarga atrioventriculares.
- Ecocardiograma: é um método auxiliar no estudo do coração, para identificar alterações morfológicas e funcionais das estruturas cardíacas e fluxo de sangue nas válvulas e vasos do coração. Através do fluxo em cores pela técnica de Doppler é possível identificar a direção e velocidade do fluxo sanguíneo no interior das câmaras cardíacas, permitindo verificar dados como a fração de ejeção (FE), contratilidade dos ventrículos e volumes diastólicos.
- Exames laboratoriais: hemograma completo, coagulograma, agregação plaquetária, glicemia, ureia, creatinina, eletrólitos, principalmente sódio e potásssio, urina tipo I e sorologia para HIV.

MEDICAMENTOS

Visam melhorar o débito cardíaco, diminuir a hipertensão venocapilar pulmonar e incrementar a saturação arterial de oxigênio para melhorar a qualidade de vida, prolongá-la e prepará-lo para a correção cirúrgica. Os principais utilizados são:

- Diuréticos: para cardiopatias congênitas acianóticas e cianóticas com hiperfluxo pulmonar com sobrecarga de volume e insuficiência cardíaca, como nos casos de CIV, TGA, DATVP. Exemplo: furosemida, hidroclorotiazida.
- Prostaglandina E1: medicamento de eleição no período neonatal, possui ação de vasodilatação sistêmica e pulmonar. Mantém o canal arterial pérveo, dilatando-o resultando em maior fluxo pulmonar, maior hematose pulmonar e diminuição da hipoxemia. Fundamental nos casos de car-

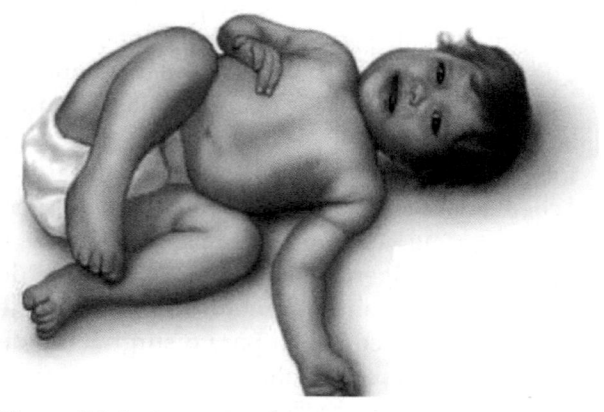

Figura 21.1 Flexão de MMII para elevar a resistência sistêmica e melhorar fluxo pulmonar, comum nos casos de tetralogia de Fallot.

diopatia congênita cianogênica canal dependente, com hipofluxo pulmonar.

- Drogas vasoativas: melhoram a contratilidade do miocárdio. São elas: dopamina, dobutamina e milrinone, por exemplo.
- Drogas vasodilatadoras: aumentam o débito cardíaco por causa da diminuição da resistência sistêmica. São eles: captopril, inalapril, nitroprussiato de sódio, isoproterenol, milrinone, carvedilol.
- Óxido nítrico inalatório: diminui a hipertensão pulmonar primária ou secundária pela ação vasodilatadora pulmonar seletiva.
- Derivados de prostaciclina: beraprost (via oral), ilaprost (via inalatória): com ação vasodilatadora pulmonar.
- Sildenafil (Viagra®): vasodilatador pulmonar, age inibindo seletivamente a fosfodiesterase 5 (PDE5) específica para o monofosfato de guanosina cíclico (GMPc), abundante nos pulmões. A inibição da PDE5 impede a degradação de GMPc, que é um mensageiro intracelular do óxido nítrico, com consequente vasodilatação pulmonar.
- Hormônio do crescimento: melhora da função cardíaca por ação contrátil mais vigorosa e tem ação vasodilatadora pulmonar pela liberação periférica de óxido nítrico pelas células endoteliais.

ANTECEDENTES

Importante para antever os riscos durante o intra operatório e traçar metas no pós operatório.

- Antecedente cardíaco: realização de cirurgias paliativas, intercorrências e grau de comprometimento cardíaco.
- Antecedente pulmonar: cardiopatias de hiperfluxo pulmonar causam congestão pulmonar, hipersecretividade brônquica, infecções pulmonares de repetição; cardiopatias de hipofluxo pulmonar podem levar a cianose, taquidispneia, hipoxemia. Parâmetro que pode nortear a conduta ventilatória no pós-operatório imediato. Exemplo: criança que apresenta comprometimento pulmonar crônico associado à cardiopatia congênita pode necessitar de estratégia protetora ventilatória no pós-operatório.
- Antecedente neurológico: observar alterações motoras, sensitivas, cognitivas, história de AVC prévio, leucomalácia periventricular, hemorragia subdural, além de atrasos no desenvolvimento

neuropsicomotor por causa de internações frequentes e prolongadas, intervenções cirúrgicas prévias.

- Antecedente renal: pode ocorrer insuficiência renal em virtude da redução do débito cardíaco que causa diminuição do fluxo renal em algumas cardiopatias. Avaliam-se alterações agudas ou crônicas com necessidade de hemofiltração/diálise peritoneal.
- Antecedente gástrico/hepático: uso de medicamentos, aporte calórico e presença de úlceras de estresse.

Avaliação física da criança portadora de cardiopatia congênita

- Tipo de tórax: detectar alterações como pectus escavatun ou carinatun e classificar em normolíneo, brevelíneo ou longilíneo.
- Expansibilidade torácica: deve ser apresentada simétrica e preservada.
- Frequência respiratória: considerar os valores de referência para idade.
- Monitorização e frequência cardíaca: em muitos casos, pode ocorrer taquicardia na tentativa de aumentar o débito cardíaco para compensar hipoxemia. Avaliar a alteração em repouso e ao esforço, se possível. Detectar presença de arritmias.
- Sinais de desconforto respiratório: retrações torácicas (fúrcula, diafragmática, intercostais), batimento de asa de nariz (BAN), gemido, balanceio de cabeça e sudorese.
- Tosse: deve ser avaliada em relação à presença/ausência de secreção (produtiva/seca, respectivamente) e sua efetividade (eficaz/ineficaz). Esse dado, associados à avaliação de ausculta pulmonar e permeabilidade de vias aéreas superiores (VAS) pode determinar a necessidade ou não da realização de técnicas de desobstrução brônquica e de VAS no pré-operatório. O ideal é a criança ser encaminhada para cirúrgica com tosse seca, ausculta sem ruídos adventícios e VAS livres.
- Temperatura das extremidades, coloração e pulsos: avaliar perfusão tissular. No caso de coarctação de aorta, pode ocorrer redução da amplitude ou até mesmo ausência de pulsos em MMII, bem como sinais de má perfusão podálica. Nesse caso, o ideal é a avaliação de pressão arterial em MMSS e MMII. Essa estenose provoca hipertensão na porção cefálica e MMSS e hipotensão em MMII. Tal diferença é mais evidente quanto mais

grave for o estreitamento na porção descendente da aorta.

- Pressão arterial: observar valores de referência para a idade. As principais causas de pressão arterial elevada (hipertensão arterial) em recém-nascidos e lactentes estão relacionadas ao sistema renal: trombose ou estenose de artéria renal, trombose venosa renal, anormalidades renais congênitas e também defeitos cardíacos, como a coarctação da aorta.
- Saturação periférica de oxigênio: deve estar de acordo com a cardiopatia apresentada. Nos casos de cardiopatias congênitas cianóticas, com *shunt* D-E ou grave hipertensão pulmonar podem apresentar SpO_2 basal baixa e, vale lembrar, que em correções paliativas aceita-se níveis mais baixos de SpO_2.
- Suporte oxigênio: necessidade de suplementação de O_2 por recursos da oxigenoterapia de baixo ou alto fluxo de oxigênio para adequar a SpO_2.
- Suporte ventilatório: considerar suporte ventilatório não invasivo ou até mesmo invasivo para assegurar ventilação alveolar adequada.

Avaliação musculoesquelética da criança portadora de cardiopatia congênita

- Tônus muscular/trofia muscular/força muscular/ADM.
- DNPM: a criança cardiopata pode apresentar atraso no desenvolvimento e isso deve ser detalhadamente avaliado no pré-operatório para comparação subsequente após a correção cirúrgica, para excluir a possibilidade ou não de alterações neurológicas causadas por hipóxia, hipotermia e até mesmo parada cardiorrespiratória no intra ou no pós-operatório.
- Crianças em idade escolar: capacidade de realização de atividade física ou atividade de vida diária. A avaliação dessa capacidade, geralmente, é efetuada pela identificação de respostas anormais de frequência cardíaca, respiratória, pressão arterial e SpO_2. Pode haver intolerância as atividades pela presença de problemas circulatórios e respiratórios característicos da doença de base.
- Presença de encurtamentos/retrações: importante para efeito comparativo no pós-operatório, já que são problemas que podem surgir com o posicionamento inadequado e prolongado no leito.

Apesar das alterações neuromusculoesqueléticas no pré-operatório não serem enfatizadas em razão do elevado gasto energético e altos custos metabólicos, deve-se ficar atento ao posicionamento no leito e a otimização da mecânica respiratória, podendo até ser realizada a mobilização passiva que não implicaria repercussões negativas. As orientações aos familiares, quanto à manutenção do posicionamento adequado e o estímulo as atividades de membros superiores no pós-operatório, são de suma importância, pois os encurtamentos tendem a ocorrer/agravar após o ato cirúrgico, em decorrência da dor (postura antálgica) e incisão cirúrgica. Assim como a higiene brônquica adequada com estímulo de tosse ou aspiração de vias aéreas está relacionada à baixa incidência de complicações respiratórias.

A avaliação fisioterapêutica do RN, lactente ou criança que aguarda a correção cirúrgica já em condições críticas em unidade de terapia intensiva com suporte ventilatório invasivo, possui algumas peculiaridades, com ênfase na monitorização respiratória e hemodinâmica. O fisioterapeuta deve estar atento principalmente aos parâmetros ventilatórios para assegurar uma assistência que visa à otimização da ventilação, levando em consideração a interação cardiopulmonar e a normalização da gasometria arterial. A adequação da umidificação e o aquecimento dos gases garante uma ventilação adequada, evitando eventos adversos que podem levar ou agravar eventos hipóxico-isquêmicos. Vale ressaltar, que o suporte ventilatório no pré-operatório está muito relacionado à redução do trabalho respiratório, principalmente pelas características fadigáveis da musculatura respiratória e as diferenças anatômicas que predispõe a criança a um gasto energético excessivo.

A fisioterapia respiratória na fase pré-operatória parece ter impacto na redução das complicações pulmonares no pós-operatório de cirúrgica cardíaca pediátrica. Apesar da literatura ser restrita e enfocada em adultos, os poucos trabalhos científicos na área evidenciam a prevenção de complicações pulmonares como pneumonias e atelectasias no pós-operatório, além de diminuir o tempo de internação hospitalar. Uma limitação descrita nos estudos atuais se relaciona ao fato das crianças, que realizam cirurgias eletivas, não serem internados com antecedência no ambiente hospitalar, por causa do alto custo e, principalmente, pelo risco de infecção, dificultando, embora sem impedir, a avaliação e assistência fisioterapêutica neste período. Entretanto, fica claro o papel preventivo da equipe de fisioterapia no pré-operatório de cirurgia cardíaca pediátrica.

BIBLIOGRAFIA RECOMENDADA

1. Atik E. Tratamento farmacológico na cardiopatia pediátrica. Os avanços e o manejo específico em cada síndrome. Arq Brás Cardiol. 2002;79(6):561-3.

2. Brown KL, Ridout DA, Hoskote A, Verhulst L, Ricci M, Bull C. Delayed diagnosis of congenital heart disease worsens preoperative condition and outcome of surgery in neonates. Heart. 2006;92:1298-302.

3. Cavenaghi S, Moura SCG, Silva TH, Venturinelli TD, Marino LHC, Lamari NM. Importância da fisioterapia no pré e pós-operatório de cirurgia cardíaca pediátrica. Rev Brás Cir Cardiovasc. 2009;24(3):397-400.

4. Felcar JM, Guitti JCS, Marson AC, Cardoso JR. Fisioterapia pré-operatória na prevenção das complicações pulmonares em cirurgia cardíaca pediátrica. Rev Bras Cir Cardiovasc. 2008;23(3):383-8.

5. Macruz R, Snitcowsky R. Cardiologia Pediátrica. 1983, 692-713.

6. Maluf MA, Franzoni M, Melgar E, Hernadez A, Perez R. A cirúrgica cardíaca pediátrica como atividade filantrópica no país e missão humanitária no exterior. Rev Bras Cir Cardiovasc. 2009;24(3):VII-IX.

7. Nina RVAH, Gama MEA, Santos AM, Nina VJS, Figueiredo Neto JA, Mendes VGG, Lamy ZC, Brito LMO. O escore de risco ajustado para cirurgia e cardiopatia congênitas (RACHS-1) pode ser aplicado em nosso meio? Rev Bras Cir Cardiovasc. 2007;22(4):425-31

8. Oliveira EC, Amaral CFS. Sidenafil no tratamento da hipertensão arterial pulmonar idiopática em crianças e adolescentes. J Pediatr. 2005;81(5):390-4.

9. Petit CJ, Rome JJ, Wernovsky G, Mason SE, Shera DM, Nicolson SC, Montenegro LM, Tabbutt S, Zimmerman RA, Licht D. Preoperative Brain Injury in Transposition of great arteries is associated with oxygenation and time to surgery, not balloon atrial septostomy. Circulation. 2009;119:709-16.

10. Pinto Jr, VC, Daher CV, Sallum FS, Jatene MB, Croti UA. Situação das cirurgias cardíacas congênitas no Brasil. Rev Bras Cir Cardiovasc. 2004;19(2):III-VI.

11. Rimensberger PC, Spahr-Schopfer I, Berner M, Jaeggi E, Kalangos A, Friedli B, Beghetti M. Inhaled nitric oxide versus aerosolized illoprost in secondary pulmonary hypertendion in children with congenital heart disease. Circulation. 2001;103:544-48.

12. Salgado, C.M, Carvalhaes, J.T.A. Hipertensão arterial na infância. J Pediatr. 2003:79(supl1):115-124.

13. Silva VM, Araujo TL, Lopes MVO. Evolução dos diagnósticos de enfermagem de crianças com cardiapatias congênitas. Ver. Latino-Am. Enfermagem. 2006;4(14).

14. Verheijen PM, Lisowski LA, Stoutenbeek P, Hitchcock JF, Brenner JI, Copel JA, Kleinman CS, Meijboom EJ, Bennink GBWE. Prenatal diagnosis of congenital heart disease affects preoperative acidosis in the newborn patient. The Jornal of thoracic and cadiovascular surgery. 2001(4):798-803.

22

AVALIAÇÃO DA FUNÇÃO RESPIRATÓRIA

LUCIANA DIAS CHIAVEGATTO
MÔNICA VASCONCELOS DE MORAES
TATIANA ONOFRE GAMA

INTRODUÇÃO

Durante muito tempo, dizer que um paciente seria submetido à cirurgia cardíaca causava apreensão e temor por boa parte da equipe multiprofissional. Atualmente, esse procedimento tornou-se corriqueiro e com resultados bastante expressivos e positivos, em termos de expectativa e qualidade de vida.

Historicamente, atribui-se a Ludwig Rehn a primeira operação bem-sucedida realizada no coração, em 1896 na Alemanha. Na ocasião foi realizada uma sutura num coração ferido por arma branca. A partir de então, uma série de intervenções foram realizadas a fim de corrigir defeitos superficiais do coração. Apenas em 1953, John Gibbon realizou a primeira cirurgia intracardíaca, por meio de uma circulação extracorpórea (CEC).

A frequência dos procedimentos cirúrgicos aumentou exponencialmente nas últimas décadas. As complicações pulmonares pós-operatórias são uma fonte significativa de mortalidade e morbidade e podem ser minimizadas através de uma cautelosa avaliação pré-operatória e um rigoroso acompanhamento pós-operatório. A cirurgia cardíaca é um procedimento de alta complexidade, necessitando, portanto, de uma equipe multidisciplinar treinada e com experiência, além de todo suporte hospitalar. Definida a indicação precisa da cirurgia, o paciente será encaminhado para uma avaliação minuciosa, em que será colhida a história clínica, realizado o exame físico e solicitados exames complementares de acordo com o quadro clínico e doenças associadas.

ALTERAÇÕES DECORRENTES DA CIRURGIA CARDÍACA

As alterações respiratórias no pós-operatório podem estar relacionadas à função pulmonar e cardíaca prévia, ao uso de CEC, ao grau de sedação, à intensidade da manipulação cirúrgica e ao número de drenos pleurais, sendo os fatores intraoperatórios os principais responsáveis por alterarem a mecânica respiratória no pós-operatório imediato.

A anestesia geral parece reduzir a capacidade residual funcional (CRF) em cerca de 20%; a circulação extracorpórea prejudica a troca gasosa e os pacientes, cujas artérias mamárias são dissecadas, apresentam um risco maior de extravasamento de líquido para pleura com subsequentes complicações pulmonares.

A passagem de sangue por um circuito artificial na CEC impõe ao organismo um número de alterações importantes, como a mudança do regime do fluxo sanguíneo, possível aumento do gradiente de temperatura e estresse mecânico sobre os elementos figurados do sangue por causa do seu contato com superfícies não endoteliais, filtros, compressão e turbulências etc. Com este processo, há o desencadeamento de uma cascata de reações inflamatórias com consequências pós-cirúrgicas. Essas reações sempre acontecem, em menor ou maior grau, sendo mais evidentes e deletérias em idosos e neonatos, podendo se manifestar por uma simples febre ou até mesmo levar ao óbito.

As complicações respiratórias após a cirurgia de revascularização miocárdica (CRVM) estão associadas à incisão (esternotomia) e à presença de drenos pleurais que, por sua vez, reduzem volumes e capacidades pulmonares, levando à formação de atelectasias, com alterações da relação ventilação-perfusão (V/Q), e pressão parcial de oxigênio no sangue arterial (PaO_2) e da pressão parcial de gás carbônico no sangue arterial ($PaCO_2$). Ocorre ainda nos pulmões um aumento no extravasamento de líquido extravascular causado pelas células inflamatórias, com preenchimento alveolar, levando à inativação do surfactante e ao colapso de algumas regiões, modificando a relação V/Q, alteração dos valores de PaO_2 e $PaCO_2$, decréscimo na SaO_2 com considerável aumento no trabalho respiratório no período pós-operatório. A exposição à hipotermia durante a CEC também afeta a função pulmonar negativamente, causando prejuízo para o endotélio pulmonar.

Quase todos os agentes anestésicos são depressores da respiração e este é dose-dependente e droga-específico. Já é bem estabelecido que a anestesia geral esteja associada à diminuição da contratilidade diafragmática, proporcionando mudanças nas propriedades mecânicas do sistema respiratório, que ocasionará alterações na troca gasosa pulmonar e, consequentemente, hipoxemia arterial. Esse efeito pode ser explicado pela formação de atelectasias pulmonares, que são promovidas pela perda do tônus da musculatura respiratória, onde o diafragma desloca-se cranialmente e a caixa torácica tem seu diâmetro diminuído, com consequente redução da CRF e compressão das partes dependentes dos pulmões.

A mecânica diafragmática muda de maneira significante à medida que ocorre a paresia/paralisia do músculo após anestesia, quando durante a ventilação, porções não dependentes do diafragma exibem um deslocamento maior, especialmente em menores volumes correntes. Entretanto, com grandes volumes correntes, o movimento diafragmático é melhor distribuído.

Fatores como irritação local, dor, inflamação ou trauma, também são capazes de induzir disfunção diafragmática. No entanto, a hipótese mais aceita atualmente e amplamente discutida sobre a disfunção diafragmática no pós-operatório desse tipo de cirurgia é a inibição reflexa mediada pelos receptores aferentes do tórax e abdome. É sugerido, então, que o mecanismo de disfunção diafragmática deva ser um reflexo pelo qual, receptores simpáticos, vagais ou esplênicos estimulados durante o ato cirúrgico estejam envolvidos. Com a estimulação desses receptores, ocorrerá um efeito inibitório no comando neural

central, o qual inibirá o nervo frênico, levando assim à disfunção diafragmática, apesar da contração do diafragma ser normal quando o nervo frênico é estimulado externamente. Vários experimentos realizados atualmente sustentam a teoria antiga de Pasteur (1910), que a inibição reflexa da respiração contribui para as complicações pulmonares no pós-operatório, por causa da disfunção diafragmática secundária.

Como já visto, a atividade da musculatura abdominal na expiração tende a diminuir a CRF, trazendo o volume corrente abaixo do volume de fechamento, em que Farkas e De Troyer postularam que esta atividade da musculatura abdominal associada à diminuição da atividade diafragmática debilitaria a tosse, dificultando a eliminação de secreção traqueobrônquica. No que se refere à presença de secreção pulmonar, sabe-se que há aumento na produção desta, além de depressão do transporte mucociliar, podendo ou não estarem associados à anestesia geral ou a outros fatores, como a irritação provocada pelo tubo endotraqueal, administração de gases secos e a altas concentrações de oxigênio.

Vale salientar que a maioria dos pacientes submetidos à cirurgia cardíaca são portadores de doenças associadas que representam fatores de risco para problemas respiratórios, tais como: a doença pulmonar obstrutiva crônica e a insuficiência cardíaca congestiva, ambas causadoras de disfunção respiratória.

FISIOTERAPIA NO PRÉ-OPERATÓRIO

A fisioterapia pré-operatória em cirurgia cardíaca inclui a avaliação, bem como a orientação quanto aos fatores relacionados ao ato cirúrgico e ao período pós-operatório, assim como esclarecimentos sobre as principais técnicas fisioterapêuticas a serem utilizadas. Dessa forma, os pacientes podem contribuir de forma significativa para a sua recuperação no pós-operatório. Explicações gerais sobre a recuperação na unidade de terapia intensiva, o posicionamento adequado e a importância da mobilização e deambulação precoce, conscientização da importância da tosse para evitar o acúmulo de secreção traqueobrônquica no pós-operatório e os cuidados com a incisão cirúrgica, constituem recomendações essenciais que devem ser orientadas aos pacientes no período pré-operatório.

Na história clínica serão colhidos dados como sinais e sintomas da cardiopatia, fatores de risco para doenças cardíacas (hipertensão arterial, diabetes, entre outros) hábitos de vida, como higiene, tipo de dieta, sedentarismo, etilismo, tabagismo, uso de drogas lícitas e ilícitas, uso de medicamentos, alergias a alimentos a medicações, infecções e uso de antibióticos recentes, problemas anestésicos, vacinação, história de sangramento, gravidez e, por fim, doenças e cirurgias prévias.

O exame físico fisioterapêutico irá avaliar principalmente a capacidade respiratória, força muscular respiratória, capacidade funcional e a resistência à atividade física. Para tal avaliação são realizadas, respectivamente, a avaliação espirométrica, manovacuometria e qualquer modalidade de teste de avaliação da capacidade física, como teste de caminhada de seis minutos, *shuttle* teste ou teste do degrau, desde que o paciente seja devidamente monitorizado, esteja estável e assintomático. Para obtenção de dados referentes à ventilação pulmonar (volume corrente e volume minuto) e da capacidade vital, a espirometria à beira leito, portátil, constitui uma excelente ferramenta. Porém, como observamos que muitos serviços de Fisioterapia não dispõe de tal equipamento, a ventilometria, utilizando-se de um ventilômetro portátil, tem seu lugar, tornando-se um instrumento indispensável na prática clínica diária.

A Fisioterapia respiratória tem sido empregada profilaticamente em pacientes submetidos a cirurgias cardíacas, a fim de reduzir o risco de complicações pulmonares, como a retenção de secreções pulmonares, atelectasias e pneumonia. A fisioterapia no período pré e pós-operatório faz parte do tratamento especialmente nos grupos que apresentam maior risco de desenvolver complicações cardiorrespiratórias por doenças de base ou maus hábitos de vida.

VENTILOMETRIA

Após a cirurgia cardíaca há diminuição dos volumes e capacidades pulmonares de 40 a 50% em relação aos seus valores pré-operatórios. O ventilômetro é um aparelho portátil que é capaz de realizar medidas do volume minuto, capacidade vital e frequência respiratória, podendo, a partir daí, obter o volume corrente. É uma medida simples, porém, de grande importância que deve ser realizada no período pré-operatório, para que os valores possam ser comparados após a cirurgia ou mesmo após aplicação de técnicas fisioterapêuticas. Para realização da técnica preconiza-se que o paciente esteja em decúbito dorsal elevado (> 45 graus) ou sentado com os

braços ao longo do corpo, onde se deve ocluir o nariz com um clipe nasal e com a boca bem encostada no bocal do aparelho para evitar escape de ar e respirar normalmente, sem esforço, durante 1 minuto, que irá determinar o volume minuto e a frequência respiratória, a ser mensurada pelo examinador (Figura 22.1). Para medir a capacidade vital lenta, deve solicitar ao paciente uma inspiração profunda, seguida de pausa inspiratória de 3 a 5 segundos, destravar o aparelho e solicitar expiração lenta máxima até aproximadamente ao volume residual. Logo após, travar o aparelho ao final da expiração, e por fim, realizar a leitura dos dados obtidos.

ESPIROMETRIA

A espirometria é um teste que permite o diagnóstico e a quantificação dos distúrbios ventilatórios. Este exame deve ser parte integrante da avaliação de pacientes com sintomas respiratórios, doença respiratória conhecida, bem como pré-operatório de cirurgias torácicas e abdominais. Os valores obtidos devem ser comparados a valores previstos adequados para a população avaliada e comparados com aqueles obtidos no pós-cirúrgico, em alguma outra população de estudo prévio. Sua interpretação deve ser feita à luz dos dados clínicos e epidemiológicos e de acordo com seu resultado, o procedimento cirúrgico pode ser adiado ou mesmo contraindicado (Figura 22.2).

MANOVACUOMETRIA

A avaliação da força muscular é importante para que seja conhecido e quantificado seu trabalho mus-

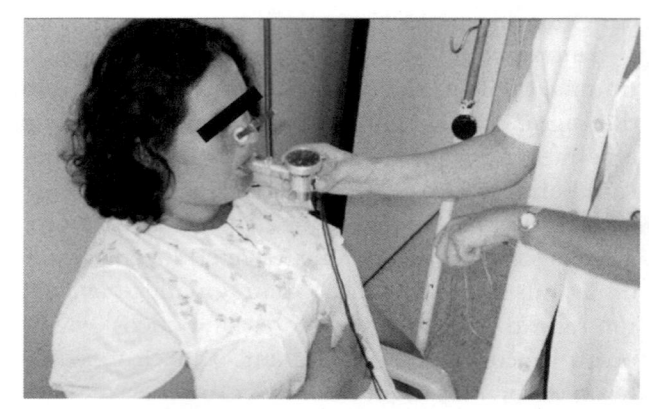

Figura 22.1 Paciente submetida à ventilometria.

Figura 22.2 Espirômetro portátil.

cular. Seguindo a base da fisiologia da respiração, a força criada pelos músculos respiratórios é mensurada pela pressão desenvolvida pelos mesmos. A avaliação das pressões respiratórias máximas consiste na medida da máxima pressão inspiratória e expiratória que o indivíduo pode gerar. Por se tratar de uma manobra estática, com a via aérea ocluída, a pressão bucal avaliada reflete a pressão que está sendo gerada nos alvéolos pela ação dos músculos respiratórios (Figura 22.3).

A medição da força contrátil dos músculos respiratórios é feita através das pressões máximas ($PI_{máx}$ = pressão inspiratória máxima e $PE_{máx}$ = pressão expiratória máxima), através do manovacuômetro. Sendo a $PI_{máx}$ corresponde aos músculos inspiratórios, e a $PE_{máx}$ à força da musculatura abdominal.

Aceita-se como $PI_{máx}$ normal, para um adulto jovem masculino por volta de –125 cmH_2O e a $PE_{máx}$ é considerada em média = +100 cmH_2O. Sabe-se que a partir dos 20 anos de idade ocorre um decréscimo anual de 0,5 cmH_2O nestes valores. Para a caracterização da fraqueza, fadiga, ou falência muscular respiratória é necessário que os valores da $PI_{máx}$ estejam

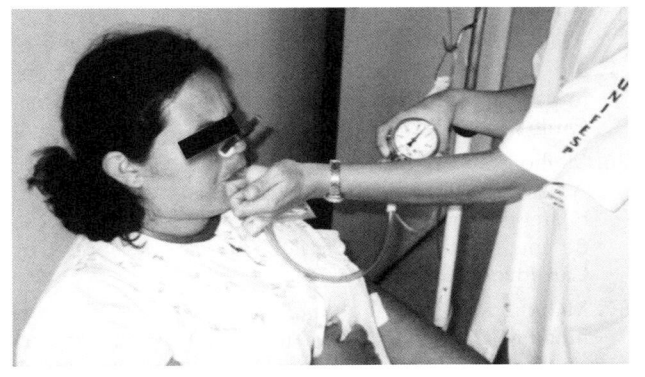

Figura 22.3 Paciente submetida à manovacuometria.

entre - 70 a - 45 cmH_2O, - 40 a - 25 cmH_2O, e menor do que - 20 cmH_2O, respectivamente.

Atualmente, ao mensurarmos as forças inspiratórias e expiratórias, podemos comparar os valores obtidos aos valores preditos para cada indivíduo com as seguintes equações, propostas por Neder em 1999:

Homens: $PI_{máx}$ (cmH_2O) = 155,3 – 0,80 (idade anos)
$\qquad$ $PE_{máx}$ (cmH_2O) = 165,3 – 0,81 (idade anos)
Mulheres: $PI_{máx}$ (cmH_2O) = 110,4 – 0,49 (idade anos)
$\qquad$ $PE_{máx}$ (cmH_2O) = 115,6 – 0,61 (idade anos)

TESTE DE CAMINHADA DE SEIS MINUTOS

O teste de caminhada de seis minutos (TC6M) foi adaptado do teste de corrida de 12 minutos, descrito originalmente por Cooper em 1968, para avaliar pessoas saudáveis. O indivíduo era estimulado a correr 12 minutos para que fosse determinada a relação entre aptidão física e $VO_{2máx}$. Esse teste foi sendo adaptado para ser aplicado em pessoas portadoras de doença, e vem sendo muito utilizado como uma alternativa para avaliar a capacidade física de pacientes com patologias cardíacas e pulmonares, bem como para avaliar a capacidade submáxima de exercício. Trata-se de uma intervenção simples, segura, bem tolerada pelos pacientes, mesmo por aqueles com idades mais avançadas, além de representar melhor as atividades diárias. A instrução desse teste é caminhar o mais rápido possível sem correr ou pular durante os seis minutos e o avaliado é quem determina a velocidade de caminhada, sendo mensurada a distância percorrida ao final do teste, bem como variáveis pré e pós-teste: pressão arterial sistêmica, frequência respiratória, frequência cardíaca, saturação arterial periférica de oxigênio e graduação da dispneia e cansaço de MMII. O avaliador não pode andar com o paciente, porém deverá estimulá-lo a cada minuto. Após o primeiro minuto, o avaliador deverá dizer ao paciente: "Você está indo muito bem, continue assim. Você tem cinco minutos para andar" e a cada minuto que passar, o avaliador deverá dar a mesma instrução de encorajamento. Após as orientações iniciais, o paciente será posicionado na linha de início do teste e simultaneamente ao início da caminhada será cronometrado o tempo. No caso do paciente interromper o teste antes do término previsto, o avaliador deverá orientar ao paciente que continue caminhando assim que se sentir capaz e, dessa forma, a cronometragem do tempo não será interrompida. Caso o paciente pare antes dos seis minutos e se recuse a continuar, deverá ser anotado o motivo da interrupção, o tempo e a distância percorrida.

SHUTTLE TESTE

O *shuttle* teste é considerado um teste incremental máximo, sendo que nessa modalidade o paciente é solicitado a caminhar em velocidades crescentes e padronizadas, direcionado por sinais sonoros. O circuito consiste em uma pista de dez metros onde o paciente caminha ao encontro do final da pista, quando muda o sentido da caminhada, retornando ao local de saída e assim sucessivamente até o final do teste. A velocidade torna-se crescente, acompanhando o sinal sonoro, que muda a cada nível, obrigando-o ao aumento da velocidade para atingir a extremidade da pista. O teste é continuado até a exaustão, que determina seu final, mensurando-se a distância percorrida, pressão arterial, saturação arterial periférica de oxigênio e grau de dispneia alcançado.

TESTE DO DEGRAU

O teste do degrau (TD) é um procedimento simplificado de avaliação da capacidade funcional de pacientes que vêm sendo frequentemente mais empregado no meio clínico. Diversos formatos de testes do degrau foram propostos, embora poucos deles tenham sido validados em populações clínicas. Mesmo para estes últimos, não são disponíveis valores de referência com intervalos de confiança adequadamente estreitos para que um limite inferior da normalidade possa ser estabelecido com segurança. As variáveis principais obtidas no TD dependem da natureza básica do teste. Dessa forma, se o ritmo for determinado pelo paciente (*self-paced*), o número total de degraus subidos pode ser um indicador do "trabalho" total desenvolvido no teste. Por outro lado, se o ritmo for determinado por um metrônomo ou contador externo (*paced*), o número de degraus será constante (caso o paciente consiga terminar o teste) e o mesmo não fornecerá uma estimativa da capacidade de trabalho. Entretanto, em qualquer um desses modelos, algumas respostas fisiológicas básicas podem ser obtidas: frequência cardíaca (sem, ou preferencialmente, com registro eletrocardiográfico), pressão arterial sistêmica, escores de dispneia e MMII, saturação periférica de oxigênio (SpO$_2$%).

BIBLIOGRAFIA RECOMENDADA

1. Ambrozim ARP, Cataneo AJM. Aspectos da função pulmonar após revascularização do miocárdio relacionados com risco pré-operatório. Braz J Cardiovasc Surg. 2005;20(4):408-15.

2. American Thoracic Society (ATS). ATS Statement: Guidelines for the six-minute walk test. Am J Respir Crit Care Med. 2002;166:111-7.

3. Arcencio L, Souza MD, Bortolin BS, Fernandes ACM, Rodrigues AJ, Evora PRB. Cuidados pré e pós-operatórios em cirurgia cardiotorácica: uma abordagem fisioterapêutica. Rev Bras Cir Cardiovasc. 2008;23(3):400-10.

4. ATS Statement: Guidelines for the Six-Minutes Walk Test. Am J Respir Crit Care Med. 2002;166:111-7.

5. Auler JC. Assistência Ventilatória Mecânica. São Paulo: Atheneu; 1995.

6. Azeredo CA. Fisioterapia Respiratória Moderna. Rio de Janeiro: Manole; 2002.

7. Cavalheiro LV, Chiavegato LD. Avaliação Pré-operatória do Paciente Cardiopata. In: Regenga MM. Fisioterapia em cardiologia: da UTI à reabilitação. São Paulo: Roca; 2000:21-30.

8. Craig DB. Postoperative recovery of pulmonary function. Anesth Analg. 1981;60:46-52.

9. Crapo RO. Pulmonary-Function Testing. N Engl J Med. 1994;331:25-30.

10. De Troyer A, Gilmartin JJ, Ninane V. Abdominal muscle use during breathing in unanesthetized dogs. J Appl Physiol. 1989;66:20-7.

11. Dureuil B, Contineau JP, Desmonts JM. Effects of upper or lower abdominal surgery on diaphragmatic function. Br J Anaesth. 1897;59:1230-35.

12. Enright PL. The six-minute walk test. Respir Care. 2003;48(8):783-5.

13. Farkas GA, Schroeder MA, De Troyer A. Effect of midline laparotomy on the cough reflex in dogs. Neurosci Lett. 1989;107:120-4.

14. Hernandez EMT, Fernandez JG, Toral JM, Ortega FR, Sanchez HR, Montemayor TR. Reproducibility of a shuttle walking test in pacients with chronic obstructive pulmonary disease. Arch Bronconeumol. 1997;33(2):64-8.

15. Pereira EDB, Fernandes ALG, Anção MS, Peres CA, Atallah AN, Faresin SM. Prospective assessment of the risk od postoperative pulmonary complications in patients sumitted to upper abdominal surgery. Sao Paulo Med J/Rev Paul Med. 1999;177(4):151-60.

16. Malbouisson LMS, Peres D, Ayama S, Carmona MJC, Auler Jr JOC. Associação de paralisia diafragmática bilateral e paralisia de cintura escapular após correção de aneurisma da aorta: relato de caso. Rev Bras Circ Cardiovasc. 2001;16(2):171-5.

17. Malbouisson LMS, Humberto F, Rodrigues RR, Carmona MJC, Auler Jr JOC. Atelectasias durante anestesia: fisiopatologia e tratamento. Rev Bras Anestesiol. 2008;58(1):73-83.

18. Moraes AF, Gonçalves GA. Pós-operatótio de cirurgia cardíaca. In: Gomes MV, Camillis LF, Vianna A, Nacul FE. Medicina Intensiva Cardiopulmonar. Rio de Janeiro: Revinter; 2002. p. 122-32.

19. Neder JA, Andreoni S, Castelo-Filho A, Nery LE. Reference values for lung function tests. Braz J Med Biol Res. 1999;32(6):703-17.

20. Paisani DM, Chiavegato LD, Faresin SM. Volumes, capacidades pulmonares e força muscular respiratória no pós-operatório de gastroplastia. J Bras Pneumol. 2005;31(2):125-32.

21. Pasteur W. Active lobar collapse of the lung after abdominal operations. Lancet. 1910;2:1080-83.

22. Rosa WF, Camelier A, Mayer A, Jardim JF. Avaliação da capacidade de exercício em portadores de doença pulmonar obstrutiva crônica: comparação do teste de caminhada com carga progressiva com o teste de caminhada com acompanhamento. J Bras Pneumol. 2006;32(2):106-13.

23. Silva L, Rubin A, Silva L. Avaliação Funcional Pulmonar. Rio de Janeiro: Revinter; 2000.

24. Soares CPS, Pires SR, Britto RR, Parreira VF. Avaliação da aplicabilidade da equação de referência para estimativa de desempenho no teste de caminhada de 6 minutos em indivíduos saudáveis brasileiros. Rev da Soc Cardiol. 2004;14(1):1-8.

25. Sofia RR, Almeida LG. Complicações Pulmonares no Pós-operatório de Cirutgia Cardíaca. In: Regenga MM. Fisioterapia em cardiologia: da UTI à reabilitação. São Paulo: Roca; 2000:31-45.

26. Solways S, Brooks D, Lacasse Y, Thomas S. A qualitative systematic overview of the measurement properties of functional walk tests used in the Cardiorespiratory Domain. Chest. 2001;119(1):256-70.

27. Stanzani F. Efeito dos anestésicos no aparelho respiratório. In: Faresin SM. Avaliação Pré-operatória Pulmonar. São Paulo: Revinter; 2005:63-72.

28. Tokics L, Hedenstierna G, Strandberg A. Lung collapse and gas exchange during anesthesia: effects of spontaneous breathing, muscle paralysis, and positive end expiratory pressure. Anesthesiology. 1987;66:157-67.

29. Zocrato LBT; Machado MGR. Fisioterapia respiratória no pré-e-pós-operatório de cirurgia cardíaca. In: Machado MGR. Bases da Fisioterapia Respiratória Terapia Intensiva e Reabilitação. Rio de Janeiro: Guanabara Koogan; 2008:338-62.

23

FISIOTERAPIA E ORIENTAÇÕES

VANESSA PEREIRA DE LIMA
VANESSA AMARAL MENDONÇA
CYNTHIA FERNANDES FERREIRA SANTOS

INTRODUÇÃO

O objetivo da avaliação pré-operatória em cirurgia cardíaca é verificar o estado clínico do paciente, gerando informações sobre a avaliação, o manuseio e o risco de intercorrências nos períodos peri e pós-operatório que definem o risco cirúrgico do paciente.

A anestesia e determinadas cirurgias predispõem a alterações na mecânica respiratória, nos volumes pulmonares e nas trocas gasosas. Na cirurgia cardiotorácica, considerada de grande porte, inúmeras complicações podem ocorrer, entre elas as de causa respiratória, que culminam com a necessidade de cuidados intensivos, bem como suporte ventilatório por tempo prolongado. Particularmente nos pacientes submetidos à cirurgia com circulação extracorpórea (CEC), podem ocorrer reações inflamatórias desencadeadas por esse procedimento que acarretam deterioração da função pulmonar no pós-operatório. Estas complicações são responsáveis pelo prolongamento do tempo de internação com aumento dos custos hospitalares, além de ser importante causa de morbidade e mortalidade. As complicações pulmonares pós-operatórias são tão prevalentes quanto as cardíacas e contribuem da mesma forma para morbidade, mortalidade e duração da hospitalização. Podem, inclusive, predizer melhor a mortalidade a longo prazo do que as complicações cardíacas. Por isso, a avaliação pré-operatória é fundamental diante de cirurgias cada vez mais complexas e do grande número de pacientes com fatores de risco elevados.

FATORES DE RISCO

São muitos os fatores que podem influenciar o desfecho de um procedimento cirúrgico, como o estado clínico do paciente, o tipo de cirurgia e a anestesia. Os fatores de risco relacionados com o paciente são as comorbidades, o grau de estabilização, a idade, a autonomia, o índice de massa corporal (IMC), as condições socioculturais e o escore de avaliação pré-operatória; já os relacionados com a cirurgia são a duração e o local, o grau de invasão, o balanço hídrico, a dor no pós-operatório e o risco de complicação; por sua vez, os relacionados com a anestesia são a necessidade de anestesia geral e entubação traqueal.

Estudos realizados em pacientes internados mostram que alta classificação ASA (American Society of Anesthesiologists), história de arritmia ventricular, angina, hipertensão, infarto do miocárdio prévio, doença pulmonar obstrutiva crônica (DPOC), asma, obesidade e tabagismo são preditores de risco de eventos adversos. Após o procedimento cirúrgico, os pacientes estão mais propensos a desenvolverem complicações respiratórias. Cerca de 65% dos pacientes desenvolvem atelectasias e 3% adquirem pneumonia. A ocorrência de complicações pós-operatórias está ligada à existência de fatores de risco pré-operatórios. Entre os fatores de risco descritos na literatura, estão: idade avançada (> 60 anos), presença de doença pulmonar prévia, como DPOC, ou outras comorbidades, classificação ASA maior ou igual a II, tabagismo ativo, obesidade, desnutrição, tipo de anestesia, tempo de cirurgia (> 3 horas), tipo de cirurgia, valores espirométricos anormais, capacidade diminuída ao exercício e tempo de internação pré-operatória prolongado.

Em relação ao hábito de fumar e ao consumo nocivo de álcool, sabe-se que são fatores que contribuem para aumentar de duas a quatro vezes as complicações pós-operatórias. Para os fumantes, os problemas mais frequentes após a cirurgia são as complicações pulmonares; e, para os alcoólatras, são as infecções, os episódios hemorrágicos, a insuficiência cardiorrespiratória e a morte. Está bem documentado que programas pré-operatórios de cessação do tabagismo e do consumo de álcool com duração de quatro a oito semanas reduzem significativamente o aumento de risco de complicações no pós-operatório.

O paciente com cardiopatia

Nos últimos anos, o risco cirúrgico em pacientes cardiopatas tem sido analisado de acordo com o tipo de cirurgia. A avaliação pré-operatória deve ser focada no estado clínico e funcional do paciente e na extensão da cirurgia. Pacientes com angina estável são usualmente investigados em relação à frequência e à duração da dor, ao nível de exercício antes do início da dor ou a outro sintoma associado e sobre drogas que a aliviam. Outras condições associadas (diabetes, hipertensão, doença vascular periférica e tabagismo) devem ser cuidadosamente avaliadas. Isto é suficiente para estimar o grau de estabilidade e para identificar a intervenção correta. Em caso de instabilidade ou alteração dos sintomas (mudanças na carga de trabalho que induzem dor no tórax), a internação e o exame cardíaco pré-operatório são a regra. Entre as condições que representam risco para o paciente, podem-se destacar as doenças coronariana e valvular avançada, especialmente a doença aórtica e a insuficiência cardíaca congestiva. O diagnóstico de doença coronariana tem sido associado com o aumento da morbidade e da mortalidade. Recentemente, a insuficiência cardíaca congestiva tem se revelado não apenas como um fator de risco, mas como o mais importante comparado à doença coronariana.

O paciente com pneumopatia

A asma e a DPOC são questões desafiadoras nos pacientes cirúrgicos. Muitos estudos mostraram que ambas estão associadas ao aumento de complicações no perioperatório. Recomenda-se que, nas condições reversíveis, como broncoespasmo, infecção, secreção e atelectasia, sejam adotadas medidas que incluam o uso de broncodilatadores, antibióticos e fisioterapia respiratória antes do procedimento cirúrgico. A avaliação pré-operatória deve ser baseada no estado clínico do paciente e na medicação. Pacientes com asma e DPOC devem estar estáveis e com a medicação adequada antes da cirurgia. Uma atenção especial deve ser dada aos pacientes que apresentarem exacerbação respiratória aguda, incluindo influenza. Em caso de cirurgia eletiva, o cancelamento do procedimento é recomendado. A cessação do tabagismo precisa ser encorajada, devendo ser feita de seis a oito semanas antes da cirurgia. Este é o tempo necessário para que aconteça uma diminuição da produção de muco e para permitir que o epitélio ciliar restabeleça sua função normal. O aparecimento de sibilos, a queda do estado funcional, o aumento da produção de secreção, a dependência de corticoide ou a necessidade de suporte respiratório são parâmetros de instabilidade ou de controle insuficiente da medicação e representam contraindicações para a cirurgia.

FISIOTERAPIA NO PRÉ-OPERATÓRIO

A fisioterapia no período pré-operatório consiste no acompanhamento fisioterapêutico no período que antecede o procedimento cirúrgico. Ela pode variar desde as intervenções que duram de 2 a 3 dias até as que duram 6 meses. Até o momento, não há consenso sobre a melhor forma de acompanhamento fisioterapêutico no pré-operatório.

Objetivos da fisioterapia no periodo pré-operatório

Os objetivos da fisioterapia pré-operatória são:

- Reduzir o tempo da ventilação mecânica (VM).
- Promover a limpeza das vias aéreas.
- Realizar a educação dos pacientes, minimizando os riscos de complicações no período pós-operatório.
- Ter o primeiro contato com o paciente, criando, a partir desse momento, um vínculo fisioterapeuta-paciente, que facilitará muito o acompanhamento no período pós-operatório.

A fisioterapia pré-operatória consiste das seguintes etapas:

* Educação/orientações.
* Fisioterapia propriamente dita.

A seguir será discutida cada etapa separadamente.

Educação e orientações no período pré-operatório

O período pré-operatório de qualquer procedimento cirúrgico vem associado à intensa ansiedade, ao medo do desconhecido e da morte, à frustração e à sensação de impotência frente ao futuro.

Muitas pesquisas vêm sendo realizadas por profissionais da área de saúde com o intuito de minimizar essas sensações, além de tentar potencializar as condições clínicas do paciente, a fim de que sua recuperação seja mais rápida e nas melhores condições possíveis, para que ele então possa retornar às suas atividades.

De acordo com estudos recentes, uma das formas mais promissoras de reduzir a ansiedade no período pré-operatório é baseada na informação, principalmente nos casos relacionados a pacientes cirúrgicos que necessitam de internação nas unidades de terapia intensiva (UTI).

Partindo desse pressuposto, o que se vê na prática é que, muitas vezes, até o desmame da ventilação mecânica fica prejudicado pela necessidade de se aumentar a sedação, pois o paciente encontra-se agitado. Deve-se levar em conta o próprio ambiente de uma UTI, com diferentes sons, rotinas e, muitas vezes, privação de sono dos pacientes em virtude de várias intervenções sofridas no período. A educação/orientação, já descrita em vários artigos, espera levar à diminuição do tempo de permanência na UTI, da dor e da ansiedade; no entanto, ela ainda necessita, para sua comprovação, de mais estudos randomizados. A orientação/educação leva a uma maior sensação de autocontrole do paciente em relação à sua saúde, inclusive tornando-o um membro mais participativo do seu processo de recuperação. Com isso, pode-se levar à diminuição de custos, a cancelamentos de cirurgias e maior satisfação do paciente.

O fisioterapeuta tem papel relevante nesse processo, pois provavelmente será um dos profissionais que estarão mais presentes desde o momento da internação até a alta hospitalar, por vezes acompanhando o paciente após a alta em centros de reabilitação ou a domicílio até sua completa recuperação.

O que falar para o paciente? Pontos essenciais na orientação do paciente que será submetido a procedimento cirúrgico

Segundo Krone, são definidos dois grupos de pessoas: o das que gostam e preferem ter todo tipo de informações possível sobre o procedimento, inclusive participando do processo de orientação com perguntas e questionamentos, e o outro constituído pelos sujeitos passivos do processo que só querem o mínimo de informação sobre a cirurgia. Portanto, antes das orientações devemos saber em qual grupo nosso paciente se encaixa. Isto pode ser facilmente apreendido no primeiro contato do terapeuta com o paciente.

Atualmente, alguns hospitais, além da orientação por meio de uma conversa com o paciente, já disponibilizam também *folders* informativos sobre quais são os membros da equipe, as rotinas do hospital, a fisioterapia, as orientações nutricionais etc., o que é bastante apreciado pelos pacientes. Mas é preciso ter em mente que esse material deve ser sempre atualizado, que não devem ser utilizados jargões da área da saúde, devendo ser de fácil entendimento para o paciente leigo, e que devem conter informações relevantes e interessantes. Porém os estudos discutindo o acompanhamento e a orientação no período pré-operatório são escassos. O acompanhamento pós-operatório já é amplamente discutido e validado na literatura, ficando a discussão desse ponto em outro capítulo deste livro. Vale ressaltar que esse processo, apesar de ser necessário, por vezes não é realizado em razão de vários motivos: desde tempo curto entre o momento da internação e o procedimento cirúrgico, falta de tempo dos profissionais, até a falta de profissionais preparados etc.

Vários estudos vêm tentando descobrir qual seria o melhor período para a educação pré-operatória. O que eles deixaram claro é que quanto mais próxima a cirurgia, maior é a ansiedade, e com isso muitas vezes não se consegue que o paciente retenha as informações que foram passadas. Portanto, é demonstrado que entre 4 e 8 dias antes da cirurgia seria um bom momento para dar início à educação pré-operatória, quando os pacientes encontram-se na maioria das vezes com nível mais baixo de ansiedade. Porém, são poucos os serviços no

Brasil que contam com um ambulatório de pré-operatório, dessa forma a orientação deve ser realizada quando possível.

A orientação/educação deverá ser sempre tentada, já que, na prática, o que se observa é a maior aceitação da fisioterapia no pós-operatório (mesmo com dores, incisões, drenos etc.) quando há esse primeiro contato entre o fisioterapeuta e o paciente no período pré-operatório, criando-se um vínculo fisioterapeuta-paciente.

Pontos que podem ser abordados durante o processo de educação/orientação

- Quais são os membros da equipe que estarão em contato com o paciente: cirurgiões, médicos intensivistas, fisioterapeutas, enfermeiros, técnicos de enfermagem, nutricionistas, psicólogos, entre outros.
- Tipo de cirurgia a que o paciente será submetido (quando possível, já que é sabido que, às vezes, só no decorrer do procedimento cirúrgico o tipo de cirurgia é escolhido).
- Riscos da intervenção (infecções, atelectasias, pneumonias etc.).
- Necessidade de internação ou não na UTI (provável tempo de permanência, motivo etc.).
- Tipo provável de incisão operatória.
- Utilização de drenos.
- Entubação.
- Membros da equipe da UTI (quais os profissionais responsáveis pelo paciente nesse ambiente).
- Rotinas do hospital e da UTI.
- Como o paciente poderá se comunicar quando necessitar de algo, por exemplo, remédios, água etc., ou quando sentir dor.
- Fisioterapia: o que é? Para que serve? Como será feita? Por quem? Quando? Durante quanto tempo?
- Exercícios respiratórios que serão utilizados no período pós-operatório.
- Tosse (importância da tosse, educação/orientação da tosse).
- Mobilização precoce e exercícios de profilaxia de trombose venosa profunda (TVP).

O processo de orientação/educação não deve ser cansativo para o paciente, podendo inclusive ser dividida a terapia entre o momento de orientação e o momento de efetivação das técnicas e exercícios. A linguagem utilizada deve ser clara e simples. Quando possível, deve-se envolver os familiares e/ou cuidadores nesse processo, tornando-os aliados importantes do processo de recuperação do paciente.

FISIOTERAPIA

Fisioterapia no período pré-operatório no adulto

O papel da fisioterapia no pós-operatório de cirurgias torácicas está bem reconhecido na literatura, entretanto a abordagem no pré-operatório ainda parece bastante controversa. Nota-se que se trata de um saber tácito e estudos com propostas diferenciadas em termos de técnicas, recursos e duração da atenção fisioterapêutica. Nesse contexto, a busca na literatura e a comparação entre as diversas abordagens são dificultadas. Vale ressaltar que o programa de reabilitação pré-operatória deve partir de uma avaliação detalhada e individualizada que permita a identificação dos fatores de risco e, se necessário, da correção de algum fator que possa comprometer o sucesso do pós-operatório.

As bases para fundamentar a ação do fisioterapeuta são encontradas nas alterações induzidas pelo processo cirúrgico em si. Sabe-se que cirurgias e anestesia geral podem ter efeitos diretos no sistema respiratório, o que torna esse sistema vulnerável a complicações pós-operatórias, que por sua vez aumentam os riscos de morbidades hospitalares, prolongando a internação e aumentado os custos. Essas complicações se iniciam com as alterações induzidas nos músculos respiratórios que se dão com a anestesia e permanecem no período pós-cirúrgico. Além disso, possíveis lesões no nervo frênico e trauma cirúrgico contribuem para o déficit no funcionamento da musculatura respiratória, resultando frequentemente uma redução da capacidade residual funcional (CRF) e da capacidade vital (CV), que podem permanecer por muitos dias e resultar em atelectasias. Por sua vez, a atelectasia pode favorecer o desenvolvimento bacteriano, por reduzir a função de macrófagos alveolares e reduzir o surfactante, favorecendo o desenvolvimento de pneumonias.

De forma geral, pode-se considerar como objetivos da fisioterapia pré-operatória minimizar as morbidades pós-operatórias e os desconfortos, reduzindo o tempo de internação. Para alcançar seus objetivos, a fisioterapia dispõe de recursos como a prática de exercícios respiratórios, manobras manuais para higiene brônquica e equipamentos como inspirômetro de incentivo, aparelhos que infringem pressões positivas nas vias aéreas e instrumentos que permitem o treinamento da musculatura respiratória. Vale ressaltar que a grande variedade de técnicas e suas combinações, bem como de modalidades cirúrgicas, dificulta a comparação entre estudos a favor de uma intervenção ou outra.

A eficácia da realização de padrão respiratório com inspiração profunda e tosse no período pré-operatório já foi demonstrada em vários trabalhos. Contudo, a maior parte dos estudos na literatura utiliza essas técnicas associadas a recursos instrumentais. Entre as técnicas estudadas, o treinamento da musculatura respiratória tem se mostrado eficaz, seguro e bem tolerado na minimização de complicações no pós-operatório de cirurgia cardíaca em pacientes com alto risco de complicações. Os princípios para a escolha do treinamento da musculatura respiratória incluem as observações que sugerem que a fraqueza desta musculatura no período pré-operatório possa ser um fator relacionado com a ocorrência de complicações pós-operatórias e alterações na espirometria. Dessa forma, a avaliação das pressões respiratórias máximas por meio da mano-vacuometria, que representam a força muscular respiratória, passa a ser considerada relevante. Assim, a pressão inspiratória máxima ($PI_{máx}$) representa a força do diafragma e a pressão expiratória máxima ($PE_{máx}$) representa a força dos músculos abdominais e intercostais. Os valores considerados como maior risco de complicações respiratórias por fraqueza da musculatura inspiratória são relacionados aos valores de $PI_{máx}$ menores que 70 a 75% do previsto.

Partindo da premissa de que a fraqueza da musculatura respiratória pode estar associada à ocorrência de complicações, o treinamento específico dessa musculatura passa a ser uma estratégia importante para a fisioterapia pré-operatória. Um ensaio clínico randomizado realizado por Hulzebos et al. (2006) comparou 140 pacientes que receberam atendimento fisioterapêutico pré-operatório de cirurgia cardíaca com 139 pacientes que receberam cuidados habituais, considerando como desfechos as complicações respiratórias e o tempo de internação. A intervenção pré-operatória consistiu de um programa que incluiu treinamento de músculos respiratórios e um programa educativo que incluía inspirometria de incentivo, técnicas de ciclo ativo da respiração e expiração forçada. Esse programa era composto por 20 minutos

diários de atividades, durante 2 semanas, sendo que por 6 dias da semana não havia supervisão e por um dia o programa era realizado com a presença do fisioterapeuta. Após avaliação inicial, a carga do *threshold* era calibrada para 30% da pressão inspiratória máxima. Posteriores incrementos ocorriam quando a percepção subjetiva de esforço, avaliada pela escala de Borg, alcançava valores inferiores a 5. O grupo que recebeu os cuidados habituais apenas recebeu orientações sobre padrões respiratórios, tosse e mobilização precoce, um dia antes da cirurgia. Os resultados mostraram que a ocorrência de complicações respiratórias foi menor no grupo que recebeu assistência fisioterapêutica no pré-operatório, sendo que nesse grupo a ocorrência foi de 18 contra 35% no grupo de cuidados habituais.

Outro recurso amplamente utilizado é a inspirometria de incentivo. Esse recurso utiliza o *feedback* visual durante os movimentos inspiratórios e/ou expiratórios. Um estudo observacional que incluiu 263 voluntários no pré-operatório de cirurgia cardíaca utilizou o inspirômetro de incentivo a fluxo em trinta inspirações lentas máximas, até a capacidade pulmonar total (CPT), seguidas de expiração passiva até a capacidade residual funcional (CRF), divididas em cinco séries, por intervalos de 30 a 60 segundos. Associados à inspirometria de incentivo, eram realizados padrões com inspiração profunda, padrão diafragmático, inspiração fracionada em três tempos, manobras de expansão pulmonar com estímulo tátil, manobras de expansão associada aos membros superiores, manobra de desobstrução brônquica e tosse. O protocolo foi realizado no dia de admissão no hospital, um dia antes da cirurgia, e após a avaliação fisioterapêutica. Os resultados mostraram que o grupo de pacientes que receberam o atendimento pré-operatório apresentou menos incidência de atelectasia (17,3% em comparação com controle, 36,6%).

Poucos estudos incluíram em seu protocolo a utilização de treinamento aeróbico no pré-operatório; entretanto, essa abordagem tem efeitos reconhecidos no sistema circulatório e algumas evidências sugerem que ela pode ter efeitos benéficos quando incluídas no pré-operatório. Com o objetivo de avaliar o efeito da inclusão de treinamento físico no período pré-operatório de cirurgias eletivas cardíacas, um ensaio clínico randomizado foi conduzido com 249 pacientes. Os voluntários foram submetidos a 8 semanas de intervenção multidimensional ou de cuidados convencionais. Durante a intervenção, os sujeitos receberam exercícios individualmente prescritos duas vezes por semana e com 90 minutos de duração; receberam, ainda, informações como parte de um programa educativo e mensalmente recebiam a ligação de uma enfermeira para responder a alguma dúvida. O programa de reabilitação consistiu de aquecimento com duração de 5 a 10 minutos, de 10 minutos de alongamentos, de 30 minutos de exercícios aeróbicos na intensidade de 40 a 70% da capacidade funcional e resfriamento. Esses pacientes foram acompanhados no pós-operatório após uma semana, após 6 a 8 semanas e após 9 meses do procedimento cirúrgico. Além de reduzir o tempo de internação, os autores mostraram que a adesão ao programa de reabilitação de pós-operatório foi maior entre os voluntários que participaram do programa de intervenção, adesão de 70%, enquanto no grupo controle a adesão foi de 57% dos pacientes. Os voluntários apresentaram ainda melhor qualidade de vida, que foi sustentada até os 6 meses, sugerindo uma melhora funcional.

Fisioterapia pré-operatória em pediatria

O tratamento precoce das doenças cardíacas congênitas pode prevenir hospitalizações decorrentes de complicações e ainda favorecer uma melhor qualidade de vida. Nesse contexto, discutir o papel da fisioterapia no período pré-operatório é de extrema relevância. Cerca de 50% dos pacientes com doença cardíaca congênita se submetem à cirurgia no primeiro ano de vida, e vale ressaltar que, no Brasil, esses procedimentos ainda enfrentam grandes desafios. Além das doenças congênitas, outras condições, como a febre reumática, podem acometer estruturas cardíacas na população infantojuvenil e, muitas vezes, intervenções cirúrgicas são necessárias. As complicações mais comuns no pós-operatório de cirurgia cardíaca pediátrica são as pulmonares e entre estas, as mais frequentes são pneumonia e atelectasia.

A ocorrência de complicações pulmonares depende de diversas condições, como tipo de anestesia, tipo de incisão, circulação extracorpórea (CEC), tempo de isquemia, intensidade da manipulação e presença de drenos. Todos esses fatores podem afetar a função pulmonar, favorecendo, assim, a ocorrência de complicações. Outro fator relevante é o tempo de ventilação mecânica, que se relaciona de maneira inversa com a possibilidade de sucesso no desmame. Ainda em relação ao sucesso no desmame, valores reduzidos de saturação periférica de oxigênio e utilização de altas frações inspiradas de oxigênio são fatores relacionados ao insucesso no desmame no período pós-operatório de cirurgia cardíaca em crianças.

Vários relatos na literatura mostram a importância da fisioterapia na redução de complicações no pré e pós-operatório de cirurgias cardíacas em adultos. Entretanto, quando se trata de cirurgia cardíaca pediátrica, as publicações são escassas. Os objetivos relacionados à fisioterapia para esses pacientes incluem, no pré-operatório, prevenir o acúmulo de secreções e a ocorrência de pneumonia e atelectasia, contribuindo com a ventilação adequada, bem como com o sucesso da extubação; e, no período pós-operatório, tratar essas e outras condições que possam surgir. Nesse sentido, Felcar et al. (2008) estudaram os efeitos da intervenção fisioterapêutica no pré-operatório de cirurgia cardíaca pediátrica nas complicações pulmonares. Foram estudados 135 pacientes divididos em dois grupos experimentais: o primeiro recebeu fisioterapia na pré e pós-cirurgia, e o segundo recebeu apenas no período pós-cirúrgico. O pré-operatório consistiu de duas sessões que incluíram técnicas desobstrutivas e reexpansivas, apoio abdominal, além de orientação aos pais ou acompanhantes e aos pacientes maiores, capazes de compreender e colaborar. No pós-operatório, foram abordadas técnicas desobstrutivas, reexpansivas e mobilização precoce. As complicações encontradas incluem pneumonia e atelactasia como as mais frequentes, seguidas de derrame pleural, pneumotórax, quilotórax, hipertensão pulmonar, hemorragia pulmonar e paralisia diafragmática. Essas complicações tiveram uma menor ocorrência no grupo que recebeu assistência no pré e no pós-operatório. Apesar dos resultados serem animadores, ainda são poucos os estudos que envolvem a ação da fisioterapia no pré-operatório de cirurgia cardíaca em crianças, o que dificulta a discussão sobre os recursos que podem ser mais eficazes nessa população. O fisioterapeuta deverá levar em consideração a idade do paciente na escolha das técnicas e dos recursos e durante a abordagem educativa, que deverá ser adequada tanto para a compreensão do paciente como para incluir os pais ou acompanhantes.

CONSIDERAÇÕES FINAIS

As evidências sugerem um papel positivo da fisioterapia no pré-operatório de cirurgias torácicas, e a escolha das técnicas utilizadas deve estar de acordo com uma avaliação prévia detalhada e com uma identificação dos fatores de risco, bem como do tempo hábil para a realização do programa de reabilitação proposto. Além disso, a educação do paciente deve ser um componente presente do programa de reabilitação.

BIBLIOGRAFIA RECOMENDADA

1. Ambrosino N, Gabbrielli L. Physiotherapy in the perioperative period. Best Practice & Research Clinical Anaesthesiology. 2010;24:283-9.

2. Arcêncio L, Souza MD, Bortolin B S, Fernandes ACM, Rodrigues AJ, Evora PRB. Pre and postoperative care in cardiothoracic surgery: a physiotherapeutic approach. Rev Bras Cir Cardiovasc. 2008;23(3):400-10.

3. Arthur HM, Daniels C, Mckelvie R, HirshJ, Rush B. Effect of a preoperative intervention on preoperative and postoperative outcomes in low-risk patients awaiting elective coronary artery bypass graft surgery. A randomized, controlled trial. Ann Intern Med. 2000;133:253-62.

4. Berg A, Fleischer S, Koller M, Neubert TR. Preoperative information for ICU patients to reduce anxiety during and after the ICU-stay: protocol of a randomized controlled trial. BMC Nursing. 2006;5:4.

5. Bettelli G. High risk patients in day surgery. Minerva Anestesiol. 2009;75:259-68.

6. Borges DL, Sousa LRT, Silva RT, Gomes HCR, Ferreira F MM, Lima WL, et al. Complicações pulmonares em crianças submetidas à cirurgia cardíaca em um hospital universitário. Rev Bras Cir Cardiovasc. 2010;25(2):234-7.

7. Borghi SA, Mendes RG, Costa FS, Di Lorenzo VA, Oliveira CR, Luzzi S. The influences of positive end expiratory pressure (PEEP) associated with physiotherapy intervention in phase I cardiac rehabilitation. Clinics. 2005;60(6):465-72.

8. Brasher PA, McClelland KH, Denehy L, Story I. Does removal of deep breathing exercises from a physiotherapy program including pre-operative education and early mobilization after cardiac surgery alter patient outcomes? Aust J Physiother. 2003;49(3):165-73.

9. Canet J, Mazo V. Postoperative pulmonary complications. Minerva Anestesiol. 2010;76(2):138-43

10. Caséca MB, Andrade LB, Britto MCA. Pulmonary function assessment in children and teenagers before and after surgical treatment for rheumatic valve disease. Jornal de Pediatria. 2006;82(2):144-50.

11. Cavenaghi S, Moura SCG, Silva TH, Venturinelli TD, Marino LHC, Lamari NM. Importance of pre and postoperative physiotherapy in pediatric cardiac surgery. Rev Bras Cir Cardiovasc. 2009;24(3):397-400

12. Detsky AS, Abrams HB, McLaughlin JR, Drucker DJ, Sasson Z, Johnston N, et al. Predicting cardiac complications in patients undergoing non-cardiac surgery. J Gen Intern Med. 1986;1(4):211-9.

13. Eagle KA, Berger PB, Calkins H, Chaitman BR, Ewy GA, Fleischmann KE, et al. ACC/AHA Guideline Update for Perioperative Cardiovascular Evaluation for Noncardiac Surgery -- Executive Summary: a Report of the American College of Cardiology/American Heart Association Task Force on Practice Guidelines (Committee to Update the 1996 Guidelines on Perioperative Cardiovascular Evaluation for Noncardiac Surgery). J Am Coll Cardiol. 2002;39(3):542-53.

14. Elias DG, Costa D, Oishi J, Pires VA, Silva MAM. Efeitos do treinamento muscular respiratório no pré e pós-operatório de cirurgia cardíaca. Rev Bras Ter Intensiva. 2000;12(1):9-18.

15. Felcar JM, Guitti JCS, Marson AC, Cardoso JR. Preoperative physiotherapy in prevention of pulmonary complications in pediatric cardiac surgery. Rev Bras Cir Cardiovasc. 2008;23(3):383-8.

16. Ferguson MK. Preoperative assessment of pulmonary risk. Chest. 1999;115:58S-63S.

17. Fernandes CR, Ruiz Neto PP. O sistema respiratório e o idoso: implicações anestésicas. Rev Bras Anestesiol. 2002;52(4):461-70.

18. Filardo FA, Faresin SM, Fernandes ALG. Validade de um índice prognóstico para ocorrência de complicações pulmonares no pós-operatório de cirurgia abdominal alta. Rev Ass Med Brasil. 2002;48(3):209-16.

19. Guedes GP, Barbosa YRA, Holanda G. Correlação entre força muscular respiratória e tempo de internação pós-operatório. Fisioter Mov. 2009;22(4):605-14.

20. Haines N, Viellion G. A successful combination: preadmission testing and preoperative education. Orthop Nurs. 1990;9(2):53-9.

21. Hammill BG, Curtis LH, Bennett-Guerrero E, O'Connor CM, Jollis JG, Schulman KA et al. Impact of heart failure on patients undergoing major noncardiac surgery. Anesthesiology. 2008;108(4):559-67.

22. Hulzebos EHJ, Helders PJM, Favié NJ, Bie RA, de la Riviere AB, Meeteren NLUV. Preoperative intensive inspiratory muscle training to prevent postoperative pulmonary complications in high-risk patients undergoing CABG surgery: a randomized clinical trial. JAMA. 2006;296(15):1851-7.

23. Hulzebos EHJ, Meeteren NLUV, van den Buijs BJWM, Bie RA, de la Riviere AB, Helders PJM. Feasibility of preoperative inspiratory muscle training in patients undergoing coronary artery bypass surgery with a high risk of postoperative pulmonary complications: a randomized controlled pilot study. Clinical Rehabilitation. 2006;20:949-59.

24. Hulzebos EH, Van Meeteren NL, De Bie RA, Dagnelie PC, Helders PJ. Prediction of postoperative pulmonary complications on the basis of preoperative risk

factors in patients who had undergone coronary artery bypass graft surgery. Phys Ther. 2003;83(1):8-16.

25. Krohne H, Slangen K, Kleeman P. Coping variables as predictors of perioperative emotional states and adjustment. Psychol Health. 1996;11(3):315-30.

26. Lee TH, Marcantonio ER, Mangione CM, Thomas EJ, Polanczyk CA, Cook EF, et al. Derivation and prospective validation of a simple index for prediction of cardiac risk of major noncardiac surgery. Circulation. 1999;100(10):1043-9.

27. Leguisamo CP, Kalil RAK, Furlani AP. A efetividade de uma proposta fisioterapêutica pré-operatória para cirurgia de revascularização do miocárdio. Braz J Cardiovasc Surg. 2005;20(2):134-41.

28. Lindström D, Sadr Azodi O, Wladis A, Tønnesen H, Linder S, Nasell H, et al. Effects of a perioperative smoking cessation intervention on postoperative complications: a randomized trial. Ann Surg. 2008;248:739-45.

29. Mangano DT. Perioperative cardiac morbidity. Anesthesiology. 1990;72(1):153-84.

30. Møller AM, Villebro N, Pedersen T, Tønnesen H. Effect of preoperative smoking intervention on postoperative complications: a randomized clinical trial. Lancet. 2002;359:114-7.

31. Nomori H, Kobayashi R, Fuyuno G, Morinaga S, Yashima H. Preoperative respiratory muscle training. Assessment in thoracic surgery patients with special reference to postoperative pulmonary. Assessment in thoracic surgery patients with preoperative respiratory muscle training. Chest. 1994;105:1782-8.

32. Parry M, Watt-Watson J, Hodnett E, Tranmer J, Dennis C, Brooks D. Cardiac Home Education and Support Trial (CHEST): a pilot study. Can J Cardiol. 2009;25(12):393-8.

33. Pasquina P, Tramèr MR, Walder B. Prophylactic respiratory physiotherapy after cardiac surgery: systematic review. BMJ. 2003;327(7428):1349.

34. Pinto Júnior VC, Rodrigues LC, Muniz CR. Reflexions about formulation of politics for attention to cardiovascular pediatrics in Brazil. Rev Bras Cir Cardiovasc. 2009;24(1):73-80.

35. Reid JC, Jamieson A, Bond J, Versi BM, Nagar A, Ng BHK, Moreland JD. A pilot study of the incidence of post-thoracotomy pulmonary complications and the effectiveness of pre-thoracotomy physiotherapy patient education. Physiotherapy Canada. 2010;62(1):66-74

36. Romanini W, Muller AP, Carvalho KA, Olandoski M, Faria-Neto JR, Mendes FL, et al. The effects of intermittent positive pressure and incentive spirometry in the postoperative of myocardial revascularization. Arq Bras Cardiol. 2007;89(2):94-9.

37. Schnaider J, Karsten M, de Carvalho T, de Lima WC. Influência da força muscular respiratória pré-operatória na evolução clínica após cirurgia de revascularização do miocárdio. Fisioterapia e Pesquisa. 2010;17(1):52-7.

38. Silva DR, Baglio PT, Gazzana MB, Barreto SSM. Avaliação pulmonar e prevenção das complicações respiratórias perioperatórias. Rev Bras Clin Med. 2009;7:114-23.

39. Silva ZM, Perez A, Pinzon AD, Ricachinewsky CP, Rech DR, Lukrafka JL, Rovedder PME. Factors associated with failure in ventilator weaning of children undergone pediatric cardiac surgery. Rev Bras Cir Cardiovasc. 2008;23(4):501-6.

40. Smetana GW, Conde MV. Preoperative pulmonary update. Clin Geriatr Med.2008;24:607-24.

41. Stiller K, Montarello J, Wallace M, Daff M, Grant R, Jenkins S, Hall B, Yates H. Efficacy of breathing and coughing exercises in the prevention of pulmonary complications after coronary artery surgery. Chest. 1994;105:741-7.

42. Thomsen T, Tønnesen H, Møller AM. Effect of preoperative smoking cessation interventions on postoperative complications and smoking cessation. Br J Surg. 2009;96:451-61.

43. Titilayo O. The impact of preoperative education on postoperative pain part 1. Br J Nur. 2007;16(12):706-10.

44. Tønnesen H, Nilsen PR, Lauritzen JB, Møller AM. Smoking and alcohol intervention before surgery: evidence for best practice. Br J Anaesth. 2009;102:297-306.

45. Tønnesen H. Alcohol abuse and postoperative morbidity. Dan Med Bull. 2003;50:139-60.

46. Tønnesen H, Rosenberg J, Nielsen HJ, Rasmussen V, Hauge C, Pedersen IK, Kehlet H. Effect of preoperative abstinence on poor postoperative outcome in alcohol misusers: randomised controlled trial. BMJ. 1999;318:1311-6.

47. Valkenet K, van de Port IGL, Magnus R, Dronkers JJ, de Vries WR, Lindeman E, Backx FJG. The effects of preoperative exercise therapy on postoperative outcome: a systematic review. Clin Rehab. 2011;25:99–111.

48. Walker JA. Emotional and psychological preoperative preparation in adults. BrJ Nurs. 2002;11(8):567-75.

49. Warner DO. Preoperative abstinence from cigarettes. Anesthesiology. 2006;104:356-67.

50. Warner DO, Warner MA, Barnes RD, Offord KP, Schroeder DR, Gray DT, et al. Perioperative respiratory complications in patients with asthma. Anesthesiology. 1996; 85(3):460-7.

51. Wong DH, Weber EC, Schell MJ, Wong AB, Anderson CT, Barker SJ. Factors associated with postoperative pulmonary complications in patients with severe chronic obstructive pulmonary disease. Anesth Analg. 1995;80(2):276-84.

52. Yánez-Brage I, Pita-Fernández S, Juffé-Stein A, Martínez-González U, Pértega-Díaz S, Mauleón-García Á. Respiratory physiotherapy and incidence of pulmonary complications in off-pump coronary artery bypass graft surgery: an observational follow-up study. BMC Pulm Med. 2009;9:36.

53. Zambouri A. Preoperative evaluation and preparation for anesthesia and surgery. Hippokratia. 2007;10(1):13-21.

SEÇÃO V
MANUSEIO DO PACIENTE

24

ADMISSÃO DO PACIENTE NA UTI

GABRIELA GALERA
CAMILA KÖNIG
ANDERSON ISHIZAKA

O termo "pós-operatório imediato" é utilizado para definir as primeiras 24 horas após a finalização do procedimento cirúrgico ao qual o paciente foi submetido. As cirurgias são realizadas em um lugar dentro do hospital convenientemente preparado para a prática da cirugia, geralmente denominado centro cirúrgico. Após o término da cirurgia, os pacientes são transportados do centro cirúrgico, em sua maioria sedados, entubados sob ventilação mecânica, para uma unidade de terapia intensiva (UTI) que desenvolva e mantenha uma equipe multiprofissional com médicos, fisioterapeutas, enfermeiros, técnicos de enfermagem, entre outros profissionais, para que, em conjunto, proporcionem cuidados intensivos de alta qualidade a pacientes graves.

Para receber o paciente, uma UTI deve possuir equipamentos em perfeitas condições de uso e funcionamento, a fim de atender qualquer situação de emergência. A montagem do local onde o paciente será recebido deve ser feita com cautela para que não falte nenhum material necessário para a admissão, como (Figuras 24.1 a 24.6):

- Bolsa de ressuscitação manual autoinflável (ambu).
- Aspirador.
- Luvas estéreis, sonda de aspiração, soro fisiológico.
- Monitorização de eletrocardiograma, de pressão arterial média (PAM), respiratória, de pressão venosa central, de oximetria e de temperatura.
- Controle de débito urinário.
- Controle de drenagens.

De acordo com a necessidade ventilatória do paciente, os parâmetros do ventilador mecânico

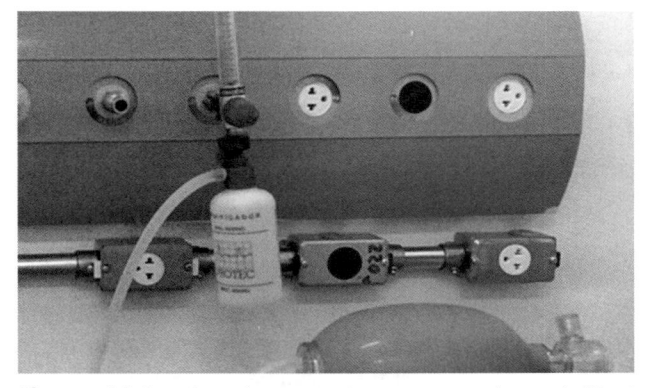

Figura 24.1 Bolsa de ressuscitação manual autoinflável (ambu).

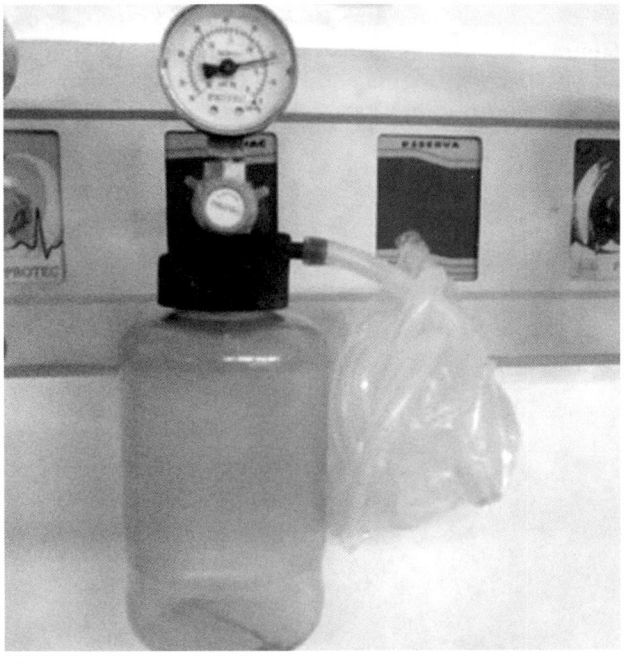

Figura 24.2 Aspirador.

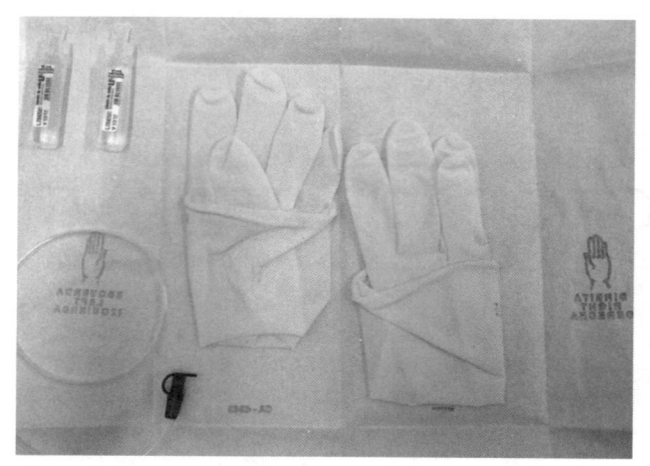

Figura 24.3 Luvas estéreis, sonda de aspiração, soro fisiológico.

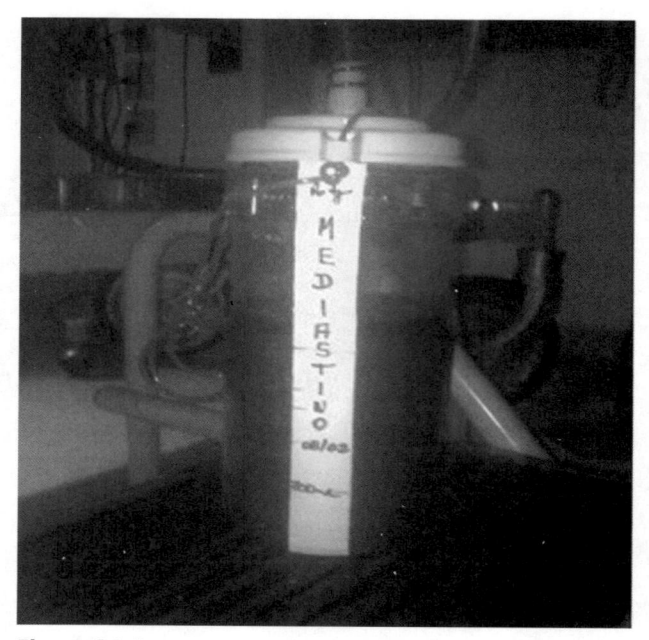

Figura 24.6 Controle de drenagens.

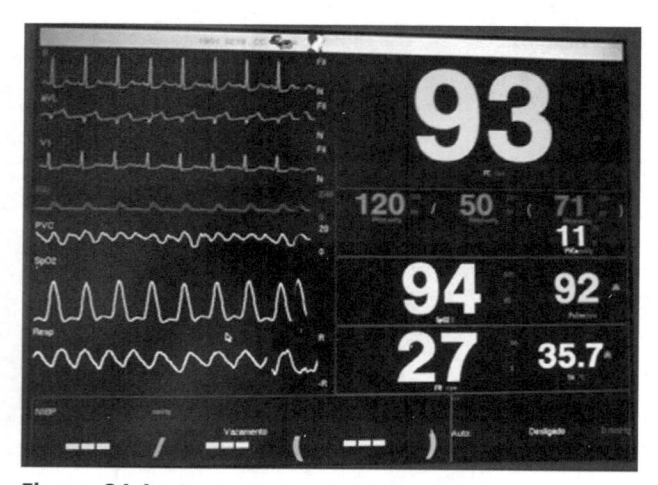

Figura 24.4 Monitorização de eletrocardiograma, pressão arterial, frequência respiratória, pressão venosa central, oximetria de pulso e temperatura corporal.

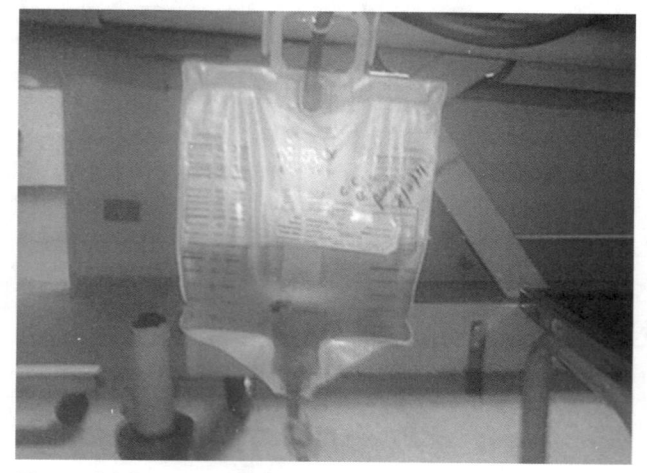

Figura 24.5 Controle de débito urinário.

previamente montado e testado são pré-ajustados. Para uma ventilação adequada em adultos, é recomendada a utilização de volume corrente de 8 a 10 mL/kg na modalidade volume controlado ou pico/platô de pressão inspiratória suficiente para manter esse mesmo volume na modalidade pressão controlada, com PEEP de 5 cmH$_2$O e fração inspirada de oxigênio mínima para manter saturação de oxigênio maior que 90%. Verificar os alarmes, que devem estar funcionando, a umidificação e o aquecimento adequado para segurar a integridade das vias aéreas e a adequada função mucociliar.

Ao final do procedimento cirúrgico, o paciente é transportado para a UTI devidamente monitorizado. Na maioria das vezes, é utilizada a ventilação manual conhecida como ambu (*airway maintenance breathing unit*) destinada a fornecer ventilação artificial manual (Figura 24.1), associada a uma fonte suplementar de oxigênio. Esta, porém, pode resultar em colapso alveolar, diminuição da complacência, hipoventilação e diminuição da saturação arterial. Para tanto, convém utilizar ventiladores portáteis microprocessados para transporte que mantêm o PEEP, o (transporte) que evita a diminuição da capacidade ventilatória e a hipoxemia, mantém a via aérea permeável e fornece oxigênio suplementar.

A monitorização mínima durante o transporte deve conter eletrocardiografia, frequências cardíaca e respiratória, oximetria de pulso de modo contínuo e a medida intermitente da pressão arterial não invasiva. O paciente deve ser transportado com segurança e atenção, para que não ocorra perda de drenos, sondas, cateteres e extubação acidental, com acompanhamento do anestesista e/ou cirurgião, que deverá relatar como foi a evolução do procedimento cirúrgico e esclarecer a real situação do paciente. Podem fazer parte da equipe de transporte enfermeiro, auxiliares e técnicos de enfermagem e fisioterapeuta.

Logo que o paciente chegar na UTI, deve-se conectar a ventilação mecânica e averiguar a posição da cânula orotraqueal, assim como sua fixação adequada e pressão de *cuff*.

A posição da cânula deve ser preferencialmente centralizada, para diminuir o risco de lesão labial. Deve-se anotar o nível de profundidade para não haver risco de extubação acidental ou entubação seletiva. Deve-se utilizar a simetria do murmúrio vesicular na ausculta pulmonar e a expansibilidade torácica como referências para esses riscos.

A adequada fixação da cânula permite a menor movimentação possível do tubo, desde que seja confortável para o paciente. Sua troca deve ser feita diariamente, para evitar lesões na língua e nos lábios.

A pressão de *cuff* recomendada deve ser mínima, a fim de evitar a passagem de secreção (microaspiração) que fica acima do *cuff*, impedir a fuga do volume inspirado com a função de vedar via aérea e (*cuff*) diminuir o risco de isquemia, traquemalácea ou necrose de traqueia.

Deve-se ressaltar a importância do posicionamento do paciente no leito com a cabeceira elevada em 30 a 45°, desde que não haja contraindicação.

Este capítulo destina-se aos cuidados imediatos à chegada do paciente na unidade de terapia intensiva. Estes, quando bem executados, conduzem à avaliação adequada e ao sucesso do tratamento. Porém, há uma escassez de trabalhos publicados relacionados somente a admissão.

BIBLIOGRAFIA RECOMENDADA

1. Regenga, MM. Fisioterapia em cardiologia: da unidade de terapia intensiva à reabilitação. São Paulo: Roca; 2000.

2. Umeda, IIK. Manual de fisioterapia na cirurgia cardíaca: guia prático. 2. ed. Barueri: Manole; 2010.

3. Arcêncio L, et al. Cuidados pré e pós-operatórios em cirurgia cardiotorácica: uma abordagem fisioterapêutica. Rev Bras Cir Cardiovas. 2008;23(3):400-10.

4. João PRD, Faria Jr. F. Cuidados imediatos no pós-operatório de cirurgia cardíaca. J Pediatr. 2003;79(2):S213-S22.

5. Pereira Jr. GA, Nunes TL, Basille Filho A. Transporte do paciente crítico. Medicina (Ribeirão Preto). 2001;34(2):143-53.

25

VENTILAÇÃO MECÂNICA NO PÓS-OPERATÓRIO DE CIRURGIA CARDÍACA EM ADULTOS

BRUNO JOSÉ GONÇALVO
TATHIANA CRISTINA ALVES PEIXOTO

INTRODUÇÃO

Pacientes submetidos a cirurgias cardíacas, na maioria das vezes, necessitam de anestesia geral, sendo assim, necessitam de um suporte ventilatório através da entubação orotraqueal. Estes permanecem, geralmente, um curto período no suporte ventilatório, e são extubados tão logo após o efeito anestésico.

Pacientes que apresentam comorbidades instaladas no pré-operatório são fortes candidatos para uma evolução complicada, sendo a realização do pré-operatório de extrema importância.

Já dentro da unidade de terapia intensiva (UTI) devemos lembrar que a monitorização sobre a hemodinâmica é extremamente importante nesse tipo de doente, de maneira que todas as pessoas envolvidas no manejo desses pacientes devem conhecer o assunto para melhor interpretá-lo. Estar ciente sobre o conceito de má perfusão tecidual periférica, avaliação do quadro hemodinâmico, a gravidade do processo em curso durante a utilização da pressão positiva torna-se necessário durante todo o processo.

VENTILAÇÃO MECÂNICA NO PÓS-OPERATÓRIO IMEDIATO DE CIRURGIA CARDÍACA EM ADULTOS

No pós-operatório imediato o paciente chega a unidade de terapia intensiva normalmente sob narcose anestésica, dependente exclusivamente da ventilação mecânica, ainda com monitorização da pressão arterial média, alguns sob efeito de drogas vasoativas e inotrópicas, com drenos torácicos e pleurais, normalmente hipotérmicos pelo uso da circulação extracorpórea, não menos comum com balão intra-aórtico (BIA) e outros dispositivos para monitorização adequada. Neste momento, o modo ventilatório que iremos admitir o paciente será o que permita um melhor conforto ventilatório ao mesmo, tentando deixar o ciclo respiratório o mais próximo do fisiológico possível, usando modos volumétricos ou pressóricos, ponderando suas respectivas vantagens e desvantagens. Devemos estar atentos também aos valores escolhidos de pressão expiratória positiva final (PEEP), pela direta interferência na hemodinâmica que ela exerce, dificultando a análise adequada da pressão intratorácica imposta, compressão cardíaca e que também pode alterar o retorno venoso. Estudos focaram o efeito da pressão positiva na saída de ventrículo esquerdo e relataram que a ventilação com pressão positiva induz mudanças consideráveis no volume sistólico de ventrículo esquerdo, mas que tudo isso dependente do retorno venoso ao coração.

O uso da ventilação mecânica com pressão positiva pode, por sua vez, causa alteração hemodinâmica com a queda do débito cardíaco, e influência direta, sobre a pré-carga, pós-carga dos ventrículos e alterações da complacência ventriculares.

É preciso lembrar que todas as alterações das pressões dentro da caixa torácica podem alterar tanto o lado direito quanto lado esquerdo do coração, alterando assim o estado hemodinâmico, através de pressões intratorácicas e volumes pulmonares.

Outro fator a ser avaliado é o valor de volume corrente que será ofertado para o paciente, este sempre seguindo os valores do peso predito nos quais valores exuberantes podem levar a lesões pulmonares, como volutrauma, que pode ocasionar o retardo do desmame ventilatório, sabendo-se também que existem situações em que o distúrbio metabólico é tão importante que a necessidade de maior oferta de volume é necessária para melhor sincronia paciente-ventilador, evitando assim assincronias que também retardam o desmame ventilatório. Estes dois critérios, volume e *peep* fazem parte de uma estratégia de ventilação, e devem ser muito bem escolhidos na chegada do doente à UTI. Da mesma forma que volumes altos geram lesões, pressões altas geram lesões também, denominadas barotrauma, levando à mesma consequência final.

Com tanta interferência da ventilação mecânica sobre o estado hemodinâmico, dois marcadores tornam-se importantes durante o período em que o paciente se manter sob pressão positiva, é a saturação venosa de oxigênio (SvO_2), que reflete os afluentes venosos de todos os leitos vasculares perfundidos. De certa forma, uma variação da SvO_2 entre 65 e 75% reflete um equilíbrio entre a oferta e demanda de oxigênio (O_2) global.

O segundo exame importante fica por conta do nível de lactato, que tem sido classicamente aceito como indicador de metabolismo anaeróbio e hipóxia tecidual. Entretanto, faz-se necessária a correta interpretação dos níveis de lactato para elucidar os mecanismos fisiopatológicos que produziram sua elevação, bem como quais vias estão implicadas nestes mecanismos.

Parâmetros simples, mas não menos importante também, são necessários nas avaliações, como: expansibilidade e simetria torácica, presença clara do murmúrio vesicular em ambos os hemitórax, além da saturação de oxigênio regulada através da FiO_2.

VENTILAÇÃO MECÂNICA E DESMAME DE PACIENTES ADULTOS NO PÓS-OPERATÓRIO DE CIRURGIA CARDÍACA

Passada a fase crítica do paciente na chegada à UTI, já com o mesmo iniciando o processo de despertar da anestesia, apresentando *drive* respiratório, mantendo-se estável hemodinamicamente, o ideal é tentar mantê-lo em um modo ventilatório que permita realizar os ciclos ventilatórios de modo totalmente espontâneo, como a pressão de suporte, modo tal, que também é utilizado para desmame ventilatório.

Este processo pode perdurar por até 12 horas da chegada desse doente à UTI, sem que o mesmo apresente nenhuma complicação direta ao desmame ventilatório.

Para iniciar o desmame, são necessários alguns critérios de extrema importância para o sucesso do mesmo.

Entre eles é importante ressaltar:

- Causa que levou à entubação resolvida, ou seja, uso da anestesia geral para a cirurgia.
- Paciente com nível de consciência adequado, o ideal é a avaliação ser realizada pela escala de Glasgow.
- Valores de gasometria arterial dentro dos padrões de normalidade.
- Valor da relação PaO_2/FiO_2 maiores que 200.
- Nenhuma ou discreta alteração hidroeletrolítica.
- Valor do balanço hídrico do dia.
- Estabilidade hemodinâmica sem nenhuma, ou com valores mínimos e em desmame de drogas vaso ativas.
- Melhora da possível imagem radiológica.

Secundário a estes fatores, há outras ferramentas que podem nos auxiliar na avaliação das condições de desmame deste doente, como o índice de Tobin, que é avaliado por meio da ventilometria do paciente, e os valores de força muscular diafragmática, dada da $Pi_{máx}$ e $Pe_{máx}$, avaliadas por meio da manovacuometria.

Avaliados estes fatores e tendo o resultado positivo do paciente e pode-se iniciar a escolha do melhor modo ventilatório para o desmame ventilatório deste doente.

Inúmeros estudos sobre desmame têm sido publicados nos últimos anos, com o objetivo de apontar os melhores, ou o melhor, método para desmame ventilatório.

Dentre alguns citados, atualmente, os que podemos ressaltar são o Tubo em T e o desmame com Pressão de Suporte. Ambos têm o objetivo de abreviar o tempo de ventilação mecânica e aumentar as chances de êxito do desmame, cada qual com sua vantagem.

Para iniciar o desmame com o tubo em T, realiza-se a desconexão do paciente do ventilador mecânico, adapta-se o Tubo em T no circuito do nebulizador, e conecta-se o mesmo à cânula orotraqueal do paciente. O fluxo de oxigênio a ser direcionado à cânula deve ser o suficiente para manter a saturação de oxigênio dentro dos níveis normais. Antes de começar esse procedimento, a avaliação dos sinais vitais, da expansibilidade torácica, do padrão respiratório, deve ser realizada, para comparação dos mesmos durante o todo o teste. O paciente será submetido a este procedimento por no mínimo trinta minutos, sendo reavaliado durante todo o teste.

Já no desmame com uso da pressão de suporte, a mesma avaliação deve ser realizada com um adendo de avaliar os parâmetros ventilatórios antes, durante e depois o teste. Estes parâmetros ventilatórios incluem: volume corrente, frequência respiratória, volume minuto e pressão de pico. O paciente será submetido a um valor de pressão suporte de sete, que é o mínimo para vencer a resistência do circuito ventilatório, PEEP no valor de 5 a 8, mais próxima da fisiológica, e FiO_2 pode ficar até 40%, quando podemos ofertar na máscara de Venturi. Como anteriormente, o paciente permanece com estes parâmetros por trinta minutos.

Em ambos os modos deve-se realizar a ventilometria antes e depois do teste, e aferir a $Pi_{máx}$ e $Pe_{máx}$ pelo menos uma vez.

O paciente será aprovado no teste se permanecer com o mesmo padrão ventilatório, manter-se estável hemodinamicamente, manter ou apresentar queda discreta do volume corrente e volume minuto (somente no teste com pressão de suporte) e manter saturação de oxigênio. Após a análise de todos estes critérios, as chances de sucesso na extubação são bem relevantes.

Artigos de metánalise e estudos controlados e randomizados mostram que o modo SIMV, é o menos eficaz para desmame, quando comparado com os modos citados acima, podendo estar relacionado pela própria mecânica estrutural, de modo que contribua para uma maior resistência inspiratória por parte do doente, por gerar diversas assincronias ventilatórias.

Diante de todos esses critérios de avaliação para o possível sucesso na extubação, há casos de insucesso ou falha do desmame. Isso se dá por diversos fatores relacionados à hemodinâmica, que quando retirada a pressão positiva do paciente, automaticamente, ocorre um aumento da área cardíaca, levando um bombeamento deficitário por parte do coração, evoluindo com um alto volume diastólico final, com consequente aumento da pré-carga deste ventrículo e como uma maior probabilidade de apresentar edema pulmonar.

Além disso, o excesso de hidratação por conta da cirurgia contribui para uma congestão pulmonar, que sem o efeito da pressão positiva agrava o quadro de insuficiência respiratória aguda.

Outro fator que pode contribuir é a presença de dor no pós-operatório, que gera uma grande dificuldade do paciente realizar a tosse acumulando secreção pulmonar, associada à atividade dos microrganismos que é facilitada pelo estado imunossupressor do paciente pós-circulação extracorpórea, podendo desenvolver pneumonia. Ainda associada a dor há a formação de atelectasias e colapso alveolar, apontadas hoje como uma das principais causas de complicações no pós-operatório de cirurgias cardíacas.

Alguns estudos trazem, ainda, que o fator psicológico influencia diretamente no insucesso do desmame, por conta da ansiedade e do próprio medo e zelo pela saúde.

Além desses, o uso da circulação extracorpórea prolongada pode induzir o paciente a permanecer na ventilação mecânica invasiva por um maior tempo. Este tempo prolongado de ventilação mecânica está diretamente relacionado à incidência de mortalidade de pacientes submetidos à cirurgia cardíaca.

Todos esses fatores contribuem para re-entubação do paciente associados a fatores secundários como anemia com Hb < 10 g/dL, idade maior de 70 anos, tempo prolongado de ventilação mecânica e uso prolongado de sedativos.

DESMAME DIFÍCIL

Nos casos de permanência prolongada na ventilação mecânica invasiva, os riscos de desenvolver pneumonia associada à ventilação mecânica aumentam, assim como aumentam a chance de polineuropatia do doente crítico.

Quando o paciente falha duas vezes no teste de respiração espontânea, seja ele feito através do tubo T ou na pressão de suporte, deve-se investigar a causa que levou a esta dificuldade, a fim de estabelecer o tratamento adequado para a reversão do problema e viabilizar assim a retirada do paciente da ventilação mecânica invasiva. Normalmente, quando estas falhas ocorrem, a traqueostomia será a primeira indicação para este paciente.

Pacientes cardiopatas e traqueostomizados têm um risco maior de desenvolver infecção na ferida operatória, osteomielite e até mediastinite, pela incisão do estoma ser muito próxima da esternotomia, o que facilita um possível sangramento traqueal dificultando a cicatrização do mesmo.

Nesses casos, deve-se iniciar um tratamento adequado para este doente, prescrito por meio de uma boa avaliação das causas respiratórias e ventilatórias que levaram este doente à falência do desmame ventilatório.

A avaliação engloba dois critérios:

- Avaliação de força muscular, através da pressão inspiratória máxima ($Pi_{máx}$).
- Avaliação de endurance, através do índice de resistência à fadiga (IRF).

Os resultados destes indicarão que tipo de terapia deve ser realizada.

Pacientes que são diagnosticados com déficit de força muscular devem ter apresentado valor de $Pi_{máx}$ < - 30cmH$_2$O, quando submetidos à manovacuometria. Esta deve ser realizada no mínimo três vezes considerando o maior valor obtido. Estes doentes deverão ser submetidos a um treinamento de força com 40% do valor da $Pi_{máx}$, em cinco séries de dez ciclos ventilatórios, duas vezes ao dia. Tendo o cuidado da reavaliação semanal desse doente.

Pacientes apresentam o diagnóstico de déficit de endurance, quando o resultado do IRF for < 1. Para isso, o doente é submetido a dois testes de $Pi_{máx}$, sendo que entre eles será aplicado 30% do valor da primeira medição por dois minutos, e só então é feita a segunda medição. Para se obter o resultado, deve-se subtrair o valor da $Pi_{máx}$ final do valor da $Pi_{máx}$ inicial. Feito isso, e tendo o diagnóstico positivo, será aplicado 20% do valor da $Pi_{máx}$ por vinte minutos, duas vezes ao dia, também respeitando o critério de avaliação semanal.

Para ambas as terapias, o treino deverá ser interrompido se o paciente apresentar frequência cardíaca > 130 bpm ou elevação > 20% da inicial, queda da saturação de oxigênio < 90%, frequência respiratória > 35 rpm e pressão arterial média < 60 mmHg ou > 100 mmHg.

A carga deverá ser aumentada de acordo com a evolução do paciente, conforme avaliação semanal da $Pi_{máx}$, visando atingir o valor normal para realização de um novo TRE.

CONSIDERAÇÕES FINAIS

O paciente cardiopata, em processo de desmame, deve ter atenção especial, principalmente quando diz respeito ao paciente que se enquadra no desmame difícil. Como dito anteriormente, normalmente o paciente cardiopata permanece por poucas horas sob ventilação mecânica, o que deve ser respeitado, evitando assim, possíveis infecções, e complicações pulmonares.

A avaliação hemodinâmica, principalmente no cardiopata, é indispensável, pelas condições que se encontra e para o sucesso futuro deste desmame.

BIBLIOGRAFIA RECOMENDADA

1. Caminal PBF, Giraldo M, Vallverdus BR, Schroeder AV. Symbolic Dynamic Analysis of Relations Between Cardiac and Breathing Cycles in Patients on Weaning. Trials Annals of Biomedical Engineering. 2010;38(8).
2. Chang AT, Boots RJ, Brown MG. et al. Reduced Inspiratory Muscle Endurance Following Successful Weaning from Prolonged Mechanical Ventilarion. Chest. 2005;128:553-8.
3. Corrado A, Scala R, Corrão S, Marchese S, Ambrosino N, Tracheostomy in Patients with Long-term Mechanical Ventilation: A Survey. A Respiratory Medicine. 2010;104:749-53.
4. Costa AD, Rieder MM, Vieira SRR. Weaning from Mechanical Ventilation by Using Pressure Support or T-Tube Ventilation. Comparison Between Patients With and Without Heart Disease. Arquivos Brasileiros de Cardiologia. 2005;85(1).
5. De Jonghe B, Bastuji-Garin S, Durand MC. et al. Respiratory Weakness is Associated with Limb Weakness and Dalayed Weaning in Critical Illness. Crit Care Med. 2007;35(9):2007-15.
6. Frazier SK, Stone KS, Moser D, Schlanger, et al. Hemodinamic changes during discontinuation of Mechanical ventilation in Medical Intensive Care Unit Patients. American Journal of Critical Care. 2006;15(6).
7. Pinsky MR. Cardiopulmonary interactions: the effects os negative and positive changes in pleural pressure on cardiac output in cardiopulmonary critical care. Philadelphia: WB Saunders Company; 1997
8. Pinsky MR. The hemodynamic consequences of mechanical ventilation: an evolving story. Intensive Care Med. 1997;23:493-503
9. De Backer D, et al. Assessment of the microcirculatory flow in patients in the intensive care unit. Curr Opin Crit Care. 2001;7:200-3.
10. Gruber PC, BSc, MRCP. Randomized Controlled Trial Comparing Adaptive-support Ventilation with Pressure-regulated Volume-controlled Ventilation with Automode in Weaning Patients after Cardiac Surgery. Anesthesiology. 2008;109(1).
11. Heinze H, Sedemund-Adib B, Heringlake M, et al. Capacity, Changes in Functional Residual Capacity During Weaning from Mechanical Ventilation: A Pilot Study. Critical Care. 2009;108(3).
12. De Backer D, Lactic acidosis. Intensive Care Med. 2003;29:699-702.

13. Heinze H, Sedemund-Adib B, Heringlake M, et al. Capacity Respiratory Compliance, and Oxygenation in Patients Ventilated After Cardiac Surgery. Care. 2010;55(5).

14. Maclntyre N, et al. Evidence-Based Guidelines for Weaning and Discontinuing Ventilatory Support Chest. 2001;120:375S–395S.

15. Mullenix PS, Mcdonald JM, Miller J, Needhan CS. Modified Sternotomy to Minimize Infection Risk in Patients With Prior Laryngectomy and Permanent Tracheostomy. J. Card Surg. 2006;21:403-5.

16. Rieder MM, Costa A, Doval SRRV. Short-term effects of positive expiratory airway pressure in patients being weaned from mechanical ventilation. Clinics. 2009;64(5):403-8.

17. Solana JF, Díaz Y, Vázquez A, Gracia MP. et al. A Pilot Study of a New Test to Predict Extubation Failure. Critical Care. 2009,13:R56.

18. Tanig C, Idid RLC, Saghabi C, Souza R, Silva E, Knobel E, Paes AT, Barbas CS. Automatic Versus Manual Pressure Support Reduction in the Weaning of Post-Operative Patients: a Randomised Controlled Trial. Critical Care. 2009;13:R6.

26

VENTILAÇÃO NÃO INVASIVA EM ADULTO

GUSTAVO DA COSTA FERREIRA
MARCIO APARECIDO DE OLIVEIRA

INTRODUÇÃO

Algumas alterações cardíacas necessitam de correções cirúrgicas, o que pode acarretar complicações inerentes ao procedimento.

A consequência da síndrome restritiva na cirúrgica cardíaca é geralmente menor do que as observadas nas cirurgias abdominais e torácicas, contudo a incidência de disfunção diafragmática é maior.

Na maioria das vezes, as complicações no pós-operatório são oriundas de doenças associadas ou fatores pré-operatórios, tais como: sexo, idade, obesidade, cirurgias associadas, insuficiência renal e doenças cardíacas, tais como: disfunção cardíaca, principalmente esquerda, insuficiência cardíaca congestiva, infarto do miocárdio. Já nos fatores intraoperatórios, pode ser citado tempo de circulação extracorpórea, manipulação cirúrgica e o número de drenos pleurais como complicações que podem interferir na função pulmonar. Com isso, o sistema em que ocorre maior incidência de complicações no período pós-operatório é o respiratório, de forma que as atelectasias e infecções pulmonares são as mais frequentes acarretando grande morbidade, aumento do tempo de internação hospitalar e mortalidade. Nestes pacientes, a autorregulação da respiração pode não ser efetiva para prevenir as atelectasias e evitar alterações nas trocas gasosas, decorrentes do tempo prolongado de circulação extracorpórea.

As técnicas fisioterapêuticas são realizadas com o intuito de prevenir complicações respiratórias no pós-operatório, podendo ser retirada precocemente do paciente do leito, deambulação, estímulo à respiração profunda, uso de inspirômetros de incentivo a fluxo ou a volume e tosse.

CIRURGIA CARDÍACA: ALTERAÇÕES

A anestesia geral para realização do procedimento cirúrgico reduz a capacidade residual funcional (CRF), afeta a função dos músculos respiratórios, aumenta a diferença alvéolo-arterial de oxigênio, altera a relação ventilação/perfusão e favorece o aparecimento de atelectasias. Além disso, para a realização da cirurgia, muitas vezes, é necessário a circulação extracorpórea, apresentando problemas respiratórios no período pós-operatório, sendo a gravidade do edema intersticial proporcional a injúria pulmonar aguda grave, ao edema pulmonar, à duração da circulação extracorpórea. Isso ocorre mais frequentemente quando o período de circulação extracorpórea excede os 150 minutos.

As complicações pulmonares são causas importantes de morbidade e mortalidade nos pacientes submetidos à cirurgia cardíaca com circulação extracorpórea. Um grande número de mediadores produzidos durante a circulação extracorpórea pode causar diminuição da contratilidade ventricular, aumento da permeabilidade vascular e alterações na resistência vascular em vários órgãos. Na circulação pulmonar, há aumento de água extravascular com preenchimento alveolar por células inflamatórias que levam à inativação do surfactante pulmonar e colabamento de algumas áreas. Isso permite uma modificação na relação ventilação/perfusão pulmonar, diminuição de sua complacência e aumento do trabalho respiratório no período pós-operatório.

Carvalho et al (2006) investigaram os tipos de complicações pós-operatórias de revascularização miocárdica em pacientes e encontraram que os problemas mais frequentes referem-se às complicações cardiovasculares seguidos dos pulmonares e neurológicos.

Alcantara e Santos (2009) analisaram a incidência de complicações pulmonares no pós-operatório, através da análise de prontuários, constatou-se que atelectasia e derrame pleural são as maiores complicações.

FISIOTERAPIA NO PÓS-OPERATÓRIO DA CIRURGIA CARDÍACA

Um ponto de influência direta na formação de atelectasia é a dor, porém a fisioterapia atua diretamente no processo de evolução e desmame do paciente, executando algumas técnicas e manobras importantes na prevenção e tratamento destas.

Não obstante, essas técnicas podem se tornar ineficazes principalmente por conta do receio e/ou dor do paciente, necessitando do auxílio de outros métodos que utilizam aparelhos que produzem pressão positiva através da ventilação não invasiva.

Nos primeiros dias de pós-operatório, quando é frequente o quadro álgico, a presença de drenos e a pouca cooperação do paciente, a ventilação não invasiva, principalmente a pressão positiva intermitente ou contínua, têm-se mostrado recursos efetivos na reversão da disfunção pulmonar e na prevenção de complicações.

Vale a pena ressaltar que ao tentar reverter atelectasias deve-se promover um aumento do volume pulmonar podendo ser usado recursos como inspiração profunda, incentivador respiratório ou pressão positiva.

VENTILAÇÃO NÃO INVASIVA NO PÓS-OPERATÓRIO DE CIRURGIA CARDÍACA

A ventilação não invasiva é um método de fácil aplicabilidade e não requer invasão à via aérea, isto é, intubação orotraqueal, por exemplo. Além disso, é possível incrementar as trocas gasosas utilizando diferentes níveis de pressão positiva no final da expiração. Existem tipos e formas para a realização da pressão positiva, podendo ser realizada de forma contínua ou intermitente através de um nível pressórico (CPAP) ou dois (BiPAP ou PSV+PEEP).

Pennock, 1991; Kindgen-Milles, 2000 e Gust, 1996 relatam que a ventilação não invasiva previne o aumento de água extravascular pulmonar, reduzindo as complicações após extubação e no pós-operatório de revascularização do miocárdio. Além disso, ela diminui a ocorrência de disfunção pulmonar no pós operatório e que o seu uso após a extubação, por um período que variou de 30 minutos a 4 horas, está associado a aumento na PaO_2 e redução na $PaCO_2$, quando comparado com o período de ventilação espontânea com ou sem suplemento de oxigênio.

BIPAP X CPAP

Ao utilizar o CPAP, o paciente realiza os ciclos respiratórios (inspiração e expiração) em um mesmo nível pressórico não tendo variação do seu volume corrente. Por outro lado, ao adotar o BiPAP ou PSV+PEEP, o paciente realiza os ciclos respiratórios na variação de dois níveis pressóricos, sendo que no BiPAP a variação é em torno do IPAP e EPAP e na PSV+PEEP ocorre entre PS e PEEP.

Os estudos que avaliaram pacientes submetidos a revascularização do miocárdio para detectar os efeitos do CPAP facial e do BiPAP nasal sobre a água extravascular pulmonar, durante desmame da ventilação invasiva, observaram que, tanto o uso de CPAP como o de BiPAP por um período mínimo de 30 minutos após extubação endotraqueal, previne o aumento de água extravascular e este efeito pode perdurar por até 60 minutos após a descontinuidade do tratamento, reduzindo assim as complicações após extubação.

Já outros autores identificaram que a ventilação não invasiva ao se utilizar o modo BiPAP foi mais efetiva que a CPAP e que a fisioterapia respiratória na melhora da mecânica pulmonar e da oxigenação, após revascularização do miocárdio.

Após a extubação, a utilização do CPAP de forma intermitente reduziria o risco de nova intubação por insuficiência respiratória em estudo conduzido por Presto & Presto (2005).

Com relação ao uso da ventilação não invasiva no desmame, Lopes et al (2008) demonstraram o benefício dela em pacientes no pós-operatório de revascularização miocárdica e cirurgia valvar, utilizando 2 níveis pressóricos por 30 minutos. Desta forma, a ventilação não invasiva promoveu melhora na oxigenação dos pacientes em pós-operatório imediato de cirurgia cardíaca.

O uso do BiPAP e nível de oxigenação em pacientes com idade média de 65 anos submetidos à cirurgia cardíaca foi analisado e apresentou melhora do quadro geral, porém existiram complicações de adequação do paciente à técnica, não sendo adequado a todas as pessoas.

Eren et al (2002) relataram em estudo que a prevenção de reintubação em pacientes submetidos à cirurgia cardíaca com CEC aplicando ventilação não invasiva (IPAP 12-16 cmH$_2$O, EPAP 4-7 cmH$_2$O) após extubação. Apesar de alguns problemas limitarem seu uso como a adaptação, atelectasia e úlcera por pressão da máscara, a prevenção de atelectasia foi bem-sucedida em 60% dos pacientes.

Em estudo realizado por Celebi et al (2008) foi possível observar os efeitos da ventilação não invasiva no sistema respiratório em pacientes submetidos à revascularização miocárdica dividindo-os em 4 grupos: manobras de recrutamento, manobras de recrutamento associado a ventilação não invasiva, ventilação não invasiva isolada. Verificou-se que a oxigenação foi melhor nos grupos que fizeram manobras de recrutamento associada à ventilação não invasiva e ventilação não invasiva isolada do que no grupo controle, concluindo que a ventilação não invasiva é recomendada após a cirurgia para prevenir atelectasias e hipoxemia.

Pasquina et al. (2004) analisaram pacientes em pós-operatório de cirurgia cardíaca, comparando BiPAP e CPAP. O grupo CPAP teve melhora em 40% do escore radiológico contra 60% de melhora no grupo BiPAP.

Um fator importante associado ao sucesso na utilização da ventilação mecânica não invasiva é o ajuste dos níveis de IPAP e da EPAP, de acordo com as necessidades individuais de cada paciente. Os ajustes da IPAP para adequada ventilação devem ser realizados por profissionais especializados, pois cada paciente necessitará de níveis diferentes de suporte ventilatório. Este ajuste individualizado pode justificar as diferenças observadas entre os diversos estudos utilizando ventilação não invasiva. O ajuste da EPAP depende das condições que favorecem o colapso alveolar, como estabilidade de vias aéreas e alteração da mecânica abdominal.

Assim, o ajuste do IPAP proporciona a manutenção do volume-minuto apropriado de acordo com o peso corporal dos pacientes avaliados, mantendo adequada ventilação. O ajuste individualizado da EPAP poderia interferir baseando-se nos estudos sobre efeitos hemodinâmicos do CPAP.

BIBLIOGRAFIA RECOMENDADA

1. Aguiló R, Togores B, Pons S, Rubí M, Barbé F, Agustí AG. Noninvasive ventilatory support after lung resectional surgery. Chest. 1997;112(1):117-21.

2. Alcântara EC, Santos V. Estudo das complicações pulmonares e do suporte ventilatório não invasivo no pós-operatório de cirurgia cardíaca. Rev Med Minas Gerais. 2009;19(1):5-12

3. Altschuler E. A breathing tape: a non-invasive prophylaxis/ preventative measure for post-surgical atelectasis which supplies, rather than requires, patient motivation. Med Hypotheses. 1999;53(1):78-9.

4. Arom KV, Emer RW, Petersen RJ, Schwartz M. Costeffectiveness and predictors of early extubation. Ann Thorac Surg. 1995;60(1):127-32.

5. Barbosa RAG, Carmona MJC. Avaliação da função pulmonar em pacientes submetidos à cirurgia cardíaca com circulação extracorpórea. Rev Bras Anestesiol. 2002;52(6):689-9.

6. Brandão CMA, Pomerantzeff PM, Souza LR, Tarasoutchi F, Grinberg M, Ramires JA, et al. Multivariate analysis of risk factors for hospital mortality in valvular reoperations for prosthetic valve dysfunction. Eur J Cardiothorac Surg. 2002;22(6):922-6.

7. Carvalho ARS, Matsuda LM, Carvalho MSS, Almeida RMSSA et al. Complicações no pós-operatório de revascularização miocárdica. Ciência, Cuidado e Saúde. 2006;5(1):50-59.

8. Celebi S, Koner O, Menda F et al. Pulmonary effects of noninvasive ventilation combined with the recruitment maneuver after cardiac surgery. International Anesthesia Research Society. 2008;107(2).

9. Chong JL, Grebenik C, Sinclair M, Fisher A, Pillai R, Westaby S. The effect of a cardiac surgical recovery area on the timing of extubation. J Cardiothorac Vasc Anesth. 1993;7(2):137-41.

10. Eren NT, Eryilmaz SA; Ruchan D et al. Noninvasive positive pressure ventilation after cardiac surgery. Journal of Ankara Medical School. 2002;24(3).

11. Ferrer M, Bernadich O, Nava S, Torres A. Noninvasive ventilation after intubation and mechanical ventilation. Eur Respir J. 2002;19(5):959-65.

12. Girault C, Daudenthun I, Chevron V, Tamion F, Leroy J, Bonmarchand G. Noninvasive ventilation as a systematic extubation and weaning technique in acute-on-chronic respiratory failure: a prospective, randomized controlled study. Am J Respir Crit Care Med. 1999;160(1):86-92.

13. Gust R, Gottschalk A, Schmidt H, Böttiger BW, Böhrer H, Martin E. Effects of continuous (CPAP) and bi-level positive airway pressure (BiPAP) on extravascular lung water after extubation of the trachea in patients following coronary artery bypass grafting. Intensive Care Med. 1996;22(12):1345-50.

14. III Consenso Brasileiro de Ventilação mecânica. J Bras Pneumol. 2007;33(Supl):S51-3.

15. Jousela I, Rasanen J, Verkkala K, et al. Continuous positive airway pressure by mask in patient after coronary surgery. Acta Anaesthesiol Scand. 1994;38:311-16.

16. Kindgen-Milles D, Buhl R, Gabriel A, Böhner H, Muller E. Nasal continuous positive airway pressure: a method to avoid endotracheal reintubation in postoperative high-risk patients with severe nonhypercapnic oxygenation failure. Chest. 2000;117(4):1106-11.

17. Lenique F, Habis M, Lofaso F, Dubois-Randé JL, Harf A, Brochard L. Ventilatory and hemodynamic effects of continuous positive airway pressure in left heart failure. Am J Respir Crit Care Med. 1997;155(2):500-5.

18. Lopes CR, Brandão CMA, Nozawa E, Auler Jr JOC. Benefícios da ventilação não invasiva após extubação no pós-operatório de cirurgia cardíaca. Revista Brasileira de Cirurgia Cardiovascular. 2008;23(3):344-50.

19. Matte P, Jacquet L, Van Dyck M, Goenen M. Effects of conventional physiotherapy, continuous positive airway pressure and non-invasive ventilatory support with bilevel positive airway pressure after coronary artery bypass grafting. Acta Anaesthesiol Scand. 2000;44(1):75-81.

20. Matte P, Jacquet M, Vandyck M, et al. Effects of conventional physiotherapy, continuous positive airway pressure an non-invasive ventilator support with bilevel positive airway pressure after coronary artery bypass grafting. Acta Anaesthesiol Scand. 2000;44:75-81.

21. Meduri GU, Cook TR, Turner RE, Cohen M, Leeper KV. Noninvasive positive pressure ventilation in status asthmaticus. Chest. 1996;110(3):767-74.

22. Pasquina P, Merlani P, Granier J, et al. Continuous positive airway versus noninvasive pressure support ventilation to treat atelectasis after cardiac surgery. Anesth Analg. 2004;99:1001-08.

23. Pasquina P, Merlani P, Grenier JM, Ricou B. Continuous Positive Airway Pessure Versus Noninvasive Pressure Support Ventilation to treat atelectasis after cardiac surgery Anesth Analg. 2004;99:1001-8.

24. Pennock BE, Kaplan PD, Carlin BW, Sabangan JS, Magovern JA. Pressure support ventilation with simplified ventilator support system administered with a nasal mask in patients with respiratory failure. Chest. 1991;100(5):1371-6.

25. Presto B, Presto LDN. Fisioterapia Respiratória uma nova visão. 2. ed., Rio de Janeiro: Editor Produtor; 2005.

26. Regenga MM. Fisioterapia Respiratória da UTI à reabilitação. 1. ed., São Paulo: Roca; 2000.

27. Renault JA, Costa-Val R, Rossetti MB. Fisioterapia respiratória na disfunção pulmonar pós cirurgia cardíaca. Revista Brasileira de Cirurgia Cardiovascular. 2008;23(4):562-569.

28. Rezaigua S, Jayr C. Prévention des complications respiratoires après chirurgie abdominal. Ann Fr Anesth Réanim. 1996;15:623-46.

29. Saldías FP, Castellón JML, Garayar BP, Blacutt MC. Indices predictores del retiro precoz de ventilación mecánica en pacientes sometidos a cirugía cardíaca. Rev Med Chile. 1996;124(8):959-66.

30. Taylor GJ, Mikell FL, Moses HW, Dove JT, Katholi RE, Malik SA, et al. Determinants of hospital charges for coronary artery bypass surgery: the economic consequences of postoperative complications. Am J Cardiol. 1990;65(5):309-13.

31. Velasco FT, Tarlow LS, Thomas SJ. Economic rationale for early extubation. J Cardiothorac Vasc Anesth. 1995;9(5 Suppl 1):2-9.

32. Yoshiyuki T, Hiroshi I. Beneficial effects of bilevel positive airway pressure after surgery under cardiopulmonary bypass. Interactive Cardiovascular and Thoracic surgery. 2003;2:156-159.

27

FISIOTERAPIA EM ADULTO NO PÓS-OPERATÓRIO IMEDIATO DE CIRURGIA CARDÍACA

DENNIS PERUSSO
ADRIANO CANDIDO BARROCO

INTRODUÇÃO

As enfermidades cardiovasculares que necessitam de cuidados intensivos clínicos ou cirúrgicos têm aumentado significativamente, nas últimas décadas, em vista do alto nível de estresse ocasionado por longas e tensas jornadas de trabalho, muitas vezes associadas a maus hábitos alimentares, tabagismo, etilismo e sedentarismo. Contudo, a assistência médica e multiprofissional a esses pacientes está se aperfeiçoando e se otimizando com o avanço das especialidades médicas, da alta tecnologia de equipamentos e a modernização das unidades de terapia intensiva (UTI), onde se concentram equipes com conhecimento e experiência para tratar desses pacientes com maior eficiência e menor mortalidade.

Difundidas mundialmente, as cirurgias cardíacas são consideradas cirurgias de grande porte, das quais se destacam como as mais ocorridas a revascularização do miocárdio e as trocas valvares, em adultos, e a correção de cardiomiopatias congênitas, em crianças e neonatos.

Para que não existam surpresas durante o período de cirurgia e para minimizar, ou até mesmo prevenir, complicações, os pacientes que serão submetidos à cirurgia cardíaca fazem uma série de exames e testes pré-operatórios. Esses procedimentos apresentam grande morbidade e a maioria de suas complicações é relacionada ao pré-operatório e à circulação extracorpórea (CEC), na maioria das vezes utilizada durante a operação, exigindo um bom preparo hemodinâmico e pulmonar para o período subsequente, o pós-operatório.

No pós-operatório imediato, o paciente permanecerá em ventilação mecânica (VM) até o momento de superficialização do nível de consciência decorrente do efeito residual dos sedativos. A maioria dos pacientes é extubada nesse momento; no entanto, a instabilidade hemodinâmica que pode acontecer inviabilizará a extubação principalmente nos casos em que são utilizadas drogas vasoativas (DVA), fazendo com que os pacientes permanecam na UTI enquanto houver necessidade.

Neste capítulo, aborda-se a atuação do fisioterapeuta no atendimento ao chamado doente de alto risco, que é aquele paciente que possui uma labilidade muito grande, ou seja, embora se encontre bem em determinados momentos, subitamente pode sofrer alterações gravíssimas em suas funções vitais em razão do complexo e delicado estado causado por seu problema. Este difere do chamado paciente grave, que é aquele paciente que apresenta diversas alterações ou possui diversos comprometimentos que podem levá-lo a morte, por exemplo, bloqueio atrioventricular total (BAVT), fibrilação atrial (FA) de alta resposta, choque cardiogênico etc. Entre as complicações pós-operatórias mais frequentes, estão: baixo débito cardíaco, hipertensão arterial, sofrimento cerebral, sangramento excessivo podendo evoluir para choque hipovolêmico, insuficiência renal aguda, infecções, lesões pulmonares incluindo a síndrome do desconforto respiratório agudo (SDRA) pós-CEC etc.

As complicações pulmonares são descritas por diversos autores como a maior causa de morbidade no pós-operatório, sendo responsáveis pelo prolongamento do tempo de internação, simultaneamente ao alto custo relativo e à mortalidade.

A fisioterapia tem importante participação no período pós-operatório imediato, mantendo e melhorando a função pulmonar, especialmente nas complicações que poderão surgir, controlando a ventilação mecânica, e avaliando e iniciando os procedimentos de desmame e extubação do paciente.

Na cirurgia cardíaca, a recuperação está ligada à reabilitação. A fisioterapia tem sua eficácia estabelecida na literatura, principalmente na abordagem de problemas respiratórios, sendo considerada essencial no período pós-operatório. Porém, ainda pouco se discute sobre as possíveis alterações de funcionalidade desses pacientes, uma vez que estudos não tão recentes já afirmavam que a intervenção cirúrgica não só provoca prejuízos na funcionalidade, como também nas habilidades pessoais do paciente.

O PROCEDIMENTO CIRÚRGICO

A intervenção cirúrgica nas patologias cardíacas faz-se necessária quando o risco operatório é inferior ao risco do distúrbio, além de quando os benefícios quanto à sobrevida superam as expectativas do tratamento clínico da patologia.

Uma das primeiras etapas contidas no procedimento cirúrgico é a anestesia, a qual, inicialmente, atua no sistema nervoso central, induzindo o paciente ao estado de inconsciência e ausência ou redução da reação aos diferentes estímulos dolorosos. Esses agentes anestésicos agem no sistema respiratório e cardiovascular, muitas vezes produzindo modificações indesejáveis, como a hipoxemia, que se instala, em razão das mudanças na distribuição dos gases, nos volumes pulmonares, nas propriedades mecânicas e no controle da ventilação. Sendo assim, a indução anestésica modifica a mobilidade da caixa torácica e diminui a frequência respiratória, havendo consequente diminuição dos volumes pulmonares e queda da capacidade residual funcional (CRF).

Essa queda, muitas vezes, chega ao ponto de se tornar inferior ao volume de fechamento das vias aéreas, provocando aprisionamento de ar (*air trapping*) e formação de áreas de atelectasias, complicação que é mais comum no período pós-operatório de cirurgia cardíaca, até mesmo porque, em algumas cirurgias, cardíacas a PEEP titulada durante o procedimento é zero.

Outra etapa da cirurgia, que sucede a anestesia, é o trauma cirúrgico, que, por meio da esternotomia ou da toracotomia, acarreta prejuízo à mecânica pulmonar, decorrente da alteração e da perda da pressão intratorácica, que não se tornará mais negativa, dificultando a expansão pulmonar e favorecendo o colapso, o que prejudica diretamente a troca gasosa.

A esternotomia mediana é o tipo de incisão para tal procedimento, na qual se realiza a secção longitudinal do osso esterno sem dividir nenhum músculo, apenas a aponeurose pré-esternal, divisão que prejudica a mecânica do músculo peitoral maior. Já a toracotomia promove um traumatismo pulmonar maior e consequente aumento da necessidade de analgesia pós-operatória em comparação à esternotomia mediana. Isto ocorre por ela possuir acesso transversal no esterno, submamária, bilateral e via quarto espaço intercostal, onde o músculo peitoral maior é dividido, juntamente com os músculos intercostais internos e externos.

Em somatória, a cirurgia de revascularização do miocárdio (RM) com dissecção de artéria mamária pode ocasionar grandes alterações pós-operatórias, como derrame pleural e hemorragia, que necessitam de drenagem torácica, diferentemente da cirurgia por esternotomia mediana, em que, na maioria das vezes, os pacientes necessitam apenas de um dreno mediastinal para drenagem sanguínea.

Com isso há a diferenciação ou o desequilíbrio entre pressão intratorácica e intrabdominal. Essa diferenciação está intimamente ligada à diminuição dos volumes pulmonares na fase pós-operatória. Tal fator é responsável pela instalação de inúmeras complicações pulmonares. Estas, quando associadas a outros elementos que também sejam capazes de alterar os volumes pulmonares, como a circulação extracorpórea (CEC), podem gerar, muitas vezes, distensão abdominal, podendo acarretar hipoxemia e dispneia.

Independentemente de sexo, idade, quantidade de enxertos, tempo de pinçamento da aorta e duração da circulação extracorpórea, a esternotomia ocasiona diminuição da função respiratória pela redução da expansão e incoordenação da caixa torácica, influenciando também nos distúrbios restritivos da ventilação.

A esternotomia, no caso de cirurgias cardíacas abertas, talvez seja o fator mais agravante no que diz respeito à reabilitação pulmonar, pois, em seu pós-operatório, causa dores fortíssimas, muitas vezes referidas pelos pacientes em respiração eupneica e em repouso.

Isto se deve à somatória de fatores como o cisalhamento da ferida operatória (FO) esternal ou tórax instável, mesmo após sua estabilização, também realizada no intraoperatório, a presença de drenos no tórax do paciente (muitas vezes um mediastinal e um ou dois torácicos, variando conforme o procedimento), a presença de mediadores inflamatórios (não só no pulmão, mas também na pleura, membrana que é muito sensível) e a fricção produzida durante o movimento respiratório.

Milani (2005) afirma que diversos estudos e experimentos foram realizados até que se desenvolvessem técnicas mais aperfeiçoadas de circulação extracorpórea (CEC). Isto tornou possível muitos procedimentos cirúrgicos, embora a associação do uso da CEC com o aumento da morbidade no período pós-operatório, em razão da reação inflamatória sistêmica por ela ocasionada, seja existente.

Sendo assim, alterações fisiológicas, como edema pulmonar intersticial e alveolar, após a CEC surgem de acordo com alguns fatores (Dante, 1998):

1. Tempo de circulação extracorpórea maior que 150 minutos.
2. Reações transfusionais.
3. Reações idiossincráticas à protamina.
4. Ativações dos neutrófilos com desintegração e liberação de grânulos lisossomais tóxicos e enzimas proteolíticas que originam lesão epitelial e endotelial.
5. Liberações inapropriadas de surfactante, pelos pneumócitos tipo II, em razão da, também inapropriada, oferta de sangue para o epitélio alveolar.
6. Hipotermias durante o procedimento, que alteram a produção e a função do surfactante.
7. Soluções cardioplégicas com grandes concentrações, como 29 de cloreto de potássio (20 mEq/l), que retornam para o átrio direito, na microcirculação pulmonar, se não forem removidas por uma cânula atrial.

Dessa forma, não se pode questionar muito sobre a injúria pulmonar após CEC, já que as múltiplas complicações possíveis da cirurgia incluem fatores extra-CEC, como anestesia geral, esternotomia e drenagem pela pleura, e intra-CEC, como contato do sangue com material artificial, administração de protamina-heparina, hipotermia, isquemia cardiovascular e interrupção ventilatória do pulmão (Calvin, 2002).

Para maior entendimento sobre a CEC, ver capítulo específico, incluso na seção "Intervenções em cardiologia".

Em contrapartida às cirurgias abertas, recentemente se têm visto cada vez mais pacientes submetidos à chamada cirurgia cardíaca minimamente invasiva (CCMI), na qual o acesso cirúrgico não é feito por meio da incisão torácica, e sim pelo espaço intercostal, onde é realizada uma minitoracotomia para realização do procedimento. É inserido no tórax do paciente, em posição demarcada, um toracoscópio que torna a cirurgia videoassistida (Figura 27.1).

Na CCMI, em razão de o acesso cirúrgico ser em região de hemitórax direito, a ventilação acaba sendo seletiva para o pulmão esquerdo, o que promove um breve colabamento do pulmão contralateral.

Geralmente, em seu pós-operatório o uso da VMNI pode ser eletivo a fim de pressurizar um pouco mais o pulmão que fora manuseado. Mas deve-se lembrar que essa decisão deve ser dividida com a equipe médica responsável.

ADMISSÃO DO PACIENTE NA UTI

A chegada do paciente na UTI em seu pós-operatório é um momento em que a equipe multiprofissional tem de captar o máximo de informações possíveis sobre o intraoperatório e eventuais intercorrências, os balanços hídricos e sanguíneos,

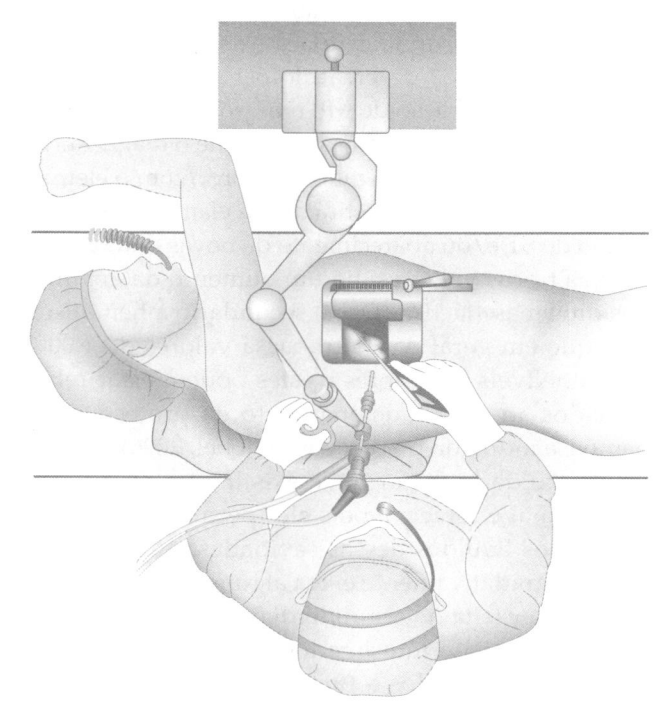

Figura 27.1 Representação da minitoracotomia e acesso cirúrgico da CCMI.

o tempo de perfusão e de clampeamento aórtico durante o ato cirúrgico, o tipo de anestesia utilizada e a ventilação mecânica utilizada durante o procedimento, nunca se esquecendo de verificar com quantos ml/kg o paciente foi ventilado. Na avaliação clínica, devem-se realizar exames a fim de observar o estado neurológico do paciente, como avaliação do nível de consciência, diâmetro pupilar e suas reações. Além disso, é necessário realizar a avaliação das extremidades quanto a sua coloração e temperatura a fim de identificar a perfusão tecidual, a amplitude dos pulsos periféricos, auscultas cardíaca e pulmonar e exame físico do abdome – exame que é mais específico para médicos e enfermeiros.

A monitorização inicial deverá constar:

- Pressão arterial.
- Pressão venosa central (PVC).
- Drenos pleurais e mediastinais.
- Diurese.
- Ventilação mecânica (Pins, PEEP, FiO_2, VC, f, SpO_2).

Frequentemente encontra-se nesses pacientes diminuição do número de plaquetas (relacionada à CEC), cuja reposição, segundo Sena (2010), só deve ser feita em casos de sangramento ativo.

Santos et al. (2010) relatam ser comum no pós--operatório de cirurgia cardíaca existirem elevações dos níveis séricos de creatinofosfoquinase, juntamente com sua fração de MB e troponina, mesmo na ausência de infarto do miocárdio, e que o diagnóstico diferencial deve ser realizado de acordo com o eletrocardiograma, no qual existirá desnivelamento do segmento de ST e/ou aparecimento de novas ondas Q.

Nas trocas valvares, há um aumento da enzima desidrogenase láctica (DHL) secundário à hemólise, mas que em geral não ultrapassa valores de 1.000 ng/ml. Níveis superiores a estes podem estar relacionados ao mau funcionamento da prótese ou a hemólise induzida por drogas (Knobel, 2006).

Um cuidado maior deve existir com os drenos mediastinal e torácico, pois eles permitem o escoamento dos líquidos dessas cavidades. A drenagem diminui gradativamente e, em alguns casos, a retirada pode ser feita no segundo dia de pós-operatório. Sistemas a vácuo interligados aos drenos também podem ser utilizados a fim de evitar ou reduzir a presença de coleções sanguíneas, principalmente após a retirada dos drenos.

A MECÂNICA RESPIRATÓRIA

Ambrozin (2005) refere que, no pós-operatório cardíaco, a complacência pulmonar, tanto dinâmica quanto estática, encontra-se diminuída na maioria dos pacientes. Em decorrência da esternotomia, a complacência da caixa torácica é alterada, com diminuição maior que 80% de sua mobilidade após 7 dias da incisão cirúrgica, levando ao aparecimento de atelectasias e subsequente alteração da dinâmica pulmonar.

Diversos fatores podem influenciar a mecânica respiratória e as trocas gasosas nas cirurgias cardíacas, podendo aumentar o risco de complicações pulmonares pós-operatórias: as condições prévias frequentemente encontradas, como doença pulmonar obstrutiva crônica (DPOC), tabagismo, obesidade, congestão pulmonar por insuficiência cardíaca; e os fatores inerentes à própria cirurgia, como anestésicos e sedativos, que podem deprimir a ventilação. A dinâmica ventilatória ainda é afetada pela sensação álgica no tórax pela presença da esternotomia e de drenos mediastinais e/ou torácicos (Farensin, 2000).

Ventilação mecânica no adulto

Neste tópico, não se discute qual modalidade e/ou quais parâmetros são mais eficazes ou utilizados nos pacientes em pós-operatório, tanto em adultos como em pediátricos, mas sim em que momento se deve realizar o desmame ventilatório desses doentes, como deve-se fazer isso e algumas de suas complicações. Para tal, ver capítulo "Ventilação mecânica no POI", incluso na seção "Manuseio do paciente: POI".

O tempo de ventilação mecânica está diretamente relacionado à presença de doenças sistêmicas respiratórias e metabólicas, como a DPOC e o diabetes, podendo inclusive aumentar o tempo de estadia na UTI. Por isso a importância de uma perfeita anamnese no período pré-operatório.

Doenças como hipertensão, doenças autoimunes, vasculopatias periféricas, síndrome metabólica (SM) e outras precisam ser controladas e requerem maior cuidado no pós-operatório imediato.

No pós-operatório imediato, o paciente deve permanecer em VM até o momento de superficialização do nível de consciência decorrente do efeito residual dos sedativos.

A maioria dos pacientes é extubada nesse momento; no entanto, a instabilidade hemodinâmica que pode acontecer inviabiliza a extubação principalmente nos casos em que são utilizadas DVA, obrigando os pacientes a permanecer na UTI enquanto houver necessidade.

Em casos mais graves, nos quais os pacientes fazem uso de balão intra-aórtico (BIA) ou cursam com complicações como baixo debito cardíaco, IAM pós-cirúrgico, arritmias cardíacas, tamponamento etc., a eleição da extubação deve ser conduzida de maneira minuciosa e juntamente com a equipe multiprofissional, em vista da gravidade desses pacientes.

Em alguns serviços, a anestesia é realizada de maneira que o paciente é extubado na própria sala de cirurgia ou na sala de recuperação anestésica (RPA). No entanto, em geral, os pacientes chegam à UTI ainda entubados, permanecendo assim por mais 4 a 6 horas, sendo extubados quando alguns critérios forem preenchidos, como:

- Nível adequado de consciência.
- Estabilidade hemodinâmica.
- Sem ou em uso de dosagens mínimas de drogas vasoativas.
- Ausência de sangramentos excessivos pelos drenos.
- Ausência de desequilíbrio acidobásico.
- Parâmetros ventilatórios compatíveis.
- Radiografia dentro dos padrões aceitáveis.

Após a extubação, o paciente deve ser colocado sob alguma forma de oxigenoterapia, garantindo um aporte de oxigênio ideal. Os equipamentos mais utilizados são:

- Cateter nasal de oxigênio.
- Nebulização de oxigênio.
- Máscara de Venturi.
- Ventilação mecânica não invasiva (VMNI).

A VMNI deve ser utilizada com cautela, pois o aumento da ventilação significa aumentar a expansibilidade torácica promovendo a sua movimentação. Maiores informações no capítulo de ventilação não invasiva, incluso na seção "Manuseio do paciente: PO pós-extubação".

DOR

Na literatura, a dor pós-operatória é descrita como sendo um dos fatores responsáveis pela disfunção respiratória associado a outros fatores descritos anteriormente (Erb, 2008; Bonnet, 2007). A intensidade desse sintoma aumenta principalmente quando é feita a manipulação da pleura parietal para realizar o enxerto da artéria torácica interna esquerda (ATIE), sendo responsável por um trauma cirúrgico adicional e redução de força muscular inspiratória (Almeida, 2007).

Por isso, o conceito de que a dor pós-operatória é normal e esperada, associado à falta de conhecimento da fisiologia da dor e da farmacologia dos analgésicos, faz com que a atenção da equipe esteja voltada às complicações pós-operatórias mais comuns do que ao sintoma que mais incomoda o paciente (Watson, 2004).

Como já discutido anteriormente, o pós-operatório de cirurgia cardíaca, geralmente, cursa com diminuição da função respiratória e incoordenação da caixa torácica, promovendo áreas de atelectasias nas quais ocorre diminuição da ventilação pulmonar, aumento do *shunt* pulmonar e provável hipoxemia, em alguns casos. No entanto, deve-se considerar que tais áreas de atelectasia podem surgir de uma mecânica respiratória previamente deficiente decorrente da dor pós-operatória. Nesta, um indivíduo que respira de maneira antálgica está desprovido tanto da mecânica respiratória (em razão da própria posição antálgica) quanto do volume pulmonar, ou, ainda, em razão de restrição a respiração profunda, a mudanças de posição e, principalmente, a tosse efetiva, que tem como consequência, além das atelectasias, o paciente suscetível a infecção pulmonar e insuficiência respiratória.

Em virtude da alta sensibilidade da pleura e o atrito produzido durante o movimento respiratório, ocorre sofrimento em pacientes portadores de drenos torácicos. Esses pacientes acabam sendo um grande desafio para os fisioterapeutas em vista da frequente não adesão ao tratamento em virtude desse sofrimento. É nesse momento que o paciente passa a respirar de maneira antálgica, aderindo a padrões e posturas inadequadas, comprometendo a relação V/Q.

Técnicas inovadoras de implantação do dreno pleural têm sido realizadas a fim de evitar esses efeitos. Na região subxifoide, onde, com as novas técnicas, estudos demonstram melhora da função pulmonar e redução da dor quando comparadas com a técnica de implantação intercostal, obtém-se uma maior aderência ao tratamento fisioterápico por parte do paciente, aumentando sua tolerância aos exercícios.

FISIOTERAPIA

O pós-operatório imediato de cirurgia cardíaca talvez seja um dos momentos mais apreensivos, além do período intraoperatório, da equipe multiprofissional, em virtude do estado frágil em que se encontra o paciente; portanto, bom-senso e pleno conhecimento fisiológico e fisiopatológico devem existir por parte do fisioterapeuta.

Como já dito anteriormente, o procedimento cirúrgico acarreta alguns problemas subsequentes, como a alteração da mobilidade da caixa torácica, e consequente diminuição dos volumes pulmonares, e queda da capacidade residual funcional (CRF), favorecendo a formação de áreas de atelectasias, complicação mais comum no pós-operatório de cirurgia cardíaca. Além do prejuízo à mecânica pulmonar decorrente da alteração e perda da pressão intratorácica, pois ela não se tornará mais negativa, dificultando a expansão pulmonar, favorecendo o colapso e prejudicando diretamente a troca gasosa, a presença de drenos no tórax maximiza essa problemática, pois colabora com a instalação de inúmeras outras complicações pulmonares. Para auxiliar no tratamento, o fisioterapeuta deve eleger a melhor maneira de realizar a terapia e utilizar os materiais adequados de acordo com a tolerância do paciente. A seguir, serão vistos alguns materiais muito utilizados não só na UTI, mas como no paciente hospitalizado, a fim de minimizar sinais e sintomas e aperfeiçoar a melhora pretendida.

Respiron® e Voldyne®

Também chamados de inspiradores de incentivo, tanto o Respiron® quanto o Voldyne® são instrumentos que visam ao aumento da CRF, dos volumes e das capacidades. A principal diferença entre eles é que o Respiron® responde melhor a fluxo, treinando o paciente para gerar fluxos mais elevados e, consequentemente, um volume maior. Já o Voldyne® prioriza o volume pulmonar, no qual o fluxo inspiratório deve ser constante, e não ascendente como no Respiron®. Após algumas tentativas, pode-se observar uma melhora na complacência pulmonar pela ativação da ventilação colateral. No Respiron®, o paciente realiza fluxos maiores para efetuar os exercícios, utilizando ligeiramente a mais os músculos respiratórios, o que faz com que esses músculos sejam treinados, obtendo um efeito secundário de fortalecimento muscular

respiratório. Perusso (2006) realizou um estudo randomizado com trinta pacientes obesos mórbidos que realizaram gastroplastia por Capella e os treinou em seus primeiro, terceiro e quinto PO com máscara de EPAP, Respiron® e *threshold* em grupos distintos, a fim de visualizar qual técnica era mais eficaz no ganho de força muscular, volumes e capacidades.

Esse estudo obteve resultados interessantes: o grupo que utilizou o Respiron® obteve significativo aumento de força muscular respiratória em comparação ao grupo de controle e, inclusive, em comparação ao grupo que realizou exercícios com *threshold*, não os superando, mas tendo um ganho tão significativo quanto.

Cinesioterapia respiratória e reeducação diafragmática

A cinesioterapia respiratória (CR), ou apenas exercícios respiratórios, é um exercício que visa à expansibilidade torácica por meio de atividades variadas de inspiração e apneia sustentada com ou sem a utilização dos membros superiores (MMSS).

A CR depende do grau de força já existente do paciente para um resultado ideal, pois quanto maior a força muscular, maior é o volume inspirado e melhores são os resultados.

No caso do paciente em POI de cirurgia cardíaca, as dores na FO e a esternotomia limitarão o exercício ativo, ainda mais se utilizados os MMSS em razão do cisalhamento das partes recém-suturadas no esterno.

Uma possibilidade seria fracionar os exercícios, pois assim o paciente não realiza elevação máxima de MMSS, parando a 50% da amplitude de movimento (ADM e as inspirações não se limitarão, podendo ser realizadas uma ou duas em posição inicial e terminando a última respiração com a elevação de MMSS, como mostram as Figuras 27.2 e 27.3.

Talvez essa técnica possa ser utilizada com maior eficácia nos próximos dias de PO, quando a dor já for de menor intensidade, porém, se o paciente apresentar tolerância aos exercícios, o fato de estar no POI não limita a realização dos exercícios.

Já a reeducação diafragmática (RD) auxilia o paciente a aperfeiçoar o balanço entre tórax e abdome durante a respiração, principalmente nos casos de cirurgia cardíaca e bariátrica, pois as pressões das respectivas cavidades são perdidas nesses casos. A RD auxilia em uma ideal excursão diafragmática, promovendo uma distensão abdominal durante a respira-

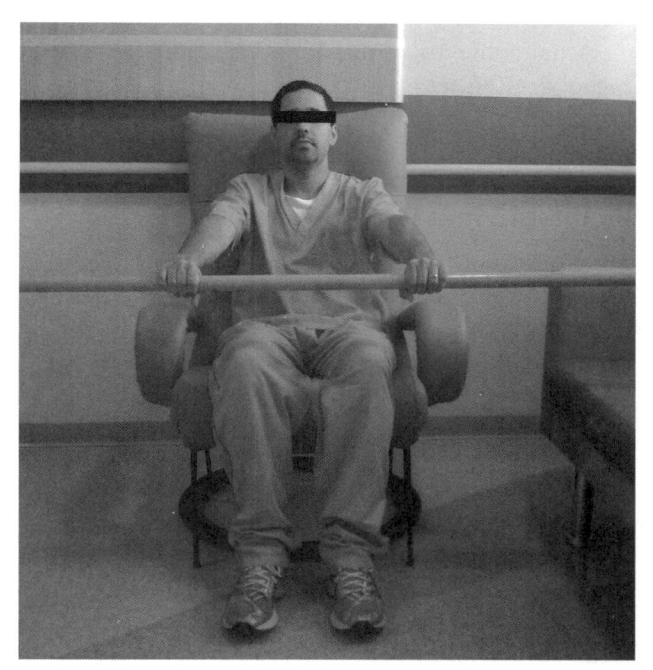

Figura 27.2 Posição neutra inicial dos MMSS como podem ser realizadas as inspirações iniciais.

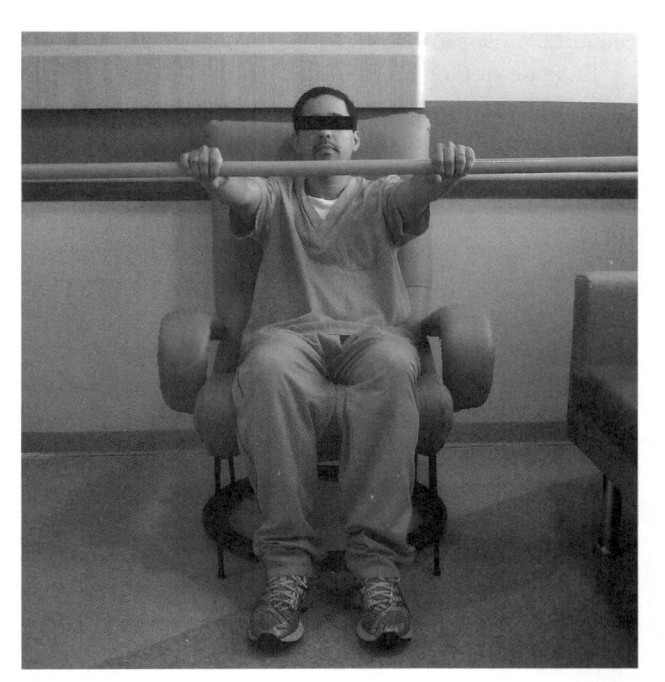

Figura 27.3 Posição final dos MMSS como será realizada a última inspiração.

ção, cedendo mais espaço para a expansão pulmonar durante a inspiração. A RD, quando associada a CR, torna-se um exercício completo para familiarização do paciente com os padrões respiratórios corretos, incentivando-o a parar a respiração antálgica.

A RD pode ser ensinada ao paciente de maneira mais didática utilizando-se um travesseiro (Figura 27.4), pois dessa forma podem-se dar comandos verbais do tipo: "empurre o travesseiro com a barriga e puxe o ar!".

Ventilação ou respiração por pressão positiva intermitente

A técnica do uso da respiração por pressão positiva intermitente (RPPI), muitas vezes, é utilizada a fim de maximizar a função pulmonar por meio de um coeficiente de pressão positiva, ganhando volumes maiores em um tórax ainda frágil. A aceitabilidade dos pacientes em relação à RPPI é muito boa em virtude da diminuição do uso do músculo peitoral maior durante a respiração, pois minimiza o cisalhamento já dito anteriormente, promovendo uma respiração com um volume significantemente maior e mais eficaz.

Com a utilização da RPPI, a mobilidade da caixa torácica será aumentada gradualmente, facilitando sua movimentação durante uma respiração normal pós-exercício. Com esse ganho, o paciente irá respirar melhor e de maneira mais eficaz, aproveitando melhor o oxigênio e as trocas gasosas. O fato de a expansibilidade ser aumentada de maneira gradual diferencia o uso da RPPI da VMNI, pois nesta última a expansibilidade é obtida nos primeiros minutos, em razão do uso contínuo, podendo causar dor esternal.

Em vista da restrição das terapias manuais no tórax do paciente em razão da esternotomia, quando o paciente evolui com hipersecretividade, como

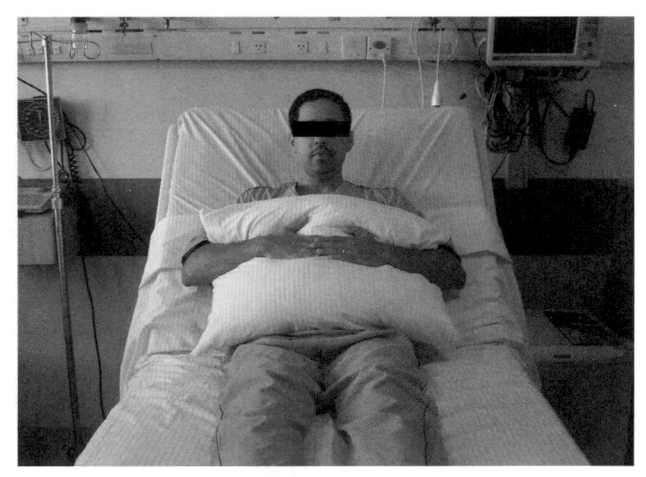

Figura 27.4 Forma correta de o paciente estabilizar a região torácica com um travesseiro durante uma tosse ativa.

em pacientes com DPOC, o RPPI pode ser utilizado como terapia coadjuvante para higiene pulmonar, uma vez que seu gradiente pressórico aumenta seu volume pulmonar, descolabando áreas de atelectasia e liberando, assim, as secreções retidas, facilitando sua eliminação. Além disso, o RPPI aumenta a inspiração máxima do paciente, estimulando a tosse, que deverá ser assistida pelo terapeuta a fim de estabilizar a ferida operatória e promover uma expectoração eficaz. Ver tópico "tosse assistida" mais à frente.

A decisão por utilizar o RPPI, não só no POI, mas também nos dias subsequentes, deve ser dividida com os médicos cirurgiões responsáveis, pois o paciente terá sua pressão transpulmonar aumentada e, em raros casos, isso pode danificar algumas microestruturas recém-suturadas, que somente a equipe médica responsável pode saber. Por isso, muitas equipes médicas podem inviabilizar o uso do RPPI ou, pelo menos, retardar seu uso.

Os equipamentos utilizados para o RPPI são variados. Podem ser utilizados os próprios aparelhos de VMNI, só que agora realizada em séries de respirações e não continuamente ou, ainda, com o próprio ventilador mecânico utilizado na UTI com pressão de suporte (PS) + PEEP, também empregando máscara como interface paciente/ventilador. Muitos hospitais utilizam ventiladores ciclados a pressão, como o Bird Mark 7®, para realizar RPPI ou até mesmo como ventilador. Essa modalidade deixou de ser utilizada em determinadas funções por ser menos vantajosa para ventilação alveolar que as modalidades cicladas a tempo, nas quais existem há distribuição do VC em razão da pressão inspiratória ser sustentada por determinado tempo.

Atualmente, os ventiladores utilizados para realização do RPPI têm ajustes independentes de pressão inspiratória e expiratória (*bi-level*), dando maior precisão à ventilação, como o ajuste da PEEP (Figura 27.6).

Ventilação mecânica não invasiva

A ventilação mecânica não invasiva (VMNI) pode ser utilizada tanto para evitar a entubação quanto para auxiliar no desmame da ventilação mecânica. As primeiras evidências de seu uso nos pacientes em POI de cirurgia cardíaca são em caso de insuficiência respiratória pós-extubação programada ou acidental; porém, seu uso deve ser reportado imediatamente à equipe cirúrgica responsável, que muitas vezes pode optar por re-intubação imediata do paciente ao médico plantonista.

Na situação em que se encontra o paciente, com tórax suturado, presença de cisalhamento da ferida operatória e forte ação de mediadores inflamatórios, pode-se gerar dor de intensidade moderada a alta, muitas vezes piorando o quadro inicial que levou o paciente a usar a VMNI.

Sabe-se que os efeitos da pressão positiva levam à diminuição do retorno venoso e da pressão transmural, causando, respectivamente, redução da pré e da pós-carga, podendo provocar aumento agudo do débito cardíaco e/ou melhora do desempenho cardíaco.

Contudo, a pressão alveolar aumenta, descolabando unidades alveolares colapsadas, diminuindo o *shunt* e melhorando a relação ventilação-perfusão, o que resulta assim em um ciclo vicioso no qual existe melhora da troca gasosa, menor consumo de

Figura 27.5 Bird Mark 7®.

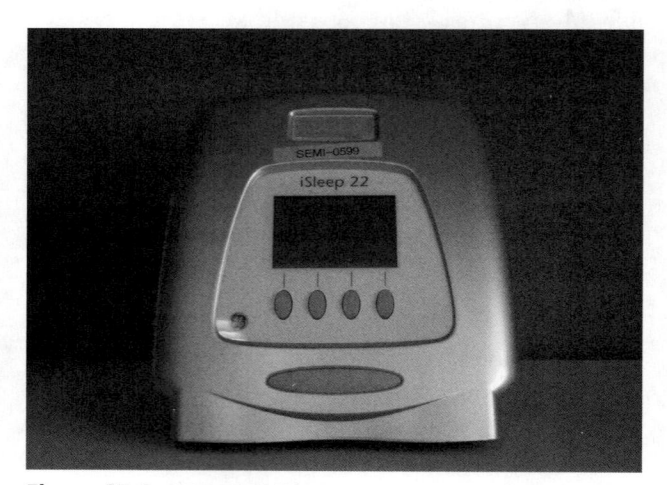

Figura 27.6 GE BREAS iSleep22.

oxigênio por parte da musculatura acessória, que era maior anteriormente em virtude da respiração antálgica, e consequente diminuição da produção de CO_2, o qual terá o estímulo central diminuído, melhorando assim a respiração.

A VMNI pode oferecer algumas vantagens no desmame ventilatório do paciente. Estudos mostram que, em pacientes com insuficiência respiratória pós-extubação, uma interface adequada pode ser tão efetiva quanto uma cânula endotraqueal para a liberação de pressão positiva e a correção das anormalidades das trocas gasosas.

Para maiores informações sobre VMNI, ver capítulo específico, incluso na seção "Manuseio do paciente".

Oscilador de alta frequência

Os osciladores de alta frequência (OAF) são equipamentos que produzem vibrações em alta frequência por meio de uma esfera que, com o fluxo expiratório, vibra e transmite essas frequências à caixa torácica e à árvore brônquica do paciente. Essa vibração ativa o tixotropismo do muco, que é a designação dada para o fenômeno no qual um coloide muda sua viscosidade, de seu estado de gel para sol ou de sol para gel. Ou seja, por meio da agitação das moléculas de água presentes no muco, a secreção começa a se tornar mais aquosa, facilitando o carreamento dela pela região ciliada e posterior expectoração. Essa explicação também pode ser aplicada às manobras de higiene brônquicas (MHB) que envolvem componentes vibratórios, como a vibrocompressão e a tapotagem.

No caso do paciente cardiopata em seu POI, as MHB são contraindicadas por conta da dor e da ferida operatória. Em casos de hipersecretividade desses pacientes, os OAF podem ser muito úteis, pois, como explicado acima, facilitará a saída dessas secreções, melhorando a ventilação e a perfusão com o mínimo de dor.

Alguns exemplos de OAF são Flutter®, Shaker® (Figuras 27.7, 27.8 e 27.9), que utilizam esferas, e Acapella®, que não utiliza esferas para gerar a vibração, e sim um plugue como contrapeso. A oscilação produzida por esse dispositivo tem seu efeito potencializado em razão da Acapella® produzir, ou fazer reter, juntamente, uma pressão positiva ao final da expiração. Os dois fatores são transmitidos até a parede das vias aéreas, para soltar e mobilizar as secreções pelo mesmo processo fisiológico já dito anteriormente.

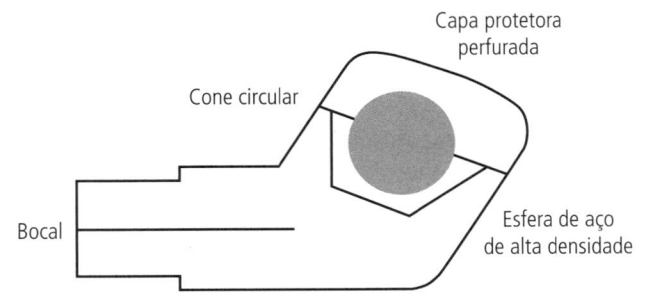

Figura 27.7 Esboço interno do Shaker® e Flutter®.

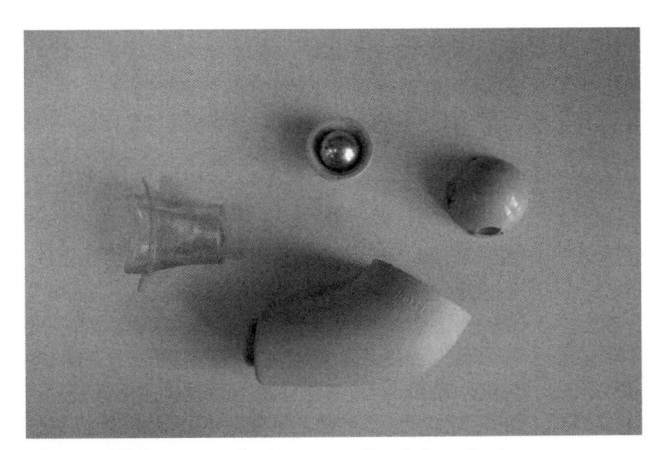

Figura 27.8 Shaker® desmontado deixando à mostra seus componentes internos.

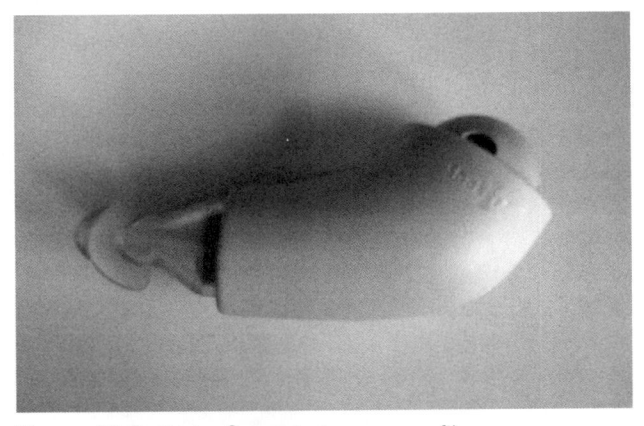

Figura 27.9 Shaker® montado e em perfil.

Tosse assistida

Como dito no tópico do RPPI, a tosse assistida (TA), nesse caso, deve ter o intuito de estabilizar a ferida operatória e não acelerar o fluxo expiratório, para que o paciente sinta o mínimo de dor possível, encorajando-o a tossir novamente quando necessário, pois o contrário é verdadeiro, favorecendo a formação de novas áreas de atelectasias e deixando-o suscetível a infecções pulmonares.

Orientações de tosse com proteção da ferida operatória devem ser dadas. Ensinar o paciente a tossir com um travesseiro apoiado no tórax ou mesmo só com as mãos ajuda a estabilizar a tosse e a aperfeiçoar, tornando-a mais eficaz (Figura 27.10).

Estimulação elétrica diafragmática

Descrita na literatura como uma das complicações clássicas no pós-operatório de cirurgia cardíaca, a paralisia do nervo frênico tem incidência maior do que 20%.

Segundo Morsch et al. (2009), os mecanismos de lesão são vários e, no procedimento cirúrgico, o paciente pode estar exposto a mais de uma delas, como traumatismo do nervo durante o afastamento do esterno e punção da veia jugular interna, o que pode causar lesão nervosa periférica e lesionar alguns ramos da artéria mamária interna durante sua dissecção, diminuindo seu aporte sanguíneo ao nervo.

Contudo, a estimulação elétrica diafragmática pode ser realizada a fim de melhorar a ventilação do paciente por meio da estimulação do músculo, uma vez que o nervo pode estar lesionado.

Em vista de o diafragma ser uma cúpula muscular, achar seu ponto motor é imprescindível para uma excelente contração.

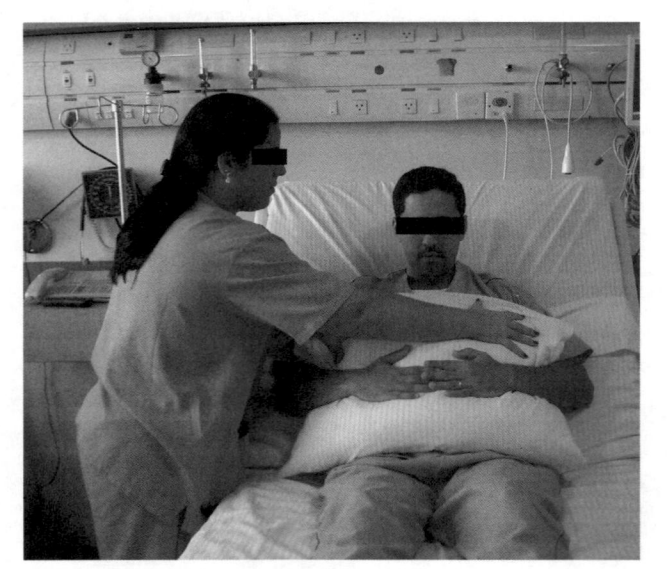

Figura 27.10 Fisioterapeuta estabilizando o tórax juntamente com o paciente e auxiliando-o durante a tosse.

TENS

TENS é a sigla para *transcutaneous electrical nerve stimulation*. Esse equipamento pode ser utilizado não só no POI, mas também nos demais PO, a fim de minimizar a dor na região da ferida operatória esternal.

Com os eletrodos posicionados paralelamente à ferida operatória, o TENS tem a finalidade de proporcionar analgesia, atuando na teoria das comportas, fazendo com que o paciente melhore sua ventilação e tenha maior confiança em respirar fundo para tossir e espirrar, sem falar no conforto produzido ao final da sessão.

Sua utilização deve ser eletiva juntamente à equipe médica e nunca protocolada, pois as particularidades de cada paciente muitas vezes podem contraindicá-lo.

Exercícios físicos motores

Após a extubação, os pacientes ainda podem estar um pouco sonolentos por causa do efeito residual de sedativos administrados no centro cirúrgico. No entanto, após algumas horas, com o paciente já acordado, podem-se realizar alguns exercícios de intensidade mínima. É válido lembrar que o objetivo da fisioterapia, nesse momento, não é o condicionamento físico, e sim manter a capacidade e o desempenho respiratório e muscular do paciente, visando diminuir os efeitos fisiológicos e psicológicos deletérios decorrentes do repouso no leito, como trombose venosa profunda (TVP), tromboembolismo pulmonar (TEP), depressão, úlceras de decúbito etc.

Os exercícios irão variar de acordo com o quadro clínico de cada paciente, devendo ser adaptados a cada um diariamente segundo sua evolução.

Ao início, são recomendados exercícios respiratórios puros, como RD, CR e, quando possível, utilizar os MMSS para aumentar a carga do exercício.

Alguns exercícios de bomba ou também chamados exercícios metabólicos em MMII com movimentos de dorsiflexão e planteflexão ou flexão plantar para ativar a circulação evitando trombose e mantendo os músculos íntegros (Figura 27.11).

Dependendo do quadro clínico do paciente, pode-se arriscar um leve alongamento de MMII, exceto em casos de revascularização do miocárdio, em razão da ferida operatória do membro inferior de que foi retirada a veia safena.

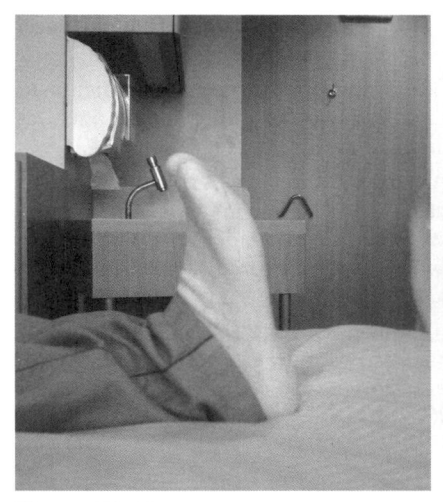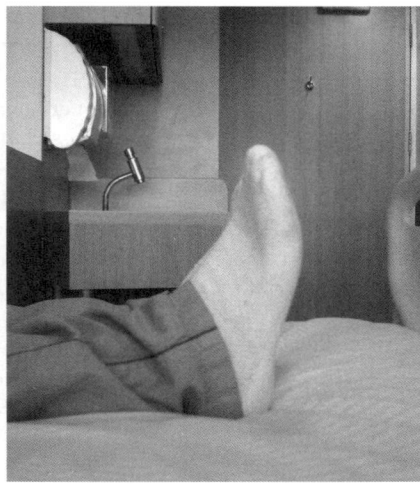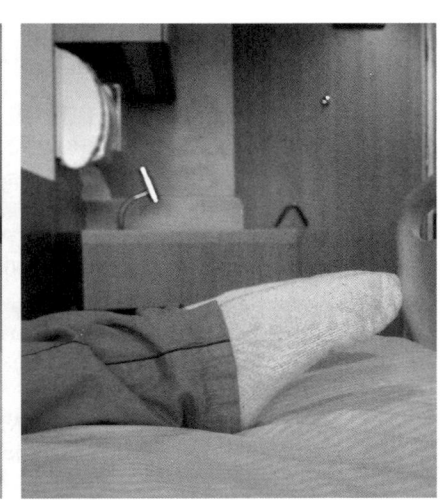

Figura 27.11 Sequência dos exercícios metabólicos de MMII.

Alguns desses pacientes, após acordarem, querem ficar em sedestação ou à beira do leito ou em poltrona. Realizar tal mudança de decúbito implicará na mudança de toda a dinâmica sanguínea a região vascular, logo, mais trabalho cardíaco. Muitas vezes, tal mudança pode ser utilizada simplesmente como forma de exercício, mas sempre deve ser reportada antes à equipe médica responsável.

BIBLIOGRAFIA RECOMENDADA

1. Almeida PLBM. Impacto da reabilitação cardiopulmonar intra-hospitalar pré e pós-operatória em extabagistas submetidos à cirurgia de revascularização miocárdica – um ensaio clínico randomizado [Dissertação de Mestrado]. Porto Alegre: Universidade Federal do Rio Grande do Sul, 2007. [acesso em: 2008 Set 26]. Disponível em: http://hdl.handle.net/10183/14035.

2. Ambrozin ARP, Cataneo AJM. Pulmonary function aspects after myocardial revascularization related to preoperative risk. Braz J Cardiovasc Sur. 2005;20(4):408-15.

3. Bonnet F, Marret E. Postoperative pain management and outcome after surgery. Best Pract Res Clin Anaesthesiol. 2007;21(1):99-107.

4. Broco L, Pasolini MG, Scapini KB, Timm B, Posser SR, Rockenbach CWF, et al. Função pulmonar após cirurgia de revascularização do miocárdio com e sem circulação extracorpórea. Sci Med. 2010;20(2).

5. Calvin SH Ng, Song Wang, Anthony PC Yim, Arifi AA. Pulmonary dysfunction after cardiac surgery. Chest. 2002;121(4).

6. Dante FS, Iasbech JA, Oliveira SA. Pós-operatório em cirurgia cardíaca de adultos. Revista da Sociedade de Cardiologia. 1998;8(3):446-54.

7. Dinner L, Goldstone JC. Non-invasive ventilation in the intensive care unit and operating theatre. Intens Care Med. 1995;22:91-3.

8. Erb J, Orr E, Mercer CD, Gilron I. Interactions between pulmonary performance and movement-evoked pain in the immediate postsurgical period: implications for perioperative research and treatment. Reg Anesth Pain Med. 2008;33(4):312-9.

9. Farensin SM, Fernades ALG, Pereira EDB. Morbidade respiratória nos pacientes com e sem síndrome pulmonar obstrutiva submetidos à cirurgia abdominal alta. Revista da Associação Médica Brasileira. 2000;46(1).

10. Fenelli A, Sofia RR. Estudo comparativo de pacientes submetidos a cirurgia cardíaca com e sem circulação extracorpórea, quanto ao tempo de intubação orotraqueal. Revista de Fisioterapia da Unicid. 2002;(2):40-6.

11. Filho JBRM, Bonfim VJG, Aquim EE. Ventilação mecânica não invasiva no pós-operatório imediato de cirurgia cardíaca. Ver Bras Ter Intensiva. 2010; 22(4):363-8.

12. Knobel M, Aguiar LF, Ghiotto JL. Pós-operatório e complicações em cirurgia cardíaca. In: Knobel E (ed.). Condutas no paciente grave. v.2. Rio de Janeiro: Atheneu; 2006. p.1573-84.

13. Laizo A, Delgado FEF, Rocha GM. Complicações que aumentam o tempo de permanência na unidade de terapia intensiva na cirurgia cardíaca. Revista Brasileira de Cirurgia Cardiovascular. 2010;25(2):166-171.

14. Meduri GV. Noninvasive positive pressure ventilation in patients with acute respiratory failure. Clin Chest Med. 1996;17:513-33

15. Morsch KT, Leguisamo CP, Camargo MD, Coronel CC, Mattos W, Ortiz LDN, et al. Perfil ventilatório dos pacientes submetidos a cirurgia de revascularização do miocárdio. Rev Bras Cir Cardiovasc. 2009;24(2):180-7.

16. Oliveira DC, Silva DJM, Silva RF, Egito EST, Souza LCB, Jatene AD, et al. Fibrilação atrial no pós-operatório de cirurgia de revascularização do miocárdio: da prevenção à morbimortalidade. Registro de mundo real. Rev Bras Clin Med. 2010;8(2):90-3.

17. Perusso, D, Paisani, DM, Ferreira, GC, Pessoa, LN. Estudo comparativo de duas técnicas fisioterapêuticas no pós-operatório de Gastroplastia – EPAP versus Exercícios respiratórios. Rev Bras Fisiot. 2006 01(107):44.

18. Poffo R, Pope RB, Toschi AP, Correção cirúrgica da comunicação interatrial e revascularização do miocárdio minimamente invasiva videoassistida. Rev Bras Cir Cardiovasc. 2009;24(4):586-9.

19. Santos,LM, Carmona, MJC, Kim SM, Dias RR, Junior JOCA, Causas incomuns de instabilidade hemodinâmica durante revascularização miocárdica sem circulação extracorpórea. Rev Bras Anestesiol. 2010;60:1:84-9.

20. Sena ST, Filho SRP, Lyra IM. Distúrbios da hemostasia em crianças portadoras de cardiopatias congênitas. Rev Bras Hematol Hemoter. 2010; 32(2):149-154.

21. Tyszka AL, Watanabe R, Cabral MMC, Cason AM, Hayashi EK, Nogueira GA, et al. Acesso minimamente invasivo para troca da valva aórtica: resultados operatórios imediatos comparativos com a técnica tradicional. Rev Bras Cir Cardiovasc. 2004;19(1):34-41.

22. Watt-Watson J, Stevens B, Katz J, Costello J, Reid GJ, David T. Impact of preoperative education on pain outcomes after coronary artery bypass graft surgery. Pain. 2004;109(1-2):73-85.

FISIOTERAPIA EM ADULTO NO PÓS-OPERATÓRIO MEDIATO DE CIRURGIA CARDÍACA

VANESSA MAIR

INTRODUÇÃO

Nos últimos anos, muitos centros e serviços de medicina vêm priorizando a expansão da indicação de reabilitação cardiovascular (RCV). A RCV, na fase intra-hospitalar (RCV fase 1, ver no Quadro 28.1), deve oferecer atendimento aos pacientes internados, incluindo o manejo da ventilação mecânica, a realização de mobilização precoce, o início ou reinício da prática de exercícios regulares, a abordagem das modificações sobre o estilo de vida e a terapia medicamentosa apropriada. A RCV é efetiva em indivíduos jovens e velhos, em homens e mulheres com patologias cardíacas. Por sua eficácia, essa importante modalidade terapêutica deve ser amplamente aplicada.

Antes de o assunto ser aprofundado, aconselha-se a leitura dos capítulos "Fisioterapia em adulto no pós-operatório imediato" e "Manuseio do paciente pós-extubação".

Há evidências clínicas sobre os benefícios da realização de um programa de exercícios para pacientes que apresentaram infarto agudo do miocárdio (IAM), cirurgias de revascularização do miocárdio (RM), angina estável, intervenção coronária percutânea (PTCA), insuficiência cardíaca (IC), transplante cardíaco ou cirurgia para troca ou reparo valvar.

Quadro 28.1 Fases da reabilitação cardíaca

Fase 1
Reabilitação para o paciente internado. Ênfase no aprendizado do exercício de maneira gradual e progressiva em um programa de educação que auxilie o entendimento, por parte do paciente, do processo da doença e do processo de reabilitação e prevenção para diminuir a progressão da doença

Fase 2
Reabilitação após alta hospitalar. Ênfase na prática segura de atividade física com o objetivo de aumentar o condicionamento cardiovascular com contínua modificação dos fatores de risco, objetivando a cessação do tabagismo, perda de peso, hábitos alimentares saudáveis e outros fatores que reduzam o risco cardíaco. Inicia-se a prescrição de exercícios. Geralmente inicia-se 1 a 3 semanas após a alta hospitalar. Dura cerca de 3 a 6 meses Reabilitação com ênfase no trabalho multidisciplinar

Fases 3 e 4
Reabilitação supervisionada entre 6 e 12 meses seguintes ao evento cardíaco. Fornecer prescrição para prática segura de exercícios que possam ser feitos em casa ou em centros especializados, dando continuidade à redução dos fatores de risco

Fase 4
Manutenção; tempo indefinido

Além de o exercício físico ser um dos principais componentes de um programa de RCV, ele é o mais acessível à população.

PÓS-OPERATÓRIO IMEDIATO (POI)

Procedimentos invasivos

A fisioterapia atua junto à equipe multiprofissional na admissão do paciente submetido à intervenção cirúrgica ou ao procedimento invasivo. É necessária a preparação do leito para receber esse paciente e é fundamental a presença de aparelhos de ventilação mecânica invasiva e/ou não invasiva de acordo com a história colhida com a equipe do centro cirúrgico (CC) e de acordo com a realidade do centro.

Após a admissão, a avaliação rápida e a devida instalação de suporte ventilatório, inicia-se a monitorização dos sinais vitais, dos padrões respiratórios e cardíacos, além do nível de consciência. Nessas unidades, o desmame dos aparelhos de ventilação mecânica e de próteses invasivas geralmente ocorre de maneira rápida e progressiva. Em alguns centros, muitos pacientes são extubados ainda no CC.

A equipe deve observar, de maneira contínua:

- Estabilidade hemodinâmica e metabólica.
- Nível de consciência.
- Estado febril.
- Sinais de infecção.
- Equilíbrio acidobásico.
- Reversão da patologia de base.
- Sinais de isquemia miocárdica recente ou hipotensão.
- Habilidade para manter o esforço inspiratório.
- Verificar obstrução de VAS.

Ventilação mecânica

A melhor modalidade ventilatória é aquela capaz de oferecer respiração confortável, além de suprir as necessidades de equilíbrio dos sistemas. Muitas vezes, esses pacientes chegam com quadro de desequilíbrio acidobásico, de alterações nas pressões parciais de CO_2 e O_2, bem como outras importantes complicações que interagem e dependem de um adequado manejo da VM, como situações de baixo débito cardíaco.

A escolha da estratégia ventilatória dependerá da programação da fase pós-cirúrgica, da previsão de nova intervenção ou novo procedimento e da existência de complicações.

A avaliação contínua é de extrema importância, pois, com o aumento do nível de consciência, pode se tornar desconfortável permancer sob VMI. Atualmente, não são mais utilizados modos puramente controlados. Os modos que permitem uma melhor interação e uma mais adequada sincronia com o esforço respiratório do paciente são os modos de escolha. Entre os modos ventilatórios limitados à pressão e ciclados a tempo ou a volume, tradicionalmente, os centros de cirurgia cardíaca empregavam preferencialmente o uso de ciclagem a volume. Nas últimas décadas, a ventilação com limite de pressão vem demonstrando bons resultados.

O modo ciclado a tempo com limite de pressão, através das modalidades SIMV, PSV e VAPSV, parecem ser os mais adequados. Estes devem variar quanto à presença de esforço respiratório, ao nível de consciência e à capacidade de manutenção dos volumes pulmonares.

Caso haja dúvida sobre a questão acidobásica, deve ser colhida nova gasometria para a adequação dos parâmetros ventilatórios.

Pacientes com hipoxemia crônica, diminuição de hemoglobina e em uso de drogas vasoativas (DVA) devem ser discutidos. Nem sempre está contraindicada a extubação para o paciente em uso de DVA; no entanto, é primordial lembrar-se da ação da pressão positiva expiratória final (PEEP) sobre o coração. Ocorre um aumento da pressão transmural dos vasos do coração, otimizando, de certo modo, a contratilidade miocárdica.

Deve-se ter muito cuidado com o surgimento da hiperoxemia. O uso de elevada fração inspirada de oxigênio (FiO_2) deve ser restrito.

Arritmias graves e complicações

A frequência, a duração e o tipo de arritmia, bem como o acompanhamento dos sinais e sintomas, devem ser documentados pela equipe e notificados ao fisioterapeuta responsável para que as necessárias adaptações sejam feitas no manejo da ventilação mecânica invasiva (VMI) ou não invasiva (VMNI).

Após intervenções cirúrgicas ou a implantação de *stents*, além de complicações cardiovasculares, podem ser observadas complicações metabólicas, neurológicas, respiratórias e vasculares. Associado à adequada monitoração do paciente, deve ser oferecido o suporte de VMI ou VMNI, objetivando uma diminuição do trabalho muscular respiratório, até que ocorra estabilização do quadro clínico e que a estratégia seja reavaliada frente às complicações.

Aparelhos modernos de VM monitorizam, em tempo real, respiração a respiração, os ciclos respiratórios. Com esse tipo de monitorização, torna-se possível a monitoração dos gráficos de fluxo, pressão e volume, facilitando o entendimento da interação entre mecânica pulmonar e esforço respiratório.

Mobilização precoce

A mobilização precoce deve sempre ser considerada. Para o paciente que chegou em respiração espontânea ou naquele extubado no POI após a chegada na UTI, devem ser realizados exercícios leves supervisionados, com enfoque na melhora da expansibilidade pulmonar e dos volumes e das capacidades pulmonares, bem como exercícios circulatórios. Leia, ao final deste capítulo, nos destaques, sobre como elaborar um programa de treinamento.

Nos casos dos pacientes com arritmias ventriculares não sustentadas com função miocárdica preservada, os exercícios podem ser realizados e devem ter as sessões de exercícios monitorizadas com ECG.

Como os cardiopatas com risco de apresentar arritmias graves e com baixo condicionamento requerem programas supervisionados de RCV, a abordagem já deve ter início.

Para a prescrição e a progressão dos exercícios, deve-se considerar se o resultado do procedimento ao qual o paciente foi submetido foi bem-sucedido, pois pode ocorrer, por exemplo, reestenose ou deslocamento de *stents*. Para pacientes cirúrgicos, devem ser evitados os exercícios de força que movimentem o esterno até 2 meses, em razão do processo de cicatrização. Após a instalação ou a troca de gerador de marca-passo ou CDI, deve-se aguardar cerca de 4 semanas para realizar os exercícios de membros superiores.

Elaborando um plano de tratamento

Primeira e segunda semanas de pós-operatório:

- Dor na região da incisão – trabalhar com relaxamento e alongamentos.
- Diminuição dos volumes e capacidades pulmonares – exercícios respiratórios e reeducação diafragmática.

- Considerar indicação para iniciar treinamento muscular respiratório.
- Pode haver dificuldade para deitar-se em supino sem elevação da cabeceira durante 2 a 4 semanas; recomenda-se realizar alongamentos e posturas.
- Revisão dos princípios posturais, mecânica corporal e técnicas de transferência.
- Exercícios (até dez repetições, posição supino):
  - flexão de ombros;
  - abdução de ombros;
  - flexoextensão de quadris e joelhos;
  - abdução de quadril;
  - flexoextensão de tornozelo;
- Sentar em cadeira por 20 a 30 minutos.
- Realizar caminhadas de curta distância*.
- Início do trabalho com bicicleta ergométrica**.
- Para os pacientes em fase pós-transplante cardíaco, há risco de rejeição – observar sinais vitais.

Estudos recentes têm demonstrado que os pacientes portadores de IC se beneficiam amplamente do treinamento físico aplicado adequadamente, inclusive aqueles com disfunção sistólica e diastólica, fibrilação atrial, marca-passos, desfibriladores implantáveis e pós-transplantes cardíacos.

Estudos têm demonstrado que o treinamento físico pode ser efetuado com segurança e são apropriados para pacientes com IC, desde que prescritos de maneira individualizada. Essa aborgagem deve ser iniciada após os primeiros dias pós-procedimento ou evento cardíaco.

As evidências mostram que tratamento médico direcionado e exercícios inseridos em programa de RCV afetam positivamente a fisiopatologia da DAC, a funcionalidade e a capacidade de exercício, o nível de qualidade de vida e a habilidade para potencializar o impacto sobre a morbidade e mortalidade, bem como diminuem a necessidade de hospitalizações e gastos com a saúde. Portanto, a prescrição de exercícios deve estar inserida no programa de tratamento para pacientes cardiopatas.

Ventilação mecânica não invasiva

O uso de aparelhos de pressão positiva é fundamental no manejo de pacientes em pós-operatório

---

*N.T.: De de acordo com avaliação criteriosa.
**N.T.: Permitir elevação da FC em até 20 bpm (enquanto o paciente estiver internado) e orientar quanto aos sintomas.

de cirurgia cardíaca. As unidades de atendimento intensivo ou de pós-operatório cardíaco devem estar sempre preparadas para o atendimento de rotina ou para situações de emergência. Nessas unidades, não é rara a presença de pacientes com doenças pulmonares e neurológicas associadas. Nesses casos, sua aplicação também é bem estabelecida.

Para os pacientes portadores de IC, o uso de VMNI apresenta uma importante implicação terapêutica. O uso de CPAP (pressão positiva contínua nas vias aéreas) ou BiPAP (binível pressórico nas vias aéreas) pode melhorar a função cardíaca e diminuir sintomas da IC. Os mecanismos incluem efeitos como remodelação ventricular, diminuição do trabalho muscular respiratório e melhora da modulação neuro-humoral.

A presença de marcadores de creatinofosfoquinase nos pacientes tratados com BiPAP é um indício da rápida queda da pressão na parede ventricular esquerda.

Existem comprovações científicas quanto ao aumento da tolerância ao exercício em relação ao tempo, bem como à carga de trabalho.

Objetivos gerais do programa de RCV:

- Melhora da capacidade funcional.
- Diminuição dos sintomas.
- Melhora da qualidade de vida.
- Mudança de hábitos.
- Modificação dos fatores de risco.
- Diminuição dos índices de mortalidade.
- Orientações quanto à prática segura de atividade física.

CONSIDERAÇÕES ESPECIAIS

Idade

Três fatores contribuem para o descondicionamento na população idosa na fase pós-operatória: a diminuição da capacidade funcional, decorrente dos anos de vida, repouso no leito associado com a cirurgia e a hospitalização, e o procedimento cirúrgico, que pode resultar em estresse, lesão tecidual e alterações metabólicas.

Deve-se considerar o estado funcional dos sistemas, a diminuição de mobilidade, reflexos lentos, alterações de sensibilidade, desordens cognitivas e equilíbrio.

Tanto a idade quanto a IC são caracterizadas por redução da capacidade aeróbia. Muitos estudos têm mostrado declínio do VO_2 entre 8 e 10% por década em indivíduos saudáveis. Outro fator determinante para a mortalidade e diretamente relacionado à idade e inversamente à capacidade funcional é a força das musculaturas inspiratória e expiratória.

O descondicionamento e a cirurgia

A cirurgia está associada a uma resposta de estresse manifestada por aumento da produção de hormônios catabólicos, diminuição da produção de hormônios anabólicos, aumento do metabolismo, aumento do trabalho cardíaco, prejuízos sobre a função pulmonar, dor, depressão, fadiga e imunossupressão nos pós-transplantes cardíacos.

Alguns estudos apontam que é possível otimizar a capacidade funcional dos pacientes antes da cirurgia. Existe um marcador positivo para a correlação entre a condição física pré-operatória e resultados pós-operatórios entre pacientes submetidos às cirurgias em geral. Além de correlação positiva entre permanência hospitalar, complicações, mortalidade e força muscular pré-operatória, capacidade aeróbia e composição corporal após cirurgia para revascularização do miocárdio.

Muitos estudos têm documentado aumentos, para idosos, na capacidade de exercício e redução do risco coronariano similares aos resultados para indivíduos jovens.

Descondicionamento e repouso no leito

Quando os pacientes são submetidos a procedimentos cirúrgicos, é natural que grande parte deles passe mais tempo na cama do que realizando atividades. A tendência se acentua quanto maior a idade e com a presença de comorbidades. Sabe-se que o repouso prolongado produz efeitos negativos sobre os músculos, os ossos, as cartilagens e o sistema cardiovascular. Esses efeitos podem ser minimizados com a atuação fisioterápica na fase 1 da reabilitação cardíaca.

Mudanças da massa muscular são particularmente notadas na população idosa. Estudos em humanos apontam que, com o repouso no leito, ocorre maior perda. A perda de massa pode ocorrer por volta de 5% por semana de repouso no leito, e perda acima de 40% pode ocorrer em 6 semanas.

Fatores que contribuem para o descondicionamento pós-operatório na população idosa

Três fatores contribuem para o descondicionamento na população idosa na fase pós-operatória: a diminuição da capacidade funcional, decorrente dos anos de vida, o repouso no leito associado com a cirurgia e a hospitalização e o procedimento cirúrgico, que pode resultar em estresse, lesão tecidual e alterações metabólicas.

Tanto a idade quanto a insuficiência cardíaca são caracterizadas por redução da capacidade aeróbia. Muitos estudos têm mostrado declínio do VO_2 entre 8 e 10% por década em indivíduos saudáveis. Em geral, o VO_2 pico declina de aproximadamente 45 mL/kg/min em homens saudáveis para cerca de 25 mL/kg/min em homens com 75 anos.

Marca-passos (MP) e cardiodesfibriladores implantáveis (CDI)

Pacientes com CDI geralmente apresentam disfunção miocárdica grave, o que sugere a necessidade de monitoração via ECG, em razão do risco de morte súbita e iminente risco de apresentar arritmia grave.

Para inclusão em um programa de exercícios, devem-se obter detalhes sobre a frequência e o funcionamento do marca-passo ou CDI, e sobre os parâmetros e algoritmos utilizados. O resultado do Holter funciona como uma importante ferramenta e deve ser avaliado perante a resposta ao exercício.

Por causa do grande avanço da tecnologia dos marca-passos e CDI nos últimos anos, a fisiologia do exercício para esses pacientes é essencialmente a mesma de outros pacientes. Para os que não possuem apropriada resposta intrínseca da FC ao exercício, o marca-passo aumenta a FC e, consequentemente o débito cardíaco, alcançando assim a demanda fisiológica. Para os pacientes com marca-passo de frequência fixa, que ainda é prescrito para os pacientes bradicárdicos, a FC intrínseca aumenta apropriadamente com o exercício e outros estímulos.

Eletroestimulação funcional (FES)

Nos últimos anos, os efeitos da eletroestimulação funcional vêm demonstrado auxílio à recuperação de pacientes com comprometimento musculoesquelético significativo. O uso de FES tem mostrado eficácia em aumentar a atividade de enzimas oxidativas nas fibras musculares esqueléticas, além de renovação muscular. Seu efeito é otimizado quando o exercício é associado.

Considerando as alterações patofisiológicas que ocorrem na IC, que geralmente produzem baixa tolerância ao exercício, os efeitos do FES têm demonstrado significativa melhora de força muscular, capacidade de exercício e estadiamento da doença, principalmente quando associados ao treino aeróbio e resistido. Um estudo publicado em 2006 comparou apenas o uso de FES com o treinamento em cicloergômetro durante 8 semanas e obteve resultados positivos para VO_2máx, carga de trabalho, teste de caminhada dos 6 minutos e duração de exercício.

Em estudo realizado em 2008, foram comparados os efeitos da eletroestimulação e do treinamento aeróbio convencional em pacientes com IC após 5 semanas de tratamento. Eles observaram que os dois grupos apresentaram resultados similares sobre o aumento da capacidade de exercício, mas concluíram que a eletroestimulação pareceu ser mais efetiva em pacientes com baixa capacidade de exercício, de acordo com outros estudos sobre o assunto.

Tabela 28.1 Similaridades fisiológicas entre indivíduos idosos sem IC e pacientes com IC

	Idade*	Insuficiência cardíaca
VO_2 pico	++	+++
FCmax	++	+
Diferença A-v de O_2	++	++
Massa muscular esquelética	++	++
Enzimas mitocôndrias oxidativas	+	+++

*Entre terceira e nona décadas.

Assistência ventricular esquerda

Ainda não muito utilizada no Brasil e, muitas vezes, utilizada precocemente em outros países, a assistência ventricular esquerda funciona como ponte para os pacientes que aguardam o transplante cardíaco.

Existem poucos estudos relacionando essa intervenção à reabilitação. No entanto, a participação desses pacientes em programas de exercícios parece ser segura. A utilização de esteira e cicloergômetro, em geral, promove maior independência. Pesquisas recentes têm observado melhora do estado funcional e da tolerância ao exercício, otimizando a recuperação antes e após o transplante cardíaco.

Considerações como a localização abdominal do dispositivo externo podem tornar inviáveis alguns exercícios.

Na modalidade automática, o sistema opera com frequência independente da FC do coração "nativo", gerando frequências diferentes que aumentam com o exercício. A percepção de esforço parece não se alterar com a implantação do sistema.

Transplante cardíaco (TxC)

Alguns fatores devem ser considerados, como a denervação do coração transplantado, reinervação cardíaca parcial, tempo de isquemia e reperfusão, diferença de superfície corpórea, infecções recorrentes, rejeição aguda, leve ou grave, que pode levar à necrose de quantidade significativa de miócitos, presença de disfunção diastólica e terapia imunossupressora, além de histologia anormal de musculatura esquelética e capacidade diminuída de vasodilatação periférica e coronariana.

É importante também lembrar que a terapia imunossupressora inclui o uso de corticoides como a prednisona, que predispõe à hipertensão arterial, ao *diabetes mellitus,* à elevação dos níveis de colesterol, entre outros.

Observar a perda do controle do sistema nervoso autônomo, FC em repouso elevada frequentemente entre 95 e 115 bpm e representa a despolarização do nodo sinoatrial.

Encontra-se também retardo no aumento da FC no início do exercício, seguido por um gradual aumento, com a FC um pouco abaixo do normal. Muitos pacientes alcançam a maior FC durante os primeiros minutos de recuperação, muitas vezes, mais alta do que no pico do exercício. Geralmente também ocorre retardo na recuperação da FC basal após o exercício.

A regulação humoral da FC durante o exercício ocorre através das catecolaminas circulantes.

É importante saber que pode-se notar no ECG a presença de duas ondas P distintas. A pressão arterial (PA) em repouso é geralmente um pouco elevada, mesmo que a maioria dos pacientes receba anti-hipertensivos. Durante o exercício, a PA aumenta apropriadamente; no entanto, a PA no pico do exercício é geralmente menor que a esperada para pessoas normais. A função diastólica geralmente é mais baixa.

As anormalidades desenvolvidas durante a evolução da IC geralmente persistem após o transplante, com melhora parcial após vários meses em alguns pacientes. O mesmo acontece com a baixa eficiência da ventilação, sendo associada às anormalidades da IC adicionadas ao uso de corticosteroides.

Apesar de grande parte dos pacientes ainda apresentarem problemas relacionados à difusão, a saturação de O_2 é normal em repouso e durante o exercício para a maioria. Deve-se atentar para o uso do imunossupressor azatioprina, que pode resultar em anemia, levando à redução do conteúdo arterial de O_2.

A cinética do VO_2 mantém-se abaixo do normal, assim como o VO_2 pico, que ainda se mantém consideravelmente abaixo da média para a idade e o sexo. Mas, pode-se observar comportamentos diversos, como pacientes com maior reserva cronotrópica, gerando um VO_2 pico mais alto.

O treino resistido tem grande importância, pois, além de aumentar a força muscular, pode reverter parcialmente a miopatia e o desenvolvimento de osteoporose causada pelos corticosteroides.

ORIENTAÇÕES DE PROGRAMA DE EXERCÍCIOS PARA ALTA HOSPITALAR

Os pacientes devem deixar o hospital com um plano claro para *follow-up*, devendo continuar e progredir nas atividades iniciadas no hospital (fases 2 e 1, respectivamente). Infelizmente, o curto tempo de estadia no hospital e as limitações apresentadas pelos pacientes, como o estado cognitivo, complicações cardíacas, comorbidades, idade e/ou problemas osteomusculares, podem dificultar o aprendizado, muitas vezes, diminuindo as oportunidades para o ensino efetivo ainda no hospital. Esses resultados ainda dependem da responsabilidade e do comprometimento do paciente em dar continuidade à atividade física após a alta hospitalar. Deve-se orientar o paciente para que ele procure um centro especializado para dar continuidade à reabilitação cardíaca. Lembrando que as orientações devem ser fornecidas para os pacientes que seguirão em centros especializados ou não.

Alguns pacientes podem deixar o hospital sem condições para realizar AVD, podendo necessitar de fisioterapia e outros serviços de um programa de reabilitação. Ironicamente, os pacientes que não apresentam complicações significativas encontram piores opções para o cuidado pós-alta. Geralmente, esses pacientes permanecem no hospital por períodos de tempo menores, disponibilizando menos tempo para as orientações educativas e para o treino de atividade física. Programas bem-sucedidos recomendam orientações entre 4,5 e 20 horas (teóricas e práticas) para os cuidados em casa, dependendo da extensão da história cardíaca. O período transicional deve fazer parte do cuidado clínico. Essa etapa transicional, ainda que considerada como um período de baixo nível de reabilitação, pode trazer benefícios ainda com o paciente internado, como aumento do tempo de caminhada e introdução de exercícios para MMSS. Os critérios para treinamento são os mesmos utilizados para os pacientes internados.

Objetivos das orientações

- Independência com as devidas precauções.
- Independência com automonitorização.
- Manutenção dos sinais vitais estáveis.
- Independência com exercícios de aquecimento.
- Independência para a realização de AVD e mobilidade com caminhada de, no mínimo, 120 metros com sinais vitais estáveis.
- Independência para a realização de um programa de exercícios não supervisionado.
- Avaliação para a necessidade de apoio/suporte.
- Precauções esternais.

Os objetivos da reabilitação devem ser traçados pelo paciente, pela família e pela equipe multidisciplinar, e devem incluir o retorno para a independência funcional, enfatizando os cuidados em casa ou para o programa de RCV.

A RCV contínua vem promovendo duas principais vantagens:

1. Diminuição do tempo entre as fases da reabilitação.
2. Maximização da inclusão em centros de reabilitação.

Objetivos do programa de exercícios

- Aumentar o $VO_{2\,máx}$.
- Diminuir a PA de repouso.
- Diminuir a RVP.
- Sensibilidade à insulina.
- Melhorar o perfil lipídico.
- Reduzir a agregação plaquetária.
- Aumentar a atividade fibrinolítica.
- Diminuir o peso corporal (% de gordura).
- Melhorar a função cardíaca.
- Melhorar a densidade óssea.
- Melhorar o sistema imunológico.
- Reduzir marcadores inflamatórios.
- Melhorar a função psicológica.

Uma importante metanálise publicada em 2004, incluindo 48 estudos, com um total de 8.940 pacientes, comparou os exercícios inclusos em um programa de reabilitação com o cuidado usual. Os exercícios foram responsáveis pela diminuição da mortalidade geral e da mortalidade devido a causas cardíacas. Benefícios também foram demonstrados sobre a redução do nível de colesterol total, do triglicérides, da pressão arterial sistólica e do tabagismo.

A frequência e a intensidade das sessões também são aumentadas e incluem educação individual e em grupo, treino de força, resistência e explicação sobre os exercícios, avaliação e treino para realizar AVD, avaliação cognitiva e solicitação e/ou orientação para a necessidade de realizar terapia específica para qualquer disabilidade preexistente ou pós-operatória que possa interferir na recuperação neurológica ou musculoesquelética.

Prescrição de exercícios

A prescrição de exercícios caracteriza avaliação e interpretação criteriosa de dados clínicos, para que seja desenvolvido um adequado regime de treinamento e os benefícios sejam atingidos.

Os princípios da prescrição de exercícios são: modo, frequência, duração e intensidade. Esses princípios são de extrema importância para os pacientes em geral, pois sua adequada prescrição resulta em segurança e efetividade.

Métodos para a prescrição de intensidade

Já que a intensidade dos exercícios se refere à sobrecarga que será imposta durante o treinamento, deve-se realizá-la de maneira segura. As normas nacionais e internacionais recomendam a realização de exercícios com alteração de, no máximo, 20 bpm para o paciente internado.

Deve-se progredir a partir dos *steps* da reabilitação cardiovacular. Além da participação do paciente na fase 1, devem ser realizadas orientações para alta hospitalar. Deve ser abordada a prescrição da intensidade do treinamento, enfatizando a importância de realizar testes direcionados. Segundo as diretrizes internacionais como da AACVPR, o paciente estará apto para realizar um teste de esforço um mês após o evento ou a cirurgia cardíaca, quando sem intercorrências.

Até a alta hospitalar, a intensidade do exercício deve ser guiada por:

a. Escala de Borg: deve-se fornecer uma tabela para orientação quanto à percepção de esforço. Essa escala, conhecida como escala de Borg, foi construída com base nas alterações de FC. Durante os exercícios, os valores devem estar entre 11 e 13, não os ultrapassando. Mas os seguintes sintomas também devem ser avaliados: dificuldade para respirar, tontura, alterações visuais e fadiga muscular.

b. Resposta segura de FC (sem teste): é necessário considerar segura a resposta de elevação de 20 bpm durante a atividade proposta em relação à FC de repouso, sendo indicada a alteração de 30 bpm após a alta. Há mais de 30 anos, existem relatos sobre o exercício intenso para a promoção de melhora do sistema cardiovascular; no entanto, em 1986, chegou-se à conclusão de que se pode diminuir a mortalidade com atividades que gastem entre 500 e 3.500 kcal/semana.

Frequência e duração do treinamento

A American College of Sports Medicine recomenda:

- Mínimo de 30 minutos de atividade aeróbia moderada a intensa, podendo ser realizados em três tempos de 10 minutos.

- 5 a 7 dias por semana, 30 minutos de atividade moderada ou 20 minutos de atividade intensa em 3 dias por semana.

Por meio da automonitoração, deve-se orientar que os exercícios sejam interrompidos caso a FC ultrapasse 20 bpm (em relação à FC de repouso) durante o período de internação ou 30 bpm após a alta hospitalar.

CONTRAINDICAÇÕES ABSOLUTAS DA RCV

- Insuficiência cardíaca descompensada.
- IAM descompensado.
- Angina instável.
- Rejeição aguda grave.
- Miocardite ativa.
- Pericardite aguda.
- Aneurismas de aorta torácica e abdominal não tratados.
- Embolias pulmonares ou sistêmicas recentes.
- Tromboflebite.
- Hipertensão pulmonar (> 50 mmHg) ou arterial grave não tratada.
- Estenose aórtica e insuficiência mitral graves.
- Arritmias não controladas ou não tratadas.
- Infecções agudas.
- Lesão de tronco de coronária esquerda ou equivalente não tratada.
- DM descompensada.

CONTRAINDICAÇÕES RELATIVAS DA RCV

- Arritmia supraventricular de alta frequência não controlada.
- Aneurisma ventricular.
- Estenose aórtica moderada.
- Anemias em geral.
- Distúrbios metabólicos não compensados (diabetes, dislipidemias graves, tireotoxicose, mixedema, hiperuricemia).
- Distúrbios neuromusculares, musculoesqueléticos e osteoarticulares incapacitantes.
- Distúrbios psiconeuróticos terapia-dependentes.
- Insuficiência respiratória moderada.

Devem-se considerar:

- Limitação para uso de MMSS durante 6 semanas e limitação para uso de m. peitoral.

- Diminuição da força e da resistência muscular.
- Muitos pacientes podem apresentar diminuição da reserva cardíaca.
- Edema e fadiga muscular.
- Ganho de peso.
- Coração desnervado com retardo na resposta ao exercício versus FC elevada, para o pós-transplante cardíaco.
- Miopatia em alguns casos em virtude do uso de esteroides e descondicionamento prévio.
- Pouco conhecimento sobre as precauções e técnicas de automonitoração.
- Sinais vitais variáveis.
- Alterações de equilíbrio e cognição (para os pacientes idosos e pacientes com comprometimento neurológico).
- Risco de queda.
- Enxerto venoso da artéria radial esquerda e da veia safena esquerda.
- Presença de acessos e drenos torácicos.
- Tontura durante exercícios respiratórios.
- Complicações cirúrgicas e de ventilação mecânica.
- Pacientes submetidos a valvoplastias ou trocas valvares geralmente apresentam mais dispneia que os pacientes submetidos à RM, portanto deve-se verificar a SpO_2.

Exercícios supervisionados podem ajudar o adulto a aprender a alcançar o nível desejado de esforço.

Orientações quanto às precauções esternais

- Não levantar peso maior que 2,5 kg (2.500 g) durante as primeiras 6 semanas.
- Não usar os braços para levantar-se da cama durante 6 semanas.
- Colocar as mãos sobre os joelhos para levantar-se da cadeira ou no banheiro. Não fazer força somente com o antebraço.
- Usar um travesseiro contra o tórax para tossir e fazer respirações profundas.
- Não girar o tronco excessivamente, durante 6 semanas (usar técnica de rolar), para deitar e sair da cama.
- Não dirigir durante as primeiras 4 a 6 semanas. O paciente deve perguntar ao médico quando estará pronto para dirigir.
- Como passageiro no carro, usar sempre o cinto de segurança. Se se sentir desconfortável, colocar um pequeno travesseiro entre o cinto e o tórax.

Seguem duas importantes orientações para o treinamento físico:

- Exercitar-se apenas quando se sentir bem; aceitar as limitações pessoais; começar devagar e fazer progressões graduais; evitar exercícios em afecções agudas ou fadiga; reduzir a intensidade do exercício na convalescença; aguardar dois dias depois de resfriado comum para voltar aos exercícios.
- Interromper o treinamento e procurar um médico em caso de lesões musculoesqueléticas; movimentos dolorosos persistentes necessitam de cuidados médicos; manter-se alerta aos sinais de treinamento excessivo.

Atividade sexual

Os pacientes podem manter atividade sexual regular, desde que não acarrete sintomas. O ato sexual corresponde ao consumo de aproximadamente 5 METs, o que equivale a subir 18 degraus.

TEMAS PARA SEREM ABORDADOS POR UM FISIOTERAPEUTA

- Atividades que podem ser realizadas.
- Automonitoração.
- Prescrição do treinamento.
- Relaxamento neuromuscular.
- Reeducação respiratória.
- Técnicas de conservação de energia, para os portadores de ICC.
- Revisão dos princípios posturais e mecânica corporal.
- Exercícios para MMSS e MMII.
- Técnicas de respiração e relaxamento.
- Rotação de tronco.
- Agachamento.
- Exercícios circulares com a cabeça.
- Rotação e flexão lateral de tronco.
- Início precoce da fase 2 (Quadro 28.1) da RCV após a alta hospitalar.

TEMAS PARA SEREM ABORDADOS PELA EQUIPE MULTIDISCIPLINAR NA FASE INTRA-HOSPITALAR

- Moderação de sal na dieta.
- Diminuição do peso corporal, quando necessária, orientando o consumo de dieta hipocalórica.

- Diminuir o consumo de colesterol (deve ser inferior a 300 mg) e gorduras saturadas (não deve ultrapassar 10% do total de gorduras ingeridas).
- Cessação do tabagismo.

CONSIDERAÇÕES FINAIS

O programa de RCV deve ser realizado nos períodos pré e pós-intervenção ou pré e pós-transplante cardíaco. A associação entre avaliação criteriosa, monitoração adequada e mobilização precoce predizem sucesso na fase pós-operatória. O resultado dessa associação acarreta em diminuição do tempo de internação e menor incidência de complicações.

O programa de RCV deve ter um enfoque multidisciplinar. Apesar de o exercício e a terapia medicamentosa serem os principais componentes da RCV, para se terem programas bem-sucedidos, os pacientes necessitam também desde adequado suporte ventilatório até educação quanto aos fatores de risco e acompanhamento nutricional e psicológico. Quando o exercício físico é empregado como única intervenção, os resultados positivos podem diminuir em até 26%.

As orientações para o treinamento devem ser totalmente individualizadas e baseadas nas respostas apresentadas ainda no período de internação.

Programas bem-sucedidos recomendam tempo para orientação e treinamento entre 4,5 e 20 horas (entre aulas teóricas e práticas) para os cuidados em casa, variando de acordo com a complexidade da história cardíaca.

De acordo com metanálise realizada em 1997, a mortalidade total e a cardiovascular são diminuídas em 20 a 25% com acompanhamento entre 3 meses e 3 anos.

Mesmo com clara evidência acerca dos benefícios dos exercícios inseridos em um programa de RCV, ainda há baixa adesão. Considerando a relação custo-benefício, deve-se incentivar e tornar o programa de RCV mais acessível.

A reabilitação cardíaca é eficiente e pode ser economicamente justificada.

BIBLIOGRAFIA RECOMENDADA

1. Ades PA. Cardiac rehabilitation in older coronary patients. J Am Geriatr Soc. 1999;47:98-105.
2. Ades PA, Waldmann ML, Meyer WL, Brown KA, Poehlman ET, Pendlebury WW, et al. Skeletal muscle and cardiovascular adaptations to exercise conditioning in older coronary patients. Circulation. 1996;94:323-30.
3. Alves B, Roveda F, Watanabe E Nunes N, Nery SS. Reabilitação cardiovascular e condicionamento físico. In: Negrão CE, Barreto AC. Cardiologia do Exercício. 2005;13:249-60.
4. Arthur HM, Daniels C, McKelvie R, et al. Effect of a preoperative intervention on preoperative and postoperative outcomes in low-risk patients awaiting elective coronary artery bypass graft surgery: a randomized, controlled trial. Ann Intern Med. 2000;133:253-62.
5. Badenhop DJ, Cleary PA, Schaal SF, Fox EL, Bartels RL. Physiological adjustments to higher and lower intensity exercise in elders. Med Sci Sports Exerc. 1983;15:496502.
6. Batlouni M. Diretrizes da Sociedade Brasileira de Cardiologia para o diagnóstico e tratamento da insuficiência cardíaca: aspectos relevantes na prática clínica. Manual de Cardiologia da Socesp. 2000;14:57-8.
7. Consenso Brasileiro de Ventilação Mecânica (III). J Bras Pneumol. 2007;33(2):5137-41.
8. Cook JW, Pierson LM, Herbert WG, Norton HJ, Fedor JM, Kiebzak GM, et al. The influence of patient strength, aerobic capacity and body composition upon outcomes after coronary artery bypass grafting. Thorac Cardiovasc Surg. 2001;49:89-93.
9. Deley G. Do low-frequency electrical myostimulation and aerobic training similarly improve performance in chronic heart failure patients with different exercise capacities? J Rehabil Med. 2008;40(3):219-24.
10. Fleg JL. Exercise therapy for elderly heart failure patients. Clin Geriatr Med. 2007;23:221-34.
11. Fleg JL, Lakatta EF. Role of muscle loss in the age-associated reduction in VO_2max. J Appl Physiol. 1988; 65:1147-51.
12. Fox SM 3rd, Naughton JP, Gorman PA. Physical activity and cardiovascular health III. The exercise prescription; frequency and type of activity. Modern Cardiovasc Dis. 1972;41:21-30.
13. Franklin BA, Jong AT. Prescrição de exercício. In: Compêndio de programas de reabilitação cardíaca. AACVPR. 2007;7:83-97.
14. Hagberg JM, Graves JF, Limacher M, Woods DR, Leggett SH, Cononie C, et al. Cardiovascular response of 70- to 79-year old men to exercise training. J Appl Physiol. 1989;66:2589-94.
15. Jackson AS, Beard EF, Wier LT, Ross RM, Stuteville JE, Blair SN.. Changes in aerobic power of men ages 25-70 years. Med Sci Sports Exerc. 1995;27:113-20.
16. Jolly K, Taylor RS, Lip GY, Stevens A. Home-based cardiac rehabilitation compared with centre-based rehabilitation and usual care: a systematic review and meta-analysis. Int J Cardiol. 2005;111:343.

17. Killewich LA. Strategies to minimize postoperative deconditioning in elderly surgical patients. J Am Coll Surg. 2006;735-45.

18. Kobashigawa JA, et al. Benefit of cardiac rehabilitation in heart transplant patients: a randomized trial. J Heart Lung Transplant. 1994;13:S77.

19. Lavie CJ, Milani RV, Littman AB. Benefits of cardiac rehabilitation and exercise training in secondary coronary prevention in the elderly. J Am Coll Cardiol. 1993;22:678-83.

20. Mancini DM, Coyle E, Coggan A, Beltz J, Ferraro N, Montain S, et al. Contribution of intrinsic skeletal muscle changes of 31 PNMR skeletalmuscle metabolic abnormalities in patients with chronic heart failure. Circulation. 1989;80:1338-46.

21. MacIntyre NR. Evidence-Based Guidelines for Weaning and Discontinuing Ventilatory Support: a Collective Task Force Facilitated by the American College of Chest Physicians, the American Association for Respiratory Care and the American College of Critical Care Medicine. Chest. 2001;120:375-96.

22. McKelvie RS. Exercise training in patients with heart failure: clinical outcomes, safety, and indications. Heart Fail Rev. 2008;13(1):3-11.

23. Merz CNB, Rozanski A, Forresta JM. The secondary prevention of coronary artery disease. Am J Med. 1997;102:572-81.

24. Morris JN, Chave SP, Adam C, Sirey C, Epstein L, Sheehan DJ. Vigorous exercise in leisure-time and the incidence of coronary heart disease. Lancet. 1973;1:333-9.

25. Myers J. Principles of exercise prescription for patients with chronic heart failure. Heart Fail Rev. 2008;13(1): 61-8.

26. Nishime EO, Cole CR, Blackstone EH, Pashkow FJ, Lauer MS. Heart rate recovery and treadmill exercise score as predictors of mortality in patients referred for exercise ECG. JAMA. 2000;284:1392-8.

27. Ornish D, Brown SE, Sherwitz LW, Billings JH, Armstrong WT, Ports TA, et al. Can lifestyle changes reserve coronary heart disease? The Lifestyle Heart Trial. Lancet. 1990;336:129-33.

28. Paffenbarger RS Jr, Robert PH, Hyde RT, Alvin L, Wing AL, Hsieh C-C. Physical activity, all-cause mortality, and longevity of college alumni. N Engl J Med. 1986;314:605-13.

29. Pina IL, Apstein CS, Balady GJ, Belardinelli R, Chaitman BR, Duscha BD, et al. Exercise and heart failure: A statement from the American Heart Association Committee on Exercise, Rehabilitation and Prevention. Circulation. 2003;107:1210-5.

30. Rosa RF, Franken RA. Tratamento não farmacológico da insuficiência cardíaca. Manual de Cardiologia da SOCESP. 2000;73:315-17.

31. Scheinhorn DJ, Chao DC, Stearn-Hassenpflug M, Wallace AW. Outcomes in Post-ICU mechanical ventilation: A therapist-implemented weaning protocol. Chest. 2001;119:236-42.

32. Schnohra P, Scharlinga H, Jensena JS. Intensity versus duration of walking, impact on mortality: the Copenhagen city heart study. Eur J Cardiovasc Prev Rehabil. 2007;14:72-8.

33. Schulman SP, Fleg JL, Goldberg AP, Busby-Whitehead J, Hagberg JM, O'Connor FC, et al. Continuum of cardiovascular performance across a broad range of fitness levels in healthy older men. Circulation. 1996;94:359-67.

34. Seals DR, Hagberg JM, Hurley BF, Ehsani AA, Holloszy JO. Endurance training in older men and women. Cardiovascular response to exercise. J Appl Physiol. 1984;57:1024-9.

35. Topp R, Ditmyer M, King K, Doherty K, Hornyak J 3rd.. The effect of bed rest and potential of prehabilitation on patients in the intensive care unit. AACN Clin Issues. 2002;13:263-76.

36. Van Camp & Peterson. JAMA. 1986; 256:1160-3.

37. Wasserman K, Hansen JE, Sue DY, Casaburi R, Whipp BJ. Aplicações clínicas da avaliação cardiopulmonar por exercícios. In: Prova de esforço – princípios e interpretação. 3ª ed. Ed. Revinter. 2005;8:178-214

38. Watanabe J, Thamilarasan M, Blackstone EH, Thomas JD, Lauer MS. Heart rate recovery immediately after treadmill exercise and left ventricular systolic dysfunction as predictors of mortality: the case of stress echocardiography. Circulation. 2001;104:1911-6.

39. Whellan D, O'Connor CM, Lee KL, Keteyian SJ. Heart failure and a controlled trial investigating outcomes of exercise training (HF-ACTION): design and rationale. Am Heart J. 2007;153:201-11.

40. Williams MA, Ades PA, Hamm LF, Keteyian SJ, LaFontaine TP, Roitman JL, et al. Clinical evidence for a health benefit from cardiac rehabilitation: an update. Am Heart J. 2006;152:835-41.

41. Williams MA, Maresh CM, Esterbrooks DJ, Harbrecht JJ, Sketch MH. Early exercise training in patients older than 65 years compared with that in younger patients after acute myocardial infarction or coronary artery bypass grafting. Am J Cardiol. 1985;55:263-6.

29

MANUSEIO DO PACIENTE PÓS-EXTUBAÇÃO

RODRIGO DAMINELLO RAIMUNDO
RENATA SPÓSITO ROXO

INTRODUÇÃO

Segundo normatização publicada pela Sociedade Brasileira de Cardiologia em 2005, a reabilitação cardiovascular e metabólica divide-se em quatro fases distintas. A fase I, chamada também de fase hospitalar, consiste no período de tempo do evento que levou o paciente a se internar até a sua alta hospitalar. Nessa fase, além do atendimento de pacientes pós-infarto agudo do miocárdio (IAM) e pós-revascularização do miocárdio (RM), atualmente admite-se ao programa de exercícios de fisioterapia pacientes advindos de intervenções coronarianas percutâneas (cateterismos e angioplastias cardíacas), trocas de valvas cardíacas, transplantes cardíacos ou mesmo pacientes clínicos como portadores de angina (desde que estabilizada), hipertensão arterial sistêmica, entre outras. Este capítulo trará um panorama da intervenção fisioterapêutica após o período da retirada da cânula orotraqueal (COT).

FISIOTERAPIA NA UNIDADE CORONARIANA E NA ENFERMARIA PÓS-EXTUBAÇÃO

Após a retirada do suporte ventilatório do paciente internado na unidade coronariana (UCO), a fisioterapia mantém alguns objetivos que já vinham sendo aplicados, como minimizar as complicações respiratórias e, principalmente, evitar os efeitos deletérios do repouso.

As principais complicações respiratórias são: atelectasia, pneumonia, insuficiência respiratória e tromboembolismo pulmonar, analisadas em outros capítulos. Além destas, devem-se destacar as complicações das vias aéreas superiores (VAS) após extubação de um paciente. Apesar de o paciente em pós-operatório de cirurgias cardíacas geralmente não ficar por longo período de tempo em ventilação mecânica, alguns podem apresentar lesões durante a introdução da cânula orotraqueal (trauma pelo laringoscópio) na região da boca (lábios, gengiva, dentes e pregas vocais) ou podem até apresentar traumas mais sérios, como perfurações do esôfago; porém, as lesões secundárias ao contato do *cuff* na mucosa da traqueia são de maior importância, já que elas podem dificultar o desmame e a extubação desse paciente do ventilador mecânico. O contato da cânula orotraqueal (COT) e do *cuff* na traqueia pode resultar em ulceração do epitélio da mucosa, podendo haver formação de granulomas ou até paralisia das pregas vocais. Esses fatos chamam a atenção para a assistência fisioterapêutica, que deve realizar a aferição da pressão do balonete da COT, minimizando as lesões. Atualmente, tende-se a usar uma pressão de *cuff* mínim, para que não haja vazamento de ar nem penetração de secreção; além disso, deve-se salientar o cuidado para as mobilizações e movimentações desse paciente, principalmente nos movimentos que envolvem flexão e extensão de cabeça.

Técnicas e recursos fisioterapêuticos

Respiração frenolabial

A respiração frenolabial é um exercício que tem como objetivo melhorar a respiração e controlar episódios de dispneia com repercussões favoráveis tanto em indivíduos saudáveis quanto em indivíduos com doença pulmonar obstrutiva crônica (DPOC).

Para a prática do exercício, o paciente deve estar em uma posição confortável, inspirar pelo nariz e expirar o máximo que conseguir lentamente pela boca com os lábios franzidos sem contrair a musculatura abdominal.

A resistência gerada pelos lábios franzidos gera em uma pressão expiratória positiva que mantém as vias aéreas abertas, favorecendo a liberação do ar e, consequentemente, diminuindo o volume residual.

Além disso, o retardo expiratório melhora a relação ventilação/perfusão pelo esvaziamento homogêneo dos pulmões, promovendo aumento da saturação de oxigênio (SpO_2) e diminuição da pressão parcial de dióxido de carbono ($PaCO_2$) e da frequência respiratória (FR).

Exercício diafragmático

O exercício diafragmático tem como objetivo priorizar a atividade do músculo diafragma.

Para sua prática, o paciente é instruído a realizar uma respiração frenolabial, pois, na inspiração, é associada a contração voluntária do músculo diafragma, produzindo uma distensão abdominal.

Os benefícios desse exercício são a expansão pulmonar, a melhora da ventilação na região basal e aumento da capacidade residual funcional e do volume de reserva inspiratório.

Exercício intercostal

O exercício intercostal tem como objetivo aumentar a ventilação pulmonar em zonas mediais e laterais, a capacidade residual funcional e o volume de reserva inspiratório.

Nesse tipo de exercício, o paciente pode ser posicionado em qualquer decúbito, sendo o decúbito dorsal elevado (semi-Fowler) e o lateral os mais utilizados. Solicita-se ao paciente a inspiração pelo nariz com as maiores amplitudes e frequências respiratórias possíveis, seguida de expiração passiva, suave e oral.

A estimulação tátil que é feita por uma pressão na região costal da caixa torácica para baixo durante o exercício produz uma sensação de expansão pulmonar e reduz a intensidade da dispneia em pacientes com DPOC.

Esse exercício não deve ser realizado em tórax com fraturas ou costelas flutuantes.

Soluços inspiratórios

Essa técnica tem como objetivo alcançar a capacidade inspiratória máxima a partir da inspiração fracionada com pequenos volumes. Espera-se, com isso, reexpandir as zonas basais, o que incrementa a capacidade residual funcional e o volume de reserva inspiratório, promovendo melhora da complacência toracopulmonar.

Para a realização do exercício, o paciente realiza uma inspiração subdividida em inspirações curtas e sucessivas efetuadas pelo nariz acumulativamente até atingir a capacidade pulmonar total e, então, realiza-se uma expiração oral completa e suave. A inspiração pode ser dividida várias vezes, mas, na prática, a fração utilizada é de até três.

Para atingir maior volume inspiratório, é recomendado que o paciente esteja nas posições dorsal ou lateral.

Inspiração em tempos

Esse exercício tem como objetivo melhorar a complacência toracopulmonar e incrementar a capacidade inspiratória. Para isso, o paciente é orientado a realizar inspirações nasais suaves e curtas, interrompidas por curtos períodos de pausas inspiratórias (apneia) programadas para até seis tempos e finalizadas com expiração oral associada ao frenolabial até atingir níveis próximos ao volume de reserva expiratório.

Pacientes com hiperinsuflação estática e dinâmica estão contraindicados a realizar o exercício, pois podem piorar o padrão respiratório e a dispneia.

Expiração abreviada

Esse exercício tem como objetivo atingir a capacidade pulmonar total (CPT) a partir de inspirações fracionadas pelo intervalo de pequenas expirações. Espera-se com isso melhorar a ventilação nas regiões dependentes em pacientes com bronquite crônica e pneumonia intersticial.

O paciente é orientado a realizar uma inspiração nasal lenta e profunda até a CPT, seguida de uma expiração breve com pequena quantidade de ar. Após isso, realiza-se novamente uma inspiração até a CPT.

Essa manobra deve ser repetida três ou quatro vezes e, em seguida, deve-se realizar uma expiração completa associada à técnica de frenolabial, atingindo a capacidade residual funcional.

Descompressão torácica abrupta

Essa manobra tem como objetivo recrutar unidades alveolares comprometidas a partir da oscilação das pressões pleural e alveolar. Para alcançar esse objetivo, é realizada uma compressão no tórax durante a expiração e uma descompressão abrupta na inspiração, o que gera um fluxo turbulento pela aceleração do fluxo expiratório intrapulmonar.

Para isso, o fisioterapeuta deve posicionar suas mãos no sentido anatômico dos arcos costais do paciente e realizar uma pressão na região comprometida durante a fase expiratória. Após essa etapa, solicita-se uma inspiração profunda. Essa manobra deve ser feita por dois ou três ciclos respiratórios, sendo que, na inspiração seguinte, a pressão é retirada abruptamente, resultando em um deslocamento de ar para a região.

Compressão-descompressão

A técnica de compressão-descompressão tem como objetivo realizar a reexpansão pulmonar, a desobstrução das vias aéreas e a eliminação de secreção. Isso ocorre pois essa manobra produz elevação no fluxo expiratório e uma variação súbita do fluxo inspiratório.

Para a realização da técnica, o fisioterapeuta apoia suas mãos na base inferior das últimas costelas do paciente e realiza uma compressão torácica para dentro e para baixo na fase expiratória, seguida de uma descompressão súbita no início da fase inspiratória.

Por ser uma técnica que gera pressão na região torácica, é contraindicado realizá-la na presença de contusões torácicas, osteoporose, queimaduras, queixa de dor na região torácica ou coagulopatia.

EzPAP®

O EzPAP® é um dispositivo que gera pressão expiratória positiva (PEP) e é apropriado para facilitar a higiene brônquica e/ou aumentar a reexpansão pulmonar (capacidade residual funcional – CRF). Essa técnica também é apropriada para administrar suporte pressórico positivo inspiratório, o qual pode

diminuir o trabalho respiratório. Muitos hospitais, atualmente, usam respiração por pressão positiva intermitente (RPPI) para tratar e reverter atelectasias.

O EzPAP® apenas precisa ser conectado ao fluxômetro para início da terapia. O sistema pode ser usado em conjunto com nebulização, permitindo a medicação simultaneamente com pressão positiva. Simples, prático e econômico, o EzPAP® elimina a utilização de outros dispositivos, fisioterapia convencional intensiva e treinamento extensivo. As vantagens do aparelho são:

- Totalmente integrado, simples de usar; requer apenas um fluxômetro.
- Não invasivo.
- Baixo custo de aquisição.
- Monitorização das pressões de terapia por meio do manômetro de pressão.
- Aplicação versátil: adapta-se facilmente à máscara ou ao bocal.
- Alternativa simples e econômica de gerar pressão expiratória positiva.
- Permite associar simultaneamente nebulização com pressão positiva.
- Pressão positiva: inspiratória, expiratória e pausa respiratória.
- Confeccionado em acrílico resistente.
- Leve e de fácil armazenagem.
- Não requer manutenção.

Indica-se o uso do EzPAP® para:

- Ajudar a mobilização de secreções.
- Prevenir ou reverter atelectasias.
- Pacientes incapazes de desempenharem respirações profundas durante o exercício em função de dor ou não cooperação.
- Pacientes que requerem terapia de expansão pulmonar, mas não conseguem seguir instruções.
- Pacientes com capacidade respiratória inadequada (< 10 cc/kg).
- Otimizar a administração de broncodilatadores em pacientes recebendo terapia de higiene brônquica

A atelectasia é a maior causa de falência respiratória hipoxêmica aguda em pacientes doentes críticos. Isso ocorre em razão de uma redução na CRF, resultando em áreas de baixa relação ventilação/perfusão. O EzPAP® oferece uma alternativa efetiva para melhora da saturação de oxigênio e diminuição da frequência respiratória em pacientes com atelectasia lobar ou segmentar.

Incentivadores inspiratórios

Também conhecido como espirômetro de incentivo (EI), esse equipamento tem como objetivo estimular o paciente a partir de um *feedback* visual, manter uma inspiração profunda em uma única tentativa para alcançar a capacidade pulmonar total (CPT). Essa técnica é uma das mais utilizadas no pós-operatório de cirurgias abdominais, cardíacas e torácicas.

Há dois tipos de incentivadores: fluxo-dependentes e volume-dependentes. Estudos demonstram que o incentivador a volume é superior ao a fluxo. Porém, na prática, o EI a fluxo é mais utilizado por ser mais econômico, facilitando sua adesão após a alta hospitalar.

Os benefícios relacionados a essa técnica ainda são controversos. No entanto, sabe-se que o sucesso da terapia depende do estado do paciente. Mesmo quando este se encontra colaborativo e motivado, situações como fraqueza muscular, dispneia e dor comprometem a capacidade de realizar o espirômetro de incentivo. A seguir é descrito como utilizar os incentivadores.

Incentivador a fluxo:

- Orientar o paciente a manter o aparelho paralelo ao chão.
- Expirar até o VRF.
- Colocar a boca ao redor do bocal, evitando escape de ar.
- Inspirar e solicitar ao paciente que suspenda e mantenha a esfera no topo da coluna por aproximadamente 3 segundos.
- Realizar a expiração normalmente com os lábios desconectados do bocal.
- Inspirar novamente.

Incentivador a volume:

- Orientar o paciente a manter o aparelho paralelo ao chão.
- Expirar até o VRF.
- Colocar a boca ao redor do bocal, evitando escape de ar.
- Realizar uma inspiração lenta.

- Solicitar ao paciente que suspenda o êmbolo até o nível volumétrico indicado pelo marcador.
- Manter o êmbolo no melhor valor da escala.
- Realizar a expiração normalmente com os lábios desconectados do bocal.
- Inspirar novamente.

Atualmente, não há na literatura um consenso sobre um protocolo de treinamento de incentivadores inspiratórios. É importante avaliar o estado do paciente e usar o incentivador como parte do tratamento fisioterapêutico.

Expiração com pressão positiva

A expiração com pressão positiva (EPAP) tem como objetivo ofertar PEEP em respiração espontânea. Essa técnica mecânica consiste em uma máscara facial conectada a um tubo-T, tendo uma válvula que separa a fase inspiratória da expiratória.

O que determinará a variação da pressão positiva será o diâmetro da válvula, que influenciará na resistência do ar expirado e, consequentemente, na capacidade residual funcional que impedirá o colabamento alveolar, melhorará a troca gasosa e auxiliará na eliminação da secreção.

Os benefícios obtidos pela técnica serão a melhora da complacência pulmonar, a diminuição das áreas de *shunt* intrapulmonar, o aumento da capacidade residual funcional, a melhora da dispneia e a promoção do recrutamento alveolar.

Segundo o Consenso Brasileiro de Ventilação Mecânica, o uso de pressão expiratória de 10 cmH$_2$O traz benefícios respiratórios/hemodinâmicos para pacientes com edema agudo de pulmão de origem cardíaca

Além disso, estudos demonstram que o EPAP + PS pode ser útil no pós-operatório de cirurgia de revascularização do miocárdio por causa da melhora da função pulmonar e da troca gasosa, porém há necessidade de novos trabalhos.

Respiração com pressão positiva intermitente

A respiração com pressão positiva intermitente (RPPI) é um método de suporte ventilatório passivo muito efetivo na pós-extubação e tem como objetivo reduzir o trabalho respiratório, prevenir a fadiga muscular respiratória e aumentar a capacidade residual funcional, prevenindo a formação de áreas de atelectasia e melhorando a troca gasosa.

Por ser um tipo de ventilação não invasiva, esse recurso é indicado no pós-operatório de cirurgias cardíacas, pois nesses casos a ventilação pulmonar encontra-se comprometida, com respiração superficial e de pequena amplitude em razão da dor presente.

A aplicação desse método nas primeiras horas do pós-operatório permite restabelecer os volumes e capacidades pulmonares que se apresentam frequentemente alteradas. Além disso, previne que o paciente retroceda no processo de desmame ventilatório.

Pacientes submetidos à cirurgia de revascularização do miocárdio são beneficiados pela RPPI na melhora do volume corrente e em quadros de hipoxemia quando comparados com os tratados com técnicas como a pressão positiva contínua nas vias aéreas (CPAP) e o incentivador respiratório, respectivamente.

Para realizar essa técnica, o paciente é posicionado sentado. Acopla-se uma máscara facial ou bucal para evitar perda de ar. O paciente é orientado a inspirar de forma que o fluxo de ar sob pressão seja liberado durante toda a fase inspiratória, com pausa na fase expiratória.

Estimulação diafragmática elétrica transcutânea

A estimulação diafragmática elétrica transcutânea (EDET) é um método no qual há o recrutamento de fibras diafragmáticas inativas a partir da contração muscular por meio de uma corrente elétrica, tendo como resultado a ativação e/ou aumento da força diafragmática, favorecendo a inspiração pulmonar.

O estímulo elétrico pode ser aplicado externamente, no ponto motor do nervo frênico que se localiza na base do pescoço, anterior ao músculo escaleno, ou por meio de um procedimento cirúrgico com o implante de um microestimulador denominado marca-passo frênico.

O aparelho de eletroestimulação deve permitir que a corrente elétrica seja modificada a partir da escolha dos parâmetros de frequência, intensidade, tempo de subida, tempo de sustentação da contração e tempo de descida, para que o recurso fisioterapêutico se adapte aos diferentes tipos de pacientes com suas particularidades.

O protocolo de utilização da EDET proposto por Geddes et al. (1998), que serve como referência até os dias de hoje, consiste em:

- Tempo de subida igual a 1 segundo.

- Tempo de sustentação da contração igual a 1 segundo.
- Tempo de relaxamento igual a 2 segundos.
- Frequência da corrente em torno de 25-30 Hz.
- Pulso da corrente entre 0,1 e 10 ms.
- Intensidade mínima para obter contração.
- Tempo de estimulação de 20 minutos.
- A eletromiografia seria o método mais indicado para avaliar o procedimento.

Vale ressaltar que a EDET é uma técnica pouca difundida, o que consequentemente reduz sua utilização no tratamento das disfunções diafragmáticas. Novos estudos sobre ela são, portanto, de extrema importância.

Manobras de higiene brônquica

São denominadas manobras clássicas de higiene brônquica o uso associado de três técnicas: drenagem postural, tapotagem e vibrocompressão. A seguir, será descrita cada uma delas.

Drenagem postural

Esse método tem como objetivo facilitar o deslocamento da secreção para a região central da árvore brônquica por meio do posicionamento do paciente a favor da gravidade. A eliminação da secreção poderá ser realizada pela tosse efetiva ou pela aspiração.

As posturas adotadas pelo paciente serão determinadas pelo segmento pulmonar a ser tratado. Há doze posições, sendo necessárias nove para drenar todas as áreas pulmonares.

O tempo indicado para cada posição é de 3 a 15 minutos, com uma frequência de três a quatro vezes por dia, sendo necessária uma avaliação da resposta à terapia.

Essa técnica pode ser associada a outras manobras de higiene, como a percussão, a vibração e a tosse.

Segundo o *guideline* da AARC, s indica-se a drenagem postural para:

- Prevenir ou tratar pacientes com dificuldade para eliminar secreções.
- Dificuldade para eliminar secreções, com expectoração de escarro superior a 25-30 mL/dia (adulto).
- Prevenir e tratar acúmulo de secreção na presença de via aérea artificial.

- Prevenir ou tratar atelectasia causada por tamponamento mucoso.
- Doenças como fibrose cística, bronquiectasia ou pneumonia com cavitação.
- Presença de corpo estranho nas vias aéreas.

De acordo com a AARC (1991), há contraindicações absolutas e relativas, sendo:

- Absolutas:
  - Lesões de cabeça e pescoço não estabilizadas.
  - Presença de hemorragia com instabilidade hemodinâmica.
- Relativas:
  - Pressão intracraniana > 20 mmHg.
  - Cirurgia medular recente ou lesão medular aguda.
  - Hemoptise ativa.
  - Empiema pleural.
  - Fístula broncopleural.
  - Edema pulmonar associado a insuficiência cardíaca congestiva.
  - Pacientes idosos, confusos ou ansiosos que não toleram alterações de posição.
  - Embolia pulmonar.
  - Fratura de costela com ou sem tórax móvel.
  - Derrames pleurais volumosos.

Há algumas contraindicações específicas para a posição de Trendelemburg. São elas:

- Hipertensão não controlada.
- Cirurgia esofágica.
- Abdome distendido.
- Pacientes restritos ao aumento de pressão intracraniana (neurocirurgia, aneurismas, cirurgia oftalmológica).
- Risco de aspiração (dieta por via enteral ou refeição recente).

Os efeitos da drenagem postural na função pulmonar e na troca gasosa ainda não são claros; entretanto, ela atua na melhora do volume do pulmão e na relação ventilação/perfusão.

Tapotagem

Também conhecida como "percussão", essa técnica tem como objetivo gerar energia cinética na parede torácica e no pulmão por meio de uma percussão intermitente.

Os efeitos fisiológicos ainda não estão claros; entretanto, supõe-se que essa ação mecânica promova a liberação do muco aderido à parede das vias aéreas e desloque a secreção da região distal para a central, auxiliando a expectoração por meio da tosse.

As mãos do fisioterapeuta devem estar em formato de concha, sendo realizado um movimento em grande mobilidade articular de flexoextensão de punho, pouca amplitude de movimento de cotovelo e mínimo movimento de ombro ritmicamente e em sequência, em uma frequência de 3-6 Hz na região pulmonar afetada, frequentemente identificada pela ausculta pulmonar.

A tapotagem pode ser realizada durante todo ciclo respiratório do paciente, sendo comumente associada à técnica de drenagem postural para facilitar o deslocamento da secreção.

Segundo a AARC (1991), a técnica de tapotagem é indicada quando há presença de secreção com volume e consistência que necessite de outras técnicas para auxiliar a drenagem postural já empregada.

As contraindicações relativas também propostas pela AARC (1991) são:

- Enfisema subcutâneo.
- Infusão epidural recente ou anestesia espinhal.
- Presença de enxertos ou retalhos cutâneos recentes na região do tórax.
- Colocação recente de marca-passo transvenoso.
- Presença de queimaduras, feridas abertas e infecções de pele na região torácica.
- Suspeita de tuberculose pulmonar.
- Contusão pulmonar.
- Broncoespasmo.
- Osteomielite de costelas.
- Osteoporose.
- Coagulopatia.
- Queixa de dor torácica.

Vibrocompressão

A vibrocompressão ou vibração realiza oscilações na parede torácica por meio de vibração manual associada à compressão torácica durante a expiração.

Os componentes dessa técnica (oscilação e compressão) interferem:

- No aumento no pico de fluxo expiratório.

- Na relação do pico de fluxo expiratório (10% superior) e do pico de fluxo inspiratório.
- Na diminuição da viscosidade do muco obtida pela técnica de oscilação entre 3 e 17 Hz.
- Na tosse espontânea.

Além disso, McCarren concluiu, em seu estudo, que a alteração intrapleural pode ocorrer pela combinação dos efeitos da complacência pulmonar com a oscilação e a compressão da técnica. O resultado disso proporciona o deslocamento das secreções pulmonares já soltas por meio dos brônquios de maior calibre para a traqueia e, assim, para fora do sistema respiratório.

Para a realização da manobra, uma ou duas mãos do fisioterapeuta devem estar espalmadas sobre a região torácica do paciente a ser tratada, realizando uma vibração manual associada a uma depressão do gradil costal durante a expiração.

A vibração manual é alcançada pela contração isométrica de toda a musculatura dos membros superiores do fisioterapeuta. Já a depressão do gradil costal é obtida pela contração isotônica da mesma musculatura. A associação desses dois tipos de contração muscular gera uma vibração vigorosa ideal para auxiliar a eliminação da secreção.

Dentre os decúbitos, o lateral é o mais indicado para a técnica, uma vez que o fisioterapeuta consegue envolver suas mãos em todo hemitórax a ser tratado por estar posicionado contralateralmente à maca.

As indicações e contraindicações relativas à prática da vibração são as mesmas que para a técnica da tapotagem.

Expiração lenta total com a glote aberta em decúbito infralateral (ELTGOL)

A ELTGOL é uma técnica em que o paciente encontra-se em decúbito lateral, posicionando o hemitórax a ser desobstruído em contato com o leito.

É considerada uma manobra ativa, uma vez que o paciente, com a glote aberta, realiza uma expiração lenta a partir da capacidade residual funcional até o volume residual.

O resultado do procedimento é a mobilização da secreção a partir do deslocamento do ar nas diferentes gerações brônquicas.

Segundo o Consenso de Lyon (1994), a ELTGOL é contraindicada em pacientes com descompensação cardiorrespiratória e na retenção de secreção por lesão cavitária.

Drenagem autogênica

A drenagem autogênica tem como objetivo deslocar secreções das regiões distais para as proximais em três fases respiratórias. Sua particularidade é possibilitar ao paciente a execução da técnica sozinho após treinamento adequado.

A inspiração e a expiração são realizadas de forma lenta, ativa e controlada pelo paciente. A técnica deve ser iniciada a partir do volume de reserva expiratório até o volume de reserva inspiratório.

As fases da drenagem autogênica são denominadas deslocar, recolher e expulsar. Para executá-las, o paciente deve estar sentado ou semissentado.

Na primeira fase, deslocar, as respirações são de volume pulmonar baixo, o que permite a mobilização da secreção periférica. A segunda fase consiste em recolher o muco das vias aéreas mediais obtido por respirações a volume corrente. Na última fase, realiza-se respirações com volumes pulmonares altos com o objetivo de expulsar o muco das vias aéreas centrais.

Ao final, para eliminar secreções encontradas na traqueia, solicita-se ao paciente que realize um *huff* com volume pulmonar alto.

Para a execução da técnica, o paciente precisa estar consciente e colaborativo e ter boa concentração e compreensão. Recomendam-se 10 a 20 horas com sessões de 30 a 45 minutos para o aprendizado da técnica.

Essa técnica produziu maior quantidade de secreção expectorada quando comparada a outras técnicas de higiene brônquica. Entretanto, por ser uma técnica de difícil aprendizagem, ela é pouco utilizada.

Não há contraindicação para essa técnica.

Aceleração do fluxo expiratório

A aceleração do fluxo expiratório (AFE) é uma técnica de desobstrução brônquica não convencional, frequentemente aplicada em crianças, tendo como objetivo mobilizar, deslocar e eliminar as secreções traqueobrônquicas.

O efeito fisiológico ainda não está definido, porém prevê-se a partir do mecanismo ventilatório o aumento do fluxo aéreo, e abertura e fechamento dos bronquíolos, causando vibração e fechamento das vias aéreas periféricas, realizando uma varredura capaz de mobilizar a secreção.

A técnica é definida como aumento ativo, ativo-assistido ou passivo do volume expiratório, em velocidade ou quantidade.

Em sua execução, o fisioterapeuta faz uma pressão bimanual, sendo uma comprimindo levemente a parede anterolateral do tórax do paciente durante a fase expiratória e a outra exercendo apoio estático no abdome.

A ausculta pulmonar é importante para observar os ruídos adventícios e sua melhora para comprovar a eficiência da técnica. Suspende-se a AFE quando há ausência de roncos.

Oscilação oral de alta frequência

A oscilação oral de alta frequência é um recurso fisioterapêutico realizado por equipamentos específicos que produzem fluxos expiratórios à pressão expiratória positiva, tendo como objetivo promover a higiene brônquica. Estudos demonstram que esse tipo de recurso é mais eficaz que a drenagem postural.

Um grande diferencial dessa técnica em relação às demais é oferecer um bom grau de independência ao paciente.

O Flutter VRP1® e o seu similar nacional, o Shaker®, são os aparelhos específicos que geram a oscilação oral de alta frequência. O formato externo possui a forma de um cachimbo, enquanto seu interior é composto por um cone contendo uma esfera metálica. Quando o indivíduo solta o ar pelo bocal do aparelho, o fluxo de ar exalado eleva a esfera, que volta à posição inicial por ação do seu próprio peso.

Na prática, o paciente é orientado a realizar inspiração nasal lenta e profunda seguida de expiração oral prolongada. Recomenda-se que o indivíduo esteja sentado de forma confortável.

Em relação ao posicionamento do aparelho e suas inclinações, Fitipaldi (2006) analisou angulações entre +40° e –40° e verificou que a maior frequência de oscilação e a menor pressão foram alcançadas com angulações positivas entre 30° e 40°; vale ressaltar que experimento foi *in vivo*.

A limpeza das vias aéreas ocorre pelos movimentos vibratórios rápidos de pequenos volumes de ar. A frequência das oscilações varia de 12 a 25 Hz.

As oscilações, nessas frequências, promovem a eliminação da secreção pela função de "mucolítico" físico, que significa a redução da viscoelasticidade e impedância mecânica do muco.

Em seu estudo, Moreira et al. (2009) concluíram que a oscilação oral de alta frequência interfere na pressão arterial, na frequência respiratória e na saturação periférica de oxigênio, mas altera o comportamento da frequência cardíaca.

Acapella®

O Acapella® (DHD Healthcare, Wampsville, New York) também é um aparelho que gera oscilação oral de alta frequência e pressão expiratória positiva. A diferença entre o Acapella® e o Flutter VRP1® é que o primeiro usa a força magnética, e o segundo, a força da gravidade.

O mecanismo funciona por meio do ar exalado que passa por um cone, o qual é intermitentemente isolado por um pino acoplado à alavanca, produzindo oscilações no fluxo aéreo. Uma maçaneta localizada no final do mecanismo ajusta a proximidade do imã e do pino de contrapeso, ajustando, com isso, a frequência, a amplitude e a pressão média.

O Acapella® está disponível em dois modelos:

- Dispositivo verde para pacientes que sustentam, no mínimo, 3 segundos de fluxo expiratório ≥ 15 L/min.
- Dispositivo azul para pacientes com fluxo expiratório ≤ 15 L/min.

Para a realização do exercício, o paciente deve ser orientado a inspirar de forma lenta e profunda, com volumes pulmonares entre a capacidade residual funcional e a capacidade pulmonar total. A expiração deve sempre alcançar a CRF sem contração ativa da musculatura abdominal.

Deve ser empregada a respiração diafragmática, podendo associar as pausas inspiratórias de 2 a 3 segundos. É de acordo com a doença de base e a produção de secreção que é estipulado o uso do aparelho.

Recomenda-se de dez a vinte sequências de inspiração e expiração seguidas de três a quatro séries de *huffing* e tosse.

Ventilação intrapulmonar percussiva

A ventilação intrapulmonar percussiva (IPV) é obtida por meio de um equipamento que contém um dispositivo pneumático. É considerado um tipo de ventilação de alta frequência que produz pequenos jatos de gás pressurizado em frequência de 200 a 300 ciclos por minuto e solução aerossol que é inalada pelo paciente com o uso de um bocal.

O objetivo dessa técnica é promover a higiene brônquica de forma independente ao paciente, conseguida pelo mecanismo do aparelho.

O sistema funciona de forma que oscilações intrabrônquicas sejam obtidas através de um bocal. Cada ciclo é controlado de forma manual, mantendo uma pressão positiva constante nas vias aéreas. O nebulizador pneumático libera aerossol com ou sem medicação.

Seu mecanismo fisiológico ainda é desconhecido, mas supõe-se que a maior depuração de secreção ocorre pela broncodilatação que acontece com distensão das vias aéreas com aumento da pressão no local e a oferta de uma solução com broncodilatador. Entretanto, não há estudos suficientes que comprovem sua eficácia.

Não há contraindicações específicas para a técnica; entretanto, por se tratar de uma técnica de percussão interna através de pressão positiva a altas frequências, sugere-se que o IPV não seja usado em caso de hemoptise, bolha pulmonar, lesões cavitárias, quadros hemodinâmicos instáveis, fístulas broncopleurais, hemorragia digestiva alta e pós-operatório de cirurgias pulmonares, gástricas ou esofágicas (em virtude da aerofagia).

Percussores e vibradores mecânicos

Os equipamentos mecânicos têm como objetivo auxiliar o profissional e possibilitar que o próprio paciente aplique o dispositivo. Além disso, a vantagem dos dispositivos mecânicos em relação à técnica manual é que eles utilizam frequência e força de impacto constante.

Igualmente às técnicas manuais, os percussores e os vibradores mecânicos visam promover a higiene brônquica.

O mecanismo do percussor mecânico é o mesmo do da técnica manual, que se dá pela transmissão de onda de energia. Entretanto, não há estudos suficientes que respondam questões como: a) qual dos percussores é mais eficaz? O manual ou o mecânico? b) Qual a frequência ideal para deslocar a maior quantidade de muco?

Já os vibradores mecânicos possuem a vantagem de alcançar frequências mais altas (acima de 40 Hz) em relação às vibrações manuais.

Em seu estudo, Cantin (2006) testou e comparou o aparelho Frequencer®, que é um transdutor elétrico-acústico com técnicas convencionais de higiene brônquica, e concluiu que, no mínimo, o aparelho é tão eficaz quanto as técnicas convencionais para deslocamento e fluidificação do muco. Além disso, relatou a vantagem desse aparelho em relação ao Vest®, vibrador mecânico composto por um colete que infla e desinfla, pois não pressiona a parede torácica e é indicado para crianças.

Tosse

A tosse é uma defesa da árvore traqueobrônquica. Sua ação tem o objetivo de remover substâncias estranhas inaladas e nocivas à saúde. Além disso, é a técnica mais eficaz para desobstrução brônquica, constituindo o término da eliminação da secreção, sendo capaz de drenar as primeiras seis gerações brônquicas, independentemente do recurso fisioterapêutico utilizado.

A tosse pode ser espontânea, provocada ou voluntária, sendo esta última indicada quando a tosse espontânea é ineficaz.

O volume expectorado está diretamente relacionado com a duração da tosse e o número de repetições.

Quando se quer alcançar a região periférica, a tosse deve ser executada em baixo volume; entretanto, não é indicada no caso de insuficiência ventilatória obstrutiva.

As contraindicações para a tosse como recurso de higiene brônquica são:

- Contusões torácicas (pneumotórax não drenado, fratura de costelas).
- Traumatismos intracranianos.
- Ressecção ou sutura da traqueia.
- Cirurgias de estenose pós-entubação.
- Hérnia abdominal e de hiato graves.

Aspiração

Quando não houver eficiência de nenhum dos estímulos de tosse e o paciente apresentar uma quantidade de secreção grande o suficiente que impeça a expectoração, é indicada a aspiração traqueal.

Essa técnica invasiva requer cuidados específicos, como rigor asséptico, habilidade e destreza do fisioterapeuta.

O paciente deve estar recostado, com o leito elevado e com a coluna cervical em extensão. A pré-oxigenação do paciente antes do início da técnica é obrigatória.

O fisioterapeuta deve estar com luvas estéreis, máscara, gorro, óculos de proteção e avental.

O procedimento inicia-se com a introdução de uma sonda estéril no nariz, que é conduzida até a traqueia do paciente, para aspirar as secreções. O calibre da sonda varia de paciente para paciente. A sonda deve estar conectada a um sistema de vácuo e deve ser lubrificada com gel de lidocaína para ajudar sua introdução.

O paciente deve ser monitorado, pelo menos, por um oxímetro de pulso. A sonda não pode ficar por mais de 15 minutos na traqueia do paciente.

Essa técnica deve ser eleita como último recurso, uma vez que riscos de trauma de vias aéreas, sangramentos, edemas de glote, arritmias, dessaturação e vômitos podem acontecer.

A atuação da fisioterapia respiratória no pós-operatório de cirurgia cardíaca tem como objetivo principal manter a ventilação espontânea no paciente e, com isso, evitar que ele volte à ventilação mecânica (Arcênio, 2008).

As principais complicações respiratórias mais frequentes no pós-operatório são atelectasias (65%) e pneumonia (3%). Com isso, o fisioterapeuta encontra uma ampla variedade de técnicas para prevenir e reverter essas complicações, como foi descrito anteriormente (Arcênio, 2008).

Limitações e cuidados da fisioterapia – prescrição de exercícios

Limitações como a esternotomia mediana, usada na maioria das cirurgias cardíacas, interfere significativamente na mecânica respiratória, pois há redução da capacidade vital forçada (CVF), do volume expiratório forçado no primeiro segundo da CVF (VEF_1) e do fluxo expiratório forçado entre 25 e 75% da CVF ($FEF_{25-75\%}$). Além disso, em virtude da dor oriunda da incisão, há uma descoordenação da expansão torácica (Zocrato, 2008).

Alguns fatores podem ser decisivos para eleger e variar as técnicas fisioterapêuticas no pós-operatório (Kisner, 1998; Zocrato, 2008):

- A esternotomia mediana usada na maioria das cirurgias cardíacas, que é dolorosa ao paciente principalmente quando ele realiza respiração profunda e/ou tosse. A mecânica respiratória é alterada, havendo redução da capacidade vital forçada (CVF), do volume expiratório forçado de primeiro segundo da CVF (VEF_1) e do fluxo expiratório forçado entre 25 e 75% da CVF ($FEF_{25-75\%}$).
- Restrição à mudança de decúbito, pois, para promover o relaxamento e aliviar a dor no pós-operatório, utiliza-se a posição semi-Fowler (cabeça da cama elevada 30° e quadris e joelhos levemente fletidos), que reduz a tração na incisão torácica, mas não permite a realização da técnica de drenagem postural.
- O uso de drenos dificulta a mobilização do paciente, pois deve-se evitar dobrar, torcer ou tracionar os tubos durante o tratamento pós-operatório.

Após a alta hospitalar, em razão das complicações do pós-operatório, o paciente encontra-se com descondicionamento físico, atrofia e fraqueza muscular e menor capacidade aeróbica máxima. É recomendado, segundo a Sociedade Brasileira de Cardiologia, que o paciente inicie um programa de reabilitação cardiovascular, sendo o início do processo ainda na fase de internação (Carvalho, 2005; Titolo, 2005).

Define-se reabilitação cardiovascular (RC) como um conjunto de atividades importantes para o paciente cardíaco que proporcionará as melhores condições sociais, mentais e físicas possíveis para que alcancem novamente sua autonomia (Mair, 2008).

As vantagens desse programa são (Mair, 2008):

- Melhora na capacidade funcional.
- Redução de fatores de risco.
- Redução dos sintomas.
- Melhora na qualidade de vida.
- Detecção precoce de sinais e sintomas que antecedem várias complicações.

A reabilitação cardíaca é dividida, classicamente, em três fases: a fase hospitalar, a fase ambulatorial e a fase de manutenção. A reabilitação na fase hospitalar é iniciada desde o momento em que o paciente se internou (se possível) até a sua alta hospitalar. Essa fase é baseada em um gasto energético metabólico determinado por MET (equivalente metabólico) que pode ser definido como o consumo de oxigênio em repouso (3,5 mL/kg/min). Para a prescrição e a realização de exercícios em pacientes no pós-operatório de cirurgias cardíacas, deve-se limitar o gasto metabólico desse paciente, limitando, portanto, o exercício ao gasto em METs, ou seja, deve-se calcular quanto o atendimento fisioterápico irá consumir para que não sobrecarregue a função cardíaca.

Existem vários protocolos que tentam direcionar o atendimento desse paciente desde a sua internação na UCO até na enfermaria. A maioria recomenda a mobilização precoce (que será abordada em outro capítulo) 24 horas após o evento cardíaco sem complicação e restringe a atividade metabólica desse paciente na UCO em 2 METs. O atendimento é feito de duas a quatro vezes ao dia, sendo que se deve usar uma progressão dos exercícios ao longo dos dias. Inicia-se com exercícios passivos em decúbito dorsal com evolução diária até as posições sentada ao leito e ortostática. A maioria dos protocolos permite sentar o paciente no leito entre o segundo ou o terceiro dia e ficar em posição ortostática e até deambular trechos pequenos a partir do quarto ou do quinto dia; além disso, progride-se de exercícios passivos para os ativos livres, e das articulações distais para as proximais.

Como à beira do leito é muito difícil quantificar exatamente quantos METs estão sendo gastos e também alguns hospitais não possuem seus protocolos de atendimentos, é possível usar alguns recursos para que se façam os exercícios com certa segurança; um modo é limitar a frequência cardíaca (FC) ao longo da terapia. O paciente não deve ultrapassar vinte batimentos cardíacos da frequência cardíaca inicial aos exercícios, sendo que a frequência cardíaca máxima não deve ultrapassar 120 bpm.

Outro modo simples de prescrição de exercícios sem a utilização direta dos METs é usar a escala de percepção de esforço de Borg durante a terapia, limitando-a em 9-10 (na escala de 6 a 20).

O paciente deve ser orientado a dar continuidade à reabilitação cardíaca, sendo que, com a alta hospitalar, ele passará por uma nova fase da reabilitação, que durará até 2 a 3 meses após o evento. A segunda fase tem como objetivo acelerar o retorno do paciente às suas atividade de vida diária e laboral, com boa condição física e emocional. O programa de exercícios deve ser elaborado de forma individual (parâmetros como intensidade, duração, frequência, modalidade de treinamento e progressão). É importante que parâmetros vitais, como frequência cardíaca e pressão arterial, além da escala de percepção do nível de esforço de Borg, sejam controlados durante os exercícios. Após o terceiro mês, a fase é considerada de recuperação e manutenção, com duração entre 6 e 24 meses. Tem o objetivo de evitar a evolução da doença e novos episódios de doença cardiovascular.

Em seu estudo, Guimarães et al. (2004) recomendam caminhada em solo plano por 40 a 60 minutos em velocidade de 80 a 100 m/min, de quatro a cinco vezes por semana. Deve-se realizar reavaliação após 6 meses da alta hospitalar para pacientes hemodinamicamente estáveis com teste ergoespirométrico e, em seguida, iniciar um programa de condicionamento físico regular.

Vale lembrar que a prescrição de um programa de reabilitação cardíaca deve se basear em uma avaliação física e testes objetivos, como o teste incremental de membros superiores, o teste de esforço (ergonomia e ergoespirometria), o teste de caminhada com carga progressiva e o teste de caminhada de 6 minutos (Gardenghi, 2007).

BIBLIOGRAFIA RECOMENDADA

1. American Association for Respiratory Care. Clinical practice guideline: postural drainage therapy. Respir Care. 1991;36(12):1418-26.

2. American Thoracic Society 1999. Dyspnea. Mechanisms, assessment and management: a consensus statement. Am J Respir Crit Care Med. 1999;159:340-51.

3. Antunes LCO, Silva EG, Bocardo P, Daher DR, Faggiotto RD, Rugolo LMSS. Efeitos da fisioterapia respiratória convencional versus aumento do fluxo expiratório na saturação de O_2, frequência cardíaca e frequência respiratória, em prematuros no período pós-extubação. Rev Bras Fisioter. 2006;10(1):97-103.

4. Arcênio L, Souza MD, Bortolini BS, Fernandes ACM, Rodrigues AJ, Evora PRB. Pre-and postoperative care in cardiothoracic surgery: a physiotherapeutic approach. Rev Bras Cir Cardiovasc. 2008;23(3):400-10.

5. Bellone A et al. Chest physical therapy in patients with acute exacerbation of chronic bronchitis: effectiveness of three methods. Arch Phys Med Rehabil. 2000;81(5):558-60.

6. Bellone A, Lascioli R, Raschi S, Guzzi L, Adone R. Chest physical therapy in patients with acute exacerbation of chronic bronchitis: effctiveness of three methods. Arch Phys Med Rehabil. 2000;81:558-60.

7. Cancelliero KM, Costa D, Silva CA. Estimulação diafragmática elétrica transcutânea melhora as condições metabólicas dos músculos respiratórios de ratos. Rev Bras Fisioter. 2006;10(1):59-65.

8. Cantin A, Bacon M, Berthiareme Y. Mechanical airway clearance using the Frequencer electro-acoustical transducer in cystic fibrosis. Clin Invest Med. 2006;29(3):159-65.

9. Carvalho T, et al. Reabilitação cardiopulmonar e metabólica: aspectos práticos e responsabilidades. Rev Bras Med Esporte. 2005;11(6):313-8.

10. Christensen EF, Nedergaard T, Dahl R. Long-term treatment of chronic bronchitis with positive expiratory pressure mask and chest physiotherapy. Chest. 1990;97(3):645-50.

11. Consenso de Lyon. I Conferência de consenso em fisioterapia respiratória: Editora;1994-2000.

12. Costa RP. Cinesioterapia respiratória. In: Gava MV, Picanço PSA. Fisioterapia pneumológica. 1ª ed. Barueri, SP: Manole; 2007. p.47-63.

13. Cuello AF, Mascintonio L, Mendonza SM. Estimulación diafragmática elétrica transcutanea. Medicina Intensiva. 1991;8(4):194-202.

14. Cuello GA, Ferrarotti ML, Villa H. Técnicas para incrementar la función muscular respiratória. Kinesiologia Científica. 1986;1:21-9.

15. Cunha CS, Toledo RV. Atuação da fisioterapia na reversão das atelectasias: um relato de caso na unidade de terapia intensiva. Cadernos UniFOA. 2007; 2(4):81-7.

16. Delplanque D, Antonello M. Técnicas de modulação do fluxo expiratório na desobstrução brônquica. In: Nakagawa NK, Barnabé V. Fisioterapia do sistema respiratório. São Paulo: Sarvier; 2006. p.331-41.

17. Dias CM, Placido TR, Ferreira MFB, Guimarães FS, Menezes SLS. Inspirometria de incentivo e breath stacking: repercussões sobre a capacidade inspiratória em indivíduos submetidos á cirurgia abdominal. Rev Bras Fisioter. 2008;12(2):94-9.

18. Fitipaldi RMSB, Azeredo CAC. Utilização do aparelho de oscilação oral de alta frequência com ventilador mecânico. Rev Bras Ter Intensiva. 2006;18(1):34-7.

19. Gardenghi G, Dias FD. Reabilitação cardiovascular em pacientes cardiopatas. Ver. Integração. 2007; 13(51):387-92.

20. Gava MV. Manobras de higiene brônquica In: Gava MV, Picanço PSA. Fisioterapia pneumológica. 1ª ed. Barueri, SP: Manole; 2007. p.64-89.

21. Geddes LA. Electroventilation – A missed opportunity? Biomedical Instrumantation. West Lafayette. 1998;32:401-14.

22. Guimarães GV, D'Avila VM, Chizzola PR, Bacal F, Stoef N, Bocchi EA. Reabilitação física no transplante de coração. Rev Bras Med Esporte. 2004;10(5):408-11.

23. Gust R, Gottschalk A, Schmidt H, Bottiger BW, Bohrer H, Martin E. Effects of continuous (CPAP) and bi-level positive airway pressure (BiPAP) on extravascular lung water after extubation of the trachea in patients following coronary artery bypass grafting. Intensive Care Med. 1996;22(12):1345-50.

24. Hardy KA. A review of airway clearance: new techniques, indications, and recommedations. Respir Care. 1994;39(5):440-52.

25. Kisner C, Colby LA. Exercícios terapêuticos – fundamentos e técnicas. São Paulo: Manole; 1998.

26. Kunikoshita LN. Efeito de três programas de fisioterapia respiratória em pacientes portadores de DPOC. Tese (Mestrado). São Carlos: Universidade Federal de São Carlos; 2006.

27. Lamari NM, Martins ALQ, Oliveira JV, Marino LC, Valério N. Bronquectasia e fisioterapia desobstrutiva: ênfase em drenagem postural e percussão. Braz J Cardiovasc Surg. 2006;21(2):206-10.

28. Liebano RE, Hassen AMS, Racy HHMJ, Corrêa JB. Principais manobras cinesioterapêuticas manuais utilizadas na fisioterapia respiratória: descrição das técnicas. Rev Cienc Med Campinas. 2009;18(1):35-45.

29. Kondo CS. Recursos mecânicos. In: Nakagawa NK, Barnabé V. Fisioterapia do sistema respiratório. 1ª ed. São Paulo: Sarvier; 2006. p.316-27.

30. Machado MGR. Padrões respiratórios. In: Machado MGR. Bases da fisioterapia respiratória – terapia intensiva e reabilitação. Rio de Janeiro: Guanabara Koogan; 2008. p.10-19.

31. Mair V, Yoshimori DY, Cipriano G, Castro SS, Avino R, Buffolo E, Branco JNR. Perfil da fisioterapia na reabilitação cardiovascular no Brasil. Fisioter Pesq. 2008;15(4):333-8.

32. Matte P, Jacquet L, Van Dyck M, Goenen M. Effects of conventional physiotherapy, continuous positive airway pressure and non-invasive ventilatory support with bilevel positive airway pressure after coronary artery bypass grafting. Acta Anaesthesiol Scand. 2000; 44(1):75-81.

33. McCarren B, Alison J, Herbet RD. Manual vibration increases expiratory flow rate via increased intrapleural pressure in healthy adults: an experimental study. Australian Journal of Physiotherapy. 2006; 52:267-71.

34. McCarren B, Alison J. Physiological effects of vibration in subjects with cystic fibrosis. Eur Respir J. 2006; 27:1204-09.

35. Moreira GL, Ramos EMC, Vanderlei LCM, Ramos D, Manzano BM, Fosco L. Efeito da técnica de oscilação oral de alta frequência aplicada em diferentes pressões expiratórias sobre a função autonômica do coração e os parâmetros cardiorrespiratórios. Fisioter Pesq. 2009; 16(2):113-9.

36. Muller AP, Olandoski M, Macedo R, Costantini C, Guarita-Souza LC. Estudo comparativo entre pressão positiva intermitente (Reanimador de Muller) e contínua no pós-operatório de cirurgia de revascularização do miocárdio. Arq Bras Cardiol. 2006; 86(3):232-9.

37. Natale JE, Pfeifle J, Homnick D. Comparison of intrapulmonary percussive ventilation and chest physiotherapy: a pilot study in patients with cystic fibrosis. Chest. 1994;105(6):1789-93.

38. Oliveira IM, Casaes VPE, Aquino ES, Tavares LAF, Machado MGR. PEEP como recurso fisioterpêutico. In: Machado MGR. Bases da fisioterapia respiratória

– terapia intensiva e reabilitação. Rio de Janeiro: Guanabara Koogan; 2008. p.78-95.

39. Patterson JE, Bradley JM, Hewitt O, Bradbury I, Elborn JS. Airway clearance in bronchiectasis:a randomized crossover trial of active cycle of breathing techniques versus Acapella®. Respiration. 2005;72:239-42.

40. Presto BLV, Presto LDN. Fisioterapia respiratória: uma nova visão. Rio de Janeiro; 2003.

41. Ramos EM, Ramos D. Técnicas de remoção de secreção brônquica – manobra de higiene brônquica. In: Machado MGR. Bases da fisioterapia respiratória – terapia intensiva e reabilitação. Rio de Janeiro: Guanabara Koogan; 2008. p.20-36.

42. Ramos EMC, Vanderlei LCM, Ramos D, Teixeira LM, Pitta F, Veloso M. Influence of pursed-lip breathing on heart rate variability and cardiorespiratory parameters in subjects with chronic obstructive pulmonary disease (COPD). Rev Bras Fisioter. 2009;13(4):288-93.

43. Renault JA, Costa-Val R, Rossetti MB, Neto MH. Comparação entre exercícios de respiração profunda e espirometria de incentivo no pós-operatório de cirurgia de revascularização do miocárdio. Rev Bras Cir Cardiovasc. 2009;24(2):165-172.

44. Romanini W, Muller AP, Carvalho KAT, et al. Os efeitos da pressão positiva intermitente e do incentivador respiratório no pós-operatório de revascularização miocárdica. Arq Bras Cardiol. 2007;89(2):105-10.

45. Schans CP, Jong W, Vries G, et al. Effects of positive expiratory pressure breathing during exercise in patients with COPD. Chest. 1994;105:782-9.

46. Schans CP, Postma DS, Koeter GA, Rubin BK. Physiotherapy and bronchial mucus transport. Eur Respir J. 1999;13(2):1477-86.

47. Schettino GPP, Reis MAS, Galas F, Park M, Franca S, Okamoto V. III Consenso brasileiro de ventilação mecânica – ventilação mecânica não invasiva com pressão positiva. J Bras Pneumol. 2007;33(Supl 2):S92-S105.

48. Sibuya M, Yamada M, Kanamaura K et al. Effects of chest wall vibration on dyspnea in patients with chronic respiratory disease. Am J Respir Crit Care Med. 1994;149:1235-40.

49. Silva EG, Vieira D. Estimulação diafragmática elétrica transcutânea na melhora do metabolismo da musculatura respiratória: revisão. Revista Mineira de Ciências da Saúde. 2009;1(1):69-80.

50. Titoto L, Sansão MS, Marino LHC, Lamari N. Reabilitação de pacientes submetidos à cirurgia de revascularização do miocárdio: atualização da literatura nacional. Arq Cienc Saúde. 2005;12(4):216-9.

51. Ugalde V, Breslin EH, Walsh SA, Bonekat W, Abresch T, Carter GT. Pursed lips breathing improves ventilation in myotonic muscular dystrophy. Arch Phys Med Rehabil. 2000;81:472-8.

52. Vargas F, Dellamonica I. Intrapulmonary percussive ventilation – brief review of clinical and physiological studies. Eur Respir Dis. 2007;2(3):31-33.

53. Volsko TA, DiFiore JM, Chatburn RL. Performance comparison of two oscillating positive expiratory pressure devices: acapella versus flutter. Respir Care. 2003; 48(2):124-30.

54. Wattie J. Incentive Spirometry following coronary artery bypass surgery. Physiotherapy. 1998;84(10):508-14.

55. Weindler J, Kiefer RT. The efficacy of postoperative incentive spirometry is influenced by the device-specific imposed of breathing. Chest. 2001;119:1858-64.

56. Yagi CSA, Akinaga LMY, Piccin VS. Cinesioterapia respiratória. In: Nakagawa NK, Barnabé V. Fisioterapia do sistema respiratório. São Paulo: Sarvier; 2006. p.331-41.

57. Zocrato LBR, Machado MGR. Fisioterapia respiratória no pré e pós-operatório de cirurgia cardíaca In: Machado MGR. Bases da fisioterapia respiratória – terapia intensiva e reabilitação. Rio de Janeiro: Guanabara Koogan; 2008. p.338-6.

30

VENTILAÇÃO MECÂNICA NO PÓS-OPERATÓRIO IMEDIATO EM CIRURGIA CARDÍACA PEDIÁTRICA

PATRÍCIA GOMBAI BARCELLOS

CAROLINA LOPES DA CRUZ

FERNANDA CÓRDOBA LANZA

INTRODUÇÃO

O momento pós-operatório de cirurgia cardíaca necessita de cuidados especiais de toda a equipe de saúde que compõe a unidade de terapia intensiva (UTI). No tocante ao fisioterapeuta, a abordagem precisa ser direcionada ao controle da ventilação pulmonar mecânica (VPM) e aos demais aspectos relacionados, como exames laboratoriais e de imagem. A abordagem globalizada ao paciente deve ser adotada, e os demais sistemas também precisam ser avaliados para identificar a necessidade de intervenção nesse momento ou posteriormente.

Primeiramente, é necessária avaliação completa do paciente, e a partir dos achados observados nesse momento, os objetivos e tratamentos fisioterápicos devem ser adotados. Por se tratar do período imediatamente após procedimento cirúrgico, os objetivos podem ser divididos em curto e médio prazo. Didaticamente, abordam-se neste capítulo os objetivos e tratamentos na fase imediatamente após a cirurgia, o que não significa que demais condutas não precisarão ser realizadas posteriormente.

VENTILAÇÃO PULMONAR MECÂNICA (VPM)

Os cuidados no período pós-operatório requerem uma equipe assistencial altamente especializada, sobretudo no conhecimento das cardiopatias congênitas, no reconhecimento e no tratamento de complicações graves, como a síndrome do baixo débito e a síndrome da resposta inflamatória sistêmica, muito frequente nesses casos em razão do uso de circulação extracorpórea (CEC).

O principal objetivo da ventilação mecânica no pós-operatório é promover a homeostase por meio da adequação das trocas gasosas. Após a cirurgia, sabe-se que há alterações na função pulmonar, como aumento da resistência das vias aéreas e redução da complacência pulmonar geralmente decorrente do tempo de cirurgia e da CEC. Esses efeitos são mais expressivos na população neonatal, quando comparada aos pacientes pediátricos, pois em neonatos a caixa torácica em desenvolvimento e imatura associada à incisão cirúrgica dificulta a mecânica respiratória. As alterações no fluxo sanguíneo pulmonar e a aplicação de hipotermia no intraoperatório também prejudicam a troca gasosa, o que ativa de maneira acentuada o centro respiratório, gerando maior alteração na mecânica respiratória.

A magnitude das alterações de mecânica ventilatória é um dos fatores preditivos de tempo prolongado de VPM. O tempo de CEC também correlaciona-se com o prognóstico de dependência da VPM nesses pacientes. Todos os efeitos indesejados sobre o sistema respiratório devem ser corretamente conduzidos, uma vez que a cirurgia cardíaca para esses pacientes apresenta benefícios bem fundamentados.

As estratégias ventilatórias em pacientes no período pós-operatório devem respeitar as características cardíacas e hemodinâmicas, as quais são variadas nesses pacientes. As mais extremas e que devem ser tratadas com maior cautela são descritas a seguir.

Na síndrome do coração esquerdo hipoplásico, as presenças do hiperfluxo pulmonar e do hipofluxo sistêmico, decorrentes dessa alteração anatômica cardíaca, podem ser afetadas positivamente com volumes pulmonares mais altos (10 a 12 mL/kg). O aumento no volume corrente favorece a compressão dos capilares justa-alveolares, aumentando a resistência vascular pulmonar, e reduz o fluxo sanguíneo pela artéria pulmonar, desviando o fluxo da direita para esquerda, o que melhora o fluxo sistêmico.

Na presença da hipertensão pulmonar (HP), há vasoconstricção pulmonar significativa. Essa situação é agravada pela queda da pressão alveolar de oxigênio (PAO_2), que, na maior parte das vezes, está intimamente relacionada com a pressão arterial de oxigênio (PaO_2). O oxigênio é um potente vasodilatador, e a sensibilidade dos capilares pulmonares a ele indicam que altas frações de oxigênio (FiO_2) favoreçem a perfusão pulmonar. Na presença da HP, a redução da FiO_2 deve ser gradual e a manipulação desses pacientes é seguida de quedas bruscas da SpO_2, resultado de hipoxemia importante. Portanto, deve-se ter cautela e aumentar a oferta de oxigênio para manter um aporte sistêmico adequado todas as vezes em que as manipulações forem necessárias. Quedas frequentes de oxigenação por curtos períodos podem não causar grandes transtornos agudamente, mas pode haver sofrimento e morte de células no sistema nervoso central. Em contrapartida, na HP, os volumes pulmonares devem ser rigorosamente controlados em torno de 8 mL/kg; baixos ou altos volumes pulmonares aumentam a resistência vascular pulmonar, comprometendo ainda mais o quadro.

Os modos ventilatórios utilizados devem ser racionalizados pela experiência da equipe. Em pediatria, modos a pressão, como pressão controlada e ventilação mandatória intermitente associada a pressão de suporte, são os mais frequentemente utilizados. É importante destacar que a sincronia entre o paciente e o aparelho de VPM é um ajuste fundamental no manejo da VPM. Assincronias levam a maior gasto energético, à alteração das trocas gasosas e têm impacto no desempenho hemodinâmico da criança em razão da alteração dos volumes e pressões pulmonares nos momentos de incoordenação do ciclo respiratório da criança e do aparelho de VPM. O disparo do ciclo respiratório a fluxo tem se mostrado como o mais eficaz em pediatria e tem sido o mais amplamente escolhido na prática clínica por reduzir a assincronia paciente-ventilador.

Desde o final da década de 1990, é conhecido o aumento da mortalidade pela inadequação de variáveis na VPM. Volume corrente alto e a não utilização de pressão positiva expiratória final (PEEP), ou valores baixos favorecem a lesão pulmonar induzida pela ventilação mecânica. Além de aumentar a mortalidade pela lesão no parênquima pulmonar, o excesso de volume corrente e de pressão positiva aumenta a pressão intratorácica reduzindo o retorno venoso principalmente pela compressão da veia cava inferior. O comprometimento da pré-carga pode reduzir o volume sistólico e, assim, apresentar as consequências do baixo débito cardíaco.

Em contrapartida ao descrito anteriormente, alguns estudos vêm sendo conduzidos sobre o uso da manobra de recrutamento pulmonar e a aplicação de PEEP durante a cirurgia com o objetivo de manter o pulmão com um volume adequado (Scohy et al, 2009). A manobra de recrutamento pulmonar favorece a abertura das unidades alveolares por aumento na pressão expiratória positiva. Os estudos que descrevem essa manobra devem ser avaliados com cautela, uma vez que o aumento da pressão intratorácica, decorrente da manobra de recrutamento, pode restringir o retorno venoso em cirurgias de anastomose cavopulmonar (Gleen e Fontan). Portanto, mesmo com resultados favoráveis na oxigenação, as complicações hemodinâmicas podem restringir o uso dessa manobra.

Portanto, a manipulação das variáveis da VPM no pós-operatório precisa ser adequadamente estudada antes de ser executada, pois é necessário levar em conta a necessidade de oxigenação dos tecidos, as pressões intra-alveolares e intratorácicas, além das repercussões na bomba cardíaca decorrentes da pressão positiva.

RADIOGRAFIA DE TÓRAX

A radiografia de tórax é um exame simples que pode ser realizado à beira do leito para se obter informações anatômicas. No pós-operatório das cardiopatias, as alterações na radiografia do tórax são decorrentes da CEC e da síndrome da resposta inflamatória sistêmica que resulta em hipotransparência pulmonar difusa. Alterações também podem ser visualizadas na presença de infecção pulmonar.

Os aspectos mais comumente avaliados são o tamanho e o posicionamento das estruturas anatômicas. Os tecidos cutâneo e subcutâneo devem ser os primeiros a serem avaliados ao se olhar a radiografia de tórax. O exame precisa ser avaliado de fora para dentro, ou seja, da extremidade da caixa torácica para o interior – mediastino. Nessa fase, é possível avaliar a presença de edemas e enfisema subcutâneo (Figura 30.1). O enfisema subcutâneo pode ser decorrente de drenos torácicos ou de incisões cirúrgicas. A absorção do enfisema é espontânea na maior parte das vezes.

A paralisia diafragmática é uma das principais complicações pós-operatórias que resultam da manipulação cirúrgica torácica. É importante a avaliação do posicionamento e da altura das cúpulas diafragmáticas na radiografia. Na presença de paralisia diafragmática, há elevação da cúpula do mesmo lado da lesão (Figura 30.2). No pós-operatório, a oxigenação deve ser garantida mesmo na presença de paralisia diafragmática, o que não é raro, pois o paciente encontra-se em VPM. Entretanto, pode haver dificuldade no processo de descontinuação da VPM.

Ao avaliar a caixa torácica na radiografia de tórax, é possível observar a via de acesso cirúrgica e as suturas, no caso de esternotomias, também o posicionamento e alinhamento das estruturas ósseas (Figura 30.3). O alinhamento da esternotomia irá influenciar negativamente as aquisições motoras do pacientes caso não esteja adequado, pois pode prejudicar a estabilidade do esterno.

A avaliação do espaço pleural pode mostrar alterações decorrentes da cirurgia. Para o acesso cirúrgico ao coração e aos vasos, muitas vezes a pleura é abordada, podendo resultar em hemotórax, pneumotórax ou quilotórax (acúmulo de linfa). A imagem de líquido entre as pleuras (hemotórax ou quilotórax) é hipotransparente geralmente nas bases pulmonares por se tratar de líquido. Na fase inicial, pode haver

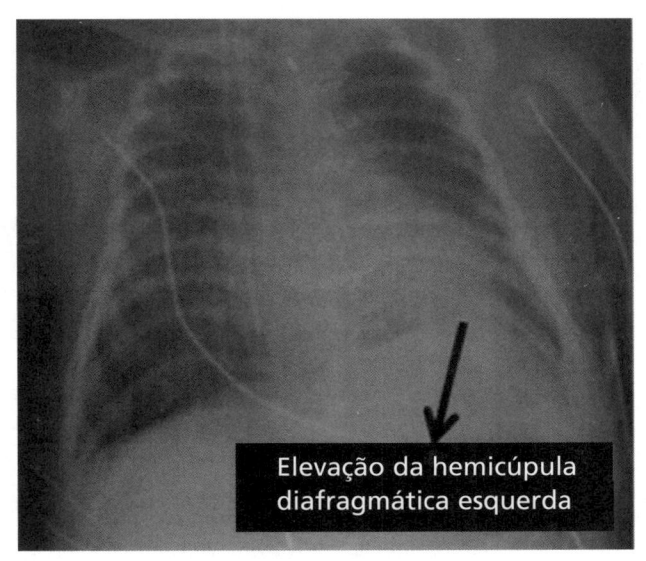

Figura 30.2 Radiografia de tórax ilustrando elevação da hemicúpula diafragmática a esquerda decorrente da paralisia diafragmática.

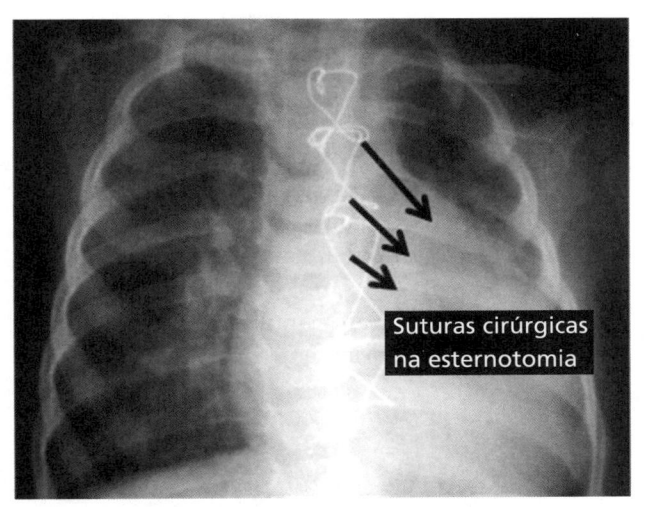

Figura 30.3 Radiografia de tórax com imagem da sutura no esterno.

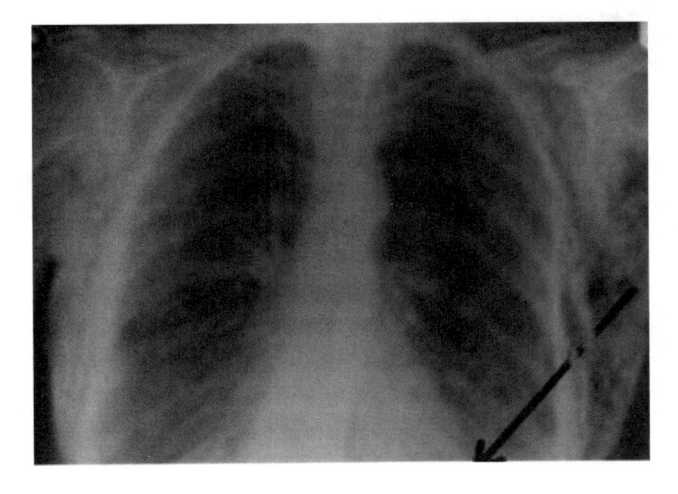

Figura 30.1 Radiografia de tórax com presença de enfisema subcutâneo na região axilar à esquerda.

apenas velamento do seio costofrênico (Figura 30.4A). No pneumotórax, fica evidente a hipertransparência geralmente nos ápices pulmonares e, caso seja de grande proporção, há deslocamento do mediastino para o lado contralateral (Figura 30.4B). O tratamento para o acúmulo de líquido e/ou ar entre as pleuras é a colocação do dreno de tórax pela equipe médica.

As alterações no parênquima pulmonar são decorrentes da cirurgia na maior parte das vezes. Nas esternotomias medianas, nas quais há perda da estabilidade da caixa torácica, é importante observar

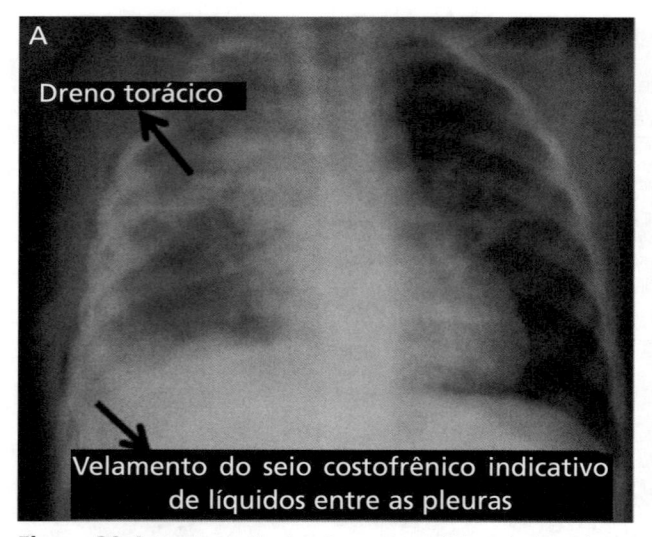
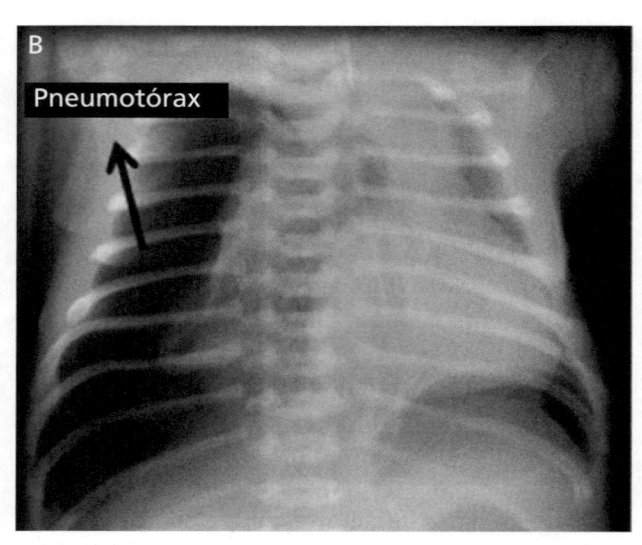

Figura 30.4 Radiografia de tórax exemplificando líquido entre as pleuras (A) e pneumotórax (B).

se há ventilação adequada de todos os segmentos pulmonares (são comuns áreas de hipotransparência sugestivas de atelectasia nos primeiros dias de pós-operatório) (Figura 30.5).

Na avaliação da região central do tórax, é preciso avaliar o hilo pulmonar e os mediastinos superior, médio e inferior. Na presença de derrame pericárdico, há borramento na borda cardíaca. A congestão na região dos hilos pulmonares refere-se ao aumento de líquido pulmonar.

O posicionamento da cânula orotraqueal (COT) deve ser avaliado diariamente. Ela deve estar posicionada entre a segunda e a terceira vértebra torácica. Deve-se manter adequada fixação da COT, pois o mau posicionamento pode levar à ventilação heterogênea dos campos pulmonares ou à extubação acidental, intercorrências que devem ser veementemente evitadas (Figura 30.6).

As características funcionais que podem ser avaliadas na radiografia de tórax constituem aspectos de perfusão sanguínea pulmonar e função cardíaca que, em conjunto com outros exames complementares, podem fornecer informações importantes sobre o quadro clínico (Tabela 30.1).

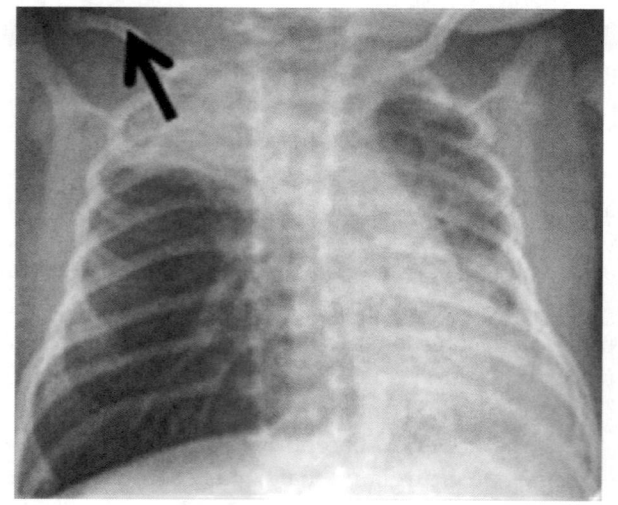

Figura 30.5 Radiografia de tórax com imagem de atelectasia de lobo superior direito.

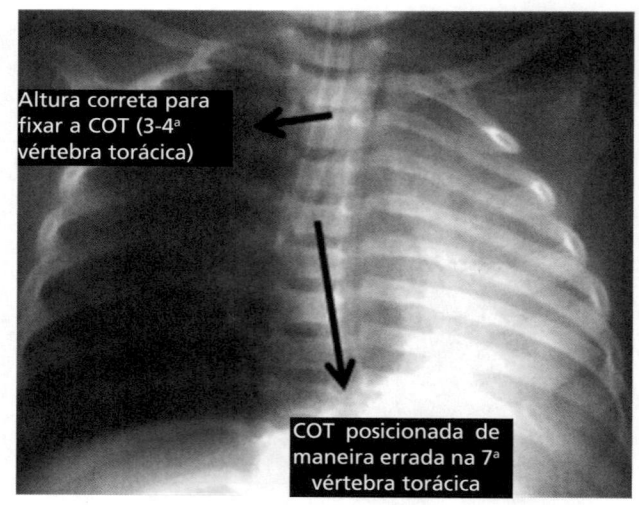

Figura 30.6 Radiografia de tórax em paciente com cânula orotraqueal (COT).

Tabela 30.1 Características funcionais e alterações na radiografia de tórax

Imagem radiográfica	Alteração funcional	Tamanho da área cardíaca	Cardiopatias
Infiltrado pulmonar peri-hilar ocupando 2/3 proximais ao mediastino, dominância nos terços inferiores	Perfusão pulmonar normal	Normal	CIA, CIV, PCA, estenoses pulmonar e aórtica e coarctação da aorta quando preservam fluxo anterógrado normal, aneurisma e/ou estenose congênitas ou adquiridas, anomalias do arco aórtico e cardiopatias que preservam fluxos pulmonar e sistêmico balanceados
		Aumentada	Lesões obstrutivas à esquerda do coração que não mantêm fluxo anterógrado normal, mas sem descompensação acentuada, insuficiência valvar mitral sem congestão venocapilar pulmonar, hipertensão pulmonar com insuficiência tricúspide
Infiltrado pulmonar peri-hilar ocupando menos que 2/3 proximais ao mediastino, dominância nos terços inferiores	Perfusão pulmonar diminuída	Normal	Cardiopatias obstrutivas à direita e que não mantêm o fluxo anterógrado normal. Entre as acianogênicas, estão estenose valvar, supravalvar e subvalvar pulmonar, estenose de via de entrada de ventrículo direito e, dentre as cianogênicas com obstrução ao fluxo pulmonar, T4F, tipos de atresia tricúspide, atresia pulmonar com septo ventricular íntegro e com CIV, ventrículo único, DVSVD e DVSVE, TGA
		Aumentada	• Acianogênicas: estenose pulmonar valvar e o defeito do septo atrioventricular • Cianogênicas: tipos de atresia pulmonar com septo ventricular íntegro, T4F e DVSVD com DSAV, tipos de atresia tricúspide com septo interatrial restritivo ou com insuficiência mitral e insuficiência ventricular esquerda. A ocorrência de insuficiência tricúspide e desvio de sangue da direita para a esquerda em nível atrial (anomalia de Ebstein)
Aumento homogêneo do infiltrado peri-hilar, excedendo 2/3 proximais ao mediastino, dominância nos terços inferiores, mas também muito visualizada no terço superior	Perfusão pulmonar aumentada	Normal	• Trama vascular pulmonar por congestão: cardiopatias obstrutivas do lado esquerdo do coração como a estenose mitral, *cor triatriatum*, estenose de vv. pulmonares, ausência de conexão atrioventricular esquerda, drenagem anômala total das vv. pulmonares com obstrução ao fluxo venoso pulmonar, hipoplasia do coração esquerdo com comunicação interatrial restritiva e associações de defeitos com obstruções em nível da valva mitral, como na DVSVE, no ventrículo único e na síndrome de Shone • Trama vascular pulmonar aumentada por hiperfluxo: cardiopatias, em geral, cianogênicas com associação à estenose pulmonar, como a TGA completa, T4F, ventrículo único, DVSVD, agenesia da valva pulmonar. Cardiopatias que se acompanham de hipertensão pulmonar, como na TGA associada à CIV, a atresia aórtica com CIV, a hipoplasia arterial pulmonar unilateral e a própria doença vascular pulmonar. Outra anomalia representativa desse tipo radiográfico é a TGA com CIA

Continua

Tabela 30.1 Características funcionais e alterações na radiografia de tórax *(continuação)*

Imagem radiográfica	Alteração funcional	Tamanho da área cardíaca	Cardiopatias
Aumento homogêneo do infiltrado peri--hilar, excedendo 2/3 proximais ao mediastino, dominância nos terços inferiores, mas também muito visualizada no terço superior	Perfusão pulmonar aumentada	Aumentada	• Trama vascular pulmonar aumentada por congestão pulmonar: insuficiência valvar mitral, insuficiência valvar aórtica e insuficiência da valva atrioventricular esquerda na TGA corrigida ou por sobrecarga de pressão em lesões obstrutivas, como na estenose aórtica e na coarctação da aorta. Miocardiopatias dilatadas de VE de origem isquêmica (origem anômala da artéria coronária esquerda) ou de origem arrítmica ou mesmo infecciosa • Trama vascular pulmonar aumentada por hiperfluxo pulmonar: cardiopatias com desvio de sangue da esquerda para a direita e consequente sobrecarga de volume e dentre as acianogênicas, a CIA, a CIV, o DSAV total e parcial, PCA, a janela aortopulmonar, as fístulas arteriovenosas, a TGA corrigida associada à CIV. Das cianogênicas, a TGA, o tronco arterial comum, a drenagem anômala total das veias pulmonares, hipoplasia do coração esquerdo com CIA não restritiva, ventrículo único, atresia das valvas atrioventriculares direita e esquerda sem estenose pulmonar, DVSVD, atresia pulmonar com comunicação interventricular, cardiopatias complexas tipo *criss-cross* e isomerismos atriais

CIA: comunicação interatrial; CIV: comunicação interventricular; DSAV: defeito do septo atrioventricular; DVSVD: dupla via de saída de ventrículo direito; DVSVE: dupla via de saída de ventrículo esquerdo; PCA: persistência do canal arterial; T4F: tetralogia de Fallot; TGA: transposição das grandes artérias; VE: ventrículo esquerdo.

GASOMETRIA ARTERIAL

A gasometria arterial é um exame invasivo que tem como objetivo avaliar os gases sanguíneos, inferindo, assim, condição pulmonar na realização de trocas gasosas. Também é uma das formas de avaliar o consumo de oxigênio pelos tecidos ou a vigência de metabolismo anaeróbio quando comparadas as gasometrias arterial e venosa.

Por muitos anos, a gasometria arterial foi fundamental no controle da perfusão pulmonar. Como exemplo, podem-se citar as estratégias com hiperventilação e administração de bicarbonato para alcalinização do pH que eram aplicadas para o controle da hipertensão pulmonar. Atualmente, sabe-se que, quando o pH é mantido fora dos limites normais (7,35 a 7,45), ocorrem muitas disfunções, entre elas a alteração da função miocárdica, a perfusão cerebral e as ações enzimática e medicamentosa. O pH alvo deve estar no nível de normalidade para preservar as funções dos sistemas; um ajuste

fino do pH pode ser sugerido para se associar à estratégia ventilatória e a medicamentosa. O pH pode ser limitado entre 7,35 e 7,40 nos casos em que objetiva-se aumentar a resistência vascular pulmonar (p. ex., defeitos do septo interatrial e/ ou interventricular com hiperfluxo pulmonar) e entre 7,30 e 7,35 quando é necessário realizar uma vasoconstrição pulmonar (p. ex., síndrome do coração esquerdo hipoplásico). O CO_2 pode estar ligeiramente fora dos limites da normalidade desde que os valores de pH sejam aqueles desejados para otimizar a condição hemodinâmica.

A oxigenação é o outro aspecto da gasometria arterial que deve ser cautelosamente observado. Como pré-requisito para a avaliação, devem-se compreender o quadro clínico e a oxigenação esperada para o paciente. Muitas cirurgias são paliativas e a hipoxemia no período pós-operatório é aceitável. Uma oxigenação adequada favorece o desempenho cardíaco, uma vez que as fibras musculares têm sua capacidade de contração alterada em um ambiente hipoxêmico. O oxigênio deve ser mais ofertado em um ambiente com hipofluxo pulmonar, com o objetivo de manter os vasos pulmonares sem resistência ao fluxo sanguíneo. Na presença de hiperfluxo, deve-se controlar a oferta de oxigênio para um controle da quantidade de sangue que chega aos pulmões, equilibrando a distribuição entre a circulação pulmonar e a sistêmica.

ESTRATÉGIAS VENTILATÓRIAS ESPECIAIS

Óxido nítrico inalatório

O óxido nítrico inalatório (NOi) é um potente vasodilatador seletivo, amplamente utilizado em pacientes com cardiopatia congênita no intra e no pós-operatório. A vantagem da utilização do NOi é sua ação potencializada em regiões pulmonares ventiladas, enquanto regiões pouco ou mal ventiladas estão sob vasoconstrição pulmonar hipoxêmica (VPH). Níveis em até 20 ppm podem ser aplicados e a redução deve ser cautelosa (em torno de 5 ppm; ao atingir 5 ppm de NOi, reduzir de 1 a 2 ppm por vez) devido ao risco de VPH.

Ventilação de alta frequência

A ventilação de alta frequência (VAF) é uma estratégia ventilatória de resgate e permite o controle da oxigenação e da ventilação de forma independente. Ao se ajustar a pressão média das vias aéreas e FiO_2, objetiva-se alterar a oxigenação, a frequência e a amplitude, alterar a ventilação. São necessários equipamentos que contenham o modo de VAF ou que sejam específicos para esse tipo de ventilação, o que a torna uma terapia onerosa ao sistema de saúde. Por ser uma modalidade utilizada na falha da ventilação convencional, são aplicadas altas pressões e, apesar de apresentar melhora das trocas gasosas em alguns casos, não está livre de ter impacto no quadro hemodinâmico do paciente.

Mistura hipoxêmica

A utilização de mistura de gases, em geral nitrogênio (N_2) ou dióxido de carbono (CO_2), com FiO_2 menor que 21% caracteriza a mistura hipoxêmica. O objetivo dessa terapia é diminuir o oxigênio que atinge o endotélio pulmonar e causar vasoconstrição pulmonar em patologias com hiperfluxo pulmonar, que compromete o fluxo sistêmico. Pode ser aplicadas entre 15 e 20% com controle dos fluxos sistêmico e pulmonar.

CONSIDERAÇÕES FINAIS

A avaliação criteriosa do paciente no pós-operatório de cirurgia cardíaca irá influenciar o bom andamento do processo. Mesmo em se tratando de curto período de tempo, os ajustes ventilatórios precisam ser verificados de acordo com exames laboratoriais e de imagem, e manipulados de maneira cuidadosa. A intervenção inadequada nessa fase poderá comprometer fases posteriores com consequências cardiopulmonares e em outros sistemas.

REFERÊNCIAS BIBLIOGRÁFICAS

1. Atik E. Importância da correlação clínico-radiográfica na aproximação diagnóstica das cardiopatias congênitas. Arq Bras Cardiol. 2004;83(5):365-7.

2. Brown KL, Ridout DA, Goldman AP, Hoskote A, Penny DJ. Risk factors for long intensive care unit stay after cardiopulmonary bypass in children. Crit Care Med. 2003;31(1):28-33.

3. Chan EH, Russell JL, Williams WG, Van Arsdell GS, Coles JG, McCrindle BW. Postoperative chylothorax after cardiothoracic surgery in children. Ann Thorac Surg. 2005;80(5):1864-70.

4. Choi JY, Kwon HS, Yoo BW, Shin JI, Sul JH, Park HK, et al. Right ventricular restrictive physiology in repaired tetralogy of Fallot is associated with smaller respiratory variability. Int J Cardiol. 2008;125(1):28-35.

5. Dagan O, Nimri R, Katz Y, Birk E, Vidne B. Bilateral diaphragm paralysis following cardiac surgery in children: 10-years' experience. Intensive Care Med. 2006;32(8):1222-6.

6. Gazit AZ, Huddleston CB, Checchia PA, Fehr J, Pezzella AT. Care of the pediatric cardiac surgery patient – part 2. Curr Probl Surg. 2010;47(4):261-376.

7. Keidan I, Mishaly D, Berkenstadt H, Perel A. Combining low inspired oxygen and carbon dioxide during mechanical ventilation for the Norwood procedure. Paediatr Anaesth. 2003;13(1):58-62.

8. Kocis KC, Meliones JN. Cardiopulmonary interactions in children with congenital heart disease: physiology and clinical correlates. Prog Pediatr Cardiol. 2000;11(3):203-10.

9. Li J, Hoskote A, Hickey C, Stephens D, Bohn D, Holtby H, et al. Effect of carbon dioxide on systemic oxygenation, oxygen consumption, and blood lactate levels after bidirectional superior cavopulmonary anastomosis. Crit Care Med. 2005;33(5):984-9.

10. Ozkan S, Akay T. Diaphragm paralysis in children after cardiac surgery. J Cardiothorac Vasc Anesth. 2007;21(1):164-5.

11. Scohy TV, Bikker IG, Hofland J, de Jong PL, Bogers AJ, Gommers D. Alveolar recruitment strategy and PEEP improve oxygenation, dynamic compliance of respiratory system and end-expiratory lung volume in pediatric patients undergoing cardiac surgery for congenital heart disease. Paediatr Anaesth. 2009;19(12):1207-12.

12. Simsic JM, Kanter KR, Kirshbom PM, Cuadrado A. Does preoperative mechanical ventilation affect outcomes in neonates undergoing cardiac surgery? Cardiol Young. 2007; 17(1):90-4.

13. Stayer SA, Diaz LK, East DL, Gouvion JN, Vencill TL, McKenzie ED, Fraser CD, Andropoulos DB. Changes in respiratory mechanics among infants undergoing heart surgery. Anesth Analg. 2004;98(1):49-55.

14. Tulloh RM. Congenital heart disease in relation to pulmonary hypertension in pediatric practice. Pediatr Respir Rev. 2005;6(3):174-80.

31

VENTILAÇÃO MECÂNICA NO PÓS-OPERATÓRIO MEDIATO EM CIRURGIA CARDÍACA PEDIÁTRICA

CAROLINA LOPES DA CRUZ
PATRÍCIA GOMBAI BARCELLOS
FERNANDA CÓRDOBA LANZA

INTRODUÇÃO

O processo de retirada do suporte ventilatório ocupa cerca de 40% do tempo total de ventilação mecânica. Recentemente, estudos têm concluído que protocolos de identificação sistemática de pacientes em condições de interrupção da ventilação mecânica podem reduzir significativamente sua duração. Esse fato é observado pois protocolar o manuseio dos parâmetros ventilatórios facilita de forma organizada a sua redução, favorecendo a extubação.

Entretanto, o momento adequado para proceder à descontinuação da ventilação mecânica precisa ser bem definido para evitar reentubações, o que aumenta muito a morbidade e a mortalidade. Índices capazes de predizer o sucesso da descontinuação da ventilação mecânica são amplamente divulgados, mas a capacidade desses números em predizer de maneira acurada o sucesso da descontinuação do suporte ventilatório ainda não chegou a resultados satisfatórios na área da pediatria.

DEFINIÇÕES

Alguns termos precisam ser adequadamente definidos antes de se avançar no conhecimento sobre a descontinuação da ventilação mecânica. Define-se processo de descontinuação da ventilação mecânica a transição da ventilação artificial para a espontânea nos pacientes que permanecem em ventilação invasiva por tempo superior a 24 horas. Para todo paciente que inicia a utilização de ventilação mecânica, deve-se pensar em quando ela será retirada, em razão dos efeitos colaterais que pode causar, como infecções pulmonares e aumento nos dias de internação e na mortalidade. Além disso, outros conceitos precisam estar claros antes de se prosseguir.

- Interrupção da ventilação mecânica: o termo refere-se aos pacientes que toleraram teste de respiração espontânea (descrito a seguir) e que podem ou não ser designados para extubação.
- Extubação ou decanulação: é a retirada da via aérea artificial (cânula orotraqueal ou traqueostomia). Nos pacientes que utilizaram a cânula orotraqueal como prótese ventilatória. denomina-se extubação a sua retirada. No caso de pacientes traqueostomizados, utiliza-se o termo decanulação para definir a retirada da traqueostomia.
- Sucesso e fracasso da interrupção da ventilação mecânica: define-se sucesso da interrupção da ventilação mecânica quando o teste de respiração espontânea é bem-sucedido, ou seja, o paciente o executa sem apresentar alterações clínicas ou desconforto respiratório; procede-se, então, à extubação. Quando o paciente não tolera o teste de respiração espontânea, considera-se fracasso na interrupção da ventilação mecânica. As principais alterações que justificam o fracasso são: desconforto respiratório, taquicardia, sudorese, queda de SpO_2, aumento na frequência respiratória e queda no volume corrente. Nesse caso, o paciente deverá receber suporte ventilatório que promova repouso da musculatura, e a revisão das possíveis causas

desse fracasso será feita pela equipe assistente. Novo planejamento da estratégia a ser adotada para prosseguir à descontinuação da ventilação mecânica precisará ser executado.

- Teste de respiração espontânea – TRE (*spontaneous trial breathing – STB*): é um teste utilizado para identificar se o paciente consegue manter suas trocas gasosas adequadas em ventilação espontânea. A técnica é simples, estando entre as mais eficazes para a descontinuação. O paciente é colocado para respirar desconectado do ventilador mecânico, com manutenção da prótese ventilatória. O teste geralmente é realizado pelo período de 30 minutos, para que se avaliem as condições clínicas do paciente sem suporte ventilatório. Então, o paciente respirará espontaneamente pelo tubo endotraqueal conectado à uma peça em forma de "T", com uma fonte enriquecida de oxigênio. Também há possibilidade de conectá-lo à pressão positiva contínua em vias aéreas (CPAP) ou com ventilação com pressão de suporte (PSV) de até 7 cmH$_2$O. Em pacientes em utilização de cânula orotraqueal (COT) com pequeno diâmetro interno (entre 3 e 5 mm), não é aconselhado que seja feito o teste de respiração espontânea sem pressurização ou apenas em CPAP, pois o reduzido diâmetro da COT aumenta a resistência nas vias aéreas, dificultando a passagem de ar e gerando desconforto respiratório. Nessas situações a utilização deve ser com PSV.
- Sucesso e fracasso do descontinuação: define-se sucesso do descontinuação a manutenção da ventilação espontânea durante pelo menos 48 horas após a extubação ou decanulação. Considera-se fracasso ou falência na descontinuação se o retorno à ventilação artificial for necessário nesse período.

VENTILAÇÃO PULMONAR MECÂNICA E AS CARDIOPATIAS CONGÊNITAS

As cardiopatias congênitas são as principais causas de mortalidade entre os recém-nascidos. Podem ser classificadas em cardiopatias congênitas acianóticas e cianóticas. As cardiopatias congênitas acianóticas ocorrem por desvio de sangue da esquerda para a direita, por obstrução ao nível das câmaras cardíacas esquerdas ou direitas e, ainda, por anomalias congênitas das artérias coronárias. Nas cardiopatias congênitas cianóticas, ocorre desvio de sangue da direita para a esquerda, em decorrência de lesões obstrutivas de câmaras cardíacas direitas acompanhadas de comu-

nicação intracavitária, ou as cardiopatias levam à dessaturação do fluxo sanguíneo sistêmico por mistura da circulação sistêmica com a circulação pulmonar ou por discordância da conexão ventrículo-arterial.

No Brasil, a prevalência de cardiopatias congênitas é de aproximadamente 5,5:1.000 nascidos vivos segundo Guitti (2000), sendo que a maioria dessas crianças não sobreviveria até a idade adulta sem a intervenção cirúrgica.

A indicação para a correção cirúrgica na maioria das cardiopatias congênitas atualmente é rotineira e quase sistemática, logo após a caracterização diagnóstica. O manejo pós-operatório desses pacientes requer o acompanhamento em unidade de terapia intensiva (UTI) com uso de ventilação mecânica invasiva (VMI) no período pós-operatório imediato.

As crianças que realizam cirurgia cardíaca são extubadas logo após o término do procedimento cirúrgico quando há diminuição no efeito anestésico, para evitar os feitos colaterais do uso prolongado da ventilação mecânica. Fatores como a necessidade de circulação extracorpórea (CEC) podem levar o paciente à VMI prolongada, interferindo na descontinuação dessa criança.

A retirada abrupta, inadequada ou precoce da prótese ventilatória de pacientes que não apresentam condições de extubação pode resultar em desequilíbrio clínico e necessidade de reintubação, os quais podem repercutir adversamente na evolução clínica do paciente. As condições clínicas para o sucesso na extubação abrangem: adequada frequência respiratória, ausência de utilização de musculatura acessória e de batimentos de asa de nariz, estabilidade hemodinâmica e ausência de crises convulsivas ou presença de rebaixamento do nível de consciência. Ainda assim, selecionar o tempo mais apropriado para a extubação é uma das decisões mais difíceis, pois existem várias publicações que identificam os fatores de risco para falha da descontinuação; contudo, os critérios variam de estudo para estudo e há divergência na literatura em relação aos protocolos validados para pacientes pediátricos.

FATORES QUE INFLUENCIAM A DESCONTINUAÇÃO DA VENTILAÇÃO MECÂNICA NO PÓS-OPERATÓRIO DE CIRURGIA CARDÍACA

Vários são os fatores relacionados ao tempo de ventilação pulmonar mecânica (VPM), porém ainda não foi possível determinar sua importância isoladamente, mas a combinação entre eles pode aumentar o insucesso da extubação.

No pós-operatório de cardiopatia congênita em pediatria, destacam-se os fatores pré-operatórios (principalmente o tipo de cardiopatia), intraoperatórios (tempo de circulação extracorpórea, de anóxia) e pós-operatórios (hipertensão pulmonar, cardiopatia residual, débito cardíaco baixo).

A maioria dos pacientes no pós-operatório de cirurgia cardíaca (POC) são extubados nas primeiras 6 horas após o procedimento (*fast track extubation*); porém, existe pequeno percentual de crianças que necessita de VPM prolongada. Nesses casos, a falha da extubação é de 10%, contribuindo para o aumento de morbidade e mortalidade das crianças em POC. Embora essa taxa de falha na extubação seja relativamente baixa, é importante identificar os fatores de risco específicos para essa população que, geralmente, apresenta cardiopatia congênita complexa, baixo peso e história de prematuridade, constituindo fatores de risco importantes para a falha na extubação e que contribuem para o tempo prolongado de suporte ventilatório.

A fraqueza nos músculos ventilatórios é, provavelmente, um dos maiores determinantes da falha na retirada da VPM de pacientes recuperando-se de doenças graves. A alteração da distensão muscular esquelética em cuidados intensivos pode ser consequência de distúrbios eletrolíticos ou efeito direto de hipercapnia, hipóxia, desnutrição e do baixo débito cardíaco. Entretanto, os pacientes gravemente enfermos, com sepse, disfunção de múltiplos órgãos, alterações cardíacas e outros diagnósticos, são considerados de risco para o desenvolvimento de miopatias e neuropatias nos músculos respiratórios e periféricos.

A infecção também é importante fator relacionado ao atraso na descontinuação da VPM e na extubação. A presença do tubo traqueal por período superior a 3 dias aumenta de forma significativa o risco de pneumonia intra-hospitalar, determinando maior tempo de permanência hospitalar, bem como o aumento da mortalidade.

A insuficiência cardíaca (IC) também pode atrasar a descontinuação da VPM e a extubação. Em pacientes submetidos ao teste de respiração espontânea, a diminuição progressiva na saturação venosa de oxigênio, ocasionada por diminuição no transporte de oxigênio e por aumento na sua extração, aumenta a taxa de falha da extubação principalmente nos pacientes com IC.

Define-se equilíbrio hídrico a quantidade de líquido ingerida e eliminada pelo corpo. Quando a quantidade de água corporal aumenta, ocorre distribuição e extravasamento para os espaços extravasculares, principalmente na presença concomitante de distúrbios de eletrólitos e proteínas. O aumento da água extravascular (interstício pulmonar) no sistema respiratório é indicado com piora da complacência pulmonar, edema de vias aéreas. Alguns pacientes em VPM podem desenvolver insuficiência renal como doença de base, como consequência de outros tratamentos durante a internação hospitalar, o que também dificulta o balanço hídrico. O controle hídrico rigoroso dos pacientes é necessário para que isso não atrapalhe a mecânica ventilatória durante a retirada da VPM.

O uso da PEEP precoce melhora a oxigenação, principalmente nos casos de síndrome do desconforto respiratório aguda (SDRA), podendo também ter impacto no tempo de VPM.

O excesso de sedação pode interferir no estímulo respiratório, e baixas doses podem deixar a criança agitada, levando até ao trauma das vias aéreas. A utilização de escalas de sedação para avaliar contínua e diariamente o nível de drogas necessárias, evitando super e subdoses, devem ser utilizados para minimizar os efeitos negativos sobre a respiração espontânea.

Os corticoides utilizados previamente à extubação (6 a 24 horas antes) têm demonstrado diminuir a incidência de obstrução de vias aéreas superiores após a descontinuação da VPM. Esse efeito, em recém-nascidos, ainda permanece controverso.

Os fatores descritos acima podem aumentar o tempo de utilização da ventilação pulmonar mecânica e podem ser apresentados isoladamente ou associados. Reconhecer esses fatores favorece a intervenção precoce facilitando a descontinuação da ventilação mecânica.

ESTRATÉGIAS DE DESCONTINUAÇÃO DA VENTILAÇÃO PULMONAR MECÂNICA

Em pediatria e neonatologia, a descontinuação é realizada com a redução gradual dos parâmetros da VPM. As modalidades ventilação mandatória intermitente (IMV) ou IMV sincronizado (SIMV) podem ser utilizadas. Nas modalidades IMV e SIMV, existe possibilidade de o paciente realizar as respirações espontâneas na presença do fluxo contínuo que está disponível às vias aéreas associado à PEEP. Não há pressão de suporte que auxilia as respirações espontâneas. O processo de descontinuação na IMV ou na SIMV baseia-se na redução da pressão inspiratória e da frequência respiratória sem que o paciente apresente desconforto respiratório.

Há possibilidade de associar a modalidade SIMV com a pressão de suporte (PS), desde que o disparo seja a fluxo. Nessas situações, a redução da frequência respiratória e da pressão inspiratória do SIMV irá ocorrer seguida da redução no valor da PS. Quando a frequência respiratória do SIMV for zerada, haverá redução da PS até valores mínimos, antes da extubação.

As modalidades volume suporte (VS) e pressão de suporte com volume garantido (VAPS) são menos utilizadas em pediatria, pois estão restritas à tecnologia incorporada nos aparelhos de VPM geralmente destinados a adultos, mas apresentam como vantagem a garantia da manutenção do volume corrente. Nessas situações, a redução na garantia de volume e na pressão necessária para mantê-lo será reduzida progressivamente para prosseguir a extubação.

Independentemente da modalidade utilizada como processo de descontinuação da ventilação mecânica, a extubação ocorrerá quando o paciente conseguir garantir adequada troca gasosa com estabilidade dos dados clínicos diante dos valores mínimos de suporte ventilatório. Nessa situação, o resultado positivo do TER inferirá o sucesso da extubação.

Alguns pacientes evoluem com perda de força muscular expressiva decorrente do tempo prolongado de uso da VPM ou pela utilização intensa de bloqueadores neuromusculares, sedação e corticoides. Nesses pacientes, o processo de descontinuação da ventilação mecânica será prolongado, pois haverá necessidade de ganho de força dos músculos respiratórios. Essa força pode ser incrementada intercalando períodos com ventilações assistidas e espontâneas com períodos de ventilação espontânea isoladamente. Essa estratégia é utilizada por promover treinamento muscular lento e progressivo até que se possa haver, satisfatoriamente, sustentação da respiração espontânea com níveis pressóricos baixos.

CRITÉRIOS PARA INÍCIO DE DESCONTINUAÇÃO DA VENTILAÇÃO MECÂNICA

Adaptados dos critérios preconizados para adultos, em pediatria são considerados os seguintes critérios para iniciar a descontinuação da VPM no pós-operatório de cirurgia cardíaca:

- Criança desperta, reativa e com tônus muscular adequado.
- Nível de consciência adequado sem sedação (ou em dose mínima).
- Tosse e deglutição eficazes.
- Resolução ou controle da causa que indicou a necessidade de VPM.
- Estabilidade cardiovascular, com débito cardíaco adequado para a idade, sem ou com doses mínimas de drogas vasoativas.
- Correção dos distúrbios metabólicos com pH $\geq 7,25$.
- Ausência de crises convulsivas.
- $SpO_2 \geq 95\%$ (em recém-nascidos: $SpO_2 \geq 88\%$); $PaO_2 \geq 60$ mmHg com $FiO_2 \leq 0,40$ (exceto em cardiopatias cianóticas).
- Força muscular inspiratória negativa ($PI_{máx}$) ≤ -30 cmH_2O.
- Hemoglobina ≥ 10 g/dl (recém-nascidos: ≥ 12g/dL).
- Temperatura retal 36 ºC.
- Débito do dreno torácico ≤ 1 mL/kg/h.
- Sem previsão de procedimento cirúrgico com necessidade de entubação nas próximas 12 a 24 horas.

Estando os critérios acima preenchidos, a descontinuação será iniciada. Deve-se lembrar que a descontinuação é um processo que resultará na extubação. A redução dos parâmetros ventilatórios será gradativa e haverá interrupção caso o paciente apresente desconforto respiratório ou instabilidade clínica. Após os parâmetros ventilatórios mínimos serem alcançados (Tabela 31.1), o teste de respiração espontânea será realizado e, se o paciente suportar esse teste sem descompensações, a extubação poderá ser efetivada.

Tabela 31.1 Valores sugeridos para efetivar a extubação caso o paciente obtenha sucesso no teste de respiração espontânea

Parâmetros ventilatórios	Valores sugeridos
FiO_2	$\leq 0,40$
Pressão inspiratória (Pinsp – cmH_2O)	≤ 15
Pressão de suporte (PS – cmH_2O)	≤ 15
PEEP (cmH_2O)	≤ 5
Frequência respiratória (rpm)	≤ 10

ÍNDICES PREDITIVOS DE EXTUBAÇÃO

Variáveis clínicas e laboratoriais são fontes de pesquisa, isoladas ou integradas, procurando prever o sucesso ou o insucesso da extubação. Os índices não apresentam 100% de sensibilidade e especificidade; entretanto, podem reduzir parcialmente as chances de insucesso e direcionar intervenções para aumentar a chance de sucesso da extubação. Na Tabela 31.2, estão descritos os índices preditivos de extubação e os pontos de corte encontrados para pacientes pediátricos.

AVALIAÇÃO PRÉ-EXTUBAÇÃO

Teste de escape (*leak test*)

A obstrução de via aérea superior (OVAS) tem sido relatada em 37% dos casos de falha de extubação de pacientes pediátricos. O aumento da frequência de utilização de próteses traqueais com balonete (*cuff*) insuflado em pediatria foi um dos motivos aventados de OVAS pós-extubação justificados; entretanto, o estudo de Newth et al. (2009) não encontrou diferença entre próteses com tamanho adequado com e sem balonete na incidência de OVAS.

O teste de escape é aplicado para avaliar a quantidade de ar que é perdido ao redor da prótese traqueal. Ele é realizado com níveis pressóricos baixos (abaixo de 20 a 25 cmH$_2$O), com o objetivo de prever a OVAS pós-extubação. O teste de escape deve ser realizado mantendo a cabeça do paciente em posição neutra e, na presença de cânula orotraqueal com balonete (cuff), faz-se a sua desinsuflação. Na sequência, é realizada a oclusão rápida da COT. A observarção de vazamento de ar na região peritubular (ao redor da COT), por meio da ausculta pulmonar na região cervical do paciente, indica manutenção da permeabilidade laríngea com pequena chance de obstrução de vias aéreas após a extubação.

O teste de escape é aplicado na prática clínica, sendo que os profissionais, no caso de um resultado negativo (não ocorrer escape de ar pela região peritubular), prescrevem corticoide para reduzir o edema, apesar de ser alternativa controversa. A partir dos estudos sobre teste de escape, conclui-se que escape aéreo audível sem estetoscópio com pressão inspiratória ≤ 25 cmH$_2$O é sinal favorável à extubação com baixo risco de OVAS.

Tabela 31.2 Descrição de índices preditivos de extubação de acordo com autores e anos de publicação

Autor, ano	População	Índice	Fórmula do índice	Ponto de corte para sucesso de extubação
Khan N et al., 1996	208 crianças	Indice de respiração rápida e superficial (IRS)	IRS = (fr/VC)/peso (kg)	$\leq$ 6,5 fr/min/mL/kg
Khan N et al., 1996	208 crianças	CROP (*compliance, rate, oxygenation, pressure*)	CROP = (C$_{din}$ $\times$ PI$_{máx}$ $\times$ [(PaO$_2$/PAO$_2$) / fr])	$\geq$ 0,15 mL/kg/cmH$_2$O/cpm
Noizet O et al., 2005	54 crianças	Índice pressão-tempo (IPT)	IPT = ([PI$_{máx}$ $\times$ fr]/[Ti+Te])/PI$_{máx}$	$\leq$ 0,08 cmH$_2$O/kg/seg
Johnston C et al., 2010	90 crianças com bronquiolite aguda	Índice pressão-tempo (IPT)	IPT = ([PI$_{máx}$ $\times$ fr]/[Ti+Te])/PI$_{máx}$	$\leq$ 0,50 cmH$_2$O/kg/seg
Noizet O et al., 2005	54 crianças	Índice tensão-tempo 1	ITT$_1$ = [0,5 $\times$ (P$_{0.1}$ $\times$ 10) $\times$ Ti/PI$_{máx}$] $\times$ Ti/(Ti + Te)	$\leq$ 0,02 cmH$_2$O/mL/min
Noizet O et al., 2005	54 crianças	Índice tensão-tempo 2	ITT$_2$ = [(MAP / PI$_{máx}$)xTi] $\times$ (Ti+Te)	$\leq$ 0,05 cmH$_2$O/mL/min
Johnston C et al., 2010	59 crianças no pós-operatório de cirurgia cardíaca	Relação carga-força	RCF = 15 $\times$ (3 $\times$ MAP)/PI$_{máx}$ +0,03) $\times$ IRS $-$ 5	$\leq$ 4

Força muscular inspiratória negativa

Amplamente descrita como pressão inspiratória máxima ($PI_{máx}$), em VPM, conceitualmente, não é possível mensurá-la, uma vez que é necessário iniciar o esforço respiratório máximo a partir do volume residual, condições não aplicáveis na prática clínica.

O termo força muscular inspiratória negativa (FMIN) é mais adequado para descrever a mensuração de esforço inspiratório realizado pelo paciente em VPM. Em adultos, o valor de -30 cmH_2O tem sido descrito como valor de corte mínimo de FMIN para sucesso de extubação em adultos. Em pediatria, essa medida é utilizada para compor índices preditivos de extubação, desde que associado com outras variáveis.

É possível considerar entre -50 e -30 cmH_2O como valores aceitáveis de FMIN para a extubação, sendo que valores ≤ -15 cmH_2O, independentemente do método de avaliação, podem ser considerados como *déficit* de força muscular inspiratória.

Pressão de suporte *versus* tamanho de prótese intratraqueal

Em pediatria e neonatologia, durante muito tempo acreditou-se que o tamanho da prótese traqueal acarretaria sobrecarga de trabalho respiratório, levando à fadiga muscular e, consequentemente, à falha de extubação. Porém, estudos recentes têm demonstrado que tal fato é controverso quando analisado do ponto de visto clínico e fisiológico. Os principais determinantes da resistência da prótese traqueal são o diâmetro interno e seu comprimento; entretanto, o que deve ser considerado fisiologicamente é a resistência em relação ao fluxo aéreo produzido dentro do tubo.

A noção de que próteses traqueais menores ofereceriam maior resistência em decorrência da conversão de fluxo laminar para turbulento foi descrita em diversos estudos que relatam que o fluxo em próteses menores (2,5 a 3,5 mm) é laminar, e não turbulento, já que são utilizados fluxos baixos de acordo com o peso da criança.

Estudos experimentais mostram que a limitação ao fluxo aéreo e o aumento de resistência, mesmo em próteses de baixo calibre, ocorrem somente quando o fluxo gerado é de cerca de 400 mL/s na maior parte da capacidade vital. Isso é o equivalente a 24 L/min ou 8 L/kg/min, valores bem acima da média e dos utilizados na prática clínica para crianças e neonatos. Com base nessas informações, as técnicas de descontinuação na população pediátrica e neonatal que utilizam próteses traqueais de pequeno diâmetro utilizam as mesmas estratégias empregadas em pacientes que fazem uso de próteses maiores.

Assim como na população adulta, o teste de respiração espontânea se faz necessário e se mostra eficaz na condução da descontinuação ventilatória, sendo indicado o uso de CPAP ou PSV como superiores a IMV ou SIMV.

Não existem diferenças significativas relatadas quanto ao uso de PSV ou CPAP de 5 cmH_2O, pois esse valor foi mais que suficiente para compensar o aumento de trabalho respiratório com próteses de baixo diâmetro, equivalendo-se a respiração espontânea sem prótese, oferecendo mínima resistência na população pediátrica e neonatal.

Dessa forma, fica evidente que, se a criança não for capaz de sustentar o teste de respiração espontânea por algumas horas, a descontinuação deve ser interrompida, pois a chance de falha na extubação é alta. Entretanto, não está bem estabelecido o tempo mínimo necessário para considerar o sucesso no TRE como sucesso na extubação.

Fatores de risco para falha na extubação

As alterações da mecânica ventilatória no pós-operatório cardíaco podem interferir no sucesso da extubação em crianças; entretanto, há poucos estudos nessa população, com resultados escassos e conflitantes. A monitorização e a avaliação da mecânica ventilatória são fundamentais para auxiliar na decisão de submeter ou não o paciente à VPM invasiva ou não invasiva, monitorar os parâmetros estabelecidos no suporte ventilatório, determinar a progressão da doença e auxiliar no processo de descontinuação da VPM e, consequentemente, na extubação.

Além dos fatores que devem ser considerados durante a descontinuação da VPM, alguns índices ventilatórios vêm sendo estudados como preditores de falha de extubação, ou seja, índices que seriam úteis para determinar o "momento ideal" da extubação na tentativa de reduzir o tempo de descontinuação e realizar a extubação com maior segurança, associados à análise dos parâmetros ventilatórios e dos gases sanguíneos pré-extubação.

Índices preditivos de extubação em crianças no POC, em relação à mecânica ventilatória:

- IRS (índice de respiração superficial): [(FR/VC) /Peso].

- MAP (pressão média de vias aéreas).
- RCF (relação carga/força): $[15 \times (3 \times MAP)/(Pi_{máx} + 0,03) \times IRS - 5]$.
- $Pi_{máx}$ (força muscular inspiratória) e $Pe_{máx}$ (força muscular expiratória).
- IO (índice de oxigenação): $[(FiO_2 \times MAP/PaO_2) \times 100]$.

Não existem pontos de corte específicos e fidedignos para a avaliação da mecânica ventilatória, até o momento, em crianças com cardiopatias congênitas. Entretanto, atualmente, existe conduta crescente em se realizar extubação precoce no bloco cirúrgico ou imediatamente na entrada da UTI.

CONSIDERAÇÕES FINAIS

A descontinuação ventilatória de crianças no pós-operatório de cirurgia cardíaca vem sendo a cada dia mais estudada, e atualmente a prática a ser seguida deve ser a elaboração de um protocolo eficaz de descontinuação da VPM juntamente com a avaliação dos fatores de risco para a falha de extubação, preconizando sempre o *fast track*, a descontinuação o mais precoce possível, minimizando os efeitos adversos relacionados a VPM.

BIBLIOGRAFIA RECOMENDADA

1. Alexander E, Carnevale FA, Razack S. Evaluation of a sedation protocol for intubated critically ill children. Intensive Crit Care Nurs. 2002;18:292-301.

2. Amaya-Villar R, Garnacho-Montero J, Ortiz-Leyba C, Márquez-Vácaro JA. Polyneuropathy and discontinuation from mechanical ventilation. Clin Pul Med. 2006;13:348-52.

3. Antunes LC, Rugolo LM, Crocci AJ. Efeito da posição do prematuro no desmame da ventilação mecânica. J Pediatr. 2003;79(3):239-44.

4. Bandla HP, Hopkins RL, Beckerman RC, Gozal D. Pulmonary risk factors compromising postoperative recovery after surgical repair for congenital heart disease. Chest. 1999;116:740-7.

5. Brickner ME, Hillis LD, Lange RA. Congenital heart disease in adults. Second of two parts. N Engl J Med. 2000;342(5):334-42.

6. Brower RG, Lanken PN, MacIntyre N, Matthay MA, Morris A, Ancukiewics, M, et al. Higher versus lower positive end-expiratory pressures in patients with the acute respiratory distress syndrome. N Engl J Med. 2004;351:327-36.

7. Brown KL, Ridout DA, Goldman AP, Hoskote A, Penny DJ. Risk factors for long intensive care unit stay after cardiopulmonary bypass in children. Crit Care Med. 2003;31:28-33.

8. Carvalho AC, Célia S, Tebexreni AS, Pachon DQ. Insuficiência cardíaca congestiva. Rev Soc Cardiol. 1993;1(1):83-92.

9. Carvalho WB, Hirschheimer MR, Matsumoto T. Terapia intensiva pediátrica. 3.ed, Rio de Janeiro: Atheneu; 2006.

10. Connor JA, Gauvreau K, Jenkins KJ. Factors associated with increased resource utilization for congenital heart disease. Pediatrics. 2005;116:689-95.

11. Curley MA, Harris SK, Fraser KA, Johnson RA, Arnold JH. State Behavior Scale: a sedation assessment instrument for infants and young children supported on mechanical ventilation. Pediatr Crit Care Med. 2006;7:107-14.

12. Davis S, Worley S, Mee RB, Harrison AM. Factors associated with early extubation after cardiac surgery young children. Pediatr Crit Care Med. 2004;5:63-8.

13. El-Katib MF, Baumeister B, Smith PG, Chatburn RL, Blumer JL. Inspiratory pressure/maximalinspiratory pressure: does it predict successful extubation in critically ill infants and children? Intensive Care Med. 1996;22:264-8.

14. Ely EW, Baker AM, Dunagan DP, Burke HL, Smith AC, Kelly PT, et al. Effect on the duration of mechanical ventilation of identifying patients capable of breathing spontaneously. N Engl J Med. 1996;335(25):1864-95.

15. Esteban A, Alia I, Ibanez J, Benito S, Tobin MJ. Modes of mechanical ventilation and weaning. A national survey of Spanish hospitals. The Spanish Lung Failure Collaborative Group. Chest. 1994;106(4):1188-93.

16. Esteban A, Anzueto A, Frutos F, Alía I, Brochard L, Stewart TE, et al. Mechanical Ventilation International Study Group. Characteristics and outcomes in adult patients receiving mechanical ventilation: a 28-day international study. Jama. 2002;287(3):345-55

17. Farias J.A, Retta A, Alia I, Olazarri F, Esteban A, Golubicki A, et al. A comparison of two methods to perform a breathing trial before extubation in pediatric intensive care patients. Intesive Care Med. 2001;27:1649-54.

18. Farias JA, Alía I, Retta A, Olazarri F, Fernández A, Esteban A, et al. An evaluation of extubation failure predictors in mechanically ventilated infants and children. Intensive Care Med. 2002;28(6):752-7.

19. Foland JA, Fortenberry JD, Warshaw BL, Pettignano R, Merritt RK, Heard ML, et al. Fluid overload before continuous hemofiltration and survival in critically ill children: a retrospective analysis. Crit Care Med. 2004;38:1771-6.

20. Goldstein SL, Somers M.J, Baum MA, Symons JM, Brophy PD, Bloey D, et al. Pediatric patients with multi-organ dysfunction syndrome receiving continuous renal replacement therapy. Kidney Int. 2005;67:653-8.

21. Goldwasser R, Farias A, Freitas EE, Saddy F, Amado V, Okamoto V. III Consenso Brasileiro de Ventilação

Mecânica – Desmame e interrupção da ventilação mecânica. J Bras Pneumol. 2007;33(Supl 2):S128-S136.

22. Guía JM, Boschb V, Castroc FJ, Téllezd C, Mercaderd B, Graciáne M. Factores influyentes en la evolución de La mortalidad de las cardiopatías congénitas. Estudio sobre 1.216 niños en la Comunidad Autónoma de Murcia (1978-1990). Rev Esp Cardiol. 2001;54(3):299-306.

23. Guitti JCS. Aspectos epidemiológicos das cardiopatias congênitas em Londrina, Paraná. ArqBras Cardiol. 2000;74(5):395-9.

24. Harkel AD, van der Vorst MM, Hazekamp MG, Ottemkamp J. High mortality rate after extubation failure after pediatric cardiac surgery. Pediatr Cardiol. 2005;26:756-61.

25. Harrison AM, Cox AC, Davis S, Piedmonte M, Drummond-Webb JJ, Mee RB. Failed extubation after cardiac surgery in young children: Prevalence, pathogenesis, and risk factors. Pediatr Crit Care Med. 2002;3:148-52.

26. Jubran A. Monitoring patient mechanics during mechanical ventilation. Crit Care Clin. 1998;14:629-53.

27. Kavvadia V, Greenough A, Dimitriou G. Prediction of extubation failure in preterm neonates. Eur J Pediatr. 2000;159(4):227-31.

28. Khemani RG, Randolphi A, Markovitz B. Corticosteroids for the prevention and treatment of post-extubation stridor in neonates, children and adults. Cochrane Database Syst Rev. 2009 Jul 8;(3):CD001000.

29. Kollef MH, Shapiro SD, Silver P, St John RE, Prentice D, Sauer S, et al. A randomized, controlled trial of protocol-directed versus physician directed weaning from mechanical ventilation. Crit Care Med. 1997;25(4):567-74.

30. la Reguera G, Buendia A. Risk factors for prolonged mechanical ventilation after surgical repair of congenital heart disease. Arch Cardiol Mex. 2005;75:402-7.

31. Miyague NI, Cardoso SM, Meyer F, Ultramari FT, Araújo FH, Rozkowisk I, et al. Estudo epidemiológico de cardiopatias congênitas na infância e adolescência. Análise de 4.538 casos. Arq Bras Cardiol. 2003;80(3):269-73.

32. Newth CJL, Venkataraman S, Willson DF, Meert KL, Harrison R, Dean JM, et al. Weaning and extubation readiness in pediatric patients. Pediatr Crit Care Med. 2009;10(1):1-11

33. Noizet O, Leclerc F, Sadik A, Grandbastien B, Riyou B, Dorkenoo A, et al. Does taking endurance into account improve the prediction of weaning outcome in mechanically ventilated children? Crit Care. 2005;9:R798-807.

34. Nozawa E, Kobayashi E, Matsumoto ME, Feltrim MI, Carmona MJ, Auler Júnior J. Avaliação de fatores que influenciam no desmame de pacientes em ventilação mecânica prolongada após cirurgia cardíaca. Arq Bras Cardiol. 2003;80(3):301-5.

35. Ntoumenopoulos G, Presneill JJ, McElholum, Cade JF. Chest physiotherapy for the prevention of ventilator-associated pneumonia. Intensive Care Med. 2003;28(7):850-6.

36. Schultz TR, Lin RJ, Watzman HM, Durning SM, Hales R, Woodson A, et al. Weaning children from mechanical ventilation: a prospective randomized trial of protocol-directed versus physician-directed weaning. Respir Care. 2001;46(8):772-82.

37. Silva ZM, Perez A, Pinzon AD, Ricachinewsky CP, Rech DR, Lukrafka JL, et al. Fatores associados ao insucesso no desmame ventilatório de crianças submetidas a cirurgia cardíaca pediátrica. Rev Bras Cir Cardiovasc. 2008;23(4):501-6.

38. Szekely A, Sapi E, Kiraly L, Szatmári A, Dinya E. Intraoperative and postoperative risk factors for prolonged mechanical ventilation after pediatric cardiac surgery. Paediatr Anaesth. 2006;16(11):1166-75.

39. Vallverdú IMJ. Weaning criteria: physiologic indices in different groups of patients. Berlin Heidelberg: Springer-Verlag; 2002.

32

VENTILAÇÃO NÃO INVASIVA EM PEDIATRIA

ALESSANDRA FREITAS

CLÁUDIA SELESTRIN

RODRIGO GONÇALVES

ADEMAR DE BARROS JÚNIOR

INTRODUÇÃO

A cirurgia cardíaca pediátrica é considerada uma das subespecialidades mais complexas da medicina, mas em virtude do avanço tecnológico e do conhecimento adquirido nos últimos anos sobre mecanismos fisiopatológicos das diversas cardiopatias congênitas, percebeu-se uma diminuição nos índices de morbidade e mortalidade em indivíduos portadores de anomalias cardíacas. Relata-se na literatura médica que a primeira cirurgia cardíaca foi realizada no ano de 1938 pelo Dr. Robert E. Gross, para correção da persistência do canal arterial, uma cardiopatia que pode causar danos irreversíveis e mortalidade precoce. Em 1952, o Dr. F. John Lewis, realizou a primeira correção de um defeito intracardíaco em um paciente com comunicação interatrial. Ao longo dos anos, ocorreram melhoras nas técnicas cirúrgicas, na proteção miocárdica e cerebral, no cuidado perioperatório e avanços na utilização da circulação extracorpórea, entretanto, as complicações ainda não são desprezíveis.

Pacientes submetidos a cirurgias cardiotorácicas, especialmente os pediátricos, estão mais predispostos a desenvolver inúmeras complicações, entre elas, as maiores certamente estão relacionadas ao sistema respiratório e frequentemente são responsáveis por aumento do tempo de internação na unidades de terapia intensiva (UTI), maior tempo em suporte ventilatório, necessidade de cuidados intensivos com consequente aumento da morbidade e mortalidade dos pacientes submetidos a essas intervenções. Sabe-se que aproximadamente 25% das mortes que ocorrem nos seis primeiros dias pós-operatórios são atribuídas a causas pulmonares.

Diante da necessidade de minimizar, prevenir ou corrigir os efeitos indesejáveis e complicações, a ventilação mecânica não invasiva (VMNI) surge como uma estratégia de suporte ventilatório.

Segundo Pasquina et al., cerca de 65% dos pacientes desenvolvem atelectasias e 3% adquirem pneumonia após o procedimento cirúrgico e na maior parte dos pacientes ocorre um déficit na autorregulação do sistema respiratório, o que o torna menos eficaz na prevenção de eventos como colapsos e atelectasias. Os procedimentos cirúrgicos com mais de quatro horas de duração possuem maior risco de desenvolver pneumonia no período pós-operatório. Complicações como traqueobronqueiste, broncoespasmo, falência respiratória com tempo prolongado de ventilação mecânica e eventos tromboembolíticos também podem ocorrer.

Outro ponto a ser considerado são as complicações pulmonares associadas à circulação extracorpórea (CEC), especialmente ligadas ao processo inflamatório pulmonar induzido por esse procedimento. A importância do edema intersticial no pós-CEC é diretamente proporcional a sua duração durante o ato cirúrgico. Nota-se que a injúria pulmonar torna-se mais grave em pacientes com tempo de CEC maior que 150 minutos.

Alguns agentes anestésicos predispõem a alterações na mecânica ventilatória (especialmente sobre os músculos respiratórios), nos volumes e capacidades pulmonares (capacidade residual funcional), alteram a relação ventilação-perfusão, aumentam a diferença alveoloarterial de oxigênio e prejudicam a função ciliar e, assim, o *clearence* pulmonar.

Cabe ressaltar que algumas características inerentes à população pediátrica a torna mais suscetível a complicações, tais como: imaturidade muscular (musculatura facilmente fatigável); respiração nasal; pequeno diâmetro das vias aéreas; estrutura da parede brônquica pouco cartilaginosa; menor número de alvéolos; pobre ventilação colateral; costelas horizontalizadas; inserção diafragmática; padrão respiratório irregular; alto consumo metabólico, sendo que, quando associado à desconforto respiratório, incrementa ainda mais o gasto energético, o que é de extrema gravidade no cardiopata recém-operado. Além disso, a incidência de complicações pulmonares no período pós-operatório é inversamente proporcional à distância do sítio cirúrgico em relação ao diafragma.

DEFINIÇÃO

A VMNI é definida como uma forma ou técnica de ventilação mecânica por pressão positiva onde não é empregado nenhum tipo de prótese endotraqueal ou de traqueostomia, ou seja, são aquelas modalidades que permitem incrementar a ventilação alveolar por meio de dispositivos ou interfaces que podem ser máscaras nasais, faciais e *prongs* nasais. Para que haja, adequada ventilação, é necessário haver equilíbrio entre as estruturas musculares (capacidade de gerar força e o *endurance* da musculatura respiratória), o metabolismo (demanda de consumo de oxigênio de cada indivíduo) e comando central da respiração por meio do centro respiratório (*drive*). Qualquer desequilíbrio entre esses sistemas pode levar à falência ventilatória e prejuízo nas trocas gasosas com necessidade de suporte ventilatório.

Os efeitos gerais do uso da VNI podem ser observados no Quadro 32.1.

A VMNI também apresenta efeitos positivos sobre a hemodinâmica, como a redução da pré-carga por redução do retorno venoso e redução da pós--carga do ventrículo esquerdo melhorando o desempenho cardíaco e proporcionando recuperação do débito cardíaco adequado.

Quadro 32.1 Efeitos gerais da VMNI

Aumento dos volumes e capacidades pulmonares

Melhora da complacência pulmonar

Melhora das trocas gasosas

Diminuição do trabalho respiratório

Fonte: Protocolos terapêuticos e diagnósticos em pediatria.

Os objetivos principais da VMNI são: incrementar a ventilação alveolar e, assim, facilitar as trocas gasosas; diminuir o trabalho respiratório; reduzir o tempo de ventilação mecânica e risco de reintubação precoce, além de abreviar o tempo de internação.

As contraindicações estão relacionadas ao nível de consciência (estado de coma), alterações no *drive* respiratório, vômitos incoercíveis, hipersecreção pulmonar, trauma ou cirurgia de face, obstrução total de VAS, ausência de reflexo de proteção da via aérea (ou incapacidade de eliminar as secreções), instabilidade hemodinâmica, alto risco de broncoaspiração, pneumotórax não drenado, risco iminente de parada cardiorrespiratória e pouca tolerância por parte do paciente ao tratamento.

VANTAGENS DO EMPREGO DA VMNI

O uso da VMNI permite redução do risco de infecções nosocomiais, especialmente a pneumonia associada à ventilação mecânica (PAV).

Outras vantagens estão relacionadas com a preservação dos mecanismos de defesa das vias aéreas (pela não sedação e IOT), conservação da fala e dos mecanismos de deglutição e pela não ocorrência de traumas laringotraqueais durante seu uso. Vale ainda ressaltar que sua instalação, assim como sua retirada, são flexíveis de acordo com a necessidade do paciente.

INTERFACES

As interfaces devem ser eleitas com base na morfologia e faixa etária da criança a ser tratada. Recomenda-se seu uso por meio de *prong* nasal em recém-nascidos e lactentes de até 5 kg, para crianças maiores, as máscaras nasais e faciais são mais indicadas. A interface paciente-ventilador adequada, permite a otimização da terapia, pois evita vazamentos e o uso desnecessário de grandes pressões nas fixações, o que pode gerar lesões na face e na mucosa nasal no caso dos *prongs*. As máscaras nasais permitem a fala, a deglutição e expectoração das secreções, minimizam o risco de broncoaspiração pelo vômito, entretanto, têm pouca aplicabilidade nas crianças com dispneia aguda e padrão respiratório bucal, uma vez que a criança precisará respirar com a boca fechada para evitar perdas de ar e obter-se a ventilação adequada.

As máscaras faciais cobrem nariz e boca, assim, impedem as perdas de pressão pela boca, entretanto, podem ser mais claustrofóbicas, dificultam a fala, a eliminação de secreções e podem gerar maior risco de aerofagia e de vômito seguido de broncoaspiração.

Os *prongs* possibilitam a aplicação de menos pressão na pele do rosto para sua instalação, embora a escolha inadequada possa provocar lesão ou necrose do septo nasal, não há sensação de claustrofobia e permitem escape de fluxo de gás pela boca.

Essas interfaces podem ser vistas nas Figuras 32.1 a 32.4.

RESPIRADORES

A administração da VMNI se realiza por meio de um ventilador mecânico ao qual se conecta o circuito de VMNI, que é conectado a uma interface.

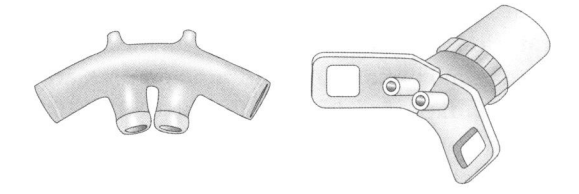

Figura 32.1 *Prongs* nasais. Adaptado de CEFIR.

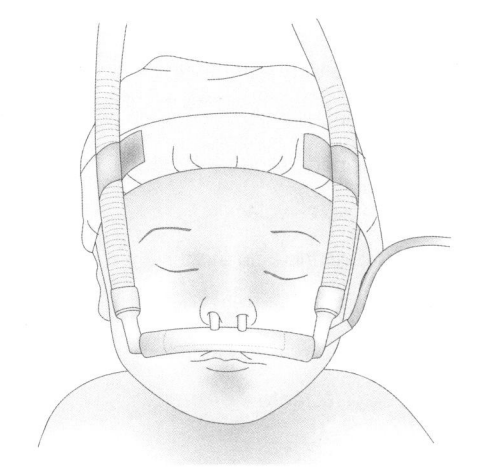

Figura 32.2 Posicionamento do *prong* nasal. Adaptado de CEFIR.

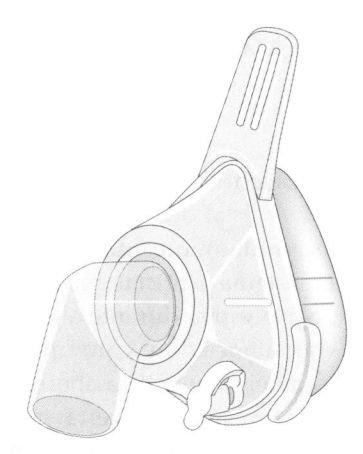

Figura 32.3 Máscara nasal de VMNI/ Bipap pediátrica com gel. Adaptado de CEFIR.

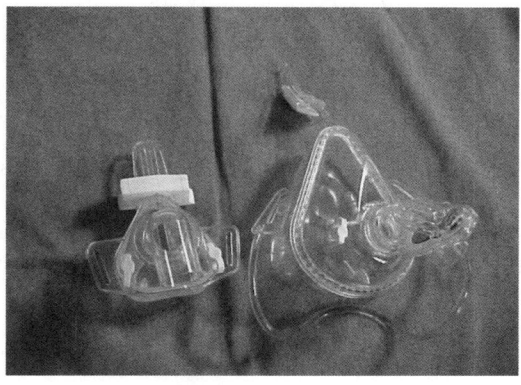

Figura 32.4 Máscara nasal e facial de VMNI/Bipap pediátrica. Fonte: CEFIR.

Podem ser utilizados respiradores específicos para VMNI ou respiradores convencionais de VMI. Os respiradores específicos para realização da VMNI possibilitam a compensação de possíveis perdas de pressão ocasionadas por inadequação das interfaces, permitem uso domiciliar, são facilmente transportáveis e de fácil manuseio. Entretanto, permitem uso de poucas modalidades, não possuem, em sua maioria, *blender* de oxigênio incorporado a seu sistema e somente alguns modelos permitem monitoração. Por outro lado, os respiradores destinados inicialmente a VMI convencional, não compensam perdas de pressão, apresentam maior ocorrência de assincronia paciente–ventilador, não permitem seu uso em domicílio, possibilitam uso de oxigênio, apresentam maior número de modalidades ventilatórias e possuem vantagem logística, uma vez que não há necessidade de troca do respirador mecânico após a saída da VMI.

MODOS VENTILATÓRIOS

CPAP nasal

Definição e histórico

Modalidade amplamente utilizada, a CPAP se define como um sistema artificial que gera uma pressão transpulmonar positiva durante a fase expiratória da respiração espontânea. Isso gera um aumento da pressão das vias aéreas, permite a abertura de alvéolos antes colapsados mantendo-os estáveis, recrutando zonas hipoventiladas, possibilitando, assim, a conservação do surfactante endógeno. Há redução do trabalho respiratório, aumento da capacidade residual funcional, o que reduz a necessidade de intubação.

Desde 1971 a CPAP é largamente utilizada como método terapêutico para diversas doenças respiratórias em neonatos, lactentes e crianças pequenas. Em 1973, foi descrita por Kattwinkell uma peça nasal para fornecer CPAP, o que se fazia necessário, já que recém-nascido e lactentes são respiradores essencialmente nasais. Atualmente a CPAP é sendo empregada cada vez mais precocemente na tentativa de retardar e/ou evitar o uso da VMI e seu prolongamento.

Efeitos fisiológicos

O uso da CPAP tem como efeitos o aumento da patência das vias aéreas superiores, tanto pela ativação dos músculos dilatadores dessa região quanto pela abertura passiva das vias aéreas pela pressão positiva. Ela permite um progressivo recrutamento de alvéolos colapsados. A melhora na oxigenação reverte a vasoconstrição do leito vascular pulmonar, diminuindo a resistência vascular pulmonar e aumentando o fluxo por meio desse leito, diminuindo o *shunt*. A aplicação da CPAP, pelo aumento da pressão intratorácica, pode levar a uma redução do débito cardíaco por consequência da redução do retorno venoso. Em contrapartida, o uso de pressão adequada permite máxima oferta de oxigênio aos tecidos, o que diminui o gasto energético. Esses efeitos dependem da pressão e devem ser manipulados de acordo com as necessidades de cada patologia a ser tratada.

O uso da CPAP ainda promove um ritmo respiratório regular nos RNPT, funcionando como um marca-passo respiratório.

Após a extubação são necessárias aproximadamente quinze horas para que as cordas vocais do recém-nascido ou lactente retornem à posição de origem. Elas permanecem por esse tempo separadas, impedindo a manutenção da pressão positiva fisiológica, que auxilia a manutenção da expansão pulmonar; o reflexo de tosse é prejudicado e a secreção traqueobrônquica aumentada. Assim, o risco de recém-nascidos e lactentes desenvolverem desconforto respiratório, atelectasias e apneia é alto. A eficácia do uso da CPAP pós-extubação depende do nível de pressão gerada, pois sabe-se que pressões inferiores a 5 cmH$_2$O são ineficazes.

Os efeitos da CPAP podem ser observados resumidamente no Quadro 32.2

Sistema para realizar CPAP

Ventiladores: podem ser usados para gerar a pressão positiva em geradores de fluxo (máscaras), ventiladores próprios para VNI (que têm como maior vantagem a compensação das perdas aéreas) ou ventiladores invasivos, em que o fluxo de gases é controlado por um fluxômetro que permite o controle de fluxo habitualmente entre 5 a 10 litros por minuto (LPM), para evitar a retenção de gás carbônico (CO$_2$) e compensar as perdas ao redor da prótese ventilatória.

Circuito: o sistema para realização da CPAP nasal é composto por uma peça nasal (cânula nasal ou *prong*) de silicone, dois tubos corrugados (um ramo inspiratório e um expiratório) com diâmetro interno de 10 mm, uma linha de monitoração de pressão com 1,20 m, um adaptador de umidificação de 22 a 10 mm, uma touca para fixação e duas tiras de velcro. O sistema completo pode ser visualizado na Figura 32.5.

Quadro 32.2 Efeitos gerais do CPAP

Aumento da pressão transpulmonar

Aumento do volume residual

Aumento da capacidade residual funcional

Prevenção de colapso alveolar

Aumento da complacência pulmonar

Diminuição do *shunt* intrapulmonar

Aumento do diâmetro das vias aéreas

Conservação do surfactante

Estabilização das vias aéreas

Estabilização do diafragma

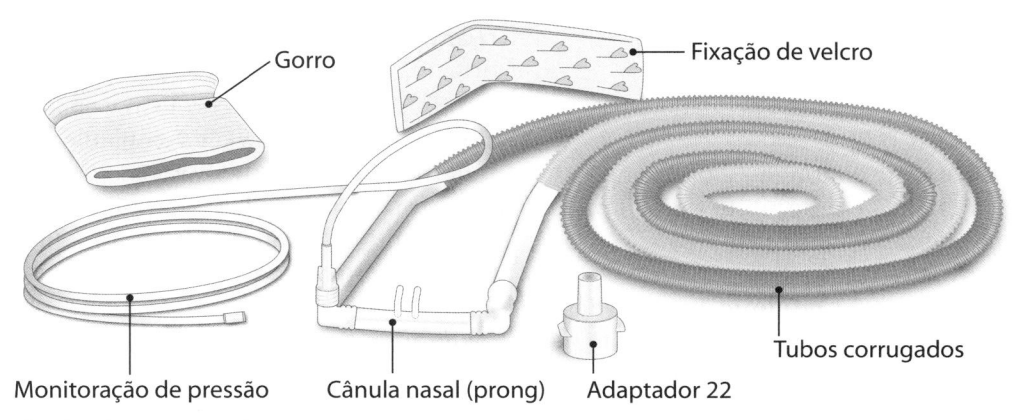

Figura 32.5 Circuito do CPAP Nasal.

O *prong* nasal possui duas projeções de cerca de 1 cm de comprimento e diâmetro interno variável, que são introduzidas nas narinas da criança. Essas peças são dimensionadas para permitir sua entrada nas delicadas narinas do recém-nascido, como pode ser observado na Figura 32.6.

As cânulas nasais apresentam tamanhos variados, para serem compatíveis com o peso da criança; assim, o diâmetro interno será menor ou maior. Os tamanhos de cânulas disponíveis, bem como o peso correspondente dos recém-nascidos, encontram-se descritos no Quadro 32.3.

A cânula nasal é conectada a duas mangueiras plásticas corrugadas por meio de "joelhos" plásticos, um deles com uma porta luer para a entrada do monitor de pressão. Cada ramo possui uma cor, sendo um ramo inspiratório e um expiratório (Figura 32.7).

Instalação e manutenção do equipamento

Deve-se instalar a CPAP nasal o mais precocemente possível, diante dos sinais de insuficiência respiratória especialmente no período neonatal.

Quadro 32.3 Tamanho de *prongs*

Tamanho da cânula	Peso do recém-nascido
0	< 700 gramas
1	700 a 1.250 gramas
2	1.250 a 2.000 gramas
2	2.000 a 3.000 gramas
4	> 3.000 gramas
5	1 a 2 anos

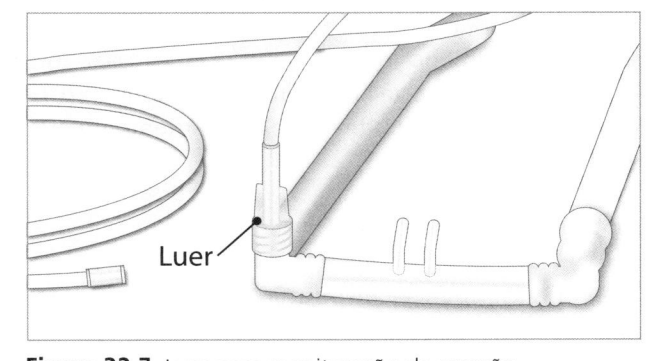

Figura 32.7 Luer para monitoração de pressão.

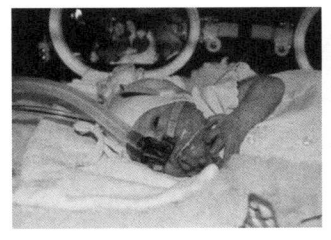 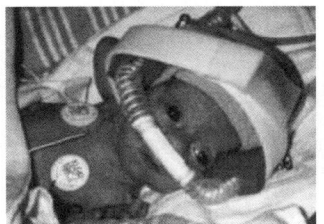 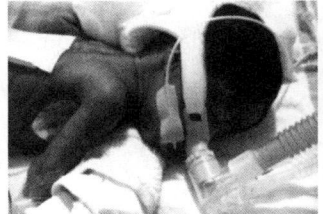 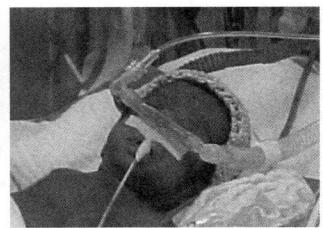

Figura 32.6 Tipos de *prongs* nasais. Fonte: CEFIR.

Passos a seguir:

1. Escolher o tamanho do *prong* adequado ao recém--nascido (Quadro 32.3).
2. Aspirar previamente a faringe e a orofaringe.
3. Posicionar a criança em decúbito dorsal, preferencialmente elevado.
4. Colocar o gorro de fixação.
5. Inserir o adaptador 22 no umidificador, deste deve sair o ramo corrugado inspiratório.
6. Conectar o ramo expiratório ao gerador de fluxo (respirador-ramo expiratório).
7. Conectar o *luer-lock* ao equipamento e a linha de monitoração de pressão à entrada de monitoração de pressão do respirador.
8. Regular o fluxo de gás (recomendado entre 5 e 10 LPM de acordo com as necessidades) e FIO$_2$ de acordo com a saturação desejada.
9. Inserir a cânula do *prong* delicadamente nas narinas da criança (previamente distendidas com cotonete embebido com soro fisiológico e pomada anestésica ou glicerina).
10. Ajustar o *prong* para que não toque o septo nasal.
11. Fixar os ramos corrugados no gorro, de forma que permita pouca movimentação da cânula nasal.

A sequência de instalação pode ser observada na Figura 32.8

É importante saber que o sistema de CPAP deve ser utilizado apenas com geradores de pressão inspiratória e expiratória clinicamente testados e aprovados, e que a terapia deve ser constantemente monitorada.

Critério de instalação

A criança deve ter respiração espontânea e manter PAO$_2$ < 50 mmHg em FIO$_2$ de 0,4 (relativo).

Parâmetros iniciais

Segundo sugestão do I Consenso de Ventilação Mecânica em Pediatria e Neonatologia, pode-se utilizar como parâmetros iniciais, PEEP de 5 a 7 cm H$_2$O, fluxo de acordo com a idade e a patologia de base (em geral entre 5 e 10 LPM e FIO$_2$), suficiente para a saturação desejada em cada faixa etária.

Cuidados e complicações

Quando se faz uso da CPAP, alguns fatores necessitam de monitorização constante, como a integridade das vias aéreas superiores, umidificação e aquecimento adequados e escolha do material da interface.

O uso da CPAP pode gerar complicações locais, como obstrução nasal por edema, sangramento nasal, deformidades e necrose do septo nasal e até estenose de coanas. Essas complicações podem ser prevenida mediante umidificação das narinas, escolha da cânula adequada (cânulas grandes demais que comprimam o septo e pequenas demais que tenham mobilidade excessiva geram trauma) e adequado posicionamento da cânula e circuito. Pode-se ainda fazer uso de substâncias hidratantes, como a glicerina associada ao soro fisiológico. Essas complicações tópicas estão diretamente relacionadas ao tempo de utilização do sistema. Adequada fixação da cânula evita a sua mobilidade excessiva, o que gera lesão e saída frequente das narinas, ocasionando flutuações na oferta de oxigênio e na pressão contínua oferecida pelo CPAP.

Os cuidados com a pele sob a cânula também são importantes; deve-se observar sinais de hiperemia ou irritação e manter a adequada hidratação dessa área e, se possível, proteção local por meio da instalação de dispositivos confeccionados com hidrocolóide nos pontos de apoio do *prong* nasal para amenizar a pressão exercida por ele na pele do recém-nascido, como na Figura 40.7. Vale ressaltar que

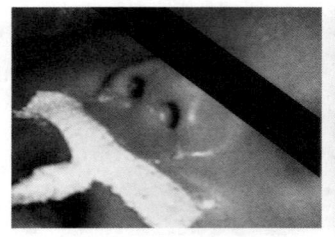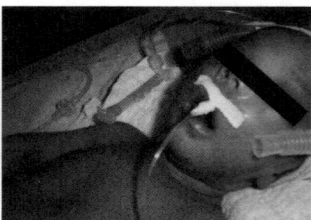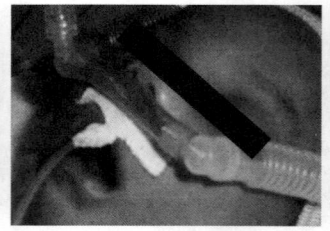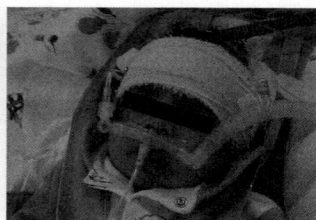

Figura 32.8 Fases da instalação do CPAP.

estes dispositivos devem ser instalados previamente ao posicionamento do *prong* nasal para evitar-se manipulação da criança após sua adaptação ao uso da pressão positiva.

É fundamental que o fluxo de gás oferecido ao paciente seja umidificado e aquecido adequadamente. Esse cuidado contribui para que ocorra menos acúmulo de secreção fluidificada, facilitando sua remoção. Deve-se observar a possível condensação de água no circuito e, uma vez que ocorra, deve ser eliminada imediatamente para que não haja aumento da resistência ao fluxo aéreo. Outras complicações atribuídas ao uso da CPAP podem ser observadas no Quadro 32.4.

A ocorrência de distensão abdominal seguida de vômito e broncoaspiração é uma das ocorrências mais temidas quando se usa a VNI, entretanto, ela é variável nas diferentes faixas etárias. Sua ocorrência não é frequente, especialmente entre os prematuros, porque para abrir o esfíncter esofágico inferior, permitindo-se assim a entrada de ar na cavidade gástrica, são necessárias pressões elevadas (superiores a 33 ± 12 mmHg), assim, pressões de até 25 mmHg, protegeriam teoricamente essas crianças da aerofagia. Quando a aerofagia ocorre, geralmente pode ser atribuída à incapacidade que estas crianças apresentam, devido a prematuridade, em eliminar o ar deglutido durante o uso da VMNI. Isso não impede a alimentação por via entérica, havendo apenas a necessidade de uma maior observação quanto à tolerância alimentar.

Existem discussões a respeito da possibilidade do uso da CPAP aumentar a incidência de hemorragia intracraniana, no entanto, ainda sem evidências comprovadas nos grandes centros.

Podem ocorrer alterações hemodinâmicas por redução do retorno venoso ao coração, com consequente redução do débito cardíaco e também transmissão de pressão para o sistema venoso cerebral com consequente hipotensão.

Uma complicação severa que pode e deve ser evitada pela monitoração contínua da criança é o retardo da realização da IOT por falha do uso da VMNI que pode aumentar o risco de morte nas UTI.

Desmame

Para realizar o desmame da pressão positiva oferecida pelo CPAP, assim como para a VMNI, os parâmetros são reduzidos gradativamente (FIO_2 até aproximadamente 0,4, seguida da pressão expiratória até 3 cmH_2O).

Quando o sistema for retirado, oferecer FIO_2 0.1 acima da que era oferecida pelo CPAP. É possível, ainda, intercalar períodos de CPAP com oxigenoterapia, se necessário.

Portanto, o aumento da sobrevida de RNPT vem estimulando o crescimento e desenvolvimento de técnicas e equipamentos que visem melhorar a qualidade de vida dessas crianças.

Dessa forma, o uso precoce da terapia com CPAP, seja por seu baixo custo, seja pelo fácil manuseio, vem sendo amplamente estendido nas UTI neonatais, mesmo em crianças de peso extremamente baixo, na tentativa de minimizar as consequências da ventilação mecânica e oxigenoterapia prolongadas.

BiPAP

Definição

A *bilevel positive airway pressure* é uma modalidade ventilatória para VMNI que consiste em dois níveis de pressão positiva denominados IPAP (*inspiratory positive airway pressure*) e EPAP (*expiratory positive airway pressure*) durante as diferentes fases do ciclo respiratório.

Efeitos fisiológicos

Semelhantes aos efeitos do CPAP nasal, a VMNI com uso do BiPAP tem como efeitos fisiológicos o aumento da pressão transpulmonar, do volume residual, da capacidade residual funcional, a prevenção de colapso alveolar, o aumento da complacência pulmonar, a redução do *shunt* intrapulmonar, o aumento do di-

Quadro 32.4 Complicações

Complicações
Barotrauma
Pneumotórax/pneumomediastino
Erosão nasal
Distensão abdominal
Retardo na indicação de VMI
Alterações hemodinâmicas

âmetro e estabilização das vias aéreas, além da conservação do surfactante e estabilização do diafragma.

Indicações

Doença pulmonar crônica da infância: há rápida correção da acidose, redução da frequência respiratória e do trabalho respiratório, o que possibilita a redução da necessidade de intubação nessas crianças.

Doenças neuromusculares: o suporte ventilatório deve ser iniciado precocemente, assim que surgirem os primeiros sinais de hipoventilação. É indicada para pacientes que possuem função bulbar preservada (*drive*) ou próxima do normal, uma vez que esse tipo de equipamento não garante suporte de vida.

Asma ou bronquiolite: nessas doenças, a VMNI age promovendo uma diminuição das frequências respiratória, cardíaca, dispneia e melhora da oxigenação.

Pneumonia: promove melhora da insuficiência respiratória hipoxêmica de leve a moderada.

Desmame: um tempo prolongado de desmame está associado a altos níveis de complicações associadas a VMI; a extubação precoce e a necessidade de reintubação são ocorrências relativamente frequentes. A utilização do BiPAP precocemente parece ser uma forma bastante segura de manter esses pacientes adequadamente ventilados sem a necessidade da intubação orotraqueal.

Hipoventilação central: a síndrome da hipoventilação central é definida como a ausência do controle automático da respiração (*drive*). A maior parte das crianças é mais gravemente afetada durante o sono. O tratamento consiste em oferecer suporte ventilatório durante o sono para sobrepor a alteração do *drive*. Tradicionalmente, o método de eleição seria a realização de uma traqueostomia eletiva e VMI durante o período da noite, porém, recentemente têm-se observado boas respostas de crianças ao tratamento com VMNI por máscaras, evitando que elas sejam submetidas à traqueostomia, já que durante o dia a respiração é voluntária e sem dificuldades. Para essas doenças, podem ser empregadas modalidades presentes em alguns ventiladores de VMNI, que podem criar um ciclo de maneira a garantir frequência respiratória segundo um tempo inspiratório preestabelecido (*timed*), ou garantir uma frequência respiratória prefixada independentemente da frequência espontânea do paciente (*spontaneos/timed*).

Sistema para realizar BiPAP

Além do ventilador mecânico escolhido, é necessária a interface para aplicação da VMNI: a máscara, que pode ser facial (compreendendo nariz e boca) ou nasal (que possui diferentes formas e tamanhos), é acoplada ao paciente por meio de fitas elásticas, como um "capacete" ou "cabresto". Figuras 32.9 e 32.10. O sucesso da VMNI depende da escolha correta do tipo de fixação e da máscara. Normalmente pode-se utilizar a máscara facial nas primeiras 24 horas, e após a melhora do paciente substitui-se por uma máscara nasal.

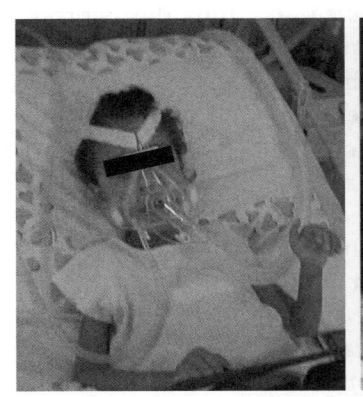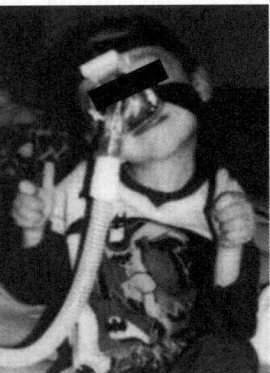

Figura 32.9 Máscaras facial e nasal. Fonte: CEFIR

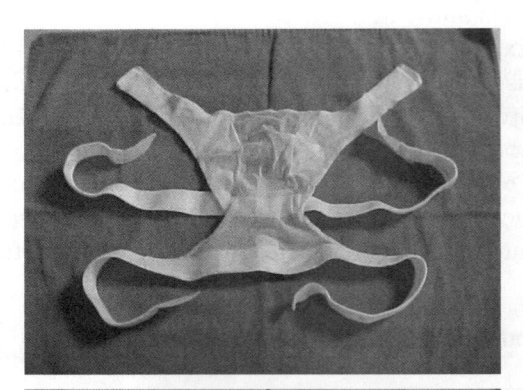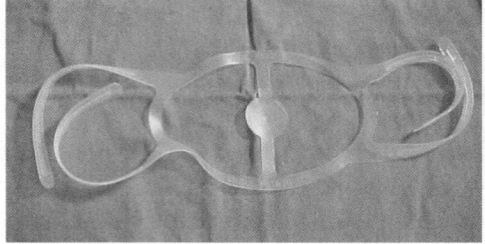

Figura 32.10 Cabrestos. Fonte: CEFIR.

As vantagens e desvantagens de cada interface estão apresentadas na Tabela 32.1.

Instalação do mecanismo de BiPAP

Se possível, previamente à instalação, realizar fisioterapia respiratória e toalete brônquica para otimizar a eficácia da VMNI.

Passos a seguir:

1. Posicionar a criança elevada a 45°.
2. Explicar à criança (especialmente para as maiores) e ao acompanhante detalhadamente os procedimentos da VMNI.
3. Eleger o tamanho adequado de máscara, evitando fugas e pressão sobre os lábios ou compressão nasal.
4. Inicialmente, segurar a máscara na face da criança, sem fixá-la, e orientá-la a manter a boca fechada durante a respiração (de início, isso pode ser realizado pelo acompanhante, com o auxílio do terapeuta, para que a criança sinta-se confiante e protegida).

Tabela 32.1 Vantagens e desvantagens do uso das interfaces para VMNI

Interface	Vantagens	Desvantagens
Máscara orofacial	Melhor ventilação, melhor escape e sem lesão de pele	Clasutrofobia e não permite falar insuflação gástrica
Máscara nasal	Alimentação e fala fácil de encaixar	Menos eficiente e escape pela boca
Duplo tubo nasal	Menor pressão na pele e não dá claustrofobia	Difícil fixar e escape pela boca

5. Iniciar com parâmetros mais baixos e elevá-los lentamente, caso seja necessário, de 2 em 2 cmH_2O. Inicia-se geralmente com IPAP de 4 a 6 cmH_2O e EPAP de 3 cmH_2O, e eleva-se até obter-se ventilação adequada. Se o paciente estiver hipoxêmico, realizar complemento com oxigênio na máscara.
6. Antes de fixar a máscara, deve-se proteger a pele da criança; para isso podem ser utilizados artifícios como a pele artificial. Fixá-la então, suavemente, como na Figura 32.11.
7. Verificar perdas de gás, fazendo ajustes na fixação da máscara, se necessário. Reajustar os parâmetros do ventilador.
8. Reavaliar o paciente periodicamente.

Parâmetros iniciais

Segundo sugestão do I Consenso de Ventilação Mecânica em Pediatria e Neonatologia pode-se adotar como parâmetros iniciais para uso da VMNI com BIPAP:IPAP de 8 a 12 cm de H_2O, EPAP de 1 a 6 com de H_2O, fluxo de acordo com a patologia de base.

A FIO_2 geralmente é a mínima necessária para atingir-se a saturação adequada à idade.

Cuidados e complicações

A VMNI não está isenta de complicações e inconvenientes. As principais complicações são derivadas da adaptação das interfaces. No caso das máscaras:

- Intolerância ao uso das máscaras: a criança tem sensação de claustrofobia e não adapta-se ao uso da máscara nos momentos iniciais. Levando-se em consideração o custo benefício, pode-se fazer uso de drogas sedativas até a adaptação da crian-

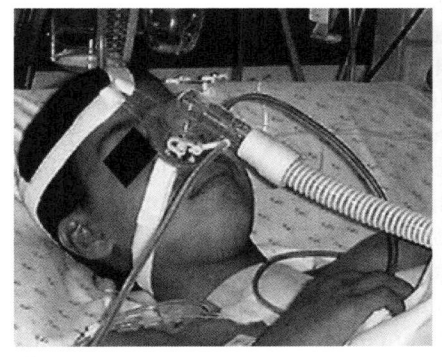
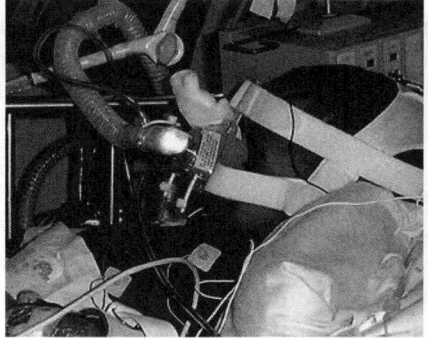
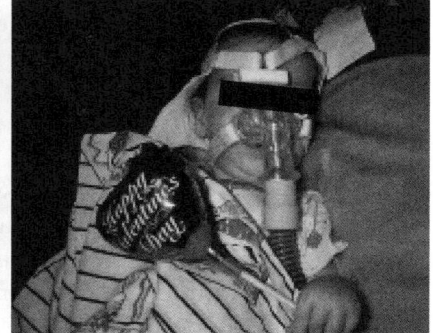

Figura 32.11 Fixação da máscara.

ça, ou proceder a troca por outra interface. Se a inadaptação persistir, a VMNI torna-se contra-indicada.

- Ulcerações da base do nariz, eritema facial e incômodo: o desenvolvimento das necroses de pele no local do contato com a máscara é a complicação mais comum, com incidência de aproximadamente 10%. Ela é gerada pela hipóxia tecidual devido à pressão causada pela máscara. As ulcerações podem ser evitadas pela instalação dos dispositivos à base de hidrocolóide, assim como pela realização de períodos de descanso ou alternância com interfaces diferentes, se possível.

A perda de ar pelas bordas da interface pelo uso incorreto, mau posicionamento ou escolha inadequada pode gerar irritação das conjuntivas e ulceração da córnea, o que pode ser prevenido e resolvido por meio da adequação e perfeita adaptação da interface à face da criança.

Há ainda as complicações pelo fluxo aéreo, assim como as geradas pelo uso da CPAP nasal: congestão nasal, ressecamento de VAS (nariz e boca), o que pode ser evitado mediante adequada umidificação dos gases, por meio de umidificadores ou filtros.

A distensão gástrica é uma ocorrência rara, geralmente benigna e de fácil resolução. Para evitá-la, basta utilizar as pressões mínimas necessárias para ventilar a criança, pressões que excedam 25 cm de H_2O são mais propensas a causar aerofagias. Em alguns serviços, é rotineira administração de fármacos que minimizam a aerofagia. Os risco de vômito seguido de brocoaspiração pode ser evitado, retirando-se a VMNI durante as duas primeiras horas após a ingestão alimentar.

A epistaxe é uma ocorrência rara que poder ser evitada também com a adequada umidificação do gás ofertado.

Complicações menos frequentes são: dor nos seios da face, sinusites/otites, pneumotórax e hipotensão.

Desmame

Para realizar o desmame da pressão positiva oferecida pelo BiPAP, assim como para a VMI, deve-se reduzir gradativamente os parâmetros de pressão inspiratória e expiratória até próximo aos de início e também o fluxo de O_2 complementar, caso esteja sendo utilizado.

Quando o sistema for retirado, oferecer FiO2 0.1 acima da que era oferecida pelo BiPAP. É possível ainda intercalar períodos de BiPAP com oxigenoterapia, se necessário.

FALHA DA VMNI

Tão importante como saber o momento e a correta indicação da VMNI, é saber o momento em se faz necessário iniciar a VMI e evitar complicações com a PCR. Assim, deve-se monitorar continuamente a criança que faz uso da VMNI e atentar a alguns sinais e sintomas de deterioração do sistema respiratótio:

- Observar os sinais de fadiga da musculatura respiratória (taquipneia, padrão respiratório paradoxal, sudorese, uso de musculatura acessória, cianose, taquicardia e grau de dispneia).
- Observar os dados fornecidos pela gasometria e exames de imagem.
- Estar sempre atento ao nível de consciência.

Portanto, conhecer os inúmeros benefícios da VMNI é de imensa importância ao fisioterapeuta que lida com pacientes críticos, mas talvez seja mais importante saber o momento em seu uso passa a ser um risco ao paciente pela não manutenção do suporte de vida e possíveis complicações advindas do retardo de um procedimento eletivo de IOT.

EFEITOS DA VENTILAÇÃO MECÂNICA SOBRE O SISTEMA CARDIOVASCULAR

O coração e os pulmões estão intimamente ligados por sua proximidade anatômica dentro do tórax e pela responsabilidade conjunta de ofertar oxigênio às células. A ventilação mecânica pode influenciar a função cardiovascular por meio da alteração do volume pulmonar e da pressão intratorácica associados à resposta simpática autônoma, ou ainda, por diminuir as demandas metabólicas. As principais alterações ocorrem no retorno venoso para ambos os átrios, na complacência das câmaras cardíacas e na pós-carga dos ventrículos, podendo influenciar inclusive na distribuição periférica do fluxo sanguíneo.

O retorno venoso ao coração ocorre de modo passivo e como resultado de um gradiente de pressão entre o sistema venoso e o átrio direito. À medida que a pressão atrial direita se eleva, há queda do retorno venoso e da pré-carga do ventrículo direito. As alterações de retorno venoso ocorrem pela transmissão da pressão positiva às câmaras cardíacas direitas, mas dependerá da resposta pressórica da pressão venosa sistêmica, da resistência ao colabamento das paredes das próprias câmaras cardíacas, sofrendo influencias da volemia e do tônus simpático. À medida que a PEEP é aumentada, ocorre diminuição do retorno venoso para as câmaras direitas, provavelmente consequência do aumento da pressão intrapleural que comprime as veias intratorácicas, aumentando a resistência venosa sistêmica, visto que o ventrículo direito é extremamente sensível às alterações de pressão intratorácica. Já nas câmaras esquerdas, ocorre aumento do retorno venoso no início da inspiração pela compressão dos vasos pulmonares, seguido, em segundo momento, de diminuição do retorno venoso, provocada pela diminuição do fluxo sanguíneo pulmonar, consequência da diminuição do retorno venoso para as câmaras direitas.

No início da inspiração, observa-se aumento do débito cardíaco, devido ao aumento temporário do retorno venoso para câmaras esquerdas, que ocorre pela compressão do sangue armazenado nos vasos pulmonares. Em seguida, há uma queda de débito cardíaco, causada pelo efeito contrário preponderante sobre a pré-carga de câmaras direitas com diminuição do fluxo sanguíneo pulmonar e queda do retorno venoso para o átrio esquerdo. Existem indícios na literatura de que em pacientes portadores de disfunção ventricular esquerda, o aumento da pressão intratorácica provocada pela ventilação mecânica, promove aumento do débito cardíaco.

Sobre a complacência das câmaras cardíacas durante a ventilação mecânica com pressão positiva, sabe-se que o aumento da pressão pleural é transmitido diretamente ao pericárdio, e esse aumento da pressão pericárdica provoca diminuição global das pressões transmurais de câmaras cardíacas, uma vez que há diminuição do diferencial de pressão entre os lados interno e externo do coração, o que pode piorar a função ventricular diastólica. Mas, por outro lado, ocorre favorecimento da sístole, ocasionando melhora do débito cardíaco em cardiopatas submetidos à ventilação mecânica. Estudos demonstraram que a diminuição da pressão transmural não provoca interferência na pressão arterial sistêmica.

Da mesma forma que os aumentos da pressão pleural determinam a diminuição da complacência ventricular, negativações da pressão pleural produzem o efeito oposto, aumentando a complacência das câmaras cardíacas, o que pode ser prejudicial caso o indivíduo apresente um ventrículo dilatado. Outro fator que deve ser destacado é a interdependência ventricular, visto que os ventrículos compartilham o mesmo septo e o mesmo saco pericárdico, o aumento de volume diastólico de uma das câmaras provoca a diminuição do volume diastólico da outra. Quando há dilatação do ventrículo direito, as altas pressões geradas dentro do saco pericárdico podem ser responsáveis por grande restrição diastólica do ventrículo esquerdo. Além disso, o raio de curvatura do septo interventricular pode aumentar de acordo com a dilatação do ventrículo direito, abaulando o septo interventricular em direção ao ventrículo esquerdo, o que piora a função diastólica do ventrículo esquerdo, podendo ocasionar quedas significativas do débito cardíaco pela limitação de seu enchimento.

E, finalmente, sobre a pós-carga dos ventrículos, a pressão positiva gera efeitos pela influência direta da pressão pleural sobre o pericárdio e a pressão alveolar sobre os capilares intra e extra-alveolares. Para o ventrículo esquerdo, a principal consequência é uma diminuição favorável da pós-carga, devido à diminuição da pressão transmural sistólica, o que favorece a contratilidade cardíaca.

Já no caso do ventrículo direito, os efeitos da pressão positiva dependem da capacidade residual funcional do indivíduo, pois os componentes intra e extra-alveolares da resistência vascular pulmonar dependem dos volumes pulmonares. Enquanto os capilares intra-alveolares tendem a colapsar durante a inspiração (em virtude da tração longitudinal sobre os septos alveolares), os extra-alveolares tendem a se dilatar, mas geralmente, os efeitos sobre os primeiros predominam, observando-se aumento da resistência vascular de acordo com incrementos da pressão alveolar ou do nível de PEEP. Os efeitos sobre a vasculatura pulmonar costumam suplantar a diminuição teórica da pós-carga do ventrículo direito, obtida a partir da diminuição de pressão transmural do ventrículo direito durante a sístole. Tanto a baixos volumes pulmonares, no caso de atelectasias, como a altos volumes pulmonares, como no caso da hiperdistensão, a resistência vascular pulmonar aumenta e a pressão positiva é capaz de reduzir essa resistência promovendo a expansão das áreas de colapso e diminuindo a vasocontrição hipóxica, mas pode, também, apresentar o efeito inverso caso a pressão positiva provoque hiperinsuflação pulmonar.

A utilização da pressão positiva promove alívio dos músculos respiratórios, que solicitam parte do débito cardíaco, associado à diminuição das incursões negativas torácicas que aumentariam a pós-carga do ventrículo esquerdo, portanto, pode resultar em benefício na prática clínica, protegendo o miocárdio isquêmico, desde que utilizada em níveis que não provoquem queda da pressão diastólica na raiz da aorta.

BIBLIOGRAFIA RECOMENDADA

1. Arozullah A, Conde M, Lawrence V. Preoperative evaluation for postoperative pulmonary complications. Med Clin North Am. 2003;87:153-173.

2. Barbas CSV, Bueno MAS, Amato MBP, Hoelz C, Rodrigues Jr M. Interação cardiopulmonar durante a ventilação mecânica. Rev. Soc. Cardiol. 1998;8(3):406-19.

3. Bento AM. Efeitos hemodinâmicos da ventilação não invasiva com pressão positiva em pacientes com estenose mitral sintomática. São Paulo: Tese de Doutorado. Faculdade de Medicina da Universidade de São Paulo. 2008.

4. Bourguignon DC, Foronda F, Troster EJ. Ventilação não invasiva em pediatria. J Pediatr. 2003;79(2):161-8.

5. Carrasco AM, Aguero MG, Landeira C. Ventilación mecânica no invasiva. Protocolos diagnósticos y terapéuticos en pediatria (AEP revista eletrônica). Disponível em: www.aeped.es/protocolos/neumologia/18.pdf.

6. Consenso chileno de ventilación no invasiva Corrales RJV. Rev Chil Enf Respir. 2008;(24):263-265.

7. Consenso ventilação pulmonar mecânica em pediatria/neonatal.

8. Gonçalves MR. Pinto T. Ventilação Mecânica Não Invasiva: Novos horizontes para a intervenção da fisioterapia. Essfisioline. 2008;4(2).

9. Kopelman B. Distúrbios Respiratórios no período neonatal. São Paulo: Editora Atheneu; 1998.

10. Laso AG, et al. Pressión positiva continua en la via aérea por via nasal en el recién nacido prematuro: estudio comparativo de dos modelos de baja resistencia. An Pediatr. 2003;58(4):350-6.

11. Lopes JMA. O uso da CPAP na assistência ventilatória neonatal. J Pediatr. 2000;76(5):329-30.

12. Menchaca A, Mercado S, Alberti M. Aplicación de ventilación no invasiva en el niño. Arch Pediatr Urug. 2005;76(3):243-251.

13. Muhlhausen GM, Uso de presión positiva continua en la via aérea (CPAP) en recién nascidos. Pediatria Electrónica. 2005;1:1-5.

14. Pasquina P, Tramèr MR, Walder B. Prophylactic respiratory physiotherapy after cardiac surgery: systematic review. BMJ. 2003;327(7428):1349.

15. Pedersen T, Eliasen K, Henriksen E. A prospective study of risk factors and cardiopulmonary complications associated with anaesthesia and surgery: Risk indicators of cardiopulmonary morbidity. Acta Anaesthesiol Scand. 1990;34:144-155.

16. Perez JMR. Terapia de reposição com surfactante exógeno e ventilação não invasiva em recém-nascidos prematuros. Histórico, aspectos atuais e perspectivas futuras. Pediatria Moderna. 2004;40(1):25-30.

17. Prado FA, Boza M, Koppmann A. Assistência ventilatoria nocturna en pediatria. Revista Chilena de enfermidades respiratórias. 2003;19(3):146-54.

18. Rego M, Martinez FE. Repercussões clínicas e laboratoriais do CPAP nasal em recém-nascidos pré-termo. J Pediatr. 2000;76(5):339-48.

19. Resener TD, Martinez FE, Reitar K, Nicolai T. Assistência domiciliar em crianças – descrição de um programa. J Pediatr. 2001;77(2):84-8.

20. Sampietro VI, Azevedo MPO, Resende JG. Medida da resistência ao fluxo aéreo em peças nasais de CPAP. J Pediatr. 2000;76(2):133-7.

21. Segre CAM. RN. São Paulo: Editora Sarvier; 1995.

22. Sepúlveda JS, Juan Andrés Carrasco O.2, Andrés 22. Castillo M.2, Guiliana Córdova L.2, Patricio Valle M.2, José Rodríguez C.2, Ventilación no invasiva en insuficiência respiratoria aguda Rev Chil Pediatr. 2008;79 (6):593-599.

23. Silva DCB, Foronda FAK, Troster EJ, Ventilação não invasiva em pediatria. Jornal de Pediatria. 2003;(Supl.2) S161.

24. Sánchez ID, et al. Apoyo ventilatorio domiciliario en niños con insuficiencia respiratoria crónica. Experiencia clínica. Rev Chil Pediatr. 2002;73(1):51-5.

25. Thomson MA. Contínuos positive airway pressure and surfactant; combined data from animal experiments and clinical trials. Biol Neonate. 2002;81(1):16-19.

26. Troster EJ. Assistência ventilatória domiciliar em crianças. J Pediatr. 2002;77(2):64.

33

FISIOTERAPIA EM PEDIATRIA

DAISY SATOMI YKEDA

A perda da função pulmonar é uma das mais importantes complicações no pós-operatório cardíaco, que consiste na redução dos volumes pulmonares e hipoxemia. Assim, a fisioterapia tem sido realizada como rotina para melhorar a função pulmonar no pós-operatório.

A fisioterapia atua já na internação do paciente na enfermaria antes da cirurgia, o fisioterapeuta realiza a avaliação pré-operatória que consta da propedêutica pulmonar, exame físico, saturação periférica de oxigênio, e se necessário teste de força muscular respiratória e espirometria, além do raio X e exames laboratoriais.

Nesse momento, o paciente é orientado quanto à importância e necessidade de cooperação para a realização dos procedimentos da fisioterapia no pós-operatório e treinado quanto aos exercícios respiratórios, motores e tosse.

Os cuidados pré e pós-operatórios são de fundamental importância para o sucesso da cirurgia cardíaca, a monitorização hemodinâmica e a avaliação respiratória devem ser constantes e rapidamente corrigidas quando necessárias. O fisioterapeuta deve seguir uma rotina a fim de observar suas condições clínicas e favorecer os cuidados quando necessários.

Durante o preparo do leito na unidade de terapia intensiva pela enfermagem, para o recebimento do paciente do pós-operatório, o fisioterapeuta já terá escolhido o aparelho de ventilação mecânica a ser utilizado e que depende de alguns fatores que constam na ficha de avaliação do pré-operatório do paciente, como:

- Idade e peso do paciente.
- A presença de alguma complicação pré-operatória: entubação orotraqueal prévia, doenças pulmonares crônicas, se fumante ou não fumante.

- A avaliação fisioterapêutica.
- Tipo de cirurgia.

Ainda antes do recebimento do paciente, o fisioterapeuta deve realizar a calibração do aparelho e instalar os parâmetros iniciais de ventilação mecânica.

- A modalidade de preferência é a de volume controlado ou se possível de duplo controle, modalidade na qual se utiliza a pressão controlada, mas se pode ter um volume corrente alvo, em torno de 8 mL/kg.

A escolha dessas modalidades baseia-se no fato de que o paciente proveniente do centro cirúrgico está ainda anestesiado, portanto sem comando muscular ou do centro respiratório e sem reflexo de tosse, e nestas condições, a pressão necessária para ventilar o paciente será mínima, mas assim que a anestesia é metabolizada pelo organismo e o paciente passa a apresentar o aumento do tônus muscular respiratório e a presença da cânula orotraqueal estimular a tosse e mobilizar secreções brônquicas, aquela pressão inicial não será suficiente, podendo levar o paciente a um quadro de hipoxemia e hipoventilação, situação não desejada neste momento, pois trará um prejuízo para o desempenho miocárdico.

- A frequência respiratória em torno de 12 a 15 rpm.
- Fração inspirada do oxigênio (FiO_2) de 0,60.
- Pressão positiva ao final da expiração (PEEP) entre 5 e 8 cm^{2}O.

O paciente pode chegar à unidade de terapia intensiva já extubado pelo anestesista no centro cirúrgico ou ainda sob efeito anestésico, com via aérea artificial e necessidade de ventilação mecânica.

No caso de pacientes extubados:

- É instalada a oxigenoterapia (cateter ou máscara), conforme as informações do anestesista ou do cirurgião que acompanha o paciente à unidade de terapia intensiva, na quantidade suficiente para manter uma saturação de oxigênio (SpO$_2$) desejada.
- O uso de ventilação não invasiva com pressão positiva se necessário, principalmente nos casos de sinais de desconforto respiratório por congestão pulmonar ou bradipneia por sonolência excessiva com sedação residual.
- Aspiração nasotraqueal de possível secreção traqueobrônquica se necessário.

No caso de pacientes entubados:

- São realizados os ajustes dos parâmetros antes já instalados no aparelho de ventilação mecânica.
  - conforme as informações do anestesista e/ou cirurgião (tempo de CEC, sangramentos ou outras complicações perioperatórias).
  - conforme o quadro clínico do paciente (volume corrente exalado, ausculta pulmonar e saturação de oxigênio (SpO$_2$) desejada.

Após o recebimento paciente e a instalação imediata do recurso necessário para manter uma boa ventilação e oxigenação do paciente, deve-se realizar:

- A avaliação: ausculta pulmonar, expansibilidade torácica, saturação de oxigênio (SpO$_2$), coloração da pele (cianose ou palidez), posicionamento da cânula orotraqueal, frequência cardíaca e ritmo cardíaco, pressão arterial sistêmica e uso de drogas inotrópicas ou vasoativas.
- Preenchimento da folha de avaliação da fisioterapia: tipo de cirurgia, complicações, tempo de CEC, presença de drenos, temperatura (hipotermia causa vasoconstrição e aumenta a chance de sangramento), gasometria e raio X (avaliação da posição de COT, presença de derrames ou pneumotórax).

O atendimento fisioterapêutico no paciente em entubação orotraqueal (IOT) consiste na fisioterapia respiratória e inicia-se no pós-operatório imediato (POI), assim que necessário e na fisioterapia moto-

ra (ortopédica ou neurológica) a partir do primeiro pós-operatório (PO) ou depende da gravidade e estabilidade do quadro clínico do paciente.

O paciente com cardiopatia, seja ele adulto ou pediátrico, apresenta comprometimentos pulmonares, sendo os mais frequentes: a congestão pulmonar e o hiperfluxo pulmonar, que podem resultar em quadros infecciosos ou de hipertensão pulmonar. As atelectasias causadas pela compressão extrínseca de brônquios por causa de área cardíaca aumentada, por hipoventilação e pelo trauma cirúrgico não são infrequentes. Situações que aumentam o gasto energético do paciente durante a respiração devem ser evitadas para poupar o trabalho cardíaco.

Os objetivos da fisioterapia respiratória nesses casos são: reduzir o gasto energético durante a respiração, evitar infecções oportunistas e manutenção da troca gasosa para minimizar os efeitos deletérios da imobilidade no leito.

Na fisioterapia respiratória são realizadas:

- Técnicas de remoção de secreção traqueobrônquica.
  - Vibração: consiste de movimento oscilatório aplicado manualmente sobre o tórax com frequência ideal desejada entre 3 e 75 Hz a fim de modificar a reologia do muco brônquico. A vibração é realizada geralmente por tetanização dos músculos agonistas e antagonistas do antebraço, trabalhando em sinergia com a palma da mão aplicada perpendicularmente sobre o tórax durante a expiração. Procura-se, com esta técnica, uma modificação das propriedades físicas do muco com diminuição da viscosidade em razão do tixotropismo.
  - Compressão torácica: trata-se de uma compressão passiva do gradil costal do paciente, com o objetivo de remover secreções localizadas em brônquios de menor calibre para os de calibre maior. Esta pressão é realizada pelo fisioterapeuta durante o período expiratório do paciente, acompanhando o movimento expiratório das costelas, sem causar opressão ao movimento torácico. Deve-se ter cuidado com a presença de drenos e da incisão torácica, e evitar pressão exagerada, pois pode provocar fraturas torácicas em pacientes com tórax rígido ou osteoporose.
  - Hiperventilação manual (Figura 33.1): a insuflação ou *bagging* pode ser usada como uma técnica de ventilar manualmente o paciente durante a fisioterapia. Os volumes correntes

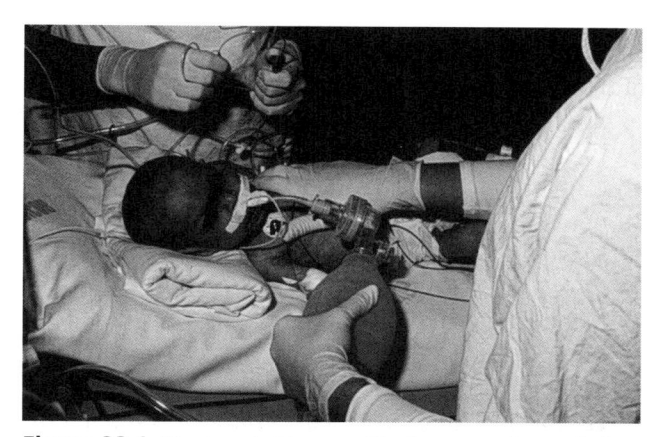

Figura 33.1 Técnica de hiperventilação manual associada a compressão e vibração torácica e aspiração.

são distribuídos de forma geral por meio de respirações mais longas ou hiperinsuflações. Ajuda na remoção de secreções brônquicas, pois altera o fluxo inspiratório e recruta a ventilação colateral. O aumento da pressão intratorácica pode comprometer o retorno venoso e, consequentemente, uma redução no volume sistólico e na pressão sanguínea, por isso a monitorização constante e atenta do fisioterapeuta durante a execução da técnica é importante.

– Aspiração: a aspiração é indicada para remover secreções e nunca deve ser rotineira, e sim realizada somente quando houver uma indicação. A técnica deve ser tão estéril e limpa quanto for a política de controle de infecção hospitalar. A pré e pós-oxigenação podem ser usadas quando necessárias. A profundidade da introdução da sonda deve o suficiente para provocar o reflexo da tosse ou no paciente anestesiado, até encontrar resistência. A duração, em adultos, deve ser entre 10 e 15 segundos. E a monitorização do paciente é imprescindível, pois os riscos de arritmias cardíacas e hipóxia são grandes durante este procedimento, além do trauma da mucosa e do aumento da pressão intracraniana.

• Técnicas de expansão pulmonar.

– Hiperventilação manual: a mesma hiperventilação manual utilizada para remoção de secreções brônquicas, quando realizado com tempos inspiratórios prolongados pode auxiliar na expansão de segmentos atelectásicos, pois intensifica a interdependência nos volumes mais altos, além de distribuir melhor a pressão alveolar. É preciso ter em mente o cuidado com a pressão sanguínea do paciente que re-

flete o comprometimento do retorno venoso e do volume sistólico.

– Manobras de recrutamento alveolar reduzem a hipoxemia pós-operatória (somente utilizado em adultos hemodinamicamente estáveis): indicada quando há atelectasias e hipoxemia para reversão de áreas colapsadas dependentes. Utiliza o aumento sustentado de pressão na via aérea, aumentando a área pulmonar disponível para troca gasosa. Durante a realização dessa técnica, é dada atenção especial à monitorização hemodinâmica, o procedimento deve ser interrompido a qualquer sinal de instabilidade, como hipotensão ou bradicardia.

• Ajustes dos parâmetros da ventilação mecânica (VM).

– Opta-se pela modalidade pressão controlada quando a modalidade volume controlado apresentar picos elevados de pressão e baixa complacência pulmonar

– A PEEP poderá ser elevada além dos 5 ou 8 com H_2O iniciais com o objetivo de se evitar o colapso alveolar

• Troca de filtro, sistema de aspiração fechado e da fixação da cânula orotraquel (COT) se necessárias.

Na fisioterapia motora são realizados:

• Exercícios passivos, ativo-assistidos ou ativos.

– A imobilização leva à diminuição da circulação sanguínea e aumento da viscosidade do mesmo, portanto predispõe à trombose venosa e tromboembolismo pulmonar. A realização de mobilização precoce que pode ser passiva (Figura 33.2), ativo-assistida ou ativa, conforme as

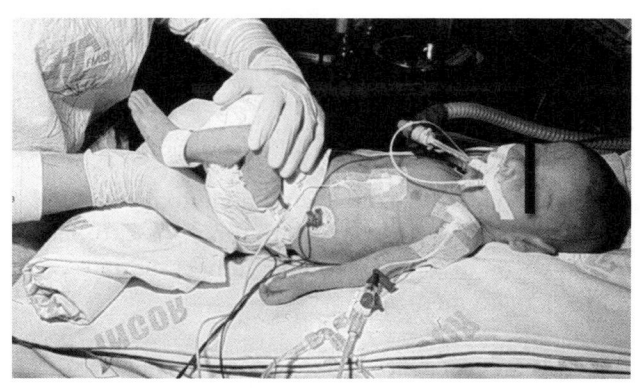

Figura 33.2 Realização de exercícios passivos no paciente em ventilação mecânica no pós-operatório cardíaco.

condições do paciente são primordiais para o paciente na unidade de terapia intensiva (UTI).

• Posicionamentos.
  – Posicionamento elevado no leito e as mudanças de decúbito periódicas com a ajuda da equipe multiprofissional devem ser realizadas.

Os cuidados com o paciente no pós-operatório são:

• Monitorização contínua: saturação de oxigênio (SpO$_2$), frequência cardíaca (FC), ritmo cardíaco, pressão arterial sistêmica (PAS) e a pressão de artéria pulmonar (PAP) se necessária.
• Presença de sondas, drenos, fios de marca-passo e cateteres.

O relato escrito com data, horário e procedimentos deve ser sempre realizado para documentar a evolução do paciente.

A decisão de desmame da ventilação mecânica depende da independência ventilatória do paciente, sua capacidade de oxigenação, além da sua estabilidade clínica e hemodinâmica, por isso deve-se discutir o início do desmame com as equipes médica e de enfermagem, bem como a sua extubação.

No processo de desmame da ventilação mecânica:

• Inicia-se diminuindo os parâmetros que podem ser mais lesivos ou que estiverem muito altos (p. ex., FiO$_2$ e pressão inspiratória).
• Em seguida, diminuem-se os parâmetros menos dependentes para o paciente (p. ex., frequência respiratória ou pressão suporte).
• Por último, diminuem-se os parâmetros mais dependentes (p. ex., PEEP, em casos de congestão pulmonar).

Para a extubação, deve-se:

• Avaliar o nível de consciência e responsividade do paciente.
• Posicionamento do paciente no leito.
• Realizar inalação com adrenalina pós-extubação em casos de obstrução alta se necessária e com prescrição médica.

Após a extubação, o paciente necessitará de um suporte de oxigênio, mesmo com boa SpO$_2$, pois no caso de pós-operatório cardíaco, o miocárdio neces-

sita de uma grande oferta de O$_2$ para seu desempenho e recuperação.

A oxigenoterapia pode ser:

• Cateter de oxigênio, quando a quantidade de O$_2$ necessária é pequena, até 5 L/min.
• Máscara de oxigênio, quando a necessidade de O$_2$ é maior, entre 5L/min e 15 L/min.
• Nebulização à distância (em pediatria), quando a quantidade de O$_2$ é pequena, até 5 L/min.
• Máscara de oxigênio com reservatório (alta concentração), quando a necessidade de O$_2$ é maior que 15 L/min na máscara simples.

Em algumas situações, o uso de ventilação não invasiva após a extubação se faz necessário, pois o paciente pode evoluir com desconforto respiratório alto, broncoespasmo, congestão pulmonar ou outras complicações respiratórias. Nesses casos pode-se utilizar:

• Pressão positiva contínua nas vias aéreas (CPAP) pode ser o gerador de fluxo, quando a necessidade de contração de O$_2$ é maior ou para transporte, ou o CPAP eletrônico.
• Bínível, para aqueles pacientes que apresentam sinais de desconforto respiratório ou retenção de dióxido de carbono (CO$_2$).
• Cuidados específicos que devemos ter ao utilizar um recurso não invasivo: verificar a boa adaptação do paciente com a interface, observar possíveis lesões de pele, adaptação e aceitação do paciente, aerofagia e até possível pneumotórax.

O atendimento fisioterapêutico no paciente extubado consiste na avaliação, na fisioterapia respiratória e na fisioterapia motora (ortopédica ou neurológica) a partir do primeiro pós-operatório (PO).

A avaliação do paciente inicia-se com a leitura da folha de evolução; verificação dos exames laboratoriais, como a gasometria e de imagem, como o raio X; observação da presença de sondas, drenos, fios de marca-passo e cateteres; inspeção, palpação e ausculta pulmonar.

As técnicas de fisioterapia respiratória mais utilizadas no paciente extubado são:

• Inaloterapia (Figura 33.3), se necessária.
  – O paciente no pós-operatório cardíaco necessita de um balanço hídrico adequado para

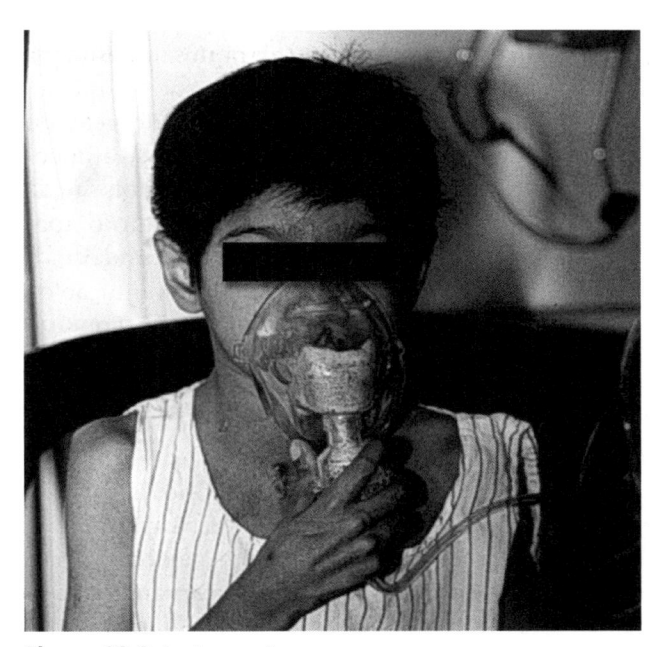

Figura 33.3 Inaloterapia.

sua estabilidade hemodinâmica. Privado de ingerir líquidos, muitas vezes, sua secreção brônquica torna-se espessa e de difícil mobilização. A nebulização a jato com gás dirigido, sem medicamentos, apenas com o propósito de umidificação e oxigenoterapia, pode ser uma alternativa interessante para fluidificar as secreções e facilitar a sua remoção, além de ofertar um suplemento de oxigênio para o momento da fisioterapia, quando o gasto energético é maior.

- Técnicas de remoção de secreção traqueobrônquica.
  - Compressão: da mesma forma que no paciente em ventilação mecânica invasiva. Trata-se de uma compressão passiva do gradil costal do paciente, com o objetivo de remover secreções localizadas em brônquios de menor calibre para os de calibre maior. Essa pressão é realizada pelo fisioterapeuta durante o período expiratório do paciente e deve acompanhar o movimento expiratório das costelas, sem causar opressão ao movimento torácico. Deve-se ter cuidado com a presença de drenos e da incisão torácica, e evitar pressão exagerada, pois pode provocar fraturas torácicas em pacientes com tórax rígido ou osteoporose.
  - Vibração e percussão: a técnica vibratória que é utilizada no paciente extubado é a mesma utilizada e descrita anteriormente no paciente

entubado. Já as percussões, em que as modalidades de administração são as tapotagens, percussão cubital, punho-percussão ou digito-percussão são definidas como a aplicação sobre a parede torácica de ondas de choque mecânico, principalmente na região correspondente à ausculta de ruídos adventícios pulmonares. Tem como objetivo o aumento da amplitude dos batimentos ciliares e é mais eficaz em pacientes com grande quantidade de secreção em vias aéreas proximais. Pouco utilizada em pós-operatório cardíaco, em decorrência da presença de drenos torácicos, incisão cirúrgica, dor e pelo perfil do paciente, que é mais restritivo do que obstrutivo.

- Tosse: é por si só, um mecanismo fisiológico de defesa pulmonar de grande importância. Mas que pode estar deprimida pelo paciente no pós-operatório pelo medo, dor ou até mesmo pela ação dos anestésicos utilizados durante a cirurgia cardíaca. Nesse caso, o fisioterapeuta utiliza a tosse voluntária, chamada de dirigida ou controlada, pode ser a alto volume, quando iniciada na capacidade pulmonar total (CPT) ou a baixo volume, quando iniciada na capacidade residual funcional (CRF). Pode-se orientar ao paciente que abrace um travesseiro durante a realização da técnica para maior conforto e segurança. É uma técnica eficaz para drenar as primeiras 5 ou 6 gerações brônquicas.
- Ciclo ativo da respiração (CAR): é usado para mobilizar e eliminar o excesso de secreções brônquicas, mostra-se eficaz na melhora da função pulmonar e não causa hipoxemia nem aumento na obstrução ao fluxo de ar. É uma técnica que pode ser adaptada para pacientes jovens ou idosos, clínicos ou cirúrgicos, em que haja excesso de secreções brônquicas. Consiste de um ciclo de controle da respiração, exercícios de expansão torácica e técnica de expiração forçada.
- Aumento do fluxo expiratório (AFE): é uma técnica ativa ou passiva realizada com volume pulmonar mais ou menos alto, em que a velocidade, a força e a duração podem variar, objetivando a mobilização das secreções da periferia em direção à traqueia. O risco do colapso de vias aéreas é grande pelo aparecimento de um ponto de igual pressão (PIP)

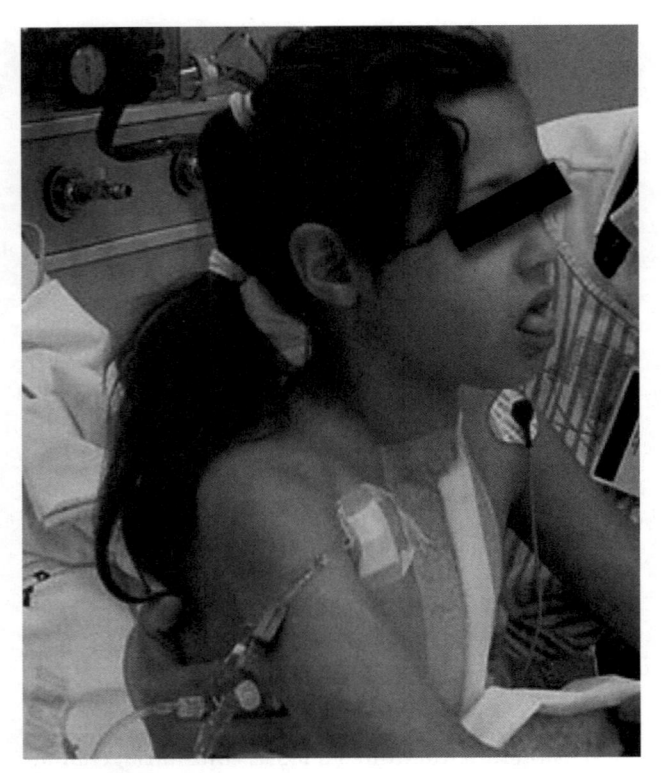

Figura 33.4 Tosse dirigida.

no trajeto brônquico durante a sua execução, principalmente em crianças.

– Expiração lenta total com a glote aberta em decúbito infralateral (ELTGOL): consiste de uma expiração lenta, iniciada ao nível da CRF e realizada até o volume residual (VR); o paciente é posicionado com a região a ser desobstruída do lado apoiado. Permite mobilizar secreções situadas nas vias aéreas de médio calibre para as proximais pela redução gradual do calibre das vias aéreas, reduzindo o risco de colabamento. Eficiente em pacientes com DPOC, mas segundo o Consenso de Lyon (1994) essa técnica está contraindicada em pacientes com descompensação cardiorrespiratória; e apesar dos argumentos experimentais serem interessantes, não permite uma avaliação definitiva da técnica.

– Expiração lenta prolongada (ELPr) em pediatria: é uma adaptação da técnica ELTGOL para a pediatria. Trata-se de uma pressão manual toracoabdominal lenta que se inicia ao final de uma expiração espontânea e prossegue até o volume residual (VR). Seu objetivo é obter um volume expirado maior que o de uma expiração normal para uma depuração na árvore aérea média, em torno da quinta ou sexta primeiras gerações brônquicas do lactente. Como na ELTGOL, busca-se aumentar o tempo expiratório durante o volume de reserva expiratório (VRE), evitando o aparecimento de colapso brônquico precoce. É uma técnica totalmente passiva em função da idade e da incapacidade de cooperação.

– Técnicas de oscilação de alta frequência: as técnicas de oscilação de alta frequência compreendem a produção de fluxos expiratórios com pressão positiva oscilatória controlada e interrupções do débito ventilatório de frequência regulável. Entende-se por oscilação o movimento vibratório rápido de pequenos volumes de ar para frente e para trás na árvore traqueobrônquica. Com frequências de 12 a 25 Hz, as oscilações desempenham o papel de *mucolítico* físico, uma vez que essas frequências podem atuar na frequência de deformação do muco. A propriedade de tixotropismo do muco pode ser alterada com altas oscilações.

– Aspiração: a aspiração nasotraqueal é um meio de estimular a tosse, mas também um procedimento incômodo ao paciente e deve ser realizado quando absolutamente necessário. A indicação da aspiração está na inabilidade do paciente tossir efetivamente e expectorar as secreções retidas. É importante estar ciente da possibilidade de espasmo da laringe ou a estimulação do nervo vago, que pode levar a arritmias cardíacas. A aspiração sendo realizada cuidadosamente e o oxigênio sempre presente, é uma técnica valiosa e pode evitar a necessidade de tratamentos mais invasivos, como a broncoscopia e a entubação endotraqueal.

• Técnicas de remoção de secreção em vias aéreas extratorácicas (pediatria).

– Desobstrução rinofaríngea retrógrada (DRR) (Figura 33.5): é uma técnica de inspiração forçada que tem como objetivo a depuração das vias aéreas extratorácicas; é um tratamento localizado que pretende diminuir a obstrução nasal e favorecer a expulsão das secreções nasofaríngeas. A técnica é baseada na função de vetor que o ar assume durante a inspiração forçada e cria um o efeito Venturi diante dos orifícios sinusais e da trompa auditiva. É direcionada para crianças com menos de 24 meses de idade.

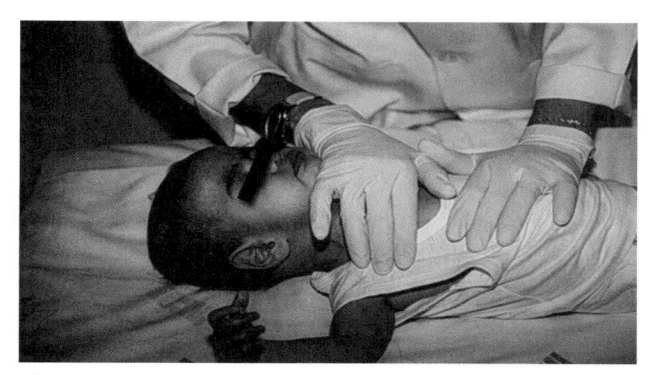

Figura 33.5 Realização da técnica de desobstrução rinofaríngea retrógrada (DRR).

– Glossopulsão retrógrada (GPR): é uma manobra aplicada na criança pequena que não consegue expectorar. Essa técnica permite coletar as secreções do lactente que habitualmente as deglute para a avaliação macroscópica da expectoração pelo fisioterapeuta, que verifica sua coloração, consistência e eventual presença de sangue. Depois que a tosse projetou as secreções para o fundo da cavidade bucal, o fisioterapeuta segura a cabeça do lactente com os quatro dedos exteriores e o polegar apoia-se sob o maxilar inferior, na base da língua, impedindo a deglutição. Durante o tempo expiratório que se segue, o estreitamento da região orofaríngea aumenta a velocidade do ar e impulsiona as secreções até a comissura labial. A secreção, então, poderá ser coletada por um lenço ou em um recipiente.

– Aspiração: quando as técnicas não invasivas de higienização de vias aéreas extratorácicas não são eficazes, como no caso de secreções muito espessas, a aspiração torna-se uma ferramenta necessária para a manutenção da perviabilidade das mesmas.

• Técnicas de expansão pulmonar.
 – Exercícios respiratórios:
  · Diafragmático: com o objetivo de aumentar a movimentação diafragmática e, consequentemente, a ventilação nas bases pulmonares, geralmente região mais acometida com colapsos alveolares em pós-operatório
  · Costal basal: aumenta o deslocamento da caixa torácica na região estimulada, por meio da pressão manual do fisioterapeuta durante a realização do exercício respiratório pelo paciente.

– Uso de incentivador inspiratório (IS) (Figura 33.6): são aparelhos mecânicos utilizados na tentativa de reduzir as complicações pulmonares pós-operatórias. O paciente inspira profunda e lentamente na peça bucal do aparelho e é motivado pelo retorno visual. O paciente deve gerar um fluxo predeterminado ou um volume preestabelecido e é incentivado a sustentar sua respiração por 2 ou 3 segundos na inspiração máxima.

– Exercício com pressão positiva intermitente (RPPI): é a manutenção por pressão positiva na via aérea por toda a inspiração, é utilizado um aparelho de forma não invasiva, por meio de máscara ou bucal (Figura 33.7). O objetivo principal é a expansão pulmonar pelo aumento do volume corrente, mas o aumento do fluxo expiratório pode também facilitar a mobilização de secreções brônquicas. Pode ser associado a posturas que facilitem a ventilação em áreas específicas acometidas.

• Ventilação não invasiva, se necessária.
 – Para melhorar as trocas gasosas, para redistribuição do líquido intersticial, para diminuir o trabalho respiratório ou aumentar a ventilação alveolar, pode ser aplicada em pacientes conscientes ou em obnubilação (p. ex., sonolência do pós-anestésico) e com boa adaptação da in-

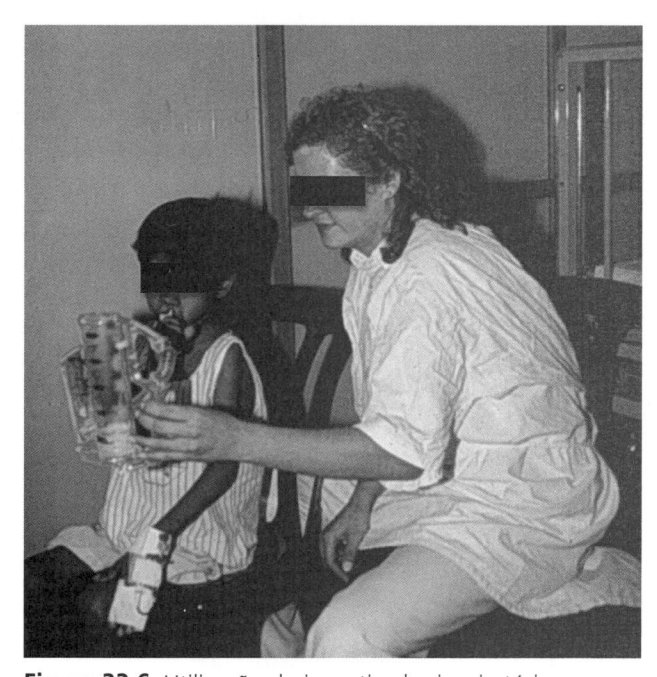

Figura 33.6 Utilização do incentivador inspiratório.

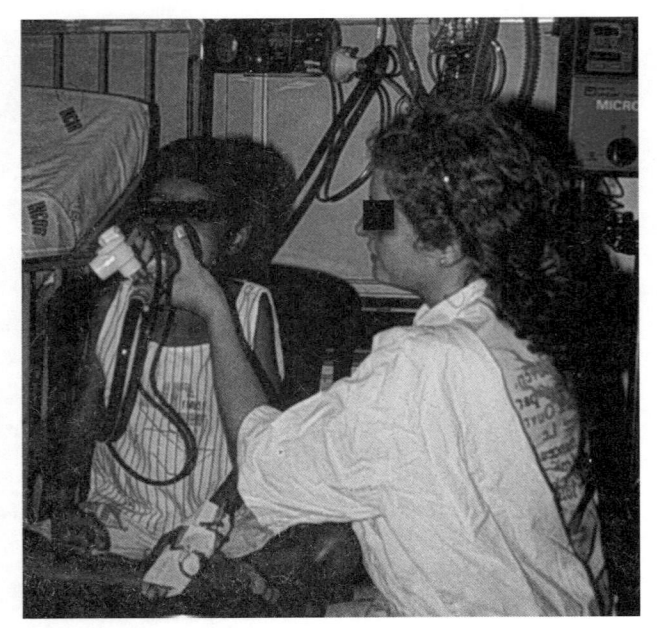

Figura 33.7 Realização do RPPI com máscara.

terface. Pode ser com uma única pressão positiva contínua nas vias aéreas (CPAP) ou com binível pressórico (Figura 33.8), quando se utilizam dois níveis de pressão, um inspiratório (IPAP) e um expiratório (EPAP).

Observação: a combinação ou associação das técnicas é um recurso geralmente utilizado pelos fisioterapeutas, que propicia o aumento da efetividade das mesmas, caso se fossem aplicadas separadamente.

A fisioterapia motora pode ser dividida em: ortopédica, nos casos onde o objetivo é manutenção

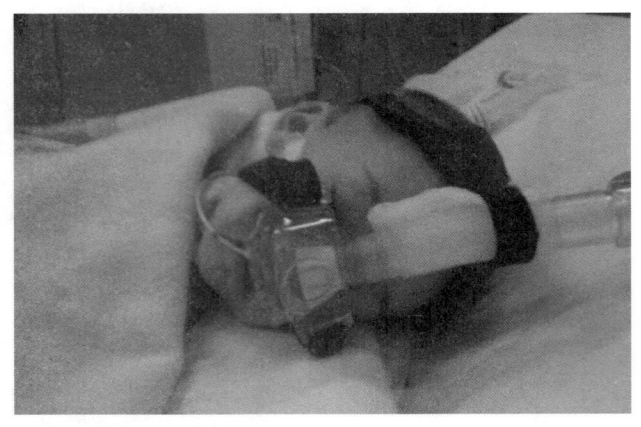

Figura 33.8 Criança em uso de binível pressórico com máscara nasal.

articular; muscular e circulatória; ou neurológica em hemiplegia ou quadriplegia, quando é necessária a normalização de tônus, quebra de padrões patológicos e/ou uso de órteses. Em pacientes pediátricos com atraso no desenvolvimento motor, intervem-se com estimulação sensorial e motora.

Devemos sempre estar atentos à monitorização de SpO_2, FC e ritmo cardíaco, além do nível de consciência e da coloração da pele. E também cuidar das sondas, drenos, fios de marca-passo e cateteres.

BIBLIOGRAFIA RECOMENDADA

1. Bellone, A. et al. Chest physical therapy in patients with acute exacerbation of chronic bronchitis: effectiveness of three methods. Arch Phys Med Rehabil. 2000;81:558-60.

2. Chopra SK, Taplin GV, Simmons DH, Robinson GD Jr., Elam D, Coulson A. Effects of hydration and physical therapy on tracheal transport velocity. Am Rev Resp Dis. 1977;115:1009-14.

3. Coimbra, VRM, Herbst-Rodrigues, MV, Nozawa, E e Feltrim, MIZ. Rotinas de atendimento fisioterapêutico no pós-operatório de cirurgia cárdica. In: Auler Jr., JOC e Oliveira, AS. Pós-operatório de cirurgia torácica e cardiovascular. Porto Alegre: Artmed; 2004. p.174-82.

4. Connors AF, Hammnon WE, Martin RJ, Rogers RM. Chest physical therapy. The immediate effect on oxygenation in acutely ill patients. Chest. 1980;78:559-64.

5. Feltrim, MIZ e Parreira, VF. Fisioterapia respiratória. Consenso de Lyon. 2001.

6. Johnson D, Kelm C, To T, Hurst T, Naik C, Gulka I, Thompson D, East K, Osachoff J, Mayers I. The effects of physical therapy on respiratory complications following cardiac valve surgery. Chest. 1996;109:638-44.

7. Postiaux, G. Fisioterapia respiratória pediátrica. Porto Alegre: Artmed; 2004.

8. Pryor, JA e Webber, BA. Fisioterapia para problemas respiratórios e cardíacos. Rio de Janeiro: Guanabara-Koogan; 2002.

9. Pulz, C, Guizilini, S e Peres, PAT. Fisioterapia em cardiologia: aspectos práticos. São Paulo: Editora Atheneu; 2006.

10. Singh N, Vargas F, Cukier A, Terra-Filho M, Teixeira L, Light R. Arterial blood gases after coronary artery bypass surgery. Chest.1992;102:1337-41.

11. Taggart D, El-Fiky M, Carter R, Bowman A, Wheatley D. Respiratory dysfunction after uncomplicated cardiopulmonary bypass. Annals of Thoracic Surgery. 1996;56:1123-28.

12. Vargas F, Cukier A, Terra-Filho M, Hueb W, Teixeira L, Light R. Relationship between pleural changes after myocardial revascularization and pulmonary mechanics. Chest. 1992;102:1333-6.

34

EXTUBAÇÃO

PATRÍCIA ANGELI DA SILVA PIGATI
RENATO FRAGA RIGHETTI

INTRODUÇÃO

O comprometimento da função pulmonar no paciente submetido à cirurgia cardíaca é bem estabelecido na literatura. As complicações pulmonares decorrem principalmente do uso de anestésicos, manipulação cirúrgica e circulação extracórporea, podendo potencializar-se em pacientes portadores de doença pulmonar obstrutiva crônica. Além disso, durante o período de pós-operatório, o paciente pode apresentar arritmias, instabilidade hemodinâmica e sangramentos com necessidade de reintervenção cirúrgica.

Em decorrência desses fatores, é desejável que alguns pacientes permaneçam intubados e em ventilação mecânica por um período superior a 12 horas após a cirurgia, diminuindo assim os riscos de uma extubação precoce.

Por outro lado, a extubação imediata ou *fast track*, em pacientes criteriosamente avaliados, vem sendo empregada no pós-operatório de cirurgia cardíaca com bons resultados, trazendo benefícios tanto para o paciente quanto para as instituições de saúde pública ou privada. A rápida recuperação e a alta precoce da UTI podem reduzir os custos de saúde em até 50% após cirurgia cardíaca sem aumento da morbidade pós-operatória, desde que a escolha dos pacientes seja adequada.

A decisão pela retirada do tubo orotraqueal concomitante ao retorno à respiração espontânea, é sempre um momento de grande expectativa para a equipe, e deve ser baseada em protocolo de desmame adotado pelo serviço.

PROCEDIMENTO DE EXTUBAÇÃO

A extubação é definida como a retirada da cânula orotraqueal ou nasotraqueal e deve ser realizada após o desmame da ventilação mecânica, tão logo o paciente tenha condições de assumir novamente a respiração espontânea.

A técnica de retirada do tubo orotraqueal do paciente submetido à cirurgia cardíaca é a mesma que a de qualquer paciente intubado, podendo seguir a seguinte sequência:

- Explicar ao paciente o procedimento solicitando sua colaboração, de forma a mantê-lo calmo e tranquilo. O incomodo ocasionado pela presença do tubo orotraqueal torna muitas vezes o paciente agitado, hipertenso e taquicárdico com consequente queda da saturação, facilitando o aparecimento de arritmias cardíacas.
- Realizar higiene brônquica com posterior aspiração do tubo orotraqueal, nariz e boca (Figuras 34.1, 34.2 e 34.3) para prevenir que as secreções das vias aéreas superiores sejam aspiradas quando o *cuff* for desinsuflado. O fisioterapeuta deve estar alerta ao monitor cardíaco para possíveis alterações no traçado eletrocardiográfico bem como na oximetria de pulso.
- Posicionar o paciente sentado no leito. A elevação do decúbito acima de 30 graus fica restrita para pacientes que fazem uso de equipamentos na região inguinal como o balão intra-aórtico ou introdutor.
- Retirar as fixações do tubo orotraqueal (Figura 34.4).

Figura 34.1 Aspiração pelo tubo orotraqueal.

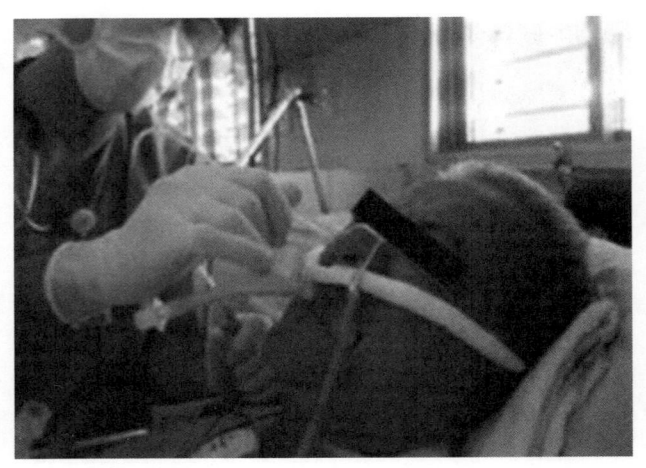

Figura 34.2 Aspiração nasal.

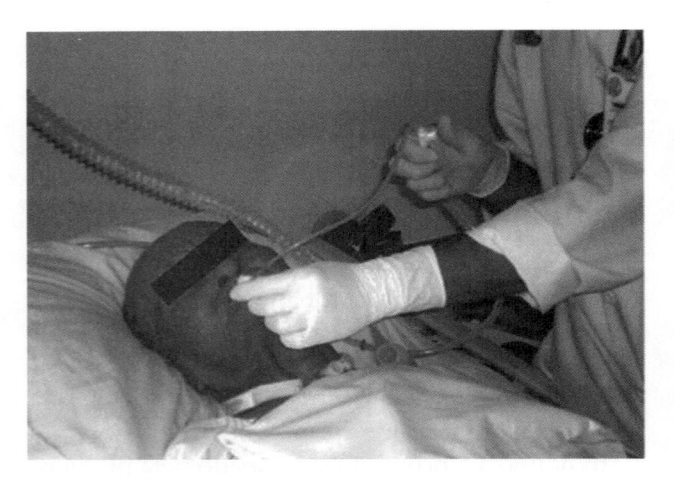

Figura 34.3 Aspiração da cavidade oral.

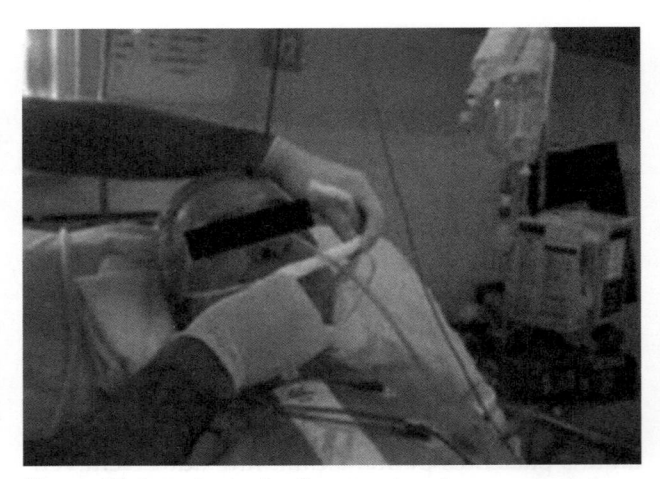

Figura 34.4 Retirada das fixações do tubo orotraqueal.

- Com uma seringa de 10 ou 20 mL desinsuflar totalmente o *cuff* (Figura 34.5).
- Solicitar que o paciente inspire e ao final da inspiração retirar o tubo orotraqueal rápido, mas cuidadosamente (Figura 34.6).
- A secreção que se encontra em vias aéreas superiores deve ser eliminada, portanto é necessário orientar o paciente a tossir e expectorar (Figura 34.7). Caso o paciente não consiga eliminá-la, a aspiração via nasotraquel ou através da cavidade oral deve ser realizada.
- Instalar oxigenioterapia em forma de máscara facial (Figura 34.8) ou cateter nasal para manter saturação de oxigênio maior ou igual a 95%.
- É imprescindível observar padrão respiratório, frequência respiratória, pressão arterial e frequên-

cia cardíaca, além de qualquer sintoma de desconforto respiratório referido pelo paciente.
- Em alguns casos, a instalação da VMNI pode ser necessária (Figura 34.9).

ESCOLHA DA OXIGENIOTERAPIA

Antes da extubação, o fisioterapeuta deverá escolher e preparar a forma de oxigenioterapia mais adequada ao paciente. Sua administração poderá ser realizada principalmente por meio dos recursos a seguir.

- Cateter nasal: indicado para pacientes que necessitam de baixa fração de oxigênio e que consigam ter uma respiração predominantemente nasal.

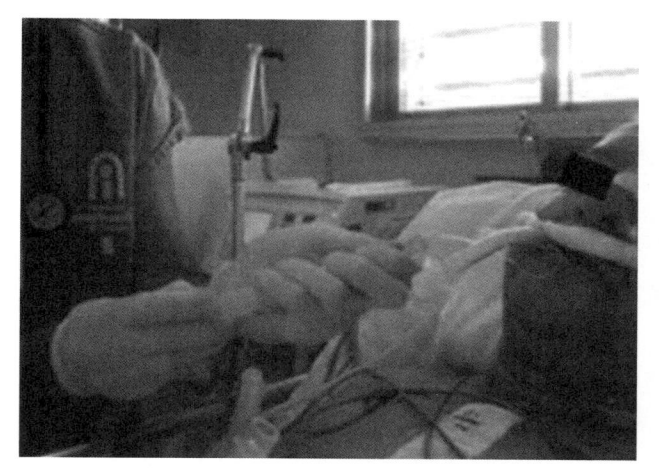

Figura 34.5 Desinsuflação total do *cuff*.

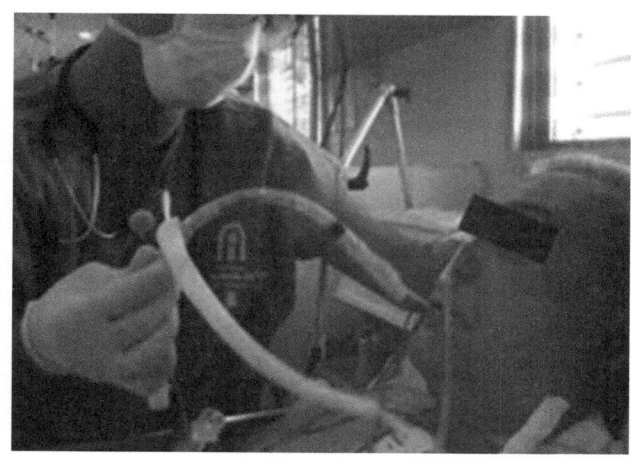

Figura 34.6 Retirada do tubo orotraqueal.

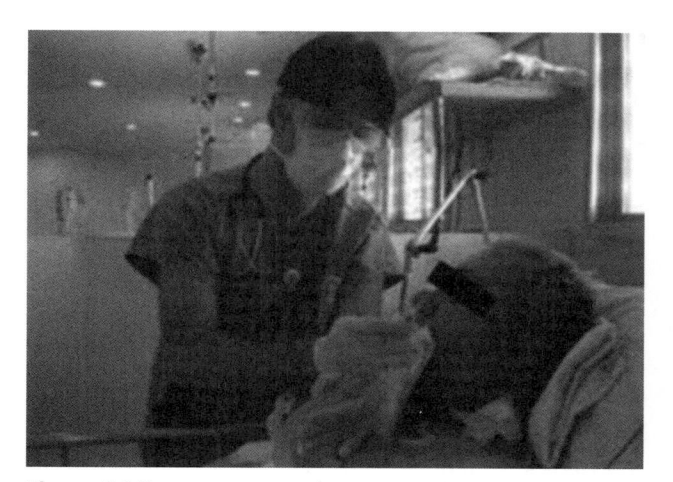

Figura 34.7 Expectoração da secreção de vias aéreas superiores.

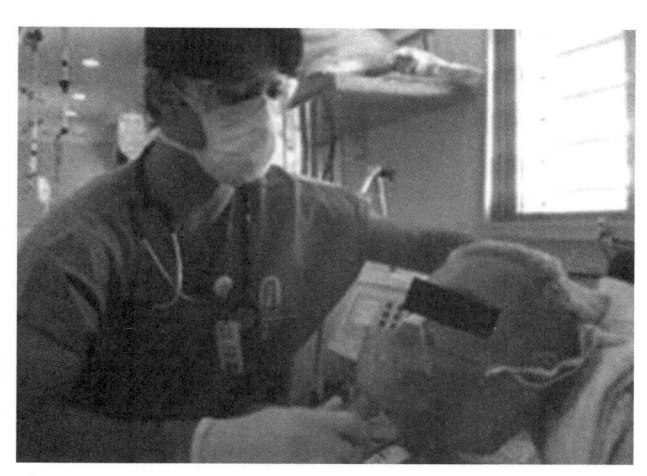

Figura 34.8 Oxigenioterapia através de máscara de nebulização.

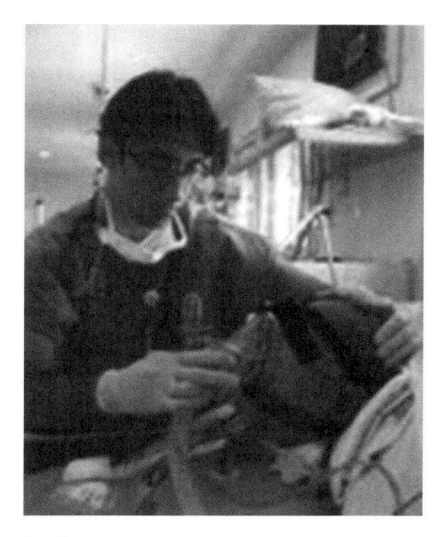

Figura 34.9 VMNI pós-extubação.

Recomenda-se que seja utilizado no máximo até 6 L/min, pois acima desse valor seu uso torna-se desconfortável para o paciente ocasionando ressecamento e até sangramento da mucosa nasal.

- Máscara de nebulização: a oferta de oxigênio através da máscara de nebulização é em torno de 40 a 60% quando se utiliza fluxos de 8 a 10 L/min. A utilização de fluxos menores do que 5 L/min não é recomendada, pois há risco de retenção de CO_2 por reinalação do ar expirado.
- Sistema de Venturi: seu uso permite o controle mais preciso da porcentagem (24, 28, 35, 40 e 50%) de concentração de oxigênio que está sendo ofertada ao paciente.

- Tendas de oxigênio: deve ser utilizada em pacientes pediátricos, mantendo-se um fluxo de oxigênio ≥ a 8 L/ min para que não haja reinalação de CO_2.

USO DA VMNI PÓS-EXTUBAÇÃO DE CIRURGIA CARDÍACA

O uso da ventilação mecânica não invasiva tem sido adotado como forma profilática ou de tratamento para as complicações pulmonares após a extubação de pacientes submetidos à cirurgia cardíaca. Está indicada principalmente nos casos de hipoxemia, atelectasia, pneumonia, insuficiência respiratória e edema agudo dos pulmões, com consequente diminuição na taxa de reintubação, morbidade e mortalidade. Entre seus benefícios, cita-se o aumento da capacidade residual funcional e oxigenação arterial, redução do trabalho respiratório, diminuição do líquido extravascular pulmonar, aumento da pressão intratorácica com redução de pré-carga e pós-carga, além da redução da pressão transmural do ventrículo esquerdo.

A VMNI também pode ser utilizada em pacientes pediátricos cirúrgicos cardíacos após a retirada do tubo orotraqueal. Além de todos os fatores relacionados à cirurgia e anestesia, que contribuem para a diminuição dos volumes e capacidades pulmonares, a criança apresenta características próprias do sistema respiratório que favorecem maiores valores em relação à incidência das complicações pulmonares. A aplicação da VMNI reduz o trabalho respiratório, o uso da musculatura acessória, a frequência cardíaca e respiratória, melhorando as trocas gasosas e é uma estratégia terapêutica segura desde que bem indicada e monitorizada por um fisioterapeuta.

Extubação precoce ou *fast track* em pós-operatório de cirurgia cardíaca

A extubação precoce em cirurgia cardíaca ou *fast track* vem sendo adotada por algumas equipes de cirurgiões, anestesistas e fisioterapeutas em um grupo selecionado de pacientes. Na literatura, sua definição varia de estudo para estudo, mas basicamente consiste na extubação do paciente ainda no centro cirúrgico ou na UTI de pós-operatório cardíaco no período de 1 até 8 horas após a intervenção cirúrgica.

Entre os benefícios observados nessa técnica (Tabela 34.1) destacam-se aqueles diretamente relacionados à retirada do tubo orotraqueal e à interrupção da ventilação mecânica, tais como menor incidência de

Tabela 34.1 Benefícios da retirada precoce do tubo orotraqueal

1. Redução da necessidade de sedação para acoplar o paciente à ventilação mecânica
2. Eliminação da possibilidade de obstrução do tubo orotraqueal e ainda extubação acidental
3. Rápida mobilização do paciente no leito e retorno à comunicação verbal
4. Menor incidência de traumatismo de vias aéreas, barotrauma e pneumonia associada à ventilação mecânica
5. Redução das intercorrências hemodinâmicas relacionadas ao uso da pressão positiva, como diminuição do débito cardíaco e da perfusão renal
6. Alta precoce da UTI
7. Redução dos dias de internação hospitalar
8. Diminuição dos custos hospitalares
9. Maior satisfação dos familiares com redução do estresse

lesão de vias aéreas e repercussões hemodinâmicas ocasionadas pelo uso da pressão positiva. Seu impacto econômico decorre principalmente da alta precoce da UTI, com consequente diminuição dos dias de internação hospitalar e custos com medicações.

Em 2010, Alghamdi e colaboradores analisaram os benefícios da extubação precoce em pacientes pediátricos submetidos à cirurgia cardíaca, concluindo que a sua realização permite diminuição da mortalidade, menor dias de internação na UTI e enfermaria, redução dos custos hospitalares e das morbidades respiratórias.

A idade avançada, tempo prolongado de circulação extracórporea, necessidade de uso de balão intra-aórtico no pré-operatório, baixa pressão arterial de oxigênio e baixo nível de hemoglobina no pós-operatório foram descritos na literatura como fatores independentes para a permanência do paciente em ventilação mecânica e assim contraindicar este procedimento.

A obesidade, comum comorbidade em pacientes submetidos à cirurgia cardíaca, também é descrita como um fator de risco independente para a retirada precoce da prótese ventilatória por estar associada à maior incidência de infecção da cicatriz esternal, deiscência de sutura e arritmias necessitando, assim, de ventilação mecânica por tempo mais prolongado.

Entre outras contraindicações, cita-se: presença de angina instável, fração de ejeção menor do que 50%, doença pulmonar obstrutiva crônica, falência renal, acidente vascular cerebral prévio, reoperação por sangramento e infarto do miocárdio pré-operatório.

Diferentes protocolos têm sido adotados pelos anestesistas para o manejo de pacientes que serão extubados precocemente. A técnica anestésica utilizada influencia diretamente no tempo que o paciente irá permanecer em ventilação mecânica. A combinação da anestesia epidural alta combinada com anestesia geral e o uso de descurarizantes após a cirurgia permitem que a extubação do paciente aconteça ainda centro cirúrgico. A síntese de drogas anestésicas de curta duração de ação e com menores repercussões sobre a função cardíaca contribui significantemente na redução da mortalidade perioperatória.

O uso de anestesia compatível, boa função ventricular, menor quantidade de artérias obstruídas, menor tempo de cirurgia e circulação extra-corpórea são fatores que interferem diretamente na eleição do paciente ao *fast track*.

Polito (2010) descreveu em seu trabalho os fatores de risco que podem determinar ventilação mecânica prolongada (> ou = a 7 dias) em crianças submetidas à cirurgia cardíaca para a correção de cardiopatias congênitas. Entre eles, destacam-se: idade menor do que 30 dias até a cirurgia, grande severidade da doença até a admissão pós-operatória, necessidade de reintervenções cirúrgicas, presença de anomalias estruturais não cardíacas, complicações pulmonares não infecciosas (derrame pleural e pneumotórax), alto risco de mortalidade pediátrica III (escore no tempo de admissão na unidade de cuidados intensivo), presença de infecções, longo tempo de circulação extracorpórea com significante resposta inflamatória, instabilidade hemodinâmica requerendo altas doses de suporte inotrópico e hemorragia não controlada.

O sucesso do *fast track* está na adoção de protocolos que selecionam cuidadosamente os pacientes que podem ser submetidos à retirada precoce do tubo orotraqueal, além da adoção de técnicas anestésicas que a facilitem.

CONSIDERAÇÕES FINAIS

A extubação no pós-operatório de cirurgia cardíaca deve ser realizada assim que as condições clínicas do paciente permitirem sua realização.

A adoção de protocolos adotados pela equipe, combinação de técnica anestésica apropriada e controle efetivo da dor no pós-operatório, permitem a extubação precoce de pacientes cuidadosamente selecionados diminuindo as complicações relacionadas à ventilação mecânica, redução dos dias de permanência no hospital e diminuição dos custos relacionados à medicação e internação.

AGRADECIMENTOS

Os autores do capítulo agradecem aos fisioterapeutas David José Dias e Juliana Marson Guimarães pela ajuda na produção das fotos.

BIBLIOGRAFIA RECOMENDADA

1. Alghamdi AA, Singh SK, Hamilton BC, et al. Early extubation after padiatric cardiac surgery: systematic review, meta-analysis, and evidence-basead recommendations. J Card Surg. 2010;25(5): 586-95.

2. Carmona MJC, Menezes VL, Auler Jr JOC, Tarrago D, et al. Extubação Precoce no Pós-Operatório de Cirurgia Cardíaca. Rev Bras Anestesiol. 1993;43(5):329-33.

3. Chamchad D, Horrow JC, Nachamchik L, et al. The impact of immediate extubation in the operating room after cardiac surgery on intensive care and hospital lengths of stay. J Cardiothorac Vasc Anesth. 2010;24(5):780-4.

4. Cheng DCH, Karski J, Peniston C, et al. Morbidity outcome in early versus conventional tracheal extubation after coronary artery bypass grafting: a prospective randomized controlled trial. The Journal of Thoracic and Cardiovascular Surgery. 1996;112(3)755-63.

5. Ji Q , Chi L, Mei Y, et al. Risk factors for late extubation after coronary artery bypass grafting. Heart Lung. 2010;39(4):275-82.

6. Kilger E, P Mohnle, Nasau K, et al. Noinvasive mechanical ventilation in patients with acute respiratory failure after cardiac surgery. Heart Surg Forum 2010;13(2)91-5.

7. Kipps Ak, Wypij D, Thiagarajan RR, et al. Blood transfusion is associated with prolonged duration of mechanical ventilation in infants undergoing reparative cardiac surgery. Pediatric Crit Care Med. 2011;12(1):52-6.

8. Lopes CR, Brandao CMA, Nozawa,E , Jr Auler, JOC. Benefits of nom-invasive ventilation after extubation in the postoperative period of heart surgery. Rev Bras Cardiovasc. 2008;23(3):344-50.

9. Meade MO, Guyatt G, Butler R. Trials comparing early versus late extubation following cardiovascular surgery. Chest. 2001;120(6)455S-453S.

10. Mittnacht AJC, Hollinger I. Fast tracking in pediatric surgery-The current standing. Annals of Cardiac Anaesthesia. 2010;13(2):92-101.

11. Neskovic V, Milojevic P, Unic I, Popovic N. Early extubation in cardiac surgery.Med Pregl. 2010;63(3-4):183-7.

12. Parlow JL, Ahn R, Milne B. Obesity is a risk factor for failure of "fast track" extubation following coronary artery bypass surgery.Canadian Journal of Anesthesia. 2006;53(3):288-94.

13. Polito A, Patorno E, Costello JM et al. Perioperative risk factors for prolonged mechanical ventilation after complex congenital heart surgery. Pediatr Crit Care Med. 2010.

14. Reyes A, Vega G, Blancas R et al. Early versus conventional extubation after cardiac surgery with cardiopulmonary bypass. Chest. 1997;112(1):193-201.

15. Sarmento, GJV. O ABC da Fisioterapia Respiratória. Barueri: Manole; 2009.

16. Sato M, Suenaga E, Koga S et al. Early tracheal extubation after on-pump coronary artery bypass grafting. Ann Thorac Cardiovasc Surg. 2009;15(4):239-42.

17. Umeda IIK. Manual de Fisioterapia na Cirurgia Cardíaca-Guia Prático. Barueri: Manole; 2004.

18. Zarbock A, Mueller E, Netzer S et AL. Prophylactic nasal continuous positive airway pressure following cardiac surgery protects from postoperative pulmonary complications: a prospective, randomized, controlled trial in 500 patients. Chest. 2009;135:1252-9.

35

INTERAÇÃO CARDIOPULMONAR

EDUARDO LEITE VIEIRA COSTA
JAIR FRANCISCO PESTANA BIATTO
MARCELO PARK

RESUMO

O coração e o pulmão têm funções vitais e complementares. O coração é responsável por bombear sangue através dos pulmões e para os demais órgãos e tecidos, enquanto aos pulmões cabe realizar trocas gasosas, permitindo a oxigenação do sangue e eliminação de gás carbônico. Para execução eficaz da função cardiopulmonar, coração e pulmão necessitam trabalhar em harmonia. Primeiro porque o pulmão é o único órgão a ser atravessado por todo o débito cardíaco, de modo que alterações na circulação pulmonar podem afetar profundamente o funcionamento do coração. Segundo porque coração e pulmão competem por espaço na caixa torácica, e, portanto, o volume pulmonar exerce influência significativa na pré-carga e pós-carga cardíacas. Clinicamente, a interação entre coração e pulmão pode ser aproveitada para otimizar tratamento de pacientes com choque e para identificar responsividade à expansão volêmica.

INTRODUÇÃO

As funções fisiológicas cardíacas e pulmonares são complementares e intrinsecamente imbricadas. Simplificadamente, o papel do coração é bombear sangue através da pequena e grande circulação com o objetivo final de permitir a homeostase do metabolismo tissular, quando ocorre consumo de oxigênio e glicose, e produção de gás carbônico. O equilíbrio entre oferta e consumo desses gases só é possível porque o sangue impulsionado pelo ventrículo direito, ao passar pela circulação pulmonar caracterizada por uma baixa resistência no leito vascular, sendo capaz de receber o débito cardíaco direito em uma ampla faixa de fluxo (pequena circulação), troca gás carbônico por oxigênio através da membrana alveolocapilar. Portanto, o sangue, proveniente do ventrículo direito e trazido pelas artérias pulmonares com baixas concentrações de oxigênio e altas concentrações de gás carbônico, atravessa os pulmões, de onde sai com alto teor de oxigênio e baixo teor de gás carbônico. Essa troca gasosa é chamada de hematose e constitui a principal função fisiológica pulmonar. O sangue oxigenado deixa os pulmões através das veias pulmonares para atingir o átrio esquerdo e depois o ventrículo esquerdo de onde é impulsionado para os demais órgãos.

A partir dessa noção básica da fisiologia cardiopulmonar, é possível vislumbrar um mecanismo de interação fundamental entre coração e pulmão. As primeiras descrições dessa interação são do início do século XVIII com o renomado fisiologista inglês Stephen Hales, que descreveu a oscilação da pressão arterial em função da respiração através um tubo inserido na artéria carótida de um cavalo. A eficiência das trocas gasosas (hematose) é extremamente dependente da relação entre quantidade de sangue que chega aos pulmões (perfusão) e da quantidade de ar fresco que chega aos alvéolos (ventilação alveolar). Esse mecanismo de interação, conhecido por relação ventilação-perfusão, afeta primordialmente a função pulmonar e será abordado em detalhes adiante.

O segundo tipo de interação entre coração e pulmão diz respeito à influência que o pulmão pode ter na função cardíaca (perfusão). Como veremos mais à frente, duas características anatômicas colocam o pulmão em uma posição chave onde ele pode ter profunda influência na função cardíaca: 1) pulmão e coração competem por espaço na caixa torácica, de forma que a pressurização do pulmão pode afetar tanto a pré-carga quanto a pós-carga dos ventrículos direito e esquerdo; 2) o pulmão é o único órgão a ser atravessado por 100% do débito cardíaco, de modo que o débito cardíaco pode ser afetado substancialmente pela impedância arterial pulmonar.

RELAÇÃO VENTILAÇÃO-PERFUSÃO

O mecanismo de troca gasosa é otimizado quando há uma proporção equilibrada entre ventilação e perfusão pulmonares. Diz-se, portanto, que a relação V/Q ideal é igual a 1 (onde V representa a ventilação alveolar e Q, a perfusão). Existe um largo espectro de alterações da relação ventilação perfusão, desde baixas relações V/Q, a causa mais comum de hipoxemia, a altas relações V/Q, usualmente acompanhadas de normoxemia e hipercapnia. Os extremos do espectro são chamados de *shunt* (do inglês, significando fístula, onde V = 0) e espaço morto (onde Q = 0).

Mudanças no débito cardíaco acarretam necessariamente alterações na perfusão pulmonar. O equilíbrio entre as pressões gasosas no espaço alveolar e dentro dos capilares pulmonares acontece, em repouso, em 1/3 do tempo que o sangue capilar passa em contato com o espaço alveolar. Isso quer dizer que existe uma reserva de 2/3 do tempo que o sangue passa na membrana alveolocapilar, de tal forma que aumentos agudos da perfusão pulmonar não costumam afetar a capacidade de difusão. Um exemplo de exceção e emblemático acontece em atletas de elite, que são capazes de aumentar tanto o débito cardíaco durante o exercício que chegam a apresentar diminuição importante da oxigenação arterial.

Se, por um lado, a capacidade de difusão não costuma ser comprometida por aumento da perfusão pulmonar, por outro lado, aumentos no débito cardíaco não acompanhados por aumento proporcional da ventilação alveolar levam à regiões de baixo V/Q, podendo levar à queda da PaO_2. Aumento do débito cardíaco também pode levar a alterações regionais ou localizadas na relação ventilação perfusão. Por exemplo, o aumento da perfusão pode reabrir capilares pulmonares, previamente fechados por efeito de vasoconstrição hipóxica, levando assim a aumento da fração de *shunt* pulmonar.

PRESSÃO INTRATORÁCICA E EFEITO HEMODINÂMICO

O coração é uma câmara pressurizada intratorácica que recebe sangue tanto de fora (retorno venoso para o coração direito) quanto de dentro do tórax (retorno do sangue pulmonar oxigenado para o coração esquerdo). Do mesmo modo, os ventrículos direito e esquerdo ejetam sangue para alimentar estruturas intra e extratorácicas, respectivamente. Alterações na pressão intratorácica causam, portanto, efeitos distintos na pré e pós-carga da pequena (coração direito) e grande circulações (coração esquerdo).

PRÉ-CARGA VENTRICULAR

De acordo com as fases da respiração, os volumes diastólicos finais dos ventrículos tendem a variar em direções opostas: durante uma inspiração espontânea, o retorno venoso para as câmaras cardíacas direitas aumenta, sob o efeito de pressões negativas no espaço pleural, enquanto o volume diastólico final do ventrículo esquerdo diminui. Essa tendência ocorre porque a pressão negativa intratorácica gera um gradiente de pressões favorável ao retorno do sangue venoso dos órgãos extratorácicos para o coração direito, enquanto o retorno venoso para o coração esquerdo vem do pulmão através das veias pulmonares. Como tanto o pulmão quanto o coração esquerdo são órgãos intratorácicos, esse mecanismo não afeta significativamente o retorno venoso para as câmaras esquerdas. Durante a pressurização do tórax, por exemplo, na ventilação com pressão positiva ou em manobras de Valsava, ocorre uma inversão nessa relação: o retorno venoso diminui para as câmaras direitas e aumenta para as câmaras esquerdas.

PÓS-CARGA VENTRICULAR

Pós-carga é definida como a tensão na parede ventricular durante a ejeção. Pode também ser entendida como a força de oposição à ejeção, e é usualmente representada pela pressão transmural, ou seja, a pressão intraventricular, geralmente aproximada pela pressão na raiz da aorta ou da artéria pulmonar, subtraída da pressão pleural (ou extraventricular).

Pressão transmural =
Pressão intracavitária – Pressão pleural   (1)

Ventrículo esquerdo

A partir da equação (1), é possível concluir que aumentos na pressão pleural, por exemplo, durante ventilação com pressão positiva, tendem a diminuir a pós-carga ventricular esquerda, facilitando a ejeção porque diminuem a pressão transmural. Durante a respiração espontânea, ocorre o contrário: a pós-carga do ventrículo esquerdo (VE) aumenta na fase inspiratória em consequência da diminuição da pressão pleural.

Ventrículo direito

O efeito da pressurização torácica na pós-carga do ventrículo direito (VD) é mais complexo. A resistência vascular pulmonar (RVP) apresenta uma relação com os volumes pulmonares descrita por uma curva "em J", ou seja, partindo de volumes pulmonares baixos, a resistência vascular pulmonar diminui com a expansão pulmonar até atingir um mínimo, a partir do qual a RVP aumenta progressivamente. Esse efeito da pressurização torácica na RVP pode ser explicado por diferentes mecanismos que atuam simultaneamente nos vasos alveolares e extra-alveolares. Os vasos alveolares incluem as pequenas arteríolas pulmonares, vênulas e capilares que estão localizadas nos septos alveolares e são afetados principalmente pela pressão alveolar. Com a pressurização torácica, os pulmões aumentam de tamanho e comprimem cada vez mais esses vasos, dificultando a passagem de sangue através dos pulmões. Os vasos extra-alveolares, por sua vez, estão localizados fora da parede alveolar e são mantidos pérvios pela pressão negativa no interstício pulmonar. Essa pressão intersticial fica cada vez mais negativa com o aumento do volume pulmonar. Dessa forma, os aumentos nos volumes pulmonares facilitam a passagem de sangue através dos vasos extra-alveolares. O efeito global do volume pulmonar na RVP depende da combinação da resistência à passagem de sangue através dos vasos alveolares e extra-alveolares, gerando a curva "em J". Com volumes pulmonares bem acima da capacidade residual funcional, ocorre aumento da RVP gerando pressões aumentadas no ventrículo direito e na raiz da artéria pulmonar. Consequentemente, a partir da equação (1), pode-se concluir que a pressurização do tórax tem um efeito bifásico na pós-carga do VD: na primeira fase, ocorre diminuição, e, na segunda, aumento progressivo da pós-carga.

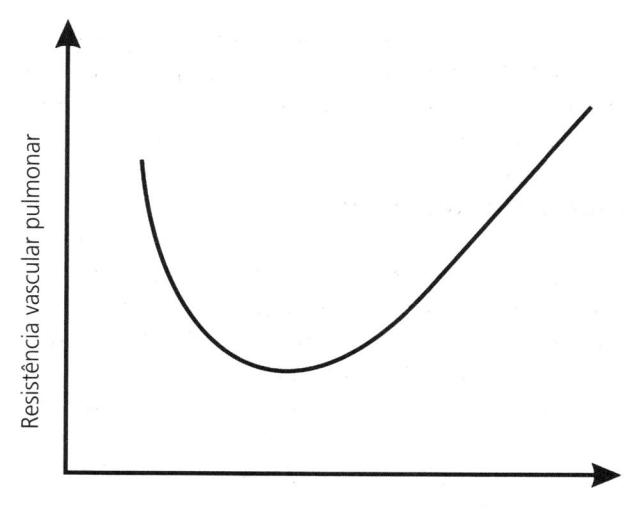

Figura 35.1 Curva em "J" da resistência vascular pulmonar com volumes crescentes pulmonares, a partir do volume residual. Adaptado de Burton e Patel. Journal of Applied Physiology; 1958.

APLICAÇÕES CLÍNICAS DA INTERAÇÃO CORAÇÃO-PULMÃO

Dentro de toda a complexidade da fisiologia da interação entre coração e pulmões, alguns aspectos clínicos devem ser lembrados a beira leito: 1) pacientes hipovolêmicos, em geral, têm resposta com redução do volume sistólico quando se aumenta a pressão média das vias aéreas; 2) entre as pressões medidas em vias aéreas (pico, platô, média e PEEP) a pressão de platô parece ser a mais correlacionada com efeitos hemodinâmicos no ser humano; 3) a pressurização torácica leva à redução do tamanho (raio) do ventrículo esquerdo e da pressão transmural deste, o que, ao final, pode ser clinicamente interpretado como uma redução na pós-carga do coração esquerdo; 4) o efeito da variação do volume pulmonar na pós-carga do ventrículo direito é importante em cada cilclo respiratório, mas uma pressurização contínua sem grandes variações do volume pulmonar, provavelmente não terá um grande impacto clínico a médio e longo prazo; 5) as variações autonômicas com o volume pulmonar têm importâcia ainda não bem elucidada à beira leito e 6) os pulmões, na presença de ventilação lesiva a eles e em caso de injúrias pulmonares graves, podem ser perpetuadores das disfunções orgânicas, inclusive cardiovasculares.

Com esses conceitos em mente, os possíveis usos da ventilação mecânica e sua interação com o sistema cardiovascular na prática clínica serão discutidos a seguir.

Suporte hemodinâmico

O consumo de oxigênio pela musculatura respiratória é habitualmente baixo, cerca de 2 e 5% do consumo total do corpo, mas, em situações de desconforto respiratório, pode chegar a 30 e 50% do consumo total. Esta demanda aumentada, dependendo da condição clínica, pode contribuir para o déficit de oxigenação em outras regiões nobres, culminando com o sofrimento celular.

O uso da ventilação mecânica precocemente durante a síndrome do choque, pode propiciar um acoplamento mais fácil entre oferta e consumo de oxigênio, o que pode ser, quando feito precocemente, um determinante da boa evolução das disfunções orgânicas. Em pacientes com insuficiência/desconforto respiratório agudo, a intubação com a instituição da ventilação mecânica é associada à redução do lactato plasmático na fase aguda da doença. Entretanto, o uso da ventilação mecânica com o objetivo único de otimizar a relação entre oferta e consumo de oxigênio, na ausência de insuficiência respiratória, é desencorajado.

Em animais com choque cardiogênico induzido por tamponamento cardíaco, a ventilação mecânica prolonga a sobrevivência em relação à respiração espontânea. Também em pacientes com choque cardiogênico após infarto agudo do miocárdio, o uso precoce da ventilação mecânica é associada à melhor sobrevida, além de desmame mais precoce da contrapulsação aórtica e de drogas inotrópicas. Há pelo menos duas possibilidades capazes de explicar o ganho oferecido pela ventilação mecânica. A primeira é relacionada à redução do consumo de oxigênio global para níveis em que o sistema cardiovascular debilitado possa suprir, e a segunda, à redução da pré e pós-carga do coração esquerdo por causa da pressurização da caixa torácica.

Concluindo, a ventilação mecânica deve ser lembrada no tratamento do paciente crítico no sentido da redução do consumo de oxigênio pelo repouso da musculatura respiratória, mas também como suporte circulatório, principalmente em pacientes com choque cardiogênico e insuficiência cardíaca descompensada.

Responsividade a volume

A responsividade à expansão volêmica é algo bem explorado na literatura, sendo a definição mais comum, a elevação em 10% do volume sistólico com a infusão de atá 500 mL de soluções cristaloides ou coloides. Dessa forma, torna-se racional o uso de expansão volêmica, no qual o foco pela fisiologia Guytoniana é a elevação da pressão arterial, através da elevação do débito cardíaco, sendo que, na prática clínica, evita-se a infusão de quantias de volume desnecessários, em que não haverá ganho de perfusão e apenas existirá aumento do edema do paciente.

O método padrão para a mensuração da responsividade a volume é a infusão deste e a verificação se há ou não elevação do débito cardíaco. Entretanto, com esse método, a medição é sempre feita após a infusão do volume, levando invariavelmente à administração excessiva de líquido. A complexidade da interação entre coração e pulmões permite que, a cada inspiração com pressão positiva, haja redução do retorno venoso para o ventrículo direito e aumento da sua pós-carga, assim como elevação do retorno venoso para o ventrículo esquerdo, pela compressão do sistema venular pulmonar. Assim, durante a expiração, essa redução do volume sistólico do ventrículo direito terá repercussão no enchimento do ventrículo esquerdo, causando uma redução do seu volume sistólico nesta fase. A mensuração em tempo real do volume sistólico permite perceber estas alterações. Tais variações também podem ser detectadas indiretamente pela variação da pressão de pulso. A diferença entre pressão sistólica e diastólica (pressão de pulso) depende do volume de sangue ejetado a cada sístole (volume sistólico) do batimento cardíaco envolvido e das propriedades mecânicas do sistema vascular arterial (complacência, resistência e inertância). Como a mecânica vascular arterial não varia rapidamente (batimento a batimento), a variação da pressão de pulso durante o ciclo respiratório é resultado primordialmente da variação do volume sistólico. Desta forma, quanto maior a variação da pressão de pulso, maior a chance de resposta à expansão volêmica e maior a monta desta.

A variação de pressão de pulso é validada para pacientes sépticos, com linha arterial disponível, hipotensos, ventilado em volume controlado, em modalidade controlada, com volume corrente > 8 mL/kg, PEEP < 10 cm H_2O, relação I:E de 1:3, sem arritmias, e sem hipertensão pulmonar. Esses pré-requisitos restringem sua aplicação na prática clínica. O índice da variação da pressão de pulso ou delta PP é calculado pela diferença entre pressão de pulso inspiratória e pressão de pulso expiratória dividida pela média destas duas pressões de pulso. O valor de corte para uma acurácia alta (acima de 95%) para predição de resposta à expansão volêmica é de 13% de delta PP.

BIBLIOGRAFIA RECOMENDADA

1. Aubier M, Trippenbach T, Roussos C: Respiratory muscle fatigue during cardiogenic shock. J Appl Physiol. 1981;51:499-508.

2. Feihl F, Broccard AF: Interactions between respiration and systemic hemodynamics. Part I: basic concepts. Intensive Care Med. 2009;35:45-54.

3. Feihl F, Broccard AF: Interactions between respiration and systemic hemodynamics. Part II: practical implications in critical care. Intensive Care Med. 2009;35:198-205.

4. Luecke T, Pelosi P: Clinical review: Positive end-expiratory pressure and cardiac output. Crit Care. 2005;9:607-21.

5. Kontoyannis DA, Nanas JN, Kontoyannis SA, Stamatelopoulos SF, Moulopoulos SD: Mechanical ventilation in conjunction with the intra-aortic balloon pump improves the outcome of patients in profound cardiogenic shock. Intensive Care Med. 1999;25:835-8.

6. Marik PE, Cavallazzi R, Vasu T, Hirani A: Dynamica changes in arterial waveform derived variables and fluid responsiveness in mechanically ventilated patients: A systematic review of the literature. Crit Care Med. 2009;37:2642-7.

7. Michard F, Boussat S, Chemla D, Anguel N, Mercat A, Lecarpentier Y et al.: Relation between respiratory changes in arterial pulse pressure and fluid responsiveness in septic patients with acute circulatory failure. Am J Respir Crit Care Med. 2000;162:134-8.

8. Michard F, Teboul JL: Predicting fluid responsiveness in ICU patients: a critical analysis of the evidence. Chest 2002;121:2000-8.

9. Michard F, Teboul JL: Using heart-lung interactions to assess fluid responsiveness during mechanical ventilation. Crit Care 2000, 4: 282-9.

10. Wagner PD. The multiple inert gas elimination technique (MIGET). Intensive Care Med 2008;34:994-1001.

36

INTERAÇÃO PACIENTE-VENTILADOR

ANA LÚCIA CAPELARI LAHOZ
CARLA MARQUES NICOLAU

INTRODUÇÃO

A interação paciente-ventilador é um conceito amplo que engloba o conforto, a sincronia e o trabalho respiratório realizado pelo paciente durante a ventilação auxiliada mecanicamente, compreendendo também o potencial da ventilação mecânica em causar lesão tecidual pulmonar.

O termo "competindo com o ventilador" é frequentemente utilizado para descrever o desenvolvimento de falência respiratória aguda em pacientes sob assistência ventilatória mecânica, que tenham permanecido previamente estáveis nessa condição.

SINCRONIA E O TRABALHO RESPIRATÓRIO

A ventilação mecânica tem como objetivos diminuir o trabalho respiratório, melhorar a troca gasosa e diminuir o esforço imposto aos músculos respiratórios, evitando ou revertendo a fadiga muscular. Para alcançá-los, os profissionais têm a preocupação da escolha dos modos e dos parâmetros ventilatórios mais adequados para cada paciente, de acordo com a fisiopatologia de sua doença.

Além desses objetivos, é importante a prevenção das complicações associadas à ventilação mecânica e principalmente a interação adequada entre o paciente e o ventilador durante a respiração espontânea e/ou assistida/controlada.

Os profissionais que trabalham em terapia intensiva devem estar aptos a realizar a monitorização das trocas gasosas, do *drive* respiratório, do trabalho respiratório e outros parâmetros relacionados à sincronia paciente-ventilador, o que

muitas vezes é bastante difícil e complicado, principalmente em pediatria, em que ainda não se tem os valores de referência em relação à monitorização respiratória.

É notório que quando o paciente está no modo controlado, está totalmente dependente da ventilação mecânica e dificilmente há assincronia paciente-ventilador, a não ser que os parâmetros ventilatórios não tenham sido ajustados corretamente.

Porém, quando o paciente tem respirações espontâneas, ou seja, dispara alguns ciclos ventilatórios, o ventilador deve suprir toda a necessidade do paciente e, portanto, deve fornecer um fluxo adequado para a sua demanda; deve também se ajustar a cada mudança no ciclo respiratório.

Além do fluxo inspiratório, o ajuste do *rise time*, do valor da pressão de suporte e sua ciclagem são fatores que também podem interferir na sincronia paciente-ventilador.

Outro problema bastante frequente nos pacientes pediátricos é o escape de ar pela cânula orotraqueal (COT), já que a maioria dos pacientes, principalmente aqueles com menos de 8 anos de idade, são ventilados com COT sem *cuff*; e como são ventilados normalmente a pressão, não há um valor de volume corrente predeterminado — ele será consequência dos parâmetros ventilatórios ajustados e da complacência e da resistência do pulmão da criança.

Modos ventilatórios mais recentes, como a ventilação assistida proporcional (PAV, *proportional assisted ventilation*), a ventilação com pressão de suporte e volume garantido (VAPS – *volume assured pressure supported ventilation*) e a pressão de suporte (PS) têm surgido para tentar garantir maior sincronia entre o paciente e o ventilador e serão comentados posteriormente.

Outra possibilidade inovadora no campo da ventilação mecânica, ainda sem dados na população pediátrica e neonatal, é a medida e a monitorização da contração diafragmática por meio de microeletrodos localizados numa sonda nasogástrica.

Este modo ventilatório, chamado de assistência ventilatória ajustada neurologicamente (NAVA – *Neurally adjusted ventilatory assist*), surgiu com o objetivo de sincronizar o tempo e a magnitude da assistência em cada respiração que o paciente realiza, fornecendo ao ventilador uma maior ou menor assistência, dependendo do *drive* respiratório do paciente.

Infelizmente, esse modo ventilatório ainda é restrito ao Servo i®, porém parece ser superior a outros modos ventilatórios por gerar maior sincronização e, portanto, menor gasto energético, o que poderia antecipar o desmame e a extubação do paciente.

A assincronia paciente-ventilador contribui para a fadiga muscular do paciente e para a falha no desmame, já que há maior gasto de energia pelo aumento do trabalho respiratório.

Ela pode ser detectada pelo conhecimento do quadro clínico do paciente, pelo exame físico (taquipneia, taquicardia, batimento de asa de nariz, expiração forçada, uso de musculatura acessória, retração de fúrcula, intercostal, subdiafragmática), o que nem sempre é muito sensível e específico, e pela análise das curvas do ventilador (fluxo, volume e pressão). Esta última opção é a melhor maneira de diagnosticar essa assincronia.

CAUSAS DE ASSINCRONIA

Várias são as causas e elas podem estar associadas ao sistema respiratório do paciente, ao ajuste ou funcionamento do ventilador e a causas não relacionadas ao sistema respiratório do paciente, como a presença de dor e ansiedade.

As causas relacionadas ao paciente são:

* *Anormalidades no drive respiratório*: pode ocorrer o aumento do *drive* respiratório por elevação da ventilação devido a ansiedade, dor, problemas primários do sistema nervoso central, distensão gástrica, febre, hipercapnia, acidose metabólica ou diminuição do *drive* respiratório por sedação excessiva na alcalose metabólica, na privação do sono ou em situações de lesão cerebral.

Quando há alteração do *drive* respiratório, a resposta do ventilador deve ser alterada para que a sincronia seja mantida.

Em pacientes com *drive* respiratório aumentado, a assincronia pode ocorrer por:

* ajuste do disparo muito sensível;
* pico de fluxo inspiratório inadequado ou fluxo inicial inadequado;
* tempo inspiratório prolongado;
* pressão inspiratória inadequada;
* frequência mandatória inadequada;
* tempo expiratório muito curto quando a frequência respiratória é alta e/ou o tempo inspiratório é longo gerando auto-PEEP.

Já nos pacientes com fraqueza muscular ou com sedação intensa, seu esforço respiratório pode não ser detectado pelo ventilador, o que muitas vezes não é percebido sem a monitorização das curvas.

* *Alteração da mecânica respiratória:* quando há aumento da resistência das vias aéreas (broncoespasmo, secreção na via aérea, rolha na COT) ou diminuição da complacência pulmonar (edema pulmonar, pneumonia, síndrome do desconforto respiratório agudo), ou ainda a presença da hiperinsuflação dinâmica gerando auto-PEEP, que deve ser negativado antes do início do ciclo respiratório, dificultando o disparo do ventilador e aumentando o trabalho respiratório.

A hiperinsuflação dinâmica é o aumento do volume pulmonar ao final da expiração além da capacidade residual funcional (CRF), gerando uma pressão alveolar ao final da expiração positiva em relação à pressão de abertura das vias aéreas chamada de auto-PEEP ou PEEP intrínseca (Figura 36.1).

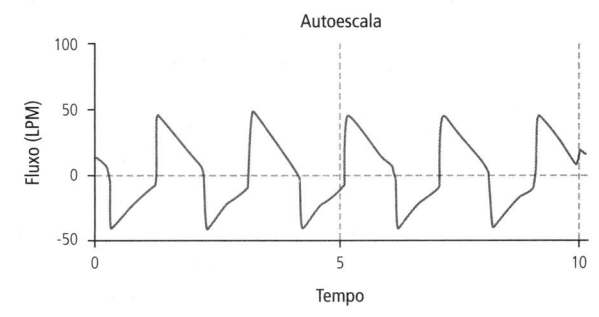

Figura 36.1 Presença de auto-PEEP através de curva fluxo/tempo.

A hiperinsuflação ocorre nos pacientes em ventilação mecânica com grandes volumes correntes caso estejam ventilando em volume controlado, tempo inspiratório longo e/ou frequência respiratória aumentada e naqueles que possuem aumento de resistência da via aérea e limitação ao fluxo expiratório. Essas alterações estão presentes principalmente nos pacientes com doença pulmonar obstrutiva crônica (DPOC).

Causas relacionadas ao ventilador:

- *Falhas no disparo do ventilador:* atualmente, os ventiladores melhoraram e possuem sensibilidades a pressão ou a fluxo durante a respiração espontânea e/ou assistida com valores menores. Esses recursos diminuem o esforço respiratório que o paciente deve fazer para que esse esforço seja detectado pelo respirador, problema muito frequente nos pacientes pediátricos.

A detecção do esforço do paciente também deve ser rápida o suficiente para não criar uma lacuna de tempo entre o esforço do indivíduo e o fluxo ofertado pelo ventilador; ou seja, o início do fluxo inspiratório deve coincidir com o início da respiração do paciente quando o estímulo respiratório foi iniciado, evitando o que nós chamamos de "fome de ar".

Não se sabe ao certo qual tipo de disparo gera menor trabalho respiratório para o paciente (parece ser o sensor a fluxo),principalmente porque os ventiladores modernos melhoraram muito os sensores, inclusive para o disparo a pressão. Os sensores ficam localizados normalmente no ramo proximal do circuito do ventilador, mas novos sensores vêm sendo desenvolvidos para permanecer no espaço pleural ou até mesmo no nervo frênico. No entanto, tudo isso ainda está em fase de estudo.

Pacientes com fraqueza muscular e/ou hiperinsuflação dinâmica podem ter dificuldades no disparo do ventilador, o que pode gerar problemas nas trocas gasosas, instabilidade cardiovascular e uso da musculatura acessória na inspiração e expiração, podendo aumentar a morbidade e o tempo de ventilação mecânica.

Além disso, podemos ter o efeito inverso, ou seja, o autodisparo do ventilador, chamado de autociclagem, que pode ocorrer pela presença de água no interior do circuito do ventilador, por grandes vazamentos da COT ou do circuito do ventilador ou programação de uma sensibilidade muito baixa, principalmente se ela estiver a fluxo e não a pressão.

- *Fluxo inspiratório alto ou baixo:* ocorre principalmente na ventilação com pressão limitada, em que o fluxo é contínuo e predeterminado, e na ventilação com volume controlado, em que o fluxo também tem um valor fixo, apesar de não ser um modo ventilatório muito utilizado em pediatria.

No primeiro caso, se for ofertado um fluxo alto, isso gera turbulência e aumento da resistência da via aérea, e se for oferecido um fluxo insuficiente à criança, a pressão inspiratória pode não ser atingida e a pressão expiratória pode não ser mantida constante.

Já no modo volume controlado, não ofertar fluxo suficiente prolonga o tempo inspiratório e diminui a pressão da via aérea; e aumentar a sua oferta além do necessário encurta o tempo inspiratório gerando a auto-PEEP.

Nessas situações, a assincronia poderia estar presente, gerando aumento do trabalho respiratório.

- *Término do ciclo respiratório:* no modo volume controlado e pressão controlada há um critério de tempo para o término da fase inspiratória, diferente da pressão de suporte em que o término da fase inspiratória ocorre por uma porcentagem do pico de fluxo inspiratório ou por uma queda em valor absoluto, por exemplo, uma queda de 5 L/mm.

Caso haja o término precoce da fase inspiratória, provavelmente o volume corrente atingido será pequeno, o que levará o paciente a um aumento da frequência respiratória e do trabalho respiratório.

Nos pacientes com obstrução (asma, DPOC) há aumento da constante de tempo, o que muitas vezes faz com que o paciente já queira expirar quando o ventilador ainda está insuflando seus pulmões, causando hiperinsuflação e todos os problemas relacionados. Isso leva a esforços perdidos no disparo do ventilador, piorando a assincronia.

- *Resistência do circuito:* dependerá da COT, das válvulas inspiratória e expiratória, do tipo de umidificador e do tamanho do circuito utilizado.

A resistência será inversamente proporcional ao tamanho da COT, portanto, quanto menor a COT, maior a resistência, fator bastante importante que deve ser considerado em pediatria.

Quando o fluxo expiratório é alto, pressões elevadas podem se formar no sistema respiratório[10] e a expiração, nesse caso, não será mais passiva; o trabalho expiratório e o consumo de oxigênio podem aumentar.

Os umidificadores que utilizamos contêm fio aquecido, umidificadores de bolhas e de passagem e filtros higroscópicos ou hidrofóbicos. Não há ainda nada que comprove qual deles é mais eficiente, mas devemos lembrar, principalmente quando utilizamos os filtros higroscópicos ou hidrofóbicos, de escolhê-los de acordo com o volume corrente (VC) do paciente. Caso a escolha seja por um filtro menor do que o VC da criança, haverá aumento da resistência da via aérea, aumentando o trabalho respiratório; e se escolhermos um filtro de tamanho maior, indicado para um VC maior do que o realizado pelo paciente, poderá ocorrer retenção de CO_2, o que prolongará o tempo de ventilação mecânica, dificultando o desmame.

Os ventiladores modernos conseguem compensar a complacência do circuito não aumentando o trabalho respiratório do paciente. Portanto, não é necessária a diferenciação entre o circuito neonatal e o pediátrico, fato que deve ser lembrado nos aparelhos mais antigos que não possuem esse tipo de compensação.

TRATAMENTO DA ASSINCRONIA PACIENTE-VENTILADOR

Em primeiro lugar, caso haja um desconforto súbito do paciente em ventilação mecânica, devemos primeiramente garantir a ventilação adequada para o paciente conectando-o ao Ambu a 100% e iniciar a ventilação manual. Essa medida, além de na maioria das vezes melhorar o desconforto respiratório e a oxigenação, permite verificar se o problema está ocorrendo com o ventilador ou com o paciente.

Após iniciar a ventilação manual realiza-se uma avaliação da patência da via aérea através da ausculta pulmonar, aspirando a COT, se necessário, para eliminar a secreção pulmonar, que é bastante frequente nos pacientes em ventilação mecânica, e verifica-se a presença de rolhas na COT, as quais podem estar obstruindo o fluxo aéreo. Se mesmo após esse procedimento ainda não for possível

auscultar a entrada de ar na via aérea, problemas como pneumotórax devem ser eliminados por meio do raio X de tórax.

Nos pacientes que estejam fazendo uso de opiáceos, principalmente do Fentanil®, é importante verificar a presença de rigidez torácica pela diminuição da complacência respiratória súbita, que normalmente é melhorada com o uso do relaxante muscular. Nesses casos, é conveniente a suspensão ou diminuição da dose do opiáceo. Depois de resolvermos todos esses problemas já mencionados, devemos identificar a presença da assincronia paciente-ventilador através do exame físico e da monitorização das curvas do ventilador.

O tratamento não consiste em somente sedar o paciente, como muitas vezes é observado na prática clínica.

A sedação deve ser utilizada para o paciente em ventilação mecânica com o intuito de reduzir sua ansiedade e o desconforto imposto pela COT, mas deve preservar o seu *drive* respiratório e, se possível, o nível de consciência da criança, preservando o reflexo protetor da via aérea.

Para solucionar o problema do ventilador em não detectar os esforços do paciente (Figura 36.2), podemos aumentar a sensibilidade à pressão ou ao fluxo a um valor em que haja a detecção do esforço espontâneo da criança, sem a ocorrência da autociclagem.

Pode-se também diminuir a sedação do paciente para que ele tenha esforços espontâneos que possam ser detectados pelo ventilador, evitando assim a atrofia muscular, facilitando o desmame da criança.

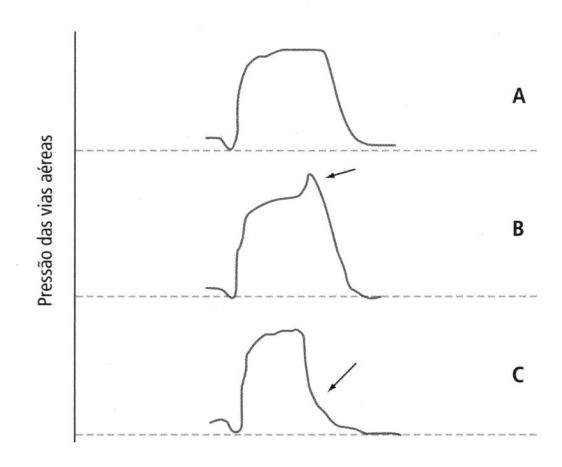

Figura 36.2 Curva pressão das vias aéreas. A. Curva normal da pressão. B. Tempo inspiratório do paciente é menor que o tempo inspiratório do ventilador. C. O tempo inspiratório do paciente é maior que o tempo inspiratório do ventilador.

Para que sejam reduzidos ou até mesmo eliminados os efeitos deletérios da auto-PEEP, deve-se primeiramente identificá-lo por meio da análise da fase expiratória da curva do fluxo ou da sua medida através da pausa expiratória (Figura 36.3). Em uma situação normal, o fluxo expiratório retorna a zero para o início do próximo ciclo respiratório, ou o valor encontrado após a pausa expiratória deve ser o mesmo da PEEP extrínseca utilizada no ventilador.

Pode-se tentar reduzir os efeitos da auto-PEEP por meio do tratamento da hiperinsuflação dinâmica usando broncodilatadores e agentes anti-

-inflamatórios, ou da diminuição da frequência respiratória ou do tempo inspiratório do ventilador com o objetivo de aumentar o tempo expiratório, utilizando a PEEP extrínseca em 80% da auto-PEEP, quando ela estiver presente.

Além disso, deve-se realizar a troca da COT, caso a mesma esteja obstruída ou pequena para a criança, o que também aumenta a resistência da via aérea.

Outros fatores que podem aumentar a resistência da via aérea devem ser pesquisados e controlados, como a presença de broncoespasmo, o que pode ser verificado pela ausculta pulmonar ou pela curva do fluxo ou da curva fluxo/tempo (Figura 36.4); o acotovelamento da COT e seu mau posicionamento, o que pode ser verificado pelo raio X de tórax; a presença de secreções, como citado anteriormente, e a condensação de água no circuito do ventilador.

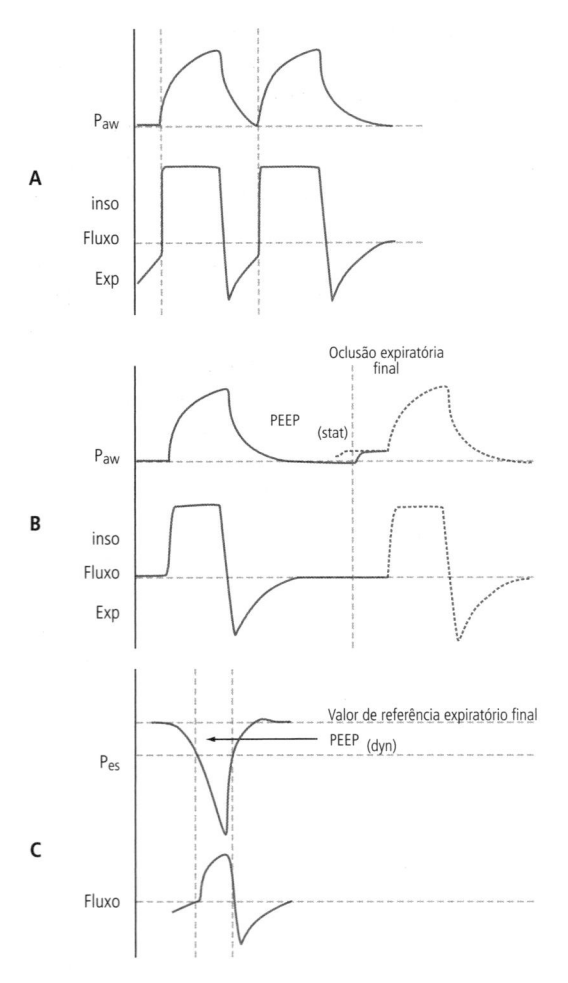

Figura 36.3 Técnica para determinar a auto-PEEP. A. Indica a presença de auto-PEEP, pois o fluxo expiratório não chega a zero antes do início do próximo ciclo. B. Medida da auto-PEEP utilizando a oclusão da via aérea no final da expiração durante ventilação controlada. C. Medida quantitativa da auto-PEEP observando a pressão esofágica necessária para iniciar o fluxo inspiratório durante a ventilação espontânea (Epstein SK. Seminars in Resp and Crit Care Med. 2001; 22(2):137-152).

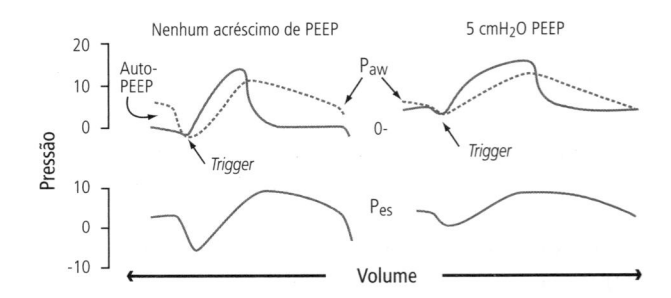

Figura 36.4 Nota-se que na presença de auto-PEEP há aumento do esforço do paciente para iniciar o ciclo respiratório; o esforço diminui quando se adiciona PEEP extrínseca.

Causas que levem ao aumento da demanda ventilatória devem ser corrigidas, como a acidose metabólica, a eliminação da dor através de uma analgesia adequada, a redução do CO_2, a diminuição da temperatura no caso de febre, a diminuição do espaço morto, inclusive com corte da COT caso a mesma esteja muito longa, e com a eliminação de conexões desnecessárias no circuito do ventilador.

No modo pressão controlada (PC), a sincronia é mais fácil, pois há rápida pressurização da via aérea com fluxo inicial alto, que será ajustado constantemente pelo ventilador, ou seja, o fluxo pode se modificar de acordo com a demanda do paciente. Porém, nesse modo ventilatório, a assincronia pode ser verificada pela curva do fluxo, já que indivíduos com respiração espontânea podem requerer maiores fluxos iniciais para sincronizar e indivíduos com menor número de respirações espontâneas podem necessitar de menor fluxo. Essa situação pode ser melhorada por meio do ajuste do *rise time* presente em alguns ventiladores como o Newport E-500®, o Evita®, o Bear 1000® e o Servo Siemens®.

Ainda no modo PC, as oscilações na curva do fluxo podem indicar que o pico de pressão preajustado não foi atingido ou, então, que um excesso de pressão ocorreu pela diminuição do tempo inspiratório e prolongamento do tempo expiratório, fenômeno chamado de *overshoot* (Figura 36.5).

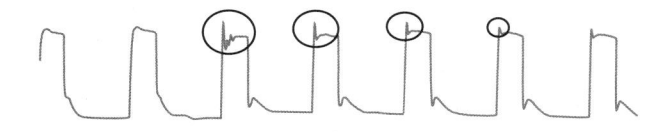

Figura 36.5 Nos locais assinalados, nota-se a presença do *overshoot*.

Caso o indivíduo esteja com um suporte ventilatório mínimo em volume controlado, pode-se aumentar seu VC, não ultrapassando 8 mL/kg, ou elevar as pressões, caso esteja ventilando em pressão controlada ou pressão limitada.

Pode-se ainda elevar a FiO_2 até valores inferiores a 60% para prevenir a toxicidade do oxigênio ou da PEEP se o indivíduo estiver hipoxêmico, ou ainda aumentar o fluxo inspiratório se ele estiver insuficiente, caso esteja ventilando em volume controlado ou pressão limitada.

O modo PS é um modo ventilatório que foi criado para otimizar a sincronia paciente-ventilador, visto que o fluxo inspiratório é livre, podendo variar conforme as demandas do paciente. A onda de fluxo é decrescente, o que gera fluxos maiores no início da inspiração quando a demanda é máxima, e menores fluxos à medida que o pulmão é insuflado e pressurizado. Sua ciclagem é por fluxo, o que permite um maior equilíbrio entre o tempo inspiratório do paciente e o do ventilador.

Porém, este modo ventilatório não é adequado, visto que o paciente deve estar com *drive* respiratório e a complacência e a resistência das vias aéreas adequadas para que o VC atingido seja pelo menos de 8 mL/kg, uma vez que o VC não é predeterminado.

Além disso, é importante ficar atento à ciclagem do ventilador na pressão de suporte, já que em pacientes com a resistência da via aérea aumentada ou com vazamento importante da COT ou do circuito do ventilador haverá demora na ciclagem, caso o seu valor seja predeterminado em 25% do pico de fluxo, valor mais frequente na maioria dos ventiladores.Alguns ventiladores como o Newport E-500 e o Servo i possuem um ajuste da porcentagem de ciclagem da pressão de suporte, o que pode muitas vezes determinar uma melhor sincronização e até mesmo a garantia de um volume corrente mais adequado.

Em pediatria, o modo SIMV sem PS parece aumentar o trabalho respiratório, piorando a sincronização do paciente com o ventilador. Este fato não foi observado quando utilizado o modo SIMV com a PS, mas devemos tomar cuidado, utilizando a PS para que a hiperventilação não ocorra, levando à queda abrupta do CO_2, sinal muito observado nos recém-nascidos.

Modos ventilatórios mais recentes, como a ventilação assistida proporcional (PAV), em que a pressão inspiratória é proporcional ao esforço do paciente, têm procurado melhorar a sincronia paciente-ventilador. No PAV não há valores de pressão, de fluxo e de volume predeterminados; todos esses parâmetros são determinados pelo esforço do paciente. Assim, se o paciente aumenta ou diminui o seu esforço, a pressão nas vias aéreas também irá se alterar em função das alterações no volume e no fluxo que ocorreram.

A grande limitação desse modo ventilatório é que ele depende do esforço do paciente, o que nem sempre acontece. Além disso, é um modo ventilatório que não está presente em todos os ventiladores e que depende ainda de medidas precisas da mecânica respiratória do paciente, o que muitas vezes fica difícil de ser realizado com pacientes pediátricos.

O disparo nesse modo de ventilação pode ser a fluxo ou a pressão, similar aos outros modos ventilatórios e gerando os mesmos problemas já comentados anteriormente.

Outro modo de ventilação que pode garantir um volume corrente mínimo para a criança é a ventilação pressão regulada com volume controlado (PRVC), que combina pressão controlada com volume controlado, garantindo um valor mínimo de volume corrente. Porém, são poucos os ventiladores disponíveis no mercado nacional que possuem este modo ventilatório, e ele pode não garantir maior sincronia paciente-ventilador, pois nem sempre o valor de volume corrente ajustado é o volume corrente que o paciente deseja fazer.

Por último, cita-se o modo volume corrente garantido com pressão de suporte (VAPS) desenvolvido por Amato et al. Ele combina em um mesmo ciclo ventilatório dois ajustes de fluxo independentes que são ajustados simultaneamente, combinando as vantagens da pressão de suporte com a garantia de um volume corrente adequado e pré-ajustado, o que determina maior conforto para o paciente e menor assincronia, porém faltam estudos na população pediátrica.

Concluindo, muitos são os fatores que podem causar assincronia entre o paciente e o ventilador, e todos devem ser identificados e solucionados para que haja menor trabalho respiratório e provavelmente diminuição da duração da ventilação mecânica e de suas complicações, ou ainda diminuição no tempo de internação. Esses resultados ainda necessitam ser determinados por meio de maiores estudos, principalmente na população pediátrica e neonatal.

BIBLIOGRAFIA RECOMENDADA

1. Carvalho WB, Carvalho CE, Barradas GM. Modos de ventilação mecânica. In: Troster EJ, Carvalho WB, Hirschheimer MR, Proença JO. Ventilação pulmonar mecânica em pediatria e neonatologia. 2. ed. São Paulo: Atheneu; 1994. p.87-98.

2. Epstein SK. Optimizing patient-ventilator synchrony. Seminars Respir Crit Care Med. 2001; 22(2):137-52.

3. Fontes M. Progress in mechanical ventilation. Curr Opinion in Anaesthesiology. 2002; 15(1):45-51.

4. Kacmarek RM. Patient-ventilator interactions. Curr Opinion in Crit Care. 2003;6(1):30-7.

5. MacIntyre NR. Patient ventilator interactions: dyssynchrony and imposed loads. Respir Care. 1991;4:36-43.

6. MacIntyre NR, McConell, Cheng KCG, Sane A. Patient–ventilator flow dyssynchrony: flow limited versus pressure limited breaths. Crit Care Med. 1997; 25(10):1671-7.

7. Marini JJ. Strategies to minimize breathing effort during mechanical ventilation. Crit Care Clin. 1990; 6:635-61.

8. Marini JJ, Slutsky AS. Physiological basis of ventilatory support; 1998. p.375-93.

9. Moneim ESA, Fuerste HO, Krüger M, Elmagd AA, Brondis M, Schulte-Moenting J et al. Pressure support ventilation combined with volume guarantee versus synchronized intermittent mandatory ventilation: A pilot crossover trial in premature infants in their weaning phase. Ped Crit Care Med. 2005;6:286-92.

10. Novalesi P, Costa R. New modes of mechanical ventilation: proportional assist ventilation, neurally adjusted ventilatory assist and fractal ventilation. Curr Opin in Crit Care. 2003;9(1):51-8.

11. Schettino GPP, Tucci MR. Interação paciente-ventilador. In: Carvalho CRR. Clínicas Brasileiras de Medicina Intensiva. Atheneu AMIB. 2000;2:205-26.

12. Sinderby C, Beck J. Proporcional assist ventilation and neurally adjusted ventilatory assisted – better approaches to patient ventilator synchrony? Clin Chest Med. 2008;29:329-42.

13. Tassaux D, Dalmas E, Gratadour P, Jolliet P. Patient ventilator interactions during partial ventilatory support: a preliminary study comparing the effects of adaptive support ventilation with synchronized intermittent mandatory ventilation plus inspiratory pressure support. Crit Care Med. 2002;30(4):801-7.

14. Tobin MJ. Medical progress: Advances in mechanical ventilation. N Engl J Med. 2001;344(26):1986-96.

15. Tobin MJ, Fahey PJ. Management of the patient who is "fighting the ventilator". In: Tobin MJ. Principles and Practice of Mechanical Ventilation. 1994;1149-62.

16. Troster, EJ, Faria, LS, Baeninger, R. Ventilação mecânica. In: Stape, A, Troster, EJ, Kimura HM et al. Manual de normas – Terapia Intensiva Pediátrica; 1998. p.114-26.

17. Yang LY, Huang YCT, MacIntyre NR. Patient-ventilator synchrony during pressure-targeted versus flow-targeted small tidal volume assisted ventilation. J Crit Care. 2007;22:252-7.

37

MOBILIZAÇÃO PRECOCE

CYNTHIA FERNANDES FERREIRA DOS SANTOS
VANESSA PEREIRA DE LIMA
VANESSA AMARAL MENDONÇA

INTRODUÇÃO

O conceito clínico de imobilidade é definido como a dificuldade ou a incapacidade de caminhar ou mudar de posição. A imobilidade afeta diretamente a qualidade de vida, uma vez que diminui a autonomia e a independência, além de causar uma série de efeitos negativos sobre o organismo.

Em 1863, John Hilton publicou informações sobre o repouso que influenciaram as atitudes e práticas médicas sobre a promoção da imobilização como coadjuvante no tratamento dos tecidos. Esse conceito prevaleceu até a Segunda Guerra Mundial, quando Deitrick et al. reconheceram que a mobilização precoce de homens jovens e pacientes com pólio melhorava o quadro clínico e diminuía as complicações. Posteriores corroborações da tese de Deitrick et al. foram conhecidas por estudos de reabilitação realizados em veteranos no período pós-guerra. Com o advento das viagens espaciais e a simulação da gravidade associada à imobilização, foram fornecidas evidências adicionais sobre os efeitos deletérios da inatividade prolongada e dos benefícios da deambulação e do exercício regular. Em 1972, a Universidade do Colorado publicou um relato ilustrado da deambulação de um paciente ventilado mecanicamente. Neste caso, foi visível o benefício da mobilização precoce de pacientes que se encontravam nas unidades de terapia intensiva (UTI). Em 1975, outra publicação do Centro Médico de Geisinger, em Danville, Pensilvânia, apresentou evidências similares em relação à deambulação precoce de pacientes em UTI.

Em relação à mobilização do paciente cardiopata, nas décadas de 1940 e 1950, era preconizado que o paciente com infarto agudo do miocárdio deveria ser cuidado na cama, com repouso contínuo de 6 a 8 semanas, para firmar a cicatrização da parede ventricular. Esse período prolongado de repouso era motivado pela crença de que a atividade física aumentaria o risco de complicações. Contudo, os pacientes que estavam sendo tratados com longos períodos de repouso começaram a apresentar outras complicações associadas, como atrofia muscular, constipação, retenção urinária, úlcera de decúbito, tromboflebites, embolia pulmonar, pneumonia, atelectasia, hipotensão postural e depressão. Dentro desse contexto, este capítulo irá abordar o tema em questão em relação aos efeitos sobre os diversos sistemas e os benefícios da mobilização precoce do paciente pós-cirurgia cardíaca do ponto de vista da fisioterapia.

ALTERAÇÕES SISTÊMICAS DECORRENTES DA IMOBILIDADE

Nos últimos anos, o real valor da restrição ao leito vem sendo questionado e os efeitos deletérios do repouso prolongado sobre outros segmentos não afetados vêm sendo enfatizados na literatura. Neste sentido, o descondicionamento pode ser definido como alterações na fisiologia de múltiplos sistemas orgânicos, induzidas pela inatividade e revertidas com a atividade. As alterações sistêmicas induzidas pelo repouso são definidas pelo tempo, e poucos trabalhos mostram as alterações no pós-operatório imediato. Entretanto, a discussão dos efeitos de uma restrição de atividade prolongada é fundamental para a compreensão do que se busca prevenir. Assim, as informações abaixo foram agrupadas por sistemas:

- Sistema muscular: o músculo é considerado o órgão mais adaptável e responde rapidamente ao uso ou desuso com alterações de diâmetro, comprimento, tipos de fibras contráteis e suprimento vascular. Nesse sentido, a fraqueza muscular, fadiga precoce, atrofia e contraturas são respostas ao repouso prolongado no leito e já podem ser percebidas na primeira semana de imobilidade. A atrofia é a perda de conteúdo proteico decorrente de um desequilíbrio entre a síntese e a degradação proteica. Nesse processo complexo, a alteração na composição dos tipos de fibras, que acarretará perda maior de fibras do tipo I (contração lenta) ou tipo II (contração rápida), parece variar de acordo com o músculo em questão. Assim, os músculos envolvidos na manutenção da postura (membros inferiores, tronco e pescoço) parecem perder proteínas contráteis e aumentar seu conteúdo de tecido não contrátil, como o colágeno. Nesses músculos, as fibras do tipo I perdem miofilamentos, resultando em perda de área transversal. Mesmo pequenas atrofias podem reduzir a força gerada pela musculatura em questão. Alguns trabalhos mostram uma perda de aproximadamente 1 a 1,5% de força muscular por dia de repouso absoluto no leito.
- Ossos e cartilagens: o tecido ósseo é dinâmico, está em constante remodelamento e pode ser afetado por longos períodos de imobilização. A perda óssea, nesse caso, pode variar com o tempo de imobilização, idade do sujeito e com o osso em questão. Após duas semanas, a perda de massa cortical pode chegar a 1 a 3% em diferentes pontos da tíbia. As alterações podem ser explicadas por um desequilibrio entre a formação e a reabsorção com resultante perda de massa óssea. Essa perda pode ser muito rápida desde a primeira semana de imobilidade.
- Pele e tecidos: compressão mecânica sustentada sobre os tecidos, alterações na microcirculação, deficiência nutricional e umidade podem favorecer o aparecimento de úlceras de pressão.
- Sistema cardiovascular: no sistema circulatório pode ocorrer redução do volume plasmático e fluido intersticial, intolerância ortostática e redução do retorno venoso. Podem ainda ser observados redução da pressão arterial diastólica e débito sistólico. A redução do fluxo sanguíneo periférico, além de reduzir o aporte de oxigênio (O_2) aos tecidos, também está relacionada à estase venosa,

o que favorece a ocorrência de trombose venosa. A intolerância ortostática pode ser definida como a incapacidade de assumir ou manter a posição ortostática por hipoperfusão cerebral, incluindo vertigem, náusea, visão turva, sensação de aquecimento e eventualmente síncope. Quando esse repouso é prolongado, alterações na morfologia cardíaca, como a redução da massa ventricular, também já foram relatadas. Outro aspecto importante é o fato de a inatividade física constituir um importante fator de remodelamento vascular, resultando em redução do diâmetro desses vasos. Após sete dias de limitação da atividade de membros inferiores, a artéria femoral mostrou 6% de redução de seu diâmetro, e 60 dias de restrição no leito induziram a um aumento de 17% na espessura da carótida e 13% de aumento na espessura da artéria femoral. Com relação à aptidão cardiorrespiratória, o repouso prolongado pode reduzir o consumo máximo de oxigênio ($VO_{2máx}$) por reduzir o débito cardíaco (DC) e, consequentemente, de suprimento tecidual de O_2. Vale ressaltar que essas alterações podem ter um reflexo importante na capacidade de realizar uma atividade física.
- Sistema respiratório: esse sistema pode apresentar diminuição dos volumes pulmonares, alteração da relação ventilação/perfusão e diminuição da força dos músculos respiratórios, o que pode favorecer a ocorrência de hipoxemia, atelectasia, aspiração e pneumonia. Outra alteração induzida por imobilização prolongada é a incapacidade de eliminar a secreção brônquica de forma eficaz, podendo, assim, favorecer seu acúmulo na árvore brônquica e constituindo um meio de cultura para microrganismos.
- Sistema endócrino: a manutenção do repouso muscular pode favorecer a redução da sensibilidade muscular à insulina ou aumento da resistência à sua ação e intolerância à glicose. Foi demonstrado em indivíduos saudáveis que, após cinco dias de repouso absoluto, os níveis plasmáticos de glicose e insulina estavam aumentados; os mecanismos envolvidos nesse processo ainda não foram esclarecidos.
- Funcionamento intestinal: a constipação é uma complicação comum e pode ocorrer por redução do peristaltismo e constrição dos esfíncteres. A redução da ingestão de água e dieta pobre em fibras pode contribuir a redução da função intestinal.

- Sistema imunológico: a inatividade pode influir na resposta imunológica. Evidências sugerem um efeito sinérgico entre estresse oxidativo e citocinas inflamatórias associadas à atrofia. Neste processo, alguns biomarcadores têm sido estudados, como fator de necrose tumoral α (TNF-α), interleucinas 1 (IL-1), 6 (IL-6) e 10 (IL-10).

Todas as alterações dependem da duração do repouso. Em termos clínicos, as alterações que podem ser observadas em poucos dias são referidas como descondicionamento agudo. Já o descondicionamento crônico é aquele em que as alterações são decorrentes de meses ou anos. Entretanto, vale ressaltar que, em termos moleculares, essas alterações podem ocorrer precocemente. As alterações nos sarcômeros podem ser observadas após 4 horas de imobilidade e, após 48 horas, podem ser observados em indivíduos saudáveis o risco de instabilidade hemodinâmica com alterações posturais e alterações de fluidos e eletrólitos. O conhecimento das alterações permite uma visão ampla dos objetivos a serem propostos para uma intervenção eficaz e fornece as bases fisiológicas que nortearão a inclusão de mobilização precoce no programa de reabilitação.

MOBILIZAÇÃO PRECOCE EM PÓS-OPERATÓRIO IMEDIATO (POI) EM CIRURGIA CARDÍACA

A mobilização precoce dos pacientes submetidos à cirurgia cardíaca ainda é um tema pouco abordado, apesar de hoje ser clara a importância desse acompanhamento, tanto do ponto de vista respiratório (com o intuito de se prevenir complicações pós-operatórias) quanto do ponto de vista musculoesquelético (perda de massa muscular, trombose venosa profunda [TVP] e tromboembolismo pulmonar [TEP] etc.).

A deambulação estimula a ventilação e a perfusão, auxilia na higiene brônquica e na oxigenação. Apesar de a importância da fisioterapia respiratória no pós-operatório ter sido estabelecida e aceita recentemente, ainda não há consenso sobre quais as atividades, o número e o tempo das sessões, intensidades dos exercícios e técnicas que devem ser realizadas e que sejam mais efetivas no período pós-operatório. O mesmo acontece com relação à mobilização precoce. Nesse contexto, devemos ter em mente também

os custos hospitalares; quanto maior a permanência do paciente no hospital, maior o custo.

Na literatura encontram-se diversos protocolos e modalidades de tratamento em diferentes países. Nesta parte do capítulo serão descritos alguns dos estudos mais recentes e seus protocolos e/ou atendimentos fisioterapêuticos em pós-operatório de cirurgias cardíacas. A fisioterapia hoje é parte importante no processo de recuperação dos pacientes em pós-operatório principalmente com o avanço das técnicas e modalidades de cirurgias *fast track*. As cirurgias de *fast track* têm o objetivo primordial de promover o mais rápido e completo retorno às atividades de vida diária do paciente, fazendo com que o tempo de permanência hospitalar seja o menor possível.

Um estudo com a elaboração de questionário e sua aplicação em 36 fisioterapeutas (FT) suíços que lidavam com cirurgias cardíacas apresentou os seguintes resultados:

- 97% dos fisioterapeutas colocam os pacientes sentados à beira do leito ou na cadeira no 1º PO;
- 41% dos fisioterapeutas fazem exercícios de extremidades de membros inferiores no 1º PO;
- 79% os fisioterapeutas deambulam com pacientes no quarto no 2º PO;
- 93% os fisioterapeutas caminham no corredor no 3º PO;
- 76% dos fisioterapeutas realizam exercícios de MMSS bilateralmente a partir do 3º PO.
- Orientações pré e pós-operatórias:
  - atendimentos 1 a 2 vezes por dia nos primeiros PO, porém sem atendimento vespertino;
  - orientações quanto a mudanças de decúbito.

Estudo de Nakamura et al.

Estudo longitudinal randomizado realizado com pacientes octagenárias submetidas à troca de valva aórtica, revascularização do miocárdio ou troca valvar dupla (Nakamura K, Nakamura E, Niina K, Kojima K, 2010).

Métodos e resultados:

- todas as pacientes receberam orientações pré-operatórias;
- extubação precoce (POI ou 1º PO);
- a reabilitação cardíaca era iniciada na UTI após a retirada da monitorização cardíaca com exercícios de membros, alongamentos, exercícios de

resistência; após saída da UTI, a reabilitação era feita no centro de reabilitação do hospital;

- as pacientes octagenárias que foram submetidas a esse programa apresentaram menor índice de *delirium* em PO e tiveram o retorno direto para suas casas.

Estudo de Brasher et al.

Estudo longitudinal randomizado realizado com pacientes submetidos à cirurgia cardíaca aberta com esternotomia; número de pacientes ao final do estudo: 295 (Brasher PA, McClelland KH, Denehy L, Story I, 2009).

Método:

- os pacientes foram divididos em dois grupos: grupos com e sem exercícios respiratórios (respiração profunda);
- foi realizada orientação pré-operatória sobre os efeitos da cirurgia na função pulmonar, posicionamentos que melhoravam a função pulmonar, progressão da mobilização após a cirurgia e orientação quanto à tosse. Os pacientes que participaram do grupo com exercícios foram orientados quanto a sua execução e conduta pós-operatória.

Resultados:

- não houve diferença no que diz respeito às complicações no período pós-operatório, ao escore de dor, quanto à realização do protocolo de mobilização e saturação de oxigênio entre os grupos com e sem exercício respiratório.

Estudo de Papaspyros et al.

Estudo longitudinal randomizado realizado com 100 pacientes submetidos à revascularização do miocárdio ou à troca de válvulas cardíacas (Papaspyros et al., 2008).

Métodos e resultados:

- os pacientes foram randomizados em dois grupos: grupo TV ON, no qual se tinha fácil acesso a televisão, rádio, e-mail e jogos nos chamados *bedsides entertaiment services* (BED); e grupo TV OFF, no qual os pacientes deveriam se deslocar para áreas comuns com televisão, rádio etc.;

- em média, os pacientes do grupo TV OFF andaram mais do que os do grupo TV ON. Na análise por meio de pedômetros, os pacientes do grupo TV OFF andaram em torno de 192 a 609 passos a mais do que os do grupo TV ON, e tiveram menor tempo de internação hospitalar.

CONSIDERAÇÕES FINAIS

Diante da exposição desses estudos, fica claro que a imobilidade deve ser evitada quando possível, já que ela proporciona maior risco de complicações, assim como maior tempo de permanência hospitalar. Ao deparar com pacientes cardíacos, deve-se ter em mente essa constante precaução. Não há, como discutido anteriormente, nenhum consenso até o momento sobre a mobilização em pós-operatório de cirurgias cardíacas, o que não impede que ela seja feita seguindo alguns cuidados:

- a mobilização e principalmente a deambulação devem ser feitas com o paciente hemodinamicamente estável;
- a mobilização de extremidades (superiores e inferiores), exercícios respiratórios e mudanças de decúbitos devem ser estimulados;
- a progressão da mobilização deve ser feita a cada dia;
- o estímulo constante e orientações quanto à importância da mobilidade devem ser amplamente divulgados ao paciente e a seus acompanhantes.

BIBLIOGRAFIA RECOMENDADA

1. Bleeker MW, De Groot PC, Poelkens, F, Rongen GA, Smits P, Hopman MT. Vascular adaptation to 4 weeks of deconditioning by unilateral lower limb suspension. Am J Physiol Heart Circ Physiol. 2005;88:H1747-55.

2. Brasher PA, McClelland KH, Denehy L, Story I. Does removal of deep breathing exercises from a physiotherapy program including pre-operative education and early mobilization after cardiac surgery alter patient outcomes? Australian Journal of Physiotherapy. 2003;49:165-73.

3. Bringard A, Pogliaghi S, Pogliaghi A, De Roia G, Lador F, Lucini D, et al. Cardiovascular determinants of maximal oxygen consumption in upright and supine posture at the end of prolonged bed rest in humans. Respiratory Physiology & Neurobiology. 2010;172:53-62.

4. Browse NL. The physiology and pathology of bed rest. Springfield, Ill: Charles C Thomas Publisher; 1965.

5. Brower RG. Consequences of bed rest. Crit Care Med. 2009;37[supl. 10]:S422-8.

6. Bundgaard-Nielsen M, Jørgensen CC, Jørgensen TB, Ruhnau B, Secherand NH, Kehlet H. Orthostatic intolerance and the cardiovascular response to early postoperative mobilization. British Journal of Anaesthesia. 2009;102(6):756-62.

7. Burns JR, Jones FL. Early ambulation of patients requiring ventilatory assistance. Chest. 1975;68(4):608.

8. Caierão QM, Teodori RM, Minamoto VB. A influência da imobilização sobre o tecido conjuntivo muscular: uma revisão. Fisioterapia em Movimento. 2007;20(3):87-92.

9. Chambers MA, Moylan JS, Reid MB. Physical inactivity and muscle weakness in the critically ill. Crit Care Med. 2009;37[supl. 10]:S337-46.

10. Convertino VA. Cardiovascular consequences of bed rest: effect on maximal oxygen uptake. Med Sci Sports Exerc. 1997;29(2):191-6.

11. Corcoran PJ. Use it or lose it: the hazards of bed rest and inactivity. West J Med. 1991;154:536-8.

12. Deitrick JE, Whedon GD, Shorr E. Effects of immobilization upon various metabolic and physiologic functions of normal men. Am J Med. 1948;4:3-36.

13. Dorfman TA, Levine BD, Tillery T, Peshock RM, Hastings JL, Schneider SM, et al. Cardiac atrophy in women following bed rest. J Appl Physiol. 2007;103:8-16.

14. Johnson D, Hurst T, Thomson D, Mycyk T, Burbridge B, To T, et al. Respiratory function after cardiac surgery. Journal of Cardiothoracic and Vascular Anesthesia. 1996;10(5):571-7.

15. Nakamura K, Nakamura E, Niina K, Kojima K. Outcome after valve surgery in octogenarians and efficacy of early mobilization with early cardiac rehabilitation. Gen Thorac Cardiovasc Surg. 2010;58:606-11.

16. Dittmier DK, Teasell R. Complications of immobilization and bed rest. Part 1: musculoskeletal and cardiovascular complications. Canadian Family Physician. 1993;39.

17. Kozàkovà M, Malshi E, Morizzo C, Pedri S, Santini F, Biolo G, et al. Impact of prolonged cardiac unloading on left ventricular mass and longitudinal myocardial performance: an experimental bed rest study in humans. J Hypertens. 2010;29:137-43.

18. Lewis T. Diseases of the heart. 4. ed. London: Macmillan; 1946.

19. Lopes JL, dos Santos JT. de Lima SC, de Barros ALBL. Mobilização e alta precoce em pacientes com infarto agudo do miocárdio – revisão de literatura. Acta Paul Enferm. 2008;21(2):345-50.

20. Morris PE. Moving our critically ill patients: mobility barriers and benefits. Crit Care Clin. 2007;23:1-20.

21. Muller RG, Bundgaard-Nielsen M, Kehlet H. Orthostatic function and the cardiovascular response to early mobilization after breast cancer surgery. British Journal of Anaesthesia. 2010;104(3):298-304.

22. Pace N. Weightlessness: a matter of gravity. N Engl J Med.1977;297:32-7.

23. Papaspyros S, Uppa S, Khan SA , Paul S, O'Regan DJ. Analysis of bedside entertainment services' effect on post cardiac surgery physical activity: a prospective, randomised clinical trial. European Journal of Cardiothoracic Surgery. 2008;34:1022-6.

24. Porcelli S, Marzorati M, Lanfranconi F, Vago P, Pisot R, Grassi B. Role of skeletal muscles impairment and brain oxygenation in limiting oxidative metabolism during exercise after bed rest. J Appl Physiol. 2010;109:101-11.

25. Portinho D, Boin VG. Efeitos sobre o tecido ósseo e cartilagem articular provocados pela imobilização e remobilização em ratos wistar. Rev Bras Med Esp. 2008;14(5).

26. Ross G. A method for augmenting ventilation during ambulation. Phys Ther. 1972;52(5):519-20.

27. Silva MR, Anzolin RM, Claro TC, Medeiros TC. Efeitos deletérios: ausência da cinesioterapia na mobilidade articular em politraumatizado. Fisioter Mov. 2008;21(2):39-45.

28. Sievänen H. Immobilization and bone structure in humans. Archives of Biochemistry and Biophysics. 2010;503:146-52.

29. Teasell R, Dittmer DK. Complications of immobilization and bed rest. Part 2: other complications. Canadian Family Physician. 1993;39:1440-6.

30. Van Duijnhoven NTL, Green DJ, Felsenberg D, Belavy DL, Hopman MTE, Thijssen DHJ. Impact of bed rest on conduit artery remodeling: effect of exercise countermeasures. Hypertension. 2010;56:240-6.

31. Westerdahl E, Möller M. Physiotherapy-supervised mobilization and exercise following cardiac surgery: a national questionnaire survey. Sweden Journal of Cardiothoracic Surgery. 2010;5:3-7.

32. Winslow EH. Cardiovascular consequences of bed rest. Heart Lung. 1985;14(3):236-46.

33. Winkelman C. Inactivity and inflammation in the critically Ill patient. Crit Care Clin. 2007;23:21-34.

38

OXIGENOTERAPIA

LUCIANA CASTILHO DE ANDRADE
CRISTINA APARECIDA VELOSO

INTRODUÇÃO

O uso do oxigênio para fins terapêuticos é descrito desde o início do século XIX. Nas décadas de 1920 e 1930, foi estabelecido o uso rotineiro do oxigênio para situações agudas. Na década de 1970, relatou-se a diminuição da mortalidade em pacientes com doença pulmonar obstrutiva crônica (DPOC) quando submetidos à oxigenoterapia em comparação com pacientes que não utilizaram oxigênio no tratamento. As indicações e as formas de administração requerem conhecimento técnico dos equipamentos, bem como conhecimento fisiopatológico da doença que acomete o paciente que será submetido à oxigenoterapia. Existe um amplo consenso sobre o uso adequado da oxigenoterapia. Esse recurso consiste na administração de oxigênio em concentrações maiores do que a encontrada no ar ambiente, com o intuito de prevenir ou tratar as manifestações clínicas da hipóxia para manter uma adequada oxigenação tecidual e minimizar o trabalho que a hipoxemia gera ao sistema cardiopulmonar. Simultaneamente ao tratamento com oxigênio, um oxímetro de pulso é acoplado ao paciente, bem como medidas dos gases arteriais são realizadas para verificar a resposta terapêutica.

INDICAÇÕES

A oxigenoterapia é indicada para adultos, crianças e lactentes com mais de 28 dias de vida, para corrigir a hipoxemia aguda, reduzir os sintomas associados à hipoxemia crônica e diminuir a carga de trabalho imposta pela hipóxia ao sistema cardiopulmonar. Outras indicações da oxigenoterapia são traumatismos graves, infarto agudo do miocárdio, angina instável, recuperação pós-anestésica de procedimentos cirúrgicos e insuficiência respiratória crônica agudizada.

Hipoxemia

A hipoxemia em adultos, crianças e lactentes é definida pela presença de uma PaO_2 (pressão arterial de oxigênio) menor do que 60 mmHg ou uma SaO_2 (saturação arterial de oxigênio) menor que 90% em indivíduos que estejam respirando ar ambiente. Em neonatos, define-se hipoxemia pela presença de uma PaO_2 abaixo de 50 mmHg com SaO_2 menor que 50% ou PO_2 capilar menor do que 40 mmHg.

As principais causas de hipoxemia são de origem respiratória, como:

- alterações na relação ventilação/perfusão acontecem quando as unidades alveolares são preenchidas por líquidos (pneumonias), ou estão colapsadas (atelectasias), ou mesmo quando estão ventiladas, porém, não perfundidas (tromboembolismo pulmonar);
- hipoventilação alveolar pode ser desencadeada por alterações no sistema nervoso central, deformidades da caixa torácica ou doenças neuromusculares; habitualmente, além da hipoxemia, pode-se observar hipercapnia;
- distúrbios da difusão são encontrados nas doenças que causam um espessamento ou perda de superfície da membrana alveolocapilar;
- *shunt* também é responsável pelo desenvolvimento de hipoxemia, pois parte do débito cardíaco não sofre a hematose em razão da presença de áreas não ventiladas.

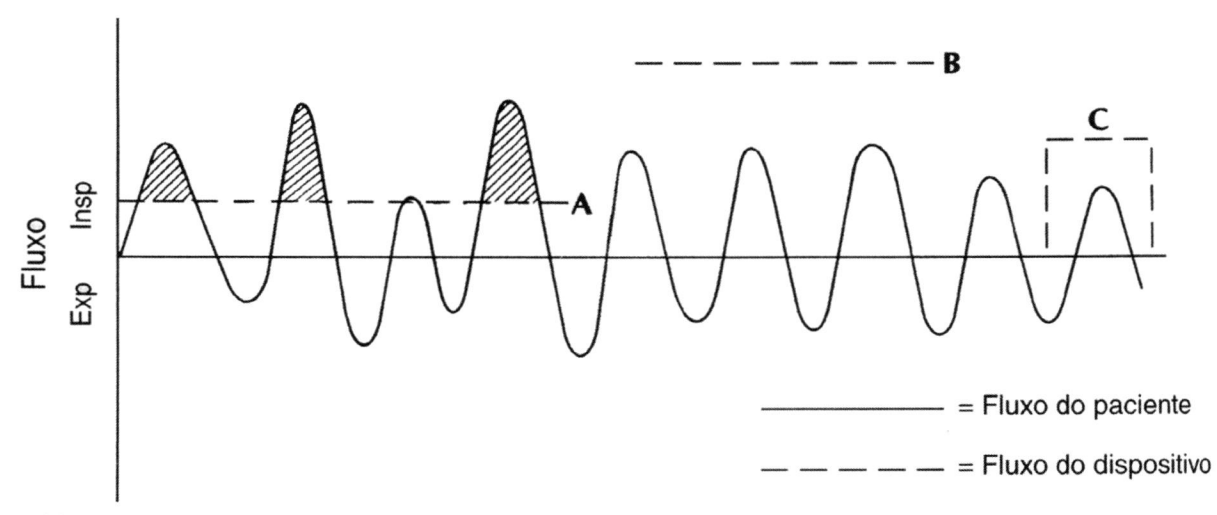

Figura 38.1 Diferença entre o fluxo do paciente e o fluxo do dispositivo.

As causas mais frequentes de hipoxemia de origem não respiratória são:

- diminuição da pressão parcial de oxigênio arterial por diminuição da quantidade de oxigênio ofertada, como ocorre em regiões de grande altitude;
- diminuição do gasto cardíaco;
- choque circulatório;
- hipovolemia;
- queda ou alteração química da hemoglobina.

CONTRAINDICAÇÕES

Não existem contraindicações para a oxigenoterapia.

EQUIPAMENTOS

A seleção adequada do equipamento requer um conhecimento profundo tanto das características gerais do desempenho desses sistemas quanto de suas capacidades individuais. Os dispositivos de liberação de oxigênio são classificados em sistemas de baixo fluxo, com reservatório e sistemas de alto fluxo. A escolha desses dispositivos depende de quanto oxigênio o sistema pode liberar e se essa quantidade é fixa ou varia de acordo com as alterações da demanda do paciente. No sistema de baixo fluxo, o fluxo inspiratório do paciente frequentemente ultrapassa o liberado pelo sistema, resultando em uma diluição aérea. Quanto maior o fluxo inspiratório promovido por ele, mais ar ambiente é misturado com o oxigênio. O sistema de fluxo alto sempre excede o do paciente e, por essa razão, sempre fornece uma concentração fixa de oxigênio. Também se pode obter uma concentração fixa com um sistema de reservatório, o qual armazena um volume de oxigênio que é igual ou superior ao volume-corrente do paciente. A Figura 38.1 demonstra esses conceitos em que a letra A representa o sistema de baixo fluxo, a letra B o sistema de alto fluxo e a letra C o sistema de reservatório.

Sistemas de baixo fluxo

Os sistemas de baixo fluxo revelam concentrações de oxigênio entre 22% (com fluxo de 1 L/min) a 60% (com fluxo de 15 L/min). Entretanto, o limite superior de fluxo confortável para o paciente, utilizando os sistemas de baixo fluxo, fica em torno de 8 L/min. Os problemas relacionados ao uso desse sistema incluem o fluxo inexato, os vazamentos e as obstruções do sistema, o deslocamento do dispositivo e a irritação cutânea.

Cânula nasal

A cânula nasal é um dispositivo plástico descartável composto por duas pontas ou dentes, com aproximadamente 1 cm de comprimento, conectados a um tubo longo de pequeno calibre para o suprimento de oxigênio. As pontas são inseridas diretamente nos vestíbulos dos nasais, enquanto se fixa o tubo de suprimento diretamente a um fluxômetro ou a um umidificador de bolhas (Figura 38.2). Mesmo com

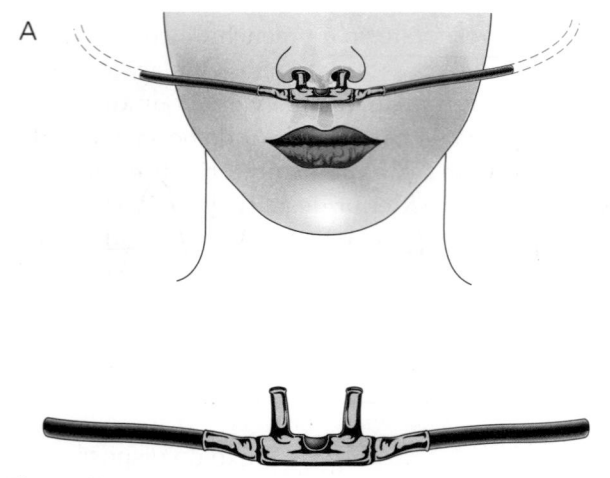

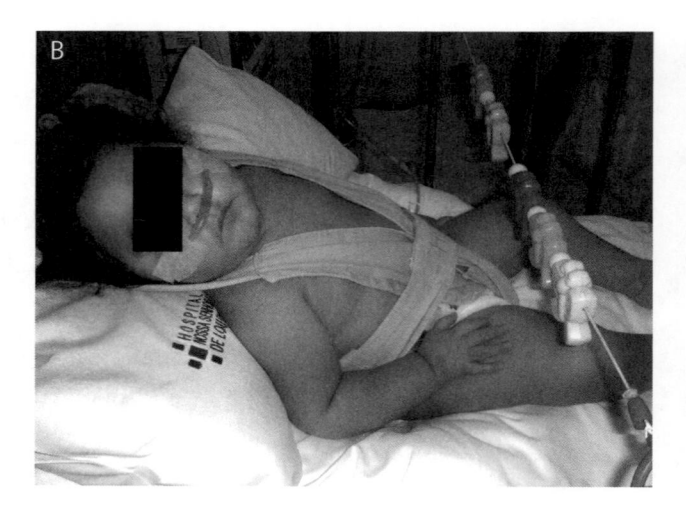

Figura 38.2 Cânula nasal (A e B).

umidade extra, fluxos superiores a 4 L/min provocam ressecamento e sangramento nasal. É indicada
para pacientes estáveis que necessitam de pequenas
concentrações de oxigênio e na terapia domiciliar
prolongada.

Cateter nasal

O cateter nasal é um dispositivo composto por
um tubo plástico macio com vários pequenos orifícios em sua extremidade. É introduzido na cavidade
do assoalho nasal gradativamente até ser visualizado atrás da úvula (Figura 38.3). Depois de posicionado, o cateter é fixado na ponta do nariz. Se a
visualização direta não for possível, o cateter pode
ser inserido às cegas até uma profundidade igual à
distância entre o nariz e o lóbulo da orelha. O posicionamento do cateter estimula a produção de secreção, o que requer a remoção e a substituição por um
novo pelo menos a cada oito horas. É indicado para
aqueles pacientes que serão submetidos a procedimentos em que a cânula dificulta o acesso traqueal e
como terapia prolongada para lactentes.

Cateter transtraqueal

Consiste de um cateter de Teflon que é inserido
cirurgicamente pelo médico, diretamente na traqueia,
entre o segundo e o terceiro anel traqueal (Figura
38.4). É utilizado com fluxo muito baixo, não necessitando de umidificação. O posicionamento do cateter
na traqueia cria uma espécie de reservatório anatômico de oxigênio nos espaços mortos tanto de traqueia

quanto das vias aéreas superiores. Deve ser utilizado
criteriosamente naqueles pacientes em que a oxigenoterapia nasal não é possível e a efetividade do tratamento depende da educação do paciente. É indicado
para pacientes domiciliares ou ambulatoriais que necessitam de grande mobilidade corporal.

Sistema com reservatório

Trata-se de um sistema em que o oxigênio é armazenado em um reservatório que incorpora o dispositivo que é liberado durante as inspirações do
paciente. Esse sistema oferece uma concentração de
oxigênio mais elevada, com utilização de fluxos menores do que os sistemas de baixo fluxo.

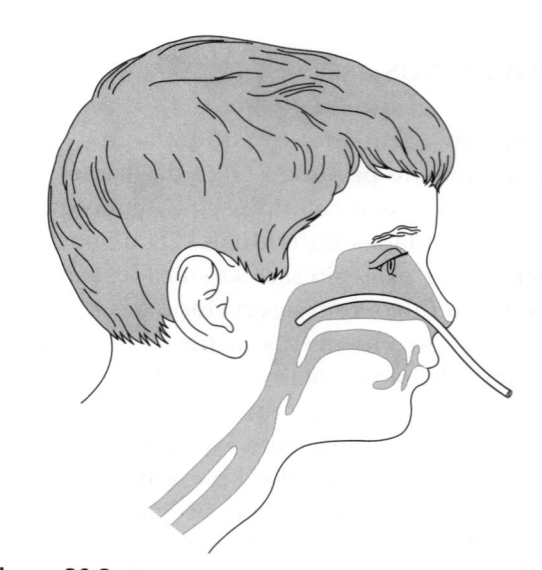

Figura 38.3 Cateter nasal.

Cânula nasal com reservatório

A cânula com reservatório nasal consiste de um dispositivo que armazena cerca de 20 mL de oxigênio numa pequena membrana no momento expiratório. A cânula nasal com reservatório pendente pode substituir a anterior por motivos estéticos (Figura 38.5). Essas cânulas são utilizadas com fluxos baixos, sendo desnecessário o uso de umidificadores. É indicada para pacientes domiciliares ou ambulatoriais que necessitam de grande mobilidade corporal.

Máscara com reservatório

A máscara simples é plástica, descartável e cobre a boca e o nariz. O corpo da máscara armazena o oxigênio entre as inspirações do paciente. A expiração se dá através de orifícios contidos na lateral do corpo da máscara. É indicada para emergências e terapias de curto prazo que requerem concentrações de oxigênio moderada ou elevada.

A máscara de reinalação parcial e a de não reinalação possuem uma bolsa reservatória flexível de 1 L que pode produzir concentrações elevadas de oxigênio. A diferença entre esses modelos é que a máscara de reinalação parcial possui uma válvula que permite que o oxigênio flua para o interior da máscara durante a inspiração e, durante a expiração, seja direcionado para o saco reservatório juntamente com o gás carbônico expirado que escapa à me-dida que o reservatório é preenchido com oxigênio (Figura 38.6). A máscara de não reinalação impede a reinalação por meio de uma válvula unidirecional que se localiza na parte superior da bolsa, enquanto na máscara uma válvula expiratória direciona o ar expirado para o exterior desta (Figura 38.7). É indicada para emergências e terapias de curto prazo que requerem concentrações de oxigênio moderadas ou elevadas.

Circuito de não reinalação com reservatório

Dispositivo que pode oferecer exatamente a concentração de oxigênio prescrita, pois incorpora um sistema de mistura de ar ambiente com o oxigênio que é aquecido, umidificado e reservado em um saco reservatório para, finalmente, o paciente inspirar por meio de um sistema fechado com válvula unidirecional (Figura 38.8). Pode ser utilizado com máscara ou com o tubo em T. É indicado para emergências e terapias de curto prazo que requerem concentrações elevadas de oxigênio.

Sistemas de alto fluxo

São sistemas que funcionam com fluxos acima de 60 L/min. Esses dispositivos misturam ar e o oxigênio, para determinar uma concentração necessária, por meio de sistemas de arrastamento de ar ou misturadores.

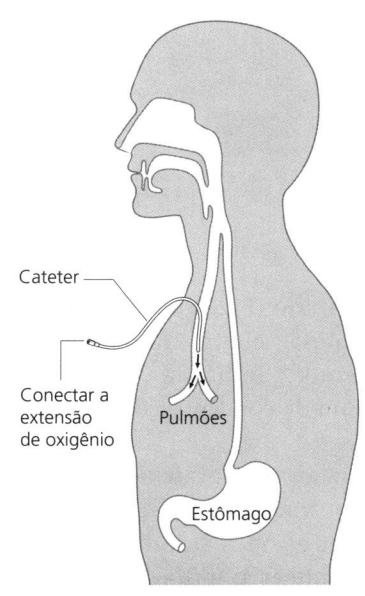

Figura 38.4 Cateter transtraqueal.

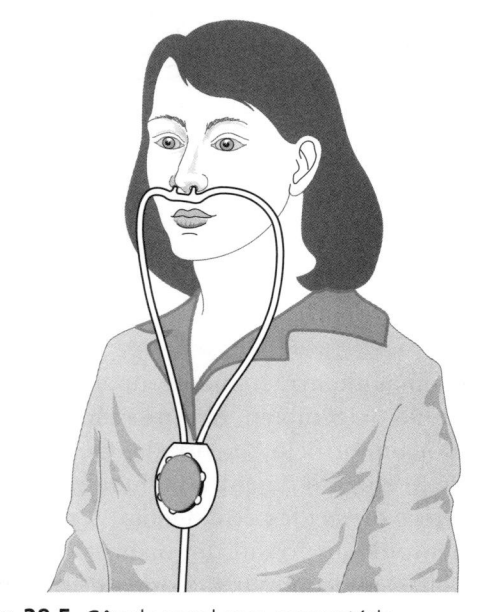

Figura 38.5 Cânula nasal com reservatório.

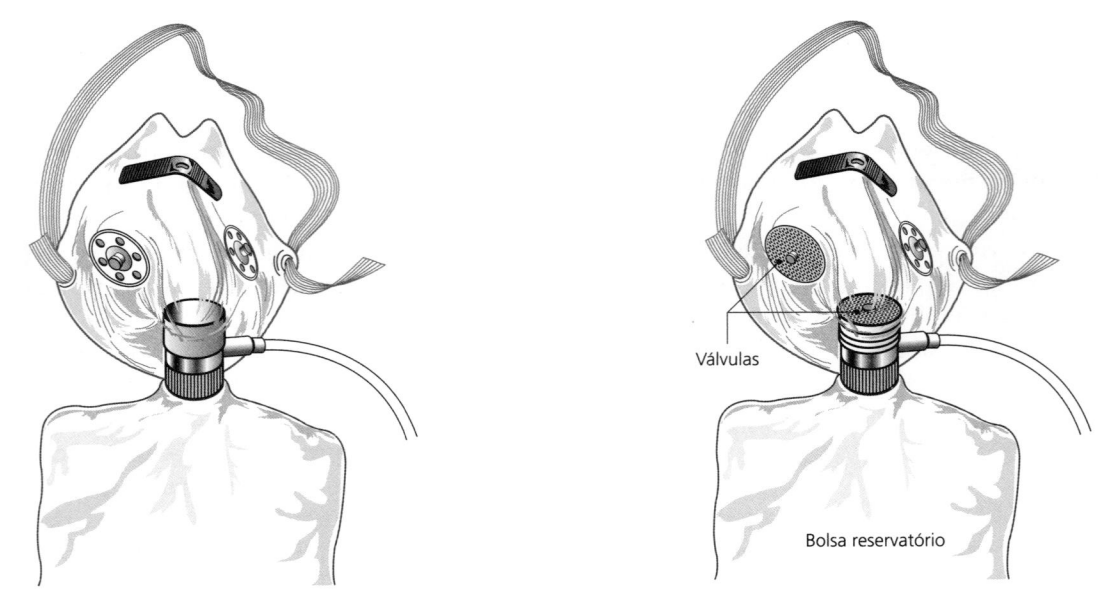

Figura 38.6 Máscara de reinalação parcial.

Figura 38.7 Máscara de não reinalação.

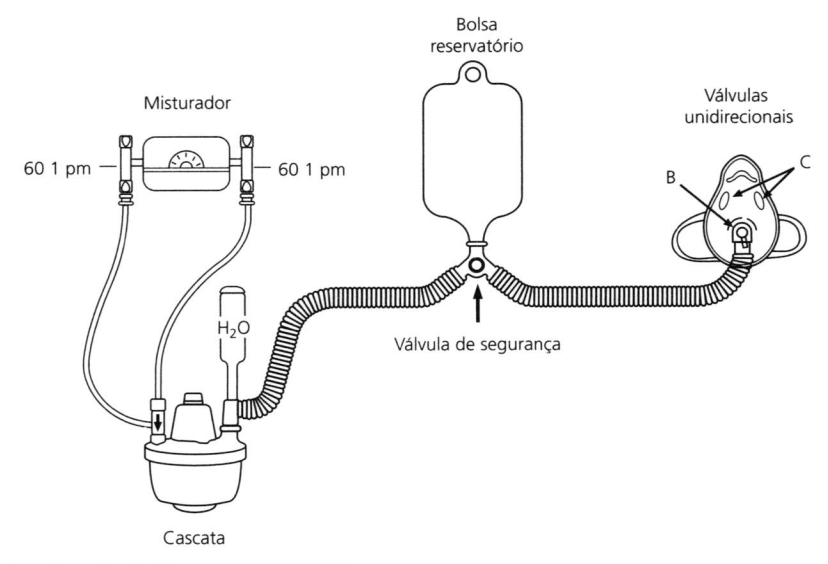

Figura 38.8 Circuito de não reinalação com reservatório.

Arrastamento de ar

Os sistemas de arrastamento de ar conduzem uma fonte de oxigênio em alta pressão através de um jato por um orifício de entrada. Quanto maior for o orifício e o jato de entrada, maiores serão as concentrações oferecidas de oxigênio. A máscara de arrastamento de ar possui um orifício de jato em torno do qual se encontra uma porta de arrastamento de ar. O corpo da máscara possui orifício de saída para o ar expirado (Figura 38.9). A concentração de oxigênio é obtida pela troca de peças de entrada de jato de oxigênio. É indicada para pacientes estáveis que necessitam de concentrações baixas de oxigênio, porém precisas.

Os nebulizadores por arrastamento de ar movidos pneumaticamente são dispositivos que possuem umidificadores e controladores de temperatura. São tradicionalmente escolhidos para uso em pacientes com cânulas traqueais através de tubo em T ou más-

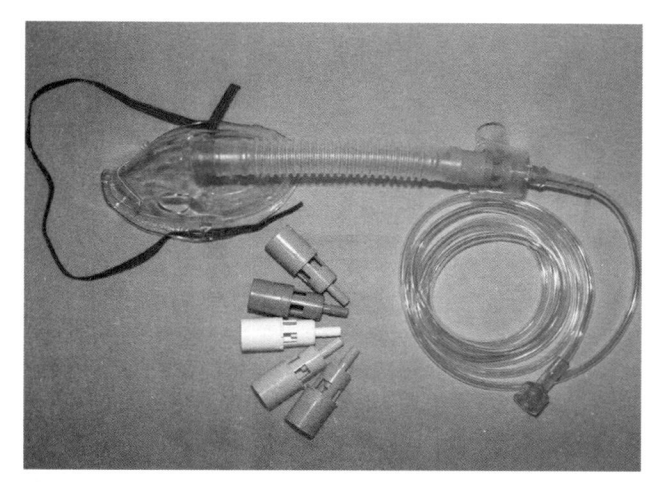

Figura 38.9 Máscara por arrastamento de ar.

caras de traqueostomia que requerem concentrações de oxigênio baixa ou moderada. Por apresentar orifício fixo, os nebulizadores oferecem uma concentração de oxigênio que oscila entre 40 e 100%, dependendo da demanda do paciente.

Misturadores de ar

O sistema de misturador de ar permite a entrada separada de fontes de ar comprimido e de oxigênio que se misturam manualmente, ou utilizando uma válvula de precisão, permitindo assim o controle exato da concentração desejada. A mistura manual é realizada por meio do ajuste dos fluxômetros de ar comprimido e de oxigênio separados. Os misturadores de oxigênio permitem a regulagem do oxigênio e do ar comprimido em pressões iguais que se combinam para oferecer a concentração escolhida. Alguns sistemas possuem um alarme sonoro que controla as variações das pressões para que o ajuste seja preciso. É indicado para pacientes que possuem um volume-minuto elevado e necessitam de concentrações altas de oxigênio.

Sistemas cercados

São dispositivos em que o paciente é adaptado a um ambiente fechado com oxigênio controlado. São utilizados em crianças e lactentes. Os tipos descritos são:

- Tendas de oxigênio: permitem a entrada de oxigênio em temperatura confortável. São indicadas para crianças pequenas que necessitam de concentrações baixas ou moderadas de oxigênio e de aerossol (Figura 38.10).
- Capacetes: fornecem concentrações precisas de oxigênio por meio apenas da cobertura da cabeça do paciente. São utilizados em lactentes que necessitam de suplementação de oxigênio, já que o corpo permanece livre para cuidados de enfermagem (Figura 38.11).
- Incubadoras: são dispositivos que permitem o aquecimento com suplementação de oxigênio e umidificação externa. São indicadas para lactentes que necessitam de suplementação de oxigênio e regulação térmica precisas (Figura 38.12).

PRECAUÇÕES E POSSÍVEIS COMPLICAÇÕES

O oxigênio, como qualquer medicamento, deve ser administrado em doses e por tempos necessários com base nas condições clínicas dos pacientes e fundamentado no controle exato dos gases arteriais.

Os pacientes com hipercapnia crônica podem apresentar depressão ventilatória quando recebem concentrações altas de oxigênio. Nesses casos, a oferta adicional de oxigênio deve ser rigorosamente controlada para corrigir a hipóxia sem, contudo, aumentar a hipercarbia. Atelectasias de absorção podem ocorrer quando o oxigênio é administrado em concentrações maiores que 50%. Além disso, ele pode ser tóxico e deprimir a função mucociliar e leucocitária.

A retinopatia pode-se desenvolver em prematuros quando se administra oxigênio que eleva a PaO_2

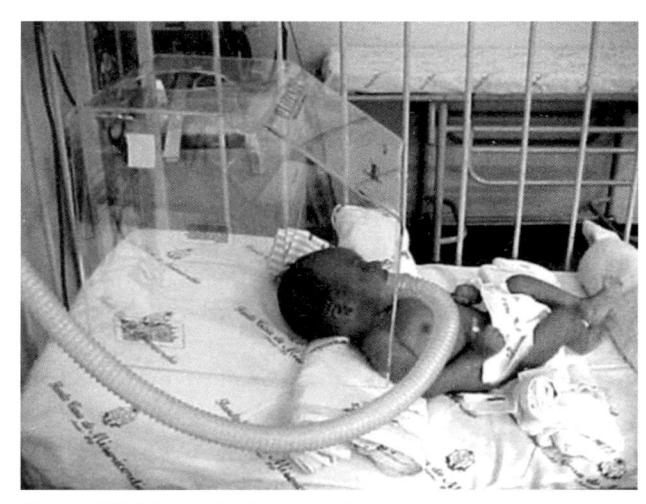

Figura 38.10 Tenda de oxigênio.

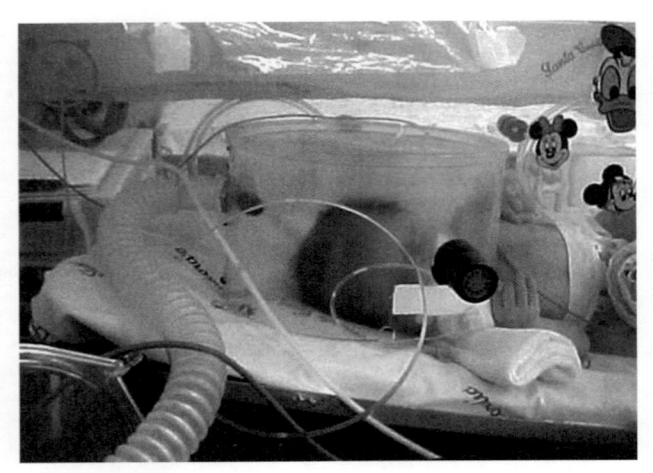

Figura 38.11 Capacete.

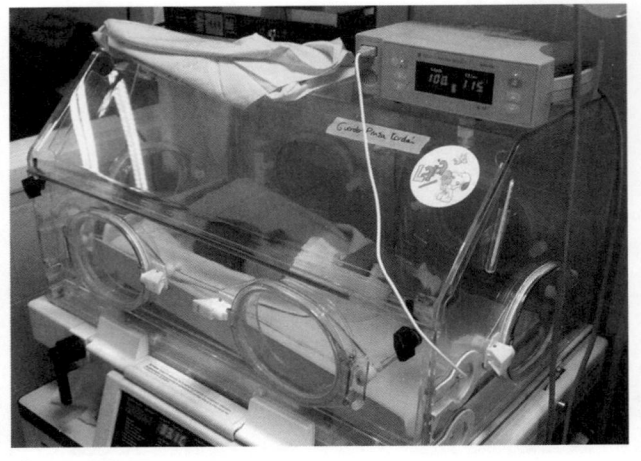

Figura 38.12 Incubadora.

acima de 80 mmHg. A contaminação bacteriana pode estar associada aos sistemas de nebulização e umidificação. Os circuitos devem ser trocados a cada 48 ou 72 horas.

Outro risco potencial é o desenvolvimento ou agravamento de incêndios quando se utilizam altas concentrações de oxigênio. Nos serviços em que a utilização de oxigênio é rotineira, é necessária a presença de extintores, bem como de saídas de emergência.

Avaliação dos resultados

Os resultados da oxigenoterapia são avaliados pelas respostas clínicas e fisiológicas de cada paciente. Equipamentos de oximetria de pulso à beira do leito e de leitura dos gases arteriais contribuem para a avaliação dos benefícios da técnica empregada, correção da hipoxemia e dos prováveis efeitos deletérios. Pacientes com DPOC agudizado requerem cuidados especiais a fim de evitar a depressão do centro respiratório.

BIBLIOGRAFIA RECOMENDADA

1. Neff TA, Petty TL. Long term continuous oxygen therapy in chronic airway obstruction: mortality in relationship to cor pulmonale, hypoxia and hypercapnia. Ann Intern Med. 1970;72:621-66.

2. Scanlan CL, Hever AL. Gasoterapia medicinal. In: Scanlan CL, Wilkins RL, Stoller JK. (Ed.) Fundamentos de terapia respiratória de Egan. 7. ed. São Paulo: Manole; 2000. p.761-96.

3. American Association for Respiratory Care (AARC). Clinical practice guideline. Selection of an oxygen delivery device for neonatal and pediatric patients. Revision and update. Respir Care. 2002;47:707-16.

4. _____. Clinical practice guideline. Oxygen therapy for adults in the acute care facility. Respir Care. 2002; 47:717-20.

5. Frobert O, et al. Influence of oxygen tension on myocardial performance. Evaluation by tissue Doppler imaging. Cardiovascular Ultrasound. 2004;2:22.

6. Pierson DJ. Pathophysiology and clinical effects of chronic hipoxia. Respir Care. 2000;45:39-51.

7. Emmerich JC. Monitorização da oxigenação. In: Monitorização respiratória: fundamentos. Rio de Janeiro: Revinter; 1996. p. 27-48.

8. Asociación Española de Pediatria. Oxigenoterapia, 2003. Disponível em: <http://aeped.es/protocolos/neumonia/11.pdf>.

9. Brandson RD. The nuts and bolts of increasing arterial oxygenation: devices and techniques. Respir Care. 1993;38:672-86.

10. American Association for Respiratory Care (AARC). Clinical practice guideline. Oxygen therapy in the acute care hospital. Respir Care. 1991;36:1410-13.

11. Hoffman LA. Novel strategies for delivering oxygen: reservoir cannula, demand flow and transtracheal oxygen administration. Respir Care. 1994;39:363-76.

12. Foust GN, et al. Shortcomingas of using two jet nebulizers in tandem with an aerosol face mask for optimal oxygen therapy. Chest. 1991;99:1346-51.

13. Gómez SJ, et al. Fiabilidad de los sistemas de Venturi en la oxigenoterapia. Arch Bronconeumol 2003; 39:256-60.

14. American Academy of Pediatrics. American College of Obstetricians and Gynecologists. Guideline for perinatal care. 4.ed. Elk Grove Village; 1997.

15. Federación Panamericana de Associaciones de Facultades y Escuelas de Medicina. Oxigenoterapia. 2004. Disponível em: <http://www.fepafem.org.ve/guias-de-urgências/alteraciones-cardiovasculares-y-respiratórias/oxigenoterapia.pdf>.

39

TREINAMENTO MUSCULAR RESPIRATÓRIO

ROSMARI APARECIDA ROSA ALMEIDA DE OLIVEIRA
SÍLVIA MARIA DE TOLEDO PIZA SOARES
ALINE DE NÓVOA PADILHA CASTRO
VENICIO ALMEIDA BARBOSA
CAROLINA KOSOUR

INTRODUÇÃO

A evolução do manejo terapêutico e dos avanços tecnológicos direcionados para o cuidado dos pacientes submetidos à cirurgia cardíaca não foram acompanhados por queda na incidência de complicações do sistema respiratório, o que pode potencializar a presença de comorbidades, interferindo no prognóstico final dos pacientes, dentre elas, as alterações dos músculos respiratórios. Nesse contexto, a fisioterapia tem sido regularmente indicada na prevenção e tratamento dessas complicações, utilizando vários recursos, com destaque para o treinamento muscular respiratório.

O grande desafio em realizar o treinamento muscular respiratório de pacientes no pós-operatório de cirurgia cardíaca, além do envolvimento cardíaco e das complicações provinientes do procedimento cirúrgico, são as inúmeras comorbidades existentes. Diabetes, obesidade, hipertensão arterial, dislipidemia e pneumopatias geralmente estão presentes em pacientes submetidos a cirurgia cardíaca, elevando o grau de complexidade do plano terapêutico.

Em decorrência do processo invasivo na região torácica, o acometimento da função pulmonar e complicações pós-operatórias (CPP), responsáveis pelo aumento da morbimortalidade, são inevitáveis, especialmente quando fatores de risco estão presentes, como idade, elevado tempo de anestesia e cirurgia, uso de circulação extracorpórea (CEC), esternotomia, uso da artéria torácica interna como enxerto, localização de drenos, função pulmonar e, principalmente, força muscular (FM) pré-operatória deteriorada.

Por consequência da manipulação cirúrgica, do uso de substâncias cardioplégicas com consequente diminuição da velocidade de condução do nervo frênico levando à paralisia diafragmática, pode ocorrer a redução de sua capacidade de gerar força e de mobilizar volume adequado de ar para os pulmões.

Atenção especial deve ser dada aos pacientes submetidos a CEC, especialmente por tempo superior a 120 minutos, pois o tempo prolongado pode favorecer a liberação de mediadores inflamatórios que culminam em piora da troca gasosa e da mecânica pulmonar.

Como pode-se perceber, a complicação pós-operatória possui etiologia multifatorial, sendo a deterioração da função pulmonar a principal resultante de toda a cascata deletéria. A capacidade vital forçada (CVF), o volume expirado forçado no primeiro segundo (VEF1) e o índice de oxigenação (pressão arterial de oxigênio/fração inspirada de oxigênio – PAO_2/FIO_2) são as principais medidas que podem ser acompanhadas para a avaliação de pacientes.

De acordo com Guizilli et al. (2007), pacientes com queda acentuada da função pulmonar estão predispostos a maior tempo de ventilação mecânica e internação hospitalar, especialmente quando realizam a pleurotomia e consequentemente drenagem intercostal.

Não basta ao profissional lembrar somente da etiologia, mais do que isso, é necessário integrar o processo fisiopatológico no pós-operatório de cirurgia cardíaca. Deve-se considerar fatores determinantes pré e intraoperatórios, todos eles responsáveis pela deterioração do sistema respiratório, demonstrada pela queda dos valores espirométricos e de oxigenação. A perda de unidades alveolares é inevitável e, consequentemente a diminuição da capacidade residual funcional (CRF) e vital (CV).

A queda do volume residual acontece devido a abertura da pleura, anestesia, manipulação, diminuição da força muscular e, principalmente, pela dor observada na maioria das vezes naqueles pacientes com drenagem intercostal, sendo esta a responsável pelo maior comprometimento em relação à drenagem subxifoidiana.

O quadro álgico, a restrição da mobilidade e força muscular não apenas afetam a CRF, mas também a CV por redução do volume pulmonar de reserva inspiratória e, dessa forma, a capacidade do paciente gerar a tosse se torna ineficiente, favorecendo a retenção de secreções pulmonares, atelectasias por reabsorção, o que perpetua o ciclo deletério vicioso.

Logo, medidas precoces devem ser instituídas, especialmente no incremento da força muscular e, consequentemente, da melhora funcional com o aumento da CRF e VEF1. Cabe ressaltar a importância do fisioterapeuta no processo de recuperação funcional a fim de prevenir complicações, principalmente respiratórias, proporcionando melhora da qualidade de vida.

Um dos focos terapêuticos está na instituição do protocolo de reabilitação após cirurgia guiado pelo fisioterapeuta utilizando a mobilização funcional de baixa intensidade, de 2 a 3 metz, por demonstrar maior segurança e benefícios aos pacientes, como a redução do tempo de internação, custos hospitalares, efeitos deletérios do imobilismo e complicações pulmonares como ressaltam Delbin (2009) e Botega et al. (2010).

Um estudo randomizado conduzido por Reeve et al. (2008), com indivíduos submetidos à toracotomia, demonstrou mais benefícios e menor incidência de complicações pós-operatórias no grupo submetido à intervenção fisioterapêutica que foi baseada em exercícios respiratórios, deambulação precoce, mobilização de membros superiores e caixa torácica, quando comparado ao grupo controle que recebeu apenas o atendimento convencional médico e de enfermagem.

Seguindo esse raciocínio, chama-se a atenção para o incremento da FM, responsável direta pelo volume corrente mobilizado, inspiração profunda e capacidade de tossir.

Barros et al. (2010) estudaram indivíduos no pré e pós-operatório de cirurgia cardíaca com CEC realizada em tempo menor que 120 minutos, envolvendo um grupo-controle submetido à fisioterapia convencional e outro grupo, denominado intervenção, submetido, além da fisioterapia convencional, a um programa de treinamento muscular respiratório (TMR) utilizando o Threshold IMT ® uma vez ao dia com três séries de dez repetições, com carga de 40% da pressão inspiratória ($PI_{máx}$). Observaram melhora significativa da $PI_{máx}$, $PE_{máx}$, pico de fluxo expiratório (PFE) e volume corrente, demonstrando os benefícios funcionais da técnica.

Estudos têm demonstrado os benefícios da fisioterapia nessa população, entretanto, não há um protocolo padrão a ser seguido para o TMR, provavelmente pela grande variedade clinica desses pacientes, dessa forma, cabe ao profissional planejar a maneira mais adequada de intervir durante a terapêutica de cada paciente.

Portanto, é de fundamental importância identificar os fatores que podem causar a alteração na função muscular respiratória, e entre eles, destacar a redução na FM, o aumento no trabalho respiratório e a diminuição na eficiência dos músculos respiratórios.

Contextualização do sistema muscular respiratório

Diferentes situações patológicas podem acarretar disfunção dos músculos respiratórios, contribuindo para intolerância ao exercício, dispneia e insuficiência respiratória. No caso de pacientes sob ventilação mecânica prolongada, o prejuízo na função muscular respiratória dificulta a retirada definitiva do suporte ventilatório, além de prolongar o tempo de hospitalização.

Alguns fatores podem causar alteração na função muscular respiratória. Entre eles, destacam-se: redução na FM, o aumento no trabalho respiratório e diminuição na eficiência dos músculos respiratórios.

A alteração da FM respiratória pode ser resultante de vários fatores como: desordens neuromusculares, alterações metabólicas, sepse, choque, déficit nutricional, uso de medicamentos (sedativos, bloqueadores neuromusculares etc.) e desuso decorrente da ventilação mecânica prolongada.

Entre os fatores envolvidos no aumento do trabalho respiratório destacam-se: alterações intrínsecas ao parênquima pulmonar, como, por exemplo, a queda na complacência; obstrução das vias aéreas; e alterações da caixa torácica, como na cifoescoliose.

No caso de redução na eficiência dos músculos respiratórios, a hiperinsuflação pulmonar e o tórax instável estão entre os maiores responsáveis.

Assim, isoladamente ou associados, ao longo do tempo, esses três fatores aumentam a carga sobre o sistema ventilatório, o que pode gerar fadiga ou fraqueza musculares.

A fadiga é definida pela perda da capacidade do músculo em gerar força, porém, pode ser revertida com o repouso. Já a fraqueza muscular pode ser resultado de doença aguda ou crônica, como a capacidade reduzida de gerar força frente à sobrecarga respiratória normal ou aumentada, associada à patologia respiratória. Vale ressaltar, que o repouso muscular é um componente importante para diferenciar fadiga de fraqueza muscular.

Outro conceito é o do *endurance* muscular, que consiste na capacidade de manutenção de atividade de contração muscular ao longo do tempo, e relaciona-se à resistência de um músculo ou grupo muscular com o desenvolvimento da fadiga.

Embora a força dos músculos respiratórios e a *endurance* pareçam estar intimamente ligadas, em muitas situações a capacidade ventilatória ou as pressões respiratórias máximas não predizem o *endurance*, que pode mudar com treinamento muscular, uso de medicamentos e com o desuso.

Esse assunto é muito complexo, portanto, o fisioterapeuta tem um papel significativo no tratamento das disfunções musculares e na implementação de um treinamento apropriado, tanto no sentido de prevenir a fadiga como para promover a recuperação da função muscular.

Em pacientes com fraqueza muscular crônica decorrente de doenças pulmonares e neuromusculares, esse treinamento tem seu papel mais bem estabelecido, pois é por meio dele que são observadas melhoras funcionais e fisiológicas nos mesmos, como: maior tolerância ao exercício, redução da hipercapnia e da dispneia e melhora na qualidade do sono e de vida dos indivíduos acometidos por esses males.

Por outro lado, embora o treinamento muscular seja reconhecido como componente fundamental no tratamento de pacientes sob ventilação mecânica prolongada, os estudos controlados e randomizados que avaliaram a capacidade de geração de força, a resistência e o *status* funcional do paciente após o treinamento são escassos. Os resultados enfocam o sucesso de desmame e a sobrevida do paciente, enquanto as informações funcionais não são disponibilizadas. Não existe também consenso quanto à melhor técnica de treinamento ou em relação ao momento em que o mesmo deve ser iniciado, o que, contudo, não confere menor valor a essa terapêutica, mas indica a necessidade de novos estudos.

AVALIAÇÃO GERAL

Sinais e sintomas da disfunção muscular respiratória

Os sintomas de disfunção da musculatura respiratória são inespecíficos, sendo que os principais deles são dispneia e intolerância ao exercício. Entre os sinais, destacam-se: taquipneia; tiragem dos músculos intercostais e acessórios da inspiração; cianose, que indica hipoxemia grave; e, em casos mais graves, rebaixamento do nível de consciência e coma. Também pode produzir alterações no padrão ventilatório toracoabdominal, que se caracteriza por desacoplamento entre os movimentos da caixa torácica e do abdome.

Durante a inspiração paradoxal, observa-se a diminuição do diâmetro laterolateral do tórax inferior, ou seja, a retração do terço inferior do tórax ao invés da expansão, como seria normalmente esperado. Esse fenômeno também é conhecido como sinal de Hoover, sendo mais facilmente observado em pacientes portadores de hiperinsuflação pulmonar grave, em que diafragma se mantém retificado e rebaixado.

Vários fatores podem causar o aumento do trabalho respiratório e a fadiga muscular, com a consequente diminuição dos movimentos da caixa torácica, da expansão pulmonar e da capacidade pulmonar total.

Aspectos metabólicos e nutricionais

A nutrição adequada desempenha papel fundamental na manutenção da saúde e na recuperação das enfermidades. A desnutrição pode ser causada pela ingestão insuficiente ou inadequada de nutrientes, bem como por alterações no processo digestivo, na absorção ou no metabolismo dos componentes nutricionais.

Em pacientes desnutridos, ocorre a perda, preferencialmente, de massa muscular constituída por fibras do tipo II, de resposta rápida. Porém, a função de contração muscular mostra-se mais prejudicada nas fibras do tipo I, de resposta lenta, como, por exemplo, no músculo diafragma. Essa perda de função é potencializada por condições de anaerobiose. Portanto, pacientes que se mantêm em regime hipóxico, como na doença pulmonar obstrutiva crônica (DPOC), na sepse e em estado de choque, estão sujeitos a maior perda de função muscular, o que favorece a insuficiência respiratória e a necessidade de ventilação mecânica prolongada, como citado no estudo de Higgins et al. (2006).

A desnutrição também pode causar a deficiência eletrolítica, ocasionando piora na função muscular respiratória. A hipofosfatemia pode, por exemplo, reduzir a função contrátil diafragmática. A hipocalcemia, a hipomagnesemia e a hipopotassemia também podem comprometer a função muscular respiratória.

Efeitos da desnutrição na função respiratória

A função respiratória e o estado nutricional estão extremamente interligados, pois a desnutrição afeta a função respiratória em virtude da perda de massa muscular e de alterações estruturais do parênquima pulmonar, causadas por modificações do *drive* ventilatório e dos mecanismos imunológicos de defesa do pulmão.

O controle e a regulagem do centro respiratório são extremamente sensíveis às variações no estado nutricional. O jejum prolongado e a consequente queda na taxa metabólica diminuem a resposta à hipóxia, que é plenamente reversível quando se institui suporte nutricional adequado. De forma semelhante, o nível proteico influencia na resposta à hipercapnia.

A desnutrição pode comprometer a resposta imunológica dos pulmões à infecção. Pacientes acometidos por carência alimentar têm menor capacidade para suspirar, tossir, expectorar e produzir surfactantes, comprometendo o *clearance* mucociliar.

Em pacientes desnutridos e com perda de massa muscular, há diminuição da capacidade vital (CV), da ventilação voluntária máxima (VVM) e da força muscular respiratória. Portanto, antes de iniciar o treinamento muscular é imprescindível avaliar o estado nutricional do paciente.

AVALIAÇÃO ESPECÍFICA

Os músculos têm duas funções: gerar força e, então, encurtar-se (ou recolher-se). No sistema respiratório, a medida de força é estimada por meio do uso de pressão e o encurtamento muscular, por meio de alterações de volume ou deslocamento das estruturas da caixa torácica. Portanto, a caracterização quantitativa dos músculos respiratórios tem sido realizada a partir de medidas de pressão, volume e deslocamentos.

Convencionalmente, as duas medidas mais frequentes são as pressões respiratórias máximas e de capacidade vital.

A força diafragmática pode, especificamente, ser estimada por mensurações da pressão transdiafragmática, que é a diferença entre as pressões abdominal e pleural. Na prática, equivale à diferença entre a pressão gástrica e a pressão esofágica. Entretanto, essa medida é invasiva, pois requer a passagem de um balão gástrico e esofágico. Sendo assim, a pressão transdiafragmática tem sido utilizada apenas em investigações científicas.

Pressões respiratórias máximas

As pressões inspiratórias e expiratórias máximas são estimativas da força produzida por todos os músculos inspiratórios e expiratórios, respectivamente. Para mensurar essas pressões, utiliza-se o manovacuômetro (Figura 39.1), disponível no mercado na forma digital ou analógica. Nesse aparelho, conecta-se um tubo cujo comprimento varia de 6,5 a 25 cm e o diâmetro de 0,5 a 1,5 cm. Na extremidade desse tubo, acopla-se uma peça bucal, que pode ser substituída por uma válvula unidirecional de três vias (Figura 39.1), no caso de pacientes entubados, traqueostomizados e/ou pouco colaborativos.

Alguns estudos sugerem que nesse sistema de mensuração haja um pequeno orifício, ou fuga, de 2 mm de diâmetro, para dissipar as pressões geradas pela musculatura da face e da orofaringe.

Devido às relações de tensão-comprimento dos músculos esqueléticos, as pressões inspiratória e expiratória variam a partir do volume pulmonar. Dessa forma, e uma vez que a posição do diafragma em repouso ou suas alterações patológicas sejam impossíveis de ser determinadas, exceto com a utilização de aparelhos sofisticados, clinicamente adotam-se os conceitos de volume e capacidade pulmonares na padronização da técnica para a mensuração das pressões.

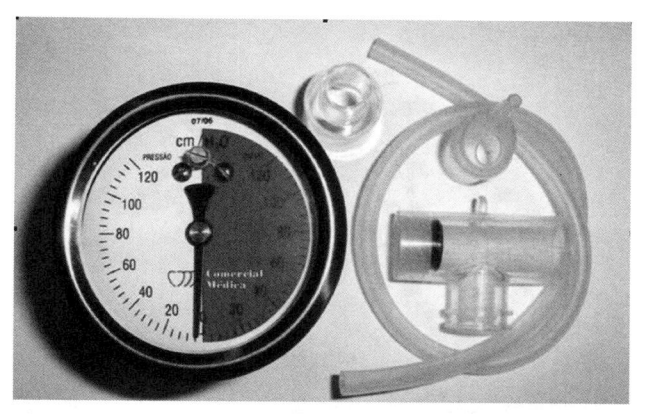

Figura 39.1 Manovacuômetro modelo MR da marca GeRar®.

A PI$_{máx}$ é a medida de pressão negativa obtida por meio de esforço inspiratório a partir do volume residual, ou seja, o paciente é orientado a realizar uma expiração máxima seguida de uma inspiração máxima contra a via aérea ocluída. Nesse momento, o manômetro do equipamento registrará o valor de pressão inspiratória alcançado no ramo negativo da escala.

Caso o instrumento de mensuração utilize um tubo com extremidade distal ocluída, o paciente deverá expirar inicialmente fora do circuito, e então, após a expiração completa, conectar-se ao bucal para a realização da inspiração forçada. Se a extremidade distal do tubo apresentar uma abertura que permita a respiração diretamente com o ar do ambiente, toda a manobra respiratória deverá ser executada com o paciente conectado ao bucal. Porém, há necessidade de oclusão dessa abertura imediatamente após a expiração completa e antes da inspiração forçada para que se faça o registro da pressão negativa.

A PE$_{máx}$ é a medida de pressão positiva gerada pela contração dos músculos expiratórios a partir da capacidade pulmonar total, ou seja, o paciente é orientado a realizar uma inspiração máxima seguida de uma expiração forçada contra a via área ocluída. Nesse caso, o manômetro do equipamento registrará o valor de pressão expiratória atingido no ramo positivo da escala.

Assim como na PI$_{máx}$, no caso do tubo com extremidade distal com abertura, toda manobra respiratória para obtenção da PE$_{máx}$ ocorrerá com o paciente respirando acoplado ao bucal. Porém, o fisioterapeuta deverá ocluir a abertura do tubo antes da expiração forçada para registro da pressão positiva. Caso

não haja abertura do tubo, a inspiração máxima que precede a expiração forçada deve ser realizada fora do sistema.

Recomendações

Recomenda-se a utilização de um clipe nasal para a mensuração das pressões, evitando o escape de ar pelo nariz, no caso de pacientes em respiração espontânea.

Aconselha-se que as mensurações sejam realizadas com o paciente na posição sentada, porém, tal posição pode ser inviável ou contraindicada para pacientes em estado crítico, como, por exemplo, com fraturas de quadril. Nesse caso, a mensuração é tolerada em decúbito inferior.

Como o procedimento é cansativo, normalmente concede-se ao paciente um período de descanso entre as mensurações, que varia de 30 segundos a 1 minuto. As diretrizes para testes de função pulmonar da Sociedade Brasileira de Pneumologia e Tisiologia, publicadas em 2002, orientam um número máximo de cinco manobras para cada pressão, sendo três manobras aceitáveis (desde que não ocorram vazamentos), pelo menos duas reprodutíveis (i. e., a diferença entre os valores não pode ultrapassar 10% entre as mensurações) e, então, o maior valor deve ser considerado.

Fatores determinantes

São fatores determinantes para a obtenção das pressões respiratórias máximas: ausência de vazamentos e compreensão das manobras respiratórias pelo paciente, bem como sua colaboração, pois as pressões geradas dependem não só da força muscular, mas também dos volumes pulmonares nos quais as manobras foram realizadas. Se os valores forem subestimados, poderá haver risco ao diagnóstico e ao tratamento.

Valores de normalidade

Com relação aos valores de normalidade, há discrepâncias entre os autores, o que pode ser atribuído às diferenças nos métodos utilizados, nas populações estudadas e, até mesmo, ao pequeno tamanho das amostras. Sendo assim, neste capítulo foram consideradas as equações para cálculo das pressões respiratórias máximas, descritas no estudo realizado na população brasileira por Neder et al., publicado em 1999, de acordo com idade e sexo, como mostra a Tabela 39.1.

Capacidade vital

A alteração dos volumes pulmonares mais frequente em pacientes com fraqueza muscular é a queda da capacidade vital (CV), limitada pelos músculos inspiratórios, que dificultam a insuflação completa, e pelos músculos expiratórios, que inibem a plena expiração.

Além da redução da força, a perda de complacência pulmonar também resulta em queda da CV. Na fraqueza muscular mais grave, a capacidade pulmonar total e a CV estão mais relacionadas à complacência do pulmão do que à capacidade de geração de força. Assim, pode-se dizer que a CV reflete a fraqueza dos músculos respiratórios e a carga mecânica estática dos pulmões.

A vantagem da CV como índice de força muscular respiratória é a facilidade em sua mensuração, que consiste na verificação do volume expirado após uma inspiração máxima, até que o volume residual seja alcançado. Assim, a CV representa a soma dos volumes de ar corrente e das reservas inspiratória e expiratória. Essa medição pode ser realizada com aparelhos de espirometria, em um laboratório de função pulmonar, ou com um ventilômetro de Wright (Figura 39.2).

Entretanto, a CV é considerada uma mensuração não específica, pois o resultado pode mostrar-se ineficiente por causa da presença de doença pulmonar obstrutiva restritiva, assim como por fatores extrapulmonares (p. ex., na obesidade e na ascite) ou intraparenquimatosos.

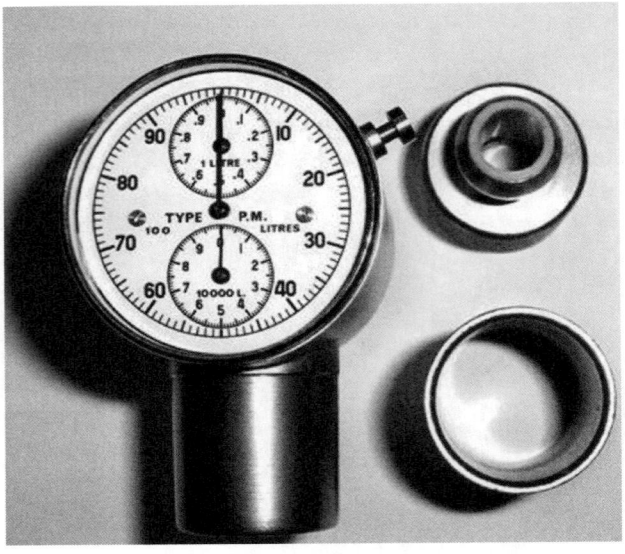

Figura 39.2 Ventilômetro Wright da marca Ferraris®.

Na fraqueza muscular leve, a CV é menos sensível do que as pressões respiratórias máximas; entretanto, a queda de ambos revela uma perda funcional mais acentuada.

A manobra de CV requer esforço e colaboração do paciente, e parece ser mais útil em pacientes com ausência de doenças respiratórias como fator primário da fraqueza muscular, tais como a síndrome de Guillain-Barré. Nesses pacientes, os estudos apontam que a queda da CV para aproximadamente 1 L está associada à necessidade de intubação e ventilação mecânica. Também considerada uma das aplicações clínicas, a queda da CV no paciente em posição supina, quando comparada com aquela na posição sentada, sugere fraqueza ou paralisia diafragmática.

Tabela 39.1 Equações de regressão para cálculo das pressões respiratórias máximas

Homens de 20 a 80 anos		
$PI_{máxVR}$ (cmH$_2$O)* = 155,3 – [0,80 × idade (anos)]	R^2 = 0,42	EPE = 17,3
$PE_{máxCPT}$ (cmH$_2$O) = 165,3 – [0,81 × idade (anos)]	R^2 = 0,48	EPE = 15,6
Mulheres de 20 a 80 anos		
$PI_{máxVR}$ (cmH$_2$O)* = 110,4 – [0,49 × idade (anos)]	R^2 = 0,46	EPE = 9,1
$PE_{máxCPT}$ (cmH$_2$O) = 115,6 – [0,61 × idade (anos)]	R^2 = 0,48	EPE = 11,2

$PI_{máxVR}$*: pressão inspiratória máxima a partir do volume residual desprezando-se o sinal de negatividade; $PE_{máxCPT}$: pressão expiratória máxima a partir da capacidade pulmonar total; R^2: coeficiente de determinação; EPE: erro padrão da estimativa. Fonte: Diretrizes para teste de função pulmonar, SBTP; 2002.

Índice pressão-tempo

O *endurance* tem sido definido como a capacidade de sustentar um nível de ventilação minuto ou um determinado valor de pressão inspiratória, ou expiratória, ao longo do tempo. Assim, a partir do ponto de vista da energia muscular necessária para o trabalho muscular, recomenda-se que a tensão desenvolvida sobre o tempo, ou seja, o índice pressão-tempo (IPT), seja utilizado como medida de *endurance*.

Na padronização para o teste de função muscular, segundo a American Thoracic Society e a European Respiratory Society (2002), o índice pressão-tempo do diafragma (IPT_{di}) é definido como sendo:

$$IPT_{di} = \frac{PDI}{PDI_{máx}} \times \frac{TI}{TTOT}$$

PDI = pressão transdiafragmática
$PDI_{máx}$ = pressão transdiafragmática máxima
TI = tempo inspiratório
TTOT = tempo total do ciclo respiratório

Indivíduos normais sustentam um IPTdi de até aproximadamente 0,18 cmH_2O/m^{-1}, enquanto o volume corrente permanece aproximadamente em 0,75 L. Porém, para a obtenção dessa medida faz-se necessária a monitorização com o cateter de pressão esofágica descrito anteriormente. Isso, contudo, dificulta a medição na prática clínica à beira do leito. Assim, na padronização das sociedades americana e europeia, é possível substituir a PDI e a $PDI_{máx}$, por PI e $PI_{máx}$, respectivamente, obtendo-se a avaliação global dos músculos inspiratórios, e não exclusivamente do diafragma. Nesse caso, considerando-se a caixa torácica e os músculos inspiratórios, o IPT global normal é de até 0,3 cmH_2O/m^{-1}.

Eletromiografia

A contração dos músculos respiratórios depende da ativação elétrica dos mesmos. Estimulado tanto pelo *input* voluntário como pelo involuntário, o impulso elétrico originado nos neurônios respiratórios do tronco cerebral é conduzido por meio dos nervos motores, transmitido via funções neuromusculares e propagado ao longo da membrana muscular. A falha em qualquer um desses sítios pode resultar em falta de coordenação e reversibilidade, ou irreversibilidade, e em fraqueza muscular.

Os testes eletrofisiológicos avaliam a integridade desse sistema neuromotor, sendo que a eletromiografia (EMG) é um dos principais. Para a avaliação da disfunção dos músculos respiratórios, a EMG pode ser empregada para detectar e diagnosticar a doença neuromuscular. Quando esse processo estiver associado aos testes de função mecânica, poderá contribuir, ainda, com a investigação da efetividade da contração muscular.

A EMG pode ser registrada a partir de eletrodos dispostos na superfície corporal, sobre a região de interesse, ou seja, nos músculos do diafragma, nos intercostais, nos escalenos, nos abdominais, entre outros, ou por meio de um eletrodo esofágico. Apesar do uso de eletrodos de superfície não ser invasivo, pode haver contaminação por causa de sinais emitidos pelos músculos adjacentes, que poderão ser traduzidos como problemas no registro da EMG. Já o uso do eletrodo esofágico fornece informações mais específicas, embora seja um recurso invasivo. Os testes eletrofisiológicos são tecnicamente complexos e devem ser interpretados por um profissional da área.

DISPOSITIVOS E RECURSOS PARA O TREINAMENTO

A escolha do método a ser indicado no TMR de pacientes no pós-operatório de cirurgia cardíaca que evolui com alteração muscular não difere dos outros tipos de cirurgia ou doenças, essa escolha está diretamente relacionada à disfunção e aos fatores que podem fazer diferença no sucesso do procedimento. Entre esses fatores, destacam-se:

- Conhecimento fisiopatológico da doença de base.
- A habilidade e o conhecimento do terapeuta a respeito do método de escolha.
- As condições do paciente, considerando-se a estabilidade hemodinâmica e/ou da doença de base.
- O estado nutricional do paciente.
- O nível de consciência, além do quadro álgico comumente observado no pós-operatório de cirurgia cardíaca, entre outros.

Existem alguns recursos de treinamento descritos na literatura, porém, não há consenso sobre a supremacia de um em relação a outro, bem como da efi-

Tabela 39.2 Relação de alguns protocolos de treinamento dos músculos respiratórios descritos na literatura

Referência	População (N)	Tipo de TM	Recurso	Frequência e tempo	Resultado
Rassler et al., 2007	Mista (10) Miastenia gravis	*Endurance*	50 a 60% da ventilação voluntária máxima	30 minutos/dia, 5 dias da semana 20 sessões	Aumento da *endurance* e do volume ventilatório
Verge et al., 2006	Homens (21) Atletas	*Endurance*	Hiperpneia normocápnica	30 minutos, 2 vezes/dia, 20 sessões	Diminuiu a incidência de fadiga muscular respiratória durante o exercício intenso
Griffiths e McConnell, 2006	Homens (17) Atletas	Força inspiratória e expiratória	Threshold 50% da $PI_{máx}$	30 repetições/dia, 6 semanas	Melhor performance no grupo de treinamento com enfoque inspiratório
Kunikoshita et al., 2006	Mista (50) DPOC	Força muscular	Threshold 30% (TMR) Treinamento físico (TF)	3 vezes/semana, 6 semanas	Associação do TMR e TF melhoram a tolerância ao esforço e a qualidade de vida
Moreno, et al., 2005	Mulheres (14) Saudáveis	Força muscular	Cinesioterapia Técnicas de facilitação neuromuscular proprioceptiva – KABA T	10 repetições de cada exercício de MMSS, 3 vezes/semana	Aumento da $PI_{máx}$ e da $PE_{máx}$ após treinamento
Ide et al., 2005	Mista (59) Idosos	Força e resistência muscular inspiratória e expiratória	Cinesioterapia	3 vezes/semana, 10 semanas	Aumento da força muscular inspiratória
Jong et al., 2001	Mista (16) Fibrose cística	*Endurance*	Threshold % $PI_{máx}$ 20% – 1ª semana 30% – 2ª semana 40% – 3ª semana – final	20 minutos/dia, 5 dias da semana, 6 semanas	Aumento da $PI_{máx}$

cácia e da eficiência de tais recursos. Essa situação se deve principalmente à diversidade de protocolos, à não homogeneidade das amostras nas populações estudadas, às diferentes patologias, ao tempo de treinamento dos profissionais, à carga imposta e à indicação do início do treinamento (Tabela 39.2).

Treinamento de *endurance*

Sensibilidade do ventilador mecânico

A ventilação mecânica tem por objetivo a manutenção da função respiratória, e quando esta demonstrar comprometimento, pela presença de doença ou durante a realização de um procedimento cirúrgico. Porém, em algumas situações, esse período se prolonga, o que pode gerar déficit da musculatura, levando a fraqueza ou fadiga muscular, impedindo que o paciente assuma novamente suas funções. Nos casos de fraqueza, é preconizado o início do treinamento muscular.

Atualmente, tem-se utilizado a sensibilidade do ventilador mecânico, ou seja, do dispositivo de pressão, como um dos recursos de treinamento para pacientes com $PI_{máx}$ menor que –20 cmH$_2$O.

Essa técnica visa oferecer sobrecarga inspiratória ao esforço do paciente para disparar o ventilador, gerando assim aumento do trabalho muscular. Para eleger a carga de trabalho a ser ajustada para o treinamento, deve-se considerar o valor de 30 a 40% da $PI_{máx}$ no início do treinamento. Vale ressaltar que não há consenso na literatura quanto à carga a ser utilizada nesse método de treinamento.

O tempo em que o paciente permanece com alteração da sensibilidade deve ser aumentado gradativamente e ser realizado, no mínimo, duas vezes ao dia, iniciando pelo período de 5 minutos até atingir, no máximo, 30 minutos.

O treinamento utilizando a sensibilidade do ventilador será interrompido quando a $PI_{máx}$ atingir valores superiores a –20 cmH_2O, progredindo para o treinamento com nebulização intermitente, ou até o desmame da ventilação mecânica.

Nebulização intermitente

O treinamento muscular com nebulização intermitente preconiza a retirada gradual do paciente da ventilação mecânica, para que o mesmo possa assumir o trabalho ventilatório sem o suporte mecânico. Atualmente, é um dos métodos mais utilizados e aceitos na prática clínica, e é indicado para pacientes com nível cognitivo diminuído e para aqueles com $PI_{máx}$ maior que –20 cmH_2O (em módulo).

Essa técnica de treinamento requer monitoração rigorosa dos sinais e sintomas para evitar a fadiga muscular. Não há descrição nos estudos da literatura ou padronização quanto ao protocolo de nebulização intermitente. O treinamento poderá ser iniciado com um período de 30 minutos ou menor, ou até que o paciente apresente sinais de esforço, como sudorese, aumento da frequência respiratória e alteração do padrão ventilatório. Com base na monitorização dos sinais e sintomas do paciente, o profissional deverá readaptar o paciente à ventilação mecânica para repouso.

O treinamento deve ser realizado de duas a três vezes ao dia, até o paciente conseguir permanecer sem a ventilação mecânica pelo período mínimo de 4 horas sem sinais de esforço. Nessas condições, o paciente poderá permanecer fora do suporte ventilatório.

Observação: nas duas formas de treinamento muscular descritas anteriormente, ou seja, tanto na técnica de sensibilidade do respirador como na nebulização intermitente, o treinamento visa aumentar o *endurance* dos músculos do sistema respiratório.

Treinamento de força muscular inspiratória

Carga pressórica linear

Trata-se de um recurso de treinamento com carga linear inspiratória, fluxoindependente, que utiliza equipamentos com resistência de linha. Dos equipamentos disponíveis no mercado, o mais utilizado e difundido é o Threshold IMT®. Esse equipamento é constituído por uma câmara, cuja extremidade distal apresenta uma válvula selenoide mantida por uma mola interna. A compressão dessa mola dentro da câmara permite a graduação de pressão que varia de –7 a –41 cmH_2O. Essa válvula é mantida por uma pressão positiva, que se abre quando a pressão negativa é gerada com o esforço inspiratório do paciente, permitindo a passagem do ar (Figura 39.3).

A carga a ser adaptada para o treinamento, descrita na literatura, varia de 30 a 70% da $PI_{máx}$. É aplicada em três a cinco séries, com dez a quinze repetições, três vezes ao dia.

Carga pressórica não linear

Para o treinamento com carga pressórica não linear o equipamento disponível é o P_{flex} (Figura 39.4), que é composto por uma válvula bidirecional que permite o ajuste de uma peça com orifícios de tamanho variável, responsável por gerar a carga de

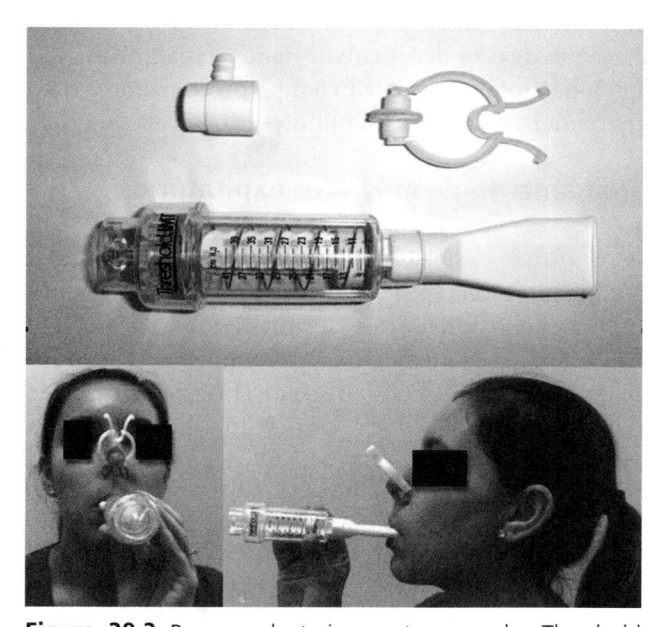

Figura 39.3 Recurso de treinamento muscular Threshold IMT®.

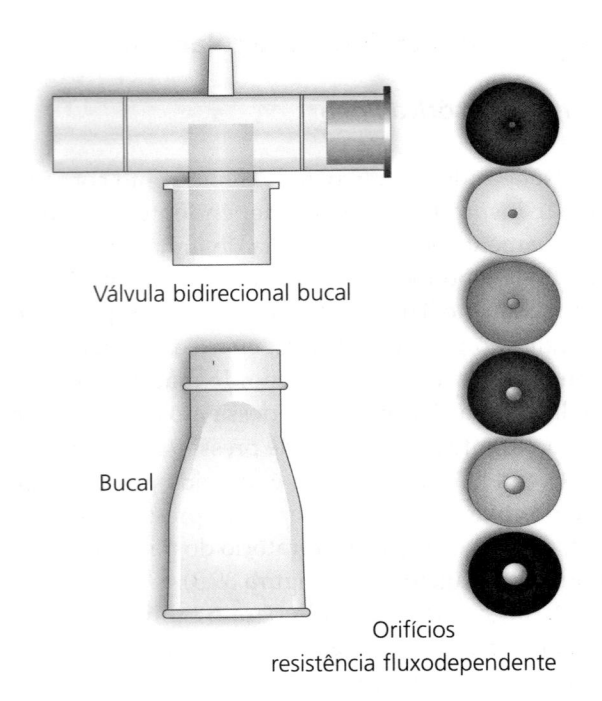

Válvula bidirecional bucal

Bucal

Orifícios
resistência fluxodependente

Figura 39.4 DHD treinador da musculatura inspiratória, reproduzido de DHD Helthcare®.

trabalho a ser imposta no treinamento. Portanto, a resistência à entrada de fluxo de ar está diretamente relacionada ao tamanho do orifício, e esse sistema é denominado de fluxodependente.

No uso desse equipamento, a carga a ser utilizada pode variar de 30 a 80% da $PI_{máx}$. Nesse tipo de treinamento, pressupõe-se que quanto maior a carga, o paciente deverá desenvolver maior força, resultando em hipertrofia muscular. O tempo preconizado para o treinamento é de 15 a 30 minutos, duas vezes ao dia.

Treinamento de músculos expiratórios

O principal objetivo do treinamento da musculatura expiratória é promover a força desses músculos. Sapienza e Wheeler (2006) afirmam que os protocolos desse tipo de treinamento são frequentemente realizados em domicílio, com o uso do Threshold IMT® até cinco vezes ao dia, com sessões que duram de 15 a 20 minutos, 5 dias por semana. A carga no Threshold IMT® é alterada semanalmente pelo profissional responsável, para manter um limiar de esforço muscular ao redor de 75% da $PE_{máx}$.

Os resultados com esse treinamento demonstram que após cerca de 4 semanas pode haver melhora da

$PE_{máx}$ em indivíduos saudáveis, naqueles com esclerose múltipla e lesão da medula espinhal.

OUTROS RECURSOS

Estimulação elétrica

A estimulação elétrica neuromuscular (EENM) consiste na aplicação de corrente elétrica para estimular a contração muscular durante o fortalecimento, resultando no aumento da força e da hipertrofia muscular. A EENM ocorre por meio de pulsos elétricos que despolarizam a membrana, gerando um potencial de ação que se propaga pelo nervo até o músculo, sem perder a intensidade, fazendo com que ele se contraia.

Existem relatos de que é possível ativar de 30 a 40% mais unidades motoras utilizando a corrente elétrica de média frequência, pois esse tipo de estímulo promove a modulação do nervo motor alfa e não a despolarização do neurônio, como ocorre no movimento ativo.

Na prática fisioterapêutica, a EENM é muito difundida na reabilitação das disfunções ortopédicas e neuromusculares; entretanto, recentemente, tem-se discutido sua utilização nas disfunções musculares do sistema respiratório.

Estudos na literatura descrevem sua utilização no fortalecimento de músculos esqueléticos e têm demonstrado eficácia na prevenção da atrofia causada pelo desuso. Porém, há poucos relatos do uso de correntes nos músculos respiratórios, além da controvérsia observada nos protocolos descritos.

Quando se discute o treinamento dos músculos responsáveis por manter a ventilação pulmonar utilizando a EENM, o diafragma é o principal alvo. Trata-se então, da eletroestimulação diafragmática transcutânea (EDET).

Os equipamentos utilizados devem permitir a modulação da corrente elétrica quanto a intensidade, tempo de elevação, tempo de sustentação, tempo de queda (relaxamento), além de permitir a atenuação da corrente elétrica previamente escolhida.

Aplicação da eletroestimulação diafragmática transcutânea – EDET

Os pontos motores estão localizados na região da linha axilar média e paraxifóidea, ou seja, o 6°,

Tabela 39.3 Valores utilizados para ajustar a corrente de EDET

Parâmetro	Valor
Largura de pulso	0,1-10 ms
Frequência de pulso	25 e 30 Hz
Tempo de sustentação	1 s
Tempo de contração	1 s
Tempo de relaxamento	2 s
Intensidade da corrente	Mínimo necessário para gerar a contração muscular

o 7º e o 8º espaços intercostais, e da fossa supraclavicular, entre os músculos escalenos e esternocleidomastoides.

A regulagem do equipamento consiste nos ajustes de intensidade da corrente, frequência de pulso, rampa, tempo de contração e de relaxamento, cujos valores preconizados são apresentados na Tabela 39.3.

O protocolo da EDET pode ser realizado até três vezes ao dia, sendo que cada sessão dura cerca de 20 minutos.

Hiperpneia voluntária isocápnica

O treinamento utilizando a hiperpneia consiste no aumento consciente da frequência respiratória, ou hiperventilação, elevando-se o volume minuto previamente determinado para o treinamento. É realizado em situações de isocapnia.

Esse tipo de treinamento requer a participação voluntária do paciente e é pouco difundido na prática clínica, pois deve ser realizado em laboratório com equipamentos específicos.

A literatura cita a sustentação da hiperpneia, ou o aumento da frequência respiratória, por um tempo que varia de 20 a 30 minutos a cada sessão, que é realizada uma vez ao dia por um período de 4 a 6 semanas. Os ajustes da frequência respiratória e do volume são baseados na pré-avaliação, considerando-se a ventilação voluntária máxima. A monitorização durante o procedimento deve ser rigorosa, pois a hipocapnia é um efeito indesejado da técnica.

Cinesioterapia

Atualmente, o exercício físico é um dos principais recursos no processo de reabilitação de várias doenças, principalmente daquelas que afetam o sistema respiratório. Essa reabilitação pode promover melhora no *endurance* por meio dos exercícios aeróbicos e/ou da força muscular, com uso de peso.

Essa técnica consiste na realização de exercícios físicos para incrementar o treinamento dos músculos respiratórios. Alguns estudos têm demonstrado os benefícios dos exercícios físicos na performance dos músculos respiratórios de pacientes com DPOC ou com doenças neuromusculares, idosos, atletas, e outros (ver Tabela 39.2).

Geralmente, para o treinamento aeróbico, recomenda-se que o protocolo seja realizado de três a cinco vezes por semana, por um tempo que varia de 20 a 50 minutos. Deve ser realizado durante um período mínimo de 8 semanas para que possa produzir a eficácia desejada.

Já o treinamento de força pode ser realizado de duas a três vezes por semana, utilizando-se de uma a três séries, com um número de oito a dose repetições para cada grupo muscular a ser treinado. A intensidade dos exercícios deve ser reajustada a cada 3 ou 4 semanas.

Porém, para os pacientes no pós-operatório de cirurgia cardíaca deve-se respeitar as fases da reabilitação antes de instituir o programa de cinesioterapia com o objetivo de fortalecer os músculos respiratórios.

CONSIDERAÇÕES FINAIS

O treinamento muscular respiratório é um paradigma que tem sido utilizado há anos em pacientes com lesão medular, portadores de DPOC, esclerose múltipla, sedentários, idosos, jovens e nos indivíduos saudáveis, dentre outros. Estudos recentes têm demonstrado os efeitos benéficos do TMR nos pacientes submetidos a cirurgia cardíaca.

Entretanto, atualmente ainda não há padronização quanto ao melhor método de treinamento muscular, seja para obtenção de força e/ou de *endurance*, delineado para uma determinada doença.

Portanto, para a utilização desse recurso, faz-se necessário discernimento na escolha do tipo de treinamento a ser indicado, além da rigorosa monitorização dos sinais de fadiga ou de melhora da função muscular respiratória e da performance cardíaca.

BIBLIOGRAFIA RECOMENDADA

1. Ambrosino N, Clini E. Long-term mechanical ventilation and nutrition. Respiratory Medicine. 2004;98:413-20.

2. American Thoracic Society and European Respiratory Society: ATS/ERS Statement on respiratory muscle testing. Am J Respir Crit Care Med. 2002;166:518-624.

3. Barros GF, Santos CS, Granado FB, Costa PT, Límaco RP, Gardenghi G. Treinamento muscular respiratório na revascularização do miocárdio. Rev Bras Cir Cardiovasc. 2010;25(4):483-90.

4. Botega FS, Cipriano Junior G, Lima FVSO, Arena R, Fonseca JHP, Gerola LR. Cardiovascular response during rehabilitation after coronary artery bypass grafting. Rev Bras Cir Cariovasc. 2010;25(4):527-33.

5. Delbin MA, Antunes E, Zanesco A. Papel do exercício físico na isquemia/reperfusão pulmonar e resposta inflamatória. Rev Bras Cir Cardiovasc. 2009;24(4):552-61.

6. Dronkers J, Veldman A, Hoberg E, Waal CVD, Meeteren NV. Prevention of pulmonary complications after upper abdominal surgery by preoperative intensive inspiratory muscles training: a randomized controlled pilot study. Clinical Rehabilitation. 2008;22:134-42.

7. Garcia RCP, Costa D. Treinamento muscular respiratório em pós-operatório de cirurgia cardíaca eletiva. Rev Bras Fisioter. 2002;6:139-46.

8. Griffiths LA, McConnell AK. The influence of inspiratory and expiratory muscle training upon rowing performance. Eur J Physiol. 2007;99:457-566.

9. Guizilini S, Gomes WJ, Faresini SM, Bolzan DW, Alves FA, Catani R, et al. Avaliação da função pulmonar em pacientes submetidos à cirurgia de revascularização do miocárdio com e sem circulação extracorpórea. Braz J Cardiovasc Surg. 2005;20(3):310-6.

10. Higgins PA, Daly BJ, Lipson AR, Guo S. Assessing nutricional in chronically critically ill adult patients. American Journal of Critical Care. 2006;15(2):166-76.

11. Ide MR, Belini MAV, Caromano FA. Effects of an aquatic versus non-aquatic respiratory exercise program on the respiratory muscle strength in healthy aged person. Clinics. 2005;60(2):151-8.

12. Jong W, Van Aalderen WMC, Kraan J, Koëter GH, Van Der Schans CP. Inspiratory muscle training in patients with cystic fibrosis. Respiratory Medicine. 2001;95:31-6.

13. Kunikoshita LN, Silva YP, Silva TLP, Costa D, Jamami M. Efeitos de três programas de fisioterapia respiratória (PFR) em portadores de DPOC. Rev Bras Fisioter. 2006;10(4):449-55.

14. Mancini DM, Henson D, LaManca J, Levine S. Evidence of reduced respiratory muscle endurance in patients with heart failure. J Am Coll Cardiol. 1994;24:972-81.

15. Moreno MA, Silva E, Gonçalves M. O efeito das técnicas de facilitação neuromuscular proprioceptiva – Método KABAT nas pressões respiratórias máximas. Fisioterapia em Movimento. 2005;18(2):53-61.

16. Neder JA, Andreoni S, Lerario MN, Nery LE. Reference values for ling function tests. II. Maximal respiratory pressures and voluntary ventilation. Braz J Med Biol Res. 1999;32:719-27.

17. Nomori H, Kobayashi R, Fuyuno G, Morinaga S, Yashima H. Preoperative respiratory muscle training. Assessment in thoracic surgery patients with special reference to postoperative pulmonary complications. Chest. 1994;105:1782-8.

18. Pereira CAC, Neder JA. Diretrizes para testes de função pulmonar. J Pneumol. 2002;28(suppl. 3):S1-S165.

19. Rassler B, Hallebach G, Kalischewski P, Baumann I, Schauer J, Spengler CM. The effect of respiratory endurance training in patients with myastenia gravis. Neuromuscular Disorders. 2007;17:385-91.

20. Reeve JC, Nicol K, Stiller K, McPherson KM, Denehy L. Does physiotherapy reduce the incidence of post-operative complications in patients following pulmonary resection via thoracotomy? a protocol for a randomised controlled trial. Journal of Cardiothoracic Surgery. 2008;3:48.

21. Roig JS. Consecuencias clínicas de la disfunción muscular en la enfermidad pulmonar obstructiva crónica. Nutr Hosp. 2006;21(3):69-75.

22. Sander M et al. Functional muscle ischemia in neuronal nitric oxide synthase-deficient skeletal muscle of children with Duchenne muscular dystrophy. Proc Natl Acad Sci. 2000;97:13818-23.

23. Sapienza CM, Wheeler K. Respiratory muscle strength training: functional outcomes versus plasticity. Semin Speech Lang. 2006;27:236-44.

24. Verges S, Lenherr O, Haner AC, Schulz C, Spengler M. Increased fatigue resistance of respiratory muscles during exercise after respiratory muscle endurance training. Am J Physiol Regul Integr Comp Physiol. 2007;292:1246-53.

40

ALTA HOSPITALAR E
REABILITAÇÃO CARDÍACA

CRISTIANE PULZ

INTRODUÇÃO

A reabilitação cardíaca é uma estratégia terapêutica que reduz a morbimortalidade de pacientes com doença arterial coronária. Seu efeito benéfico no prognóstico destes indivíduos é similar ao efeito de outros tratamentos para a doença arterial coronária, como o uso de estatinas, aspirina e betabloqueadores. É um programa de atuação multiprofissional que visa a melhora da capacidade funcional e da qualidade de vida.

Por todas estas razões, a reabilitação cardíaca é recomendada como parte do tratamento da doença arterial coronária, mas apesar disso, ainda é pouco utilizada. Apenas 25 a 30% dos portadores de doença arterial coronária participam de um programa de reabilitação cardíaca. Muitos fatores contribuem para isso, por exemplo, a falta de motivação do paciente, a falta de encaminhamento, contraindicação formal ao exercício físico, barreiras logísticas, sociais e outros. Dentre os fatores citados acima, destaca-se a falta de encaminhamento como um dos grandes responsáveis pela pouca utilização da reabilitação cardíaca.

Com o objetivo de aumentar o acesso aos programas de reabilitação cardíaca, foi publicado recentemente um consenso sobre estratégias de encaminhamento de pacientes com doença cardiovascular para estes programas. Nesse documento, recomenda-se que todos os pacientes que apresentaram eventos cardiovasculares (pós-IAM, pós-angioplastia, angina estável, pós-operatório de revascularização do miocárdio, transplante cardíaco, cirurgias valvares) nos últimos 12 meses devem ser encaminhados para um programa de reabilitação cardíaca.

Este encaminhamento deve ser feito o mais precocemente possível, de preferência antes da alta hospitalar. No momento do encaminhamento, é importante que sejam demonstrados ao paciente os benefícios da reabilitação cardíaca.

De acordo com Gravely-Witte et al., as estratégias de encaminhamento de um paciente a reabilitação cardíaca podem ser classificadas em:

1. Automática: quando, no momento da alta hospitalar, o paciente rotineiramente recebe um encaminhamento, caso tenha diagnóstico de doença cardíaca, história clínica e fatores de risco para doença cardiovascular, de acordo com informações colhidas em seu prontuário.
2. Contato: quando, na ocasião da alta, um profissional de saúde conversa pessoalmente com o paciente que tenha sido encaminhado, demonstrando os benefícios da reabilitação cardíaca, motivando-o a participar e indicando os serviços disponíveis. Podem ser utilizados materiais educativos, por exemplo, folhetos informativos, palestras etc. O contato também pode ser feito por telefonema logo após a alta, caso não tenha sido possível conversar pessoalmente durante a internação.
3. Outras: por exemplo, o uso de uma carta de motivação ao paciente.

Maiores taxas de encaminhamento foram observadas na forma automática, mas a maior taxa de adesão (pacientes que foram encaminhados e que efetivamente participaram do programa) ocorreu quando combinava-se a 1ª e a 2ª estratégia (automática + contato).

Um programa de reabilitação cardíaca visa a mudança do estilo de vida: eliminação do sedentarismo, cessação do hábito de fumar, controle da ansiedade e depressão e dieta nutricional para controle de diabetes e dislipidemia. Para isso, conta com as seguintes intervenções: treinamento físico, aconselhamento nutricional, intervenção psicológica e cuidados de enfermagem.

Smith et al. conduziram um estudo para verificar a efetividade de uma estratégia automática de encaminhamento para reabilitação cardíaca após a cirurgia de revascularização do miocárdio, na qual, após a indicação automática de acordo com o prontuário, uma enfermeira explicava ao paciente, no momento da alta, os motivos para a indicação e a importância da realização, e encorajava o paciente e a família a procurarem o serviço. Observaram que dos 3.536 pacientes que preencheram os critérios de indicação, 1.463 (69%) realizaram ao menos um dos tratamentos do programa de reabilitação. O treinamento físico foi o mais utilizado (n = 1.287; 88%), seguido pelo aconselhamento nutricional (n = 571; 39%), cuidados de enfermagem (n = 546; 37,3%), e intervenção psicológica (n = 223; 15,2%).

TREINAMENTO FÍSICO

As recomendações relacionadas à atividade física devem ser iniciadas durante o período de internação hospitalar, levando-se em conta a cicatrização da ferida cirúrgica e a capacidade funcional de cada paciente. O paciente deve ser informado sobre o estilo de vida sedentário como um importante fator de risco para doença cardiovascular, sendo então, encorajado a abandoná-lo. Além disso, é importante que o paciente conheça os benefícios do exercício físico.

O exercício físico tem que ser prescrito de forma individualizada, após uma cuidadosa avaliação, considerando-se o risco, as características, as preferências e os objetivos de cada paciente. Deve ser avaliada a cicatrização da incisão cirúrgica, presença de comorbidades, complicações e disfunções. A análise do ecocardiograma também é importante, principalmente após cirurgias valvares. Para prescrever a intensidade do exercício, é recomendável realizar um teste ergométrico submáximo assim que possível. O teste máximo, de preferência o cardiopulmonar, poderá ser realizado após 4 semanas, aproximadamente.

O treinamento físico pode ser realizado em hospitais, consultórios, ambulatórios, ou até mesmo no domicílio do paciente, começando logo após a alta hospitalar. Para os pacientes de alto risco não é indicado o atendimento no domicílio. São considerados de alto risco os pacientes em pós-operatório recente de transplante cardíaco ou aqueles que tenham apresentado alguma complicação severa durante o período de internação hospitalar.

Inicialmente, recomenda-se que o programa seja supervisionado e realizado em ambiente hospitalar, o que facilita a observação das respostas individuais e da tolerância ao exercício, da estabilidade clínica e a rápida identificação de sinais e sintomas que indiquem a necessidade da modificação ou da interrupção do programa. O período supervisionado precisa ser mais prolongado naqueles pacientes que apresentam sinais e sintomas de intolerância ao esforço ou isquemia miocárdica, com anormalidades na pressão arterial e com aumento da ectopia ventricular e supraventricular durante exercício.

O programa deve incluir exercícios aeróbicos supervisionados, no mínimo três vezes por semana, com duração de 30 a 60 minutos. Para os pacientes de baixo risco, a intensidade deve ser de 55 a 70% da capacidade física máxima ou na frequência cardíaca abaixo do início dos sintomas. Os pacientes de moderado a alto risco devem inicialmente trabalhar com menos de 50% da capacidade física máxima e aumentar gradualmente.

Exercícios resistidos também podem ser incluídos, pelo menos 1 hora por semana, com dez a quinze repetições por série. Atenção especial deve ser dada aos exercícios de membros superiores, que só devem ser realizados usualmente após 6 semanas da cirurgia.

É necessária a monitoração da frequência cardíaca, da pressão arterial e do ritmo cardíaco antes, durante e depois das sessões de exercício.

Com o programa de exercícios físicos, espera-se aumento da capacidade funcional cardiorrespiratória, *endurance*, força muscular e flexibilidade; redução dos sintomas; melhora das respostas fisiológicas ao esforço físico e do bem-estar.

CONSIDERAÇÕES FINAIS

A reabilitação cardíaca traz diversos efeitos positivos no tratamento do paciente com doença cardiovascular, destancando-se a diminuição da morbimortalidade. Desta forma, após uma cirurgia cardíaca, é importante que o paciente seja encaminhado para este programa, no momento da alta hospitalar. Toda a equipe multidisciplinar responsável pelos cuidados do paciente durante a internação hospitalar tem papel fundamental nesse processo.

BIBLIOGRAFIA RECOMENDADA

1. Ades PA, Green NM, Coello CE. Effects of exercise and cardiac rehabilitation on cardiovascular outcomes.viii. Cardiol Clin. 2003;21(3):435-48.

2. Grace SL, Abbey SE, Shnek ZM, Irvine J, Franche RL, Stewart DE. Cardiac rehabilitation II: referral and participation. Gen Hosp Psychiatry. 2002;24(3):127-34.

3. Grace SL Russell KL, Reid RD et al. Effect of Cardiac Rehabilitation Referral Strategies on Utilization Rates: a prospective controlled study. Arch Intern Med. 2011;171(3):235-40.

4. Gravely-Witte S, Leung YW, Nariani R et al. Effects of cardiac rehabilitation referral strategies on referral and enrollment rates. Nat Rev Cardiol. 2010;7:87-96.

5. Hsu CJ, Chen SY, Su S et al. The effect of early cardiac rehabilitation on health-related quality of life among heart transplant recipients and patients with coronary artery bypass graft surgery. Transplantation Proceedings. 2011;43:2714-7.

6. Jackson L, Leclerc J, Erskine Y, Linden W. Getting the most out of cardiac rehabilitation: a review of referral and adherence predictors. Heart. 2005;91(1):10-4.

7. LaRosa JC, He J, Vupputuri S. Effect of statins on risk of coronary disease: a meta-analysis of randomized controlled trials. JAMA. 1999;282(24):2340-6.

8. Piepoli MF, Corrá U, Benzer W et al. Secondary prevention through cardiac rehabilitation: from knowledge to implementation. A position paper from the Cardiac Rehabilitation Section of the European Association of Cardiovascular Prevention and Rehabilitation. Eur J of Cardiovasc Prev and Rehabil. 2010;17:1-17

9. Roblin D, Diseker RA III, Orenstein D, Wilder M, Eley M. Delivery of outpatient cardiac rehabilitation in a managed care organization. J Cardiopulm Rehabil. 2004;24:157-64.

10. Suaya JA, Shepard DS, Normand S-L, Ades PA, Prottas J, Stason WB. Use of cardiac rehabilitation by medicare beneficiaries after myocardial infarction or coronary bypass surgery. Circulation. 2007;116:1653-62.

11. Suaya JA, Stason WB, Ades PA, Normand SL, Shepard DS. Cardiac rehabilitation and survival in older coronary patients. J Am Coll Cardiol. 2009;54(1):25-33.

12. Smith KM, Harkness K, Arthur HM. Predicting cardiac rehabilitation enrollment: the role of automatic physician referral. Eur J of Cardiovasc Prev. and Rehabil. 2006;13(1):60.

13. Taylor RS, Brown A, Ebrahim S et al. Exercise-based rehabilitation for patients with coronary heart disease: systematic review and meta-analysis of randomized controlled trials. Am J Med. 2004;116(10):682-92.

14. Thomas RJ, King M, Lui K, Oldridge N, Pina IL, Spertus J. AACVPR/ACC/AHA 2007 Performance Measures on Cardiac Rehabilitation for Referral to and Delivery of Cardiac Rehabilitation/Secondary Prevention Services. JACC. 2007;50(14):1401.

15. Thomas RJ, King M, Lui K, Oldridge N, Pina IL, Spertus J. AACVPR/ACCF/AHA 2010 Update: Performance Measures on Cardiac Rehabilitation for Referral to Cardiac Rehabilitation/Secondary Prevention Services. Circulation. 2010;122:1342-50.

16. Wenger NK. Current status of cardiac rehabilitation. J Am Coll Cardiol. 2008;51:1619-31.

SEÇÃO VI
MONITORIZAÇÃO E SUPORTE HEMODINÂMICO

41

MONITORIZAÇÃO RESPIRATÓRIA

VANESSA MARQUES FERREIRA

INTRODUÇÃO

Dentre as complicações observadas no pós-operatório de cirurgia cardíaca, a hipoxemia é a que apresenta maior incidência, promovendo infecções pulmonares, aumento na duração do suporte ventilatório mecânico, no tempo de internação e nos custos hospitalares.

A anestesia geral com ventilação mecânica associada pode ser a principal causa de colapso de unidades alveolares de forma cíclica, além da diminuição da capacidade residual funcional (CRF) e a formação de atelectasias, o que aumenta o *shunt* intrapulmonar e causa diminuição da oxigenação arterial no pós-operatório. Além disso, a utilização de circulação extracorpórea dobra o risco de hipoxemia grave no pós-operatório imediato de cirurgia cardíaca, sendo este risco triplicado quando a circulação extracorpórea for prolongada (> 120 minutos).

Estudos recentes afirmam que a cirurgia cardíaca compromete a função pulmonar durante o pós-operatório e se manifesta com queda da força da musculatura e prejuízo da mecânica respiratória causadas por incisão cirúrgica, pleurotomia, presença de drenos, uso de bloqueadores neuromusculares, corticoides, entre outros.

Em virtude do quadro exposto acima, cabe ao fisioterapeuta realizar a monitorização respiratória durante todo o período que compreende desde a admissão na unidade de terapia intensiva até a alta hospitalar.

Neste capítulo, serão expostas as formas de capacitar o leitor a monitorar os aspectos relevantes do paciente no pós-operatório de cirurgia cardíaca, os quais didaticamente se apresentam em caráter sequencial:

- Avaliar a efetividade da função pulmonar: ventilação e oxigenação arterial por meio de ausculta pulmonar, oximetria, capnometria, mecânica respiratória e gasometria arterial.
- Monitorar condições para interrupção e/ou desmame da ventilação mecânica: força da musculatura respiratória e comando neural.

AUSCULTA PULMONAR

A ausculta pulmonar deve ser realizada imediatamente no momento da admissão, antes e depois de todos os atendimentos, de forma rápida e de maneira ordenada, comparando-se regiões simétricas. Para isso, devemos ter em mente:

- Na admissão, verificar se houve extubação acidental durante o transporte ou reconhecer assimetria da ventilação, que pode ser causada por tubo orotraqueal demasiadamente introduzido.
- Notar o aumento ou a diminuição da intensidade do murmúrio vesicular, pois ele está intimamente ligado à livre circulação de ar nas vias aéreas.
- Observar a expansibilidade do parênquima pulmonar, que demonstra alterações funcionais restritivas e obstrutivas (atelectasia, pneumotórax, derrame pleural significativo).
- Presença de ruídos adventícios, como roncos e estertores. Estes são mais frequentes nessa população de pacientes e geralmente são decorrentes do

acúmulo de secreção pulmonar e/ou presença de líquido no espaço alveolar. Também podemos auscultar sopro tubário, consequente às atelectasias, e eventualmente sibilos. Todos esses sinais devem ser prontamente solucionados para não causar prejuízo na troca gasosa e mecânica pulmonar.

OXIMETRIA DE PULSO

A oximetria de pulso é um método de boa acurácia, rápido e simples para se avaliar e monitorar a saturação periférica de oxigênio (SpO_2). Seu uso é preconizado desde a admissão, durante todo período de internação na unidade de cuidados intensivos e, em alguns casos, até a alta hospitalar.

É um aparelho capaz de detectar e calcular a diferença de absorção da luz entre a hemoglobina oxigenada (infravermelha) e a hemoglobina reduzida (luz vermelha) transmitida através do leito tissular, geralmente dedo ou lobo da orelha. Por isso depende de bom fluxo sanguíneo para ser confiável.

Espessura, cor da pele e outros fatores alteram a absorção da luz. Além disso, no mesmo indivíduo, a absorção varia de acordo com a pulsação, de forma periódica e constante, decorrente das modificações do volume de sangue contido na extremidade (Figura 41.1).

Situações como: tremores, calafrios, presença excessiva de luz ambiente, meta-hemoglobinemia, hiperbilirrubinemia, anemia, edema, insuficiência cardíaca direita, insuficiência tricúspide, estados de choque ou outras situações de baixo fluxo, comuns no pós-operatório de cirurgia cardíaca, podem reduzir sua confiabilidade. No caso da meta-hemoglobina, por absorver muito ambos os comprimentos de onda, a saturação pode estar falsamente elevada. Esse fato pode ocorrer em pacientes com disfunção

ventricular direita sob uso do óxido nítrico, o qual eleva a quantidade de meta-hemoglobina.

Fatores que influenciam a curva de dissociação da oxi-hemoglobina (HbO_2), como temperatura, pH e pressão parcial do gás carbônico (PCO_2), alteram a relação entre a saturação arterial de oxigênio ($SatO_2$) e a pressão arterial de oxigênio (PaO_2). Assim, pacientes acidóticos ou hipercápnicos podem possuir saturação periférica de O_2 (SpO_2) satisfatória, porém com PaO_2 baixa.

Uso de contrastes intravenosos, como é o caso da angiocoronariografia, pode causar leituras falsas da SpO_2, com registros de redução transitórias significativas após sua infusão. Nitidamente, o azul de metileno afeta a oximetria de pulso em seu maior grau com queda de aproximadamente 65% na SpO_2.

Para pacientes cardiopatas, principalmente coronarianos, inclusive durante o pós-operatório, é preconizada a manutenção da SpO_2 acima de 94%.

CAPNOMETRIA – CAPNOGRAFIA

O gás carbônico (CO_2) é produzido nas células como produto final do metabolismo, e se difunde passivamente para o plasma, onde é transportado até a membrana alveolocapilar e eliminado durante a expiração.

Como ao final da expiração temos o gás proveniente das unidades mais distais do pulmão, alcançamos a concentração máxima do CO_2 expirado (*End Tidal* CO_2 – $ETCO_2$), e pela sua alta difusibilidade, em indivíduos normais pode representar o CO_2 arterial ($PaCO_2$). Portanto, a medida do $ETCO_2$ permite a análise não invasiva do CO_2 alveolar e, consequentemente, do metabolismo celular, do fluxo pulmonar e, indiretamente, do débito cardíaco.

Esses dados observados de forma contínua podem ser decisivos no manejo ventilatório no pós-operatório de cirurgia cardíaca em virtude da grande frequência de obstrução ao fluxo aéreo, que contribui para acidose respiratória decorrente de várias situações clínicas, como edema pulmonar, tabagismo, pneumotórax, atelectasias, derrame pleural significativo, pacientes com alterações da mecânica pulmonar pela insuficiência cardíaca crônica e, sobretudo, as valvopatias associadas à hipertensão pulmonar.

Também pode ser usado numa fase um pouco mais tardia, durante a execução de exercícios ativos. O débito cardíaco inadequado durante situações de aumento da demanda pode provocar hipoperfusão

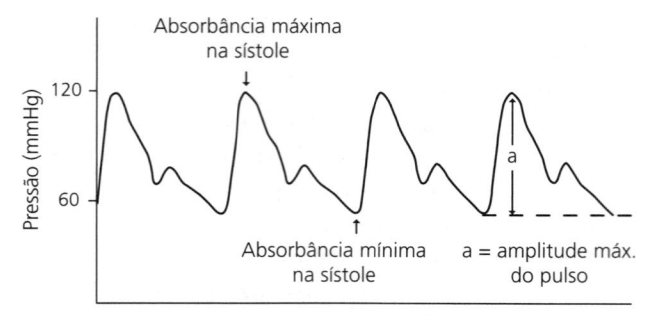

Figura 41.1 Diferenças na absorbância da luz do oxímetro em diferentes fases do pulso arterial.

dos músculos em atividade, levando o organismo a desenvolver metabolismo anaeróbico, com consequente acúmulo de lactato, acidose e hipóxia tecidual. Ademais, pacientes cardíacos desenvolvem congestão pulmonar, que estimula receptores J e induz a uma ventilação rápida e superficial, trazendo como consequência a diminuição do $ETCO_2$ e o aumento do espaço morto, que será definido mais adiante.

O capnógrafo é um aparelho que analisa a luz infravermelha que passa através da amostra de gás contendo CO_2, que por sua vez absorve parte dessa luz emitida. O aparelho analisa e compara o valor da luz absorvida na amostra com a quantidade absorvida por uma célula de referência durante um determinado tempo, conhecido como concentração zero de CO_2. A colocação do sensor deve ser sempre o mais próximo possível da cânula orotraqueal, porém a condensação do vapor-d'água e/ou a presença de secreção dificultam e frequentemente falseiam a medida. Este problema pode ser amenizado instalando o sensor entre o filtro e o circuito do ventilador (Figura 41.2).

Esse recurso, além de avaliar a ventilação alveolar, fornece dados importantes sobre a condição de fluxo das vias aéreas, da função cardiocirculatória e do funcionamento do ventilador mecânico. Normalmente, a $PaCO_2$ é de 35 a 45 mmHg em uma pessoa saudável respirando espontaneamente com relação ventilação-perfusão (V/Q) adequada, e a diferença entre o $ETCO_2$ varia de 2 a 5 mmHg. A partir de valores encontrados acima desse intervalo pode-se inferir que o débito cardíaco é insuficiente para carrear o CO_2 dos tecidos até a membrana alveolocapilar; porém é sempre necessário que se use métodos invasivos para a confirmação.

Os capnógrafos mais recentes geralmente nos fornecem duas informações: a capnometria e a capnografia.

Define-se capnometria como a mensuração numérica do $ETCO_2$. É, portanto, uma monitorização quantitativa. As causas de alterações no $ETCO_2$ estão dispostas na Tabela 41.1.

A capnografia fornece a $ETCO_2$ na forma gráfica, relacionando os valores com o tempo, dando origem a uma curva característica, com fase inspiratória e expiratória, que podem ser divididas em trechos (Figura 41.3).

Assim, com a análise da morfologia da curva apresentada, podemos identificar diferentes etiologias do distúrbio ventilatório, como broncoespasmo, vazamentos no circuito, situações de baixo fluxo pulmonar e aumento do espaço morto (Figuras 41.4 a 41.7).

O espaço morto pode ser dividido em dois tipos:

- Anatômico: é a parte do fluxo aéreo que entra pelos pulmões, porém não entra em contato com a barreira hematoaérea, impossibilitando a troca gasosa. Corresponde em média a 30% do volume corrente e não se altera num mesmo indivíduo.
- Fisiológico: constitui a quantidade de ar que alcança a zona respiratória onde há possibilidade

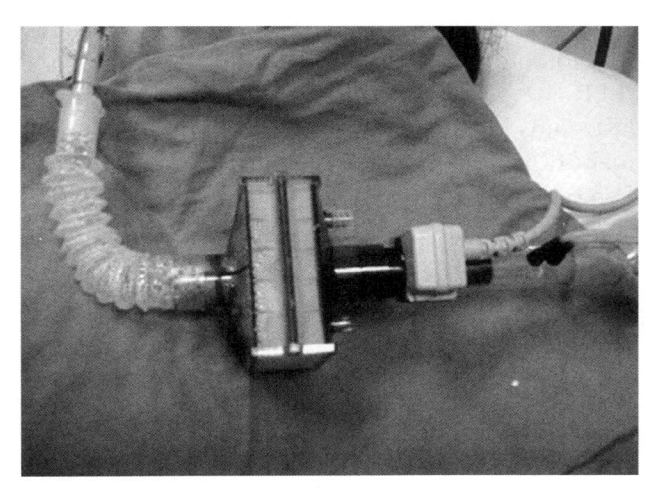

Figura 41.2 Sensor do capnógrafo.

Tabela 41.1 Causas das alterações no $ETCO_2$

Aumento no $ETCO_2$
Hipoventilação
Aumento no transporte e produção de CO_2 (febre, dor, hipermetabolismo, pós-PCR e estados de pós-choque)
Infusão de bicarbonato de sódio
Hiperventilação

Diminuição no $ETCO_2$
Obstrução das vias aéreas
Aumento do espaço morto fisiológico
Diminuição na produção do CO_2 (hipotermia, sedação e curarização)
Hipoperfusão pulmonar (embolia pulmonar, estados de choque, PCR)
Obstrução no tubo orotraqueal, entubação esofágica, desconexão do ventilador

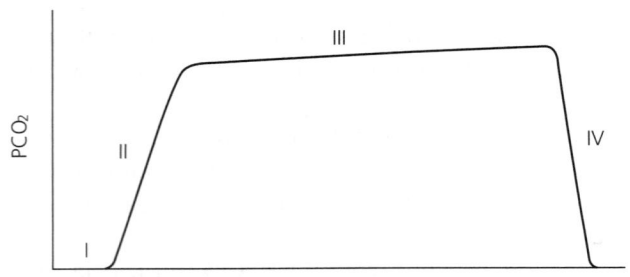

Figura 41.3 Fases do capnograma normal. Fase I: corresponde ao início da expiração, sendo eliminado o gás do espaço morto. A PCO$_2$ não é detectável porque o espaço morto contém ar atmosférico, resíduo da inspiração anterior, visto que não há hematose nas vias aéreas. Fase II: após a eliminação do gás do espaço morto, há um rápido aumento da concentração de CO$_2$ à medida que o ar alveolar atinge as vias aéreas superiores. Fase III: esta fase caracteriza-se por leve aumento da PCO$_2$, denotando a homogeinização do ar alveolar, incluindo os alvéolos que se esvaziam tardiamente, e por isso tem PCO$_2$ mais elevada. Ao seu final, registra-se a PETCO$_2$, que em indivíduos saudáveis se aproxima da PaCO$_2$. Fase IV: reinício do ciclo respiratório com a inalação de ar atmosférico, livre de CO$_2$. Adaptado de Sarmento GJV, Veja JM, Lopes NS. Fisioterapia em UTI. São Paulo: Atheneu; 2010.

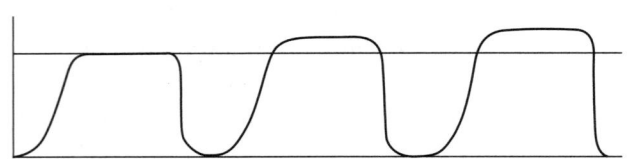

Figura 41.4 Aumento progressivo da ETCO$_2$: hipermetabolismo ou hipoventilação.

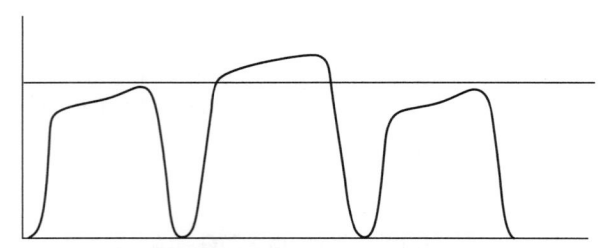

Figura 41.5 Elevação abrupta e isolada da ETCO$_2$: elevação abrupta do débito cardíaco/pressão.

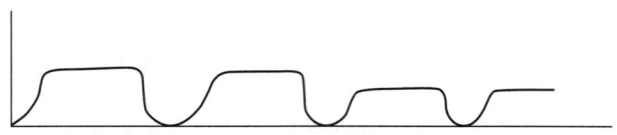

Figura 41.6 Redução progressiva da ETCO$_2$: redução da perfusão pulmonar, hipotermia ou hiperventilação.

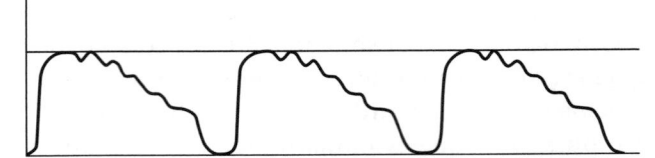

Figura 41.7 Alterações no capnograma por artefato: oscilações cardiogênicas.

de difusão, porém por situações de baixa perfusão não há troca gasosa ou esta é reduzida. É atribuído esse nome porque existe em situações fisiológicas pelas diferenças da relação V/Q. Mas existem situações patológicas do parênquima que afetam a circulação pulmonar e desequilibram ainda mais a relação V/Q e grande parte do ar inspirado não participa da troca gasosa.

É mensurado pela proporção do espaço morto (EM) em relação ao volume corrente (VT). Assim, tem-se:

$$\frac{EM}{VT} : \frac{PaCO_2 - PETCO_2}{PaCO_2}$$

Seus valores normais são entre 0,33 e 0,45. Valores acima de 0,6 indicam necessidade de ventilação-minuto alta para manter eucapnia, já que grande parte da ventilação está sendo desperdiçada em áreas mal ou não perfundidas. Tusman et al. (2006) utilizaram a mensuração do espaço morto durante manobra de recrutamento alveolar e titulação da PEEP em modelo animal, o qual se mostrou efetivo no diagnóstico precoce do colapso das vias aéreas e pareceu ser um meio confiável, quando comparado à tomografia computadorizada, na titulação da PEEP.

Depois de calculado o espaço morto, podemos quantificar a ventilação alveolar (Va). Ela representa de modo efetivo a real quantidade de gás que participa do intercâmbio gasoso a cada minuto. Em termos práticos, podemos expressar a Va pela fórmula:

$$Va = (VT - EM) \times FR$$

Em que, EM = espaço morto, VT = volume corrente e FR = frequência respiratória.

Recentemente, ventiladores mecânicos e equipamentos específicos (Dixtal 3020®; NICO®) foram desenvolvidos para realizar o cálculo da capnometria volumétrica (análise do volume de gás com a quantidade de CO_2 expirada). Na Figura 41.8, tem-se um exemplo de um capnograma no qual a PCO_2 exalada é correlacionada com o volume expirado e não com o tempo, permitindo a medida do espaço morto anatômico, fisiológico e alveolar (Figuras 41.9 e 41.10). Entre suas indicações, tem-se a avaliação da ressuscitação da parada cardiorrespiratória, no choque e no diagnóstico diferencial de embolia pulmonar; assim como durante o desmame, quando podemos acompanhar o aumento da produção de CO_2 (VCO_2) por consequência do trabalho muscular aumentado.

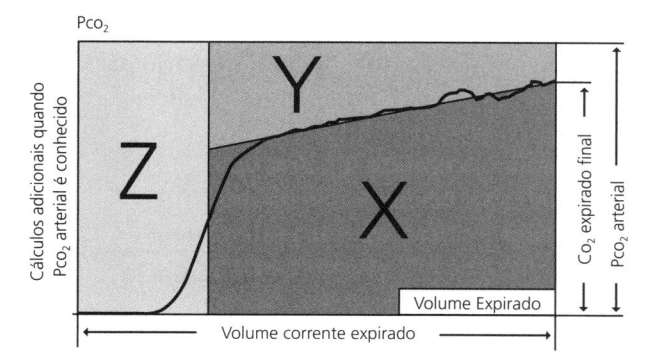

Figura 41.8 Capnografia volumétrica. Uma linha representando o valor da PCO_2 é construída paralela ao eixo do volume expirado, criando as áreas Y e Z. A área X representa o volume de CO_2 do volume corrente expirado. As áreas Y e Z representam a ventilação desperdiçada em razão do espaço morto alveolar e das vias aéreas, respectivamente. Imagem gentilmente cedida pela Philips Health Care/Dixtal.

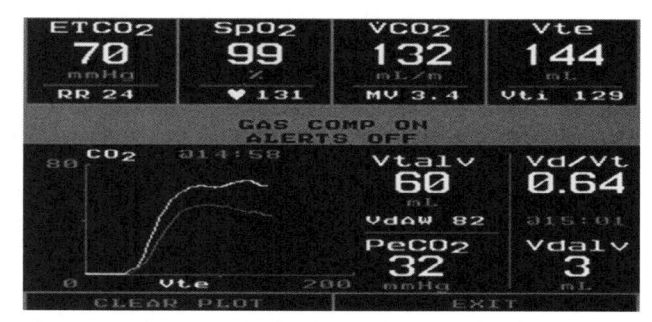

Figura 41.9 Ventilador mecânico microprocessado que fornece gráficos de pressão, fluxo, volume e capnografia, capnometria e capnometria volumétrica. Observa-se na parte direita da tela os valores do espaço morto (VD/VT), ventilação alveolar (Va) e produção de CO_2 (VCO_2) entre outros. Imagem gentilmente cedida pela Philips Health Care/Dixtal.

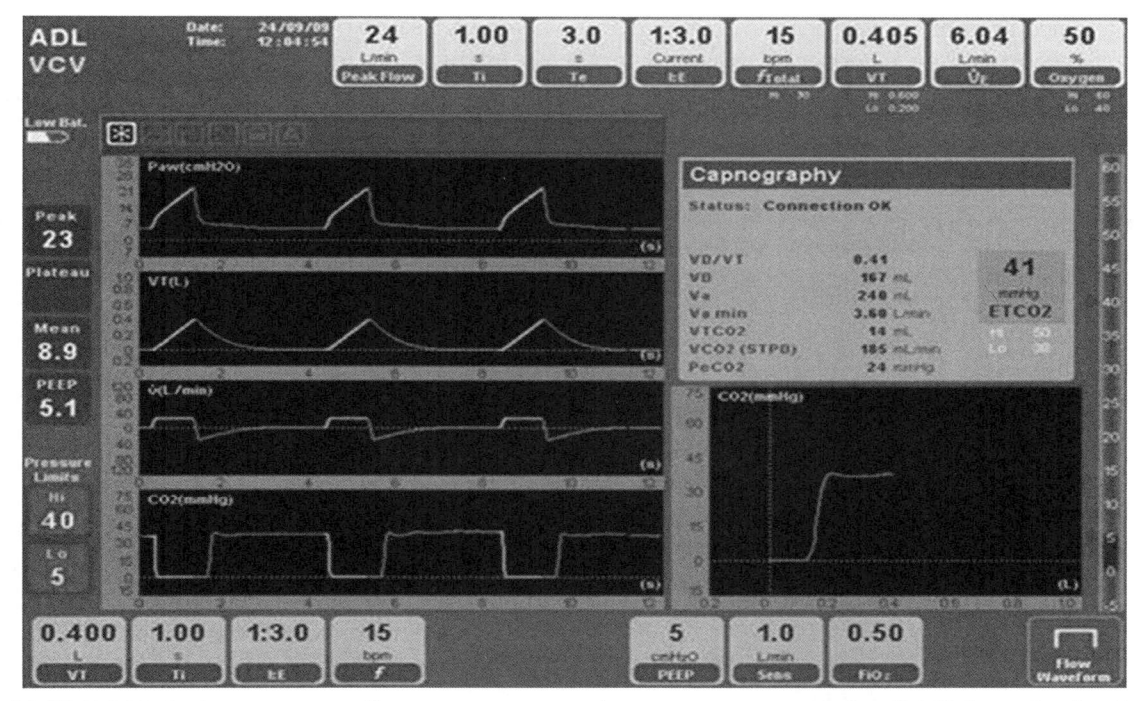

Figura 41.10 NICO®. Equipamento específico para mensuração do espaço morto anatômico, fisiológico e alveolar. No gráfico representado no lado esquerdo inferior da tela, observa-se o CO_2 em relação ao volume corrente. É possível ver a queda do CO_2 provavelmente resultante de terapia de reexpansão pulmonar. Imagem gentilmente cedida pela Philips Health Care/Dixtal.

CAPACIDADE RESIDUAL FUNCIONAL

A capacidade residual funcional (CRF) pulmonar é reduzida por vários motivos na insuficiência respiratória, assim como na anestesia. Sua recuperação envolve basicamente o ajuste adequado da PEEP e manobras de reabertura das áreas colapsadas. Por isso, o conhecimento da CRF pode ser valioso para aperfeiçoar os ajustes ventilatórios.

Para medir a CRF usa-se o método de difusão de gases, que utiliza a inalação do gás hélio, e a pletismografia corporal, a qual o indivíduo deve ser levado à uma caixa pletismográfica; método esse impossível de se reproduzir em pacientes críticos sob ventilação mecânica.

A falta de uma técnica simples e de preferência automática no ambiente de cuidados intensivos levaram a diversas pesquisas, as quais resultaram em um equipamento: sistema LUFU, Dräger Medical®, Lübeck, Alemanha. Esse aparelho, por meio de uma técnica chamada *wash in – wash out* e adaptado ao ventilador mecânico, realiza insuflação e esvaziamento sequenciais de oxigênio, e ao final, pela diferença da concentração do gás, mede a CRF. Heinze et al. (2010) estudaram a relação entre a CRF, a complacência respiratória e a oxigenação com recrutamento alveolar em pacientes no pós-operatório de cirurgia cardíaca, no qual eles encontraram fraca associação entre a CRF, a complacência estática e a oxigenação, apesar de ter sido eficiente para mostrar o colapso e o recrutamento alveolar. Por isso, seu uso como diagnóstico e guia terapêutico ainda precisa de mais investigações.

MECÂNICA RESPIRATÓRIA

No manuseio do pós-operatório do paciente submetido à cirurgia cardíaca, a monitorização da mecânica respiratória se torna fundamental para um suporte ventilatório adequado e para evitar complicações do uso da pressão positiva, como barotrauma, biotrauma, assincronia ventilatória, auto-PEEP, entre outros. Também é de muita utilidade em pacientes que evoluem com pós-operatório complicado e permanecem na ventilação mecânica por tempo prolongado, tornando o acompanhamento essencial para auxílio no diagnóstico e na abordagem eficiente na retirada da prótese ventilatória. Por isso, é de extrema importância o fisioterapeuta ter conhecimento dos gráficos demonstrados pelos equipamentos mais modernos e acompanhar a mecânica diariamente, e

correlaci025ná-los com gasometria arterial, raio X e ausculta pulmonar.

Durante a fase inspiratória, à medida que o fluxo de ar vai distendendo os pulmões e a parede torácica, a pressão na via aérea, registrada no manômetro ou na tela do aparelho, vence a resistência imposta e vai progressivamente se elevando. Ao final, quando o pico de pressão inspiratória é atingido (pressão máxima para acomodar o volume corrente inspirado), sabe-se que esse foi o valor necessário para vencer, basicamente, os componentes elásticos e resistivos do sistema. Assim, tem-se:

Pva = Pres + Pel, portanto:

$$Pva = Resistência \times Fluxo + \frac{\Delta\ Volume}{Complacência} + PEEP$$

Em que Pva = pressão das vias aéreas; Pel = pressão elástica do sistema respiratório; Pres = pressão resistiva do sistema respiratório.

Se na equação: Pva = Pel + Pres a Pres = 0, pois o fluxo foi interrompido, temos que a Pva = Pel, e dessa forma é possível medir a complacência e a resistência pulmonar.

Por isso, é necessário interromper o padrão ventilatório normal acionando oclusão prolongada na via aérea (pausa inspiratória – *inspiratory hold*) no final da inspiração e outra no final da expiração (pausa expiratória – *expiratory hold*) para mensuração da mecânica.

A técnica da oclusão rápida da via aérea ao final da insuflação com fluxo constante (*end-inspiratory occlusion method* – EIOM) é a que tem sido utilizada com maior frequência para os estudos de mecânica respiratória em pacientes intubados, pois permite a decomposição dos fenômenos mecânicos em parâmetros distintos.

Portanto, ao se interromper o fluxo nas vias aéreas, mantém-se o mesmo volume no sistema respiratório e as forças dissipativas (atrito) relacionadas ao fluxo deixam de existir, restando apenas as forças relacionadas à elasticidade do sistema. Essa interrupção é sempre aplicada ao final da inspiração, quando os pulmões estão no máximo da insuflação e, por isso, no mais alto nível de pressão das vias aéreas (pressão de pico).

Com a oclusão do sistema, em razão das diferentes zonas pulmonares, o gás inspirado se distribui, levando a uma queda inicial da pressão traqueal em relação à pressão de pico, seguida por uma redução menor até alcançar um platô (pressão platô), que representa a retração elástica do sistema respiratório. Esse dado tem sido considerado o de maior importância na monitorização, por fortes evidências na literatura demonstrarem que, independentemente do modo ventilatório utilizado, valores acima de 30 cmH_2O estão associados ao biotrauma, à inflamação induzida pela ventilação e ao barotrauma.

A primeira queda de pressão corresponde ao componente viscoso (vias aéreas, pulmões e parede) e é a pressão necessária para vencer o circuito do aparelho. A segunda queda corresponde à pressão dissipada consequente à capacidade do pulmão de se adaptar e ao seu reajuste "estático", que ocorre por diferenças regionais, resultando em diferentes constantes de tempo; ou seja, por diferença de pressão, o ar se movimenta das regiões mais insufladas para as menos insufladas, necessitando de menor pressão para o mesmo volume de gás (Figura 41.11).

Sabe-se que todos os resultados variam em função do volume e do fluxo inspiratório fornecido pelo ventilador. Portanto, com a finalidade de acompanhar o paciente e comparar os dados, é imprescindível a padronização dos ajustes e condições do paciente por toda equipe, minimizando erros de interpretação. Para isso, sugerimos alguns parâmetros ventilatórios apresentados na Tabela 41.2.

Resistência do sistema respiratório

Qualquer fluxo de ar que percorre as vias aéreas recebe a oposição da resistência friccional do sistema

Tabela 41.2 Ajustes ventilatórios para mensuração da mecânica respiratória

Parâmetros	Valores ajustados
Modo ventilatório	Volume controlado ou assistido/ controlado
Volume corrente	Sugere-se: 4 a 8 mL/kg Deve sempre ser repetido para um mesmo paciente
Fluxo inspiratório	Sugere-se 60 L/min, ou seja, 1 L/s Deve ser mantido constante durante toda a fase inspiratória (onda de fluxo quadrada) Deve ser sempre o mesmo em todas as medidas de resistência das vias aéreas
Pausa inspiratória	Sugere-se 2 s ou mais
Atividade neural	O paciente deve estar sedado e/ ou paralisado, ou pelo menos, sem sinais de atividade de sua musculatura respiratória
Cuidados	Para cálculo da complacência, devemos anotar: pressão pico, pressão platô (pressão de pausa), PEEP e auto-PEEP, volume corrente expirado (obtido através da colocação de um ventilômetro na válvula expiratória ou fornecido pelo ventilador). Para cálculo da resistência, além do citado acima, deve-se anotar o fluxo programado

respiratório, também conhecido simplesmente como resistência. Ela pode ser mensurada pela razão entre a variação de pressões consequente ao fluxo (pressão de pico – pressão platô) e o valor do fluxo na via aérea em relação ao tempo. O fluxo geralmente é apresentado em L/min e deve ser transformado em L/s para o cálculo. A unidade de resistência geralmente é $cmH_2O/L/s$ e seu valor de normalidade está ente 2 e 8 $cmH_2O/L/s$.

A resistência tecidual é determinada pelas perdas energéticas geradas pela viscosidade pertinente à movimentação do pulmão e na prática clínica é considerada um componente secundário, normalmente de baixo valor (20% da resistência pulmonar), e pode estar aumentada nas doenças respiratórias, como sarcoidose e asma, e estruturais, como cifoescoliose.

Situações clássicas do aumento da resistência são condições obstrutivas, como doença pulmonar

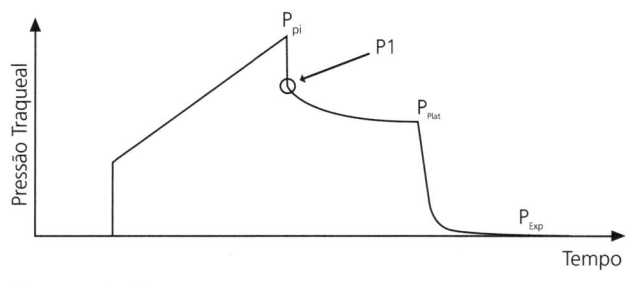

Figura 41.11 Curva de pressão ao longo do tempo. Podemos identificar a pressão de pico (P_{pi}), a pressão platô (P_{Plat}) e a pressão expiratória (P_{Exp}). O ponto P1 é a queda rápida inicial consequente à heterogeneidade da ventilação e sua diferença entre a pressão platô refere-se à viscoelasticidade, à constante de tempo e à acomodação do fluxo gasoso intrapulmonar. Adaptado de Terzi RGG. Monitorização respiratória em UTI. 1998;5(3).

obstrutiva crônica, broncoespasmo e hipersecreção pulmonar. O uso de broncodilatadores, higienização brônquica e troca do circuito ou cânula orotraqueal por outro de maior calibre devem ser considerados.

Complacência do sistema respiratório

Complacência é a característica do pulmão em se adaptar a certo volume de gás. Em outras palavras, demonstra o quão elástico são os pulmões e a caixa torácica. Sua medida vem da relação entre o volume de gás inspirado (volume corrente) e a pressão de retração elástica (necessária para manter o sistema respiratório insuflado = pressão platô – PEEP). Com o sistema fechado, isto é, sob pausa estática, é conhecida como complacência do sistema respiratório (Cst). Deve ser utilizada rotineiramente na prática clínica para avaliação da gravidade da lesão do parênquima pulmonar e avaliação evolutiva da função pulmonar. Seu valor de normalidade está entre 50 e 100 mL/cmH$_2$O.

A complacência dinâmica (Cdin) pode ser medida com paciente respirando espontaneamente (não necessariamente em pausa estática) e por isso a maioria dos equipamentos microprocessados fazem essa medida de ciclo a ciclo. Seu cálculo se dá pela razão entre o volume corrente e a variação de pressão máxima da via aérea na vigência de fluxo inspiratório (pressão de pico – PEEP), sendo assim, reflete os componentes resistivos e elásticos do sistema: resistência aérea, elasticidade do parênquima pulmonar, forças viscoelásticas e heterogeneidade da ventilação, por isso sua aplicabilidade é reduzida. Em indivíduos saudáveis, seu valor se aproxima da complacência estática, porém na maioria dos casos seu valor é inferior.

A complacência aumenta com a idade e casos de enfisema. Já em pacientes com fibrose, pneumotórax, edema alveolar, atelectasia e pressão venosa elevada, ela se reduz, por isso é tão comum encontrarmos valores baixos no período pós-operatório.

Pode-se ver a representação gráfica com apresentação das fórmulas da mecânica pulmonar na Figura 41.12.

Auto-PEEP

Todo o volume de ar que é inspirado deve necessariamente ser eliminado durante a expiração, permitindo assim que a pressão alveolar se equilibre com a pressão atmosférica. O completo esvaziamento depende da interação entre o fluxo e o tempo expiratório.

Há casos em que alterações no parênquima pulmonar, que aumentam a resistência e lentificam o fluxo expiratório, causam esvaziamento desigual entre as diferentes áreas pulmonares, levando ao aprisionamento de ar, o que eleva a pressão alveolar e a CRF. Isso também pode ocorrer não por fatores patológicos, mas sim quando os parâmetros ventilatórios são

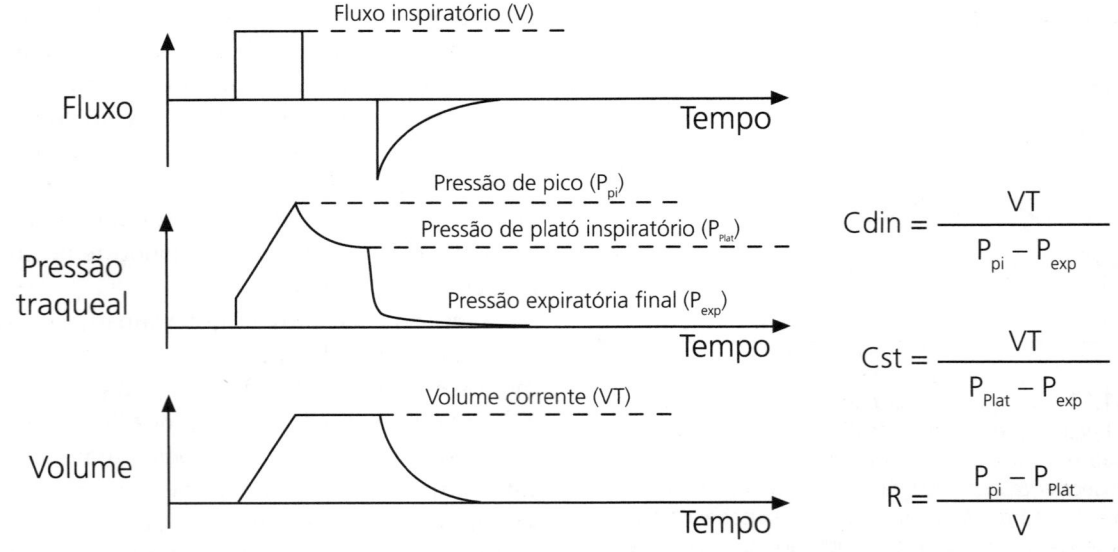

Figura 41.12 Curvas de fluxo, pressão nas vias aéreas e volume em função do tempo (modo: volume controlado com fluxo constante – onda quadrada). Adaptado de Terzi RGG. Monitorização respiratória em UTI. 1998;5(3).

ajustados de maneira inapropriada, tornando o tempo expiratório insuficiente para a saída de todo o ar.

O manômetro do ventilador mecânico mede a pressão média das vias aéreas acima da cânula orotraqueal, por isso pode existir diferença entre esta e a pressão alveolar, e, em situações de heterogeneidade, a PEEP ajustada pode não ser a mesma efetivamente nos pulmões, por incapacidade de monitorar a pressão alveolar. Essa situação clínica é denominada de PEEP oculta, PEEP intrínseca ou auto-PEEP (Figura 41.13). A monitorização da auto-PEEP se torna fundamental uma vez que a PEEP total (ajustada + auto-PEEP) é o real valor de pressão para o cálculo da mecânica e que impõe resistência ao sistema cardiovascular, promovendo sobrecarga hemodinâmica, barotrauma, hipoventilação, sobrecarga muscular por ativação da musculatura expiratória na tentativa de eliminar todo ar e inspiratória, pela dificuldade de disparo do ventilador mecânico. Por isso, deve-se suspeitar da presença da auto-PEEP em casos de trabalho inspiratório aumentado, tempo expiratório demasiadamente prolongado, assincronia, e por meio da curva fluxo-tempo, na qual é possível observar que durante a fase expiratória, antes do fluxo chegar a zero, há um novo disparo (Figura 41.14).

A aplicação da pausa expiratória (*expiratory hold*) aborta o próximo disparo, permitindo tempo suficiente para homogeneização das pressões, e faz com que o ar aprisionado alcance as vias aéreas proximais e, portanto, o manômetro do ventilador, e dessa forma seja mensurada.

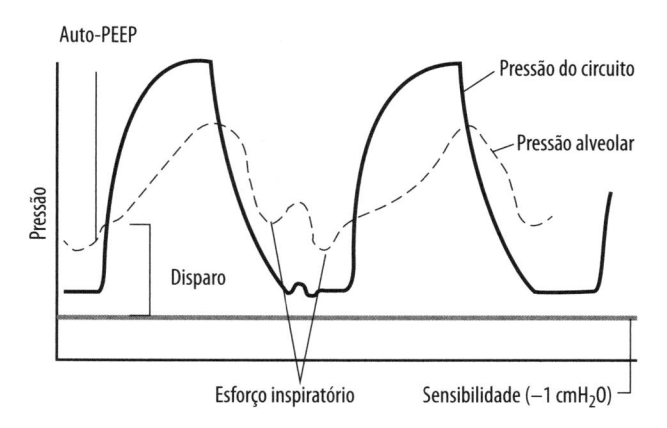

Figura 41.14 Auto-PEEP.

Evitar a hiperinsuflação dinâmica e, consequentemente, a auto-PEEP no cardiopata em ventilação mecânica é fundamental para evitar e/ou amenizar os efeitos deletérios da pressão positiva intratorácica, principalmente em casos de disfunção ventricular direita ou choque cardiogênico. Refletindo que os pacientes com maior propensão a desenvolver a auto-PEEP são os com doença pulmonar obstrutiva crônica e geralmente evoluem com *cor pulmonale* associada, a avaliação deve ser frequente e criteriosa nessa população e a atuação precoce. Para isso, pode se conhecer a constante de tempo do paciente e ajustar os parâmetros ventilatórios de modo que o tempo expiratório seja próximo ao ideal.

Constante de tempo é o tempo necessário para cada unidade respiratória esvaziar 63% do total de seu volume expirado (ou inspirado). Assim fornece-se uma ideia do tempo que leva para se equilibrar as pressões. Ela é consequente às diferentes zonas pulmonares que possuem características viscoelásticas e resistivas próprias, as quais se tornam agravadas em casos de pneumopatias. Pode ser calculada pelo produto da complacência pela resistência e geralmente utiliza-se três vezes o seu valor como tempo expiratório. Por exemplo, no caso de um paciente com doença obstrutiva crônica que possui alta complacência (100 mL/cmH$_2$O) e alta resistência (20 L/cmH$_2$O/s), teria-se a razão de 0,1 L/cmH$_2$O (após conversão para mesma unidade) por 20 L/cmH$_2$O/s resultando em 2. Isso significa que a constante de tempo é de 2 segundos e o tempo expiratório a ser utilizado é de 6 segundos para prevenir a auto-PEEP.

Todos esses aspectos até aqui comentados devem ser abordados nas primeiras horas de pós-operatório,

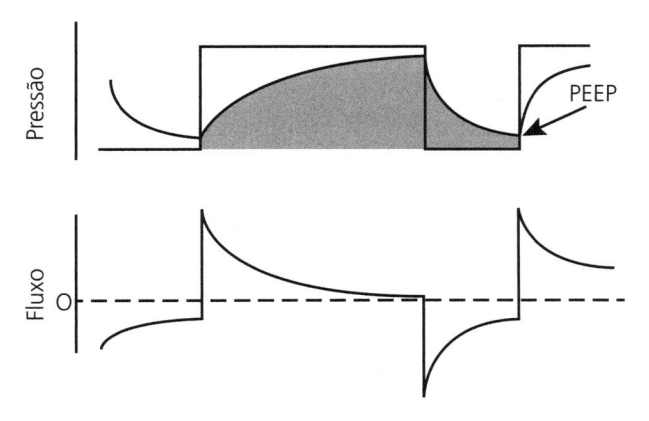

Figura 41.13 Representação gráfica das curvas de fluxo e pressão nas vias aéreas durante ventilação em pressão controlada com tempo expiratório curto. Note que a pressão alveolar ao final da expiração está maior do que a pressão nas vias aéreas, e o fluxo expiratório não encerra antes do próximo disparo desenvolvendo a auto-PEEP. Adaptado de Marg TW, Marini JJ. Chest. 1991:100:494.

já que, dependendo da gravidade do paciente, são as mais críticas. Nos casos em que o paciente permaneça sob ventilação mecânica prolongada, sugere-se que seja feito diariamente ou mesmo em intervalos menores, porque apesar de sofrer por motivos multifatoriais, a mecânica respiratória é de fácil execução e disponibiliza o manejo ventilatório adequado.

OXIGENAÇÃO ARTERIAL

A respiração celular é processo complexo que tem como objetivo fornecer energia aos tecidos e assim nos manter vivos. Depende de várias reações e ao seu final utiliza o O_2. Para tanto, os pulmões são responsáveis por levar o O_2 presente na atmosfera até a hemoglobina no sangue arterial.

O ar atmosférico é composto pelo O_2, CO_2, nitrogênio e vapor-d'água e é transportado até as unidades alveolares pela ventilação. O processo de difusão do gás pela barreira hematoaérea depende basicamente de quatro fatores: a solubilidade do gás, a área disponível, a espessura da membrana e a diferença de pressão entre os dois lados. Para saber qual a pressão que o O_2 exerce no capilar, tem-se a fórmula da pressão alveolar de O_2, que leva em consideração os outros gases:

$$PA = \frac{FiO_2 \, (Pb - PH_2O) - PaCO_2}{R}$$

Em que, PA = Pressão alveolar; Pb = pressão barométrica, que pode-se admitir para a cidade de São Paulo em 700 mmHg; PH_2O = pressão do vapor-d'água, que permanece em torno de 47 mmHg; PCO_2 = considera-se que a pressão parcial do CO_2 é a mesma no alvéolo e no sangue arterial, portanto será a $PaCO_2$; R = chamado de coeficiente respiratório, é a relação entre o volume de CO_2 produzido e o volume de O_2 consumido, e pode-se assumir ser entre 0,8 e 1. Como a pressão do vapor-d'água e a Pb são constantes, na prática multiplica-se a FiO_2 por 653 (resultante de 700 – 47) e subtrai-se da $PaCO_2$.

Conhecendo-se o valor do O_2 no gás alveolar, com a gasometria arterial, pode-se quantificar quanto do O_2 não alcançou a rede arterial, em razão das dificuldades ao atravessar a barreira. Esse cálculo se chama diferença alveoloarterial (D(A-a)):

$$D(A-a) = PAO_2 - PaO_2$$

Respirando ar atmosférico, em condições normais, a média é de 2 mmHg até 10 mmHg e acima deste valor, inalando-se ar ambiente, a causa deve ser investigada. É preciso lembrar que esse gradiente não define hipoxemia e, sim, apenas a difusão do gás. Indivíduos com a D(A-a) normal podem estar hipoxêmicos e esses casos estão associados à hipoventilação. Quando existe oferta de O_2, a D(A-a) aumenta proporcionalmente. Para corrigir essa variável, utiliza-se a razão entre a PaO_2 e a PAO_2 (proporção a/A), que oscila menos pela administração de O_2; o seu valor normal é de 0,6.

Um dos índices mais utilizados à beira do leito é a relação PaO_2/FiO_2, que em indivíduos normais é maior que 300. Esse índice de oxigenação também oferece ideia da performance pulmonar, mas não expressa hipoxemia. Por exemplo, paciente com PaO_2 de 120 mmHg com FiO_2 de 80% possui uma relação PaO_2/FiO_2 = 150, classificada como grave, denotando que a função pulmonar está muito prejudicada. Porém, apesar disso, neste momento, o paciente não sofre de hipoxemia, podendo, muitas vezes, como conduta, além de empregar terapias reexpansivas, reduzir a FiO_2 para evitar a toxicidade do O_2. Note-se que, se o mesmo paciente evoluir com PaO_2 de 150, não pode-se julgar melhora pulmonar antes de verificar a FiO_2. Se a oferta de O_2 for de 100%, a conduta tomada para reversão do quadro não foi eficiente, já que a relação permanece em 150, mas o paciente da mesma forma não se encontra hipoxêmico.

A incoordenação da difusão é consequente à alteração de um dos fatores citados anteriormente, com exceção da solubilidade do O_2, que não se altera. Portanto, ela pode ter sido causada pelo aumento da espessura, como edema alveolar, presença de secreção, pela diminuição da área, como nos casos de atelectasia, pneumotórax e pela redução do gradiente de pressão, que é causado pela hipoventilação.

Mas não só da difusão depende a oxigenação arterial, ela depende também da perfusão pulmonar e do equilíbrio entre a ventilação e a perfusão pulmonar, o que denomina-se relação V/Q.

A relação V/Q ideal é de 1, que corresponde a quantidade de ventilação igual à de perfusão num determinado compartimento pulmonar. Entretanto, como já foi citado, fisiologicamente, há alteração na relação V/Q consequente da morfologia pulmonar e da gravidade. Pode-se ter casos de relação V/Q = 0 (atelectasia) e tendendo ao infinito (embolia pulmonar). O extremo dessa situação é o *shunt* pulmonar (Qs/Qt).

Shunt pulmonar é a situação patológica frequente nas unidades de terapia intensiva em que não há contato do sangue com a barreira hematogasosa e que o sangue venoso se dilui no sangue arterial, provocando queda, muitas vezes acentuada, da PaO_2. Seu valor é de 5%, podendo assumir até 10% como normalidade.

Nos casos de incoordenação da relação V/Q, a oxigenoterapia traz algum efeito positivo, porque ainda há troca gasosa mesmo que débil. Porém, nos casos de *shunt* pulmonar verdadeiro, a oferta de O_2 não traz benefício algum, devendo se otimizar o tratamento da possível causa, seja ela hemodinâmica ou pulmonar.

Shunt pulmonar pode ser calculado à beira do leito nos pacientes que tiverem gasometria arterial e acesso central para coleta de gasometria venosa central ou cateter de artéria pulmonar para gasometria venosa mista.

$$QS/QT = \frac{\text{conteúdo ideal de } O_2 - \text{conteúdo arterial de } O_2}{\text{conteúdo ideal de } O_2 - \text{conteúdo venoso de } O_2}$$

Conteúdo de O_2 é a quantidade total de O_2 transportada pelo sangue, que é a parte ligada à hemoglobina somada à parte dissolvida no plasma. Temos então:

Conteúdo de O_2 =
$$(Hb \times 1,34 \times SatO_2) + (0,003 \times PO_2)$$

Para calcular o conteúdo arterial, usa-se a PaO_2 e $SatO_2$ da gasometria arterial e seu valor normal está entre 16 e 22 mL/dL; da mesma forma, para conteúdo venoso utiliza-se a PvO_2 e SvO_2 da gasometria venosa e deve oscilar entre 12 e 17 mL/dL. O coeficiente de ligação do O_2 à hemoglobina é 1,34 e ao plasma é 0,003 e por essa razão são constantes na fórmula.

O conteúdo ideal seria a situação "ótima", isto é, se a relação V/Q fosse 1. Nesse caso, todo O_2 que chega ao alvéolo se difunde para o capilar e, portanto, a PO_2 é igual à PAO_2, e a $SatO_2$ é igual a 1, já que a PAO_2 sempre está acima de 100 mmHg e corresponde a $SatO_2$ de 100%.

Conteúdo ideal de O_2 = $(Hb \times 1,34) + 0,003 \times$
$$[FiO_2 (Pb - PH_2O) - PCO_2 / R]$$

O cálculo do *shunt* deve ser feito sempre antes e depois de estratégias de reabertura do colapso pulmonar, pois apesar de serem bem indicadas, elas geralmente compreendem aumento da pressão intratorácica, que pode reduzir o débito cardíaco, e apesar de melhorar a oxigenação arterial e atingir PaO_2 desejável, o mesmo pode não acontecer com a oxigenação tecidual, principalmente em pacientes com deficiência ventricular direita (como no transplante cardíaco, pós-operatório de intervenção valvar) e na falência ventricular esquerda.

Por isso, a gasometria venosa tem importância fundamental nos pacientes críticos e em quadros de choque, porque denota a oxigenação tecidual. A diferença arteriovenosa de O_2 [$C(a-v)O_2$] representa uma função do consumo do O_2 e do débito cardíaco, refletindo muito bem a oferta e demanda desse gás, e deve ser considerada com déficit de oxigenação.

A fração do CaO_2 consumida pelos tecidos expõe o nível de metabolismo do organismo em relação ao débito cardíaco. Ela é denominada coeficiente de extração tecidual de O_2 (EO_2) e sua mensuração é o objetivo primordial da monitorização da oxigenação arterial, fazendo parte então da monitorização. Se a taxa da hemoglobina, a $SatO_2$ e o consumo de O_2 se mantiverem estáveis, um aumento da EO_2 indica queda no débito cardíaco. Cálculo:

$$EO_2 = \frac{VO_2}{DO_2} = \frac{C(a-v)O_2}{CaO_2}$$

GASOMETRIA ARTERIAL

O objetivo da gasometria arterial é, sobretudo, a análise dos distúrbios acidobásicos (pH). Mas, para compreensão da etiologia do seu eventual desequilíbrio, é necessário mensuração de outros fatores que nele interferem diretamente, como a $PaCO_2$, a PaO_2, a $SatO_2$, o bicarbonato (HCO_3) e o excesso de base.

Como já comentado anteriormente, os tecidos necessitam de oxigênio para exercer suas funções, portanto a oferta nunca deve ser menor do que o consumo. Se essa situação vir a acontecer, o metabolismo anaeróbio pode predominar sobre o aeróbio, aumentando a produção do ácido lático, levando à acidose.

A acidose (pH < 7,35), assim como a hipercapnia e a hipertermia, desloca a curva da dissociação da hemoglobina para a direita; isto é, é necessário maior

PaO_2 para uma mesma $SatO_2$, por diminuição da afinidade. Essa situação pode ser interessante quando há ausência de problemas na troca gasosa, porém com situações de baixo fluxo tecidual, como no choque. Isso porque se a ligação do O_2 à hemoglobina, ao entrar nos capilares teciduais, onde há maior dificuldade de perfusão, estiver mais fraca, ele pode se difundir com mais facilidade para os tecidos.

O inverso ocorre na alcalose (pH > 7,45), hipocapnia e hipotermia, que desviam a curva de dissociação da hemoblobina para a esquerda, aumentando sua afinidade ao O_2, podendo ocorrer $SatO_2$ adequada com PaO_2 baixa. Por isso, ao avaliar a oxigenação arterial, é preciso correlacionar imediatamente o pH e ter em mente a curva de dissociação da hemoglobina.

Além de afetar diretamente no transporte do O_2, a acidose também altera a conformação das proteínas, debilitando suas funções, o que pode levar a disfunção, hipóxia, necrose orgânica e morte. As principais manifestações clínicas incluem edema cerebral, convulsões, diminuição da contratilidade miocárdica, vasoconstrição pulmonar e vasodilatação sistêmica, sendo estes últimos de efeitos mais nocivos nos cardiopatas, porque aumentam a pós-carga do ventrículo direito, agravando a desigualdade V/Q, e diminuem a pós-carga do ventrículo esquerdo, que, em casos de hipotensão com uso de drogas vasoconstritoras, levam à queda do débito cardíaco. A acidemia também está associada com o aumento do tônus adrenérgico, podendo acarretar em arritmias cardíacas ou aumentar a demanda de O_2 pelo miocárdio. Dessa forma, a sua gravidade tem de ser avaliada frequentemente e prontamente corrigida.

A acidose respiratória (pH < 7,35 com $PaCO_2$ > 45) é consequência, basicamente, da hipoventilação e desigualdade V/Q, portanto, seu tratamento é o ajuste dos parâmetros ventilatórios para elevar o volume-minuto, recrutar áreas colapsadas, diminuir a resistência das vias aéreas e/ou do circuito, entre outros. Porém, esse quadro provoca retenção do HCO_3 – sistema tampão do H^+, que compensa a acidose. Essa resposta inicia-se em média após 2 a 3 dias, e por isso, nos pacientes com hipoventilação crônica (hipertensão pulmonar, doença obstrutiva crônica, entre outros), deve-se tolerar a acidose em graus leves para estimular a compensação até a normalização do pH independentemente da PCO_2, uma vez que nesses pacientes a recuperação da plena atividade pulmonar pode nunca ser conquistada, e a espera do padrão gasométrico normal se torna inviável.

A acidose metabólica (pH < 7,35 com HCO_3 < 22 mEq/L) é comum nos pacientes mais graves no pós-operatório de cirurgia cardíaca, por evoluírem, geralmente, com acidose lática pela hipoperfusão e insuficiência renal associada à disfunção cardíaca. Seu tratamento é a recuperação hemodinâmica, hemodiálise e, em alguns casos, a infusão do HCO_3. O mecanismo compensatório fisiológico é a hiperventilação pulmonar. Decorrente disso, os pacientes evoluem com taquipneia, sendo indicado suporte ventilatório necessário para diminuir o trabalho muscular e reduzir o gasto energético, prevenindo a fadiga muscular, até sua recuperação. Mas quando sob efeito anestésico, como no pós-operatório imediato, o centro respiratório não se encontra apto para estimular o sistema respiratório.

Pensando nisso foi desenvolvida uma fórmula do CO_2 ideal, específica para casos de acidose metabólica. Com esse valor em mãos, pode-se ajustar o ventilador mecânico, elevando a ventilação-minuto até o valor encontrado.

$$CO_2 \text{ ideal} = HCO_3 \times 1,5 + 8$$

MENSURAÇÃO DA AUTONOMIA VENTILATÓRIA

Ventilometria

A ventilometria faz parte de uma série de testes que o fisioterapeuta utiliza tanto na avaliação da retirada da prótese mecânica como na avaliação do prejuízo ventilatório consequente à cirurgia cardíaca. Com aparelho leve e portátil, pode-se ver a beira-leito:

- Volume corrente: volume de ar inspirado ou expirado durante cada ciclo respiratório em repouso.
- Volume-minuto: quantidade de ar que entra e sai do pulmão durante um minuto (volume-minuto = frequência respiratória X volume corrente). É importante lembrar que altos volumes-minuto denotam gasto energético elevado, podendo ser sinal de debilidade da autonomia ventilatória.
- Capacidade vital: volume de ar exalado após uma inspiração máxima, sendo a exalação até o volume de reserva expiratório (capacidade vital = volume de reserva expiratório + volume cor-

rente + volume de reserva inspiratório). Seu valor de normalidade se encontra entre 65 e 75 mL/kg, porém pode-se aceitar em pacientes críticos até 10 mL/kg.

- Frequência respiratória: é o número de ciclos respiratórios realizados por minuto.

Para realizar o procedimento, o paciente deve estar em decúbito dorsal a 30º, deve-se adaptar o ventilômetro ao tubo orotraqueal, traqueostomia ou por meio de um bucal (Figura 41.15). Orienta-se o paciente a respirar tranquilamente por 1 minuto, para mensuração do volume-minuto (conta-se a frequência respiratória), e na sequência solicitar inspiração profunda seguida de expiração completa, para mensurar a capacidade vital.

Avaliação da força muscular

A composição de fibras do diafragma em um adulto normal é: 55% de fibras do tipo I (vermelhas, oxidativas, resistentes a fadiga, porém desempenham baixa força); 20% fibras do tipo IIa (alta velocidade de encurtamento, resistentes à fadiga e, portanto, exercem metabolismo oxidativo e glicolítico); e 25 % de fibras do tipo IIb (metabolismo predominante é o glicolítico e, por isso, são fatigáveis). Isso lhe dá a característica de desempenhar *endurance* necessária para o exercício intenso e prolongado, assim como potência para desempenhar inspirações rápidas. Mas em casos em que o aumento da carga é igual à diminuição de complacência ou ao aumento da resistência (congestão, enfisema, quadros infeccio-

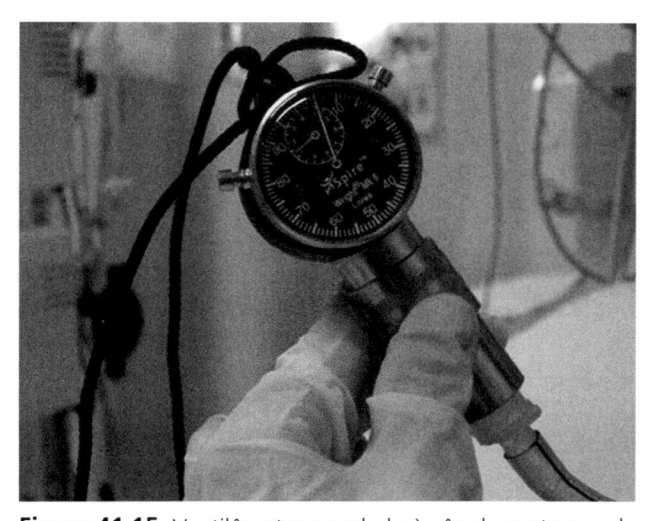

Figura 41.15 Ventilômetro acoplado à cânula orotraqueal.

sos) haverá um predomínio significativo do recrutamento das fibras do tipo IIb, atingindo a fadiga em curto espaço de tempo, principalmente em situações de baixo débito e deficiência na perfusão, como na insuficiência cardíaca.

Pressão inspiratória e expiratória máximas

A pressão gerada pelos músculos inspiratórios durante o esforço máximo com a via aérea ocluída é denominada pressão inspiratória máxima ($Pi_{Máx}$), e à pressão gerada pelos músculos expiratórios denomina-se pressão expiratória máxima ($Pe_{Máx}$).

Para pacientes no pós-operatório de cirurgia cardíaca, é sugerido realizá-las diariamente se o paciente permanecer em ventilação mecânica por tempo prolongado e após sua retirada, principalmente nos pacientes com insuficiência cardíaca (crônica, prévia à cirurgia, aguda ou crônica agudizada), em razão da fisiopatologia da doença interferir na distribuição do tipo de fibras musculares, inclusive no diafragma.

O manovacuômetro é o aparelho que mede as pressões quando acoplado à cânula orotraqueal, traqueostomia ou diretamente na boca do paciente por meio de um bucal. A medida deve ser feita preferencialmente com 15 minutos de repouso, com paciente a 35º ou sentado.

Nos pacientes em respiração espontânea deve-se usar clipes nasais e orientar o paciente a realizar uma inspiração profunda máxima e sustentá-la por 3 segundos. A medida deve ser feita a partir do volume de reserva expiratório (após expiração normal) e a válvula deve permanecer ocluída durante toda a fase inspiratória, e repeti-la por três vezes, sendo aceito o melhor valor obtido.

Nos pacientes sob ventilação mecânica tem-se preconizado o teste com o uso de válvulas unidirecionais (inspiratória e expiratória) em que oclui-se a válvula inspiratória entre 20 e 40 segundos (ou até que o valor se mantenha constante em duas ou três inspirações), provocando esforço máximo do paciente mesmo sem sua colaboração. Nesse método, as pressões elevam-se gradativamente e a de melhor valor é assumida, não necessitando de medidas repetidas (Figura 41.16). Os sinais vitais devem ser atentamente observados durante esse teste, e, em pacientes conscientes, antes de se iniciar o teste, deve-se explicar ao paciente como o procedimento a ser realizado traz sensação de sufocamento. Essa técnica está incorporada a alguns ventiladores, facilitando a

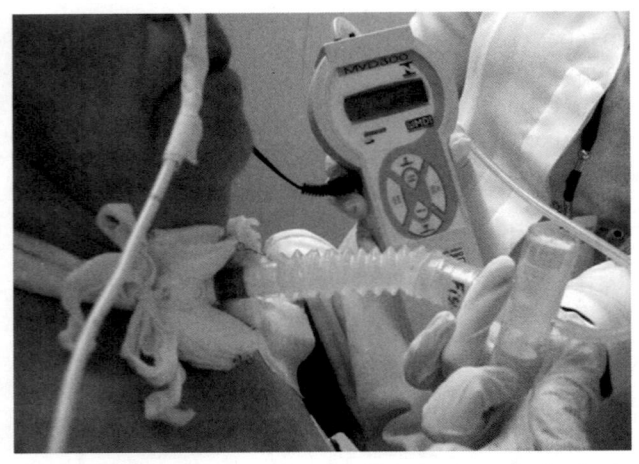

Figura 41.16 Manovacuômetro digital adaptado à cânula de traqueostomia. Observe que o conector T possui duas membranas unidirecionais e o terapeuta, ao ocluir a válvula inspiratória, obriga o paciente a realizar inspirações cada vez mais intensas e assim afere a $Pi_{máx}$.

rotina de mensurações diárias. A equipe deve ter um consenso sobre método, posicionamento, repetições ou tempo utilizados para averiguação da $Pi_{Máx}$ com intuito de poder fazer medidas repetidas com menor variação de erro.

Na mensuração da $Pe_{Máx}$ segue-se as mesmas orientações iniciais para a medida da $Pi_{Máx}$, porém orientando ao paciente que realize uma inspiração profunda (até a capacidade pulmonar total) e em seguida pressione com os dedos as bochechas para evitar escapes e permitir o mínimo de pressão em torno da cavidade oral. Nesse momento, deve-se ocluir a válvula e solicitar esforço expiratório máximo. Também se repete por três vezes, assumindo a melhor medida.

Os valores preditos para as medidas de $Pi_{Máx}$ e $Pe_{Máx}$ oscilam entre os gêneros e estão demonstradas na Tabela 41.3.

Pela relação força/comprimento, em razão do maior número de pontes cruzadas, o músculo quando estimulado em seu comprimento de repouso ideal produz a sua força contrátil máxima. Por isso, a força contrátil dos músculos inspiratórios é maior

entre a CRF e o volume residual, e a dos músculos expiratórios é maior na capacidade pulmonar total. Isso deve ser considerado ao mensurar força em pacientes com hiperinsuflação pulmonar (p. ex., PEEP, por estiramento da fibra muscular consequente ao incremento da CRF) e a pressão transdiafragmática (Pdi) pode estar diminuída.

A Pdi é medida por meio de um balão esofagiano = pressão esofágica (Pes). Sabe-se que as oscilações intratorácicas são transmitidas para as estruturas ao seu redor, como esôfago e estômago; por isso, a Pes reflete de maneira fidedigna a Pdi.

Outra característica do movimento que interfere no seu desempenho é a velocidade. Quanto maior a velocidade, menor a força gerada em virtude do alto gasto metabólico em curto tempo. A frequência do estímulo muscular também altera seu desempenho. Conforme se aumenta a frequência do estímulo de 10 Hz para 100 Hz, a força contrátil do diafragma aumenta. Durante o esforço, é provável que a frequência dos estímulos no nervo frênico chegue a 100 Hz.

Para monitorar os músculos respiratórios, além da força, deve-se avaliar a *endurance* muscular. O termo *endurance* reflete a habilidade do músculo em manter sua função contrátil (resistência à fadiga) quando submetido à carga. Em casos de sobrecarga diafragmática (força e duração excessivas, comprometimento do fluxo sanguíneo), o músculo pode progredir à fadiga.

Com o aumento do ciclo respiratório – relação do tempo inspiratório (Ti) e o tempo total do ciclo (Ttot). Uma vez que o aumento no Ti ocorre à custa de uma diminuição do tempo expiratório (Te); padrões ventilatórios que aumentem o ciclo respiratório tornam o diafragma mais suscetível à fadiga, já que o tempo de relaxamento entre as contrações e o tempo total do ciclo respiratório (Tt) estará diminuído. A fração do tempo respiratório (Ti/Ttot) indica, principalmente, o trabalho mecânico contra a resistência imposta, sendo definido como proporção do tempo inspiratório relativo à duração total do ciclo respiratório. Seu valor normal é de 0,3-0,4, e sugere um desmame bem-sucedido.

Tabela 41.3 Fórmula com os valores de $Pi_{Máx}$ e $Pe_{Máx}$ previstos para homens e mulheres

	Homens	Mulheres
$Pi_{Máx}$	$(-0,8 \times idade) + (0,48 \times peso) + 119,7$	$(-0,49 \times idade) + 110,5$
$Pe_{Máx}$	$(-0,81 \times idade) + 165,3$	$(-0,62 \times idade) + 115,7$

Com isso, tem-se o índice pressão-tempo do diafragma (Ttdi):

$$Ttdi = \frac{P}{P_{Máx}} \times \frac{Ti}{Ttot}$$

Em que P é a pressão inspiratória média desenvolvida a cada inspiração e $P_{Máx}$ é a máxima pressão isométrica que pode ser desenvolvida pelo paciente.

Pressão de oclusão nas vias aéreas

A pressão de oclusão nas vias aéreas (P0,1) é a oclusão da via aérea no primeiro milésimo de segundo da inspiração. Portanto, quanto maior a demanda ventilatória, maior o estímulo elétrico, que faz com que a inspiração inicie já com grande recrutamento de placas motoras a fim de gerar altos volumes. Sua medida é feita em alguns ventiladores mecânicos. Valores elevados (> 6 cmH_2O) sugerem aumento do *drive* ventilatório e se interpreta como mal prognóstico para desmame.

Índice de respiração rápida e superficial (IRRS)

Conhecido como índice de Tobin e Yang, trata-se da relação entre frequência respiratória e o VT em litros. É um método reprodutível, de fácil execução à beira-leito e considerado um bom índice preditivo do sucesso do desmame, quando encontrados valores acima de 105. Por sua grande eficácia, muitos ventiladores disponibilizam esse índice, assim como representado na Figura 41.17.

Índice de CROP

O índice de CROP associa a troca gasosa à demanda imposta ao sistema respiratório e à capacidade dos músculos respiratórios em resposta a essa situação.Valores menores que 13 são considerados preditivos do insucesso do desmame. Esse índice é representado pela fórmula:

$$CROP = Cdin \times Pi_{máx} \times (PaO_2 / PAO_2) / FR$$

Índice de desmame integrado

Nemer et al., em 2009, publicaram um índice de desmame *integrative weaning índex* (IWI) que avaliou

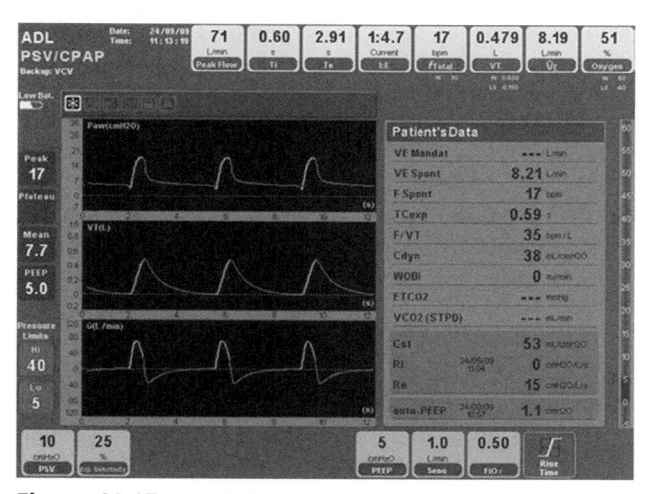

Figura 41.17 Ventilador mecânico. Observe que podemos acessar os principais parâmetros para desmame do paciente. Imagem gentilmente cedida pela Philips Health Care/Dixtal.

parâmetros que não dependessem da colaboração do paciente; e por isso relacionaram a mecânica respiratória com a oxigenação arterial e o IRRS. Quando aplicada a fórmula abaixo, resultados acima de 25 $mL/cmH_2O/resp/min/L$ são preditivos de sucesso do desmame.

$$IWI = Cst \times SatO_2 / (f/VT)$$

BIBLIOGRAFIA RECOMENDADA

1. Azeredo CAC, Fitipaldi RMSB. Desmame da prótese ventilatória. In: Sarmento GJV, Vega JM, Lopes NS. Fisioterapia em UTI. São Paulo: Atheneu; 2010.

2. Barbas CSV, Amato MBP, Carvalho CRR. Monitorização no desmame da ventilação mecânica. In: Terzi RG (ed). Monitorização respiratória em UTI. Rio de Janeiro: Atheneu; 1998.

3. Blanch L, Romero PV, Lucangelo U. Volumetric capnografy in the mechanically ventilated patient. Minerva Anesthesiol. 2006;72:577-85.

4. Carvalho CRR, Barbas CSV, Amato MBP. Monitorização da mecânica respiratória. In: Terzi RG (ed). Monitorização respiratória em UTI. Rio de Janeiro: Atheneu; 1998.

5. Crespo A, Carvalho AF. Capnografia. In: Terzi RG (ed). Monitorização respiratória em UTI. Rio de Janeiro: Atheneu; 1998.

6. David CM. Complacência, histerese e curva P-V. In: Ventilação mecânica – da fisiologia à prática clínica. Rio de Janeiro: Revinter; 2001.

7. David CM. Troca gasosa pulmonar. In: David CM. Medicina intensiva. Rio de Janeiro: Revinter; 2004.

8. David CM. Troca gasosa pulmonar. In: Ventilação mecânica – da fisiologia à prática clínica. Rio de Janeiro: Revinter; 2001.

9. Delprá MG. Fisiologia muscular respiratória. In: Gambaroto G. Fisioterapia respiratória em unidade de terapia intensiva. São Paulo: Atheneu; 2006.

10. Emmerich JC. Monitorização respiratória: fundamentos. Rio de Janeiro: Revinter; 2001.

11. Faria SR. Monitorização da troca gasosa. In: Pulz C, Guizilini S, Peres PAT. Fisioterapia em cardiologia – aspectos práticos. São Paulo: Atheneu; 2006.

12. Heinze H, Adib BS, Heringlake M, Meier T, Eichler W. Relationship between functional residual capacity, respiratory compliance, and oxygenation in patients ventilated after cardiac surgery. Respiratory Care. 2010;545(5):589-94.

13. Leme F, Luque A. Monitorização da mecânica respiratória. In: Pulz C, Guizilini S, Peres PAT. Fisioterapia em cardiologia – aspectos práticos. São Paulo: Atheneu; 2006.

14. Lopes NS, Sapata RN, Moreira MM, Guimarães FS, Dias CM. Monitorização respiratória. In: Sarmento GJV, Vega JM, Lopes NS. Fisioterapia em UTI. São Paulo: Atheneu; 2010.

15. Machado MGR, Zin WA. Mecânica da respiração. In: Rocco PRM, Zin WA (eds). Fisiologia respiratória aplicada. Rio de Jabeiro: Guanabara Koogan; 2009.

16. Menezes SLS, Rocco PRM. Ventilação alveolar e espaço morto. In: Rocco PRM, Zin WA (eds.). Fisiologia respiratória aplicada. Rio de Jabeiro: Guanabara Koogan; 2009.

17. Nemer SN, Barbas CSV, Caldeira JB, Cárias TC, Santos RG, Almeida LC, et al. A new integrative weaning index of discontinuation from mechanical ventilation. Critical Care. 2009;13:R152.

18. Nunes WA. Oximetria de pulso. In: Terzi RG (ed.). Monitorização respiratória em UTI. Rio de Janeiro: Atheneu; 1998.

19. Parreira VF, França DC, Zampa CC, Fonsceca MM, Tomich GM, Britto RR. Pressões respiratórias máximas: valores encontrados e preditos em indivíduos saudáveis. Rev Bras Fisioter. 2007:11(5):361-8.

20. Picanço PSA. Avaliação da oxigenação e gasometria. In: Gambaroto G. Fisioterapia respiratória em unidade de terapia intensiva. São Paulo: Atheneu; 2006.

21. Shapiro BA, Peruzzi WT, Templin R. Aplicação clínica dos gases sanguíneos. 5.ed. Rio de Janeiro: Revinter; 2004.

22. Terzi RGG. Avaliação da hipoxemia arterial. In: Terzi RG (ed). Monitorização respiratória em UTI. Rio de Janeiro: Atheneu; 1998.

23. Tusman G, Spimann FS, Bohm SH, Pech T, Reissmann H, Meschino G, et al. Monitoring dead space during recruitment and PEEP titration in an experimental model. Intensive Care Med. 2006;32:1863-71.

24. Weismann D, Reibmann H, Maisch S, Fullekrug B, Esch JS. Monitoring of functional residual capacity by an oxygen wash in/washout; technical description and evoluation. Journal of Clinical Monitoring and Computing. 2006;20:251-60.

42

MONITORIZAÇÃO HEMODINÂMICA E CATETER DE SWAN-GANZ

THIAGO UCHÔA

INTRODUÇÃO

Todo paciente admitido em uma unidade de tratamento intensivo, incluindo a unidade de cirurgia cardíaca, é submetido a um conjunto de processos sequenciais que obedecem a um princípio lógico, visando sua melhor recuperação. O algoritmo básico é constituído por:

1. Suporte vital básico.
2. Correção de fatores precipitantes.
3. Suporte vital avançado.
4. Suporte a falências orgânicas.
5. Tratamento de complicações e intercorrências.

Após o suporte vital básico e a correção de fatores precipitantes, instituem-se as medidas de suporte vital avançado: suporte ventilatório e de oxigenação associado ao suporte hemodinâmico. O controle hemodinâmico constitui-se, portanto, em uma das tarefas iniciais e mais importantes na assistência aos doentes graves.

Existe nítido paralelismo histórico entre o conhecimento da fisiopatologia, a evolução tecnológica, a aplicação da epidemiologia clínica e os protocolos de suporte hemodinâmico. Como resultado dos conhecimentos de laboratórios experimentais de hemodinâmica surgiram os princípios iniciais que norteiam o suporte hemodinâmico. Normalizar a pressão arterial, a frequência cardíaca, o fluxo urinário e a perfusão periférica foram inicialmente consideradas as metas da reposição volêmica e do suporte inotrópico. Esse conhecimento, derivado de modelos em que havia fluxo sanguíneo lentificado (choque

hemorrágico/choque hipovolêmico/choque cardiogênico), provavelmente propiciou bons resultados para diversas doenças.

A ideia de que a cateterização da artéria pulmonar seria possível e poderia ser útil na compreensão da fisiologia e da patologia cardíaca foi concebida há mais de 80 anos. Sua aplicabilidade clínica fora do laboratório de cateterismo, particularmente no manejo de doentes graves e instáveis, só se deu com o surgimento dos cateteres de balão flutuante. Como esperado, após o surgimento de qualquer nova técnica, o cateterismo com o uso dos balões flutuantes não escapou dos fenômeno do uso abusivo, resultando em complicações indesejáveis e desnecessárias.

Entretanto, o conhecimento adquirido em relação à fisiopatologia cardíaca pelo uso desses cateteres não deve ser ignorada. Além disso, estudos hemodinâmicos à beira do leito levaram à compreensão de achados clínicos e ecocardiográficos em pacientes críticos.

AVALIAÇÃO CLÍNICA

O choque foi definido por Blalock, em 1922, como falência da perfusão tissular. A partir de 1970, o emprego do cateter de Swan-Ganz propiciou a monitorização à beira do leito de parâmetros hemodinâmicos relacionados à circulação pulmonar e sistêmica, ampliando, dessa forma, os recursos diagnósticos e de orientação terapêutica.

A avaliação de outros parâmetros cardiocirculatórios, tais como a função ventricular, pode ser obtida por meio da medicina nuclear, da ecocardiografia, da tomografia computadorizada, da ressonância magnética, de medidas do $\Delta p/\Delta t$ durante o ciclo cardíaco, assim como com radiografias, enzimas e outros testes laboratoriais rotineiros. Da mesma forma, a função pulmonar pode ser avaliada com auxílio da cintilografia com tecnécio, da tomografia computadorizada, da ressonância magnética, da difusão de monóxido de carbono, assim como com a determinação do padrão dos gases arteriais, cálculos do *shunt* e das complacências estática e dinâmica do parênquima pulmonar. Esses métodos sofisticados de avaliação das funções pulmonar e cardíaca frequentemente fornecem informações mais fidedignas do que as simples avaliações clínicas, subjetivas e imprecisas, da perfusão tissular. A observação clínica isolada numa população de doentes graves tem baixa correlação com os parâmetros hemodinâmicos medidos. Em pacientes com choque séptico, mesmo antes do advento da monitorização hemodinâmica à beira do leito, foram documentadas as baixas sensibilidade e especificidade de parâmetros que avaliam a perfusão periférica por meio do exame clínico (temperatura cutânea, sensório e débito urinário) em relação à medida do índice cardíaco por meio do cateter de Swan-Ganz.

Diversos estudos, testando o exame clínico no ambiente de terapia intensiva, atestam que o médico é incapaz de predizer corretamente variáveis como débito cardíaco, pressão capilar pulmonar ou resistência vascular sistêmica em mais de 50% das vezes. Fica claro que é no paciente grave, portador de falências orgânicas múltiplas e com índice de mortalidade frequentemente superior a 80%, que a avaliação clínica isolada é insuficiente, por maior que seja a experiência do médico assistente. Ainda que o cateter de artéria pulmonar permita melhor determinação hemodinâmica e a estratégia terapêutica possa ser alterada, isso não prova que o conhecimento desses dados e a alteração terapêutica possam melhorar o prognóstico global. Porém parece lógico assumir que a melhora da acurácia diagnóstica propicie diagnóstico mais precoce e correto, reduzindo a morbidade e eventualmente melhorando a sobrevida. Para que isso ocorra, é importante uma abordagem clínica global: os pacientes a serem monitorizados precisam ser cuidadosamente selecionados, seus processos fisiopatológicos precisam ser identificados, a necessidade da terapêutica deve ser apreciada, e precisa ser adotada e administrada adequadamente uma forma específica de estratégia. Para tanto, o cateter deve ser inserido corretamente,

fornecer dados confiáveis para que o médico assistente esteja munido de dados suficientemente sensíveis e possa orientar a terapêutica em benefício do paciente como um todo e não para funções orgânicas isoladas.

O CATETER DE SWAN-GANZ E OS MÉTODOS NÃO INVASIVOS

O cateter de Swan-Ganz propicia bom sistema de monitorização? Para que se possa estabelecer alguma comparabilidade entre dois métodos, torna-se necessário o estabelecimento de alguns pontos fundamentais: Qual a variável que estará sendo estudada? Qual é o método considerado *gold standard* para aferir a variável? Após o estabelecimento desses dois itens, as características ideais de um monitor devem ser aferidas:

a. O equipamento deve ser de fácil inserção e com baixo índice de complicações.
b. Deve fornecer dados seguros dentro do contexto clínico adequado.
c. A variável deve ser aferida preferencialmente de forma direta e não por cálculos.
d. Os dados fornecidos pelo equipamento não podem ser obtidos de maneira menos invasiva ou de menor custo.
e. Os dados devem ser de fácil interpretação, podendo ser utilizados por muitos profissionais.
f. O sistema de monitorização deve ser preferencialmente contínuo.
g. O sistema deve ser capaz de sugerir mudanças no tratamento.
h. As mudanças na terapêutica devem produzir mudança no prognóstico.

O cateter de Swan-Ganz tem sido comparado a alguns métodos de monitorização alternativos, tais como a ecocardiografia, a bioimpedância elétrica torácica e diversas formas de estudo radioisotópico. Existem poucas publicações sobre bioimpedância elétrica torácica. Ao contrário, as publicações sobre ecocardiografia são volumosas. A totalidade das análises comparativas é de validade reduzida, procurando frequentemente ressaltar os benefícios da não invasividade e deixando de abordar a totalidade dos aspectos.

Portanto, deve-se concluir que os estudos comparativos do cateter de Swan-Ganz (Figura 42.1) com

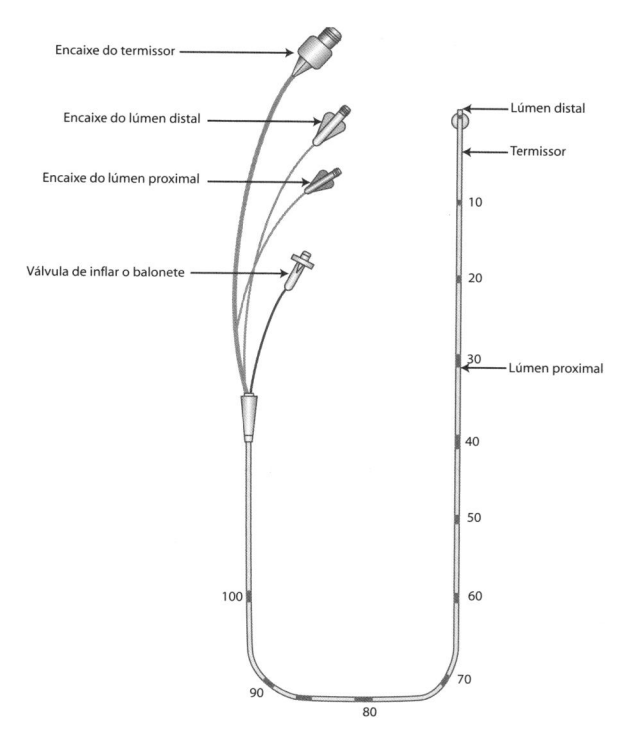

Figura 42.1 Cateter de Swan-Ganz.

outras formas menos invasivas de monitorização ainda não foram elaborados de forma adequada. Não existe uma análise comparativa adequada entre Swan-Ganz, ecocardiografia, bioimpedância elétrica torácica, radioisótopos, ou qualquer outro método.

EVOLUÇÃO DOS CATETERES DE ARTÉRIA PULMONAR

1929: Dr. Warner Forssmann introduziu um cateter em seu próprio coração e estabeleceu que a cateterização do coração direito era possível em humanos. Entretanto, o cateter avançou somente até o átrio esquerdo.

1956: Drs. André Cournand e Dickinson Richards desenvolveram cateteres que poderiam avançar dentro da artéria pulmonar e ser úteis para o estudo da fisiopatologia de doenças congênitas e adquiridas, recebendo o prêmio Nobel de Medicina pela invenção.

1964: Dr. Bradley apresentou os cateteres diagnósticos em miniatura que poderiam ser usados em vários pacientes críticos.

1965: Dr. Fife construiu os cateteres pulmonares autoguiáveis.

1969: Drs. Scheinman, Abbot e Rapaport utilizaram um cateter direcionado por fluxo para medidas de pressão do coração direito.

1970: Drs. Swan e Ganz introduziram um cateter direcionado por fluxo que poderia ser utilizado à beira do leito, sem o auxílio de fluoroscopia.

A partir daí, os cateteres de Swan-Ganz como ficaram mundialmente conhecidos, foram desenvolvidos para a medida do débito cardíaco pelo método da termodiluição, para marca-passo atrial e ventricular direito e para medidas das pressões direitas, incluindo a pressão de enchimento capilar pulmonar. Além disso, orifícios para infusão foram acrescentados ao dispositivo para facilitar a infusão de drogas vasoativas.

USO CLÍNICO DO CATETER DE SWAN-GANZ

O cateter com balão flutuante atingiu um amplo uso em unidades de terapia intensiva por causa de várias vantagens em comparação com os cateteres convencionais. Eles podem ser utilizados à beira do leito sem fluoroscopia, mesmo em pacientes gravemente enfermos. O posicionamento do cateter não demanda muita experiência e a inserção pode ser realizada rapidamente.

Com o uso de alguns cateteres é possível se fazer as medidas das pressões do átrio direito, artéria pulmonar e capilar pulmonar, além de se estimar o débito cardíaco e a saturação de oxigênio nas cavidades direitas. Por causa dessas vantagens, o uso dos cateteres de Swan-Ganz para o manejo de pacientes cardíacos ou não cardíacos, clínicos ou cirúrgicos, aumentou rapidamente. A seguir, são apresentadas as principais indicações e complicações de seu uso.

Indicações

1. Manuseio do infarto do miocárdio complicado:
   - Hipovolemia *versus* choque cardiogênico.
   - Insuficiência do VE.
   - Infarto do VD.
   - Ruptura do septo interventricular, insuficiência mitral.
2. Avaliação da insuficiência respiratória aguda:
   - Edema pulmonar cardiogênico, não cardiogênico (SARA).
3. Avaliação dos estados de choque:
   - Cardiogênico, hipovolêmico, séptico ou misto.

– Embolia pulmonar.

– Hipotensões prolongadas não definidas.

4. Avaliação da terapêutica em casos selecionados:
   – Redução da pré-carga e pós-carga na insuficiência do VE.

5. Agentes inotrópicos:
   – Vasodilatadores, vasopressores.

6. Ventilação mecânica com PEEP:
   – Manuseio do pós-operatório de cirurgia cardíaca e outras.
   – Avaliação das necessidades de reposição volêmica na UTI.
   – Hemorragia gastrointestinal, sepse, trauma, queimaduras, IRA, cirrose.

7. Pós-operatório de clipagem de aneurisma cerebral para controle de:
   – Vasoespasmo e naqueles pacientes que necessitem de parâmetros.
   – Função cardíaca no pós-operatório e em pacientes hemodinâmicos.

Complicações:

1. Punções arteriais.
2. Pneumotórax.
3. Arritmias cardíacas.
4. Infarto pulmonar.

5. Trombose venosa.
6. Infecção: relacionada com contaminação e tempo de permanência do cateter.
7. Perfuração ou ruptura da artéria pulmonar.
8. Lesão do plexo braquial.
9. Síndrome de Horner.
10. Lesão transitória do nervo frênico.
11. Embolia gasosa.

As principais indicações em unidades cardiológicas clínicas e cirúrgicas, serão descritas mais detalhadamente a seguir.

Infarto agudo do miocárdio

Após a investigação das alterações hemodinâmicas em um grande número de pacientes com infarto agudo do miocárdio, incluídos no estudo *Myocardial Infarction Research Unit of the Cedars Sinais Medical Center of Los Angeles*, introduziu-se o conceito das alterações hemodinâmicas do infarto agudo do miocárdio, modificando a terapia vigente (classificação de Forrester). Além disso, tornou-se óbvio que o diagnóstico das principais complicações do infarto, como choque cardiogênico, regurgitação mitral aguda por infarto do músculo papilar e ruptura septal ventricular, poderiam ser feitos à beira do leito

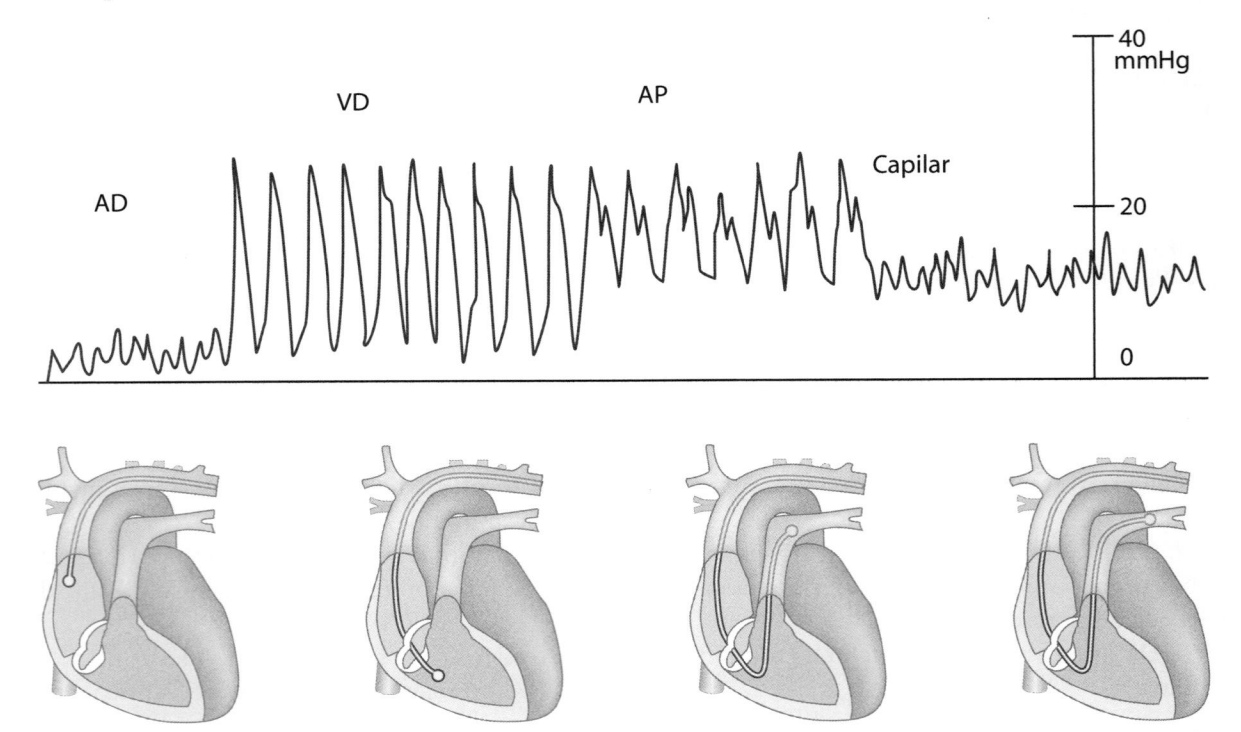

Figura 42.2 Curvas de monitorização geradas com o cateter de Swan-Ganz.

com o uso dos cateteres de balão flutuante e que a monitorização hemodinâmica invasiva poderia facilitar o manejo dessas complicações.

Os estudos hemodinâmicos realizados à beira do leito no *Myocardial Infarction Research Unit* relataram algumas observações novas e clinicamente relevantes. Definiu-se o nível ótimo das pressões de enchimento do ventrículo esquerdo no infarto agudo do miocárdio, determinando-se a pressão de enchimento capilar pulmonar (14 mmHg a 18 mmHg). As respostas a várias medidas terapêuticas também foram relatadas, por exemplo, os achados de que a furosemida, um diurético de alça utilizado no tratamento da congestão pulmonar, poderia reduzir as pressões de enchimento capilar e do átrio direito mesmo antes do início da diurese. Também se observou que o *digitalis*, outra droga comumente utilizada em insuficiência cardíaca, poderia ter efeitos deletérios em pacientes com infarto agudo do miocárdio. O achado de que o vasodilatador nitroprussiato de sódio produz excelentes benefícios hemodinâmicos em pacientes com refluxo mitral também resultou dos estudos envolvendo os cateteres de Swan-Ganz.

Índices hemodinâmicos foram desenvolvidos para se estimar o prognóstico de pacientes com infarto agudo do miocárdio. Um rápido declínio do débito cardíaco, do índice de trabalho do ventrículo esquerdo e elevação da pressão capilar pulmonar indicando disfunção sistólica do ventrículo esquerdo, se mostraram importantes preditores de eventos adversos. Entretanto, já foi relatado que os achados clínicos e radiológicos são tão efetivos no prognóstico do infarto agudo do miocárdio quanto os achados hemodinâmicos.

É importante frisar que os estudos hemodinâmicos à beira do leito foram realizados antes do advento da ecocardiografia e do Doppler. Além do mais, a ecocardiografia transtorácica e transesofágica pode ser realizada atualmente à beira do leito, mesmo em pacientes graves. Dessa forma, o diagnóstico das complicações do infarto agudo do miocárdio, incluindo a patogênese do choque cardiogênico, pode ser realizado pela ecocardiografia, e a cateterização à beira do leito não se faz necessária. Entretanto, embora as complicações das síndromes coronarianas agudas possam ser diagnosticadas pela ecocardiografia, o estudo hemodinâmico com os cateteres de Swan-Ganz ainda se faz necessário para quantificar a gravidade das anormalidades hemodinâmicas

e formular a terapêutica ideal, particularmente nos casos de choque cardiogênico.

O tratamento do infarto agudo do miocárdio mudou dramaticamente nos últimos anos, e atualmente o tratamento essencial é a reperfusão do miocárdio isquêmico. Dessa forma, o tratamento baseado em achados hemodinâmicos não se faz mais usualmente necessário, e o uso rotineiro dos cateteres de balão flutuante pode estar associado ao aumento da morbimortalidade, como demonstrado em diversos estudos recentes.

Deve ser enfatizado, entretanto, que em pacientes em choque cardiogênico por causa do infarto do miocárdio ventricular esquerdo ou direito após a terapia de reperfusão, o uso dos cateteres de balão flutuante para determinar a resposta hemodinâmica à terapia de suporte é ainda necessária e fortemente recomendada.

Pacientes de alto risco não coronarianos

A cateterização com cateter de balão flutuante à beira do leito tem sido utilizada em unidades de terapia intensiva clínicas e cirúrgicas para de determinar as causas de hipotensão e choque e para se fazer o diagnóstico diferencial entre o edema agudo de pulmão por causa hemodinâmica ou por aumento da permeabilidade capilar. Tem sido utilizada para otimização da oferta de oxigênio aos tecidos através do aumento do débito cardíaco gerado por medidas farmacológicas ou pela manutenção da volemia adequada. Tem sido utilizada também para o ajuste da terapia com diuréticos, drogas vasoativas e inotrópicas.

Em decorrência de fácil locação do cateter à beira do leito e aos potenciais benefícios, a cateterização da artéria pulmonar se tornou um técnica de monitorização rotineira durante cirurgias cardíacas e não cardíacas e para o tratamento da SARA, sepse e até mesmo insuficiência cardíaca crônica.

Entretanto, o uso rotineiro desses cateteres, algumas vezes sem as indicações apropriadas, resultou em resultados adversos inevitáveis, incluindo casos de morte.

Após vários anos de uso, entretanto, foram realizados estudos randomizados em pacientes não coronarianos, que documentaram uniformemente que o uso rotineiro da cateterização da artéria pulmonar à beira do leito não somente não traz benefícios, mas também pode estar associada ao aumento da morbidade e da mortalidade.

Insuficiência cardíaca crônica congestiva

Como nos pacientes com infarto agudo do miocárdio, índices prognósticos hemodinâmicos foram desenvolvidos em pacientes com insuficiência cardíaca congestiva, por exemplo, a pressão capilar pulmonar, o índice cardíaco, o índice de trabalho do ventrículo esquerdo e a resistência vascular sistêmica. Entretanto, todos esses índices foram desenvolvidos antes da disponibilidade das novas terapias para insuficiência cardíaca congestiva. Além disso, o acompanhamento clínico cuidadoso, associado com a dosagem do BNP e a análise ecocardiográfica da severidade das disfunções sistólica e diastólica fornecem uma adequada avaliação do prognóstico dos pacientes com insuficiência cardíaca congestiva, e a determinação dos índices hemodinâmicos não é necessária.

Deve ser levado em consideração, entretanto, que somente por causa da invenção dos cateteres de balão flutuante e o seu uso à beira do leito foi possível a correlação hemodinâmica entre os achados clínicos e ecocardiográficos. Deve também ser enfatizado que a cateterização da artéria pulmonar é mais uma ferramenta diagnóstica do que terapêutica. Para se evitar complicações, certo grau de experiência é necessário. Além disso, algum conhecimento é mandatório para a correta interpretação dos dados hemodinâmicos obtidos com as medidas.

REVISÃO DAS PRINCIPAIS INDICAÇÕES ATUAIS DO CATETER DE SWAN-GANZ

Embora a cateterização de rotina à beira do leito nas unidades intensivas cardiológicas, clínicas e cirúrgicas não seja indicada, várias indicações existem para o seu uso. Em pacientes com quadro de choque cardiogênico após infarto agudo do miocárdio, a monitorização hemodinâmica invasiva se faz necessária durante o suporte clínico após a terapia de reperfusão. Por exemplo, nos pacientes com infarto do ventrículo direito, a monitorização é útil para se manter uma pressão de enchimento do ventrículo direito adequada e para se ajustar as doses de vasopressores e agentes inotrópicos. Em pacientes com complicações mecânicas do infarto, a monitorização hemodinâmica com o cateter de Swan-Ganz é indicada tanto no pré-operatório quanto no pós-operatório.

A cateterização da artéria pulmonar é necessária para o diagnóstico diferencial hemodinâmico da hipertensão arterial pulmonar. No momento, os métodos não invasivos não conseguem distinguir entre os casos de hipertensão pré-capilar, pós-capilar e mista.

A determinação do estado hemodinâmico é frequentemente necessária em pacientes com insuficiência cardíaca complicada por doença pulmonar obstrutiva crônica ou outras comorbidades.

Durante o preparo para o transplante de coração, pulmão e coração-pulmão a monitorização invasiva é frequentemente empregada.

CONSIDERAÇÕES FINAIS

A cateterização da artéria pulmonar com os cateteres de balão flutuante é uma técnica fácil e rápida para a monitorização hemodinâmica à beira do leito, entretanto, o seu uso abusivo vem sendo associado a complicações que podem ser evitadas com o uso por operadores experientes. Os estudos randomizados em pacientes com síndrome coronariana aguda, pacientes não coronarianos de alto risco (incluindo pacientes cirúrgicos não cardíacos e pacientes com sepse e SARA) e pacientes com insuficiência cardíaca crônica congestiva estabeleceram que o seu uso rotineiro não é necessário e pode estar associado ao aumento das complicações, incluindo morte. Entretanto, seu uso ainda se faz necessário em pacientes com choque cardiogênico, para o diagnóstico diferencial de hipertensão arterial pulmonar e para o diagnóstico e tratamento de causas incomuns e complicações de insuficiência cardíaca.

Em pacientes com insuficiência cardíaca crônica congestiva requerendo uso de terapia com inotrópicos, vasopressores ou vasodilatadores, a monitorização invasiva é essencial. Para o preparo para o transplante de coração e pulmão, a monitorização hemodinâmica é sempre necessária. Em muitas instituições, os estudos hemodinâmicos são realizados antes do transplante hepático.

BIBLIOGRAFIA RECOMENDADA

1. Bradley RD. Diagnostic right-heart catheterization with miniature catheters in severely ill patients. Lancet. 1964;2:941.

2. Chatterjee K, De Marco T, Alpert JS. Pulmonary hypertension, hemodynamic diagnosis and management. Arch Intern Med. 2002;162:e187-e190.

3. Chatterjee K, Parmley WW, Swan HJC, Berman G, Forrester J, Marcus HS. Beneficial effects of vasodilator agents in severe mitral regurgitation due to dysfunction of subvalvar apparatus. Circulation. 1973;48:684-90.

4. Chatterjee K, Swan HJC, Ganz W, Gray R, Loebel H, Forrester JS, Chonette D. Use of a balloon-tipped flotation electrode catheter for cardiac monitoring. Am J Cardiol. 1975;36:56-61.

5. Chatterjee K. Bedside hemodynamic monitoring. In: Parmley WW, Chatterjee K (eds.). Cardiology. Philadelphia, Pa: JB Lippincott Publishing Co.; 1988. p.1-19.

6. Cohen MG, Kelly RV, Kong DF, Menon V, Shah M, Ferreira J, Pieper KS, Criger D, Poggio R, Ohman EM, Gore J, Califf RM, Granger CB. Pulmonary artery catheterization in acute coronary syndromes: insights from the GUSTO IIb and GUSTO III trials. Am J Med. 2005;118:482.

7. Cournand A. Cardiac catheterization: development of the technique, its contributions to experimental medicine, and its initial application in man. Acta Med Scand Suppl. 1975;579:1-32.

8. Cournand AF. Nobel lecture, December 11, 1956. In: Nobel Lectures, Physiology and Medicine 1942-1962. Amsterdam, The Netherlands: Elsevier Publishing Co. 1964:529.

9. Crexells C, Chatterjee K, Forrester JS, Dikshit K, Swan HJC. Optimal level of left heart filling pressures in acute myocardial infarction. N Engl J Med. 1973;289:1263-6.

10. Dalen JE, Bone RC. Is it time to pull the pulmonary artery catheter? JAMA. 1996;276:916.

11. Dalen JE. The pulmonary artery catheter: friend, foe or accomplice? JAMA. 2001;286:348.

12. Dikshit K, Vyden JK, Forrester JS, Chatterjee K, Prakash R, Swan HJ. Renal extrarenal hemodynamic effects of furosemide in congestive heart failure after acute myocardial infarction. N Engl J Med. 1973;288:1087.

13. Fife WP, Lees BS. Construction and use of self guiding right heart and pulmonary artery catheter. J Appl Physiol. 1965;20:148.

14. Forrester J, Bezdek W, Chatterjee K. Hemodynamic effects of digitalis in acute myocardial infarction. Ann Intern Med. 1972;76:863-4.

15. Forrester JS, Diamond G, Chatterjee K, Swan HJC. Medical therapy of acute myocardial infarction by application of hemodynamic subsets (part I). N Engl J Med. 1976;295:1356-62.

16. Forrester JS, Diamond G, Chatterjee K, Swan HJC. Medical therapy of acute myocardial infarction by application of hemodynamic subsets (part II). N Engl J Med. 1976;295:1404-13.

17. Forrester JS, Ganz W, Diamond G, McHugh T, Chonette DW, Swan HJ. Thermodilution cardiac output determination with a single flow directed catheter for cardiac monitoring. Am Heart J. 1972;83:306.

18. Forssmann W. Die Sondierung des rechten Herzens. *Klin Wochenschr.* 1929;8:2085.

19. Franciosa JA, Whilen M, Ziesche S, Cohn JN. Survival in men with severe chronic left ventricular failure due to either coronary heart disease or idiopathic dilated cardiomyopathy. Am J Cardiol. 1983;54:831.

20. Gore JM, Goldberg RJ, Spodick DH, Alpert JS, Dalen JE. A community-wide assessment of the use of pulmonary artery catheters in patients with acute myocardial infarction. Chest. 1987;92:721.

21. Harvey S, Harrison DA, Singer M, Ashcroft J, Jones CM, Elbourne D, Brampton W, Williams D, Young D, Rowan K. Assessment of the clinical effectiveness of pulmonary artery catheters in management of patients in intensive care (PAC-MAN): a randomized controlled trial. Lancet. 2005;366:472.

22. Hays MA, Timmins AC, Yau EH, Palazzo M, Hinds CJ, Watson D. Elevation of systemic oxygen delivery in the treatment of critically ill patients. N Engl J Med. 1994;330:1717-22.

23. Killip T III, Kimball JT. Treatment of myocardial infarction in a coronary care unit: a two year experience with 250 patients. Am J Cardiol. 1967;20:457.

24. Knobel E. O cateter de Swan-Ganz deve ser indicado em todo paciente de terapia intensiva? Rev Soc Cardiol Estado de São Paulo. 1997;7(2).

25. Mathay MA, Chatterjee K. Bedside catheterization of the pulmonary artery: risks compared with benefits. *Ann Intern Med.* 1988;109:826-34.

26. Payen D, Gayat E. Which general intensive care unit patients can benefit from placement of the pulmonary artery catheter? Crit Care. 2006;10:S7.

27. Practice guidelines for pulmonary artery catheterization: an updated report by the American Society of Anesthesiologists Task Force on Pulmonary Artery Catheterization. *Anesthesiology.* 2003;99:988-1014.

28. Richard C, Warszawski J, Anguel N, Deye N, Combes A, Barnoud D, Boulain T, Lefort Y, Fartoukh M, Baud F, Boyer A, Brochard L, Teboul JL. Early use of the pulmonary artery catheter and outcomes in patients with shock and acute respiratory distress syndrome: a randomized controlled trial. JAMA. 2003;290: 2713-20.

29. Robin ED. Death by pulmonary artery flow-directed catheter: time for a moratorium? Chest. 1987;92:727.

30. Rose H, Venn R. Recently published papers: dying Swans and other stories. Crit Care. 2006;10:152.

31. Sandham JD, Hull RD, Brant RF, Knox L, Pineo GF, Doig CJ, Laporta DP, Viner S, Passerini L, Devitt H, Kirby A, Jacka M. A randomized, controlled trial of the use of pulmonary artery catheters in high-risk surgical patients. N Engl J Med. 2003;348:5–14.

32. Scheinman MM, Abbot JA, Rapaport E. Clinical uses of a flow-directed right heart catheter. Arch Intern Med (Chicago). 1969;124:19.

33. Shah MR, Hasselblad V, Stevenson LW, Binanay C, O'Connor CM, Sopko G, Califf RM. Impact of the pulmonary artery catheterization in critically ill patients: meta analysis of randomized clinical trials. JAMA. 2005;294:1664.

34. Shoemaker WC, Appel PL, Kram HB, Waxman K, Lee TS. Prospective trial of supranormal values of survivors as therapeutic goals in high risk surgical patients. Chest. 1988;94:1176-86.

35. Steimle AE, Stevenson LW, Chelimsky-Fallick C, Fonarow GC, Hamilton MA, Moriquchi JD, Kartashov A, Tilisch JH. Sustained hemodynamic efficacy of therapy tailored to reduce filling pressures in survivors with advanced heart failure. Circulation. 1997;96:1165-72.

36. Stevenson LW, Sietsema K, Tillisch JH, Lem V, Walden J, Kobashigawa JA, Moriguchi J. Exercise capacity for survivors of cardiac transplantation or sustained medical therapy for stable heart failure. *Circulation.* 1990;81:78-85.

37. Stevenson LW, Tillisch JH. Maintenance of cardiac output with normal filling pressures in patients with dilated heart failure. Circulation. 1986;74:1303-8.

38. Swan HJ, Ganz W, Forrester J, Marcus H, Diamond G, Chonette D. Catheterization of the heart in man with the use of a flow-directed balloon-tipped catheter. N Engl J Med. 1970;283:447.

39. The ESCAPE Investigators and ESCAPE and Study Coordinators. Evaluation study of congestive heart failure and pulmonary artery catheterization effectiveness: the ESCAPE trial. JAMA. 2005;294:1625-33.

40. The National Heart, Lung, and Blood Institute Acute Respiratory Distress Syndrome (ARDS) Clinical Trials Network. Comparison of two fluid-management strategies in acute lung injury. N Engl J Med. 2006;354:2564-75.

41. The NHLBI Acute Respiratory Distress Syndrome (ARDS) Clinical Trial Network. pulmonary artery versus central venous catheter to guide treatment of acute lung injury. N Engl J Med. 2006;354:2213-24.

42. Unverferth DV, Magorien RD, Moschberger ML, Baker PB, Fetters JK, Leier CV. Factors influencing the one-year mortality of dilated cardiomyopathy. Am J Cardiol. 1984;54:831.

43. Weber KT, Janicki JS, Russell RO, Rackley CE. Identification of high risk subsets of acute myocardial infarction: derived from the Myocardial Infarction Research Units Co-operative Data Bank. Am J Cardiol. 1978;41:197.

43

DROGAS VASOATIVAS

MARCOS DE THADEU TENUTA JÚNIOR
BERNARDO NOYA ALVES DE ABREU

DESTAQUES

- As drogas vasoativas são indicadas a pacientes críticos com distúrbios circulatórios não responsivos a outras medidas clínicas, garantindo-se previamente ressuscitação volêmica adequada.
- O uso de drogas vasoativas deve ser criterioso, desde a escolha correta da droga a ser utilizada até a monitorização de seus efeitos desejáveis e indesejáveis.
- A monitorização hemodinâmica é fundamental e deve ser feita de maneira mais completa possível para correto ajuste posológico e dos efeitos hemodinâmicos buscados para cada paciente.
- A restauração da pressão arterial média (PAM) e da perfusão de órgãos devem ser conseguidas objetivando melhora dos parâmetros de oxigenação tecidual, minimizando-se os efeitos adversos.
- As catecolaminas compõem a classe de droga s vasoativas mais utilizada e agem estimulando os receptores alfa-adrenérgicos, beta-adrenérgicos e/ou dopaminérgicos.
- A dopamina pode ser utilizada com o intuito de aumentar a PAM em pacientes que se mantém hipotensos apesar de boa ressuscitação volêmica. Age aumentando o débito cardíaco, tanto por ação inotrópica como cronotrópica. Pode normalizar a frequência cardíaca em alguns pacientes bradicárdicos. Induz vasodilatação esplâncnica, porém, não deve ser utilizada objetivando a preservação da função renal.
- A norepinefrina é um potente vasoconstritor que pode restabelecer a PAM em pacientes hipotensos euvolêmicos sem causar prejuízos às funções orgânicas. Pode ser usada isoladamente ou em associação com dopamina ou dobutamina. É indicada para estados de choque com queda da resistência vascular periférica, por exemplo, no choque séptico.
- A vasopressina tem sido utilizada nos choques refratários a outras drogas vasoativas, inclusive no choque séptico e nas respostas inflamatórias sistêmicas associadas à vasodilatação generalizada pós-circulação extracorpórea (CEC). Consta nos protocolos de primeira escolha no tratamento da parada cardíaca como droga alternativa à epinefrina.
- A dobutamina é um inotrópico potente que pode induzir vasodilatação periférica em alguns pacientes. É utilizada em estados de insuficiência inotrópica, como na insuficiência cardíaca sistólica, choque cardiogênico e disfunção miocárdica secundária à sepse.

INTRODUÇÃO

Drogas vasoativas são fármacos potentes que interferem no equilíbrio hemodinâmico, restaurando parâmetros circulatórios fundamentais para a manutenção da perfusão e oxigenação tissular. São classificadas como vasopressores, inotrópicos e outros.

São ferramentas imprescindíveis no manejo dos distúrbios circulatórios e hemodinâmicos de pacientes críticos, suas características farmacológicas, indicações, efeitos desejáveis e indesejáveis devem ser conhecidos para o correto tratamento dos pacientes em situações de choque, independente da etiologia.

Tabela 43.1 Conceitos

Termos	Conceitos
Inotropismo	Capacidade ou "força" de contração do coração
Cronotropismo	Capacidade cardíaca de ajuste da frequência de contração
Drogas vasoativas	Fármacos que interferem no equilíbrio hemodinâmico atuando principalmente na resistência vascular sistêmica, pré e pós-carga, frequência e/ou contratilidade cardíacas
Vasopressores	Potente classe de medicamentos que induzem vasoconstrição e consequente elevação da PAM
Inotrópicos	Fármacos que aumentam a contratilidade cardíaca
Pré-carga	Pressão de enchimento cardíaco
Pós-carga	Pressão de esvaziamento cardíaco, determinada pela resistência vascular sistêmica e PA
Débito cardíaco	Produto da frequência cardíaca pelo volume sanguíneo ejetado a cada batimento (*stroke volume*)

PAM: pressão arterial média; PA: pressão arterial.

A otimização do volume intravascular por meio de ressuscitação volêmica adequada e monitorada deve sempre preceder à introdução de uma droga vasoativa.

Largamente utilizadas desde a década de 1940, apesar de poucos estudos clínicos controlados terem sido realizados comparando esses agentes para avaliação de desfechos clínicos, seu uso é embasado em opinião de especialistas, estudos em animais e análise de parâmetros de oxigenação tissular, inferindo redução de morbidade e mortalidade. São indicadas a pacientes hipotensos e/ou hipoperfundidos em quaisquer estados de choque.

Choque é definido como um desequilíbrio entre oferta e demanda de oxigênio e nutrientes aos tecidos. Portanto, a simples correção da PAM pode não restabelecer o equilíbrio hemodinâmico completo, exigindo monitorização de diversos parâmetros hemodinâmicos, com finalidade de promover ajustes posológicos e correção dos distúrbios revelados por esses mesmos parâmetros.

A PAM está diretamente relacionada à pressão de perfusão dos órgãos, tornando-se a variável central da monitorização hemodinâmica. PAM menor que 60 mmHg ou queda > 30 mmHg define hipotensão no adulto. Níveis abaixo de 60 mmHg de PAM comprovadamente são relacionados a perda da autorregulação dos leitos capilares renais, coronarianos e do sistema nervoso central (SNC), causando riscos a esses órgãos. Pacientes hipertensos graves têm a curva de autorregulação desviada para a direita, necessitando de maior pressão de perfusão para manter as funções orgânicas.

Hipotensão pode ter várias causas, entre elas, hipovolemia (desidratação ou hemorragia), falência de bomba (insuficiência cardíaca ou choque cardiogênico) ou má distribuição patológica do fluxo sanguíneo (choque séptico ou anafilaxia), caracterizando respectivamente os choques hipovolêmico, cardiogênico e distributivo ou de alto débito. Alguns autores incluem ainda o obstrutivo como quarto tipo de choque, compreendendo as situações clínicas de tamponamento cardíaco, pneumotórax hipertensivo e tromboembolia pulmonar.

Todos os pacientes críticos em estado de choque que requerem uso de drogas vasoativas devem receber monitorização invasiva da pressão arterial (PA). A pressão arterial invasiva (Pai) garante medida fidedigna da PA, batimento a batiment,o e permite análise das variações da pressão de pulso (ΔPP), parâmetro útil para avaliação da volemia adequada (sugere hipovolemia quando > 13 mmHg e euvolemia quando < 13 mmHg). A monitorização da pressão de forma não invasiva por meio de manguito é altamente sujeita a erros de aferição.

Os principais parâmetros hemodinâmicos são: PAM, pressão venosa central (PVC), pressão de oclusão de artéria pulmonar (PAPO), pressão capilar pulmonar (PCP), pressão de átrio direito (PAD), frequência cardíaca (FC), débito cardíaco (DC), índice cardíaco (IC), resistência vascular sistêmica (RVS) e índice de resistência vascular sistêmica (IRVS). As variáveis mais utilizadas para avaliação da oxigenação tecidual e perfusão são: lactato arterial, excesso de bases (BE), saturação venosa central de oxigênio ($SVCO_2$), variação do conteúdo arterial e venoso de O_2, tempo de enchimento capilar (TEC), *status* neurológico e débito urinário.

A correção das variáveis hemodinâmicas e sua manutenção para níveis supranormais não oferecem benefício em morbimortalidade e, portanto, não são indicadas.

Saber julgar o momento correto para introdução de drogas vasoativas no paciente crítico, escolher o agente ou a combinação ideal dentre os diversos disponíveis, implementar e interpretar corretamente a monitorização hemodinâmica (Tabela 43.2) e buscar titulações para a otimização da oxigenação tecidual (Tabela 43.3) para cada situação hemodinâmica com o mínimo de efeitos indesejáveis permanecem os mais complexos desafios no ambiente de terapia intensiva.

Tabela 43.2 Monitorização hemodinâmica

Principais parâmetros hemodinâmicos	Valores de referência
Perfusão periférica/TEC	Normotermia/< 2 s
PAM	> 60 mmHg
ΔPP	< 13 mmHg
PVC	4 a 8-12 mmHg
PAPO média	15-20 mmHg
PCP média	8-12 mmHg
PAD	5-10 mmHg
IC	2,8-4,2 L/min/m²
RVS	900-1.400 *dynes* x s/cm^5
IRVS	1.200-2.400 *dynes* x s/cm^5/m²

Tabela 43.3 Monitorização da oxigenação/perfusão tecidual

Principais parâmetros de oxigenação tecidual e perfusão	Valores de referência
Status neurológico	Glasgow 15
Débito urinário	> 0,5-1 mL/kg/min
Lactato arterial	< 20 mg/dL
Excesso de base	−2 a +2
SVCO$_2$	> 70%

RECEPTORES ADRENÉRGICOS

A principal e mais utilizada classe de drogas vasoativas é a das catecolaminas. Dentre elas estão: dopamina, epinefrina, norepinefrina, efedrina, fenilefrina e dobutamina. Esses agentes promovem seus efeitos por meio da ligação a determinados receptores adrenérgicos específicos localizados em diversos órgãos. Os receptores adrenérgicos mais conhecidos são: beta-adrenérgicos, alfa-adrenérgicos e dopaminérgicos.

Receptores beta-adrenérgicos

Subdividem-se em beta-1, beta-2 e beta-3.

Os receptores beta-1 localizam-se predominantemente no miocárdio e quando estimulados agem aumentando o inotropismo e o cronotropismo cardíaco. Os receptores beta-2 encontram-se nos vasos sanguíneos, onde promovem vasodilatação e nas células adiposas, causando lipólise.

Os receptores beta-3 desempenham papel na regulação da taxa de metabolismo basal.

Outros efeitos mediados por receptores beta-adrenérgicos: promovem broncodilatação na musculatura lisa brônquica; nos pneumócitos tipo II aumentam a produção de surfactante; nos mastócitos, reduzem a produção de mediadores inflamatórios, entre eles o fator de necrose tumoral-alfa (TNF-alfa) e a interleucina-6 (IL-6).

Receptores alfa-adrenérgicos

Os receptores alfa-adrenérgicos dividem-se em: alfa-1 e alfa-2.

Ambos estão localizados na parede vascular, tanto de arteríolas quanto de vênulas de capacitância, e induzem vasoconstrição quando estimulados. Estão presentes também no coração, onde aumentam a duração da contração sem aumentar o cronotropismo, efeito este de relevância clínica incerta.

Receptores dopaminérgicos

Localizam-se nos leitos vasculares renais, esplâncnicos, coronarianos e cerebrais, compreendem os receptores DA1 e DA2.

Receptores DA1 promovem vasodilatação renal, mesentérica, coronariana e cerebral. Agem, ainda, inibindo diretamente a reabsorção de sódio pelo túbulo renal, promovendo natriurese.

A ação dos receptores DA2 se dá pela inibição da liberação de prolactina e vasoconstrição mediada pela liberação de noradrenalina (Tabela 43.4).

RACIONAL PARA USO DE DROGAS VASOATIVAS

Três conceitos são fundamentais para utilização racional de drogas vasoativas:

- Uma droga, vários receptores: uma única droga tem múltiplos efeitos devido à ação em mais de um receptor. Por exemplo, a dobutamina aumenta o débito cardíaco mediado pela ativação do receptor beta-1 adrenérgico, entretanto, causa vasodilatação induzida pela estimulação dos receptores beta-2 adrenérgicos dos vasos sanguíneos.
- Efeito dose-dependente: a maioria desses agentes tem curva de dose-resposta, assim, o efeito do receptor primário estimulado varia de acordo com a dose ajustada da droga. Por exemplo, a dopamina estimula os receptores dopaminérgicos em doses menores que 3 mcg/kg/min, beta-adrenér-

gicos entre 3 e 10 mcg/kg/min e alfa-adrenérgicos acima de 10 mcg/kg/min.
- Efeitos diretos reflexos: um determinado agente pode afetar a PAM por ações diretas nos receptores adrenérgicos e por ações reflexas desencadeadas pela resposta farmacológica. Norepinefrina normalmente provocaria taquicardia pelo estímulo beta-1 cardíaco, porém, não a provoca por conta de um efeito reflexo de bradicardia resultante do aumento da PAM induzida pela vasoconstrição.

Regras práticas

Volemia

Garantir adequado volume intravascular é crucial antes do início da utilização de droga vasoativa. A maioria dos pacientes em choque séptico ou hipovolêmico necessita de ressuscitação volêmica precedente à infusão do vasopressor. O agente vasoativo não será efetivo, ou somente parcialmente efetivo, na coexistência de hipovolemia.

Por outro lado, fluidos deverão ser restringidos em pacientes com síndrome do desconforto respiratório do adulto (SDRA) ou insuficiência cardíaca. Pacientes monitorizados com cateter de artéria pulmonar devem ter PAPO entre 18 e 24 mmHg no choque cardiogênico e entre 12 e 14 mmHg no choque séptico ou hipovolêmico.

Seleção e titulação

A escolha do agente inicial deve basea-se na etiologia suspeita do choque. A dose deverá ser titulada até atingir PAM e/ou perfusão de órgãos adequados, evidenciados por débito urinário maior que 0,5 a 1 mL/kg/h ou restabelecimento do *status* mental. Se a dose máxima do agente inicial for inadequada, outra droga deverá ser acrescentada. Em casos de choque refratário, adição de um terceiro agente poderá ser necessária, apesar de nenhum estudo clínico controlado ter demonstrado utilidade nessa conduta.

Via de administração

Drogas vasoativas devem ser administradas por um cateter venoso central posicionado corretamente. Isso facilita a distribuição mais rápida da droga ao coração e à circulação sistêmica, além de eliminar o risco de extravasamento periférico. Na ausência do

Tabela 43.4 Principais receptores adrenérgicos

Receptores	Localização	Efeitos
Beta-1	Miocárdio	Inotropismo + e cronotropismo +
Beta-2	Vasos, tecido adiposo, brônquios e mastócitos	Vasodilatação, lipólise, broncodilatação, produção de surfactante; redução de mediadores inflamatórios (TNF-alfa, IL-6)
Beta-3	SNC	Metabolismo basal
Alfa-1 e alfa-2	Vasos	Vasoconstrição
DA1	Leitos renal, mesentérico, coronariano e cerebral	Vasodilatação e redução da reabsorção de sódio e natriurese
DA2	Hipófise	Redução da produção de prolactina

cateter, vasopressores e inotrópicos podem ser administrados utilizando-se um acesso venoso periférico corretamente posicionado temporariamente, até que um acesso venoso central seja inserido.

Diluição

As drogas vasoativas devem ser diluídas corretamente, de acordo com recomendações de bula, para a administração da dose correta, evitando complicações locais (p.ex., flebites) e sistêmicas (efeitos adversos por superdosagem) (Tabela 43.5).

Taquifilaxia

A resposta terapêutica às drogas vasoativas tendem a decrescer com o passar do tempo devido à taquifilaxia (*feedback* negativo dos receptores adrenérgicos nos órgãos-alvo, diminuindo sua expressão na membrana celular e, consequentemente, o efeito da medicação). Por esse motivo, as doses devem ser constantemente tituladas ajustando-se a esse fenômeno e às mudanças nas condições clínicas dos pacientes.

As drogas que apresentam maior taquifilaxia são as catecolaminas, principalmente a dobutamina e a dopamina.

Efeitos hemodinâmicos

A PAM é influenciada pela RVS e DC. Em situações específicas, como no choque cardiogênico, a elevação da RVS aumenta a pós-carga e o trabalho do coração em falência e, consequentemente, reduz o DC. Portanto, a RVS deve ser ajustada entre 700 a 1.000 *dynes* $\times$ s/cm^{-5} para evitar pós-carga excessiva e minimizar complicações da vasoconstrição acentuada. Entretanto, não há consenso sobre o alvo para o IC. Apenas sabe-se que a manutenção de níveis suprafisiológicos, IC > 4 a 4,5 L/min/m^2 não mostra resultados consistentes.

Medicações subcutâneas

Pacientes críticos costumam receber medicações subcutâneas como heparina e insulina. A biodisponibilidade desses fármacos pode ser reduzida durante o tratamento com vasopressores devido à

Tabela 43.5 Diluições sugeridas das principais drogas vasoativas

Droga	Apresentação	Diluições sugeridas	Concentração	Dose
Dopamina Revivan®	Ampolas 5 mg/mL – 10 mL	≥ 5 ampolas + SF 0,9% ou SG 5% 200 mL	≥ 1.000 mcg/mL	2-20 mcg/kg/min
Norepinefrina Noradrenalina® Norepine®	Ampolas 4 mg/4 mL – 4 mL	≥ 4 ampolas + SG 0,5% 234 mL ≥ 8 ampolas + SG 5% 218 mL	≥ 64 mcg/mL ≥ 128 mcg/mL	0,1-2 mcg/kg/min
Epinefrina Adrenalina®	Ampolas 1 mg/mL – 1 mL	≥ 10 ampolas + SF 0,9% ou SG 5% 240 mL	≥ 40 mcg/mL	0,01-1 mcg/kg/min
Vasopressina Encrise®	Ampolas 20 mg/mL – 1 mL	≥ 2 ampolas + SF0,9% ou SG 5% 248 mL	≥ 0,16 mcg/mL	0,03-1 mcg/min
Dobutamina Dobutrex®	Ampolas 250 mg/20 mL – 20 mL	≥ 1 ampola + SF 0,9% ou SG 5% 230 mL ≥ 2 ampolas + SF 0,9% ou SG 5% 210 mL	≥ 1.000 mcg/mL ≥ 2.000 mcg/mL	2,5-20 mcg/kg/min
Isoproterenol Isuprel®	Ampolas 0,2 mg/mL – 1 mL	≥ 5 ampolas + SF 0,9% ou SG 5% 245 mL	≥ 4 mcg/mL	0,01-1 mcg/kg/min
Milrinona Primacor®	Ampolas 1 mg/mL – 20 mL	≥ 1 ampola + SF 0,9% 80 mL	≥ 200 mcg/mL	0,5-1 mcg/kg/min
Levosimendan Simdax®	Ampolas 2,5 mg/mL – 5 mL	≥ 1 ampola + SG 5% 500 mL	≥ 25 mcg/mL	0,05-0,2 mcg/kg/min

Fonte: recomendações de bula e do próprio autor.

vasoconstrição cutânea. Provavelmente pacientes que recebem doses de dopamina > 10 mcg/kg/min ou norepinefrina > 0,25 mcg/kg/min devem receber doses maiores de heparina subcutânea ou doses convencionais por via endovenosa para garantir adequada profilaxia de trombose venosa profunda.

Reavaliações frequentes

Pacientes críticos podem, a qualquer momento, desenvolver um novo insulto hemodinâmico que necessite de mudança no manejo das drogas vasoativas. A dosagem dos agentes não deve simplesmente ser aumentada devido a hipotensão persistente ou progressiva sem reconsideração da situação clínica e revisão da estratégia vigente.

Catecolaminas

Dopamina

A dopamina é um precursor imediato da norepinefrina e da epinefrina e apresenta vários efeitos farmacológicos de acordo com a dose ajustada. Doses menores de 3 mcg/kg/min estimulam os receptores DA1 e DA2 nos leitos renal, mesentérico e coronariano, causando vasodilatação. Também aumenta a taxa de filtração glomerular, o fluxo sanguíneo renal e excreção de sódio, porém, o aumento da diurese resulta na inibição da bomba de Na-K-ATPase nos túbulos renais, diminuindo a reabsorção de sódio. Entretanto, esse efeito é mais efetivo em pacientes hemodinamicamente estáveis, sendo questionado qualquer benefício em pacientes instáveis. Nestes, a diurese induzida pela dopamina em baixa dose não melhora a depuração de creatinina. Análise de estudos randomizados em insuficiência renal aguda na sepse mostraram que a dopamina não mudou desfechos importantes como mortalidade, instalação de insuficiência renal e necessidade de diálise em nenhum subgrupo e outro grande estudo recente corrobora esses achados. Portanto, não há provas de que o uso de dopamina tenha benefício no tratamento da insuficiência renal secundária a sepse. Também é controverso o uso de baixas doses de dopamina com a finalidade de promover vasodilatação no território esplâncnico. Dados recentes demonstram que o fluxo sanguíneo global aumenta no território esplâncnico sem aumentar o consumo de oxigênio, porém, ocorre redistribuição desse fluxo, piorando

a acidose da mucosa gástrica, quando monitorizada por tonometria. Além do exposto, a dopamina induz a redução da prolactina sérica, comprometendo a imunidade celular.

Doses acima de 3-5 a 10 mcg/kg/min estimulam receptores beta-1 causando aumento do cronotropismo e inotropismo. Doses maiores que 10 a 20 mcg/kg/min induzem efeitos predominantemente alfa-adrenérgicos. Convém lembrar que em pacientes críticos esses efeitos estão sobrepostos.

A dopamina tem efeitos hemodinâmicos bem estabelecidos. Produz aumento da PAM por aumentar a FC e o DC, sem efeitos consideráveis na resistência vascular sistêmica, sendo mais útil em estados de choque com redução da função sistólica cardíaca. Induz importante aumento do *shunt* pulmonar, reduzindo a resistência vascular pulmonar e facilitando a perfusão de áreas pouco ventiladas, atuando assim contra o reflexo de vasoconstricção hipóxica brônquica. Taquicardia pode ser um efeito colateral indesejável. A dopamina aumenta a oferta de oxigênio aos tecidos, porém a taxa de extração global de oxigênio cai, sugerindo pouca melhora na oxigenação tecidual.

Tem metabolismo hepático e renal, início de ação em 1 a 2 minutos, pico em 10 minutos e meia-vida de 2 a 10 minutos. Não deve ser misturada a bicarbonato de sódio.

Efeitos colaterais descritos são: cefaleia, dispneia, palpitações, arritmias supraventriculares e ventriculares, hipertensão, vasoconstrição periférica, náuseas e vômitos, diarreia, insuficiência renal aguda necrose local. A função tireoidiana pode se alterar pela inibição da liberação de TSH.

Epinefrina

A epinefrina é uma catecolamina endógena liberada pela adrenal em resposta à estimulação simpática. Sua ação também é dose-dependente, agindo por meio da estimulação dos receptores adrenérgicos beta-1, beta-2 e alfa-1. Sua potente ação alfa-adrenérgica promove elevação da PAM, principalmente por causa do aumento do DC e do volume sistólico, com atuação menor na FC e na RVS. Aumenta a oferta de oxigênio com aumento ainda maior do consumo do mesmo. A adrenalina pode induzir a diminuição do fluxo esplâncnico com elevação do lactato sérico. Aumenta ainda a automaticidade e a velocidade de condução sobre o nó sinoatrial (SNA) e o nó atrioventricular (NAV). Nos brônquios, causa dilatação.

Em geral, é considerada agente de segunda escolha em situações de choque normovolêmico resistente à dopamina e/ou norepinefrina, justificado por aumento do lactato e diminuição da perfusão esplâncnica, portanto, deve ser reservada a casos graves com falência de resposta aos outros agentes. Apesar das indicações restritas no choque, a epinefrina é droga de primeira escolha na parada cardíaca e no choque anafilático. Tem indicação ainda para crise asmática, bradicardia sintomática na criança, crupe e intoxicação por betabloqueadores e bloqueadores de canais de cálcio. É também utilizada amplamente como vasopressora e inotrópica em crianças em estado de choque.

As doses habituais variam entre 0,01 e 1 mcg/kg/min. Tem metabolismo hepático, renal e no endotélio. Inicia sua ação em 5 a 10 minutos, pico desconhecido e meia-vida de 2 a 4 minutos. Não deve ser misturada a soluções alcalinas.

Os efeitos colaterais descritos são: tremores, ansiedade, insônia, cefaleia, tontura, fraqueza, sonolência, confusão mental, alucinações, hemorragia intracraniana, dispneia, arritmias supraventriculares e ventriculares, hipertensão, elevação do segmento ST, disfunção miocárdica, náuseas, vômitos, isquemia vascular, renal e de membros, hiperglicemia, hipocalemia e aumento do lactato sérico (independente da perfusão). Deve haver cuidado para evitar rebote após suspensão da droga. Pode haver isquemia e necrose em local de extravasamento. É contraindicada na TV induzida por cocaína.

Norepinefrina

A norepinefrina é um potente agonista alfa-adrenérgico com efeito beta menos pronunciado. Estimula receptores adrenérgicos alfa-1 e beta-1. Predominam os efeitos beta-1 adrenérgicos em baixas doses, enquanto doses maiores de noradrenalina produzem efeitos mistos na ativação alfa-1 e beta-1 adrenérgica, aumentando a RVS e a contratilidade miocárdica, com consequente elevação da PAM. O DC aumenta, desde que o aumento da RVS seja tolerado pelo ventrículo esquerdo (VE). Essa elevação da PAM geralmente não é acompanhada da FC pelo efeito alfa-1 predominante.

É capaz de aumentar a PAM em pacientes que permanecem hipotensos após ressuscitação volêmica e uso de dopamina. Por esses efeitos, a norepinefrina tem sido muito utilizada no tratamento dos estados de choque associados à redução do tônus vascular, especialmente no choque séptico. Nesses casos, é eficaz em aumentar a PAM sem prejudicar as funções orgânicas.

Seus efeitos hemodinâmicos causam aumento da PAM por efeito vasoconstritor sem deteriorar o DC e aumentar a FC. Normalmente, ocorre aumento do DC de 10 a 20% e do volume sistólico, de 10 a 15%, porém como o aumento da PAM é expressivo, o índice do trabalho sistólico do VE aumenta.

Em pacientes hipotensos com choque hipovolêmico ou hemorrágico, os efeitos vasoconstritores da norepinefrina podem causar aumento da resistência vascular e isquemia renal.

Estudos demostraram que o uso de norepinefrina no contexto do choque séptico em associação com dopamina ou dobutamina pode induzir aumento da diurese e do *clearance* de creatinina. Além disso, diferentemente do que ocorre em outros choques, a isquemia renal não é piorada pelo uso da norepinefrina, por ser secundária à redução da pressão de perfusão renal.

Em casos de traumatismo craniano, a norepinefrina parece ser mais eficiente em aumentar e manter a pressão de perfusão cerebral na microcirculação.

A dose utilizada é de 0,1 a 2 mcg/kg/min. Tem metabolismo hepático, renal e nos nervos simpáticos. Seu início de ação é em menos de 30 segundos, pico em 5 a 10 minutos e meia-vida entre 2 e 10 minutos. Não deve ser misturada a soluções alcalinas.

Os efeitos colaterais são: cefaleia, ansiedade, angústia respiratória, hipertensão, arritmias (bradi ou taqui), insuficiência renal e necrose em local de extravasamento.

Fenilefrina

É um agonista alfa-1 adrenérgico quase exclusivo que apresenta efeito de início rápido e curta duração. Aumenta a PAM, o DC, a RVS e o volume sistólico sem alterar a FC. Há poucos estudos sobre seu uso em pacientes em choque.

Dobutamina

Catecolamina sintética de ação beta-1 e beta-2 adrenérgicas. No miocárdio, atua sobre os receptores beta-1, promovendo inotropismo e cronotropismo positivos, aumento da automaticidade e velocidade de condução no NAV e na parede vascular, sobre receptores beta-2, causando vasodilatação. Tanto o aumento do DC quanto a redução das pressões de enchimento diastólicas com a dobutamina são dose-dependentes. O efeito predominante da dobutamina é inotrópico positivo com ações variáveis na PAM. As alterações hemodinâmicas resultantes da infusão de dobutamina são aumento da FC, do DC e diminuição da RVS. Ocorre ainda, por um efeito mediado por receptores beta, uma redução na capacitância venosa, o que aumenta o volume circulante efetivo, contribuindo para o aumento do DC.

A infusão de dobutamina pode determinar hipotensão arterial, principalmente nos pacientes hipovolêmicos, nos quais o mecanismo compensatório de aumento do DC não acontece.

A dose habitual é de 2 a 20 mcg/kg/min. E o metabolismo é hepático e renal. Tem início de ação entre 1 e 2 minutos, pico em 10 minutos e meia-vida de 2 a 10 minutos. A medicação é inativada por soluções alcalinas (p.ex. bicarbonato).

A dobutamina, diferentemente da dopamina, reduz as PVC e a PAPO, podendo beneficiar pacientes em insuficiência cardíaca ou SDRA.

Por todos esses efeitos beta-adrenérgicos complementares e sinérgicos, aumento da contratilidade e redução da pós-carga, a dobutamina tem sido a droga mais frequentemente utilizada na ICC grave e no choque cardiogênico.

Ainda, apesar de aumentar a contratilidade, a dobutamina apresenta efeitos metabólicos miocárdicos superiores aos da dopamina, sendo que o aumento de consumo de oxigênio é acompanhado de aumento de fluxo coronariano e da oferta de oxigênio.

No choque séptico, associada a outras drogas, a dobutamina pode aumentar o DC e consequentemente a oferta de oxigênio aos tecidos com aumento do fluxo regional.

Os principais efeitos colaterais são: ansiedade, cefaleia, tontura, taquiarritmias atriais e ventriculares, isquemia miocárdica, hipotensão, hipertensão, náuseas, vômitos, mucosite, mielossupressão, neutropenia, trombocitopenia e anemia.

Deve-se ter cuidado quanto ao extravasamento subcutâneo da droga, que pode causar isquemia tecidual e necrose.

Isoproterenol

Catecolamina sintética agonista beta-1 e beta-2 adrenérgica que aumenta a FC e a contratilidade miocárdica, porém, reduz o tempo de condução atrioventricular podendo ser arritmogênica. Aumenta, em paralelo, o consumo miocárdico de oxigênio. Por sua atividade sobre os receptores beta-2, produz vasodilatação arterial reduzindo a RVS e a pressão arterial diastólica, resultando em aumento do DC em pacientes normovolêmicos.

Atualmente, o principal uso do isoproterenol é no pós-operatório de transplante cardíaco, em que o DC pode ser dependente da FC e não existe a inervação normal no enxerto.

Em situações de normovolemia, de pressão arterial estável (mesmo que com vasopresores) e quando o DC está baixo e associado a bradicardia e hi-

Tabela 43.6 Padrão de efeito das catecolaminas nos receptores adrenérgicos

Catecolamina	Alfa	Beta-1	Beta-2	DA1	DA2
Dopamina					
< 3 mcg/kg/min	0/+	+	+	++	++
3-10 mcg/kg/min	+	++	+	++	++
> 10 mcg/kg/min	++	++	+	++	++
Norepinefrina	+++	++	+	0	0
Epinefrina	+++	++	+++	0	0
Dobutamina	+	+++	++	0	0
Isoproterenol	0	++	+++	0	0

pertensão arterial pulmonar, o isoproterenol pode ser utilizado. A dose varia de 0,01 a 1 mcg/kg/min.

Vasopressina

A vasopressina é um hormônio endógeno com importantes funções, incluindo efeitos antidiuréticos e vasoconstritores. É liberada em resposta à elevação da osmolaridade plasmática, hipovolemia grave ou hipotensão.

Provoca vasoconstrição pela interação com receptores V1 presentes na musculatura lisa vascular e exerce seu efeito antidiurético pela ativação de receptores V2, presentes nos ductos coletores renais, aumentando a absorção de água livre. Em baixas concentrações, promove vasodilatação coronariana, cerebral e da circulação pulmonar.

A vasopressina é utilizada na prática clínica desde a década de 1950, principalmente no tratamento de varizes esofágicas e do diabetes insípido.

Estudos mais recentes têm demonstrado benefícios do uso da vasopressina durante a parada cardíaca e no período pós-ressuscitação, melhorando o fluxo para órgãos vitais em pacientes reanimados de fibrilação ventricular (FV) resistente à desfibrilação, em comparação com a epinefrina.

A vasopressina tem sido utilizada, de forma associada a outros vasopressores, com boas perspectivas no controle da hipotensão por vasodilatação generalizada após circulação extracorpórea e no choque séptico refratário. Normalmente, a liberação de vasopressina aumenta de quatro a seis vezes após a CEC e permanece aumentada por várias horas. A hipotensão e a vasodilatação generalizada no pós-operatório de cirurgia cardíaca, assim como a sepse, são multifatoriais incluindo níveis baixos de vasopressina, lesão endotelial difusa, liberação de mediadores inflamatórios e ativação dos canais de potássio na musculatura lisa vascular.

A dose inicial é de 0,03 a 0,1 mcg/min.

Efeitos colaterais que podem ocorrer: vasoconstrição coronariana e mesentérica e hiponatremia secundária à intensa absorção de água livre.

O uso de baixas doses de vasopressina está associado à redução da dose de outras drogas vasoativas e são geralmente suficientes para aumentar a RVS e a PAM sem alterar o DC. Uma ação potencialmente benéfica é a constrição seletiva das artérias glomerulares eferentes, mantendo a filtração glomerular mesmo quando há redução global do fluxo renal.

No choque séptico, a vasopressina costuma ser eficaz em baixas doses por causa da redução dos níveis de vasopressina endógena, elevação dos níveis de noradrenalina e óxido nítrico, inibidores da liberação da vasopressina na hipófise. Sua ação vasoconstritora é independente de receptores adrenérgicos, deprimidos na sepse. Aumenta a sensibilidade vascular a outros agentes vasopressores e incrementa a liberação do cortisol, cujos níveis estão deprimidos na sepse.

Inibidores da fosfodiesterase: milrinona

A milrinona é uma droga vasoativa não adrenérgica que aumenta a contratilidade miocárdica e reduz o tônus vascular. Age por meio da inibição da fosfodiesterase tipo III, aumentando as contrações intracelulares de APMc e de cálcio, resultando em efeito inotrópico positivo e vasodilatação sistêmica e pulmonar. Como essas ações são independentes da ativação de receptores beta-adrenérgicos, esses benefícios hemodinâmicos podem ser obtidos mesmo em pacientes usuários de betabloqueadores, que são parcialmente resistentes às catecolaminas. Os inibidores da fosfodiesterase aumentam a contratilidade miocárdica e o DC com pequeno aumento no consumo de oxigênio e na taxa metabólica. Essas propriedades fazem da milrinona uma droga eficaz no tratamento da IC, edema agudo de pulmão, choque cardiogênico e saída de circulação extracorpórea. A associação de milrinona e dobutamina promove efeitos hemodinâmicos superiores ao uso individual das mesmas.

Os principais efeitos colaterais da milrinona são: hipotensão por vasodilatação excessiva, arritmias ventriculares e trombocitopenia. Também podem ocorrer: cefaleia, tremores, angina, arritmias, dor abdominal, hepatotoxicidade, icterícia e hipocalemia. Hipotensão é mais frequente em pacientes hipovolêmicos e nos portadores de disfunção ventricular grave. Trombocitopenia é causada por destruição periférica aumentada das plaquetas e raramente torna-se clinicamente significante, com exceção dos portadores de insuficiência renal associada que resulta em redução da eliminação da droga e disfunção plaquetária pela uremia.

A milrinona pode inibir a produção de mediadores inflamatórios induzidos pela sepse ou pela resposta sistêmica inflamatória pós-CEC.

Dose de ataque é controversa e não recomendada no adulto. A manutenção deve ser ajustada entre

0,5 e 1 mcg/kg/min para o máximo efeito desejado com mínimo de efeitos adversos. Tem início de ação em 2 a 5 minutos, pico em 10 minutos e meia-vida de 1,5 a 5 horas. Pode acumular em pacientes com insuficiência renal.

Sensibilizadores do cálcio: levosimendan

Levosimendan é um novo agente inotrópico positivo com propriedades vasodilatadoras sem atuação adrenérgica. O efeito inotrópico é mediado por alterações conformacionais na troponina C tornando-a mais sensível ao cálcio, assim, o aparato contrátil apresenta maior eficácia às mesmas concentrações intracelulares de cálcio. O efeito vasodilatador é mediado pela abertura da canais de potássio na musculatura lisa vascular. Aventa-se um efeito de melhora do relaxamento miocárdico.

O perfil farmacocinético é bastante diferenciado, uma vez que possui um metabólito que permanece ativo por cerca de 7 dias, resultando em efeitos hemodinâmicos estendidos além do período da infusão. Outra característica importante é que seu efeito não é atenuado pelo uso concomitante de betabloqueadores, pelo contrário, há evidência de otimização de seu efeito. A dose de ataque não é atualmente recomendada e a dose de manutenção é de 0,1 mcg/kg/min em infusão contínua por 24 a 48 horas.

Promove aumento do DC secundário ao efeito inotrópico positivo. Além disso, reduz as pressões de enchimento (PVC e PAPO) pelas propriedades vasodilatadoras. Comparativamente à dobutamina, essa redução é mais significativa. Ao combinar os efeitos de vasodilatação e não interferir negativamente no período diastólico, produz aumento do fluxo coronariano (propriedade anti-isquêmica).

Sua principal indicação é na ICC aguda ou crônica agudizada graves. Dois grandes estudos avaliaram a eficácia do levosimendan nesse grupo de pacientes.

O estudo RUSSLAN avaliou a eficácia e a segurança do levosimendan em pacientes com disfunção ventricular esquerda após episódio de IAM. Comparativamente ao placebo, a incidência de isquemia e hipotensão foi similar nos grupos. Apenas pacientes submetidos a doses elevadas apresentaram maior incidência desses eventos. Os pacientes tratados com levosimendan apresentaram menor risco de morte e menor incidência de agravamento de ICC quando comparados ao placebo. Mortalidade no 14°

e no 180° dias foi menor nos pacientes tratados com levosimendan.

O estudo LIDO comparou o efeito do levosimendan e da dobutamina sobre o desempenho hemodinâmico e a evolução clínica em pacientes com baixo DC. No estudo, 103 pacientes foram randomizados para levosimendan e 100 para dobutamina. A taxa de mortalidade no 180° dia foi de 26% no grupo levosimendan contra 38% no grupo dobutamina (p = 0,029).

Ainda não há dados consistentes para uso do levosimendan na disfunção miocárdica da sepse ou nas situações de ICC prévia e choque séptico (Tabela 43.7).

COMPLICAÇÕES

Hipoperfusão

Vasoconstrição excessiva em resposta a hipotensão e uso de vasopressores pode produzir perfusão inadequada das extremidades, mesentérica e dos rins. Vasoconstrição acentuada com perfusão inadequada usualmente ocorre na vigência de DC inadequado ou hipovolemia.

As consequências podem ser: isquemia de pele, dedos ou extremidades, que pode progredir para necrose e autoamputação. Comprometimento do leito vascular renal pode produzir insuficiência renal e oligúria. Pacientes com doença arterial periférica podem desenvolver isquemia aguda de membros.

Perfusão mesentérica inadequada aumenta o risco de gastrite, choque hepático, isquemia intestinal e translocação bacteriana. Apesar do risco de complicações, a manutenção da PAM com vasopressores aparentemente é mais efetiva em manter fluxo sanguíneo adequado para rins e território mesentérico e pode ser conduta salvadora a despeito de hipoperfusão localizada.

Arritmias

Muitos vasopressores e inotrópicos exercem efeitos cronotrópicos importantes pela estimulação dos receptores beta-1 adrenérgicos, aumentando o risco de taquicardia sinusal (arritmia mais comum), fibrilação atrial, taquicardia por reentrada ou arritmias ventriculares.

Volemia adequada pode minimizar a frequência e a gravidade das arritmias. Apesar disso, arritmias

Tabela 43.7 Principais propriedades das drogas vasoativas

Droga	Receptores	Ação	Efeitos colaterais	Dose	Indicações	Considerações
Dopamina	Alfa, beta-1 e 2, dopaminérgicos	↑ RVS, ↑ FC, ↑ inotropismo, ↑automaticidade, ↑ velocidade de condução, vasodilatação renal/esplâncnica, ↓reabsorção de sódio, natriurese	Cefaleia, dispneia, arritmias, hipertensão, vasoconstrição, TGI, insuficiência renal aguda, necrose local e alteração de função tireoidiana	2-20 mcg/kg/min < 3 mcg/kg/min – dopaminérgica 3-5 mcg/kg/min – beta > 5 mcg/kg/min – alfa	Choque cardiogênico, séptico, bradiarritmias sintomática	↑mortalidade que noradrenalina em choque séptico em alguns estudos, ↓ RVS e propicia congestão pulmonar, não é indicada para melhorar fluxo renal (fluxo redistribuído, pode induzir isquemia mesentérica)
Norepine-frina	Alfa	↑ RVS	Cefaleia, ansiedade, angústia respiratória, hipertensão, arritmias, insuficiência renal e necrose local	0,1-2 mcg/kg/min	Choque séptico, cardiogênico, neurogênico e outros	Restabelece PAM sem prejudicar a perfusão renal/mesentérica, parece ter melhor desfecho no choque séptico que dopamina, pode piorar consumo de oxigênio em pacientes com disfunção miocárdica (↑ RVS sem ação inotrópica)
Epinefrina	Alfa, beta-1 e 2	↑ RVS, ↑ FC, inotropismo, automaticidade e velocidade de condução sinoatrial e AV, broncodilatação, ↓ perfusão esplâncnica	Tremores, ansiedade, insônia, alterações mentais, hipertensão, hemorragia intracraniana, dispneia, arritmias, elevação ST, disfunção miocárdica, TGI, isquemia renal, hiperglicemia e necrose local	0,1-1 mcg/kg/min < 0,3 mcg/kg/min – beta 1 e 2 > 0,3 mcg/kg/min – alfa	Bradicardia sintomática ou choque em crianças, choques refratários, anafilaxia, crise asmática, PCR e intoxicações por Betabloq. ou BCC	Contraindicada na TV induzida por cocaína, ↑ lactato sérico independente da perfusão
Dobuta-mina	Beta-1 e 2	↑ inotropismo, cronotropismo, automaticidade, velocidade de condução e ↓ RVS	Ansiedade, cefaleia, tontura, hipotensão, hipertensão, arritmias, angina, TGI, mielossupressão, neutropenia, trombocitopenia e anemia	2-20 mcg/kg/min	Choque cardiogênico, ICC descompensada, choque séptico cmo SVCO2 < 70%	↑ consumo miocárdico de oxigênio podendo induzir isquemia, taquifilaxia, ação reduzida em usuários de betabloqueadores, ↓ pressão de enchimento diastólico, ↓capacitância venosa, ↑ volume circulante efetivo e DC

Continua

Tabela 43.7 Principais propriedades das drogas vasoativas *(continuação)*

Droga	Receptores	Ação	Efeitos colaterais	Dose	Indicações	Considerações
Isoproterenol	Beta-1 e 2	↑cronotropismo, automatismo, DC, ↓ RVS, PA, tempo de condução AV	Arritmias e hipotensão	0,5-5 a 30 mcg/kg/min	Bradicardia sintomática, PO de transplante cardíaco, tratamento adjunto do choque em situações especiais	Contraindicada em taquiarritmias, arritmias ventriculares, arritmias secundárias a intoxicação digitálica e angina
Vasopressina	V1, V2	Vasoconstrição e reabsorção de água livre. Em baixas dose: vasodilatação coronariana, cerebral e da circulação pulmonar	Vasoconstrição coronariana e mesentérica e hiponatremia	Inicial: 0,03 a 0,1 mcg/min	PCR, choques refratários, inclusive séptico e SIRS pós-CEC	Ação vasoconstritora independente de receptores adrenérgicos, constrição seletiva das artérias glomerulares eferentes, mantendo filtração glomerular mesmo com redução global do fluxo renal, ↑ sensibilidade vascular a outros vasopressores e ↑cortisol
Milrinona	Inibidor da fosfodiesterase	↑ inotropismo, ↓ resistência vascular pulmonar e sistêmica	Cefaleia, tremor, hipotensão, arritmias, angina, TGI, hepatotoxicidade, icterícia, trombocitopenia e hipocalemia	0,5-0,75 a 1 mcg/kg/min	Choque cardiogênico com RVS alta, ICC pós-cirurgia cardíaca, saída de CEC, ICC com hipertensão pulmonar	Bem tolerada em crianças, trombocitopenia, arritmias frequentes nos adultos, hipotensão, não fazer dose de ataque, ação independente de receptores adrenérgicos, pode ser associada a dobutamina, inibe mediadores inflamatórios da sepse/SIRS
Levosimendan	Sensibilizador de cálcio	↑ inotropismo, ↓ RVS	Cefaleia, hipotensão e arritmias	0,05-0,2 mcg/kg/min – infusão contínua em 24-48 h	ICC aguda, ICC crônica agudizada, choque cardiogênico	Ação independente dos receptores adrenérgicos, efeito prolongado por 7 a 14 dias, não gasta energia, não aumenta consumo de oxigênio, reduz as pressões de enchimento miocárdico, anti-isquêmico, parece reduzir mortalidade em comparação à dobutamina

podem limitar a dose e exigir a troca do agente com menor efeito beta-1. Arritmias são mais comuns em pacientes recebendo dopamina quando comparado a com norepinefrina (24,1 *versus* 12,4%).

Isquemia miocárdica

Os efeitos cronotrópicos e inotrópicos secundários à estimulação de receptores beta adrenérgicos podem aumentar o consumo miocárdico de oxigênio. Normalmente ocorre vasodilatação coronária concomitante em resposta aos vasopressores, entretanto, a perfusão pode permanecer inadequada frente ao aumento da demanda de oxigênio miocárdico. Eletrocardiograma diário pode rastrear isquemia oculta em pacientes sob uso de drogas vasoativas e taquicardia excessiva deve ser evitada devido ao prejuízo do enchimento diastólico das coronárias.

Efeitos locais

Extravasamento periférico de vasopressores no tecido celular subcutâneo pode induzir vasoconstrição local excessiva e consequente necrose cutânea. Para evitar essas complicações, vasopressores devem ser administrados utilizando-se um acesso venoso central sempre que possível. Caso ocorra infiltração da pele, tratamento local com fentolamina (5 a 10 mg diluídos em 10 mL de SF) administrada por via subcutânea pode minimizar a vasoconstrição local.

Hiperglicemia

Hiperglicemia pode ocorrer em decorrência da inibição da secreção de insulina. A magnitude da hiperglicemia geralmente é menor com norepinefrina e epinefrina do que com dopamina. Monitorização da glicemia é essencial em pacientes sob uso de vasopressores.

Controvérsias

Há controvérsias envolvendo o uso de agentes vasopressores e inotrópicos em pacientes críticos. Uma dificuldade ainda é a escassez de trabalhos de grande escala comparando populações de pacientes tratados com diferentes agentes. O desenvolvimento de critérios claros para síndrome da resposta inflamatória sistêmica, sepse e choque séptico é primordial para estudos comparativos entre populações diversas.

ESCOLHA DO AGENTE NO CHOQUE SÉPTICO

Não há evidência que um vasopressor confere vantagem de sobrevida quando comparado a outro. No estudo multicêntrico *Vasopressin and septic shock trial* (VASST), 778 pacientes com choque séptico foram randomizados para receber baixa dose de vasopressina (0,01 a 0,03 U/min) ou norepinefrina (5 a 15 mcg/min) associados ou não a qualquer outro vasopressor. Os grupos tiveram dados similares de mortalidade em 28 dias e 90 dias, assim como incidência de eventos adversos maiores. Em outro estudo multicêntrico, 1.679 pacientes com choque foram randomizados para receber norepinefrina ou dopamina como agente inicial. A taxa de mortalidade foi similar em ambos os grupos, incluindo subgrupo de pacientes com choque séptico. Entretanto, pacientes que receberam dopamina tiveram maior taxa de arritmias e necessidade de uso de um segundo vasopressor.

Na ausência de estudos demonstrando superioridade de um agente sobre outro, a escolha do vasopressor no choque séptico deve ser baseada em considerações teóricas. A Surviving Sepsis Campaign recomenda norepinefrina ou dopamina como agente inicial, apesar de esta recomendação ter ocorrido antes da publicação do segundo estudo citado acima. Vasopressina pode ser benéfica como agente de segunda linha.

Choque séptico hiperdinâmico

Pacientes com choque séptico hiperdinâmico demonstram, como característica, extremidades quentes, hipotensão, baixa RVS e IC elevado. Agentes com efeito vasoconstritor proeminente, como a noradrenalina, são mais efetivos nesses casos em aumentar a PAM elevando a RVS.

Em um estudo duplo-cego randomizado que incluiu 32 pacientes com choque séptico hiperdinâmico para receber noradrenalina ou dopamina, pacientes que receberam norepinefrina tiveram maior chance de atingir resposta hemodinâmica adequada (93 *versus* 31%). Além disso, mais de 90% dos casos que falharam à dopamina responderam à norepinefrina.

Choque séptico hipodinâmico

Pacientes com choque séptico hipodinâmico definem-se por hipotensão, baixa RVS, baixo IC e hipoperfusão de extremidades. Dopamina pode ser preferível nesses casos porque pode elevar a PAM com aumento mínimo da RVS. Assim, o consumo de oxigênio miocárdico é minimizado. Entretanto, frente à elevada frequência de efeitos colaterais e à chance potencial de falha como único agente com uso da dopamina, a norepinefrina pode ser considerada como agente de primeira escolha.

Análise retrospectiva de um estudo de coorte coletada de 462 pacientes em choque séptico internados em UTI demonstrou mortalidade aumentada entre pacientes recebendo dopamina (*odds ratio* 2,05, 95% IC 1,25-3,37). Essa informação ainda requer confirmação por estudos controlados de maior impacto.

Epinefrina não é rotineiramente utilizada como agente único inicial e mantém-se como agente de terceira linha no tratamento do choque séptico devido à intensa redução do fluxo esplâncnico que proporciona, apesar de que esse efeito pode ser minimizado com a associação de dobutamina.

Dose renal de dopamina

Dopamina aumenta seletivamente o fluxo sanguíneo renal quando administrada em baixas doses (1 a 3 mcg/kg/min) em voluntários normais. Estudos animais sugerem que baixas doses de dopamina no contexto do choque séptico ajudam a preservar o fluxo sanguíneo renal.

Entretanto, o efeito benéfico da baixa dose de dopamina em humanos com choque séptico e outros pacientes críticos não é comprovado. Pacientes críticos sem evidência de insuficiência renal ou oligúria desenvolvem diurese em resposta à dopamina em baixa dose, com efeitos variáveis no *clearance* de creatinina, mas o benefício dessa diurese é questionável. Hipotensão e taquicardia podem ocorrer mesmo em baixas doses. Estudos pequenos demonstraram que baixa dose de dopamina, apesar de aumentar o fluxo esplâncnico de sangue, não altera os índices de perfusão mesentérica, como o pH intramucoso gástrico.

Ainda não existem dados que suportem o uso de rotina de baixa dose de dopamina com a finalidade de prevenir insuficiência renal aguda ou isquemia mesentérica.

Em geral, a medida mais efetiva para proteger os rins no contexto do choque séptico é manter a PAM > 60 mmHg e evitar vasoconstrição excessiva (RVS não deve exceder 1.300 *dynes* $\times$ s/cm^5).

Índice cardíaco supranormal

Elevação do índice cardíaco com agentes inotrópicos até valores supranormais potencialmente aumenta a oferta de oxigênio aos tecidos periféricos. Teoricamente, o aumento dessa oferta previne hipóxia tissular e melhora desfechos. Entretanto, grandes estudos mostraram que índices cardíacos supranormais não melhoram nem pioram a morbimortalidade. Assim, administração de vasopressores ou inotrópicos de rotina para aumentar o DC acima dos níveis normais não está indicada.

CONSIDERAÇÕES FINAIS

Vasopressores são uma potente classe de drogas que induzem vasoconstricção e elevação da PAM.

Receptores adrenérgicos alfa, beta-1 e beta-2 induzem vasoconstrição, inotropismo/cronotropismo e vasodilatação, respectivamente. Um subtipo de receptor dopaminérgico induz vasoconstrição secundária ao aumento da liberação de norepinefrina, entretanto, a maioria dos receptores dopaminérgicos induz vasodilatação.

Vasopressores estão indicados para pacientes em estado de choque, com PAM < 60 mmHg ou decréscimo > 30 mmHg na PAM de base, quando essas condições resultam em disfunção de órgãos-alvo secundária à hipoperfusão.

Monitorização completa das variáveis hemodinâmicas e de perfusão/oxigenação tecidual são fundamentais para o ajuste posológico intermitente buscando o máximo efeito da droga com o mínimo de efeitos adversos.

Hipovolemia deve ser corrigida antes da instituição da terapêutica com vasopressores para sua máxima eficácia. Pacientes devem ser reavaliados frequentemente durante a terapia com vasopressores. Um evento comum que pode ocorrer durante a terapêutica com vasopressores é a taquifilaxia, exigindo ajuste nas doses e insultos hemodinâmicos adicionais, que devem ser prontamente reconhecidos e tratados.

Para pacientes com choque séptico, tanto hiperdinâmico como hipodinâmico, a norepinefrina é o agente de primeira escolha. Vasopressina pode ser benéfica em caso de refratariedade à norepinefrina. Para pacientes com choque séptico hipodinâmico, um segundo agente poderá ser associado de acordo com a resposta inicial e dados de perfusão e oxigenação tecidual.

Epinefrina é o agente de escolha nos casos de choque anafilático e parada cardíaca, sendo, neste último caso, a vasopressina opção de primeira escolha em substituição à primeira ou segunda dose de epinefrina.

Os agentes inotrópicos aumentam a força de contração e a FC, e consequentemente o DC. Assim, estão indicados nos estados de choque com déficit inotrópico (p.ex., ICC, choque cardiogênico) e fundamentalmente aumentam o DC por meio do aumento do inotropismo e cronotropismo, com efeito variável na RVS e RVP. Dobutamina é a droga mais utilizada, porém, novos inotrópicos têm ganhado espaço no ambiente de terapia intensiva (milrinona e levosimendan), uma vez que têm melhor perfil farmacodinâmico, ação independente dos receptores adrenérgicos e melhores desfechos clínicos.

BIBLIOGRAFIA RECOMENDADA

1. Ahlquist RP. A study of the adrenotropic receptors. Am J Physiol. 1948;153:586.

2. Al-Hesayen A, Azevedo ER, Newton GE, Parker JD. The effects of dobutamine on cardiac sympathetic activity in patients with congestive heart failure. J Am Coll Cardiol. 2002;39:1269.

3. Allwood MJ, Cobbold AF, Ginsburg J. Peripheral vascular effects of noradrenaline, isopropylnoradrenaline and dopamine. Br Med Bull. 1963;19:132.

4. Almquist A, Goldenberg IF, Milstein S, et al. Provocation of Bradycardia and Hypotension by Isoproterenol and Upright Posture in Patients With Unexplained Syncope. N Engl J Med. 1989;320(6):346-51. [PubMed 2913492]

5. Aronoff GR, Bennett WM, Berns JS, et al, Drug Prescribing in Renal Failure: Dosing Guidelines for Adults and Children, 5th ed. Philadelphia, PA: American College of Physicians; 2007. p 45-145.

6. Baruch L, Patacsil P, Hameed A, et al. Pharmacodynamic Effects of Milrinone With and Without a Bolus Loading Infusion. Am Heart J. 2001;141(2):266-73. [PubMed 11174341]

7. Bax JJ, Poldermans D, Elhendy A, et al. Improvement of Left Ventricular Ejection Fraction, Heart Failure Symptoms and Prognosis After Revascularization in Patients With Chronic Coronary Artery Disease and Viable Myocardium Detected by Dobutamine Stress Echocardiography. J Am Coll Cardiol. 1999;34(1):163-9. [PubMed 10400006]

8. Brierley J, Carcillo JA, Choong K, et al. Clinical Practice Parameters for Hemodynamic Support of Pediatric and Neonatal Septic Shock: 2007 Update from the American College of Critical Care Medicine. Crit Care Med. 2009;37(2):666-88. [PubMed 19325359]

9. Calvin JE, Driedger AA, Sibbald WJ. Does the pulmonary capillary wedge pressure predict left ventricular preload in critically ill patients? Crit Care Med. 1981;9:437.

10. Cuffe MS, Califf RM, Adams KF Jr, et al. Short-Term Intravenous Milrinone for Acute Exacerbation of Chronic Heart Failure: A Randomized Controlled Trial. Jama. 2002;287(12):1541-7. [PubMed 11911756]

11. Cusick DA, Pfeifer PB, and Quigg RJ. Effects of Intravenous Milrinone Followed by Titration of High-Dose Vasodilator Therapy on Clinical Outcome and Rehospitalization Rates in Patients With Severe Heart Failure. Am J Cardiol. 1998;82(9):1060-5. [PubMed 9817482]

12. Dasta JF, Kirby MG. Pharmacology and therapeutic use of low-dose dopamine. Pharmacotherapy. 1986;6:304.

13. De Backer D, Biston P, Devriendt J, et al. Comparison of dopamine and norepinephrine in the treatment of shock. N Engl J Med. 2010;362:779.

14. De Backer D, Creteur J, Silva E, Vincent JL. Effects of dopamine, norepinephrine, and epinephrine on the splanchnic circulation in septic shock: which is best? Crit Care Med. 2003;31:1659.

15. Dellinger RP, Levy MM, Carlet JM, et al. Surviving Sepsis Campaign: International Guidelines for Management of Severe Sepsis and Septic Shock: 2008. [published correction appears in Crit Care Med, 2008, 36(4):1394-6]. Crit Care Med. 2008;36(1):296-327. [PubMed 18158437]

16. Dicionário de termos técnicos de medicina e saúde. 2.ed. Rio de Janeiro: Guanabara Koogan; 2003.

17. Dörffler-Melly J, de Jonge E, Pont AC, et al. Bioavailability of subcutaneous low-molecular-weight heparin to patients on vasopressors. Lancet. 2002;359:849.

18. Duke GJ, Briedis, JH, Weaver, RA. Renal support in critically ill patients: low-dose dopamine or low-dose dobutamine? Crit Care Med. 1994;22:1919.

19. Dunser MW, Mayr AJ, Ulmer H, et al. Arginine vasopressin in advanced vasodilatory shock: a prospective, randomized, controlled study. Circulation. 2003;107:2313.

20. Felker GM, Benza RL, Chandler AB, et al. Heart Failure Etiology and Response to Milrinone in Decompensated Heart Failure: Results From the OPTIME-CHF Study. J Am Coll Cardiol. 2003;41(6):997-1003. [PubMed 12651048]

21. Gattinoni L, Brazzi L, Pelosi P, et al. A trial of goal-oriented hemodynamic therapy in critically ill

patients. SvO2 Collaborative Group. N Engl J Med. 1995;333:1025.

22. Goldberg LI. Dopamine-clinical uses of an endogenous catecholamine. N Engl J Med. 1974;291:707.

23. Gooneratne N, Manaker S. Use of vasopressors and inotropes. UpToDate. 2010.

24. Gregory JS, Bonfiglio MF, Dasta JF, et al. Experience with phenylephrine as a component of the pharmacologic support of septic shock. Crit Care Med. 1991;19:1395.

25. Hannemann L, Reinhart K, Grenzer O, et al. Comparison of dopamine to dobutamine and norepinephrine for oxygen delivery and uptake in septic shock. Crit Care Med. 1995; 23:1962.

26. Hatzizacharias A, Makris T, Krespi P, et al. Intermittent Milrinone Effect on Long-Term Hemodynamic Profile in Patients With Severe Congestive Heart Failure. Am Heart J. 1999;138(2 Pt 1):241-6. [PubMed 10426834]

27. Hayes MA, Timmins AC, Yau EH, et al. Elevation of systemic oxygen delivery in the treatment of critically ill patients. N Engl J Med. 1994;330:1717.

28. Hollenberg SM, Ahrens TS, Annane D, et al. Practice Parameters for Hemodynamic Support of Sepsis in Adult Patients: 2004 Update. Crit Care Med. 2004; 32(9):1928-48. [PubMed 15343024]

29. Horwitz D, Fox SM D, Goldberg LI. Effects of Dopamine in man. Circ Res. 1962;10:237.

30. Hunt SA, Abraham WT, Chin MH, et al. 2009 Focused Update Incorporated into the ACC/AHA 2005 Guidelines for the Diagnosis and Management of Heart Failure in Adults: A Report of the American College of Cardiology Foundation/American Heart Association Task Force on Practice Guidelines Developed in Collaboration With the International Society for Heart and Lung Transplantation. J Am Coll Cardiol. 2009; 53(15):e1-90. [PubMed 19358937]

31. Hussain AM, Yousuf B, Khan MA, et al. Vasopressin for the management of catecholamine-resistant anaphylactic shock. Singapore Med J. 2008;49:e225.

32. Kill C, Wranze E, Wulf H. Successful treatment of severe anaphylactic shock with vasopressin. Two case reports. Int Arch Allergy Immunol. 2004;134:260.

33. Knobel E. Condutas no paciente grave. 3.ed. São Paulo: Atheneu; 2006.

34. Landry DW, Levin HR, Gallant EM, et al. Vasopressin deficiency contributes to the vasodilation of septic shock. Circulation. 1997;95:1122.

35. Landry DW, Levin HR, Gallant EM, et al. Vasopressin pressor hypersensitivity in vasodilatory septic shock. Crit Care Med. 1997;25:1279.

36. Leier CV, Webel J, and Bush CA. The Cardiovascular Effects of the Continuous Infusion of Dobutamine in Patients With Severe Cardiac Failure. Circulation. 1977; 56(3):468-72. [PubMed 884803]

37. Lherm T, Troché G, Rossignol M, et al. Renal effects of low-dose dopamine in patients with sepsis syndrome or septic shock treated with catecholamines. Intensive Care Med. 1996;22:213.

38. Lindenfeld J, Albert NM, Boehmer JP, et al. HFSA 2010 Comprehensive Heart Failure Practice Guideline. J Card Fail. 2010;16(6):e1-194. [PubMed 20610207]

39. Löllgen H, Drexler H. Use of inotropes in the critical care setting. Crit Care Med. 1990;18:S56.

40. MacGregor DA, Smith TE, Prielipp RC, et al. Pharmacokinetics of dopamine in healthy male subjects. Anesthesiology. 2000;92:338.

41. Malay MB, Ashton RC Jr, Landry DW, Townsend RN. Low-dose vasopressin in the treatment of vasodilatory septic shock. J Trauma. 1999;47:699.

42. Martin C, Papazian L, Perrin G, et al. Norepinephrine or dopamine for the treatment of hyperdynamic septic shock? Chest. 1993;103:1826.

43. Moran JL, O'Fathartaigh MS, Peisach AR, et al. Epinephrine as an inotropic agent in septic shock: a dose-profile analysis. Crit Care Med. 1993;21:70.

44. Mullner M, Urbanek B, Havel C, et al. Vasopressors for shock. Cochrane Database Syst Rev. 2004;CD003709.

45. Mutlu GM, Factor P. Role of vasopressin in the management of septic shock. Intensive Care Med. 2004; 30:1276.

46. Packman MI, Rackow EC. Optimum left heart filling pressure during fluid resuscitation of patients with hypovolemic and septic shock. Crit Care Med. 1983;11:165.

47. Patel BM, Chittock DR, Russell JA, Walley KR. Beneficial effects of short-term vasopressin infusion during severe septic shock. Anesthesiology. 2002;96:576.

48. Patel MB, Kaplan IV, Patni RN, et al. Sustained Improvement in Flow-Mediated Vasodilation After Short-Term Administration of Dobutamine in Patients With Severe Congestive Heart Failure. Circulation. 1999;99(1):60-4. [PubMed 9884380]

49. Paulman PM, Cantral K, Meade JG, et al. Dobutamine Overdose. Jama. 1990;264(18):2386-7. [PubMed 2231992]

50. Practice Parameters for Hemodynamic Support of Sepsis in Adult Patients in Sepsis. Task Force of the American College of Critical Care Medicine, Society of Critical Care Medicine. Crit Care Med, 1999, 27(3):639-60. Available at: http://www.sccm.org/pdf/Hemodynamic%20Support.pdf. Accessed August 13;2003. [PubMed 10199548]

51. Rich MN, Woods WL, Davila-Roman VG, et al. A Randomized Comparison of Intravenous Amrinone Versus Dobutamine in Older Patients With Decompensated Congestive Heart Failure. J Am Geriatr Soc. 1995; 43(3):271-4. [PubMed 7884117]

52. Rivers E, Nguyen B, Havstad S, et al. Early Goal-Directed Therapy in the Treatment of Severe Sepsis

and Septic Shock. N Engl J Med. 2001;345(19):1368-77. [PubMed 11794169]

53. Schummer C, Wirsing M, Schummer W. The pivotal role of vasopressin in refractory anaphylactic shock. Anesth Analg. 2008;107:620.

54. Sharshar T, Blanchard A, Paillard M, et al. Circulating vasopressin levels in septic shock. Crit Care Med. 2003;31:1752.

55. Steel A, Bihari D. Choice of catecholamine: does it matter?. Curr Opin Crit Care. 2000;6:347.

56. Suporte Avançado de Vida em Pediatria – SAVP. Livro do Profissional da Saúde. American Heart Association (AHA). 2008.

57. Torgersen, C, Dunser MW, Wenzel V, et al. Comparing two different arginine vasopressin doses in advanced vasodilatory shock: a randomized, controlled, open-label trial. Intensive Care Med. 2010;36:57.

58. Tsuneyoshi, I, Yamada, H, Kakihana, Y, et al. Hemodynamic and metabolic effects of low-dose vasopressin infusions in vasodilatory septic shock. Crit Care Med. 2001; 29:487.

59. Unverferth DA, Blanford M, Kates RE, Leier CV. Tolerance to dobutamine after a 72 hour continuous infusion. Am J Med 1980; 69:262.

60. Yamazaki T, Shimada Y, Taenaka N, et al. Circulatory responses to afterloading with phenylephrine in hyperdynamic sepsis. Crit Care Med 1982; 10:432.

44

BALÃO INTRA-AÓRTICO

CRISTIANO ALEXANDRE FERREIRA

INTRODUÇÃO

O balão de contrapulsação intra-aórtico (BIA) foi desenvolvido há aproximadamente 50 anos, em meados da década de 1960. Ainda nos dias atuais é a forma da assistência circulatória mecânica utillizada com mais frequência.

O BIA aumenta o desempenho cardíaco através do aumento do fluxo coronariano e pela redução do trabalho cardíaco por causa da diminuição da resistência vascular periférica. Com estes efeitos, o BIA afeta os dois componentes da relação oferta-consumo de oxigênio.

A insuflação do BIA no início da diástole ventricular (Figura 44.1) e seu colabamento nos instantes que precedem a sístole ventricular (Figura 44.2), promovem aumento da pressão diastólica aórtica e redução da pós-carga do ventrículo esquerdo.

INDICAÇÕES

As indicações mais comuns da instalação do BIA, em ordem de frequência, são:

- Suporte hemodinâmico durante ou após cateterização cardíaca.
- Choque cardiogênico.
- Desmame da circulação extracorpórea.
- Pré-operatório de pacientes de alto risco.

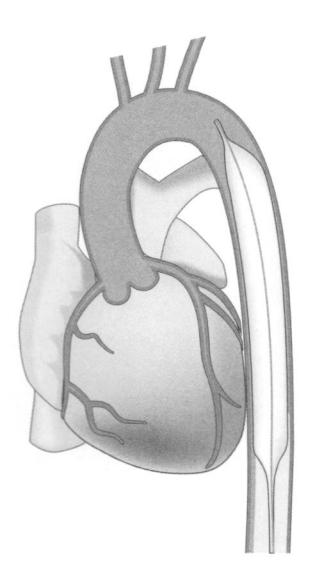

Figura 44.1 Ilustração demonstrando o balão intra-aórtico insuflado, no período diastólico ventricular. Nesse momento, há aumento da perfusão coronariana.

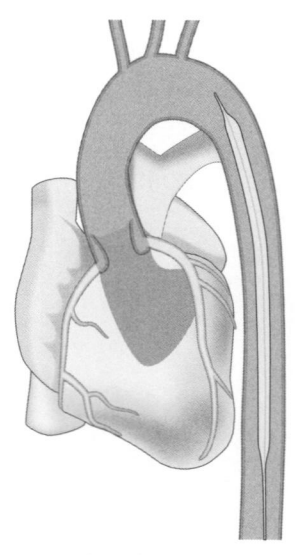

Figura 44.2 Ilustração demonstrando balão intra-aórtico desinsuflado, no período sistólico ventricular. Nesse momento, há aumento do débito cardíaco, redução do consumo de oxigênio pelo miocárdio e redução do esforço cardíaco.

- Falência cardíaca refratária.
- Angina instável refratária.
- Arritmias ventriculares intratáveis.

CONTRAINDICAÇÕES

Nas situações abaixo citadas, torna-se impeditiva a instalação do BIA:

- Regurgitação aórtica moderada a grave.
- *Shunt* arteriovenoso.
- Aneurisma de aorta abdominal ou dissecção aórtica.
- Coagulopatia não controlada.
- Enxerto fêmoro-poplíteo ou doença vascular periférica grave.
- Sepse não controlada.

COMPLICAÇÕES

A complicação mais comum é a isquemia do membro utilizado para inserção do balão intra-aórtico. Essa complicação pode ocorrer em 14 a 48% dos casos e ocorre devido a trombose local pelo contato do cateter-balão com o endotélio e laceração da camada íntima. Na presença de sinais isquêmicos, a indicação é de remoção imediata do cateter-balão, para que seja restabelecida a perfusão para o membro afetado.

As complicações vasculares ocorrem em torno de 8 a 30% dos casos e são representadas mais comumente por:

- Laceração vascular.
- Hemorragia.
- Isquemia do membro.

Outras complicações, de ocorrência menos frequente, são:

- Acidente vascular cerebral.
- Septicemia.
- Embolia gordurosa.
- Ruptura do balão.
- Plaquetopenia.
- Neuropatia periférica.
- Seromas.
- Hemólise.

As complicações vasculares são mais frequentes em pacientes com alguns fatores de risco, como doen-

ça vascular periférica, idade avançada, sexo feminino, diabetes melito, hipertensão, tempo prolongado de utilização do BIA, tamanho do cateter (> 9,5 F), superfície corporal < 1,8 m², índice cardíaco < 2,2 L/min/m².

ESTRUTURA FÍSICA DO BIA

O BIA é constituído por três porções principais:

- Console: o console é uma fonte geradora de energia para que o balão seja insuflado e desinsuflado (Figura 44.3). É formado por monitor fisiológico, seção pneumática, unidade controladora, tanque de gás e baterias.
- Cateter-balão: é uma cateter rígido com um balão cilíndrico em sua extremidade (Figura 44.4). Apresenta-se em diversos tamanhos (Figura 44.5). O mais utilizado em adultos é o de 40 cc.
- Gás: o gás mais utilizado é o dióxido de carbono, por causa da sua alta solubilidade no sangue, o que reduz o risco de embolia gasosa no caso de ruptura acidental do balão, durante a contrapulsação.

IMPLANTAÇÃO DO BALÃO INTRA-AÓRTICO

A inserção do BIA deve obedecer a algumas diretrizes:

- Esterilizar a área em que será implantado o cateter-balão.

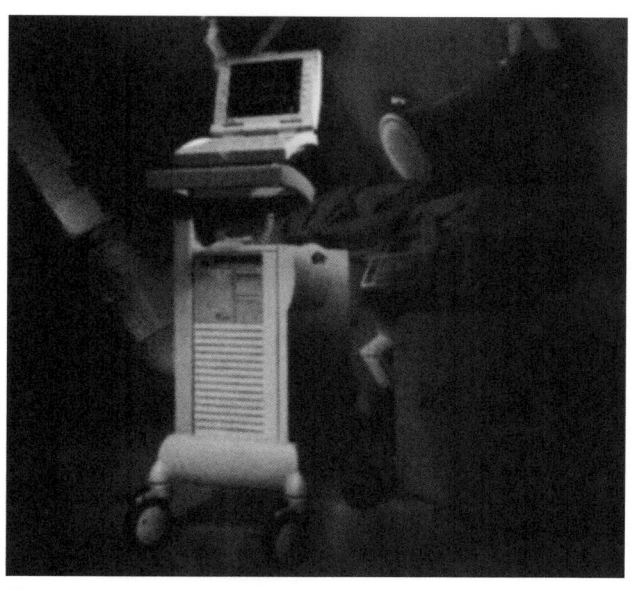

Figura 44.3 Ilustração demonstrando o console do balão intra-aórtico.

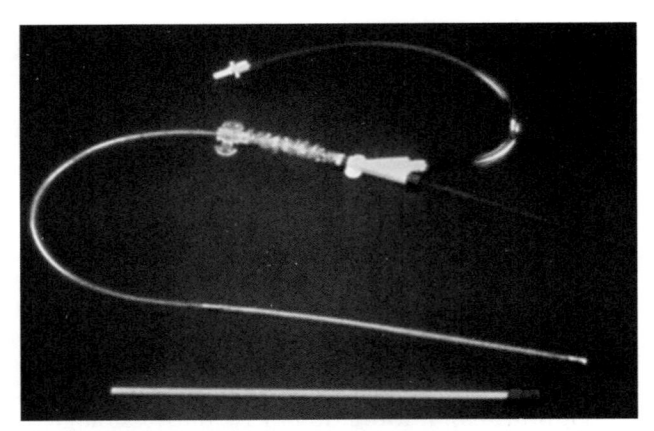

Figura 44.4 Imagem do cateter-balão de contrapulsação intra-aórtica.

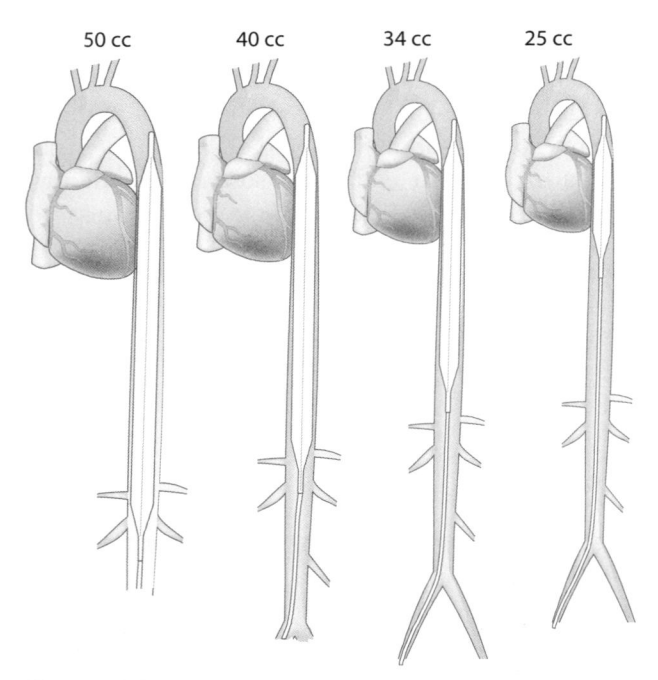

50 cc   40 cc   34 cc   25 cc

Figura 44.5 Dimensões dos balões – o mais utilizado é o de 40 cc.

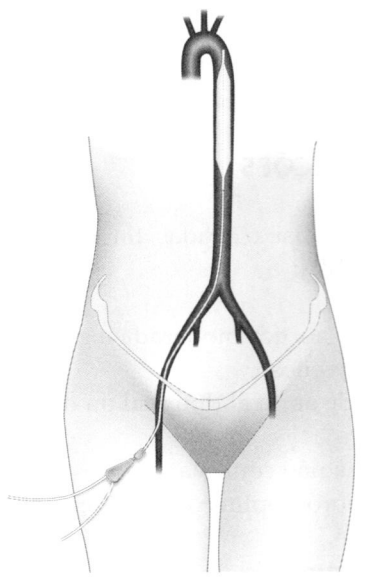

Figura 44.6 Ilustração demonstrando a colocação do BIA. Observe que a extremidade do cateter-balão encontra-se 1 a 2 cm distante da emergência da artéria subclávia esquerda, demonstrando correta instalação do BIA. A artéria utilizada na ilustração foi a femoral direita.

- Assegurar-se do posicionamento correto do cateter-balão através de radiografia de tórax e/ou fluoroscopia (a extremidade do cateter é radiopaca – Figura 44.7).
- Conectar o BIA, através do cateter, ao console, que fica posicionado à beira do leito.
- Heparinizar o paciente, no intuito de evitar trombose na superfície do balão (tempo parcial de tromboplastina em cerca de duas vezes o normal).
- Realizar controle de perfusão periférica a cada hora.

- Escolher o tamanho do cateter baseado no peso do paciente, diâmetro da aorta e superfície corporal (o volume médio para um adulto é de 40 cc).
- Selecionar a artéria para inserção do BIA, a qual deve ser calibrosa o suficiente para suportar o cateter-balão e permitir o fluxo sanguíneo distal para preservar a perfusão do membro.
- Posicionar a extremidade do cateter-balão cerca de 1 a 2 cm da emergência da artéria subclávia esquerda e acima das artérias renais (Figura 44.6).

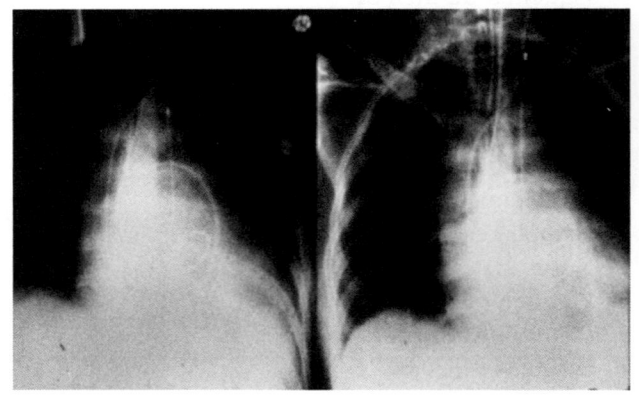

Figura 44.7 Imagem radiológica do tórax evidenciando implantação de BIA. A ponta do cateter deve estar situada entre o segundo e o terceiro espaço intercostal. À esquerda: implante correto. À direita: implante incorreto.

SINCRONIZAÇÃO DO BALÃO INTRA-AÓRTICO

O ciclo do balão pode ser ajustado sincronizado com o traçado do eletrocardiograma ou com o traçado da pressão arterial sistêmica (Pai).

A preferência é a sincronização com o traçado eletrocardiográfico, cujo ponto de referência primária é a onda R, por causa da sua grande amplitude no eletrocardiograma (Figura 44.8).

SITUAÇÕES ESPECIAIS

Balão intra-aórtico no infarto agudo do miocárdio

A American Heart Association definiu como indicações classe I para o implante de BIA em vigência de infarto agudo do miocárdio (IAM) as seguintes situações:

- Baixo débito cardíaco.
- Choque cardiogênico não revertido rapidamente com terapia farmacológica antes de angiografia e revascularização.

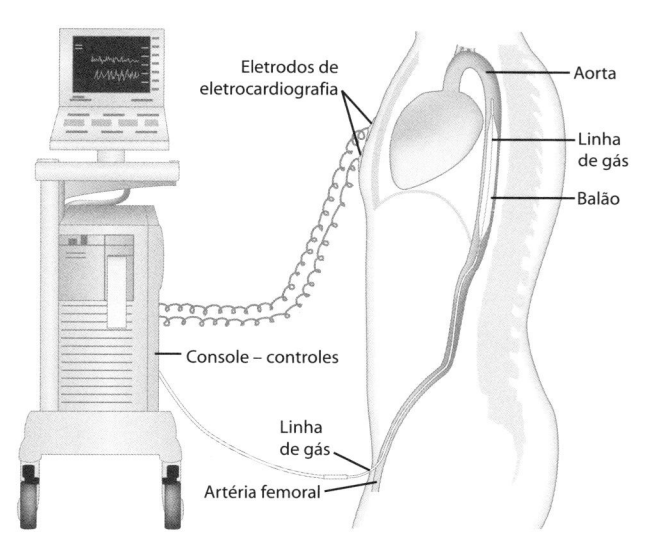

Figura 44.8 Esquema representativo da estrutura do balão intra-aórtico.

- Hipotensão não responsiva a outras intervenções.
- Dor torácica recorrente e instabilidade hemodinâmica, disfunção ventricular esquerda ou grande área de miocárdio em risco.

BIBLIOGRAFIA RECOMENDADA

1. Barron HV, Every NR, Parsons LS, et AL. The use of intra-aortic ballon counterpulsation in patients with cardiogenic shock complicating acute myocardial infarction: data from the National Registry of Myocardial Infarction 2. Am Heart J. 2001;141:933-9.

2. Chen EW, Canto JG, Parsons LS, et al. Relation between hospital intra-aortic balloon counterpulsation volume and mortality in acute myocardial infarction complicated by cardiogenic shock. Circulation. 2003;108:951-7.

3. Christenson JT, Badel P, Simonet F, Schmuziger M. Preoperative intra-aortic balloon pump enhances cardiac performance and improves the outcome of redo CABG. Ann Thorac Surg. 1997;64:1237-44.

4. Christenson JT, Schumuziger M, Simonet F. Effective surgical management of highrisk coronary patients using preoperative intra-aortic balloon counterpulsation therapy. Cardiovasc Surg. 2001;9:383-90.

5. DeWood MA, Notske RN, Hensley GR, et al. Intra-aortic balloon counterpulasation with and without reperfusion of myocardial infarction shock. Circulation. 1980;61:1105-12.

6. Ferguson 3rd JJ, Cohen M, Freedman RJ Jr, et al. The current practice of intra-aortic balloon counterpulsation: result from the Benchmark Registry. J Am Coll Cardiol. 2001;38:1256-62.

7. Goldberger M, Tabak SW, Shah PK. Clinical experience with intra-aortic balloon counterpulsation in 112 consecutive patients. Am Heart J. 1986;111:497-502.

8. Hausmann H, Evgenij V, et al. Prognosis after the implantation of an intra-aortic balloon pump in cardiac surgery calculated with a new score. Circulation. 2002;106:203-6.

9. Helman DN, Morales DL, Edwards NM, et al. Left ventricular assist device bridge to transplant net work improves survival after failed cardiotomy. Circulation. 1999;68:1187.

10. Hudson MP, Granger CB, Stebbins A, et al. Cardiogenic shock survival and use of intra-aortic balloon counterpulsation : results from GUSTO-I and III trials. Circulation. 1999;100:1-370.

SEÇÃO VII
COMPLICAÇÕES PULMONARES NO PÓS-OPERATÓRIO DE CIRURGIA CARDÍACA

IDENTIFICAÇÃO DOS PACIENTES COM RISCO DE COMPLICAÇÕES RESPIRATÓRIAS

ADRIANO CANDIDO BARROCO

DENNIS PERUSSO

INTRODUÇÃO

As cirurgias cardíacas são cirurgias de grande porte difundidas mundialmente. Entre elas, destacam-se, principalmente, a revascularização miocárdica (RM), as trocas valvares e o transplante cardíaco.

Nos últimos anos, com os avanços das técnicas cirúrgicas, o desenvolvimento e a melhora dos cuidados perioperatórios e do manejo pós-operatório levaram a uma queda nas taxas de morbimortalidade; todavia, houve um aumento na complexidade dos casos.

Desde que a cirurgia cardíaca foi introduzida, em meados de 1950, a característica dos pacientes submetidos a esse procedimento tem mudado substancialmente. Na RM, encontram-se pacientes mais velhos, mulheres, pacientes com angina instável, hipertensão pulmonar e pobre função ventricular esquerda. Essa mudança de perfil pode predispor alguns pacientes a desenvolver complicações pulmonares no período pós-operatório.

A incidência relatada pela literatura apresenta grande variação e depende de como a complicação pulmonar é definida, variando de 5 a 90%. Recentemente, estudos que compararam os diversos tipos de cirurgia cardíaca indicaram aproximadamente 25% de complicações respiratórias em pacientes submetidos à RM, enquanto são observadas em cirurgias valvares, aproximadamente 17%. De modo geral, as complicações pós-operatórias são definidas como uma segunda doença, inesperada, que ocorre até 30 dias após o procedimento, ou a exacerbação de uma doença preexistente, em decorrência da cirurgia.

De todas as complicações pós-operatórias, as respiratórias são as mais frequentes, contribuindo para o aumento da morbidade e mortalidade, do tempo de internação hospitalar e em UTI, do tempo de ventilação mecânica e para a diminuição da qualidade de vida e de sobrevida.

Os mecanismos patofisiológicos responsáveis pela disfunção respiratória incluem uma complexa combinação de efeitos adversos da anestesia geral e ventilação mecânica, lesão cirúrgica subsequente à esternotomia mediana, lesão do nervo frênico, circulação extracorpórea (CEC), levando à resposta inflamatória sistêmica, redução dos volumes e capacidades pulmonares, atelectasia, depleção do surfactante e infecções.

De maneira geral, os mecanismos fisiopatológicos das complicações respiratórias nas cirurgias cardíacas são representados na Figura 45.1.

Os fatores de risco para complicações respiratórias no pós-operatório de cirurgia cardíaca podem ser divididos em fatores pré-operatórios, perioperatórios ou pós-operatórios.

FATORES PRÉ-OPERATÓRIOS DE RISCO

Idade

Na senescência, ocorrem diversas alterações fisiológicas que favorecem as complicações pulmonares. Em razão da redução da área pulmonar de troca gasosa, ocorre retração elástica pulmonar e diminuição da complacência do sistema respiratório e da

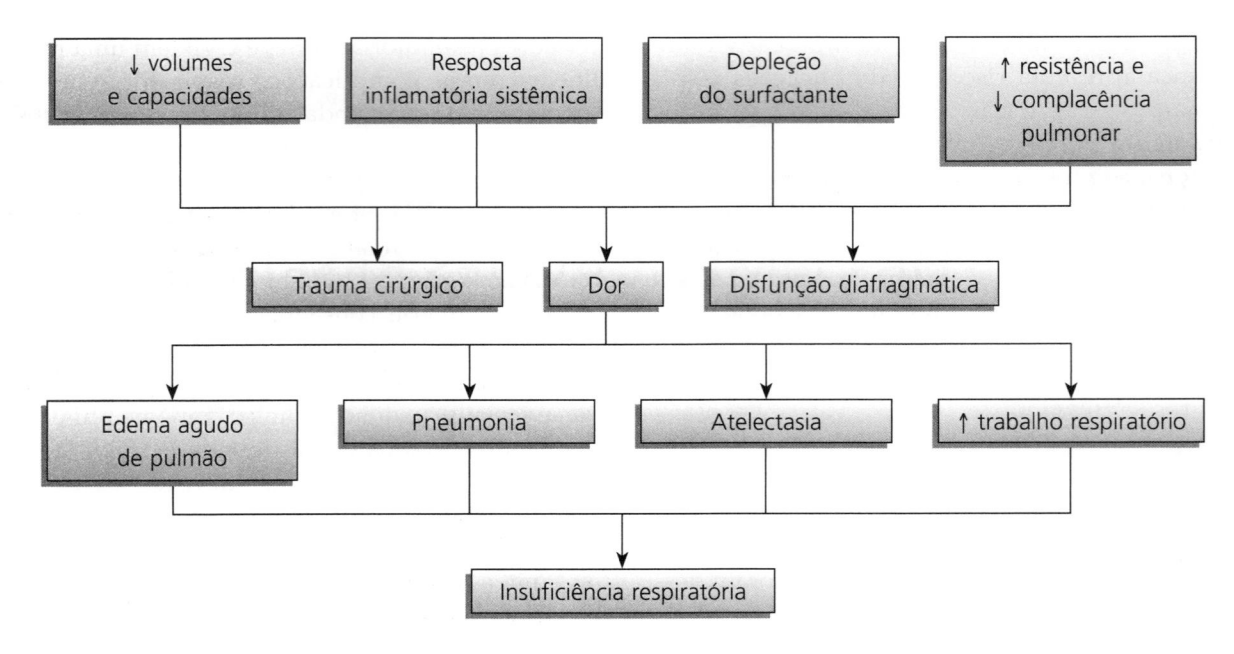

Figura 45.1 Mecanismos fisiopatológicos das complicações respiratórias nas cirurgias cardíacas.

força muscular, o que causa instabilidade alveolar e maior vulnerabilidade à formação de atelectasias e infecções respiratórias e, como desfecho, causa ainda o aumento do tempo de ventilação mecânica. A idade na qual a incidência de complicações respiratórias se torna um fator significativo é de mais do que 65 anos.

Gênero

Alguns pequenos estudos apontam para uma maior incidência de insuficiência respiratória em indivíduos do sexo feminino; porém, fisiologicamente, não se encontram diferenças na complacência específica (maneira de comparar complacências de pulmões com volumes diferentes) e nos índices de trocas gasosas; consequentemente, não se pode afirmar a existência de uma associação entre gênero e complicações respiratórias.

Tabagismo

Existe associação entre o tabagismo e as complicações respiratórias, e a cessação do tabagismo deve ocorrer entre 6 a 8 semanas antes da cirurgia.

A cessação do tabagismo por um curto período de tempo (48 horas) antes da cirurgia reduz os níveis de carboxi-hemoglobina ao normal, abolindo o efeito estimulante da nicotina no sistema cardiovascular, e melhora o batimento ciliar respiratório. Todavia, 1 a 2 semanas são necessárias para diminuir o volume de secreção e a hiperatividade, e de 4 a 6, para melhorar os sintomas e a função pulmonar.

Obesidade

A obesidade propicia maior risco de diminuição da complacência pulmonar, leva à restrição nas capacidades e volumes pulmonares e ocasiona alterações nas trocas gasosas, aumentando as chances de evolução para atelectasias e infecções respiratórias, bem como aumento do risco de mediastinite.

Outro aspecto importante é o aumento da resistência do tórax por aumento do tecido adiposo nessa região, que consequentemente, pode levar ao aumento da resistência das vias aéreas.

Existem indícios de que os pacientes obesos podem referir maior intensidade de dor, o que pode ser explicado pela dificuldade no manejo analgésico adequado nesse grupo de pacientes.

Doença pulmonar crônica

Pacientes com doença pulmonar crônica prévia, sobretudo a doença pulmonar obstrutiva crônica

(DPOC), ou com algum grau de hipereatividade brônquica apresenta risco de complicações respiratórias pós-operatórias, pois são caracterizados clinicamente por tosse produtiva e/ou dispneia aos esforços de forma progressiva, funcionalmente, pela presença de obstrução parcialmente reversível, geralmente evolutiva. O aumento da produção de escarro está relacionado à infecção bacteriana. Esses aspectos podem explicar a alta incidência de complicações pulmonares.

Diabetes melito

Nos últimos anos, o conceito do pulmão como órgão-alvo da microangiopatia diabética ganhou importância. Consequentemente, alterações na função pulmonar e achados fisiopatológicos foram descritos, como redução da elasticidade pulmonar, diminuição do volume expiratório forçado no primeiro segundo (VEF_1) e capacidade vital forçada (CVF), espessamento do epitélio alveolar e do endotélio capilar pulmonar, levando à diminuição da capacidade de difusão de monóxido de carbono, diminuição do *drive* respiratório sobre condições hipóxicas e diminuição do volume sanguíneo capilar pulmonar.

O declínio na função pulmonar é acentuado com a progressão do diabetes, portanto pacientes insulino-dependentes apresentam pior função pulmonar.

Todas as alterações relatadas acima associadas a outros fatores de complicações respiratórias potencializam as chances de eventos negativos no pós-operatório de cirurgia cardíaca.

Tempo de internação prévia

Quando se leva em consideração o tempo de internação pré-operatório, quanto maior o tempo de internação, maior será a possibilidade de colonização do paciente por bactérias resistentes aos antibióticos e que certamente irão desenvolver infecção no período pós-operatório; além disso, há alterações circulatórias e respiratórias. A internação prévia por mais de 3 dias dobra a incidência de infecções na ferida operatória.

Prova de função pulmonar (espirometria) prévia

A prova de função pulmonar tem sido utilizada para tentar demonstrar que um grande risco de complicações respiratórias, VEF_1 e CVF têm uma relação linear com as complicações respiratórias no pós-operatório, porém ainda não foram identificados os valores de referência que aumentam a incidência de complicações respiratórias.

O volume expiratório forçado a 25% ($VEF_{25\%}$) foi o único preditor independente de insuficiência respiratória em pacientes com doença pulmonar crônica.

A espirometria, consequentemente, apresenta um papel importante na avaliação de risco pré-operatório, tanto na detecção de uma doença pulmonar prévia associado ao quadro clínico como na otimização do tratamento e na estratificação da gravidade da doença pulmonar; porém, não deve ser usada indiscriminadamente, e sim de forma seletiva, quando a informação prover mudanças no manejo da doença ou aumentar o risco de estratificação de complicações respiratórias.

Classificação ASA (American Society of Anesthesiologists)

A classificação ASA é o sistema de classificação do risco anestésico, segundo a American Society of Anesthesiologists, para avaliar os pacientes antes da cirurgia. A classificação é apresentada na Tabela 45.1.

Quanto maior for a classificação ASA, maior é a incidência de complicações respiratórias no pós-operatório. Tem-se, aproximadamente, 10, 28 e 46% em classes ASA II, ASA III, ASA IV, respectivamente.

O fator de risco para complicação pulmonar previamente identificado na literatura indica a classificação ASA ou superior como sendo aquela que deverá ser acompanhada com maior cuidado.

FATORES DE RISCO PERIOPERATÓRIO

Anestesia

A anestesia geral tem numerosos efeitos biológicos no sistema respiratório que podem contribuir para o desenvolvimento de complicações respiratórias, incluindo a diminuição do número e da atividade de macrófagos alveolares, inibição da limpeza mucociliar e da produção de surfactante, aumento da atividade da óxido nítrico sintase pulmonar, aumento da permeabilidade alveolocapilar e aumento da sensibilidade vascular aos mediadores neuro-humorais.

Tabela 45.1 Classificação ASA

ASA – I	Sem alterações fisiológicas ou orgânicas, processo patológico responsável pela cirurgia não causa problemas sistêmicos
ASA – II	Alteração sistêmica leve ou moderada relacionada com patologia cirúrgica ou enfermidade geral
ASA – III	Alteração sistêmica intensa relacionada com patologia cirúrgica ou enfermidade geral
ASA – IV	Distúrbio sistêmico grave que coloca em risco a vida do paciente
ASA – V	Doente moribundo: não é esperado que sobreviva sem a operação
ASA – VI	Doente em morte encefálica (cerebral) declarada, cujos órgãos são colhidos com propósitos de doação

Outras alterações na função e na mecânica do sistema respiratório também contribuem para complicações respiratórias. A CRF diminui e, consequentemente, atelectasias em porções dependentes do pulmão aparecem (por causa da compressão do tecido pulmonar, da absorção do ar alveolar e da diminuição da produção de surfactante) e o movimento diafragmático também está alterado, quase uniforme no eixo ventral-dorsal. Dessa forma, há maior ventilação na porção superior do pulmão e menor ventilação nas porções dependentes, resultando em alterações na relação ventilação/perfusão (distúrbio V/Q).

Agentes anestésicos e analgésicos afetam a regulação central da respiração, alterando o *drive* neural das vias aéreas superiores e dos músculos respiratórios.

Os bloqueadores neuromusculares, principalmente os de longa ação (pancurônio), apresentam efeito residual que aumenta em três vezes a possibilidade de complicações respiratórias.

Quanto maior o tempo de sedação, maior será o impacto na função respiratória. A anestesia por tempo maior do que 270 minutos está relacionada com o aumento das complicações respiratórias no pós-operatório de cirurgia cardíaca.

Tipo de cirurgia

O tipo de insulto cirúrgico contribui significativamente para o desenvolvimento de complicações respiratórias, principalmente quando o trauma se aproxima do diafragma, como nos casos da cirurgia torácica e abdominal alta.

Isso se deve, em primeiro lugar, à alteração funcional dos movimentos dos músculos respiratórios causada pela incisão; e em segundo lugar, ao efeito da dor pós-operatória, que limita o movimento respiratório; e, em terceiro lugar, à inibição reflexa do nervo frênico e de outros que inervam os músculos respiratórios. Esses fatores levam a uma alteração diafragmática com prejuízo na função pulmonar.

Nas cirurgias em que a incisão é no abdome superior ou no tórax, a capacidade vital (CV) reduz em 50 a 60% e a CRF, em 30%.

Deve-se levar em consideração algumas medidas, como, quando possível, evitar cirurgia de emergência, reduzir a agressividade cirúrgica e realizar uma cirurgia minimamente invasiva.

Tempo de cirurgia

O tempo de cirurgia também se relaciona diretamente com o aumento da incidência de complicações respiratórias. Isso se deve à associação de vários fatores de risco, como a exposição prolongada à anestesia geral e seus efeitos deletérios sobre a função respiratória. Cirurgias com duração superior a 210 minutos aumentam a incidência de complicações respiratórias em 15,3%.

Tipo de incisão cirúrgica

Existem vários tipos de incisões cirúrgicas, entre elas a esternotomia mediana, a toracotomia anterolateral direita/esquerda, a toracotomia anteroposterior esquerda, a minitoracotomia, a abdominal e a toracoabdominal.

A esternotomia mediana é a abordagem mais utilizada em cirurgias cardíacas (pela exposição da região), principalmente na revascularização do miocárdio e na reparação valvar. Essa abordagem promove alterações significativas na função pulmonar pela instabilidade do tórax superior e da mecânica pulmonar por gerar alterações restritivas, bem como leva a tosse ineficaz e dor.

A esternotomia mediana altera principalmente a complacência da caixa torácica, que reduz em mais de 80% a sua mobilidade em até 7 dias após a esternotomia, favorecendo a formação de atelectasia, diminuindo a complacência dinâmica.

Quando a cirurgia é de reparação de aneurisma de aorta descendente ou toracoabdominal, têm a toracotomia esquerda e a toracoabdominal como incisões possíveis, e a complicação mais prevalente é a respiratória. Quanto maior for o aneurisma, maiores serão as chances de complicações pulmonares, em virtude da disfunção diafragmática.

Tipo de enxerto

Quando se pensa no tipo de enxerto para a cirurgia de revascularização do miocárdio, têm-se em mente os principais enxertos utilizados, entre eles a artéria torácica interna esquerda (ATIE), mais conhecida como artéria mamária esquerda, e a veia safena.

A artéria torácica interna esquerda é o padrão-ouro para enxertos na revascularização do miocárdio, pois se mantém patente por mais tempo e apresenta melhor sobrevida em relação à veia safena. Apesar desses benefícios, esse enxerto pode representar um trauma cirúrgico adicional por lesão cirúrgica direta do nervo frênico e/ou diminuir o aporte sanguíneo para a musculatura intercostal ipsilateral e o nervo frênico, reduzindo a força muscular respiratória e, assim, surgindo atelectasias com consequente prejuízo na função pulmonar.

Na maior parte dos procedimentos para a obtenção do pedículo da ATIE, envolve-se a abertura da cavidade pleural esquerda, que necessita ser drenada em seguida. Essa pleurotomia, associada à presença do dreno pleural, contribui para maior desconforto do paciente, presença de derrame pleural e pneumotórax, funcionando como um fator adicional de deterioração da mecânica respiratória.

Localização do dreno pleural

Os drenos pleurais são localizados na região intercostal esquerda (lateral) ou na região subxifoide (medial).

A inserção do dreno pleural intercostal adiciona trauma ao tórax e torna necessário perfurar músculos intercostais e a pleura parietal, além da fricção provocada pelo dreno na pleura, interferindo nos movimentos respiratórios. Consequentemente, a localização do dreno pleural pode ter influência no desconforto do paciente e no grau de alteração da função pulmonar, com uma alteração significativa do VEF_1 e do CVF.

A dor pós-operatória e a presença de drenos estão implicadas diretamente na manutenção dos baixos volumes pulmonares, levando à hipoventilação e, quando associadas à alteração da função pulmonar e da mecânica respiratória, tem-se um maior tempo de manutenção dos drenos e de ventilação mecânica, o que deixa por si só o paciente mais suscetível a complicações respiratórias.

O tempo de permanência do dreno também tem importância no grau e no local da dor referida, sendo que pacientes com menor tempo de dreno torácico apresentam menor intensidade de dor e menor migração dela.

Circulação extracorpórea

Um dos fatores que podem aumentar a morbimortalidade no pós-operatório de cirurgia cardíaca é o tempo de CEC. A CEC prolongada, além do processo inflamatório sistêmico, predispõe a complicações respiratórias e, ainda, retarda a recuperação da função respiratória.

As principais mudanças sistêmicas da CEC se dão por: 1) contato do sangue com a superfície artificial dos tubos, filtros e oxigenadores; 2) dano por isquemia/reperfusão; 3) endotoxemia; e 4) trauma cirúrgico. Esses efeitos sistêmicos levam a ativação de neutrófilos, adesão de neutrófilos no endotélio vascular pulmonar, danos causados por proteases, aumento das células inflamatórias, aumento da permeabilidade pulmonar, aumento da resistência vascular pulmonar, lesão dos pneumócitos tipo II e diminuição ou interrupção na produção do surfactante pulmonar.

Subsequentemente, têm-se alguns efeitos marcantes, que incluem edema alveolar, atelectasias, alterações na relação V/Q, redução da complacência pulmonar, aumento da resistência de vias aéreas, disfunção diafragmática, aumento do trabalho respiratório e prejuízo nas trocas gasosas e na função pulmonar.

As cirurgias que utilizam a CEC por mais de 120 minutos apresentam maior grau de hipoxemia e pior função pulmonar no pós-operatório.

A cirurgia de revascularização do miocárdio sem CEC foi realizada, inicialmente, em 1967, por Kolessov. Embora aparentemente difícil de ser realizada, a anastomose arterial com o coração batendo pode apresentar maiores benefícios. Nos últimos anos, novas técnicas cirúrgicas sem o uso da CEC têm sido desenvolvidas, mostrando uma resposta inflamatória atenuada, melhor preservação da função pulmonar e diminuição da morbidade e das complicações respiratórias quando comparada à cirurgia com CEC.

A Figura 45.2 exemplifica os componentes da CEC.

Disfunção diafragmática

A disfunção diafragmática é uma complicação bem conhecida na cirurgia cardíaca e teria origem na manipulação das vísceras durante o ato cirúrgico, determinando inibição reflexa do nervo frênico e paresia diafragmática. Isso pode gerar movimentos paradoxais do diafragma e causar desconforto respiratório significativo, resultando em taquipneia, atelectasia, pneumonia e retenção de CO_2.

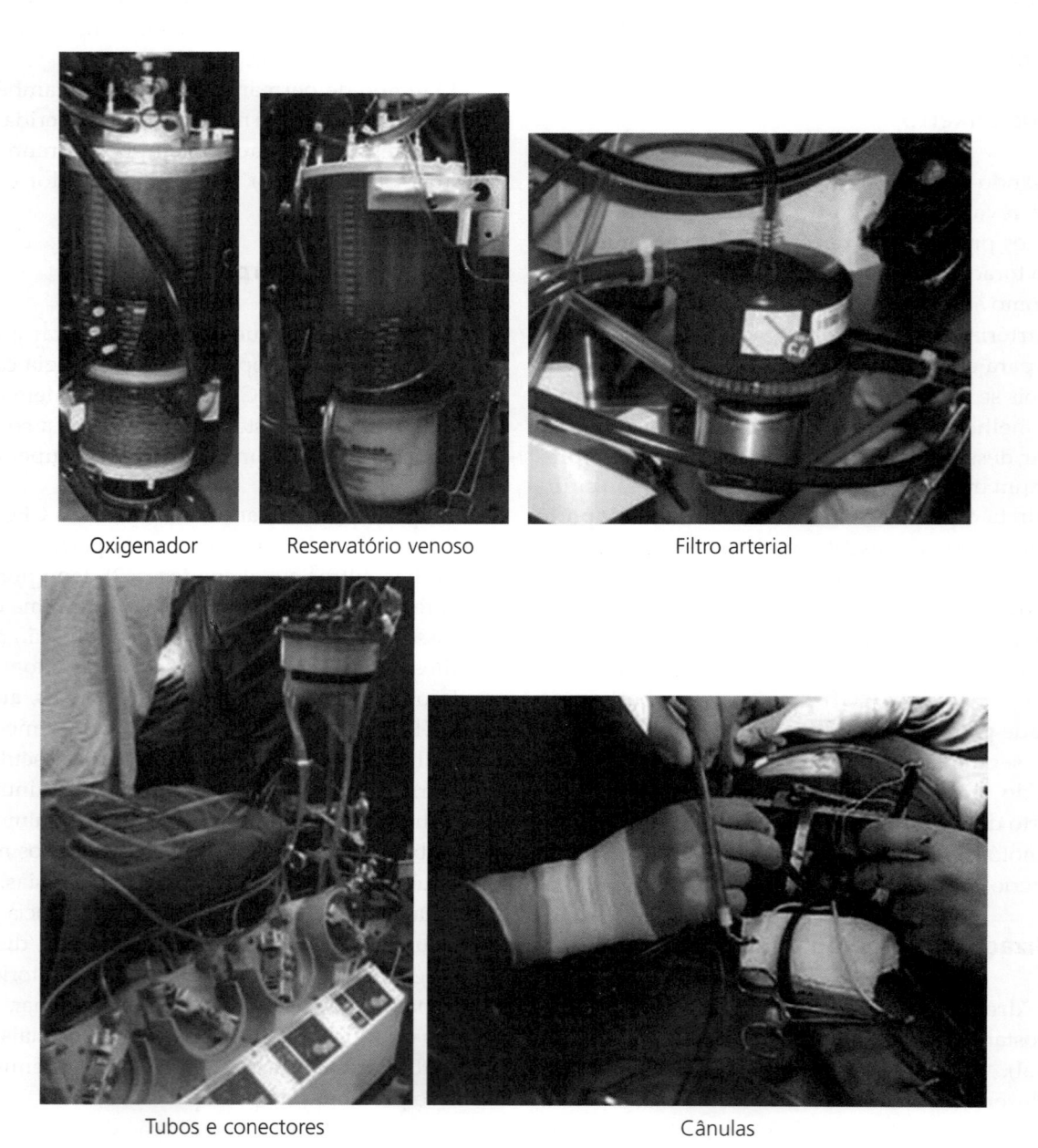

Oxigenador   Reservatório venoso   Filtro arterial

Tubos e conectores   Cânulas

Figura 45.2 Componentes da CEC.

Alguns estudos mostram que a solução cardioplégica pode causar lesão térmica do nervo frênico. O frio pode resultar em anormalidades funcionais e estruturais, prejudicando a velocidade de condução e aumentando o grau de paresia diafragmática, o que pode contribuir com maior queda dos volumes e capacidades.

A incidência de paresia diafragmática varia de 2,1 a 10% e é frequentemente vista à esquerda. O envolvimento unilateral é muito mais frequente que o bilateral; contudo, as manifestações clínicas podem ser apresentadas em uma ampla faixa que vai de anormalidades radiológicas assintomáticas até severa disfunção diafragmática.

FATORES DE RISCO PÓS-OPERATÓRIO

Dor

A dor é a principal manifestação relatada por pacientes submetidos à cirurgia cardíaca, apresentando caráter multifatorial. Os fatores que influenciam na dor podem ser: incisão cirúrgica, retração e dissecção tecidual durante o procedimento cirúrgico, múltiplas canulações intravenosas, drenos torácicos e procedimentos invasivos a que esses pacientes são submetidos durante o regime terapêutico.

A dor localizou-se na região da esternotomia até o 5° dia do pós-operatório, passando para o membro inferior associado à presença de safenectomia. Existe uma correlação negativa significativa entre as variáveis de função pulmonar (VEF$_1$, PFE e Vi$_{máx}$), confirmando os danos na função pulmonar no pós-operatório de cirurgia cardíaca.

Em relação à dor e à posição do dreno pleural, sabe-se que os pacientes que apresentam os drenos localizados na posição subxifoide referiram menos dor do que os pacientes com inserção intercostal. Isso se deve à alta sensibilidade da pleura e à fricção produzida durante o movimento respiratório, que provocam sofrimento ao paciente, por irritação constante dos nervos intercostais e do periósto. Em contrapartida, o paciente defende-se com a imobilização do tórax e movimentos respiratórios superficiais, ficando restrita a respiração profunda até a retirada do dreno.

Outro aspecto importante é a associação entre anestésicos e drogas narcóticas, interrupção da ventilação no intraoperatório durante o período da CEC e dor no período pós-operatório, que leva a diminuição da função ciliar, limitação do esforço inspiratório e prejuízo da eficácia da tosse. Isso deteriora a função respiratória, predispondo às complicações pulmonares.

Infecções no período pós-operatório

As complicações infecciosas após cirurgias cardíacas "limpas" ocorrem em até 3,5% dos pacientes, sendo as principais: mediastinite, infecção no sítio de retirada da veia safena, endocardite, infecção esternal, infecção da ferida operatória torácica, sepse, infecções pulmonares (são mais prevalentes), infecções em sítios de acessos vasculares, infecções de trato urinário e infecções de trato gastrointestinal.

Os principais preditores de infecções no período pós-operatório são: índice de massa corpórea maior ou igual a 40 kg/m², hemodiálise no pré-operatório, choque cardiogênico no pré-operatório, idade maior ou igual a 85 anos, tratamento com imunossupressores pré-operatório, diabetes melito, tempo de CEC maior ou igual a 200 minutos, utilização de balão intra-aórtico e três ou mais vasos revascularizados.

A resposta imune pós-operatória é extremamente complexa. As citocinas pró-inflamatórias, sobretudo o fator de necrose tumoral, e a interleucina 6 são peças fundamentais por causa do seus papéis na síndrome da resposta inflamatória sistêmica e na disfunção de múltiplos órgãos depois do trauma cirúrgico. A depressão imune, nesse caso provocada pelo insulto cirúrgico, aumenta o risco de infecção respiratória e outras complicações.

No período de recuperação cirúrgica, entre 24 e 72 horas após a intervenção, aumentam a quantidade e a espessura da secreção traqueobrônquica e, consequentemente, surge a tosse produtiva, podendo aparecer sinais e sintomas como taquipneia e dispneia, o que favorece a infecção pulmonar e a insuficiência respiratória.

A pneumonia é uma das complicações mais prevalentes, seu diagnóstico é feito em aproximadamente 14% dos pacientes. As manifestações mais comuns são novos achados radiológicos e teste microbiológico positivo no escarro. Em 50% dos casos que requerem reentubação, apresenta-se pneumonia. Dos pacientes com pneumonia, 76% necessitaram de ventilação mecânica prolongada, necessitando, assim, de agressiva intervenção. Outro forte preditor de pneumonia é a necessidade de ventilação mecânica por mais de 10 horas, pois a transmissão de organismos se deve a contaminação das vias aéreas superiores e de equipamentos respiratórios, ineficaz higiene oral e técnica de aspiração traqueal inadequada; além disso, a permanência hospitalar por mais de 5 dias favorece a infecção pulmonar.

A mediastinite é uma das mais graves complicações das esternotomias medianas. A contaminação da ferida operatória pode ser o principal fator associado. A mediastinite é definida como a infecção dos tecidos profundos da ferida operatória associada à osteomielite de esterno, podendo comprometer também o espaço retroesternal. Os fatores que mais se relacionam à mediastinite são a obesidade, o DPOC e o diabetes melito. A incidência de mediastinite nas esternotomias é de 5% e o óbito provocado pela mediastinite está em torno de 15%.

A sepse após cirurgia cardíaca, independentemente do foco infeccioso e da doença subjacente, tem sido descrita como uma complicação infecciosa de baixa prevalência (por volta de 1,2%), porém de consequências trágicas (mortalidade hospitalar maior que 70%).

Por definição, a sepse no período pós-operatório é a evidência de infecção associada a dois ou mais critérios de síndrome inflamatória sistêmica (SIRS): temperatura > 38°C ou < 36°C; frequência cardíaca > 90 batimentos por minuto; frequência respiratória > 20 respirações por minuto ou $PaCO_2$ < 32 mmHg; leucócitos > 12.000 cel/mm³, < 4.000 cel/mm³ ou > 10 formas jovens.

Nesses casos, o tratamento atual de sepse severa deve ser fundamentado nos seguintes procedimentos: ressuscitação volêmica (coloide ou cristaloide) agressiva e precoce (primeira 6 horas), antibioticoterapia precoce (preferencialmente na primeira hora do choque séptico), manutenção da hemoglobina acima de 8 g, administração de hemoderivados, ventilação mecânica adequada (quando necessário), sedação, analgesia, não utilização de bloqueadores musculares (sempre que possível), controle rigoroso da glicemia, terapia dialítica, profilaxia de trombose venosa profunda e de úlcera de pressão, entre outras coisas.

Síndrome do desconforto respiratório agudo

A síndrome do desconforto respiratório agudo (SARA) também tem sido reportada após cirurgia cardíaca e tem significativo impacto no desfecho clínico, pois apresenta mortalidade entre 30 e 70%.

A ocorrência de SARA após cirurgia cardíaca é imprevisível e pouco se sabe sobre os fatores de risco para o desenvolvimento dessa complicação. De maneira geral, tem-se como fatores de risco: idade > 60 anos, volume sanguíneo bombeado na CEC > 300 L, tabagismo, cirurgia de emergência, classificação da New York Heart Association (NYHA) 3 e 4 antes da cirurgia, baixo débito cardíaco, fração de ejeção esquerda < 40% e hipertensão sistêmica.

Lesão pulmonar aguda relacionada à transfusão sanguínea (TRALI)

A administração de produtos sanguíneos pode levar à SARA, entidade clínica denominada TRALI. Os critérios diagnósticos de TRALI são caracterizados tal qual o início da SARA: hipoxemia, relação PaO_2/FiO_2 < 300, presença de infiltrados pulmonares bilaterais na radiografia de tórax e transfusão sanguínea em um período de até 6 horas.

Nas cirurgias cardíacas, metade das transfusões ocorrem no centro cirúrgico e permanecem no período pós-operatório, fazendo com que a relação temporal entre transfusão e lesão pulmonar seja difícil. Além disso, a maioria dos pacientes chegam à unidade de terapia intensiva sob suporte ventilatório, consequentemente, sintomas clínicos de dispneia e desconforto respiratório agudo estão ausentes. Portanto, alguns autores sugerem que o diagnóstico de TRALI ainda é difícil.

Os pacientes com TRALI apresentam maior tempo de entubação traqueal, maior prevalência de insuficiência respiratória e maior tempo de internação em unidade de terapia intensiva.

Derrame pleural (DP)

Aproximadamente 40% dos pacientes que se submetem à revascularização do miocárdio desenvolvem DP no período pós-operatório imediato. Todavia, em alguns pacientes, o derrame pleural persiste ou um novo derrame surge com poucos meses de pós-operatório. Aproximadamente 50% dos pacientes apresentam DP 1 mês após a cirurgia.

Alguns estudos sugerem que vários fatores podem estar associados com a alta prevalência de DP, entre eles a utilização do enxerto da artéria torácica interna esquerda, hipotermia, pleurotomia, baixa concentração de albumina sérica e trauma cirúrgico.

Síndrome da apneia obstrutiva do sono (SAOS)

Os distúrbios do sono ocorrem após a cirurgia cardíaca mesmo em pacientes sem SAOS, porém pacientes com SAOS podem ter uma piora da sua doença após a cirurgia.

A anestesia geral resulta em uma transitória e mínima alteração da arquitetura do sono, embora agentes anestésicos tendam a reduzir o tônus dos músculos das vias aéreas superiores e, em grande extensão, a força diafragmática, aumentando a propensão para apneia.

Além disso, outros fármacos, como sedativos e analgésicos, também colaboram para a diminuição do tônus faríngeo, a atenuação da resposta ventilatória à hipóxia, a hipercarbia e a obstrução.

Em relação ao posicionamento do paciente no leito, deve-se lembrar que, no pós-operatório imediato de cirurgia cardíaca, frequentemente o paciente é restrito à posição supina, devido à instabilidade esternal e ao frequente uso de drenos torácicos, o que pode agravar a SAOS.

Reabordagem cirúrgica

A reoperação leva o paciente a uma nova exposição aos efeitos deletérios da CEC, estresse cirúrgico, anestesia (principalmente a geral), queda da imunidade, repouso prolongado, dor, jejum prolongado antes e depois da cirurgia, procedimentos invasivos e hospitalização prolongada, aumentando a incidência de complicações pulmonares.

Tosse e força muscular

Em relação à força muscular ventilatória, nota-se uma diminuição significativa na $PI_{máx}$ e na $PE_{máx}$ entre as avaliações pré-operatórias e o sexto dia pós-operatório, com consequente piora na função pulmonar e aumento na incidência de complicações pulmonares.

Outro aspecto relevante diz respeito à tosse, pois ela é uma atividade muito dolorosa após a cirurgia cardíaca aberta. Sua ineficácia pode levar à retenção de secreções nas vias aéreas superiores, tornando-se um importante fator de risco para complicações pulmonares no pós-operatório.

Tempo de ventilação mecânica

O tempo de ventilação mecânica apresentou correlação negativa significativa com os parâmetros de função pulmonar. O uso da ventilação mecânica tem sido identificado como um dos principais fatores de lesão pulmonar em adultos submetidos à cirurgia cardíaca. Estudos realizados com pacientes ventilados mecanicamente demonstram alterações do líquido extravascular pulmonar, na permeabilidade capilar, na produção de mediadores inflamatórios e no desenvolvimento de necrose celular.

A necessidade de ventilação mecânica por mais de 48 horas está claramente associada ao aumento da taxa de mortalidade.

BIBLIOGRAFIA RECOMENDADA

1. Aksakal E, Erol MK, Gündogdu F, Çinici Ö. An important cause of dyspnea after coronary artery bypass grafting: phrenic nerve paralysis. Arch Turk Soc Cardiol. 2009;37(2):132-5.

2. Albu G, Babik B, Késmárky K, Balázs M, Hantos Z, Peták F. Changes in airway and respiratory tissue mechanics after cardiac surgery. Ann Thorac Sur. 2010;89:1218-26.

3. Ambrozin ARP, Cataneo AJM. Aspectos da função pulmonar após revascularização do miocárdio relacionados com risco pré-operatório. Braz J Cardiovasc Surg. 2005;20(4):408-15.

4. ASA Physical Status Classification System. Disponível em: <http://www.asahq.org>.

5. Baumgarten MCS, Garcia GK, Frantzeski MH, Giacomazzi CM, Lagni VB, Dias AS, et al. Comportamento da dor e da função pulmonar em pacientes submetidos à cirurgia cardíaca via esternotomia. Rev Bras Cir Cardiovasc. 2009;24(4):497-505.

6. Canet J, Mazo V. Postoperative pulmonary complications. Minerva Anestesiol. 2010;76:138-43.

7. Duggan M, Kavanagh BP. Perioperative modifications of respiratory function. Best Practice & Research Clinical Anaesthesiology. 2010;24:145-55.

8. Etz CD, Luozzo GD, Bello R, Luehr M, Khan MZ, Bodian CA, et al. Pulmonary complications after descending thoracic and thoracoabdominal aortic aneurysm repair: predictors, prevention, and treatment. Ann Thorac Surg. 2007;83:S870-6.

9. Filsoui F, Rahmanian PB, Castillo JG, Chikwe J, Adams DH. Logistic risk model predicting postoperative respiratory failure in patients undergoing valve sur-

gery. European Journal of Cardio-thoracic Surgery. 2008;34:953-9.

10. Filsoui F, Rahmanian PB, Castillo JG, Chikwe J, Adams DH. Predictors and early and late outcomes of respiratory failure in contemporary cardiac surgery. Chest. 2008;133:713-21.

11. Goksin I, Baltalarli A, Sacar M, Sungurtekin H, Ozcar V, Gurses E, et al. Preservation of pleura integrity in patients undergoing coronary artery bypass grafting: effect on postoperative bleeding and respiratory function. Acta Cardiol. 2006;61(1).

12. Guizilini S, Gomes WJ, Faresin SM, Carvalho ACC, Jaramillo JI, Alves FA, et al. Efeitos do local de inserção do dreno pleural na função pulmonar no pós-operatório de cirurgia de revascularização do miocárdio. Rev Bras Cir Cardiovasc. 2004;19(1):47-54.

13. Guizilini S, Gomes WJ, Faresin SM, Bolzan DW, Alves FA, Catani R, et al. Avaliação da função pulmonar em pacientes submetidos à cirurgia de revascularização do miocárdio com e sem circulação extracorpórea. Bras J Cardiovasc Surg. 2005;20(3):310-6.

14. Jensen L, Yang L. Risk factors for postoperative pulmonary complications in coronary artery bypass graft surgery patients. European Journal of Cardiovascular Nursing. 2007;6:241-6.

15. Koch C, Li L, Figueroa P, Mihaljevic T, Svensson L, Blackstone EH. Transfusion and pulmonary morbidity after cardiac surgery. Ann Thorac Surg. 2009;88:110-8.

16. Laizo A, Delgado FEF, Rocha GM. Complicações que aumentam o tempo de permanência na unidade de terapia intensiva na cirurgia cardíaca. Rev Bras Cir Cardiovasc. 2010;25(2):166-71.

17. Lauruschkat AH, Arnrich B, Albert AA, Walter JA, Amann B, Rosendahl UP, et al. Diabetes mellitus as a risk factor for pulmonary complications after coronary bypass surgery. J Thorac Cardiovasc Surg. 2007;135:1047-53.

18. Light RW, Rogers JT, Moyers P, Lee YCG, Rodriguez RM, Alford Jr WC, et al. Prevalence and clinical course of pleural effusions at 30 days after coronary artery and cardiac surgery. Am J Respir Crit Care Med. 2002;166:1567-71.

19. Milot J, Perron J, Lacasse Y, Létourneau L, Cartier PC, Maltais F. Incidence and predictors of ARDS after cardiac surgery. Chest. 2001;119:884-8.

20. Morsch KT, Leguisamo CP, Camargo MD, Coronel CC, Mattos W, Ortiz LDN, et al. Perfil ventilatório dos pacientes submetidos a cirurgia de revascularização do miocárdio. Rev Bras Cir Cardiovasc. 2009;24(2):180-7.

21. Neto LJ, Thomson JC, Cardoso JR. Complicações respiratórias no pós-operatório de cirurgias eletivas e de urgência e emergência em um hospital universitário. J Bras Pneumol. 2005;31(1):41-7.

22. Oliveira DC, Oliveira Filho JB, Silva RF, Moura SS, Silva DJ, Egito EST, et al. Sepse no pós-operatório de cirurgia cardíaca: descrição do problema. Arq Bras Cardiol. 2010;94(3):352-6.

23. Ortiz LDN, Schaan CW, Leguisamo CP, Tremarin K, Mattos WLLD, Kalil RAK, et al. Incidence of pulmonary complications in myocardial revascularization. Arq Bras Cardiol. [online] ahead print, 2010.

24. Rock P, Rich PB. Postoperative pulmonary complications. Current Opinion In Anaesthesiology. 2003;16:123-32.

25. Sasseron AB, Figueiredo LC, Trova K, Cardoso AL, Lima NMFV, Olmos SC, et al. A dor interfere na função respiratória após cirurgias cardíacas?. Rev Bras Cir Cardiovasc. 2009;24(4):490-6.

26. Yanéz-Brage I, Pita-Fernández S, Juffé-Stein A, Martínez-González U, Pértega-DÍaz S, Mauleón-García Á. Respiratory physiotherapy and incidence of pulmonary complications in off-pump coronary artery bypass graft surgery: an observational follow-up study. BMC Pulmonary Medicine. 2009;9:36.

46

DERRAME PLEURAL

PAULA MARIA CARNEIRO
FRANCIELE MATTEUS
MARIANA GOBBI

INTRODUÇÃO

Uma das maiores causas de morbidade no pós-operatório de cirurgia cardíaca são as complicações pulmonares. Elas são provocadas pelas técnicas e suas vias de acesso.

Dentre essas complicações, é abordado neste capítulo o derrame pleural, bem como as suas causas, repercussões respiratórias, resolução clínica e a atuação da fisioterapia nessa manifestação clínica.

PLEURA VISCERAL E PARIETAL

A cavidade pleural é um espaço virtual, revestida por membrana serosa de origem mesodérmica, dividida em dois folhetos: pleura visceral e pleura parietal.

As pleuras visceral e parietal encontram-se em contato íntimo, havendo pequena quantidade de líquido, formando uma película que, como lubrificante, permite o seu deslizamento durante os movimentos respiratórios. É o produto do equilíbrio dinâmico da absorção e secreção dos capilares e linfáticos pleurais.

Há um espaço entre essas pleuras contendo alguns elementos mensuráveis: de 0,1 a 0,2 mL/kg de peso corporal, cerca de 1 a 1,5 g/dL de proteínas e 1.500 células/mm³, dos tipos monócitos, linfócitos, macrófagos, células polimorfonucleares e mesoteliais.

Na cavidade pleural, o líquido que se forma entre as pleuras é ultrafiltrado de plasma e secretado apenas por linfáticos da pleura parietal e absorvido pelos linfáticos tanto da pleura parietal como da visceral. Tal líquido, em condições normais, é encontrado em uma quantidade mínima de 10 mm³.

O líquido pleural é renovado constantemente por um equilíbrio de forças entre as pressões hidrostáticas e osmóticas da microcirculação e do espaço pleural.

A sua função principal é a lubrificação das superfícies do pulmão durante o seu movimento de deslocamento na inspiração e expiração.

A inervação da pleura visceral é pelo plexo autonômico simpático e não há receptores de sensação dolorosa; já a pleura parietal é rica em terminações nervosas e sensitivas e está ligada aos nervos intercostais, frênicos e a ramos do plexo braquial.

Conhecida a estrutura anatomofisiológica da pleura, será aprofundado o conhecimento do derrame pleural, sendo este interligado às complicações no pós-operatório de cirurgia cardíaca.

DEFINIÇÕES E ETIOLOGIAS

O derrame pleural é o acúmulo anormal de líquido na cavidade pleural mediado por um desequilíbrio na dinâmica entre o processo de produção e reabsorção do líquido.

Os mecanismos responsáveis pelo aumento da entrada de líquido no espaço pleural estão relacionados às forças hidrostáticas e osmóticas, sendo a primeira responsável por filtrar a água para fora dos vasos e a segunda, por reabsorver a água de volta aos vasos.

Quando houver transtorno no mecanismo de pressões da formação do líquido pleural, que permite um acúmulo excessivo no espaço pleural, haverá ocorrência do derrame.

O derrame pleural pode ser uma manifestação clínica de diversas patologias, sendo ela sistêmica ou restrita ao aparelho respiratório, de origem torácica ou extratorácica.

Destacam-se seis mecanismos e principais causas de aumento do fluxo do líquido no espaço pleural:

- Aumento da pressão hidrostática do capilar pulmonar (insuficiência cardíaca).
- Diminuição da pressão oncótica e plasmática (hipoalbuminemia grave, síndrome nefrótica).
- Aumento da permeabilidade capilar e pleural (processos inflamatórios).
- Diminuição no espaço pleural (atelectasias grandes).
- Extravasamento de líquido da cavidade peritonial (hidrotórax hepático).
- Acúmulo de sangue ou quilo no espaço pleural (trauma).

O trauma na pleura durante a cirurgia pode explicar a velocidade de formação de fluidos pleurais e a diminuição da absorção tecidual, já que a íntima comunicação entre a pleura e o pericárdio são as causas de derrame no pós-operatório.

Estudos realizados nos Estados Unidos destacam a insuficiência cardíaca com a maior incidência de derrame pleural (Tabela 46.1).

No Brasil, não existem estatísticas nacionais quanto à incidência de derrame pleural, mas estudos específicos, que destacam a incidência de complicações pulmonares no pós-operatório da cirurgia cardíaca, apontam maior incidência de derrame

pleural em relação a outras patologias pulmonares (Tabela 46.2).

O derrame pleural pós-cirurgia cardíaca, em especial na revascularização do miocárdio, é dividido em precoce (antes de 30 dias) e tardio (após 30 dias), e consiste geralmente em pequena extensão.

No derrame pleural precoce, o mecanismo de ação é o trauma cirúrgico, apresentando-se com aspecto sero-hemático e com a presença de neutrófilos e citocinas em concentrações variáveis. Já no derrame pleural tardio, a etiologia mais provável está relacionada a fatores imunológicos, porém, outros fatores podem estar associados, como a hipomobilização diafragmática, reduzindo a atividade linfática e promovendo um desequilíbrio no balanço de transudação e a reabsorção, propiciando assim o acúmulo de líquido na pleura.

Esses derrames, em geral, apresentam-se em pequena extensão e com reabsorção, não sendo necessária a sua drenagem.

As variações de volume geradas podem interferir na permeabilidade da membrana vascular. Essas variações podem ocorrer através da administração de fluidos durante a cirurgia cardíaca, em específico de revascularização; essa oferta é necessária para manter os volumes de fluxo e reservatório, para que haja uma perfusão adequada.

Após a agressão do pericárdio, há uma mobilização de elementos inflamatórios. A resposta inflamatória é ativada, desencadeando uma cascata dessas citocinas, retendo-as na circulação pulmonar.

As complicações pulmonares no pós-operatório de cirurgia cardíaca estão associadas a incisão cirúrgica (esternotomia), número de pontes, drenos pleurais, anestesia geral, tempo intraoperatório, pulmões expostos à pressão atmosférica sem pressão expiratória positiva (PEEP), baixas temperaturas corporais, mediadores inflamatórios, coágulos sanguíneos no tórax e tempo de circulação extracorpórea (CEC).

Tabela 46.1 Incidência de derrame pleural

Causas	Número de casos/ano
Insuficiência cardíaca	500.000
Pneumonia bacteriana	300.000
Câncer	200.000
Embolia pulmonar	150.000
Doença viral	100.00
Cirurgia cardíaca	60.000
Cirrose com ascite	50.000

Tabela 46.2 Incidências de complicações no pós-operatório de cirurgia cardíaca

Complicações	Incidência
Derrame pleural	80%
Atelectasia	60%
Pneumonia	10%

O derrame pleural ocorre em aproximadamente 80% dos pacientes submetidos a cirurgia cardíaca, porém, é frequentemente pequeno e só deve ser drenado quando volumoso, comprometendo a respiração, ou se estiver infectado.

Diferencia-se o derrame pleural por transudatos e exsudatos. Os derrames pleurais transudatos ocorrem por um desequilíbrio entre as pressões hidrostáticas e oncóticas. O seu diagnóstico diferencial é mais restrito e geralmente são secundários às patologias menos complexas.

Os exsudatos caracterizam-se como inflamatórios, com alteração da permeabilidade local, favorecendo o acúmulo de líquidos; possuem aspectos altamente tratáveis, como as pneumonias e outras de maior gravidade, como as neoplasias.

A maneira mais fácil de distingui-los é dosar proteínas e desidrogenase lática (DHL) tanto no líquido pleural quanto no sangue (critérios de Light) e realizar o gradiente de albumina soro – líquido pleural (albumina sérica – albumina líquido pleural). A interpretação dos achados é a seguinte:

- Relação de proteínas ≤ 0,5 e de DHL ≤ 0,6: é um transudato.
- Relação de proteínas > 0,5 ou de DHL > 0,6: indica que pode ser um exsudato; deve-se complementar com a diferença absoluta entre albumina sérica e o líquido pleural.
- Albumina sérica: albumina líquido pleural ≤ 1,2 confirma que é um exsudato.

A aparência do líquido pleural pode sugerir a etiologia (Tabela 46.3).

A ausculta é típica, com redução do som pulmonar e frêmito toracovocal, acompanhado de macicez à percussão, tosse, febre, dispneia e dor torácica ventilatório-dependente de intensidade moderada a forte.

Tabela 46.3 Achados clínicos

Aspecto	Principais causas
Sanguinolento	Neoplasia, tuberculose, trauma ou embolia pulmonar
Turvo	Lipídios, excesso de proteínas ou de células
Leitoso	Quilotórax
Purulento	Derrame parapneumônico

A dor ocorre por causa do acometimento da pleura parietal. Geralmente, nos processos inflamatórios, seu caráter é em "pontada", acompanhada de dispneia e dor ventilatório-dependente.

Ao exame físico, encontram-se a diminuição ou abolição do frêmito toracovocal, macicez à percussão e diminuição ou abolição do murmúrio pulmonar.

A assimetria do tórax pode estar presente juntamente com diminuição da expansibilidade do hemitórax comprometido, abaulamentos intercostais expiratórios (sinal de Lemos Torres), macicez ou submacicez sobre a coluna vertebral contígua ao derrame (sinal de Signorelli). Egofonia, que é a voz anasalada, é perceptível no limite superior do derrame e sopro respiratório.

TORACOCENTESE

A toracocentese é a técnica que permite a extração de um líquido anormal acumulado no espaço pleural. É realizada por meio de uma agulha ou um cateter introduzidos percutaneamente pela parede torácica até a pleura. Ela serve tanto para diagnóstico como para alívio.

As indicações para a toracocentese são de dois tipos:

- Toracocentese diagnóstica: é indicada quando o derrame pleural tem a sua etiologia desconhecida, ou seja, quando se apresenta uma espessura maior que 10 mm na radiografia em decúbito lateral e/ou na ultrassonografia.
- Toracocentese de alívio: deve ser realizada quando há grande quantidade de derrame pleural e que esteja desencadeando desconforto respiratório acompanhado de dispneia intensa. Retira-se quantidade inferior a 1.500 mL.

Em casos de derrames com volumes pequenos, em que a toracocentese não seja bem-sucedida, é indicado o auxílio de ultrassonografia, com a identificação exata do derrame, e a sua profundidade e volume.

O procedimento é realizado, preferencialmente, com o paciente sentado, com os braços e a cabeça apoiados em uma superfície. O local mais seguro para a inserção é abaixo da linha escapular, dois espaços abaixo do final da escápula.

Como já referimos neste capítulo, o derrame pleural pode ser classificado em transudatos e exsudatos. A análise do líquido pleural é que vai apontar essa diferenciação. Os transudatos apresentam proteínas e densidade baixas. Dificilmente são drenados, mas, eventualmente, necessitam de toracocentese. Já os exsudatos requerem investigação mais específica para um correto tratamento e nem sempre necessitam de drenagem.

EXAMES DE IMAGEM

A radiografia é o exame mais utilizado para confirmar o diagnóstico de derrame pleural. Ela que irá confirmar a presença e a extensão do derrame, informar se ele é livre ou loculado e se há concomitância de outros envolvimentos torácicos (mediastinal, cardíaco ou pulmonar).

A radiografia em posteroanterior (PA) demonstrará um velamento homogêneo localizado inferiormente no hemitórax, com densidades de partes moles, com o ângulo e o seio costofrênico obliterado, formando uma curva de Damoiseau ou sinal de menisco (oposta ao ângulo do seio costofrênico). Podendo haver o desvio de traqueia e coração para o lado oposto, como se pode observar na Figura 46.1.

A radiografia em decúbito lateral, com raios horizontalizados, poderá auxiliar nos casos duvidosos, pois o líquido livre muda conforme a mudança de decúbito (Figura 46.2).

O derrame pleural livre pode se apresentar em situação especial, como derrame subpulmonar, que se

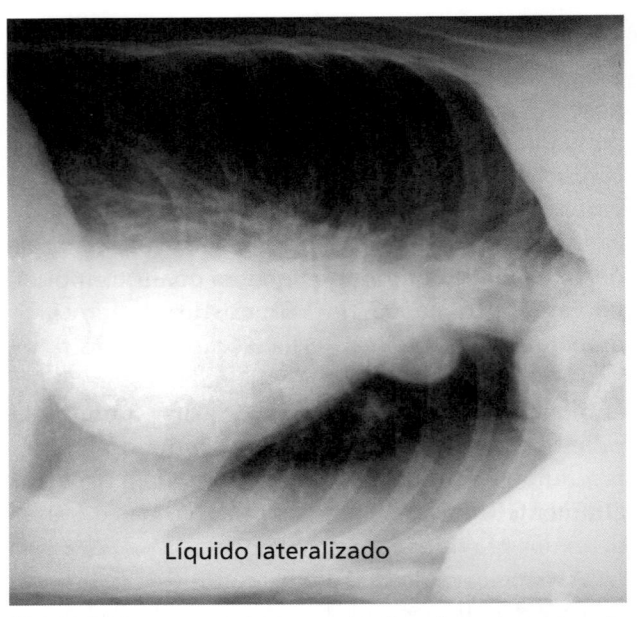

Figura 46.2 Imagem de Rx em decúbito lateral, mostrando o líquido lateralizado no hemitórax esquerdo.

caracteriza pelo acúmulo de líquido abaixo do pulmão, denotando um aspecto semelhante à elevação da hemicúpula, com ausência do seio costofrênico. O que a diferencia é a curvatura da hemicúpula que estará acentuada lateralmente, já que em situações normais se encontra acentuada mais medialmente (Figura 46.3).

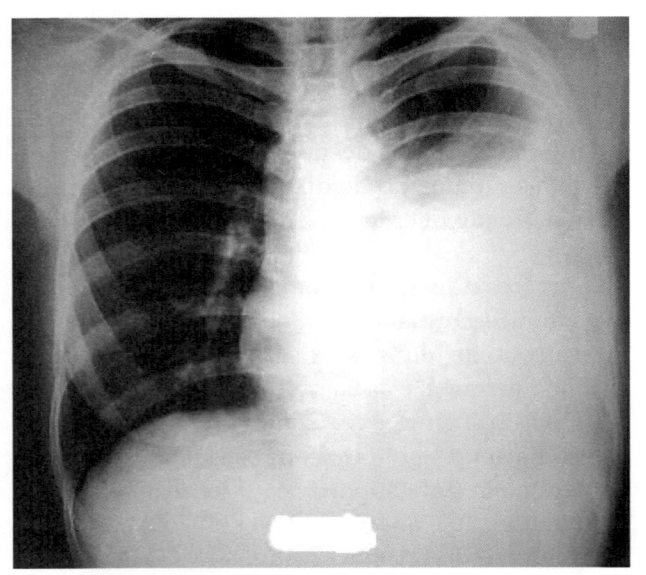

Figura 46.1 Imagem de Rx em PA, demonstrando a opacificação em 2/3 inferiores do hemitórax esquerdo, desenho da curva de Demoiseau e desvio da traqueia e do coração para o lado oposto.

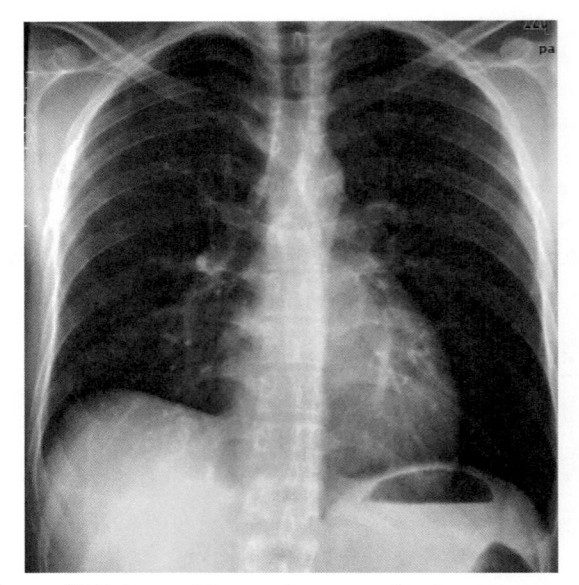

Figura 46.3 Rx em PA com derrame subpulmonar.

O derrame pleural loculado é aquele em que o líquido não está livre na cavidade pleural. Para este diagnóstico, são necessários outros métodos de imagem.

Exames mais sofisticados, como ultrassonografia e tomografia de tórax, podem ser úteis em casos duvidosos ou de derrames pequenos.

A ultrassonografia possui uma alta sensibilidade de detecção de líquidos que podem quantificar o seu volume, permitindo a identificação de massas, pneumopatias, mediastinites ou loculação do derrame.

A tomografia de tórax auxilia na investigação da etiologia ao identificar alterações do parênquima pulmonar ou do mediastino.

DRENAGEM PLEURAL

A drenagem pleural é a colocação de um dreno tubular no espaço pleural conectado a um reservatório com selo d'água, funcionando como um mecanismo valvar, impedindo o retorno do ar ou do líquido drenado (Figura 46.4).

O local de inserção é a linha axilar média, entre o quarto e o quinto espaços intercostais, geralmente em uma linha lateral aos mamilos (Figura 46.5).

O dreno de tórax dever ser retirado quando o débito drenado for menor que 200 mL, e, ao tossir, não apresente borbulhas, juntamente com a radiografia de tórax sem sinais de líquido e com sua expansão normalizada.

Figura 46.4 Reservatório com selo d'água, para a drenagem pleural.

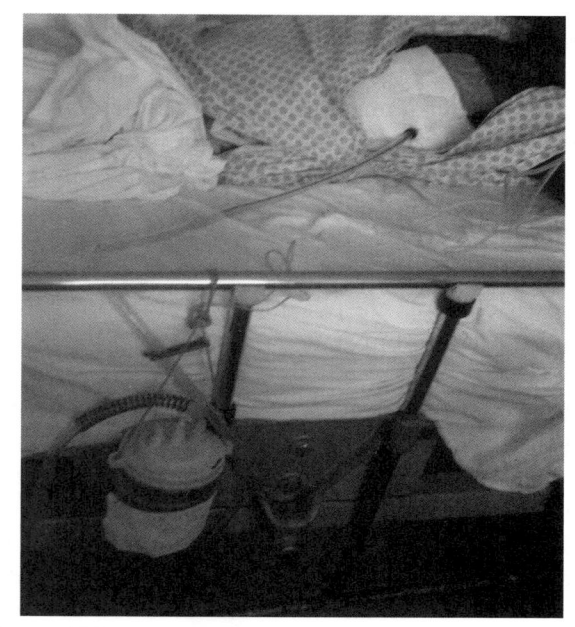

Figura 46.5 Inserção do dreno próximo à linha mamilar.

Para a retirada, pede-se ao paciente que faça uma inspiração sustentada. Neste momento é feita a retirada do dreno, sendo ocluído instantaneamente e permanecendo assim por 48 horas.

A drenagem torácica faz parte da rotina em cirurgias cardíacas. Os drenos mais utilizados na cirurgia cardíaca são os mediastínicos e os pleurais.

No mediastínico, o dreno é inserido no pericárdio, ou sobre ele, e a sua finalidade é a retirada de sangue, líquidos e coágulos residuais, evitando assim o tamponamento cardíaco.

Os drenos pleurais são usados quando as pleuras são abertas deliberada ou acidentalmente.

Por fim, há a pleurodese, isto é, o descolamento dos folhetos pleurais (visceral e parietal), produzindo a sínfise do espaço pleural, impossibilitando o acúmulo de líquido. Esse procedimento tem sido a opção mais utilizada para promover a expansão pulmonar completa. É, na atualidade, a melhor conduta para o controle do derrame pleural recidivante maligno.

TRATAMENTO

O tratamento é direcionado pela investigação da causa e pelo tratamento da doença subentendida.

Os derrames transudativos geralmente têm a sua resolução basicamente pelo tratamento da doença de base.

Os exsudativos necessitam frequentemente de remoção do líquido para alívio dos sintomas. Essa remoção pode ser feita por toracocentese simples ou pela drenagem.

Para os derrames de aspecto maligno, a pleurodese é o tratamento adequado, pois diminui as recorrências de derrame.

FISIOTERAPIA

A fisioterapia no período pré e pós-operatório tem um papel importante na amenização dos sintomas que o derrame pleural promove ao paciente, mas a sua intervenção deve ser cautelosa, em razão das dores no local de incisão do dreno pleural.

Visa-se a reexpansão pulmonar do hemitórax afetado, uma vez que o lado afetado repercutirá em toda dinâmica pulmonar, levando à diminuição da ventilação pulmonar.

As técnicas utilizadas na reexpansão pulmonar consistem em inspiração fracionada (três tempos), soluços inspiratórios e inspiração máxima sustentada.

Com o uso dessas técnicas, ocorre um aumento do gradiente de pressão transpulmonar e, por consequencia, ocorremaior expansão alveolar.

A propriocepção diafragmática auxilia no aumento da ventilação pulmonar. Esta manobra consiste em uma estimulação manual, na qual o fisioterapeuta exerce resistência contra o movimento inspiratório antes do terço final da inspiração.

A higiene brônquica será importante, pois a atividade mucociliar estará deficiente, o que promove acúmulo de muco. As manobras mais usadas nesta situação são as manobras de vibrocompressão, *huffing* e a tosse assistida.

CONSIDERAÇÕES FINAIS

Observa-se que uma das maiores causas de morbidade no pós-operatório de cirurgia cardíaca são as complicações pulmonares.

No Brasil, não existem estatísticas nacionais, porém existem estudos específicos que destacam o derrame pleural com 80% de incidência no pós-operatório de cirurgia cardíaca.

Sabe-se que a fisioterapia tem um importante papel, devendo visar a reexpansão pulmonar, a propriocepção diafragmática e a higiene brônquica. É importante ressaltar que a atuação do fisioterapeuta será iniciada com o consenso multiprofissional e respeitando as limitações do paciente.

BIBLIOGRAFIA RECOMENDADA

1. Arakawa H, Honma K, SaitoY, Shida H, Morikubo H, Suganuma N, et al. Pleural disease in silicosis: pleural thickening, effusion, an invagination. Eadiology. 2005;236(2):685-93.

2. Auler Jr JOC, Oliveira AS, et al. Pós-operatório de cirurgia torácica e cardiovascular. Porto Alegre: Artmed; 2004. p. 370-3.

3. Azeredo CAC. Fisioterapia respiratória no hospital geral: expansão, rexpansão. São Paulo: Manole; 2000. p. 476.

4. Berrizbeitia LD, Tessler S, Jacobowitz IJ, Kaplan P, Budzilowicz L, Cunningham JN. Effect of sternotomy and coronary bypass surgery on postoperative pulmonary mechanics. Chest. 1998;96:873-76.

5. Burgess LJ, Maritz FJ, Talijaard FFJ. Comparative analysis of the biochemical parameters used to distinguish between pleural transudates and exudates. Chest. 1995;107:1604-9.

6. Carvalho M. Fisioterapia respiratória. 5.ed. Rio de Janeiro: Revinter; 2001. p. 20.

7. Chibante MAS. Anatomia da pleura. In: Cibante MAS, ed. Doença da pleura. Rio de Janeiro: Revinter; 1992. p. 3-5.

8. Chibante MAS, Vaz MC, Vargas FS. Comportamento anti-inflamatório da IL-6 nos derrames pleurais pós-revascularização do miocárdio. Rev Port de Pneum. 2007;13(3):319-34.

9. 27- Collins TR, Sahn SA. Thoracentesis: complications, patient experience and diagnostic value. Chest. 1987;91:817-22.

10. Costa D. Fisioterapia respiratória básica. São Paulo: Atheneu; 2004. p. 127.

11. Donnely FL. Imaging. Issues in surgical diseases of the chest. SPR postgraduate course program. Soc Pediat Radiol. 2003.

12. Gilbert TB, Barnas GM, Sequeira AJ Impact of pleotomy, continuous positive airway pressure, and fluid balance during cardiopulmonary bypass on lung mechanics and oxygenation. J Cardiothorac Vasc Anesth. 1996;10:844-9.

13. Godwin JE, Sahn SA. Thoracentesis: a safe procedure in mechanically ventilated patients. Ann intern Med. 1993;103(10):800-2. Comment in: Ann intern Med. 1991;114(5):431.

14. Guyton CA, Hall EJ. Tratado de fisiologia médica. 10. ed. Rio de Janeiro: Guanabara Koogan, 2002. p 423.

15. Irwin STJ. Fisioterapia cardiopulmonar. São Paulo: Manole; 1994.

16. Jakob H, Kamler M, Hagl S. Doubly angled pleural drain circumventing the transcostal route relieves pain after cardiac surgery. Thorac Cardiovasc Surg. 1997;45:263-4.

17. Kennedy L, Sahn SA. Talc pleurodesis for the treatment of pneumothorax and pleural effusion. Chest. 1994;106:1215-22.

18. Lee YC, Vaz MAC, Ely KA, McDonald EC, Thompson PJ, Nesbitt JC, et al. Symptomatic persistent pos-coronary artery bypass graft pleural effusions requiring operative treatment: clinical and histological features. Chest. 2001;119(3):795-800.

19. Light RW, Erozan YS. Cells in pleural fluid: their value in differential diagnosis. Arch intern Med. 1973;132:854-60.

20. Light RW, Rogers JT, Moyers JP, Lee YCG, Rodriguez RM, Alford Jr. WC, et al. Prevalence and clinical course of pleural effusions at 30 days after coronary artery an cardiac surgery. Am J Respir Crit Care Med. 2002;166:1567-71.

21. Lopes AC, et al. Clínica médica: derrame pleural. São Paulo: Manole; 2007. p. 323-9.

22. MacCartney JP, Adams JW 2nd, Hazard PB. Safety of thoracentesis in mechanically ventilated patients. Chest. 1993;103(6):1920-1.

23. Marel M, Stastny B, Melinovå L, Svandová E, Light RW. Diagnosis of pleural effusions. Experience with clinical studies. Chest. 1995; 107:1598-608.

24. Martins SH, Brandão Neto RA, Scalabrini Neto A, Velasco IT. Emergências Clínicas. 3.ed. São Paulo: Manole; 2007. p. 335.

25. Miserocchi G. Physiology and pathophysiology of pleural fluid turnover. Eur Respir J. 1997;10:219-25.

26. Moura HV, Pomerantzeff PMA, Gomes WJ. Síndrome da resposta inflamatória sistêmica na circulação extra-corpórea: papel da interleucinas. Rev Bras Cir Cardiovasc. 2001;16(4):376-87.

27. Ortiz LDN, Schaan CW, Leguisamo CP, Tremarin K, Mattos WLLD, Kalil RAK, et al. Incidência de complicações pulmonares na cirurgia de revascularização do miocárdio. Arq Bras Cardiol. 2010;95 (4).

28. Regenga M M. Fisioterapia em cardiologia da unidade de terapia intensiva à reabilitação: complicações pulmonares no pós-operatório de cirurgia cardíaca. 1ª ed. São Paulo: Roca; 2000. p. 32.

29. Regenga MM. Fisioterapia em cardiologia da unidade de terapia intensiva à reabilitação: particularidades do atendimento ao paciente em pós-operatório de cirurgia cardíaca. São Paulo: Roca; 2000. p. 151.

30. Resende M. Drenagem torácia. Rev Port Med Intensiv. 1999;8(2).

31. Romero S. Evaluation of different criteria for the separation of pleural transudates from exudates. Chest. 1993;104:399-404.

32. Sahn AS. Pleural diagnostic techniques. Curr Opin Pulm Med. 1995;1:324-30.

33. Sahn SA. The diagnostic value of pleural fluid analysis. Semin Resp Crit Care Med. 1995;16:269-87.

34. Sahn SA. The pathophysiology of pleural effusions. Annu Rev Med. 1990;41:7-13.

35. Sahn SA. State of the art. The pleura. Am Rev Resp Dis. 1988;138:184-234.

36. Salazar L, Garcia L. Etiologia del derrame pleural em el institute nacional de enfermedades respira. Rev Inst Nal Enf Res Mex. 1999;12:97-100.

37. Silva GA. Derrames pleurais: fisiopatoliga e diagnóstico. Medicina. 1998;31:208-15.

38. Stapczynski JS. Pleural effusion: emergency Medicine. American College of Emergency Physicians. 2004;62:444-5.

39. Sutton D. Doenças das vias aéreas, colapso e consolidação: tratado de radiologia e diagnóstico por imagem. 6.ed. Rio de Janeiro: Revinter; 2003. p. 464-72.

40. Teixeira LR, Seicento M, Vargas FS. Toracocentese diagnóstica e biópsia pleural. In: Vargas FS, Teixeira LR, Marchi E. Derrame pleural. São Paulo: Roca; 2004. p. 92-102.

41. Vargas FS, Terra-Filho M, Hueb W, Teixeira LR, Cukier A, Light RW, et al. Pulmonary function after coronary artery bypass surgery. Resp Med. 1997;91:629-33.

42. Vaz CM, Marchi E, Vargas FS. Pleurodese: técnica e indicações. J Bras Pneumol. 2006;32(4):347-56

43. West BJ. Fisiopatologia pulmonar moderna. 4.ed. São Paulo: Manole; 1996. p. 102.

47

PNEUMOTÓRAX

PAULA MARIA CARNEIRO
FRANCIELE MATTEUS
MARIANA GOBBI

INTRODUÇÃO

Com relação à abordagem cardíaca, foi no mínimo curiosa a observação de Sherman, em 1902, no *Journal of The American Medical Association*, quando comentou que "a distância para se atingir aquele órgão não é maior que uma polegada, mas foram precisos 2.400 anos para que a cirurgia pudesse percorrer esse caminho".

Foi somente há pouco mais que cinco décadas que a cirurgia cardíaca, nos moldes como ela é conhecida atualmente, começou a se delinear e, desde então, o progresso tem sido vertiginoso. O avanço científico do século XX desmistificou o coração como sede da alma, colocando-o em um patamar hierárquico não muito distante dos demais órgãos do corpo.

Nas últimas décadas, a prevalência de doenças cardiovasculares tem aumentado expressivamente, sendo causa de grande morbimortalidade entre a população mundial. De acordo com a complexidade da doença apresentada pelo paciente, pode-se realizar um tratamento com enfoque clínico ou, se necessário, cirúrgico.

Cirurgias cardíacas são procedimentos amplamente utilizados e as taxas de complicações pós-operatórias permanecem expressivas, podendo ocorrer em razão de alterações da própria cardiopatia, da cirurgia em si e/ou da função pulmonar e cardíaca prévia.

Essas complicações são multifatoriais e entre os fatores de risco pré-operatório estão: idade avançada (> 60 anos), presença de doença pulmonar prévia, classificação ASA (American Society of Anesthesiologists) maior ou igual a II, tabagismo ativo, obesidade, desnutrição, valores espirométricos anormais, capacidade diminuída ao exercício e tempo de internação pré-operatória prolongado. Os riscos intraoperatórios incluem: tipo de anestesia e cirurgia, tempo de cirurgia (> 3 horas), uso de circulação extracorpórea (CEC), grau de sedação, intensidade da manipulação cirúrgica e ao número de drenos pleurais.

Em uma revisão envolvendo 115.021 cirurgias cardíacas (CC), Ribeiro et al. (2006) encontraram uma taxa de mortalidade global de 8%, ocorridas principalmente no período pós-operatório, sendo as complicações pulmonares umas das causas prevalentes. Essas complicações têm índices relatados entre 12 e 70% dos pacientes submetidos a cirurgias torácicas e abdominais altas, comparados com uma incidência de 4% de complicações após cirurgias urológicas ou ortopédicas.

As complicações respiratórias estão entre as causas mais comuns de morbidade e mortalidade após esse procedimento, mesmo em pacientes sem doença pulmonar prévia. São tão prevalentes quanto as cardíacas e contribuem da mesma forma para morbidade, mortalidade e duração da hospitalização, podendo inclusive predizer melhor a mortalidade a longo prazo do que as complicações cardíacas.

Entre as complicações pulmonare mais frequentes, em ordem de incidência, encontram-se: derrame pleural, atelectasia, paralisia do nervo frênico, ventilação mecânica prolongada, disfunção diafragmática, pneumonia, paralisia diafragmática, embolismo pulmonar, SARA, aspiração e pneumotórax.

Estas possuem caráter multifatorial: esternotomia, uso do enxerto da artéria torácica interna (pleurotomia e dreno pleural), resfriamento tópico para proteção miocárdica, anestesia e CEC.

A incidência dessas complicações é difícil de ser determinada pela literatura, por causa da separação realizada pelos autores, como complicações de significância clínica e mesmo radiológica da doença. Feltrim et al. (2007) propuseram uma graduação em quatro níveis de gravidade:

- Grau 1: tosse seca, microatelectasia e dispneia;
- Grau 2: tosse produtiva, broncoespasmo, hipoxemia, atelectasia e hipercapnia.
- Grau 3: derrame pleural, pneumonia, pneumotórax e reentubação.
- Grau 4: insuficiência ventilatória.

Nessa classificação, tanto o derrame pleural quanto o pneumotórax estão classificados como grau 3, portanto, índice de gravidade alto.

DEFINIÇÃO E ETIOLOGIA

O pneumotórax é o acúmulo de ar entre as pleuras parietal e visceral, levando ao aumento da pressão intratorácica, com colapso do tecido pulmonar ipsilateral, resultando em grave anormalidade da relação ventilação-perfusão, redução da capacidade vital, do volume-minuto e do retorno venoso, levando a hipóxia por aumento do *shunt* pulmonar.

No caso de cirurgia cardíaca, o pneumotórax pode decorrer da abertura da cavidade pleural durante a toracotomia, durante a dissecção da artéria torácica interna, com a punção da veia subclávia, ou, ainda, em decorrência da própria ventilação mecânica intraoperatória.

Com relação a sua etiologia, o pneumotórax é classificado como traumático, iatrogênico ou espontâneo. O pneumotórax iatrogênico é secundário a algum procedimento médico invasivo, caso da toracocentese (Quadro 47.1).

Além disso, o pneumotórax pode ser classificado como aberto ou fechado. O pneumotórax aberto é decorrente da entrada de ar no espaço pleural proveniente de uma comunicação com o ambiente externo, caso da cirurgia cardíaca por toracocentese, gerando acúmulo progressivo de ar no espaço pleural, o qual gera pressão intrapleural positiva e influxo de ar entre as pleuras durante a inspiração. Já o fechado geralmente é decorrente de trauma contuso e o acúmulo de ar ocorre por causa do extravasamento a partir do parênquima pulmonar, da árvore brônquica, da traqueia ou do esôfago lesionados.

Quadro 47.1 Tipos e causas de pneumotórax

Espontâneo	Primário	Rotura de bolhas subpleurais
	Secundário	Doença pulmonar obstrutiva crônica
		Fibrose cística
		Neoplasias
		Rotura espontânea do esôfago (síndrome de Boerhaave)
		Infecções (*Pneumocystis carinii,* pneumonia abscecada)
		Síndrome de Marfan
		Granuloma eosinofílico
		Catemanial
Adquirido	Neonatal iatrogênico	Punções de veias centrais
		Biópsias transtorácicas
		Biópsias transbrônquicas
		Toracocentese
		Drenagem torácia inadequada
		Cirurgia laparoscópica
	Barotrauma	
	Traumático	Trauma fechado
		Trauma penetrante

Essa complicação é minimizada pela drenagem torácica já efetuada na maioria dos pacientes.

QUADRO CLÍNICO

Os pacientes com pneumotórax de pequena extensão podem não apresentar alteração tanto no quadro clínico, quanto no exame físico. A quantidade de área colapsada e a presença de afecções respiratória preexistentes irão determinar os sinais e sintomas.

Dentre os sintomas, a dor ocorre com maior frequência juntamente com a dispneia. A dor é manifestada como intensa e de origem pleurítica, e com seu agravamento, pesistente. A dispneia dependerá do tamanho da área colapsada e da doença subjacente.

No pneumotórax hipertensivo, os sinais e sintomas são mais graves e atenuantes, como dispneia severa, geralmente seguida de choque. A ortopneia e tosse seca são manisfestadas com menor frequência.

Ao exame físico, o pneumotórax de menor extensão não apresenta tanta alteração, já os mais extensos podem apresentar hipomobilidade do hemitórax na respiração. A percurssão terá hiper-ressônancia ou timpanismo acompanhado de ausência de frêmito toracovocal, sempre no lado acometido. E o murmúrio vesicular encontra-se diminuído ou abolido na ausculta pulmonar.

No pneumotórax hipertensivo, as veias jugulares estão distendidas e a traqueia desviada, sendo perceptível à palpação. O íctus e a traqueia têm o seu desvio para o lado saudável.

EXAME DE IMAGEM

A simples radiografia de tórax geralmente é suficiente para a confirmação de ar entre a parede torácica e/ou diafragma e a pleura visceral, sendo esta delineadamente delimitada, notando-se a ausência de trama vasobrônquica (Figura 47.1).

A radiografia em perfil pode ser útil em certas situações, mas terá um resultado mais eficaz quando junto com a expiração forçada, evidenciando pequenos volumes de ar no espaço pleural.

A radiografia na expiração aumenta aparentemente o tamanho do pneumotórax, pois o volume pulmonar diminui durante a expiração máxima forçada.

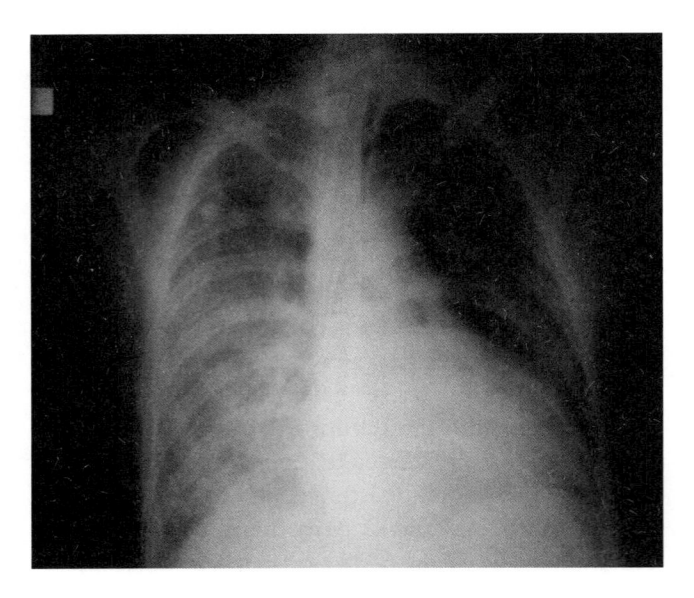

Figura 47.1 Raio X de pneumotórax: presença de ar entre a parede torácica e a pleura visceral, notando a ausência de trama vasobrônquica.

A tomografia é útil quando há necessidade de uma avaliação desmistificada da cavidade pleural, como nos enfisemas subcutâneos ou quando o paciente encontra-se em leito de unidade de terapia intensiva, pois não é tão eficaz na localização do ar na cavidade pleural, por septação ou por localização na parte anterior do pulmão.

DIAGNÓSTICO

O diagnóstico do pneumotórax se baseia na história clínica e no exame físico, confirmados pelos exames de imagem.

TRATAMENTO

O seu tratamento dependerá de diversos fatores, podendo ser conservador, apenas uma observação domiciliar, e até mesmo invasivo, como a toracotomia com ressecção pulmonar e pleurectomia.

Os fatores preditivos para escolha do tratamento são descritos no Quadro 47.2. A partir desses fatores, pode-se direcionar o tratamento.

A escolha do tratamento conservador geralmente é aplicado quando o penumotórax apresenta uma extensão < 3 cm, e sem alterações clínicas. É empregado o repouso relativo e o analgésico. O paciente deverá permanecer no setor de emergência e ser reavaliado após 4 a 6 horas. Essa conduta se deve pela caracerística progressiva do pneumotórax nas horas iniciais do sintoma.

Em pneumotórax com extensão > 3 cm, mesmo sem alteração clínica, imprescindivelmente será necessária conduta invasiva, assegurando a reexpansão do parênquima pulmonar colapsado. Essa

Quadro 47.2 Fatores a serem considerados na abordagem terapêutica do pneumotórax

Intensidade dos sintomas e repercurssão clínica
Tamanho do pneumotórax
Primeiro episódio ou recorrência
Pneumotórax simples ou complicado (p. ex., hemotórax ou infecção)
Doenças pulmonares associadas
Outras doenças ou traumas associados
Ventilação mecânica
Ocupação do paciente

conduta invasiva geralmente é a aspiração do pneumotórax.

Em pacientes com extensão de pneumotórax < 3 cm ou > 3 cm, mas com alteração clínica intensa, a drenagem é de caráter urgente, para descompressão imediata do pneumotórax.

A reexpansão pulmonar é priorizada; caso isso não ocorra após a drenagem, o uso de aspiração contínua controlada é empregada (com pressão negativa de até 20 cmH$_2$O) juntamente com a fisioterapia respiratória.

Isso já não acontece nos casos de pneumotórax com reicidivas, pois o objetivo não é somente a reexpansão pulmonar, mas também o controle das causas repetitivas, em que há o emprego da toracoscopia e a pleurodese.

O tratamento do pneumotórax espontâneo secundário será dado a partir da doença de origem, pois não basta o tratamento isolado do pneumotórax. O tratamento de escolha inicial é a drenagem com tubo tubular, exceto em pacientes com pneumotórax pequenos e estáveis.

No pneumotórax adquirido ou iatrogênico, o tamanho e as condições clínicas dos pacientes também influenciarão, porém sem alteração na linha de tratamento, conservador ou com a drenagem, se necessário. Caso o paciente esteja submetido à ventilação com pressão positiva, a drenagem pleural se torna obrigatória.

Drenagem pleural

A drenagem pleural se dá por meio da inserção de um dreno torácico que permite a drenagem do ar ou líquido da cavidade pleural.

Na cirurgia cardíaca, os mais utilizados são os mediastínicos e os pleurais. Na drenagem mediastínica, o dreno é inserido no pericárdio ou sobre ele e tem como finalidade a eliminação de sangue, líquidos e, eventualmente, coágulos residuais.

A inserção do dreno pleural intercostal adiciona trauma ao tórax e torna necessário perfurar músculos intercostais e a pleura parietal, interferindo nos movimentos respiratórios.

Para a maioria dos pacientes, a cirurgia cardíaca resulta em algum grau de disfunção pulmonar, portanto, a disfunção pulmonar e suas possíveis repercussões fazem com que a fisioterapia respiratória seja, atualmente, amplamente requisitada com o intuito de reverter ou amenizar essas repercussões por meio da utilização de uma grande variedade de técnicas.

Fisioterapia

Como já foi visto, a fisioterapia não atua diretamente no processo patológico, mas sim nas suas manifestações clínicas, incapacidades e limitações. Geralmente os pacientes de pós-operatório adquirem uma alteração no mecanismo de defesa, como o movimento ciliar e a tosse, prejudicando assim a expectoração de secreções. Usa-se como técnica fisioterapêutica a tosse assistida, *huffing* e drenagem autôgena.

O colapso pulmonar é a princpal característica do penumotórax; por consequência, a expansão pulmonar é prejudicada.

No pneumotórax em que o tratamento é conservador, no qual a sua área de extensão não esteja necessitada de drenagem, o fisioterapeuta possui um papel expectante. Porém deverá ter um cuidado minucioso em relação à progresão de piora do quadro respiratório, para poder atuar.

Caso haja necessidade de drenagem pleural, a expansibilidade estará afetada, ocasionando hipoventilação e hipoxemia em graus variados, além da dor, devido ao local de inserção. Sendo assim, emprega-se técnicas de reexpansão pulmonar como: soluços inspiratórios, inspiração fracionada, exercícios diafragmáticos, compressão-descompressão, incentivadores inspiratórios. O emprego de pressões positivas, como respiração por pressão positiva intermitente (RPPI) e a pressão positiva contínua nas vias aéreas (CPAP), está permitido desde que o dreno esteja funcionando de forma correta e bem posicionado, e sempre em consenso com a equipe multiprofissional.

CONSIDERAÇÕES FINAIS

As complicações respiratórias no pós-operatório de cirurgia cardíaca estão entre as causas mais comuns de morbidade e mortalidade, são tão prevalentes quanto as cardíacas e contribuem da mesma forma durante o período de hospitalização, mesmo sem haver comprometimento pulmonar prévio.

A incidência de pneumotórax é difícil de ser determinada pela literatura, porém encontra-se em nível de gravidade alto.

O fisioterapeuta não atua diretamente no processo patológico, mas sim nas suas manifestações clínicas, incapacidades e limitações; sendo assim, técnicas de reexpansão pulmonar são largamente empregadas.

BIBLIOGRAFIA RECOMENDADA

1. Andrade MST. Cuidados Intensivos. Capítulo 2: drenagens e punções. Rio de Janeiro: McGraw-Hill; 1998. p.160-6.

2. Andrade OLF, Campos JRM, Huddad R. Pneumotórax. J Bras Pneumol. 2006;32 (4):S212-6.

3. Andrivet P, Djedaini K, Teboul JL, Brochard L, Dreyfuss D. Spontaneous pneumothorax. Comparison of thoracic drainage vs. immediate or delayed needle aspiration. Chest. 1995;108(2):335-9.

4. Babik B, Azstalos T, Peták F, Deák ZI, Hantos Z. Changes in respiratory mechanic during cardiac surgery. Anesth Analg. 2003;96(5):1280-7.

5. Braile DM. The health care system in Brazil. Current Surgery. 1991;48:361-4.

6. Brasher PA, McClelland KH, Denehy L, Story I. Does removal of deep breathing exercises from a physiotherapy program including pre-operative education and early mobilization after cardiac surgery alter patient outcomes? Aust J Physiother. 2003;49(3):165-73.

7. Berrizbeitia LD, Tessler S, Jacobowitz IJ, Kaplan P, Budzilowicz L, Cunningham JN. Effect of sternotomy and coronary bypass surgery on postoperative pulmonary mechanics. Chest. 1989;96:873-6.

8. Coimbra VRM, Rodrigues MVH, Nozawa E, Feltrim MIZ. Rotinas do atendimento fisioterapêutico no pós-operatório de cirurgia cardíaca. In: Auler JOC, Oliveira SA. Pós- operatório de cirurgia cardíaca e cardiovascular. Porto Alegre: Artmed; 2004. p.174-182.

9. Costa D. Fisioterapia respiratória básica. São Paulo: Atheneu; 1999.

10. Cox CM, Ascione R, Cohen AM, Davies IM, Ryder IG, Angelini GD. Effect of cardiopulmonary bypass on pulmonary gas exchange: a prospective randomized study. Ann Thorac Surg. 2000;69(1):140-5.

11. End A, Wolner E. The Heart: location of the human soul - site of surgical intervention. J Card Surg. 1993;8:398-403.

12. Feltrim MIZ, Jatene FB, Bernardo WM. Medicina baseada em evidências: em pacientes de alto risco, submetidos a revascularização do miocárdio, a fisioterapia respiratória préoperatória previne as complicações pulmonares? Rev Assoc Med Bras. 2007;53(1):8-9.

13. Galdeano LE, Rossi LA, Nobre LF, Ignácio DS. Diagnósticos de enfermagem de pacientes no período transoperatório de cirurgia cardíaca. Rev Latino-am Enfermagem. 2003;11(2):199-206.

14. Gelape CL, Sanches MD, Teixeira AL, Teixeira MM, Bráulio R, Pinto IF, et al. Preoperative plasma levels of soluble tumor necrosis factor receptor type I (sTNF-RI) predicts adverse events in cardiac surgery. Cytokine. 2007;38(2):90-5.

15. Hazeirigg SR, Landreneau RJ, Mack M, Acuff T, Seifert PE, Auer JE, et al. Thoracoscopic stapled resection for spontaneous pneumothorax. J Thorac Cardivasc Surg. 1993;105:389-93.

16. Kaiser LR. Video assisted thoracic surgery. Current state of art. Ann Surg. 1994;220(6):720-34.

17. Kloth RL, Baum VC. Very early extubation in children after cardiac surgery. Crit Care Med. 2002;30(4):787-91.

18. Lancey RA, Gaca C, Salm TJV. The use of smaller, more flexible chest drains following open heart surgery. Chest. 2001;119:19-24.

19. Leguisamo CP, Kalil RAK, Furlani AP. Efetividade de uma proposta fisioterapêutica pré-operatória para cirurgia de revascularização do miocárdio. Rev Bras Cir Cardiovasc. 2005;20(2):134-41.

20. Linder A, Friedel G, Toomes H. Opertive thoracoscopy for recurring pneumothorax. Endosc Surg Allied Technol. 1993;1(5-6):253-60.

21. Lyra RM. Pneumotórax espontâneo: tratamento cirúrgico de bolhas enfisematosas subpleurais pela via toracoscópica com ligadura elástica. Tese apresentada à Universidade Federal de São Paulo. Escola Paulista de Medicina, para obtenção do Título de Mestre em Cirurgia Torácica. Orientador: Professor Dr. Luiz Luis Eduardo Villhaça Leão. 1995.

22. Maggi G, Ardissone F, Oliaro A, Ruffini E, Cianci R. Pleural abrasion in the treatment of recurrent or persistent spontaneous pneumothorax. Results of 94 consecutive cases. Int Surg. 1992;77(22):99-101.

23. Morgan GE, Mikhail MS, Murray MJ. Anesthesia for the trauma patient. In: Clinical anesthesiology. 3rd ed. Florida: Lange McGraw-Hill, 2002, p. 798-9.

24. Nelson LD. Ventilatory support of the trauma patient with pulmonary contusion. Resp Care Clin N Am. 1996;2:425-47.

25. Orton EC. Pleura e espaço pleural. In: Slatter D. Manual de cirurgia de pequenos animais. v.1. São Paulo: Manole; 1998. p.469-89.

26. Paap K, Fry WA. Spontaneous pneumothorax. Chest Surgery Clinics North America. 1994;4(3):517-38.

27. Parra AV, Renée C, Amorim, Saskia E, Wigman, Baccaria LM. Retirada de dreno torácico em pós-operatório de cirurgia cardíaca. Arq Cienc Saúde. 2005;12(2):116-9.

28. Pigatto J. Produção de pneumotórax em cães e manejo por toracoscopia paraxifóide transdiafragmática. Cienc Rural Santa Maria. 2008;38(8).

29. Presto B, Presto LDN. Fisioterapia respiratória: uma nova visão. 2.ed. Rio de Janeiro: BP, 2005.

30. Rhea JT, DeLuca AS, Greene RE. Determining the size of pneumothorax in the upright patient. Radiology. 1982;144:733-6.

31. Ribeiro AL, Gagliardi SP, Nogueira JL, Silveira LM, Colosimo EA, Lopes do Nascimento CA. Mortality related to cardiac surgery in Brazil, 2000-2003. J Thorac Cardiovasc Surg. 2006;131(4):907-9.

32. Santolho LC. História geral da medicina brasileira. v.1. São Paulo: Hucitec e Universidade de São Paulo; 1977.

33. Staton GW, Williams HW, Mahoney EM, Hu J, Chu H, Duke PG, et al. Pulmonary outcomes of off-pump vs. on-pump coronary artery bypass surgery in a randomized trial. Chest. 2005;127(3):892-901.

34. Taniguchi LNT, Pinheiro APA. Particularidades do atendimento ao paciente em pós-operatório de cirurgia cardíaca. In: Regenga MM. Fisioterapia em cardiologia: da unidade de terapia intensiva à reabilitação. São Paulo: Roca; 2000. p.121-54.

35. Videm DA. Pillgram-Larsen J. Ellingsen O, Anderesen G, Ovrum E. Spontaneous pneumothorax in chronic obstructive pulmonary disease: complications, treatment and recurrences. Eur J Respir Dis. 1987;71(5):365-71.

36. Wan S, Yim AP, Arifi AA. Pulmonary dysfunction after cardiac surgery. Chest. 2002;121(4):1269-77.

48

TROMBOEMBOLISMO PULMONAR

MARIA DO CARMO DE OLIVEIRA
MARCOS CESAR RAMOS MELLO

A embolia pulmonar é a maior causa de problemas de saúde pública internacional, e tanto a trombose venosa profunda (TVP) quanto o tromboembolismo pulmonar (TEP) são causadores de morte. Existem vários fatores para o desenvolvimento do TEP, como insuficiência cardíaca, acidente vascular encefálico (AVE), tabagismo, obesidade, cirurgia e imobilização.

DEFINIÇÃO

TEP é uma doença que clinicamente expressa insuficiência e/ou desconforto respiratório, e é causada pela obstrução aguda da circulação arterial pulmonar pela instalação de coágulos sanguíneos, geralmente provenientes da circulação venosa sistêmica, com redução ou obstrução do fluxo sanguíneo pulmonar para a área afetada. Essas condições inter-relacionadas constituem o tromboembolismo venoso (TEV), no qual a TVP é o evento básico e o TEP, a principal complicação aguda potencialmente fatal.

FISIOPATOLOGIA

Para que o TEP ocorra, é necessário que haja a formação de um trombo no sistema venoso. Seus fatores de risco são aqueles que proporcionam as condições básicas de trombogênese venosa. Esses elementos estão presentes na tríade de Virchow: estase do fluxo venoso, lesão ou inflamação endotelial e estados de hipercoagulabilidade.

Os trombos estão localizados principalmente no sistema venoso profundo. O sistema ileofemoral é responsável por 30 a 50% dos casos de TEP. No caso de trombos provenientes dos membros superiores, tem se observado um aumento da sua incidência em virtude da utilização de cateteres intravasculares.

A partir do momento em que é formado o trombo, ele pode se desprender da parede do vaso, caindo na corrente circulatória venosa. Ele, então, será carreado em direção às cavidades cardíacas direitas. Ao chegar no ventrículo direito (VD), sofrerá com a turbulência gerada pela força contrátil do miocárdio, a qual poderá levar ou não à sua fragmentação, penetrando nos ramos da artéria pulmonar, ocupando preferencialmente os segmentos inferiores dos pulmões (Figura 48.1).

As repercussões hemodinâmicas estão diretamente relacionadas com três fatores: primeiro, o percentual

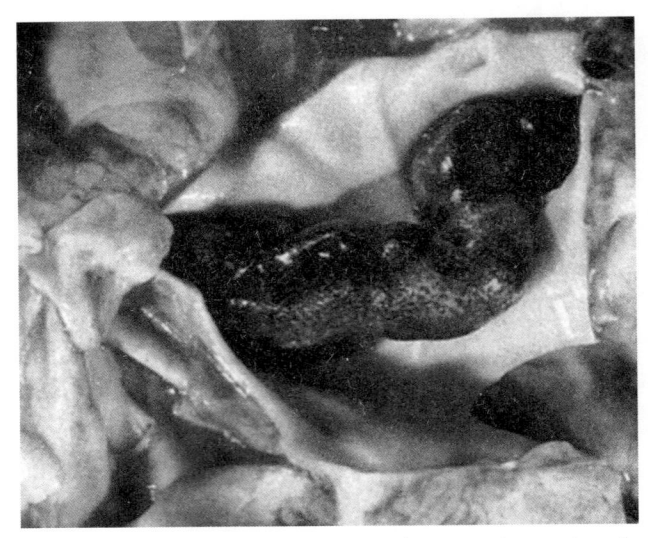

Figura 48.1 Grande êmbolo em sela proveniente da veia femoral, situado entre a artéria pulmonar esquerda principal e a artéria pulmonar direita.

da área arterial pulmonar que foi ocluída; segundo, a magnitude da resposta neuro-humoral; e terceiro, as condições cardiocirculatórias e pulmonares prévias.

O grau de redução do leito arterial pulmonar, ocasionada pelo(s) êmbolo(s) ao chegar na circulação pulmonar, está diretamente relacionado com o seu tamanho, que pode se apresentar como numerosos microêmbolos que irão se prender em arteríolas e capilares, ou êmbolos maiores ao ponto de se fixarem na artéria pulmonar. No entanto, não só o tamanho como a quantidade de êmbolos irá determinar a gravidade do TEP, assim como o aumento da resistência vascular, da pressão da artéria pulmonar, da pós-carga e do trabalho do ventrículo direito (ocasionando até sua falência e *cor pulmonale*), queda do volume-minuto circulatório, taquicardia, diminuição da perfusão coronariana, isquemia miocárdica, prejuízo de enchimento do ventrículo esquerdo com sua posterior disfunção e choque circulatório.

A hipercoagulabilidade, que se dá pela alteração do estado do sangue somada ao aumento da agregação plaquetária e à diminuição dos inibidores circulantes da coagulação, e as possíveis alterações físicas e químicas do sangue, que levam a um aumento da produção de fibrina, assim como a intensidade dos mediadores humorais vaso e broncoconstritores que são liberados pelos trombos, também são fatores de fundamental importância para a formação e a gravidade do TEP.

Estase venosa é a diminuição da velocidade da circulação do sangue e está presente nos indivíduos com mobilidade reduzida, nos que sofreram traumas cirúrgicos e não cirúrgicos, em pessoas com idade superior a 40 anos, em obesos, em indivíduos com insuficiência cardíaca e nos portadores de sequela de TVP.

Assim, fica claro que as condições que predispõem à TVP são a mesmas que favorecem a formação do TEP.

Repercussões hemodinâmicas do TEP

A hipoxemia ocorre em virtude da diminuição dos níveis de pressão parcial do oxigênio no sangue

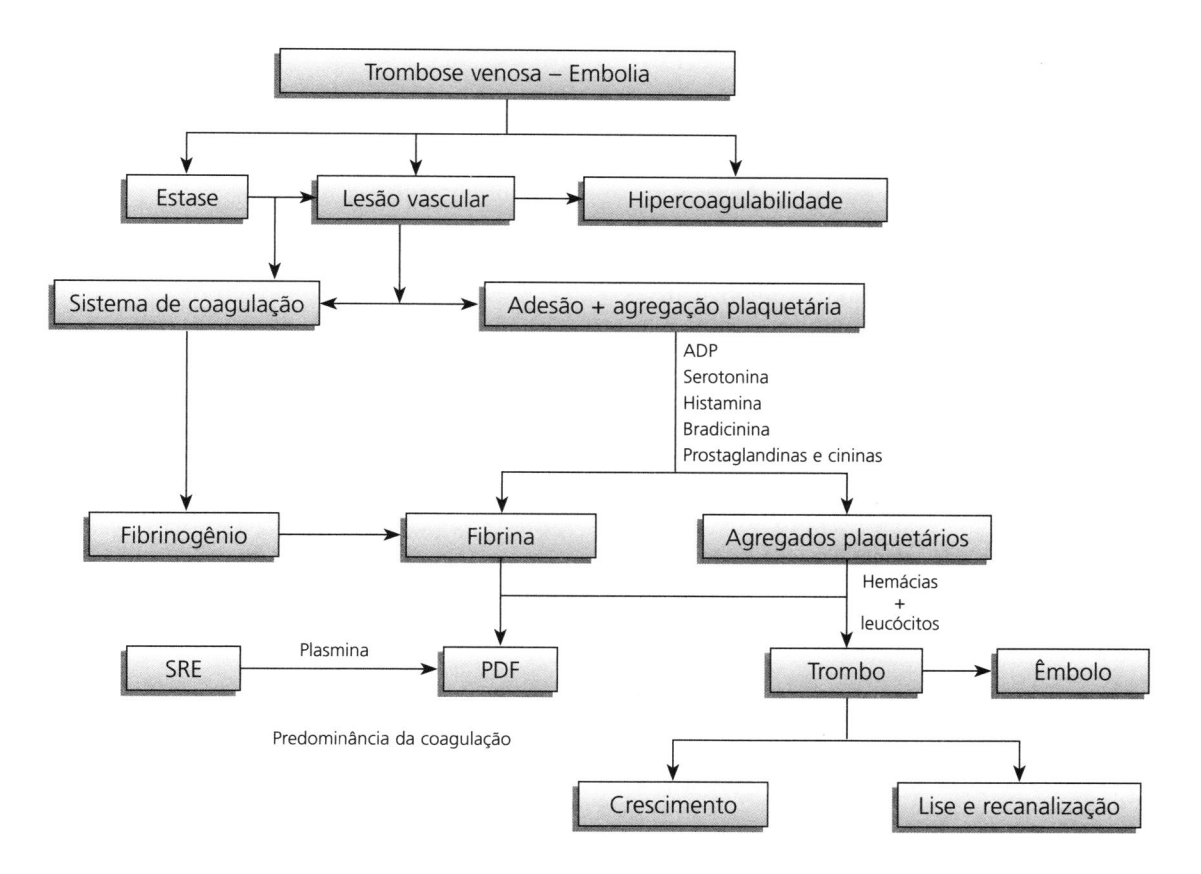

Figura 48.2 Etiopatogenia do tromboembolismo.

arterial, resultado da desigualdade na relação ventilação-perfusão nas áreas afetadas pelo TEP.

O aumento do espaço morto, que se dá pela existência de áreas pulmonares com obstrução da circulação, associada à manutenção da ventilação, ou seja, áreas ventiladas mas não perfundidas, caracterizando o distúrbio ventilalação-perfusão conhecido como espaço morto. Em consequência a esse fator, ocorre menor eliminação do CO_2, levando a hipercapnia. A hiperventilação, como resposta compensatória à hipercapnia, elimina o excesso de CO_2, levando à alcalose respiratória. O aumento do trabalho respiratório, a dispneia compensatória, é a resposta à hipoxemia tissular que estimula os quimiorreceptores do seio carotídeo e aórtico. A liberação de agentes humorais, a serotonina e a histamina, pelo trombo leva a um aumento da resposta aferente vagal; juntamente com fatores reflexos, hipoxemia e diminuição do volume do gás torácico levam à vasoconstrição reflexa no calibre dos vasos pulmonares e, consequentemente, ao aumento da resistência vascular pulmonar, ocasionando a hipertensão pulmonar (HP).

As alterações hemodinâmicas em pacientes sem doença cardiopulmonar prévia, a pós-carga do VD mostra-se aumentada quando a obstrução determinada pelos êmbolos é de 25% ou mais do leito vascular pulmonar. A presença de insuficiência tricúspide e aumento do átrio direito são também observados. A dificuldade de ejeção do VD e a consequente redução do enchimento ventricular esquerdo (VE) se traduzem, nos casos graves, em um choque obstrutivo para o VD e hipovolêmico para o VE. A pressão sistólica do VD é igual à da artéria pulmonar e tem uma variação de 20 a 30 mmHg. Nos casos em que ocorre grave HP, a perfusão ficará mais dependente da diástole decorrente da compressão dos vasos coronários intramiocárdicos durante a sístole. Na presença de coronariopatia direita, a elevação da tensão intra-

miocárdica associada à deficiência de perfusão sistólica poderá causar desequilíbrio da relação de oferta e consumo de O_2 dessa câmara e sua falência súbita.

O efeito Berheim inverso, que se trata do desvio do septo interventricular da direita para esquerda, juntamente com a elevação da tensão intrapericárdica contribuem para a diminuição da complacência do VE e a elevação da pressão diastólica final, aumentando assim o risco de edema agudo de pulmão.

O valor da pressão da artéria pulmonar é de 15 mmHg e estima-se que a oclusão de dois lobos pulmonares proporcione um aumento dessa pressão para 25 a 30 mmHg. O VD dificilmente gera uma pressão média acima de 40 mmHg. Quando isso ocorre, é sinal de grave evento embólico ou doença cardiopulmonar prévia. Na recorrência de novos eventos tromboembólicos, o VD torna-se incapaz de gerar um pressão que seja suficiente para vencer a pós-carga, demonstrando sinais de sua falência.

Portanto, a manutenção desse ciclo vicioso que ocorre com a hipertensão pulmonar, hipoxemia, elevação da pressão pulmonar e choque, deverá ser rapidamente identificada e tratada, para que ocorra o sucesso no tratamento do paciente.

FATORES DE RISCO

A presença de fatores de risco para o tromboembolismo venoso é a condição inicial para o estabelecimento de elevada suspeita clínica de tromboembolismo pulmonar.

A tríade de Virchow, caracterizada por estase sanguínea, lesão da camada íntima da parede dos vasos e alterações do sistema de coagulação, identifica os principais fatores predisponentes da trombose venosa.

O papel de cada um desses fatores na gênese da trombose já foi demonstrado experimentalmente; porém, na clínica, observa-se que a associação dos

---

Tabela 48.1 Ciclo vicioso: hipertensão pulmonar, diminuição do débito cardíaco, hipoxemia e choque

↑ pressão na artéria pulmonar	Atelectasia
Hipocinesia de VD	Hipoxemia
↓ débito cardíaco de VD	Taquicardia
Abertura de *shunts* arteriovenosos	↓ enchimento de ventrículo esquerdo (restrição do pericárdio e dilatação de VD com desvio do septo interventricular)
Desequilíbrio ventilação-perfusão	
Liberação de vários mediadores químicos	

dois primeiros frequentemente precede o aparecimento da trombose venosa.

O risco de TEP aumenta muito a partir dos 40 anos. Entre as possíveis explicações para esse fato,estão a redução progressiva da resistência da parede venosa e a diminuição da atividade fibrinolítica local. À medida que a população envelhece, o TEP se torna mais frequente. Os idosos são mais suscetíveis ao TEP, porque estão frequentemente sujeitos a fatores de risco.

Os principais fatores de risco são:

- Imobilização/paralisia.
- Cirurgias.
- Acidente vascular cerebral.
- Neoplasias.
- História de tromboembolismo venoso.
- Obesidade.
- Tabagismo.
- Hipertensão arterial sistêmica.
- Fratura de quadril e fêmur.
- Insuficiência cardíaca congestiva.
- Gestação e pós-parto.
- Contraceptivos orais e terapia de reposição hormonal.

MANIFESTAÇÕES CLÍNICAS

O TEP pode apresentar-se, clinicamente, de várias maneiras e, com grande frequência, de forma silenciosa. A maioria dos pacientes são assintomáticos ou evidenciam sinais clínicos que só serão reconhecidos retrospectivamente. É importante destacar que os achados clínicos observados no TEP variam de acordo com tamanho, número e localização do trombo; oclusão completa ou parcial; e presença de doença cardiopulmonar prévia. A presença de fatores de risco para TEP deve ser considerada para reforçar a possibilidade diagnóstica.

O TEP pode ser classificado em três síndromes clínicas: colapso circulatório, dispneia súbita e dor torácica ventilatório-dependente. Essas formas de apresentação clínica estão correlacionadas com os respectivos modelos fisiopatológicos: embolia maciça, embolia submaciça e infarto pulmonar (Tabela 48.2).

A dispneia clássica, de início súbito e inexplicável, sugere o diagnóstico de TEP. Frequentemente, é o único sintoma clínico encontrado. Outras manifestações clínicas, como dor torácica do tipo pleurítica e hemoptise, associadas ao infarto pulmonar, também são

Tabela 48.2 Achados clínicos nas embolias

Embolias pequenas (submaciças)	Embolias grandes (maciças)
Dor torácica	Síncope
Dor pleurítica	Hipotensão arterial/choque
Dispneia	Taquicardia
Taquipneia	Dispneia
Tosse	Cianose
Hemoptise/hemoptóicos	
Taquicardia	
Febre	
Cianose	

sugestivas de TEP, mas não são a regra. Entretanto, a ausência desses sinais não exclui o diagnóstico de TEP.

Nos indivíduos com doença cardiopulmonar prévia, a evolução é mais complicada, com a presença mais frequente de infarto pulmonar, arritmias cardíacas, hipotensão e morte. Já os indivíduos considerados "normais antes do episódio" evoluem, frequentemente, sem sintomas, oligossintomáticos, ou ainda podem evoluir para morte súbita. Cerca de 20 a 30% dos pacientes com TEP apresentam síncope e parada cardiorrespiratória.

DIAGNÓSTICO

A apresentação clínica varia conforme a quantidade e o tamanho do trombo, além do estado cardiopulmonar do paciente. A possibilidade de TEP deve ser considerada sempre que houver dispneia súbita e/ou dor torácica.

Para tornar menos subjetiva a estratificação de risco, alguns autores sugerem a realização de um escore para uma determinação mais objetiva do grau de suspeita clínica (Tabela 48.3).

- Suspeita clínica de alta probabilidade: é considerada quando identificado um quadro clínico compatível em pacientes com fatores de risco definidos para TEV, com ou sem anormalidades radiográficas ou gasométricas associadas, e, se presentes, inexplicáveis por outro diagnóstico.
- Suspeita clínica de baixa probabilidade: é constituída por um quadro clínico compatível e pela ausência de fatores de risco conhecidos, com ou sem anormalidades radiográficas ou gasométricas, e, se presentes, explicáveis por outro diagnóstico.

Tabela 48.3 Modelo para estimar a probabilidade clínica para TEP

Variáveis	N. de pontos
Sinais e sintomas de TVP	3,0
Outros diagnósticos são menos prováveis que o TEP	3,0
Frequência cardíaca > 100 bpm	1,5
Imobilização ou cirurgia nas últimas 4 semanas	1,5
Episódio prévio de TEP ou TVP	1,5
Hemoptise	1,0
Câncer (atual ou nos últimos 6 meses)	1,0
Probabilidade clínica	
Baixa	< 2,0
Intermediária	2,0 a 6,0
Alta	> 6,0

Além da anamnese e do exame físico, pois os achados clínicos de TEP são inespecíficos, torna-se necessária uma investigação diagnóstica complementar, de maior ou menor complexidade, segundo a disponibilidade do serviço.

Sendo assim, pode-se utilizar:

- Suspeita clínica (cenário clínico e fatores de risco).
- Eletrocardiograma e ecocardiograma.
- Radiografia de tórax.
- Gasometria arterial.
- Dímero D.
- Cintilografia VA/Q.
- Tomografia computadorizada helicoidal (angiotomografia).
- Angiografia pulmonar.
- Avaliação de membros inferiores.

Eletrocardiograma

O eletrocardiograma (ECG) é anormal em 70% dos casos de TEP, suas alterações são inespecíficas e, na fase aguda do TEP, dependem do nível de gravidade da embolia.

As alterações eletrocardiográficas no TEP são aquelas em que estão presentes sinais de sobrecarga aguda do VD. Os achados mais comuns são alterações do segmento ST e onda T. A presença de ondas T negativas nas derivações precordiais é frequente em pacientes com embolia pulmonar e está associada a pior prognóstico.

Da mesma forma, a presença de arritmias atriais, bloqueio de ramo direito, baixa voltagem periférica, padrão de pseudoinfarto (ondas Q em DII, DIII e aVF) ou alterações do segmento ST em derivações precordiais predizem maior risco de óbito. O padrão clássico de *cor pulmonale* com S1 Q3 T3, ondas P *pulmonale* ou bloqueio de ramo direito é incomumente observado em pacientes com embolia pulmonar.

É importante a realização do ECG durante a investigação diagnóstica de TEP, pois auxilia na confirmação ou na exclusão de diagnósticos diferenciais, como o infarto agudo do miocárdio e a pericardite (Figura 48.3).

Ecocardiograma

Ainda não há um consenso na literatura sobre o real papel do ecocardiograma (ECO) no manejo do TEP, pois pode estar normal em até 45% dos pacientes com diagnóstico confirmado. Pórem, é um exame importante durante a avaliação de pacientes com suspeita de TEP, pela possibilidade de fundamentar seu diagnóstico e avaliar possíveis diagnósticos diferenciais.

O ecocardiograma pode sugerir ou enfatizar a suspeita diagnóstica de embolia pulmonar se estiverem presentes sobrecarga e disfunção do ventrículo direito em associação a sinais ao Doppler de aumento de pressão da artéria pulmonar.

Os achados ecocardiográficos mais frequentemente encontrados na embolia pulmonar com comprometimento hemodinâmico significativo incluem a presença de ventrículo direito dilatado e hipocinético, dilatação das artérias pulmonares, intensificação do fluxo de regurgitação tricúspide, alteração da velocidade do fluxo de saída do ventrículo direito e desvio do septo interventricular da direita para a esquerda (efeito Berheim inverso). A veia cava inferior está frequentemente dilatada e não apresenta colapso durante a inspiração.

A presença de hipocinesia do ventrículo direito em pacientes portadores de embolia pulmonar com pressão arterial sistólica preservada é um preditor independente de mortalidade precoce.

Nos trombos de localização central, ou seja, no tronco da artéria pulmonar ou nos ramos principais, o ecocardiograma transesofágico possui sensibilidade de 98% e especificidade de 86%. Pela possibilidade de ser realizado à beira do leito, esse método é indicado para os pacientes clinicamente instáveis,

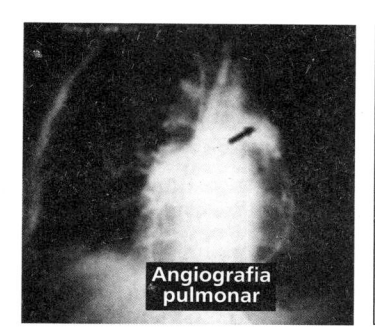 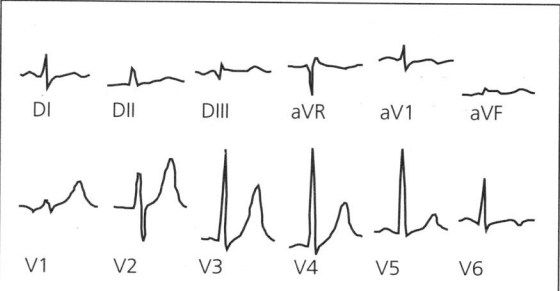 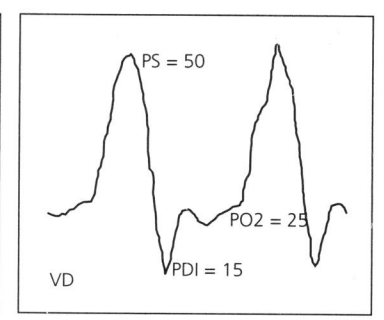

Figura 48.3 Angiografia pulmonar, eletrocardiograma e curva de pressão do ventrículo direito, em um caso de *cor pulmonale* agudo por oclusão tromboembólica da artéria pulmonar esquerda.

nos quais é maior a possibilidade de trombos de localização central.

Radiografia de tórax

A radiografia de tórax é, habitualmente, o primeiro método de imagem utilizado durante a elaboração diagnóstica na suspeita de TEP e pode, muitas vezes, demonstrar a presença de outras alterações, conduzindo a diagnósticos alternativos, como pneumonia, pneumotórax, fratura de arco costal, edema agudo de pulmão e tamponamento pericárdico.

Apenas 12% dos casos de embolia pulmonar apresentam radiografia de tórax normal. Os achados mais comuns incluem atelectasia laminar, derrame pleural, infiltrado pulmonar e elevação discreta hemidiafragmática.

A partir da chegada do êmbolo na circulação pulmonar, sua presença desencadeia diversos distúrbios fisiopatológicos, que podem resultar em alterações estruturais e anatômicas que são responsáveis pelas anormalidades radiológicas identificáveis.

Algumas alterações clássicas encontradas no TEP são:

- Sinal de Hampton: infiltrado pulmonar em cunha com base pleural que representa hemorragia intraparenquimatosa.
- Sinal de Westermark: corresponde a uma região de oligoemia (redução do fluxo sanguíneo) associada à amputação e ao ingurgitamento do ramo da artéria pulmonar correspondente àquela área.
- Pneumoconstrição: é a diminuição volumétrica de uma região pulmonar por redução da atividade local do surfactante. É visualizada como faixas de atelectasias paralelas à cúpula diafragmática, com ou sem a sua elevação.

A radiografia de tórax é fundamental no subgrupo de pacientes a serem submetidos a cintilografia pulmonar de ventilação e perfusão, ajudando a definir a probabilidade diagnóstica (Figura 48.4).

Gasometria arterial

A gasometria arterial é de baixa especificidade e moderada sensibilidade para o diagnóstico de TEP. Os principais achados gasométricos são a hipoxemia (PaO_2 < 80 mmHg) e a hipocapnia ($PaCO_2$ < 35 mmHg). Porém, em 18% dos pacientes, a PaO_2 é normal (> 85 mmHg); ela pode ser normal ou até

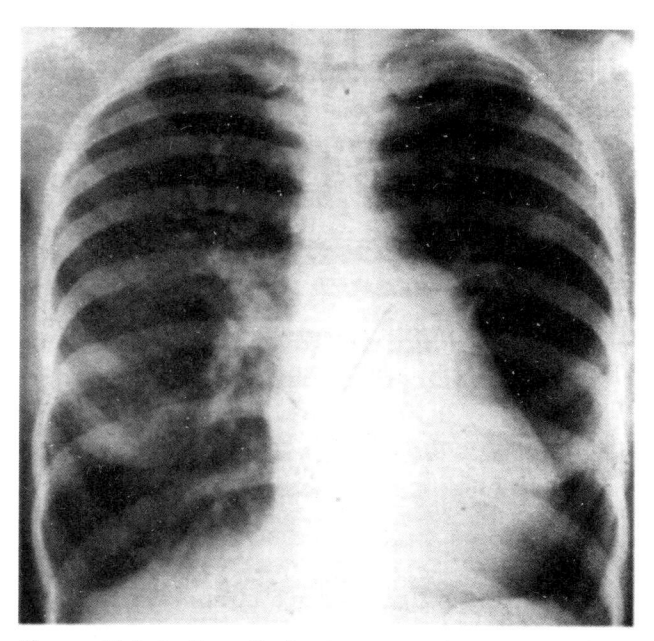

Figura 48.4 Radiografia de tórax em paciente com embolia pulmonar demonstrando o sinal de Westermark. Observar protrusão do tronco da artéria pulmonar, hipertransparência e ausência de sombras no campo pulmonar esquerdo.

mesmo aumentada se houver embolia maciça com instabilidade hemodinâmica.

É de acordo com o resultado da gasometria arterial que se deve estipular a necessidade de oxigeno-terapia suplementar e de ventilação mecânica em pacientes instáveis.

Dímero D

Dímero D (DD) é um subproduto da degradação da fibrina, que se eleva quando há formação de trombos no organismo. Dos pacientes com TEP, 97% apresentam níveis maiores do que 500 ng/mL.

A dosagem de DD deve ser interpretada sempre em conjunto com a probabilidade clínica. Assim, em pacientes com alta probabilidade clínica, não há necessidade de realizar testes para a detecção de DD, pois, nessa situação, mesmo que o resultado seja normal, não se pode afastar a possibilidade da doença. Diversos estudos têm demonstrado que resultados de dímero D < 500 ng/mL afastam, com alto nível de segurança, a possibilidade de embolia pulmonar em pacientes com probabilidade clínica baixa ou moderada da doença, de forma que exames de imagem adicionais tornam-se desnecessários.

Várias metodologias diferentes têm sido utilizadas para mensuração de DD, sendo o ELISA (*enzyme-linked immunosorbent assay*) considerado o de melhor acurácia, com sensibilidade de 97% e especificidade de 42%. O método de avaliação semiquantitativo pela técnica do látex é o mais utilizado, porém com níveis de acurácia inferiores aos realizados pelo método ELISA: sensibilidade de 70% e especificidade de 76%. Dessa forma, é importante conhecer a técnica utilizada no laboratório da instituição em que se trabalha.

Cintilografia pulmonar de ventilação-perfusão

A cintilografia pulmonar de ventilação-perfusão é um dos métodos mais utilizados para avaliação de pacientes com suspeita de TEP, embora, mais recentemente, venha sendo substituída pela tomografia helicoidal *multislice*.

Em pacientes com suspeita de TEP, a cintilografia pulmonar normal exclui o diagnóstico de embolia pulmonar.

Nos casos de alta probabilidade clínica, cuja cintilografia VA/Q é de alta probabilidade, a possibilida-

de diagnóstica de TEP é de 90%, enquanto que, nos casos de baixa probabilidade clínica, em que a cintilografia VA/Q é de baixa probabilidade ou normal, o diagnóstico de TEP é muito improvável. Por outro lado, o estudo Piomed demonstrou que a embolia pulmonar estava presente em 14 e 30% dos pacientes com baixa e intermediária probabilidade pela cintilografia pulmonar, ou seja, tais resultados são inconclusivos, não permitindo afastar ou confirmar o diagnóstico e demandando a realização de exames adicionais, como a arteriografia pulmonar.

Tomografia computadorizada de tórax

A TC helicoidal vem sendo amplamente utilizada na investigação de pacientes com suspeita clínica de TEP em virtude de suas vantagens sobre a cintilografia pulmonar de ventilação-perfusão. Trata-se de um método mais rápido, amplamente disponível, com boa acurácia e custo relativamente baixo comparado à arteriografia convencional, além de ser capaz de avaliar outras possibilidades diagnósticas.

Contudo, a TC de tórax helicoidal com um detector deixa de diagnosticar em torno de 30% dos casos de embolia pulmonar, havendo ainda razoável grau de discordância entre observadores, ou seja, o procedimento é insuficiente para descartar a presença de embolia pulmonar e, nesse caso, outros testes devem ser realizados.

Novos tomógrafos com multidetectores (*multislice*) têm permitido a realização de exames com importante melhora na visualização de ramos segmentares e subsegmentares. Estudos realizados com tomógrafos *multislice* têm demonstrado que o método tem alto valor preditivo negativo, ou seja, permite excluir o diagnóstico de embolia pulmonar sem necessidade de acrescentar outros testes, sendo que o mesmo não acontece com a tomografia helicoidal.

Angiografia

Angiografia pulmonar é o método ainda considerado como o padrão-ouro no diagnóstico de TEP. Ela é capaz de estabelecer ou excluir o diagnóstico de embolia pulmonar com acurácia praticamente plena, apesar do caráter invasivo, e é um método seguro, embora pouco utilizado na prática clínica.

A angiografia é realizada injetando-se contraste nos ramos da artéria pulmonar após cateterização percutânea. São realizadas duas projeções para cada pulmão (anteroposterior e oblíqua), totalizando quatro injeções de contraste.

Nos centros que dispõem de tomografia helicoidal *multislice* (quatro ou mais detectores), a arteriografia pulmonar é utilizada muito raramente. Na indisponibilidade de realizar tomografia *multislice*, a arteriografia deve ser solicitada quando o diagnóstico de embolia pulmonar não pode ser afastado ou confirmado após a realização de exames menos invasivos. Um exemplo dessa situação é a ocorrência de cintilografia de pulmão não diagnóstica e ultrassom venoso de membros inferiores negativo, mas com probabilidade clínica intermediária ou alta de embolia pulmonar.

Ultrassom venoso de membros inferiores

Aproximadamente 90% dos êmbolos pulmonares provêm de trombos originários no sistema venoso profundo dos membros inferiores. Pacientes com embolia pulmonar apresentam ultrassom positivo para trombose venosa profunda em 30 a 50% dos casos. Possui grande utilidade quando há moderada probabilidade clínica de tromboembolia pulmonar em associação à cintilografia pulmonar de ventilação-perfusão não conclusiva ou com tomografia helicoidal de tórax de um detector negativa.

A sensibilidade e a especificidade do ultrassom para diagnóstico de trombose venosa profunda em pacientes sintomáticos nos quais se observa diminuição da compressibilidade das veias profundas proximais dos membros inferiores é de 97%, com valor preditivo positivo de 94%.

TRATAMENTO CLÍNICO

A abordagem terapêutica inicial tem por objetivo a estabilidade clínica e hemodinâmica, oferecendo, se necessário, suporte farmacológico, com agentes inotrópicos e vasoconstritores, e suporte ventilatório. Os pacientes instáveis clinicamente devem ser admitidos em unidades de terapia intensiva, e os estáveis podem ser tratados em unidades de intermediária complexidade. Nos pacientes hipotensos, a administração de cristaloides é a conduta inicial, podendo ser usadas aminas vasopressoras para os pacientes refratários à reposição volêmica. A hipoxemia é tratada com oxigenoterapia e, nos casos mais graves, a entubação orotraqueal e o suporte ventilatório mecânico podem ser necessários.

Anticoagulação

Heparina não fracionada (HNF)

No tratamento do tromboembolismo venoso, a HNF é a abordagem terapêutica mais frequente e de comprovada eficácia. A heparina inibe, de imediato, o crescimento do trombo, apressando a sua resolução e reduzindo o tamanho do êmbolo. No entanto, um paciente heparinizado permanece com risco de embolia até que o trombo tenha se dissolvido ou se organizado.

A heparina deve ser administrada por via endovenosa; o tempo de tratamento, em geral, é de 5 a 7 dias; a estratégia recomendada utiliza *bolus* de dose de ataque, seguida da dose de manutenção; a hemorragia é a complicação principal da heparinização, portanto a dose de HNF deverá ser ajustada conforme as variações do tempo de tromboplastina parcial ativada (TTPA), usado no controle da dose de heparina.

Heparina de baixo peso molecular (HBPM)

No tratamento de TVP, o uso das HBPM está estabelecido por meio de estudos que demonstraram sua eficácia e segurança quando comparada à HNF. Na EP, os estudos, apesar de em menor número, apontam na mesma direção, tornando o uso das HBPM uma opção terapêutica. A forma preconizada para o acompanhamento da anticoagulação com HBPM é aquela através da dosagem plasmática do anti-Xa, que deve ser realizada 4 horas após sua administração subcutânea. A dose das HBPM dependerá da sua forma de apresentação e deverá ser individualizada.

Inibidor do fator Xa

O fondaparinux, um inibidor do fator Xa, mostrou ser pelo menos tão efetivo e seguro quanto a heparina não fracionada para o tratamento da embolia pulmonar em pacientes hemodinamicamente estáveis, podendo ser considerado uma opção terapêutica, quando disponibilizada comercialmente.

Anticoagulantes orais

Um anticoagulante oral deve ser iniciado no quinto ou sétimo dia de heparina, desde que o paciente não tenha desenvolvido nenhum sinal de sangramento excessivo ou queda do hematócrito.

Quando se inicia um anticoagulante oral do tipo varfarina, deve-se atentar para o fato de que um estado antitrombótico efetivo não é atingido até que o tempo de protrombina esteja dentro dos limites determinados; portanto, a heparina não deve ser retirada antes desse período.

A estratégia terapêutica para os casos de trombofilia é individualizada de acordo com a situação clínica. A duração do tratamento com anticoagulantes orais dependerá, fundamentalmente, dos fatores de risco e da possibilidade de serem removidos. Os pacientes somente com fatores considerados removíveis, como o uso de estrogênio ou com procedimento cirúrgico, poderão ser tratados por 3 meses, desde que suspensa a exposição a essas situações; já nos pacientes com elevado risco de trombose recorrente, sua administração é mais extensa.

Trombolíticos

As justificativas para o uso dos trombolíticos no TEP está baseada no fato desses fármacos serem mais eficazes que a heparina para dissolver os trombos, por sua capacidade de acelerar a lise do coágulo associada a um rápido bloqueio da formação dos mediadores humorais, melhorando as condições hemodinâmicas e a redução da taxa de TEP recorrente, por dissolver a fonte formadora de êmbolos *in situ*, o que propicia, consequentemente, melhor resultado clínico.

Embora exista uma tendência atual para ampliar a utilização dos trombolíticos no tratamento do TEP, seu uso ainda é restrito aos casos mais graves, como na embolia maciça com *cor pulmonale* agudo, instabilidade hemodinâmica e grave insuficiência respiratória, baseado na ação rápida desses agentes na reperfusão pulmonar. Nos casos de embolia pulmonar com menores repercussões acompanhados de TVP extensa, seu papel ainda é discutido. Cabe lembrar que os trombolíticos são drogas caras e implicam maior risco de hemorragia, que ocorre em uma frequência até três vezes maior do que no tratamento apenas com heparina.

Após o período de terapêutica trombolítica, a anticoagulação-padrão se faz necessária para a profilaxia de êmbolos recorrentes.

Cirurgia

A embolectomia pulmonar, por meio de toracotomia, cateter de Fogarty ou sucção, quase nunca é utilizada, porém constitui uma alternativa no tratamento do TEP, pois é indicada no TEP maciço com contraindicações para o uso de trombolítico ou, mais raramente, para aqueles que não responderam à trombólise. O melhor resultado cirúrgico é reservado para os casos de obstrução subtotal do tronco da artéria pulmonar ou dos seus ramos principais. O papel da cirurgia é bastante discutível. Poucos pacientes são submetidos a esse procedimento, por apresentar alta taxa de mortalidade, principalmente pela gravidade do quadro clínico dos que realizam essa operação.

Filtro de veia cava

Os filtros de veia cava estão indicados nos pacientes com TVP nos quais a anticoagulação está contraindicada ou, ainda, naqueles com baixa probabilidade de sobrevida a fenômenos de TEP recorrente.

É importante ressaltar que é uma medida profilática, sem participação no trombo pulmonar já instalado.

TRATAMENTO FISIOTERAPÊUTICO

A fisioterapia tem sua principal atuação nas condutas profiláticas e na avaliação dos sinais clínicos de TVP. O fisioterapeuta deve estar atento aos sinais que são evidenciados nos membros superiores e inferiores, isto é, aumento, ou empastamento de panturrilhas, petéquias e sinais de processos inflamatórios (aumento da temperatura, dor, rubor). Essa avaliação deve ser realizada diariamente.

Condutas fisioterapêuticas

- Auxiliar na deambulação precoce dos pacientes assim que possível.
- Se houver trauma raquimedular associado, intensificar a movimentação passiva e avaliar a possibilidade da compressão pneumática.
- Nos casos de hemorragia subaracnoide ou contraindicação de tratamento farmacológico, avaliar a possibilidade de compressão pneumática.
- Orientar movimentos metabólicos durante o dia.
- Auxiliar a indicação das meias elásticas.
- Movimentação passiva e ativa precoce para estimular o retorno venoso e, consequentemente, evitar estase dos membros inferiores e fibrinólise local e sistêmica.

- Em pacientes com TVP instalada, só realizar a mobilização do membro afetado após anticoagulação adequada.

- Uma vez a TEP instalada, deve-se manter oxigenação adequada através de cateter, nebulização ou máscara de Venturi. O tratamento com O_2 é indicado por ser um potente vasodilatador. O uso de NO (óxido nítrico) exógeno, por ter efeito vasodilatador, e de pressão positiva intratorácica através da VNI para melhora da dispneia e alterações na troca gasosa ainda necessita de mais estudos que comprovem seus reais efeitos benéficos e suas contraindicações.

- Deve-se sempre avaliar o desconforto respiratório e não protelar em indicar a entubação orotraqueal.

BIBLIOGRAFIA RECOMENDADA

1. Afonso JE. Alterações circulatórias do pulmão. In:Tarantino AB. Doenças pulmonares. 4ª ed. Rio de Janeiro: Guanabara Koogan, 1997. p. 877-95.

2. Alpert JS, Dalen JE. Epidemiology and natural history of venous thromboembolism. Prog Cardiovasc Dis.1994;36(6):417-22.

3. Alvares F, Padua AI, Terra FJ. Tromboembolismo pulmonar: diagnóstico e tratamento. Medicina (Ribeirão Preto). 2003(6):214-40.

4. Baruzzi ACA, Knobel E, Knobel M, Avezun A, Souza JAM, Nussbacher A, et al. Mortalidade hospitalar e complicações hemorrágicas em pacientes submetidos a terapia fibrinolítica com estreptoquinase na embolia pulmonar aguda. Rev Soc Cardiol SP. 2003.

5. British Thoracic Society Standards of Care Committee-Pulmonary Embolism Guideline Development Group. British Thoracic Society Guidelines For the Management of Suspected Acute Pulmonary Embolism. Thorax. 2003;58(6):470-83.

6. British Thoracic Society. Guidelines for the Management of Suspected Acute Pulmonary Embolism. Thorax. 2003;58:470-84.

7. British Thoracic Society. Suspected acute pulmonary embolism: a practical approach. Thorax. 1997;52:1S-24S.

8. Boni G, Santos ML. Fisiopatologia do tromboembolismo pulmonar. Conscientiae Saúde. 2009;1:145-54.

9. Corrêa TD, Cavalcanti AB, Baruzzi ACA. Embolia pulmonar: epidemiologia e diagnóstico. Einstein. 2007;5(3):288-93.

10. Dalen JE. Pulmonary embolism: what have we learned since Virchow? Natural history, pathophysiology, and diagnosis. Chest. 2002;122(4):1440-56.

11. Dunn KL, Wolf JP, Dorfman DM, Fitzpatrick P, Baker JL, Goldhaber SZ. Normal D-dimer levels in emergency department patients suspected of acute pulmonary embolism. J Am Coll Cardiol. 2002;40(8):1475-8.

12. Egermayer P, Peacock AJ. Is pulmonary embolism acommon cause of chronic pulmonary hypertension? Limitationsof the embolic hypothesis. Eur Respir J. 2000;15:440-8.

13. Fedullo PF, Tapson VF. Evaluation of suspected pulmonary embolism. N Engl J Med. 2003;349:1247-56.

14. Ferrari E, Imbert A, Chevalier T, Mihoubi A, Morand P, Baudouy M. The ECG in pulmonary embolism. Predictive value of negative T waves in precordial leads – 80 case reports. Chest. 1997;111(3):537-43.

15. Geerts WH, Heit JÁ, Clagett GP. Prevention off venous thromboembolism. Chest. 2001;119:1325-755.

16. Geibel A, Zehender M, Kasper W, Olschewski M, Klima C, Konstantinides SV. Prognostic value of the ECG on admission in patients with acute major pulmonary embolism. Eur Respir J. 2005;25(5):843-8.

17. Ginsberg JS. Management of venous thromboembolism. N Engl J Med. 335(24):1816-28.

18. Ginsberg JS, Wells PS, Kearon C, Anderson D, Crowther M, Weitz JI, et al. Sensivity and specificity of a rapid whole-blood assay for d-dimer in the diagnosis of pulmonary embolism. Ann Intern Med. 1998;129:1006-11.

19. Goldhaber SZ. Medical progress: pulmonary embolism. N Engl J Med. 1998;339:93-104.

20. Goldhaber SZ, Eliott CG. Acute pulmonary embolism: epidemiology, pathophysiology and diagnosis. Circulation. 2003;108:2776-9.

21. Grifoni S, Olivotto I, Cecchini P, Pieralli F, Camaiti A, Santoro G, et al. Short-term clinical outcome of patients with acute pulmonary embolism, normal blood pressure, and echocardiographic right ventricular dysfunction. Circulation. 2000;101:2817-22.

22. Guidelines On Diagnosis and Management of Pulmonary Embolism. Eur Heart J. 2000;21:1301-36.

23. Guimarães IJ. Diretriz de Embolia Pulmonar. Arq Bras Cardiol. 2004;83(supl I).

24. Hyer TM. Venous thromboembolism. Am J Respir Crit Care Med. 1999;159:1-14.

25. Hull RD, Raskob GE, Hirsh J, Jay RM, Leclerc JR, Geerts WH, et al. Continuous intravenous heparin compared with intermittent subcutaneous heparin in the initial treatment of proximal-vein thrombosis. N Engl J Med. 1986;315(18):1109-14.

26. Kucher N, Rossi E, De Rosa M, Goldhaber SZ. Prognostic role of echocardiography among patients with acute pulmonary embolism and a systolic arterial pressure of 90 mm Hg or higher. Arch Intern Med. 2005;165(15):1777-81.

27. Maffei FHA. Trombose profunda doa membros inferiores. Doenças vasculares periféricas. 2. ed. Botucatu: Medici.1995;841-62.

28. Marques LJ. Tromboembolismo pulmonar. Medicina, Ribeirão Preto. 1998;31:257-65.

29. Munganelli D, Palla A, Donnamaria V, Giuntine C. Clinical features of pulmonary embolism. Doubts and certainties. Chest. 1995;107:25-31.

30. Perrier A, Desmarais S, Miron MJ, de Moerloose P, Lepage R, Slosman D, et al. Non-invasive diagnosis of venous thromboembolism in outpatients. Lancet. 1999;353(9148):190-5.

31. Prandoni P, Carta M, Cogo A, Ruol A, Vigo M, Casara D, et al. Comparison of subcutaneous low-molecular-weight heparin with intravenous standard heparin in proximal deep-vein thrombosis. Lancet. 1992;339:441-5.

32. Prandoni P, Vigo M, Cattelan AM, Ruol A. Treatment of deep venous thrombosis by fixes doses of a low weight molecular heparin(CY 216). Haemostasis. 1990;20(supl 1):220-3.

33. Ribeiro A, Lindmarker P, Juhlin A, Johnsson H, Jorfeldt L. Echocardiography Doppler in pulmonary embolism: right ventricular dysfunction as a predictor of mortality rate. Am Heart J. 1997;134:479-87.

34. Rose PS, Punjabi NM, Pearse B. Treatment of right heart thromboemboli. Chest. 2002;121:806-14.

35. Roy PM, Colombet I, Durieux P, Chatellier G, Sors H, Meyer G. Systematic review and meta-analysis of strategies for the diagnosis of suspected pulmonary embolism. BMJ. 2005;331(7511):259.

36. Seligsohn U, Lubetsky A. Genetic susceptibility to venous thrombosis. N Engl J Med. 2001;344:1222-31.

37. Simonneau G, Sors II, Charbonnier B, Page Y, Laaban JP, Azarian R, et al. A comparison of low molecular weight heparin with unfractionated heparin for acute pulmonary embolism. N Engl J Med. 1997;337:663-9.

38. Stein PD, Henry JW. Clinical characteristics of patients with pulmonary embolismstratified according to their presenting syndromes. Chest. 1997;112:974-9.

39. Stein PD. Pulmonary embolism. Baltimore: Williams & Wilkins; 1996.

40. Stein PD, Saltzman HA, Weg JG. Clinical characteristics of patients with acute pulmonary embolism. Am J Cardiol. 1991;68(17)1723-4.

41. Stein PD, Terrin ML, Hales CA, Palevsky HI, Saltzman HA, Thompson BT, et al. Clinical, laboratory, roentgenographic, and electrocardiographic findings in patients with acute pulmonary embolism and no pre-existing cardiac or pulmonary disease. Chest. 1991;100(3):598-03.

42. Subcutaneous fondaparinux versus intravenous unfractionated heparin in the initial treatment of pulmonary embolism. The Matisse Investigators. N Engl J Med. 2003;349:1695-02.

43. Szucs MM, Brooks HL, Grossman W, Banas Jr JS, Meister SG, Dexter L, et al. Diagnostic sensitivity of laboratory findings in acute pulmonary embolism. Ann Intern Med. 1971;74:161-8.

44. The Columbus Investigators. Low molecular weight heparin in the treatment of patients with venous thromboembolism. N Engl J Med. 1997;337:657-62.

45. The PIOPED investigators: value of the ventilation/perfusion scan in acute pulmonary embolism: results of the prospective investigators of pulmonary embolism diagnosis (PIOPED). JAMA. 1990;263:2753-60.

46. Tsai AW, Cushman M, Rosamond WD, Heckbert SR, Polak JF, Folsom AR. Cardiovascular risk factors and venous thromboembolism etiology. Arch Intern Med. 2002;162:1182-9.

47. Wells PS, Anderson DR, Rodger M, Ginsberg JS, Kearon C, Gent M, et al. Derivation of a simple clinical model to categorize patients probability of pulmonary embolism: increasing the models utility with the SimpliRED D-dimer. Thromb Haemost. 83;2000: 416-20.

48. Wittlich N, Erbel R, Eichler A, Schuster S, Jakob H, Iversen S, et al. Detection of central pulmonary artery thromboemboli by transesophageal ecocardiography in patients with severe pulmonaryembolism. J Am Soc Echocardiogr. 1992;5:515-24.

49. Worsley DF, Alavi A, Aronchick JM, Chen JT, Greenpan RH, Ravin CE. Chest radiographic findings in patients with acute pulmonary embolism: observations from the PIOPED Study. Radiology. 1993;189:133-6.

49

EDEMA PULMONAR

ALI MOHAMED AWADA

REGIANE DOS REIS MACHADO

INTRODUÇÃO

O edema pulmonar cardiogênico é uma forma grave de manifestação das descompensações cardíacas, sendo uma emergência clínica que se manifesta por um quadro de início e evolução rápida de insuficiência respiratória.

Segundo publicação de Roguin et al., em 2000, a mortalidade relatada dos pacientes com edema pulmonar cardiogênico intra-hospitalar é de 12 a 40% em 150 casos atendidos em um ano. Isso mostra que há um elevado risco de vida para o paciente, tanto pelo quadro pulmonar quanto pela doença cardiovascular subjacente.

FISIOPATOLOGIA

O edema pulmonar pode ser definido como o acúmulo anormal de líquido nos pulmões, situação que é desencadeada quando os líquidos se movimentam do compartimento intravascular pulmonar para o interstício e alvéolos.

O edema pulmonar pode ser classificado em:

- Não cardiogênico: quando ocorre um aumento da permeabilidade da membrana endotelial do capilar pulmonar, levando a um incremento do fluxo de proteínas do capilar para o espaço intersticial. Existe uma lesão do endotélio vascular que impede que este mantenha sua função de membrana semipermeável, acarretando uma diminuição no transporte das proteínas.
- Cardiogênico: relacionado a uma elevação da pressão hidrostática capilar decorrente do aumento da pressão diastólica final do ventrículo esquerdo, levando a uma falência ventricular esquerda.

Os mecanismos mais frequentes envolvem o desbalanço nas forças que regem as trocas de fluido entre a região intravascular e o interstício no nível da membrana alveolocapilar (Figura 49.1).

As forças que comandam as trocas de fluidos através da membrana capilar podem ser representadas pela equação de Starling:

$$Qf = Kf (Pc - Pi) - Kp (\pi c - \pi i)$$

Em que: Qf = taxa de filtração; Kf = coeficiente de transporte de água; Pc = pressão hidrostática capilar; Pi = pressão hidrostática intersticial; Kp = coeficiente de transporte de proteínas; πc = pressão coloidosmótica capilar; πi = pressão coloidosmótica intersticial.

Fisiologicamente, existe uma troca contínua de fluidos entre o leito vascular e o interstício, porém,

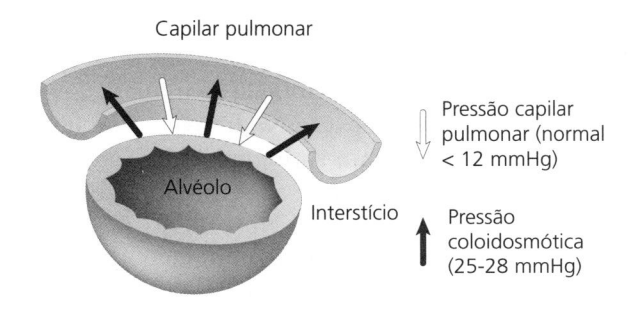

Figura 49.1 Forças que atuam na membrana alveolocapilar (Fonte: Knobel E. Conduta no paciente grave. São Paulo: Atheneu; 2006. p.233).

quando qualquer fator perturbar a equação de Starling, isso levará a um aumento do fluxo da vasculatura para o espaço intersticial.

Segundo a lei de Starling, o extravasamento de líquido para o terceiro espaço pode ocorrer por:

- Aumento da pressão hidrostática do capilar pulmonar: a pressão capilar pulmonar normal fica em torno de 8 a 12 mmHg e, quando esse valor supera a pressão coloidosmótica do plasma (atingindo de 25 a 28 mmHg), ocorre o edema agudo pulmonar.
- Aumento da pressão negativa intersticial.
- Hipoalbuminemia: redução da pressão oncótica por hipoalbuminemia, devendo ocorrer em conjunto com um aumento da pressão capilar pulmonar, para assim levar ao edema agudo pulmonar.
- Dano à barreira alveolocapilar.
- Redução na drenagem linfática.

Tanto o aumento da pressão hidrostática do plasma quanto a diminuição da pressão oncótica plasmática contribuem para o acúmulo de líquido extravascular.

Os vasos linfáticos tem um grande papel nesse equilíbrio, já que possuem a função de remover o líquido pulmonar do espaço intersticial peribrônquico e perivascular. Assim, os vasos linfáticos desempenham um papel importante na fisiopatologia do edema pulmonar cardiogênico.

Em situações de rápida elevação da pressão de capilar pulmonar, os vasos linfáticos não conseguem aumentar o ritmo de remoção de líquido, e o edema pulmonar ocorre com pressões baixas (< 18 mmHg). Os pacientes portadores de insuficiência cardíaca congestiva tornam-se uma exceção, uma vez que existe uma elevação crônica da pressão de capilar pulmonar e, consequentemente, maior capacidade de remoção de líquido pelos vasos linfáticos. Nesses casos, o edema só irá ocorrer em situações de pressão de capilar pulmonar acima de 25 mmHg.

Quando a filtração excede a drenagem de líquidos, os capilares tornam-se ingurgitados. No estágio I, o filtrado excedente se acumula no interstício das regiões peribrônquicas. No estágio II, ocorre acúmulo de líquido nos septos interalveolares. No estágio IIIa, há líquido no espaço alveolar parcial por hiperdistensão do interstício e, por último, no estágio IIIb, tem-se a presença total de líquido no espaço alveolar (Figura 49.2).

O edema da parede brônquica, com redução de sua luz, ocorre por aumento da pressão hidrostática dos capilares dessa parede. Quando esse processo ocorre de forma gradual, existe a adaptação dos mecanorreceptores, podendo o edema pulmonar ocorrer sem queixas de dispneia.

O edema agudo pulmonar de origem cardiogênica está associado a insuficiência cardíaca aguda ou crônica, e seus principais mecanismos são:

- Disfunção sistólica do ventrículo esquerdo: ocorre uma redução na força de contração do ventrículo esquerdo, levando a um quadro de baixo débito cardíaco, com consequente estimulação do sistema renina-angiotensina-aldosterona e do sistema nervoso simpático, promovendo retenção de sódio e água, levando, assim, ao quadro de edema pulmonar.
- Disfunção diastólica do ventrículo esquerdo: por causa de alteração no mecanismo de relaxamento ventricular, mesmo com a função sistólica normal, a pressão de capilar pulmonar pode se elevar rapidamente, ocasionando, assim, o edema pulmonar.
- Obstrução da via de saída do ventrículo esquerdo: ocasiona uma disfunção diastólica do ventrículo esquerdo.
- Aumento da pressão atrial esquerda: situação que acontece nos casos de insuficiência mitral aguda ou crônica e de estenose mitral.

As cardiomiopatias dilatadas, isquêmicas, valvares, hipertensivas, restritivas e hipertróficas normalmente cursam com edema agudo de pulmão.

QUADRO CLÍNICO

As manifestações do edema pulmonar dependem do volume de líquido presente. No geral, o quadro se inicia com taquipneia, taquicardia e estertores em bases pulmonares, que podem evoluir até ápices e tosse com expectoração rósea. No exame físico, o indivíduo irá apresentar sudorese fria, cianose de extremidades, palidez cutânea e utilização da musculatura acessória.

Indo um pouco mais a fundo, pode-se analisar as manifestações em cada estágio. Assim, na fase I, apenas a dispneia aos esforços costuma ser relatada; na fase II, o acúmulo de líquido no interstício pulmonar pode comprometer as vias aéreas de pequeno calibre, preferencialmente nas bases pul-

Pulmão normal

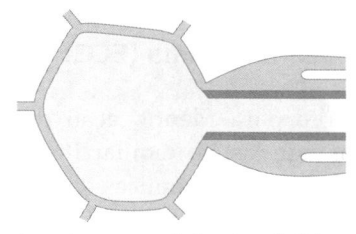

Edema pulmonar – Estágio I

Ingurgitamento peribrônquico e linfático

Edema pulmonar – Estágio II

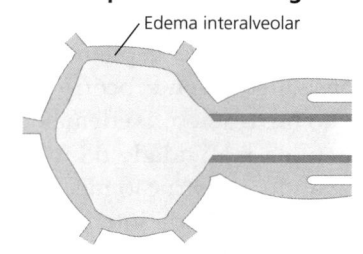

Edema interalveolar

Espaços peribrônquicos distendidos

Edema pulmonar – Estágio IIIa

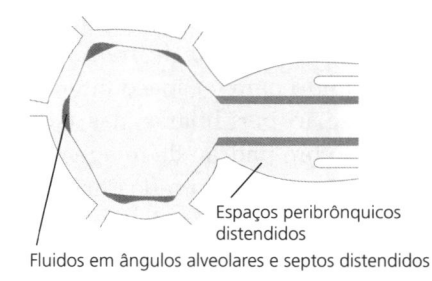

Espaços peribrônquicos distendidos

Fluidos em ângulos alveolares e septos distendidos

Edema pulmonar – Estágio IIIb

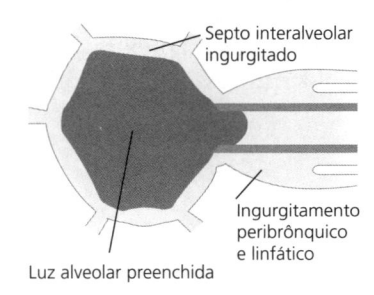

Septo interalveolar ingurgitado

Ingurgitamento peribrônquico e linfático

Luz alveolar preenchida

Figura 49.2 Fases do edema pulmonar. Adaptado de Drager LF, GalvãoTFG. Cardiologia: da fisiologia à prática. São Paulo: Savier; 2009. p.321.

monares, associando-se a broncoespasmo reflexo. Sibilos expiratórios e taquipneia passam a ser observados. Radiologicamente, a fase II é caracterizada por espessamento dos septos interlobulares (linhas B de Kerley) e borramento peri-hilar bilateral. Na fase III, o acúmulo de grande volume de líquido no interstício pulmonar leva ao extravasamento para a luz alveolar. O paciente apresenta dispneia intensa, assumindo posição ortostática e utilizando a musculatura respiratória acessória; palidez cutânea: cianose; e extremidades frias; associados a ansiedade e agitação. A ausculta pulmonar na fase III apresenta crepitação grosseira, roncos e sibilos inicialmente em bases pulmonares, mas que rapidamente progri-

dem para os ápices pulmonares. Ainda nessa fase, o esforço respiratório leva à sobrecarga adicional do ventrículo esquerdo, que, associada ao agravamento da hipóxia, pode desencadear um círculo vicioso.

A ausculta cardíaca revela a presença de terceira bulha e hiperfonese do componente pulmonar da segunda bulha.

Etiologia do quadro clínico

A manifestação clínica do edema agudo de pulmão se dá por um quadro de desconforto respiratório, como já foi visto anteriormente. Esse quadro de desconforto respiratório se deve à soma de alguns fatores.

A hipoxemia é causada pelo *shunt* pulmonar por conta do líquido acumulado no interstício, com aumento da barreira alveolocapilar. As áreas de colapso alveolar são regiões de *shunt*, nas quais ocorre a passagem de sangue sem contato com a barreira alveolocapilar. A pressão parcial de oxigênio baixa estimula os quimiorreceptores em posição aórtica e carotídea, aumentando a sensação de dispneia e o tônus simpático.

A inundação dos alvéolos acarreta redução da complacência pulmonar.

O edema da parede dos brônquios, causado pela elevação da pressão hidrostática capilar vascular, reduz a sua luz e, consequentemente, ocorre aumento de sua resistência ao fluxo aéreo. O edema de vias aéreas também aumenta a reatividade da musculatura brônquica, agravando a obstrução mecânica.

A fadiga muscular, decorrida da intensa atividade muscular, possibilita ocorrência de hipoventilação com hipoximia, retenção de dióxido de carbono e acidose respiratória, o que gera piora da função cardíaca e da congestão pulmonar.

Os capilares pulmonares sofrem quebra de suas paredes por serem submetidos a regimes de alta pressão transmural; essa quebra leva ao extravasamento de sangue para o alvéolo e processo inflamatório local.

EXAMES

Gasometria arterial

Na fase inicial do edema agudo pulmonar (EAP), observa-se hipoxemia com hipocapnia por causa do aumento da frequência respiratória. Depois ocorre aumento da hipoxemia e elevação de gás carbônico. Em estágios mais avançados, ocorre acidose mista.

Marcadores de necrose miocárdica

Fração de MB da creatinofosfoquinase (CKMB), troponina T ou I são utilizados para confirmação ou exclusão de infarto do miocárdio, principalmente quando o ECG não for diagnóstico. A mioglobulina torna-se um fator importante na exclusão de um infarto, pois ela é mais sensível e tem um pico de elevação precoce.

Peptídeo natriurético cerebral tipo B (BNP)

Utilizado para diagnóstico diferencial entre dispneia de origem cardíaca e não cardíaca, em que:

- BNP < 100 pg/mL – Improvável que a causa seja insuficiência cardíaca.
- BNP entre 100-500 pg/mL – Pode ser insuficiência cardíaca.
- BNP > 500 pg/mL – Provavelmente é insuficiência cardíaca.

D-dímero

Serve para exclusão de processos trombóticos agudos, permitindo diferenciar entre EAP e tromboembolismo pulmonar.

Eletrocardiograma (ECG)

Serve para identificação de síndromes coronarianas agudas de taquiarritmias ou bradiarritmias ou alterações isquêmicas, como desnivelamento do segmento ST, alterações da onda T e aparecimento de ondas Q.

Radiografia e tomografia de tórax

A radiografia de tórax mostra alterações no parênquima pulmonar compatíveis com edema pulmonar, cefalização da trama vascular, transudação de líquido para o espaço intersticial, principalmente em região peri-hilar e nas bases pulmonares, formando um padrão de imagem tipo "asa de borboleta". O espessamento das linhas septais intersticiais, decorrente do acúmulo de líquido, forma as chamadas linhas A e B de Kerley. Pode haver cardiomegalia e derrame pleural (Figura 49.3).

A tomografia normalmente é pedida para a confirmação do diagnóstico de edema pulmonar. Entre os achados mais comuns estão espessamento do septo interlobular, do interstício peribroncovascular e das fissuras pleurais e imagens de opacidade em vidro fosco ou despolido (Figura 49.4).

Ecocardiograma transtorácico ou transesofágico

Servem para avaliação da contratilidade miocárdica: fração de ejeção do ventrículo esquerdo, função sistólica e diastólica, e valvulopatia.

Cateter de artéria pulmonar

Indicado, no caso, de EAP graves com necessidade de drogas vasoativas como dopamina e

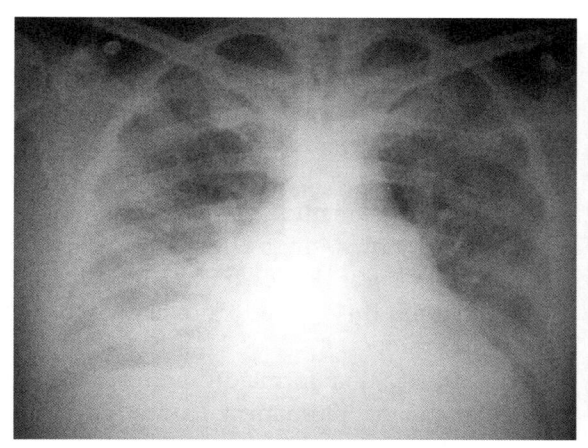 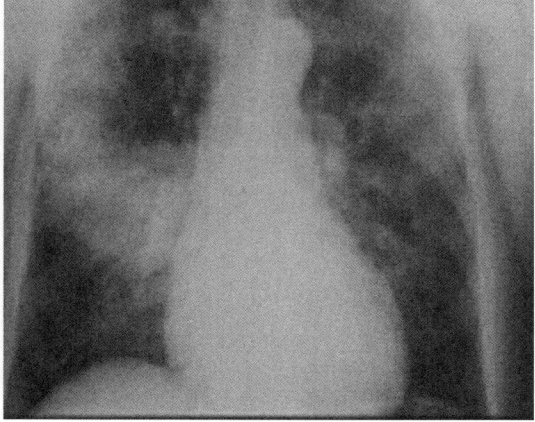

Figura 49.3 Radiografia de tórax em paciente com edema pulmonar, imagem de congestão, derrame pleural e cardiomegalia.

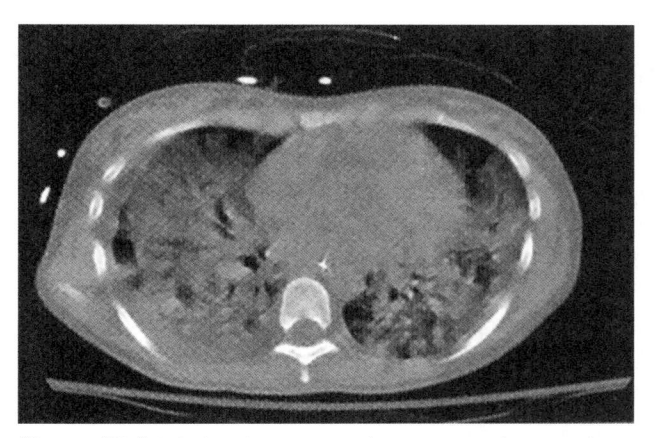

Figura 49.4 TC de tórax em paciente com edema pulmonar: padrão de vidro fosco além de áreas de congestão.

dobutamina, para estabilização das condições hemodinâmicas e serve também para diagnosticar a causa do edema. É apenas indicado nas seguintes situações: necessidade de drogas vasoativas como dobutamina, dopamina e noradrenalina; deterioração clínica e hemodinâmica e auxiliar no manejo de altas doses de nitroprussiato de sódio e nitroglicerina.

DIAGNÓSTICO

O diagnóstico de edema agudo pulmonar é essencialmente clínico. As manifestações clínicas junto com exames complementares fecham o diagnóstico. Nunca é demais salientar a importância dos antecedentes pessoais e familiares, que podem trazer históricos de cardiopatia, o que acaba reforçando a certeza do diagnóstico de edema pulmonar.

TRATAMENTO

O tratamento é realizado em três etapas:

1. Manter as funções respiratórias dentro de limites que permitam a manutenção da vida.
2. Reduzir a pressão hidrostática do capilar pulmonar e, consequentemente, reduzir o infiltrado para o interstício pulmonar, de forma farmacológica ou não.
3. Tratar a causa ou eliminar o fator de descompensação da cardiopatia de base.

As drogas mais utilizadas são os nitratos, diuréticos de alça e a morfina:

- Nitratos: o mais utilizado é o dinitrato de isossorbida, que auxilia na diminuição da pré e pós-carga, melhorando o desempenho sistólico do ventrículo esquerdo. O nitroprussiato de sódio é indicado em emergências hipertensivas ou em casos de insuficiência aóritica ou mitral aguda.
- Diuréticos de alça: a furosemida é a mais utilizada, responsável pelo aumento da diurese por causa de seu efeito venodilatador, com isso espera-se melhorar o padrão respiratório do paciente, pois ocorre significativa diminuição da pressão do capilar pulmonar. A furosemida deve ser administrada por via intravenosa.
- Morfina: promove venodilatação, reduzindo o retorno venoso e, com isso, a pré e a pós-carga e reduz os reflexos pulmonares responsáveis pela dispneia, melhorando a ansiedade do paciente.

- Drogas vasopressoras: utilizadas em pacientes com sinais de choque cardiogênico ou hipotensão, como dobutamina, dopamina ou noradrenalina, visando obter uma pressão arterial adequada.
- Iinibidores da enzima conversora da angiotensina(IECA): pode-se utilizar, por exemplo, captopril, enalapril, lisinopril ou ramipril; todos induzem vasodilatação nos vasos, diminuindo a resistência vascular periférica sem causar taquicardia reflexa e sem diminuir o débito cardíaco.

Os pacientes que apresentam pressão arterial aumentada, angina, arritmia ou infarto agudo podem ser beneficiados com os betabloqueadores, pois diminuem a carga de trabalho cardíaco, reduzindo a frequência cardíaca.

TRATAMENTO FISIOTERAPÊUTICO

O principal objetivo do tratamento fisioterapêutico é manter as vias aéreas pérveas. Alguns pacientes apresentam aumento de secreção pulmonar de aspecto róseo (sinal característico de edma agudo).

A oferta de oxigênio (catéter nasal, máscara de nebulização, máscara de venturi ou máscara 100%) é a primeira linha de suporte respiratório e deve ser mantida até que a VNI (ventilação não invasiva) seja providenciada.

Segundo o *III Consenso Brasileiro de Ventilação Mecânica*, o uso de VNI em EAP é recomendação A que leva a diminuição da necessidade de entubação, devendo ser aplicado precocemente em conjunto com a terapia medicamentosa.

Estudos mostraram que o uso de pressão contínua positiva nas vias aéreas (CPAP) igual a 10 cmH_2O melhora mais rapidamente a hipoxemia e a hipercapnia.

Pacientes com hipercapnia associada à hipoxemia são os maiores beneficiados com o uso de VNI com dois níveis de pressão, porém, não é claro, no momento, se VNI com dois níveis de pressão é superior ao CPAP no tratamento do edema agudo pulmonar.

A pressão positiva gera alguns efeitos hemodinâmicos: ocorre redução da pós-carga por causa do aumento do gradiente de pressão entre o ventrículo esquerdo e as artérias extratorácicas, levando também ao aumento do débito cardíaco. Ocorre redução da pré-carga em decorrência do aumento da pressão intratorácica, que leva à diminuição do retorno venoso. A pressão positiva ainda pode gerar uma diminuição na dilatação das câmaras cardíacas, melhorando sua função contrátil.

Em relação aos efeitos pulmonares, a pressão positiva aumenta a complacência pulmonar, por meio do recrutamento de áreas previamente colabada, melhorando assim a relação ventilação-perfusão e as troca gasosas. Reduz o trabalho respiratório por conta do alto fluxo gerado, auxiliando, deste modo, na inspiração.

O BIPAP é uma forma de ventilação não invasiva que consiste na alternância de uma pressão positiva menor durante a expiração (EPAP) e uma pressão positiva maior durante a inspiração (IPAP), oferecendo um auxílio inspiratório, reduzindo o trabalho respiratório do paciente de forma direta.

A literatura atual mostra que a ventilação não invasiva aplicada por BIPAP ou por CPAP é segura, e as duas modalidades possuem efeitos semelhantes, sendo eficazes na prevenção de entubação endotraqueal em pacientes com desconforto respiratório causado por acometimento cardíaco.

A VMI (ventilação mecânica invasiva) está indicada para o EAP quando há:

- Rebaixamento do nível de consciência.
- Sinais clínicos de fadiga da musculatura respiratória associados a hipoxemia refratária e acidose respiratória.
- IAM (infarto agudo do miocárdio) com indicação de angioplastia primária (há benefício também com o uso do balão intra-aórtico).
- Choque cardiogênico.
- Taquiarritimias de difícil controle.

Na VMI, deve-se utilizar FR adequada à PcO_2; FiO_2 para saturação > 90%; volume corrente em torno de 7 mL/kg.

Estudos recentes mostram que o mais importante preditor de sucesso terapêutico imediato deve-se à habilidade de reduzir a pressão arterial em 15 a 30% em até 30 minutos e alcançar saturação maior do que 95% em 60 minutos. Isso representa uma diminuição da resistência vascular sistêmica, o que colabora para a rápida arteriodilatação.

BIBLIOGRAFIA RECOMENDADA

1. Barros AF, Barros LC, Sangean MC, Vega JM. Analysis of ventilation and hemodynamic changes resulting

from noninvasive bilevel pressure mechanical ventilation applied to patients with congestive heart failure. Arq Bras Cardiol. 2007;88(1):86-92.

2. Burghuber OC. Respiratory effects of systemic disease. Respiratory medicine. 3.ed. Philadelphia: Saunders, 2003, p. 1965-74.

3. Carvalho WB, Johnston C. Efeitos da ventilação não invasiva com pressão positiva no edema agudo de pulmão cardiogênico. Rev Assoc Med Bras. 2006;52(4): 187-201.

4. Castro RB. Edema pulmonar agudo. Medicina Ribeirão Preto. 2003;36:200-4.

5. III Consenso de ventilação mecânica. Jornal Brasileiro de Pneumologia. 2007;33.

6. Drager LF, Galvão TFG. Cardiologia da fisiologia à prática. São Paulo: Savier; 2009. p. 320-5.

7. Gehlbach BK, Geppert E. The pulmonary manifestations of left heart failure. Chest. 2004;125:669-82.

8. Knobel E. Conduta no paciente grave. 3.ed. São Paulo: Atheneu; 2006. p. 233-43.

9. Masip J. Early continuous positive airway pressure in acute cardiogenic pulmonary oedema. Eur Heart J. 2007;28:2823-4.

10. Minuto A, Giacomini M, Giamundo B, Tartufari A, Denkewitz T, Marzorati S, et al. Non-invasive mechanical ventilation in patients with acute cardiogenic pulmonary edema. Minerva Anestesiol. 2003:69(11)835-8.

11. Pedrosa DF, Benevides MAC, Gava PL, Graceli JB, Gonçalves WLS. Influência da ventilação mecânica não invasiva no edema pulmonar cardiogênico. Disponível em: www.perspectivasonline.com.br. 2009;3(9):87-92.

12. Pedrosa LC, Oliveira Jr W. Doenças do coração: diagnóstico e tratamento. São Paulo: Revinter; 2011. p. 465-9.

13. Peter JV, Moran JL, Phillips-Hughes J, Graham P, Bersten AD. Effect of non-invasive positive pressure ventilation (NIPPV) on mortality in patients with acute cardiogenic pulmonary edema: a meta-analysis. Lancet. 2006;367:1155-63.

14. Roguin A, Behar D, Ben Ami H, Reisner SA, Edelstein S, Linn S, et al. Log-term prognosis of acute pulmonary oedema-an ominus outcome. Eur J Heart Fail. 2000;2:137-44.

15. Volpicelli G, Cardinale L, Garofalo G, Veltri A. Usefulness of lung ultrasound in the bedside distinction between pulmonary edema and exacerbation of COPD. Emerg Radiol. 2008;15:145-51.

16. Ware LB, Matthay MA. Acute pulmonary edema. New Engl J Med. 2005;353(27):88-96.

17. Ware LB, Matthay MA. Clinical practice. Acute pulmonary edema. N Engl J Med. 2005;353:2788-96.

50

ATELECTASIA

MARIANA BISPO DE LIRA
MAYRA MARANGONI

INTRODUÇÃO

As atelectasias são condições clínicas frequentes em unidades de cuidados intensivos e salas de recuperação pós-cirúrgicas. Essa condição patológica pode determinar piora do quadro clínico do indivíduo e, consequentemente, interferir nos índices de morbidade hospitalar.

Os objetivos deste capítulo consistem em revisar os aspectos fisiopatológicos da formação de atelectasias, nos quais será chamada a atenção para o pós-operatório de cirurgia cardíaca.

ASPECTOS FISIOLÓGICOS

Processos fisiológicos normais ou patológicos são capazes de alterar o volume pulmonar. Este depende do tamanho dos pulmões e está relacionado com altura, peso e idade do indivíduo, entre outros.

Existem quatro volumes pulmonares e quatro capacidades pulmonares. Os volumes recebem denominações próprias: volume vorrente (VC), volume de reserva inspiratório (VRI), volume de reserva expiratório (VRE) e volume residual (VR). As capacidades estão descritas na Tabela 50.1, e são resultantes da soma dos volumes.

A CRF é a quantidade de gás contida nos pulmões no final de uma expiração espontânea. Ela é importante para evitar o colapso alveolar assim como a ação do surfactante e da ventilação colateral através dos poros intra-alveolares (poros de Kohn), pelas comunicações bronquíolo-alveolares (canais de Lambert) e pela comunicação interbronquiolar (canais de Martin).

O surfactante é uma substância tensoativa que reveste a área da membrana alveolocapilar (epitélio alveolar), secretado pelos pneumócitos do tipo II, tendo em sua composição fosfolipídeos, lipídeos e proteínas específicas, e está presente no pulmão do feto a partir da 24ª semana de gestação. Sua função principal é manter a estabilidade alveolar, diminuindo a tensão superficial, mas também está envolvido em outros processos fisiológicos, como a depuração mucociliar, por diminuir a adesividade do muco sobre o epitélio e por seus efeitos descritos como antiviscosos. Sua propriedade tensoativa se opõe ao colapso alveolar no momento da expiração, aumenta a complacência pulmonar e reduz o trabalho de reexpandir os pulmões a cada respiração. Outro papel importante do surfactante é impedir a transudação de líquidos, pois a tensão superficial tende não só a colapsar os alvéolos, mas também a aspirar líquido para dentro dos espaços alveolares. Nesse caso, o surfactante atua de modo a reduzir a pressão hidrostática dos tecidos fora dos capilares.

Tabela 50.1 Volumes e capacidades pulmonares

Capacidades pulmonares	Volumes primários
Capacidade vital (CV)	VC+VRI+VRE
Capacidade inspiratória (CI)	VC+VRI
Capacidade residual funcional (CRF)	VR+VRE
Capacidade pulmonar total (CPT)	VC+VRI+VRE+VR

FISIOPATOLOGIA

A atelectasia é resultante da diminuição da CRF e da complacência pulmonar. Segundo Azeredo (2002), seu desenvolvimento pode estar combinado basicamente a três fatores independentes:

- Força inadequada de distensão pulmonar.
- Obstrução das vias aéreas.
- Insuficiência do surfactante.

A atelectasia ou colapso pulmonar é uma complicação respiratória relacionada à obstrução brônquica, impedindo, dessa forma, a passagem do ar e acarretando a diminuição de alvéolos funcionantes. Os mecanismos presentes na literatura que explicam a formação das atelectasias são descritos aqui.

Atelectasia de reabsorção

São secundárias às obstruções brônquicas, sendo sua causa decorrente de lesões como inflamação, edema de mucosa, tampões mucosos, corpo estranho na luz do brônquio e compressão extrínseca (tumores). Os tumores causam um bloqueio da ventilação na região afetada e o gás distal à obstrução é absorvido pelo sangue, o que leva ao colapso dos alvéolos não ventilados.

Atelectasia passiva

Ocorre quando o paciente não inspira profundamente, ou seja, respira com pequenos volumes correntes durante um período de tempo prolongado. Acomete indivíduos hospitalizados, como no pós-operatório de cirurgia cardíaca, com doenças neuromusculares por diminuição da força muscular e, consequentemente, diminuição da expansibilidade pulmonar, sob uso de sedativos e administração de anestesia geral.

Atelectasia de absorção

Normalmente, o nitrogênio é o gás que se encontra em maior quantidade tanto nos alvéolos quanto no sangue. Quando a inspiração se dá em níveis elevados de oxigênio, o nitrogênio do organismo pode ser rapidamente depletado. Uma vez que os níveis de nitrogênio sanguíneo caem, a pressão total dos gases venosos diminui rapidamente. Desse modo,

níveis elevados de oxigênio (FiO_2) aos pacientes podem auxiliar na eliminação do ar aprisionado no tórax, podendo causar colapso pulmonar.

Altas concentrações de FiO_2 têm sido associadas à formação de atelectasias. Estudos mostram que uma concentração de FiO_2 a 100% levam à formação de atelectasias em um curto período de tempo (aproximadamente 5 minutos). Já com FiO_2 abaixo de 40%, essas complicações não ocorrem tão rapidamente. A fim de evitar a formação de atelectasias, sugere-se que uma menor concentração de oxigênio seja utilizada durante a indução de anestesia geral, pré-entubação ou extubação.

Atelectasia decorrente da alteração no revestimento alveolar

Ocorre basicamente em prematuros extremos. Sua principal etiologia está relacionada à deficiência do surfactante. É importante lembrar que em recém-nascidos extremos ocorre administração de surfactante exógeno.

Na síndrome do desconforto respiratório agudo (SDRA), também pode-se observar degeneração dos pneumócitos do tipo II e, consequentemente, carência de surfactante que pode acarretar microatelectasias, causando piora clínica do paciente.

Atelectasias de compressão

Ocorre em razão da compressão direta ao parênquima pulmonar por aumento cardíaco, tumor, deslocamento de vísceras, como eventrações do diafragma e pressão intrapleral aumentada, por exemplo, no pneumotórax.

Atelectasia por restrição do parênquima pulmonar ou por contração

Pode ocorrer por um aumento da espessura da parede alveolar por deposição de colágeno decorrente de processos inflamatórios crônicos, alterando, assim, a elasticidade e a complacência do parênquima pulmonar, o que impossibilita a ventilação adequada e manutenção de capacidades e volumes pulmonares. Segundo Peroni (2000), a atelectasia resulta em alterações funcionais ao paciente, como redução da complacência pulmonar, aumento da resistência vascular pulmonar, hiperextensão de unidades alveolares adjacentes, edema pulmonar após reexpansão e lesão pulmonar. Após o colapso, sabe-se que a ventilação alveolar diminui, porém a perfusão pode estar normal ou discretamente diminuída, o que resulta em áreas com baixa relação V/Q. Esse mecanismo pode dificultar a troca gasosa e causar hipoxemia, que poderá se agravar dependendo da extensão do colapso.

ATELECTASIA NO PÓS-OPERATÓRIO DE CIRURGIA CARDÍACA

Segundo Maceiras (2010), a atelectasia é a complicação respiratória mais frequente no pós-operatório de cirurgia cardíaca e acomete cerca de 90% dos pacientes. Geralmente são pouco relevantes, e, quando tratadas, são revertidas em até 24 horas de pós-operatório; porém, quando não tratadas, essas atelectasias podem permanecer durante dias e contribuir para outras complicações respiratórias, aumentando a morbidade dos pacientes, principalmente quando eles apresentam comorbidades como a obesidade, entre outras. Ressalta-se que a extensão do colapso pulmonar é modificada pela ventilação colateral através dos poros de Kohn, canais de Lambert e canais de Martin. Essas estruturas, assim como o surfactante, apresentam menor desenvolvimento durante os primeiros meses de vida, por isso observa-se a atelectasia com maior frequência em lactentes e prematuros extremos, nos quais cirurgias cardíacas são muito comuns para correção de cardiopatias, como na persistência do canal arterial (PCA).

Ao se analisar o procedimento cirúrgico, um dos pontos controversos é a possibilidade de diferenças entre as complicações nos casos de cirurgias eletivas e cirurgias de urgência. Alguns estudos demonstram que a incidência de complicações respiratórias é menor em cirurgias eletivas, pois os pacientes encontram-se mais bem preparados do ponto de vista clínico. De modo geral, a maioria dos autores não relata diferenças estatisticamente significativas entre cirurgias eletivas ou de urgência quanto às complicações respiratórias, porém sabe-se que cirurgias de 210 a 360 minutos podem ser determinantes dessas complicações.

Atelectasia no intraoperatório

Tratando-se do intraoperatório, agentes anestésicos podem deprimir a atividade mucociliar e diminuir o volume do muco. Isto associado a condições preexistentes, como tabagismo, DPOC e bronquiectasia, aumenta o risco de retenção de secreções e, quando associado ao fato de que, ao se ventilar o paciente no intraoperatório, a preocupação em umidificar as vias aéreas raramente é adicionada ao procedimento, a formação de tampões mucosos é eminente e pode levar a atelectasia de absorção. Observa-se também que, ao serem ventilados, esses pacientes recebem elevados níveis de oxigênio e, conforme citado anteriormente, esse fator pode colaborar na formação de atelectasia.

A anestesia geral, por provocar relaxamento muscular e depressão do centro respiratório, está associada à entubação endotraqueal, embora isso seja raramente descrito. Durante esse procedimento pode ocorrer a entubação seletiva, na qual, em virtude da predisposição anatômica, a cânula orotraqueal tende a seletivar o pulmão direito, fazendo com que o pulmão esquerdo entre em colapso.

Estudos demonstram que pacientes submetidos à circulação extracorpórea apresentam alterações na composição dos componentes fosfolipídicos e proteicos do surfactante, e essa disfunção pode ocorrer por um período prolongado após a cirurgia cardíaca; porém, o papel do surfactante no desenvolvimento da atelectasia intraoperatória é controverso e não está claro na literatura.

A lesão frênica também está associada ao intraoperatório e pode resultar em disfunção diafragmática capaz de modificar a mecânica respiratória do indivíduo e em alterações de volumes e capacidades.

Atelectasia no pós-operatório

A presença da dor no pós-operatório de cirurgia cardíaca é fator preocupante na evolução clínica dos pacientes que, desde o intraoperatório, são expostos a fatores que influenciam a formação de atelectasias. Pode-se observar que a esternotomia e a presença de drenos mediastinais intensificam a dor, o que dificulta a mobilidade torácica, e, uma vez que para uma tosse efetiva necessita-se de uma inspiração profunda, o paciente apresenta dificuldade em expectorar secreções por conta da tosse ineficaz, resultando em atelectasia. Isto, em um contexto hospitalar, torna o indivíduo mais suscetível a infecções pulmonares.

A diminuição do volume corrente também está relacionada com a dor no pós-operatório e pode causar atelectasias denominadas passivas. Segundo Neto (2005), o indivíduo apresenta redução de 50 a 60% da capacidade vital e de 30% da capacidade residual funcional.

Em geral, os pacientes submetidos a cirurgia cardíaca são extubados logo após cessar o efeito anestésico; entretanto, segundo Nozawa (2003), 3 a 6% dos pacientes podem necessitar de ventilação mecânica prolongada devido a complexidade da doença cardíaca, a repercussões pulmonares e a outros problemas sistêmicos. A preocupação quanto ao posicionamento da cânula orotraqueal, à depuração de secreções, assim como garantir volumes e capacidades pulmonares adequados, são medidas que podem evitar complicações respiratórias como a atelectasia nesses pacientes. Essas complicações podem resultar em atraso no desmame ventilatório, aumentando a morbimortalidade desses pacientes e gerando altos custos hospitalares.

São inúmeros os fatores que podem levar a atelectasia no pós-operatório de cirurgia cardíaca. Entre eles, estão dor, lesão muscular, disfunção diafragmática, tosse pouco efetiva, retenção de secreções e mau posicionamento do tubo endotraqueal; contudo, quanto mais comorbidades o indivíduo apresentar, ou seja, quanto mais debilitado ele se encontrar, associado ao tempo de cirurgia e cuidados intensivos, as incidências de complicações pulmonares aumentam estatisticamente.

DIAGNÓSTICO

A atelectasia pode ser diagnosticada a partir de exames clínicos e complementares. Os sinais e sintomas dessa alteração pulmonar podem variar de acordo com a doença de base e estar associados a dispneia, taquipneia, sinais de desconforto respiratório, como batimento de asa de nariz, uso de musculatura acessória, tiragem subdiafragmática e intercostal, retração de fúrcula, taquicardia, queda de saturação de oxigênio, cianose, tosse e produção de secreções; a febre pode estar presente quando se trata de um processo infeccioso associado.

Na Tabela 50.2, pode-se verificar outras alterações importantes a serem avaliadas no exame físico e que são fundamentais para direcionar o diagnóstico da atelectasia.

A atelectasia, de forma isolada, não é um diagnóstico específico. Na maioria dos casos, ela está associada a outras patologias; porém, quando identificada, o diagnóstico diferencial deve ser considerado. O exame mais utilizado é a radiografia de tórax.

Durante a análise radiográfica, pode-se observar desvio da traqueia e/ou mediastino para o lado

Tabela 50.2 Disposição das alterações encontradas no exame físico do paciente

Alterações encontradas no exame físico	
Expansibilidade de tórax	Diminuída ou assimétrica
Frêmito toracovocal	Diminuído ou abolido
Percussão	Macicez
Ausculta pulmonar	Murmúrio vesicular diminuído ou abolido e/ou estertores creptantes

ipsilateral ao colapso, aproximação das costelas no lado acometido (pinçamento), elevação da hemicúpula diafragmática, hiperinsuflação compensatória nos segmentos aerados remanescentes ao lobo afetado ou hiperinsuflação compensatória do pulmão oposto e hipotransparência da área colapsada, que pode ser laminar, segmentar, lobar ou total (Figuras 50.1 a 50.4).

Outros exames também podem ser utilizados para complementar o diagnóstico, como tomografia computadorizada, ressonância magnética e broncoscopia pulmonar; porém, no âmbito hospitalar, esses exames são solicitados apenas quando as atelectasias não são revertidas com tratamento fisioterapêutico ou se apresentam recidivas.

TRATAMENTO

As atelectasias podem surgir como consequência de outras patologias. Por esse motivo, determinar

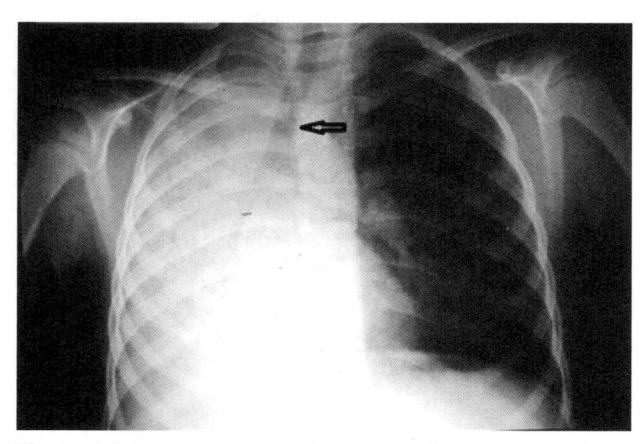

Figura 50.1 Atelectasia em hemitórax direito com evidente desvio de traqueia e mediastino para o lado ipsilateral ao comprometimento.

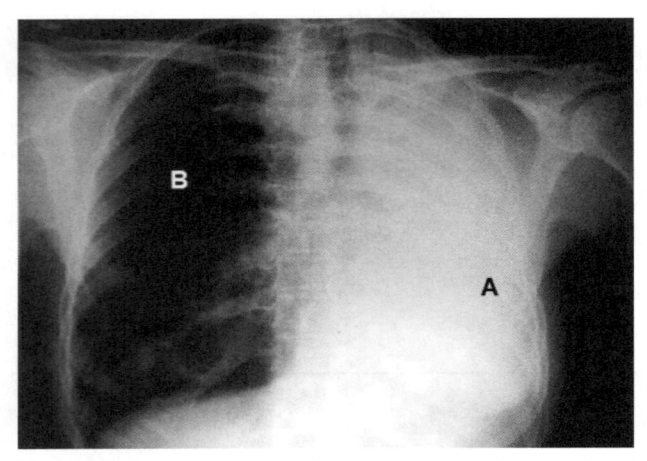

Figura 50.2 Atelectasia em hemitórax esquerdo com pinçamento das costelas (A) e evidente hiperinsuflação compensatória do pulmão oposto (B).

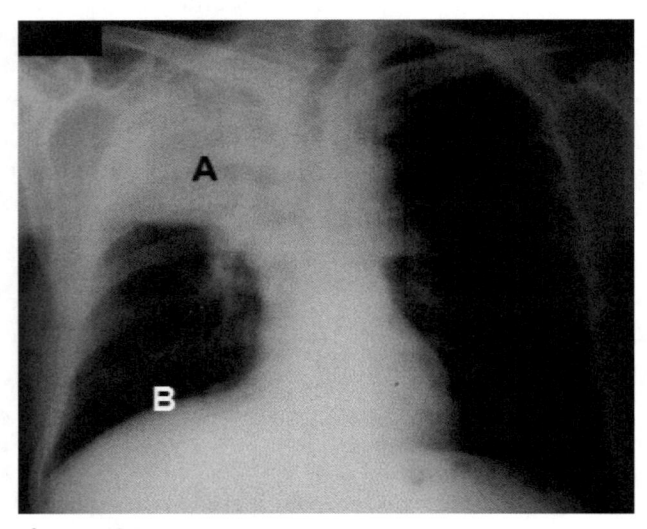

Figura 50.3 Atelectasia em lobo superior direito (A) com elevação acentuada da hemicúpula diafragmática direita (B).

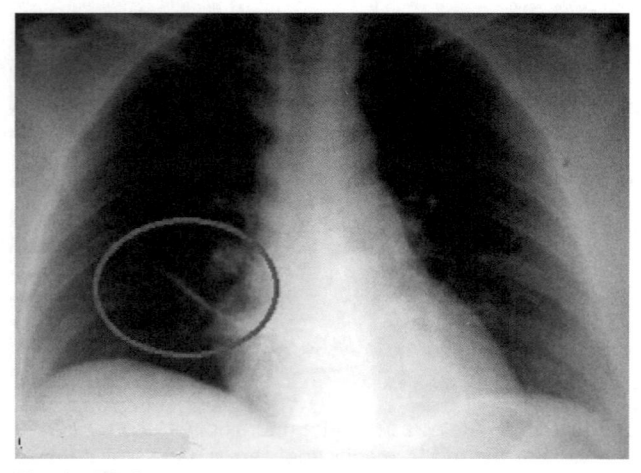

Figura 50.4 Atelectasia laminar em pulmão esquerdo.

sua causa e, posteriormente, traçar uma conduta médica é de fundamental importância para evitar sua recidiva. Seu tratamento depende da causa, da duração e da gravidade do quadro. De modo geral, são comumente tratadas por fisioterapeutas altamente capacitados para avaliar, identificar e tratar essa alteração.

As condutas fisioterapêuticas incluem aspiração de vias aéreas e/ou manobras de higiene brônquica, favorecendo a expectoração de secreções, otimizando, assim, o mecanismo da tosse; e técnicas de reexpansão pulmonar, que têm como princípio básico aumentar o volume pulmonar por meio do aumento do gradiente de pressão transpulmonar (a diferença entre a pressão alveolar e a pressão pleural), pois quanto maior for o gradiente de pressão transpulmonar, maior é a expansão alveolar.

Entre as técnicas manuais passivas ou ativas de reexpansão pulmonar podem ser citadas: compressão e descompressão abrupta, direcionamento de fluxo, respiração em tempos, inspirômetro de incentivo etc.

A pressão positiva também pode ser utilizada para reexpansão de alvéolos colapsados, e demonstra resultados bastante efetivos. A aplicação de uma pressão expiratória final positiva (PEEP) de 10 cmH_2O é capaz de reabrir o tecido colapsado; porém, em alguns casos, é necessário aumentar a PEEP para reexpandir algumas unidades alveolares. Cessada essa pressão, o colapso pode voltar a se apresentar, e esse mecanismo de insuflação e colapso pode favorecer ou piorar a lesão pulmonar decorrente da ativação de neutrófilos e consequente processo inflamatório, que pode ocasionar fibrose pulmonar. Por esse motivo, a utilização da PEEP deve ser criteriosa e utilizada com cautela.

Outras estratégias ventilatórias podem ser capazes de causar ou piorar a lesão pulmonar, como elevados valores de pressão e volume corrente. Entretanto, se o volume no final da expiração for mantido com a administração da PEEP, garantindo desse modo um adequado delta de pressão, a lesão pulmonar pode ser atenuada.

Segundo Hendriks (2005), a broncoscopia é moderadamente efetiva para remover secreções e reverter atelectasias. Sua taxa de sucesso varia entre 19 e 89%, e essa técnica é utilizada na maioria dos casos em que ocorrem recidivas, como aspiração de corpo estranho.

Também são encontradas na literatura, como forma de tratamento, inalações com mucolíticos que auxiliam na depuração de secreções pulmonares, otimizando a troca gasosa e, consequentemente, a ventilação pulmonar.

Sabe-se que a dor no pós-operatório de cirurgia cardíaca é capaz de alterar volumes e capacidades pulmonares, podendo contribuir para a formação de atelectasias. Portanto, uma analgesia adequada, principalmente durante o atendimento fisioterapêutico, é capaz de otimizar a terapia, favorecer o mecanismo da tosse e garantir volumes pulmonares adequados.

CONSIDERAÇÕES FINAIS

De modo geral, as atelectasias respondem à terapêutica aplicada e não representam complicações severas. Identificar precocemente a causa subjacente, assim como os fatores de risco, pode favorecer seu tratamento.

Na prática clínica, a fisioterapia respiratória tem se mostrado bastante efetiva no combate ao colapso alveolar, devendo ser iniciado o acompanhamento fisioterapêutico desde a internação do paciente.

BIBLIOGRAFIA RECOMENDADA

1. Ambrozin ARP, Cataneo AJM. Aspectos da função pulmonar após revascularização do miocárdio relacionados com risco pré-operatório. Braz J Cardiovasc Surg. 2005;20(4):408-15.

2. Andrejaitiene J, Sirvinskas E, Bolys R. The influence of cardiopulmonary bypass on respiratory dysfunction in early postoperative period. Medicina (Kaunas). 2004;40(supl 1):7-12.

3. Arcêncio L, de Souza MD, Bortolin BS, Fernandes ACM, Rodrigues AJ, Evora PRB. Cuidados pré e pós-operatórios em cirurgia cardiotorácica: uma abordagem fisioterapêutica. Rev Bras Cir Cardiovasc. 2008;23(3):400-10.

4. Auler Junior JOC, Galas FRBG, Hajjar LA, Franca SA. Ventilação mecânica no intra-operatório. Rev Bras Ter Intensiva. 2007;19(3):393-8.

5. Kavanagh BP. Perioperative atelectasis. Minerva Anestesiol. 2008;74(6):28.

6. Azeredo CAC. Fisioterapia respiratória moderna. 4ª ed. São Paulo: Manole; 2002.

7. Brasher PA, McClelland KH, Denehy L, Story I. Does removal of deep breathing exercises from physiotherapy program including pre-operative education and early mobilization after cardiac surgery alter patient outcomes? Aust J Physiother. 2003;49(3):165-73.

8. Cavenaghi S, de Moura SCG, da Silva TH, Venturinelli TD, Marino LHC, Lamari NM. Importance of pre- and postoperative physiotherapy in pediatric cardiac surgery. Rev Bras Cir Cardiovasc. 2009;24(3):397-400.

9. Coussa M, Proietti S, Frascarolo P, Spahn D, Magnusson L. Continuous positive airways pressure prevents atelectasis formation during induction of general anaesthesia in morbidly obese patients. Swiss Med Wkly. 2002;132:53.

10. Felcar JM, Guitti JCS, Marson AC, Cardoso JR. Fisioterapia pré-operatória na prevenção das complicações pulmonares em cirurgia cardíaca pediátrica. Rev Bras Cir Cardiovasc. 2008;23(3):383-8.

11. Brasileiro Filho G. Patologia. 7.ed. Rio de Janeiro: Guanabara Koogan; 2006.

12. Gonçalves LO, Cicarelli DD. Manobra de recrutamento alveolar em anestesia: como, quando e por que utilizá-la. Rev Bras Anestesiol. 2005;55:6:631-8.

13. Guizilini S, Gomes WG, Faresin SM, Bolzan DW, Alves FA, Catani R, et al. Evaluation of pulmonary function in patients following on- and off-pump coronary artery bypass grafting. Braz J Cardiovasc Surg. 2005;20(3):310-6.

14. Postioux G. Fisioterapia respiratória pediátrica: o tratamento guiado por ausculta pulmonar. 2.ed. Porto Alegre: Art Med, 2004.

15. Hazinski TA. Atelectasis. In: Chermick V, Boat TF (eds). Kendig's disorders of respiratory tract in children. Philadelphia: WB Saunders, 1998. p. 634-41.

16. Henfrikis T, de Hoog M, Lequin MH, Devos AS, Merkus PJ. DNase and atelectasis in non-cystic fibrosis pediatric patients. Critical Care. 2005;9:R351-6.

17. Johnston C, Carvalho WB. Atelectasias em pediatria: mecanismos, diagnóstico e tratamento. Rev Assoc Med Bras. 2008;54(5):455-60.

18. Kreider ME, Lipson DA. Bronchoscopy for atelectasis in the ICU. Chest. 2003;124:344-50.

19. Levitzky M. Fisiologia pulmonar. 6ª ed. Barueri: Manole.

20. Lopes CR, Brandão CMA, Nozawa E, Auler Jr JOC. Benefits of non-invasive ventilation after extubation in the postoperative period of heart surgery. Rev Bras Cir Cardiovasc. 2008;23(3):344-50.

21. Magnusson L, Spahn DR. New concepts of atelectasis during general anaesthesia. Br J Anaesth. 2003;91:61-72

22. Malbouisson LMS, Humberto F, Rodrigues RR, Carmona MJ, Auler JO. Atelectasis during anesthesia: pathophysiology and treatment. Rev Bras Anestesiol. 2008;73(1):73-83.

23. Martínez G, Cruz P. Atelectasias en anestesia general y estrategias de reclutamiento alveolar. Rev Esp Anestesiol Reanim. 2008;55:493-503.

24. Mitchell RN. Patologia: bases patológicas das doenças. 7. ed. Rio de Janeiro: Elsevier; 2006.

25. Morsch KT, Leguisamo CP, Camargo MD, Coronel CC, Mattos W, Ortiz LDN, et al. Perfil ventilatório dos pacientes submetidos a cirurgia de revascularização do miocárdio. Rev Bras Cir Cardiovasc. 2009;24(2):180-7.

26. Moya MM, Domínguez PB, Rodríguez MLR, Cruz FJ. El espectro radiologico de las atelectasias redondas: a proposito de 22 observaciones. Neumosur: Revista De La Asociación de Neumólogos del Sur. 2000;11(4).

27. Nasr SZ, Strouse PJ, Soskolne E, Maxvold NJ, Garver KA, Rubin BK, et al. Efficacy of recombinant human deoxyribonuclease in the hospital management of respiratory syncytial virus bronchiolits. Chest. 2001;120:203-8.

28. Joia Neto L, Thomson JC, Cardoso JR. Complicações respiratórias no pós-operatório de cirurgias eletivas e de urgência e emergência em um hospital universitário. Bras Pneumol. 2005;31(1):41-7.

29. Nozawa E, Kobayashi E, Matsumoto ME, Feltrim MIZ, Carmona MJC, Auler Jr JOC. Avaliação de fatores que influenciam no desmame de pacientes em ventilação mecânica prolongada após cirurgia cardíaca. Arq Bras Cardiol. 2003;80(3):301-5.

30. Peroni DG, Boner AL. Atelectasis: mechanisms, diagnosis end management. Paediatr Respir Reve. 2000;1:274-8.

31. Rama-Maceiras P. Atelectasias perioperatorias y maniobras de reclutamiento alveolar. Arch Bronconeumol. 2010;46(6):317-24.

32. Renault JA, Costa-Val R, Rossetti MB. Respiratory physiotherapy in the pulmonary dysfunction after cardiac surgery. Rev Bras Cir Cardiovasc. 2008;23(4):562-9.

33. Scanlan CL, Wilkins RL, Stoller JK. Fundamentos da terapia respiratória de Egan. 7. ed. Barueri; Manole, 2000.

34. Silva NLS, Piotto RF, Barboza MAI, Croti UA, Braile DM. Inalação de solução salina hipertônica como coadjuvante da fisioterapia respiratória para reversão de atelectasia no pós-operatório de cirurgia cardíaca pediátrica. Braz J Cardiovasc Surg. 2006;21(4):468-71.

35. Tarantino AB. Doenças pulmonares. 4. ed. Rio de Janeiro: Guanabara Koogan; 1997.

36. West JB. Fisiologia respiratória. 6. ed. São Paulo: Manole; 2002.

51

LESÃO DO NERVO FRÊNICO

MARIANA BISPO DE LIRA

MAYRA MARANGONI

KELIANNE MAYUMI MAEDA

INTRODUÇÃO

Situações patológicas podem desfavorecer a musculatura respiratória, causando repercussões em sua mecânica.

Os pacientes submetidos a cirurgia cardíaca, em função da técnica cirúrgica e da via de acesso, podem evoluir com disfunções ventilatórias. Neste capítulo, será chamada a atenção aos mecanismos de plegia e/ou paresia diafragmática secundária à lesão do nervo frênico pós-cirurgia cardíaca e sua posterior reabilitação.

ANATOMOFISIOLOGIA RESPIRATÓRIA E DIAFRAGMÁTICA

O sistema respiratório tem como principal função o suprimento de oxigênio (O_2) tecidual e a exalação de gás carbônico (CO_2), produto gasoso do metabolismo celular. A renovação constante do gás alveolar é assegurada pelos movimentos do tórax (caixa torácica) e da musculatura respiratória, envolvendo também numerosos componentes neurais e químicos. O movimento dos gases nos pulmões e tecidos ocorre por difusão; o trabalho da bomba musculoesquelética garante gradientes de pressão necessários para movê-los do meio interno para o externo a fim de assegurar uma difusão adequada de O_2 e CO_2.

Assim como qualquer fluido, o ar move-se da região de maior pressão para uma de menor pressão; logo, o fluxo aéreo só será estabelecido se houver um gradiente de pressão entre a atmosfera e os alvéolos. A musculatura respiratória trabalha para ventilar os pulmões, tendo que superar a carga imposta pela complacência e resistência pulmonares. Em pulmões sadios, esse trabalho é realizado somente na inspiração, sendo a expiração um processo passivo.

Os movimentos da parede torácica e do diafragma produzem aumento do volume intratorácico; na respiração normal, o diafragma desce em torno de 1 a 2 cm, aumentando o diâmetro vertical do tórax, e, na inspiração profunda, pode descer até 10 cm, resultando em diferença de pressão e, posteriormente, introdução de ar nos pulmões, que se inicia através de nariz, boca, laringe e traqueia.

A expiração é de um processo passivo no qual o diafragma, os músculos intercostais e outros músculos relaxam, diminuindo o volume intratorácico e aumentando a pressão intratorácica; o tecido elástico dos pulmões se retrai, expelindo o ar, e, simultaneamente, ocorre a diminuição da pressão intra-abdominal.

O mais importante músculo da inspiração é o diafragma. Seu formato é plano, largo e delgado; tem uma superfície aproximada de 270 cm; é um músculo esquelético estriado formado por feixes musculares e divide-se em hemidiafragma direito e esquerdo; possui forma de cúpula voltada cranialmente; e separa a cavidade torácica da cavidade abdominal, sendo responsável por 70% da capacidade vital. Na literatura, é constituído por dois músculos, o costal e o crural, inseridos em um mesmo tendão central denominado centro frênico, que possui forma de trevo. Sua porção costal se origina nas margens superiores das seis últimas costelas e apêndice xifoide, enquanto o diafragma crural se origina na vértebra lombar e ligamentos arqueados. Em sua totalidade, estão presentes fibras dos tipos I, IIA e IIB, e estão assim distribuídas:

- 50% de fibras tipo I – muito resistentes à fadiga.
- 20% de fibras tipo IIA – com resistência intermediária à fadiga.
- 30% de fibras tipo IIB – pouco resistentes à fadiga.

As artérias intercostal, mamária interna, frênicas inferior e superior são responsáveis pelo suprimento sanguíneo do diafragma, e são capazes de produzir uma rede de anastomoses que, na presença de redução do fluxo sanguíneo, diminuem o risco de infarto diafragmático.

Sua microvasculatura que circunda cada fibra muscular, por volta de 8 a 10 vasos sanguíneos por fibra, possui íntima associação ao longo do músculo, garantindo um amplo suprimento de nutrientes e gases, o que não permite a interrupção do fluxo sanguíneo durante a contração muscular, ao contrário do que costuma ocorrer com outros músculos esqueléticos. É inervado pelos nervos frênicos direito e esquerdo do 3º, 4º e 5º segmentos cervicais da medula.

DESCRIÇÃO ANATÔMICA DO NERVO FRÊNICO

O nervo frênico é responsável pela inervação diafragmática. Tem origem nos ramos anteriores dos nervos C3, C4 e C5, e tem localização muito próxima ao plexo braquial no pescoço, ficando na frente do músculo escaleno anterior, separado deste somente por uma fina fáscia; divide-se em direito e esquerdo, atravessa o mediastino superior entre a artéria subclávia e a origem da veia braquiocefálica. Sua localização sempre anterior às raízes dos pulmões é uma forma de distingui-los dos nervos vagos que seguem posteriores. A maior parte da ramificação dos nervos frênicos, distribuídas para o diafragma, ocorre em sua face inferior, ou seja, abdominal.

O nervo frênico torna-se suscetível a lesões durante cirurgias cardíacas por causa de sua proximidade do coração, ou seja, sua disposição anatômica o torna mais vulnerável. Pode-se visualizar na Figura 51.1 que, ao longo da veia braquiocefálica direita, da veia cava superior e do pericárdio sobre o átrio direito, segue o percurso do nervo frênico direito, que é anterior à raiz do pulmão e desce ao lado da veia cava inferior até o diafragma.

Entre as artérias subclávia e carótida comum esquerda, desce o nervo frênico esquerdo, que cruza a superfície do arco da aorta anterior ao nervo vago e passa sobre a veia intercostal superior, segue seu percurso anterior à raiz do pulmão esquerdo e segue ao longo do pericárdio fibroso, superficial ao átrio e ventrículo do coração, onde à esquerda do pericárdio, insere-se no diafragma.

DISFUNÇÃO DIAFRAGMÁTICA

São diversas as situações que podem causar lesões diretas ou indiretas ao músculo diafragma ou à sua inervação, ocasionando prejuízo direto ao seu funcionamento, comprometendo, assim, a mecânica respiratória.

Em geral, as patologias mais citadas na literatura que acometem os indivíduos e são capazes de alterar a mecânica diafragmática são: ascite, pancreatite, atelectasia, derrame pleural extenso, tumores pulmonares, doenças neurológicas, doenças neuromusculares (miastenia grave, esclerose lateral amiotrófica, entre outras), abscessos subdiafragmáticos, comprometimento das raízes nervosas por artrose cervical, gestação, obesidade, intoxicações, limitações pela dor pós-cirúrgica, lesões cirúrgicas do diafragma ou de sua inervação, entre outros.

MECANISMOS DE LESÃO DO NERVO FRÊNICO DURANTE CIRURGIAS CARDÍACAS

Os primeiros relatos da relação entre lesão de nervo frênico e disfunção diafragmática em pós-operatório de cirurgia cardíaca datam de 1963, quando estudos de Scanell demonstraram que 16% dos pacientes em uma amostra de 25 indivíduos submetidos a revascularização de miocárdio com pinçamento aórtico intermitente e normotermia evoluíram com diminuição da amplitude de movimento hemidiafragmático, caracterizando lesão frênica.

A paralisia/paresia do nervo frênico é descrita como uma complicação clássica no pós-operatório de cirurgia cardíaca, com incidência que varia entre 26 e 85%; hoje, em decorrência do avanço tecnológico e ao aprimoramento de técnicas cirúrgicas, esses números têm diminuído.

A disfunção diafragmática, segundo Azeredo (2002), pode ser conceituada como a inabilidade parcial (paresia) ou total (paralisia) do paciente para controlar seu diafragma ou realizar uma inspiração profunda com volumes pulmonares razoáveis; uma das características mais significativas é a insuficiência respiratória associada a grave hipercapnia.

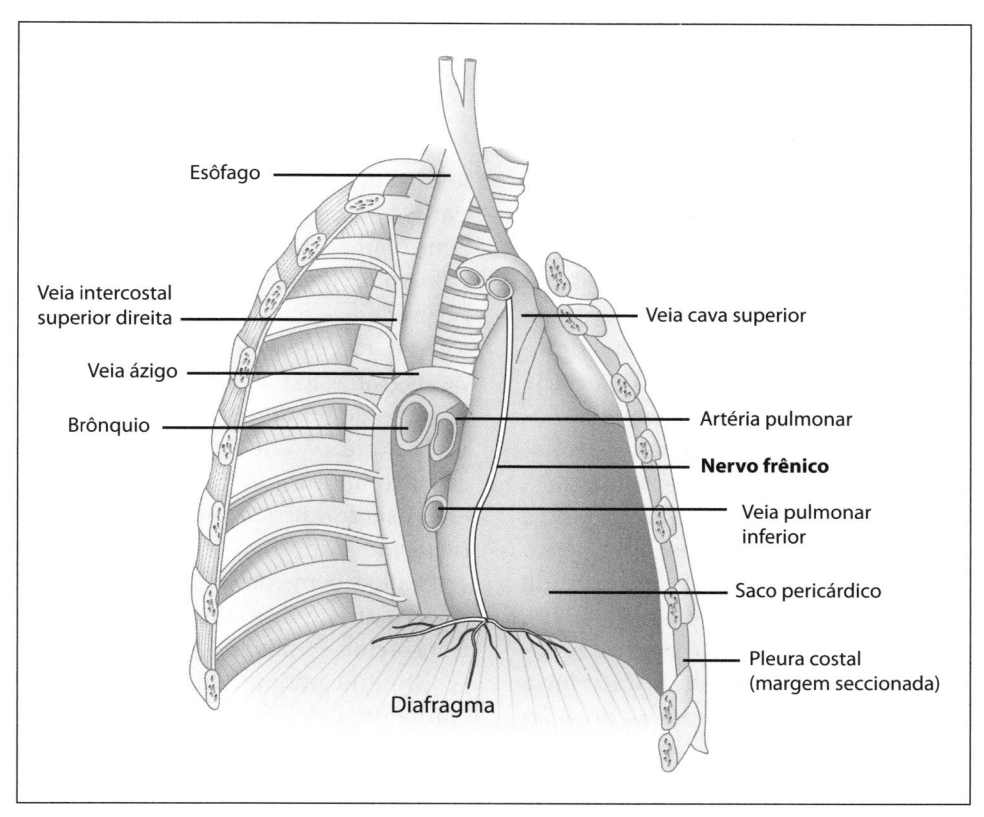

Figura 51.1 Representação ilustrativa da anatomia e percurso do nervo frênico.

Vários mecanismos de lesão são descritos na literatura com o propósito de explicar a sua instalação. Entre eles, destacam-se:

- Lesões relacionadas ao procedimento cirúrgico: traumatismo do nervo frênico durante o afastamento do esterno, seccionamento acidental, pinçamento da aorta, punção da veia jugular interna (procedimento que também pode acarretar lesão nervosa periférica) e dissecção dos ramos da artéria mamária interna (acarreta redução do suprimento sanguíneo para o nervo frênico).
- Circulação extracorpórea: a necessidade de utilização de um mecanismo artificial para a passagem do sangue (circulação extracorpórea) impõe ao organismo alterações significativas, como a mudança no fluxo sanguíneo, aumento do gradiente de temperatura e estresse mecânico, e ainda sobre os elementos figurados do sangue em razão de seu contato com superfícies não endoteliais, filtros, compressão e turbulências; resultam no desencadeamento de uma cascata de reações inflamatórias com consequências pós-

-cirúrgicas. Essas reações podem acontecer em menor ou maior grau e resultar em danos sistêmicos ou localizados e, dessa forma, acometer o nervo frênico.

- Cardioplegia/hipotermia: a cardioplegia caracteriza-se pela utilização de técnicas para reduzir os danos ao miocárdio, e pode ser realizada com normotermia – temperatura em torno de 37°C, a qual proporciona melhor manutenção da homeostasia, preservando o metabolismo celular – ou hipotermia – temperaturas em torno de 8 a 10°C –, sendo esta última citada na literatura como causa de disfunção diafragmática. A baixa temperatura durante o intraoperatório pode provocar alterações no metabolismo celular e, dessa maneira, resultar em lesão do nervo frênico.

Não há relatos específicos de todos esses fatores e sua inter-relação com a patogênese da lesão do nervo frênico; talvez isso ocorra pelo fato de os estudos não utilizarem avaliação prévia por meios eletrofisiológicos de uma forma sistemática. Essas dúvidas têm sido levantadas quanto a possíveis fatores etiológicos envolvidos na paralisia diafragmática no pós-operatório, e vários mecanismos têm sido propostos para explicá-las, apesar de a lesão por hipotermia ser a mais citada na literatura. O trauma criogênico origina a desmielinização do nervo frênico, instalando-se, dessa forma, a paresia; já a paralisia está relacionada a traumatismos diretos ao nervo.

Em estudo de De Vita et al. (1993), demonstrou-se uma associação entre a artéria mamária interna e a disfunção do nervo frênico. Os autores incluíram no estudo pacientes com ou sem enxertos da artéria mamária interna e realizaram testes eletrofisiológicos apenas naqueles que tiveram raio X de tórax anormal ou achados ultrassonográficos; uma grande proporção dos pacientes que receberam enxertos não tiveram nenhuma evidência de lesão do nervo frênico, levantando dúvida sobre o significado de sua descoberta. Já o estudo de Mazzoni et al. (1996), após os procedimentos de abertura do esterno, punção da veia jugular interna e dissecção da artéria mamária interna, monitorizou potenciais de ação do diafragma durante diferentes fases intraoperatórias. No grupo I, como método cardioplégico, utilizaram-se *flushs* de solução em coronárias com intervalos de tempo; no grupo II, empregou-se a imersão do coração em solução cardioplégica com gelo associada aos *flushs*. Como resultado, no grupo II, dois pacientes apresentaram alterações na condução do nervo frênico bilateralmente, e um terceiro apresentou apenas a esquerda, em que a condução do nervo frênico estava abolida após a submersão do coração em solução cardioplégica. Por fim, estudos de Laud et al. (1991) demonstraram que a utilização de um isolamento entre o coração e o pericárdio para diminuir a exposição do nervo frênico à hipotermia intraoperatória reduz em 14% a chance de lesão frênica.

Em relação ao acometimento uni ou bilateral do diafragma, conforme relatado por Tewari e Aggarwal (1996), a disfunção diafragmática ocorre predominantemente à esquerda. Isso se justifica pela justaposição do nervo frênico esquerdo e pelo fato de a solução cardioplégica ser colocada sobre o saco pericárdico durante o pinçamento aórtico. Outro motivo é a punção da artéria torácica interna esquerda para a revascularização do miocárdio juntamente com pleurotomia esquerda para dissecção da artéria e maior visualização do campo operatório. Raramente se verificam acometimentos bilaterais descritos na literatura.

ALTERAÇÕES FUNCIONAIS DECORRENTES DA LESÃO FRÊNICA

Conforme Guyton e Hall (2002), todos os músculos do corpo estão continuamente sendo remodelados para se adaptarem à função que devem desempenhar. Seus diâmetros são modificados, bem como seu comprimento, forças e tipo de fibras. Esse processo pode ocorrer em semanas. No entanto, quando um músculo permanece inativo por longo período, a intensidade de degradação das proteínas contráteis, bem como a redução do número de miofibrilas, aumenta de forma mais rápida do que a de sua renovação, resultando em atrofia muscular. Após 72 horas da lesão, pode-se observar atrofia muscular progressiva, acúmulo de tecido adiposo, perda da capacidade de resposta a estímulos, bem como a transformação da musculatura do diafragma em uma membrana fibrosa, delgada, translúcida e imóvel.

Mecanicamente, durante a paralisia frênica, inicialmente ocorre o relaxamento muscular máximo, no qual a hemicúpula ascende até o ponto máximo de sua distensão, tracionada pela pressão negativa intratorácica e empurrada pela pressão positiva abdominal, o que se define como eventrações diafragmáticas. A partir do momento em que se instala a lesão diafragmática, ao invés de se movimentar para baixo durante a inspiração, o diafragma movimenta-se para cima, uma vez que a pressão intratorácica está diminuída durante esse processo. A movimentação para cima pode deslocar o mediastino e comprimir o pulmão ipsilateral, proporcionando menor volume pulmonar. A ineficiência durante a inspiração gera menor volume pulmonar e, consequentemente, menor capacidade vit al, comprometendo ainda a complacência pulmonar e o mecanismo da tosse.

A partir do momento em que existe o comprometimento do mecanismo da tosse, o risco de infecções pulmonares oportunistas é iminente, já que o acúmulo de secreções torna o ambiente favorável para a entrada de agentes bacterianos e, tratando-se de ambiente hospitalar, o paciente torna-se ainda mais suscetível.

Outro evento que contribui para a diminuição de volume pulmonar é a assincronia toracoabdominal resultante da contração ineficaz do diafragma, causando a inversão do abdome e resultando no padrão paradoxal.

As alterações resultantes da lesão caracterizam-se pela insuficiência respiratória hipercápnica, com sinais graves, devido ao desequilíbrio da relação V/Q em consequência do acúmulo de secreções associado à ineficiência do mecanismo da tosse e à desproporção mecânica provocada pela lesão.

O sucesso no desmame da ventilação mecânica vai depender da capacidade da musculatura acessória em compensar o trabalho respiratório ineficaz do diafragma secundário à lesão; uma vez extubado, esse indivíduo poderá necessitar de suporte ventilatório não invasivo.

DIAGNÓSTICO NA PLEGIA/PARESIA DIAFRAGMÁTICA

Dependendo do método utilizado para o diagnóstico, os percentuais de incidência são muito variados. As radiografias de tórax têm sido amplamente empregadas para detectar lesão do nervo frênico; na literatura, os estudos demonstram que 30 a 85% dos pacientes em pós-operatórios de cirurgias cardíacas apresentam elevação da cúpula diafragmática, como no exemplo da Figura 51.2. No entanto, essa elevação por si só não pode ser sinônimo de lesão do nervo frênico. Comumente, a imagem encontrada é de hemicúpula diafragmática elevada à esquerda, porém, essa imagem radiológica pode estar relacionada com outras patologias.

Outro método bastante utilizado é a ultrassonografia, na qual se avalia a mobilidade da cúpula diafragmática e se comparam variações de pressões intratorácicas e intra-abdominais durante a respiração; a movimentação paradoxal do epigástrio também confirma o diagnóstico; a eletromiografia também pode ser utilizada, pois seus resultados mostram maior especificidade para o diagnóstico. Em estudos eletrofi-

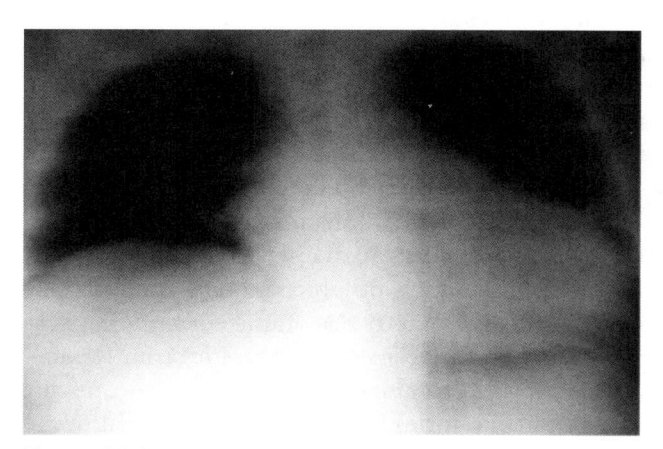

Figura 51.2 Radiografia de tórax com elevação da cúpula diafragmática direita.

siológicos, os achados são descritos como diminuição do período de latência, diminuição da amplitude e estimulação diafragmática, variando esse percentual entre 2 e 31% na confirmação do diagnóstico.

O achado clínico é muito relativo e autores relatam que alguns pacientes podem não apresentar qualquer dificuldade respiratória; portanto, consideram a diminuição da mobilidade diafragmática um achado de pequena importância. No entanto, é frequente o paciente apresentar uma movimentação inadequada ou ausente do diafragma associada à redução de reflexo da tosse, fracasso no desmame, capacidade vital inferior a 500 mL e movimentação paradoxal, que é a inversão do movimento da parede abdominal durante a inspiração (indicativo de fraqueza, ausência ou contração insuficiente do diafragma), seguida do uso da musculatura acessória e agravamento da dispneia.

Manovacuômetro como avaliação respiratória específica

No sistema respiratório, a medida de força é avaliada por meio do uso de pressão. Convencionalmente, as duas medidas mais frequentes são as pressões respiratórias máximas e de capacidade vital.

As pressões no sistema respiratório dependem das forças geradas durante a contração muscular e das propriedades elásticas do pulmão e da parede torácica; a pressão inspiratória máxima (PImáx) é a medida da pressão negativa obtida por meio de esforço inspiratório a partir do volume residual por meio da manovacuometria (Figura 51.3).

Como esse método exige colaboração do paciente e muitas vezes isso não é possível em indivíduos entubados ou traqueostomizados, recomenda-se a mensuração com o uso de válvula unidirecional adaptada ao manovacuômetro; o tempo de oclusão descrito na literatura pode variar de 20 a 30 segundos. A fraqueza dos músculos inspiratórios está excluída clinicamente quando a $Pi_{máx}$ estiver acima de –60 cmH$_2$O.

TRATAMENTO

Eletroestimulação diafragmática

Alguns estudos mostram que a estimulação elétrica tem sido utilizada há mais de um século. Com o aparecimento da ventilação mecânica, houve um período de desinteresse pela eletroventilação, até

Figura 51.3 Manovacuômetro da GeRar®.

Tabela 51.1 Valores utilizados para ajustar os parâmetros da EDET

Parâmetro	Valor
Largura de pulso	0,1-10 ms
Frequência de pulso	25-30 Hz
Tempo de sustentação	1 s
Tempo de contração	1 s
Tempo de relaxamento	2 s
Intensidade da corrente	Mínima necessária para gerar contração muscular

que Sarnoff, em 1950, conseguiu obter um volume corrente equivalente ao obtido na ventilação espontânea por meio de eletrodos colocados no pescoço (ponto motor do nervo frênico).

A estimulação elétrica é uma modalidade terapêutica que consiste em produzir inspiração por meio de estímulos elétricos ritmados, com trem de pulso de curta duração, acoplados na superfície dos pontos motores dos nervos frênicos por eletrodos. As unidades motoras dos músculos vão apresentar respostas simultâneas decorrentes de sua despolarização. Essa técnica tem como objetivo recrutar o máximo de fibras musculares íntegras e realizar um recondicionamento muscular, minimizando o processo de hipotrofia muscular respiratória; para sua realização é necessária a análise da condução frênica, que pode ser obtida por meio de uma eletromiografia diafragmática.

De acordo com estudos realizados, os pontos motores para estimulação diafragmática estão localizados nas regiões axilar média e paraxifóidea, ou seja, 6º, 7º e 8º espaços intercostais, e fossa supraclavicular, entre os músculos escaleno e esternocleidomastóideo.

Por se tratar de uma corrente elétrica aplicada na caixa torácica, existe um risco de o procedimento repercutir em alterações hemodinâmicas. Para isso não ocorrer, são necessários ajustes específicos, mostrados na Tabela 51.1.

Atualmente, existem pesquisas mostrando resultados satisfatórios da estimulação elétrica em pacientes com disfunção diafragmática após a cirurgia de revascularização do miocárdio com injúria do nervo frênico e consequente comprometimento diafragmático.

Foi publicado um protocolo na década de 1990 segundo o qual a estimulação elétrica diafragmática propunha a aplicação de uma corrente modulável para ajuste com tempo de subida igual a 1 segundo, manutenção da contração muscular igual a 1 segundo e tempo de relaxamento igual a 2 segundos, com frequência em torno de 25 a 30 Hz, com largura de pulso situada entre 0,1 e 10 ms, de forma que os eletrodos fossem posicionados bilateralmente no 6º, 7º e 8º espaços intercostais na linha média axilar ou em pontos paraxifóideos, por um período de aproximadamente 20 minutos (Cancelliero, 2006).

Quando utilizado como recurso fisioterapêutico em pacientes portadores de paralisia diafragmática por comprometimento do nervo frênico no pós-operatório de cirurgia cardíaca, os resultados demonstraram ganho de excursão diafragmática na radioscopia, bem como incrementos nos valores espirométricos desses pacientes.

Em outro estudo publicado, o protocolo foi utilizado como recurso fisioterapêutico no tratamento de cinco pacientes, sendo quatro com injúria frênica de pós-cirurgia cardíaca e um com sequelas respiratórias de poliomielite. A estimulação foi realizada com eletrodos posicionados bilateralmente no 6º, 7º e 8º espaços intercostais da linha média axilar durante 20 minutos, quatro vezes ao dia, sendo utilizado na avaliação (antes e depois do procedimento) radioscopia e avaliação espirométrica (volume corrente, capacidade vital, ventilação máxima voluntária, capacidade pulmonar total e de força muscular – pressão máxima inspiratória) e os resultados demonstraram ganho de excursão diafragmática na radioscopia, bem como incrementos nos valores espirométricos dos pacientes tratados. A eletroestimulação diafragmática (EDET) também foi utilizada positivamente como recurso fisioterapêutico em paciente portador de paralisia de hemicúpula diafragmática esquerda no período pós-cirurgia cardíaca por injúria frênica e em paciente portador de traumatismo raquimedular cervical, promovendo a contração diafragmática nessas situações (Cancelliero, 2006).

Em relação aos fatores que podem interferir nos resultados da aplicação da EDET, destaca-se a hipóxia profunda, pois interfere na transmissão do impulso. A excitabilidade neuronal é altamente dependente do suprimento adequado de oxigênio. Isso porque a síntese de energia está diretamente ligada à concentração de oxigênio disponível, e a presença da energia é indispensável para ativar as vias de sinalização transmembrana (bombas de sódio). Portanto, em situações em que a concentração de oxigênio está baixa, não haverá meios para propagar o impulso nervoso, sendo contraindicada a utilização da técnica (Forti, 2008).

A formação clínica e a capacitação profissional do fisioterapeuta permitem que ele reconheça as alterações quanto à mecânica respiratória, assim como disfunções em sua musculatura, o que o habilita a implementar um programa de treinamento para prevenir ou recuperar a fraqueza muscular.

BIBLIOGRAFIA RECOMENDADA

1. Aires MM. Fisiologia. Rio de Janeiro: Guanabara Koogan; 1991.

2. Ayas NT, McCool FD, Gore R, Lieberman SL, Brown R. Prevention of human diaphragm atrophy with short periods of electrical stimulation. Am J Respir Crit Care Med. 1999;159:2018-20.

3. Azeredo CAC. Fisioterapia respiratória moderna. 4. ed. Barueri, SP: Manole; 2002.

4. Biaggi AL, Silva JL, Ferrazza F, Nohama P. Sistema de estimulação elétrica para prevenção e tratamento de disfunção diafragmática. Anais do CBEB. 2000.

5. Bethlem N. Pneumologia. 4. ed. São Paulo: Atheneu; 2002.

6. Canbaz S, Turgut N, Halici H, Balci K, Ege T, Duran E. Electrophysiological evaluation of phrenic nerve injury during cardiac surgery – a prospective, controlled, clinical study. BMC Surgery. 2004;4(1):2.

7. Cancelliero KM, Costa D, Silva CA. Estimulação diafragmática elétrica transcutânea melhora as condições metabólicas dos músculos respiratórios de ratos. Rev Bras Fisioter. 2006;10(1):59-65.

8. Costa D. Changes in types of muscle fibers induced by transcutaneous electrical stimulation of the diaphragm of rats. Braz J Med Biol Res. 2008;41(9).

9. Cuello AF, Masciantonio LY, Mendoza SM Estimulación diafragmática eléctrica transcutánea. Medicina Intensiva. 1991;8(4):194-202.

10. De Vita M A, Robinson LR, Rehder J, Hattler B, Cohen C. Incidence and natural history of phrenic neuropathy occurring during open heart surgery. Chest. 1993;103:850-6.

11. Dias CM, Garcia CSNB, Rocco PRM. Estrutura e função dos músculos respiratórios. In: Rocco PRM, Zin WA. Fisioterapia: teoria e prática clínica, fisiologia respiratória aplicada. Rio de Janeiro: Guanabara Koogan; 2009. p.11-9.

12. Dimopoulou I, Daganou M, Dafni U, Karakatsani A, Khoury M, Geroulanos S, et al. Phrenic nerve dysfunction after cardiac operations: electrophysiologic evaluation of risk factors. Chest. 1998;113;8-14.

13. Efthimiou J, Butler J, Benson MD, Westaby S. Bilateral diaphragm paralysis after cardiac surgery with topical hypothermia. Thorax. 1991;46:351-4.

14. Efthimiou J, Butler J, Woodham C, Benson MD, Westaby S. Diaphragm paralysis following cardiac surgery: role of phrenic nerve cold injury. Ann Thorac Surg. 1991;52:1005-8.

15. Forti EMP. Estimulação diafragmática elétrica transcutânea (EDET) em mulheres obesas mórbidas submetidas à derivação gástrica em Y de Roux (DGYR) com anel de contenção, por laparotomia. 2008. Tese (doutorado). Universidade de São Carlos.

16. Goldenthal S. Bilateral and unilateral activation of the diaphragm in the intact human. Connecticut Medicine. 1961; 25(4):236-8.

17. Gomes WJ, Ascione R, Suleiman M-S, Bryan AJ, Angelini GD. Efeitos das cardioplegias sangüíneas hipotérmica e normotérmica nos substratos intracelulares em pacientes com corações hipertróficos. Rev Bras Cir Cardiovasc. 2000;15(2):160-8.

18. Geddes LA, Voorhees WD, Lagler R, Riscili C, Foster K, Bourland JD. Electrically produced artificial ventilation. Rev Med Instrum. 1988;22(5):263-71.

19. Gueddes LA, Simmons A. Artificial respiration in the dog by percutaneous bilateral phrenic nerve stimulation. Amer Journ Emerg Med. 1991;9(6):527-9.

20. Guyton AC. Tratado de fisiologia médica. 11. ed. Rio de Janeiro: Elsevier; 2006.

21. Guyton AC, Hall JE. Tratado de fisiologia médica. 10. ed. Rio de Janeiro: Guanabara Koogan; 2002. p.76-7.

22. Hamada T, Sasaki H, Hayashi T, Moritani T, Nakao K. Enhancement of whole body glucose uptake during and after human skeletal muscle low-frequency electric stimulation. J Appl Phiysiol. 2003;94(6):2107-12.

23. Irwin S, Tecklin JS. Fisioterapia cardiopulmonar. 3. ed. Barueri, SP: Manole; 2003.

24. Laub GW, Muralidharan CC, Chen C, Perrit MA, Adkins M, Pollock S, et al. Phrenic nerve injury. A prospective study. Chest. 1991;100;376-9.

25. Lemmer J, Stiller B, Heise G, Hübler M, Alexi-Meskishvili V, Weng Y, et al. Postoperative phrenic nerve palsy: early clinical implications and management. Intensive Care Medicine. 2006;32:1227-33.

26. Malbouisson LMS, Peres D, Ayama S, Carmona MJC, Auler Jr JOC. Associação de paralisia diafragmática bilateral e paralisia da cintura escapular após correção de aneurisma de aorta: relato de caso. Rev Bras Cir Cardiovasc. 2001;16(2):171-5.

27. Mazzoni M, Solinas C, Sisillo E, Bortone F, Susini G Intraoperative phrenic nerve monitoring in cardiac surgery. Chest. 1996;109:1455-60.

28. Merino-Ramirez MA. Electrophysiologic evaluation of phrenic nerve and diaphragm function after coronary bypass surgery: prospective study of diabetes and other risk factors J Thorac Cardiovasc Surg. 2006;132:530-6.

29. Monteiro LS, Veloso CA, Araújo S, Figueiredo LC, Terzi RGG. Comparação de dois métodos de mensuração da pressão inspiratória máxima com uso da válvula unidirecional. RBTI. 2004;16:74-7.

30. Moore KL. Anatomia orientada para a clínica. 5. ed. Rio de Janeiro: Guanabara Koogan; 2007.

31. Wilcox PG, Paré PD, Pardy RL. Recovery after unilateral phrenic injury associated with coronary artery revascularization. Chest. 1990;98(3):661-6.

32. Pereira MC. Paresia diafragmática bilateral idiopática. J Bras Pneumol. 2006;32(5):481-5.

33. Peres PCN, Kojina TY. Uso de eletroestimulação transcutânea diafragmática em pós-operatorio de revascularização do miocárdio. Revista Saúde e Pesquisa. 2009;2(1):53-7.

34. Pires AC, Saporito WF, Silas MG, Freitas AC, Freitas ACO, Gui D, Zambom JP, et al. Avaliação da disfunção diafragmática no pós-operatório de cirurgia cardíaca. Arq Med ABC. 1999;22(1/2):13-7.

35. Regenga MM. Fisioterapia em cardiologia: da UTI à reabilitação. São Paulo: Roca; 2000.

36. Russel RIR, Helms PJ, Elliott MJ. A prospective study of phrenic nerve damage after cardiac surgery in children. Intensive Care Med. 2008;34:728-34.

37. Sarmento GJV. O ABC da fisioterapia respiratória. 1a ed. Barueri: Manole; 2009.

38. Sarmento GJV. Fisioterapia em UTI. São Paulo: Atheneu; 2010.

39. Sarnof SJ, Maloney JV, Sarnoff LC. Eletrophrenic respiration in acute bulbar poliomyelitis. J Am Med Assoc. 1950;143:1383-90.

40. Scannell JG. Results of open-heart operation for acquired aortic valve disease. Discussion of McGoon DC, Mankin HT, Kirklin JW. J Thorac Cardiovasc Surg. 1963;45:47-66.

41. Scanlan CL, Wilkins RL, Stoller JK. Fundamentos da terapia respiratória de Egan. 7. ed. São Paulo: Manole; 2000.

42. Shanely RA, Coombes JS, Zergeroglu AM, Webb AI, Powers SK. Short-duration mechanical ventilation enhances diaphragmatic fatigue resistance but impairs force production. Chest. 2003;123(1):195-201.

43. Sharma AD, Parmley CL, Sreeram G, Grocott HP. Peripheral nerve injuries during cardiac surgery: risk factors, diagnosis, prognosis, and prevention. Anesth Analg. 2000;91(6):1358-69.

44. Tarantino AB. Doenças pulmonares. 5. ed. Rio de Janeiro: Guanabara Koogan; 2002.

45. Tewary P, Aggarwal SK. Combines left sided recurrent laryngeal and phrenic nerve palsy after coronary artery operation. Ann Thorac Surg. 1996;61:1721-3.

46. Valenga MH, Jorge RF, Schneider Jr B, Nohama P. Sistema de estimulação elétrica gatilhado por sinal respiratório. 21° Congresso Brasileiro de Engenharia Biomédica, 2008.

47. West JB. Fisiologia respiratória. 6. ed. Barueri: Manole; 2002.

52

INFECÇÃO PULMONAR

TICIANA LEAL LEITE BUARQUE
DAVID COSTA BUARQUE

INTRODUÇÃO

O primeiro implante cardíaco em humanos foi realizado por Denton Cooley, em Houston, no ano de 1969, com um modelo desenvolvido por Domingos Liotta. O coração foi implantado como ponte para um transplante de coração, que foi realizado 64 horas depois. O paciente morreu 32 horas após o transplante, por infecção respiratória.

A partir do momento em que o paciente entra em cirurgia cardíaca, com circulação extracorpórea, uma série de eventos pode acontecer. A síndrome de resposta inflamatória sistêmica é o mais importante deles, pois há a liberação de mediadores inflamatórios (citocinas) pelo músculo cardíaco e pulmões.

Na maioria das vezes, os pacientes submetidos à circulação extracorpórea (CEC) apresentam algum grau de disfunção pulmonar em decorrência, em parte, da anestesia, que leva ao extravasamento capilar, ao aumento da pressão hidrostática e às microatelectasias produzidas durante o ato operatório. Contribuem também para essas complicações as condições pulmonares prévias do paciente, como tabagismo, doença pulmonar obstrutiva crônica, obesidade, congestão pulmonar etc.

Apesar da modernização dos procedimentos utilizados em cirurgia cardíaca, a função pulmonar ainda é muito prejudicada. Após o procedimento cirúrgico, os pacientes estão mais propensos a desenvolver complicações respiratórias. Cerca de 65% dos pacientes desenvolvem atelectasias e 3% adquirem pneumonia.

Por essa razão, a fisioterapia possui papel essencial no tratamento desses pacientes, com o objetivo de prevenir ou amenizar tais complicações. Sua atuação inicia-se com a aplicação de técnicas de desmame ventilatório e estende-se até a manutenção do paciente em ventilação espontânea após a extubação.

COMPLICAÇÕES DO PÓS-OPERATÓRIO CARDÍACO

Inúmeros fatores podem influenciar a mecânica respiratória e as trocas gasosas nas cirurgias cardíacas, podendo aumentar o risco de complicação pulmonar no pós-operatório.

Os fatores de risco presentes no pré-operatório estão também relacionados com as complicações pulmonares. Entre eles, os principais são: idade avançada, doenças pulmonares prévias, tabagismo, estado nutricional inadequado, função pulmonar alterada e comorbidades associadas, fatores que levam a alterações na integridade do sistema respiratório, e, com isso, podem comprometer a mecânica respiratória e as trocas gasosas.

As complicações pulmonares no pós-operatório são responsáveis por cerca de 40% dos óbitos em pacientes com idade superior a 70 anos, atribuídos às alterações na função respiratória, tais como perda da complacência pulmonar, aumento da resistência e diminuição das trocas gasosas, decorrentes do envelhecimento.

A ocorrência de complicações pulmonares no pós-operatório pode também correlacionar-se a fatores anestésicos, como o tipo e o tempo de anestesia e a droga utilizada, como também a fatores cirúrgicos, relacionados ao local da incisão, tipo de cirurgia e ventilação mecânica intraoperatória.

Os pacientes submetidos a cirurgia cardíaca, no pós-operatório imediato, ainda necessitam de ventilação mecânica. Uma vez que as propriedades mecânicas e o índice de troca gasosa podem ser avaliados e utilizados como critérios de extubação, esta deve acontecer precocemente ou tão logo haja estabilidade clínica e hemodinâmica. Sabe-se que pacientes que apresentam fatores de risco no pré--operatório apresentam maiores complicações no pós-operatório, e que estas podem ser consequentes às alterações da mecânica respiratória e das trocas gasosas.

Outra complicação importante no pós-operatório é a dor. Mueller et al. constataram que 51% dos pacientes ainda apresentavam dor na região da esternotomia no 7º dia após a cirurgia cardíaca, sendo um fator limitante para a adequada ventilação do paciente, levando-o a uma condição de hipoventilação e suas consequências. A dor também é fonte importante de morbidade e mortalidade nesse período, pois limita a capacidade de tossir, respirar e movimentar-se de maneira normal. Pode resultar em atelectasias (mais frequentes em lobo inferior esquerdo), em até 90% dos pacientes, e pneumonias (29%).

MORBIMORTALIDADE NO PÓS-OPERATÓRIO CARDÍACO

A morbimortalidade no pós-operatório de cirurgias cardíacas é de grande interesse, motivando diversos protocolos de manejo pós-operatório.

O paciente submetido à cirurgia cardíaca permanecerá em ventilação mecânica (VM) no pós-operatório imediato até que alcance uma estabilidade clínica e cognitiva, em alguns casos por tempo ainda maior, e deverá permanecer no leito por 3 a 6 semanas. Em decorrência da instabilidade hemodinâmica, que pode acontecer no pós-operatório imediato, o paciente pode precisar de drogas vasoativas (DVA) e permanecerá na unidade de terapia intensiva (UTI) enquanto houver necessidade.

Fatores como cirurgia de grande porte, necessidade de CEC, anestesia, tempo prolongado de ventilação mecânica, necessidade de tratamentos intensivos, algia no pós-operatório, associados com doenças preexistentes, idade avançada e uso indiscriminado de antibioticoterapia aumentam o risco de morbimortalidade nesses pacientes.

COMPLICAÇÕES INFECCIOSAS

As principais complicações infecciosas incluem as do sítio cirúrgico, seguidas por pneumonias, infecções relacionadas a cateteres e ao trato urinário. As mediastinites ocorrem entre 0,4 e 2,4% dos pacientes, com mortalidade entre 5 e 47% e necessidade de tratamento prolongado.

Em pós-operatório de troca valvar, as endocardites são complicações severas, com a incidência média de 2,3%; em muitos casos, a reabordagem cirúrgica faz parte do tratamento, aumentando o tempo de internação e o risco de infecções.

Como exemplo, é possível citar a infecção de ferida cirúrgica por *Staphylococcus aureus*, cujo tratamento pode se prolongar por mais de 30 dias e eleva a taxa de mortalidade.

Conclui-se que a infecção em pós-operatório é um problema sério, que é responsável pelo aumento dos índices de morbidade e mortalidade, além de aumentar o tempo de internação e os custos hospitalares.

FISIOPATOLOGIA

Uma série de eventos pode ocorrer no momento em que o paciente entra em uma cirurgia cardíaca, principalmente se esta precisar de circulação extracorpórea. A síndrome de resposta inflamatória sistêmica é o mais importante deles, pois há a liberação de mediadores inflamatórios pelo músculo cardíaco e pulmões. Essas alterações sistêmicas, muitas vezes, podem ser confundidas com quadro séptico ou pulmão de choque.

A febre, quando ocorre no pós-operatório, nem sempre é decorrente de quadro infeccioso, podendo ser atribuída à própria circulação extracorpórea, à ocorrência de resposta inflamatória sistêmica e à liberação de mediadores inflamatórios pelo próprio músculo cardíaco, como uma reação à isquemia. Os pulmões também liberam esses mediadores (citocinas), e essas células ativadas podem permanecer retidas na circulação pulmonar, contribuindo para as disfunções pulmonares, que ocorrem com muita frequência.

A resposta inflamatória sistêmica, que atinge vários órgãos, é um dos fatores envolvidos na disfunção cerebral após cirurgia cardíaca, tendo sido demonstrado, no entanto, que essas alterações não prejudicam o estado cognitivo dos pacientes em longo prazo.

Outro fator envolvido na fisiopatologia da cirurgia cardíaca com circulação extracorpórea, e que pode ser confundido com um quadro infeccioso, é a liberação de endotoxinas endógenas de foco intestinal, com translocação destas. Esse fenômeno também pode funcionar como um gatilho para a resposta inflamatória sistêmica.

Existe, portanto, dificuldade no diagnóstico da infecção no pós-operatório cardíaco, pois existe a reação inflamatória sistêmica relacionada à própria circulação extracorpórea, além de outros fatores de risco envolvidos, sendo alguns claros e estabelecidos e provavelmente alguns outros que ainda nem estão em investigação.

INFECÇÕES NO PÓS-OPERATÓRIO DE CIRURGIA CARDÍACA

Dentre as infecções hospitalares, a infecção de sítio cirúrgico é a segunda causa mais frequente, sendo suplantada somente pela infecção urinária. O índice de infecção pós-esternotomia é, em média, de 2,0 a 2,5%.

A mortalidade também aumenta em pacientes com infecção pós-esternotomia, e os índices chegam a variar entre 5 e 47%; o debridamento tardio da infecção é um dos fatores que contribuem para a mortalidade nos pacientes com infecção esternal.

Para a infecção na incisão da safena, as taxas podem variar de 2 a 24%.

A mediastinite pós-cirúrgica é certamente a infecção mais temida entre os profissionais que trabalham em centros de cirurgia cardíaca, pois, além da dificuldade do tratamento, que deve ser realizado por tempo prolongado, aumentando o tempo de permanência hospitalar, essa infecção tem altos índices de mortalidade, podendo chegar a 25%. Os índices de mediastinite pós-cirúrgica, em média, são baixos, variando entre 1 e 4%, estando, na maioria das vezes, em torno de 1%.

O fato é que devem ser empregados todos os esforços, tanto pela equipe cirúrgica (incluindo uma técnica meticulosa e asséptica) como pelas equipes de enfermagem e de controle de infecção, para que se diminua ao máximo os riscos infecciosos.

Staphylococcus aureus, estafilococos coagulase-negativa e bacilos gram-negativos são os microrganismos mais associados à infecção de sítio cirúrgico.

A endocardite infecciosa pós-cirúrgica em próteses biológicas ou mecânicas pode ocorrer em média em 2,3% dos casos. Os agentes etiológicos mais comumente envolvidos são estafilococos coagulase negativa, *Staphylococcus aureus*, fungos, enterococos e estreptococos não enterococos.

Outras infecções que podem acometer os pacientes em pós-operatório de cirurgia cardíaca estão relacionadas aos procedimentos de terapia intensiva, principalmente quando o paciente permanece por um longo período na UTI, em decorrência de complicação clínica e/ou cirúrgica. Observamos, nesses casos, pneumonias, relacionadas à ventilação mecânica, infecções urinárias, infecções relacionadas a cateteres e sepse.

As pneumonias são geralmente relacionadas à ventilação mecânica, principalmente nos pacientes que, por complicações clínicas, permanecem por longo tempo entubados.

A sepse, quando acomete esses pacientes, é geralmente causada por *Staphylococcus aureus* ou estafilococos coagulase-negativa, quando o foco inicial da infecção é o acesso vascular. Eventualmente, os bacilos gram-negativos podem estar envolvidos, se o foco inicial da infecção forem as vias aéreas ou o trato urinário.

INFECÇÕES PULMONARES NO PÓS-OPERATÓRIO DE CIRURGIA CARDÍACA

Pneumonia nosocomial representa 10 a 15% de todas as infecções hospitalares, sendo a segunda maior causa de infecção, perdendo apenas para infecções do trato urinário. No entanto, a infecção nosocomial é certamente a de maior taxa de mortalidade e custo.

Apesar do amplo conhecimento da fisiopatologia da pneumonia associada à ventilação mecânica (PAV), e dos fatores de risco relacionados a ela, sua prevenção ainda não é suficientemente eficaz.

No ambiente da terapia intensiva, onde o uso de antibióticos de largo espectro é quase uma regra e as defesas dos pacientes encontram-se muito limitadas por condições variadas, tais como redução do nível de consciência, entubação orotraqueal, uso de imunossupressores e pela própria gravidade do quadro, a incidência de pneumonia é até 21 vezes maior do que em outros ambientes hospitalares.

Conceitualmente, divide-se a PAV (e as demais pneumonias nosocomiais) em precoce, quando ocorre nos primeiros quatro dias de internação, e tardia, quando se desenvolve nos dias subsequentes.

Nas PAV, precoces, é possível encontrar habitualmente microrganismos da flora normal dos pacientes causando a pneumonia. *S. pneumoniae, H. influenza, M. catharralis* e, por vezes, anaeróbios e *S. aureus* são os principais envolvidos nestas infecções.

Já nas PAVs tardias, observamos a ocorrência de uma mudança da flora da orofaringe do paciente, sendo esta já colonizado por microrganismos hospitalares. Estes pacientes frequentemente já utilizaram antibióticos de largo espectro durante sua internação, selecionando bactérias ainda mais resistentes. Nestes pacientes, *P.aeruginosa, Enterobacter* sp., *K. pneumonia, Acinetobacter* e MRSA são os causadores da PAV isoladamente ou por infecção polimicrobiana (como pode ocorrer em até 55% dos casos).

A classificação de pneumonias nosocomiais e PAV proposta pela American Thoracic Society é abrangente e útil ao tratamento empírico. Ela avalia inicialmente três aspectos: a gravidade da pneumonia, as características individuais do paciente que predispõem a infecção por patógenos específicos ou resistentes (p. ex., fibrose cística/*P. aeruginosa*) e, por fim, se a pneumonia é precoce ou tardia.

O objetivo no manejo da pneumonia é o uso adequado de antibióticos, evitando o uso escalonado. É baseado na farmacocinética e na farmacodinâmica do agente antimicrobiano, reconhecendo a variabilidade bacteriológica adaptada a cada instituição e levando em conta a resposta clínica do paciente e a duração do tratamento por um tempo mínimo efetivo.

A FISIOTERAPIA RESPIRATÓRIA NAS COMPLICAÇÕES DO PÓS-OPERATÓRIO DE CIRURGIA CARDÍACA

Em decorrência das alterações pulmonares relacionadas à cirurgia cardíaca e às suas repercussões, a fisioterapia respiratória tem amplo campo de atuação, com o intuito de prevenir e auxiliar o tratamento de tais disfunções e, para isso, utiliza-se de uma grande variedade de técnicas.

As técnicas mais utilizadas são: espirometria de incentivo (EI), exercícios de respiração profunda (ERP); ERP associados à pressão expiratória positiva (ERP-PEP) e PEP acrescida de resistência inspiratória (PEP-RI), respiração com pressão positiva intermitente (RPPI), pressão positiva contínua nas vias aéreas (CPAP) e pressão positiva em dois níveis (BILEVEL).

Sabe-se que, apesar da indicação frequente de fisioterapia respiratória no pós-operatório de cirurgia cardíaca e da ampla gama de técnicas utilizadas com o intuito de reverter a disfunção pulmonar neste período, ainda não existe consenso acerca da melhor modalidade a ser utilizada.

BIBLIOGRAFIA RECOMENDADA

1. Ambrozin ARP, et al. Aspectos da função pulmonar após revascularização do miocárdio relacionados com risco pré-operatório Braz J Cardiovasc Surg. 2005;20(4):408-415

2. Anonymous. Nosocomial infection rates for interhospital comparison: limitations and possible solutions. Infect Control Hosp Epidemiol. 1991;12: 609-21.

3. Bitkover CY, Marcusson E, Ransj U. Spread of coagulase-negative staphylococci during cardiac operations in a modern operating room. Ann Thorac Surg. 2000; 69(4):1110-5.

4. Campbell D, Niederman MS, Broughton MA, et al. Hospital-acquired pneumonia in adults - ATS offcial statement. Diagnosis, assessment of severity, initial therapy and prevention strategies. Am J Respir Crit Care Med. 1996;153:1701-25

5. Cely SA. Infecção em pós-operatório de cirurgia cardíaca. Rev Soc Cardiol. 2001;11(5).

6. Cook D, Guyatt G, Marshall J, et al. Comparison of sucralfate and ranitidine for prevention of upper gastrointestinal bleeding in adult patients requiring mechanical ventilation. N Engl J Med. 1998;(338):791-97

7. Craven DE. Epidemiology of Ventilator-associated pneumonia. Chest. 2000;117:186s-188s

8. De Feo M, Renzulli A, Ismeno G, et al. Variables predicting adverse outcome in patients with deep sternal wound infection. Ann Thorac Surg. 2001;71(1):324-31.

9. Elias K. Condutas no paciente grave. v.2. 3.ed. São Paulo: Atheneu; 2006.

10. Feier FH, Sant'Anna RT, Garcia E, Bacco F, Pereira E, Santos M, et al. Influências temporais nas características e fatores de risco de pacientes submetidos a revascularização miocárdica. Arq Bras Cardiol. 2006;87(4):439-45.

11. Fernandes CR, Ruiz Neto PP. O sistema respiratório e o idoso: implicações anestésicas. Rev Bras Anestesiol. 2002;52(4):461-70.

12. Gallego M; Rello J. Diagnostic testing for Ventilator-associated Pneumonia. Clin Chest Med. 1999;(20):3 671-81

13. Giacomazzi CM et al. Postoperative pain as a contributor to pulmonary function impairment in patients submitted to heart surgery Braz J Cardiovasc Surg. 2006; 21(4):386-392

14. Goldsborough MA, Miller MH, Gibson J, et al. Prevalence of leg wound complications after coronary artery

bypass grafting: determination of risk factors. Am J Crit Care. 1999;8(3):149-53.

15. Gordon SM, Serkey JM, Longworth DL, et al. Early onset prosthetic valve endocarditis: the Cleveland Clinic experience 1992- 1997. Ann Thorac Surg. 2000; 69(5):1388-92.

16. Green JW, Wenzel RP. Postoperative wound infection: a controlled study of the increa sed duration of hospital stay and direct cost of hospitalization. Ann Surg. 1977;185:264- 8.

17. Grmoljez PF, Barner HH, Willman VL, et al. Major complications of sternotomy. Am J Surg. 1975;130:679-81.

18. Haringer DMC. Pneumonia associada a ventilação mecânica. Pulmão RJ. 2009;(Supl 2):S37-S45.

19. Kluytmans JAJW, Mouton JW, Ijzerman EPF, et al. Nasal carriage of Staphylococcus aureus as a major risk factor for wound infections after cardiac surgery. J Infect Dis. 1995;171:216-9.

20. Laizo A, et al. Complicações que aumentam o tempo de permanência na unidade de terapia intensiva na cirurgia cardíaca Rev Bras Cir Cardiovasc. 2010;25(2): 166-71.

21. Lívia A, Marilize Diniz S, Bárbara SB, Adriana CMF, Alfredo JR, Paulo R B E. Cuidados pré e pós-operatórios em cirurgia cardiotorácica: uma abordagem fisioterapêutica. Rev Bras Cir Cardiovasc. 2008;23(3):400-10.

22. Loop FD, Lytle BW, Cosgrove DM, et al. Sternal wound complications after isolated coronary artery bypass grafting: early and late mortality, morbidity, and cost of care. Ann Thorac Surg. 1990;49:179-86.

23. Massoudy P, Zahler S, Becker BF, et al. Evidence for inflammatory responses of the lungs during coronary artery bypass grafting with cardiopulmonary bypass. Chest. 2001;119(1):31-6.

24. Mueller XM, Tinguely F, Tevaearai HT, Revelly JP, Chiolero R, Segesser LK. Pain location, distribution, and intensity after cardiac surgery. Chest. 2000;118(2):391-6.

25. Oakley RM, Wright JE. Postoperative mediastinitis: classification and management. 1996;61:1030-6.

26. Pereira EDB, Fernandes ALG, Anção MDS, Peres CDAP, Atallah APAN, Faresin SM. Prospective assessment of the risk of postoperative pulmonary complications in patients submitted to upper abdominal surgery. São Paulo Med J. 1999;117(4):151-60.

27. Prates PR. Pequena história da cirurgia cardíaca: e tudo aconteceu diante de nossos olhos. Rev Bras Cir Cardiovasc. 1999;(3):177-84.

28. Renault JA, et al. - Respiratory physiotherapy in the pulmonary dysfunction after cardiac surgery Rev Bras Cir Cardiovasc. 2008;23(4):562-9.

29. Saravolatz LD. Infection in implantable prosthetic devices. In: Wenzel R, ed. Prevention and Control of Nosocomial Infections. Baltimore: Williams & Wilkins; 1992. p.29.

30. Sociedade Brasileira de Pneumologia e Tisiologia. Diretrizes Brasileiras para o tratamento da pneumonias adquiridas no hospital e das pneumonias associadas a ventilação mecânica. J Brasil Pneumol. 2007. p.1-30.

31. Torres A, El-Ebrany M, Ranó A. Respiratory infectious complications in the intensive care unit. Clin Chest Med. 1999;20:(2)287-301.

32. Watanakunakorn C. Prosthetic valve infective endocarditis. Prog Cardiovasc Dis. 1979;22:181-92.

33. Westaby S, Saatvedt K, White S, et al. Is there a relationship between cognitive dysfunction and systemic inflammatory response after cardiopulmonary bypass? Ann Thorac Surg. 2001;71(2):667-72.

53

SÍNDROME DO DESCONFORTO RESPIRATÓRIO AGUDO

MARINA BRAGA CESAR MASTROCESSÁRIO
JULIANA VIEIRA DE OLIVEIRA

INTRODUÇÃO

Sua primeira descrição foi em 1967, por Ashbaugh et al., e desde então a síndrome da angústia respiratória no adulto (SARA) foi alvo de inúmeras pesquisas devido principalmente à alta taxa de mortalidade, sendo que o tratamento ventilatório se mostrou eficaz na redução da mesma quando aplicado adequadamente.

Podemos definir SARA como um comprometimento da barreira alveolocapilar com consequente alteração da permeabilidade endotelial, ocasionando o extravasamento de líquido rico em proteína para o interstício pulmonar, levando ao edema intersticial e alveolar com consequentes alterações nas trocas gasosas e na mecânica pulmonar.

A SARA se expressa clinicamente por dispneia de instalação aguda e progressiva e infiltrados bilaterais difusos são achados da radiografia de tórax. Além disso, ocorrem alterações na funcionalidade pulmonar, como diminuição da complacência do sistema respiratório em decorrência de edema pulmonar, infiltrados inflamatórios, atelectasias e, mais tardiamente, fibrose. Observa-se ainda aumento do *shunt* pulmonar, que é considerado o principal mecanismo gerador de hipoxemia, sendo esta refratária à administração de oxigênio mesmo em altas concentrações.

Na American-European Consensus Conference on ARDS, em 1994, foram discutidos alguns aspectos sobre as definições e as diferenças entre lesão pulmonar aguda (LPA) e SARA (Tabela 53.1).

Na falta da medida da pressão de capilar pulmonar (obtida somente com monitorização hemodinâmica invasiva), é preciso avaliar se há presença de sinais de disfunção ventricular esquerda.

Pode-se observar que a única diferença entre LPA e SARA é a relação PaO_2/FiO_2 que é menor que 300 para LPA e menor que 200 para SARA, o que a caracteriza como uma insuficiência respiratória aguda mais severa.

Vários fatores podem ser responsáveis por desencadear um quadro de LPA/SARA (descritos na Tabela 53.2), e entre eles podemos citar a utilização de circulação extracorpórea (CEC) durante a realização de uma cirurgia cardíaca, sendo que o tempo de CEC maior que 120 minutos influencia no desmame da ventilação mecânica, aumentando o risco cirúrgico destes pacientes.

A insuficiência respiratória aguda após a cirurgia cardíaca com CEC pode ser resultante de inúmeros fatores relacionados às condições do sistema respiratório no pré, intra e no pós-operatório, sendo que a função pulmonar e a oxigenação ficam prejudicadas

Tabela 53.1 Critérios para definição de LPA e SARA

	Instalação	Oxigenação	Rx de tórax	Pwedge
LPA	Aguda	$PaO_2/FiO_2 < 300$	Infiltrados bilaterais	< 18 mmHg
SARA	Aguda	$PaO_2/FiO_2 < 200$	Infiltrados bilaterais	< 18 mmHg

Pwedge: pressão de capilar pulmonar (American-European Consensus Conference on ARDS; 1994).

Tabela 53.2 Etiologia da SARA – causas pulmonares e extrapulmonares

SARA pulmonar	SARA extrapulmonar
Mais frequentes	
Pneumonia	Sepse
Aspiração de conteúdo gástrico	Trauma não torácico grave com choque e múltiplas transfusões
Menos frequentes	
Quase afogamento	Hipertransfusão para reanimação de emergência
Contusão pulmonar	*Bypass* cardiopulmonar
Embolia gordurosa	Overdose de droga
Inalação tóxica	Pancreatite aguda
Edema pulmonar de reperfusão	Coagulação intravascular difusa

Fonte: Garcial SNBG, et al. Rev Bras Ter Intensiva. 2008;20(2).

em 20 a 90% dos pacientes que são submetidos a este procedimento.

A lesão pulmonar no pós-operatório constitui importante causa de morbidade e sua etiologia está normalmente relacionada à anestesia, à CEC e ao trauma cirúrgico, além disso, a presença de cirurgia cardíaca prévia, a ocorrência de choque circulatório no pós-operatório e a quantidade de transfusões de hemoderivados que foram necessárias no intraoperatório são fatores relevantes para o desenvolvimento de LPA e SARA.

É comum no pós-operatório de cirurgia cardíaca a ocorrência de mudanças no padrão respiratório, incoordenação muscular e redução da complacência do sistema respiratório em decorrência de alterações nas propriedades mecânicas do pulmão e caixa torácica, mesmo assim, a maioria dos pacientes é extubada precocemente.

EPIDEMIOLOGIA

Conforme mencionado anteriormente, a mortalidade da SARA é alta e pode variar entre 34 e 60%. Os pacientes que sobrevivem têm uma permanência prolongada na unidade de terapia intensiva (UTI), com significantivas limitações funcionais que podem persistir por até 1 ano após a alta hospitalar, além da piora da qualidade de vida por causa de alterações que levam a déficits na atividade muscular.

ETIOLOGIA

A SARA é um processo de edema pulmonar agudo, de origem não hidrostática ou não cardiogênica, sendo que a causa mais frequente para o desenvolvimento desta patologia é a síndrome séptica (43% dos casos). É importante ressaltar que a associação de duas causas ou mais aumenta o risco para desenvolvimento da patologia.

As causas que podem levar a lesão da membrana alveolocapilar (Tabela 53.2) são divididas em lesões diretas ou pulmonares – quando a lesão ocorreu diretamente no epitélio das vias respiratórias e lesões indiretas ou extrapulmonares ou quando ocorreu através do endotélio vascular.

FISIOLOGIA E PATOGÊNESE

Independente da causa desencadeante, após a instalação do fator predisponente ocorre lesão pulmonar com extravasamento de líquido para o espaço alveolar. A lesão epitelial alveolar é a primeira estrutura lesada e envolve ambos: a membrana basal e os pneumócitos tipo I e tipo II, tal situação acarreta em edema alveolar, redução da depuração do edema, diminuição da produção do surfactante e fibrose. Com isso, temos alteração da funcionalidade, aumento da tensão superficial alveolar, atelectasias e redução da complacência pulmonar.

Em geral, a patogênese da SARA consiste em duas vias (Figura 53.1):

1. Os efeitos diretos de uma lesão nas células pulmonares.
2. Uma resposta inflamatória, sistêmica, aguda que pode incluir componentes celulares e humorais.

A resposta celular envolve neutrófilos, macrófagos/monócitos e linfócitos. Estes terão papel fundamental no processo que inclui a adesão, a quimiotaxia e a ativação dos leucócitos. Essa interação celular é feita pelas moléculas de adesão que são compostos que podem regular a expressão das células endoteliais e inflamatórias, o que levará à manutenção das respostas celulares inflamatórias que causam a disfunção múltipla de órgãos.

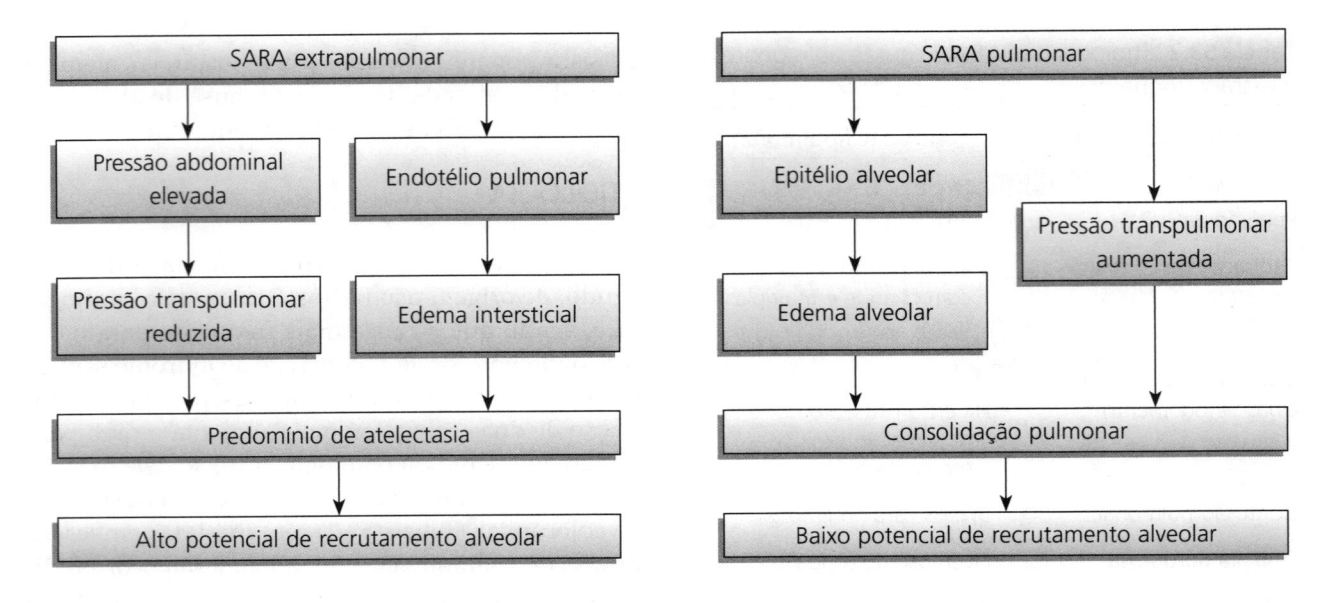

Figura 53.1 Patogênese da SARA: pulmonar e extrapulmonar. Fonte: Garcial SNBG, et al. Rev Bras Ter Intensiva. 2008;20(2).

A lesão ao endotélio capilar é associada com vários eventos inflamatórios, como recrutamento, sequestro e ativação de neutrófilos; formação de radicais de oxigênio; ativação do sistema de coagulação, levando à trombose microvascular; e recrutamento de células mesenquimais, com a produção de pro-colágeno. No espaço alveolar, o balanço entre mediadores pró-inflamatórios (TNF-α, IL-1, IL-6 e IL-8) e anti-inflamatórios (IL-10, antagonistas do receptor de IL-1 e do receptor do TNF solúvel) favorece a manutenção da inflamação. A lesão pulmonar inicial é seguida por reparação, remodelamento e alveolite fibrosante. O reparo epitelial alveolar eficiente é capaz de reduzir a formação da fibrose, porém isso ocorreria apenas se a camada epitelial se mantivesse intacta, o que impediria a proliferação de fibroblasto e deposição de matriz extracelular (MEC).

As endotoxinas liberadas propiciam fenômenos trombóticos e hipercoagulabilidade, bem como efeito lesivo direto no endotélio dos vasos pulmonares.

Já na SARA extrapulmonar, a célula endotelial é primariamente lesada por mediadores inflamatórios circulantes liberados do foco extrapulmonar, sendo que a mais importante das citocinas liberadas na sepse é o fator de necrose tumoral (TNF), que possui efeito citotóxico direto no endotélio e estimula a produção de outras citocinas como as interleucinas. Os derivados do ácido araquidônico, como as pros-taglandinas, prostaciclinas e tromboxano, também estão inseridos na patogênese da SARA, por causa do seu potente efeito no aumento da permeabilidade vascular.

BABY LUNG E PRESSÃO SUPERIMPOSTA

Há dois conceitos importantes a serem discutidos para entendermos melhor o tratamento da SARA; *baby lung* e a pressão superimposta.

Apesar de difusa, a maioria dos quadros de SARA apresentam uma distribuição heterogênea dentro do parênquima pulmonar. O achado no raio X de tórax é uma infiltração bilateral difusa que parece ser igual em todo o pulmão, porém esse exame de imagem não mostra o que seria o fenômeno mais complexo da patologia – a heterogeneidade pulmonar. Isso significa que há áreas pulmonares colapsadas e cheias de líquido ao lado de áreas que estão ventilando normalmente.

Essa característica do pulmão com SARA faz com que o volume corrente se distribua de forma nociva em cada respiração, distribuindo-se preferencialmente pelas áreas que estão abertas e ventiladas (áreas superiores – não dependente da gravidade), gerando hiperdistensão das mesmas e não sendo direcionado para as áreas que estão colapsadas (áreas inferiores – dependentes da gravidade). Esse fenômeno gerou o conceito de *baby lung*, ou seja, a área pulmonar disponível para a efetiva ventilação e troca gasosa pode ser equivalente ao pulmão de uma criança.

Já a pressão superimposta surgiu por causa do peso aumentado do pulmão sobre ele mesmo, ou seja, o peso do pulmão sobre suas regiões posteriores. Foi demonstrado que os pulmões funcionam como um corpo líquido, o que equivale a dizer que ele desaba sobre si mesmo por causa do efeito da gravidade. Com isso as porções inferiores do pulmão – dependentes da gravidade –, que variam de acordo com o decúbito, estão sujeitas a uma pressão externa que favorecerá o colapso destas áreas.

FASES DA SARA

As alterações pulmonares na SARA originam-se da lesão grave da unidade alveolocapilar. O extravasamento do líquido intravascular predomina no início e com a evolução do processo, o edema é substituído pela necrose celular, hiperplasia epitelial, inflamação e fibrose, caracterizando uma lesão alveolar difusa.

A SARA pode ser dividida em três fases, sendo que cada uma delas pode variar dependendo do tempo e da evolução clínica da patologia.

A seguir, são descritas cada uma das fases da SARA:

1. Fase exsudativa: há principalmente edema e hemorragia. Estende-se, normalmente, durante a primeira semana após o início da insuficiência respiratória aguda.

   Ocorre congestão capilar, edema alveolointersticial e hemorragia intra-alveolar, além de necrose extensa do epitélio alveolar e passagem do líquido intersticial para o espaço alveolar, caracterizando, portanto, o edema pulmonar não hidrostático.

2. Fase proliferativa: nesta fase, há organização dos exsudatos intra-alveolares e intersticiais e reparação. Os pneumócitos do tipo II proliferam-se nos septos alveolares por volta do terceiro dia do início da patologia e a fibrose é evidenciada em torno do décimo dia.

   Os fibroblastos convertem o exsudato em tecido de granulação celular e, mais tarde, pela deposição de colágeno, em tecido fibroso. Após a lesão da unidade alveolocapilar, as paredes alveolares ficam colapsadas e se tornam vedadas pela deposição de fibrina. Anormalidades estruturais e funcionais do surfactante também contribuem para o colapso alveolar.

3. Fase de fibrose: em pacientes que estão sob ventilação mecânica e que sobreviveram por 3 ou 4 semanas do início da patologia, ocorre o remodelamento pulmonar por tecido rico em fibras de colágeno. Além disso, há um aumento de elastina, fibras musculares lisas e glicoproteínas com comprometimento de todo o sistema alveolocapilar.

   Portanto, haverá nessa fase hipoxemia grave refratária e hipertensão arterial pulmonar, por causa do aumento da resistência pulmonar. Esta fase é caracterizada como terminal da doença, onde restam pouca ou nenhuma opção de tratamento.

   Além das alterações mencionadas, o comprometimento da vascularização pulmonar é um achado importante na SARA, uma vez que se estende desde os estágios iniciais até a fase terminal.

Tratamento ventilatório

O primeiro passo para o tratamento da SARA é identificar o fator predisponente e interromper este processo, por exemplo, remover focos infecciosos, minimizar politransfusões entre outros.

A SARA é caracterizada por um distúrbio da microcirculação, no qual a extração de oxigênio ofertada pelos capilares para os tecidos está bastante prejudicada. Essa situação leva ao aumento da produção de lactato, uma vez que os tecidos devem realizar suas funções através do metabolismo anaeróbio (sem a presença de oxigênio). Do mesmo modo, ocorre a diminuição da oferta de oxigênio dos alvéolos para os capilares pulmonares, consequente do extravasamento de líquido para o interstício pulmonar, dificultando a passagem do gás para a microcirculação pulmonar.

Com isso, surgem duas situações: distúrbio da relação DO_2/VO_2 na periferia e distúrbio V/Q no pulmão.

Independente da causa, quase todos os pacientes que desenvolvem SARA necessitam de suporte ventilatório, cuja finalidade é promover adequada troca gasosa e evitar lesão pulmonar associada à ventilação mecânica, ou barotrauma, a toxicidade pelo oxigênio, o comprometimento hemodinâmico decorrente do aumento das pressões intratorácicas e o volutrauma, termo usado para descrever um fenômeno causado por repetidas distensões e pressurizações do tórax, que podem causar uma cascata de reações inflamatórias no parênquima pulmonar levando a dano alveolar difuso, aumento da permeabilidade vascular e infiltrados inflamatórios, induzidos pela ventilação mecânica. A lesão pulmonar consequente da ventilação mecânica é um fenômeno muito mais volume-dependente do que pressão-dependente, e isso ocorre em função do aumento da pressão transpulmonar e não da pressão alveolar.

VENTILAÇÃO MECÂNICA – ESTRATÉGIA PROTETORA

Entre as décadas de 1970 e 1980, estudos experimentais começaram a demonstrar que a ventilação mecânica influenciava no curso da doença. A partir de então, novos ensaios clínicos controlados começaram a estudar estratégias ventilatórias que teriam impacto na mortalidade desta patologia.

Amato et al., 1998, iniciou um protocolo de estudo com a proposta de traçar um estratégia ventilatória que unisse todos os princípios de proteção pulmonar adquiridos nos últimos anos, por exemplo , diminuição da distensão alveolar cíclica, redução das pressões transpulmonares, redução dos picos de pressão de distensão pulmonar. Para isso, os pacientes seriam ventilados basicamente com volume corrente e pressão de distensão pulmonar baixos, PEEP otimizada e manobras de recrutamento alveolar. A esta estratégia deu-se o nome de protetora.

Nesse ensaio clínico, os pacientes foram divididos em dois grupos, no qual um grupo de pacientes foi ventilado de forma protetora e o outro grupo foi ventilado de forma convencional. Um dos resultados mais expressivos foi que a mortalidade em 28 dias do grupo controle diminuiu significativamente (p < 0,001) quando comparada com a mortalidade do grupo experimental (29 *versus* 66% respectivamente). Na Tabela 53.3, são apresentados os detalhes dos parâmetros ventilatórios de cada grupo e os resultados obtidos.

Entre 1998 e 1999, outros quatro ensaios clínicos randomizados foram publicados, comparando a ventilação protetora com a ventilação convencional. Três destes não encontraram benefício com a redução do volume corrente e da pressão nas vias aéreas. Entretanto, estes resultados conflitantes foram confirmados com a publicação do ensaio clínico *Acute Respiratory Distress Syndrome Network'* do National Heart, Lung and Blood Institue (NHLBI) que incluiu

Tabela 53.3 Ventilação protetora *versus* ventilação convencional

Resumo do estudo brasileiro		
Variável	Grupo controle (n = 24)	Grupo experimental (n = 29)
Modo ventilatório	Volume Assistido-controlado	Pressão controlada (PCV, PSV) ou duplo controle (VAPSV)
VT inicial (mL/kg)	12	< 6
Pressão de distensão (P_{plat} – PEEP) (cmH$_2$O)		< 20
Pressão de pico (cmH$_2$O)		< 40
PEEP (cmH$_2$O)		2 acima da P_{flex} ou 16
Manobras de recrutamento		CPAP ± 40 cmH$_2$O, por 40 segundos
I/E		IRV se FiO$_2$ > 50%
Desmame	PSV (FiO$_2$)	PSV (FiO$_2$ ≤ 40%)
Mortalidade em 28 dias (%)	71	38 (p < 0,001)
Mortalidade hospitalar (%)	71	45 (p < 0,37)
Desmame 28 dias (%)	29	66 (p = 0,005)
Barotrauma (%)	42	7 (p = 0,02)

Amato MBP, et al. N Engl J Med., 1998.

861 pacientes e teve de ser interrompido porque a mortalidade foi menor no grupo experimental do que no grupo controle. O objetivo deste estudo também era verificar se a ventilação mecânica com volumes correntes baixos e com consequente diminuição das pressões nas vias aéreas seria efetivo na redução da mortalidade dos pacientes com LPA e SARA.

Pode-se concluir que baseado nos ensaios clínicos mencionados, os pacientes com LPA/SARA são de difícil manejo, principalmente quando se trata do manejo da ventilação mecânica e que portanto precisam de uma terapia que respeite a fisiologia pulmonar e os limites do sistema respiratório.

INSUFICIÊNCIA RESPIRATÓRIA NO PÓS-OPERATÓRIO DE CIRURGIA CARDÍACA

No estudo de Milot et al. foram estudados 3.278 pacientes submetidos à cirurgia cardíaca com circulação extracorpórea (CEC) e verificaram que a SDRA esteve presente em 0,4 % (13 pacientes), com mortalidade de 15% (2 de 13 pacientes).

A função pulmonar e a oxigenação estão prejudicadas em cerca de 90% dos pacientes submetidos à cirurgia cardíaca com CEC. A lesão pulmonar no pós-operatório permanece como importante causa de morbidade e sua etiologia está frequentemente relacionada à anestesia, à CEC e ao trauma cirúrgico. De forma significativa, a presença de cirurgia cardíaca prévia, a ocorrência de choque circulatório no pós-operatório e o número de transfusões realizadas durante a cirurgia são fatores desencadeantes da lesão pulmonar aguda e SDRA.

Canver e Chanda, em estudo realizado com 8.802 pacientes submetidos à revascularização do miocárdio, identificaram insuficiência respiratória naqueles que necessitaram de ventilação mecânica no pós-operatório por tempo superior a 72 horas. Desses pacientes, 491 (5.6%) evoluíram com insuficiência respiratória associada a outras complicações no período pós-operatório que contribuíram significativamente para aumentar este risco, como sepse, endocardite, sangramento gastrointestinal, falência renal, mediastinite, necessidade de reoperação em até 24 horas e sangramento grave. O tempo de CEC foi o único fator intraoperatório que aumentou significativamente o risco de insuficiência respiratória do período pós-operatório. Os autores concluíram que a função respiratória após revascularização do miocárdio é realmente influenciada pelo comprometimento no pós-operatório de órgãos extracardíacos ou complicações sistêmicas.

No estudo de Messent et al., observou-se que os fatores preditivos para o desenvolvimento de SARA em pacientes submetidos à cirurgia cardíaca foram o tempo prolongado de CEC, a necessidade de balão intra-aórtico ou assistência ventricular e a necessidade de diálise após a cirurgia.

Existem outros fatores relacionados à insuficiência respiratória desenvolvida por pacientes submetidos à cirurgia cardíaca, tais como atelectasias, aumento de *shunt*, alterações de mecânica pulmonar e da parede torácica, mudanças no leito capilar e parênquima pulmonar, secundário a disfunção do ventrículo esquerdo (VE) ou lesão de endotélio pulmonar.

As técnicas anestésicas inovadoras e avanços nas técnicas cirúrgicas objetiva a extubação entre 4 a 6 horas após a intervenção. Com isso, os protocolos rápidos de desmame, ou *fast track*, têm sido cada vez mais utilizados nas unidades de recuperação anestésicas e de terapia intensiva. Normalmente, os pacientes que não preenchem os critérios de inclusão neste protocolo são os que apresentam disfunção respiratória (representada pelo aumento da diferença do gradiente alveoloarterial de oxigênio) ou instabilidade hemodinâmica gerada pela disfunção cardíaca após a CEC.

CIRCULAÇÃO EXTRACORPÓREA E INSUFICIÊNCIA RESPIRATÓRIA

A função pulmonar sofre efeitos deletérios causados pela ativação da cascata inflamatória desencadeada pela CEC. Nesse processo, ocorre a liberação dos mediadores inflamatórios, radicais livres, proteases, leucotrienos, metabólitos do ácido araquidônico e outros. Elevada liberação de mediadores produzidos durante a CEC causa aumento da permeabilidade capilar pulmonar, com preenchimento intersticial por células inflamatórias e acúmulo de água e proteínas, que leva a formação de microatelectasias, aumento de *shunt* pulmonar, queda na produção de surfactante, diminuição da complacência e aumento da resistência pulmonar. Outros fatores de risco para o desenvolvimento da disfunção pulmonar pós-CEC são hipervolemia e hemodiluição excessiva, como foi afirmado no estudo de Boldt et al. Há deterioriação da troca gasosa pulmonar em pacientes com balanço hídrico positivo após a CEC, fato de maior ocorrência em pacientes com idade superior a 65 anos. Todos esses fatores aumentam o trabalho respiratório no período pós-operatório.

A cirurgia cardíaca com CEC provoca a síndrome da resposta inflamatória sistêmica (SIRS). O contato dos componentes sanguíneos do paciente com a superfície do circuito da CEC, lesão de isquemia e reperfusão, reação de complexo heparina com protamina, lesão causada por trasnfusão de hemoderivados, lesão pulmonar induzida por ventilação mecânica (VILI – *ventilation induced lung injury*) e trauma cirúrgico são as possíveis causas da SIRS. Essa resposta inflamatória pode contribuir para o desenvolvimento de complicações pós-operatórias, incluindo disfunção miocárdica, falência respiratória, disfunção renal e neurológica, alteração da função hepática e falência de múltiplos órgãos.

ALTERAÇÕES HEMODINÂMICAS E VENTILAÇÃO MECÂNICA COM PRESSÃO POSITIVA

A ventilação mecânica com pressão positiva aumenta a pressão intratorácica e, com isso, diminui o retorno venoso para o ventrículo direito (VD); na sequência, para ventrículo esquerdo (VE); podendo levar à queda do débito cardíaco. Em quadros de hipovolêmia, os pacientes podem apresentar instabilidade hemodinâmica quando a ventilação mecânica com pressão positiva é instituída. Entretanto, os pacientes com insuficiência cardíaca são beneficiados com o uso da pressão positiva, pois esta leva a diminuição de pré carga e pós carga do VE.

A pressão positiva durante a ventilação mecânica aumenta a resistência vascular pulmonar e pós-carga para VD. Este fato deve ser levado em consideração nos pacientes com insuficiência de VD, pois nesses casos a ventilação deverá ser ajustada com pressões positivas menores.

A pressão positiva intratorácica diminui a pós-carga do VE, pois diminui o gradiente entre a pressão intratorácica e a pressão da aorta. Atenção especial no momento do desmame e extubação deve ser dada para pacientes com função cardíaca limítrofe. A queda da pressão intratorácica pós-extubação leva a aumento da pré-carga do VD e ao mesmo tempo, a aumento da pós-carga do VE. Essas alterações podem repercutir em insuficiência respiratória aguda secundária à insuficiência cardíaca. A ventila-

ção mecânica não invasiva pode evitar a reentubação destes pacientes.

VENTILAÇÃO MECÂNICA, MODALIDADES E ESTRATÉGIAS VENTILATÓRIAS NA CIRURGIA CARDÍACA

A ventilação mecânica tem contribuído muito para aumentar a sobrevida em diversas situações clínicas, mas, apesar deste avanço, quando utilizada de maneira inadequada pode aumentar a taxa de morbimortalidade.

Apesar de inúmeros estudos comparando modos ventilatórios, não existem dados suficientes para afirmarmos se a ventilação com volume controlado ou pressão controlada diferem em seus efeitos sobre a morbimortalidade dos pacientes com SARA. Fisiologicamente, a simples mudança do modo ventilatório, sem mudanças associadas a alteração no volume corrente, frequência respiratória, PEEP, pressão de platô, pouco impacta no prognóstico dos pacientes. Todavia, o III Consenso de Ventilação Mecânica coloca que independente da modalidade de escolha, ao se ajustar os parâmetros ventilatórios, deve-se evitar volumes correntes altos e altas pressões de platô.

O suporte ventilatório tradicional em cirurgia cardíaca recomenda o manuseio da ventilação mecânica com volumes correntes altos (10 – 15 mL/kg) para minimizar a formação de atelectasias, e o mínimo de pressão positiva para melhorar a oxigenação arterial. Estudos em pacientes com lesão pulmonar pós-cirurgia cardíaca relataram, no entanto, que o uso de baixo volume corrente (< 6 mL/kg) e manutenção da pressão de platô (< 30 cmH$_2$O) diminuíram a resposta inflamatória sistêmica e pulmonar, além de aumentar a sobrevida.

MANOBRAS DE RECRUTAMENTO PULMONAR

O recrutamento pulmonar é uma manobra inspiratória cuja finalidade é a reabertura de unidade alveolares colapsadas, diferente da PEEP, que apenas previne o colapso alveolar. A efetividade da manobra pode ser mensurada não somente pelo aumento do volume expiratório pulmonar final, mas também pela melhora da oxigenação.

A manobra de recrutamento pulmonar, associada à pressão positiva contínua nas vias aéreas, mostrou significativa melhora na troca gasosa no pós-operatório de pacientes submetidos a cirurgia cardíaca com CEC. No entanto, deve-se tomar cuidado no ajuste de alarme do pico de pressão inspiratório, pois a limitação dessa pressão é fundamental para prevenir ou diminuir o potencial risco de barotrauma. Outro cuidado deve ser tomado quanto à situação hemodinâmica do paciente. O recrutamento pulmonar com CPAP de 40 cmH_2O por 10 e 20 segundos, em pacientes de cirurgia cardíaca, no trabalho de Nielson et al., causou queda significativa, até valores críticos, do débito cardíaco. Nas últimas décadas, inúmeros estudos têm sido realizados com a finalidade de avaliar o papel da VM durante a CEC. Berry et al. verificaram que uma CPAP de 5 cmH_2O, tanto com FiO_2 de 0,21 quanto de 1,0, aplicada durante a CEC em pacientes submetidos a cirurgia cardíaca diminuiu o gradiente alveoloarterial de oxigênio em 30 minutos, mas não depois de 4 e 8 horas pós-CEC, comparando com a ventilação convencional, sem utilização da CPAP durante a CEC. Os autores demonstraram tendência de melhora da função pulmonar deteriorada pela CEC, utilizando a CPAP. Mas relataram que os pulmões inflados dificultam o acesso cirúrgico.

Loekinger et al. estudaram 14 pacientes submetidos a cirurgia cardíaca eletiva que foram divididos em dois grupos: o "grupo CPAP" de 10 cmH_2O durante a CEC, e o "grupo sem CPAP" (grupo controle). No intraoperatório, os grupos foram ventilados com os mesmos parâmetros, descritos a seguir: volume corrente de 7 mL/kg de peso corpóreo, frequência respiratória de 15 ipm, FiO_2 inicial de 1,0 e PEEP de 5 cmH_2O. Após o término da CEC, a manobra de recrutamento pulmonar (CPAP de 10 cmH_2O com limitação do pico de pressão inspiratória) foi realizada em todos os pacientes, mantendo a FiO_2 de 1,0. O grupo que recebeu CPAP de 10 cmH_2O durante a CEC apresentou melhor distribuição da relação ventilação/perfusão e significativa diminuição do *shunt* pulmonar nas primeiras 4 horas após a CEC, comparado com o grupo controle. Consequentemente, a pressão parcial de oxigênio arterial foi maior e o gradiente alveoloarterial foi menor no grupo CPAP. Nesse estudo, todos os pacientes do grupo CPAP foram extubados, e, no grupo controle, três pacientes apresentaram síndrome de baixo débito e disfunção respiratória, sendo que um paciente apresentou insuficiência respiratória isolada (necessitou de ventilação mecânica não invasiva por 20 horas) e outro evoluiu com síndrome de disfunção de múltiplos órgãos, necessi-

tando de VM por 6 dias. Portanto, a manobra para diminuir os efeitos adversos da CEC pode ser a utilização da inflação estática dos pulmões (ou seja, a CPAP) durante a mesma.

Não está claro se a PEEP é necessária para manter a oxigenação e o aumento do volume pulmonar após a manobra de recrutamento em pacientes sob VM após a cirurgia cardíaca com CEC. Dyhr et al. realizaram um trabalho com 16 pacientes submetidos a cirurgia cardíaca com CEC ventilados com FiO_2 de 1,0 na fase de recuperação anestésica. Os pacientes foram randomizados em dois grupos, sendo que em ambos o recrutamento pulmonar era realizado (duas inflações por 20 segundos em 45 cmH_2O). O "grupo PEEP" mantinha, após o recrutamento, a PEEP por 150 minutos em 1 cmH_2O acima da pressão do ponto de inflexão inferior (14 ± 3 cmH_2O) obtido da curva pressão-volume. No "grupo ZEEP", não foi utilizada a PEEP após a manobra de recrutamento. Neste grupo, as medidas não mudaram, mas no grupo PEEP o volume expiratório pulmonar final aumentou significativamente ($p < 0,001$), assim como a PaO_2 ($p < 0,05$), após o recrutamento. Esse estudo demonstrou que nos pacientes submetidos a cirurgia cardíaca com CEC, que necessitam de alta FiO_2 na fase de recuperação anestésica, a manobra de recrutamento, associada à utilização da PEEP, melhora o volume pulmonar e a oxigenação, e essas condutas foram bem toleradas pelos pacientes.

Posição prona

Deve ser considerada em pacientes necessitando de elevados valores de FiO_2 e PEEP para manter adequada $SatO_2$ ou pacientes com LPA/SARA grave (complacência estática do sistema respiratório < 40 cmH_2O). Considerar os riscos de mudança postural. A presença de cateteres e drenos pode dificultar a colocação em posição prona e medidas para prevenir escaras são necessárias.

A eficácia da PaO_2/FiO_2 da posição prona (PP) para SARA após a cirurgia cardíaca foi objetivo de estudo em trabalho realizado por Maillet et al. Dezesseis pacientes que desenvolveram SARA após cirurgia cardíaca foram avaliados após a intervenção para a PP. O objetivo era melhorar a oxigenação, melhorando, assim, a troca gasosa. Os pacientes apresentaram duração média de 18 horas na PP, mostrando melhora da PaO_2/FiO_2 em 87,5% da população estudada. Nenhuma severa complicação foi associada à posição prona, mas cinco pacientes desenvolveram escaras e dois infecões esternais. Os autores concluem que a PP para tratar a SARA após cirurgia cardíaca é segura e pode melhorar a relação PaO_2/FiO_2. Estudos demonstram que a PP em pacientes críticos com SARA resulta na melhora da relação de PaO_2/FiO_2, porém sem diferença na mortalidade.

CONSIDERAÇÕES FINAIS

A insuficiência respiratória por lesão pulmonar aguda ou SARA é frequente no perioperatório em pacientes submetidos à cirurgia cardíaca. Não há na literatura consenso sobre qual é a melhor modalidade ventilatória a ser empregada nestes pacientes. As propostas gerais de suporte ventilatório com volumes pequenos, pressão limitada, uso da PEEP e controle da volemia, além da hemotransfusão criteriosa, devem ser usadas para minimizar a lesão pulmonar em cirurgia cardíaca.

BIBLIOGRAFIA RECOMENDADA

1. Abroug F, Ouanes-Besbes L, Elatrous S, Brochard L. The effect of prone positioning in acute respiratory distress syndrome or acute lung injury: a meta-analysis. Areas of uncertainty and recommendations for research. Intensive Care Med. 2008;34(6):1002-11.

2. Amato MPB, Barbas CSV et al. Effect of a protective-ventilation strategy on mortality in the acute respiratory distress syndrome. N Eng J. Med. 1998;338:347-54.

3. Amato MPB, Carvalho CRR, III consenso de ventilação mecânica - Ventilação mecânica na Lesão Pulmonar Aguda (LPA)/ Síndrome do Desconforto Respiratório Agudo (SDRA). J Bras Pneumol. 2007;33(Supl 2):S119-S127.

4. Antoniazzi P et al. Síndrome da angústia respiratória aguda (SARA). Medicina, Ribeirão Preto. 1998;31:493-506.

5. Ashbaugh DG et al. Acute respiratory distress syndrome. Lancet. 1967;2:319-23.

6. Bernard GR, et al. The American Consensus Conference on ARDS – Definitions, mechanisms, relevant outcomes and clinical trial coordination. Am J Respir Crit Care Med. 1994;149:818-24.

7. Berry CB, Butler PJ, Myles PS. Lung management during cardiopulmonary bypass: is continuous positive airway pressure beneficial? Br J Anaesth. 1993;71(6):864-8.

8. Carvalho CRR, Amato MPB. Tratamento da síndrome do desconforto respiratório do adulto. J Pneumol. 1990;16:212-28.

9. Carvalho CRR. Síndrome do desconforto respiratório do adulto. Rev Bras Clin Terap. 1988;17:137-50.

10. Carvalho CRR. Ventilação Mecânica. v.2. Avançado. São Paulo: Atheneu; 2000.

11. Dorinsky PM& Gadek JE. Multiple organ failure. Clin Chest Med. 1990;11:581-91.

12. Dyhr T, Laursen N, Larsson A. Effects of lung recruitment maneuver and positive end-expiratory pressure on lung volume, respiratory mechanics and alveolar gas mixing in patients ventilated after cardiac surgery. Acta Anaesthesiol Scand. 2002;46(6):717-25.

13. GarciaI, SNBG, et al. Rev. Bras. Ter. Intensiva. 2008;20(2).

14. Gattinoni L. et al, Pressure-volume curve of total respiratory system in acute respiratory failure. Computed tomographic scan study. Am Rev Respir Dis. 1987;136:730-6.

15. Hudson LD, et al. Clinical Risks for development of the acute respiratory distress syndrome. Am J Respir Crit Care Med. 1995;151:293-301.

16. Loeckinger A, Kleinsasser A, Lindner KH, et al. Continuous positive airway pressure at 10 cm H_2O during cardiopulmonary bypass improves postoperative gas exchange. Anesth Analg. 2000;91:522-7.

17. Maillet JM, Thierry S, Brodaty D. Prone positioning and acute respiratory distress syndrome after cardiac surgery: a feasibility study. J Cardiothorac Vasc Anesth. 2008;22(3):414-7.

18. Murray JF, Matthay MA, Luce JM, Flick MR. An expanded definition of the adult respiratory distress syndrome. Am Rev Respir Dis. 1988;138(3):720-3. Erratum in: Am Rev Respir Dis. 1989;139(4):1065.

19. Nielsen J, Ostergaard M, Kjaergaard J, Tingleff J, Berthelsen PG, Nygård E, Larsson A. Lung recruitment maneuver depresses central hemodynamics in patients following cardiac surgery. Intensive Care Med. 2005;31(9):1189-94.

20. Rodrigues CDA, Oliveira RARA, Soares SMTO, Figueiredo LC, Araujo S, Dragosavac D. Lung injury and mechanical ventilation in cardiac surgery: a review. Rev Bras Ter Intensiva. 2010;(224):375-83.

21. Sarmento GJV, Fisioterapia respiratória no paciente crítico. Rotinas clínicas. 3.ed. Barueri: Manole; 2010.

22. The Acute Respiratory Distress Syndrome Network. Ventilation with lower tidal volumes for acute lung injury and the acute respiratory distress syndrome. N Eng J Med. 2000;342:1301-8.

23. Vohra HA, Levine A, Dunning J. Can ventilation while on cardiopulmonary bypass improve post-operative lung function for patients undergoing cardiac surgery? Interact Cardiovasc Thorac Surg. 2005;4(5):442-6.

SEÇÃO VIII
COMPLICAÇÕES NO PÓS-OPERATÓRIO DE CIRURGIA CARDÍACA

54

CHOQUE

BERNARDO NOYA ALVES DE ABREU
MARCOS DE THADEU TENUTA JÚNIOR

INTRODUÇÃO

Choque circulatório é um estado caracterizado por uma redução significativa da perfusão tecidual sistêmica, resultando em uma menor oferta de oxigênio aos tecidos. Cria-se um desbalanço entre a oferta e o consumo de oxigênio, gerando hipóxia tecidual e alterações celulares, que incluem disfunção na bomba de íons na membrana, edema intracelular, perda de componentes do intra para o extracelular e regulação inadequada do pH intracelular. Efeitos sistêmicos incluem alterações no pH plasmático e disfunção endotelial, assim como estímulo à cascata inflamatória e anti-inflamatória.

A hipóxia tecidual, resultante do desequilíbrio entre a oferta e a demanda de oxigênio, acarreta acidose metabólica em virtude da instalação de metabolismo anaeróbio, que consome mais glicose para produzir menos energia. Enquanto o metabolismo aeróbico produz 38 moles de ATP por mol de glicose consumida, apenas dois moles de ATP são produzidos por mol de glicose durante a glicólise anaeróbica. O resultado é a elevação dos níveis séricos de ácido láctico. Esse é um indicador de grave redução na oferta de oxigênio, de déficit energético tecidual, e está relacionado diretamente com a mortalidade, quando acima de 2 mmol/L, sobretudo nos choques hipovolêmico e cardiogênico.

FISIOPATOLOGIA

O choque circulatório é marcado por redução crítica na perfusão tecidual. A hipóxia compromete a atividade metabólica e as funções celulares e orgânicas. A resposta inicial do sistema cardiovascular às reduções graves na perfusão tecidual é um conjunto complexo de reflexos que servem para manter o tônus vascular e o desempenho cardíaco. Ocorre ativação do sistema simpático que eleva a frequência e a contratibilidade cardíaca. Há liberação de catecolaminas, vasopressina e angiotensina, que aumentam o tônus vascular e arteriolar, aumentando o volume sanguíneo central, o retorno venoso e a pressão sanguínea. Concomitantemente, o fluxo sanguíneo é direcionado para o cérebro e o coração. À medida que o choque progride, os mecanismos compensatórios entram em falência, de modo que as medidas terapêuticas deixam de ter os efeitos desejados, resultando em choque irreversível, podendo levar à morte.

A perfusão sistêmica é regulada pelo débito cardíaco (DC) e pela resistência vascular sistêmica (RVS). O DC é o produto da frequência cardíaca (FC) e do volume sistólico (VS), que está relacionado à pré-carga, contratilidade miocárdica e pós-carga. Já a RVS é relacionada ao comprimento do vaso, viscosidade sanguínea e diâmetro do vaso.

A oferta de oxigênio aos tecidos (DO_2) está relacionada ao DC e ao conteúdo arterial de oxigênio (CaO_2). Este é composto pela hemoglobina (Hb), saturação de oxigênio ($SatO_2$) e pressão arterial de oxigênio (PaO_2). Existem fórmulas que mostram essa inter-relação:

$$DO_2 = CaO_2 \times DC$$
$$CaO_2 = 1,3 \times Hb \times SatO_2 + 0,003 \times PaO_2$$
$$DC = PA \times VS$$

ESTÁGIOS DO CHOQUE

Independentemente do tipo de choque em vigência, há uma fisiologia em comum. O evento desencadeante, infecção ou trauma, produz uma alteração circulatória sistêmica que pode progredir para diversos estágios complexos e interligados: pré-choque, choque, disfunção de órgão, lesão terminal e morte.

O pré-choque, também chamado de choque morno ou choque compensado, é caracterizado pela rápida compensação para evitar a baixa perfusão dos tecidos. Mecanismos compensatórios durante o pré-choque podem permitir que um adulto esteja assintomático mesmo após 10% de redução no volume efetivo de sangue arterial. Taquicardia, vasoconstrição periférica e um modesto aumento ou redução na pressão arterial podem ser os únicos sinais do choque. Nesse momento, inicia-se o chamado choque críptico ou hipoperfusão oculta, no qual a macro-hemodinâmica está adequada, porém já há prejuízo na perfusão.

No choque, os mecanismos compensatórios são insuficientes. Os sinais e sintomas da disfunção orgânica aparecem, incluindo taquicardia, dispneia, inquietação, diaforese, acidose metabólica, oligúria e pele fria. Estes geralmente correspondem a um distúrbio fisiológico significativo. Exemplos incluem 20 a 25% de redução no volume efetivo de sangue arterial no choque hipovolêmico, queda no índice cardíaco para menos de 2,5 L/min/m^2 no choque cardiogênico ou ativação de inúmeros mediadores da síndrome da resposta inflamatória sistêmica (SIRS) no choque distributivo.

A disfunção de órgão progressiva pode levar à lesão irreversível do órgão e morte. Nesse estágio, o débito urinário decresce, culminando com anúria e insuficiência renal aguda. Associada a outros fatores, a acidose decresce o débito cardíaco, altera os processos metabólicos celulares e gera agitação, obnubilação e coma.

TIPOS DE CHOQUE

Quatro tipos de choque são reconhecidos: hipovolêmico, cardiogênico, obstrutivo e distributivo.

O choque distributivo tem a RVS baixa, o que pode distingui-lo do hipovolêmico e cardiogênico, que possuem RVS alta. Entre o choque hipovolêmico e o cardiogênico, a diferença característica é o débito cardíaco. A pressão capilar pulmonar (PCP) distingue o choque cardiogênico do hipovolêmico.

O choque hipovolêmico é consequência de uma queda da pré-carga por uma perda do volume intravascular, diminuindo o DC e aumentando a RVS, na tentativa de compensar e manter a perfusão dos órgãos vitais. Já a PCP é reduzida.

O choque cardiogênico é consequência de uma insuficiência da bomba cardíaca. Há redução do DC e a RVS aumenta na tentativa de compensar e manter a perfusão dos órgãos vitais. A PCP é aumentada.

O choque obstrutivo resulta de bloqueio mecânico ao fluxo sanguíneo na circulação pulmonar ou sistêmica. Cursa com débito cardíaco reduzido e RVS aumentada. A PCP é baixa.

O choque distributivo (vasodilatado), sendo o séptico o mais comum deles, é consequência de uma redução grave da RVS. O DC geralmente é elevado na tentativa de compensar a redução da RVS e manter a perfusão dos órgãos vitais ("choque quente"). A PCP pode estar normal ou baixa. Numa fase tardia, evolui para o "choque frio", causado pela disfunção cardíaca e má perfusão a despeito de extrema vasodilatação.

Choque misto ocorre quando diferentes tipos de choque coexistem. Um exemplo é um paciente com choque séptico, que frequentemente tem um componente hipovolêmico (dado pela redução da ingesta oral, perdas insensíveis, vômitos ou diarreia), um componente cardiogênico (dado pela disfunção miocárdica relacionada à sepse) e um componente distributivo (dado pela cascata inflamatória e anti-inflamatória na permeabilidade endotelial e na vasodilatação).

APRESENTAÇÕES CLÍNICAS

A apresentação clínica varia de acordo com o tipo de choque, a causa e o estágio de apresentação. Vários sinais são comuns, enquanto outros sugerem um tipo particular de choque.

Achados comuns incluem: hipotensão, oligúria, alteração do nível de consciência, acidose metabólica e, em alguns pacientes, pele fria e pegajosa.

Hipotensão ocorre na maioria dos pacientes. Pode ser absoluta (PA sistólica < 90 mmHg) ou relativa (queda > 40 mmHg na PA sistólica). A hipotensão relativa explica, em parte, o fato de o paciente poder estar em choque apesar da pressão arterial alta ou normal. Hipotensão profunda pode ocorrer, necessitando de vasopressores para manter a perfusão adequada à medida que o choque avança.

A oligúria ocorre em virtude do desvio do fluxo sanguíneo renal para outros órgãos vitais, redu-

Quadro 54.1 Classificação do choque circulatório

Hipovolêmico
Sangramentos volumosos (politraumatizados, ferimentos com armas de fogo ou arma branca)
Perda excessiva de líquidos (diarreia, vômitos, poliúria, queimaduras extensas e febre)
Sequestro de líquidos em tecidos inflamados (pancreatite, peritonite, colite, pleurite)
Drenagem de grandes volumes de transudatos (ascite, hidrotórax)
Cardiogênico
Miopático (depressão da função sistólica)
Infarto agudo do miocárdio
Miocardiopatia dilatada
Depressão miocárdica no choque séptico
Mecânico
Regurgitação mitral, aguda
Ruptura do septo interventricular
Arrítmico
Obstrutivo
Tamponamento cardíaco
Tromboembolismo pulmonar maciço
Hipertensão pulmonar, importante (primária ou de Eisenmenger)
Distributivo
Choque séptico
Choque neurogênico (trauma raquimedular, traumatismo craniano)
Choque endócrino (hipotireoidismo, hipocortisolismo)
Anafilaxia (reação de hipersensibilidade a drogas ou contato com substâncias)
Síndrome vasoplégica, pós-circulação, extracorpórea

Fonte: Siqueira BG, Schmidt A. Circulatory shock: definition, classification, diagnosis and treatment. Medicina Ribeirão Preto. 2003;36:145-50.

ção do volume intravascular ou ambos. Quando a queda do volume intravascular é a causa, pode estar acompanhada de hipotensão ortostática, turgor da pele diminuído, ausência de suor ou mucosas ressecadas.

Alteração do nível de consciência inicia-se com agitação, progride para confusão ou delírio e termina com obnubilação ou coma.

Pele fria e pegajosa ocorre por um mecanismo potente de vasoconstrição compensatório e por redução da perfusão tecidual, redirecionando o sangue da periferia para órgãos vitais, mantendo, dessa forma, perfusão cerebral, coronariana e esplâncnica. Nem todos os pacientes com choque têm essa alteração. Os pacientes com choque distributivo precoce ou choque terminal apresentam pele hiperêmica.

Acidose metabólica é desenvolvida por um aumento na produção de lactato gerada pelo metabo-lismo anaeróbico secundário à insuficiência circulatória e hipóxia tecidual. Com a progressão, ocorre uma queda no *clearance* de lactato pelo fígado, rins e músculo esquelético, piorando a acidemia.

Existem dados no histórico, no exame físico, nos achados laboratoriais ou de imagem que são sugestivos de algum tipo de choque (Quadro 54.1). No entanto, estes têm baixas sensibilidade e especificidade.

No choque hipovolêmico, os pacientes podem apresentar hematêmese, hematoquezia, melena, vômitos, diarreia ou dor abdominal. Pode haver evidência de trauma perfurante ou penetrante; ou o paciente pode estar em pós-operatório. Manifestações físicas podem incluir redução do turgor e pele, axila, língua ou mucosa oral secas. Hipotensão postural, redução da pressão venosa jugular ou da pressão venosa central costumam estar presentes. Anemia ou elevação da amilase e lípase podem estar presentes.

No choque cardiogênico, de acordo com a causa, o paciente pode apresentar dispneia, dor torácica ou palpitações. O exame pulmonar pode apresentar crepitações e, no exame cardíaco, pode revelar novo sopro ou bulhas hipofonéticas. A pressão venosa jugular e a pressão venosa central costumam estar elevadas. No raio X de tórax, congestão pulmonar pode estar presente, assim como isquemia recente ou atual no eletrocardiograma associado à elevação dos marcadores de necrose miocárdica. Um ecocardiograma pode demonstrar a etiologia do choque.

No choque distributivo, os pacientes podem ter dispneia, tosse produtiva, disúria, hematúria, calafrios, mialgias, *rashes*, fadiga, mal-estar, cefaleia, fotofobia e dor. Febre, taquipneia, taquicardia, leucocitose ou alteração do nível de consciência também podem estar presentes (Quadro 54.2).

CONDUTA DIAGNÓSTICA

Na suspeita de choque, a avaliação diagnóstica deve ser feita ao mesmo tempo que a ressuscitação. Medidas de ressuscitação não devem ser retardadas para se realizar história, exame físico, teste laboratorial ou de imagem.

A história médica deve ser colhida do paciente ou dos familiares e deve conter o quadro basal do paciente, queixas e atividades recentes. Outras informações úteis, como alergia a alimentos e/ou drogas, troca recente de medicação, possível intoxicação aguda ou crônica, doenças preexistentes, estado de imunossupressão e de hipercoagulabilidade.

O exame físico deve ser eficiente e direcionado para descobrir o tipo, a gravidade e a causa do choque. Achados físicos têm baixa sensibilidade e especificidade, mas, encontrando achados sugestivos, podem trazer informações relevantes.

Testes laboratoriais ajudam a definir a causa de choque e disfunção orgânica inicial. Devem ser realizados precocemente na avaliação e incluem hemograma completo com diferencial, eletrólitos (sódio, potássio, cloro e bicarbonato), ureia, creatinina, perfil hepático, amilase, lípase, tempo de protrombina ou INR, tempo de tromboplastina parcial ativada, fibrinogênio, produtos da degradação da fibrina ou D-dímero, marcadores de necrose miocárdica, gasometria arterial, nível de lactato e avaliação toxicológica. A saturação venosa central ajuda na ressuscitação volêmica e tipo sanguíneo com as compatibilidades deve ser testado em pacientes com risco de sangramento. Culturas, buscando um possível foco infeccioso no choque distributivo, devem ser prontamente colhidas.

Lactato venoso correlaciona-se com o arterial, podendo ser utilizado para avaliação do choque. Em um estudo observacional, lactato elevado foi preditor de mortalidade em pacientes admitidos no hospital com suspeita de infecção. A elevação do lactato durante o choque é resultado de uma produção elevada durante o metabolismo anaeróbico, de alterações mitocondriais afetando a utilização do oxigênio e de redução da sua metabolização causada pela disfunção hepática.

Um raio X de tórax, de abdome (quando se suspeita de obstrução intestinal, tomografia computadorizada (TC de abdome e crânio, ECG, ecocardiograma e exame de urina podem ser úteis). Coloração de Gram de possíveis sítios de infecção (secreção traqueal, sangue ou urina) podem trazer resultados precoces que sugerem a etiologia da infecção enquanto culturas estão em andamento. Hemoculturas devem ser colhidas de duas punções venosas distintas e inoculadas em meio de cultura padrão.

Com os resultados dessa avaliação, a causa do choque geralmente pode ser determinada ou reduzida a poucas possibilidades. Em paciente no qual o choque continua incerto, a cateterização de artéria pulmonar pode trazer informações adicionais.

CATETERIZAÇÃO DE ARTÉRIA PULMONAR

Medidas hemodinâmicas obtidas pela cateterização pulmonar podem ser importantes para determinar o tipo de choque existente, sobretudo o débito cardíaco, pressão de oclusão de artéria pulmonar (pressão encunhada de capilar pulmonar) e resistência vascular sistêmica. Essas medidas também auxiliam na titulação dos vasopressores, avaliam efeitos hemodinâmicos nas mudanças dos parâmetros ventilatórios (pressão positiva expiratória final – PEEP) e guiam reposição de fluidos (nos pacientes em que a responsividade a fluidos é incerta).

Apesar dessas vantagens, a cateterização de artéria pulmonar nunca mostrou aumentar desfechos positivos significativos, devendo sempre ser pesados os riscos e benefícios da sua implantação.

MORTALIDADE

A mortalidade relacionada ao choque é alta. Estima-se que 35 a 60% dos pacientes morrem em um mês no quadro de choque séptico. A mortalidade

---

Quadro 54.2 Manifestações clínicas do choque circulatório

Choque hipodinâmico (frio) (baixo débito, alta resistência vascular periférica)

Prostração, ansiedade
Hipotensão
Taquicardia
Pulso filiforme
Pele: fria, pálida, cianótica
Sudorese
Taquipneia
Sede, náuseas, vômitos
Oligúria, anúria
Inquietude, apreensão, confusão
Inconsciência (fase tardia)

Choque hiperdinâmico (quente) (alto débito, baixa resistência vascular periférica)

Prostração, ansiedade
Hipotensão (não acentuada)
Taquicardia
Pulso amplo
Pele: quente, com rubor
Ausência de sudorese
Oligúria, diurese moderada
Febre, calafrios
Hiperventilação
Inquietude, apreensão, confusão, coma (raro)

Fonte: Siqueira BG & Schmidt A. Circulatory shock: Definition, classification, diagnosis and treatment. Medicina Ribeirão Preto. 2003;36:145-50.

pode ser maior no quadro de choque cardiogênico, estimando-se entre 60 e 90%. Já no choque hipovolêmico, esta é variável, dependendo da causa e duração até o reconhecimento e tratamento do choque.

TRATAMENTO

Medidas gerais

O tratamento inicial depende do pronto diagnóstico e de uma avaliação acurada das condições iniciais. O manejo inicial consiste em suporte básico de vida com acesso à via aérea, respiração e circulação, que pode incluir entubação orotraqueal e ventilação mecânica. Falência ventilatória deve ser antecipada em pacientes com acidose metabólica significativa associada ao choque. A ventilação mecânica, juntamente com a sedação e paralisia, diminui a demanda de oxigênio pelos músculos da respiração e permite a melhor oferta de oxigênio para os outros tecidos mal perfundidos. Acesso venoso e ressuscitação volêmica devem ser instituídos com monitorização cardíaca e avaliação de parâmetros hemodinâmicos como PA e FC. A monitorização cardíaca pode mostrar isquemia miocárdica e requerer cateterização cardíaca ou apresentar arritmias malignas, que podem ser tratadas com o protocolo de suporte avançado de vida em cardiologia.

Pacientes não responsivos ou pouco responsivos podem receber imediatamente uma ampola de glicose 50% intravenosa e 2 mg de naloxona intravenosa caso haja risco de hipoglicemia ou suspeita de intoxicação exógena, assim com uma sonda urinária para controle do débito urinário.

Reposição volêmica

A reposição volêmica é crucial no manejo do choque. Choque hemorrágico é tratado com medidas iniciais para atingir a homeostase e infusão rápida de componentes sanguíneos, como concentrados de hemácias (CH) específicos ou O negativo ou sangue total, que também promove volume extra e fatores de coagulação. Cada CH tende a aumentar o hematócrito em 3%. O choque hipovolêmico secundário à desidratação é manejado com rápida infusão de solução cristaloide. No choque cardiogênico, na ausência de sobrecarga hídrica, pode-se fazer uma prova de volume menor, geralmente 250 mL. No choque séptico geralmente é necessário maior quantidade de ressuscitação volêmica, justificada pela perda de fluidos capilares para o espaço extravascular.

Estudos de metanálise comparando cristaloides com coloides (albumina) em pacientes graves não mostraram benefícios no uso dos coloides sobre os cristaloides e há uma tendência ao aumento na mortalidade no grupo da albumina. Ensaios clínicos também não demonstraram diferenças, em pacientes pós-trauma, no uso de solução salina hipertônica (7,5%) comparados aos que receberam cristaloides isotônicos. Foram obtidos melhores resultados com o uso de solução salina hipertônica associada à solução glicosada com um aumento de sobrevida sobre os pacientes manejados com salina isotônica, sobretudo nos com lesão cerebral traumática.

Grandes volumes de fluidos não aquecidos podem levar à hipotermia, que deve ser tratada a fim de evitar coagulopatia induzida pela hipotermia.

Terapia early goal

A terapia *early goal* nas primeiras 6 horas do tratamento do choque séptico promove benefícios significativos. Nessa terapia, os pacientes recebiam ressuscitação volêmica até atingir PVC entre 8 e 12 mmHg, transfusão de CH para atingir hematócrito de 30%, vasopressores para uma PA média acima de 65

Tabela 54.1 Variáveis hemodinâmicas e respiratórias nos diversos tipos de choque circulatório

Tipo de choque	DC	RVP	PCP	PVC	SvO_2
Hipovolêmico	Baixo	Alta	Baixa	Baixa	Baixa
Cardiogênico	Baixo	Alta	Alta	Alta	Baixa
Obstrutivo	Baixo	Alta	Baixa	Alta	Baixa
Distributivo	Alto	Baixa	Alta, normal ou baixa	Alta, normal ou baixa	Alta

DC: débito cardíaco; PCP: pressão capilar pulmonar; PVC: pressão venosa central; RVP: resistência vascular periférica; SvO_2: saturação venosa central de oxigênio.
Fonte: Siqueira BG, Schmidt A. Circulatory shock: Definition, classification, diagnosis and treatment. Medicina Ribeirão Preto. 2003;36:145-50.

Tabela 54.2 Valores normais de referência das medidas invasivas

PAD	1–8 mmHg
PAE	2–12 mmHg
PSAP	18–30 mmHg
PMAP	2–16 mmHg
IRP	80–240 dyn.s.cm^{-5}
IRS	1.600–2.400 dyn.s.cm^{-5}
IC	2,8-4,2 L/min/m$_2$
PSAo	90-120 mmHg
Relação IRP/IRS	$^1/_6$–$^1/_{10}$
Relação PSAP/PSAo	$^1/_4$–$^1/_6$

PAD: pressão do átrio direito; PAE: pressão do átrio esquerdo; PSAP: pressão sistólica da artéria pulmonar; PMAP: pressão média da artéria pulmonar; IRP: índice de resistência pulmonar; IRS: índice de resistência sistêmica; IC: índice cardíaco; PSAo: pressão sistólica da aorta.
Fonte: Oliveira EC, Amaral CFS, Moura MA, Campos FTAF, Pauperio HM. Teste de vasorreatividade pulmonar. Jornal Brasileiro de Pneumologia. 2008;34(10).

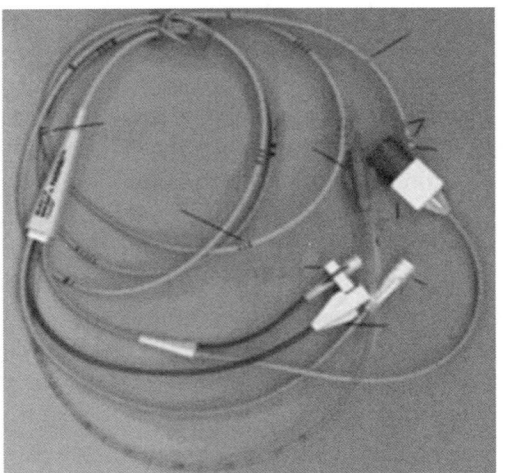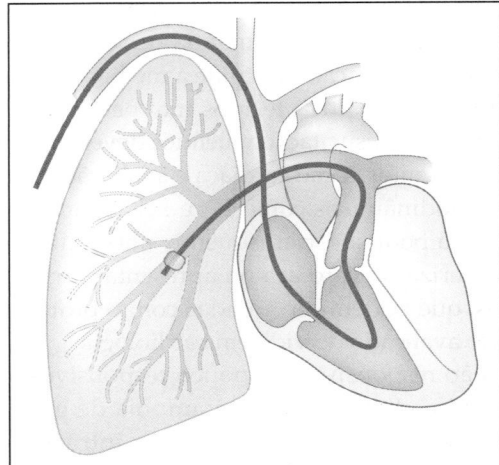

Figura 54.1 Cateter de Swan-Ganz.

mmHg e dobutamina caso não atingissem uma saturação venosa central > 70%. Quando comparados a grupos controles tratados de forma convencional, esses pacientes tiveram mortalidade intra-hospitalar e em 60 dias reduzida.

Na primeira hora, preferencialmente depois de colhidas as culturas, deve-se iniciar antibiótico de amplo espectro visando ao controle precoce de foco infeccioso, mesmo que ainda desconhecido.

Choque compensado pode ocorrer com parâmetros hemodinâmicos ajustados, levando à hipóxia tecidual, mesmo com objetivos tradicionais da ressuscitação, como PA, FC, débito urinário, nível de consciência e perfusão da pele, normais. Objetivos adicionais, como nível de lactato e excesso de base,

podem auxiliar na ressuscitação inicial. Pacientes que respondem bem às medidas iniciais de ressuscitação têm uma sobrevida maior do que os que não respondem tão bem.

MEDICAÇÕES

Drogas vasoativas

Vasopressores e agentes inotrópicos devem ser utilizados apenas após reposição volêmica adequada. A escolha da terapia vasoativa depende do débito cardíaco. Se este for baixo com altas pressões de enchimento, o suporte inotrópico é necessário para melhorar a contratilidade miocárdica. Se a hipotensão continua associada a um bom débito cardíaco após reposição volêmica adequada, o suporte vasopressor é necessário para aumentar o tônus vascular.

Dobutamina, um agonista beta-adrenérgico, é a medicação de primeira linha para choque cardiogênico, aumentando a contratilidade e reduzindo a pós-carga. Amrinona, milrinona e inibidores da fosfodiesterase podem substituir a dobutamina. Essas medicações elevam o AMP-cíclico e aumentam a contratilidade cardíaca *bypassando* o receptor beta-adrenérgico.

No choque distributivo com vasodilatação, um aumento da vasoconstrição é necessário para manter uma pressão de perfusão adequada e agonistas alfa-adrenérgicos, como a fenilefrina e norepinefrina, são geralmente utilizados. Apesar de a norepinefrina ser alfa e beta-adrenérgica, ela aumenta preferencialmente a pressão arterial média, comparada ao débito cardíaco. A dose é titulada para manter uma PA sistólica ao menos de 80 mmHg (máximo de 30 mcg/min). A epinefrina, por seu efeito alfa e beta-adrenérgico, deve ser usada em choque grave durante ressuscitação aguda.

A dopamina tem efeitos variáveis de acordo com a sua dosagem. Em baixas doses (2-3 mcg/kg/min), tem estímulo dos receptores dopaminérgico e beta-adrenérgico, produzindo aumento da filtração glomerular, frequência cardíaca e contratilidade, porém sem grande importância na prática clínica. Doses maiores (> 5 mcg/kg/min) provocam o efeito alfa-adrenérgico, resultando em vasoconstrição periférica. Estudos recentes vêm mostrando vantagem da norepinefrina sobre a dopamina em altas doses.

A vasopressina (hormônio antidiurético ou ADH) está ganhando aceitação no tratamento no choque distributivo e vasodilatado. Ela causa uma vasoconstrição periférica via receptores V1 presentes no músculo liso e atenua a síntese do óxido nítrico (NO) e GMPc. O racional para o uso de vasopressina no choque inclui uma relativa deficiência de vasopressina no choque tardio e um aumento da sensibilidade da circulação sistêmica ao efeito vasoconstritor da vasopressina. Esta potencializa os efeitos das catecolaminas na vasculatura e estimula a produção de cortisol. Diversos pequenos estudos vêm mostrando melhora nos parâmetros hemodinâmicos e débito urinário com o uso da vasopressina, porém sem mostrar melhora de sobrevida. Além disso, diversos estudos mostraram redução da necessidade de catecolaminas com a sua administração. Altas doses reduzem o débito cardía-co e aumentam o risco de isquemia coronariana e esplâncnica. Terlipressina, um análogo da vasopressina de longa ação, aumenta a PA com o aumento do índice cardíaco e o consumo de oxigênio, podendo ser efetiva na terapia de resgate em pacientes com choque séptico refratário às drogas.

O óxido nítrico (NO) tem um papel importante na vasodilatação do choque séptico. Endotoxina e citocinas inflamatórias induzem o óxido nítrico sintetase independente do cálcio, que resulta numa produção sustentada do NO. A via do NO é inibida pelo azul de metileno, que, quando dado a pacientes com choque séptico, provoca elevação da PA e da resistência vascular sistêmica, reduzindo a necessidade de vasopressores. Entretanto, não houve alteração na mortalidade quando estudados.

Corticoides

Corticoides vêm sendo avaliados em diversos estudos no tratamento do choque séptico em razão de observações que mostram insuficiência adrenal relativa ou resistência dos receptores de corticoide. Estudos iniciais usando doses altas não mostraram aumento da sobrevida e aconteceram alguns eventos adversos, como infecções. Em estudos mais recentes, foram testadas doses mais baixas do corticoide em pacientes com insuficiência adrenal relativa, dada pela resposta ao cortisol de 9 mcg/dL ou menos após o uso de 250 mcg de cortitropina. Outro regime de baixa dose de corticoide estudado foi com o uso de 50 mg de hidrocortisona a cada 6 horas e 50 mcg de 9-alfa-fludrocortisona uma vez ao dia, ambos por sete dias, ou hidrocortisona 50 mg intravenosa em *bolus*, seguida de infusão contínua de 0,18 mg/kg/hora até retirada dos vasopressores. Esses estudos demonstraram uma menor duração do uso dos vasopressores e redução na taxa de mortalidade em 28 dias, sem aumento dos eventos adversos. Não houve benefício do uso de baixa dose de corticoide em pacientes que não tinham relativa insuficiência adrenal.

Mais recentemente, o estudo CORTICUS (Corticosteroid Therapy of Septic Shock) mostrou que baixa dose de hidrocortisona (50 mg a cada 6 horas por 5 dias e posteriormente retirado em 6 dias) não aumentou a sobrevida em pacientes com choque séptico, seja em pacientes em geral, seja em não respondedores à corticotrópica, com certas limitações no estudo. Sendo assim, não se sabe ao certo o papel do corticoide e da estimulação de corticotropina no paciente com choque séptico.

Proteína C ativada (alfa drotrecogina)

A proteína C ativada é uma proteína endógena que tem efeitos antitrombóticos, profibrinolíticos e anti-inflamatórios. Um grande estudo randomizado mostrou melhora na mortalidade aos 28 dias (de 31 para 25%) em pacientes com sepse grave e lesão de órgão quando tratada com proteína C ativada recombinante humana com uma infusão contínua de 24 mcg/kg/h por 96 horas. Um *follow-up* retrospectivo mostrou que esse benefício em pacientes com sepse grave persistia apenas até a alta hospitalar. Análises *post hoc* sugerem que o efeito benéfico seja encontrado a longo prazo em pacientes com escore APACHE II ≥ 25. Em pacientes com APACHE II < 25, não houve aumento de sobrevida, havendo maior taxa de sangramento.

Outras modalidades de tratamento

Falência cardíaca pode necessitar de marca-passo transcutâneo ou transvenoso ou uso de balão intra-aórtico. No choque cardiogênico por isquemia coronariana, a revascularização cirúrgica ou transcutânea de emergência parece aumentar a sobrevida comparada à estabilização medicamentosa inicial.

CONSIDERAÇÕES FINAIS

Choque circulatório é um estado caracterizado por uma redução significativa na perfusão tecidual sistêmica, que deve ser prontamente reconhecido, a fim de evitar o desfecho fatal. Medidas iniciais de ressuscitação devem ser tomadas juntamente com a investigação diagnóstica, para evitar sua progressão. O uso de drogas pode ser necessário para buscar a estabilidade hemodinâmica e manter a perfusão adequada; entretanto, a busca e resolução da causa base são de extrema importância.

BIBLIOGRAFIA RECOMENDADA

1. Alcotran RS, Kumar V, Robbins SL. Patologia estrutural e funcional. Rio de Janeiro: Guanabara-Koogan; 2000.
2. Annane D, Sébille V, Bellissant E, Ger-Inf-05 Study Group. Effect of low doses of corticosteroids in septic shock patients with or without early acute respiratory distress syndrome. Crit Care Med. 2006;34(1):22-30.
3. Barber AE, Shires GT. Cell damage after shock. New Horiz. 1996;4(2):161-7.
4. Bone, RC. Toward an epidemiology and natural history of SIRS (systemic inflammatory response syndrome). JAMA. 1992;268(24):3452-5.
5. Casey LC, Balk RA, Bone RC. Plasma cytokine and endotoxin levels correlate with survival in patients with the sepsis syndrome. Ann Intern Med. 1993;15;119(8):771-8.
6. Chien S. Role of the sympathetic nervous system in hemorrhage. Physiol Rev. 1967;47(2):214-88.
7. Connors Jr AF, Speroff T, Dawson NV, Thomas C, Harrell FE Jr, Wagner D, et al. The effectiveness of right heart catheterization in the initial care of critically ill patients. SUPPORT Investigators. JAMA. 1996;276(11):889-97.
8. Dellinger RP, Levy MM, Carlet JM, Bion J, Parker MM, Jaeschke R, et al. Surviving sepsis campaign: International Guidelines for Management of Severe Sepsis and Septic Shock: 2008. Crit Care Med. 2008;36(1):296-327.
9. Fourrier F. Recombinant human activated protein C in the treatment of severe sepsis: an evidence-based review. Crit Care Med. 2004;32(supl 11).
10. Gaieski D, Parsons PE, Wilson CW. Shock in adults: types, presentation, and diagnostic approach. Up-To-Date. 2010;18(3).
11. Guyton AC, Hall JE. Tratado de fisiologia médica. Rio de Janeiro: Guanabara-Koogan; 2002.
12. Hinshaw LB. Sepsis/septic shock: participation of the microcirculation: an abbreviated review. Crit Care Med. 1996;24(6):1072-8.
13. Hochman JS, Boland J, Sleeper LA, Porway M, Brinker J, Col J, et al. Current spectrum of cardiogenic shock and effect of early revascularization on mortality. Results of an International Registry. SHOCK Registry Investigators. Circulation. 1995;91(3):873-81.
14. Kinch JW, Ryan TJ. Right ventricular infarction. N Engl J Med. 1994;330:1211-7.
15. Kristensen SR. Mechanisms of cell damage and enzyme release. Dan Med Bull. 1994;41(4):423-33.
16. Lange M, Ertmer C, Westphal M. Vasopressin vs. terlipressin in the treatment of cardiovascular failure in sepsis. Intensive Care Med. 2008;34(5):821-32. Epub 8 Dez 2007.
17. Lederle FA, Parenti CM, Chute EP. Ruptured abdominal aortic aneurysm: the internist as diagnostician. Am J Med. 1994;96(2):163-7.
18. Levraut J, Ciebiera JP, Chave S, Rabary O, Jambou P, Carles M, et al. Mild hyperlactatemia in stable septic patients is due to impaired lactate clearance rather than overproduction. Am J Respir Crit Care Med. 1998;157(4 Pt 1):1021-6.
19. McPhee S, Papadakis M. Current – medical diagnosis and treatment. 48. ed. New York: McGraw Hill; 2009.
20. Mimoz O, Rauss A, Rekik N, Brun-Buisson C, Lemaire F, Brochard L. Pulmonary artery catheterization in critically ill patients: a prospective analysis of outcome

changes associated with catheter-prompted changes in therapy. Crit Care Med. 1994;22(4):573-9.

21. Moscucci M, Bates ER. Cardiogenic shock. Cardiol Clin. 1995;13(3):391-406.

22. Nguyen HB, Rivers EP, Abrahamian FM, Moran GJ, Abraham E, Trzeciak S, et al. Emergency Department Sepsis Education Program and Strategies to Improve Survival (ED-SEPSIS) Working Group. Severe sepsis and septic shock: review of the literature and emergency department management guidelines. Ann Emerg Med. 2006;48(1):28-54.

23. Oliveira EC, Amaral CFS, Moura MA, Campos FTAF, Pauperio HM. Teste de vasorreatividade pulmonar. J Bras Pneumol. 2008;34(10).

24. Oppert M, Schindler R, Husung C, Offermann K, Gräf KJ, Boenisch O, et al. Low-dose hydrocortisone improves shock reversal and reduces cytokine levels in early hyperdynamic septic shock. Crit Care Med. 2005;33(11):2457-64.

25. Rodgers KG. Cardiovascular shock. Emerg Med Clin North Am. 1995;13(4):793-810.

26. Salluh et al. International clinical medicine. Int Clin Med. 2008;1.

27. Shah MR, Hasselblad V, Stevenson LW, Binanay C, O'Connor CM, Sopko G, et al. Impact of the pulmonary artery catheter in critically ill patients: meta-analysis of randomized clinical trials. JAMA. 2005;294(13):1664-70.

28. Shapiro NI, Howell MD, Talmor D, Nathanson LA, Lisbon A, Wolfe RE, et al. Serum lactate as a predictor of mortality in emergency department patients with infection. Ann Emerg Med. 2005;45(5):524-8.

29. Shoemaker WC. Temporal physiologic patterns of shock and circulatory dysfunction based on early descriptions by invasive and noninvasive monitoring. New Horiz. 1996;4(2):300-18.

30. Siqueira BG, Schimidt A. Circulatory shock: definition, classification, diagnosis and treatment. Medicina Ribeirão Preto. 2003;36:145-50.

31. Siraux V, De Backer D, Yalavatti G, Mélot C, Gervy C, Mockel J, et al. Relative adrenal insufficiency in patients with septic shock: comparison of low-dose and conventional corticotropin tests. Crit Care Med. 2005;33(11):2479-86.

32. Sprung CL, Annane D, Keh D, Moreno R, Singer M, Freivogel K, et al. Hydrocortisone therapy for patients with septic shock. N Engl J Med. 2008;358(2):111-24.

33. Tuchschmidt JA, Mecher CE. Predictors of outcome from critical illness. Shock and cardiopulmonary resuscitation. Crit Care Clin. 1994;10(1):179-95.

55

ARRITMIAS CARDÍACAS E MARCA-PASSO

GUSTAVO KEN HIRONAKA

DESTAQUES

- A síndrome de resposta inflamatória sistêmica em cirurgias cardíacas ocorre de uma forma exacerbada quando comparada a outros tipos de cirurgia.
- Uma série de alterações decorrentes dessa resposta pode levar ao surgimento de arritmias no pós-operatório de cirurgia cardíaca.
- As arritmias ventriculares, as taquicardias supraventriculares e os distúrbios de condução intraventricular são os tipos de arritmias mais frequentes em pós-operatório de cirurgia cardíaca.
- O rápido diagnóstico de uma arritmia, assim como a identificação de uma possível causa, são fundamentais para o tratamento.

INTRODUÇÃO

O manejo inicial de qualquer paciente submetido a uma cirurgia cardíaca deve ser feito em uma unidade especializada, com capacidade de cuidados intensivos e composta por uma equipe multidisciplinar treinada. A monitorização eletrocardiográfica e hemodinâmica contínua é essencial para detecção precoce de possíveis complicações pós-operatórias. As alterações fisiopatológicas decorrentes de uma cirurgia cardíaca são muitas vezes peculiares a esse procedimento quando comparadas às alterações decorrentes de outros tipos de cirurgias não cardíacas. Essas alterações têm implicações clínicas importantes e devem ser do conhecimento de toda a equipe multidisciplinar:

- Nas cirurgias cardíacas, existe uma síndrome de resposta inflamatória sistêmica (SRIS) exacerbada e com manifestações clínicas diversas. Essa exacerbação decorre principalmente da utilização de circulação extracorpórea, hipotermia e muitas vezes de parada cardiopulmonar induzida durante a cirurgia.
- A SRIS pode levar à disfunção orgânica secundária em outros sistemas e causar uma série de alterações na homeostase.

Causas de arritmias em pós-operatório de cirurgia cardíaca

As arritmias no pós-operatório de cirurgia cardíaca são eventos frequentes, podendo acometer até 40% dos pacientes. Isso se deve principalmente às alterações na homeostase decorrentes da cirurgia cardíaca e que, a depender do órgão ou sistema acometido, podem determinar uma causa específica para o desenvolvimento da arritmia (Tabela 55.1).

As arritmias mais comuns no pós-operatório de cirurgia cardíaca podem ser divididas em ordem decrescente de frequência:

1. Arritmias ventriculares.
2. Taquicardias supraventriculares.
3. Distúrbios de condução intraventriculares.

O manejo terapêutico dessas arritmias depende fundamentalmente do diagnóstico correto e da identificação de possível causa específica.

Extrassístole ventricular

A arritmia ventricular mais frequente em pós-operatório de cirurgia cardíaca é a extrassístole ven-

Tabela 55.1 Causas de arritmias em pós-operatório de cirurgia cardíaca

Sistema acometido	Causa específica
Cardiovascular	Isquemia miocárdica e pericardite pós-operatória Síndrome de baixo débito cardíaco Cardiomiopatia ou arritmia prévia conhecida
Respiratório	Hipoventilação levando à hipóxia ou hipercapnia Dor e agitação relacionada à ventilação mecânica
Renal e hidroeletrolítico	Distúrbios do potássio (hipo e hipercalemia) Distúrbios do cálcio (hipo e hipercalcemia) Distúrbios do magnésio (hipomagnesemia) Distúrbios acidobásicos (acidose e alcalose) Insuficiência renal (uremia)
Endócrino e infeccioso	Febre Hipertiroidismo Hipoglicemia
Medicamentoso	Efeito de aminas vasoativas Uso de digital ou aminofilina Suspensão de betabloqueador
Outros	Hipotermia

tricular (ESV). Normalmente, essa arritmia está associada a distúrbios hidroeletrolíticos, respiratórios, hipotermia e uso de aminas vasoativas. O diagnóstico dessa arritmia é feito pela observação, no eletrocardiograma, de um complexo QRS prematuro, alargado e de morfologia diferente daquele observado em ritmo sinusal (Figura 55.1).

O tratamento da extrassístole ventricular consiste, na maioria das vezes, na identificação da causa da arritmia e na sua reversão (p. ex., correção de distúrbios hidroeletrolíticos). Em poucas situações nas quais a supressão medicamentosa da arritmia se faz necessária, a droga de escolha deve ser a amiodarona, sendo administrada em dose endovenosa de ataque e seguida de dose de manutenção por um período de 24 horas.

Taquicardia ventricular

A taquicardia ventricular (TV) é outra arritmia que pode se desenvolver em alguns pacientes no pós-operatório de cirurgia cardíaca. Ela é uma alteração mais profunda do sistema de condução elétrica e que muitas vezes está associada à reperfusão

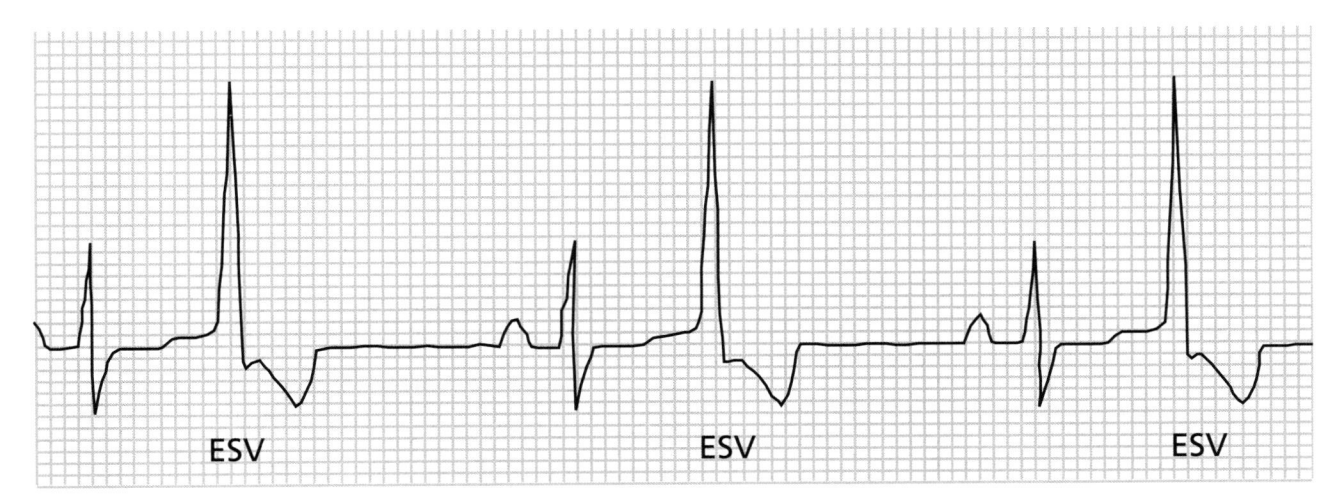

Figura 55.1 Extrassístole ventricular (ESV).

do tecido cardíaco em cirurgias de revascularização miocárdica. A identificação dessa arritmia no eletrocardiograma se dá pela presença de múltiplos complexos QRS alargados e com frequência variando entre 150 e 250 bpm (Figura 55.2).

O tratamento da taquicardia ventricular depende da condição hemodinâmica do paciente, isto é, presença ou não de instabilidade. Na maior parte das vezes, em pós-operatório de cirurgia cardíaca, a identificação de instabilidade hemodinâmica se dá pela constatação de hipotensão arterial severa. Nesses casos, o tratamento imediato para as arritmias, de uma forma geral, é feito através de cardioversão elétrica. Se o paciente apresentar estabilidade hemodinâmica, então a droga de escolha será a amiodarona, administrada de forma semelhante a outras formas de arritmias ventriculares.

Fibrilação ventricular

A terceira arritmia ventricular em pós-operatório de cirurgia cardíaca é a fibrilação ventricular (FV).

Trata-se de uma despolarização ventricular caótica, incapaz de promover uma contração cardíaca adequada e pulso arterial efetivo. Portanto, a fibrilação ventricular deve ser sempre interpretada como uma parada cardiorespiratória (PCR). A identificação no eletrocardiograma se faz pela presença de um traçado caótico e desorganizado de atividade elétrica ventricular (Figura 55.3).

O tratamento da FV segue os protocolos de atendimento de suporte avançado de vida, ou seja, desfibrilação elétrica precoce, seguida de ressuscitação cardiopulmonar com compressões torácicas e administração de drogas como adrenalina e amiodarona.

TAQUICARDIAS SUPRAVENTRIULARES

Fibrilação e *flutter* atrial

As taquicardias supraventriculares mais comuns, com exceção da taquicardia sinusal, são a fibrilação atrial (FA) e o *flutter* atrial. A fibrilação atrial é isoladamente a arritmia mais frequente em pós-operató-

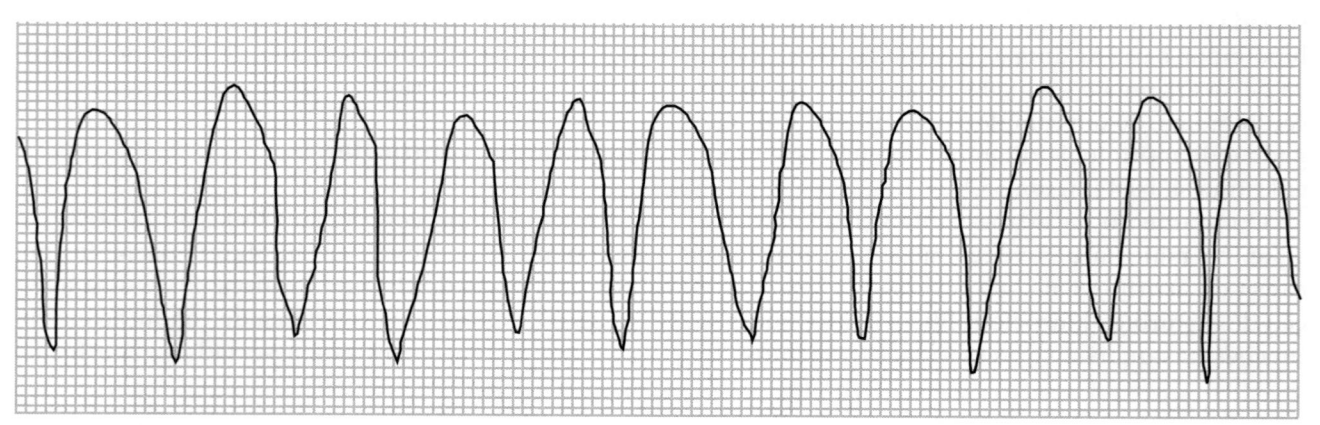

Figura 55.2 Taquicardia ventricular.

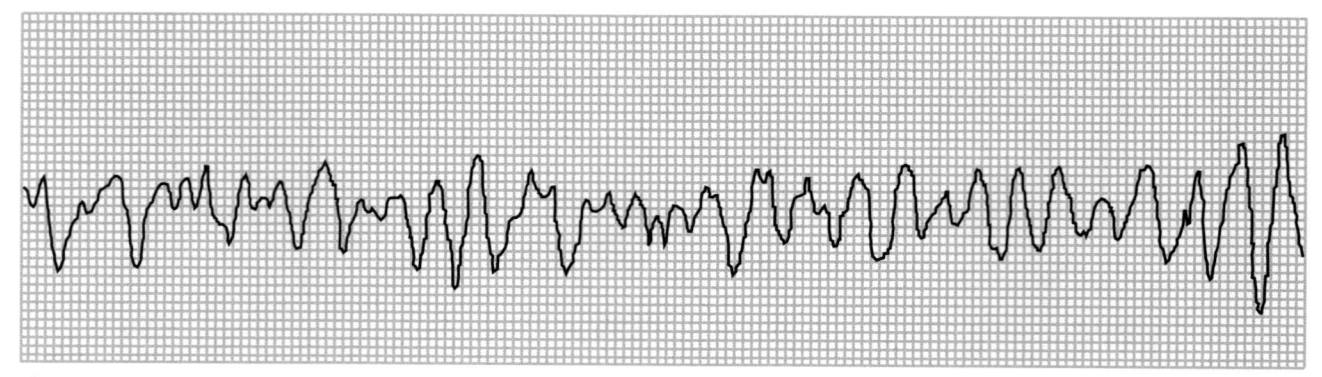

Figura 55.3 Fibrilação ventricular.

rio de cirurgia cardíaca, ocorrendo em até 40% das cirurgias de revascularização miocárdica e 60% das cirurgias de correção valvares. O pico de incidência da FA se dá no segundo dia de pós-operatório. O principal fator predisponente para o desenvolvimento de FA no pós-operatório de cirurgia cardíaca é a idade do paciente, sendo que, quanto mais velho o paciente, maior a chance de desenvolver essa arritmia. Devido à alta incidência de FA em pós-operatório de cirurgia cardíaca, alguns centros preconizam o uso profilático de medicamentos para sua prevenção. A terapia profilática mais amplamente utilizada é feita com betabloqueadores.

A fibrilação atrial pode ser identificada no eletrocardiograma pela presença de um ritmo com complexo QRS estreito, irregular e na ausência de ondas P (Figura 55.4).

O *flutter* atrial é um ritmo mais organizado do que a FA. A identificação do *flutter* no eletrocardiograma se faz pela presença das ondas F entre os complexos QRS (Figura 55.5).

O tratamento da fibrilação atrial e do *flutter* tem como objetivo comum o controle da frequência cardíaca, reversão e manutenção do ritmo sinusal, correção de distúrbios hidroeletrolíticos e prevenção de embolias. Para o controle da frequência cardíaca, utilizam-se medicações como betabloqueadores (metoprolol), bloqueadores de canal de cálcio (diltiazem) e amiodarona. Caso seja desejada reversão da arritmia para ritmo sinusal, utiliza-se a cardioversão elétrica e/ou química com amiodarona. A correção de distúrbios hidroeletrolíticos, em especial a hipocalemia e a hipomagnesemia, é fundamental. A anticoagulação para prevenção de fenômenos embólicos deve ser indicada se a fibrilação atrial tiver duração superior a 48 horas.

DISTÚRBIOS DE CONDUÇÃO INTRAVENTRICULARES

Os distúrbios de condução intraventricular em pós-operatório de cirurgia cardíaca têm, em média, incidência aproximada de 10%. O defeito de condução mais comum nessa situação é o bloqueio de ramo direito (BRD), provavelmente relacionado à hipotermia e à utilização de circulação extracorpórea no intraoperatório. Esse distúrbio de condução habitualmente é transitório e não requer nenhum tipo de tratamento específico.

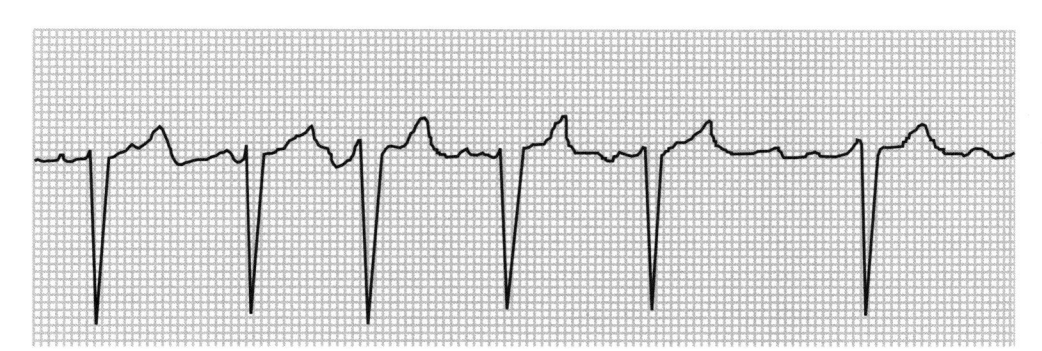

Figura 55.4 Fibrilação atrial.

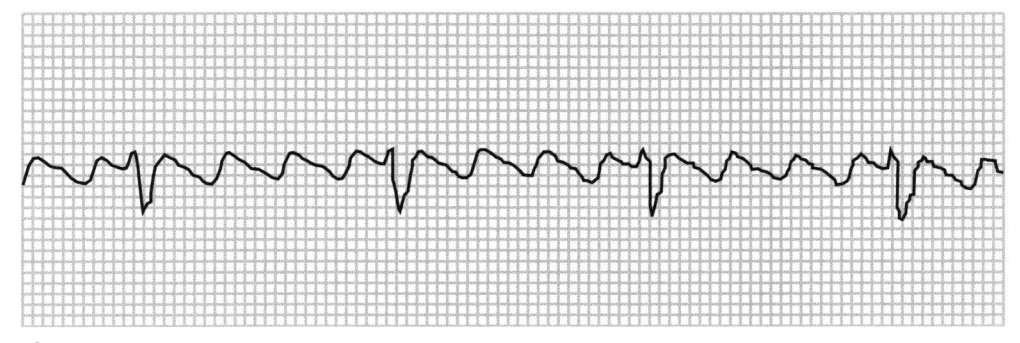

Figura 55.5 *Flutter* atrial.

Apenas cerca de 5% dos pacientes irão desenvolver algum tipo de anormalidade prolongada do sistema de condução elétrica cardíaco. Porém, na maioria das vezes, isso também não se traduzirá em um pior prognóstico a longo prazo. Os pacientes que desenvolvem bloqueios atrioventriculares de alto grau, como o bloqueio atrioventricular total (BAVT), necessitam do suporte temporário de um marca-passo. A identificação do BAVT no eletrocardiograma se faz principalmente pela presença de um ritmo lento com frequência abaixo de 50 bpm e também pela dissociação entre a atividade elétrica atrial (onda P) e a atividade elétrica ventricular (complexo QRS) (Figura 55.6).

MARCA-PASSO

O marca-passo (MP) é um dispositivo eletrônico capaz de estimular o miocárdio de forma a comandar o ritmo cardíaco, sendo constituído basicamente de três elementos:

* Unidade geradora do estímulo elétrico (Figura 55.7).
* Cabo condutor de corrente elétrica (Figura 55.8).
* Eletrodos capazes de conduzir a corrente elétrica para o coração do paciente (Figura 55.8).

A depender da forma como esses elementos entram em contato com o paciente, existem essencialmente quatro tipos de MP: transcutâneo, transvenoso, epicárdico e definitivo. Os três primeiros são formas de estimulação cardíaca temporária e têm ampla utilização em salas de emergência e unidades de terapia intensiva. Em pós-operatório de cirurgia cardíaca, a modalidade mais utilizada é a estimulação temporária por via epicárdica, pois, durante a cirurgia, os eletrodos são colocados, de rotina, sobre

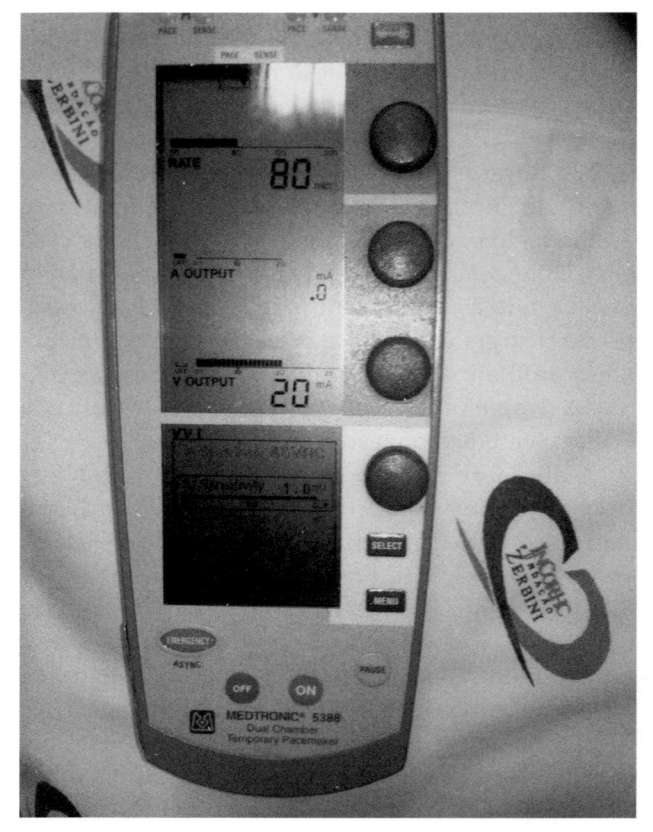

Figura 55.7 Unidade geradora.

a parede do átrio ou ventrículo direito e deixados conectados ao cabo condutor exposto no tórax do paciente. Quando necessária a estimulação cardíaca pelo marca-passo, basta conectar o cabo condutor à unidade geradora.

Após a conexão dos cabos, a unidade geradora deve ser ligada e três parâmetros ajustados (Figura 55.7):

* *Output:* faz referência à corrente elétrica medida em miliampères (mA) produzida pela unidade geradora para estimular o coração do paciente.

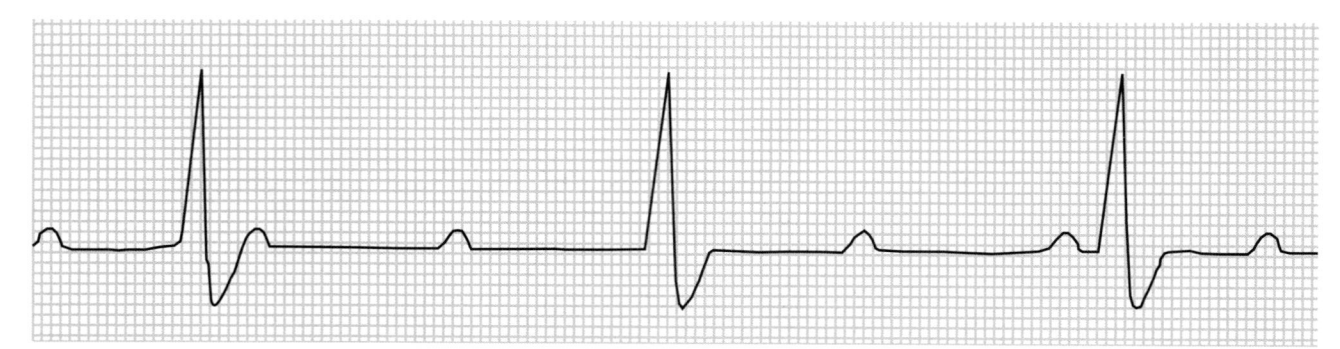

Figura 55.6 Bloqueio atrioventricular total.

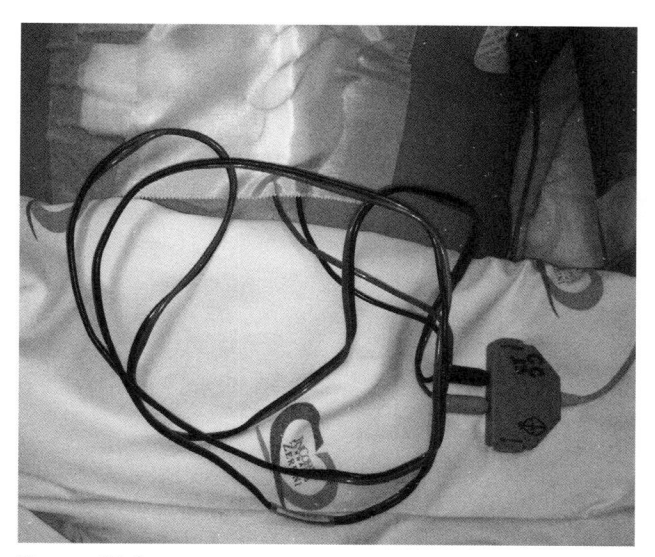

Figura 55.8 Cabo condutor e eletrodos.

- *Sensing:* indica a sensibilidade em milivolts (mV) ou a capacidade do MP de reconhecer um impulso elétrico espontâneo do paciente. Esse parâmetro é necessário para inibir o aparelho caso o ritmo do paciente volte a apresentar uma frequência adequada.
- *Frequência:* trata-se da frequência com a qual o MP vai estimular o coração do paciente; é medida em batimentos por minuto (bpm).

O adequado funcionamento do MP será demonstrado pela presença de captura elétrica do impulso gerado no eletrocardiograma (uma espícula seguida de um complexo QRS) e de captura mecânica (coincidência entre o pulso arterial palpado no paciente e a frequência cardíaca programada no MP).

CONCLUSÕES

Em virtude da complexidade das alterações orgânicas e fisiológicas de pacientes submetidos à cirurgia cardíaca, uma série de complicações clínicas pós-operatórias pode ocorrer. As arritmias têm papel de destaque como complicação frequente e potencialmente grave. Portanto, é necessário que o profissional de saúde reconheça precocemente essa complicação, identifique possíveis causas reversíveis e encaminhe o tratamento mais rápido possível.

BIBLIOGRAFIA RECOMENDADA

1. Andrews TC, Antman EM. Prevention of supraventricular arrhythmias after coronary artery bypass surgery. A meta-analysis of randomized control trials. Circulation. 1991;84(supl 5):III236-44.
2. Chung MK. Cardiac surgery: postoperative arrhythmias. Crit Care Med. 2000;28(supl):N136-144.
3. Hashimoto K, Ilstrup DM, Schaff HV. Influence of clinical and hemodynamic variables on risk of supraventricular tachycardia after coronary artery bypass. J Thorac Cardiovasc Surg. 1991;101:56-65.
4. Leitch JW, Thomson D, Baird DK, Harris PJ. The importance of age as a predictor of atrial fibrillation and flutter after coronary artery bypass grafting. J Thorac Cardiovasc Surg. 1990;100:338-42.
5. Maisel WH, Rawn JD, Stevenson WG. Atrial fibrillation after cardiac surgery. Ann Intern Med. 2001;135:1061-73.
6. Nunes MFCB. Pós-operatório de cirurgia cardíaca. In: Nicolau JC, Tarasoutchi F, da Rosa LV, Machado FP. Condutas práticas em cardiologia. Barueri: Manole; 2010.
7. Topol EJ, Lerman BB, Baughman KL, Platia EV, Griffith LS. De novo refractory ventricular tachyarrhythmias after coronary revascularization. Am J Cardiol. 1986;57:57-9.

56

PARADA CARDIORRESPIRATÓRIA

RENATA HENN MOURA

INTRODUÇÃO E DEFINIÇÃO

A parada cardiorrespiratória (PCR) pode ser definida como a interrupção súbita e brusca da circulação sistêmica e da respiração, em paciente cuja expectativa de morte não exista. A rapidez e a eficácia no tratamento são primordiais para o sucesso do atendimento.

Periodicamente, a American Heart Association (AHA) publica as diretrizes para o atendimento da PCR (Advanced Cardiac Life Support – ACLS), baseada em uma ampla revisão de literatura e extensas discussões com especialistas internacionais, a fim de estabelecer diretrizes claras e objetivas, que facilitem o atendimento das vítimas de PCR, tanto em ambiente extra-hospitalar, quanto intra-hospitalar. Basearemos nossas informações na última publicação da AHA, de outubro de 2010.

As diretrizes possuem diversas particularidades, de acordo com a etiologia, o momento e o local em que a PCR ocorreu etc. Porém, nesse capítulo, direcionaremos a discussão ao paciente com PCR após a cirurgia cardíaca.

ETIOLOGIA

A PCR pode ser um evento primário ou secundário a outros fatores. No pós-operatório de cirurgia cardíaca, as principais causas são: baixo débito cardíaco, infarto perioperatório, arritmias, tamponamento cardíaco, distúrbios ácido-básicos e eletrolíticos, sangramento e hipoxemia.

O sistema nervoso central é muito vulnerável às condições de isquemia, tolerando de 4 a 6 minutos,

no máximo, nessa condição. Por essa razão, a RCP tem que ser iniciada o mais precocemente possível, bem como o tratamento do fator causal.

INCIDÊNCIA

A incidência da PCR na população em geral é bastante variável, e não há especificações claras. Entretanto, sabe-se que, os indivíduos hospitalizados têm incidência mais elevada em relação à população em geral, e os indivíduos cardiopatas, superior em relação ao último grupo.

A associação entre PCR e anestesia geral é de cerca de um para cada 1.700 pacientes.

RITMOS

A PCR pode apresentar-se em quatro diferentes ritmos:

1. Fibrilação ventricular (FV): em que há atividade caótica das fibras miocárdicas (Figura 56.1).
2. Taquicardia ventricular sem pulso (TVSP): sucessão rápida de batimentos ectópicos ventriculares (Figura 56.2).

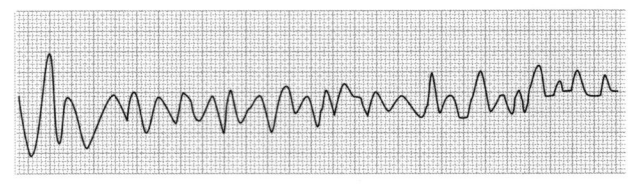

Figura 56.1 Desenho esquemático da fibrilação ventricular (FV).

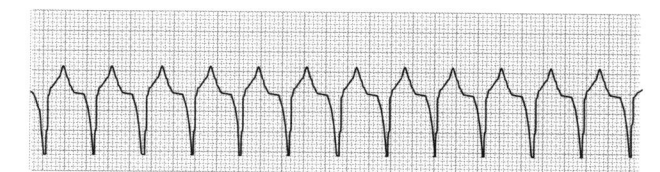

Figura 56.2 Desenho esquemático da taquicardia ventricular sem pulso (TVSP).

3. Atividade elétrica sem pulso (AESP): há atividade elétrica, porém não é possível detectar o pulso.
4. Assistolia: cessação de atividade elétrica (Figura 56.3).

A FV e a TVSP são ritmos passíveis de desfibrilação, enquanto a AESP e a assistolia não são.

TRATAMENTO

O tratamento básico da PCR é a reanimação cardiopulmonar (RCP). Conforme já citado, iremos nos ater ao paciente cardiopata cirúrgico, em ambiente hospitalar.

Uma vez constatada a PCR, a RCP deve ser iniciada imediatamente, e o desfibrilador deve ser disponibilizado para uso o mais rápido possível. Isso porque, quando ocorre a PCR, há redução dos níveis de oxigênio e energia miocárdica, e as compressões torácicas podem aumentar o suprimento de oxigênio e energia ao miocárdio, enquanto o desfibrilador é preparado (caso o ritmo seja passível de desfibrilação).

Na tentativa de otimizar o atendimento do paciente vítima de PCR, a AHA simplificou o algoritmo de atendimento, conforme demonstrado na Figura 56.4.

É necessário dar ênfase aos fatores que determinam a qualidade da RCP, que são:

- As compressões torácicas devem gerar um afundamento do tórax de 5 cm e devem permitir o retorno à posição inicial após cada compressão. O ritmo deve ser igual ou superior a 100 compressões por minuto;

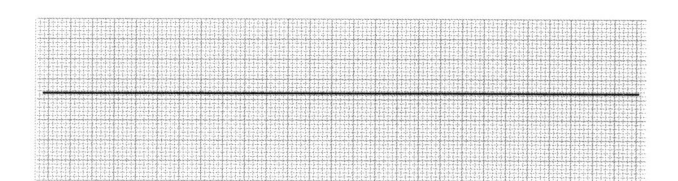

Figura 56.3 Desenho esquemático da assistolia.

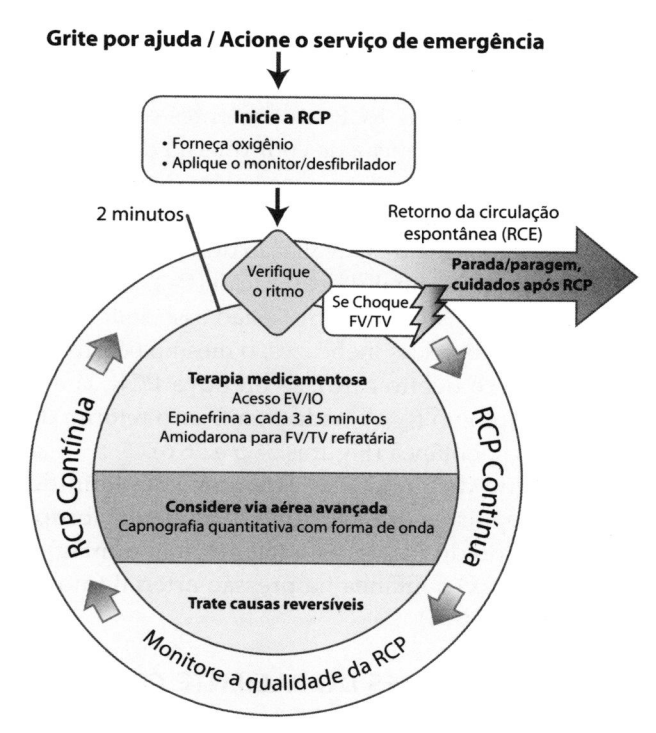

Figura 56.4 Algoritmo de atendimento simplificado.

- Minimizar as interrupções nas compressões;
- Evitar ventilação excessiva (em pacientes entubados, realizar de 8 a 10 ventilações por minuto); em pacientes ainda não entubados, realiza-se a sequência de 30 compressões para 2 ventilações;
- Alternar a pessoa que realiza as compressões a cada 2 minutos;
- Capnografia quantitativa com forma de onda (visar $P_{ETCO_2} > 10$ mmHg);
- Pressão intra-arterial: tentar melhorar a qualidade da RCP se pressão diastólica < 20 mmHg.

Quanto à desfibrilação, recomenda-se 1 choque bifásico (120 a 200 J – de acordo com a especificação do fabricante) ou 1 choque monofásico de 360 J, seguido de RCP imediata, e não vários choques seguidos, como tentativa de desfibrilação.

A terapia farmacológica compreende a administração de epinefrina (1 mg a cada 3 a 5 minutos), vasopressina (40 unidades, em substituição à primeira ou segunda dose de epinefrina) e amiodarona (primeira dose de 300 mg e segunda dose de 150 mg). A atropina já não é recomendada no tratamento da PCR, em nenhum ritmo, já que não há evidências de benefícios terapêuticos.

A capnografia quantitativa contínua com forma de onda é uma recomendação atual, durante a entubação e todo o processo de RCP em pacientes entubados. Ela é a forma mais eficaz de confirmação do posicionamento da cânula endotraqueal, além de monitorar a qualidade da RCP e detectar o retorno da circulação espontânea, por meio da avaliação do valor do dióxido de carbono ao final da expiração (P_{ETCO_2}). Baixos valores de P_{ETCO_2} (< 10 mmHg) estão associados com compressões torácicas ineficazes; o mesmo ocorre em casos de baixo débito cardíaco ou nova PCR; já aumento abrupto no P_{ETCO_2} pode significar o retorno da circulação espontânea (Figuras 56.5 e 56.6).

O retorno da circulação espontânea é definido quando há pulso e pressão arterial, aumento abrupto prolongado do P_{ETCO_2} (usualmente > 40 mmHg) e variabilidade espontânea na pressão arterial (monitorização invasiva).

PARTICULARIDADES DO PACIENTE COM PCR APÓS CIRURGIA CARDÍACA

No paciente submetido à cirurgia cardíaca, são utilizadas algumas intervenções específicas, a fim de otimizar o cuidado e promover melhores resultados.

Nos indivíduos submetidos à cirurgia cardíaca aberta, o grande questionamento é em relação à compressão torácica externa ou massagem cardíaca inter-

na. Por meio da análise dos estudos atuais, observa-se que, de forma geral, a massagem cardíaca interna tem melhores resultados quando comparada à compressão torácica externa. Em ambiente estéril, bem equipado e com pessoal especializado, a reesternotomia e massagem cardíaca interna parecem ser a melhor forma de tratamento. Entretanto, a reesternotomia realizada fora desse ambiente não apresenta resultados satisfatórios. Enquanto se prepara o ambiente para a reesternotomia, não deve ser interrompida a RCP.

Os estudos sugerem que a massagem cardíaca interna propicia melhora do índice cardíaco e da pressão de perfusão coronária bem superior, quando comparada à compressão torácica externa. Além disso, promove melhora no fluxo sanguíneo dos órgãos vitais, aumento da taxa de retorno da circulação espontânea e aumento da taxa de sobrevida.

Outras opções no tratamento que podem ser consideradas no cenário da PCR em paciente cardíaco cirúrgico, são os dispositivos de suporte circulatório mecânico, como oxigenação por membrana extracorpórea (ECMO) e *by-pass* cardiopulmonar.

CUIDADOS APÓS A REANIMAÇÃO

Após o retorno da circulação espontânea, faz-se necessário tomar uma série de medidas, a fim de otimizar a função cardiopulmonar, a perfusão de ór-

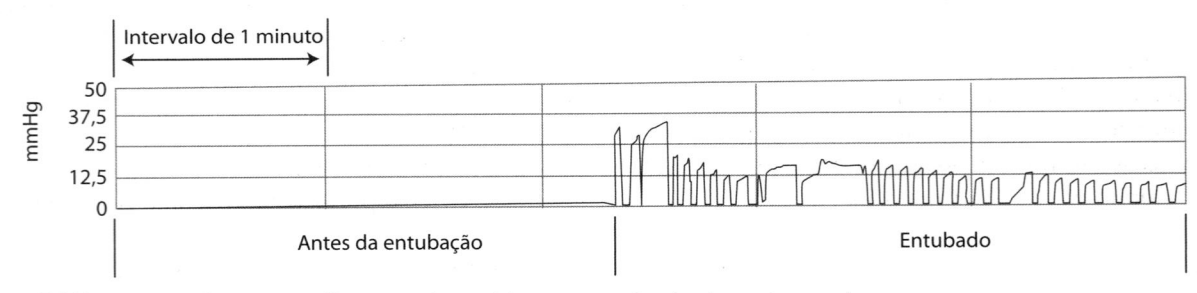

Figura 56.5 Capnografia para confirmação do posicionamento da cânula orotraqueal.

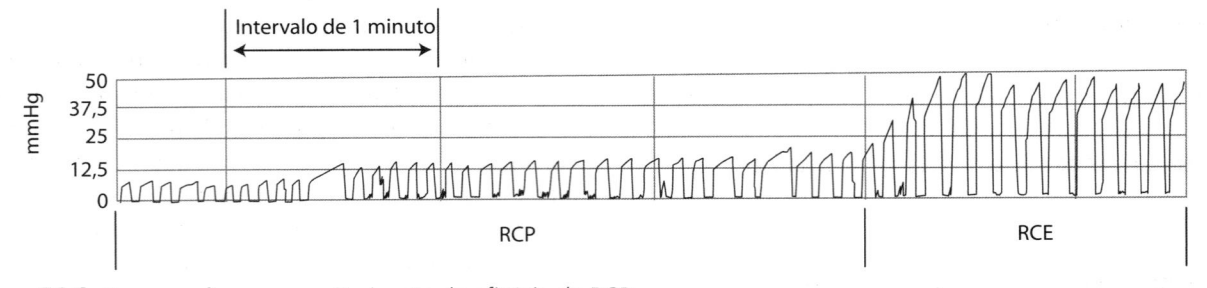

Figura 56.6 Capnografia para monitorização da eficácia da RCP.

gãos vitais e a função neurológica, além de prevenir e tratar a disfunção de múltiplos órgãos. A seguir, as principais medidas são apresentadas.

Hipotermia terapêutica

A hipotermia terapêutica tem sido bastante usada no tratamento de pacientes após PCR, com o intuito de reduzir a extensão do dano cerebral e melhorar a função neurológica. Essa técnica promove uma série de benefícios, entre eles, a redução da atividade metabólica e enzimática e do processo inflamatório.

Os resultados da proteção hipotérmica incluem a profundidade, início e duração do tratamento. Existe uma correlação próxima entre a temperatura corporal, a severidade da lesão cerebral inicial, o volume do infarto e os resultados clínicos. São fatores relevantes na aplicação da técnica, temperatura: recomenda-se hipotermia leve (> 32°C) a moderada (28-32°C).

A duração ótima do tratamento ainda é desconhecida, mas é importante salientar que a duração prolongada aumenta o risco de complicações. Usualmente, a hipotermia é mantida por cerca de 24 horas e, a partir daí é iniciado o processo de reaquecimento.

Métodos de resfriamento: há diferentes técnicas de indução de hipotermia: manta térmica, *icepacks*, solução salina intravenosa gelada e administração gástrica de solução gelada. Há estudos que sugerem que o resfriamento pela solução intravenosa seja mais prolongado. Porém, a opção pela técnica depende dos materiais disponíveis no serviço e do médico responsável.

Quanto ao tempo para início da técnica, há relatos de ser iniciada precocemente e até 3 a 6 horas após a PCR.

É importante também salientar a relevância da associação com o tratamento farmacológico, por meio de medicamentos como thiopental, fenitoína, metilprednisolona e agentes trombolíticos.

A hipotermia possui complicações potenciais, que devem ser levadas em conta, no momento da decisão sobre sua indicação: insuficiência renal, sepse, pancreatite, distúrbio de coagulação

Eletroencefalograma

Em decorrência da alta incidência de quadros convulsivos após a PCR, é recomendada a realização do eletroencefalograma (EEG) para diagnóstico

e monitorização (que pode ser realizada frequente ou continuamente) em pacientes que permanecem comatosos após o retorno da circulação espontânea.

Cuidados com a ventilação

Após a reanimação, a adequada condução da ventilação mecânica é um dos fatores que podem determinar o desfecho clínico do paciente. Nesse contexto, dois pontos são de essencial importância: evitar a hiperoxigenação e hiperventilação.

É necessário monitorar a saturação arterial da oxi-hemoblobina. Baseado nesse dado, deve ser feita a redução da concentração de oxigênio ofertada (FiO_2), a fim de manter a saturação acima de 94%, com o objetivo de manter oxigenação adequada, porém evitando a hiperóxia, que é responsável por uma maior liberação de radicais livres.

Também é preciso adequar a ventilação, de forma a evitar a hiperventilação, e a consequente vasoconstrição do sistema nervoso central. Deve-se visar volume minuto suficiente para manter valores normais de $PaCO_2$ (35 a 45 mmHg).

FATORES PROGNÓSTICOS

Com relação aos fatores prognósticos após a recuperação da circulação espontânea, as PCR's em assistolia têm pior prognóstico em relação aos outros ritmos de PCR. Já a médio e longo prazo, os fatores que mais influenciam o prognóstico são a idade do paciente (quanto maior, pior o prognóstico) e o tempo de duração da PCR.

BIBLIOGRAFIA RECOMENDADA

1. Caulfield AF, Rachabattula S, Eyngorn I, Hamilton SA, Kalimuthu R, Hsia AW et.al. A comparison of cooling techniques to treat cardiac arrest patients with hypothermia. Stroke Research and Treatment; 2011.

2. Geocadin RG, Koenig MA, Jia X, Stevens RD, Peberdy MA. Management of brain injury after resuscitation from cardiac arrest. Neurol Clin. 2008;26(2):487-ix.

3. Hazinski MF, Nolan JP, Nadkarni VM, Montgomery WH, Zideman DA, Hickey RW et al. 2010 International Consensus on Cardiopulmonary Ressuscitation and Emergency Cardiovascular Care Science with Treatment Recommendations. Circulation. 2010;122(16):S250-S638.

4. Kutsogiannis DJ, Bagshaw SM, Laing B, Brindley PG. Predictors of survival after cardiac or respiratory arrest in critical care units. CMAJ 2011;183(14):1589-95.

5. Liu L, Yenari MA, Ding Y. Clinical application of therapeutic hypotermia in stroke. Neurol Res. 2009;31(4):331-5.

6. Shin HC, Tong S, Jia X, Geocadin RG, Thakor NV. Quantitative EEG and effect of hypothermia on brain recovery after cardiac arrest. IEEE Trans. Biomed Eng. 2006;53(6):1016-23.

7. Twomey D, Das M, Subramanian H, Dunnig J. Is internal massage superior to external massage for patients suffering a cardiac arrest after cardiac surgery? Interactive Cardiovascular and Thoracic Surgery. 2008;7:151-7.

ÍNDICE REMISSIVO

A

Abdome distendido 249
Aceleração do fluxo expiratório 250
Acidente vascular cerebral 141
Acidose metabólica 462, 463
Agregação plaquetária 13, 413
Albumina sérica 401
Anafilaxia 463
Anamnese 167, 177
Anastomose 124, 143
Anatomofisiologia respiratória 437
Anel vascular 150
Anemia 178
Anestesia 160, 391
  geral 192
Aneurisma 87
  cerebral 360
  da aorta 87
  de aorta torácica 240
  ventricular 127
Angina instável 240
Angina pectoris 31
Angiografia pulmonar 416
Angioplastia transluminal 39
Angiotomografia 112
Anomalia de Ebstein 103
Anormalidades no drive respiratório 305
Antiagregantes plaquetários 37
Antianginosos 37
Anticoagulantes 15
Anúria 464
Apneia obstrutiva 396
Arrastamento de ar 320
Arritmias 119, 127, 374
  cardíacas 157, 171, 360
  graves 234
  ventriculares 470
Arterite 97

de Takayasu 97
Asma 178
Assincronia paciente-ventilador 305
Assincronia ventilatória 346
Assistência ventilatória ajustada neurologicamente 305
Assistolia 477
Atelectasia 246, 312, 390, 430
  de absorção 431
  de compressão 431
  de reabsorção 431
  diagnóstico 433
  fisiopatologia 431
  passiva 431
  tratamento 433
Atividade anticoagulante 162
Atresia pulmonar 150
Atresia tricúspide 99, 150
Ausculta pulmonar 341
Autonomia ventilatória 352
Auto-PEEP 305, 349
Avaliação da força muscular 353
Avaliação fisioterapêutica 285
Avaliação musculoesquelética da criança 190
Avaliação pré-anestésica 160
Avaliação pré-operatória 198

B

Baby lung 452
Balanço hídrico 198
Balão de contrapulsação 382
Balão intra-aórtico 383
Barorreceptores 22
Barotrauma 346, 454
Betabloqueador 335
Binível pressórico 292
Bioimpedância elétrica torácica 358
Biópsia pericárdica 67

Biópsias transbrônquicas 407
Biópsias transtorácicas 407
Biotrauma 346
Bolsa de ressucitação manual autoinflável 209
Bomba hidráulica 130
Broncoespasmo 407
Bulhas hipofonéticas 463

C

Cânula nasal 318
Capacidade residual funcional 217, 346
Capnografia 342
Capnometria 342
Cardiodesfibriladores 237
Cardiogênico 463
Cardiomegalia 110
Cardiopatia 108, 199
  congênita 146, 187
  congênita cianogênica 99
  de Loeffler 59
Cardioplegia 439
Cardioversão 173
Cardioversores 84
  desfibriladores 84
Carga pressórica linear 331
Carga pressórica não linear 331
Catecolaminas 365, 372
Catemanial 407
Cateter-balão 383
Cateter de artéria pulmonar 426
Cateter de oxigênio 288
Cateter de Swan-Ganz 357
Cateterismo 357
  pediátrico 148
Cateterização 357
  de artéria pulmonar 464
Cateter nasal 318
  de oxigênio 225
Cateter transtraqueal 318
Causas de assincronia 305
Choque cardiogênico 302, 359, 382, 428
Choque circulatório 461
  estágios do choque 462
  fisiopatologia 461
  tipos de choque 462
Choque críptico 462
Choque endócrino 463
Choque hiperdinâmico 464
Choque hipodinâmico 464
Choque hipovolêmico 221, 462
Choque séptico 377
  hiperdinâmico 377
  hipodinâmico 378
Cianose 180, 415
Ciclo cardíaco sistodiastólico 6
Cifoescoliose 325

Cineangiocoronariografia 175
Cinesioterapia 226, 333
  respiratória 226
Cintilografia 358
  de perfusão miocárdica 174
Circuito de não reinalação 319
Circulação espontânea 478
Circulação extracorpórea 96, 125, 130, 152, 198, 212, 217,
    221, 266, 296, 323, 393, 439, 445, 455
  acidentes 157
  complicações 157
Circulação fetal 5
Circulação natural 153
Circulação pulmonar 9
Circulação sistêmica 10
Cirurgia cardíaca 123
  pediátrica 273
Cirurgia esofágica 249
Cirurgia laparoscópica 407
Cirurgias valvares 336
Classificação da insuficiência coronariana 32
Classificação do choque circulatório 463
Clearance mucociliar 326
Coagulação do sangue 13
Coagulopatia 383
Coarctação da aorta 112
Complacência dinâmica 348
Complicações neurológicas 157
Complicações pulmonares 217
Compressão torácica 286
Comunicação interventricular 109
Condução atrioventricular 172
Conexão cavopulmonar 103
  total 103
Console 383
Consolidação pulmonar 452
Constrição vascular 13
Contraceptivos orais 415
Contratilidade miocárdica 466
Controle de drenagens 210
Contusão pulmonar 249
Coração esquerdo hipoplásico, 257
Corticoides 467
Creatinina sérica 169
Critério de instalação 278
Critérios de Boston 72
Critérios de Framingham 71
Cronotropismo 366
Cuff 211

D

D-dímero 426
Débito cardíaco 188, 299, 366
Débito urinário 161, 209
Decanulação 265
Defeito do septo atrioventricular 111

Depleção do surfactante 390
Depressão miocárdica 463
Derrame pericárdico 64
Derrame pleural 178, 249, 396, 399
Descompressão torácica abrupta 246
Desconforto precordial 32
Desfibrilação elétrica 173
Desmame 279, 282, 355, 456
  difícil 214
  ventilatório 213
Desnutrição na função respiratória 326
Diabetes melito 391
Dímero 416
Disfunção diafragmática 390, 394, 438
Disfunção diastólica 53, 424
Disfunção hepática 464
Disfunção muscular respiratória 325
Disfunção sistólica 53, 424
Disfunção valvar 130
Disfunções ventilatórias 437
Displasia arritmogênica do ventrículo direito 59
Dispneia 146, 177
Dispneia paroxística noturna 71
Dissecção da aorta 92
  torácica 94, 140
Distributivo 463
Distúrbios circulatórios 365
Distúrbios da condução 171
Distúrbios de condução intraventriculares 473
Distúrbios do cálcio 471
Distúrbios do magnésio 471
Distúrbios do potássio 471
Disúria 463
Dobutamina 365
Doença aterosclerótica coronária 32, 169
Doença de Behçet 97
Doença de Fabry 59
Doença neoplásica 115
Doença policística renal 139
Doença pulmonar
  crônica 390
  obstrutiva 198
Doenças da aorta 139
  descendente 144
Doenças de arco aórtico 144
Doenças endomiocárdicas 53
  inflamatórias 53
Doente crítico 214
Dor pleurítica 415
Dor precordial 178
Dor torácica 178
Drenagem anômala 104
Drenagem autogênica 250
Drenagem linfática 424
Drenagem pleural 403, 409
Drenagem postural 248
Dreno pleural 224, 393

Dreno torácico 260
Drive respiratório 304
Drogas vasoativas 365, 466
Duplo tubo nasal 281

E

Ecocardiograma transeofágico 161
Ecodopplercardiograma 74
Edema 181
  intersticial 452
  pulmonar 178
  pulmonar associado 249
  pulmonar cardiogênico 423
    diagnóstico 427
    tratamento 427
    tratamento fisioterapêutico 428
Efeito hemodinâmico 300
Elasticidade pulmonar 391
Eletrocardiograma 33, 66
Eletroencefalograma 479
Eletroestimulação
  diafragmática 441
  funcional 237
  transcutânea 332
Eletrólitos 162
Eletromiografia 329
Elevação da hemicúpula diafragmática 259
Embolia gordurosa 383
Embolia pulmonar 178, 249, 412
Embriologia do coração 3
Empiema pleural 249
Endocárdio 6
Endocardite infecciosa 447
Endomiocardiofibrose 59
Endotélio pulmonar 452
Endurance 329
Enfisema subcutâneo 249
Entubação orotraqueal 212, 286, 447
Enxerto 372, 393
Epinefrina 370
Equação de Starling 423
Ergoespirometria 76
Escala de Glasgow 213
Espirometria 194, 391
Espondilite anquilosante 98
Estabilidade hemodinâmica 117, 213, 289
Estase venosa 413
Estenose aórtica 44, 133
  exames complementares 45
  fisiopatologia 44
  quadro clínico 44
  tratamento 45
  valvar 113
Estenose mitral 47, 131
  exames complementares 47
  fisiopatologia 47

quadro clínico 47
tratamento 48
Esternotomia 192, 222
Estimulação elétrica 332
diafragmática 230
Etiologia multifatorial 323
Etiologias das pericardites 66
Eventos tromboembólicos 143
Exercício diafragmático 245
Exercício intercostal 245
Exercícios respiratórios 285
Expansão pulmonar 287
Expansão volêmica 302
Expansibilidade torácica 189, 286
Expiração abreviada 245
Expiração com pressão positiva 247
Extrassístole ventricular 470
Extubação 214, 265, 269, 293, 456

F

Fadiga muscular 426
Falência renal 297
Falência ventricular 423
Falha na extubação 270
Fast track 293, 296
Fenilefrina 371
Ferida operatória 222
Ferimento penetrante no precórdio 117
Fibrilação 472
ventricular 472
Fibrinogênio 413
Fibrinólise 14, 38
Fibrose cística 407, 448
Fibrose intersticial difusa 178
Filtro arterial 154
Fisiologia univentricular 101, 102
Fisioterapia motora 287
Fisioterapia pré-operatória 203
Fístula broncopleural 249
Flutter atrial 472
Fluxo inspiratório 347
Fluxo pulmonar 108
Força muscular inspiratória negativa 270
Fratura de costela 249
Frêmito toracovocal 433
Funcionamento intestinal 312

G

Gasometria
arterial 262, 351, 416, 426
venosa 351
Gestação 415
Glossopulsão retrógrada 291
Granuloma eosinofílico 407
Graus de estenose aórtica 45

Grupos sanguíneos 13

H

Hematêmese 463
Hematoma intramural 95, 141
Hematoquezia 463
Hematose 299
Hematúria 463
Hemicúpula diafragmática 259
Hemodiluição 157, 455
Hemodinâmico 212
Hemofiltro 154
Hemograma 169
Hemólise 383
Hemoptise 415
Hemoptise ativa 249
Hemorragia 383
pulmonar 178
Hemostasia 13
Hemotransfusão 458
Heparina 419
Heparinização 157
Hérnia abdominal 252
Heterotaxias 102
Hidrotórax hepático 400
Higiene brônquica 248, 293, 404
Hipercapnia 428
Hipercoagulabilidade 413, 463
Hiperglicemia 377
Hiperinsuflação dinâmica 305
Hiperinsuflação pulmonar 284, 325
Hipermetabolismo 344
Hiperpneia 333
Hipertensão arterial sistêmica 170
Hipertensão pulmonar 101, 107, 110, 148
Hipertiroidismo 471
Hiperuricemia 240
Hiperventilação 464
manual 286
Hipervolemia 455
Hipoalbuminemia 424
Hipocapnia 417
Hipocortisolismo 463
Hipoglicemia 471
Hipomobilização diafragmática 400
Hipoperfusão 374
Hipoplasia do coração 102
Hipotermia 157, 439
terapêutica 479
Hipotireoidismo 463
Hipoventilação 344, 471
alveolar 316
Hipovolemia 56, 359
Hipoxemia 312, 317, 341, 414
arterial 193
crônica 234

pós-operatória 287
Homeostase 257
Hormônio antidiurético 24

I

Implante cardíaco 445
Imunossupressão 463
Inaloterapia 288, 289
Incentivadores inspiratórios 247, 291
Índice cardíaco supranormal 378
Índice de desmame integrado 355
Índice de respiração rápida 355
Infarto agudo do miocárdio 360
Infarto do miocárdio 217
Infarto pulmonar 360, 415
Infecção urinária 447
Infecções agudas 240
Inotrópicos 82
Inotropismo 366
Inspiração em tempos 245
Instabilidade hemodinâmica 446
Insuficiência aórtica 45
    exames complementares 46
    fisiopatologia 45
    quadro clínico 46
    tratamento 47
Insuficiência cardíaca 69, 233, 302, 424
    com fração de ejeção preservada 73
    congestiva 170
    descompensada 240
    estadiamento 70
    etiologia 71
Insuficiência coronariana 32
    quadro clínico 32
Insuficiência mitral 49, 132, 359
    diagnóstico 49
    fisiopatologia 49
    quadro clínico 49
    tratamento 50
Insuficiência renal 141, 157
    aguda 127
Insuficiência respiratória 450, 455
Insuficiência tricúspide 135
Insuficiência ventilatória 407
Interação paciente-ventilador 304
Interrupção de arco aórtico
Intervenção cirúrgica 222
Irrigação arterial 7
Isoproterenol 372
Isquemia 168
    miocárdica 377

L

Laceração vascular 383
Lactato arterial 367

Lactato venoso 464
Lesão ao endotélio capilar 452
Lesão diafragmática 440
Lesão do nervo frênico 113
Lesão frênica 440
Lesão miocárdica 118
Lesão pericárdica 118
Lesão pulmonar 396
Lesão valvar 118
Leucocitose 463
Lipotimia 180
Luer 277

M

Manobra de Valsalva 56
Manovacuometria 194
Manovacuômetro 327, 441
Marcadores bioquímicos 33
Marca-passo 172, 474
Máscara de não reinalação 320
Máscara de reinalação parcial 320
Máscara de Venturi 225
Máscara nasal 281
Máscara orofacial 281
Mecânica respiratória 346
Mediadores neuro-humorais 391
Mediastinite 127
Medicação pré-anestésica 160
Metabolismo hepático 372
Microatelectasia 407
Milrinone 376
Minitoracotomia 223
Miocardiopatia 52
    dilatada 53
    hematológica 53
    hipertrófica 55
        quadro clínico 55
    infecciosa 52
    metabólica 53
    oncológica 53
    restritiva 58
        exame físico 59
        exames complementares 59
        prognóstico 59
        quadro clínico 59
        tratamento 59
Misturadores de ar 321
Mistura hipoxêmica 263
Mixedema 240
Mobilização precoce 313
Modulação neuro-humoral 236
Monitorização
    da contração diafragmática 305
    eletrocardiográfica 37
    hemodinâmica 361, 367
Morbimortalidade no pós-operatório 446

Morfologia do coração 6
Morte encefálica 392

N

Nebulização intermitente 331
Necrose miocárdica 168, 426
Necrose tubular aguda 127
Neoplasias 407
Nervo frênico 438
Neuropatia periférica 383
Norepinefrina 365, 371

O

Obesidade 198, 390, 415
Oligúria 464
Operação de Fontan 103
Operação de Glenn bidirecional 102
Operação de Jatene 101
Ossos e cartilagens 312
Osteomielite de costelas 249
Osteoporose 289
Óxido nítrico 148
  inalatório 263
Oxigenação arterial 350
Oxigenação tissular 365
Oxigenador 154, 394
Oxigenoterapia 286, 294, 316
  complicações 321
Oximetria de pulso 293, 342

P

Parada cardiorrespiratória 476
  etiologia 476
  incidência 476
  ritmos 476
Paralisia diafragmática 259
Paresia diafragmática 441
PAV 304
PEEP intrínseca 305
Pele e tecidos 312
Peptídeo natriurético 73
  atrial 24
  cerebral 426
Perda da função pulmonar 285
Perfusão sistêmica 461
Pericardiocentese 67
Pericardite
  aguda 65
  constritiva 64
  fibrinosa 64
  pós-operatória 471
  tardia 65
  traumática 65
  viral 68

Placa aórtica ulcerada 141
Plaquetopenia 383
Plegia 441
Pleura parietal 399
Pleura visceral 399
Pleurotomia 323
Pneumoconstrição 417
Pneumonia 178, 390
  intra-hospitalar 267
  nosocomial 447
Pneumopatia 199
Pneumotórax 259, 260, 360, 407
  espontâneo 178
Pós-angioplastia 335
Pós-carga ventricular 300
Posição prona 457
Pós-operatório imediato 209, 221
Potencial de ação cardíaco 17, 19
Pré-carga ventricular 300
Pressão arterial 21
  média 161
Pressão capilar pulmonar 161
Pressão coloidosmótica intersticial 423
Pressão da artéria pulmonar 161
Pressão das vias aéreas 307
Pressão de oclusão nas vias aéreas 355
Pressão expiratória 353
  positiva 212
Pressão hidrostática 400, 424, 445
  capilar 423
Pressão inspiratória 353
Pressão intracavitária 300
Pressão intratorácica 300
Pressão manual toracoabdominal 290
Pressão pleural 300
Pressão transdiafragmática 329
Pressão transmural 300
Pressão venosa central 161
Pressões respiratórias máximas 326
Pressurização da caixa torácica 302
Pressurização do pulmão 300
Prongs nasais 275
Propriocepção diafragmática 404
Protamina 223
Prótese
  intratraqueal 270
  metálica 136
  valvar 135
Pseudoaneurisma 87, 143
Pulso carotídeo 183
Pulso filiforme 464
Punções arteriais 360

Q

Quadro álgico 324
Quimiorreceptores 23

R

Radiografia de tórax 66, 258
Reabilitação cardíaca 313, 335
Reabilitação cardiovascular 233
Reabordagem cirúrgica 397
Reanimação 478
Receptores adrenérgicos 367
Receptores cardiopulmonares 23
Redução da complacência pulmonar 426
Reeducação diafragmática 226
Regulação neural 21
Regurgitação aórtica 383
Regurgitação mitral 360, 463
Reparo valvar 233
Reperfusão mecânica 39
Reposição volêmica 465
Reservatório venoso 154, 394
Resistência vascular periférica 365
Respiração
  eupneica 222
  frenolabial 244
  por pressão 227
  por pressão positiva intermitente 227
Responsividade 302
Resposta inflamatória sistêmica 446
Ressincronização cardíaca 83
Revascularização do miocárdio 123, 314
Revascularização miocárdica 192
Rigidez torácica 307
Risco operatório 167
Robótica 125
Rotura de bolhas subpleurais 407
Ruptura cardíaca 127
Ruptura do septo interventricular 359

S

Saco pericárdico 6
Saturação periférica de oxigênio 190
Secreção traqueobrônquica 286
Seio costofrênico 259
Seio costofrênico obliterado 402
Semiologia 177
Senescência 389
Sensibilidade do ventilador mecânico 330
Septação do coração 4
Septicemia 383
Seromas 383
Shunt pulmonar 300
Shuttle teste 196
Sinal de Hampton 417
Sinal de Westermark 417
Síncope 180, 181
Síndrome coronária aguda 31
  tratamento 35
Síndrome da angústia respiratória no adulto 450

  epidemiologia 451
  etiologia 451
  fisiologia 451
  patogênese 451
Síndrome de Eisenmenger 106, 109
Síndrome de resposta inflamatória sistêmica 470
Síndrome do baixo débito cardíaco 100
Síndromes aórticas agudas 91
Síndrome vasoplégica 127, 463
Sínfise do espaço pleural 403
Sistema cardiovascular 9, 312
Sistema de coagulação 413
Sistema endócrino 312
Sistema hematopoiético 11
Sistema imunológico 313
Sistema muscular 312
  respiratório 324
Sistema respiratório 312
Sistemas cercados 321
Sistemas de baixo fluxo 317
Sobrecarga hídrica 465
Soluços inspiratórios 245
Sopro contínuo 185
Sopro diastólico 185
Sopro sistólico 185
Suporte hemodinâmico 302, 357, 382
Suporte ventilatório 242, 244
Suspensão de betabloqueador 471

T

Tabagismo 198, 390, 415
Tamponamento cardíaco 64, 302, 463
Tapotagem 249
Taquicardia supraventriculare 470
Taquicardia ventricular 477
Taquifilaxia 369
Taquipneia 146
Taxa de filtração 423
Tecidos cardíacos 16
Técnica anestésica 162
Técnica de hiperventilação 287
Tenda de oxigênio 321
Terapia antitrombótica 37
Terapia celular 43
Terapia de reposição hormonal 415
Terapia de ressincronização cardíaca 83
Terapia *early goal* 465
Teste de escape 269
Teste de respiração espontânea 266
Tetralogia de Fallot 99, 146, 188
Tireotoxicose 240
Tomografia computadorizada 357
Toracocentese 401
Tosse assistida 229
Tosse dirigida 290
Trabalho respiratório 390

Transfusão sanguínea 396
Transplante 174
  cardíaco 84, 238
Transposição das grandes artérias 99, 100
Tratamento não farmacológico da insuficiêcia cardíaca 75
Tratamento ventilatório 453
Trauma cirúrgico 390
Trauma fechado 407
Trauma mecânico 157
Trauma penetrante 407
Trauma raquimedular 463
Traumatismos cardíacos 115
Traumatismos intracranianos 252
Traumatismos torácicos 115
Treinamento de *endurance* 330
Treinamento físico 336
Treinamento muscular respiratório 323
Troca gasosa 300
Tromboembolismo pulmonar 316, 412
Tromboflebite 240
Trombogênese venosa 412
Trombolíticos 420
Trombose 412
  venosa 413
Tronco pulmonar 6
Tuberculose pulmonar 249
Tubo orotraqueal 296
Tumores aórticos 145

U

Úlcera aterosclerótica penetrante 96
Ultrassonografia transtorácica 174

V

Valvopatias 44, 130, 171
Válvula biológica 136
VAPS 304
Vasodilatação generalizada 365
Vasodilatadores 360
Vasopressina 24, 365
Vasopressores 360
Veia safena 124
Veias cardinais 3
Veias umbilicais 3
Veias vitelínicas 3
Ventilação
  alveolar 299
  assistida 309
  com pressão de suporte e volume garantido 304
  intrapulmonar 251
  mecânica 212, 213, 221, 265, 302, 397
  não invasiva 218, 235
  percussiva 251
  pulmonar mecânica 257
Ventilometria 194, 352
Via extrínseca 14
Vibrocompressão 249
Volemia 368
Volume pulmonar 301
Volume sistólico 20